中国考古集成

(修订本)

第一卷 先秦至两汉 编者：华北地区

中国考古集成编委会 编

哈尔滨出版社

中国学术名著提要编委会

主　　编　周谷城

编　　委（以姓氏笔画为序）

叶世昌　叶孝先　朱维铮　吴德润　陈士强　胡裕树　姜义华　徐余麟
高若海　章培恒　蒋孔阳　潘富恩

分科主编（以姓氏笔画为序）

叶世昌　叶孝信　张瑞璠　陈士强　陈正宏　金一鸣　胡裕树　姜义华
徐余麟　高若海　章培恒　蒋孔阳　潘富恩

分科副主编（以姓氏笔画为序）

王小盾　王振复　王雷泉　仁　人　李定生　杨剑桥　张荣华　陈士强
陈应时　周瀚光　胡　啸　施正康　姚荣涛　贺圣迪　钱曼倩　徐培华
郭　建　郭建庆　崔尔平　舒士俊　游汝杰　薛明约

主要撰稿人（以姓氏笔画为序）

丁孝智　丁常云　于鹏彬　马文驹　马美信　马惠熊　马　镛　王小盾
王　立　王立民　王立南　王伦信　王志强　王国忠　王　春　王贻梁
王剑冰　王振复　王　颋　王雷泉　王新春　月　澄　巴兆祥　邓子美
石建邦　卢圣强　卢守助　叶世昌　叶保民　叶露华　田文戴　田正平
史新绿　印　根　乐　易　圣　缘　吕肖奂　吕　健　吕海春　朱顺龙
朱淑娣　朱　锋　华林甫　后志刚　刘仲宇　刘华丽　刘国杰　刘桂林
刘康德　许前茂　孙小力　孙兆亮　孙国彬　孙　欣　孙星群　远　航
克　莲　杜成宪　杜高印　李小宁　李向民　李　军　李丽萍　李定生
李俊霞　李胜利　李维琨　杨剑桥　杨鹤皋　来可泓　吴仁杰　吴申元

何康怡	邹振环	庐文莹	闵龙昌	汪晓彤	沈榕秋	宋道发	张生泉
张兴文	张　远	张　沁	张荣华	张　觉	张祖国	张潜超	陈人雄
陈士强	陈正宏	陈传席	陈　兵	陈应时	陈重业	陈　崎	陈增辉
陈耀庭	邵祖新	邵　琦	范　兵	范　晓	林少雄	林其锬	林建福
林德龙	罗文涛	罗晋辉	金林祥	金忠明	金　燕	周谷平	周　畅
周梦江	周瀚光	庞　坚	郑伟宏	单中惠	宗廷虎	定　慧	空　影
赵志伟	郝铁川	胡有恒	胡　啸	侯占虎	施正康	施忠连	施惠康
洪光磊	洪　波	洪敬辉	济　明	宦荣卿	姚荣涛	姚南强	姚家华
贺圣迪	班耀波	袁兆春	聂士全	夏林根	夏金华	夏德元	顾卫民
顾安文	晏　茗	钱宪民	钱曼倩	徐川山	徐以骅	徐仪明	徐永康
徐国兴	徐洪兴	徐培华	徐清泉	徐维统	徐敦镳	徐静波	殷南根
高若海	郭　建	郭建庆	郭晓东	唐兴霖	宽　净	黄书光	黄巧荣
黄明喜	黄　毅	萧远军	常　静	眭　骏	商丽浩	彭奇志	董德福
蒋　畅	喻　辉	程　郁	程鹏举	傅学良	舒士俊	童一鸣	曾　抗
曾　奕	游汝杰	雷汉卿	蔡国梁	锺祥财	锺敬华	谯进华	慧　云
慧　证	慧　莲	德　育	潘连贵	潘良桢	潘富恩	薛明扬	戴扬本
戴洪才							

《中国学术名著提要》(合订本)工作人员

项目负责人

贺圣遂　高若海　孙　晶

全书主审、订补

傅　杰

编审工作组(以姓氏笔画为序)

叶世昌　吴仁杰　宋文涛　张永彬　张荣华　陈士强
贺圣迪　徐洪兴　高若海　郭　建　韩结根

责任编辑(以姓氏笔画为序)

吴仁杰　宋文涛　陈士强　高若海　韩结根

出 版 说 明

一、中国学术名著是博大精深、源远流长的中国文化的重要组成部分,是中国人民学识和智慧的结晶。为了弘扬祖国文化,给广大中外读者学习并研究中华典籍提供方便,复旦大学出版社从1991年起,组织编纂了大型学术工具书《中国学术名著提要》。

二、《中国学术名著提要》由复旦大学教授、著名的社会活动家周谷城先生领衔,国内高校、社会科学研究机构两百多位学有专长的学者和专家撰稿,历时八年编纂而成。原按学科门类分卷,以繁体字排版,从1992年至1999年,先后出版了《哲学卷》、《历史卷》、《政治法律卷》、《经济卷》、《教育卷》、《语言文字卷》、《宗教卷》、《科技卷》、《艺术卷》、《文学卷》等十卷,在海内外学术界产生了广泛的影响。

三、《中国学术名著提要》所收名著大都在涉及领域卓有创见,思想、理论建树昭著;或者在学术承传上作用明显,对后世研究有着深远影响;或者为历代学者所关注,较多被引述、评论。有些著作中对学科发展至关重要的名篇,即使整本著作已有介绍,亦对此篇单独评述,如《史记·天文志》《管子·轻重》。十卷本共收录商周至民国(截至1949年)的各类学术著作(或名篇)两千多种。这些名著(或名篇)大体可以反映出我国学术发展的历史脉络。

四、本次推出的是《中国学术名著提要》合订本,以原先出版的分卷本为基础,广泛吸收近年以来学术界的最新研究成果,经由多位专家数次补充修订而成。全书以年代为序,分为《先秦两汉编》、《魏晋南北朝编》、《隋唐五代编》、《宋辽金元编》、《明代编》、《清代编》、《民国编》等七编;每一编所收著作,又依该典籍的性质和所述内容的侧重点,按学科分别纳入不同的类别,如"哲学类"、"政治类"、"历史类"、"语言类"、"文学类"、"艺术类"、"经济类"、"科技类"、"宗教类"等。有的类下又设若干子项,如"艺术类"分为音乐、戏曲、书法、绘画、园林建筑艺术等;"宗教类"分为佛教、道教、基督教、伊斯兰教等。

五、《中国学术名著提要》合订本所收的各类著作,一般以撰作年代的先后为序编排;撰作年代不详的,依作者的生卒年或大致的活动年代为序编排;佚名的或托名的著作,则参照学术界的研究近况和传统的叙述次序,确定其位次。

六、《中国学术名著提要》合订本对所收著作的解说,大致包括以下内容:(1) 著作的名称(正名、异名、略称);(2) 卷数(含不同的分卷);(3) 作者;(4) 撰作年代或刊行时间;(5) 主要版本(以上在解说的首段中予以叙述,相当于此书的总说,以下则为细释);(6) 作者生平事迹(生卒年、字号、籍贯、主要经历和活动、学说和著作、相关的传记或史料等,凡有几种著作同时见录于本书的作者,其生平事迹放在编次最前的著作中予以叙述);(7) 著作的性质和写作经过;(8) 篇目和序跋;(9) 内容大意;(10) 思想特点;(11) 学术影响与传播;(12) 后世的研究情况(校点、注释、研究著作等)。

七、为帮助读者查考,本书附有所收名著书名(篇名)索引(以拼音为序),以及分卷本的目录索引。

八、编纂《中国学术名著提要》,是一项难度颇大的工程,本书得以出版,全赖各位参与专家的精心撰稿和鼎力支持,谨在此表达我们最诚挚的谢意。

复旦大学出版社

2019 年 1 月

目 录

先秦两汉编

哲学、政治类

周易 ………………………………… 2	尹文子 ………………………………… 92
管子 ………………………………… 6	鬼谷子 ………………………………… 95
晏子春秋 ………………………………… 11	鹖冠子 ………………………………… 98
老子 ………………………………… 14	文子 ………………………………… 101
郭店竹简本《老子》 ………………………………… 20	墨经 ………………………………… 103
论语 ………………………………… 23	荀子 ………………………〔战国〕荀 况 108
孙子兵法 ………………………〔春秋〕孙 武 27	吕氏春秋 ………………………………… 112
子华子 ………………………………… 31	韩非子 ………………………〔战国〕韩 非 121
邓析子 ………………………………… 34	孝经 ………………………………… 125
墨子 ………………………………… 36	公羊传 ………………………………… 127
慎子 ………………………〔战国〕慎 到 42	穀梁传 ………………………………… 129
尸子 ………………………………… 43	周礼 ………………………………… 131
商君书 ………………………………… 45	黄帝四经 ………………………………… 134
孙膑兵法 ………………………………… 51	新语 ………………………〔西汉〕陆 贾 138
申子 ………………………〔战国〕申不害 53	新书 ………………………〔西汉〕贾 谊 141
仪礼 ………………………………… 55	淮南子 ………………………〔西汉〕刘 安 145
礼记 ………………………………… 58	论六家要旨 ………………………〔西汉〕司马谈 152
大学 ………………………………… 62	春秋繁露 ………………………〔西汉〕董仲舒 154
礼运 ………………………………… 65	对贤良策 ………………………〔西汉〕董仲舒 157
中庸 ………………………………… 67	论裸葬书 ………………………〔西汉〕杨王孙 159
学记 ………………………………… 70	韩诗外传 ………………………〔西汉〕韩 婴 160
列子 ………………………………… 74	盐铁论 ………………………〔西汉〕桓 宽 163
孟子 ………………………〔战国〕孟 轲 77	说苑 ………………………〔西汉〕刘 向 167
庄子 ………………………………… 82	列女传 ………………………〔西汉〕刘 向 170
公孙龙子 ………………………〔战国〕公孙龙 88	太玄 ………………………〔西汉〕扬 雄 173

法言	〔西汉〕扬雄 176		论衡	〔东汉〕王充 197
老子指归	〔西汉〕严遵 179		潜夫论	〔东汉〕王符 204
易林	〔东汉〕崔篆 182		政论	〔东汉〕崔寔 209
新论	〔东汉〕桓谭 184		申鉴	〔东汉〕荀悦 211
诸子略	〔东汉〕班固 187		理惑论	〔东汉〕牟子 214
白虎通义	〔东汉〕班固 190		中论	〔东汉〕徐幹 216
女诫	〔东汉〕班昭 195		昌言	〔东汉〕仲长统 218

历史类

尚书	224		睡虎地秦简	248
山海经	228		战国策	250
逸周书	231		史记	〔西汉〕司马迁 252
春秋	233		越绝书	〔东汉〕袁康等 257
左传	236		吴越春秋	〔东汉〕赵晔 259
国语	239		汉书	〔东汉〕班固 261
穆天子传	241		风俗通义	〔东汉〕应劭 264
竹书纪年	243		汉纪	〔东汉〕荀悦 266
世本	246			

语言、文学类

语言

尔雅	270		释名	〔东汉〕刘熙 284
小尔雅	273		**文学**	287
急就篇	〔西汉〕史游 275		毛诗故训传	〔西汉〕毛公 287
方言	〔西汉〕扬雄 277		楚辞章句	〔东汉〕王逸 291
说文解字	〔东汉〕许慎 280		毛诗郑笺	〔东汉〕郑玄 294

语言 270

艺术类

音乐 298

乐记	298		**书法**	303
琴操	〔东汉〕蔡邕 301		非草书	〔东汉〕赵壹 303
			九势八字诀	〔东汉〕蔡邕 305

经济类

管子·轻重	308		汉书·食货志	〔东汉〕班固 316
史记·平准书	〔西汉〕司马迁 310		四民月令	〔东汉〕崔寔 319
史记·货殖列传	〔西汉〕司马迁 313			

科技类

禹贡 ………………………………………… 322	淮南子·墬形训 …………… 〔西汉〕刘 安 375
周髀算经 ………………………………… 324	史记·天官书 ……………… 〔西汉〕司马迁 377
管子·水地 ……………………………… 326	史记·邹衍传 ……………… 〔西汉〕司马迁 379
管子·地员 ……………………………… 329	汉元光元年历谱 ………………………… 381
管子·地图 ……………………………… 331	五岳真形图 ……………………………… 382
管子·度地 ……………………………… 332	氾胜之书 …………………… 〔西汉〕氾胜之 384
管子·地数 ……………………………… 334	汉墓壁画星象图 ………………………… 387
考工记 …………………………………… 336	孙子算经 …………………… 〔东汉〕佚 名 389
天文星图 ………………………………… 340	神农本草经 ……………………………… 391
秦国邦县地图 ……………… 〔战国〕佚 名 343	难经 ……………………………………… 393
黄帝内经 ………………………………… 345	汉书·律历志 ……………… 〔东汉〕班 固 395
夏小正 …………………………………… 352	汉书·地理志 ……………… 〔东汉〕班 固 397
月令 ……………………………………… 354	灵宪 ………………………… 〔东汉〕张 衡 400
《吕氏春秋·上农》等四篇 …… 〔战国〕吕不韦 356	浑天仪图注 ………………… 〔东汉〕张 衡 402
五十二病方 ……………………………… 358	九章算术 …………………… 〔东汉〕佚 名 404
石氏星经 …………………… 〔战国〕石 申 361	周易参同契 ………………… 〔东汉〕魏伯阳 407
五星占 …………………………………… 363	中藏经 ……………………… 〔东汉〕华 佗 414
天文气象杂占 …………………………… 365	伤寒杂病论 ………………… 〔东汉〕张仲景 417
长沙国地形图 …………………………… 367	乾象术 ……………………… 〔东汉〕刘 洪 421
三十六水法 ……………………………… 369	宣夜说 ……………………… 〔东汉〕郗 萌 424
淮南万毕术 ………………… 〔西汉〕刘 安 371	出金矿图录 ………………… 〔东汉〕狐刚子 426
淮南子·天文训 …………… 〔西汉〕刘 安 372	

宗教类

鬻子 ……………………………………… 430	老子想尔注 ………………… 〔东汉〕张 鲁 438
别国洞冥记 ………………… 〔东汉〕郭 宪 432	西升经 …………………………………… 440
太平经 …………………………………… 434	十洲记 …………………………………… 442

魏晋南北朝编

哲学、政治类

曹操集 ……………………… 〔魏〕曹 操 446	周易略例 …………………… 〔魏〕王 弼 456
诸葛亮集 …………………… 〔蜀〕诸葛亮 448	孔丛子 ……………………… 〔魏〕王 肃 459
人物志 ……………………… 〔魏〕刘 劭 451	孔子家语 …………………… 〔魏〕王 肃 461
论语集解 …………………… 〔魏〕何 晏 454	阮籍集 ……………………… 〔魏〕阮 籍 464

嵇康集	〔魏〕嵇 康	467	抱朴子	〔东晋〕葛 洪	495
傅子	〔西晋〕傅 玄	470	诘鲍篇	〔东晋〕葛 洪	499
律注表	〔西晋〕张 斐	475	老子疑问反讯	〔东晋〕孙 盛	501
论肉刑表	〔西晋〕刘 颂	478	世说新语	〔刘宋〕刘义庆	504
法官守局疏	〔西晋〕刘 颂	480	达性论	〔刘宋〕何承天	507
崇有论	〔西晋〕裴 頠	482	报应问	〔刘宋〕何承天	509
言尽意论	〔西晋〕欧阳建	484	神灭论	〔梁〕范 缜	511
庄子注	〔西晋〕郭 象	486	辨命论	〔梁〕刘孝标	513
物理论	〔西晋〕杨 泉	490	刘子	〔北齐〕刘 昼	515
墨辩注	〔西晋〕鲁 胜	493	颜氏家训	〔北齐〕颜之推	519

历史类

三国志	〔西晋〕陈 寿	524	南齐书	〔梁〕萧子显	538
畿服经	〔西晋〕挚 虞	527	水经注	〔北魏〕郦道元	540
华阳国志	〔东晋〕常 璩	528	十六国春秋	〔北魏〕崔 鸿	543
后汉纪	〔东晋〕袁 宏	530	洛阳伽蓝记	〔北魏〕杨衒之	545
后汉书	〔刘宋〕范 晔	532	魏书	〔北齐〕魏 收	548
宋书	〔梁〕沈 约	535			

语言、文学类

语言 ………………………………… 552

方言注	〔西晋〕郭 璞	552	世说新语注	〔梁〕刘孝标	566
玉篇	〔梁〕顾野王	555	诗品	〔梁〕锺 嵘	570

文学 ………………………………… 560

典论·论文	〔魏〕曹 丕	560	文心雕龙	〔梁〕刘 勰	574
文赋	〔西晋〕陆 机	562	文选	〔梁〕萧 统	578
			玉台新咏	〔陈〕徐 陵	583

艺术类

音乐 ………………………………… 588

乐论	〔魏〕阮 籍	588	草书势	〔西晋〕索 靖	599
声无哀乐论	〔魏〕嵇 康	590	笔阵图	〔东晋〕卫 铄	600
古今乐录	〔陈〕智 匠	592	笔势论十二章并序	〔东晋〕王羲之	602
碣石调·幽兰	〔梁〕丘 明	594	书论	〔东晋〕王羲之	604

书法 ………………………………… 596

			题卫夫人《笔阵图》后	〔东晋〕王羲之	605
隶书体	〔西晋〕成公绥	596	论书表	〔刘宋〕虞 龢	606
四体书势	〔西晋〕卫 恒	597	论书	〔南齐〕王僧虔	608
			笔意赞	〔南齐〕王僧虔	610

梁武帝与陶隐居论书启		绘画	………………………………………	622
……………… 〔梁〕萧　衍、陶弘景	611	魏晋胜流画赞	……………… 〔东晋〕顾恺之	622
草书状 ……………………… 〔梁〕萧　衍	613	画山水序	………………… 〔刘宋〕宗　炳	624
观锺繇书法十二意 ……… 〔梁〕萧　衍	614	叙画	……………………… 〔刘宋〕王　微	627
古今书人优劣评 …………… 〔梁〕萧　衍	615	古画品录	………………… 〔南齐〕谢　赫	629
书品 ……………………… 〔梁〕庾肩吾	616	续画品	……………………… 〔陈〕姚　最	631
论书 ……………………… 〔梁〕庾元威	618	**园林建筑** ………………………………………		633
论书表 …………………… 〔北魏〕江　式	619	三辅黄图	………………… 〔南朝〕佚　名	633
杂艺篇 …………………… 〔北齐〕颜之推	621			

经济类

钱神论 …………………… 〔西晋〕鲁　褒	636	魏书·食货志	………………… 〔北齐〕魏　收	638

科技类

九章算术注 ……………… 〔魏〕刘　徽	642	安天论	……………………… 〔东晋〕虞　喜	661
海岛算经 ………………… 〔魏〕刘　徽	644	肘后备急方	………………… 〔东晋〕葛　洪	663
毛诗草木鸟兽虫鱼疏 …… 〔孙吴〕陆　玑	645	炮炙论	……………………… 〔刘宋〕雷　敩	666
昕天论 …………………… 〔孙吴〕姚　信	646	刘涓子鬼遗方	…………… 〔刘宋〕刘涓子	669
针灸甲乙经 ……………… 〔西晋〕皇甫谧	647	竹谱	……………………… 〔刘宋〕戴凯之	671
脉经 ……………………… 〔西晋〕王叔和	649	本草经集注	………………… 〔梁〕陶弘景	672
禹贡地域图序 …………… 〔西晋〕裴　秀	652	古今刀剑录	………………… 〔梁〕陶弘景	674
博物志 …………………… 〔西晋〕张　华	654	齐民要术	………………… 〔北魏〕贾思勰	676
南方草木状 ……………… 〔西晋〕嵇　含	656	张邱建算经	………………… 〔北魏〕张邱建	680
穹天论 …………………… 〔西晋〕虞　耸	658	五曹算经	…………………… 〔北周〕甄　鸾	682
数术记遗 ………………………………………	660	五经算术	…………………… 〔北周〕甄　鸾	683

宗教类

佛教 ………………………………………	686	出三藏记集	…………………… 〔梁〕僧　祐	711
人本欲生经注 ……………… 〔东晋〕道　安	686	释迦谱	……………………… 〔梁〕僧　祐	717
沙门不敬王者论 …………… 〔东晋〕慧　远	688	经律异相	…………………… 〔梁〕宝　唱	721
大乘大义章 ……………… 〔姚秦〕鸠摩罗什	691	比丘尼传	…………………… 〔梁〕宝　唱	724
肇论 ……………………… 〔姚秦〕僧　肇	694	高僧传	……………………… 〔梁〕慧　皎	728
注维摩诘经 ……………… 〔姚秦〕僧　肇	698	大乘止观法门	……………… 〔陈〕慧　思	733
佛国记 …………………… 〔东晋〕法　显	700	往生论注	………………… 〔北魏〕昙　鸾	736
大般涅槃经集解 …………… 〔梁〕宝　亮等	704	**道教** ………………………………………		738
弘明集 …………………… 〔梁〕僧　祐	706	太上黄庭内景玉经	………… 〔西晋〕魏华存	738

度人经 …………………………………… 740	真诰 ………………………〔梁〕陶弘景 755
太上灵宝五符序 ……………………… 742	真灵位业图 ………………〔梁〕陶弘景 758
汉武帝内传 …………………………… 744	华阳陶隐居集 ……………〔梁〕陶弘景 760
太上黄庭外景玉经 …………………… 747	洞玄灵宝三洞奉道科戒营始 …………… 762
紫阳真人内传 ……………〔东晋〕华 峤 748	黄帝阴符经 …………………………… 765
老君音诵诫经 ……………〔北魏〕寇谦之 750	无上秘要 ………………〔北周〕武帝敕纂 767
养性延命录 ………………〔梁〕陶弘景 752	

先秦两汉编

哲学、政治类

周易

《周易》，又名《易经》、《易》，十二篇。"周"，指周代，"易"有"简易"、"变易"、"不易"三义。包括《经》、《传》两部分。《经》即《周易》古经，分上下两篇，大致成于西周前期；《传》即《易传》，又称《易大传》、《十翼》，大致问世于战国时代。通行本有：一、东汉郑玄注本，有清同治十二年(1873)粤东书局刻《古经解汇函》本《郑玄周易注》，光绪十六年(1890)山东书局刻《通德遗书可见录》本《周易郑注》；二、魏王弼注、晋韩康伯注本，有清乾隆四十八年(1783)武英殿刻《十三经注疏》本《周易正义》(唐孔颖达正义)；三、唐李鼎祚《周易集解》，有明万历中刻《秘册汇函》本；四、唐史徵《周易口诀义》，有清乾隆三十年(1765)《四库全书》抄本；五、清孙堂《汉魏二十一家注》，有清嘉庆四年(1799)平湖孙氏映雪堂刻本；六、中华书局1957年版《周易古经今注》(近人高亨撰)本；七、齐鲁书社1979年版《周易大传今注》(高亨撰)本等。

《周易》中《经》、《传》的作者，历来众说不一。西汉盛行"三代圣人"说，认为创八卦的是伏羲，重卦的是周文王，作《十翼》的是孔子。司马迁《史记》云："伏羲作八卦"(《日者列传》)；西伯囚羑里，"益《易》之八卦为六十四卦"(《周本纪》)；"孔子晚而喜《易》，序《彖》、《系》、《象》、《说卦》、《文言》"(《孔子世家》)。这些记载成为影响西汉一代的权威性论断。直至隋唐，"人更三圣，世历三古"(《汉书·艺文志》)之说，仍为人们普遍接受。始对此说提出异议的是北宋欧阳修，认为《易传》中《系辞》以下诸篇前后牴牾，非出自一人之手。清姚际恒、康有为都提出有力论据，推证《易传》非孔子所作。20世纪二三十年代，顾颉刚、郭沫若、李镜池等人就《经》、《传》作者展开热烈争辩。尽管观点不一，然而《易》非出于一人，非成于一时，已成为各家共识。近几年来，随着考古的发现，人们从殷商甲骨文、青铜器铭文的"奇字"上，发现了筮数与《周易》八卦的联系，推断出《易经》是经过整理的筮书，凝结着远古先民的智慧。《易传》则是儒家弟子对《易经》的最初解释，他们利用原书的筮书形式，赋予其深邃的哲学内容。

《周易》既是一部占筮之书，又是一部有着特殊框架的著作。其寓含的哲学思想，按《经》、

《传》分述如下。

《易经》是通过卦的排列、卦形的变化及卦、爻辞来喻示哲理的。其基本符号为阳"⚊"与阴"⚋",阳、阴符号三叠,便成为八种不同的图形,是为八卦,即乾☰、坤☷、震☳、巽☴、坎☵、离☲、艮☶、兑☱,它们分别象征着天、地、雷、风、水、火、山、泽等八种不同的物象。八卦中任意两卦相重,都可以组成新卦,从而又推衍成六十四卦。从其排列看,六十四卦以《乾》、《坤》为始,以《既济》、《未济》为终,喻示着事物从发生到形成过程中的诸演化阶段。从相承相邻的两卦看,多以卦象互倒为次序,如《泰》䷊、《否》䷋,《既济》䷾、《未济》䷿,分别象征着通泰与否闭、成功与未成的不同状态。在每一卦的符号下,各系有卦辞与爻辞,卦爻辞糅合进了一部分民间短歌、历史故事、筮人对吉凶征兆的神秘猜测,但也有些反映着事物的联系,预示着事物的发展演化。如《乾》卦的爻辞"潜龙勿用"、"见龙在田"、龙"跃在渊"、"飞龙在天"、"亢龙有悔",则描述了巨龙从"潜"而"勿用"到飞腾于天的变化,并通过"亢龙有悔"预示着事物发展到极端就会带来的不利。《否》卦的爻辞"休否,大人吉"、"倾否,先否后喜",阐述了从不利地位向有利方面的转化,关键在于对否闭之态的终止和倾覆,强调了变革的作用。

《易传》由《文言》、《彖传》上下、《象传》上下、《系辞传》上下、《说卦传》、《序卦传》、《杂卦传》组成。

《文言》,分两节,是对《乾》、《坤》两卦的解说,又称《乾文言》、《坤文言》。

《彖传》,六十四节,分释各卦卦名及卦辞。《周易正义》引褚氏、庄氏云:"彖,断也,断定一卦之义,所以名《彖》也。"王弼《周易略例》称《彖》"统论一卦之体,明其所由之旨"。

《象传》,分释卦象与爻象。释卦象者称为《大象传》,释爻象者称为《小象传》。《系辞传》云:"象也者,像此者也",《象传》之辞,多是对卦、爻象象征意义的阐发。

《系辞》,分上下两篇,通论《易经》义蕴与功用,亦谈及八卦起源及《周易》筮法。

《说卦传》,专论八卦所象之事物,不言及六十四卦。

《序卦传》,解说六十四卦的排列顺序,说明诸卦的相承相邻关系。

《杂卦传》,不依六十四卦顺序,成对论述两卦,揭示其卦旨及"错"(亦称"旁通")、"综"(亦称"反对")关系。

《易传》以阴、阳为基始,构筑了一个完整的哲学体系,哲学思想极为丰富,主要有:

一、认为天地万物都是客观存在着的,它们在时间上悠深久远,在空间上广博无垠,存在着永不衰竭的运动。"天地养万物"(《颐·彖》),"有天地,然后万物生焉,盈天地之间者唯万物"(《序卦》)。赞扬天、地生养万物之德:"大哉!乾元,万物资始"(《乾·彖》),"至哉!坤元,万物资生"(《坤·彖》)。天地、阴阳的交合,才造成万物自由生长、生机盎然的局面。"天地交而万物通"

(《泰·彖》),"天地相遇,品物咸章也"(《姤·彖》)。

二、认为人是自然的产物,人类社会同样是天地、阴阳交感作用的结果。"天地絪缊,万物化醇,男女构精,万物化生。"(《系辞》下)"有天地然后有万物,有万物然后有男女,有男女然后有夫妇,有夫妇然后有父子,有父子然后有君臣,有君臣然后有上下。"(《序卦》)在《易传》的宇宙模式中,人与自然和谐统一,人成为自然的派生物,人的社会属性同样可用象征自然界的八卦、六爻来表示,如乾为君、为父、为夫,坤为臣、为母、为妻,震为长男,巽为长女,坎为中男,离为中女(见《说卦》)。于是,自然界的运动变化规律,同样制约着人类社会,"天道"与"人道"相通。

三、认为天地万物无时不在发生变化。阴阳交替,"刚柔相推而生变化","一阖一辟谓之变,往来不穷谓之通"(《系辞》上),以为变化才是事物发展的绝对状态,"通变则谓事"(同上)。强调《易》的要旨在于"变","为道也屡迁,变动不居,周流六虚,上下无常,刚柔相易,不可为典要,唯变所适。"(《系辞》下)并提出"穷则变,变则通,通则久"(同上)的名言。顺应"天道",主动变化就是"革","革,去故也"(《杂卦》)。并以极大热忱,肯定、颂扬顺天应人的社会变革。"天地革而四时成。汤武革命,顺乎天而应乎人。革之时,大矣哉!"(《革·彖》)

四、在伦理上,认为夫妻、父子、君臣等级关系的产生、上下礼仪的确立,也是由"天地"所生。"天尊地卑,乾坤定矣。卑高以陈、贵贱位矣"(《系辞》上),"乾道成男,坤道成女"(同上),由此,男女、夫妻、父子、君臣才有了尊卑、贵贱之别,故云:"男女正,天地之大义也"(《家人·彖》);"阴虽有美,含之以从王事,弗敢成也"(《坤·文言》),唯有妻顺夫、臣顺君,才能实现自己的才德。又认为人性之善,成于对天道的继承,"一阴一阳之谓道,继之者善也,成之者性也"(《系辞》上);人道之仁义,本于天道阴阳之理,"立天之道曰阴与阳,立地之道曰柔与刚,立人之道曰仁与义"(《说卦》)。并根据卦象,推衍出君子应有的品德,如"天行健,君子以自强不息"(《乾·象》),"地势坤,君子以厚德载物"(《坤·象》),"山上有水,蹇。君子以反身修德"(《蹇·象》)等。

五、在美学上,认为美亦是天地、阴阳所生。"天地感而万物化生"(《咸·彖》),"日月丽乎天,百谷草木丽乎土"(《离·彖》)。天地的美在于天地之德,人的内在品德的美乃是人最高的美:"君子'黄'中通理,正位居体,美在其中,而畅于四支,发于事业,美之至也。"(《坤·文言》)提出"象"、"意"、"辞"等概念。在"象"与"物"的关系上,论述了观物取象的原则;在"象"与"意"的关系上,主张"立象以尽意"(《系辞》上);在"情"与"辞"的关系上,提出"圣人之情见乎辞"(《系辞》下),"设卦以尽情伪"(《系辞》上),又提出"神"的概念:"神也者,妙万物而为言者也"(《说卦》),要求语言含蓄传神,"其称名也小,其取类也大;其旨远,其辞文"(《系辞》下)。在"文""质"关系上,以"进德修业"放于首位,主张"修辞立其诚"(《乾·文言》),亦重视"文"的作用,提出"物相杂,故曰文"(《系辞》下)。这些概念,为中国古典美学范畴体系的建立,奠定了基础。

总之,《易传》是以《易经》哲学为基础,在对经义的阐释、发挥中,建立起自己的宏伟哲学体系,这是《易传》哲学思想的重要特色。

《周易》作为一部"极天地之渊蕴,尽人事之终始"(宋胡瑗《周易口义》)的宝典,对中国古代哲学乃至中华传统文化有着极为深远的影响。孔子晚年研究《易》,《史记》称其"读《易》韦编三绝"(《孔子世家》),他创立儒学,以《周易》作为传授的"六经"之一。汉武帝时,儒家获得独尊地位,朝廷设"五经博士",《易》经跃为儒家诸经之首,成为儒学最高哲学典籍,并被视为"大道之源"。汉、魏,《易》学昌盛,注家蜂起,主要有孟喜、京房、焦赣、费直、马融、荀爽、郑玄、刘表、宋衷、虞翻、陆绩、王肃、王弼诸家。王弼以老、庄思想解《易》,一改汉儒以《易》象、《易》数解经的"象数"旧习,首倡"义理"之风,从而使汉代《易》学走向衰退。唐孔颖达为王弼、韩康伯注作疏,将其列入《五经正义》,使王弼《易》学几定于一尊。及宋,陈抟、刘牧、邵雍亦言象数,而后遂有"河图"、"洛书"诸图说,遂使"象数学"重新勃兴。而胡瑗、程颐专阐义理,也使"义理学"蔚为大观。从此"象数"与"义理"成为《易》学研究的两大并行不悖的学派。20世纪以来,人们除了在象数、义理方面进行深入研究外,亦开拓了多角度研究的新领域,使古老的《周易》越加焕发出夺目的光彩。

有关《周易》的研究著作主要有:汉焦赣《易林》、京房《易传》、郑玄《易纬·乾凿度》,三国魏王弼《周易注》《周易略例》,唐孔颖达《周易正义》、李鼎祚《周易集解》、郭京《周易举正》,宋刘牧《易数钩隐图》、胡瑗《周易口义》、司马光《温公易说》、苏轼《东坡易传》、张载《横渠易说》、程颐《周易程氏传》、朱熹《周易本义》、张栻《南轩易说》、吕祖谦《古易音训》、杨万里《诚斋易传》,元吴澄《易纂言》、胡震《周易衍义》,明胡广等《周易大全》、蔡清《易经蒙引》、陈士元《易象钩解》、董守谕《卦度考略》,清孙奇逢《读易大旨》、黄宗羲《易学象数论》、王夫之《周易稗疏》《周易内传》、李光地《周易观彖》、惠士奇《易说》、惠栋《易汉学》、焦循《雕菰楼易学三书》,近人尚秉和《周易尚氏学》,今人李镜池《周易探源》、高亨《周经古经今注》、《周易大传今注》、杨树达《周易古义》、于省吾《易经新证》、张政烺《论易丛稿》、李学勤《周易经传溯源》等。上海古籍出版社2008年出版的《中华易学大辞典》对易学史、易学流派、易学人物和国际易学研究都有专题论述,可资参考。

(高若海)

管 子

《管子》,二十四卷八十六篇,存七十六篇。托名管仲著。通行本有宋杨忱刻《管子注》本,明刻赵定宇评《管子》本、明吴勉学刻《管子》本、清戴望《管子校正》本等。

管仲(?—前645),名夷吾,字仲,又称管敬仲,春秋初期颍上(今安徽省西北阜阳地区)人。早年贫困,曾经商为生,后由鲍叔牙多次推荐,得相齐桓公。辅助桓公召集诸侯于葵丘(今河南考城东),出谋画策,订立盟约,使齐国威名大振。执政四十年,完成改革,齐国富强,使桓公在"尊王攘夷"的口号下,"九合诸侯,一匡天下",成为春秋时期第一位霸主。他在经济上推行"相地而衰征"(《国语·齐语》),视土地之肥瘠定征赋的政策,发展煮盐业。在政治上,划国都为二十一乡(六工商乡和十五士乡);分鄙野五属,设各级官吏管理;改食邑制为俸禄制,"察能授官",使"匹夫有善,可得而举"。管仲的成就和思想在战国至西汉时仍有很大的影响,因此陆续有人以他的名义撰写文论,其中可能含有管仲的一些事迹和言论,而大量的则是发挥撰述者自己的思想和主张。在此基础上形成了《管子》一书。管仲《史记》有传。

最早提到《管子》书的是战国末年的韩非。《韩非子·五蠹》说:"今境内之民皆言治,藏商、管之法者家有之,而国愈贫,言耕者众,执耒者寡也。"这里的商、管之法当指《商君书》和《管子》。战国时的《管子》包括哪些篇目,已无从查考。张守节《史记正义》引刘歆《七略》说《管子》十八篇,可能是较早的版本。司马迁说:"吾读管氏《牧民》、《山高》、《乘马》、《轻重》、《九府》,详哉其言之也。"(《史记·管晏列传》)今本《管子》有《牧民》、《乘马》、《形势》(即《山高》),《轻重》没有单篇,而是一组文章的总名,没有《九府》。司马迁所见的《轻重》是否即今本《管子》的《轻重》诸篇,尚无定论。

今本《管子》相传为西汉末年刘向所编。刘向在所上《管子书录》中说:"所校雠中管子书三百八十九篇,太中大夫卜圭书二十七篇,臣富参书四十一篇,射声校尉立书十一篇,太史书九十六篇,凡中外书五百六十四,以校除复重四百八十四篇,定著八十六篇。"五百六十四篇减四百八十四篇应为八十篇,不是八十六篇。说明这段文字可能有夺误。

《管子》分为八个组,计《经言》九篇,《外言》八篇,《内言》九篇(佚二篇),《短语》十八篇(佚一篇),《区言》五篇,《杂篇》十三篇(佚三篇),《管子解》五篇(佚一篇),《管子轻重》十九篇(佚三篇)。《管子解》应属《管子》的最后部分,而后面却又有《管子轻重》;且《管子轻重》不像前面六组那样不含书名,同其他各组体例不一致。这就使《管子轻重》是否为刘向原编《管子》的组成部分,增加了一些可疑因素。

刘歆《七略》将《管子》十八篇列为法家,《汉书·艺文志》将《管子》八十六篇列为道家。实际上它的内容庞杂,除法家、道家思想外,还包括儒家、农家、名家、阴阳家等思想。

一、《管子》中的法治思想。《法禁》主要论加强君权,防臣侵君,列举十八条禁臣事项。《君臣》上、下,主要论君臣关系与君臣之道。《七臣七主》主张法治,但不赞成刑罚繁重;主张君道有为。《法法》主要论尚法、贵势、尊君、慎兵。《权修》强调经济对政治的决定作用,主张重法又兼及礼义。《重令》主要论权势与命令的重要。《正世》篇主张变法,认为政治的关键在于把握"齐",即恰到好处,不可偏颇。《禁藏》篇认为法要适中,不能烦苛。《任法》篇主张守法,反对随意变法,赞扬黄帝,倡导文、武、威、德并重。《版法》、《版法解》以法为主,综合各家,提倡兼爱。《立政》、《立政九败解》基本为法家,同时兼收儒家。《形势解》以法为主,兼收道儒,文中着重分析各种事物之间的关系。《明法》、《明法解》主张尚法主势,贵公去私,以法任人。《九守》为术家之作,"九守"即君之九术。《霸言》、《霸形》、《问》三篇主要论如何争霸以及外交、用兵之术。《七法》、《地图》、《小问》、《兵法》、《制分》、《势》、《九变》、《参患》等篇主要论用兵之道。

二、《管子》中的哲学思想。《心术》上下、《白心》、《内业》四篇,在中国哲学史上地位十分重要。四篇的作者,郭沫若、刘节、任继愈均认为是宋钘、尹文;张岱年认为是战国时齐国管仲学派,冯友兰认为是战国稷下学派;蒙文通则认为是田骈、慎到学说。这个问题尚无定论。

四篇发展了老子关于"道"的学说,提出了精气一元论,认为"道"就是"气",而气乃是宇宙万物的本源。《心术》阐述了"道"是虚而无形的。"道在天地之间也,其大无外,其小无内。""天之道,虚其无形。"(《心术上》)《内业》亦指出:"道也者,口之所不能言也,目之所不能视也,耳之所不能听也。""凡道,无根无茎,无叶无荣,万物以生,万物以成,命之曰道。"这种"道"正是充盈于天地的精气。"精也者,气之精者也。气,道乃生。"精气赋予万物以生机:"凡物之精,此则为生。下生五谷,上为列星。流于天地之间,谓之鬼神;藏于胸中,谓之圣人。"

《内业》认为,"气"也是人的本源。"人之生也,天出其精,地出其形,合此以为人。""气道乃生,生乃思,思乃知,知乃止矣。"既然人的生命、思想、智慧都由"气"产生,因此人的精气越多,生命力就越旺盛,智力也越高。"精存自生,其外安荣,内藏以为泉原,浩然和平,以为气渊。渊之不涸,四体乃固;泉之不竭,九窍遂通,乃能穷天地,被四海。"

《心术》、《白心》还阐述了人作为认识主体的内心应达到的虚静境界。《心术》强调心在人体的统治地位,"心之在体,君之位也;九窍之有职,官之分也"。为了保持心的认知功能,就应当"洁其宫,开其门"。"宫者,谓心也,心也者,智之舍也,故曰'宫'。洁之者,去好过也。门者,谓耳目也。耳目者,所以闻见也。"(《心术上》)打开门户,又不被外界纷繁复杂的事物侵扰,就需要"洁其宫","虚其欲",保持内心的虚静,做到"虚一而静"。排除主观成见和杂念,一意专心,尽管外界纷纷攘攘,却能"与时变而不化,从物而不移。能正能静,然后能定。定心在中,耳目聪明"(《内业》)。《心术》下还提出:"专于意,一于心,耳目端,知远之证。"内心虚静并不排除思考,《心术》下、《内业》均有一段强调"思"的话。"思之,思之,又重思之。思之而不通,鬼神将通之。非鬼神之力也,精气之极也。"(《内业》)

《水地》提出水为万物本原的思想。"水者何也? 万物之本原也,诸生之宗室也,美恶、贤不肖、愚俊之所产也。"从水与地的关系看,水是"地之血气,如筋脉之通流者也"。从水与金石草木的关系看,它"集于天地而藏于万物,产于金石,集于诸生"。它使草木得以生长,使鸟兽得以健壮。水亦是人之本。"人,水也。男女精气合,而水流形。"水"凝蹇而为人,而九窍五虑出焉"。因此,水可以生养万物:"是故具者何也? 水是也,万物莫不以生。"

《幼官》、《幼官图》、《宙合》、《四时》、《五行》诸篇,出于稷下学宫的阴阳家之手,反映了阴阳五行思想在战国时的发展。《幼官》与《幼官图》,据何如璋、郭沫若释,应为玄宫与玄宫图,按中、东、南、西、北五方的方位,记载了时令、方位与五行、五色、五声的对应。《四时》则把春、夏、秋、冬四季也作了五行划分:"东方曰星,其时曰春,其气曰风,风生木",属木德;"南方曰日,其时曰夏,其气曰阳,阳生火",属火德;"西方曰辰,其时曰秋,其气曰阴,阴生金",属金德;"北方曰月,其时曰冬,其气曰寒,寒生水",属水德。这些都为《吕氏春秋》的"十二纪"奠定了基础。《五行》还提出,圣人应当善理阴阳,以顺应五行和时变:"通乎阳气,所以事天也,经纬日月,用之于民;通于阴气,所以事地也,经纬星历,以视其离。"只要能理阴阳,就是神筮不显灵,神龟卜不验,也可以达到"治之至"的境界。

三、《管子》中的经济思想。其内容之多,范围之广为先秦、西汉诸子著作之冠。全书涉及经济较多的篇目不下于三十篇。

《管子》的经济思想主要包括以下一些内容。

(一) 经济条件决定人们的思想。《牧民》提出"仓廪实则知礼节,衣食足则知荣辱"的著名论断,对后世有很大影响。《五辅》提出"德有六兴",是指培养人们的道德观念要从发展生产、便利交通、兴修水利、薄敛宽刑、关心疾苦、救济贫穷等六方面下手,改善经济条件占了主要的地位。

(二) 重视人民的物质利益。《禁藏》提出人的本性是"见利莫能勿就,见害莫能勿避"的,统治者用利来引导,可以做到"不推而往,不引而来,不烦不扰而民自富"。《五辅》也指出"得人之道,莫如利之"。《乘马》主张"均地分力"和"与之分货",即分地与民和与农民分享劳动产品,以提高农民的生产积极性。

(三) 实行四民定居和职业世袭制。认为士、农、工、商四民分别定居,子弟能安心父兄的职业,不见异思迁,而且易于熟悉本行技能,做到"士之子常为士","农之子常为农","工之子常为工","商之子常为商"(《小匡》)。

(四) 重本禁末。《管子》不仅论述了以农为本的一般理由,而且指出城市的规模要受农业的制约:"夫国城大而田野浅狭者,其野不足以养其民。"(《八观》)禁末是指禁止民间的奢侈品生产,认为这是发展农业的必要条件,如《治国》说:"凡为国之急者,必先禁末作文巧。末作文巧禁则民无所游食,民无所游食则必农。"

(五) 富民和富国。《管子》对两者同样重视。关于富民,《治国》说得最为深刻:"凡治国之道,必先富民。民富则易治也,民贫则难治也。"关于富国,《立政》说:"山泽救(止)于火,草木殖成,国之富也;沟渎遂(通)于溢,障水安其藏,国之富也;桑麻殖于野,五谷宜其地,国之富也;六畜育于家,瓜瓠、荤菜、百果具备,国之富也;工事无刻镂,女事无文章,国之富也。"前四条指发展广义的农业,最后一条是指禁止奢侈品生产。

(六) 节俭和奢侈。《管子》多处主张节俭,反对"侈国之俗"(《八观》)。唯独《侈靡》强调奢侈的积极作用,认为"侈乐"是"民之所愿",只有"足其所欲,赡其所愿",才能为统治者所用;富人的扩大消费既能削弱他们的经济实力,又可以为穷人增加谋生手段。

(七) 薄税敛。《权修》指出:"故取于民有度,用之有止,国虽小必安;取于民无度,用之不止,国虽大必危。"认为薄税敛有利于发展生产和稳定社会秩序。

(八) 轻重理论。指《轻重》各篇的理论,主要内容为论述形成商品贵贱的原因及封建国家控制商品、货币流通的意义和方法。它的主要观点有:国家经营商业既可以调节物价、抑制兼并,又可以获取利润以充实国家财政。商品的价格决定于在市场流通的商品的数量:"夫物多则贱,寡则贵;散则轻,聚则重。"(《国蓄》)国家可以通过"号令"改变市场上商品或货币的数量,从而改变商品的价格。国家对盐铁等商品实行垄断经营,从加价中增加收入(即后世所说的"寓税于价"政策)。用商业经营的收入来代替直接向人民征税,可收"见予之形,不见夺之理"(《国蓄》)之效。总之,《轻重》揭示了商品流通的一些规律,而又夸大了封建国家操纵市场,改变商品、货币轻重关系的能力和作用,并过分突出了增加国家财政收入的目的。

此外,《管子》还有以下一些与经济有关的内容:《八观》提出了考察一个国家要注意八个方面,前四个方面纯属经济的考察,后四个方面也涉及经济。《问》详细列出了社会调查的提纲,其中有许多经济内容。《度地》论述了防治水害和其他灾害。《地员》论述了各种土壤及其适宜种植的作物。

对《管子》是否为管仲所作首先提出怀疑的是西晋的傅玄。他说:"《管子》书过半是后之好事者所加,《轻重》篇尤鄙俗。"(《傅子》卷三)唐人开始为《管子》作注,旧题为房玄龄注,实为尹知章注。以后怀疑《管子》作者的人很多。南宋叶适说:"《管子》非一人之笔,亦非一时之书,莫知谁所为。"(《习学记言》卷四十五)朱熹也说:"《管子》非管仲著。……著书者不见用之人也。"(《朱子语类》卷一百三十七)他认为《管子》是战国时人收拾管仲的言行撰成,并附有他书。

关于《管子》的著作年代及有无管仲本人的作品,至今仍存在着不同意见。罗根泽曾分别列出《管子》各篇的著作年代,认为其成于战国至西汉武、昭时。郭沫若称《管子》为"战国、秦、汉文字总汇"(《管子集校·校毕书后》)。关锋、林聿时认为《经言》九篇和《外言》中的《五辅》是管仲本人作品。至于《轻重》各篇,罗根泽定为武、昭时理财家所作,郭沫若认为作于西汉文、景时,马非百坚持成书于王莽时,也有一些学者仍持战国说。近颇有人认为《管子》中有相当一部分为齐国稷下学者的著作。

唐以来校注《管子》的成果颇多,1956年出版的郭沫若、闻一多、许维遹《管子集校》为集大成之作。此外有关《管子》的研究著作主要有黎翔凤《管子校注》、罗根泽《管子探源》、赵守正《管子通解》、马非百《管子轻重篇新诠》、巫宝三《管子经济思想研究》、胡家聪《管子新探》、池万兴《管子研究》等。

(叶世昌 郝铁川 高 谷)

晏子春秋

《晏子春秋》，又名《晏子》。旧题周晏婴撰，然所叙皆晏婴遗事，当为后人掇集其事迹而成。约成书于战国秦汉之间。书名始见于《史记·管晏列传》。汉代已广为流传，1972年于山东银雀山汉墓出土《晏子》残简一百二十枚，与今本有关章节内容基本一致。经汉刘向校订，并增叙录一篇。现今存有明清时刻本。明刻本有凌氏"得于国学"而点校的朱墨印本、李氏绵眇阁刻本（清采入《四库全书》）。通行本有清乾隆中镇洋毕沅刻《经训堂丛书》本、清光绪元年（1875）浙江书局《二十二子》本、清光绪二十年（1894）湖南长沙思贤讲舍本等、商务印书馆1936年版《四部丛刊》本、中华书局1954年版《诸子集成》本等。

晏婴（公元前585—前500），字平仲（一说谥平仲；又说平为谥、仲为字），春秋末期齐国东莱夷维（今山东高密）人。继其父弱（桓子）为齐卿，历事灵公、庄公、景公三朝，以节俭力行、品行高洁、善于应对而闻名诸侯间，为当时名卿贤士如晋国叔向、郑国子产所称许。其生平事迹在《左传》、《晏子春秋》、《史记·管晏列传》等多有记载。

《晏子春秋》主要记载晏子与齐灵公、庄公、景公之间的对话。全书共八卷，二百一十五章。并分为内、外两篇，内篇分为谏上、谏下、问上、问下、杂上、杂下六篇；外篇分为重而异者、不合经术者两篇。

《晏子春秋》以君臣对话形式所表达的主要是有关国家政治问题的思想。这些思想并不一定就是历史人物晏婴本人的，但至少是齐国后学中某一学派的政治理想以及对于国家统治和种种社会问题的观点。这些思想有以下几个特点。

本书反复强调的为君之道是"薄身厚民"（《问上》），要求统治者自我约束。在"景公问古之盛君其行何如"章中，强调"古之盛君"的为君之道是"薄于身而厚于民，约于身而广于世也。其处上也，足以明政行教，不以威天下；其取财也，权有无，均贫富，不以养嗜欲"。在《景公问贤君治国若何》章，又指出贤君"其行爱民，其取下节，其自养俭，……不从欲以劳民……上无朽蠹之藏，下无冻馁之民"。《景公问富民安众》章中,又指出君主"节欲则民富,中听(注:听狱得中也)则民安,行此两者而已矣!"

基于"重民"的思想,本书对于君臣关系也鲜明地提出君臣共为社稷民众的观点。《庄公不用晏子晏子致邑而退后有崔氏之祸》章中,庄公被崔杼所弑,晏婴不畏危险,往哭庄公,称"君民者,岂以陵民?社稷是主。臣君者,岂为其口实?社稷是养。故君为社稷死则死之,为社稷亡则亡之。若君为己死、而为己亡,非其私昵,孰能任之?"(此语亦见《左传·襄公二十五年》)另外在《景公问忠臣之行何如》章,又称忠臣之行是"不掩君过",在《景公问忠臣之事君何如》章则主张"忠臣也者,能纳善于君,不能与君陷于难"。并指出君主临国莅民有三患:"忠臣不信,一患也;信臣不忠,二患也;君臣异心,三患也。是以明君居上,无忠而不信,无信而不忠者,是以君臣同欲,而百姓无怨也。"(《景公问临国莅民所患何也章》)又以社鼠、猛狗比喻佞臣嬖幸为治国大患(《景公问治国何患章》)。

《晏子春秋》在法律方面也有很多议论。主张统治者不可滥用刑罚。"赏无功谓之乱,罪不知谓之虐。"(《景公欲诛骇鸟野人晏子谏章》)"穷民财力以供嗜欲谓之暴,崇玩好,威严拟乎君谓之逆,刑杀不辜谓之贼。"(《景公欲杀犯所爱之槐者晏子谏章》)并主张君主亦应守法。《景公问明王之教民何若章》称:"明其教令,而先之以行义。养民不苛,而防之以刑辟。所求于下者,不务于上,所禁于民者,不行于身。守于民财,无亏之以利。立于仪法,不犯之以邪。苟所求于民,不以身害之。故下之劝从其教也。……上以爱民为法,下以相亲为义。"

本书继承了春秋以来"天道自然"的思想,提出"盛之有衰,生之有死,天之分也;物有必至,事有常然,古之道也"(《外篇》)。"天道"和"人道"都只是一种必然之道,并无神的主宰。尤其社会政治,"德厚可以安世,行广足以容众,诸侯戴之以为君长,百姓归之以为父母"(《内篇谏》上)。从"天道自然"又推出"生之有死","夫古之有死也,令后世贤者得之以息,不肖者得之以伏。若使古之王者如毋有死,自昔先太君公至今尚在,而君安得此国而哀之?"(《外篇》)反对祭祀祷寿:"维以政与德而顺乎神,为可以益寿。今徒祭,可以益寿乎?"(《内篇杂篇》下)

本书议论社会政治问题时,表现了丰富的朴素辩证法思想。比如《外篇》认为"和"与"同"是不一样的概念,主张"和"是对立面的统一,"和如羹焉",各类食物经烧煮而和为一体。因此"君所谓可而有否焉,臣献其否以成其可;君所谓否而有可焉,臣献其可以去其否。是以政平而不干?民无争心。……清浊、大小、短长、疾徐、哀乐、刚柔、迟速、高下、出入、周流(当作疏)以相济也"。

《晏子春秋》的思想相当丰富,其观点部分倾向儒家,如君臣的相对关系、重礼等观点与儒家思想接近。然而其主张节俭、节葬、非攻等等思想又相当类似于墨家,外篇《仲尼之齐欲封节》一章同于《墨子·非儒》。《汉书·艺文志》将本书列入儒家,至唐柳宗元始疑本书系墨子齐国门徒所作,唐宋时多将本书划为墨家(如《文献通考》)。清学者章学诚亦主此说,而《四库全书总目》则将其由子部转列史部传记类。

　　清以来学者对《晏子春秋》一书的研究成果主要有孙星衍《晏子春秋音义》、卢文弨《晏子春秋拾补》、王念孙《读晏子春秋杂志》、吴汝伦《晏子春秋评点》、叶昌炽《晏子春秋校》、陶鸿庆《读晏子春秋札记》、刘师培《晏子春秋斠补定本》、于省吾《晏子春秋新证》、张纯一《晏子春秋校注》、吴则虞《晏子春秋集释》、骈宇骞据银雀山汉简撰《晏子春秋校释》等。

（郭　健　戴洪才）

老子

《老子》，又名《道德经》、《道德真经》、《老子五千文》等，二卷或上下篇。春秋时老聃著。版本很多，可分为如下数类：一、通行本，有西汉河上公《老子注》（又名《老子章句》），《道德经注》有宋麻沙刘氏刻本、明《正统道藏》本、清《四库全书》抄本等；二、三国魏王弼《老子注》本，有北宋政和五年(1115)晁说之刻本、明《正统道藏》本、清《四库全书》抄本、光绪元年(1875)浙江书局刻《二十二子》本、1958年中华书局排印本等；三、唐傅奕《道德经古本编》本，有明《正统道藏》本等；四、宋彭耜《道德真经集注》本，有明《正统道藏》本等；五、考古出土文物的帛书、竹简：有长沙马王堆出土汉墓帛书《老子》甲本、乙本及其注释，1974年文物出版社出版；湖北荆门郭店楚墓竹简《老子》甲组、乙组、丙组及其注释，收在1998年文物出版社出版的《郭店楚墓竹简》中；以及北京大学藏西汉竹书《老子》。

老子其人，司马迁写《史记》时就已经弄不太清楚了。在《史记·老子韩非列传》中，他同时立了三个老子：与孔子基本同时的李耳（老聃）和老莱子，还有战国时的周太史儋。但司马迁的基本倾向是老子就是李耳，即老聃。据司马迁说：老聃姓李，名耳，字聃，楚国苦县（今河南鹿邑东）厉乡曲仁里人，曾做过周王室的"守藏室之史"，即掌管图书的史官。他是一个学问广博的人，相传孔子曾向他请教过关于"礼"的问题，他把孔子说了一通："子所言者，其人与骨皆已朽矣，独其言在耳。且君子得其时则驾，不得其时则蓬累而行。吾闻之，良贾深藏若虚，君子盛德，容貌若愚。去子之骄气与多欲，态色与淫志，是皆无益于子之身。吾所以告子，若是而已。"看来老子的年龄要比孔子大一些，所以孔子非但没有生气，而且当其弟子问及老子时，孔子把他比作深不可知、能"乘风云而上天"的"龙"。老子晚年，见周王朝日益没落，便辞官西去。至函谷关，关令尹喜请他著书，迫于无奈，老子著书上下篇，"言道德之意五千余言而去"，那就是《老子》一书。《史记》卷六三有传。

对老子其人及其生活年代的考定，在历代学者中有不同意见，但较多学者基本上还是同意司马迁的观点。一般认为，老子就是先秦道家学派的创始人。后来道教建立，老子又被尊为教主和道教中的一个重要神仙，《老子》一书也成为道教的主要经典，称为《道德真经》。

与老子其人相关，《老子》其书的成书年代也是一个历来争论不休的问题，至今尚不能完全意见统一。关于《老子》一书的争论，以近代以来为烈。先是梁启超认为《老子》一书的来历不明，恐为战国晚期的作品。后参与争论的学者颇多，如胡适、钱穆、顾颉刚、罗根泽、冯友兰、唐兰、金景芳等，他们从文献征引、思想系统、语言风格、文体特征等各个方面进行辩论。争论的结果基本形成两种对立的意见：以梁启超为代表的"晚出论"，认为《老子》成书于战国中后期乃至西汉的文景之世；以胡适为代表的"早出论"，坚持《老子》成书于孔子之前，是老聃的著作。两派可谓各说各的，无法达成共识，详可参见《古史辨》第四册和第六册及《伪书通考》等。1973年湖南长沙马王堆三号汉墓出土帛书《老子》二本，1993年湖北荆门郭店一号楚墓出土竹简《老子》三组，这两大发现基本确定了"早出论"的观点是正确的。当然，"晚出论"的观点也并非一无是处，它至少可以说明今天流传的《老子》一书中，已经掺杂了不少后来的内容。

老子是中国古代最有影响的思想家、哲学家之一，《老子》一书也是中国古代最重要的哲学著作之一，这里择其要略作述介。

一、"道"为世界本原。与孔子和墨子都不同，老子既不信"天"、"命"，也不信"鬼神"，他说过："天地不仁，以万物为刍狗"，这种语言在孔子和墨子那里是看不到的。老子有自己的理论，他提出了"道"的概念，以作为宇宙万物之起源、演变及其存在的根源。

"道"的本义是指人行之路即道路，后来引申出许多含义，如：日月星辰等天体运行的规律是天之"道"，人类生活所必须遵循的法则是人之"道"，子产所谓"天道远，人道迩"，就是指这两个方面而言的；某种学说、主张也可以称为"道"，如"先王之道"、"君子之道"等，孔子就说过，"吾道一以贯之"，"士志于道"等等；再如治国的方法也可以称"道"，所谓"天下有道"、"天下无道"之类。但以上这些都不是哲学意义上的"道"的概念，在《论语》、《墨子》、《孟子》等先秦古籍中，"道"并非指独立自主的宇宙论或本体论范畴。第一个赋予"道"以哲学含义的就是老子，在老子那里，"道"开始成为一个具有宇宙论及本体论意义的观念。

关于宇宙生成的演化，老子认为，世界上的万事万物就是从"道"中派生出来的，他说："有物混成，先天地生，寂兮寥兮，独立不改，周行而不殆，可以为天下母。吾不知其名，字之曰'道'"；"道生一，一生二，二生三，三生万物。万物负阴而抱阳，冲气以为和。"这是说，"道"是天地的产生者，"道"作为一个混沌未分的总体，从中自我分化或生长出"一"，"一"就是统一的气；"一生二"，从统一的气中再分化出对立的阴阳二气；"二生三"，阴阳二气相互激荡产生"和"，于是万物渐次地产生了。"道"不仅是产生万物的根源，而且还决定着天地万物的生存及发展，他说："大道泛兮其可左右,万物恃之而生而不辞,功成不名有,衣养万物而不为主。""道"是广泛的,无所不在的,万物依靠它而生存,它成就万物而不自以为有功,养育万物而不作其主。

老子的"道",究竟是精神的还是物质的,究竟是"无"还是"有",在《老子》一书中存在矛盾的陈述。一方面是,"天下万物生于有,有生于无";另一方面是,"道之为物,惟恍惟惚,惚兮恍兮,其中有象,恍兮惚兮,其中有物;窈兮冥兮,其中有精,其精甚真,其中有信"。因此,学术界对其的理解有很大的分歧。实际上,"道"既是"无"也是"有",它兼赅了有和无两个方面。所以在《老子》一书的首章中这么说道:"道可道,非常道。名可名,非常名。无,名天地之始;有,名万物之母。故常无欲,以观其妙;常有欲,以观其徼。此两者同出而异名,同谓之玄,玄之又玄,众妙之门。""道"难以用语言来描述或命名,所以"无"是用来称呼"天地之始"的,"有"是用来称呼"万物之母"的。从"常无"的角度可以看到万物变化的奥妙,从"常有"的角度可以看到万物区别的分界。"常有"和"常无"两者同出于"道"而名称不同,它们都可称为"玄",玄而又玄就是认识一切奥妙的入门之处。这里强调了作为世界本原的"道",不同于一般的"有"或"无",它既有"有"的一面,又有"无"的一面,是两者的统一。

总之,老子从宇宙论、本体论的思想高度,抽象和概括出"道"这一世界万物的本原,这是老子在中国哲学史上的伟大贡献。老子因此也成为中国历史上第一个摆脱了宗教和神话的束缚,从哲学层面思考世界起源问题和存在根据问题的大思想家。

二、"反者道之动。"老子对中国哲学的另外一个重大贡献,就是他提出了丰富的辩证法思想。老子认为,"道"推动万物变化发展时,表现出相反相成的矛盾运动和返本复初的循环运动的规律性,一切矛盾的事物都在相反对立的状态下互相依存并互相转化,事物的运动,遵循着逆向运动、物极必反的规律,周而复始,动复归静。在《老子》一书中,提出了一系列矛盾的概念,如:大小、高下、前后、生死、难易、进退、古今、终始、正反、长短、智愚、巧拙、美恶、正奇、敝新、善妖、强弱、刚柔、兴废、与夺、胜败、有无、损益、利害、阴阳、盈虚、静躁、曲直、雌雄、贵贱、荣辱、吉凶、祸福……等等。老子正是通过对这些对立性的概念的表述,来揭示自然界和人类社会中存在的矛盾的客观性、普遍性及其相互依存、转化的关系。如他说:"天下皆知美之为美,斯恶已;皆知善之为善,斯不善已。故有无相生,难易相成,长短相形,高下相倾,音声相和,前后相随,恒也(末二字系据马王堆帛本书补)。"老子具有非凡的观察和思考能力,他能在别人往往忽视的地方发现哲理,如他说:"三十辐共一毂,当其无,有车之用。埏埴以为器,当其无,有器之用。凿户牖以为室,当其无,有室之用。故有之以为利,无之以为用。""有"虽然给人以便利,但正是通过"无"才能显示出"有"的实际功用。这是充满中国式智慧的哲思,它教我们必须重视否定性的作用。

老子不仅看到了事物对立面的相互依存关系,而且也看到了对立面的相互转化的可能性与必然性。最为人熟知的就是他所说的,"祸兮福之所倚,福兮祸之所伏"。此外如"物或损之而益,或益之而损";"物壮则老";"兵强则灭,木强则折"等等,说的都是这个道理。从这样一种辩证的观念出发,老子提出了"柔弱胜刚强"和"知雄守雌"的思想,即如何由弱变强,在不利的情况下争取有利的结果;如何避免由强变弱,在有利的情况下向不利方面转化的趋势。老子的基本思路都是从反面入手,以反求正。他说:"将欲歙之,必固张之;将欲弱之,必固强之;将欲废之,必固兴之;将欲夺之,必固与之。是谓微明,柔弱胜刚强。"老子所强调的就是如何促进强大的事物尽快走向其反面,从而达到以弱胜强的目的。至于如何避免由强变弱,老子则提出了最完满的状态应该是不十分完满,即必须要预先就能够容纳反面的东西,以避免走向反面,即"大成若缺,其用不弊。大盈若冲,其用不穷。大直若屈,大巧若拙,大赢若绌"。无论什么事物,只有能容纳反面的东西才是理想的状态,这才能"其用不弊"和"其用不穷",避免走向反面。所以,老子主张"知其雄,守其雌","知其白,守其黑","知其荣,守其辱"这其中都充满了辩证的智慧。

三、"不争"的人生论。从否定性和批判性入手老子基本的思维方式。这一思维方式运用在人生论上,就是强调"不争"。他认为:"曲则全,枉则直,洼则盈,敝则新,少则得,多则惑。是以圣人抱一为天下式。不自见,故明。不自是,故彰。不自伐,故有功。不自矜,故长。夫唯不争,故天下莫能与之争。""天之道,不争而善胜。"他用水做比喻:"上善若水。水善利万物而不争,处众人之所恶,故几于道。"

老子认为,应该复兴人"素朴"的真性,追求"清静",贯彻自然天道的无为无知无欲的美德。把这种原则贯彻到个人,推广到家、乡、国、天下,就能起到安定人心和净化社会的作用。"修之于身,其德乃真;修之于家,其德乃余;修之于乡,其德乃长;修之于国,其德乃丰;修之于天下,其德乃普。"落实到具体内容上,那就是少私寡欲、致虚守静、去甚去奢、见素抱朴、贵柔守雌等。

老子是西周的守藏史,"历记成败、存亡、祸福、古今之道",对社会历史的沧桑之变感受很深:"五色令人目盲;五音令人耳聋;五味令人口爽;驰骋畋猎令人心发狂;难得之货令人行妨。""持而盈之,不如其已;揣而锐之,不可常保。金玉满堂,莫之能守。富贵而骄,自遗其咎。功成身退,天之道也。"一切都在变化,一切都在走向自身的反面,所以"争"又有什么用呢?还不如淡泊宁静。所以,老子强调必须抛弃那些过分的追求,要知足、知止:"祸莫大于不知足,咎莫大于欲得。故知足之足,常足矣。""知足不辱,知止不殆,可以长久。"

老子的这一思想不是软弱无能的表现。他强调的是"柔弱胜刚强",因为自然界的规律就是"弱者道之用",他还以水为例:"天下莫柔弱于水,而攻坚强者莫之能胜,其无以易之。弱之胜强,柔之胜刚,天下莫不知,莫能行。"

四、"绝圣弃智"与"无为而治"。老子对当时动荡的社会现实很不满,所以有不少社会批判思想。他说:"天之道,损有余而补不足。人之道则不然,损不足以奉有余。"老子还向贪得无厌的统治者发出警告,"民不畏死,奈何以死惧之?"

社会为什么会这样的? 老子以其否定性的思维方式来理解,认为这是社会生产力、物质文明和文化知识发展的结果而引起的。他说:"失道而后德,失德而后仁,失仁而后义,失义而后礼。夫礼者,忠信之薄而乱之首。""天下多忌讳而民弥贫;民多利器,国家滋昏;人多伎巧,奇物滋起;法令滋彰,盗贼多有。""大道废,有仁义;慧智出,有大伪;六亲不和,有孝慈;国家昏乱,有忠臣。"按老子的理解,人类历史是从"公天下"到"私天下"的蜕变过程,即"道——德——仁——义——礼"的蜕化,"礼"的形成,恰恰证明了忠信的不足,也预示和内蕴着大乱的爆发。

老子的这些思想,应该说也不无道理,人类在进入文明社会之后,统治者的贪欲往往就是历史发展的动力,而社会矛盾也就越来越多。老子对这一方面的问题和事实是有所见的,但他提出治疗社会病的"药方"却是向后看。

老子认为,"古之善为道者,非以明民,将以愚之。民之难治,以其智多;故以智治国,国之贼;不以智治国,国之福。""不尚贤,使民不争;不贵难得之货,使民不为盗;不见可欲,使民心不乱。"其次,统治者应该"无为而治"。老子认为"道法自然",自然的境界就是自然而然,一切应该听其自然,不要有所作为,无所作为恰恰就是最大的有为。他说:"我无为而民自化,我好静而民自正,我无事而民自富,我无欲而民自朴。""道常无为而无不为,侯王若能守之,万物将自化。"他还形象地比喻说:"治大国若烹小鲜",治理国家就如煎小鱼一样,不能去乱搅动,否则国家就治不好。

在老子看来,统治者"清静无为",老百姓无智无欲,天下便太平了,最后就可以建成一个理想的社会,老子为我们作了如此这般的描述:"小国寡民,使有什伯之器而不用;使民重死而不远徙;虽有舟舆,无所乘之;虽有甲兵,无所陈之。使人复结绳而用之。甘其食,美其服,安其居,乐其俗。邻国相望,鸡犬之声相闻,民至老死不相往来。"老子对现实不满,但不主张改造现实,所以只能往回走,回到远古初民的社会去,这只能是一种"乌托邦"的空想。

总之,老子的思想博大精深,对后世产生了巨大影响。后来的思想家从唯心、唯物、辩证法等不同的侧面吸收老子的思想;一些玩政治、搞军事的人多从老子的权变之术中汲取灵感;一些练气功、搞中医的人则从老子的清静、寡欲等思想中发掘素材。此外,老子思想也给普通的中国人以思想智慧的启示。

有关《老子》的研究,从先秦韩非子的《解老》、《喻老》开始,其著者如汉魏有河上公、严遵、张道陵、葛玄、王弼等;唐宋有陆德明、魏徵、傅奕、成玄英、颜师古、李荣、陆希声、唐玄宗、李约、杜光庭、邵若愚、王安石、司马光、苏辙、叶梦得、吕祖谦、林希逸、彭耜等;元明有杜道坚、吴澄、赵孟頫、薛蕙、释德清、李贽、焦竑、林兆恩、归有光、钟惺、王夫之等;清代有傅山、纪昀、姚鼐、卢文弨、毕沅、汪中、王念孙、魏源、俞樾、陶鸿庆、孙诒让等；近现代则有刘师培、张之纯、马叙伦、杨树达、奚侗、丁福保、王重民、高亨、钱穆、蒋锡昌、严灵峰、劳健、朱谦之、任继愈、杨柳桥、陈鼓应、许抗生等。最新的研究成果，当推由中国社会科学出版社于2006年出版的刘笑敢的《老子古今：五种对勘与析评引论》。该书将《老子》竹简本、帛书本、河上公本、王弼本、傅奕本按八十一章顺序，逐句对照排列，通过对勘，从字词、句式、韵式、修辞、语意、结构等诸方面加以了比较研究；而其析评引论则从古今中外不同层面探讨了哲学、宗教、政治等问题。

（徐洪兴）

郭店竹简本《老子》

郭店竹简本《老子》,亦名郭店楚简《老子》。因出土于郭店楚墓而得名。1993年10月底,湖北荆门市四方乡郭店村一号战国楚墓出土了八百零四枚竹简,这批竹简包含了多种先秦古籍,竹简经专家整理诠释后,于1998年由文物出版社以《郭店楚墓竹简》之名刊行。在这些竹简中,有七十一枚竹简的文字属于道家经典《老子》,总字数约相当于通行本的三分之一。整理者根据竹简的形制、长短及编联线距等外部形态,将其分为甲组(三十九枚)、乙组(十八枚)、丙组(十四枚)。三种本子的成因,学术界目前尚无定论,有以为是摘抄本,有以为是全本,有以为是三个不同时期形成的三种不同抄本。

郭店一号楚墓地处东周时期楚国都城纪南城北面约九公里,墓主下葬的年代,据考古专家鉴定,为战国中期稍后,至迟不晚于西元前三百年。

郭店竹简本《老子》的出土,是继1973年冬湖南长沙马王堆三号汉墓帛书本《老子》出土后,上古文献的又一重大发现,其在中国哲学史、思想史、学术史、文化史上的地位、意义与价值非同寻常,因此引起学术界的广泛重视。

关于简本《老子》的研究十分热烈,但争论也极大。这里仅综合各家研究成果中比较一致的观点略作介绍。

一、基本确定了《老子》一书成于战国中期之前。20世纪初以来关于《老子》成书年代及其真伪问题曾有过很大的争论(参见《古史辨》第四册、第六册及《伪书通考》),形成了所谓的"早出论"和"晚出论"两派,"早出论"基本上维持司马迁《史记》中的观点;"晚出论"的意见则不尽统一:有人认为成书于战国中期;有人认为成书在战国后期;极端的意见认为成书约在西汉初期的文景之世。简本《老子》的出土,虽还无法断定《老子》一书确切的成书年代,也无法断定简本之前是否还有更原始的本子,但只消根据常识即可断定,简本《老子》的书写时间肯定应早于该墓主下葬的年代,至于书的著作年代自然应更早一些,因此书成于战国前期应不成问题。且从简本的内容来看,其绝大部分文句与通行本相近或相同,但没有《德经》、《道经》之分,章次与通行本也不相对应。说明简本早于帛书本,也早于韩非子解读的本子,是迄今为止所发现的年代最早的《老子》传抄本。同时也证明《老子》一书的本子,从简本到帛书本再到通行本的流传、演变经历了一个漫长的过程,有过多次的改造变化,通行本与古本之间的差异甚大,以通行本的文字来推断《老子》一书的成书年代是不可靠的。

二、早期的儒道关系需要重新认识。传统观点认为,儒道关系一直是很对立的,如司马迁在《史记·老子韩非列传》中所谓:"世之学老子者则绌儒学,儒学亦绌老子,道不同不相为谋。"简本出土后,这一传统观点遭到了普遍的怀疑。至少从早期的儒道关系来看,双方的观点并不像后来那么紧张。虽然在价值取向上两家依然有很大不同,道家主张自然无为,儒家崇尚仁义礼乐;道家注重人与自然的关系,儒家注重人与人之间的关系。但早期的道家并不激烈地反对儒家的主张,这在简本中得到了证明。如通行本《第十九章》为:"绝圣弃智,民利百倍;绝仁弃义,民复孝慈;绝巧弃利,盗贼无有。"帛书本与之基本相同,而简本则作:"绝智弃辨,民利百倍;绝巧弃利,盗贼亡有;绝为弃虑,民复季子。"另外,通行本《第十八章》为:"大道废,有仁义;慧智出,有大伪;六亲不和,有孝慈;国家昏乱,有忠臣。"而简本则作:"故大道废,安有仁义;六亲不和,安有孝慈;邦家昏乱,安有正臣。"不同的本子,在意思和文气方面都有很大出入,这说明早期道家并不完全排斥儒家强调的"圣"和"仁义"。而通行本中的那些激烈的言论,反过来证明了,早期的"老学"一派并不是激烈的反礼乐仁义者,至迟从帛书本起,这些话被后来的"老学"一派中人改动过了。

三、关于老子哲学中"有"、"无"的关系问题。"有"、"无"的关系问题是老子哲学的核心问题,通行本《第一章》中有:"无,名天地之始;有,名万物之母……此两者同出而异名"之句,但通行本《第四十章》又有:"反者道之动,弱者道之用。万物生于有,有生于无。"两段话的说法似乎有矛盾之处,但因缺乏证据而一直无法解决。简本出土后,这个问题得到了合理的解释。简本此章作:"反也者,道动也;弱也者,道之用也。天下之物,生于有,生于无。"学术界对此的理解有所不同,有人以为是"生于无"前脱了一个"有"字,有人认为这即是原文,通行本的"有"字是衍文。如果从哲学角度来论,两种本子虽仅一字之差,但意义却很不相同,通行本讲的属于生成论问题,而简本讲的是本体论问题。如果结合通行本首章的内容来看,简本应该更合理一点。

总之,简本《老子》涉及的领域甚广,可以从哲学、历史学、文献学、语言文字学、考古学等许多层面展开,目前的研究还只能说处在初步阶段,尚有待于各学科的合作研究。

有关简本《老子》研究的专著有荆门市博物馆《郭店楚墓竹简》(文物出版社,1998年)、丁原植《郭店楚简老子释析与研究》(万卷楼图书有限公司,1998年)、崔仁义《荆门郭店楚简老子研究》(科学出版社,1998年)、刘信芳《郭店楚简老子解诂》(艺文印书馆,1999年)、魏启鹏《楚简老子柬释》(万卷楼图书有限公司,1999年)、侯才《郭店楚墓竹简老子校读》(大连出版社,1999年)、彭浩《郭店楚简老子校读》(湖北人民出版社,2000年)、郭沂《郭店竹简与先秦学术思想》(上海教育出版社,2001年)、尹振环《楚简老子辨析》(中华书局,2001年)、李零《郭店楚简校读记》(北京大学出版社,2002年)、邢文编译《郭店老子——东西方学者的对话》(学苑出版社,2002年)、廖名春《郭店楚简老子校释》(清华大学出版社,2003年)、刘钊《郭店楚简校释》(福建人民出版社,2003年)等。英文译本有 Edmund Ryden, *GUODIAN BAMBOO SLIPS: An Edition of the Gudian Laozi and Taiyi Sheng Shui*(台湾辅仁大学哲学系,1999年)。有关的研究论文就多得难以枚举了,它们散见于各种学术刊物,仅举其中的专集:《中国哲学》第二十辑《郭店楚简研究》(辽宁教育出版社,1999年)、张光裕主编《郭店楚简研究·文字编》(艺文印书馆,1999年)、陈福滨主编《本世纪出土思想文献与中国古典哲学论文集》(辅仁大学出版社,1999年)、陈鼓应主编《道家文化研究》第十七辑"郭店楚简专号"(三联书店,1999年)、《中国哲学》第二十一辑《郭店简与儒学研究》(辽宁教育出版社,2000年)、武汉大学中国文化研究院《郭店楚简国际学术研讨会论文集》(湖北人民出版社,2000年)等。

(徐洪兴)

论语

《论语》,今本为二十篇。孔丘弟子及再传弟子根据记录和传闻整理而成。但原始结集的主持者至今不明,历代研究者众说纷纭,基本集中在如下四人中:冉雍(仲弓)、卜商(子夏)、言偃(子游)、曾参(子舆)。成书时间约在春秋战国之交(约公元前五世纪中后期)。此书流传的版本极多,历代史志均有记载。通行本有宋刻递修《九经正文》二卷本、明崇祯十三年(1640)锡山秦氏求古斋刻《九经》本、清嘉庆二十五年(1820)《浮谿精舍丛书》宋翔凤辑《论语郑注》十卷本、明崇祯间永怀堂刻清同治八年(1869)浙江书局校刻《十三经古注》何晏《论语集解》二十卷本、明经厂刻朱熹《论语集注》本、清嘉庆二十一年(1816)扬州阮氏文选楼刻阮元《十三经注疏》(附校勘记)本、清同治八年(1869)刘宝楠与刘恭冕《论语正义》本、中华书局1958年杨伯峻《论语译注》本等。

孔丘(前551—前479),字仲尼。鲁国陬邑(今山东曲阜)人。先世为宋国贵族。少"贫且贱",及长,做过"委吏"(司会计)和"乘田"(管畜牧)等事。学无常师,据说曾问礼于老聃,学乐于苌弘,学琴于师襄。聚徒讲学,从事政治活动。年五十,由鲁国中都宰升任司寇,摄行相事。后又曾周游宋、卫、陈、蔡、齐、楚等国,终不见用。晚年致力于教育和整理三代文化典籍,并把鲁史官所记《春秋》加以删修。弟子相传前后有三千人,著名的有七十余人。在宇宙观上认为,"天何言哉?四时行焉,百物生焉"(《阳货》)。对殷周以来的鬼神迷信持怀疑态度,认为"未知生,焉知死"(《先进》),"未能事人,焉能事鬼"(同上),"不语怪、力、乱、神"(《述而》)。在伦理思想上以"仁"为核心,首创了儒家的"仁学"体系,但对"仁"的含义则作了多方面的解释,为后世学者的发挥阐释提供了各种可能。在政治思想上强调"礼",认为"为国以礼"(《先进》),把"礼"和"仁"结合在一起,"克己复礼为仁"(《颜渊》)。主张"天命论",认为"不知命,无以为君子"(《尧曰》),强调要"畏天命"(《季氏》),"死生有命,富贵在天"(《颜渊》)。经济思想上主张"均无贫,和无寡,安无倾",认为"不患寡而患不均"(《季氏》),强调"义"、"利"之辨。在认识论上承认有"生而知之"(《季氏》)和"上智下愚"之别,但强调"学而知之"。历史观上倾向于"述古"、"好古"。教育论上主张"有教无类"(《卫灵公》),教学方法上重视"因材施教"和启发式,提倡"学而不厌,诲人不倦"(《述而》)、"学"、"思"结合,"不耻下问","温故知新"等等。作为儒家学派的开创者,孔子是中国历史上最著名的思想家、政治家、教育家之一,自汉代以后一直被统治者尊为"圣人",他的思想学说经历代不断地补充改造,成为封建时代的统治思想和文化正统,在中国历史上发生重要作用,影响并远及域外。事迹见《史记·孔子世家》,历代有关《年谱》、《年表》、《编年》等计有一百五十余种,今人的重要撰著亦不下十数种。

现行本《论语》是以东汉郑玄《论语注》为准的。在西汉,《论语》有三种抄本:《鲁论语》二十篇;《齐论语》二十二篇,多出《问王》和《知道》两篇;《古论语》二十一篇,没有《问王》、《知道》两篇,但把《尧曰》的"子张问"另分为一篇。其中,《鲁论》和《齐论》属于今文,《古论》属古文。各本篇次、文字不尽相同,各有师承。西汉末,安昌侯张禹把《鲁论》、《齐论》混合为一,篇次以《鲁论》为依据,称为《张侯论》。到东汉末,郑玄又以《张侯论》为底本,参照《齐论》和《古论》作《论语注》,遂为《论语》的定本。所以今本《论语》至少经历过二度修订。

《论语》是孔门弟子记录孔子言行的汇编。全书基本采用问答体裁。今本计二十篇,每篇取篇首二三字为名,其篇次如下:《学而》第一、《为政》第二、《八佾》第三、《里仁》第四、《公冶长》第五、《雍也》第六、《述而》第七、《泰伯》第八、《子罕》第九、《乡党》第十、《先进》第十一、《颜渊》第十二、《子路》第十三、《宪问》第十四、《卫灵公》第十五、《季氏》第十六、《阳货》第十七、《微子》第十八、《子张》第十九、《尧曰》第二十。

《论语》蕴涵的思想内容十分丰富,择要简介如下。

一、"仁"的思想。多数学者认为"仁"的范畴是孔子思想的核心。在《论语》中,"仁"字凡一百零九见,其含义宽泛且多变,如"樊迟问仁。子曰:'爱人。'"(《颜渊》)"颜渊问仁。子曰:'克己复礼为仁。一日克己复礼,天下归仁焉。为仁由己,而由人乎哉?'颜渊曰:'请问其目。'子曰:'非礼勿视,非礼勿听,非礼勿言,非礼勿动。'"(同上)"仲弓问仁。子曰:'出门如见大宾,使民如承大祭。己所不欲,勿施于人。在邦无怨,在家无怨。'"(同上)"司马牛问仁。子曰:'仁者,其言也讱。'"(同上)"仁者,己欲立而立人,己欲达而达人。能近取譬,可谓仁之方也已。"(《雍也》)"仁者先难而后获,可谓仁矣。"(同上)"刚毅木讷近仁。"(《子路》)"樊迟问仁。子曰:'居处恭,执事敬,与人忠。虽之夷狄,不可弃也。'"(同上)"子张问仁于孔子。孔子曰:'能行五者于天下为仁矣。''请问之。'曰:'恭、宽、信、敏、惠;恭则不侮,宽则得众,信则人任焉,敏则有功,惠则足以使人。'"(《阳货》)"博学而笃志,切问而近思,仁在其中矣。"(《子张》)"巧言令色,鲜矣仁。"(《学而》)"孝弟也者,其为仁之本与。"(同上)如此等等,不一而足。由于孔子对"仁"含义的多样性的解释,为后世学者的阐述发挥提供各种可能性,人们可以从各种不同的角度来理解"仁"的意蕴。

二、"礼"的思想。《论语》中提到"礼"的地方也不少,共七十四次。但孔子没有给"礼"下过较有概括性的定义,只强调要"执礼"(《述而》),"立于礼"(《泰伯》),"不知礼,无以立"(《尧曰》),"礼以行之"(《卫灵公》),"约之以礼"(《雍也》),"齐之以礼"(《为政》),"为国以礼"(《先进》)等等。此外,孔子对当时违反"礼"的诸种行为给予了严厉的批评,这在《论语》中时常可见。孔子认为"礼"是可以有损益的,"殷因于夏礼,所损益可知也;周因于殷礼,所损益可知也。"(《为政》)在"礼"与"仁"的关系上,孔子一方面强调"克己复礼为仁";另一方面又认为"人而不仁,如礼何?"(《八佾》)还说:"礼云礼云,玉帛云乎哉?"(《阳货》)多数学者认为"礼"是孔子政治思想的体现,但也有少数学者认为"礼"才是孔子思想的核心。

三、"孝"的思想。"孝"是孔子"仁学"体系的重要组成部分,在中国历史上有极大的影响。《论语》中有不少关于"孝"的论述,如:"父在观其志,父没观其行。三年无改于父之道,可谓孝矣"(《学而》)。"孟懿子问孝。子曰:'无违。'樊迟御,子告之曰:'孟孙问孝于我,我对曰无违。'樊迟曰:'何谓也?'子曰:'生事之以礼,死葬之以礼,祭之以礼。'"(《为政》)"孟武伯问孝。子曰:'父母唯其疾之忧。'"(同上)"子游问孝。子曰:'今之孝者,是谓能养。至于犬马,皆能有养。不敬,何以别乎?'"(同上)"子夏问孝。子曰:'色难。有事,弟子服其劳;有酒食,先生馔;曾是以为孝乎?'"(同上)又如:"事父母,几谏。见志不从,又敬不违,劳而不怨。"(《里仁》)"父母在,不远游。游必有方。"(同上)等等。

四、"君子"思想。"君子"是孔子提倡的一种理想人格。"君子"一词在《论语》凡一百零七见,主要的含义是指有道德的人,如"君子食无求饱,居无求安。敏于事而慎于言,就有道而正焉"(《学而》)。"君子不器。"(《为政》)"君子无所争。"(《八佾》)"君子去仁,恶乎成名?君子无终食之间违仁,造次必于是,颠沛必于是。"(《里仁》)"君子欲讷于言而敏于行。"(同上)"君子周急不继富。"(《雍也》)"文质彬彬,然后君子。"(同上)"君子可逝也,不可陷也;可欺也,不可罔也。"(同上)"君子博学于文,约之以礼。"(同上)"君子不忧不惧。"(《颜渊》)"君子于其所不知,盖阙如也。"(《子路》)"君子耻其言而过其行。"(《宪问》)"君子义以为质,礼以行之,孙以出之,信以成之。"(《卫灵公》)"君子矜而不争,群而不党。"(同上)"君子不以言举人,不以人废言。"(同上)"君子谋道不谋食……君子忧道不忧贫。"(同上)"君子惠而不费,劳而不怨,欲而不贪,泰而不骄,威而不猛。"(《尧曰》)等等。《论语》中还有不少孔子弟子论"君子"的内容,如子夏说:"君子学以致其道。"(同上)曾子说:"可以托六尺之孤,可以寄百里之命;君子人欤?君子人也。"(《泰伯》)又说:"君子思不出其位。"(《卫灵公》)等,还有子路、子张、子贡、有子等人的论述,兹不具引。孔子的"君子"思想又与"君子"、"小人"之辨联系在一起,当用作辨别时,"君子"之义又往往含有在位之人的意思。如:"君子之德风,小人之德草。草上之风,必偃。"(《阳货》)"君子学道则爱人,小人学道则易使也。"(同上)"君子怀德,小人怀土;君子怀刑,小人怀惠。"(《里仁》)"君子喻于义,小人喻于利。"(同上)"君子上达,小人下达。"(《宪问》)但即使这里也时有道德修养的含义,如:"君子成人之美,不成人之恶;小人反是"(《颜渊》)。"君子和而不同,小人同而不和。"(《子路》)"君子坦荡荡,小人常戚戚。"(《述而》)"君子求诸己,小人求诸人。"(《卫灵公》)"君子固穷,小人穷斯滥矣。"(同上)等等。

五、"天"和"天命"思想。"天"的思想在孔子那里有两层含义,一是自然的天,如他所说:"天何言哉?四时行焉,百物生焉。天何言哉?"(《阳货》)更多的则是指有人格意志的神,如"获罪于天,无所祷也"(《八佾》)。"予所否者,天厌之!天厌之!"(《雍也》)"天生德于予,桓魋其如予何!"(《述而》)等等。孔子对鬼神是持怀疑态度的,"未能事人,焉能事鬼?""未知生,焉知死?"(《先进》)主张"敬鬼神而远之"(《雍也》)。但他却笃信"天命",认为"死生有命,富贵在天"(《颜渊》)。"不知命,无以为君子也。"(《尧曰》)"君子有三畏:畏天命,畏大人,畏圣人之言。"(《季氏》)并自云其"五十而知天命"(《述而》)。

六、教育思想。孔子是中国历史上最著名的教育家之一,是他首先开创了私人讲学之风,他的教育思想以及教学原则、方法历来受人重视。《论语》中有关这方面的论述非常丰富。孔子虽然承认有"生而知之"(《季氏》)存在,但他自认为自己不是"生而知之","我非生而知之者,好古敏以求之者也"(《述而》)。所以他特别强调要"学"。他说:"吾尝终日不食,终夜不寝,以思,无益,不如学也。"(《卫灵公》)"学则不固。"(《学而》)"学而时习之,不亦说乎!"(同上)他主张"不耻下问"(《公冶长》),"三人行,必有我师焉。择其善者而从之,其不善者而改之"(《述而》)。他办私学,主张"有教无类"(《卫灵公》),"自行束脩以上,吾未尝无诲焉"(《述而》)。学与教的态度是"学而不厌,诲人不倦"(《述而》)。学与思的关系是"学而不思则罔,思而不学则殆"(《为政》)。教学上主张启发式,"不愤不启,不悱不发。举一隅不以三隅反,则不复也"(《述而》)。其他如"知之为知之,不知为不知,是知也"(《为政》);"温故而知新"(同上);"过则勿惮改"(《子罕》);"多闻阙疑,慎言其余,则寡尤;多见阙殆,慎行其余,则寡悔"(《为政》)等,都是属于孔子的教育思想。

《论语》是研究孔子思想的主要著作之一,也是研究儒家思想的重要资料。它从东汉起被列入儒家经典之列,到南宋经理学大师朱熹集注后又列入《四书》,是两千余年来读书人必读的典籍。它对中国古代思想文化领域所产生的重大而深远的影响,是难以估量的。

历代有关《论语》的研究著作可谓汗牛充栋,重要的有魏何晏注、宋邢昺疏《论语注疏》,宋朱熹《论语集注》,清刘宝楠、刘恭冕《论语正义》等。

(徐洪兴)

孙子兵法 〔春秋〕孙 武

《孙子兵法》,又称《孙子》、《吴孙子兵法》、《孙武兵法》,十三篇。春秋末期孙武著。通行本有宋刊《十一家注孙子》、宋刊《武经七书·孙子》、明正统内府刻《道藏·孙子注解》、明嘉靖谈恺刻《孙子集注》、《岱南阁丛书》本《孙子十家注》、《平津馆丛书》本《孙吴司马法·魏武帝注孙子》、日本樱田迪刊《古文孙子》等。1972年山东临沂银雀山汉墓出土《孙子兵法》残简,系汉初抄本,为现存最古版本。其中,十三篇与传本相符;尚有《吴问》、《四变》、《黄帝伐赤帝》、《地形二》、《见吴王》佚文五篇(另有《程兵》一篇,仅存五字,未计入)。所见佚文有《孙子》后学形式,也有若干文字不排除为孙武遗文的失传部分之可能。

孙武,字长卿,春秋末期齐国乐安(今山东惠民县)人。生卒年不可考,约与孔子同时而稍晚。战国诸子书载其事迹:"有提三万之众而天下莫当者,谁? 曰:武子也。"(《尉缭子·制谈》)"境内皆言兵,藏孙、吴之书者,家有之。"(《韩非子·五蠹》)可知孙武的文武兼备。他本是陈国公子完的后裔,陈完因内乱出奔齐国,以食邑改姓田氏。田完的五世孙田书,即孙武的祖父,因"伐莒有功,景公赐姓孙氏,食采于乐安"(《新唐书·宰相世系表》)。孙武在吴国的活动,见载于两汉史志。公元前512年(吴王阖闾三年),孙武经伍子胥引荐,以自著兵法十三篇晋见吴王,"阖庐知孙子能用兵,卒以为将,西破强楚,入郢;北威齐晋,显名诸侯,孙子与有力焉。"(《史记·孙子吴起列传》)孙武为客将,在吴国创建战绩,有吴孙子之称。公元前484年(吴王夫差十二年),伍子胥被夫差诛杀,孙武的晚年景况也蒙上了阴影。孙武约谢世于越师围困吴都之前,死后葬于吴都郊外(《越绝书·记吴地传》)。

《孙子兵法》是中外现存最早的军事理论著作。春秋时代,诸侯争霸、列国兼并以及华夏族与戎狄部落之间的大小战争,计为四百八十余次。孙子书是春秋以来战争经验和规律的总结,奠定了我国古典兵学体系的理论基础。全书分为十三篇:《计》、《作战》、《谋攻》、《形》、《势》、《虚实》、《军争》、《九变》、《行军》、《地形》、《九地》、《火攻》、《用间》,约五千九百字。它的思想内容,主要有三方面：

一、战略指导思想。

战略论，是孙子军事学说的主体部分。其书在历史上首次提出战略概念——"庙算"（《计》），具体论述"安国保民"的最高目标、"五事七计"的全局运筹、"不战屈敌"的止战谋划、"知彼知己"的作战指挥等战略思想。

孙子书提出"安国全军"（《火攻》）、"唯民是保"（《地形》）的战略目标，把"重战"、"慎战"作为根本的用战原则。"重战"，即重视战争，提高警惕，加强戒备，应取的态度是："无恃其不来，恃吾有以待也；无恃其不攻，恃吾有所不可攻也。"（《九变》）"慎战"，即开战须慎重，其原则是"非利不动，非得不用，非危不战"（《火攻》）。

从对待战争的严肃态度出发，书中详述"道"（治道）、"天"（天时）、"地"（地利）、"将"（将帅）、"法"（法度）五个要素，及其对战争全局作正确估计的七个条件，简称"五事七计"（《计》及各篇）。"五事七计"的内涵一致，前者指决定战争胜负的基本因素，后者指制定战略决策的主要依据，均为统筹战局原理。诸项因素中，"道"列在首位，形成了治道修明、民心所归的"道胜论"。孙子也看到，军事力量的构成是战略实施的前提："军无辎重则亡，无粮食则亡，无委积则亡。"（《军争》）通过论述"度、量、数、称、胜"（《形》）等有关物质条件的一系列命题，古朴地触及了综合国力理论。此书把诸战略要素形成的合力，称作"形"；又把合力的得当运用和有利发挥，称作"势"。"形"与"势"是高度概括的战略范畴。"形"如同"积水于千仞之溪"，是战略实施的内在潜力；"势"则如"转圆石于千仞之山"，是战略实施的外部张力，两者为统一体。

但孙子并没有认为军事力量越强越好，而是主张顾及国力的有限发展军事。与"安国保民"的总目标相联系，他反复强调要以"伐谋"、"伐交"（《谋攻》）作为优先的决策，总结了"不战而屈人之兵"（《谋攻》）的"全胜"（《形》）战略。"全胜论"是体现人道原则的政治主张，是"善战者"的最佳选择和最高标准，因为它比之"百战百胜"更胜一筹。孙子又把"全胜"谋略用于进攻性作战，提倡"兵贵胜，不贵久"（《作战》），即以速战速决来缩短进攻战过程。因为以"谋攻之法"制止或推迟战争的爆发，固然最为上策，而实战中争取一"军"、一"旅"、一"卒"、一"伍"之"全"仍不失为上策。如此，"谋攻"思想已贯彻到底。

孙子书关于"知彼知己"（《谋攻》）和"致人而不致于人"（《虚实》）之说，为作战指挥的战略原理。"知"为一切战法的先导，"知己"并不易，"知彼"则更难，所以要尽可能"策之而知得失之计，作之而知动静之理，形之而知死生之地，角之而知有余不足之处"（《虚实》）。战略指挥的重点是争取"先机之利"，即要调动、牵制和支配敌人（"致人"），尽量避免被动（"不致于人"），掌握战争的主动权。

二、作战策略思想。

以战略论为基础,孙子书提出了相应的用兵策略。其重要策略原则有:

（一）因利制权,因敌制胜。孙子说"战胜不复,而应形于无穷","能因敌变化而取胜者,谓之神"（《虚实》）。由于战时情况多变,将帅在军队中应有机断处置之权。

（二）奇正相生,出奇制胜。用兵的常法为正,变法为奇。孙子说"以正合,以奇胜"（《势》）,难点在于出奇。两军相争,最难的是使用"以迂为直,以患为利"（《军争》）之计。

（三）避实击虚,击其惰归。孙子说"兵之胜,避实而击虚"（《虚实》）。避开敌军的坚实处,并非一避了事,而是避中有击,要打击敌军的空虚处。

（四）我专敌分,以众击寡。在军力对比上,如不具备"以镒称铢"的绝对优势,就应"并敌一向"（《九地》）,把兵力集中到主攻方向上来,避免四面出击。

（五）攻其无备,出其不意。孙子说"兵之情主速,乘人之不及"（《九地》）,所以不可事先将此心机外露。在战策上,"攻"指"攻其所必救","出"指"出其所必趋"（《虚实》）。

（六）示形用诈,诡道制胜。孙子说"兵者,诡道也"（《计》）,又说"兵以诈立"（《军争》）。用诈之法即"形人而我无形"（《虚实》）,此法可以致敌害、致敌乱、致敌怒、致敌骄、致敌劳、致敌离。

三、军事哲学思想。

孙子论"天"："阴阳、寒暑、时制也"（《计》）,是自然界之天；论"道"："令民与上同意也"（《计》）,具有民本思想因素。书中详析战争对客观条件的依赖关系,同时把具有理性活动能力的人,放在认识和掌握战争规律的主体地位,即"胜可知"（《形》）、"胜可为"（《虚实》）。"先知"是清醒的理智："先知者,不可取于鬼神,不可象于事,不可验于度,必取于人,知敌之情者也。"（《用间》）这样对"天"、"道"、"人"及其相互关系的解释,明显建立在朴素唯物论的基础之上。

孙子的学说,与其军事辩证法思想不可分割。鉴于事物的相互联系,孙子以"必杂于利害"的观点研究战争,说"杂于利,而务可信也；杂于害,而患可解也"（《九变》）。从纷繁复杂的战争现象中,他提出相反相成的诸多矛盾概念,如治乱、勇怯、强弱、众寡、虚实、奇正、分合、迂直等,用以把握事物的本质和特征。孙子重视矛盾的相互依存,尤其重视矛盾的相互转化,说"乱生于治,怯生于勇,弱生于强"（《势》）。书中反复申明"兵无成势,无恒形"（《虚实》）,关键是造成"胜兵先胜"（《形》）的条件,促使矛盾向有利的方面发展。

《孙子兵法》是一部理论体系完备、历史影响深远的军事学术名著。千百年来,这部书以"兵经"、"第一部战略学著作"见称,被世界公认是成就最高的古典兵学体系之一。它所表达的思想理论,也是中国古代辩证法的一个源头,具有经远弥显的哲学研究价值。不仅如此,它的影响所及,今天已扩展到管理学、心理学、逻辑学、文学、语言学、音韵学、地理学、情报学、预测学、医学等许多学科领域。

我国历代注解批校孙子书者二百余家,现存研究著作四百余部。最早的单注本为三国魏曹操《孙子略解》。最有影响的集注本为《十一家注孙子》,又称《孙子注解》、《孙子集注》、《孙子十家注》等,宋吉天保辑。十一家是:魏曹操、梁孟氏、唐李筌、杜佑(一说其未注)、杜牧、陈皞、贾林、宋梅尧臣、王晳、何延锡、张预。其他著名注释书有:金施子美《武经七书讲义·孙子》、明刘寅《武经七书直解·孙子》、明赵本学《孙子书校解引类》等。今人较具代表性的著作有钱基博《孙子章句训义》、郭化若《孙子译注》,杨炳安《孙子集校》、《孙子会笺》、李零《孙子十三篇综合研究》、《兵不厌诈——我读孙子》等。

(吴仁杰)

子华子

《子华子》,十卷。旧本题程本撰。《子华子》原书约成于春秋末期,《吕氏春秋》的《贵生》、《诬徒》、《知度》、《审为》诸篇中引有《子华子》言。刘向校雠时,厘定为十篇。然其书《汉书·艺文志》已不载,大概亡佚已久。今本《子华子》及刘向序,可能为后人所伪托。通行本有《子汇》本、《墨海金壶》本、《二十二子》本、《珠丛别录》本、《道藏》本、天一阁明初本等。

作者程本,据刘向《子华子序》称:"程氏,名本,字子华,晋人也。"曾为赵简子家臣,"博学能通坟典丘索及故府传记之书。性闿爽,善持论,不肯苟容于诸侯。"后至齐、回晋,均不能用。退而聚徒讲学、著书。孔子称之为"天下之贤士"。

《子华子》是一部采掇黄老之言,而参以术数、儒学的著作。以答问的体例,泛论天地阴阳、治世之道、人物掌故、养生之术等,杂儒道医卜思想。全书共十卷,书前有刘向《子华子序》,叙述校雠《子华子》一书经过、介绍子华生平事迹及全书主旨。

第一卷,《阳城胥渠问》,包括阳城胥渠问二篇、公仲承问一篇、子华子见郯子一篇。

第二卷,《孔子赠》,包括孔子赠束帛一篇、子华子论道一篇、论言一篇、子华子见赵简子一篇。

第三卷,《北宫子仕》,包括北宫子仕于卫一篇、晏子治阿一篇、子华子论道一篇。

第四卷,《虎会问》,包括虎会问一篇、子华子见齐景公一篇、子华子见季沈一篇。

第五卷,《晏子》,包括子华子与晏子答问二篇、子华子论法一篇。

第六卷,《晏子问党》,包括晏子问党一篇、子华子论治有象一篇、子华子论俭一篇。

第七卷,《执中》,包括子华子论执中一篇、子华子论王与亡一篇、子华子论术数一篇、子华子论忧乐一篇、子华子论道一篇。

第八卷,《大道》,包括子华子论道四篇、答周舍问一篇、子华子论术数三篇。

第九卷,《北宫意问》,包括答北宫意问一篇、子华子论阴阳病理一篇。

第十卷,《神气》,包括子华子论神气一篇、子华子为留务滋言一篇、子华子自述世系一篇。

综观《子华子》十卷内容,大致阐述了以下几个问题。

一、阐述天地阴阳之道。

这方面的内容,占全书较多篇幅。《子华子》认为,"混茫之中,是名太初,实生三气。上气曰始,中气曰元,下气曰玄"。"通三为一,离之而为两","各有专精,是名阴阳"。"太一也者,无不有家,能化一以为二,二以为三,因三以成万物。""惟道无定形,虚凝为一气,散布为万物。宇宙也者,所以载道而传焉者也。""正气在人也,上下灌注,如环之无端,莫知其纪极也,不可以为量也。"可见子华子是持道气之说的。他认为天地万物,都由无所生,而都在发展变化,运动不息。表现了老庄有生于无的朴素唯物主义宇宙观。

二、阐述术数之变化。

《子华子》认为,"一之变大矣。在三而三,在九而九,有万不用,而管于一术。通乎一术,天一之不知。昧乎一术,天一之能知"。"天地之大数,莫过乎五,莫中乎五,五居中宫,以制万品。""周天之日,为三百有六十,阅日之时,为数三百有六十。天地之大,数不过乎此。五方之物,其为数亦如之。……盈宇宙之间,人为之长,一人之身,为骨凡三百有六十。……皆与天地之大数,通体而为一,故曰天地之间人为贵。"从子华子对阴阳术数推衍之理的论述中,可以看出在《子华子》中糅杂着阴阳五行家的思想。

三、总结历史经验,阐述治国之道。

在《子华子》一书中,阐述治国之道是多方面的,大都是借用历史典故、寓言故事,引申出治国的道理。子华子主张治国贵平。"天下之所以平者,政平也;政之所以平者,人平也;人之所以平者,心平也。"他主张为政在于有德,"是以有孝德以出公族,有恭德以升在位;有武德以羞为上卿。"他主张治国必须进贤,"天地之生才也实难,其有以生也,必有所用也"。"是以帝王之典,进贤者受上赏,不荐士者罚及其身。"他主张治国尚俭,"夫俭,圣人之宝也。所以御世之具也"。等等,综观子华子的治国观点,没有跳出儒家为政之道,较多地体现了儒家的思想。

四、阐述医学及养生之道。

《子华子》认为,"医者,理也;理者,意也。药者,瀹也;瀹者,养也。腑藏之伏也,血气之留也,空窾之塞也,关鬲之碍也,意其所未然也,意其所将然也。察于四然者,而谨训于理,夫是之谓医"。子华子认为"血气和合,荣卫流畅,五脏成就,神气含心"。"六腑化谷,津液布阳,故得久长而不弊。"做到这一点,子华子认为要多运动,要调节喜怒哀乐的情感,达到"大和之国"的境界,这样,"无待意而为医,无待养而为药"。"安平恬愉,吐故纳新,静与阴同闭,动与阳俱开。若如是,由人而之天,合于太初之三气矣。"

五、记载了子华子出仕的经历和世系。

子华子曾至晋、至齐,都与当政者不合而退。其学生季沈说,"自吾从于夫子也,辙迹不遗于四国,未有终岁以处也。夫子亦勤且病矣,哀哉!"可见子华子的一生,曾东奔西走,不得志于各国。直至晚年,其弟子留务滋在"五源之溪"筑室而居,派学生请子华子前去居住,但子华子拒而不往。

在《子华子》中自述其世系。其始祖为周之日正,宣王时,为王虎臣,称司马。其后九世,子孙择居于汾河之间。十一世,国并于温。有大功于赵国。

对《子华子》一书,前人多所研究,朱熹称此书语言精丽,但也批评它"其辞故为艰涩,而理实浅近;其体务为高古,而气实轻浮"。朱熹在《偶谈漫记》、陈振孙在《直斋书录解题》、晁公武在《郡斋读书志》中都断定它为宋人伪作。晁公武因其多引王安石《字说》,论定为元丰后举子所作。《四库全书总目》承袭宋人作伪观点,而明冯时可在《雨航杂录》中认为作伪者应是东汉以后,并非宋人。焦竑在《焦氏笔乘》中认为作伪在唐以后。任继愈等《道藏提要》对此书源流演变曾加以讨论,可供参考。

(来可泓)

邓析子

《邓析子》，一卷，旧题周邓析撰。然《崇文总目》列为战国时人撰。约成书于战国秦汉间，假托邓析之名行世。通行本有《四部丛刊》影印明刻本、《四部备要》本、清末扫叶山房石印本、商务印书馆1935年版《邓析子校正》本等。

邓析，春秋时郑国人。据《左传》和《吕氏春秋》，他曾作《竹刑》，并教民诉讼，"操两可之说，设无穷之辞"，致使郑国好讼成风，子产患之，于是杀邓析。又据《左传》定公九年，驷歂执政的第二年，杀邓析而用其《竹刑》。

《汉书·艺文志》载名家有《邓析》两篇。今本《邓析子》两篇，共一卷。第一篇为无厚篇，第二篇为转辞篇。每篇各分若干章。两篇均以起首章内容命名，各篇后有一个论述重心。

《邓析子》强调天、君、父、兄与人、民、子、弟的利益是相冲突的，无所谓厚爱仁慈。"天不能屏勃厉之气、全夭折之人，使为善之民必寿，此于民无厚也。凡民有穿窬为盗者、有诈伪相迷者，此皆生于不足、起于贫穷，而君必执法诛之，此于民无厚也。尧舜位为天子，而丹朱、商均为布衣，此于子无厚也。周公诛管、蔡，此于弟无厚也。推此言之，何厚之有？"强调君的统治地位，"势者，君之舆；威者，君之策；臣者，君之马；民者，君之轮。势固则舆安，威定则策劲，臣顺则马良，民和则轮利。为国失此，必有覆车奔马、折轮败载之患"（《无厚》）。然而《邓析子》也注意到"民和"的重要性，强调君主必须谨慎俭朴，"明君之御民，若御奔而无辔，履冰而负重，亲而疏之，疏而亲之。故畏俭则福生，骄奢则祸起"（《转辞》）。君主不可"离民"，"在上离民者，虽劳而不治。故智者量涂而后负，明君视民而出政"（《无厚》）。

《邓析子》具有一定的黄老学派色彩，主张清静无为的政治措施，"夫水浊则无掉尾之鱼，政苛则无逸乐之士。故令烦则民诈，政扰则民不定"。"为君当若冬日之阳，夏日之阴，万物自归，莫之使也。恬卧而功自成，优游而政自治。岂在振目搤腕，手据鞭扑而后为治欤？"（《无厚》）《转辞》篇有关"圣人不死，大盗不止"的一段议论同于《庄子·胠箧》，而其结论为："故善素朴、任惔忧而无失,未有修焉,此德之永也。""言有信而不为信,言有善而不为善者,不可不察也。"

本书的重点之一是论述君臣关系。强调"循名责实,君之事也;奉法宣令,臣之职也。下不得自擅,上操其柄而不理者,未之有也"。主张君应"不为"以察臣下。"君者藏形匿影,群下无私。掩目塞耳,万民震恐。循名责实,察法立威,是明王也。"强调臣下各守其职。"治世位不可越,职不可乱。百官有司,各务其刑。""喜不以赏,怒不以罚,可谓治也。"(《无厚》)然而又指出君主必须亲掌大权,"君人者不能自专而好任下,则智日困而数日穷"(《转辞》)。

总的来说,《邓析子》是一部以法家思想为主的著作。主张法治,主张无为,主张循名责实,表现了法家的基本理论。

(郭 建)

墨 子

《墨子》,十五卷五十三篇。战国墨翟及其弟子著。通行本有明《正统道藏》本、嘉靖三十二年(1553)唐尧臣刻本、清乾隆三十年(1765)《四库全书》抄本、乾隆中刻镇洋毕沅《墨子注》本、光绪二十一年(1895)苏州刻孙诒让《墨子间诂》本、宣统二年(1910)衍星社刊《桐城吴先生(吴汝纶)点勘诸子七书》本、上海世界书局1936年版张纯一《墨子集解》本、中华书局1958年版《诸子集成》(收孙诒让《墨子间诂》)本等。

墨翟(约前468—前376),姓墨氏。春秋战国之际思想家,政治家。墨家学派的创始人。其先为宋国公族目夷氏(墨台氏),后在宋内乱中迁往鲁国,遂为鲁人,至墨翟已降为贱人。墨翟工于器械制造,曾学儒者之业,受孔子之术,因不满儒家崇尚天命、繁文缛礼、厚葬久丧、尚宗费财及爱有等差,遂自立学派,聚徒讲学,"以兴天下之利,除天下之害"为教育目的,与儒家并峙。墨翟一生主要从事讲学和政治活动,他创建的墨家学派,既是学术团体,也是政治组织。其成员称为墨者,多来自社会中下层,其首领为"钜子";墨者成员要服从墨家宗旨和听从钜子指挥,是一个有组织有纪律的团体。其成员在政治上有了地位,要自觉推行墨家主张,否则要自行辞职或被斥退;有了经济收入,要将其一部分交给墨者团体。墨者生活俭朴,"多以裘褐为衣,以跂蹻为服,日夜不休,以自苦为极,曰不能如此,非禹之道也,不足谓墨"(《庄子·天下》)。纪律严格,有一定的牺牲精神,"墨子服役者百八十人,皆可使赴火蹈刃,死不还踵"(《淮南子·泰族训》)。墨子以"非命"和"兼爱"反对儒家的"天命"和"爱有差等"。他的"非攻"思想,反映了当时人民对各诸侯夺地争城的掠夺战争的反对。他的"非乐"、"节用"和"节葬"主张,是对儒家和当权贵族繁饰礼乐的奢侈生活的批评。他的"尚同"、"尚贤"主张,企图在组织上和思想上集中统一,以达到天下百姓皆同于天子,天子总天下之义的"尚同一义为政"的集权专制。墨子探讨了关于知识和逻辑等问题,提出"必以众之耳目之实",察知有与无之道,"非以其名也,以其取也"的认识论命题;制定了辩解一种言论和学说是否正确的标准"三表"法;提出用而不可,虽我亦将非之的实际主张。墨家学说对当时思想界影响很大,与儒家并称"显学"。墨子死后,墨家分为三派。《韩非子·显学》说:"自墨子之死也,有相里氏之墨,有相夫氏之墨,有邓陵氏之墨,墨离为三。"《庄子·天下》也说:"相里勤之弟子,五侯之徒,南方之墨者,苦获、已齿、邓陵子之属,俱诵墨经,而倍谲不同,相谓别墨。"事迹散见于《墨子》中《耕柱》、《公输》、《鲁问》、《贵义》篇;《庄子·天下》;《荀子·修身》杨倞注;《韩非子·显学》;《战国策·宋策》;《吕氏春秋》中《当染》、《尊师》、《高义》、《爱类》、《贵因》、《博志》篇等。清孙诒让《墨子间诂》有《墨子传略》。

《墨子》是墨家著作的总集。《汉书·艺文志》著录为七十一篇,今存五十三篇。全书大致分五个部分,成书时期不同。卷一,《亲士》、《修身》、《所染》、《法仪》、《七患》、《辞过》、《三辨》七篇,前两篇有儒家思想,是墨子学儒者之业,受孔子之术的印记,但其基本观点又不同于儒家,正是墨子脱离儒家,自成学派的最早作品。后五篇类《孟子》,是问答体,为墨子弟子据记录增益而成;卷二至卷九,二十四篇。有《尚贤》、《尚同》、《兼爱》、《非攻》、《节用》、《节葬》、《天志》、《明鬼》、《非乐》、《非命》、《非儒》十一个题目,除《非儒》上下篇外,各篇问答记录体,均以"子墨曰"开篇,是墨子讲授,弟子记录而成。前十个题目原都有上、中、下篇,以义命题篇。也有人认为上、中、下三篇,形成于不同时期,标志墨家思想的发展进程。《非儒》两篇由问答体发展为设问驳难体,且无"子墨子曰",可能是墨子弟子所撰,当成书于儒墨斗争激烈时期;卷十、卷十一,《经上》、《经下》、《经说上》、《经说下》、《大取》、《小取》六篇,统称为《墨经》。梁启超《墨子学案》说:"《经》上下,当是墨子自著;《经说》上下,当是墨子口说,但有后学增补;《大取》、《小取》,当是后学自著。"也有人认为这六篇的主体是名学,名辩思潮兴于战国中后期,是战国后期作品。卷十二到卷十三《耕柱》、《贵义》、《公孟》、《鲁问》、《公输》五篇,取篇首两句中之二字为题,类似《论语》,当撰成于《论语》之后,是墨子弟子所记墨子及其主要弟子言行的记录;卷十四、卷十五,《备城门》等十一篇,是墨子讲授防御战术与守城工具的著作,由禽滑厘及其弟子据记录整理而成。篇中或称"禽滑厘问于子墨子曰",或称"禽子",推知《备城门》篇可能成于墨子晚年,其他各篇成于禽滑厘时代。

一、《墨子》中的墨子哲学思想。其特点是,一方面倡天志明鬼,一方面非命尚力,主要见于《天志》、《明鬼》、《非命》等篇,也散见于其他各篇。墨子认为,天有意志,创造一切;天能赏善罚恶,主宰人类一切行为。人类社会秩序的建立、国家的形成,都是天志的体现。天志的核心是兼相爱交相利。"我之有天志,无以异乎轮人之有规、匠人之有矩。"天志是墨子手中的工具,"将以量度天下之王公大人卿大夫之仁与不仁",和传统天命论不同,墨子反对命定论,把人力的作用提到十分崇高的地位,指出:"命者暴王所作,穷人所述","此皆疑众迟朴"。这是历史上对天命论社会根源的最早的接近真实的揭示。

《墨子》的认识论和逻辑学内容十分丰富。墨子认识论散见于各篇,指出认识来源于客观事物的感知,"天下之所以察知有与无之道者,必以众之耳目之实知有与亡为仪者也"。提出"非以其名也,以其取也"(《贵义》)的名实观和重视实行的知行观。并在中国哲学史上最早提出了检验言论和学说的标准"三表法"。三表法重视历史经验("有本之者"),直接经验("有原之者")和实际效用("有用之者"),但夸大了感性经验的作用,他以"百姓耳目之实",否定了天命论,又以此证明鬼神实有。逻辑学说主要在《墨经》六篇。其中提出了辩的任务、目的和原则,揭示了概念、判断和推理的实质作用,并做了较科学的分类;主张"以名举实"、"以辞抒意"、"以说出故"、"以类取以类予";指出"夫辞以故生,以理长,以类行者也"。《墨经》六篇的内容,已构成墨辩逻辑体系,它与亚里士多德逻辑、佛教因明逻辑,并称世界三大逻辑体系。

二、《墨子》中的政治法律思想。

(一) 法律起源论。墨子认为法律与国家不是自古就有。人类历史上曾有过"未有刑政"(《尚同上》)、未有"正(政)长"(《尚同下》)之时,人人平等,各有各"义"。一人一义,十人十义,百人百义。最初,人还较少,相应"义"也较少。后来,"逮至人之众,不可胜计也。则其所谓义者,亦不可胜计也"(《尚同下》)。人多了,"义"也多了,不可避免地发生争斗。墨子的"义"有截然不同的两种:一是他所批判和否定的自私自利的"义",一是他所肯定和赞扬的有集体主义色彩的义。"一人一义"的义则属于自私自利、有害社会的义。一人一义是祸乱之源,造成了一家之内"父子兄弟作怨仇",天下人们"水火毒药相妨害","天下大乱,若禽兽然"(《尚同上》)。为了结束这种混乱局面,使一人一义归于统一,上天选择了以天子为首的各级"政长",建立了"刑政",国家与法律于是产生。

由上所述,墨子认为有两个矛盾决定了"政长"、"刑政"的产生。其一,一人一义的自私自利本性与社会秩序的矛盾。墨子虽然没有明确谈论过人性问题,但从他的上述论点中可见,人性本恶。其二,在"刑政"与"政长"之间,"政长"是结束一人一义的关键因素,决定着政治局面的好坏。

(二) 兼相爱、交相利说。尧舜和三代圣王时期是墨子的理想政治,那时虽有桀、纣一类暴君,但总体上是大治而小乱。到墨子时,"国之与国之相攻,家之与家之相篡,人之与人之相贼,君臣不惠忠,父子不慈孝,兄弟不和调,此则天下之害也"(《兼爱中》)。其根源则是人与人之间"不相爱",人们只知"自爱"、"自利"(《兼爱上》)。因此,必须把人类"自爱"、"自利"的本性改造为"兼相爱"、"交相利"。提倡"兼"是为了取代"别"。"别"指差别和等级,"兼"指平等。墨子认为"别"与"自爱"、"自利"相通,待人处世讲究高低贵贱,损人利己。"兼"则不同,要求平等相待。"兼相爱"是一种精神,落在实处是"交相利",即"爱"应该给人带来实际利益。

墨子阐述兼相爱、交相利的可行性,理由有三:一、古代"先圣六王"时,天下兼相爱,交相利。古代能做到,今天也能做到。二、"君说之,故民为之",君主只要倡导兼相爱,交相利,天下之人必然如云从风。三、"无言而不雠,无德而不报。投我以桃,报之以李,即此言爱人者必见爱也,而恶人者必见恶也"(《兼爱下》)。据此,兼相爱,交相利者,必然得到相应的回报。因而人人皆乐意实行。其实,这三点全是墨子的一厢情愿。

(三) 尚同说与君主专制主义。墨子认为天下之乱在于"异义",尚同说便是为了解决"异义"而提出的办法和措施。"尚"即崇尚,"同"指统一。墨子的尚同是要建立一种天下人都统一思想、统一行动的政治秩序。为此,首先要确立一定的"政长"体系来保证。这个体系大致如下:最高的政长是天子。天子的能力有限,"不能独一同天下之义",于是选择贤人"置以为三公",佐助天子"一同天下之义"。三公之下,分封诸侯,使之"一同其国之义"。佐助诸侯的有"左右将军大夫"。诸侯国设乡,乡有乡长,乡之下设里,里有里长。从理论上讲,各级政长应是贤者,而且上下级之间必须绝对保持一致,层层如此,最后一同于天子。在这种体制下,一切唯上是从,"上之所是,必亦是之。上之所非,必亦非之","里长顺天子之政,而一同其里之义",并"率其里之万民,以尚同乎乡长","乡长之所是,必亦是之。乡长之所非,必亦非之"。乡长要尚同于国君,"国君之所是,必亦是之。国君之所非,必亦非之"。国君要尚同于天下,"天子之所是,必亦是之。天子之所非,必亦非之"。天子再上同于天(见《尚同中》),这种逐级"上同"的体系只能说是一个专制主义体系。

(四) 尚贤、节用与非攻。墨子认为,"尚贤者……政事之本也"(《尚贤下》),因此对贤良之士要"以德就列,以官服事,以劳殿赏,量功而分禄",发挥他们在政权中的作用,并主张"官无常贵,民无终贱",有能则举之,无能则下之,"虽在农与工肆之人",亦一视同仁。当然他也要求贤者能"竭四肢之力,以任君之事,终身不倦"。墨子的尚贤主张打破了封建贵族世官制度,具有一定的进步意义。但墨子的尚贤并非是由下而上的选举,不属于民主制度的范畴。

墨子的节用理论不只是一个消费问题,而与整个经济生活、政治生活紧密相关。他所说的"节"包括两方面含义:一是消费要有一定节制,以满足生活基本需求为宜。二是消费要有利于再生产。更有深意的是,墨子提出节用是积财之道(见《节用上》)。下文将对此作较详介绍。

非攻。这是墨子政治思想的一个主要内容。墨子把战争分成两种,一称为"攻",一称为"诛"。攻是非正义的,诛则是正义的,因此不能笼统说墨子反对一切战争,他"非攻",而不反对"诛"。

三、《墨子》中的经济思想。

"兴天下之利,除天下之害。"《耕柱》提出义是"天下之良宝",因为它"可以利民"。墨子所主张的义就是"兼相爱,交相利",认为"兼即仁矣义矣"(《兼爱下》)。不相爱就会造成"亏人自利",这种利不符合义,只会造成父子、兄弟、君臣之间的冲突矛盾,不利于社会安定,所以必须反对。

只有做到"视人之国若视其国,视人之家若视其家,视人之身若视其身"(《兼爱中》),才能出现"国与国不相攻,家与家不相乱,盗贼无有,君臣、父子皆能孝慈"(《兼爱上》)的太平盛世。后期墨家进一步提出:"义,利也。"(《经上》)《尚贤下》提出统治者的"为贤之道"是要"有力者疾以助人,有财者勉以分人,有道者劝以教人",使"饥者得食,寒者得衣,乱者得治"。通过社会各阶层的相互合作,达到长治久安的目标。

重视物质资料,尤其是粮食生产。《七患》指出只要"以时生财,固本而用财,则财足"。"财"指粮食,"固本"就是搞好粮食生产。认为"食者国之宝也","食者圣人之所宝也"。书中说得更多的是"衣食之财"。《非乐》提出"赖其力者生,不赖其力者不生",强调劳动对人类生存的重要。但墨子所说的"力"既包括体力劳动,又包括脑力劳动;既包括直接生产劳动,又包括行政和经济管理活动;并且认为从事管理活动往往比直接生产有更重要的作用。

节用。《七患》认为,禹七年水,汤五年旱,"然而民不冻饿",是因为"其生财密,其用之节也"。应付灾害的有效手段,一是抓紧生产,二是注意节用。《节用》提出节用能兴利的观点,只要"国家去其无用之费",就能使国家的各种有用产品成倍地增加。又主张消费以维持较低的生活需要为限。衣、食、住、行诸方面都有严格的消费标准。《辞过》指出,由于统治者的奢侈,已经使"其民饥寒并至,故为奸邪。奸邪多则刑罚深,刑罚深则国乱"。统治者必须懂得节用原则,按照常役"修其城郭,则民劳而不伤";按照常征"收其租税,则民费而不病",从而达到"民富国治"的目的。《节葬》反对厚葬,也与节用的原理一致。

关于商品价格问题。后期墨家认为买卖无所谓贵贱。《经下》提出:"买无贵,说在仮(反)其贾(价)。"《经说下》进一步解释:"买,刀籴相为贾。刀轻则籴不贵,刀重则籴不易(贱)。王刀无变,籴有变。岁变籴,则岁变刀。"刀币和谷物互相成为对方的价格,谷物价格的时贱时贵,也可以看作刀币购买力时高时低。后期墨家还认为能够使商品出售的价格就是适宜的价格。《经下》说:"贾宜,则雠(售),说在尽。"《经说下》解释说:"尽也者,尽去其〔所〕以不雠也。其所以不雠去,则雠,舌(正)贾也。宜不宜,舌欲不欲。"排除了不能出售的价格,就是正确的价格。而价格的是否适宜,则决定于买卖者的主观意愿。这些价格论主要是立足于逻辑推理。

此外,墨子还主张增加人口以增加财富的生产,为此而提倡早婚。他的非攻、反对厚敛、节葬、节蓄私等主张都同增加人口的主张有关。

四、《墨子》中的教育思想。

(一) 教育对治国安民的重要作用。《鲁问》篇说,"教人耕,与不教人耕而独耕者"相比,自然教人耕更有功效。以此类推,"天下匹夫徒步之士少知义,而教天下以义者,功亦多。"《所染》篇以染丝为例,譬喻人格是在教育和环境影响下习染而成。认为人的本性无善恶之分,犹如素丝,"染于苍则苍,染于黄则黄,所入者变,其色亦变",善恶都是后天习染而成。因此,作为士要选择好仁义的朋友,"其友皆好仁义,淳谨畏令,则家日益,身日安,名日荣","其友皆好矜奋,创作比周,则家日损,身日危,名日辱"。告诫人们,环境的影响,往往可以改变一个人的本性,造成不同的结局,为此必谨慎。

(二) 人才的标准和选用。《尚贤士》指出,要使国家富强,人民众多,关键是人才的培养和选拔。执政的"王公大人"积极推举贤才,才是"为政之本"。贤才的标准有三:"厚乎德行,辩乎言谈,博乎道术。"符合这三条标准,"虽在农与工肆之人,有能则举之,高予之爵,重予之禄,任之以事,断予之令"。"故官无常贵,而民无终贱。"《尚贤下》还提出了"为贤之道"。认为贤士必须做到"有力者疾以助人,有财者勉以分人,有道者劝以教人",以实现"饥者得食,寒者得衣,乱者得治",天下大治的局面,其中尤以"教人"最为重要。

(三) 因人、因地、因时、因事施教。《鲁问》篇记载墨子游说列国,学生问他:"既得见四方之君子,则将先语?"墨子说:"凡入国,必择务而从事焉。国家昏乱,则语之尚贤、尚同;国家贫,则语之节用、节葬;国家熹音湛湎,则语之非乐、非命;国家淫僻无礼,则语之尊天事鬼;国家务夺侵凌,即语之兼爱、非攻。"对学生要因材施教,"譬若筑墙然,能筑者筑,能实壤者实壤,能欣者欣,然后墙成也。为义犹是也。能谈辩者谈辩,能说书者说书,能从事者从事,然后义事成也"(《耕柱》)。

《墨子》非攻,在军事防御方面有不少著名论述,从略。

先秦时墨与儒并称显学。汉武帝罢黜百家,独尊儒术,墨学渐微。魏晋时,《墨子》中的《经》、《经说》及《大取》、《小取》诸篇,引起嗜谈名理的玄学家们的兴趣,张湛、司马彪引《墨经》为《庄子》、《列子》作注,鲁胜"《墨子》七十一篇"由于长久无人检阅整理,又经汉末及魏晋兵乱,已散佚不全。《隋书·经籍志》记"《墨子》十五卷,目一卷",但未言篇数。《旧唐书·经籍志》、《宋书·艺文志》、《崇文总目》及郑樵的《通志》均同《隋书·艺文志》。到清代,据《四库全书总目》载《墨子》虽云十五卷,却仅存五十三篇,较《汉书·艺文志》所记已缺十八篇。这仅存的五十三篇也由于编简的脱烂及钞写刊刻的失误,使文义晦昧难通,乾隆时经毕沅校注始稍稍可读。其时,又有卢文弨、孙星衍、汪中、王念孙、王引之等续为考释,尤以王氏父子最有成绩。孙诒让在前辈及同代十余位学者校注的基础上完成了《墨子间诂》,为较系统完整的本子。其他研究著作还有王闿运《墨子注》、吴汝纶《墨子点勘》、刘师培《墨子拾补》、张纯一《墨子集解》、尹桐阳《墨子新释》、吴毓江《墨子校注》、王焕镳《墨子集诂》等。任继愈主编《墨子大全》,共收战国至2002年间有关墨子论著三百余种,汇集了历代墨学研究成果。

(杨鹤皋 徐敦镛 施正康 陈人雄)

慎子 〔战国〕慎 到

《慎子》,七篇。战国时慎到著。通行本有上海扫叶山房 1919 年版《百子全书》五篇本、中华书局 1958 年版《诸子集成》七篇本等。

慎到(约前 395—约前 315),赵人(今河北南部、山西北部)。齐宣王、齐湣王时,与驺衍、淳于髡、田骈、接子、环渊等为稷下学士,列为上大夫,不治而议论。慎到和田骈皆受业彭蒙,学黄老道德之术,因发明序其指意,故慎到著十二论。《史记》集解引徐广云:"今慎子刘向所定,有四十一篇。"而《汉书·艺文志》著录《慎子》四十二篇。唐以后散佚多篇,宋时仅存五篇,又经人删节,非其原书。但唐《群书治要》有《慎子》七篇,宋所存五篇俱在。清人钱熙祚以《群书治要》为主,再据唐宋类书所引,校定《慎子》七篇。并附《慎子》逸文于后,虽不能复四十二篇旧观,但古人所引,搜罗备矣。《史记》中的《田敬仲完世家》和《孟子荀卿列传》都对慎到有简略论述。

《慎子》,《汉书·艺文志》虽列为法家著作,然考其书,大旨以齐万物为首,循自然而立法,是由道而法的著作。《四库全书总目》云:"大旨欲因物理之当然,各定一法而守之,不求于法之外,亦不宽于法之中,则上下相安,可以清净而治。然法所不行,势必以刑齐之。道德之为名刑,此其转关。"

《威德》、《因循》篇讲述因天道,达人理,立公法,一人心。人莫不"自为",因人之情而立法,自为之心是法治的理论基础。法之行,有赖于统治者的威势,有威势,方能令行禁止,而达于至治。其重势之说,为韩非批判吸收。

《知忠》篇原刻全脱,《群书治要》存。此篇讲述治乱安危,非一人之力,"将治乱在乎贤使任职,而不在于忠也。"《君臣》篇原刻全脱,也存《群书治要》。此篇言"上下无事,唯法所存"。

《民杂》、《德立》、《君人》篇,讲民一于君,事断于法,君逸臣劳,是国之大道。

(李定生)

尸子

《尸子》，二十篇。旧题战国尸佼撰。通行本为清代汪继培所辑，以《群书治要》所辑者为"上卷"，以散见诸书而《群书治要》未辑录者为"下卷"，以"引用违错、各本误收者"为"存疑"，附于卷末。史称"《尸子》书凡六万余言"，今已十失其八，汪辑本仅万余言。

尸佼(约前390—约前330)，晋国人(或谓鲁国人、楚国人)，商鞅门客，积极参与秦国变法、商鞅被杀，逃亡入蜀而著是书，原书已佚。唐代魏徵等所撰《群书治要》第三十六卷辑录有其《劝学》等十三篇。

《尸子》上卷十三篇，属"陈道德仁义之纪"。《劝学》篇，提倡统治者要以贤人为师、学以致用，"身者茧也，舍而不治则知行腐蠹，使贤者教之以为世士，则天下诸侯莫敢不敬"，统治者的权位只是其实施"德行"的道具(舍，屋舍)，道具是暂时的，只有"德行"才能与世共存，"天子贵于一世而不达于后世，惟德行与天地相弊也，爵列者，德行之舍也，其所息也"。《贵言》篇，以"范献贱万亩之田以贵舟人之片言"和"曲突徙薪"的故事提醒统治者重视普通人的进言，注意善修国政，防微杜渐。《四仪》篇，提出作为行为准则的"四仪"，即："志动不忘仁，志用不忘义，力事不忘忠，口言不忘信。"《明堂》篇，认为"舜之方陶也，不能利其巷下，南面而君天下，蛮夷戎狄皆被其福"，所以仁者只有处在"高显尊贵"的地位才能"利天下"，提出改变只以血缘亲疏关系决定社会地位的传统，"明王之求贤也，不避远近、不论贵贱"。《分》篇，主张统治者通过"守要"、"用贤"、"正名"达到"事少而功立，身逸而国治，言寡而令行"。特别强调"正名"的重要性，"赏罚随'名'，民莫不敬"，"正名覆实，不罚而威"，在此基础上推行"劳无事"(即"无为之治")，如此，就可以实现"听狱不后皋陶，富民不后虞舜，一言而国治"，同时提出依法加强监督地方官吏，"诸治官临众者，上比度以观其贤，案法以观罪"。

《发蒙》篇，要求地方官吏依法办事，"治官临事者，案其法则民敬事"；以"名分"明确官吏的个人责任，"审名分则群臣之不审者有罪"，"治天下之要在于正名，苟能正名，天成地平"，同时强调国君对司法权独裁,"是则有赏,非则有罚,人君之所独断也","有大善者,必问执进之,有大过者,必云执任之,而行赏罚焉"。《恕》篇,从"己所不欲,毋施于人"的"恕"道,推衍到"射不善而欲教人,人不学也;行不修而欲谈人,人不听也"。《治天下》篇,提出统治天下的"四术",即:忠爱、无私、用贤、度量。《仁意》篇,认为"仁者"没有自己个人的好恶,"内举不避亲,外举不避仇,仁者之于善也,无择也,无恶也,惟善之所在"。《广泽》篇,提倡以"公心"处事,"论贵贱辨是非者,必且自公心言之、自公心听之,而后可知也";认为先秦诸子的互相非难,皆因各自被"私心"所蔽,而诸子的主张"十有余名,而实一也",都是一个"大"字,如果各家都从"公心"出发考虑问题,不会互相非难。《绰子》篇,以"尧养无告,禹爱辜人,汤武及禽兽"故事作比喻,阐述统治者应具有的"无私","圣人于大私之中也,为无私,其于大好恶之中也,为无好恶"。《处道》篇,强调统治者自身修养好恶对百姓的导向作用,"孔子曰:'君者盂也,民者水也,盂方则水方,盂圆则水圆',上何好而民不从?"《神明》篇,认为圣人应该出来治理国家,国家也应由圣人治理,"圣人弗治,民将安率?圣人之身犹日也,夫日圆尺,光盈天地,圣人之身小,其所烛远"。而圣人自身的表率作用非常重要,"圣人正己,而四方治矣,上纲苟直,百目皆开,德行苟直,群物皆正"。

《尸子》下篇卷为散见诸书而《群书治要》未辑录者,内容散杂。有相当部分为政论,如"举士不论才而以贵势为仪,则伊尹、管仲不为臣矣","刑罚者,民之鞭策也","刑以辅教,服不听也","天子忘民则灭,诸侯忘民则亡","娶同姓、以妾为妻、变太子、专罪大夫、擅立国、绝邻好,则幽;改衣服、易礼刑,则放","君子量才而受爵,量功而受禄"等。有部分内容阐述"天人合一"说,以自然现象附会社会现象,如所谓"日五色,至阳之精,象君德也","使星司夜、月司时,犹使鸡司晨也","春为忠"、"夏为乐"、"秋为礼"、"冬为信"等。有部分内容为古代地理学,如介绍"朔方之寒冰厚六尺","傅岩在北海之洲"等。有部分内容追述远古传说时代之事,如说"燧人之世,天下多水,故教民以渔","神农氏夫负妻载,以治天下"等。有部分内容为夏商周三代历史,如记载"桀纣纵欲长乐以苦百姓","伯夷叔齐饥死首阳"等。

关于《尸子》一书的论学旨趣,有的认为当属法家,也有的认为"俨然儒者言",但从该书的内容看,似归入杂家更妥。

(姚荣涛)

商君书

《商君书》,二十四篇。战国时商鞅及其后学的著作合编。秦汉称《商君》,唐以后亦称《商子》。战国时已有传本,《韩非子·五蠹》篇载:"藏商、管之法者家有之。"《汉书·艺文志》法家类著录二十九篇,宋时已有佚失,《郡斋读书志》谓亡佚三篇,《直斋书录解题》谓亡佚一篇。通行本有明《汉魏丛书》本、清借月山房《指海》本、晚清湖北崇文书局《子书百家》本、浙江书局《二十二子》本、中华书局1974年版《商君书注释》及同年上海人民出版社版《商君书》等。今本存二十四篇,另两篇有目无文。唐《群书治要》引有《六法》一篇,今本无。

商鞅(约前390—前338),战国时期秦国著名政治改革家,法家主要代表人物。姓公孙,名鞅,亦称卫鞅,后受秦孝公封商邑,号商君,故又称商鞅。本卫国人,初为魏相公叔痤家臣,后入秦。秦孝公三年,与大夫甘龙、杜挚辩论变法,主张"治世不一道,便国不法古"(《史记·商君列传》)。孝公六年,任左庶长,推行第一次变法,主要是:改法为律,制定连坐法;重农抑商,奖励耕织;奖励军功,禁止私斗。变法很快取得成功,并接连伐魏获胜。孝公十年,提升为大良造。孝公十二年,自雍(今陕西凤翔南)迁都咸阳,进行第二次变法。主要是:废井田,开阡陌,允许土地私有;推行县制,废除旧的分封制;统一度量衡制;按户口征收军赋,进一步加强中央集权。两次变法奠定了秦国富强的基础。秦孝公死后,商鞅被诬害,车裂而死。商鞅生平,主要见于《史记·商君列传》。

今本《商君书》篇目为:更法、垦令、农战、去强、说民、算地、开塞、壹言、错法、战法、立本、兵守、靳令、修权、徕民、赏刑、画策、境内、弱民、外内、君臣、禁使、慎法、定分。其思想倾向首尾基本一致,但一般认为大部分篇章并非出商鞅手笔。从现有二十四篇看,可分三类:第一类,可能出商鞅之手,如《垦令》、《外内》、《开塞》、《耕战》等篇;第二类,记述商君言论,如《更法》,从全文看并非商鞅之作;第三类,由商鞅后学写作,写作时间不一,最晚是《徕民》篇,文中记述了发生于公元前260年、离商鞅死已近八十年的长平之战。因此,《商君书》应是商鞅及其后学的论文集。主要内容如下。

一、"不法古"、"不修今"的变法理论。商鞅变法理论是一种历史进化观。他把人类社会发展分为上世、中世、下世三个阶段。在上世,"民知其母而不知其父,其道亲亲而爱私"(《开塞》);中世,"上(尚)贤而说(悦)仁";即以道德观念的"仁"维持社会秩序;下世,人们"以强胜弱,以众暴寡",社会混乱不堪,于是"圣人"应运而生,设计新的制度。首先"作为(划定)土地、货财、男女之分"。为了保证"分",于是"立禁",设立制度。有制度必须有人负责执行,于是"立官"。有官而无一统,仍不免于混乱,于是又"立君"。君与官具有指挥权,社会风气为之一变,"贵贵而尊官"(《开塞》)。商鞅认为,历史世相更替,是由个人与社会,财产分配以及权力斗争等矛盾引起的。《更法》篇还记述了他对历史进展的看法:"伏羲、神农教而不诛。黄帝、尧、舜诛而不怒。及至文武,各当时而立法,因事而制礼。"

上述社会历史进化观,为变法改制提供了有力论据,《六法》说:"先王当时而立法,度务而制事。法宜其时则治,事适其务故有功。"《更法》说:"三代不同礼而王,五霸不同法而霸。"当今迫切的任务就是"更法"、"更礼"。"反古者未必可非,循礼者未足多(肯定)也。"一言以蔽之:"不法古,不修(循)今"(《开塞》)。

二、"任法而治"的法治论。商鞅着重以人性论论证了法治的必然性。他认为人们皆好利恶害。"民之性,饥而求食,劳而求佚(逸),苦则索乐,辱则求荣"(《算地》)。人的这种本性,为实行法治创造了条件,"夫人情好爵禄而恶刑罚,人君设二者以御民之志,而立所欲焉"(《错法》)。

商鞅认为实行法治要从三个方面入手,"一曰法,二曰信,三曰权"(《修权》)。首先要制定明确的法律,公布于众,令民知之,守之。特别是各级官吏要率先学法、知法、执法。主张设置专门的司法官员,负责解答其他官吏和民众关于法律的询问。如果回答不出或者遗忘,便"以其所忘之法令名罪之";如果有问不答或者答错,便"以吏民所问法令之罪,各罪主法之吏";解答只能依据法律条文,不准随意增减,否则"罪死不赦"(《定分》)。这样才能使"吏不敢以非法遇民,民不敢犯法"(《定分》)。他特别强调君主必须带头遵守法令,"言不中法者,不听也;行不中法者,不高也;事不中法者,不为也"(《君臣》)。

在执法上,商鞅强调"信",要求"信赏必罚,取信于民"。为此,一方面要"任法而去私议",不徇私情;另一方面要厚赏重罚,"赏厚而信,刑重而必"(《修权》)。

为了保证法律贯彻实施,商鞅认为必须"尊君",大力树立君主权威,使之拥有独一无二、至高无上的权势,作为法律实施的坚强后盾,"权制断于君","权者,君之所独制也"(《君臣》),即实行君主专制。

总之,制定法律、公布法律、学习法律是法治的前提条件;信赏必罚、执法如山是法治的必然要求;君主专制是法治的保证。

三、对法学基本理论问题的阐述。

(一)关于法律起源。商鞅认为,法是社会发展到一定阶段、即前文所说"下世"的产物。其原因是社会出现了前所未有的"以强胜弱,以众暴寡"的局面,为了消除这种混乱,圣人制定了法律。商鞅的法律起源论跳出了传统的天命、神学的窠臼。

(二)关于法律的作用。商鞅认为,法具有"定分止争"和"兴功禁暴"的作用。"定分",主要指确定名分,继而保护之,不准随便侵犯。如:"一兔走,百人逐之,非以兔可分以为百也,由名分之未定也。夫卖兔者满市,而盗不敢取,由名分已定也。""兴功"主要指富国强兵;所谓"禁暴",主要指制止暴力犯禁。

(三)关于法的特征。一是法的客观性。商鞅常把法比作规矩、准绳、度量衡(见《修权》),强调其客观性,反对随意破坏。二是法的公正性。法反映了统治阶级整体利益要求,因而是一种"公法",不能沦为保护某一个人私利的法。三是法的公开性。认为法律必须公开,使"万民皆知所就",使"吏不敢以非法遇民,民不敢犯法以干法官"(《定分》)。

(四)关于法的消亡。儒家主张以德去刑,商鞅则主张通过实行重刑达到"以刑去刑"的目的。"行罚,重其轻者,轻者不至,重者不来。此谓以刑去刑,刑去事成"(《靳令》)。由此公然声称:"禁奸止过,莫若重刑"(《赏刑》),视"重刑"为治理国家和消灭犯罪的最好方法。"重刑"有其特定含义,一是在赏罚关系上,强调罚主赏辅,在数量上,要求"刑多而赏少"、"刑九而赏一"(《开塞》);在顺序上,"先刑而后赏"(《壹言》);在犯罪的行为与动机方面,"刑用于将过",着重惩罚犯罪动机。二是轻罪重刑。《赏刑》说:"重刑,连其罪,则民不敢试。民不敢试,故无刑也。……禁奸止过,莫若重刑,刑重而必得,则民不敢试,故国无刑也。"这种公然否定罪刑相适应、片面夸大暴力作用的观点,显然失之偏颇。

四、农战思想。商鞅认为,"国待农战而安,主待农战而尊"(《农战》),因此要求采取一切办法,把民引到农战轨道上来。其关键在于把农战与每个人的切身利害关系结合起来,使"民之欲利者,非战不得;避害者,非战不免"(《慎法》)。具体说,努力耕作的可以用粮食换官爵:"民有余粮,使民以粟出官爵。官爵必以其力,则农不怠"(《靳令》);奋勇杀敌的可以凭所斩敌人首级的多少获得军功爵(《境内》)。反之,不务农者要受到严厉的刑罚(《慎法》),贪生怕死的士兵亦要重罚和株连。他斩钉截铁地指出:"民之欲富贵也,共阖棺而后止。"(《赏刑》)对名利思想不能禁止,但可利用,即实行"利出一孔"(《靳令》)的政策:"利出于地,则民尽力;名出于战,则民致死。"(《算地》)"民见上利之自一孔出也则作一,作一则民不偷营,民不偷营则多力,多力则国强。"(《农战》)

为了发展农业，《垦令》提出二十条发展农业的措施，用法令来限制一切妨碍农业生产的活动，把尽可能多的人束缚在土地上，使他们安心务农，为国家创造财富。商鞅将农和战结合起来，认为从事农和战的都是农民，指出："圣人知治国之要，故令民归心于农。归心于农，则民朴而可正也，……信可以守战也。"(《农战》)国家要实行"尊农战之士"(《壹言》)的政策，做到"入使民属于农，出使民壹于战"(《算地》)。为了奖励农业，规定有余粮上交给国家的可以得官爵；并提高粮食价格，认为"欲农富其国者，境内之食必贵"(《外内》)。

五、抑商禁末思想。这是大力贯彻农战基本国策的必然。认为抑商并不否定商业的作用，《弱民》说："农、商、官三者，国之常官(职)也。农辟地，商致物，官法(治)民。"但商人不能过多，"农少商多，贵人贫，商贫，农贫，三官贫，必削"(《去强》)。《商君书》中提出的抑商政策有"重关市之赋"(《垦令》)，"不农之征必多，市利之租必重"(《外内》)；商人及其奴仆都要服徭役，使"农逸而商劳"(《垦令》)；提高粮价，使商人"籴食不利"等。"食贵，籴食不利，而又加重征，则民不得无去其商贾技巧而事地利矣，故民之力尽在于地利矣。"(《外内》)《壹言》指出："能事本而禁末者，富。"《外内》指出："末事不禁，则技巧之人利，而游食者众之谓也。""末"指技巧之人和游食者，前者指生产奢侈品的人，后者指不事生产的人，这些都在禁止之列。这也就是《管子》所说"禁末"的"末"。

在经济方面，除上文可称之为农本思想外，《商君书》还提出：

强国知十三数。《去强》指出："强国知十三数：竟内仓、口之数，壮男、壮女之数，老、弱之数，官士之数，以言说取食者之数，利民(工商业者)之数，马、牛、刍藁之数。欲强国，不知国十三数，地虽利，民虽众，国愈弱至削。"治国要掌握十三种数据，才能进行有效的管理，使国家富强。掌握人口数字的办法是进行经常性的人口登记。《境内》提出："四境之内，丈夫、女子皆有名于上，生者著，死者削。"《去强》也说："举民众口数，生者著，死者削。"这说明了商鞅已建立了人口调查的制度。

注意土地和劳动力的适当配置比例。《算地》提出了"任地待役之律"，要求在一定数量的土地上配备一定数量的农业劳动力，出一定数量的战卒。指出："故有地狭而民众者，民胜其地；地广而民少者，地胜其民。民胜其地者，务开；地胜其民者，事徕。"《徕民》则提出"先王制土分民之律"，以这一定律衡量，秦国地多人少，是"人不称土"的国家。而三晋却"土狭而民众"，故主张"徕三晋之民，而使之事本"。对三晋的徕民，要"利其田宅而复(免徭役)之三世"。实行这一徕民政策，既可削弱三晋，又能增强秦国的实力。

分析金、粟的矛盾。《去强》说："粟生而金死，粟死而金生(或校作'金生而粟死，粟生而金死')……金一两生于竟(境)内，粟十二石死于竟外；粟十二石生于竟内，金一两死于竟外。国好生金于竟内,则金、粟两死,仓、府两虚,国弱;国好生粟于竟内,则金、粟两生,仓、府两实,国强。"意谓国家应该重农业而不重货币,重粮食最后仍能有货币,重货币却不可能有粮食。这既是重农抑商思想的表现,也是商品经济很不发展的历史条件的反映。

六、实施奖励耕战的法治教育。认为"圣王者不贵义而贵法"(《画策》)。要治理国家,必须一切以"法"为标准,"言不中法者,不听也;行不中法者,不高也;事不中法者,不为也。言中法,则辩(行)之;行中法,则高之;事中法,则为之"。(《君臣》)"法令者,民之命也,为治之本也。"(《定分》)要保证法令的贯彻执行,就要求对老百姓进行"明白易知"的"法"的教育,"为置法官,置主法之吏,以为天下师"。一般官吏和人民要想懂得法令精神,就得请教法官;法官首先就要知法执法"以为天下正";人民懂得法律,又使法官不敢胡作非为,大家都以法律为准绳。另一方面反对以礼乐为中心的传统教育。认为仁义不足以治天下,把礼、乐、《诗》、《书》看成政治上的虱子。《靳令》说:"六虱:曰礼、乐,曰《诗》、《书》,曰修善、孝弟,曰诚信、贞廉,曰仁、义,曰非兵、羞战。国有十二者,上无使农战,必贫至削。"(六虱各包括两种,所以分为十二种)《去强》篇也说:"因有礼有乐,有《诗》有《书》,有善有修(修意为贤),有孝有弟,有廉有辩。国有十者,上无使战,必削至亡。"《说民》篇又说:"辩、慧,乱之赞也;礼、乐,淫佚之征也;慈、仁,过之母也;任、誉,奸之鼠也。"这些流行,必然损害国家富强,扰乱上下秩序和社会治安,必须除掉。如果有谁坚持,则"坚者被(破),锐者挫",予以无情打击。《韩非子·和氏》载:"商君教秦孝公燔诗书而明法令",尤足以表明商鞅反传统教育的坚决态度。

《商君书》奠定了秦国乃至以后秦朝统治的理论基础,其变法、法治、农战、重刑等等思想成为后来秦统治者施政的指导方针,具有重大而深远的实际影响。对于中国后世君主专制中央集权政体的建立与发展,《商君书》也有着很大的影响。在思想学术方面,本书奠定了法家学派中"重法"思想的基础,在中国政治法律思想史上具有重要地位。

关于《商君书》的真伪,最初由南宋黄震提出疑问。他说:"或疑鞅亦法吏之有才者,其书不应烦乱若此,真伪殆未可知。"(《黄氏日抄》卷五十五)以后大致有三种观点。一种认为基本是伪书,如郭沫若说:"现存《商君书》除《境内篇》殆系当时功令,然亦残夺不全者外,其余均非商鞅所作。"(《十批判书·前期法家的批判》)另一种认为是商鞅之作,如吕思勉说:"今《商君书》精义虽不逮《管》、《韩》之多,然要为古书,非伪撰"(《经子解题·商君书》)。第三种认为部分为商鞅作,如高亨认为"各篇并非作于一人,也非写于一时",《更法》、《错法》、《徕民》、《弱民》、《定分》五篇明显作于商鞅死后,《垦令》、《靳令》是商鞅遗著,《外内》、《开塞》、《农战》可能是商鞅遗著(《商君书注译·〈商君书〉作者考》)。

有关《商君书》的研究著作有清代严可均《商子》重校本、孙诒让《商子》校本、近人王时润《商君书斠诠》、朱师辙《商君书解诂定本》、陈启天《商君书校释》、蒋礼鸿《商君书锥指》、高亨《商君书注译》、郑良树《商鞅评传》与《商鞅及其学派》、张林祥《〈商君书〉的成书与思想研究》等。

(郝铁川　叶世昌　施正康　陈人雄)

孙膑兵法

《孙膑兵法》,也称《齐孙子》,十六篇。战国中期孙膑及其后学者所著。《史记》称"世传其兵法",《汉书》之志、传中有著录及征引。孙膑之书自东汉末年失传后,以致长期与《孙子兵法》发生纠葛,而演为一桩历史悬案。直至1972年山东临沂银雀山汉墓竹简《孙子兵法》和《孙膑兵法》同时出土,才得以基本了结此案。初次影印的《孙膑兵法》,收残简三百六十四枚,共三十篇。文物出版社1985年版《银雀山汉墓竹简(壹)·孙膑兵法》,已将不再视作孙膑之书的残简全部移出,重订为十六篇,移出之部则收入《佚书丛残》(第二辑)中。现一般采用此简本,简本为汉初抄本,另排印有释文本。

孙膑,战国中期齐国阿、鄄之间(今山东阳谷、鄄城一带)人。生卒年不可考,约与商鞅同时,而主要活动于齐威王之时。《史记》载其为孙武的后代,早年"尝与庞涓俱学兵法",却遭到庞涓的嫉妒和诬陷,被害得在魏国受膑刑(两块膝盖骨截去),因以膑名。后逃回齐国,经田忌引荐于齐威王,任为军师。公元前353年(齐威王四年)桂陵之战,齐将田忌采纳孙膑"批亢捣虚"、"围魏救赵"之计,大破魏军。公元前341年(齐威王十六年)马陵之战,田忌用孙膑"退兵减灶"、"因势利导"之计,消灭十万魏军,魏将庞涓自杀。魏太子申被俘。从此,孙膑"名显天下"。《战国策》载,田忌屡战屡胜,遭到齐相邹忌的嫉妒和排斥,被迫出奔楚国;齐宣王即位后,召回田忌。其间孙膑很可能与田忌同时进退。

《孙膑兵法》是一部有关战争和军事原理的兵法类兵书。它承继《孙子兵法》从哲理上论兵的传统,阐述了战国中期七雄争立之时的战略策略问题。全书篇名和拟目为:《擒庞涓》、《〔见威王〕》、《威王问》、《陈忌问垒》、《篡卒》、《月战》、《八阵》、《地葆》、《势备》、《〔兵情〕》、《行篡》、《杀士》、《延气》、《官一》、《〔强兵〕》、《五教法》。其思想内容,主要有四项。

一、"战胜而强立"和"乐兵者亡"的战争观。书中提出"举兵绳之"、"战胜而强立",才能消除暴乱,达到国家统一;如果用"积仁义,式礼乐,垂衣裳,以禁争夺",那样是不可能办到的。但是又必须反对"乐兵"好战："乐兵者亡,而利胜者辱。兵非所乐也,而胜非所利也。"战争胜利的基础和保证,在于"富国"、"有委"、"有义"、"事备"。(以上均见《〔见威王〕》、《〔强兵〕》两篇)这些是孙膑关于战争问题的基本观点。

二、"必攻不守"的战略方针。《威王问》篇中说,齐威王一连提出九个问题,田忌也提了七个问题,而孙膑的回答归结为："必攻不守,兵之急者也。"在这里,总论了最紧要的一个问题。所谓"必攻",就是主张坚决地打击敌人,积极地消灭敌人;所谓"不守",并非说自己不防守,而是指敌人不设防之处,或者无法防备,或者防御力量虚弱,同时又是指敌人的要害之处。这个思想,是战国中期作战方式变革的反映,当时步战、骑战、弩战均有发展,已不同于以车战为主的春秋时代。"必攻不守"之说,为较大规模的机动作战提供了战略理论。战略机动,不仅适用于进攻的一方、优势的一方,也是防守的一方、劣势的一方争取主动和转机的需要。

三、兵以"势"贵的策略原则。以"势"为贵,是孙膑用兵策略的特色。贵势,就是重视造势,要根据不同的敌情、地形、天候、军阵等条件,造成利于己的作战态势,从而达到克敌制胜的目的。依敌我兵力对比的不同,要善用"赞师"、"让威"、"避而骄之"、"引而劳之"、"以轻卒尝之"、"并卒而击之"(均见《威王问》)等战法;依各种天候、地形条件的不同,要善用"锥行"、"雁行"(《威王问》)、"易则多其车,险则多其骑,厄则多其弩"(《八阵》)等战法。这些法则的变通运用,包含着《孙子兵法》的血统,丰富了古典兵学的战理。

四、以"道"制胜的军事哲学。孙膑书中的"道胜论",与《孙子兵法》有所不同,"道"是指战争规律："先知胜不胜之谓知道。"(《陈忌问垒》所附残简)然而,"道者,必合于天地"(《陈忌问垒》所附残简),"间于天地之间,莫贵于人"(《月战》),要求战争的指导合乎客观规律,重视人的理性活动能力,这又与《孙子兵法》一样,是以其朴素唯物论和军事辩证法为思想基础的。《八阵》篇中说："知道者,上知天之道,下知地之理,内得其民之心,外知敌之情,阵则知八阵之经,见胜而战,弗见而诤",这就是认识和掌握战争规律的根本方法。

《孙膑兵法》是先秦兵法书的代表作之一,在我国军事学术史上有重要的地位。此书总结了战国中期的战争规律和特点,继承了《孙子兵法》的原理并有新的发展。今出土汉简《孙膑兵法》虽憾为残本,仍具有很高的学术价值和史料价值。

近年对《孙膑兵法》的研究,集中在成书时代、内容考定、文字训诂和军事思想的评价等方面。比较具代表性的著作有张震泽《孙膑兵法校理》、霍印章《孙膑兵法浅说》、李均明《孙膑兵法译注》、邓泽宗《孙膑兵法注译》等。

(吴仁杰)

申 子 〔战国〕申不害

《申子》，申不害著。《史记·老子韩非列传》称二篇，《汉书·艺文志》称六篇。据裴骃《史记集解》引刘向《别录》，谓两者内容"皆合"。约亡佚于南宋。仅唐《群书治要》卷三十六辑有《大体》一篇，另从《太平御览》卷二二一引刘向《别录》与王充《论衡·效力》篇知有《君臣》、《三符》两篇，但均佚。还有片断文字散见于《艺文类聚》、《意林》等。通行本有《全上古三代秦汉三国六朝文》本。

申不害(约前385—前337)，战国中期法家，郑国京(今河南荥阳东南)人。韩昭侯八年被任为相，直至终年，使韩"国治兵强"。其学本于黄老，而重"术"，号称"刑名"，要求"循名以责实"，"尊君卑臣，崇上抑下"(见刘向《别录》)。申不害的生平史料，主要见于《韩非子》和司马迁《史记·老子韩非列传》。

申不害以重"术"著称，但对势、法也很重视。他告诫君主："君之所以尊者，令。令之不行是无君也，故明君慎之"(《北堂书钞》卷四十五引)。君臣之位切不可颠倒，君主要牢牢居于支配、控制臣下的地位："明君如身，臣如手；君若号，臣若响；君设其本，臣操其末；君治其要，臣行其详；君操其柄，臣事其常。"又说："明君使其臣，并进辐凑，莫得专君。"(《大体》)群臣都要像车轮凑集于毂，围着君主转。他虽未明确使用"势"这个概念，但所称"号"、"令"、"本"、"要"、"柄"与慎到"势"的内容基本相关。

君主还必须奉法治国。"君必有明法正义，若悬权衡以称轻重，所以一群臣也。"(《艺文类聚》卷五十四引)申不害主张任法而不任智："尧之治也，善明法察令而已。圣君任法而不任智，任数(法术)而不任说。黄帝之治天下，置法而不变，使民安乐其法也"《太平御览》卷六三八引)，与慎到的主张极为相近。

申不害重视势、法，但更重视术。他认为威胁君权的主要危险来自左右大臣，"今人君之所以高为城郭而谨门闾之闭者，为寇戎盗贼之至也。今夫弑君而取国者非必逾城郭之险而犯门闾之闭也。"觊觎君主权位的多是不必越城犯禁的大臣。君主如果寄望臣子对己忠贞,终必为臣下捉弄,"失之数而求之信则疑矣"(《韩非子·难三》)。但只靠法和势远远不够。没有术,势、法就变得威严而不受用,刻板而不通达,如果注之以术,势、法便虎虎有生气,无论动静,都足以使臣子慑服。申不害的术,大体有如下三点。

循名责实之术。"昔者尧之治天下也以名,其名正则天下治;桀之治天下也亦以名,其名倚而天下乱。是以圣人贵名之正也。主处其大,臣处其细,以其名听之,以其名视之,以其名命之"(《大体》)。君主要从名实结合的角度,考察、控制臣下。"为人君者,操契以责其名。名者,天地之纲,圣人之符。张天地之纲,用圣人之符,则万物之情无所逃之矣"(《大体》)。这里的名,指每个官吏的职守必须明确划分,然后根据具体政绩表现裁定其是否忠于职守。君主确定"名",臣下充以"实",君主再检验两者是否相合,是为循名责实之术。

静因无为之术。申不害认为自然规律的特点是静,因为"刚者折,危者覆,动者摇,静者安,名自正也,事自定也"(《大体》)。对待一切事物要贵因,即善于顺其自然。顺水推舟;又要贵静,即"示天下无为"(《大体》)。所谓无为则是善于深藏不露,韬光养晦。任何决断之前不表态,不露倾向性。以免臣下有机可乘。"善为主者,倚于愚,立于不盈,设于不敢,藏于无事",因为"示人有余者,人夺之,示人不足者,人与之"(《大体》)。但在该决断时就要毫不犹豫,故又提倡君主决断:"独视者谓明,独听者谓聪。能独断者故可以为天下主"(《韩非子·外储说右下》)。可见,无为是以君主独断为前提,并为独断服务。

阴谋权术。申不害认为臣下尽不可信,君主必须善于权术。《韩非子·内储说上》载:"韩昭侯使骑于县,使者报。昭侯问曰:何见也?对曰无所见也。昭侯曰:虽然,何见?曰:南门之外,有黄犊食苗道左者。昭侯谓使者:毋敢泄吾所问。乃下令曰:当苗时禁牛马入人田中,固有令,而吏不以为事,牛马甚多入人田中,亟举其数上之,不得,将重其罪。于是三乡举而上之。昭侯曰:未尽也。复往审之,乃得南门之外黄犊。吏以昭侯为明察,皆悚惧其所而不敢为非。"韩非称这种术为"挟知而问"。此计未必出于申不害,但与申有密切关系,当无疑义。

申不害的"术"论,是对封建君主专制和官僚制度的一种理论总结,涉及官僚机构设置、职责划分与人事考核等一系列问题。其中"循名责实"之术有一定合理性,而阴谋权术则是官场上尔虞我诈的理论表现。

《申子》的辑本主要有清代马国翰《玉函山房辑佚书》和王仁俊《玉函山房辑佚书续编》。

(郝铁川)

仪礼

《仪礼》,古称《礼》、《礼经》、又称《士礼》,无《仪礼》之名。及东汉郑玄为三礼作注,始有《仪礼》、《周礼》、《礼记》三礼分立。但《仪礼》的书名尚未普遍使用。东晋时始称《仪礼》。至唐文宗开成(836—840)年间,石刻九经,以《周礼》、《仪礼》、《礼记》并立为三礼,乃正式标以《仪礼》之名。今本《仪礼》十七篇(卷)。通行本有明正德中陈凤梧刻本、清乾隆年间通志堂刻本、抱经堂丛书刻本、嘉庆年间阮元校刻《十三经注疏》本等。

《仪礼》的成书年代与流传。《仪礼》是先秦时期各项礼节礼义的纪录汇编,记述有关冠、婚、丧、祭、乡、射、朝、聘等礼仪制度。据《汉书·艺文志》载:"及周之衰,诸侯将逾法度,恶其害己,皆灭去其籍,自孔子时而不具,至秦大坏。"可见《仪礼》在春秋以前已经成书,到了春秋时期,各国诸侯的非礼行动恐受其约束,将其毁去,至孔子时已残缺不备,至秦时尤恶礼书,故而大坏。沈文倬在《略论礼典的实行和〈仪礼〉书本的撰作》一文中考证认定,《仪礼》是在公元前五世纪中期到公元前四世纪中期这一百多年中,由孔子及其弟子、后学拾遗补阙,陆续删定而成,比较可信。又据《汉书·艺文志》载:"汉兴,鲁高堂生传《士礼》十七篇。讫孝、宣世,后仓最明。戴德、戴圣、庆普,皆其弟子。三学立于学官。"立于学官的戴德、戴圣、庆普之学,皆为《仪礼》。清皮锡瑞《经学通论·三礼》:"汉兴,高堂生传《士礼》十七篇,即《仪礼》也。是时东海孟卿传《仪礼》之学以授后仓。而后仓受礼,居于未央宫前之曲台殿,校书著记,约数万言,因名其书为《后氏曲台礼》。至孝文时,鲁有徐生,善为颂。颂者容也,不能通经,只以容仪行礼,为礼官大夫,因又名习礼之处为容台,此皆以《仪礼》为名字者。若其学则后仓授之戴德,及德从兄子圣与沛人庆普三人。至孝宣时,立大、小戴、庆氏礼。故旧称《仪礼》为庆氏礼,为大、小戴礼是也。"高堂生所传《士礼》十七篇为今文经,是汉初将先秦原古文改写成汉隶传授弟子,由于立于学官,教育士人,故盛行于两汉。及东汉郑玄为《仪礼》作注后,唐代又列为九经之一,历代学者纷纷为之作注、释义、释例、作图,故《仪礼》一书更广泛深入地流传开来。

《仪礼》的作者。传统有三种说法：一为周公所作。以前的学者大都主此说。如贾公彦《仪礼疏序》说："至于《周礼》、《仪礼》，发源是一。理有终始，分为二部，并是周公摄政太平之书。"但考之《仪礼》文字，不类西周所作。二为孔子或孔子弟子所作。如司马迁认为《仪礼》是孔子所撰。《史记·孔子世家》说："孔子之时，周室微而礼乐废，诗书缺。追迹三代之礼，序书传，上纪唐虞之际，下至秦缪，编次其事。……故《书传》、《礼记》自孔氏。"这里所说的《礼记》，即指今《仪礼》。其说大致可信。三为荀子之学者所作。近人钱玄同认为"其书（指《仪礼》）盖晚周为荀子之学者所作"。但无实据。

《仪礼》的内容。今《十三经注疏》本《仪礼》十七篇（卷），其次序系从刘向《别录》。《士冠礼》第一，本篇详细记述成人行冠礼的过程、陈设、仪式及行礼时所致辞，属嘉礼。《士昏礼》第二，详细记述士娶妻成婚之礼节、礼仪，属嘉礼。《士相见礼》第三，详细记述士与士之间承贽相见，交往的礼节、礼仪，属宾礼。《乡饮酒礼》第四，记述乡大夫三年大比，献贤者能者于其君，以礼宾之，与之饮酒。或乡人以时聚会宴饮之礼节、礼仪，属嘉礼。《乡射礼》第五，记述州长于春、秋二季，在州学会民习射之礼节、礼仪，属嘉礼。《燕礼》第六，详细记述诸侯宴饮，或卿大夫有勤劳之功而诸侯宴之，或诸侯与群臣宴饮以为乐，属嘉礼。《大射仪》第七，记述诸侯有朝觐、会盟、祭祀、息燕诸大事而与群臣习射之礼节、礼仪。诸侯有祭祀之事，与其群臣射以观其礼，数中者得与于祭，不数中者不得与于祭，属嘉礼。《聘礼》第八，记述诸侯之间互相聘问之礼节、礼仪。大问曰聘，诸侯间久无事，使卿相聘问；小聘则使大夫。诸侯之间邦交，岁相问，殷相聘，世相朝，属宾礼。《公食大夫礼》第九，记述主国国君以礼食款待邻国来聘的大夫之礼节、礼仪，属嘉礼。《觐礼》第十，记述秋天诸侯觐见天子之礼节、礼仪。诸侯春见天子曰"朝"，夏见曰"宗"，秋见曰"觐"，冬见曰"遇"。朝、宗礼备，觐、遇礼省。春、夏、冬三时礼亡，唯存秋觐之礼，故较为简略，不见享献之礼，属宾礼。《丧服》第十一，记述自天子以至于庶人哀丧殡葬之礼节、礼仪。以亲亲、尊尊、名、出入、长幼、从服原则，对丧服的等级、服丧的年月，亲疏隆杀的礼仪作了详细说明，属凶礼。《士丧礼》第十二，记述士丧父母，自始死至既殡之礼节、礼仪，只适用于士阶层的丧礼，属凶礼。《既夕礼》第十三，为士丧礼之下篇，记述先葬二日已夕哭时与葬间一日之礼节、礼仪，属凶礼。《士虞礼》第十四，记述士既葬其父母后，返回殡宫而举行之安魂礼节、礼仪，属凶礼。《特牲馈食礼》第十五，记述诸侯之士岁时祭其祖祢之礼节、礼仪，只适用于士阶层的祖庙行祭，属吉礼。《少年馈食礼》第十六，记述诸侯之卿大夫祭其祖祢于庙之礼，属吉礼。《有司彻》第十七，为《少年馈食礼》之下篇，记述既祭而傧尸于堂之礼。祭毕，礼尸于室中；天子诸侯之祭，明日而再祭，属吉礼。

此外，《仪礼》内容以结构分，包含经、传、记三部分。除《士相见礼》、《大射仪》、《少年馈食礼》、《有司彻》均为经外，其余十三篇篇末均有记。《丧服》中不仅有经，有记，还有传。

综如上述,《仪礼》十七篇,概括了冠、婚、丧、祭、乡、射、朝、聘八项内容。清人邵懿辰在《礼经通论》中简明扼要地指出了它的意义和作用。"冠、昏、丧、祭、乡、射、朝、聘八者,礼之经也。冠以明成人,昏以会男女,丧以仁父子,祭以严鬼神,乡饮以合乡里,燕射以成宾主,聘食以睦邦交,朝觐以辨上下。"

《仪礼》的注本与研究。礼之为物,最为繁琐。《仪礼》是一部素称难读之书。西汉传《仪礼》,只有经师传授而无注释。东汉马融始为《仪礼》注《丧服》一篇。而郑玄则为《仪礼》十七篇作注,至今奉为圭臬,若无郑注,则《仪礼》古文将湮没而无从索解。此后有王肃注,唐初已佚。北齐黄庆、隋李孟悊首为之作疏。唐贾公彦据郑注作《仪礼疏》,今《十三经注疏》本《仪礼》即用郑注贾疏。南宋朱熹作《仪礼经传通解》,未成而卒,由门人黄榦续撰。黄榦卒后,由杨复最后完成。清人对《仪礼》的注释甚多,并加以研究,厥功甚伟。其重要的有张尔岐《仪礼郑注句读》、凌廷堪《礼经释例》、张惠言《仪礼图》、邵懿辰《礼经通论》、胡培翚《仪礼正义》等,都有助于通读《仪礼》。今人则有钱玄《三礼通论》、杨天宇《仪礼译注》等。1959 年甘肃武威县西汉墓出土《仪礼》竹木简,陈梦家《武威汉简》中有释文、校记、考证,沈文倬《汉简服传考》《礼汉简异文释》,均可供学者参考。

(来可泓)

礼记

《礼记》，原有《古文记》、《大戴礼记》、《小戴礼记》之目，均为解《礼经》之作。东汉郑玄为《小戴礼记》作注，以《小戴礼记》、《仪礼》、《周礼》并称为三礼，提高了《小戴礼记》在礼学中的地位，至唐代被列入九经，故《礼记》则专指《小戴礼记》，亦称《小戴记》、《小戴礼》。共四十九篇。通行本有清阮元校刻《十三经注疏》本等。

《小戴礼记》相传辑者戴圣，字次君，西汉梁（今陕西韩城南）人。宣帝时立为博士，曾参加石渠阁论定五经会议，官至九江太守。

《礼记》的成书。据郑玄《六艺论》云："戴德传《记》八十五篇，则《大戴礼》是也；戴圣传礼四十九篇，则此《礼记》是也。"大、小戴《礼记》辑自何书，大致有四种说法。一、晋陈邵《周礼序论》认为"戴德删古礼二百四篇为八十五篇，谓之《大戴礼》；戴圣删《大戴礼》为四十九篇，是为《小戴礼记》。《隋书·经籍志》也主此说，并补充云："汉末马融遂传小戴之学，融又足《月令》一篇，《明堂位》一篇，《乐记》一篇，合四十九篇。而郑玄受业马融，为之注。"二、清钱大昕《二十二史考异》卷七认为《古文记》"百三十一篇者，合大、小戴所传而言。《小戴记》四十九篇，《曲礼》、《檀弓》、《杂记》皆以简策重多，分为上下，实止四十六篇。合大戴之八十五篇。正协百三十一篇之数。"故《古文记》一百三十一篇，分辑成大、小戴《礼记》。三、王国维《汉时古文本诸经传考》："（河间）献王所得《礼记》，盖即《别录》之《古文记》，是大、小戴出古文。"认为大、小戴《礼记》各自从《古义记》中辑出。四、钱玄《三礼通论》则认为西汉时已有单篇的《记》，二戴用以教授生员，尚未辑成书本。至东汉时，传大、小戴礼者，在大、小戴原有散篇《记》的基础上，广泛搜辑，有辑自《古礼经》、《古文记》、古文书、秦汉之作而成大、小戴《礼记》。

《礼记》的成书时代。众说纷纭，大致有八种说法。一、春秋战国时孔子门徒所共撰。二、战国时六国人所撰集。三、西汉戴德、戴圣据古礼所删成。四、西汉戴德、戴圣所传的《记》。五、西汉戴德、戴圣据《曲台礼》删成。六、西汉诸儒所纂集。七、东汉马融、卢植所编纂。八、约作于公元前四世纪中期至前三世纪前期之间。钱玄在《三礼通论》考证、推断说："大、小戴《礼记》，除可以确定为西周文字及秦汉人所作以外，多数篇目大致撰于战国时期，约公元前4世纪中期至前3世纪前期之间。即后于《仪礼》十七篇及《论语》的著作时代，而早于《孟子》、《荀子》的著作时代。"

《礼记》与《仪礼》关系。朱熹《仪礼经传通解》云："以《仪礼》为经，以《礼记》为传。"《礼记》是解释《仪礼》的。其中有很多篇是直接解释《仪礼》。如《冠义》释《士冠礼》。《昏义》释《士昏礼》。《问丧》释《士丧礼》。《祭义》、《祭统》释《郊特牲》、《少牢馈食礼》、《有司彻》。《乡饮酒义》释《乡饮酒礼》。《射义》释《乡射礼》、《大射仪》。《燕义》释《燕礼》。《聘义》释《聘礼》。《朝事》（《大戴礼记》）释《觐礼》。《丧服四制》释《丧服》。故我们可以把《礼记》看成是《仪礼》的"记"或"传"，他们的关系是"经"与"传"的关系。只读《仪礼》，殊觉枯燥乏味；一读《礼记》则豁然开朗，妙趣环生。

《礼记》的内容。《礼记》是记述先秦时期典章制度、礼节礼仪的散篇论著汇编。今《十三经注疏》本《礼记》四十九篇，其序次多从刘向《别录》，全书内容概述如下。

《曲礼》上第一、下第二，杂记各种礼制，阐明其发展源流，古称《曲礼》。如祭祀之说吉礼；丧荒去国之说凶礼；致贡朝会之说宾礼；兵车旌鸿之说军礼；事长敬老、执贽纳女之说嘉礼。属制度。《檀弓》上第三、下第四，杂记诸礼，但偏重于丧礼的记载。檀弓，六国时人。但取首节"檀弓"二字以名篇，非谓此篇即檀弓所记。属通论。《王制》第五，记先王班爵授禄、聘问巡狩、考礼正刑、辟雍庠序、祭祀养老等制度。属制度。《月令》第六，记一年四季国家对农政事务的安排与指导，与《吕览·十二纪》、《淮南·时则训》大致相同。属明堂阴阳记。《曾子问》第七，记曾子问孔子丧礼、丧服之事，多可补《礼经》所未备。属丧服。《文王世子》第八，分为五节，记周文王姬昌为世子时事父之礼，并论王族与异姓礼制差别，可以考见古代学制、刑法。属世子法。《礼运》第九，记"大同"、"小康"、"乱世"的演变，阐述孔门最高理想大同之治，也可考见古代饮食起居进化情况，属通论。《礼器》第十，论礼学的意义，它可以使人成器，"君子有礼，则外谐而内无怨"。属制度。《郊特牲》第十一，在《礼记》中最为错杂，大体论祭祀，而杂以冠礼、婚礼之义。属祭礼。《内则》第十二，皆记家庭生活琐事，可以考见古代卿大夫之家庭生活情况。以闺门之内，轨仪可为法则，故称《内则》。属子法。《玉藻》第十三，记冕服饰物。属通论。《明堂位》第十四，记周公摄政，以明堂之礼会诸侯。属明堂阴阳。《丧服小记》第十五，记丧服之制，反映古代宗法制度情况。属丧服。《大传》第十六，记人道亲亲之义及丧服之制。属通论。《少仪》第十七，记君主、卿大夫、士相见、问丧及致膳之礼。属制度。《学记》第十八，记古代教育原则、教育理论、教育制度、教育方法等。属通论。《乐记》第十九，包括十一节，论述乐的意义，乐与政的关系。属乐记。《杂记》上第二十、下第二十一，杂记诸侯、大夫以至于士的丧礼、丧服之事。属丧服。《丧大记》第二十二，记周君以下始死、小敛、大敛及殡葬之礼。以其礼节、礼仪委曲详备，繁多，故称大记。属丧服。

《祭法》第二十三,记虞、夏、商、周四代祀神、立庙、立社等祀典。属祭祀。《祭义》第二十四,论祭祀原则、礼节、礼仪。孔子与宰我论鬼神一节,可考古代之哲学思想。属祭祀。《祭统》第二十五,论祭祀为礼之本,出自心中,尽祭之诚。属祭祀。《经解》第二十六,论《诗》、《书》、《乐》、《易》、《礼》、《春秋》政教之得失。六艺称经,此处最早提出。属通论。《哀公问》第二十七,记鲁哀公问礼、问政于孔子,孔子给以明确答复。属通论。《仲尼燕居》第二十八,记孔子为子张、子贡、子游说礼乐。属通论。《孔子闲居》第二十九,记孔子为子夏说诗,反复推论,极言其旨。属通论。《坊记》第三十,坊,音防,预防、防备。列举众多事例为证,论述礼以防民之失,防患于未然。属通论。《中庸》第三十一,为孔门最高哲学。论述中庸之道是最高、最完美之道德,它不仅是人道的正执,也是天道的真理。属通论。《表记》第三十二,论述君子见之于仪表的道德行为。属通论。《缁衣》第三十三,赞美善厚好贤之人。据《隋书·音乐志》谓此篇取自《子思子》。《缁衣》为《诗经·郑风》首篇篇名,原为歌颂郑武公,此处借用其名歌颂好贤者。属通论。《奔丧》第三十四,记居于他国,闻丧奔归之礼。属丧服。《问丧》第三十五,记居丧之礼及其起源。属丧服。《问服》第三十六,记丧服有从轻而重,从重而轻,从无服而有服,从有服而无服的原因。属丧服。《闲传》第三十七。本篇记丧服之间轻重所宜之礼。属丧服。《三年问》第三十八,记三年之丧的原由及变易之礼。属丧服。《深衣》第三十九,记深衣之制。深衣为古代天子至于庶人之常服,衣裳相连,似后世之长袍。若能明其制,则古代其余服制,皆易明了。属制度。《投壶》第四十,记古人宴饮时讲论才艺的投壶之礼。投壶是古人的一种游戏。属吉礼。《儒行》第四十一,记孔子回答哀公问,论述儒者的道德行为。儒者之言优也、柔也,能安人,能服人;又儒者濡也,能以先王之道,以濡其身。属通论。《大学》第四十二,论儒家为学,用以修身齐家治国平天下之理。阐明学与政关系。属通论。《冠义》第四十三,记成人加冠之礼。属吉礼。《昏义》第四十四,记婚娶之礼节、礼仪,内教由此而成。属吉礼。《乡饮酒义》第四十五,记乡大夫饮乡之老者、贤者于庠序之礼,体现尊贤、养老义。属吉礼。《射义》第四十六,记燕射、大射之礼节、礼仪。从射箭中观德行以取士。属吉礼。《燕义》第四十七,记君王与群臣宴饮之礼。上赐恩而下相报,上下相尊,君臣辑睦。属吉礼。《聘义》第四十八,记诸侯国之间相互聘问之礼节、礼仪,体现重礼轻财之义。属吉礼。《丧服四制》第四十九,记丧有四制,变而从宜。丧服以仁义礼智体人道。属丧服。

  《礼记》四十九篇的内容,大体可以概括为四个方面。一、通论,论述有关礼学思想、礼学理论。二制度,论述和记录有关礼仪制度。三、释义,解释、辨析、考证各种礼制、礼俗、礼仪。四、杂记,记述与礼有关之事。

  《礼记》的注疏与研究。《礼记》是一部研究中国礼学理论、礼学制度、礼节礼仪的重要典籍,为历代学者所重视。东汉郑玄最早为《礼记》作注。唐孔颖达根据郑注撰《礼记正义》,今本《十三经注疏》即采用郑注孔疏。北宋卫湜撰《礼记集说》,采录汉至宋说《礼》之言一百四十四家。今日犹可考见宋以前诸儒论《礼记》之言,全赖此书保存。元吴澄撰《礼记纂言》,明胡广等撰《礼记大全》。清人对《礼记》的研究用力甚勤,著作颇丰,主要有王夫之《礼记章句》、朱彬《礼记训纂》、杭世骏《续礼记集说》、孙希旦《礼记集解》等。今人则有钱玄《三礼通论》、任铭善《礼记目录后案》、王梦鸥《礼记校证》、《礼记今注今译》、王文锦《礼记译解》、王锷《〈礼记〉成书考》等,均可供参考。

(来可泓)

大学

《大学》，一篇。旧传曾子作，尚无定论。约成于战国末期至西汉之间。原为儒家经典《小戴礼记》中的一篇。宋儒(北宋程颢、程颐等)将它从《礼记》中抽出单独成篇，朱熹又把它与《论语》、《孟子》、《中庸》合编为《四书》，并为之注。通行本参看"礼记"条。

《大学》是一篇论述儒家治国平天下思想的文章。文中着重阐述了个人修养与社会政治的关系，提出"明明德"、"亲民"、"至善"的三纲领，以及格物、致知、诚意、正心、修身、齐家、治国、平天下等实现天下大治的八个步骤，这也就是宋儒所说的"三纲领""八条目"，它构成《大学》的主题。

首先，《大学》开篇就提出三纲领，它说，"大学之道，在明明德，在亲民，在止于至善"。大学即大人之学，大学的理想就在于彰明其至德，并且运用这崇高的德行去教化和更新民众，使其达到崇高的善。

其次，提出达到至善的一般方法。首先必须"知"，即认识到这些至德、至善。然后就有了一定的方向、目标(定)。有了目标，才能做到"静"，不盲动，这样做事才会安稳，也才能"虑"，才能思虑周详，然后，就可以得到"明德"、"至善"的结果。所以，明白了"知"、"定"，"静"、"安"、"虑"、"得"这一般方法的先后秩序，就接近了大学的道理。

第三，在认识到一般的认识法则之后，接着阐述了达到上述三纲领的具体步骤，它说，"物格而后知至，知至而后意诚，意诚而后心正，心正而后身修，身修而后家齐，家齐而后国治，国治而后天下平"。通过格物到平天下的八个具体环节，才能实现三纲领的目标。格物在于明辨事物，只有明辨事物才能得到正确的认识，有了认识才能意念诚实，然后才能思想端正。只有具备了以上的条件，自身的修养才能提高。自身的修养是治理家庭的必要条件和前提，由此，才能治理好自己的家庭，也才能治理好自己的国家，最后达到天下大治。因而，从天子到百姓，每个人都必须首先以修身为本。只有每个人修养提高，社会才能安定。这是首先要明白的，明了这些就是明白根本。

第四,诚其意在于不欺骗自己。这就好像恶臭使人厌恶,美色能使人愉快一样,我们对这些感知本能地表示出来。同样,小人闲居时到处做坏事,君子则总想把自己不好的地方隐藏起来,只显露出自己的善行,其实别人早已看得清清楚楚。所以"诚"要在心,而不在做给别人看,表现在行动上,就是要"慎其独",尤其在独处时更要严格要求自己,真正做到,"富润屋,德润身"。

第五,修身还得"正其心"。心中有忿恨、恐惧、好乐、忧患,就不能得到端正,有这些使人躁动的情绪,心就不能安定,"心不在焉"。这样,就会"视而不见,听而不闻,食而不知其味",所以正心也就是去除不安的情绪,保持心灵的安静,而能思虑。

第六,修身是齐家的前提,人们对自己所亲近喜爱的就偏爱,对自己所轻视厌恶的就讨厌,对自己所敬重的就偏敬,对自己所同情怜悯的就偏怜,"故好而知其恶,恶而知其美者,天下鲜矣!"这都是因为自身没有修养。而自身没有修养,是不可以整顿自己的家庭的。

第七,要治国首先必须会整顿自己的家庭。只有首先教化自己的家人,才能教化民众,否则是不可能的。教化家人必须"孝",这也是事奉君主的道理,"弟",这是事奉长者的道理,"慈"是对待民众的道理。只要心诚追求这些,虽有不中,但不会相距很远了。家与国的道理是相通的,一个家庭仁爱了,那治理一国就可以"兴仁",所以,"一家仁,一国兴仁","一人贪戾,一国作乱"。君主的作用是很重要的,"一言偾事,一人定国"。这可从尧、舜与桀、纣的例子看出。所以君子首先具有了此种美德,然后才可以教化别人具有这个美德;自己没有恶习,才能批评别人的恶习。相反的例子是没有的,这正说明了齐家的重要性。"宜其家人,而后可以教国人",这样进行教化,百姓才会效法。

最后是治国平天下。君主敬老,百姓就会兴孝;君主尊长,百姓也会效法;君主就是整个国家的榜样,你厌恶的行动,就不要用来对待别人,这同样能起到榜样的作用,使人效法好的,摈弃坏的。而且还要"民之所好好之,民之所恶恶之",这样才可以为"民之父母"。治理国家的人不可以不留意这点,一旦有偏差,就会"为天下僇"。所以"道得众则得国,失众则失国",有德则有人民、有土地、有财富。道德是根本,财富只是枝末,如果看轻根本,注重枝末,争夺财富,势必民心离散。

君子必有远大的志向,忠信则可以得到它,骄泰则会失去。"生财有大道",创造财富的人很多,消费的人很少,国家财富就富足了。仁者运用财富来发展自身,不仁德的人却亡身以聚敛财富。真正的治国者,不"以利为利",而"以义为利"。只为以仁义来治国,才能治好国家,这样"三纲领"就可以在天下实行了。

《大学》在中国古代社会的影响是不可低估的,作为《礼记》中的一篇,它对于汉儒的思想有直接的启发,特别是到宋代理学勃兴时,二程把它单独成篇,后朱熹把它编入"四书",又使它发挥了极大的作用,它一方面造就了后代儒家对社会的关心和参与精神,以及自身道德修养的提高,即"内圣"与"外王"之道,但同时也把人的思想束缚在儒家的思想范围之中。

(朱　锋)

礼运

《礼运》，一篇。旧传曾子、子思所作，已不可考。成书年代约在战国末年至秦汉之际。原是古代儒家经典《小戴礼记》中的一篇。通行本参看"礼记"条。

《礼运》描述了大同世界的社会理想，并阐述了"礼"对于维持小康社会正常秩序的重要性和用"礼"治国的具体方法。"礼运"就是"礼的运行法则"。

一、"大同"是社会的理想。在大同社会里，"天下为公，选贤与能，讲信修睦。故人不独亲其亲，不独子其子；使老有所终，壮有所用，幼有所长，矜寡孤独废疾者皆有所养。男有分，女有归。货，恶其弃于地也，不必藏于己；力，恶其不出于身也，不必为己。是故谋闭而不兴，盗窃乱贼而不作，故外户而不闭"。这样的社会可称"大同"。

二、退而求其次是"小康"。大同社会虽好，但只是一种理想。因为"今大道既隐，天下为家，各亲其亲，各子其子，货力为己"，所以，统治地位世代相传被认为是天经地义的事，统治者还建立城郭沟池来巩固这种地位，并制定礼仪规范，"以正君臣，以笃父子，以睦兄弟，以和夫妇，以设制度，以立田里，以贤勇智"，这一切都是为了建立自家的功业，"以功为己"。"故谋用是作，而兵由此起。"正因为如此，大禹、成汤、文王、武王、成王和周公这六位大人物，都被迫"未有不谨于礼者也"，他们用礼来分辨是非，考察诚信，让人知错，教人民学会仁爱和谦让。为的就是"示民有常"，给人民树立一种永恒的准则，如果不遵从这一准则，即便有权有势也会被剥夺，群众都以这种人为最大的祸害。这样的社会，可算"小康"。

三、"人而无礼，胡不遄死。"实现大同社会既不易，要维持小康也不简单，礼是必不可少的。"夫礼，先王以承天之道，以治人之情，故失之者死，得之者生。诗曰：'相鼠有体，人而无礼？人而无礼，胡不遄死！'"所以，礼必须上承天意，下秉地情，分布至鬼神，贯彻到丧、祭、射、御、冠、婚、朝、聘各种事项。圣人拿礼来教育人，天下国家就可以纳入正轨了。"故礼义也者，人之大端也。所以讲信修睦，而固人肌肤之会，筋骸之束也；所以养生送死，事鬼神之大端也；所以达天道、顺人情之大窦也。故唯圣人为知礼之不可以已也。故坏国、丧家、亡人，必先去其礼。"

四、"礼者，君之大柄也"。礼是君主治国的重要工具，是用以"别嫌，明微，傧鬼神，考制度，别仁义"，治政安君的。"故政不正，则君位危；君位危，则大臣倍，小臣窃。刑肃而俗敝，则法无常；法无常，而礼无列；礼无列，则士不事也。刑肃而俗敝，则民弗归也，是谓疵国。"为此，政治必须以天为本，根据天理来颁布政策。根据社祭重土的道理而颁发的政令称为效地之政，根据尊祖亲亲的道理颁发的政令称为仁义之政，根据天地山川的构造而颁发的政令称为兴作之政，根据五祀的礼仪而颁发的政令称为制度之政。这些都是圣人安身立命的最稳妥方法。"故圣人参于天地，并于鬼神，以治政也。处其所存，礼之序也；玩其所乐，民之治也。故天生时而地生财，人其父生而师教之。四者，君以正用之，故君者，立于无过之地也。"

五、"圣人耐以天下为一家，以中国为一人者，非意之也，必知其情，辟于其义，明于其利，达于其患，然后能为之。"人有喜怒哀惧爱恶欲七种不学而会的情感，又有需要加以培养的十种"人义"，即"父慈、子孝、兄良、弟弟、夫义、妇听、长惠、幼顺、君仁、臣忠"。"讲信修睦，谓之人利；争夺相杀，谓之人患。故圣人之所以治人七情，修十义，讲信修睦，尚辞让，去争夺，舍礼何以治之？""饮食男女，人之大欲存焉；死亡贫苦，人之大恶存焉。故欲恶者，心之大端也。人藏其心，不可测度也；美恶皆在其心，不见其色也。欲一以穷之，舍礼何以哉？"

六、"礼之不同也，不丰也，不杀也，所以持情而合危也。"人情、人义得到了修治，统治者以仁治国，天下就肥美，"是谓大顺"。"圣王所以顺，山者不使居川，不使渚者居中原而弗敝也；用水火金木饮食，必时；合男女，颁爵位；必当年德；用民必顺。故无水旱昆虫之灾，民无凶饥妖孽之疾。故天不爱其道，地不爱其宝，人不爱其情。故天降膏露，地出醴泉；山出器车，河出马图；凤凰麒麟皆在郊棷，龟龙在宫沼；其余鸟兽之卵胎，皆可俯而窥也。"这一切不是因为别的什么，是因为"先王能修礼以达义，体信以达顺"。这才是"顺"的真正体现。

《礼运》中的大同、小康思想和仁义道德观念，在我国古代社会中起着巨大的影响作用，特别是在唐朝，《礼记》被尊为经典之后，它成为儒家学派的社会理想。到清朝末年，康有为把它从《礼记》中抽出，作《礼运注》，使其大同思想广为传播。

（夏德元）

中 庸

  《中庸》,一篇。旧传子思作,尚无定论。约成于战国末期至西汉之间。原为儒家经典《小戴礼记》中的一篇,朱熹把它与《大学》、《论语》、《孟子》合编为《四书》,并为之作注。通行本参看"礼记"条。

  《中庸》是一篇论述儒家中庸思想的文章。文中对孔子"过犹不及"的思想作了进一步的发挥,认为不偏不倚是衡量一切道德行为的最高准则,并且提出了实行与达到中庸之道的条件和方法。

  首先,提出中庸之道在于"中和"。上天赋予的是"性",依照本性去做的是"道",修明道的是"教"。中庸既是性,因而必然有道与教化的问题。道是一时一刻也不能离开的,因此君子"戒慎乎其所不睹,恐惧乎其所不闻",即使在最隐蔽、最微小处,都要在"慎独"上下功夫。

  喜怒哀乐还没有表现出来时,叫做"中",表现出来而合乎礼节叫"和","中"是天下最大的根本,"和"是天下之"达道"。能做到"中和",就像自然一样,体现和修明道了。

  君子遵循中庸的准则,小人则反对它。君子的中庸在于时时适中,小人的中庸在于无所顾忌。中庸大概是最高的行为准则,一般是难以做到的。

  其次,真正做到中庸是非常困难的,过与不及都会偏离中庸。中庸之道在现在已难实行,智者做得过分,愚者做得不够。中庸之道也难以使这些人明了,贤者追求太高,不肖者理解不到。正像人们莫不饮食一样,然而"能知味"的却很少。

  但是历史上还是有得中庸之道的人。舜是大智者,他好问、好察,隐恶而扬善,"执其两端,用其中于民";颜回为人之善,就在于选择了中庸,得到这一道理,并牢记在心、不失去。虽然天下是可以治理的,名利地位可以辞去,锋利的刀刃可以去踩踏,但中庸是难以完全做到的。

  人们都以为自己是聪明的,但不懂中庸之道,正如要落在陷阱之中不知躲避;选择中庸之道,却坚持不了一个月。符合中庸的刚强才是真正的刚强,"和而不流","中立而不移","国有道,不变塞","国无道,至死不变"。

第三,"中庸之道,费而隐",广泛而细致。它虽然在高深的地方显得很深奥,但却体现在平凡之中。中庸之道并不是什么虚玄的东西,它不是远离人的,而行道的人却将它弄得很虚玄,这其实是并没有达到道。"故君子以人治人,改而止。"忠恕之道离中庸已经不远了,"施诸己而不愿,亦勿施于人。"中庸之道有四个内容,子以事父,臣以事君,弟以事兄,求乎朋友,先施之。这些都是从约束平常言、行而达到的,"言顾行,行顾言"。

中庸之道还在于富贵时按富贵的情况行事,贫贱时按贫贱的情况行事,不同的处境按不同的情况行事,这样才会悠然自得。君子心里平正坦荡,而小人则冒险以求偶然的幸运。君子之道犹如走远路一定要从近处、登高必从低处起始一样。

第四,礼的基础就是仁与义,由此必须孝、知、勇。孝的最高标准,就是"事死如事生,事亡如事存",所以明白了郊社之礼、宗庙之礼及四时祭祀的意义,治理国家也就很清楚了。

古代的典籍里还记载着政治,这些人存在,那么他们的政治就推行,这些人死去,那么他们的政治就消失,人之道有利政治,就像地之道有利树的生长一样,所以,"为政在人,取人以身,修身以道,修道以仁",至关重要的是"仁"。"仁者人也,亲亲为大;义者宜也,尊贤为大。"但是亲亲与尊贤都是分等级的,这就是礼所产生的根源。由此,"君子不可以不修身;思修身,不可以不事亲;思事亲,不可以不知人;思知人,不可以不知天"。天下通行的道义有五种,即君臣、父子、夫妇、兄弟、朋友之交。实行它们的美德有三种,即"知、仁、勇"。首先必须"知",虽有"生而知之"、"学而知之"、"困而知之"的不同,但须知是一致的。其次是"行",虽有"安而行之"、"利而行之"、"勉强而行之"的分别,但只有行才能成功是一样的。孔子说,"好学近乎知,力行近乎仁,知耻近乎勇"。知所以修身,才能治人、治国、治天下。治理国家有九种方法,即修身、尊贤、亲亲、敬大臣、体群臣、子庶民、来百工、柔远人、怀诸侯。通过修身确立中庸之道,采用九个法则去治理国家,天下人就会敬畏。

第五,实现中庸之道的最根本条件,就是诚,必须至诚如一。凡事预则立,不预则废,事前考虑就会从容。处在下位不能获得上级的信任,人民就不可能服从你的管理。要获得上级的信任,首先要得到朋友的信任,要得到朋友的信任,首先必须孝顺父母。要孝顺父母,自己必须先有诚意。"诚者,天之道也;诚之者,人之道也。"要做到诚,就是不勉强适中,不思而得,应当择善而坚持不渝地实行它,还要"博学之,审问之,慎思之,明辨之,笃行之",必须永无止境地学、问、思、辨、行。人家一次能做到的,我做百遍,只要有锲而不舍的精神,即使是愚人也会变得聪明,即使是柔弱的人也会变得刚强。所以"诚则明矣,明则诚矣"。

天下至诚的人,能发挥自己的本性,只有这样,才能"尽人之性","能尽人之性,则能尽物之性",这样就可以促进天地万物的化育,也就和天地并立为三了。其次是平凡的人,通过一般事物也可以获得诚,"诚则形,形则著,著则明,明则动,动则变,变则化",通过诚,一步一步会走向至诚,然后能化育天地万物。

至诚是没有止境的,只有这样,才能长久、悠远、博厚、高明。只有天下至诚的人才能创设天下永久的法则,确立天下的根本大德,懂得天地的化育,才能不偏不倚,才有实在的仁,深刻的思虑,如同上苍一样。

《中庸》的主旨在于阐明儒家的心性之学,即从天人关系的哲学高度来论证宗法、伦理的合理性,并把"诚"视为贯通天人的手段,因此可谓是儒家经典中最富哲理的专论"性与天道"的著作之一。它较《大学》更为宋以前的儒者所重视。《汉书·艺文志》著录有《中庸说》二篇,说明西汉时已有人专门研究《中庸》。南北朝时期,随着佛教的盛行,心性之学颇引起学者兴趣,据《隋书·经籍志》的著录,有南朝宋散骑常侍戴颙的《礼记中庸传》二卷,南朝梁武帝萧衍的《中庸讲疏》一卷,还有无名氏撰的《私记制旨中庸义》五卷等,这类著作成为当时儒者消化佛教哲学,"援佛入儒"的初步尝试。唐中叶以后,李翱作《复性书》三篇,充分发挥《中庸》的性命之学,试图建立起一套儒家的心性论。到了宋代,研究《中庸》的儒者日甚,南宋的石𡼖曾编有《中庸辑略》二卷,其中征引有周敦颐、程颢、程颐、张载、吕大临、谢良佐、游酢、杨时、尹焞等宋学家对《中庸》的论说。朱熹更是把《中庸》视为孔门"心法"之要籍,认为《中庸》一书:"始言一理,中散为万事,末复合为一理,放之则弥六合,卷之则退藏于密,其味无穷,皆实学也。善读者玩索而有得焉,则终身用之,有不能尽者矣。"(《四书集注·中庸章句》卷首)因此是儒家学说价值系统和工夫系统的主要理论依据之一。这一思想对后世产生了深远的影响。

（朱　锋）

学 记

《学记》,《礼记》所收四十九篇之一。通行本参看"礼记"条。

《学记》是迄今我们所知道的世界教育史上最早的系统的教育理论著作。全文仅一千二百二十九字,但内容极为丰富。它对我国先秦时期的教育和教学,第一次从理论上进行了比较全面系统的总结。

《学记》继承儒家德教为本的思想,它依据商周以来教育发展的历史经验,特别是战国时代关于教育的学说,充分肯定教育的价值,认为"建国君民,教学为先";"化民成俗,其必由学",即以兴办教育为治理国家、人民的关键,培养人才是教育的首要任务。它引述商代大臣傅说的教言"念终始,典于学",以证明"重教"是千百年来的历史实践所肯定的优良传统和基本国策。治理国家的人才必须由教育来培养,"玉不琢,不成器;人不学,不知道",教育的作用就是培养品德卓拔、治国有道的君子,并通过他们去"化民成俗",安定天下。

《学记》总结历史经验,提出了一系列教学原则和方法。

(一)藏修息游。《学记》说:"藏焉修焉,息焉游焉";"时教必有正业,退息必有居学"。"藏修"和"正业"指教师在校按时讲授的正课,"息游"和"居学"指学生课外活动与自习。《学记》强调课内、课外两种活动必须结合起来。特别是课外活动,更有利发挥学生兴趣、个性、特长,使其对学习产生更浓厚的兴趣;同时,在活动中,拓宽学生知识面,使其学习各种技艺,为学习"正业"打下坚实而宽广的基础。课外自习,还有利于巩固课内所学知识,使学生养成自觉学习的良好习惯。

(二)预时孙摩。《学记》认为,"预"、"时"、"孙"、"摩"这四者,能使教学获得成功。它说:"禁于未发之谓预,当其可之谓时,不陵节而施之谓孙,相观而善之谓摩。""预",指预见学生可能发生不良行为并提前采取预防措施,如果在不良现象发生后再去禁止,要收到成效就颇为困难了。"时",指掌握最佳时机,适时学习或教育。教学的内容深浅、阶段安排、各种要求,都应该结合学生的年龄和心理特征。不遵循教育的客观规律,时机未至或时机已过再进行某种学习,则"勤苦而难成"。"孙"指顺着一定的阶段和进度,即将教育内容的逻辑顺序与学生的心智水平结合起来,作为安排教学过程的依据。可见"孙"又是与"时"紧密相关的。"摩"指学习过程中相互观摩,共同切磋,取长补短。"独学而无友,则孤陋寡闻",集体的环境有助于学生个体成长、进步。《学记》在强调"相观而善"的同时,也提出"燕朋(亵昵)逆其师,燕辟(邪僻)废其学"的警告,即不良的朋友和环境将起副作用。

(三) 长善救失。《学记》认为,教师必须了解学生有四种过失:"或失则多,或失则寡,或失则易,或失则止",即贪多务博、片面专深、浮躁轻心、畏难却步四种缺点。它们是由于个体心理差异("心之莫同")所造成,教师应"知其心,然后能救其失"。所谓"知心",即知其心理差异的合理性以及"失"在一定条件下转化为"善"的可能性。王夫之《礼记章句·学记》称:"多、寡、易、止,虽各有失,而多者便于博,寡者易于专,易者勇于行,止者安其序,亦各有善。救其失,则善长矣。"恰当地解释了《学记》"长善救失"的旨意。

(四) 启发引导。《学记》继承孔子开创的启发式教育方法和儒家的《诗》教传统,明确提出启发教育最主要的形式特征就是"喻",而衡量一个合格教师的基本准则之一也是"喻"。它说:"能博喻然后能为师";"君子之教喻也"。所谓"喻",即譬喻、诱导。《说文解字》注:"谕,告也。凡晓谕人者,皆举其所易明也。……谕,或作喻。"举其易明的通例,就是打比方。比喻的作用,就在以浅近易懂的事理(或物体)说明另一不为人解的事理(或物体)。《学记》还提出了运用"喻"的具体方式,即:"道而弗牵"(引导学生思考,但不牵着他们的鼻子走路);"强而弗抑"(鼓励学生上进,而不是压抑他们的积极性);"开而弗达"(开启学生思路,而不提供现成答案)。《学记》本身也颇多佳喻,如"蛾术"、"嘉肴"、"善歌"、"撞钟"、"攻木"、"箕裘"等。

(五) 教学相长。《学记》说:"学然后知不足,教然后知困。知不足,然后能自反也;知困,然后能自强也。故曰:教学相长也。《兑命》曰:'学学半',其此之谓乎!"郑玄注:"学则睹己行之短,教则见己道之所未达。""自反,求诸己也。自强,修业不敢倦。"孔颖达疏:"《兑命》曰:'学,学半'者,上学为教,音敩;下学者谓习也。言教人乃是益己学之半也。"可知"教学相长"的本意,是指教师本身的学习有益他的提高;教师教育学生受困,反过来促进自己的学习,又有助于他的提高,这都是就教师本身而言。后来又引申为教学过程中教师、学生双方的相互促进、共同提高。

《学记》在阐述教育功能、提出教学方法的同时,还记载了有关教育制度和管理的内容。

(一) 学制与大学教育阶段。《学记》称:"古之教者,家有塾,党有庠,术(遂)有序,国有学。"史料证明,我国奴隶社会时期,王城和诸侯国都有官学,至于乡野是否已设学校以及具备怎样的形式和规模,都是尚待探索的问题。但《学记》以托古的方式提出中央到地方按行政建制建立学校制度的构想,确实对中国封建社会教育史的发展起到了重大影响,后世统治阶级正是以此为依据兴教办学。《学记》又将大学教育的年限定为九年。其中一、三、五、七年共四级,合为一段,称为"小成";九学年为一级,也是一段,称为"大成"。

(二)视学与考试。统治集团对大学教育的管理非常重视。大学开学之际,天子率领百官亲临学宫,举行庄重的开学典礼,祭祀"先圣先师",使学生入学初就确立为学志向,为日后的教学打下良好基础。天子还定期视察学宫。这些基本上成为汉以后大学教育的定制。学习过程分九年,规定每隔一年考查一次,以了解自己这一阶段学习的情况。针对不同年级和阶段,分别从学业成绩、道德品行两方面进行测试,通常由主管学校的官员亲临主持。第一学年考查学生分章析句的语文阅读能力和品德志趣的高下("视离经辨志")。第三学年考查学生对所学内容是否专心致志,与学友相处是否和睦相亲("视敬业乐群")。第五学年考查学生的识见是否广博,对教师是否亲敬有加("视博习亲师")。第七学年考查学生对学业是否具备一定的见解,交接友朋的标准是否合宜("视论学取友")。四级考查均为合格者,可谓之"小成"。第九学年考查学生能否在学术上融会贯通,志向上坚定不移("知类通达,强立而不反")。这一级考查合格者,可谓之"大成"。这表明,考试制度已初步体现遵循学习内容的由浅入深和学习者心理的逐步成熟这一教育发展规律。考试以实际的教学效果为衡量标准,兼顾知识、智力、情意等多方面的测试内容。而且考试的要求也体现了严格、公正的特点。

(三)教育程序及设计。《学记》对教师的教学活动提出七个方面的要求,并称之为"教之大伦"。第一件事,开学之初,对先圣先师举行隆重祭礼,以示敬师尊道("示其道");第二件事,要教育学生诵习《诗》经中《鹿鸣》、《四牡》、《皇皇者华》三篇,以明习诗言志、当官从政的道理("官其始");第三件事,教育学生闻鼓声即打开书箧,以恭敬的态度对待学业("孙其业");第四件事,应备好教鞭、戒尺等体罚用具,使学生视而生畏、谨而循章("收其威");第五件事,将考查学生业绩置春祭后,以便学生依着自己志趣从容修习("游其志");第六件事,经常观察学生言行,但不随便干涉,以利学生养成善于思考的能力("存其心");第七件事,考虑学生学习、接受能力,以便指导他们循序渐进("学不躐等")。

《学记》充分肯定教育的价值,并提出相应的教育制度、教学方式、管理原则等。由于教育的成败,在相当程度上取决于教师,因此特别强调选择教师和尊重教师的意义。《学记》称"三王四代唯其师",认为教师在历史上一直享有崇高地位。教师的职责是教人从政,所以自己必须精通安邦治国的道理,而且,能当教师者才能当长官,能任长官者才能当君王。可见择师不可不慎。《学记》认为,尊师旨在重道,重道则使人向学。为了体现尊师,君王不能对任师者施臣下之礼节,而教师给天子授课,也无须面向北方(如臣下朝见天子之礼),天子率先尊师,必将产生重大影响,促使社会形成尊师之风气。《学记》称:"善歌者使人继其声,善教者使人继其志",认为出色的教育者能赋予学生理想的追求和精神的动力,测量教育效果的尺度,不仅是受教育者知识能力的增进,最根本的是教师的理想人格赋予学生的影响的深度。

今人高时良在旧著《学记评注》的基础上撰《学记研究》(人民教育出版社,2006年),除《〈学记〉思想考释》、《〈学记〉章句训义》、《〈学记〉的历史评估》外,还附有《历代〈学记〉注释者简历及注释出处简介》、《历代学者对〈学记〉的评述》、《国外学者译述〈学记〉举隅》,可供参阅。

(金忠明)

列子

《列子》,又名《列子新书》,唐宋后又名《冲虚真经》、《冲虚至德真经》,八卷。旧题周列御寇著。《汉书·艺文志》著录为八篇,早佚。今本《列子》从思想内容和语言使用风格上看,可能是魏晋时人的作品,其中或亦包含某些古代资料。今本《列子》作伪者,一说为东晋张湛,一说则以为张湛之前某人。《列子》版本甚多,不下数十种,元明以后又多以注释并行。通行本有铁琴铜剑楼所藏北宋刻本、明正统《道藏》本、《湖海楼丛书》本、《四库全书》本、《四部丛刊》本、《四部备要》本、世界书局和中华书局的《诸子集成》本等。

列子,名列御寇,亦称圄寇、圉寇。战国时郑国人。《庄子》一书中屡次提到此人,说他能"御风而行"(《逍遥游》);"雕琢复朴,块然独以其形立,纷而封哉,一以是终"(《应帝王》);但又说他穷,"容貌有饥色"(《让王》)。《吕氏春秋·不二》说他主张"贵虚"。西汉刘向《列子新书目录》说他"其学本于黄帝、老子,号曰道家"。后为道教神化,唐天宝时诏号"冲虚真人"。著作有《列子》。

张湛,字处度,高平(郡治在今山东金乡西北)人。东晋孝武帝时,曾任中书侍郎、光禄勋。哲学上继承了王弼"以无为本"思想,也吸收郭象"崇有论"观点。认为"群有以至虚为宗,万品以终灭为验"(《列子注序》),以论证"万有"以"无"为本。在生死问题上认为"气散形朽",承认现实世界的生成变化是一个"形气转续,代谢无间"的过程。但又把这种气化论思想纳入其"生化之本,归之于无物"(《列子·周穆王注》)的"贵无"论中。由"生死气化"而主张一种"肆情纵欲"、及时行乐的人生观,认为"好逸恶劳,物之常性","当生之所乐者,厚味、美服、好色、音声而已耳"(《列子·杨朱注》),反映出东晋门阀士族的风尚。著作除《列子注》今存外,另外《庄子注》、《文子注》、《养生要集》、《延年秘录》等均佚。事迹见今人杨伯俊辑《张湛事迹辑略》(附于中华书局1979年版《列子集释》)。

《汉书·艺文志》著录的《列子》八篇,是经过刘向、刘歆父子整理而成的,已不知在何时散失了。今本《列子》前有刘向所撰书序,谓得"中外书凡二十篇,校除复重十二篇,定著八篇"。不少学者认为此序亦是伪作。另有张湛《列子序》,谓由其祖父在东晋初从外舅王宏、王弼等人家里发现,经拼合、整理、校勘,"参校有无,始得全备"。有学者因此认为今本《列子》即张湛编凑伪造而成。但亦有学者认为伪书作于张湛以前,张湛或亦是上当者之一。总之,今本《列子》系张湛所传则无误。

今本《列子》是一部着重反映魏晋时期玄学清谈和放荡纵欲思想的著作,其中也包含了一些道家和佛学的思想。共八卷:卷一为《天瑞篇》,卷二为《黄帝篇》,卷三为《周穆王篇》,卷四为《仲尼篇》,卷五为《汤问篇》,卷六为《力命篇》,卷七为《杨朱篇》,卷八为《说符篇》。内容多为民间传说、神话和寓言故事,如著名的"杞人忧天"即出自《天瑞篇》,"愚公移山"即出自《汤问篇》。其内容据历代学者考定,多出自他书,如《管子》、《晏子》、《论语》、《山海经》、《墨子》、《庄子》、《尸子》、《韩非子》、《吕氏春秋》、《韩诗外传》、《淮南子》、《说苑》、《新序》、《新论》、汲冢书《穆天子传》等。但其中亦有某些章节既不见于今日所传先秦和西汉古籍,也不是魏晋人思想的反映,或为魏晋时人征引的典故,为出自别的一些今已不传的古籍。

今本《列子》中比较有系统地反映魏晋时代思想的作品是《力命篇》和《杨朱篇》。《力命篇》的主旨就是强调"直而推之,曲而任之"的"自然者默之成之"思想。"力谓命曰:'若之功奚若我哉?'命曰:'汝奚功于物而欲比朕?'力曰:'寿夭穷达,贵贱贫富,我力之所能也。'命曰:'彭祖之智不出尧舜之上,而寿八百;颜渊之才不出众人之下,而寿十八。仲尼之德不出诸侯之下,而困于陈蔡;殷纣之行不出三仁之上,而居君位。季札无爵于吴,田恒专有齐国。夷齐饿于首阳,季氏富于展禽。若是汝力之所能,奈何寿彼而夭此,穷圣而达逆,贱贤而贵愚,贫善而富恶邪?'力曰:'若如若言,我固无功于物,而物若此邪?此则若之所制邪?'命曰:'既谓之命,奈何有制之者邪?朕直而推之,曲而任之,自寿自夭,自穷自达,自贵自贱,自富自贫,朕岂能识之哉?朕岂能识之哉!'"认为一切都是自然而然、命中注定,反映了当时崇尚自然的宿命论风尚。

《杨朱篇》的主旨则是强调生命有限、及时行乐、生时达生、死时乐死的思想。认为"百年,寿之大齐。得百年者千无一焉。设有一者,孩抱以逮昏老,几居其半矣。夜眠之所弭,昼觉之所遗,又几居其半矣。痛疾哀苦,亡失忧惧,又几居其半矣。量十数年之中,逌然而自得亡介焉之虑者,亦亡一时之中尔。则人之生也奚为哉?奚乐哉?为美厚尔!为声色尔!"而且"十年亦死,百年亦死。仁圣亦死,凶愚亦死。生则尧舜,死则腐骨;生则桀纣,死则腐骨。腐骨一矣,孰知其异?"因此就应该"且趣当生,奚遑死后!"应该"为欲尽一生之欢,穷当年之乐",而不要太看重名誉、权力、富贵。反映了当时门阀士族的人生和生活态度。

今本《列子》中也存在一些颇有价值的宇宙论观点,如关于宇宙生于"有"的思想:"夫有形者生于无形,则天地安从生?故曰有太易,有太初,有太始,有太素。太易者,未见气也;太初者,气之始也;太始者,形之始也;太素者,质之始也。气、形、质具而未相离,故曰浑沦。"(《天瑞篇》)这里的"太易"就是原始的"有",是一种看不见的气体,而以后的"太初"、"太始"、"太素"则是"太易"运动变化的过程。又如宇宙变化是自身运动结果的思想:"故生物者不生,化物者不化。自生、自化、自形、自色、自智、自力、自消、自息;谓之生、化、形、色、智、力、消、息者,非也。"(同上)还有宇宙无限的思想:"夫天地,空中之一细物,有中之最巨者。难终难穷,此固然矣;难测难识,此固然矣。"(同上)这些思想都属于有暗合于科学方面的合理猜想。

有关《列子》的整理、注疏、考辨等的研究,历代的作品很多,难以一一枚举。今人杨伯峻作的《列子集释》,征引历代注释,并详记出处。又有附录三种:其一为《张湛事迹辑略》;其二为《重要序论汇录》,收录了刘向、张湛、卢重玄、陈景元、任大椿、秦恩复、汪继培等所作的序文;其三为《辨伪文字辑略》,收录了柳宗元、朱熹、高似孙、叶大庆、黄震、宋濂、姚际恒、钱大昕、姚鼐、钮树玉、吴德旋、俞正燮、何治运、李慈铭、光聪谐、陈三立、梁启超、马叙伦、武义内雄、顾实、吕思勉、刘汝霖、陈旦、陈文波、杨伯峻等历代学者的考辨文字,颇便参考。汇录《列子》校释与研究论著的有严灵峰的《无求备斋列子集成》及《无求备斋老列庄三子集成补编》。

(徐洪兴)

孟子 〔战国〕孟 轲

《孟子》,七篇,每篇分上下,共十四卷。战国时孟轲(孟子)及其弟子万章等著。通行本有宋刻巾箱本《八经》本(有清康熙中内府等多种翻印、影印本)、宋刻大字本附赵岐注(有《四部丛刊》、《四部备要》等多种影印本)、明崇祯十三年(1640)锡山秦氏求古斋刻《九经》本、清乾隆间武英殿刻《十三经注疏附考证》本等。

孟轲(约前372—前289,一说约前390—前305),字子舆或子居(魏晋间王肃在《孔丛子》和《圣证论》中称),邹(今山东邹城东南)人。自云:"予未得为孔子徒也,予私淑诸人也。"(《离娄下》)司马迁则说他"受业于子思门人"。历游齐、宋、滕、魏诸国,曾任齐宣王客卿。因政见不为时用,晚年退而与弟子万章、公孙丑等著书立说。提出"性善"论,认为人性本善,具有天赋的仁、义、礼、智"四端",和不虑而知的"良知"及不学而能的"良能"。在认识论上认为,"尽其心者知其性也,知其性则知天矣",主张"存其心,养其性,所以事天"(《尽心上》),并把"知天"、"事天"看成是尽量扩充"本心"和发扬"善性"的过程;认为"学问之道无他,求其放心而已"(《告子上》),把治学和认识过程归结为找回散失了的"本心"。政治上主张实行"仁政","省刑罚,薄税敛","制民之产,必使仰足以事父母,俯足以畜妻子,乐岁终身饱,凶年免于死亡",然后"谨庠序之教,申之以孝悌之义"(《梁惠王上》);反对"霸道",主张"王道",提倡"保民而王",发挥儒家"重民"思想,提出"民为贵,社稷次之,君为轻"(《尽心下》);同时又提出"劳心者治人,劳力者治于人,治于人者食人,治人者食于人"(《滕文公上》)思想。其思想学说对后世影响很大,尤其是对宋明理学的影响,后人把他的思想与孔子思想并称为"孔孟之道"。事迹见《史记》卷七四《孟子荀卿列传》及《孟子》书中的有关章节。后人所作的年谱、传略、年表多达七十种左右,重要的如元程复心《孟子年谱》、明谭贞默《孟子编年略》、清狄子奇《孟子编年》、近人崔述《孟子事实录》等。

《孟子》一书的作者及篇数历来有不同的说法。关于作者问题:赵岐、朱熹、焦循等认为是孟子自著;韩愈、苏辙、晁公武等认为是弟子万章、公孙丑之徒等追记;司马迁等则认为主要是孟子自著,弟子万章、公孙丑等参与其事。目前学术界较多采用司马迁的说法。关于篇数问题:司马迁说"作《孟子》七篇"。《汉书·艺文志》则著录"《孟子》十一篇"。现存最早的《孟子》注作者赵岐,分《孟子》为"内书"七篇,"外书"四篇,认为《性善辨》、《文说》、《孝经》、《为政》四篇"外书""文不能弘深,不与内篇相似,似非《孟子》本真,后世依放而托之者也"(《题辞》)。因此不予作注。以后这四篇"外书"亡佚,今存"外书"学界公认为明姚士粦伪作。

《孟子》一书是研究孟子思想的最主要资料。全书七篇,篇目依次是:梁惠王、公孙丑、滕文公、离娄、万章、告子、尽心。每篇各分上下,共二百六十一章(有本分为二百六十章)。篇名取自每篇首章中的数字,没有特定的含义。篇次的排列先后,据赵岐所作《孟子篇叙》云:"孟子以为圣王之盛,惟有尧舜。尧舜之道,仁义为上,故以梁惠王问利国,对以仁义,为首篇也。仁义根心,然后可以大行其政,故次之以公孙丑问管、晏之政,答以曾西之所羞也。政莫美于反古之道,滕文公乐反古,故次以文公为世子,始有从善思礼之心也。奉礼之谓明,明莫甚于离娄,故次以离娄之明也。明者当明其行,行莫大于孝,故次以万章问舜往于田号泣也。孝道之本,在于情性,故次以告子论情性也。情性在内而主于心,故次以尽心也,尽己之心,与天道通,道之极者也,是以终于尽心也。"

《孟子》一书中所反映的思想内容,最引人注目的有四个方面,即心性学说、"仁政"思想、理想人格和排斥"异端"。兹择要介绍如下。

一、心性学说。

这是孟子全部思想的基础。孟子确认,人具有一种先验的善性,"人性之善也,犹水之就下也;人无有不善,水无有不下"(《告子上》)。而人性之所以是善的,是因为人生来就具有"善端",这种"善端"不仅是先验的,也是超功利的。"人皆有不忍人之心者,今人乍见孺子将入于井,皆有怵惕恻隐之心,非所以内交于孺子之父母也,非所以要誉于乡党朋友也,非恶其声而然也。由是观之,无恻隐之心,非人也;无羞恶之心,非人也;无辞让之心,非人也;无是非之心,非人也。恻隐之心,仁之端也;羞恶之心,义之端也;辞让之心,礼之端也;是非之心,智之端也。人之有是四端也,犹其有四体也。"(《公孙丑上》)这就是著名的"四端"说,也就是孟子的"性善"论。孟子认为,"仁、义、礼、智,非由外铄我也,我固有之也,弗思耳矣。"(《告子上》)这是一种与生俱来的善性,"人之所不学而能者,其良能也;所不虑而知者,其良知也。"(《尽心上》)孟子还通过"同类相似"的命题来论证人所具有的普遍善性,他说:"口之于味也,有同耆焉;耳之于声也,有同听焉;目之于色也,有同美焉。至于心,独无所同然乎?心之所同然者,何也?谓理也、义也。圣人先得我心之所同然耳。故理义之悦我心,犹刍豢之悦我口。"(《告子上》)孟子在强调人的本性存在先验的

"善"的同时,指出人之所以会有不善是由两方面造成的:一是外界的影响。他说:"今夫水,搏而跃之,可使过颡;激而行之,可使在山。是岂水之性哉?其势则然也。人之可使为不善,其性亦犹是也。"(《告子上》)"牛山之木尝美矣,以其郊于大国也,斧斤伐之,可以为美乎?是其日夜之所息,雨露之所润,非无萌蘖之生焉,牛羊又从而牧之,是以若彼濯濯也。人见其濯濯也,以为未尝有材焉,此岂山之性也哉?虽存乎人者,岂无仁义之心哉?其所以放其良心者,亦犹斧斤之于木也,旦旦而伐之,可以为美乎?"(同上)"富岁,子弟多赖;凶岁,子弟多暴。非天之降才尔殊也,其所以陷溺其心者然也。"(同上)二是人自己是否有向善的主观愿望。他说:"人之异于禽兽者几希,庶民去之,君子存之。"(《离娄上》)"求则得之,舍则失之,是求有益于得也,求在我者也。"(《尽心上》)"舜之居深山之中,与木石居,与鹿豕游,其所以异于深山之野人者几希。及其闻一善言,见一善行,若决江河,沛然莫之能御也。"(同上)而不愿意向善也就是自暴、自弃、自贼,"有是四端而自谓不能者,自贼者也"(《公孙丑上》)。"自暴者,不可与有言也;自弃者,不可与有为也。言非礼义,谓之自暴也;吾身不能居仁由义,谓之自弃也。"(《离娄上》)为了使人的"善性"能够保存和扩充,孟子提出了一整套修养的工夫,其中既包含了他的认识论,也包含他的伦理哲学。这一整套修养工夫由一系列命题组成:一、"尽心","尽其心者,知其性也;知其性,则知天"(《尽心上》)。二、"存心养性","存其心,养其性,所以事天也;夭寿不贰,修身以俟之,所以立命也。"(同上)三、"寡欲","养心莫善于寡欲,虽有不存焉者,寡矣;其为人也多欲,虽有存焉者,寡矣。"(《尽心下》)四、"求放心","仁,人心也;义,人路也。舍其路而弗由,放其心而不知求,哀哉!……学问之道无他,求其放心而已矣!"(《告子上》)五、"思诚","是故诚者,天之道也;思诚者,人之道也。至诚而不动者,未之有也;不诚,未有能动者也。"(《离娄上》)六、"自反","万物皆备于我,反身而诚,乐莫大焉。强恕而行,求仁莫近焉。"(《尽心上》)要做到"君子必自反","自反而仁"、"自反而有礼"、"自反而忠"(见《离娄下》)。七、"养气","我善养吾浩然之气","其为气也,至大至刚,以直养而无害,则塞于天地之间。其为气也,配义与道;无是,馁也。是集义所生者,非义袭而取之也;行有不慊于心,则馁矣。"(《公孙丑上》)此外,尚有"不动心"、"存夜气"、"先立其大"、"知言"、"知耻"等命题,这里不一一具引。

二、"仁政"思想。

孟子从其性善论出发,提出了他"仁政王道"的政治学说。他认为"仁政"来源于先王的"不忍人之心","人皆有不忍人之心。先王有不忍人之心,斯有不忍人之政矣。以不忍人之心,行不忍人之政,治天下可运之掌上。"(《公孙丑上》)他说:"如施仁政于民,省刑罚,薄税敛,深耕易耨;壮者以暇日修其孝悌忠信,入以事其父兄,出以事其长上,可使制梃以挞秦楚之坚甲利兵矣。"(《梁惠王上》)又说:"夫仁政,必自经界始。"(《滕文公上》)也就是"五亩之宅,树之以桑,五十者可以衣帛矣。鸡豚狗彘之畜,无失其时,七十者可以食肉矣。百亩之田,勿夺其时,数口之家,可以无饥矣。谨庠序之教,申之以孝悌之义,颁白者不负载于道路矣。老者衣帛食肉,黎民不饥不寒,然而不王者,未之有也。"(《梁惠王上》)同时,孟子又提出了"制民之产"的思想,"若民,则无恒产,因无恒心。苟无恒心,放辟邪侈,无不为已。及陷于罪,然后从而刑之,是罔民也。焉有仁人在位,罔民而可为也? 是故明君制民之产,必使仰足以事父母,俯足以畜妻子;乐岁终身饱,凶年免于死亡;然后驱而之善,故民之从之也轻。"(同上)孟子的"仁政"思想中,最突出的就是"民"。如他的"保民而王"思想,认为:"保民而王,莫之能御也。"(同上)"乐民之乐者,民亦乐其乐;忧民之忧者,民亦忧其忧。乐以天下,忧以天下,然而不王者,未之有也。"(《梁惠王下》)"桀纣之失天下也,失其民也;失其民者,失其心也。得天下有道,得其民,斯得天下矣;得其民有道,得其心,斯得民矣。"(《离娄上》)如他的"民贵君轻"思想,"民为贵,社稷次之,君为轻"(《尽心下》)等等。此外,在孟子的政治学说中还有"王霸"、"义利"之辨等内容。

三、理想人格。

在《孟子》一书中,还有不少关于理想人格的论述,如:"人皆可以为尧舜"(《告子下》);"居天下之广居,立天下之正位,行天下之大道,得志与民由之;不得志,独行其道。富贵不能淫,贫贱不能移,威武不能屈,此之谓大丈夫"(《滕文公下》);"天下有道,以道殉身;天下无道,以身殉道"(《尽心上》);"生,亦我所欲也;义,亦我所欲也。二者不可得兼,舍生而取义者也"(《告子上》);"待文王而后兴者,凡民也。若豪杰之士,虽无文王犹兴"(《尽心上》)等等,都是激励人心、传颂千古的名言。

四、排斥"异端"。

孟子以儒学的捍卫者自居,以"好辩"闻名,以"正人心,息邪说,距诐行,放淫词"(《滕文公下》)姿态,对当时各家的学说进行了批判。其中著名的就是他斥告子的人性论,拒杨朱、墨子的"为我"、"兼爱"思想,驳许行的"并耕"学说。《孟子》一书中不仅具体批判了各家的理论,而且也保存了不少宝贵的思想史资料,如农家许行的"并耕而食,饔飧而治"思想,就是赖《孟子》一书而保存至今,使后人能得窥其学说之一二。

《孟子》一书是儒家学派的一部重要著作。在西汉文帝时曾立有专门的传记博士,但不久就取消了。从汉至唐,《孟子》始终被列入子部儒家类。从宋代开始,《孟子》的地位升格,被列入儒家的"十三经"之中。到南宋的朱熹,又对《孟子》加以集注,列为"四书"之一。明清两代,"四书"成为官方取士的教科书,《孟子》也就成为读书人的必读书。因此,它对中国古代尤其是宋代以后的思想文化界具有难以估量的影响。此外,《孟子》一书中那流畅犀利、气势磅礴的文字表述,在中国文学史上也有很高的地位。

有关《孟子》一书的研究,历代都有,据统计在清以前就有七十余家之多,主要有:东汉赵岐的《孟子章句》、南宋朱熹的《孟子集注》、清焦循的《孟子正义》等。今人所作而又通行的是杨伯峻的《孟子译注》。

(徐洪兴)

庄子

《庄子》,唐以后又称《南华真经》、《南华经》,现存本三十三篇。一般认为是战国时庄周(庄子)及其后学所著。版本很多,都与注疏并行。通行本有宋刻巾箱本、据宋大字本影印《续古逸书》本、明正统《道藏》本、明嘉靖间顾氏世德堂刻《六子全书》本、清嘉庆间姑苏王氏聚文堂刻《十子全书》本、清光绪间上海图书集成局排印《子书二十二种》本、清光绪间湖南长沙思贤讲舍刻《庄子集释》本等。

庄周(约前369—前286,学术界另外还有几种不同的说法),宋国蒙(今河南商丘东北)人。与梁惠王、齐宣王同时,做过蒙地方的漆园吏,为惠施挚友。家贫,曾借粟于监河侯(官名),也曾麻鞋布衣见魏王,拒绝楚威王以厚礼高官的聘请。在哲学上继承并发展了老子的思想。认为"道"是客观真实的存在,"夫道,有情有信",但又"无为无形","可传而不可受,可得而不可见",是最高的本体;其存在不以他物为条件,"自本自根,未有天地,自古以固存"(《大宗师》);在时空上都是无限的,"在太极之先而不为高,在六极之下而不为深,先天地生而不为久,长于上古而不为老"(同上)。认为一切事物都在发展变化中,"物之生也,若骤若驰,无动而不变,无时而不移"(《秋水》);事物变化由矛盾作用引起,"安危相易,祸福相生,缓急相摩,聚散以成"(《则阳》);任何事物都是相对的、可转化的,"臭腐复化为神奇,神奇复化为臭腐"(《知北游》);否认事物间质的差别,"天下莫大于秋毫之末,而太山为小;莫寿乎殇子,而彭祖为夭"(《齐物论》);主张通过"坐忘"而达到齐物我、齐是非、齐大小、齐死生、齐贵贱这种"天地与我并生,万物与我为一"的境界;要求安时处顺,逍遥自得,顺应世俗,随遇而安。揭示出认识主体与认识对象间有限与无限的矛盾,"吾生也有涯,而知也无涯";但又陷入不可知论中,"以有涯随无涯,殆已!已而为知者,殆而已矣"(《养生主》);认为语言和概念("言")是静止的,而所表达的对象("所言者")是变动的,"夫言非吹也,言者有言,其所言者,特未定也"(《齐物论》);"道"是不能分割的,"道未始有封",而语言和概念只能把事物分割开来认识,所以就无法认识"常道",即概念无法把握客观实在。另外在美学等方面,庄子也提出了引起后人重视的不少命题。庄子的哲学思想在中国哲学史上占有很重要的地位,后世往往把它与老子哲学并称为"老庄哲学"。事迹见《史记》卷六三《老庄申韩列传》、唐陆德明《经典释文序录·庄子补传》、马叙伦《庄子年表》等,在《庄子》的《秋水》、《外物》、《山木》、《至乐》、《列御寇》等篇中也有关于庄子生平的史料。

《庄子》一书在汉代流传时的篇数,据《汉书·艺文志》著录为五十二篇。唐陆德明在《经典释文序录》中云:"《汉书·艺文志》庄子五十二篇,即司马彪、孟氏所注是也。言多诡诞,或似《山海经》,或类占梦书,故注者以意去取。其《内篇》众家并同,自余或有《外》而无《杂》。惟子玄所注,特会庄生之旨,故为世所贵。"现存本即郭象注的三十三篇本,其中《内篇》七、《外篇》十五、《杂篇》十一。现存的三十三篇究竟哪些是庄子本人所作?一般认为:《内篇》七篇思想连贯,文风一致,当属庄子本人的作品。至于《外篇》、《杂篇》则比较冗杂,有的可能是庄子后学所作,有的可能是后人发挥《内篇》思想而作,有的可能是其他学派的著作羼入。关于《庄子》《外篇》、《杂篇》具体哪篇为谁所作,学术界历来争论极大,至今尚无定论,故不作详介。需要说明,《外篇》、《杂篇》虽可能不是庄子所作,但它们在中国哲学史上都具有一定的价值,有的甚至有很高的价值,如《天下篇》就是。

现存本篇目依次如下。

内篇:逍遥游、齐物论、养生主、人间世、德充符、大宗师、应帝王,凡七篇。

外篇:骈拇、马蹄、胠箧、在宥、天地、天道、天运、刻意、缮性、秋水、至乐、达生、山木、田子方、知北游,凡十五篇。

杂篇:庚桑楚、徐无鬼、则阳、外物、寓言、让王、盗跖、说剑、渔父、列御寇、天下,凡十一篇。

《庄子》一书是道家学派的最重要代表作之一,这里主要介绍被公认为是庄子作品的《内篇》,至于《外篇》、《杂篇》则择要介绍一二。

《逍遥游》的主旨是讲人应该如何才能适性解脱,达到逍遥自由的境界。庄子认为人生种种苦恼和不自由的根本原因在于"有待"、"有己"。所谓"有待"就是指人的某种愿望和要求的实现,需要具备一定的条件,这些条件往往成为对人"自由"的束缚。庄子用鹏飞万里和列子御风的寓言来说明,大鹏高飞要靠"垂天之云"的大翅和能负大翼的大风;列子"御风而行","旬有五日而后反",但还需要靠风,这都是"有所待",算不上真正的自由。真正的逍遥是不依赖任何条件的,"若夫乘天地之正,而御六气之辩,以游无穷者,彼且恶乎待哉!"所谓"有己"就是指人们总是意识到自身和环境的对立和差异,从而去区分是非、善恶、苦乐、祸福,计较得失。要做到"游无穷者",就必须做到"无己"、"无功"、"无名","至人无己,神人无功,圣人无名"。庄子用许由不愿接受尧所让的天子之位的寓言来说明"无名";用惠施与庄周对话讨论的"大瓠"、"大樗"的寓言来说明"无功"。只有不感到自己而去我顺物(无己),无所建树(无功),不顾别人的毁誉(无名),才能真正达到精神的绝对自由。

《齐物论》的主旨是讲一切事物都是相对的,如果要达到解脱逍遥,就必须齐物。所谓"齐物",就是齐同物,齐观物。庄子认为,从绝对"道体"的高度来看,认识对象的性质是相对的,处于不断转化之中,其性质因而就无法真正认识。他举例说:"莛与楹,厉与西施,恢恑憰怪,道通为一。其分也成也,其成也毁也,凡物无成与毁,复通为一。"其次,庄子认为,人的主观认识能力和知识的可靠性也是相对的,没有客观标准,所以知与不知是不能证明和区分的。《齐物论》中说:"啮缺问乎王倪曰:'子知物之所同是乎?'曰:'吾恶乎知之!''子知子之所不知邪?'曰:'吾恶乎知之!''然则物无知邪?'曰:'吾恶乎知之! 虽然,尝试言之。庸讵知吾所谓知之非不知邪? 庸讵知吾所谓不知之非知邪?'"他举例说:"民湿寝则腰疾偏死,鳅然乎哉? 木处则惴慄恂惧,猿猴然乎哉? 三者孰知正处? 民食刍豢,麋鹿食荐,蝍蛆甘带,鸱鸦嗜鼠,四者孰知正味? ……毛嫱、丽姬,人之所美也;鱼见之深入,鸟见之高飞,麋鹿见之决骤,四者孰知天下之正色哉?"第三,庄子认为,探求事物的是非、真假、应不应该是没有意义的,因为没有客观标准。他说:"物无非彼,物无非是。自彼则不见,自知则知之。故曰:彼出于是,是亦因彼。彼是方生之说也。虽然,方生方死,方死方生;方可方不可,方不可方可;因是因非,因非因是。是以圣人不由而照之于天,亦因是也。是亦彼也,彼亦是也。彼亦一是非,此亦一是非,果且有彼是乎哉? 果且无彼是乎哉? 彼是莫得其偶,谓之道枢。枢始得其环中,以应无穷。是亦一无穷,非亦一无穷也。故曰:莫若以明。"他又说:"既使我与若辩矣,若胜我,我不若胜,若果是也? 我果非也邪? 我胜若,若不吾胜,我果是也? 而果非也邪? 其或是也? 其或非也邪? 其俱是也? 其俱非也邪? 我与若不能相知也。则人固受其黮暗,吾谁使正之? 使同乎若者正之,既与若同矣,恶能正之? 使同乎我者正之,既同乎我矣,恶能正之? 使异乎我与若者正之,既异乎我与若矣,恶能正之? 使同乎我与若者正之,既同乎我与若矣,恶能正之? 然则我与若与人俱不能相知也,而待彼也邪?"所以,庄子认为,不论客观万物或者人的内心世界都受"道"的主宰,因而事物的彼此、认识上的是非等都是相对的。从根本上说都是"道"的"物化"现象,他以"庄周梦蝶"的寓言来说明"物化"的道理。因此只有齐是非、齐彼此、齐物我、齐寿夭,取消一切差别,放弃一切对立,做到无知无觉,才能回到"道"。否则就只能是对"道"的全面性的歪曲或割裂。《齐物论》是庄子哲学思想非常重要的一篇代表作。

《养生主》的主旨是讲人生观,即养生之道或原则。其开首即言:"吾生也有涯,而知也无涯;以有涯随无涯,殆已! 已而为知者,殆而已矣! 为善无近名,为恶无近刑,缘督以为经,可以保身,可以全生,可以养亲,可以尽年。"正面阐明养生的原则,就是要"缘督以为经",即顺乎自然的中道。以下则以"庖丁解牛"等五段比喻,具体说明:在复杂错综的社会中,如何找出客观规律以适应现实并"游刃有余";形体的缺陷不影响养生(指"右师介足");养生主要是使精神得到自由(指"泽雉不蕲畜乎樊中");人之生死是自然现象,不必过分感情激动而影响养生(指"秦失吊老聃");养生之道重在精神而不在形体(指"薪火之传")。

《人间世》的主旨是讲处世哲学。其中最重要的是提出了"心斋"的命题。庄子借颜回将去卫时与孔子的一段对话提出:"回曰:'敢问心斋。'仲尼曰:'若一志,无听之以耳而听之以心;无听之以心而听之以气。耳止于听,心止于符。气也者,虚而待物者也。唯道集虚。虚者,心斋也。'颜回曰:'回之未始得使,实自回也;得使之也,未始有回也,可谓虚乎?'夫子曰:'尽矣!吾语若:若能入游其樊而无感其名,入则鸣,不入则止。无门无毒,一宅而寓于不得已则几矣。绝迹易,无行地难。为人使易以伪,为天使难以伪。闻以有翼飞者矣,未闻以无翼飞者也;闻以有知知者矣,未闻以无知知者也。瞻彼阕者,虚室生白,吉祥止止。夫且不止,是之谓坐驰。夫徇耳目内通而外于心知,鬼神将来舍,而况人乎!是万物之化也,禹、舜之所纽也,伏羲、几蘧之所行终,而况散焉者乎!"庄子的意思就是耳目心智无法认识道,只有使精神保持虚静状态,才能为道归集,悟得妙道。以下以叶公子高将使齐问于孔子,以及一连串的寓言来说明待人接物要安顺,要不得已,"知其不可奈何而安之若命";以自身说则有用、有为必有害,无用、无为才是福。

《德充符》的主旨是讲道德论。庄子通过寓言的形式,写了王骀、申徒嘉、叔山无趾、哀骀它等几个肢体残缺、形状丑陋的人,但他们的道德都是完美充实的。他们的道德使君主、师友、女人都被他们所感动和吸引,也使盛名的孔子、子产、忧国忧民的鲁哀公甘拜下风。庄子这里所谓的"德",并非常人所说的笃学善教、平政安民之类;而是领悟大道,因循变化,任其自然。庄子认为全德之人,对外物就是"因"、"顺"、"和"。世人重形轻德,不知"德有所长而形有所忘",所以"人不忘其所忘而忘其所不忘,此谓诚忘。"

《大宗师》的主旨是讲"道"和如何"修道"。所谓"大宗师"是篇中借许由的口称作"吾师乎"的天道,或天道的体现者"古之真人"。在此篇中庄子具体完整地论述了"道"的概念:"夫道,有情有信,无为无形;可传而不可受,可得而不可见;自本自根,未有天地,自古以固存;神鬼神帝,生天生地;在太极之先而不为高,在六极之下而不为深,先天地生而不为久,长于上古而不为老。"这里把"道"看成是派生万物、超越时空的最高绝对本体。庄子认为,得"道"的"古之真人",忘怀于物,"不逆寡,不雄成,不谟士";淡情寡欲,"其寝不梦,其觉无忧,其食不甘,其息深深";不计生死、随物而变,"不知说生,不知恶死;其出不䜣,其入不距,翛然而往,翛然而来而已矣。不忘其所始,不求其所终;受而喜之,忘而复之";天人合一,"其一与天为徒,其不一与人为徒,天与人不相胜也"。在《大宗师》中,庄子还借颜回与孔子的对话而提出了"坐忘"这个重要的修养方法:"颜回曰:'回益矣。'仲尼曰:'何谓也?'曰:'回忘仁义矣。'曰:'可矣,犹未也。'他日复见,曰:'回益矣。'曰:'何谓也?'曰:'回忘礼乐矣。'曰:'可矣,犹未也。'他日复见,曰:'回益矣!'曰:'何谓也?'曰:'回坐忘矣!'仲尼蹴然曰:'何谓坐忘?'颜回曰:'堕肢体,黜聪明,离形去知,同于大通,此谓坐忘。'仲尼曰:'同则无好也,化则无常也。而果其贤乎!丘也请从而后也。'"庄子的"坐忘"以后成为道教的一种重要修炼方法。

《应帝王》主旨是讲政治,即治天下。庄子通过寓言来强调"无为"的重要性,"无为名尸,无为谋府,无为事任,无为知主",即"立乎不测,游于无有"。篇中最著名的一个寓言就是"浑沌"凿七窍而死,以证"有为"的恶果。

《庄子》一书的《外篇》、《杂篇》,其作者虽然说法不一,但其中不少篇也反映了许多有价值的思想。如《胠箧》全篇发挥老子"绝圣弃智"思想,认为"圣人生而大盗起","圣人不死,大盗不止","天下每每大乱,罪在于好知"。因此,必须"绝圣弃知,大盗乃止;摘玉毁珠,小盗不起;焚符破玺,而民朴鄙;掊斗折衡,而民不争;殚残天下之圣法,而民始可与论议",只有这样才能回到"结绳而用之"、"鸡狗之音相闻,民至老死而不相往来"的"至治"之世。此外,《胠箧》篇中还揭露了当时"窃钩者诛,窃国者为诸侯"的现实。又如《秋水》篇中提到了物质的无穷性、时空的无限性、事物的特殊性,认为"物,量无穷,时无止,分无常,终始无故";万物"殊器"、"殊技"。《知北游》篇中也有不少论"道"的内容,认为"道"是万物的"本根","天不得不高,地不得不广,日月不得不行,万物不得不昌,此其道与!"还用气化说明宇宙的形成和人的生死,"通天下一气耳","人之生,气之聚也;聚则为生,散则为死"等。《则阳》篇中关于矛盾对立面相互依存和作用的论述:"安危相易,祸福相生,缓急相摩,聚散以成";"阴阳相照相盖相治,四时相代相生相杀;欲恶去就,于是桥起;雌雄片合,于是庸有"等。

需要特别指出的是《天下》篇,这是一篇介绍先秦几个重要学派哲学思想的专论,对了解和研究先秦哲学有重要意义。其中提到的人物有:墨翟、禽滑厘、宋钘、尹文、彭蒙、田骈、慎到、关尹、老聃、庄周、惠施、桓团、公孙龙等,对他们的学术都作了介绍和评论。同时也谈到了儒家的"六经"和"邹鲁之士"、"搢绅先生"。从"天下之治方术者多矣"论证"百家众技"都只能得到"道"的一偏。为了挽救"道术将为天下裂"的局面,提出了全面恢复"古之道术"。而把庄周学派作为核心,认为是"道术"的充分体现。

《庄子》一书是道家学派的要籍,以后又成为道教的经典之一。它在汉代并不为人所重,到魏晋时才开始盛行,成为玄学的"三玄"之一,对后世产生了深远而又复杂的影响,读书人几乎都喜欢读《庄子》。《庄子》一书不仅思想深刻,而且文学上也有极高的价值,它那浓厚的浪漫主义色彩,创造性的寓言,辛辣讽刺的笔调,生动逼真的描绘,丰富多样的句式和词汇,在中国散文史上留下重要印记,鲁迅曾评价道:"其文则汪洋辟阖,仪态万方,晚周诸子之作,莫能先也。"(《汉文学

史纲要》)

有关《庄子》的研究,自魏晋以后极多,据统计在三百家以上。有的重文字考证,有的重义理解释,许多是借《庄子》以发挥自己的思想观点,如以玄学解《庄》、以佛学解《庄》等。主要有晋郭象《庄子注》、唐陆德明《庄子音义》、宋林希逸《南华真经口义》、明焦竑《庄子翼》、清王先谦《庄子集解》、清郭庆藩《庄子集释》、近人刘文典《庄子补正》、马叙伦《庄子义证》、钟泰《庄子发微》、王叔岷《庄子校诠》、陈鼓应《庄子今注今译》等。其中郭庆藩的《集释》汇集了郭象、成玄英、陆德明及清代许多学者的研究成果,有《诸子集成》本和中华书局《新编诸子集成》本。

(徐洪兴)

公孙龙子 〔战国〕公孙龙

《公孙龙子》,又名《守白论》,六篇。战国时公孙龙著。成书于公元前3世纪以后。通行本有宋刻谢希深注本、明天启五年(1625)张氏横秋阁刻《先秦五子》本、清乾隆三十年(1765)《四库全书》抄本、清严可均辑校本等。

公孙龙(约前320—前250),字子秉,战国末期赵国人。曾任赵国平原君门客。前284年"适燕说昭王偃兵",揭穿燕昭王"口称善"而"实不为"的虚伪面目,同年,批评赵惠文王空喊"偃兵"实为备战的名实相乖谬误。前283年,根据秦赵之间的模糊约定"秦之所欲为,赵助之,赵之所欲为,秦助之",有力地反击了秦王对赵国援魏抗秦的责备,迫使秦"兵至大梁而还",使赵国取得了军事和外交的双重胜利。事迹见《公孙龙子·迹府》、《庄子·天下》、《吕氏春秋》中《淫辞》、《应言》两篇、《艺文类聚》卷六六、《太平御览》卷四五七等。

《公孙龙子》是先秦名家的一部代表作。《汉书·艺文志》记载十四篇,自魏晋后散佚。《隋书·经籍志》于道家下题书名为《守白论》,在新旧《唐书》中重标原名,仅存六篇:一、迹府;二、白马论;三、指物论;四、通变论;五、坚白论;六、名实论。宋以后多有疑其为伪书者,经多方考辨,现今学人普遍肯定其为真书。其中《迹府》一篇为弟子们对公孙龙言行事迹所作的记录。六篇主要内容如下。

一、迹府。篇名说明本篇为后人收集的公孙龙言行事迹。介绍公孙龙的身份、学说的宗旨、"白马非马"的论证要点,以及与孔子六世孙孔穿辩论的过程。公孙龙为战国时期的"辩士","疾名实之散乱",便凭借自己的聪明才智,提出一套"守白"即"白马非马"和"离坚白"的理论。"龙之所以为名者,乃以白马之论尔","白马非马"是他最重要最有代表性的命题。公孙龙援引"仲尼异楚人于所谓人"来论证"白马非马"的合理性,驳倒了孔穿的诘难。

二、白马论。从外延与内涵两方面专门论证"白马非马"的合理性,论述"名"的种属差别。(一)揭示"白马"与"马"外延不同。"求马,黄、黑马皆可致;求白马,黄、黑马不可致。使白马乃马也,是所求一也。"明确指出"马"是包括黄、黑马的,而"白马"是不包括黄、黑马的。"马"与"黄马"或"黑马"的外延亦不相等,"以有马为异者黄马,是异黄马于马也"。"白马非马"是说"白马"与"马"非等同,而不是说"白马"与"马"外延全异。(二)揭示"白马"与"马"内涵不等同。"马者,所以命形也;白者,所以命色也。命色者非命形也。""白马者,马与白也,马与白,马也?故曰白马非马也。""白马"是既命形又命色的,而"马"是单命形的,所以,"马与白"不等同于"马"。"马固有色","马者,无去取于色",不取确定颜色,也就不排除白色;"白马者,有去取于色",即取了确定的白色,故黄、黑马可以是马,但不能算白马。"白马"与"马"内涵有差异而非全异。(三)"白马非马"并不否认"白马"包含于"马"的外延关系。"马固有色,故有白马。使马无色,有马如已耳,安取白马?"明确指出了马中有白马。(四)"白马非马"中的"非"字作"异"解,意为"白马"有别于"马"或"白马"不等于"马"。既承认"黄马是马",又承认"黄马异马","异黄马于马,是以黄马为非马","异"即"非",是有异而非全异。传统的说法解"白马非马"为"白马不是马",成为违反常识的诡辩。

三、指物论。通过论证"物莫非指,而指非指"命题来阐述存在与思维的关系。一说从本体论上阐发了唯物主义名实观。"天下无指而物不可谓指者,非有非指也。非有非指者,物莫非指也。物莫非指者,而指非指也。"包括两层意思:一是承认"物"是"有","指"是"无",而"物"不是"指",不能把"指"看作是客观独立存在的"有",也不能把"物"归结为"指";二是"非有非指者",即天下是没有客观独立存在的"指",而"物"却不可以说无"指"。总之,"指"不是客观独立的,又是无物不具有的,故"指"为称谓或名。"天下无物,谁径谓指",如果天下无"物"之存在,也就无"指"的称谓。"物莫非指"意为"物"没有不具有"指"(名)的,即"物"都有"名";"而指非指"是说"指"(名)却不需要再用"指"(名)来称谓它。一说认为本篇中的"指",相当于现今所说的概念,"物莫非指"是唯心主义命题:"物无不是概念"。又说"物莫非指"是认为事物无不以其属性(指)来表现的,"而指非指",则说由"指"表现的物并不等于被表现的物本身。

四、通变论。阐明逻辑分类理论,讨论概念种属关系的变化。全篇围绕"二无一"命题逐层展开讨论。"二无一",即"二"非"一","二"有异于"一"。如"白"与"马"结合为"白马","白马"是二,是种概念,"马"是"一",是属概念,"白马"有别于"马",也有别于"白"。"二无一"是对"白马非马"进一步的逻辑抽象;"二者左与右",是说一个属概念"二"是对种概念(左与右)的概括。"二无右"是说属概念"二"不同于种概念"右"。"二无左"是说属概念"二"不同于种概念"左"。接着,从"位"概念出发,进行"通变"。"右有与,可谓变乎?""可"。"右"有了"与"("左")这个同是反映位置的概念,便转化为一个新概念"左右"。"变奚?""右"。是"右"发生了变化。随后又进一步假

"形"取譬,提出"羊合牛非马","牛合羊非鸡"。由于"羊牛有角,马无角;马有尾,羊牛无尾(无鬃毛长尾)","羊"、"牛"差异较小而合成了上位的新概念"羊牛",即"二",又由于"马"与"羊"、"牛"差异较大便不能成为"羊牛"("二")这个属概念的成员,与其外延相排斥,故形成"羊合牛非马"命题。提出"牛合羊非鸡"命题是为"羊合牛非马"的这一正确命题服务的。"牛羊有毛,鸡有羽",差距太大,虽说"鸡有足","牛、羊有足",也能找到共同点,但在实际上足数又不同;鸡"数足二",牛、羊"数足四",即便把相同的因素("谓足")加上去,还是不同,"牛羊足五,鸡足三",差异过大。因此,"与马以鸡,宁马",与其将"鸡"与"牛羊"作比较找差异,宁愿用"马"与"牛羊"这一新类作比较。最后是假"色"取譬,从一新的角度继续论证"二无一"的观点。传统的观点认为通变论是诡辩之辞。

五、坚白论。阐述"离坚白"的认识论观点的专论。根据目、手感官功能不同,对于坚、白、石,"视不得其所坚而得其所白","拊不得其所白而得其所坚",因此"坚石"与"白石"不能混为一谈,"坚性"、"白色"不可同时而知。"离也者,天下故独而正",由于感官不能互相替代而产生各自分别的不同感觉,事物的各种特殊属性即"独"才被正确地分辨出来。感觉与外界条件(如"火"即光线)和思维器官("神知")相联系,故说"且犹白以目(见),(而目)以火见;而火不见,则火与目不见而神见"。在感觉之"离"(分别)的基础上经"神知"的综合分析,产生了理性之"离",从而有抽象之"名",同时也才有概念的准确性("正")。"藏"与"离"仅仅是"知与不知相与离,见与不见相与藏",不否认坚与白是石的属性。

六、名实论。论述名实关系,坚持了朴素唯物主义的本体论。"天地与其所产焉,物也。"天地与其所生的一切东西,都是客观存在的物体,"物以物其所物而不过焉,实也。实以实其所实(而)不旷焉,位也。"具体的物在形成为某物之时却具有确定的范围和具体的内容,不能随便超过其范围("不过"),也不能空旷无内容("不旷"),故"物"为具有确定内容、形式和空间位置的客观实体。"夫名,实谓也。"名是用来称谓实的。"名"必须符合实,也须随实而变,"知此之非此也,知此之不在此也,则不谓也"。对于纠正名实混乱问题,公孙龙坚持以实正名的唯物主义观点,"其正者,正其所实也;正其所实者,正其名也"。欲正其"名",必先正其"实"。

公孙龙是中国逻辑史上争论最人的一个人物。传统的观点误将公孙龙当作哲学上的唯心论者和逻辑学上的诡辩论者。其实在先秦逻辑史上,《公孙龙子》一书是第一次比较自觉地把名实问题从逻辑理论的高度作了研究和概括。公孙龙是中国逻辑发展史上的一位有重要理论创见的逻辑思想家。

有关《公孙龙子》的研究著作,主要有宋谢希深《公孙龙子注》,清傅山《公孙龙子注》、辛从益《公孙龙子注》、孙诒让《公孙龙子札迻》、俞樾《读公孙龙子》,现代王琯《公孙龙子悬解》、陈柱《公孙龙子集解》、谭戒甫《公孙龙子形名发微》、庞朴《公孙龙子研究》、屈志清《公孙龙子新注》、栾星《公孙龙子长笺》、周云之《公孙龙子正名学说研究》、何启民《公孙龙与公孙龙子》、刘福增《公孙龙子新论》等。

(郑伟宏)

尹文子

《尹文子》,一卷。分《大道》上、《大道》下两篇(《四库全书》本)。相传系东汉人据尹文残文撰定。通行本为曹魏初山阳人仲长氏撰定本,仲长氏《序》称"撰定为上下两篇"。收入《四库全书》的一卷本,其内容仍是仲长氏本,《提要》认为"通为一卷,盖后人所合并也"。近代有前清金山人钱熙祚校本,"依四库本,仍合为一卷"。20世纪30年代世界书局出版的《诸子集成》(上海书店1986年影印出版),收入钱熙祚校本。上海古籍出版社《诸子百家丛书》(1990年)收入明代《正统道藏》本,分上下二卷,与《隋书·经籍志》之说同。"山阳仲长氏"一般认为即仲长统,但《四库全书提要》谓:"不知为谁、李献臣以为仲长统,然统卒于建安之末,与所云'黄初末'者不合"。

尹文(约前360—前280),战国时齐人,善名辩,姓尹名文,或谓尹文复姓。齐宣王(前319—301年在位)时游稷下,以"无为而治"之说答齐宣王"人君之事何如",曰:"人君之事,无为而能容天下,夫事寡易从,法省易因,故民不以政获罪也,大道容众,大德容下,圣人寡为而天下理矣。"(《说苑·君道》)后又批评齐湣王的"赏罚是非,相与四谬"、认为"见侮不斗"是守法行为(《公孙龙子·迹府》、《吕氏春秋·先识览·正名》)。

《尹文子》是研究中国政治法律思想史的重要参考书。书中认为,治理国家最好的是道,其次是法、术、权、势等,各种"治世之术"只有在"道"的指导下才能收到预期的效果,"仁、义、礼、乐、名、法、刑、赏,凡此八者,五帝三王治世之术也。……用得其道,则天下治,失其道,则天下乱"。"道行于世,则贫贱者不怨,富贵者不骄,愚弱者不慑,智勇者不陵,定于分也。法行于世,则贫贱者不敢怨富贵,富贵者不敢陵贫贱,愚弱者不敢冀智勇,智勇者不敢鄙愚弱,此法之不及道也。"但它们之间存在着"始终相袭"的关系,"道不足以治,则用法;法不足以治,则用术;术不足以治,则用权,权不足以治,则用势。势用则反权,权用则反术,术用则反法,法用则反道,道用则无为而治"。

法有四种形态、四种作用,即"法有四呈","一曰不变之法,君臣上下是也;二曰齐俗之法,能鄙同异是也;三曰治众之法,庆赏刑罚是也;四曰平准之法,律度权量是也"。

治国之法应该简易,"以法定治乱,以简治烦惑,以易御险难,以万事皆归于一,百度皆准于法,归一者,简之至,准法者,易之极也"。

治国必须有法,而且必须用法,"治国无法则乱;有法而不能用,则乱"。用法、用兵的目的是"求无事",不是"取强"(显示暴力的强大),否则反而会被对方所制服,"失治则任法、失法则任兵,以求无事,不以取强,取强则柔者反能服之"。刑罚的首要打击对象是不守名分以下侵上者,而不是普通刑事犯,"治主之兴,必有所先诛;先诛者,非谓盗、非谓奸,此二恶者,一时之大害,非乱政之本也。乱政之本,下侵上之权、臣用君之术、心不畏时之禁、行不轨时之法、此大乱之道也"。对于"所言者极于儒墨是非之辩,所为者极于坚伪偏抗之行","明主"要像孔子诛少正卯一样诛杀之。刑赏要起到作用,还必须注意两个问题,一是"刑罚中","刑罚中则民畏死,畏死由生之可乐也,知生之可乐,故可以死畏之,此人君之所宜执",一是使刑赏与贫富紧密相连,"使由爵禄而后富,则人必争尽力于其君矣,由刑罚而后贫,则人咸畏罪而从善矣"。

以法制治理国家,不论统治者是贤是愚,国家都能治理好,寄希望于贤君而不用法制,国家必将"乱多而治寡","礼乐独行,则私欲浸废;私欲浸废,则遭贤之与遭愚均矣。若使遭贤则治,遭愚则乱,是治乱系于贤愚,不系于礼乐,是圣人之术与圣主而俱殁,治世之法,逮易世而莫用,则乱多而治寡"。"圣人之治,独治也,圣法之治,则无不治矣。"

在君臣关系方面,双方的权力、职守不同,为不使两者互相"侵杂",需要"正名"、"定名分","术者,人君之所密用,群下不可妄窥;势者,制法之利器,群下不可妄为;……大要在乎先正名,使不相侵杂,然后术可密,势可专","庆赏刑罚,君事也;守职效能,臣业也;君科功黜陟,故有庆赏刑罚,臣各慎所务,故有守职效能。君不可与臣业,臣不可侵君事,上下不相侵与,谓之名正,名正法顺也"。"见侮不辱,见推不矜,禁暴息兵,救世之斗,此仁君之德,可以为主矣。守职份使不乱,慎所任而无私,饥饱一心,毁誉同虑、赏亦不忘、罚亦不怨,此居下之节,可为人臣矣。""定名分"还包括财产所有权的确定,"雉兔在野,众人逐之,分未定也;鸡豕满市,莫有志者,分定故也",所以"名定则物不竞,分明则私不行"。

提出"治"和"理"两个概念,"治"重于"理","有理而无益于治者,君子弗言","明主不为治外之理"。理想的"治",是全面系统的"治","贵圣人之治,不贵其独治,贵其能与众共治"。

统治者自身的行为有表率作用,关系到国家的治乱,"昔齐桓好衣紫,阖境不鬻异采,楚庄爱细腰,一国皆有饥色,上之所以率下,乃治乱之所由也"。统治者想要取得人民的拥护,必须明白"弗酬弗与"的道理,满足"万民之望人君者","(万民)所望者,盖欲料长幼、平赋敛、时其饥寒、省其疾痛、赏罚不滥、使役以时,如此而已,则于人君弗损也。然而弗酬弗与,同劳逸故也,故为人君,不可弗与民同劳逸焉,……人君不可不酬万民,不酬万民,则万民之所不愿戴,所不愿戴,则君位交替矣"。

《尹文子》一书因是曹魏仲长氏所撰定,故有认为其为伪书者。研究尹文思想的学者亦往往不取此书,而以《管子》之《心术》上下、《白心》、《内业》等为资料。但无论如何,《尹文子》作为一部名著,对于研究中国古代政治法律思想是有其参考价值的。

有关《尹文子》的研究著作有伍非百《尹文子略注》、王恺銮《尹文子校正》、陈仲荄《尹文子直解》、陈日青《尹文子之研究》。

（姚荣涛）

鬼谷子

《鬼谷子》，三卷。旧本题鬼谷子撰。约成书于战国晚期。通行本有《子汇》本、《二十子》本、明崇德书院本、乾隆五十四年(1789)江都秦氏刊本、《道藏》本、《钱遵王手抄本》、《四部丛刊》本、北京中国书店1985年影印清嘉庆十年(1805)江都秦氏刻本等，中华书局2008年出版了许富宏的《鬼谷子集校集注》。

作者鬼谷子，恐系伪托。据唐杜光庭《仙传拾遗》称，"鬼谷先生姓王、名诩"。《史记·苏秦传》称苏秦"习之于鬼谷先生"。《风俗通义》云："鬼谷先生，六国时纵横家。"《史记索隐》云："鬼谷，地名，扶风池阳、颍川阳城并有鬼谷，其人居此，因以为号。"《四库全书总目》引《隋书·经籍志·注》云："周世隐于鬼谷。"《玉海》引《中兴书目》云："周时高士，无乡里族姓名字，以其所隐，自号鬼谷先生，苏秦、张仪事之。"大概是一位善于辩术的隐居者。

《鬼谷子》是一部纵横家著作，"崇尚计谋，祖述圣旨"，其文"奇变诡伟"，表达了纵横家的智慧和谋略。有晋皇甫谧、乐一、梁陶弘景、唐尹知章为之作注。

现存《鬼谷子》全书为三卷，共二十一篇。有篇目可考者尚有《转丸》、《胠箧》二篇。

上卷为《捭阖》、《反应》、《内揵》、《抵巇》四篇。侧重于阐述纵横捭阖之道的理论。

《捭阖篇》，此篇为全文总纲。论述捭阖为纵横家门户，最为重要。"捭，拨动也，阖，闭藏也。"从阴阳变化的观点看，捭为阳，阖为阴，"阳开以生物，阴合以成物"，阴阳相交，变化无穷而各有所归。所以"捭阖者，天地之道"，"可以说人，可以说家，可以说国，可以说天下"。纵横家必须守捭阖之道，即"一守司其门户"。根据不同对象，运用捭阖之道而收成功之效。

《反应篇》，此篇论述听言的规律和方法。认为"人言者动也，己默者静也。因其言，听其辞。言有不合者，反而求之，其应必出"，即根据对方所发的言辞而应对之。如何应对得好，应该做到"欲知人，必须自知"，"欲闻其声，反默；欲张，反睑；欲高、反低；欲取，反与"，才能听真伪，知异同，得其情诈也。

《内揵篇》,揵者,持之令固也。此篇论述游说时必须内情相得,然后结固而不离。认为"事皆有内揵,素结本始",故"圣人立事,先得其情而后揵万物"。如何才能得内情而固结其心呢?因为"君臣上下,道合则远而亲,情乖则近而疏",所以游说者必须根据君主情况,"或结以道德,或结以党友,或结以财货,或结以采色",要结其心,才能推行治国之道。

《抵巇篇》,抵,击实也;巇,衅隙也。此篇论述乘其衅隙、矛盾,而执行欲救、欲除的方略。认为"物有自然,事有离合","隙之将兆,谓其微也。自中成者,可抵而塞;自外来者,可抵而却;自下生者,可抵而息;其萌微者,可抵而匿;都不可治者,可抵而得。深知此五者,然后善抵巇之理也"。

中卷为《飞箝》、《忤合》、《揣篇》、《摩篇》、《权篇》、《谋篇》、《决篇》、《符言》八篇。侧重于论述纵横家纵横捭阖的八种方法。

《飞箝篇》,飞谓作声誉以飞扬之,箝为牵持缄束使不得脱也。此篇论述用飞箝之术以取人的方法。"引钩箝之辞,飞而箝之。"即针对不同对象,用不同言辞对之烦扬、延誉,以笼络、固结其心,然后"纵横东西南北反覆,唯立己之箝引,无思不服"。

《忤合篇》,忤,触犯;合,结合。此篇论述忤合之术,即分析具体情况,决定或辅或弃的去就之道。认为"世无常贵,事无常师",事物在不断发展变化,从此出发,"成于事而合于计谋,与之为主"。否则,就背弃之。这样,"乃可以进,乃可以退,乃可以纵,乃可以横"。

《揣篇》,揣,揣测。此篇论述揣情之术。即揣测人主的内心世界,用适当言辞加以控制。了解内情是最困难的,必须从"量天下之权"入手。因为"情变于内者,形见于外,故常必以其见者,而知其隐者",探测深层次的隐情,必须在其大喜大忧之时进行观察。掌握了内情,便可以针对情况饰辞以言之,"贵贱成败,唯己所制"。

《摩篇》,摩,揣之主也。此篇论述揣摩之术,即在揣得内情的基础上,掌握人主内心世界的方法。认为"古之善摩者,如操钩而临深渊,饵而投之,必得鱼焉"。然非道不能成。摩有三难,"谋莫难于周密,说莫难于悉听,事莫难于必成"。为了取得良好的揣摩效果,可以按不同对象,分别采用"有以平,有以正,有以喜,有以怒,有以名,有以行,有以廉,有以利,有以卑"等十种方法。

《权篇》,此篇论述权宜之术,即根据不同情况发言之术。认为言辞有五:"曰病、曰怨、曰忧、曰怒、曰喜,五者有一,必失中而不平畅",要求"精则用之,利则行之"。根据不同对象,说不同的话,"与智者言,依于博;与拙者言,依于辨;与辨者言,依于要;与贵者言,依于势;与富者言,依于高;与贫者言,依于利;与贱者言,依于谦;与勇者言,依于敢;与过者言,依于锐"。方能如愿。

《谋篇》,此篇论述谋划之术,即策划定谋的方法。认为"为人凡谋有道,必得其所因,以求其情"。要针对不同情况,施行谋略,"夫仁人轻货,不可诱以利,可使出费;勇士轻难,不可惧以患,可使据危;智者达于数,明于理,不可欺以诚,可示以道","说人主者,必与之言奇,说人臣者,必与之言私","去之者纵之,纵之者乘之",才能收到良好的效果。

《决篇》,此篇论述决疑之术,即决情定疑的方法。认为有疑,然后有决,而"成败之决,失之毫厘,差之千里"。荣辱所系,必须十分重视。那么如何使决策正确无误呢?"事成理著者,以阳德决之;情隐言伪者,以阴贼决之;道成志直者,以信诚决之;奸小祸微者,以蔽匿决之;循常守故者,以平素决之。"

《符言篇》,发言必验,有若符契。此篇论述言验之术。即发言必验,为人所信服的方法,认为要使发言为人所信服,必须做到有主位、有主明、有主德、有主赏、有主问、有主因、有主周、有主恭、有主名九者。从掌握全面情况出发,发言才能为人所拥护、所信服。

下卷为《本经阴符篇》(包括盛神法五龙、养志法灵龟、实意法螣蛇、分威法伏熊、散势法鸷鸟、转圆法猛兽、损兑法灵蓍七个篇章)、《持枢》、《中经》。侧重于阐述修德、养气、养志、养精、养神,以成真人之道。

《本经阴符篇》,阴符者,私志于内,物应于外,若合符契,故曰阴符。由本以经末,故曰本经。本篇论述道为神明之源,通过德养五气,以成真人。认为"人与生一,出于化物"。"化有五气者,志也、思也、人也、德也、神其一长也。静和者养气,养气得其和,四者不衰。四边威势无不为,存而舍之,是谓神化。归于身,谓之真人。"强调通过内心修养,以达神仙之境。

《持枢篇》,此篇论述权变之要,在于掌握中枢。认为"枢者,居中以运外,处近而制远,主于转动者也",掌握了中枢,便抓住运动之柄,制物之权。

《中经篇》,"由中以经外,以弥缝于物者也"。此篇论述守中经之道的意义和作用。认为"道贵制人,不贵制于人。制人者握权,制于人者失命",只有坚守中经之道,才能守国、守家、守身。

《鬼谷子》研究游说、论辩、谈判的斗智之术,是古代纵横家实践经验的理论概括,对后代政治活动有重大影响,由此形成谈判术、论辩术的学术传统,具有一定的学术地位和实践意义。本书包含有丰富的辩证法思想,在中国思想史上亦有一定地位。

《鬼谷子》自汉魏六朝隋唐以来,流传不绝,褒贬不一。柳宗元《辨鬼谷子》中认为"言益奇而道益隘"。宋高似孙《子略》称其"一合一辟,为易之神,一翕一张,为老氏之本。"《四库提要》称"其文之奇变诡伟,要非后世所能为也。"明宋濂《潜溪集》中则认为不过"蛇鼠之智","其文浅近"。清卢文弨曾据钱曾述古堂转抄宋本校勘,补正缺失。秦思复《鬼谷子篇目考》、俞樾《诸子平议补录·鬼谷子》、萧登福《鬼谷子研究》、房立中《鬼谷子全书》及任继愈主编《道藏提要》等,可供参考。

(来可泓 郭 建)

鹖冠子

《鹖冠子》,三卷。《汉书·艺文志·道家类》载《鹖冠子》一篇。《隋书·经籍志》作三卷,隋唐以来公私著录均作三卷。传为战国隐士鹖冠子所作,与《鬼谷子》同为楚学。通行本有《学津讨原》本、《道藏》本、明嘉靖甲辰刊《五子》本、《明四子》本、《十子全书》本、《四部丛刊》本等。

作者鹖冠子,事迹不详。据《汉书·艺文志》载:"楚人,居深山,以鹖为冠。"颜师古注云:"以鹖鸟羽为冠。"俨然是一位戴着鹖羽冠的隐居师翁,远离尘世。诚如《庄子·刻意篇》所指"刻意尚行,离世异俗,高论怨诽,为亢而已矣,此山谷之士,非世之人,枯槁赴渊者之所好也"。

宋陆佃为《鹖冠子》作注。陆佃(1042—1102),字农师,越州山阴(今浙江绍兴市)人,家贫苦学,夜无灯,映月光读书,受经于王安石,但不乐安石新法,未被重用。宋徽宗时官至尚书左丞。著《鹖冠子解》等书,于礼家、名数之说尤为精湛。《宋史》卷三四三有传。

《鹖冠子》是一部杂家著作,对诸子之学除墨子外,兼收并蓄。陆佃在《鹖冠子序》中说:"其道踳驳,著书初本黄老而末流迪于刑名。……此书虽杂黄老刑名,而要其宿时,若散乱而无家者,然其奇言奥旨,亦每每而有也。"确切地指出了《鹖冠子》一书的杂家性质。

现存的《道藏》本《鹖冠子》共三卷十九篇,书前有宋陆佃撰《鹖冠子序》。上卷为《博选》、《著希》、《夜行》、《天则》、《环流》、《道端》、《近迭》七篇;中卷为《度万》、《王铁》、《泰鸿》、《泰录》四篇;下卷为《世兵》、《备至》、《兵政》、《学问》、《世贤》、《天权》、《能天》、《武灵干》八篇。

《鹖冠子》其道驳杂而兼有学理,又富政论。主要内容如下。

一、具有浓厚的黄老思想。

唐韩愈曾说:"《鹖冠子》其词杂黄老刑名,其《博选篇》四稽五至之说当矣,使其人遇其时,援其道,而施于国家。功德岂少哉!"黄老思想是由无为而至于有为,强调政治。在《鹖冠子》中,表现了较多的黄老见解。如《天则篇》说:"知足以滑正,略足以恬祸,此危国之不可安,亡国之不可存也。故天道先贵覆者,地道先贵载者,人道先贵事者。"持覆载之论的人,先贵人事,重民亦重君,兼取从顺自治,有所作为。如《王铁篇》说:"泰上成鸠之道,一族用之,万八千岁。"可见《鹖冠子》主张治世之论,黄老之教。主张对人民"唯息与食",换句话说就是与民休息。

二、贯穿道法家的学说。

黄老思想之源出自道、法。黄老之学是道法家思想在政治上的提纯。《鹖冠子》与《道德经》、《南华经》关系密切,有援引老子的话成文,有仿效庄子的话成篇。至于法家思想,《鹖冠子》着重谈刑德问题。如《泰鸿篇》说:"法者,天地之正器也。"《学问篇》说:"法令者,主道治乱,国之命也。"《万度篇》说:"法令者,四时之正也。""散无方,化万物者,令也;守一道,制万物者,法也。法也者,守内者也;令也者,出制者也。"《鹖冠子》综合道法两家观点,作为立论的根据,构建起全书的框架。

三、引用儒家经典而别具新释。

《鹖冠子》也吸收儒家思想,但比较重视古经,对《易》、《书》多所援引。对于《春秋》、《论语》、《孟子》、《中庸》等均有所涉及。祭祀活动则借助礼书加以阐述。对儒家道德的论说,颇有不同。如《道端篇》说:"夫仁者君之操也;义者君之行也;忠者君之政也;信者君之教也;圣人者君之师傅也。"《学问篇》说:"所谓礼者,民不犯者也;所谓乐者,无灾者也;所谓仁者,同好者也;所谓义者,同恶者也;所谓忠者,久愈亲者也。"与儒家的传统见解有所不同,别具新意。

四、具有浓厚的阴阳五行思想。

《鹖冠子》将天地、四时、声色、味等诸要素与五行配组。关于天地辟源、地宇穷极,袭用了邹衍的九州说。与《易纬乾凿度》所论的太易、太初、太始、太素说相同,与庄子之说接近。《鹖冠子》还多以九组数,如九鸿、九天、九洲、九皇等。《鹖冠子》还强调相生相克,如《度万篇》说:"天者神也,地者形也,地湿而火生焉,天燥而水生焉。"《泰录篇》说:"故圣人者出之于天,收之于地。在天地若阴阳者,杜燥湿,以法义与时迁焉。"《鹖冠子》中所载的阴阳五行思想,已有渐示穷通之意,消极宿命之论出现,纬书或许就是从这以后开始的。

五、记载了纵横家的思想言论。

在《鹖冠子》中,纵横家的言论穿插其间。《天则篇》说:"君子术数之士。"术数之士,就是纵横捭阖的智能之士,战国时期的策士。他们在君臣对话中,处于师尊的地位。《天则篇》又说:"缓则怠,急则困,见间则以奇相御,人之情也。"很明显,接近《鬼谷子》的言论。

六、记载了兵家的言论。

在《鹖冠子》中,兵家言论布列其间,有《武灵王》、《世兵》等论兵事的专篇;也有用兵的言论,如《武灵王》篇说:"百战而胜,非善之善者也;不战而胜,善之善者也。""大上用计谋,其次因人事,其下战克"等。这些言论与《孙子兵法》相比,无甚新意。

总之,《鹖冠子》是出现在秦汉时期的一部子学著作,篇幅不大,内容翔实,立论怪谲,融合各家学派思想而汇成一书,做到兼而不悖。道法间杂儒学,阴阳五行、纵横、兵法穿插其间。对于研究道法家思想和考证古文献有较大意义。

对《鹖冠子》的研究,有唐韩愈的《读鹖冠子》,"爱其《博选》、《学问》二篇"。唐柳宗元《辨鹖冠子》,贬其为"尽鄙浅言","唯取贾谊《鵩赋》之言为美,余无可者"。基本上予以否定。宋陆佃为之作注,剖析其中思想。明宋濂《诸子辨》认为《鹖冠子》不是伪书。此外明胡应麟《四部正讹》、清姚际恒《古今伪书考》,均对此书作了研究。20世纪末,对马王堆帛书《黄帝四经》与郭店楚简的出土文献的诠释,推动了关于《鹖冠子》的研究。有孙福喜《〈鹖冠子〉研究》(陕西人民出版社,2001年)、黄怀信《鹖冠子汇校集注》(中华书局,2004年)等。

(来可泓)

文 子

《文子》,又称《通玄真经》,十二篇。战国初文子著。通行本有收入明正统《道藏》的唐徐灵府《通玄真经注》十二篇本、宋杜道坚《通玄真经缵义》十二卷本、宋朱牟《通玄真经注》七卷本、中华书局2000年版王利器《文子疏义》、上海古籍出版社2004年版李定生、徐慧君《文子校释》、巴蜀书社2006年版彭裕商《文子校注》。

文子,姓文,尊称子。佚其名字与国籍。老子弟子,又尝问学于子夏与墨子,是一位学无常师者。其学虽各有所受,然经其炉韝冶化,遂别生新义,乃过所承。文子学道早通,游于楚,楚平王孙白公胜问"微言"。后游于齐,齐之隐士彭蒙从而师之,田骈、慎到等稷下学士,皆其后学,为黄老学之祖师。齐平公问治国何如?文子纵谈道德仁义礼法,其说在《文子》。

汉刘向《七略》有《文子》九篇;《汉书·艺文志》道家著录仍之。梁阮孝绪《七录》作十卷;《隋书·经籍志》、《旧唐书·经籍志》和《新唐书·艺文志》"道家"均有《文子》十二卷,与今本相同。北魏李暹作《文子注》,唐代徐灵府注《文子》上进,诏封通玄真人,号曰《通玄真经》。《文子》虽经后人篡改润益,非文子一人一时之作,但它记录了文子及其后学的思想,是研究文子的主要资料。《文子》解说老子之言,阐发"道"的思想,并吸收其他学派的思想,在"道"中融合了仁义礼法兵等思想。"黄、老、名、法、儒、墨诸家,各以其说入之。"(《文献通考》引《周氏涉笔》)从而形成采儒墨之善,撮名法之要的黄老之学。

《文子》分《道原》、《精诚》、《九守》、《符言》、《道德》、《上德》、《微明》、《自然》、《下德》、《上仁》、《上义》、《上礼》十二篇,本老子之言,阐发"道"的学说。"道"不仅是物之所道,而且引入人事,也是人之所由。统治者循道为事,实行无为而治,"无为者,治之常也"。《文子》对"无为"作了新的界说:"所谓无为者,非谓其引之不来,推之不去,迫而不应,感而不动,坚滞而不流,卷握而不散;谓其私志不入界道,嗜欲不挂正术,循理而举事,因资而立功,推自然之势。"根据这个原则,"无为而治"不是不治,而是因自然而治,"无治者,不易自然也,无不治者,因物之相然也"。无为而治表现为牧民之道,就是使民各便其性,达到"万物齐一,无由相过"。要实现无为而治的牧民之道,统治者要修己体道,因为"治国之本,在于治身"。修己体道也就是养性守德,这样在为政治人时,即可"御之以道,养之以德",人民归服,建其功业,故曰:"非道德无以治天下。"

《文子》发展老子的道德学说,提出了"理"。认为"道"是一般规律,"理"是具体规律,"万物同情而异理","同道而异理"。稷下道家继承"理"的思想,提出"理因乎道","义出乎理",由自然而社会,成为立法的根据,成为韩非法治的哲学基础。

《文子》讲论道德,不排斥仁义礼法。认为道德、仁义、礼法都属于"道",只是在程度和作用上不同而已,提出"持以道德,辅以仁义"。在"明于天人之分,通于治乱之本"情况下,认为"治之本,仁义也;其末,法度也",因此,"法之生也,以辅仁义"。《文子》提出:"法非天下也,非从地出也,发乎人间,反以自正。"所以说,"法生于义",因为义者,"所以和君臣、父子、兄弟、夫妇人道之际也"。即人们根据人与人的关系,制定法来约束自己,用强制的办法维护这种关系。

《文子》由道发展"术"。它说:"发一号,散无竟,总一管,谓之心;见本而知末,执一而应万,谓之术;居知所为,行知所之,事知所乘,动知所止,谓之道。""术"是循规律认识事物和处事的方法,他要人们"治心术","修道术"。这一思想为稷下道家继承发展为虚静专一的"心术",荀子发展成"虚壹而静"的知"道"的方法。

《文子》是由老子而稷下道家到荀、韩的重要环节,在先秦思想史、特别是道家思想发展史上,有着重要的作用。

唐宋时,徐灵府、杜道坚等作《文子注》,都从道家角度出发,认为《文子》昭明皇道,是经世之枢要。今人李定生、徐慧君撰《文子要诠》,以可靠的文献资料,及1973年河北定县四十号汉墓出土的竹简中的《文子》残简,考辨《文子》其书不伪,是先秦已有之古籍;从思想史角度论证了其在哲学史中的作用和地位;在校注中校正了原文中的文子被篡改成为老子,从答问的先生变成提问的学生等错误。

(徐敦镛)

墨经

《墨经》,又称《墨辩》,《墨子》中《经上》、《经下》、《经说上》、《经说下》以及《大取》、《小取》等篇的合称。墨经之名出自庄子,墨辩之名出于鲁胜。晋鲁胜作《墨辩注》,把前四篇称为"辩经",后世则称为《墨经》。《大取》、《小取》专讨论名辩之学,《墨辩注》未收,近世有人认为也该算入墨经之内,故有六篇之数。通行本有孙诒让《墨子间诂》、梁启超《墨经校释》、范耕研《墨辩疏证》、高亨《墨经校诠》本、谭戒甫《墨经分类译注》等。

关于《墨经》著者和成书年代,向来说法不一。晋鲁胜、清毕沅认为是墨翟自著;清汪中、孙诒让和近代学者认为是战国末年墨家三传四传弟子所作;还有一种意见认为《经上、下》是墨翟自著,或其中一部分《经上》是墨翟自著,而《经说上、下》和《大取》、《小取》则是墨家后学所作。古人著书,不标记著者姓名,因而造成后代种种推测,究竟哪种说法正确,难以得出定论,现在一般认为是后期墨家发展师说的著作。成书年代约在战国后期,公元前3世纪。

《墨经》前四篇的写作体例在先秦典籍中具有非常独特的风格。《经上》约一百条文,《经下》约八十二条文,几乎《经》每有一条,《说》即有相应的一条作解释,文字极其简约,而含义宏富深刻。《墨经》六篇八千余字,内容涉及社会科学和自然科学的各个方面。

《墨经》中的《小取》篇成书最晚。它把墨家的逻辑体系概括为四个部分。第一是关于辩的总论,论述了辩的目的、基础和名、辞、说等基本的思维形式;第二是关于各种具体论式的专论;第三是关于辟、侔、援、推四种论式的逻辑要求和逻辑错误的讨论;第四是关于侔式推论正反情况的讨论。《小取》篇虽然没有完全概括其余五篇的全部逻辑学说,但它建立了我国古代第一个较为完整的逻辑学体系。

一、关于辩的一般理论。

(一) 什么是辩?《经上》说:"辩,争彼也。辩胜,当也。"辩的对象就是"彼",辩的内容和范围就是"争彼"。《经说上》说:"辩,或谓之牛,或谓之非牛,是争彼也。""争彼"就是争论关于同一主词的两个矛盾命题的是与非。对于这是牛和这不是牛这样两个矛盾命题,一定要分清是非并且要决定胜负。争彼双方必有一方主张的命题为"当"即真命题,执"当"者,可以获胜。辩具有论证性质,包括整个论证过程。

(二)论述了辩的目的与作用。《小取》篇说:"夫辩者,将以明是非之分,审治乱之纪,明同异之处,察名实之理,处利害,决嫌疑。""明是非之分"是辩的首要目的,离开是非之分,辩也就失去了意义。"审治乱之纪"意思是详知求治去乱的纲要,在政治、伦理方面起到实际作用是辩的第二个目的。"明同异之处"是辩明同异的所在,这是认识论的基础,是辩明是非的根据和标准,成为辩的第三个目的。"察名实之理"是详审名实关系的道理,它是进行辩的首要条件,是辩的第四个目的。"处利害"是对利害关系作出正确的权衡和决断,是辩的第五个目的。"决嫌疑"是对思想中的嫌疑给以明确的解决,是辩的第六个目的。"明是非"、"别同异"和"察名实"是认识上的目的。"审治乱"、"处利害"和"决嫌疑"是实际的要求。

(三)论述了辩的认识论基础和是非标准。《墨经》的认识论是朴素的唯物主义反映论。"知,材也。""虑,求也。""知,接也。""恕,明也。"论述了认识的能力和认识由浅入深的过程。要达到知识之"智",即理性认识"恕",必须具备感觉能力"材"、主观求知的欲望和能动性"求",以及接触外界的事物"接"。《小取》篇把"摹略万物之然,论求群言之'比'"作为辩的客观根据和标准。这是要求直接考察客观事物的本来面貌及所以然,并且分析比较各种不同的言论。

二、以名举实。

(一)论述名的本质。首先把"名"的本质概括为"以名举实"、"举,告以文名,举彼实故也。"(《经说上》)"实"是客观的,"名"是主观的。认为名实必须一致,名既然是对实的反映,名必须符合实。"所以谓,名也。所谓,实也。名实耦,合也。"(《经说上》)强调以实正名。因为名由实而起,名随实而变,名之过在于不实。

(二)论述概念之"名"与语词之"名"的关系。由于概念与语词并非一一对应的,因此中国古代逻辑把概念和语词都称为"名",这是一个缺点。但墨辩对语词之名从四个方面作了讨论:语词之"名"具有约定性即"通约";同义词是"二名一实";多义词是同名不一定同实。

(三)论述名的种类。根据不同的标准将"名"划分为不同的种类。名有达名、类名、私名之分,有形貌之名与非形貌之名之分(具体之名与抽象之名),有兼名与别名(属名与种名)之分,有居运之名与量数之名(时空之名与数量之名)之分。

(四)论述正名的要求和定义方法。正名就是要求名具有确定性,"彼彼止于彼,此此止于此"。把定义作为正名的基本方法,《经》、《说》上下四篇中有大量定义,如,"圜,一中同长也"。还把划分作为正名的重要方法,提出了"偏有偏无"的划分原则。

三、以辞抒意。

（一）论述了辞的本质，"执所言而意得见，心之辩也"（《经上》）。辞不仅表达语词，更重要的是表达理性思维活动，相当于判断。

（二）讨论了不同形式和表达不同内容的辞。如"尽"，表示全称的直言肯定判断；"假"、"使"具有假言判断的性质；"或"即"不尽也"，与"尽"相对，指特称的直言判断；"必"指必然判断，"且"意为"将然"，相当于模态判断"可能是"；"诺"意为"是"，表示赞同肯定，有时表示肯定判断。

（三）讨论了某些辞之间的矛盾关系和关于"一周一不周"的概念在辞中的周延问题。

四、以说出故。

（一）讨论了"说"式推论即论证中的三个基本逻辑范畴——故、理、类。"小故"相当于必要条件，"大故"相当于充要条件；"理"即"法"，事物的道理，具有客观规律性；"类"的同异是逻辑推论的基础。"明类"就能"明理"。

（二）论述了"说"式推论是由前提（包括"理"和"故"）推出结论的（立辞的）演绎推理过程。

（三）论述了"说"式推理的基本形式三物论式，它相当于逻辑的论证。

（四）讨论了"说"式推论的几种具体论式："效"式推论是以法为根据的推论；"假"，即假言推理；"或"式相当于不相容的选言式；"止"是一种直接推理；"侔"即今复杂概念推理或称为附性法推理。

五、以类取，以类予。

"以类取"具有归纳推理性质，"以类予"相当于类比推理。"以类取"中讨论了由特殊到一般的类取法和求因果联系的类取法；"以类予"中"辟"式推理不分论辩双方，也不限于真假相推，也包括特性相推，"援"式是用对方所取命题为"是"来推自己亦为"是"，"推"式则是用对方所取命题真或假以类推对方所不取命题亦为真或假。"以类予"的结论具有必然性，因此具有演绎性质。

六、辩的逻辑规律和逻辑错误。

（一）论述了"彼彼止于彼，此此止于此"的同一律原则，"辩不俱当"的矛盾律原则和"辩必有胜"的排中律原则。

（二）辩的一般逻辑要求和逻辑错误。《小取》篇讨论了辟、侔、援、推四种论式的一般要求以及违反这些要求所造成的逻辑错误："多方"、"殊类"、"异故"。

《墨经》中有丰富的科学知识，主要是物理和数学。

在物理力学方面，书中分别用"弥异时"与"弥异所"来定义时间和空间，即综合具体的"时"与"所"，形成时间与空间的观念。《经上》篇认为"动"就是物体位置的迁移，"止"就是物体在某处停留有一定的时间。由于有了类似于"无久"（即瞬时）的观念，因此对运动的分析比较深刻。书中还阐明了物体运动必定在时空之中进行，运动、时间、空间三者之间有密切联系的观点。书中还记述了古代劳动者在实践中应用简单机械如杠杆、滑车、轮轴、桔槔、辘轳等的过程中发展起来的力学知识;记述了浮力原理,明了浮体沉浸在水中的部分与浮体的关系,这与后来古希腊阿基米德所建立的浮力原理相符;对运动的分类、运动与时空的关系、圆球的运动及其随意平衡、轮轴与斜面的受力情况等都有扼要的论述。有关力学的定义等,理论分析也极为精湛。如《经上》:"力,刑之所以奋也。"《经说上》:"力:重之谓。下与重,奋也。""力"是"重力",自由落体在重力作用下垂直下落,这加速度运动,就是"奋"的道理。光学理论知识,可归纳为八条,全在《经下》。如"景不徙,说在改为",是说影的定义和形成,移动的物理现象及实质。"景二,说在重",是说重影的现象及其原理。"景到,在午有端与景长,说在端",是论述光沿直线传播和小孔成像的道理。"景迎日,说在转",是说光的反射现象。"景之小大,说在柂正、远近",是说物体阴影大小的成因。"临鉴而立,景到,多而若少,说在寡区",论述平面镜中物与像的关系。"鉴位,景一小而易,一大而正,说在中之外内",论述凹面反射镜成像的原理。"鉴团,景一",说明凸面反射镜成像原理。其理论之精密,无一不与近代光学实验结果相吻合。

《墨经》中有关数学特别是几何学的内容约可归纳出十九条,大部分在《经上》、《经说上》中,虽是很原始的数学名词的界说或定义之类,文字简奥,但含有丰富的数学概念。诸如部分和整体,有穷和无穷,同和异,圆和方,虚和实等等,都有细密深入的分析与论证,归纳出点、线、面、体、方、圆、平行、重合、相交、相切等完整的定义概念。如《经上》:"体,分于兼也。"《经说上》:"体,若二之一,尺之端也。""体"指个体,"兼"指众体的集合,二者是部分和整体的关系。一虽是二的部分,但二并不等于全体;端(点)是尺(线)的部分,也不能说线就是全体。因为空间和时间是无穷无限的,整体是相对的,故称"兼"不称"全",可谓用字精当,言简意赅。

《墨经》中的教育思想,内容如下。

关于获取知识的条件和过程。一是"知",《经上》:"知,材也。"《经说上》释:"知也者,所以知也,而必知,若明。"人具有知觉本能,有依靠感觉器官感知事物的能力,这就是材质,犹如目之所见,这是认识事物的基本条件。二是"虑",《经上》:"虑,求也。"《经说上》:"虑也者,以其知有求也,而不得之,若睨。"虑是思维活动,是在感知的基础上,进而思考的过程,人用知材去思索事物,不一定得到事物本来面目,但毕竟是认识过程的一个开端。二是认识求知过程的"知",《经上》:"知,接也。"《经说上》:"知也者以其知过物而能貌之,若见。"对事物的感知接触,能把事物的形象描绘出来,比如目见,能得其真实面目。四是"智",《经上》:"恕(古智字),明也。"《经说上》:"恕也者以其知论物,而其知之也著,若明。"智是由推论去明了一切。人们的知识多从接触现实中来,但须进行更高层次的抽象分析,"以其知论物",用"智"去推理,就可达到豁然贯通的境地,把握事物的本质特点。

关于获取知识的途径。《经上》："知：闻、说、亲。"《经说上》释："传受之，闻也；方不㢓，说也；身观焉，亲也。"获取知识的途径有三，闻知是通过教师传授得来的知识，学习间接经验无疑是一条捷径；"说"是推理，说知是经过推论得到的知识，即通过不受时空制约的思维，根据已知去推论未知，从而把握新知；亲知就是亲身观察得来的知识，这种感性认识是最基本的。而"传授之"则为首要途径，可见教育的重要作用。

关于德育的功利原则。《墨经》把道德品质和道德行为规范赋予"利"的意义，把"功利"作为衡量一切规范的标准。如对于"仁义"的看法，则赋予了爱和利的价值意义。《经上》："仁，体爱也。"《经说上》："爱己者非为用己也。不若爱马者。""体爱"是要自己体验爱他人，爱人并非为用人，而是利人。犹如爱己不是为用己，不像爱马的人是为用马。《经上》："义，利也。"《经说上》释："志以天下为芬而能能利之。不必用。"义的目的更是在于利人，立志要把天下人的事当作份内事而兼利天下。其他的道德品质，如忠、孝、礼、信等，也都以"功利"为原则。如《经上》所说，"忠，以为利而强低也。""孝，利亲也。""礼，敬也。""信，言合于意也。"总之，道德教育要以利民为原则，衡量言行的义和不义的标准，是利与不利；考察言行的效果，既要看主观的志，又要看结果的功，要把动机和效果统一起来。

《墨经》是《墨子》一书重要组成部分，"墨经"之称始见于《庄子·天下》篇，它说："相里勤之弟子，五侯之徒，南方之墨者，苦获、已齿、邓陵子之属，俱诵墨经，而倍谲不同，相谓别墨。"《墨经》这部书，在魏晋之时引起了嗜谈名理的玄学家们的兴趣，司马彪和张湛都是深通墨经意旨的。鲁胜是晋朝的科学家，曾作《正天论》，但水平不高，他对墨经也极有兴趣，作《墨辩注》，惜已亡佚，仅有叙文保存在《晋书·隐佚传》中。鲁胜之后，能研究者盖少，隐晦千余年，至清末卢文弨、孙星衍、汪中、张皋文诸学者对墨经进行校勘、整理、诂词、释意等工作，其光辉乃渐显露。最早发现墨经中的自然科学内容的是邹伯奇和陈澧，他们开始援引当时传入中国的西方科学知识为之解说。晚清以来，治墨者林立。有关的研究著作有梁启超《墨经校释》、谭戒甫《墨辩发微》、范耕研《墨辩疏证》、邓高镜《墨经新释》、高亨《墨经校诠》、伍非百《墨辩解故》、沈有鼎《墨经的逻辑学》、方孝博《墨经中的数学和物理学》、钱临照《释〈墨经〉中光学力学诸条》、洪震寰《〈墨经〉光学八条厘说》、《〈墨经〉力学综论》、徐克明《墨家的物理学研究》、杨俊光《墨经研究》等。

（郑伟宏　曾　抗　陈人雄）

荀子 〔战国〕荀 况

《荀子》,又名《孙卿子》、《荀卿子》,今存本二十卷三十二篇。战国时荀况著。《汉书·艺文志》著录为三十三篇,但西汉刘向《荀卿新书叙录》中载其整理后得三十二篇,今传本是唐杨倞的注本,其中篇目依旧而顺序略改。通行本有影宋台州本刻《古逸丛书》本(《四部丛刊》本据此本影印)、明嘉靖九年(1530)顾氏世德堂刻《六子全书》本、清乾隆间《四库全书》抄本、清光绪间长沙思贤讲舍刻王先谦《荀子集解》本、清光绪二十三年(1897)上海图书集成局据《畿辅丛书》本排印《子书二十二种》本等。

荀况(约前313—前238),又称荀卿或孙卿。战国时赵(今山西南部)人。游于齐,三次任稷下学宫"祭酒","最为老师"。曾西游入秦,议兵于赵。由春申君用为兰陵令,著书终老其地。博学善辩,韩非、李斯都是他的学生。哲学上发展了古代唯物主义,认为自然运行法则是不以人的意志为转移的客观存在,"天行有常,不为尧存,不为桀亡"(《天论》);提出"制天命而用之"思想。认识论上提出"形具而神生",认为人的精神活动依赖于人的形体;肯定世界的可知性,指出"凡以知,人之性也;可以知,物之理也"(《解蔽》)。承认人能通过"天官"(感官)和"天君"(心)的知觉作用和思维能力认识客观世界,并强调思维对感知的辨别和验证。在人性论上提出"性恶"论,认为"人之性恶,其善者伪也"(《性恶》),主张以"师法之化,礼义之道"去"化性起伪",重视环境("注错习俗")和教育("化性起伪")对人的影响。从这里建立他的礼治和法治相结合的政治观,坚持儒家"正名"之说,强调尊卑等级名份的必要性,主张"法后王",即效法文、武、周公之道。经济上提出强本节用、开源节流和"省工贾、众农夫"等主张。在其"正名"学说中,包含丰富的逻辑理论。其《赋篇》对汉赋的兴起有一定影响。在儒家经学的传授上荀子被认为是一个重要的人物。事迹见《史记·孟子荀卿列传》、清汪中《荀卿子年表》、近人游国恩《荀子年表》、《荀卿考》等。

《荀子》一书基本上是荀子著述的结集。今本《荀子》是唐代杨倞据西汉刘向的整理本重新编次的。全书三十二篇:一、劝学;二、修身;三、不苟;四、荣辱;五、非相;六、非十二子;七、仲尼;八、儒效;九、王制;十、富国;十一、王霸;十二、君道;十三、臣道;十四、致仕;十五、议兵;十六、强国;十七、天论;十八、正议;十九、礼论;二十、乐论;二十一、解蔽;二十二、正名;二十三、性恶;二十四、君子;二十五、成相;二十六、赋篇;二十七、大略;二十八、宥坐;二十九、子道;三十、法行;三十一、哀公;三十二、尧问。上述诸篇中,较多学者认为,《大略》以下六篇或为门人所记。

《荀子》一书是研究荀子思想的第一手资料。全书内容丰富,我们只能选择若干篇重要的略加叙述。

《天论》篇是反映荀子自然观的要篇,在《荀子》一书中占有重要地位。荀子在《天论》中提出了"明于天人之分"的、具有唯物论性质的命题。荀子认为"天"就是客观存在的自然界,"列星随旋,日月递炤,四时代御,阴阳大化,风雨博施,万物各得其和以生,各得其养以成,不见其事而见其功,夫是之谓神;皆知其所以成,莫知其无形,夫是之谓天"。自然界是按其自身固有规律运动的,它不以人的意志为转移,"天行有常,不为尧存,不为桀亡。应之以治则吉,应之以乱则凶"。"天有常道矣,地有常数矣。"从承认自然界的客观性、规律性出发,荀子提出了"天人相分"的观点,"强本而节用,则天不能贫;养备而动时,则天不能病;循道而不贰,则天不能祸。……本荒而用侈,则天不能使之富;养略而动罕,则天不能使之全;倍道而妄行,则天不能使之吉。……受时与治世同,而殃祸与治世异,不可以怨天,其道然也。故明于天人之分,则可谓至人矣"。进一步,荀子又提出了发挥人的主观能动性,"制天命而用之"的控制、改造、征服自然的思想,"大天而思之,孰与物畜而制之;从天而颂之,孰与制天命而用之;望时而待之,孰与应时而使之;因物而多之,孰与骋能而化之;思物而物之,孰与理物而勿失之也;愿于物之所以生,孰与有物之所以成。故错人而思天,则失万物之情"。荀子的这一系列思想,在先秦天道观的争辩中,独树一帜,具有很高的理论价值。

《解蔽》篇是讨论认识论问题的,其中也涉及对战国诸子的评判。荀子认为,"凡以知,人之性也;可以知,物之理也"。即世界是可知的,它通过人的形体机能而进行,是和客观事物相结合而产生的。"心",即思维,是认识的重要阶段,"心也,形之君也。而神明之主也"。"心不使焉","黑白在前而目不见,雷鼓在侧而耳不闻"。荀子认为,认识的片面性和主观性是一大"蔽","故为蔽:欲为蔽,恶为蔽;始为蔽,终为蔽;远为蔽,近为蔽;博为蔽,浅为蔽;古为蔽,今为蔽。凡万物异则莫不相为蔽,此心术之公患也"。要解蔽须"知道","人何以知道?曰心。心何以知?曰:虚壹而静。心未尝不臧也,然而有所谓虚;心未尝不满(两)也,然而有所谓一;心未尝不动也,然而有所谓静。人生而有知,知而有志;志也者,臧也。然而有所谓虚,不以所已臧害所将受谓之虚"。做到了"虚壹而静",也就可以达到"大清明"。

《正名》篇谈到了认识论问题,但主旨是探讨逻辑问题的。在此篇中,荀子提出了著名的"制名以指实"命题,即名称或概念是用来说明客观事物的。荀子认为,"所以有名",是因为"异形离心交喻,异物名实玄纽,贵贱不明,同异不别";名实的产生,是"凡同类同情者,其天官之意物也同;故比方之疑似而通,是所以共其约名以相期也"。制名的原则("枢要"),是"同则同之,异则异之;单足以喻则单,单不足以喻则兼,单与兼无所相避则共;虽共,不为害矣"。荀子还提出了"共名"、"别名"的关系,"稽实定数"的原则等,继承并发展了《墨经》"名,实谓也"的逻辑思想。

《性恶》篇是论述人性论的。荀子认为,"人之性恶,其善者伪也"。他指出:人性是与生俱来的一种自然属性,"凡性者,天之就也,不可学,不可事……不可学,不可事,而在人者,谓之性"。这种自然属性表现为"饥而欲饱,寒而欲暖,劳而欲休","若夫目好色、耳好声、口好味、心好利、骨体肤理好愉佚,是皆生于人之情性者也,感而自然,不待事而后生之者也"。所以,人性"生而有好利焉","生而有疾恶焉","生而有耳目之欲、有好声色焉",如果"从人之性,顺人之情,必出于争夺,合于犯分乱理而归于暴"。而人性的"善"则是人为的,是后天环境影响和教化学习的结果,"礼义者,圣人之所生也,人之所学而能,所事而成者也……可学而能,可事而成之在人者,谓之伪"。先天赋予的"性"和后天学事的"伪"是一对矛盾,要解决矛盾就是要"化性起伪","凡所贵尧禹君子者,能化性,能起伪,伪起而生礼义"。荀子认为"化性起伪"归功于"圣人","圣人"的"性"不异于众人,但"伪"则不同,"圣人化性而起伪,伪起而生礼义,礼义生而制法度,然则礼义法度者,是圣人之所生也。故圣人所以同于众,其不异于众者,性也;所以异而过众者,伪也"。在《性恶》篇中,荀子还具体地批判了孟子的"性善"论。

《礼论》篇是专门论述"礼"及其起源的,多数学者公认"礼"是荀子社会政治思想的核心观念。荀子认为,"凡礼,事生,饰欢也;送死,饰哀也;祭祀,饰敬也;师旅,饰威也。是百王之所同,古今之所一也,未有知其所由来者也"。因此,他提出"礼"是"先王"调节人们欲望、避免战乱而制定的"度量分界","礼起于何也?曰:人生而有欲,欲而不得,则不能无求,求而无度量分界,则不能不争。争则乱,乱则穷。先王恶其乱也,故制礼义以分之,以养人之欲,给人之求。使欲必不穷于物,物必不屈于欲,两者相持而长,是礼之所起也"。"礼"的内容,就是"养"("养人之欲")和"制"("贵贱有等,长幼有差,贫富轻重皆有称者也")。在《礼论》中,荀子强调"礼"是衡量一切的最高标准和治国的根本,即"人道之极";同时也是至高无上、永恒存在的最高原则,"天地以合,日月以明,四时以序,星辰以行,江河以流,万物以昌,好恶以节,喜怒以当,以为下则顺,以为上则明,万变而不乱,贰之则丧也,礼岂不至矣哉!"

《劝学》篇是传世的名篇。其反映的思想是荀子"天人相分"自然观和"化性起伪"人性论的逻辑延伸。荀子认为,学习对人来说是至关重要的,"学不能已","吾尝终日而思矣,不如须臾之所学也";教育决定人的后天成长,"干越夷貉之子,生而同声,长而异俗,教使之然也"。他指出知识和德性修养是积累而成的,"积土成山,风雨兴焉;积水成渊,蛟龙生焉;积善成德,而神明自得,圣心备焉"。主张学无止境和后来居上,"青,取之于蓝,而青于蓝;冰,水为之,而寒于水"。强调"学"的目的是"为","故学数有终,若其义则不可须臾舍也。为之,人也;舍之,禽兽也"。篇中另有不少关于学习的名论。

《非十二子》篇着重论述诸子之学,对当时儒、墨、名、法、道的十二个代表人物的学说作了分析批判,在中国哲学史上有重要的学术价值。荀子认为:它嚣、魏牟"纵情性,安恣睢,禽兽行,不足以合文通治";陈仲、史䲡"忍情性,綦溪利跂,苟以分异人为高,不足以合大众,明大分";墨翟、宋钘"不知壹天下、建国家之权称,上功用,大俭约而僈差等,曾不足以容辨异,县君臣";慎到、田骈"尚法而无法,下修而好作,上则取听于上,下则取从于俗,终日言成文典,反紃察之,则倜然无所归宿,不可以经国定分";惠施、邓析"不法先王,不是礼义,而好治怪说,玩琦辞,甚察而不惠,辩而无用,多事而寡功,不可以为治纲纪";子思、孟轲"略法先王而不知其统,犹然而材剧志大,闻见杂博;案往旧造说,谓之五行,甚僻违而无类,幽隐而无说,闭约而无解"。而这"十二子"的学说皆"其持之有故,其言之成理,足以欺惑愚众"。而他的主张是"总方略,齐言行,壹统类","上则法舜、禹之制,下则法仲尼、子弓之义,以务息十二子之说。如是,则天下之害除,仁人之事毕,圣王之迹著矣"。

《荀子》一书是儒家学派的一部重要著作。它高扬了儒家重视理性、强调"外王"的一面,对后来的张衡、王充、柳宗元、刘禹锡、王夫之、戴震一直到近代的资产阶级革命民主派,都产生过巨大的影响。

有关《荀子》的研究,有唐杨倞《荀子注》、清王先谦《荀子集解》、近人刘师培《荀子校补》、梁启雄的《荀子简释》等。其中以王先谦《荀子集解》为佳,此本收录了清儒郝懿行、刘台拱的《补注》,吴汝纶的《评点》,孙诒让的校和王仁俊的辑佚,又附有考证,把历代史志的著录、名家的序跋、传记、年表、别传、通论等收入其中,有中华书局1988年的点校本。在王书基础上,今人董治安等有《荀子汇校汇注》、王天海有《荀子校释》等。汇集荀子校释与研究著作的有严灵峰《无求备斋荀子集成》。

(徐洪兴)

吕氏春秋

《吕氏春秋》二十六卷,旧本题秦吕不韦撰,实由吕不韦集合门客共同编撰。约成书于秦王政六年(前237)。东汉高诱注。元至正年间即有嘉兴路刘贞嘉乐学宫刻本。通行本有清光绪元年(1875)毕沅校浙江书局刻《二十二子》本、上海商务印书馆1919年版《四部丛刊》本、上海世界书局1935年版《诸子集成》本等。

吕不韦(? —前235),卫国濮阳(今河南濮阳西南)人。原为阳翟大商人,在赵都邯郸遇见入质于赵的秦公子子楚(即庄襄王),挟为奇货。乃西入咸阳,游说华阳夫人(孝惠文王夫人),立子楚为太子。孝惠文王死,子楚即位,吕不韦受任为相,食邑十万户,封文信侯。不韦之姬有娠,献之庄襄王,生子政(即秦始皇),始皇尊不韦为仲父。通于太后,门下有宾客三千,家僮万人。嬴政亲政后,被免去相职,出居河南,再徙蜀郡,途中忧惧自杀。《吕氏春秋》全书虽非吕不韦手著,但确实反映了他的主要思想。《史记》卷八五有传。

《史记·吕不韦列传》云:"吕不韦乃使其客人人著所闻,集论为《八览》、《六论》、《十二纪》二十余万言。以为备天地万物古今之事,号曰《吕氏春秋》。"成书时秦王政二十一岁,次年将"冠听而治",亲理朝政,吕不韦赶在其亲理朝政之前公布本书。郭沫若在《十批判书》中说:"可能是有意向他(指秦王)说教。"元人陈澔《礼记集说》则指出"说教"的内容是将欲为一代兴王之典礼:"吕不韦相秦十余年,此时已有必得天下之势,故大集群儒,损益先王之礼,而作此书,名曰春秋,将欲为一代兴王之典礼也。"这说明吕不韦是力图为行将建立的封建帝国提出一套治国安邦的原则和方案。同时,编撰《吕氏春秋》也是为了调整秦国自商鞅以来的指导思想。吕不韦把成稿张贴在咸阳市门,"悬千金其上,延诸侯游士宾客有能增损一字者予千金"(《史记·吕不韦列传》)。更重要的是以招揽东方六国知识分子来秦,改变秦国此前轻视思想文化的局面。

《汉书·艺文志》把《吕氏春秋》列入杂家,为学术界一致接受。但对"杂家"的理解和认识颇有差别。有认为本书是拼盘式的杂,除少数篇章如十二纪外,其他各篇没有思想和逻辑联系,是各家和多人的作品汇编。有认为本书杂中有其主旨或主线，如高诱《序》认为以道家"无为为纲纪"。而对主旨、主线的认识又呈纷纭。认为以道家、儒家、墨家为主者皆有，也有认为兼摄儒道。还有认为，与其从中找出一个主旨，不如用杂的观点去分析。因为《吕氏春秋》的杂，并不是杂糅或杂凑。概括言之有如下三个特点，即杂存、杂选、杂通。杂存指吕不韦没有取消任何一家的企图，也不想用一家一派把其他各家吃掉和溶化，他对诸家之说采取兼收并蓄的方针。杂选指吕不韦对各家各派有所选择，而摈弃其中走向极端的内容。如选取儒家君臣父子伦理道德之论，摈弃其中迂腐之论和繁缛之礼；选取法家通变、赏罚分明、依法行事的思想，摈弃其轻罪重刑；选取道家法自然的思想，摈弃其以自然排斥社会的理论；选取墨家节葬、尚俭思想，摈弃其明鬼、非乐等。杂通指吕不韦试图以王者之需，博通百家，但凡有利于君主统治者概予吸收。这一观点颇为中肯。

《吕氏春秋》有一个大致完整的编辑体系。全书共有二十六卷一百二十六篇，分为按时施政的"纪"、施政应注意的"览"、议论政事的"论"三大部分，各部分的主要内容如下。

一、纪。春、夏、秋、冬各有孟、仲、季三纪。共十二纪。每纪的纪首（即第一篇）为该月的月令，记述该月的季节、气数、天象、物候、农事、政令，并与相应的五行、五方、五音、五色、五祀及天干等相配合，形成非常整齐的结构。春天主生，夏天主长，秋天主收，冬天主藏，《吕氏春秋》按四季的不同特点，将四组论文（组各四篇）分别归于四季之下。（一）春纪（孟春纪、仲春纪、季春纪）。春天生物，联系到养生，《孟春纪》中就有《本生》、《重己》。天地育养万物公而不私，联系到为政，则有《贵公》、《去私》；《仲春纪》的《贵生》、《情欲》也讲养生，而《当染》、《功名》则是《贵公》、《去私》的续篇；《季春纪》的《尽数》、《先己》同样讲养生健身，《论人》、《圜道》则由人道推到天道，由养身而及治国。（二）夏纪（孟夏纪、仲夏纪、季夏纪）。夏天万物繁盛，是成长壮大的季节，联系到树人，故《孟夏纪》有《劝学》等四篇。夏季燕啾虫鸣，联系到音乐对人的教化作用，故《仲夏纪》四篇和《季夏纪》四篇都谈音乐之道。（三）秋纪（孟秋纪、仲秋纪、季秋纪）。秋季肃杀，故《孟秋纪》和《仲秋纪》所属的论文大多与用兵、施刑有关。《季秋纪》的四篇论文虽讲用贤顺民，与兵事无直接关系，但《吕氏春秋》认为用贤胜于用兵，用兵需益民气，故仍与军事有关。（四）冬纪（孟冬纪、仲冬纪、季冬纪）冬季为一岁之终，草枯虫蛰，人息粮藏，在人事上就引申出死葬之义，从岁寒知松柏之常青联系到人品的忠贞、俭廉。《孟冬纪》论述了死葬之义，探究了生死存亡的根源，并讨论了遗产的问题。《仲冬纪》各篇阐述贤士的品格，《季冬纪》各篇则提出士应具有的节操。

二、览。览分为八，览各有文八篇。（一）有始览。今佚一篇，存七篇。因览首论天地有始，万象有因而得名。以下各篇论任贤顺民为治国之本，其中心在于探究治乱祸福之由来，以果求因，合于览义。（二）孝行览。因览首论为人之本在于孝道而得名。以下各篇虽于孝道无涉，但皆述君子修已待时,无论穷达都应不失为人之本。(三)慎大览。因览首论大国须谨慎从事而得名。以下各篇皆论治国用兵方略,遇事要去小取大,把握纲纪。(四)先识览。因览首论有道之士应有先见之明而得名。以下各篇论述如何获得对客观事物的正确认识。(五)审分览。因览首论为君之道在于正名审分、任贤使能而得名。以下各篇都从不同角度阐发君王南面之术。(六)审应览。因览首论人主在答问时,应慎重其辞而得名。以下各篇都与意、言、行和察辩问题有关。(七)离俗览。因览首论人主应以离俗高士为师而得名。以下各篇都谈审士用民以治国。(八)悖君览。因览首论一国不可无君而得名。以下各篇,讲人主之道,重在君德。

三、论。共有六论,论各有文六篇,六篇之间的联系虽不如纪、览那样密切,但绝大部分有所归属。(一)开春论。首篇由春天的生机,引出王者应厚德积善,救死缓刑。以下五篇所论尚贤、养生、爱民、神速等,与春天的生机有关系。(二)慎行论。首篇论君子计行虑义,小人计行期利。以下五篇论人行事要据义合理,善于辨析真伪。(三)贵直论。首篇论君要用直臣,听直言。以下五篇论进谏、纳谏和拒谏。(四)不苟论。首篇论君子言行不苟,必中理当义。以下五篇都未离此中心。(五)似顺论。首篇论事多似倒而顺,似顺而倒。以下《别类》、《有度》两篇讲辨异类、别真伪,与该论主题有关。而其他三篇则论贤主治国之术,与上两篇颇不连属。(六)士容论。首篇论国士之仪态节操。但以下有四篇为农学论文,是古农家言,与士容无涉,或是杂凑于此,以足篇数。

不难看出,《吕氏春秋》有一个大致严整的系统。全书从论天,到论治国、做人、养生;从哲学,到政治、道德、军事、历史、音乐、经济,面面俱到,事事有论。对一个封建国家中央政权所须处理的问题,一一提出了自己的设想。论域虽广,但绝非杂烩一盘,而有其特定学术观点。

一、《吕氏春秋》中的哲学思想。

(一)宇宙观。在宇宙本原问题上,《吕氏春秋》认为宇宙的本原是一种极其精微的物质即精气,这种精气就是"道",而"道"又叫"太一":"万物所处,造于太一,化于阴阳","道也者,至精也,不可为形,不可为名,强为之(名),谓之'太一'"(《大乐》)。精气运动、变化和结合产生万事万物,"阴阳变化,一上一下,合而成章。浑浑沌沌,离则复合,合则复离,是谓天常"(同上)。万物自身也处于不断运动中。但它把运动变化看作是一个循环往复的过程:"物动则萌,萌而生,生而长,长而大,大而成,成乃衰,衰乃杀,杀乃藏,圜道也。"(《圜道》)在天人关系问题上,《吕氏春秋》从唯物主义的宇宙生成观出发,否定神秘之天的存在,否定天对人的主宰。"天固有衰嗛废伏,有盛盈蚠息;人亦有穷困屈匮,有充实达遂。此皆天之容物理也,而不得不然之数也。"当然人不能违背自然,而是应效法自然,顺应自然规律。《序意》说:"古之清世,是法天地。凡十二纪者,所以纪治乱存亡也,所以知寿夭吉凶也。"法天地就应无为,就是"因性任物",按客观规律办事,不违反事物各自的本性。

（二）认识论。在认识的来源上，《吕氏春秋》反对不学而知，圣人不过是先知先觉而已。"且天生人也，而使其耳可以闻，不学，其闻不若聋；使其目可以见，不学，其见不若盲；使其口可以言，不学，其言不若爽；使其心可以知，不学，其知不若狂。故凡学非能益也，达天性也。"(《尊师》)在认识的方法上，认为要想获得对事物的正确认识，必须去掉主观偏见，"夫人有所宥者，固以昼为昏，以白为黑，以尧为桀，宥之为败亦大矣。亡国之主，其皆甚有所宥邪！故凡人必别宥然后知，别宥则能全其天矣"(《去宥》)。所谓宥就是主观的偏见。它还强调，对事物的认识必须随着客观情况的变化而改变，不可刻舟求剑(《察今》)。

二、《吕氏春秋》中的政治法律思想。

书中认为历朝历代没有一贯不变之法，"先王之法，经乎上世而来者也；人或益之，人或损之，胡可得而法？……时已徙矣，而法不徙，以此为治，岂不难哉？"(《察今》)所以说，"世易时移，变法宜矣"(同上)。显然，这因袭了法家重视变法的思想，但变法的内容，有些则和法家的主张不同，《孟春纪》说："无变天之道，无绝地之理，无乱人之纪。"所谓"人之纪"，指儒家的伦理纲常，这是与天地长存而不可变的。可见在变法问题上，它表现出儒法夹杂的现象。

战国末期，天下统一的趋势已非常明确，历史迫切需要一位新天子。《吕氏春秋》对新天子的要求提出如下理论：天子必须是法自然和与自然取得和谐的模范，"天子之动也，以全天为故(事)也"(《本生》)。《十二纪》中关于天子政令的种种论述都以法自然为基础。在与民的关系上，天子必须顺从民意，"凡举事必先审民心，然后可举"(《顺民》)。在公私关系上，天子必须贵公而抑私，"昔先圣王之治天下也必先公，公则天下平矣"(《贵公》)。在天子与天下的关系上，"天下，非一人之天下也，天下之天下也"(《贵公》)，"置君非以阿君也，置天子非以阿天子也"(《恃君》)。类似提法慎到早就说过，但说得这样明快，在先秦还极少见。

《吕氏春秋》许多篇在考察历史之后，得出大致相同的看法：凡属有为和清醒之君都能知人善任，"贤主劳于求人，而佚于治事"(《士节》)，这是因为君主的智能有限，而众人的智能无穷。《用众》篇生动形象地论述了用众的道理。

《吕氏春秋》既接受了当时流行的重民思想，又接受了法家的民性好利说。这是《吕氏春秋》治民政策的基础。《吕氏春秋》许多篇反复论述得民心而得天下，失民心而失天下的思想。《顺民》说："先王先顺民心，故功名成。夫以德得民心以立大功名者，上世多有之矣。失民心，而立功名者，未之曾有也。"而顺民心、得民心的关键是顺民性、从民欲。《用民》说："用民有纪有纲，壹行其纪，万目皆起；壹行其纲，万目皆张。为民纪纲者何？欲也，恶也。何欲何恶？欲荣利，恶辱害。辱害所以为罚，充也；荣利所以为赏，实也。赏罚皆有充实，则民无不用矣。"把从民之情欲视为治国纪纲,这在先秦还属少见。

在民本思想的基础上,《吕氏春秋》提出以德治为主以赏罚为辅的方针。它说:"行德爱人,则民亲其上,民亲其上,则皆乐为其君死矣。"(《爱士》)因此,用德政作为治国的指导思想,就会畅通无阻,无往而不胜。"为天下及国,莫如以德,莫如行义。以德以义,不赏而民劝,不罚而邪止,此神农黄帝之政也。"(《上德》)并认为在施行德政的前提下,赏罚可以作为一种辅助手段,"凡用民太上以义,其次以赏罚"(《用民》)。但赏罚必须公平,不分亲疏远近,当赏者一定赏,当罚者一定罚。"凡赏非以爱之也,罚非以恶之也,用劝归也。所归善,虽恶之,赏;所归不善,虽爱之,罚。"(《当赏》)如果赏罚适当,则亲疏远近贤不肖,"皆尽其力以为用矣"(同上)。

《吕氏春秋》主张法天地,君主应替天行道,顺应自然,不要恣意妄为。"爰有大圜在上,大矩在下,汝能法之,为民父母。盖闻古之清世,是法天地。"(《序意》)只有顺应天地自然的本性,才能达到清平盛世。因此它强调"凡君也者,处平静,任德化,以听其要"(《勿躬》),"古之王者,其所为少,其所因多,因者君术也,为者臣道也"(《君守》)。诚然,《吕氏春秋》所指的"无为"取源于道家,但又不同于老庄道家"绝圣弃智"的绝对无为,而认为其关键在于君主应"劳于求人而佚于治事"(同上),以求贤为第一要务。至于各种具体事务,则由臣下去完成,责成他们各尽其职。这样就可做到"大圣无事而千官尽能"(《士节》),事省而国治。

《吕氏春秋》关于法律的见解,基本上承袭了法家的一些观点,认为治国必须任法。它说:"法也者,众之所同也,贤不肖所以其(共)力也"(《处方》);"有金鼓所以一耳,必同法令所以一心也。智者不得巧,愚者不得拙,所以一众也"(《不二》)。法律公正无私,一视同仁;法令必须统一,不能政出多门。君主"有度",必须运用法律这一"规矩"、"准绳"处理天下事务,方能治理好国家。同时,也主张建立中央集权的君主专制制度,加强君主的权势。认为"因其势者令行,位尊者其教受,威立者其奸止,……王也者,势也;王也者,势无敌也。势有敌则王者废矣"(《慎势》)。如果君主"失之乎势",就如同吞舟之鱼离开了水,被蝼蚁所吞噬。但《吕氏春秋》反对法家的严刑峻法,认为"令苛则不听,禁多则不行"(《适威》),夏桀、商纣的禁令多得不可胜数,百姓却困苦不堪,桀纣自己也被杀死,这是因为他们过分到极点了。所以说,"威不可无有,而不足专恃"(《用民》)。

三、《吕氏春秋》中的经济思想。书中与经济有关的内容主要是十二纪中的月令和《士容论》中的四篇农家著作:《上农》、《任地》、《辩土》和《审时》。

十二纪月令,根据时令要求提出每月应办和可以办的事情,并指出错行时令会造成的不良后果,体现了春生、夏长、秋收、冬藏的生物生长及农事活动规律。月令可以说是古代农业生产经验在理论上的升华,是农事活动的法典。其中主要是以四时配五行、五方、五色、五音、五帝、五神、五祀、五数,以二十八宿为坐标,观察太阳的运行,记录不同月份星宿的变化,依据天象、节候确定政令、人事,部署农业生产及其他活动。例如孟春之月:天象,"日在营室,昏参中,旦尾中";气候,"天气下降,地气上腾";物候,"蛰虫始振","候雁北";农事,"命田舍东郊,皆修封疆,审端径术,善相丘陵阪险原隰,土地所宜,五谷所殖,以教道(导)民,必躬亲之"(《孟春纪》)……

先秦文献中有许多保护生物资源的记载,《吕氏春秋》十二纪中也得到反映。如孟春之月"无杀孩(幼)虫胎夭(初生禽兽)飞鸟,无麛(不捕小兽)无卵"(《孟春纪》);仲春之月"无竭川泽,无漉(干涸)陂池,无焚山林"(《仲春纪》);季春之月"田猎罼弋(打猎),置罘罗网,餧兽之药,无出九门","命野虞无伐桑柘";孟夏之月"无伐大树","无大田猎"(《孟夏纪》);季夏之月"林木方盛,乃命虞人入山行(巡视)木,无或斩伐"(《季夏纪》)。《礼记》中有《月令》一篇,即汉儒合《吕氏春秋》的十二纪月令而成。

《上农》论述重农的必要性及有关措施:"古先圣王之所以导其民者,先务于农。民农非徒为地利也,贵其志也。民农则朴,朴则易用,易用则边境安,主位尊。民农则重,重则少私义,少私义则公法立,力专一。民农则其产复(厚),其产复则重徙,重徙则死其处而无二虑。"如果"民舍本而事末",其后果则相反。这同法家商鞅的观点相近。为了搞好农事,要求农民"敬时爱日,非老不休,非疾不息,非死不舍"。在农忙时严禁妨害农事的活动,"不兴土功(建筑),不作师徒(军事行动),庶人不冠弁(行冠礼)、娶妻、嫁女、享祀,不酒醴聚众"。还规定了"野禁"和"四时之禁",指出"数夺民时,大饥乃来"。所有劳动力都要由国家控制:"凡民自七尺以上,属诸三官:农攻粟,工攻器,贾攻货。"

《任地》和《辩土》论述了因地制宜地进行耕作。这里体现出古人对土壤质地、结构、含水量等与作物生产的关系的可贵摸索。

《审时》强调要适时耕作。论证了篇首提出的"凡农之道,厚(候)之为宝",即时令对于耕作具有极为重要的作用。

此外,在其他一些篇章,如《义赏》、《长攻》、《适威》等,对于农业生产中人的能动作用、按照土地条件栽培作物等也有精辟论述。至于同经济不无关系的社会思想、管理思想,那就更多。

四、《吕氏春秋》中的教育思想。书中有关教育方面的论述相当丰富,主要是《劝学》、《尊师》、《诬徒》、《善学》等四篇;与教育有密切关系的谈音乐及音乐教育的有七篇:《大乐》、《侈乐》、《适音》、《古乐》、《音律》、《音初》、《制乐》。

重视文化教育的作用。《劝学》篇说:"先王之教,莫荣于孝,莫显于忠。忠孝,人君人亲之所甚欲也。显荣,人子人臣之所甚愿也。然而人君人亲不得其所欲,人子人臣不得其所愿,此生于不知理义。不知理义,生于不学。"又认为人的生理器官功能经过学习训练才能充分发展,《尊师》篇说:"且天生人也,而使其耳可以闻,不学,其闻不若聋;使其目可以见,不学,其见不若盲;使其口可以言,不学,其言不若爽;使其心可以知,不学,其知不若狂。""故教也者,义之大者也;学也者,知之盛者也。义之大者,莫大于利人,利人莫大于教;知之盛者,莫大于成身,成身莫大于学。"

主张"疾学"尊师。《劝学》篇说:"圣人生于疾学",而"疾学在于尊师",列举传说中的神农、黄帝以来古之圣王未有不尊师的。"天子入太学,祭先圣",对于曾经教过自己的老师不以君臣之礼相见,就是体现"敬学"与"尊师"。《尊师》篇还提出了明确而具体的尊师要求,认为只有尊师,教师才能"尽智竭道以教"(《劝学》)。

强调教师要善教。认为教育的成败取决于师生双方的共同努力和密切配合,而关键在教师,教师首先要通晓"理义",身体力行。《劝学》篇说:"理胜义立则位尊矣。"对学生要一视同仁,"故师之教也,不争于轻重尊卑贫富,而争于道。其人苟可,其事无不可"。教师要注意培养学生的学习兴趣。必须注意使教学过程劳逸相济,严肃活泼,学生才会有学习积极性和自觉性。还须十分注意师生情感的培养,"视徒如己,反己以教",做到"师徒同体","师徒同心",由此产生良好的教学效果。

认为善学的关键是"用众"。故《吕氏春秋》的《善学》篇又名《用众》篇。它说:"物固莫不有长,莫不有短,人亦然。故善学者,假人之长以补己短。"善于学习的人,善于发现别人的长处和优点。"天下无粹白之狐,而有粹白之裘,取之众也。"博采众长,就是善于在各个相互对立的学派之中学习合理的有益的东西。

关于道德教育思想。《吕氏春秋》提出了"尚德"、"高义"、"至忠"、"孝廉"、"贵公"、"贵直"、"去私"、"务大"、"博志"等德目,还提出了具体要求。

《吕氏春秋》对人才问题也有论述。《求人》篇说:"身定国安天下治,必贤人。"必须对人才进行全面考察,在各种环境条件下,考验其品德、志向、学识、才能,称为"八观六验";考验其在家里、邻居、亲友之中为人处事、待人接物的种种表现,称为"六戚四隐"。对人才又不可求全责备,"以四隐全举人者固难,物之情也","物岂可全哉!"更不可吹毛求疵,而无视其优长,"以人之小恶,亡人之大美,此人主之所以失天下之士也"(《举难》)。

在阐述道家"养生之道"的篇章中涉及某些人体生理和体育健身以及健康教育的内容和方法,这些都有教育方面的参考价值。

五、《吕氏春秋》中的音乐思想。书中论乐的内容有《大乐》、《侈乐》、《适音》、《古乐》、《音律》、《音初》诸篇,安排在《仲夏纪》及《季夏纪》中,因为夏天是万物成长的季节,成长需教育、学习。这表明《吕氏春秋》非常重视教育在统一事业中的作用以及乐教在教育事业中的地位,这方面明显地吸收了儒家的思想。

《吕氏春秋》论乐诸篇的特点,可以概括如下。

儒道音乐美学思想的始合流。将儒家主张的"乐与政通"与乐本于道、平生于道的思想联系起来，主要见《大乐》与《适音》。"音乐之所由来者远矣。生于度量，本于太一。太一出两仪，两仪出阴阳，阴阳变化，一上一下，合而成章。"(《大乐》)《吕氏春秋》谓"太一"即道。"乐无太，平和者是也。故治世之音安，以乐其政平也；乱世之音怨，以怒其政乖也；亡国之音悲，以哀其政险也。凡音乐，通乎政而风乎俗者也。"(《适音》)"乐与政通"是儒家思想，其源应出自《乐记》，《吕氏春秋》将"政和"改为"政平"，渗进了某些道家色彩。"大乐，君、臣、父、子、长、少之所欢欣而说也。欢欣生于平，平生于道。"(《大乐》)将"乐与政通"与乐本于道联系起来。

主张"适音"，反对"侈乐"。《吕氏春秋》主张人要有音乐享受，但要适当，要以舒适的心情、适当的行为来听适当的音乐，反对"侈乐"。"耳之情欲声，心不乐，五音在前弗听。""夫乐有适，心亦有适。""夫音亦有适。……何谓适？衷，音之适也。……以适听适则和矣。"(《适音》)"世之人主，多以珠、玉、戈、剑为宝，宝愈多，而民愈怨，国人愈危，身愈危累，则失宝之情矣。乱世之音与此同。为木革之声则若雷，为金石之声则若霆，为丝竹、歌舞之声则若躁。以此骇心气，动耳目，摇荡生，则可矣；以此为乐，则不乐。故乐愈侈，而民愈郁，国愈乱，主愈卑，则亦失乐之情矣。"(《侈乐》)其反对统治者纵情侈乐，有积极意义，但其"适"、"衷"标准则可以商榷。

音乐史学、律学的珍贵资料。《古乐》是中国第一篇音乐史著作，其于音乐史学颇有意义。叙述从远古朱襄氏到周公时的音乐，虽然在相当程度上是一篇音乐传说史，但其中包含较多的合理成分，故其有些材料常为音乐史家、艺术史家所引用，如"昔葛天氏之乐，三人操牛尾，投足以歌八阕"；"禹立，动劳天下，日夜不懈……于是命皋陶作为《夏籥》九成，以昭其功"等等。

《音初篇》与《古乐篇》的性质相似，但不作纵的史述，而分别就东音、南音、西音、北音之"始"论述。然后指出由史而论："凡音者，产乎人心者也，感于心而荡乎音，音成于外而化乎内。是故闻其声而知其风，察其风而知其志，观其志而知其德。盛、衰、贤、不肖、君子、小人，皆形于乐，不可隐慝。故曰：乐之为观也，深矣。"

《音律篇》是最早讲述用三分损益法求十二律的材料(详见本编"科技"部分)。

《吕氏春秋》的仁义德教和无为而治，并兼法治等思想主张，反映了执政者力图"长治久安"的愿望，在当时历史条件下基本是可行的。但秦始皇反其道而行之，二世而亡。西汉王朝认真吸取秦亡教训，实行"霸王道杂之"(见《汉书·元帝纪》)其主要方面与《吕氏春秋》的主张一致，取得良好效果。《吕氏春秋》对后世有深远影响，在中国思想史上的地位应充分肯定。

有关《吕氏春秋》的注疏、校勘、考证及研究著作，主要有东汉高诱《注》、明焦竑《注》、清梁玉绳《吕子校补》、蔡云《吕氏校补献疑》、茆泮林《吕氏春秋补校》、陈昌齐《吕氏春秋正误》、王念孙《读吕氏春秋杂志》、俞樾《吕氏春秋平议》、孙诒让《吕氏春秋札迻》，近现代范耕研《吕氏春秋补注》、蒋维乔等《吕氏春秋汇校》、许维遹《吕氏春秋集释》、王利器《吕氏春秋注疏》、陈奇猷《吕氏春秋新校释》等。

（杨鹤皋　戴洪才　陈人雄　叶世昌　周　畅）

韩非子 〔战国〕韩 非

《韩非子》,原名《韩子》,五十五篇二十卷。战国末韩非著。通行本有明《正统道藏》本、万历十年(1582)赵用贤校刻《管韩合刻》本、清嘉庆二十三年(1818)吴鼒据宋乾道本影印《韩晏合编》本、清光绪二十二年(1896)王先慎《韩非子集解》本等。

韩非(约前279—前233),人称韩子,后称韩非子,战国末韩国(今河南一带)公子。与李斯同师事于荀况,而喜黄老刑名法术之学,口吃不善言谈,但下笔滔滔,文章雄辩。当时韩国日弱,他几次上书韩王希望变法图强而未见用,因而退而著文。为总结"往者得失之变",乃著《孤愤》、《五蠹》、《说难》等十余万言。秦王政读后,大为欣赏,恨不能相见。为得到他,秦发兵攻韩,事急,韩王只得派遣韩非出使秦国以息兵。曾上书劝秦始皇先伐赵、缓伐韩,被李斯、姚贾加害下狱,欲辩不能。李斯又伺机进毒,逼韩非自尽于狱中。韩非综合前期法家学说,杂糅法、术、势于一家,成为先秦法家思想的集大成者。事迹见《史记》卷六三《老庄申韩列传》。此外,《韩非子》中的某些篇和《史记》中的《始皇本纪》、《韩世家》、《李斯列传》、《六国表》、《战国策·秦策》以及王充《论衡》中的《祸虚》、《案书》等篇中也有直接间接反映韩非生平事迹的零星史料,可资参证补充。近人有爬梳史料为韩非作传记和年表者,如陈祖厘《韩非别传》、陈千钧《韩非新传》、容肇祖《韩非子年表》、陈启天《韩非年表》、陈奇猷《韩非子年表》等。

《韩非子》是韩非著述的结集。全书分为五十五篇。梁启超、吕思勉等学者曾做过撮其名篇要旨、分出各篇主次和以内容分类的工作,周勋初也提出过打散原书按内容、论旨和体裁重新编次的建议。根据这一思路,兹将五十五篇分为十组,予以介绍。

一、《五蠹》、《八说》、《六反》、《诡使》、《亡征》。

这五篇力作,韩非主要论点俱在,对各种社会现象作细致分析和高度概括,反映了韩非政治法律思想的基本观点,提出了法治和乘势用术的主要理论。

《五蠹》是名篇,立论基于进化的历史观。"世异则事异","事异则备变","上古竞于道德,中世逐于智谋,当今争于气力","仁义用于古而不用于今",因此"不期修古,不法常可,论世之事,因为之备"是当然的原则,而此时又以行法治、重耕战为当务之急。韩非又以其极敏锐的觉察力,扫视古今,连连著文指陈帝王统治之亡征累累和险象环生,点明非任法乘势用术无以保持王权统治。

二、《奸劫弑臣》、《说疑》、《爱臣》、《八奸》、《备内》。

这五篇集中揭露权奸近嬖对王权统治的严重威胁和种种阴谋奸术。韩非直截了当地挑明"君臣非有骨肉之亲",其实只是相互利用,"君以计畜臣,臣以计事君,君臣之交,计也"。他介绍田鲔的说法则更干脆:"主卖官爵,臣卖智力。"因此帝王治国"固有使人不得不爱我之道,而不恃人之以爱为我",对臣下必须用"术数以御之","参验以审之",要防止臣下权力过大威望过高而成为"擅主之臣",功盖君主是不允许的,结成朋党更要严厉禁止。同时帝王必须时刻警惕,不轻信人言以察其私,严守法度,赏功罚罪以劝其事。

三、《孤愤》、《说难》、《难言》、《和氏》、《人主》、《问田》。

这六篇诉说了推行新政厉行法治的重重阻难,对占据要位的既得利益者"贵重之臣"作了深刻揭露和无情申斥,摆明"智法之士与当途之人不可两存之仇也"。同时"大臣苦法而细民恶治",因为"主用术则大臣不得擅断,近习不敢卖重;官行法则浮萌趋于耕农,而游士危于战陈",所以"法术者乃群臣士民之所祸也"。韩非意识到自己站在强大的传统和习惯势力的对立面,不难理解他何以每下笔便如此锋芒毕露。

四、《八经》、《定法》、《有度》、《心度》、《守道》、《制分》、《饬令》、《二柄》、《南面》、《用人》、《安危》、《三守》、《难势》、《功名》。

这十四篇是韩非政治理论的具体展开。前两篇综说法、术、势,后十二篇分别重点列论(其中末两篇又可视为一小组)。

韩非指出,"术者因任而授官,循名而责实,操杀生之柄,课群臣之能者也,此人主之所执也。法者宪令著于官府,刑罚必于民心,赏存乎慎法而罚加乎奸令者也,此臣之所师也"。对术与法,这里界说得最明白。"君执柄以处势,故令行禁止。柄者杀生之制也,势者胜众之资也。"抱势而任法,赏罚刑德有度,则可号令万民,控制全国;据势而用术,绝不信人,"以臣备臣",唆使群臣相互监视告奸,又深藏不露,佯装糊涂以暗中窥测群臣真意,扣人质以备其变,赏爵禄以镇其心,行参伍以验其功,若"生害事死伤名,则行饮食",或"与其仇"以除阴奸,则投毒赐食、借刀杀人无所不用其极。总之"法莫如显而术不欲见","用人也鬼","观人,不使人观己",法、术、势各有其用又互为其用。

五、《显学》、《忠孝》、《饰邪》、《问辩》。

这四篇集中表述韩非的又一重要主张,为其政治理论的一部分,即翦除异己学派,实现在思想意识领域内的绝对统治。他说:"冰炭不同器而久,寒暑不兼时而至,杂反之学不两立而治","兼听杂学缪行同异之辞,安得无乱乎"?他把批判矛头首先指向当时影响最大并作为旧政治指导思想的儒家仁义礼教之说,指出"儒以文乱法,侠以武犯禁",并对墨、道、阴阳、名家等几乎所有派别的学术思想都一一进行批判指责,提出为中央集权的封建政治服务的思想文化政策,主张"以法为教,以吏为师",要以极端的文化专制主义结束思想活跃的先秦百家争鸣局面。

六、《扬权》、《主道》、《解老》、《喻老》、《大体》、《观行》。

这是一组为论证政治学说的哲学论文,主旨取自黄老学派,又根据需要吸收百家成果,屡见对古代哲学中朴素辩证法和唯物论的阐扬和发展。韩非的成就,标志着雄视天下亟欲集权以一统宇内的封建地主阶级在思想上已趋成熟。认为"道者万物之始,是非之纪也。是以明君守始以知万物之源,治纪以知善败之端"(《主道》),"因道全法,君子出而大奸止;淡然闲静,因天命持大体"(《大体》)。君主执道之总枢,以法、术、势驾驭天下,无为而无不为,"因道全法",比天子受命的说法令人可信得多了。《解老》、《喻老》两篇是最早阐发老子著作的论文,韩非从自己立场出发,一解一喻,别具卓见,是早期中国哲学史研究的名篇。

七、《难一》、《难二》、《难三》、《难四》。

这四篇托辩难以述己见,可能主要是读书思考的札记。

八、《内储说上》、《内储说下》、《外储说左上》、《外储说左下》、《外储说右上》、《外储说右下》、《十过》。

这六大篇"储说",搜集大量历史故事和民间传说,有的放矢,一一反复形象地阐明自己的学说,极富宣传效果,有人称之为"连珠"文体之滥觞。《十过》体例与之相同,但可能不是韩非的作品。

九、《说林上》、《说林下》。

此为两束韩非集中积累供思想和写作用的原始资料。

十、《存韩》、《初见秦》。

这两篇中有韩非的作品,也录入了别人的文字,对认识韩非其人其书有重要作用,列于最后,近乎"附录"。

在教育方面,由法家的基本立场出发,韩非强烈主张"废先王之教",禁"二心私学"(《诡使》),实行"以法为教"(《定法》);要求培养"智术之士"、"能法之士"(《孤愤》)、"耿介之士"(《五蠹》)等法治人才;并注重生活实践,讲求实效,指出:"夫言行者,以功用为之的彀者也",否则"言虽至坚,行虽至察,则妄发之说也"(《问辩》)。

韩非的法治思想从前期法家发展而来,既有继承性,又有差异性,前期法家较早地强调在刑赏面前人人平等,而在韩非那里,帝王本位已完全取代了国家本位,他最强调的是帝王以权势和御下之术来保证独裁一切,他所说的法最紧要处是帝王赏罚有度,实际上是术的补充。从这个意义上说,韩非也是一个权术家。由于韩非切切于政治的实行,不以理想代替现实,所以能客观地揭露现实封建政治生活中的种种矛盾和人际关系,有唯物论倾向。他又以道家学说为理论基础,故立论剖析,时有辩证法因素。韩非的权术政治学说,在当时与儒家空想迂阔的仁政礼治说相比,颇有利于中央集权的历史进步意义和实用价值,但同时也显然有敌视民众、遏止思想发展的反动性。《韩非子》的政治法律思想为秦始皇建立君主专制中央集权的政治制度提供了理论基础,对于中国以后政治制度的发展有着深远的影响,在中国政治法律思想史上有着极其重要的地位。

该书注本有清王先慎《韩非子集解》、近人与今人梁启雄《韩子浅解》、陈启天《增订韩非子校释》、陈奇猷《韩非子新校注》、周勋初等《韩非子校注》(修订本)、张觉《韩非子校疏》等。汇录历代注释与研究著作的有严灵峰《无求备斋韩非子集成》。

(郝铁川　潘良桢　陈人雄)

孝经

《孝经》,儒家经典之一。著者各说不一。班固谓孔子作(《汉书·艺文志》),司马迁谓曾子作(《史记·仲尼弟子列传》)。但其文字内容多有与《左传》、《孟子》、《荀子》相同之处,所以后世学者疑出于曾子门人或孟子门人,甚至认为"是书来历出于汉儒"(清姚际恒《古今伪书考》)。通行本有清嘉庆二十一年(1816)阮元刻《十三经注疏》本等。

《孝经》全书一千七百九十九字,分十八章。其序为:开宗明义章第一,天子章第二,诸侯章第三,卿大夫章第四,士章第五,庶人章第六,三才章第七,孝治章第八,圣治章第九,纪孝行章第十,五刑章第十一,广要道章第十二,广至德章第十三,广扬名章第十四,谏诤章第十五,感应章第十六,事君章第十七,丧亲章第十八。

《孝经》借孔子言:"夫孝,德之本也,教之所由生也。"据此立论,将儒家教育归结为"孝"道的伦理教育。提出:"身体发肤,受之父母,不敢毁伤,孝之始也;立身行道,扬名于后世,以显父母,孝之终也。"认为"孝"开始于"事亲",经过中间阶段的"事君",最终是"立身"扬名。主张"天子之孝"是"爱亲者,不敢恶于人;敬亲者,不敢慢于人。爱敬尽于事亲,而德教加于百姓,刑于四海"。"诸侯之孝"是"在上不骄,高而不危,制节谨度,满而不溢"。"卿大夫之孝"是凡服饰和言语都要遵循"先王之法",行为要遵循"先王之德"。"士之孝"是"以孝事君","以敬事长","忠顺不失,以事其上"。"庶人之孝"是"谨身节用,以养父母"。

《孝经》以"孝"道比附天地,认为"孝"是"天之经","地之义","民之行",遵循孝道是天经地义之事,能收到"其教不肃而成,其政不严而治"的良好效果。主张以"博爱"、"德义"、"敬让"、"礼乐"、"好恶"教化民众,以达到"和睦"、"不争"的目的。提出"圣人因严以教敬,因亲以教爱",认为"不爱其亲而爱他人者,谓之悖德;不敬其亲而敬他人者,谓之悖礼"。统治者须推行"德教",才能行使"政令"。

《孝经》提出孝子事亲应做到"五者"兼备:"居则致其敬,养则致其乐,病则致其忧,丧则致其哀,祭则致其严。"强调"五刑之属三千,而罪莫大于不孝",因为"不孝"是"大乱之道"。认为"礼"的特征是"敬","安上治民,莫善于礼",推行"孝道"也就是"教民亲爱","教民礼顺","教以孝,所以敬天下之为人父者也;教以悌,所以敬天下之为人兄者也;教以臣,所以敬天下之为人君者也"。

《孝经》又提出"孝"必须遵循的原则是"义",当天子、士、父身处"不义",这时候就要敢于当"争臣"、"争友"、"争子","当不义,则子不可以不争于父,臣不可以不争于君"。唯其如此,才符合真正的"孝道"。强调"君子之事上也,进思尽忠,退思补过,将顺其美,匡救其恶"。认为孝道与自然天序相合,"事父孝,故事天明;事母孝,故事地察;长幼顺,故上下治"。只要将"孝"的精神提升到最佳境界,就能"通于神明,光于四海,无所不通"。

汉代将《孝经》列入"七经",与《论语》同为士子学习"专经"之前必读之书。唐代列为旁经,为兼习学科,修业期与论语共限一年。"自两汉及魏,历晋、宋、齐、梁,注解之者迨及百家"(邢昺《孝经注疏序》)。

《孝经》在中国古代教育史上具有深远的影响。其研究著作主要有唐玄宗注并北宋邢昺疏《孝经注疏》(收入《十三经注疏》)、宋司马光《古文孝经指解》、明黄道周《孝经集传》、清皮锡瑞《孝经义疏》、徐景贤《孝经之研究》、王正己《孝经今考》、蔡汝堃《孝经通考》等。敦煌、吐鲁番曾出土多种《孝经》文本,如白文《孝经》、《郑氏孝经》并序、《孝经郑氏解》及其义疏、《御注孝经》、《孝经义》等可资研究。

(金忠明)

公羊传

《公羊传》,亦作《春秋公羊传》或《公羊春秋》,《春秋》三传之一。旧题战国时公羊高撰。初仅口说流传,五世相口授,"至汉景时,(公羊)寿乃与齐人胡毋子都(生),著于竹帛"(唐徐彦《公羊传疏》引戴宏《序》)。通行本有《十三经注疏》本。

《公羊传》是着重阐释《春秋》之"微言大义"的儒家经典。汉武帝时立为五经博士之一,研究《公羊传》的学者进而大增。西汉董仲舒曾作《春秋繁露》,专治《公羊传》,又提出"独尊儒术"的主张,为汉武帝所采纳,《公羊传》遂为汉代今文经学的主要经典。该书系研究战国秦汉间儒家思想演变的重要资料。历代今文经学家常用作议论政治、褒贬人物的依据。

《公羊传》认为:孔子写《春秋》,以"微言"体现王道一统的大义。历代治"春秋公羊学"的经学家把《春秋》"微言"概括为"三科九旨"。认为"春秋"书法于三个科段之内,含九种旨意,作为评说和褒贬世事的准绳。《公羊传》徐彦疏引东汉何休《春秋文谥例》:"三科九旨者,新周、故宋,以《春秋》当新王,此一科三旨也";"所见异辞,所闻异辞,所传闻异辞,二科六旨也";"内其国而外诸夏,内诸夏而外夷狄,是三科九旨也"。以为就时代论,孔子为殷人的后裔,据东周之世,笔削《春秋》以成素王之业,为后世立法;就史事论,"春秋"分十二公为三世,隐、桓、庄、闵、僖五公之事为孔子所传闻,文、宣、成、襄四公之事为孔子所闻,昭、定、哀三公为孔子亲见;就亲疏论,《春秋》为鲁史,故以鲁国为内,诸夏列国为外,"夷狄"又为诸夏之外。此外,宋衷注《春秋》,对三科九旨另作解释,以张三世、存三统、异内外为三科;以时、月、日、王、天王、天子、讥、贬、绝为九旨。三世指夏、商、周;夏为人统,商为地统,周为天统;时、月、日,指纪事的详略,王、天王、天子,指称谓的远近亲疏;讥、贬、绝,指书法的轻重。清代今文经学家孔广森曾又解三科九旨,以天道、王法、人情为三科;时、月、日、讥、贬、绝、尊、亲、贤为九旨。

《公羊传》认为大一统是《春秋》的基本思想。《春秋》首句:"元年,春,王正月。"本是编年体史书标明时间的格式,《公羊传》却赋予深意,强调元年、春、正月皆隶属于王,用以表现"大一统也"

(《公羊传》隐公元年。以下只引年代)。所谓大一统,指思想和法度的统一,即思想和政治一元化。西汉董仲舒《举贤良对策》引《公羊传》:"《春秋》大一统者,天地之常经,古今之通谊(义)也。"建议罢黜百家,独尊儒术,一统思想,使"统纪可一,而法度可明,民知所从矣"(《汉书·董仲舒传》)。

《公羊传》创立三统说。三统指黑统(夏)、白统(商)、赤统(周)。认为这三统的循环造成历史的递嬗。孔子继承周代,受天命而王,但因没有掌握政权,于是"制《春秋》之义,以俟后圣","拨乱世,反诸正"(哀公十四年)。

《公羊传》的"异内外"理论,强调《春秋》注重华夷之别。认为华夷之别,不在于种族,而在于文化,尤其是伦理道德。例如,鲁宣公十二年,晋楚两国在邲交战。《公羊传》说,《春秋》作"不与晋,而与楚子为礼"的记载,是因为原为夷狄的楚接受了中国文化,转为华夏;本属中国的晋背离中国文化,化成夷狄。

《公羊传》"大一统"思想是封建君主专制的主要思想和理论依据;《公羊传》"三统说"是封建社会变法革新的重要依据;《公羊传》"异内外"理论是封建统治者处理民族关系的重要依据。《公羊传》是研究中国政治理论的重要典籍。

另外,《公羊传》又是中国古代法律制度的重要理论著作。在很多问题上奠定了后世法律发展的理论基础。如在身份继承(宗祧及政治地位继承)问题上,《公羊传》强调"立适以长不以贤、立子以贵不以长"的原则(隐公元年),直接影响了后世的继承法的发展。在刑法方面,《公羊传》提出了"君亲无将,将而诛焉"(庄公三十年)、"君亲无将,将而必诛"(昭公元年)的原则,主张凡对于君主及父母的犯意表示,皆处以极刑,进行严厉镇压。这一原则经汉儒"《春秋》决狱"的发挥,成为日后"谋反"、"谋大逆"、"谋叛"、"恶逆"等重罪罪名的理论根据。《公羊传》还提出:"《春秋》为尊者讳、为亲者讳、为贤者讳"(闵公元年),主张"君子之善善也长,恶恶也短。恶恶止其身,善善及子孙"(昭公二十年),成为后世种种优待贵族官僚法律制度的理论来源之一。不过《公羊传》反复强调"不复仇,非子也"(隐公十一年),"父不受诛,子复仇可也"(定公四年)的原则,对于后世杀仇复仇风气也有很大影响。特别其主张"父不受诛(注:不受诛,罪不当诛也)",子可以向国君、法官复仇的观点,造成了大量扰乱正常司法程序的问题,被后代统治者视为"非常异议、可怪之论"(本书汉何休序),并未被认可。

注释《公羊传》的有东汉何休《春秋公羊解诂》、唐徐彦《公羊传疏》(收入《十三经注疏》)、清陈立《公羊义疏》(有清刻本和排印本)等。

(郝铁川)

穀梁传

《穀梁传》，亦称《春秋穀梁传》。旧题战国初年人穀梁赤撰。然《公羊传》与《穀梁传》并称，且至西汉初年始著于竹帛，《穀梁传》可能亦由穀梁赤之后学所编、为尊师承而题名。本书中有两处提及"穀梁子曰"，又提及商鞅门客尸佼，则成书至少亦应于战国晚期。一般认为早于《公羊传》。《汉书·艺文志》载《穀梁经》、《传》各十一卷，自晋范宁作集解时编为一书。后世传抄、刻本颇多，通行本有《十三经注疏》本。

穀梁赤，或名俶，字元始。约活动于战国初期，鲁国人。受经于孔子弟子子夏，为经作传，口承相传。其徒尊其为穀梁子，因以命名本书。

《穀梁传》为《春秋》三传之一，与《公羊传》相似，以发挥《春秋》之"微言大义"为主。然解说较为简洁，较少引证史实。后人以为三传各有得失："左氏艳而富，其失也巫；穀梁清而婉，其失也短；公羊辩而裁，其失也俗。"（唐杨士勋《穀梁传注疏序》）《穀梁传》的基本政治法律思想与《公羊传》相似，颇具特色的有如下几点。

首先，《穀梁传》较重视君与民之间的关系处理。强调君主对于臣民不能过于压迫。提出："民者，君之本也。使人以其死，非正也"（桓公十四年）；"民者，君之本也。使民以其死，非其正也"（僖公二十六年）。反对君主任意发动战争。强调"王者，民之所归往也"（庄公三年）。君主应爱惜民力，不与民争利，"山林薮泽之利，所以与民共也，虞之（注：虞，典禽兽之官。言规固而筑之，又置官司以守之，是不与民共，何利也）非正也"（庄公二十八年）。"古之君人者，必时视民之所勤。民勤于力，则功筑罕；民勤于财，则贡赋少；民勤于食，则百事废矣（注：凶荒杀礼）。"（庄公二十八年）并批评宋襄公"不推人危、不攻人厄"的作战指导思想导致宋军在泓水战败，是因为"失民也。其失民何也？以其不教民战，则是弃其师也。为人君而弃其师，其民孰以为君哉！"（庄公二十三年）

在另一方面，《穀梁传》又强调君主是代表上天统治人民的，"天子之崩，以尊也。其崩之何也? 以其在民上,故崩之"(隐公三年)。隐公四年(公元前719年)卫国立公子晋为国君,《穀梁传》认为《春秋》的记载表明孔子是反对这种事的,"卫人者,众辞也;立者,不宜立也,晋之名恶也。其称人以立之,何也? 得众也,得众则是贤也。贤则其曰不宜立,何也?《春秋》之义,诸侯与正不与贤也(注:正谓嫡长也。夫多贤不可以多君,无贤不可以无君,立君非以尚贤)"(隐公四年)。强调立国君不是由人拥戴就可即位的。"为天下主者,天也;继天者,君也;君之所存者,命也。为人臣而侵其君之命而用之,是不臣也;为人君而失其命,是不君也。君不君、臣不臣,此天下所以倾也。"(宣公十五年)

除君民、君臣关系之外,《穀梁传》对家庭关系也阐述了有关原则。主张妇女是"从人者也。妇人在家,制于父;既嫁,制于夫;夫死,从长子。妇人不专行,必有从也"(隐公二年)。为"三从四德"之说的理论来源之一。

在一些法律问题上,《穀梁传》的观点也往往颇具特色。如对于"盗"的定义,指出"《春秋》有三盗:微杀大夫,谓之盗;非所取而取之,谓之盗;辟中国之正道以袭利,谓之盗(疏释曰:辟中国之正道而行同夷狄,不以礼义为主而侥幸以求名利)"(哀公四年),扩大了"盗"这一罪名的含义。

《春秋》三传中《穀梁传》虽可能成书于《公羊传》前,但汉武帝时公羊学大盛,《穀梁传》至汉宣帝时才得以兴盛一时,延至东汉,有多种注本,方得以与《公羊传》并立,成为统治者的施政指导性理论典籍。其政治、法律观点对于后世有重要影响。

《穀梁传》的注家甚多。晋范宁总结汉以来各注家成果,合为《春秋穀梁传集解》,为后世定本。唐杨士勋又为之作疏,为《十三经注疏》之一。清代学者对《穀梁传》研究成果,以锺文丞《春秋穀梁经传补注》一书最具功力。

(郭　建)

周礼

《周礼》原名《周官》,十二卷。相传汉景帝之子河间献王刘德曾得《周官》。王莽时列为礼经,称《周官经》,又改名为《周礼》。最后两卷《冬官司空》早佚,西汉时补以《考工记》。东汉郑玄注,唐贾公彦疏,宋人合刻为《周礼注疏》。南宋光宗绍熙间(1190—1194)被编入《十三经注疏》。通行本有南宋岳珂校刻相台本、明嘉靖徐氏翻刻相台本(《四部丛刊》本据此本缩印)、《十三经注疏》本等。

《周礼》的作者和成书年代历来众说纷纭,主要有以下几种说法:一种认为乃周公姬旦作,或后经两周、秦汉之人随时增删而成;一种认为作于春秋或战国,作者已不可考;有人认为是西汉刘歆伪造;近年彭林所著《〈周礼〉主体思想与成书年代研究》提出成于西汉景帝、武帝年间某无名氏之手。

《周礼》为记载西周政治制度的经书,是作者精心设计的一部治国安邦的大纲。它作为一种国家政权模式,并非是某朝某王典制的实录,只是借用西周及其后某些旧制或名称,构筑的一套充满理想化色彩的社会政治经济制度。本书将国家官吏分为六大系统,并与天、地、春、夏、秋、冬相配合。一曰天官"冢宰",其下属官有六十三种;二曰地官"司徒",其下属官有七十八种;三曰春官"宗伯",其下属官有七十种;四曰夏官"司马",其下属官有六十九种;五曰秋官"司寇",其下属官有六十六种;六曰冬官"司空",久已亡佚,属官不详,汉人将内容相近的《考工记》补入。

《周礼》在河间王献书后一段时间未受重视。西汉末年王莽居摄,以周公自居,摹仿周制,于是本书特受青睐,当作"国典",立于博士。王莽亡,又遭冷遇。直到东汉末郑玄作注,才又为人重视,并与《仪礼》、《礼记》并列为《三礼》。北朝西魏宇文泰执政时,以《周礼》为蓝图建立政府机构。唐玄宗又仿效《周礼》作《唐六典》。北宋王安石变法时极为推崇《周礼》,作为变法理财制度的历史依据。其后虽然无人再把《周礼》付诸实践,但一直作为儒家经典,成为学人必读之书。

本书的基本内容是关于国家机构的设计。《周礼》以中枢六官治理国家有关政务,所列官职计有三百六十多个,太宰在六官中居首,总理政务。其职责有十多项,最主要的是"佐王","以经邦国,以治官府,以纪万民",很明显,包括了政治最主要的内容。其他五官所管的事,太宰亦可总裁。太宰大体相当于后世宰相兼吏部尚书。地官大司徒相当于后世大司农、户部,主管农业和财产,具体职掌为:了解和管理土地、山川形势、户籍、赋税、货币、财政、荒政、整顿风俗等。春官大宗伯相当于后世太常、礼部,主管礼仪、祭祀等。夏官大司马相当于后世太尉、兵部,负责编练军队、征讨、田猎、校阅、阵法等。秋官大司寇相当于后世廷尉、刑部,主管刑罚、司法、治安等。冬官大司空相当于后世工部,主管土木建筑等。《周礼》使这六官与天、地、春、夏、秋、冬相配合,天地四时从时、空上囊括了自然界的一切,这六部也囊括了政治上的一切。把中枢机构划为六部分,是历史经验的总结,成为后世中央机构的基本模式。

《周礼》关于地方行政组织的设计是"乡"、"遂"制。即在邦、国、都、鄙(城市和郊区)实行乡制,"五家为比"、"五比为闾"、"四闾为族"、"五族为党"、"五党为州"、"五州为乡"。与此相应的长官有"比长"、"闾胥"、"族师"、"党正"、"州长"、"乡大夫"。在"乡"之外的"遂",有另一套行政编制。即"五家为邻,五邻为里,四里为酂,四酂为鄙,五鄙为县,五县为遂"。相应的长官为"邻长"、"里宰"、"酂长"、"鄙师"、"县正"、"遂师"。

在地方行政关系中,《周礼》主张实行联保制。《大司徒·族师》称:"五家为比,十家为联;五人为伍,十人为联;四闾为族,八族为联。使之相保相受,刑罚庆赏相及相共,以受邦讼,以役国事,以相葬埋。""比长各掌其比之治,五家相受,相和亲,有罪奇衺则相及。"(《大司徒·比长》)这种行政株连制度,使人人互相监督,互相箝制,极便于维护统治秩序,故一直为后世统治者所采用。

《周礼》主张实行分封制。《大司徒》具体论述了五等爵的分封,《周礼》关于兵制的基本原则是寓兵于农,兵制与行政体制相配合,教民与军训合二为一,行政长官也就是军事长官。

《周礼》有大量法律制度方面的内容。《秋官·司刑》记有刑罚的种类(即墨、劓、刖、宫、辟五刑);《秋官·小司寇》记有关于官吏犯罪时予以减轻或宽宥的"八辟"制度(封建社会的"八议"即源于此);《秋官·司刺》记载有对过失犯罪从轻或免予处罚的"三宥"、"三赦"原则;《秋官》记载有周代司法机构与审级制度;《秋官·朝士》记载有周代上诉制度;《秋官·大司寇》记有周代直诉制度;《秋官·小司寇》记有周代法官通过"五听"方式审理案件的规定。这些虽不尽可信,但其中不少已有金文印证为史实。

北宋王安石说:"一部《周礼》,理财居其半。"(《王临川全集》卷七三《答曾公立书》)王安石所说的"理财"是广义的,相当于国民经济的管理。书中对土地、户籍、财政、赋税、市场管理等制度以及农业、工商业管理等,都有系统的阐述。

《周礼》规定天下的土地属国家所有,由地官中的最高长官大司徒掌握,万民只能按法定的受田标准领取田亩。大司徒负责制定并保管全国土地情况的册籍,分辨各种地貌和土壤之所宜,确定各地区的作物和其他生产活动的种类,教民依据不同地区和土壤情况种植最适宜生长的作物,并确定向国家缴纳的贡赋等。有关授田的数量,是根据土地质量的差别分作上、中、下三等,每一成年劳动力授田一百亩,宅地一块。管理制度,对商贾的贸易场所、成交方式、价格,乃至商品质量、种类,都有极其严格的规定。管理市场、指导商业活动的原则是:"亡(无)者使有,利者使阜,害者使亡,靡者使微。"(同上)严禁奢侈品进入平民的市场,凡买卖须有质剂(书契),商品出入市场以及运输须有凭证。严格监督物价,即使发生自然灾害或货源短缺,物价也不得浮动。

《周礼》中还提出赊贷政策,赊用于祭祀、丧纪,不收利息;贷用于生利事业,要收利息。并提出"以荒政十有二聚万民"的救荒措施和"以保息六养万民"(《地官·司徒上》)的养民措施,以求达到救济灾荒,安定社会秩序,恢复和发展生产的目的。

《考工记》记述百工之事,对官府手工业所生产的各种产品提出了一套比较完整的工艺规范要求,包括原材料选择,制造程序,加工方法,质量检查等。

《周礼》对后世的影响很大。西汉末王莽、南北朝苏绰、北宋王安石等都借它来阐发和表达自己的政治、经济主张。

有关《周礼》的研究著述有清惠士奇《礼说》、江永《周礼疑义举要》、戴震《考工记图》、丁晏《周礼释注》、沈丹《周官禄田考》及孙诒让《周礼正义》等。当代的研究著作有李普国《〈周礼〉的经济制度与经济思想》、彭林《〈周礼〉主体思想与成书年代研究》、侯家驹《周礼研究》等。

(郝铁川　徐培华)

黄帝四经

《黄帝四经》，又名《黄老帛书》。作者失传。今人唐兰认为"很可能是郑国的隐者"，任继愈认为似是安期生。约成于战国中、后期。原本为马王堆汉墓出土的帛书，载于 1974 年 10 月《文物》杂志，后由文物出版社出版，有 1976 年《经法》本、1980 年《马王堆汉墓帛书》(壹)本。

1973 年 12 月，长沙马王堆三号汉墓出土一批帛书。在《老子》乙本卷前，有四篇古佚书：《经法》、《十六经》、《称》、《道原》。唐兰认为这就是《汉书·艺文志》里的《黄帝四经》。根据是：书中记黄帝事迹与同臣子答问，而且这四篇的内容主要讲刑名之学，是一本书，因而是一本有关黄帝的书。司马迁说："申子之学本于黄老而主刑名"，韩非"喜刑名法术之学而归本于黄老"（《史记·老庄申韩列传》）。但老子不讲刑名，刑名之学就是黄帝之言。《经法》与《十六经》称为"经"，《称》和《道原》也是"经"的体裁，与《黄帝四经》相合。这四篇文章与《老子》乙本抄在同一块帛上，时间在汉文帝十二年以前。当时，黄老并称，《老子》已成为"经"，抄在《老子》前面的黄老之言，只有《黄帝四经》才能当之。但也有学者认为，这四篇文章虽与黄帝之学有关，却不一定是《黄帝四经》。黄帝之学源于《老子》。《老子》思想发展有两种可能性，其一是发展君人南面之术，形成与儒家对立的社会、政治、军事、法律等思想。它向法、兵两家发展，并与之结合，便产生黄老之学。战国后期至西汉初年广为流传，长沙地区也颇信奉。墓主人是第二代轪侯利稀之弟，是喜读军事与哲学著述的将军，抄写或通过其他途径得有此书，死后被其家属作为殉葬品，随同其人一起入棺埋于土中。

《黄帝四经》是一部论述政治、刑名、军事与哲学的著作。《经法》篇由《道法》、《国次》、《君臣》、《六分》、《四度》、《论》、《亡论》、《名理》等篇组成。《十六经》又称《十大经》，由《立命》、《观》、《五政》、《果童》、《正乱》、《姓争》、《雌雄节》、《兵容》、《成法》、《三禁》、《本伐》、《前道》、《行守》、《顺道》等篇组成。《称》与《道原》两文不分章。

《黄老四经》继承了老子有关"道"的学说，并有所发展，使之更为完整系统。书中说，在宇宙尚未形成以前的道，"恒无之初，迵同太虚"（《道原》）。这种混沌不分、弥漫无际的物，即是《十六经》中所说的气。它"剖有两，分为阴阳，离为四时"（《十六经·观》）。而后有万物。"天地、阴阳、四时、日月、星辰、六气，规（蚑）行、侥重（蛲动）、代根之徒，皆取生，道弗为益少，皆反焉，道弗为益多。"（《道原》）万物的产生或消失，不能使其量发生变化，因为它"广大而弗能为刑（形）"，是不受时空和物体制约的无限绝对的存在。"道者，神明之原。"（《经法·名理》）道是精神智慧的本原，但不具目的意志，"道之行也，繇（由）不得已"（《十六经·本代》），而有客观必然规律。由道中产生的法，是治理社会所依据的标准、度量和法则。由道所生的天，是自然之物。其规律"天道"又称"天当"、"天极"，具体来说，又有"八正"、"七法"等。天不是上帝、天神，是自然之物。天与地、人的职分不同："天制寒暑，地制高下，人制取予。"（《称》）天人关系是"顺天者昌，逆天者亡"（《十六经·姓争》）。逆天是违背自然规律，顺天是利用自然规律。但利用不一定是消极适应，也可以积极有为，这便是"人强胜天"（《经法·国次》）。在《黄帝四经》的个别地方也有以天为神的残余思想，如"受命于天"、"天诛"（《经法·论》）之类的观点。与道、天相关而低一个层次的"理"，在《经法》中的基本含意为"合宜得当"，可解释为事理、秩序、治理、道理、义理等。

《黄帝四经》吸取老子的辩证法思想，认为一切事物无不包含对立的方面，是对立统一物，并且克服消极而呈现积极的进取精神。在这里老子贵柔守雌的思想转变为"柔不足寺（恃）"（《十六经·三禁》）的思想。贵柔不再是单纯的后退、懦弱，而是德惠爱人、争取民心的有利于天下的活动："雌节者，兼（谦）之徒也。""凡人好用〔雌节〕，是胃（谓）承禄。富者则昌，贫者则谷。以守则宁，以作事则成，以求则得，以单（战）则克。厥身则寿，子孙则殖，是〔谓吉〕节，是胃（谓）绔德。故德积者昌，〔殃〕积者亡。观其所积，乃知〔祸福〕之乡（向）。"（《十六经·雌雄节》）

主张以退为进，量力而行，不做力所不及的事。以退为进，被视为可知祸福转化的过程："绝而复属，亡而复存，孰知其神。死而复生，以祸为福，孰知其极。反索之无刑（形），故知祸福之所从生。"（《经法·道法》）无形即道，是事物的本原和规律。反索不已，可以把握事物的本原与规律，知道祸福的由来。在转祸为福时，要"观"、"论"、"动"、"转"、"变"、"化"。积极主动地去认识事物，并在认识的基础上采取行动和实践，"能破强兴弱"、"伐死养生"、"化德除害"（《经法·论》）。转化祸福、兴亡、得失、成败的行为，要掌握"因"、"时"、"度"三个原则。"因"指对天时地利的顺应，蕴含统一主观能动性与客观规律性的思想。"时"即时机，要求把握事物发展变化中的关键时刻。"度"乃是事物之质在量上的规定性。为维持事物的稳定，务必将其变化控制在与质相应的量的关节点内，以免"过节失当，变故易常"（《十六经·姓争》）。

《黄帝四经》中的辩证法思想促使了形名逻辑思维的深化："虚无有，秋稿（毫）成之。必有刑（形）名。刑（形）名立，则黑白之分已。故执道者之观于天下殹（也），无执殹（也），无处也，无为殹

(也),无私殹(也)。是故天下有事,无不自为刑(形)名声号矣。"(《经法·道法》)形是物的体态性状,为客观存在,并由此产生相应的名称、概念。《十六经·兵容》说:"天地(形)之,即(圣)人因而成之。"据形定名以认识事物:"名实相应,尽知请(情)伪而不惑"(《经法·论》);"刑(形)名已立,声号已建,无所逃迹匿正矣"(《经法·道法》)。

《黄帝四经》注重探索逻辑思维规律:"审察名理冬(终)始,是胃(谓)厩(究)理。"(《经法·名理》)循名究理的过程,就是概念、判断和推理等逻辑思维形式的运用。"能与(举)曲直,能与(举)冬(终)始"(同上),是获得正确认识的手段与途径。之所以如此,因为"刑(形)名出声,声实调合,祸衬(灾)废立,如景(影)之隋(随)刑(形),如向(响)之隋(随)声,如衡之不臧(藏)重与轻"(同上)。类推的思维形式不能主观臆想,务必依据分类:"夫百言有本,千言有要,万〔言〕有葱(总)。"(《十六经·成法》)以本、要、总三个层次类推认识事物,"万举不失理,论天下而无遗策"(《经法·论约》)。

《黄帝四经》提出天理制约万物,也制约人。人与动物一样要生存和延续:"夫民之生也,规规生食与继。不会不继,无与守地;不食不人,无与守天。"(《十大经·观》)会与继是说男女相合繁殖后代。由此发展起来的人类斗争不已,因此,帝王要加以控制,便需使用包含物质利害关系内容的刑德奖罚。严明赏罚,罪杀不赦,要慎令而行,使"受赏无德,受罚无怨"(《经法·君正》),只有"精公无私而赏罚信"(同上),才能取信于民,收到"案法而治则不乱"(《称》)的效果。同时提倡"主惠臣忠"(《经法·六分》),"亲民"(《十六经·立命》)"为义"(《十六经·本伐》),"正信以仁,兹(慈)惠以爱人"(《十六经·顺道》)。因为"天德皇皇,非刑不行;缪缪(穆穆)天刑,非德必顷(倾)"(《十六经·姓争》)。所以为政治民,理当"刑德相养,逆顺结合"(同上),而以德为主、为明、为阳、为章,以刑为辅、为晦、为阴、为微,要"先德后刑以养生,先德后刑顺于天"(《十六经·观》)。

综上可见,《黄帝四经》是以道为主,兼有融合法、儒、阴阳、墨、名诸家思想的著作。以此为指导,运用于政治法律实践,其要旨大抵是:

顺天合人与循理用当原则。《黄帝四经》政治思想最主要特点之一,是主张把天、地、人统一起来,作为政治立足点,认为只有兼顾三者,才能治国。《经法·六分》说:"王天卜者之道,有天焉,有人焉,又(有)地焉。参(三)者参用之,而有天下。"所谓"天"、"天道"、"天极"、"道"等,主要指常见的自然现象及其运动规律;所谓人之道,主要指社会的基本秩序,即君臣上下贵贱之分,天道、人道既有区分,又应为一体。《经法·四度》说:"极而反,盛而衰,天地之道也。人之李(理)也。"天人同理,人们的行为应保持两者的统一与和谐,即人们在处理与自然的关系时,要循理用当,不超越天、地、人,保持和谐的度。从《经法·论》中可知事物合于道者即为理,循理即遵循事物固有的理。用当,侧重讲人的行为与客观规律协调、平衡。顺天合人,循理用当,较合理地解决了天人关系问题,既继承了《老子》因自然的思想,又纠正了老庄、主要是庄子自然主义的消极倾向。

法治与审形名。顺天、循理、用当落实在政治上,集中表现为实行法治与审名实。指出实行法治,必先使民富裕,《经法·君正》说:"民富则有耻",有耻才听从法令。立法应合于民心,"号令合于民心,则民听令"(《经法·君正》)。执法应公正无私,《经法·道法》中说:"使民之恒度,去私而立公",《经法·君正》说:"精公无私而赏罚信,所以治也。"此外,立法者必须以身作则,《经法·道法》说:"故执道者生法而弗敢犯殹(也),法立而弗敢废也。"

形、名问题是先秦诸子常讨论的问题。《黄帝四经》的基本思路是先形而后名,循名以责实,君主通过审核形名以控制臣下。《称》说:"有物将来,其形先之。建以其形,名以其名。"大意是,一个事物,首先有形,形先确定才可给予适当的名,"授之以其名,而万物自定"(《经法·道原》)。

文武、德刑、刚柔并用之术。《黄帝四经》强调,统治者必须文武兼备,"文武并行,则天下宾矣"(《君正》)。作者还提出"二文一武"(《四度》)之说,即始于文,中间以武断,武之后再施以文。二文一武比文武并用更深刻些,意谓马上可以得天下,但不可以治天下,只有"武刃而以文随其后",才能治天下。《十六经·观》说:"春夏为德,秋冬为刑。"因此,德刑都不可废。在实际运用上,主张先德而后刑,德为主,刑为辅,阳德而阴刑,"先德后刑,顺于天"(《观》)。《十六经·三禁》说:"人道刚柔,刚不足以,柔不足恃。"意思是,人道刚柔兼备,要求刚柔并用,但根据物极必反的原则,在刚柔两者之间,作者更注重柔。

《黄帝四经》在战国时已有广泛影响,曾为《管子》、《慎子》、《鹖冠子》、《庄子》、《申不害》、《尸子》、《鬼谷子》、《荀子》、《韩非子》、《吕氏春秋》、《太公金匮》、《内经》、《系辞》、《战国策》等书所引用。它是老子与韩非子之间的中间环节。在西汉初年,是指导休养生息的经典,陆贾、刘安、董仲舒都吸收其思想体系;影响还及于独尊儒术以后的司马迁、霍光、刘向、翼奉、黄琼、李尤、杨伦等人,东汉时若存若亡,至唐亡佚。1974年出土后,成为研究黄老学说及汉初思想的宝贵资料。

研究《黄帝四经》的著作有马王堆汉墓帛书整理小组编注的《经法》、唐兰《马王堆出土〈老子〉乙本卷前古佚书的研究》、《黄帝四经初探》、郭元兴《读经法》、余明光《黄帝四经与黄老思想》、陈鼓应《黄帝四经今注今译》等。

(郝铁川　贺圣迪)

新语 〔西汉〕陆 贾

《新语》,亦称《陆子》,有二卷本、一卷本,均为十二篇。西汉陆贾撰。现在可见的最早版本是明弘治十五年(1520)李廷梧刻本。通行本有明万历十九年(1591)范氏天一阁刻本、清乾隆三十年(1765)《四库全书》抄本、1919年上海商务印书馆据明弘治本初次影印《四部丛刊》本、1936年上海中华书局《四部备要》本、1937年上海商务印书馆《丛书集成初编》本、1954年中华书局重印《诸子集成》本、1986年中华书局《新编诸子集成》等。

陆贾(前240—约前170),楚人。汉初政治家、思想家。以客从汉高祖定天下,善于口辩,常使诸侯。在高祖入关前和楚汉战争期间,曾先后去秦军中游说缓兵,到项羽营中充当使者。汉王朝建立后,南越赵佗占据南海、桂林、象郡,自立为南越武王。陆贾出使南越,招谕赵佗臣属汉朝,因功官至太中大夫。高祖死后,吕后掌权,诸吕用事,陆贾称病辞官家居,往来于太尉周勃、丞相陈平等之间,调和将相关系,为之出谋诛诸吕。文帝时赵佗称帝,复拜贾为太中大夫,再出使南越,敦促佗去帝制,"比如诸侯,皆如意旨"。陆贾还著有《楚汉春秋》,已佚。清孙星衍辑《楚汉春秋》一卷,收入《问经堂丛书》,清茆泮林辑《楚汉春秋》一卷,收入《后知不足斋丛书》、《龙溪精舍丛书》。他如《赋》、《陆贾兵法》等,均佚。《史记》卷九七、《汉书》卷四三有传。

最早提到《新语》的是司马迁。他在《史记·郦生陆贾列传》中说:"陆生乃祖述存亡之征,凡著十二篇。每奏一篇,高帝未尝不称善,左右呼万岁。号其书曰《新语》。"班固在《汉书·艺文志》中又把《新语》纳入陆贾的其他著作中,统称《陆贾》二十三篇。《新语》传至宋代既有全本,也有残本。宋王应麟《玉海》称,陆贾《新语》存于世者有《道基》、《术事》、《辅事》、《无为》、《资质》、《至德》、《怀虑》七篇。宋黄震在《黄氏日钞》中载,他见到的是与现存本相同的十二篇,但他提出怀疑非陆贾所撰。后来有人加以整理,重新镂刻于世。如现存明弘治本,前有弘治十五年(1520)钱福的《新语序》,后有是年九月吴郡都穆《后记》。其中《新语序》说:"予窃病焉,适过桐乡,访宗合族,而得其令莆阳李君梓是书,……君名廷梧字仲阳。"《后记》中说:"惜其书岁久残阙,人间少有藏者,予同年李君仲阳宰浙之桐乡尝得其本,锓之于木。"可见残全并行直至明代,才由李廷梧整理重刻。《新语》到清代流传更为广泛。

《新语》是一部论述君臣政治得失和治国方略之书。其篇目为《道基》、《术事》、《辅政》、《无为》、《辨惑》、《慎微》、《资质》、《至德》、《怀虑》、《本行》、《明诫》、《思务》。《新语》的主要内容如下。

一、无为而治。《新语》总结秦亡的历史教训是:蒙恬讨乱于外,李斯治法于内,"事逾烦,天下逾乱,法逾滋,而奸逾炽,兵马益设而敌人逾多。秦非不欲为治,然失之者,乃举措暴众而用刑太极故也"(《无为》)。针对秦政之失和汉初的政治经济形势,主张实行无为而治。"夫道莫大于无为,行莫大于敬谨"(同上)。认为虞舜、周公实行的就是"无为而治",以致天下大治。它所理想的无为政治是:"块然若无事,寂然若无声,官府若无吏,亭落若无民。"(《至德》)

二、以仁义为本。《新语》要求在政治上贯彻无为,而在思想上则倡导儒家的仁义。"圣人怀仁仗义,分明纤微,忖度天地,危而不倾,佚而不乱者,仁义之所治也。行之于亲近而疏远悦,修之于闺门之内而名誉驰于外。"(《道基》)如果将仁义的原则贯彻到家庭、社会、国家政治等方面去,则家庭和睦,社会安宁,天下太平。"骨肉以仁亲,夫妇以义合,朋友以义信,君臣以义序,百官以义承","守国者以仁坚固,佐君者以义不倾。君以仁治,臣以义平。乡党以仁恂恂,朝廷以义便便"(同上)。既然统治者要对人民进行教化,那他就应严于自律,"举措动作不可失法则"(《无为》),一切不失法度,才能为天下人所效法。所以,君主"持天地之政,操四海之纲",其言论"不可以失度,动作不可以离道。谬误出于口,则乱及万里之外,况刑及无罪于狱,而杀及无辜于市乎?"(《明诫》)所以统治者应从修身做起,"端影者"须"正其形"(见《术事》),方能建立伟大的功业,流芳百世,"欲立功兴誉,垂名流光,显荣华者,必取之于身"(《至德》)。

三、省刑。《新语》十分推崇周公的制礼作乐,"刑格法悬",法令简约易行,结果天下大治。指出"设刑者不厌轻,为德者不厌重,行罚者不患薄,布赏者不患厚;所以亲近而致疏远也。夫形重者则身劳,事众者则心烦;心烦者则刑罚纵横而无所立"(《至德》)。

四、选任贤人。在用人问题上,《新语》提出"锄佞臣,求贤圣"的选任贤人的主张。认为只有贤人当政,方能"道因权而立,德因势而行"(《慎微》)。否则,佞臣当道,结果必然是"政道隔于王家,仁义闭于公门"(同上),要想推行仁义之道,只能是一句空话。强调指出:"夫居高者,自处不可以不安,履危者,任杖不可以不固。自处不安则堕,任杖不固则仆。是以圣人居高处上,则以仁义为巢,乘危履倾,则以圣贤为杖。"(《辅政》)理政君臣的素质,是决定国家兴亡安危的重要条件,故"杖圣者帝,杖贤者王,杖仁者霸,杖义者强,杖谗者灭,杖贼者亡"。秦王朝骤亡的一个重要原因,就是择人不慎,用人不当,"以赵高、李斯为杖,故有倾仆跌伤之祸"(同上)。

五、轻徭薄赋。陆贾赞赏有若回答鲁哀公"盍彻乎",主张"损上而归之于下"(《辨惑》)的正确态度。他反对"疲百姓之力"(《本行》)以奉上。他以鲁庄公作为重徭厚赋的典型,指出:"鲁庄公一年之中,以三时兴筑作之役……收十二之税……财尽于骄淫,人力罢(疲)于不急。"(《至德》)结果发生外患内乱,在齐桓公的干预下,才使社稷复存。陆贾主张:"国不兴无事之功,家不藏无用之器,所以稀力役而省贡献也。"(《本行》)政府实行与民休息的政策,尽量减轻人民的赋役负担,以有利于经济的恢复与发展。

六、崇俭。这是《新语》经济思想的重点。陆贾尖锐批评了统治者的骄奢淫逸:"楚灵王居千里之地,享百邑之国,不先仁义而尚道德。……作乾溪之台,立百仞之高,欲登浮云,窥天文。"(《怀虑》)统治者的奢侈一方面必然加强对人民的搜刮;另一方面则上行下效,败坏社会风气。因此,崇俭要从统治者自身做起:"璧玉珠玑不御于上,则玩好之物弃于下。雕刻靖画不纳于君,则淫伎曲巧绝于民。"(《本行》)"故君之御下民,奢侈者则应之以俭,骄淫者则统之以理,未有上仁而下残,上义而下争者也。孔子曰:'移风易俗,岂家至之哉,先之于身而已矣。'"(《无为》)陆贾还以舜、禹为例说明统治者崇俭的重要性:"五谷养性而弃之于地,珠玉无用而宝之于身。故舜弃黄金于崭嵓之山,禹捐珠玉于五湖之渊,将以杜淫邪之欲,绝琦玮之情。"(《术事》)

七、不与民争利。陆贾认为:"治国治众者不可以图利,治产业则教化不行而政令不从。"(《怀虑》)反对统治者自己从事工商等业,与民争利。他指责鲁庄公"规固山林草泽之利,与民争田渔薪菜之饶"(《至德》),主张"战士不耕,朝士不商","欲理之君闭利门"(《怀虑》)。

《新语》从总结秦亡的教训出发,严厉批评其"废德教而任刑罚"的错误,主张综合儒、道、法诸家理论,为中央集权的封建帝国编造新的思想体系。后来董仲舒等人的著作,又沿《新语》的思路,进一步将这一理论体系完整化和定型化。近代以前《新语》无注本,近代以后的校注本有唐晏《陆子新语校注》(收入《龙溪精舍丛书》,1917年刻)、王利器《新语校注》(收入《新编诸子集成》,中华书局,1986年)。

(杨鹤皋 施正康 叶世昌)

新书 〔西汉〕贾 谊

《新书》十卷,亦称《贾子》。西汉贾谊撰。最初有七十二篇,刘向删定为五十八篇,故《汉书·艺文志》著录:"《贾谊》,五十八篇。"隋以来有一卷本、二卷本、三卷本。今本为十卷,存目五十六篇,《问孝》一篇有目无文,实存五十五篇。宋淳熙八年(1181)即有程漕使刻本。自宋以来《新书》的版本有三十种以上。如明正德九年(1514)陆良弼长沙刻本,明万历中新安程荣校刻《汉魏丛书》本,清乾隆三十年(1765)《四库全书》本,清乾隆中余姚卢文弨《抱经堂丛书》本,1919年上海商务印书馆《四部丛刊》本,1936年上海中华书局《四部备要》本,1935年至1937年上海商务印书馆《丛书集成初编》本等。其中,以明陆良弼本和《汉魏丛书》本流传最广;《抱经堂丛书》本,集众版合校,为最佳版本。贾谊著作的辑本有:明乔缙辑《贾长沙集》,其中辑有《史记》、《汉书》的《贾谊传》及《论》、《赋》;清王仁俊辑《周易贾氏义》,收入《玉函山房辑佚书续编》;1975年上海人民出版社将贾谊现存著作汇编为《贾谊集》出版。

贾谊(前200—前168),洛阳人。西汉思想家、政论家。少年时曾从秦博士张苍学《春秋左氏传》。年长博览群书。熟悉先秦各家学说。十八岁即以博学多才,善文章,为郡人所称誉。河南守吴公,闻其秀材,召置门下,甚得幸爱。吴公"与李斯同邑而尝学事",故谊必深得荀子一派儒学的教养。吴公为廷尉时,言谊年少颇通诸子百家之书,文帝召以为博士。每诏令议,诸老先生未能言,而贾谊对答如流,其卓越的思想和见解,颇受文帝重视,一年中破格提拔为太中大夫。他请改正朔,易服色,正法度,兴礼乐。文帝一度想把他提升至公卿之职,但受周勃、灌婴等大臣的诋毁和排挤,说他"年少初学,专欲擅权,纷乱诸事"(《汉书·贾谊传》),出为长沙王太傅。文帝七年(前173),思念贾谊,把他召回中央,但只任梁怀王太傅。文帝十一年(前169),梁怀王堕马身死。贾谊抑郁自伤,后岁余,亦死,仅三十三岁。《史记》卷八四、《汉书》卷四八有传。

《新书》是贾谊总结秦亡教训,提出调整统治政策之书。

一、《新书》中的政治法律思想。这主要体现在《过秦论》、《大政》、《俗激》、《瑰玮》、《时变》、

《审微》、《服疑》、《道术》、《礼》、《藩伤》、《权重》等篇中。

(一) 以民为本。《新书》惩秦之失,建议汉初统治者采取切合时宜的长治久安之策。主张"去就有序,变化因时",以达"旷日长久而社稷安"(《过秦论》)的目的。作者继承了先秦的民本思想,"闻之于政也,民无不为本也,国以为本,君以为本,吏以为本。故国以民为安危,君以民为威侮,吏以民为贵贱,此之谓民无不为本也"(《大政上》)。民之所以为本,在于民心向背是政治兴亡的决定性力量。得民心者存,失民心者亡。所以说:"自古至于今,与民为仇者,有迟有速,而民必胜之。"(同上)这确实是一条十分重要的历史经验。于是结论:"夫民,万世之本也,不可欺。"(同上)并劝告西汉统治者爱民,"弗爱则弗附"(《大政下》)。而爱民则须"与民以福","与民以财",让人民得到实际利益,然后才能得到人民的拥护。

(二) 礼法结合。《新书》严厉谴责秦不讲礼义廉耻,只是孜孜求利,以致风俗日败。而汉兴以来秦的遗风余俗"犹尚未改",弃礼义、捐廉耻之风日甚一日,社会秩序混乱。对此,《新书》主张兴教化,讲礼义,并使礼法结合起来。"礼者,所以固国家,定社稷,使君亡(无)失其民者也。"(《礼》)必须把社会各阶层之间的关系与礼义道德原则紧密联系起来,做到"君仁臣忠,父慈子孝,兄爱弟敬,夫和妻柔,姑慈妇听"(同上)。在重视礼的同时,也不应忽视法,并要求把礼法结合起来。"凡人之智,能见已然,不能见将然。夫礼者禁于将然之前,而法者禁于已然之后。是故法之所用易见,而礼之所为生难知也。"(《汉书·贾谊传》)虽然礼和法的作用不同,但都是统治者的工具,必须使二者结合起来,共同发挥作用。

(三) 慎用刑赏。《新书》要求统治者慎用刑赏。"诛赏之慎焉,故与其杀不辜也,宁失于有罪也。故夫罪也者,疑则附之去已;夫功也者,疑则附之与已,则此毋有无罪而见诛,毋有有功而无赏者矣。"(《大政上》)刑赏并不是治理民众的最终目的,而是导民向善的手段。要导民向善,必须以赏有功为主,以诛有罪为辅。"刑罚不可以慈民,简泄不可以得士,故欲以刑罚慈民,辟(譬)其犹以鞭狎狗也,虽久弗亲矣。"(《大政下》)

(四) 黥劓之罪不及大夫。《新书》主张人人严格按其尊卑贵贱的等级名分行事,凡宫室秩禄、车马服饰、床席器皿等都有严格的等级区别。"是以高下异,则名号异,则权力异……则秩禄异,则冠履异,则衣带异,则环佩异,则车马异,则妻妾异,则泽厚异,则宫室异,则床席异,则器皿异,则饮食异,则祭祀异,则死丧异。"(《服疑》)既然人们的等级区别如此严格,在法律面前也不应当平等。贾谊说:"廉耻节礼以治君子,故有赐死而亡(无)戮辱,是以黥劓之罪不及大夫,以其离主上不远也。"(《治安策》)王公大臣们即使犯罪,"废之可也,退之可也,赐之死可也,灭之可也;若夫束缚、系绁之,输之司寇,编之徒官,司寇小吏詈骂而榜笞之,殆非所以令众庶见也"(同上)。

(五) 削藩论。汉高祖刘邦分封九个同姓王,企图利用血缘宗族关系加强统治。然而,当这些同姓诸侯王长大,羽翼丰满,他们"废先帝法,不听天子诏","出入拟如天子,擅为法令,不用汉法"(《史记·淮南衡山列传》),对这些进行分裂活动的诸侯王,贾谊主张采取"众建诸侯而少其力"的办法,"欲天下之治安,莫若众建诸侯而少其力。力少则易使"(《藩强》)。"国小则无邪心。令海内之势如身之使臂,臂之使指,莫不制从。诸侯之君不敢有异,辐凑并进而归命天子。"

(六)重视教育。他认为一切问题的关键,是皇帝的意志与行为。为此,要重视皇帝的辅佐与太子的教育。"无贤佐俊才,能成功立名,安危继绝者,未之有也。"(《胎教》)主张改革官制,设置大相、大拂、大辅、道行、调咨、典方、奉常、挑师,让贤者担任这些职位。强调应以嫡长子为皇位继承者,认为"如此则亲戚相爱而兄弟不争,此天下之至义也"(《立后义》)。太子的教育,要从胎儿时期开始。襁褓之时,即为设太保、太傅、太师、少保、少傅、少师。"保,保其身体;傅,傅之德义;师,道之教训。"(《保傅》)从体德智三方面着手培养。成人后,"免于保傅之义"(同上),而有史、宰、瞽史、工、大夫、士在身旁起教育作用。

(七)参悟"六理"。在哲学上,《新书》提出了"六理",即道、德、性、神、明、命。"道"无形而有"见"的作用;"德"由道凝聚而成,是有一定形体的物,它来自道又使道在德中具有见的作用;形体之物有神气,神气的总和便是物性("性"),使之成为确定的事物,并与其他事物有一定关系;性所散发出来的变化作为便是"神";这种变化作为对外界的认识、知识便是"明";物所具有的形体结构,及由此发出的作用都是由客观情况决定的,这便是"命"。作者认为圣人"启耳目、载心意,从应移徙"(《劝徙》),他的感知判断能力与一般人相同,之所以成为圣人,是"俛俯而加志"的结果(同上)。人有先醒、后醒和不醒的区别。醒指人"达乎道理"(《先醒》),也就是形成理性认识。认识事物要以虚接物,即像镜子一般"清虚而静""令物自定"(《道术》),对所认识的事物,"周听则不蔽,检验则不惶"(《道术》)。

二、《新书》中的经济思想。

(一)重视粮食贮备。《无蓄》指出:"禹有十年之蓄,故免九年之水;汤有十年之积,故胜七岁之旱。"度过大灾年份全靠蓄积粮食。"夫蓄积者,天下之大命也。苟粟多而财有余,何向而不济?以攻则取,以守则固,以战则胜,怀柔附远,何招而不至?"《忧民》提出:"王者之法,国无九年之蓄谓之不足,无六年之蓄谓之急,无三年之蓄,曰国非其国也。今汉兴三十年矣,而天下愈屈,食至寡也。"对汉王朝长期不能解决粮食问题感到痛心和担忧。指出:"即不幸有方二三千里之旱,天下何以相救?卒然边境有数十万之众聚,天下将何以馈之矣?"(同上)

(二)重本抑末。《无蓄》指出:"今背本而以末食者甚众,是天下之大残也。"《瑰玮》指出:"故以末予民,民大贫;以本予民,民大富。""本"指农业,而"末"仍属于早期"末"的概念,单指奢侈品生产。贾谊说:"夫雕文刻镂周用之物繁多,纤微苦窳之器日变而起,民弃完坚而务雕镂纤巧,以相竞高。作之宜一日,今十日不轻能成;用一岁,今半岁而弊。"(《瑰玮》)社会劳动力大量耗费在这种费工而不实用物品的生产上,必然要影响农业劳动力的投入。"夫百人作之,不能衣一人也,欲天下之无寒,胡可得也? 一人耕之,十人聚而食之,欲天下无饥,胡可得也? 饥寒切于民之肌肤,欲其无为奸邪盗贼,不可得也。"(《孽产子》)贾谊认为末业的繁盛和社会崇奢比侈有很大关系。《俗激》指出:"今世以侈靡相竞,而上无制度。弃礼义,捐廉丑日甚,可谓月异而岁不同矣。"《无蓄》指出:"汰流、淫佚、侈靡之俗日以长,是天下之大祟也。"要解决这些弊病,只有推行重本抑末的政策。"今驱民而归之农,皆著于本,则天下各食于力。末技、游食之民转而缘南亩,则民安性劝业,而无县(悬)愆之心,无苟得之志,行恭俭蓄积而人乐其所矣。"(《瑰玮》)

（三）禁止民间铸钱并实行禁铜。汉初曾允许民间自由铸造钱币,贾谊反对自由铸钱,提出不但应严禁私铸,而且应当由国家控制铸钱用的材料——铜,不让铜散在民间。《铜布》指出"铜布于下,为天下灾",主要表现为"三祸":第一,民间用铜铸钱,为获利而杂以铅铁,犯法违禁,使"黥罪日繁";第二,私铸钱没有统一标准,轻重悬殊,使"钱用不信";第三,民间开矿冶铜铸钱一发展,"采铜者弃其田畴,家铸者损其农事",影响农业生产。因此,建议将铜收归国有,可以有"七福":"上收铜勿令布下,则民不铸钱,黥罪不积,一。铜不布下,则伪钱不繁,民不相疑,二。铜不布下,不得采铜,不得铸钱,则民反耕田矣,三。铜不布下,毕归于上,上挟铜积以御轻重,钱轻则以术敛之,钱重则以术散之,则钱必治,货物必平矣,四。挟铜之积,以铸兵器,以假贵臣,小大多少,各有制度,以别贵贱,以差上下,则等级明矣,五。挟铜之积,以临万货,以调盈虚,以收倍羡,则官必富而末民困矣,六。挟铜之积,制吾弃财,以与匈奴逐争其民,则敌必坏矣,此谓之七福。"

对《新书》作者最早提出怀疑的是南宋陈振孙。他认为"今书首载《过秦论》,末为《吊湘赋》,余皆录《汉书》语,且略节谊本传于第十一卷中。其非《汉书》所有者,辄浅驳不足观。决非谊本书也"(《直斋书录解题》卷九)。清姚鼐认为是魏晋后人的伪作。《四库全书总目》则认为"其书不全真,亦不全伪",因"原本散佚,好事者因取本传所有诸篇,离析其文,各为标目,以足五十八篇之数"(卷九十一)。卢文弨认为《新书》是贾谊门徒所纂集,"非后人所能伪撰"(《重刻贾谊新书序》)。

对《新书》的注释,有王洲明、徐超《贾谊集校注》(人民文学出版社,1996年),阎振益、锺夏《新书校注》(中华书局,2000年),方向东《贾谊集汇校集解》(河海大学出版社,2000年),吴云、李春台《贾谊集校注》(修订本,天津古籍出版社,2010年)等。

(杨鹤皋　施惠康)

淮南子 〔西汉〕刘 安

《淮南子》,又名《淮南鸿烈》、《淮南内篇》、《刘安子》,二十一卷。西汉刘安及其门客撰。成书于汉武帝建元二年(前139)前。通行本多为高诱注本,主要有北宋仁宗时刻《淮南鸿烈解》、明《正统道藏》本《淮南鸿烈解》、明万历七年(1579)临川朱东光刻《中都四子集》本《淮南鸿烈解》、次年茅一桂九华山房刻《淮南鸿烈解》、清乾隆五十三年(1788)武进庄氏刻《淮南子》、1958年中华书局《诸子集成》本《淮南子》等。

刘安(约前177—前122),京兆长安(今陕西西安市)人。汉高祖之孙,淮南厉王之长子。厉王谋反,被废自杀。文帝先封他为阜陵侯,后袭父封为淮南王。喜爱读书鼓琴,聚集宾客。文帝时入朝,命作《离骚传》,"自旦受诏,日早食已"(高诱《淮南鸿烈解序》)。景帝时,招致学士术士,著书立说。建元二年(前139)入朝,献《淮南内篇》、《颂德》及《长安都国颂》。每逢武帝宴请,"谈说得失及方技赋颂"(《汉书·淮南衡山济北王传》)。其后,汉廷加紧削弱诸侯王,刘安计划谋反,但动摇犹豫而无行动。被告发后,自杀身亡,国除为九江郡。著作尚有《淮南外篇》、《淮南中篇》、《淮南王赋》、《淮南杂子星》、《庄子略要》、《庄子后解》(以上均佚)、《淮南王万毕术》(有辑本)、《淮南枕中记》(有辑本)等。生平事迹见《史记》卷一一八《淮南衡山列传》、《汉书》卷四四《淮南衡山济北传》。

刘安在景帝时,出于个人"外与物接而不眩,内有以处神养气"(《要略》),以及向皇帝贡献"统天下,理万物,应变化,通殊类"(同上)的治国之道的需要,与苏飞、李尚、左吴、田由、雷被、毛被、伍被、晋昌八人,以及诸儒大山、小山之徒,一起讲论道德,总统仁义,著成此书(高诱《淮南鸿烈解叙》)。

《淮南子》是一部以老庄自然哲学与儒家仁义思想为基础,融治诸子百家学说而编成的著作。《汉书·艺文志》把《淮南子》列为杂家,实则是以道家思想为主,并吸收了先秦时期各家的学说而综合成一个新的思想体系。书末《要略》一篇相当于全书的序文,一一指陈全书各篇要旨,并对先秦各派提出一个总的看法。其中有关邓析的史料见于《主术训》、《要略》和《氾论训》;有关阴阳家的史料见于《墬形训》、《时则训》;有关道家的史料见于《原道训》、《道应训》;有关儒家的史料见于《氾论训》、《缪称训》。由于后来先秦书籍大量佚失,所以此书所保存下来的史料弥足珍贵。

全书分为二十一篇。一、原道训,阐述道的观念,并以道说明宇宙演化过程;二、俶真训,论述道的历史变化;三、天文训,考究天象及其变化;四、地形训,考察地理及其变化;五、时则训,论叙四时历律;六、览冥训,探索社会历史;七、精神训,阐述养生之道;八、本经训,论说圣王德泽;九、主术训,论述圣王之道;十、缪称训,说明称谓的使用;十一、齐俗训,研究习俗的差异与统一;十二、道应训,用史事阐明"道";十三、氾论训,叙说治乱兴衰规律;十四、诠言训,讨论如何治国保身;十五、兵略训,谈论军事;十六、说山训,说道之旨;十七、说林训,汇集箴言;十八、人间训,论世间祸福;十九、修务训,详论治学(也有的将此篇置于最后);二十、泰族训,说天地变化之道;二十一、要略,总叙全书。

一、《淮南子》中的哲学思想。

《淮南子》以道为宇宙的最高范畴。认为,道无形象而实有,是"高不可际,深不可测,包裹天地"(《原道训》)的无限存在。它"施之无穷"(同上),用而不屈,处于不断的运动中,"生万物而不有,成化象而弗宰"(同上)。万物因含有道,各有特殊的性质:"山以之高,渊以之深,兽以之走,鸟以之飞,日月以之明,星历以之行,麟以之游,凤以之翔。"(同上)但这过程,是无目的意识的自然而然的。《天文训》说,道始于"虚霩",经"宇宙"而进入"元气"阶段。于是,"清阳者薄靡而为天,重浊者凝滞而为地"。天地形成后,其袭精为阴阳二气,进而变化为气候四时:"天地之偏气,怒者为风;天地之合气,和者为雨。阴阳相薄,感而为雷,激而为霆,乱而为雾。阳气胜,则散而为雨露;阴气胜,则凝而为霜雪。"二气的精华表现为四时,四时散开则成万物。自人至虫的不同,因各自所得的气有精粗差别。万物在四时的交替中变化:"夏日至则阴乘阳,是以万物就而死;冬日至则阳乘阴,是以万物仰而生。"这样的道,与宇宙相表里,意味着自然而然的造化之功。

《精神训》说,道化生万物而有人类。"夫精神者所受于天,而形体者所禀于地也。"天地二气相结合,使胎儿"一月而膏,二月而胅,三月而胎,四月而肌,五月而筋,六月而骨,七月而成,八月而动,九月而躁,十月而生。形体以成,五藏乃形"。并且对荀子"形具而神生"的思想作了发展,认为形神相互依赖而又相互对立,在形神关系中,"以神为主者,形从而利;以形为制者,神从而害"(《原道训》),肯定在生命现象中,精神居于主导地位,具有决定性影响。进而提出生命体由形、神、气三方面组成,其作用是"夫形者生之舍也,气者生之充也,神者生之制也"(《原道训》)。如果三者相反相成,各居其位,皆得其宜,则人的起居思维正常;如果其一"失位则二者伤矣"(同上),伤则人有病痛。

在养生上，《淮南子》根据"精神内守形骸而不外越"，"精神盛而气不散则理"（《精神训》）的认识，提出"太上养神"（《泰族训》），将养形与养气置于次要地位。养生要清心寡欲，弃情返性。满足感官欲求的"生生之厚"，使人"不能终其寿命而中道夭"（同上）；感情上的起伏，也会招来祸患，只有去情除欲才能养生保身。由此论及人生的苦乐祸福，认为由感官刺激所得到的欢乐是短暂的。一旦外部刺激中止，"心忽然若有所丧，怅然若有所失"（《原道训》）。只有"不以奢为乐，不以廉为悲"，"得其得者"（《原道训》）的内心快乐，才是真正的快乐。

《淮南子》将以往历史的发展分为几个时期，但书中《俶真训》、《览冥训》和《本经训》的分法不同，而基本观点一致：上古人性纯朴，尚道德，任自然，人与天一致，人与人和谐，是治世；近世人性浇离，倡仁义，行礼乐，人与天相乖，人与人争夺，为衰世。文明发展，世风日下，本性退化丧失。同时对"民迫其难则求其便，困其患则造其备；人各以其所知去其所害，就其所利"（《氾论训》）的创造发明活动作了肯定。进而指出"常故不可循，器械不可因"（同上），物质文明进步无有止境。又颂扬原始社会朴素的公有观念，互助平等精神，谴责私有制时代上下对立、贫富相欺、尔虞我诈、争斗杀戮的种种罪恶。揭示仁义礼乐并非与生俱来，而是社会矛盾激化、意识分裂的产物。作者赞美原始制度，却不主张回到那个时代，而是在复古的外衣下，想通过教化转易民风，改变民性，建立太平和谐的封建盛世："上下同心，君臣辑睦，衣食有余，家给人足，父慈子孝，兄良弟顺，生者不怨，死者不恨，天下和洽，人得其原。"（《本经训》）因为世异事变，时移俗易，应当论世立法，随时举事。书中还指出诸子学说的更替与历史变迁的相应性。从政治形势、地理环境、经济状况、人民智能、风俗习惯等来加以说明。认为，不管各家学说之间有多大差别，但都有"皆务为治"（《氾论训》）的一致处。统治者务治之道与处理政务是否得当，关系到社会经济与人民生活状况，因而决定治乱兴亡。

在人与自然社会关系上，《淮南子》提倡无为。所谓无为，不是无所作为，而是"循理而举事，因资而立功，推自然之势"（《修务训》）。要因时因地因事而制宜，以人的活动配合自然与社会规律。

二、《淮南子》中的政治法律思想。

《淮南子》主张以道统法，无为而治。着重指出道无所不在，又无所不包，至高无上。所以主张以"道"统率法，法的制订和实施，必须以"道"为指导。"故有道以统之，法虽少，足以化矣；无道以行之，法虽众，足以乱矣。"（《泰族训》）只有在"道"指导下制订的法律，才能"日化上迁善而不知其所以然"，取得良好的效果；否则法律虽多，国家也难免于混乱。《淮南子》认为，只有无为才合乎道的要求，人君应当遵守无为的原则，以无为为事，因物之自为，顺应自然，实行无为而治："达于道者，反（返）于清静，究于物者，终于无为。……是故圣人内修其本，而不外饰其末；保其精神，偃其智故；漠然无为而无不为也，澹然无治而无不治也。"（《原道训》）但无为并非无所作为，如神农教民种五谷,尝百草;尧立孝慈仁爱,放逐骓兜;舜筑墙作屋,南征三苗;禹决江疏河,平治水土;汤布德施惠,逐桀历山,等等,他们都"劳形尽虑,为民兴利除害",而称之"无为","岂不悖哉"(见《修务训》)?所以说,既要为民兴利除害,就不能不有所作为。因此,对"无为"的概念作了新的唯物主义的解释:"若吾所谓无为者,私志不得入公道,嗜欲不得枉正术,循理而举事,因资而立功,推自然之势,而曲故不得容者,事成而身弗伐,功立而名弗有。"(《修务训》)可见《淮南子》的基本要求是去私去欲,不凭个人的妄想嗜欲而轻举妄动,必须循理而行,按照规律办事。

《淮南子》无为论的一个重要内容是省事、节欲,法宽刑缓,以减轻对人民的经济剥削和政治压迫。认为"为治之本,务在安民;安民之本,在于足用;足用之本,在于勿夺时;勿夺时之本,在于省事;省事之本,在于节欲;节欲之本,在于反(返)性"(《诠言训》)。可见把安民、宁民、省事、节欲作为治国的重要原则,这在客观上是有利于人民的。同时,治国还必须做到法宽刑缓,不要累施刑罚。"是故威厉而不杀,刑错(措)而不用,法省而不烦,故其化如神。……法宽刑缓,囹圄空虚,而天下一俗,莫怀奸心。"(《主术训》)由此可见,《淮南子》关于无为的论述,确是西汉建国以来治国经验的总结,为后人提供了积极的思想资料。

论世而立法。《淮南子》认为,礼义、法度不过是治理国家的工具,应当适应形势的发展而变化。一次瞄准不可以"百发",一件衣服不可以"出岁";瞄准应该看高低,穿衣应该适寒暑。"是故世异则事变,时移则俗易,故圣人论世而立法,随时而举事",不能泥古不化。由此得出的结论是:不应"法其已成之法,而法其所以为法。所以为法者,与化推移者也"(《齐俗训》)。因此,礼义、法度也应当适应时代的需要而相应地加以改变。"故圣人法与时变,礼与俗化;衣服器械,各便其用;法度制令,各因其宜,故变古未可非,而循俗未足多也。"(《氾论训》)这实际上是对复古主义者的反击,是为汉初统治者建立新法制作辩护。

言事者必究于法。《淮南子》在论述法的本质和作用时,近似于先秦法家的思想。认为法是治理天下的工具,人君应当牢牢掌握这种工具。"故法律度量者,人主之所以执行,释之而不用,是犹无辔衔而驰也,群臣百姓,反弄其上。是故有术则制人,无术则制于人。"(《主术训》)把法比作权衡、规矩,认为法是衡量客观事物的标准。"法者,天下之度量而人主之准绳也";"夫权衡规矩,一定而不易,……一日刑(型)之,万世传之,而以无为为之。"(同上)所以,一切要依法行事,以法律作为判断是非功过、罪与非罪的标准。无论贵贱、贤不肖,都应赏罚分明,一律平等对待:"言事者必究于法";"县(悬)法者,罚不法也;设赏者,赏当赏也。法定之后,中程者赏,缺绳者诛,尊贵者不轻其罚,而卑贱者不重其刑。犯法者虽贤必诛,中度者虽不肖必无罪。是故公道通而私道塞矣。"(同上)

《淮南子》虽然很重视法,强调一切依法行事,但并不忽视仁义的作用。认为"治之所以为本者,仁义也;所以为末者,法度也。……今不知事修其本,而务治其末,是释其根而灌其枝也。且法之生也,以辅仁义,今重法而弃义,是贵其冠履而忘其头足也"(《泰族训》)。所以应当以法度辅助仁义,使之在治国中共同发挥作用。这反映出重视秦朝鄙视仁义而骤亡的教训,主张采取文、武两手的统治方法,以维护封建统治。

贤人执法。《淮南子》认为,要治理国家,实施法治,还必须有善于执法的贤人。三代之法犹存,而世不治,是由于"无三代之智也"。"故法虽在,必待圣而治;……故国之所以存者,非以有法也,以有贤人也;其所以亡者,非以无法也,以无贤人也。"(《泰族训》)"所任者得其人,则国家治,上下和,群臣亲,百姓附;所任者非其人,则国家危,上下乖,群臣怨,百姓乱。"(《主术训》)可见本书相当注重儒家的人治,强调统治者"其身正,不令而行,其身不正,虽令不从",人君更应带头守法,作全国的表率(同上)。

在用人方面,《淮南子》主张发挥"众智众力"(见《主术训》),实行"兼而用之"的方针(见《齐俗训》)。在两千多年前能有这样的见解,确实难能可贵。

三、《淮南子》中的经济思想。

《淮南子》中与经济思想关系最大的是《主术训》、《齐俗训》两篇,其余有些篇仅略有涉及。主要内容有:

思想受经济条件影响。《齐俗训》说:"夫民有余即让,不足则争。让则礼义生,争则暴乱起。……故物丰则欲省,求澹(赡)则争止。"由此说明统治者应做到使百姓"财有余"。

要求严格职业分工,提高职业道德和技能。主张"工无二伎,士不兼官,各守其职,不得相奸(乱)"(《主术训》)。"士农工商"要做到"乡别州异",以免相互影响。"是故农与农言力,士与士言行,工与工言巧,商与商言数。是以士无遗行,农无废功,工无苦(粗劣)事,商无折货,各安其性,不得相干。"(《齐俗训》)

重视粮食贮备。《主术训》指出:"夫天地之大,计三年耕而余一年之食,率九年而有三年之畜(蓄),十八年而有八年之积,二十七年而有九年之储,虽涔(雨多)旱灾害之殃,民莫困穷流亡也。故国无九年之畜谓之不足,无六年之积谓之悯(忧)急,无三年之畜谓之穷乏。"《礼记·王制》也有类似的说法。《王制》只到九年为止,《淮南子》则增加十八年和二十七年。《王制》说"无三年之蓄曰国非其国也",《淮南子》则说"无三年之畜谓之穷乏"。

安民足用。《诠言训》说:"为治之本,务在安民。安民之本,在于足用。足用之本,在于勿夺时。勿夺时之本,在于省事。省事之本,在于节欲。"《泰俗训》中亦有类似的话,但"安民"作"宁民","节欲"作"节用"。安民足用首先在于搞好农业,因为"食者,民之本也"(《主术训》)。

减轻赋税。《主术训》指出,"仁君明王"能做到"取下有节,自养有度",所以能免受饥寒之患;而

"贪主暴君"则"侵渔其民,以适无穷之欲",使"百姓无以被天和而履地德"。在征收赋税时一定要考虑人民的负担能力:"必先计岁收,量民积聚,知饥馑有余不足之数,然后取车舆衣食供养其欲。"

反对奢侈浪费。《齐俗训》说:"夫雕琢刻镂,伤农事者也;锦绣纂组(高级丝织品),害女工者也。农事废,女工伤,则饥之本而寒之原也。夫饥寒并至,能不犯法干诛者,古今之未闻也。"

以生产工具进步和生产力发展论证必须因时立法。《氾论训》指出,古时农具原始,"民劳而利薄","后世为之耒耜耰钼(锄),斧柯而樵,桔皋而汲,民逸而利多焉";古时"大川名谷,冲绝道路",交通不便,于是"为之楫轮建舆,驾马服牛,民以致远而不劳";对于鸷禽猛兽的伤人,则"为之铸金锻铁,以为兵刃,猛兽不能为害。故民迫其难则求其便,困其患则造其备,人各以其所知,去其所害,就其所利"。社会的进步是必然的结果,所以"先王之法度有移易者矣"。

四、《淮南子》中的教育思想。

《淮南子》的教育思想散见诸篇,以《修务训》较为集中,可归纳为以下几个方面。

因人性之自然而教化。认为人是自然物,人生于天地宇宙间,是一个自然无为的事实,并非任何主观的意志、目的使然。"性者,所受于天也"(《缪称训》);"人性而静,天之性也;感而后动,性之害也"(《原道训》)。人生的重要意义在于保持清静恬愉的自然本色。教育应建立在有利于人性的自然延伸和发展的基础上,而不是对人性的扭曲和摧残。批评以社会为本位的儒家教育"不本其所以欲,而禁其所欲;不原其所以乐,而闭其乐"。颜回早死,子路在卫国被剁成肉酱,子夏双目失明,冉耕患恶疾。认为这些都是孔子的教育"迫性拂情,而不得其和"的结果(《精神训》)。但对于那些合乎人性,能引导、促进人的自然本性发展的文化礼乐建设及与其相应的教育则充分肯定。揭示了教育要做到社会性与个性相互结合、相互协调。

扬弃老庄"绝学弃圣"思想。认为现实教育确有损害人性的一面,但如果根据人性的自然取向施加教育的力量,恰好是扬人性之所长(《修务训》)。

论证学习的必要性。《修务训》说:"知(智)人无务,不若愚而好学。"意即通过教育可以弥补人的先天不足。《淮南子》接受了当时普遍流行的性三品说。但认为即使有像尧舜文王那样的上等之性和像丹朱、商均那样的下等之性,也不能抹杀教育的作用;人群中占大多数的是那些"上不及尧舜,下不及商均"的中等之性,"此教训之所谕也"。"今使人生于辟陋之国,长于穷檐漏室之下,长无兄弟,少无父母,目未尝见礼节,耳未尝闻先古,独守专室而门不出,使其性虽不愚,然其知者必寡矣。"

肯定教育化民成俗的作用。认为应选举贤明之士"各以小大之材处其位",建立起一套层次分明的官僚队伍,同时也是教化队伍。这样的官僚兼教化队伍"其于化民矣,若风之摇草木,无之而不靡"。

注重隐性因素和情感力量的教育方法。《淮南子》希望通过创造适当的环境、情景,让受教者在其熏陶下不知不觉地接近道德和知识的理想标准,力求使教育、教学因素成为一种受教育者不易察觉而又深受其影响的力量。

《淮南子》认为,老子所主张的"行不言之教"是保持一种具有隐性教育力量的既成环境、传统和风尚。但有时又表现为身教意义的人格感化,"民之化也,不从其言而从其行"(《主术训》)。还认为情感较认知是人性中更贴近自然的因素,是人们接受仁、义、礼、乐教化的心理依据。因此强调教育必须建立在教育者与受教育者情感的沟通上,"圣人在上,民迁而化,情以先之也。动于上不应于下者,情与令殊也"。

《淮南子》成书于汉初政治环境较为宽松、文化思想还处于多元化的时期,采取"多为之辞,博为之说","统天下,理万物,应变化,通殊类。非循一迹之路,守一隅之指"(《要略》)的写作原则,加之全书由众人汇撰而成,体系庞大,内容丰富,在保存先秦文化,反映汉初精神,开拓西汉中期以来文明等方面,起了一定历史作用。它是西汉时代最重要的哲学著作之一,对当时哲学所能论及的各种问题作了概括和总结,在各成系统的基础上,以道连贯起来,形成有内在逻辑次序、前后较为一贯的理论体系。宇宙发生论和形神论超越前人,在天文、地理、生理、物理等学科上有新创见,从而成为中国唯物主义哲学发展的重要一环。另一方面,书中所含有的天人感应、灾异禁忌、神仙长生、人生而静等观点,在当时与后世也都产生了消极影响。《淮南子》是汉初黄老学派思想的理论总结。书中吸收老庄清静无为思想,而不避俗出世,主张循理而为,积极参与政治;崇尚儒学,以仁义为本,但不迷信儒家经典;讲究法治,但法应辅助仁义道德而行。可见比以董仲舒为代表的封建正统思想高出一筹。

《淮南子》所讨论的是自然经济社会中的经济管理原则,书中很少谈到商业,也无抑商思想,而反对奢侈品的生产和流通则同先秦的禁末思想相一致。它主张"去末反本"(《齐俗训》),这里的"末"仍是禁末的"末"。《淮南子》的经济思想自有特色,同司马迁、桑弘羊及《管子·轻重》都有很大差别。

有关《淮南子》的校注主要有东汉许慎《淮南子注》、高诱《淮南子注》、清刘台拱《淮南子校补》、王念孙《读淮南子杂志》、今人刘文典《淮南鸿烈集解》、吴承仕《淮南子校理》、杨树达《淮南子证闻》、于省吾《淮南子新证》、何宁《淮南子集释》、张双棣《淮南子校释》等;通论主要有今人胡适《淮南王书》、于大成《淮南王书考》、牟钟鉴《〈吕氏春秋〉与〈淮南子〉思想研究》等。

(贺圣迪　杨鹤皋　叶世昌　王伦信　林其炎)

论六家要旨 〔西汉〕司马谈

《论六家要旨》,一篇。西汉司马谈撰。约成于汉武帝建元二年(前139)。收入《史记》卷一三〇《太史公自序》与《汉书》卷六二《司马迁传》。版本众多,达百余种。《史记》的通行本有清乾隆四年(1739)武英殿本、同治年间金陵书局刻张文虎校刊本、1955年文学古籍刊行社《史记会注考证》本、1959年中华书局校点本;《汉书》的通行本有武英殿本和中华书局1962年校点本。

司马谈(？—前110),夏阳(今陕西韩城南)人。早年耕读河山之阳,探索百家著作。后离乡游学,从唐都学习天文,随杨何研究《周易》,师事黄子,专研道论。汉武帝建元(前140—前135)年间出任太史令(主管天文、历法、祭祀礼仪与保管档案文献的官员),移居右扶风茂陵(今陕西兴平)。他评论历史人物的基本观点之一是孝,认为"夫孝始于事亲,中于事君,终于立身。扬名于后世,以显父母,此孝之大者"(《史记·太史公自序》)。对以往的史学家,他推崇的是孔子。认为"《春秋》采善贬恶,推三代之德,褒周室,非独刺讥而已也"。以孔子的继承者自居,说自孔子作《春秋》以来,至今四百多年,"史记放绝",因此,"绍明世,正《易传》,继《春秋》,本《诗》、《书》、《礼》、《乐》之际",论述"汉兴,海内一统,明主贤君忠臣死义之士"(同上),是义不容辞的责任。于是立志著史,发凡起例,搜集资料,写作篇章,未竟其业而卒。临终,嘱咐其子迁完成遗愿。著有《论六家要旨》,撰有《史记》中《孝文本纪》、《老庄申韩列传》、《日者列传》,以及《刺客列传》、《樊郦滕灌列传》、《郦生陆贾列传》诸篇赞语,又著《祠后土议》(存)、《立太畤坛议》(存)、《万岁历》(佚)、《万岁祠历》(佚)等。生平事迹见《史记》卷一三〇《太史公自序》、《汉书》卷六二《司马迁传》。

司马谈在与诸子百家学者交往中,发现他们"各习师书,惑于所见"(《汉书·司马迁传》颜师古注),痛惜学者不懂得一致百虑、殊途同归之意,"乃论六家之要指"(《史记·太史公自序》)。

《论六家要旨》,是评述阴阳、儒、墨、名、法、道六派纲要旨趣、学说得失的著作。全文由小序、经与传三部分组成。小序指出,六家之学,同归于"为治",但所省察各有不同,因此学说"异路"。经提出六家学说的要旨并评论它们的得失,传对经的论说加以阐明。

文中说，阴阳家得在"序四时之大顺"，而失于教令太详，拘束日时，令人畏忌，不利行动；儒家得在"序君臣父子之礼，列夫妇长幼之别"，而失于"博而寡要，劳而少功"；墨家得在"强本节用"，而失于俭朴过分，难于遵从；法家得在"正君臣上下之分"，而失于"一断于法"，"严而少恩"；名家得在"控名责实，参伍不失"，而失于"专决于名而失人情"；道家合于大道，又"因阴阳之大顺，采儒墨之善，撮名法之要"，所以有得无失。人君，"以虚无为本，以因循为用"，能得知万物的性质而加以控制，使为我用，事少功多，无所不成。又认为大道乃是混混冥冥的气，气反复运动产生天地万物。人由形神组成，"神者生之本，形者生之具"。"神大用则竭，形大劳则敝，形神离则死。"人务必合于大道，做到精神专一，知雌守雄，不见可欲，使心不乱。本着无成势无常形的原则，与时迁移，因物变化，与外界发生关系。顺应春生夏长秋收冬藏的规律，从事生产活动和改变生活习俗。在其他方面，立俗施事，也无所不宜，事少功多。

《论六家要旨》，在先秦、秦、汉初思想的研究上，具有重大意义。它第一次以学派代替学者作为研究对象，并且系统地将一个时代的学术分为若干学派，揭示各学派的主要特点及其得失，反映了诸子学研究的深入和将学术思想运用于现实生活的观念的强化。作者强调各学派之间的殊途同归，这又有益于学派间的互补、融合，有利于"和而不同"的民族精神发展。所论的天人、形神关系，对汉代及后世的哲学发展有相当大的影响。

有关《论六家要旨》的注疏，主要有近人王蘧常《史记·太史公自序一节》、张舜徽《周秦道论发微·太史公论六家要旨述义》、吴忠匡《史记·太史公自序注说会纂》；研究著作，主要有清甘鹏云《太史公自序书后》、近代梁启超《司马谈〈论六家要旨〉书后》、苗可秀《班马论叙诸子流别次第各异说》、萧奚荛《庄荀淮南马班论列诸子异同考》等。

（贺圣迪）

春秋繁露 〔西汉〕董仲舒

《春秋繁露》,又名《董子春秋繁露》、《董子》、《桂岩子》、《桂岩子春秋繁露》,十七卷,或作八卷、一卷。西汉董仲舒撰。通行本有明万历十年(1582)胡维新刻《两京遗编》本、万历中程荣校刻《汉魏丛书》本、清乾隆中武英殿刊活字本、乾隆中卢文弨校订《抱经堂丛书》本、1919年商务印书馆据殿本影印《四部丛刊》本、1975年北京中华书局本。

董仲舒(前179—前104),广川(治今河北景县西南)人。专精研究儒家经典与诸子学说,"三年不窥园"(《汉书·董仲舒传》)。融合百家学说、神仙方术于《公羊春秋》之中,成为今文经学大师,居家讲授,学生众多。景帝时,担任博士。武帝时,被推荐为贤良,参与对策,上《天人三策》。认为君权出自神授,"道之大原出于天,天不变,道亦不变"。天用符瑞、灾异,分别表示对君王统治人世的表扬与谴责,以此指导君王的行事,并且假借天意使三纲五常神圣化、绝对化。又将人性分为上中下三品,而圣人之性近于全善,斗筲之性近于全恶,中民之性可善可恶。主张对土地的占有量加以限制,以杜绝土地兼并。建议罢黜百家,独尊儒术,任用儒生,设立太学。后调任江都相,因危言高庙灾异,降为中大夫。改任胶西相,以病辞退。归家后,不问产业,专心修学著书。"朝廷如有大议,使使者及廷尉张汤,就其家而问之。"(同上)著作尚有《董仲舒百二十三篇》、《公羊董仲舒治狱》、《请祷图》等,已佚。后人辑有《董仲舒集》、《公羊治狱》、《周易董氏义》、《孝经董氏》等。生平事迹见《史记》卷一二一《儒林列传》、《汉书》卷五八《董仲舒传》及《西京杂记》卷二、卷五。

初,董仲舒发挥《春秋》之旨,说"《春秋》事得失",有"闻举、玉杯、蕃露、清明、竹林之属,复数十篇,十余万言,皆传于后世"(《汉书》本传)。原来的书名已佚,后来,作注者将《春秋》与《繁露》相连而取名为《春秋繁露》。《西京杂记》说:"董仲舒梦蛟龙入怀,乃作《春秋繁露》词。"侯外庐先生认为传说的产生,可能是他窥见武帝的圣意,便把春秋二百四十余年间的故事经验,比例推衍出适合于最高皇权的原理,神秘到"非常异义可怪之论"。

《春秋繁露》是一部糅合儒家与阴阳家思想,属辞比事,以阐发"春秋大一统"思想的著作。原书八十二篇(据南宋胡榘本),今存七十九篇。主要有楚庄王、竹林、王道、灭国、十指、符瑞、三代改制质文、官制象天、仁义法、必仁且知、深察名号、实性、为人者天、五行之义、阳尊阴卑、王道通三、阴阳位、阴阳义、天道无二、基义、人副天数、同类相动、五行相生、五行相胜、五行变救、郊语、顺命、天地之行、天地阴阳、天道施等。

《春秋繁露》主张天生万物:"天者,万物之祖,万物非天不生,独阴不生,独阳不生,阴阳于天地参然后生。"(《顺命》)它将阴阳在天地中生化万物的传统思想,转化为天神创造万物的神学观念,提出:"天者,百神之大君。"(《郊语》)又提出天以阴阳五行显示其道其志:"阴阳入出实虚之处,所以观天之志。辨五行之本末顺逆,小大广狭,所以观天道也。"(《天地阴阳》)它主宰万物,以草木随季节变化的生长枯萎来体现刑德。

天神根据自身创造人的形体结构:"天以终岁之数,成人之身,故小节三百六十六,副日数也,大节十二分,副月数也;内有五藏,副五行数也;外有四肢,副四时数也;乍视乍瞑,副昼夜也;乍刚乍柔,副冬夏也;乍哀乍乐,副阴阳也;心有计虑,副度数也;行有伦理,副天地也。"(《人副天数》)人为天副,不仅在形体结构上与天一致,还具有天的意志,形成好恶喜怒等精神品质,万物"莫贵于人"(《人副天数》)。天之所以产生万物,目的是为了人:"天覆育万物,既化而生之,又养而成之,事功无已,终而复始,凡举归以奉人。"(《王道通三》)

天关怀人间,命君主治理教化人民,王者受命,"必改正朔,易服色,制礼乐,一统于天下,所以明易姓非继仁(人),通以己受之于天也"(《三代改制质文》)。可作为岁首正月的,有每年的十一月、十二月、正月。这三个月的自然现象不同,因而,以不同月份为岁首的王朝,对色的崇尚也要不同,应当分别采用赤、白、黑为正色,以便与其相应。这就是所谓正三统。改革制度,不改变"其道"、"其理",所以天纲、人伦、道理、政治、教化、习俗、文义尽如故。历史在正三统的形式变换中循环往复,没有内容上的进步发展。世间的"仁义制度之数,尽取之天","王道之三统,可求于天"(《基义》)。天亲阳疏阴,贵阳贱阴,"阴者,阳之合"。所以,在人伦关系上"妻者,夫之合;子者,父之合;臣者,君之合"(同上)。孝子忠臣的言行,体现了五行相生的义理。臣子要像地卑其位以事天一样,对君主竭尽忠诚,"美皆归于君,恶皆归于臣"(《阳尊阴卑》)。又提出天人合一,同类相动:"世治而民和,志平而气正,则天地之化精,而万物之美起;世乱而民乖,志僻而气逆,则天地之化伤,气生灾害起。"(《天地阴阳》)君主德修政美,天降瑞祥以表扬;君主有过失而不省悟,"天出灾害以谴告之。谴告之而不知变,乃见怪异以惊骇之。惊骇之尚不知畏恐,其殃咎乃至"(《必仁且知》)。这是借天的权威来钳制有至高无上的权力的皇帝,使之向善行仁。

《春秋繁露》又认为,圣人有从考察自然现象的变化中来发明天意,赋予事物名称的能力。

"事物顺于名,名各顺于天。"(《深察名号》)这不仅颠倒了名实关系,还使名实关系染上宗教神秘色彩。名体现于社会便是等级和名分,因此,书中认为天子、诸侯、大夫、士、民各个不同等级的人都要安于自己的名分,不能超越。违背了名分,也就违反了天意。用名来审察人性,是"圣人之性不可以名性,斗筲之性又不可以名性。名姓者,中民之性"(《实性》)。中民之性具有善质,善质不一定使人性善,只有经过君主的教化与其人循教化而力行,方能具备仁义礼智信,成为善。具体说来,"仁"是"爱人","义"是"正我","礼"是制欲"安情","智"是"除害",信是"竭愚写情,不饰其过"。

《春秋繁露》综合诸子百家学说,构成了以阴阳五行为框架的新儒学体系。这一体系较之先秦儒家,虽在哲学上有新的贡献,却又处处散发出神学气息。作者通过自然与人事的比附,在使自然社会化的同时,也使社会神学化。在此基础上提出的天人感应论,论证了封建的伦理纲常出于天意,具有永恒性。满足了汉代加强中央集权政治的需要,也成为整个封建社会的伦理纲常的基础。它的历史影响复杂而深远。历代政治思想家对其评论,有称誉为深得孔子"微言奥义"的(康有为《春秋董氏学自序》),也有抨击为"其言类淫巫、瞽史,诳乱后代"的(柳宗元《贞符》)。然而,在否定其神学思想的学者中,也有好多人高度肯定他的政治学说,奉为正统儒家的杰出代表人物。

有关《春秋繁露》的注释主要有清凌曙《春秋繁露注》、董金鉴《春秋繁露集注》、苏舆《春秋繁露义证》、今人锺肇鹏主编《春秋繁露校释》等。论著则有康有为《春秋董氏学》、周辅成《论董仲舒思想》、于首奎《董仲舒》、周桂钿《董学探微》等。

(贺圣迪)

对贤良策 〔西汉〕董仲舒

《对贤良策》,西汉董仲舒撰。以贤良对答武帝策问,故名。共三篇。因讲述天人关系,又称"天人三策"。载于《汉书·董仲舒传》。

《对贤良策》从"天人相应"的角度,为教育张本,认为"前世已行之事"中蕴含"天人相与之际":"国家将有失道之败,而天乃先出灾害以谴告之,不知自省,又出怪异以警惧之,尚不知变,而伤败乃至",这是天意("天心")为了"仁爱人君而欲止其乱"。天是群物之祖,"编覆包函而无所殊,建日月风雨以和之,经阴阳寒暑以成之",而圣人能做到"法天而立道","布德施仁以厚之,设谊立礼以导之"。春之"天生"与君之"仁爱",夏之"天长"与君之"德养",秋之"霜杀"与君之"刑罚",皆一一对应,"天人之征,古今之道"。孔子作《春秋》,也是"上揆之天道,下质诸人情"。由此推出:"天令之谓命,命非圣人不行;质朴之谓性,性非教化不成;人欲之谓情,情非度制不节。是故王者上谨于承天意,以顺命也;下务明教化民,以成性也;正法度之宜,别上下之序,以防欲也;修此三者,而大本举矣。"

《对贤良策》由"天意"立论,确立"教化"是治国安邦的基本前提。教化之"道"也就是治国之"路",天下太平是"礼乐教化之功"。如果"教化不立",则"万民不正",教化的作用在于能提防奸邪欲念。古代贤王明君之所以能"南面而治天下",就是能以"教化为大务"。认为"性"是"生之质","情"是"人之欲","或夭或寿,或仁或鄙,陶冶而成之","尧舜行德则民仁寿,桀纣行暴则民鄙夭",上之化下和下之从上,就好像"泥之在钧"和"金之在镕",全凭制作者所为,所谓"治乱废兴在于己"。要求"为人君者,正心以正朝廷,正朝廷以正百官,正百官以正万民,正万民以正四方"。统治者通过"强勉学问",使"闻见博而知益明";"强勉行道",使"德日起而大有功"。强调"德教",认为天道主阳不主阴,"任德不任刑","王者承天意以从事,故任德教而不任刑",为政而任刑,就是"不顺于天",秦朝灭亡正是不顺天意,妄用刑罚而不主德教。《对贤良策》要求统治者"均布"利益,认为上"好谊",则"民向仁而俗善";上"好利",则"民好邪而俗败",唯有"求仁义"以"化民"才符合"上天之理"、"太古之道"。又提倡"乐教",认为"乐者,所以变民风,化民俗也;其变民也易,其化人也著。故声发于和而本于情,接于肌肤,臧于骨髓"。而"乐教"与"德教"又是相互交融,"王者功成作乐,乐其德也"。主张"制度文采玄黄之饰,所以明尊卑,异贵贱,而劝有德也"、"常玉不琢,不成文章;君子不学,不成其德"。

《对贤良策》认为求贤之道在兴太学,"养士之大者,莫大(乎)太学;太学者,贤士之所关也,教化之本原也"。如果不"养士而欲求贤,譬犹不琢玉而求文采",是根本不可能的。唯有"兴太学,置明师,以养天下之士,数考问以尽其材,则英俊宜可得矣"。主张"立太学以教于国,设庠序以化于邑,渐民以仁,摩民以谊,节民以礼",达到"刑罚甚轻禁不犯","教化行而习俗美"。并要求统治者"量材而授官,录德而定位",从而"遍得天下之贤人"。

《对贤良策》继承并发展《荀子》的"积学"思想,主张"善积而名显,德章而身尊"。"积善在身,犹长日加益,而人不知",此乃"浸明浸昌之道";"积恶在身,犹火之销膏,而人不见",此乃"浸微浸灭之道"。"尧发于诸侯,舜兴乎深山,非一日而显也,盖有渐以致之矣",这是"众少成多,积小致巨","尽小者大,慎微者著"的道理。圣人是通过"以腌致明,以微致显",人君也必须如尧舜"兢兢日行其道","业业日致其孝","言行"关系到"治之大者",要做细微的积渐之功。

《对贤良策》认为教化之道出于"天道",是"治世"之"常道",所谓"道之大原出于天,天不变,道亦不变","继治世者其道同,继乱世者其道变"。汉代要走上"治世"之道,就必须改变"人异论","师异道","百家殊方,指意不同"的局面,使凡"不在六艺之科、孔子之术者,皆绝其道,勿使并进",达到"统纪可一而法度可明,民知所从",并主张"《春秋》大一统",是"天地之常经,古今之通谊",从而使教化思想成为维护封建中央集权制度的理论基石。

班固说:"自武帝初立,魏其武安侯为相而隆儒矣。及仲舒对册,推明孔氏,抑黜百家,立学校之官,州郡举茂材孝廉,皆自仲舒发之。"(《汉书·董仲舒传》)

(金忠明)

论裸葬书 〔西汉〕杨王孙

《论裸葬书》，不分卷，西汉杨王孙撰。成于汉武帝元光二年(前133)。本书无单行本，附于《汉书·杨王孙传》。《汉书》的通行本参看"汉书"条。

杨王孙(？—前133)，汉中城固(今陕西城固)人。《汉书》本传论其生平语焉不详。大略言之，杨王孙崇信黄老之术，不信鬼神，讲究养生之道，无所不至。临终前叮嘱其子，死后必无厚葬。其子遵行之。故杨王孙为目前所知中国倡裸葬之第一人。《汉书》卷六七有传。

《论裸葬书》是一封书信。杨王孙临终前嘱其子裸葬，其子感到为难，乃去求见父亲好友祁侯，祁侯写信劝阻，杨王孙乃复信申述其裸葬之理。全文不足四百字，但体现了道家崇尚自然的无神论思想。

杨王孙认为，当时盛行的厚葬完全超越了古制，他倡裸葬的目的就是要加以矫正。厚葬是把财物腐于地下，对死者根本无益，有的甚至被盗而使死者暴尸原野。在他看来，人生于自然，死不过是回归自然，厚葬是违反自然的。"且夫死者，终生之化，而物之归者也。归者得至，化者得变，是物各反其真也。反真冥冥，亡形亡声，乃合道情。夫饰外以华众，厚葬以鬲真，使归者不得至，化者不得变，是使物各失其所也。"他进一步指出，人死了就没有知觉，厚葬毫无意义。"精神者天之有也，形骸者地之有也。精神离形，各归其真，故谓之鬼，鬼之为言归也。其尸块然独处，岂有知哉？"

《论裸葬书》提倡的无鬼神思想，冲击了当时的厚葬风气，同时对后来无神论的发展也有着积极的影响。

（戴洪才）

韩诗外传 〔西汉〕韩 婴

《韩诗外传》,十卷。西汉韩婴撰。通行本有元至正十五年(1355)刻本、明嘉靖沈辨之野竹斋本、清乾隆五十六年(1791)武进赵怀玉刻本、清光绪元年(1875)盱眙吴棠望三益斋本等。今人注本有1979年中华书局版许维遹《韩诗外传集释》、1996年巴蜀书社版屈守元《韩诗外传笺疏》等。

韩婴,燕人(郡治在今北京市)。其生卒年已无法确考,根据他的活动情况,可推测其大致生于汉惠帝(前194年即位)初年,卒于董仲舒去世(前104)前若干年。汉文帝时被立为博士,景帝时为常山太傅,一生的主要活动为教学和著书立说。他在燕赵等地传授《诗》和《易》,"燕赵间言《诗》者由韩生",发展为"韩诗"学派。据《汉书·艺文志》载,韩婴的著作有《韩诗》二十八卷、《韩故》三十六卷、《韩内传》四卷、《韩外传》六卷、《韩说》四十一卷。此外,十三家《易》中有《易传韩氏》两篇。今存《韩诗外传》比较完整,有人认为是《韩内传》与《韩外传》的合编本(杨树达:《汉书窥管·艺文志》),其余仅有辑本。其生平见《史记·儒林列传》和《汉书·儒林传》。

《韩诗外传》在著述体例上,继承了春秋战国以来著述引诗的传统,往往是先讲一个故事,或发一段议论,然后引《诗》句作为论断。由此对《诗经》的解说未必符合其本义。作者的目的在于依傍《诗经》,陈述古人之佳言美行,借以发表自己对社会人事的看法。

一、重视礼乐的教化作用。作为汉初儒家学者,韩婴特别重视以礼乐为主要内容的封建道德教化在治理国家、安定社会中的重要意义,反对片面强调刑罚的非人道的霸道政治。和汉初其他儒家人物一样,韩婴在教与刑的关系上反复强调:为了保证封建王朝的长治久安,必须采用文武并用,德化与刑罚并重,先教化而后刑罚的政治方针。韩婴并不主张纯任德教,而是主张王道与霸道并用。《韩诗》中法家思想也占有相当重要的地位。在韩婴看来,人民是一种可畏可惧,应该好好驾驭的力量。《韩诗》一再把礼比作辔衔,把刑比作鞭策,认为"御民之道"和御马一样,礼刑同是治国必须采用的手段,不可偏废。在批判秦政的基础上突出了道德教化在治国平天下中的主导地位和长远价值。他向往孟轲勾画的井田、宗法制王道理想,对当时沿袭秦制而来的"什伍连坐制"表示强烈的不满:"令民相伍,有罪相伺,有刑相举,使构造怨仇,而民相残。"希望着重用教育("政教"、"礼教"、"法教")的方法来改革弊俗,稳定社会。尽管其中渗透了法的精神,但德治教化无疑是其社会政治思想的主导性范畴。

沿着孔子"富然后教"的思想路线,韩婴把教民建立在养民的基础上。他认为教化百姓并非难事,但必须以解决百姓的温饱为前提,"夫百姓内不乏食,外不患寒,则可教御以礼义矣";在基本物质生活得不到保障的情况下,道德是缺乏基础的,"夫饥渴苦血气,寒暑动肌肤,此四者民之大害也。大害不除,未可教谕也。四体不掩,则鲜仁人;五藏空虚,则无立士"。推行教化的另一个重要的前提条件,就是要求各级统治者重视自己的道德修养,发挥为民作则的榜样作用。根据儒家仁智统一,忠恕一贯的思想学说,统治者要推行礼乐教化,必须首先修礼正己,否则无以正人治民。韩婴引孔子的名言,"其身正,不令而行,其身不正,虽令不从",强调"必学然后可以安国保民"。他认为实施教化的方式是多种多样的,各种政治措施和活动都应具有教化的意义,"学校庠序以立教,事先养孤以化民,升贤赏功以劝善,惩奸黜失以丑恶",举凡封国、爵禄、朝觐、丧祭、刑政、巡狩等等,都应赋予教化的内涵。

二、强调君子务学。韩婴关于人性论的观点本质上继承了孟轲的"善端"说。他认为:"民非无仁义根于心者也,王政怵迫而不得见,忧郁而不得出。""夫人性善,非得明王圣主扶携,内之以道,则不成君子。"每个人都有为善的资质,但这种可能性毕竟不是现实性,不受教治学,人不可能成为有德性的君子,原有的"仁义礼智顺善之心"也会失去。"安旧移质,习惯易性",只有通过努力学习,才能达到个体的不断发展和完善。"夫习之于人微而著,深而固,是畅于筋骨,贞若胶漆。是以君子务为学也。"还从个人在社会生活中安身立命的角度提示了学习的重要意义。书中记载了大量诸子百家关于立身行事的箴言,以及天子、诸侯不学,无以保社稷,士、庶人不学,无以自尊成名的历史事实;他深切地感到在变动不居的历史和社会生活中,只有"学"才是个人安身立命的基础。韩婴引用孔子的话说:"可以与人言终日而不倦者,其惟学乎?其身体不足观也,其勇力不足惮也,其先祖不足称也,其族姓不足道也,然而可以闻于四方而昭于诸侯者,其惟学乎!"作为经学教育家,韩婴把修明礼乐看成是出仕从政的预备,但是否所有专心务学者都能在现实政治生活中得志,他表示怀疑。对于自身的进退,他表达了与先秦儒家相同的态度:"夫学者非为通也,为穷而不困,忧而志不衰,先知祸福之始终,而心无惑焉。……故君子务学,修身端行而须其时者也。""穷则独善其身,达则兼善天下","学而不止,阖棺乃止"。

三、提倡诚于中而形于外、慎言重行的道德修养论。关于理想人格的修养,首先强调"由内及外","有诸中而形诸外"的原则。认为人的德性既然根源于人心固有的"仁义礼智顺善之心",德性涵养的基本要求就应该是由内及外,由培养心中的"诚"开始,进一步培养外在的容貌态度、善言懿行。把具有坚定的超越功利的道德信念看成是人的价值和尊严的体现。内心有善,是道德的前提,也是修养的重点。为此,书中一再重提孟轲等人的"尽心致志"的养心理论:"学问之道无他焉,求其放心而已";"中心存善而日新之,则独居而乐,德充而形"。在处理各种人伦关系上,特别注意一个"诚"字,如交友应当是"相观而志合,必由其中",反对"内疏而外亲"。又认为仅仅有关于道德的知识,而没有成为内在的信念和志向,并不能达到德性坚定。韩婴的道德教育思想也不专注于内心的省悟,他对外在的行为训练也很注意。指出"气志"、"容色"、"声音"、"言语"、"行事"等方面是人格修养所不可忽视的,"君子衣服中,容貌得,则民之目悦矣;言语逊,应对给,则民之耳悦矣;就仁去不仁,则民之心悦矣"。这在很大程度上含有美育成分的德育主张,是与其教育目标相联系的。既然教育是要培养德才兼备,能从政、治民的君子,那么在以礼治国的时代,就必须让受教育者接受贵族化的礼仪,成为文质彬彬的"君子"。

　　韩婴重视将道德修养落实在道德实践上。他说:"学而不能行之谓病。"又发挥荀况的思想说:"君子之闻道,入之于耳,藏之于心,察之以仁,守之以信,行之以义,出之而逊,故人无不虚心而听也。小人之闻道,入之于耳,出之于口,苟言而已,譬如饱食而呕之,其不惟肌肤无益,而于志亦戾矣。"又说:"谨身事一言,愈于终身之诵。"

(王伦信　吴中齐)

盐铁论 〔西汉〕桓 宽

《盐铁论》又名《桓宽盐铁论》、《贞山子》,十卷六十篇,或作十二卷。西汉桓宽著。成于汉宣帝(前73—前50)时。以南宋淳熙年间刻本为最早。以后有多种明刻本,其中嘉靖张之象注本为十二卷。《四库全书》本即张之象本。《四部丛刊》本据明嘉靖倪邦彦本影印。郭沫若校订有《盐铁论读本》,不分卷,1957年由科学出版社出版。王利器的《盐铁论校注》以清嘉庆张敦仁本(依明弘治翻宋嘉泰本影刻)为底本,经数次增订,1992年由中华书局出版定本。

桓宽,生卒年不详,字次公,汝南(今河南上蔡西南)人。博通典籍,善于文辞,研究《公羊春秋》。与同乡朱子伯交游,后被荐为郎官。宣帝时,官至庐江太守丞。认为师法古人治国,以农为本,崇尚仁义,则久安长治;趋合世俗,以工商为本,专务权利,则朝危夕亡。《汉书》无传,仅在《车千秋传》赞中述及。

昭帝始元六年(前81)二月,汉朝廷召集各地推举的贤良、文学共六十余人到京城参加会议。朝廷方面有丞相田千秋、御史大夫桑弘羊及其僚属出席,目的是"问民间所疾苦",实际上成为一次对盐铁官营、平准、均输等经济政策的辩论会。这次会议被称为盐铁会议。宣帝时,桓宽根据会议记录,经过"推衍"、"增广",将出场人物归纳为六位:贤良、文学、大夫、丞相、御史(御史大夫属员)、丞相史(丞相属员)。采用对话形式,生动地描述了辩论双方的论点。编成一书,题为《盐铁论》。

盐铁会议上的论争,是先秦儒法斗争的继续,但不是简单的再现。先秦诸家思想经过相互渗透和吸收,到西汉初期已失去原来的面貌。从《盐铁论》来看,法家代表人物桑弘羊既赞颂商、韩,又大谈"春秋之法";儒家人物贤良、文学既祖述尧舜文武孔孟,又承认"法者,治之具"。可见双方都没有把自己视为先秦法家、儒家的继承者。他们都努力吸收各种观点为自己现实的政治主张提供论据。现存《盐铁论》基本上是完整的(可能有些佚文、脱误)。第一篇至四十一篇写盐铁会议的正式辩论,第四十二篇至五十九篇写会后"未了事宜",最后一篇《杂论》是全书的后序。此书是儒法双方的"舌战"记录,记述了彼此反复诘难之词。《盐铁论》主要内容如下。

一、复古与变法。贤良、文学强调"为君者法三王,为相者法周公,为术者法孔子,此百世不易之道也"(《刑德》)。认为只有恢复古代推行的道,纠正当代的过失,才能求得天下太平。他们说:"诸生对册(策),殊路同归。指在于崇礼义,退财利,复往古之道,匡当世之失。"(《利议》)桑弘羊认为社会在不断变迁,一切制度也应随时变化,要"知趋舍之宜,时世之变"(同上)。批评贤良、文学坚据古文以应付当世,犹如参、商二星之相背;又如胶柱调瑟,固着而难合音律,拘泥而不能变通。他论述了法随时变的主张:"虞、夏以文,殷、周以武,异时各有所施。今欲以敦朴之时,治抏弊之民,是犹迂延而拯溺,揖让而救火也。"(《大论》)"今文学言治则称尧、舜,道行则言孔、墨,授之政则不达。怀古道而不能行,言直而行枉,道是而情非。……固未可与论治也。"(《相刺》)

二、德治与法治。贤良、文学认为"礼义者,国之基也"(《轻重》)。统治者只要用伦理道德教育人民,"教之以德,齐之以礼,则民徙义而从善,莫不入孝出悌,夫何奢侈暴慢之有?"(《授时》)相反,"法能刑人而不能使人廉,能杀人而不能使人仁"(《申韩》),所以古时"明王茂(勉)其德教而缓其刑罚"(《论灾》)。桑弘羊阐述了"治者因法"的法治思想,认为要治理好国家,就必须以法绳天下。"夫治民者若大匠之斫斧斤而行之,中绳则止。……绳之以法,断之以刑,然后寇止奸禁。"(《大论》)主张用重刑除秽锄豪,使他们有所畏忌,不敢轻易犯法。指出:"商君刑弃灰于道,而秦民治。故盗马者死,盗牛者加,所以重本而绝轻疾之资也。……盗伤与杀同罪,所以累其心而责其意也。"(《刑德》)"是以古者作五刑,刻肌肤而民不逾矩。"(同上)

三、义利之辩。贤良、文学提出:"窃闻治人之道,防淫佚之原,广道德之端,抑末利而开仁义,毋示以利,然后教化可兴,而风俗可移也。"如果"示民以利,则民俗薄。俗薄则背义而趋利,趋利则百姓交于道而接于市"(《本议》),社会风气必然败坏,国家也无法治理好。不"示民以利",首先要求统治者不"与民争利"。指出"利不从天来,不从地出,一取之民间","利于彼者必耗于此"(《非鞅》),国家的利增加,民间的利就会减少。不讲礼义造成了贫富不均:"礼义立则耕者让于野,礼义坏则君子争于朝。人争则乱,乱则天下不均,故或贫或富。"(《授时》)桑弘羊肯定求利是所有人的本性,指出:"赵女不择丑好,郑姬不择远近,商人不愧耻辱,戎士不爱死力,士不在亲,事君不避其难,皆为利禄也。"(《毁学》)这是对司马迁《史记·货殖列传》中的观点的直接继承。

四、本末之争。贤良、文学主张重本抑末。他们说:"衣食者民之本,稼穑者民之务也。二者修,则国富而民安也。""故理民之道,在于节用尚本,分土井田而已。"(《力耕》)又指出:"末修则民淫,本修则民悫(忠厚)。民悫则财用足,民侈则饥寒生。愿罢盐铁、酒榷、均输,所以进本退末,广利农业,便也。"(《本议》)把退末的具体措施归结到取消政府专利上。他们认为工商业和农业存在矛盾,"工商盛而本业荒";肯定"商所以通郁滞,工所以备器械",但"非治国之本务"(同上)。桑弘羊提出"富国非一道","富国何必用本农"(《力耕》)来否定以农富国思想。这里所说的"富国"着眼点在国家财政收入的增加,即国家可以从经营工商业中致富。在本末关系上,他既主张"开本末之途"(《本议》),又主张"建本抑末"(《复古》)。开末和抑末,貌似矛盾,实际上他要开的是官营工商业,要抑的是私营工商业。

义利之辩、本末之争都是针对盐铁官营等政策。贤良、文学指出实行盐铁官营等政策并没有起"损有余,补不足"的作用,反而使"富者愈富,贫者愈贫"(《轻重》)。实行均输,"百姓贱卖货物以便上求","农民重苦,女工再税,未见均之输";实行平准,"万物并收,则物腾跃","豪吏富商积货储物以待其息,轻贾奸吏收贱以取贵,未见准之平"(《本议》)。他们分析了官营盐铁的弊端:铁器质量差,不适用,"是以农夫作剧,得获者少,百姓苦之"(《水旱》)。购买时"善恶无所择",而且"吏数不在,器难得"。铁器贵,贫民买不起,只好"木耕手耨"(同上)。盐价贵,贫民只能淡食。为了解除百姓疾苦,应取消盐铁官营等政策。桑弘羊肯定"兴盐铁,设酒榷,置均输"是为了"蓄货长财,以佐助边费"(《本议》),不能罢去。同时他强调这些政策还有其他积极作用,如:"平准则民不失职,均输则民齐劳逸。故平准、均输,所以平万物而便百姓,非开利孔而为民罪梯者也。"(同上)盐铁"非独为利入",而且也为了"建本抑末,离朋党,禁淫侈,绝并兼之路"(《复古》)。他认为盐铁官营并没有造成民间疾苦:"盐铁之利,所以佐百姓之急,足军旅之费,务蓄积以备乏绝,所给甚众,有益于国,无害于人。"(《非鞅》)

桑弘羊把国家经营工商业、控制商品流通称为"以轻重御民"(对内)和"御轻重而役诸侯"(对外)。他说:"王者塞天财,禁关市,执准守时,以轻重御民。丰年岁登,则储积以备乏绝;凶年恶岁,则行币物,流有余而调不足也。""故善为国者,天下之下我高,天下之轻我重。以末易其本,以虚荡其实。今山泽之财,均输之藏,所以御轻重而役诸侯也。"(《力耕》)通过对外国运用轻重之术,做到"外国之物内流,而利不外泄"(同上)。比起《管子》来,桑弘羊的轻重理论要简单得多。他引述了一些《管子》中的话,其中有少数为今本《管子》中所无。

五、自由铸钱与统一铸币权。贤良、文学批评了武帝铸行的白金币,并认为水衡三官统一铸造五铢钱后,钱仍"有薄厚轻重",提出"不禁刀币以通民施"(《错币》)。桑弘羊指出禁止私人铸钱可使"奸伪息",从而使"民不期于妄得而各务其职",安心于农业生产。"故统一,则民不二也;币由上,则下不疑也。"(《错币》)

贤良、文学对武帝发动的反击匈奴战争表面肯定,实则否定,谴责"往者兵革亟动,师旅数起"(《诛秦》),带来重负和困苦。将武帝晚年的"黎人困苦,奸伪萌生,盗贼并起",归咎于"欲毕匈奴而远几"(《西域》),主张"偃兵休士,厚币结和亲,修文德"(《击之》)。桑弘羊肯定秦皇、汉武的功绩,强调只有将对匈战争继续下去,才能带来安宁和利益。战争虽会造成沉重的兵役徭役负担,但"边境强则中国安"(《地广》),从长远看"卒获其庆"(《诛秦》)。

经济、民族、政治方针的争论,引起哲学上的论难。贤良、文学认为风俗的好坏与统治者的政策、社会经济状况密切相关,"贫即寡耻,乏即少廉"(《国疾》),"故富民易与适礼"(《授时》)。桑弘羊则认为"贤不肖有质,而贪鄙有性"(《疾贫》),教化并不能改造人性,它只能辅助善者为善,而不能使恶者为善。在天人关系上,主张性可教化的贤良、文学宣扬天人感应的神学思想:"政有德则阴阳调,星辰理,风雨时。"(《水旱》)"臣不臣,则阴阳不调,日月有变,政教不均,则水旱不时,螟螣生。"(《论灾》)桑弘羊则说灾害是阴阳自然运行造成的:"禹、汤圣主,后稷、伊尹贤相也,而有水旱之灾。水旱,天之所为;饥穰,阴阳之运也,非人力。故太岁之数,在阳为旱,在阴为水。六岁一饥,十二岁一荒,天道固然,殆非独有司之罪也。"(《水旱》)

本书作者桓宽属于儒家,所以全书自然表露重儒轻法的倾向。他总是把贤良、文学的意见安排在每篇最后,显然作为各篇的结论性意见,并把贤良、文学的一些思想主题作为题目标出,而另一些标题则是直接非难法家的。因此,《盐铁论》并不完全客观。

《盐铁论》对于以后的政治、经济、民族政策的制定都有所影响。其中的儒家思想,长时期被视为可以"俾国家之政者"(都穆《序》),不但可以行之当世,而又可施之后世。进入近代以来,除了继续有肯定贤良、文学的见解以外,还出现了研究称颂桑弘羊学说的著作,并发生孰是孰非的论争。《盐铁论》在文体上有创造,它发展了汉赋的对话文体,使之走向戏剧,是一部反映历史题材的对话体小说。它对于研究西汉中期的政治、经济和思想,均有重要价值。

有关《盐铁论》的校注主要有明张之象《盐铁论注》、清卢文弨《盐铁论校补》、张敦仁《盐铁论考证》、王先谦《盐铁论校勘小识》、俞樾《读盐铁论》、《盐铁论平议》、近人郭沫若《盐铁论读本》、杨树达《盐铁论要释》、马非百《盐铁论简注》、王利器《盐铁论校注》等。专题论著有王永《〈盐铁论〉研究》等。

(施惠康 叶世昌 杨鹤皋 贺圣迪)

说苑 〔西汉〕刘 向

《说苑》,又名《新苑》,二十卷。西汉刘向编著。成于汉成帝鸿嘉四年(前17)。通行本有明经厂《新序》《说苑》合刻本、何良俊合刻本、程荣刻《汉魏丛书》本、1936年中华书局《四部备要》本、1937年商务印书馆《四部丛刊》本等。

刘向(前77—前6),本名更生,字子政,成帝即位后改名向。沛(今江苏沛县)人,高祖少弟楚元王交四世孙。宣帝时,以"通达而能文辞",应选"名儒俊材"。历仕宣、元、成帝三朝,任谏大夫、郎中给事黄门、散骑宗正给事中、光禄大夫、中垒校尉等职。初治《易》,尤精《春秋穀梁传》。用阴阳灾异推论时政得失,屡次上书劾奏宦官、外戚专权,上虽感其言,"而不能从其计"。成帝时受诏领校内府所藏秘书,每校完一本,则撰一录,论其指归,并集众录成《别录》一书,为中国最早的目录学著作。一生著述甚丰,尚有《洪范五行传论》、《新序》、《列女传》,今存;《五经通义》、《世说》,已佚。有赋三十三篇,仅存《九叹》、《请雨华山赋》。明人辑有《刘中垒集》。生平事迹见《汉书》卷三六。

《说苑》是刘向在校阅群书时,以汉宫旧传《说苑》(作者不详)为资料,增录新事,以类相从,重新编次的一部短篇历史故事集。书中纂辑先秦至汉代史事、遗闻、佚事、传说六百七十八则(先秦事六百六十二则,秦汉间事十六则),按故事的不同主旨,分为二十卷,其编次为:一、君道,二、臣术,三、建本,四、立节,五、贵德,六、复恩,七、政理,八、尊贤,九、正谏,十、敬慎,十一、善说,十二、奉使,十三、权谋,十四、至公,十五、指武,十六、说丛,十七、杂言,十八、辨物,十九、修文,二十、反质。

是书原有散佚,北宋景祐时仅存五卷,余皆亡(见《崇文总目》所记)。后经曾巩搜补,"遍访遗佚,始辑足二十之数,然犹稍有阙文;迨得高丽进本,方克补成全璧,即世通行本之所宗也"(《说苑引得》序)。书中所记虽为历史故事,然由于将记事与记人、记言相结合,生动地反映出儒家的政治、哲学思想和伦理观念。其阐述的主要思想如下。

"君道",为全书总纲。首则为晋平公问道于师旷故事。师旷提出:"人君之道,清净无为,务在博爱,趋在任贤;广开耳目,以察万方;不固溺于流俗,不拘系于左右;廓然远见,踔然独立;屡省考绩,以临臣下,此人君之操也。"以后各卷所记故事都贯穿、包含着君道主旨。认为国君的言行"不可不慎",应当"敬慎恭己","行慎言敬"(《君道》);主张"治国之道"唯在"爱民","利之而勿害,成之勿败,生之勿杀,与之勿夺,乐之勿苦,喜之勿怒"(《政理》);强调"利归于民",对百姓"布德施惠",就能达到"近者亲之,远者安之"(《君道》)的天下大治局面。

"臣术",讲述做贤臣的道理。提出:"人臣之术,顺从而复命。"并以"无所敢专"、"义不苟合"、"位不苟尊"、"必有益于国"、"必有补于君"作为贤臣的行为准则。又将人臣分为"六正"、"六邪"两类。"六正"之臣为"圣臣"、"良臣"、"忠臣"、"智臣"、"贞臣"、"直臣";"六邪"之臣为"具臣"、"谀臣"、"奸臣"、"谗臣"、"贼臣"、"亡国之臣"。"处六正之道,不行六邪之术",就能上安而下治,"此人臣之术也"(《臣术》)。

"贵德"、"建本",认为治国必须建本。"君子务本,本立而道生",如果不先行正本,就有"成忧于末"(《建本》)的危险。又认为建本务在立德。用寓意深刻的历史故事,阐明"贵德"的重要。认为"国之宝"并不在于山河险要,而是"在德"。以"爱人"为德,要像"以春风风人"、"以夏雨雨人"(《贵德》)一样,博爱于民。以"立节"为重,在《立节》卷首提出:"卑贱贫穷,非士之耻也",而"义之不立,名之不著,是士之耻也"。并通过各类历史故事,阐述了儒家对忠、孝、贞、义、廉、信等节操的理解。以"至公"为德的最高境界。认为"人君之公",在于"以公与天下";"人臣之公",在于"治官事则不营私家,在公门则不言货利,当公法则不阿亲戚,奉公举贤则不避仇雠"(《至公》)。以纳谏作为保持节操的手段,提出"治天下,非用一士之言也"。要鼓励臣民直言劝谏,"明君在上,下有直辞;君上好善,民无讳言"(《正谏》);又将劝谏方式分为五种:"一曰正谏"(正面直言),"二曰降谏"(降而求之),"三曰忠谏","四曰戆谏"(愚直劝谏),"五曰讽谏","孔子曰:'吾从其讽谏矣乎。'"(同上)国君只要能"从谏如流","过而改之,是犹不过"(《君道》),就像没发生过错一样。

"说丛"、"杂言",是贤达之士的哲言荟萃与名言摘记。所记言论,富于哲理,有的还有深刻的辩证思想。如:"谋先事则昌,事先谋则亡";"镜以精明,美恶自服;衡平无私,轻重自得";"好称人恶,人亦道其恶;好憎人者,亦为人所憎";"江河大溃从蚁穴,山以小阤而大崩";"君子博学患其不习,既习之,患其不能行之"(《说丛》)。

"辩物",记载了天地变化和一些古怪异常现象,认为君子应当"达乎情性之理,通乎物类之变,知幽明之故,睹游气之源",以达到"穷神知化"的境界。并通过一些故事说明自然界的变化,盖出于阴阳二气的运动,"阴阳消息,则变化有时","夫水旱,俱天下阴阳所为也"。但亦有些故事宣扬了神怪妖异,把它们作为政事的象征。曾巩说:"向之学博矣,其著书及建言尤欲有为于世",

认为该书所陈历史得失,亦足为现世"法戒"(《说苑序》)。正因为《说苑》将儒家的伦理观念寓于形象生动、饶有趣味的遗闻佚事之中,易于为人们所接受,所以受到历代统治者的重视。明洪武十五年(1382),国家颁发《说苑》,要求天下学子研读它,即可见一斑。《说苑》又有其文学价值,记事、记人、记言颇有特色,语言凝练而传神,富有哲学情趣,对魏晋小说的形成产生了积极的影响。其在古籍保存上也有贡献,正如《四库全书总目》所云:"古籍散佚,多赖此以存。"

然而也有些学者对《说苑》的历史价值提出异义。唐刘知幾《史通》认为是书"故选异说"、"多构伪辞"。宋叶大庆《考古质疑》摘出"孔子对赵襄子"等条,说明所记之事"时代先后,邈不相及"(《四库提要》)。黄朝英《靖康缃素杂记》则列举"晋平公论养士"等条,与《新序》相较,指出"二书同出向手,而自相矛盾"(同上)。严可均则认为《说苑》是议论之文,但求义理通达,并不求事实十分准确(见《铁桥漫稿·说苑》)。

研究著作有云南人民出版社1959年版刘文典《说苑斠补》、中华书局1987年版向宗鲁《说苑校证》、台湾"国立"编译馆2001年版左松超《说苑集证》、北京大学出版社2011年版徐建委《〈说苑〉研究——以战国秦汉之间的文献累积与学术史为中心》、安徽大学出版社2011年版王启敏《刘向新序说苑研究》等。

(高 谷)

列女传 〔西汉〕刘 向

《列女传》，一名《古列女传》，七卷。西汉刘向撰。通行本有明黄鲁曾的崇文书局汇刻本，清王仁俊辑《玉函山房辑佚书》补编本、乾隆年间任兆麟选辑《述记》本、《四库全书》抄本、阮享辑《文选楼丛书》本、1933年商务印书馆《国学基本丛书》本、1990年山东大学出版社张涛《列女传注译》本等。

《列女传》共七卷，分母仪、贤明、仁智、贞顺、节义、辩通、孽嬖七类，每卷十五传，列记古代妇女事迹一百零五则，每一则均有四言赞语，有图表其状。续传一卷为后人所增。具体篇目如下。

一卷，母仪：有虞二妃、弃母姜嫄、契母简狄、启母涂山、汤妃有㜪、周室三母、卫姑定姜、齐女傅母、邹孟轲母、鲁季敬姜、楚子发母、鲁之母师、魏芒慈母、齐田稷母；

二卷，贤明：周宣姜后、晋文齐姜、楚庄樊姬、秦穆公姬、齐桓卫姬、周南之妻、宋鲍女宗、晋赵衰妻、陶答子妻、柳下惠妻、鲁黔娄妻、齐相御妻、楚接舆妻、楚老莱妻、楚于陵妻；

三卷，仁智：密康公母、楚武邓曼、许穆夫人、曹僖氏妻、孙叔敖母、晋伯宗妻、卫灵夫人、齐灵仲子、鲁臧孙母、晋羊叔姬、晋范氏母、鲁公乘姒、鲁漆室女、魏曲沃妇、赵将括母；

四卷，贞顺：召南申女、宋恭伯姬、卫宣夫人、蔡人妻、黎庄夫人、齐孝孟姬、息君夫人、齐杞梁妻、楚平伯嬴、楚昭贞姜、楚白贞姬、卫宗二顺、鲁寡陶婴、梁寡高行、陈寡孝妇；

五卷，节义：鲁孝义保、楚成郑瞀、晋圉怀嬴、楚昭越姬、盖将之妻、鲁义姑姊、代赵夫人、齐义继母、鲁秋洁妇、周主忠妾、魏节乳母、梁节姑姊、珠崖二义、郃阳友娣、京师节女、上谷魏母；

六卷，辩通：齐管妾婧、楚江乙母、晋弓工女、齐伤槐女、楚野辩女、阿谷处女、赵津女娟、赵佛肸母、齐威虞姬、齐钟离春、齐宿瘤女、齐孤逐女、楚处庄侄、齐女徐吾、齐太仓女；

七卷，孽嬖：夏桀末喜、殷纣妲己、周幽褒姒、卫宣公姜、鲁桓文姜、鲁庄哀姜、晋献骊姬、鲁宣缪姜、陈女夏姬、齐灵声姬、齐东郭姜、卫一乱女、赵灵吴女、楚考李后、赵悼倡后。

《列女传》的名传都是刘向以他所悬拟的标准，采录古代妇女的佚事所作的简单传记。如他认为母仪标准是"行为仪表,言则中义,胎养子孙,以渐教化,既成以德,致其功业"。贤明标准是"廉正以方,动作有节,言成文章,咸晓事理,知世纪纲"。仁智标准是"豫识难易,原度天理,祸福所移,归义从安,危险必避,专一小心"。贞顺标准是"避嫌远别,为必可信,终不更二,天下之俊,勤正洁行,精专谨慎"。节义标准是"必死无避,好善慕节,终不背义,诚信勇敢,何有险波,义之所在,赴之不疑"。

刘向所拟定的几个题目,是为妇女提供生活准则,他并不希望条条都能做到,只要有一善可录,便是他要赞颂的。《列女传》主要是宣扬儒家"三纲五常"的传统道德观念,要求妇女遵循"三从四德"之道,正如他说的"君臣、父子、夫妇三者,天下之大纲纪也","妇人无擅制之义,而有三从之道",应"从一而终"等。但在具体记述人物事迹的过程中也反映了某些有启发或借鉴意义的思想因素,举例如下:

《母仪传·邹孟轲母》记叙孟母教子事迹。传说孟子的家本来靠近墓地,孟子小时候学做埋坟筑墓的游戏,孟母觉得对孩子教育不利,就迁家到市集傍。孟子又模仿商贩叫卖,孟母感到这环境也不适合,又把家迁到学宫附近,"其嬉游乃设俎豆,揖让进退",孟母于是说"真可以居吾子矣",遂居之。孟子小时候贪玩,孟母把正在织的布一刀割断,训诫说,"子之废学若吾断斯织也",孟子终于醒悟,"勤学不息,师事子思,遂成天下之名儒"。这就是流传至今的"孟母三迁"和"断机教子"的故事。

《贤明传·齐桓卫姬》赞美古代妇女的爱国主义。卫姬是齐桓公的夫人,卫侯之女。她得知齐桓公准备伐卫的消息,当晚见到齐桓公就摘掉耳钻,解去环佩,跪拜于堂下说:"愿请卫之罪!"桓公奇怪,说:"吾与卫无故,姬何请邪?"卫姬讲了齐桓公情绪变化过程所反映出的伐卫意向,并表示自己是卫国之女,既然桓公怒卫,自己就有责任代母国请罪。桓公觉得言之有理,就打消了伐卫的念头。

《仁智传·赵将括母》则表现了不为功利所惑,敢于直谏的妇女形象。赵括是赵国名将赵奢的儿子,自幼熟读兵书,非常自负。秦国大规模入侵赵国,赵王以赵括代廉颇为将。部队开赴前线之时,括母上书赵王,再三言明不可重用赵括。赵王不解,她说:"其父为将,身所奉饭者以十数,所友者以百数,大王及宗室所赐币者尽以与军士大夫,受命之日不问家事。今括一旦为将,东向而朝,军吏无敢仰视之者,王所赐金帛,归尽藏之",父子俩根本不同。但赵王不听,括母只得声明,"王终遣之,即有不称,妾得无随乎!"后来,赵括果然兵败身死。赵王十分佩服括母的仁智。

《节义传·珠崖二义》叙述珠崖令后妻与前妻之女不惜牺牲自己为开脱对方而互争罪名的事迹。当时法律规定,带珠宝入关者,将处以死刑。继母守其法,将臂镯取下,但她九岁的儿子"好而取之,置之母镜奁中,皆莫之知"。关侯在关隘检查时,于继母镜奁中搜索出十枚珠,此乃论罪之事。女儿怕继母因此受到牵连,便主动承担罪名,并对官吏陈述自己临时编造的事实。"继母闻之,遽疾行问初(女名)",毅然为女担待一切。女与继母均未知镜奁之真相,但为保全对方,都把责任强加于己,令送行者"酸鼻挥涕"。这时"关吏执笔书劾,不能就一字,关侯垂泣,终日不能忍决",因此叹道:"母子有义如此,吾宁坐之,不忍加文,且又相让,安知孰是?"于是不了了之。

《辩通传·齐锺离春》所写的则是貌丑才高、身怀治国本领的女子。齐国无盐地区有个女子,"其为人极丑",因此年近四十还未出嫁。但她自己却满有把握,非王侯不嫁。一天,她"拂拭短褐,自诣宣王",直言不讳地说要嫁给他当王后,宫廷众人见此情景,"莫不掩口大笑"。但她毫无赧色。第二天又见宣王,且声色俱厉指出宣王有四大危险:一是外有秦楚两国之难,内有奸臣相聚之患;二是大兴土木,"万民疲极";三是贤臣疏远,小人专权,忠言难以进谏;四是"外不修诸侯之礼,内不秉国家之治",终日沉浸于酒色之中。这样,国家迟早要败亡。齐宣王听后叹息:"痛哉!无盐君之言,乃今一闻。"于是拆高台,罢女乐,采取了一系列振奋图强的措施,并择吉日"拜无盐君为后"。

《列女传》是专为妇女列传,成为结构完整的女教专著的最早代表,王回在《古列女传序》中称:"凡以列女名书者,皆祖刘氏。"刘向将儒家伦理道德教育思想扩展到女子教育,是以此发挥"五教由内及外,自近者始"的思想,当时是为了教育后宫女子而呈给汉成帝的。他把宣传政治感化的儒家伦理观作为皇帝与其僚属相处的理想方式,以一些"妇女榜样"来教育后宫女子。宋以后这类著作很多,所不同的是,更强化纲常名教,专重忠贞节烈,"列女"演为"烈女"。正如章学诚所言:"后世史家所谓列女,则节烈之谓也,而刘向所叙,乃罗列之谓也。"

《列女传》先有班昭、綦母邃、虞贞节作注,今佚。后有清梁端《列女传校注》、王照圆《列女传补注》、萧道管《列女传集注》、近人陈汉章《列女传校补》等传世。研究著作有陈丽平《刘向〈列女传〉研究》(中国社会科学出版社,2010年)等。

(陈人雄)

太玄 〔西汉〕扬 雄

《太玄》又称《太玄经》、《扬子太玄经》,十卷。西汉扬雄撰。书成于汉哀帝时。通行本有明嘉靖中万玉堂刻晋范望注本、万历中刻司马光集注本、1936 年商务印书馆《四部丛刊》本等。

扬雄(前 53—后 18),一作"杨雄",字子云,祖居蜀郡成都,后避仇迁居郫县。自幼好学,"博览而无所不见"。少壮时曾钦慕屈原、司马相如并喜好辞赋,后以为辞赋为雕虫小技,于是便不再写作。四十余岁由蜀游京师为官,当时王莽当政,扬雄以为"君子得时则大行,不得时则龙蛇"。不参与朝政,校书于天禄阁,埋头著书立说"以求成名于后世"。后因刘棻案牵连投阁自尽,未遂。从此默默无闻,七十一岁死。《汉书》载其为人"简易佚荡,口吃不能剧谈,默而好深湛之思"。扬雄一生致力于综合儒道两家、恢复儒学正宗的事业,反对天人感应,抨击图谶鬼神的迷信之说,提出以玄为本体的宇宙图式和"善恶混"的人性学说,一定程度上发展了唯物主义与无神论,对后来的魏晋玄学也产生了深刻影响。其主要著述有《太玄》、《法言》、《方言》、《训纂》、《州箴》,以及《反离骚》、《太玄赋》、《解嘲》、《解难》、《甘泉赋》、《长杨赋》等辞赋。《汉书》卷八七有传。

《太玄》是一本模仿《周易》而作的哲学著作。《汉书·扬雄传》说他"以为经莫大于《易》,故作《太玄》"。它对以往《易》学、哲学与自然科学作了全面的总结,建立了完整的哲学体系,包含着丰富的思想内容。但《太玄》又可供占卜之用,据记载王莽、柳宗元都曾用它卜过吉凶。

《太玄》在形式上模仿《周易》,有经有传。但也有自己的创造:《易》用二分法,有奇有偶,而《太玄》则采取三分法,即奇、偶、和;《易》注重以卦象判吉凶,《太玄》则主要以数断否泰,等等。

《太玄》第一篇为《玄首》,每首各有其名,相当于《易》之卦名。每首还有各自的符号,符号有四重,自上而下代表方、州、部、家。卦画"一"为一;"--"为二;"---"为三。"☰"说明"中"首列为一方一州一部一家;"☷"表示"聚"首列为三方一州二部二家。这样《太玄》以"一"、"--"、"---"错布于方、州、部、家,组合为八十一首。每首九赞,共七百二十九赞,赞有赞辞,相当于《易》之爻辞。赞下有"测",相当于《易》之"象"传,是解释赞辞的。其系于首之下还有首辞,相当于《周易》"彖"传,原是独立成篇,大致在范望解赞时散布于诸首之下。

玄首后有九篇文章,都是用于"解剖玄体、离散其文"的。《玄摘》、《玄莹》、《玄捝》、《玄图》、《玄告》诸篇旨在推赞玄经,阐发玄体义蕴、结构和功能。《玄数》以象数学的观点,将五行、方位与具体事物联系起来,解释九赞各自所象之物,并说明《太玄》揲蓍索首的方法。《玄冲》说明八十一首的排列次序及首名的意义。《玄错》不依各首先后次序错综交杂地论述"玄"体,相当《易》之《杂卦》。《玄文》类似于《易》之《文言》,提出了"玄"有罔、直、蒙、酋、冥五德,并加以解说。

《太玄》体系的最高范畴为"玄"。"玄"为宇宙的初始、化生万物的本体。"通同古今以开类,摛措阴阳以发气。"(《玄摘》)玄生阴阳二气,阴阳消长以三分法创生万物。"玄者,摛措万物而不见形者也。"(同上)玄无所不在,无所不能,却又无形无象,它深藏于事物背后,在幽冥中发挥作用。"玄"能洞察一切,"知阴知阳,知止知行,知晦知明"(同上),具有无限的认识能力。

"玄"具体体现为三方九州八十一首七百二十九赞,"一以三起"(《玄图》),一分为三是事物变化发展的规律;"遇九则变",九之数为运动变化的周期。扬雄就这样以"玄"为本体,用数的格式,并通过阴阳消长与五行生克的结合,构成了一个总括时空包容天地人的世界模式。宇宙按这个图式运动变化、周而复始。所有未知的领域、未来的事件都可以由"太玄"体系推衍出来,通晓"太玄"便可明断阴阳,保守"玄"体才能趋吉避祸,"莹天下之晦晦者,其唯玄乎!"(《玄摘》)

《太玄》的体系包含了深刻的辩证思想。首先,他指出了对立面转化的规律,认为阴阳、动静、祸福、寒暑都是互相消长,互相推移的。其次,指出了事物的转化总有一个中间状态,所谓"二、五、八,三者之中也"(《玄图》)。变化总是有一个过程的,不是天马行空无迹可寻的悠忽。第三,提出了事物只有发展到了极点才可能转化,"阳不极,则阴不萌;阴不极,则阳不牙"(《玄摘》)。并运用辩证的观点科学地分析了自然界季节变化与社会兴衰祸福的更替。

虽然作者始终借助理论而不是依靠迷信盲从构造自己的体系,但由于他有一种奢望,希望能创造一个囊括宇宙所有时空上已发生或将发生事件的完美无缺的体系,所以在许多地方将自己臆想的整体划一的形式强加于自然界,编造出"九天"、"九地"、"九等"、"九属"等概念,以象数五行的推衍来规范和维系自己的理论体系,在理论上陷入机械主义与循环论。

《太玄》是一部非常深刻的学术著作,建立了一个系统的哲学体系,冲击了西汉神学经学,影响了汉代哲学家桓谭、王充与科学家张衡,它注重义理的思辨学风,融合《易》、《老》的大胆尝试,又开魏晋玄学之先河。

有关《太玄》的研究著作,主要有宋司马光《太玄集注》、明叶子奇《太玄本旨》、清袁熹《太玄解》、陈本礼《太玄阐秘》、俞樾《扬子太玄平议》、倪灿《扬雄太玄经校正》、今人郑万耕《太玄校释》(北京师范大学出版社,1989年)、董治安《〈太玄经〉(二十八篇)释义》(收入董著《两汉文献与两汉文学》,上海古籍出版社,2005年)、刘韶军《扬雄与〈太玄〉研究》(人民出版社,2011年)等。

（罗文涛）

法言 〔西汉〕扬 雄

《法言》又称《扬子法言》，十三卷，西汉扬雄撰。通行本有明万历中新安程荣刻《汉魏丛书》本、1919年上海商务印书馆《四部丛刊》中、1935年上海世界书局《诸子集成》本、1936年宁武南氏排印《刘申叔遗书》本、1986年上海书店出版社《诸子集成》重印本等。

《法言》是扬雄具有代表性的哲学著作之一。《汉书·扬雄传》载其自序云："雄见诸子各以其知舛驰，大氐诋訾圣人，即为怪迂析辩诡辞，以挠世事。虽小辩，终破大道而惑众，便溺于所闻，而不自知其非也。及太史公记六国，历楚、汉，讫麟止，不与圣人同是非，颇谬于经。故人时有问雄者，常用法应之，撰以为十三卷，象《论语》，号曰《法言》。"足见此书本旨在于捍卫和发挥正统的儒家学说。《法言》在形式上模仿《论语》，采用问答体的形式讨论学问与人生，共十三篇。

《学行》推崇后天学习的重要性。认为"天降生民，倥侗颛蒙，恣乎情性，聪明不开"（《法言序》），所以欲戒君子，为王者事必须学习。并认为学要能行之，"学，行之，上也"。

《吾子》认为孔子周公之道皆为治国兴邦、修身论学的最高真理，主张为学者要崇本而抑末，追随先贤思想。提出"好书而不要诸仲尼，书肆也。好说而不要诸仲尼，说铃也"。

《修身》提出了"善恶混"的人性论。指出人通过气可以为善，也可以为恶。修身既成，去恶兴善，成为善人。

《问道》认为圣人之道不是永恒不变，而是有"因"有"革"。"可则因，否则革"，"新则袭之，敝则益损之"。因此，对诸子百家都要加以取舍。"庄周有取乎？曰少欲。邹衍有取乎？曰自持。"

《问神》肯定了人的认识能力，提出心为神的思想。

《问明》指出人要通过学习圣人之言以察见圣微之理，投射幽隐之情。这样才能常行逊顺，以备不虞。

《寡见》强调知识的重要。认为平常百姓往往短视没有远见，易误入歧途；而知识有预见未来并防患于未然的功能。

《五百》总结先秦百家理论,认为唯有仲尼之道是"关百圣而不惭,蔽天地而不耻"的。其他诸子都有偏颇之处。"庄、杨荡而不法,墨、晏俭而废礼,申、韩险而无化,邹衍迂而不信。"并反驳了孟子"五百岁圣人出"的荒谬。

《先知》通过尧舜禅让至齐晋尊王这一段历史变化,提出自小事中可预见国家兴亡的先兆,指出为政之本在于修身、惠民,为政之先在教化。并提出历史是不断进化的,从而肯定了"为政日新",进行改革的必要。

《重黎》、《渊骞》评价了古代帝王将相、诸子先贤的作为与学说。分辨了他们的真伪美善、忠奸贤愚。其中特别指出《黄帝始终》一类谶纬之书的伪托、不足信。

《君子》,指出了"有生必有死,有始必有终"的自然之道是无法违抗的,批判了神仙迷信,抨击了经学神学化的堕落。

《孝至》,认为孝道是礼教的根本,做人的基本准则。"孝,至矣乎!一言而该,圣人不加焉。""人而不孝,豸獭乎。"

《法言》的要旨如下。

一、复兴儒学。西汉后期的社会政治危机,带来统治思想危机。董仲舒的神学目的论和谶纬神学,在畸形的泛滥中显露危机,逐渐削弱其维护封建统治的作用。在这种形势下,《法言》主张改革统治思想,强调用儒家传统的宗法伦理思想调节人们之间的关系,反对过分依赖天命神学,同时吸收道家的思想以补充儒学。认为孔子之道是治国兴邦的真理,判断是非的最高标准:"或曰:人各是其所是而非其所非,将谁使正之?曰:万物纷错则悬诸天,众言淆乱则折诸圣。"(《吾子》)"仲尼之道犹四渎也,经营中国,终入大海;他人之道者西北之流也,纲纪夷貉,或入于沱,或沦于汉。"(《君子》)可是孔子之道已受到种种干扰而衰微。故对标榜孔门而偷换孔学之实质者,严厉地加以斥责。"或曰:有人焉,自云姓孔而字仲尼,入其门,升其堂,伏其几,袭其裳,则可谓仲尼乎?曰:其文是也,其质非也。敢问质?曰:羊质而虎皮,见草而说(悦),见豺而战,忘其皮之虎矣。"(《吾子》)因此,极力倡导儒家的宗法伦理思想:"道、德、仁、义、礼,譬诸身乎。夫道以导之,德以得之,仁以人之,义以宜之,礼以体之,天也。合则浑,离则散。一人而兼统四体者,其身全乎。"(《问道》)显然这也吸收了道家的"道德"之说,"老子之言道德,吾有取焉耳"(同上),并首先将其与仁义连用,形成宗法伦理思想支配下的治国之道。

二、批判谶纬神学。《法言》批评经学的神学化,"或曰:甚矣,传书之不果也。曰:不果则不果矣,又以巫鼓(鼓吹)"(《君子》)。指出儒经的传书不仅失实,而且用巫祝之术加以鼓吹,这是一种堕落。有人问属于谶纬的《黄帝终始》如何,《法言》认为纯系伪托,内容不足信。《法言》对神仙方术的迷信也作了批评,认为神仙不存在,长生不死不可能,"有生者必有死,有死者必有终,自然之道也"(《君子》)。死是任何人不可抗拒的"自然"规律。又提出"吏以天占人,圣人以人占天"(《五百》),认为宗教迷信家用天占卜人事吉凶,而圣人则根据人事以考察天的变化。

三、礼义法度并重。《法言》主张礼义、法度并重的政治统治。"法度彰,礼义著,垂拱而视天也,民之阜也无为矣。"(《问道》)反对秦的暴政苛法,认为"秦之法度负圣人之法度"(《寡见》),以人为"砥",残暴无比;又谴责申韩之术,"不仁之至矣,若何牛羊之用人也!"(《问道》)认为礼义教化优于刑罚,"或曰人君不可不学律令。曰:君子为国,张其纲纪,议其教化。导之以仁,则下不相贼;茍之以廉,则下不相盗;临之以正,则下不相诈;修之以礼义,则下多德让;此君子所当学也"(《先知》)。显然,是想用礼义教化缓和社会矛盾。

四、改革弊政。《法言》对"虐政虐世"进行了抨击。揭露吏恶、政恶、政吏骈恶造成"三勤"(见《先知》),给人民带来三种勤苦,出现"禽兽食人之食,土木衣人之帛;谷人不足于昼,丝人不足于夜"(《先知》)的现象。他主张对汉代这样的弊政进行改革,"可则因,否则革","新则袭之,敝则益损之"(《问道》)。其改革办法是实行"什一"之税和"井田"之制。"什一,天下之正也,多则桀,少则貉。"(《先知》)抽税多于什一,是暴敛的夏桀;少于什一,是不文明的野人。认为"井田之田,田也……田也者与众田之……法无限,则庶人田侯田,处侯宅,食侯食,服侯服,人亦多不足矣"(同上)。希望发展男耕女织的自然经济,使人民生活得到保障,安居乐业。"老人老,孤人孤,病者养,死者葬,男子亩,妇人桑之谓思。"(同上)认为实行这样的"思"政,就能赢得民心,得到人民的拥护。这是作者理想的政治和社会。

《法言》对后世儒学及哲学有较大影响。如唐代韩愈辟佛老而复兴儒学时,在《读荀》一文中说:"晚得扬雄书,益尊信孟氏;因雄书而孟氏亦尊,则雄者亦圣人之徒欤!"当然,扬、韩捍卫孔孟之道、复兴儒学时,也在自觉或不自觉地修改和发展孔子的学说。《法言》一定程度上依据唯物观点对当时流行的天人感应、鬼神图谶等宗教迷信思想进行了深刻的批判,深得同时代思想家桓谭的赞赏,并对东汉哲学家王充有很大影响。

有关《法言》的研究著作,主要有晋李轨《注》、唐柳宗元《注》、宋代宋咸《注》、吴秘《注》、司马光《法言集注》、清俞樾《扬子法言平议》、近人汪荣宝《法言义疏》(1933年刻本、中华书局1987年排印本)、今人韩敬《法言注》(中华书局,1992年)、郭君铭《扬雄〈法言〉思想研究》(巴蜀书社,2011年)、田富美《〈法言〉思想研究》(台湾花木兰文化出版社,2011年)等。

(杨鹤皋 罗文涛)

老子指归 〔西汉〕严 遵

《老子指归》，又名《道德真经指归》、《道德指归论》、《道德指归》，十三卷（今存七卷）。西汉严遵撰。成书于汉成帝年间（前32—前7）。通行本有明《正统道藏》本、万历中刻《秘册汇函》本、崇祯中虞山毛氏汲古阁刻《津逮秘书》本、清嘉庆十年（1805）虞山张氏照旷阁刻《学津讨原》本、1922年大关唐氏于成都刻《怡兰堂丛书》本、1936年商务印书馆《丛书集成初编》本、1994年中华书局点校本等。

严遵（约前73—公元17），原姓庄，避汉明帝讳而改称严，字君平，蜀郡成都（今四川成都）人。为人"雅性澹泊，学业加妙，专精《大易》，耽于《老》、《庄》。常卜筮于市，假蓍龟以教"（《华阳国志·蜀都士女》）。"以为卜筮者贱业，而可以惠众，人有邪恶非正之问，则依蓍龟为言利害：与人子言依于孝，与人弟言依于顺，与人臣言依于忠，各因势利导之。"（《汉书·王贡两龚鲍传序》）"于是风移俗易，上下兹和。日阅人得百钱，则闭肆下帘，授《老》、《庄》，著《指归》，为道书之宗"（《华阳国志·蜀都士女》），年九十余而卒。扬雄少时曾从其游学，在所撰《法言·问明》篇写道："蜀庄沈冥，蜀庄之才之珍也。"班固也称赞严遵说："蜀人爱敬，至今称焉。"著作尚有：《蜀本纪》（已佚）、《老子注》二卷（唐代已佚，今人严灵峰有《辑严遵老子注》）。另，《全汉文》收有严遵《座右铭》一篇。事迹见《汉书·王贡两龚鲍传》和常璩《华阳国志·蜀都士女》。

《老子指归》是《老子》的义疏。从六朝至唐，有十一卷、十三卷、十四卷三种版本，今存的是十三卷本的后七卷（《德经》部分）。书首刊有谷神子《序文》和严遵《君平说二经目》。原有《略例》（《云笈七籤》卷一《总叙道德》引），今佚。

今本《老子指归》虽仅有《德经》下篇的阐释，但仍可由此及彼，了解严遵哲学思想的一斑。

一、自然思想。首先，《老子指归》认为，"自然"即道，它是精神的实体，而非物质的实体。卷八《道生一章》写道："夫天人之生也，形因于气，气因于和，和因于神明，神明因于道德，道德因于自然，万物以成。"宇宙的生存、事物的运动都是这个道即自然的作用，它是无处不在的。卷八《身与名孰亲章》说:"道德之化,天地之数,一阴一阳,分为四时,离为五行,纶为罗网,设为无间,万物之性,各有分度,不得相干,造化之心,和正以公,自然一概。"其次,认为道、自然也就是指事物运动的规律。卷十三《天下莫柔于水章》写道:"道德所包,天地所载,阴阳所化,日月所照,物类并兴,纷缪杂乱,盛衰存亡,与时变化,积坚者败,体柔者胜,万物之理,自然之称也。"最后,认为只有认识规律,顺应自然,才能成就事功:"凡此五者(指天、地、神、谷、王侯),得一行之,兴而不废,成而不缺,流而不绝,光而不灭,夫何故哉?性命自然,动而由一也。"(卷七《得一章》)如果违背自然,则事无成功,且与祸邻。卷十一《天下谓我章》说:"是故出慈入勇,出俭入广,释后且先,反和逆神,动违自然,福与之远,祸与之邻。"这种自然哲学思想,反映在当时的政治生活中,就形成无为的政治思想。卷九《出生入死章》写道:"尊天敬地,不敢亡先,修身正法,去己任人,审实定名,顺物和神,参伍左右,前后相连,随时顺理,由因其当,万物并作,归之自然:此治国之无为也。"这也就是西汉初年施行的清静无为、纯任自然的黄老之道,应该承认,它是有一定积极意义的。

二、宇宙生成思想。《老子指归》把气看作万物的始元,"神明"、"太和"是万物的宗祖,说:"道有深微,德有厚薄,神有清浊,和有高下,清者为天,浊者为地。"这里,"深微"、"厚薄"、"清浊"、"高下"都是形容气的状态。只有气才有深微厚薄、清浊高下。气通过运动就产生了世间万物。书中通过对《老子》"道生一"章的阐释表述了它的宇宙生成图式。它说:"一者道之子,神明之母,太和之宗,天地之祖。于神为无,于道为有,于神为大,于道为小。故其为物也,虚而实,无而有。……无内无外,混混沌沌,芒芒汎汎,可左可右。……禀而不损,收而不聚,不曲不直,不先不后。高大无极,深微不测。"(卷七)在"道"之后,"神明"之前,有一个生化阶段,其名为一,它是道之子,又是神明之母,但它仍是气。《老子指归》用了《老子》的许多词汇来形容"一",如"恍惚"、"空虚"、"冥冥"、"无音"、"无形"、"无名"、"混混沌沌"。这时的气视而不见,博之无有,浩洋无穷,所以又叫"虚"。

一生二,二就是神明。关于"神明",《老子指归》说:"有物俱生,无有形声;既无色味,又不臭香。出入无户,往来无门。上无所蒂,下无所根。清静不改,以存其常。和淖纤微,变化无方。与物糅合而生乎三。为天地始,阴阳祖宗。生物物存,去物物亡。无以名之,号曰神明。"(卷十三)神明已不是混沌一片而是更加清静和淖了,具有精神的属性,所以受之多者为圣智,得之少者为疵愚。

二生三,三即"太和"。《老子指归》认为,统一的原始状态的混沌之气进一步分化,成为清浊和三气。三气虽有区别、分化,但仍未最后分离。经过这个阶段以后,万物就产生了。它说:"清浊以分,高卑以陈,阴阳始别,和气流行。三光运,群类生,有形容可因循者,有声色可见闻者,谓之万物。"(卷八)总之,"万物之生也皆元于虚,始于无",所以,"虚无无形,微寡柔弱者,天地之所由兴而万物之所因生也"。

气不仅产生了万物和人,而且,一切宇宙万类的不齐以及人的道德、智力的差别也是由气直接决定的:"阳者为男,阴者为女,人物禀假,受有多少,情有精粗,命有长短,情有美恶,意有大小。或为小人,或为君子,变化分离,剖判为数等。"

三、社会政治思想。《老子指归》从"自然"思想出发,主张无为而治,要求返回到无君、虚君的太上至德之世。它认为至德之世是非常美好的,在至德之世中,"鸟兽并兴,各有所趣。群士经世,各有所归。是以损聪明,弃智虑,反真归朴,游于太素。轻物傲世,卓而不污。喜怒不婴于心,利害不按于意。贵贱同域,存亡一度"。人们亲如兄弟,与天地为一体。对至德之世的向往源于对现实社会的不满和抗议。作者认为,礼治是祸乱和愚惑的根源:"夫礼之为事也,中外相违,华盛而实毁,末隆而本衰。礼薄于忠,权轻于威,信不及义,德不逮仁,为治之末,为乱之元。诈伪所起,忿争所因。……是故祸乱之所由生,愚惑之所由作也。"此外,对统治者所执行的一些具体统治手段,作者也进行了批判。如关于封禅,书中揭露道:"封于泰山,禅于梁父,流渐相承,或然或否。断狱数万,黥人满道。臣杀其君,子杀其父,国破家亡,不可胜数。"关于什伍连坐,书中批评说:"使日下之民皆执《礼》、《易》,通《诗》、《书》,明律比,知诏令。家一吏,里一令,乡一仓,亭一库。明察折中,强武求盗。天下重足而立,侧目而视。父子不相隐,兄弟不相容。此事之极,无益于治。"但是,作者对上仁、上义之君的统治却有相当肯定,认为它们生事起福,以益万民;法禁平和,号令宽柔;扶微起幼,存亡接绝;举措得时,使人民能安居乐业。这实际上体现了改良社会政治的希望,因为作者并不期望改变社会制度,他认为封建等级制度是天然合理的,因而是永恒不变的,君、臣、民的上下关系是不可动摇的。但在上位者应"清静因应",在下位者应从、敦朴,仁义礼法才能真正实行。如果"大道灭绝",则"仁德不兴",这就是去本逐末,本末皆失。因此,治国要以道家为主,而辅之以仁义。

《老子指归》是汉代道家思潮转变为魏晋玄学的重要中间环节,考察它的思想,可以更好地了解魏晋贵无论产生的前期过程。同时,由于它对老子的自然思想作了重要发挥,因而对研究秦汉道家思想很有参考价值。

有关本书的研究著作,主要有唐郑还古(谷神子)注、清陆心源《道德真经指归校补》、今人王德有《老子指归译注》(商务印书馆,2005年)、樊波成《老子指归校笺》(上海古籍出版社,2013年)等。

(戴洪才)

易林 〔东汉〕崔篆

《易林》,又名《周易林》、《卦林》、《象林》,十六卷。东汉崔篆撰(旧题汉焦延寿撰,据沈炳巽、牟庭相、翟云升和近人余嘉锡等考证,撰者当为崔篆)。约成于东汉光武建武(25—65)初年。通行本有明《正统道藏》本、清乾隆三十年(1765)《四库全书》抄本、1909 年上海扫叶山房刻《百子全书》本、1917 年潮阳郑氏刻《龙溪精舍丛书》本、1936 年中华书局《四部备要》本、同年商务印书馆《四部丛刊》本等。

崔篆(生卒年不详),涿郡安平(今河北安平)人。王莽时为郡文学,以明经征诣公车。太保甄丰举其为步兵校尉,辞以"伐国不问仁人,战陈不访儒士",自劾有过,不就。后被迫任建新大尹,乃单车到官,称疾不视事三年。属下谏,勉强外出班布春令。所至之县,见监狱人满为患,乃垂泣平理,释放二千余人。恐上司怪罪,乃称疾弃官。汉光武建武初年,朝廷中不断有人举荐他,篆自以宗门受王莽伪宠,愧对汉朝,遂辞归不仕。客居荥阳,闭门潜思,著《周易林》六十四篇,用决吉凶,多所占验。临终作《慰志赋》以自悼(收入《后汉书》本传)。崔篆在思想上基本是崇尚儒家仁政,反对暴政,主张"蠲除苛残",用贤去佞,使人民有安居乐业的生活。事迹见《后汉书·崔骃传》附。

《易林》是一部象数学著作。它将《易》之六十四卦衍成四千零九十六卦,通过卦象而见其象意,进而编出释辞,以指导人们的行止。全书共六十四篇,四千零九十六条释辞。有东汉费直序、唐王俞序、清牟庭相《易林校略序》、翟云升《书牟氏序后》、丁晏《书易林校略后》、刘毓松《易林释文》跋、薛季宣序。

《易林》用象,不是一象一意,而是一象取其多意,这就形成其审象复杂、重叠的特点,同时也造成它的内容芜杂。约而言之,可分三类。(一)取材于《左传》、《国语》、《战国策》、《诗》、《书》、《礼》、《易》等经史;(二)反映当时社会生活;(三)宣扬神仙、祸福。崔篆的释辞所反映的思想内容如下。

一、顺应自然。《易林》认为,自然界的运行有其自身规律,顺应它,就能功成事就;违背它就会遭到祸殃。它说:"天地配享,六位光明,阴阳顺叙,以成和平。"(《蒙之小畜》)帝王的任务就在于"和合四时",因势而利导,"顺注湖海,邦国富有"(《师之复》),"阴阳顺叙,国无咎灾"(《师之解》)。人不可与天地自然对抗,"天之所坏,不可强支"(《蒙之夬》),否则就会受到惩罚。

二、提倡仁政。《易林》有明显的儒家思想倾向,反对暴政苛政,认为"虐政害民"(《坤之大壮》),主张"蠲除苛残,使季无患"(《师之贲》)。对当时的战乱,《易林》也有愤怒的控诉:"国乱不安,兵革为患,掠我妻子,家中饥寒"(《师之坎》),这是一幕多么悲惨的图景!在它看来,只要重德行义,就会天下归仁,人民安居,"仁政不暴,凤凰来舍,四时顺节,民安其处"(《乾之姤》)。治国如此,神也会来辅助,何愁不长治久安呢。

三、天人相应。作为象数之作,《易林》中充斥了迷信思想,这是毋庸讳言的,但有的地方,作者也假借天人感应表达自己对君主的警劝。如《易林》认为,生命是上帝赐予的,"上帝之生,福佑日成"(《乾之大有》),它有好生之德,保佑生灵存活。顺从上帝旨意,就能太平无事,若违背上帝意愿,惩罚就会降临,"狼虎为政,天降罪罚"(《乾之大壮》)。这里,《易林》作者实在是借天意来劝谏君王:必须实行仁政。作者有时还嘲讽当时代天立言的迷信:"大口宣舌,神使伸言:黄龙景星,出应德门,与福上天,天下安昌。"(《需之萃》)可见作者思想中也有矛盾之处。

除此之外,《易林》还反映了当时一些历史事件。如"皇母多恩,字养孝孙,脱于襁褓,成就为君"(《节之解》),反映了哀帝被祖母所抚养,他之能立为太子,全赖祖母之谋的情况。又如《萃之益》:"长城既立,四夷宾服,交和结好,昭君受福",反映了汉元帝时昭君和亲之事。再如《艮之讼》:"元后贪欲,穷极民力,执政乖互,为夷所逼",说的则是王莽朝事。这些都有助于对当时历史的了解。

《易林》是现存汉代象数学的唯一专著,为研究汉代象数学提供了可贵的第一手资料。同时,它对后代尤其是宋人的象数学有直接影响,有助于把握宋代易象数学的渊源。

有关的本书的研究著作,有清翟云升《易林校略》、丁晏《易林释文》、近人余嘉锡《四库提要辨证·易林》、徐昂《易林勘复》、尚秉和《焦氏易林注》、《焦氏易诂》等。2012年上海古籍出版社出版的徐传武、胡真的《易林汇校集注》,是目前最完备的校注本。

(戴洪才)

新论 〔东汉〕桓 谭

《新论》，又名《桓谭新论》、《桓子新论》、《荆山子》。东汉桓谭撰。约成书于东汉建武年间(25—56)。今存辑本数种，除严辑本四卷，余皆为一卷。通行本有：一、元陶宗仪辑《桓谭新论》，有清顺治三年(1646)委宛山堂刻《说郛》本；二、明归有光辑《荆山子》，有天启六年(1626)刻《诸子汇函》本；三、清孙冯翼辑《桓子新论》，有1936年中华书局《四部备要》本；四、清严可均辑《桓子新论》，有光绪年间王毓藻刻《全后汉文》本、1977年上海人民出版社校订本；五、清佚名辑《桓子新论》，有道光中《指海》本；六、民国国学扶轮社辑《桓子新论》，有《古今说部丛书》本等。七、2009年中华书局《新编诸子集成续编》所收《新辑本桓谭新论》。

桓谭(约前23—56)，字君山，沛国相(今安徽濉溪西北)人。成帝时，其父为太乐令，谭以父任为郎。好音律，善鼓琴，博学多识，遍习五经，尤好古学，数从刘歆、扬雄辨析疑义。又常非毁俗儒，因此受到排挤。王莽统治期间，桓谭任掌乐大夫，当时士人对王莽歌功颂德，"谭独自守，默然无语"(《后汉书·桓谭传》)。后在农民起义军拥立的更始帝下任太中大夫。东汉光武帝即位，任为议郎给事中。桓谭曾三次上书光武帝，陈时政所宜，论治国之道，初则"失旨不用"，再则"书奏不省"，三则"帝省奏，愈不悦"。说明其治国主张不合光武帝心意，且因而获咎。但桓谭不畏权势，面对信奉谶纬神学的皇帝，敢于犯颜直谏，"极言谶之非经。帝大怒曰：'桓谭非圣无法。'将下斩之"(同上)。桓谭叩头流血，幸免于死。被贬为六安郡丞，死于去六安途中。《后汉书》卷二八有传。

《新论》在《隋书·经籍志》中著录为十七卷。《后汉书·桓谭传》记载："初谭著书言当世行事二十九篇，号曰《新论》，上书献之，世祖善焉。《琴道》一篇未成，肃宗使班固续成之。"原书十六篇，"光武读之，敕言卷大，令皆别为上下，凡二十九篇"(《后汉书·桓谭传》李贤注)。孙冯翼辑本从《琴道》始，其余都不著篇名。严可均辑本有十六篇名，案语中指出："诸引但《琴道》有篇名，余无篇名。今望文分系，仍加各篇旧名，取便检阅。"可见并不可靠。篇目十六：《本造》、《王霸》、《求辅》、《言体》、《见徵》、《谴非》、《启寤》、《祛蔽》、《正经》、《识通》、《难事》、《道赋》、《辩惑》、《述策》、《闵友》、《琴道》。

《新论》认为，阴阳二气生化草木五谷、禽兽昆虫与人，而"人抱天地之体，怀纯粹之情，有生之最灵者"(《正经》)。"貌动于木，言信于金，视明于火，听聪于水，思睿于土。""五行之用，动静还与神通。"(同上)貌恭致雨，言从致旸，视明致燠，听聪致寒，心严致风，人与天之间存在着感应关系。"衰世薄俗，君臣多淫骄失政，士庶多邪心恶行，是以数有灾异变怪"(《谴非》)，但作者又强调"灾异变怪者，天下所常有，无世而不然"(同上)，灾异的发生与政治好坏、人事吉凶无必然的关系。若能修德善政，省职慎行，便可导致"咎殃灭亡而祸转为福"(同上)。如果"惑于佞愚，自为讹误"，反"令患祸得就"(同上)。

《新论》通过总结历史经验教训，认为最理想的政治是三皇五帝的道德之治，其次是三王的仁义之治，再次是五霸的权智之治。"故言三皇以道治，而五帝以德化，三王由仁义，五霸用权智。其说之曰：无制令刑罚，谓之皇；有制令而无刑罚，谓之帝；赏善诛恶，诸侯朝事，谓之王；兴兵众，约盟誓，以信义矫世，谓之霸。王者往也，言其惠泽优游，天下归往也。"(《王霸》)但三皇五帝之事已很久远，无从稽考，唯独"王霸二盛之义，以定古今之理为"(同上)，值得深入研究。所谓王道，就是"先除人害，而足以衣食，然后教以礼义，而威以刑诛，使知好恶去就，是故大化四凑，天下安乐"；所谓霸道，就是"尊君卑臣，权统由一，政不二门，赏罚必信，法令著明，百官修理，威令必行"(同上)。并认为王道和霸道都是维护统治必不可少的工具，二者并用，方可"俱有天下，而君万民，垂统子孙，其实一也"(同上)。

《新论》强调统一法度。桓谭揭露当时法制方面的弊端是："法令决事，轻重不齐，或一事殊法，同罪异论，奸吏得因缘为市，所欲活则出生议，所欲陷则予死比，是谓刑开二门也。"(《后汉书·桓谭传》)因此，必须重新修订法律，统一法度："今可令通义理明习法律者校定科比，一其法度，班下郡国，蠲除故条"(同上)，以便官吏依照统一颁布的法律贯彻执行，避免审理案件时畸重畸轻，庶可做到法度明正，以致"狱无怨滥矣"。

《新论》的论述在我国历史上产生过很大影响。正如王充推崇《新论》时所说："近世刘子骏父子、扬子云、桓君山，其犹文、武、周公，并出一时也。"桓君山"作《新论》论世间事，辩昭然否，虚妄之言，伪饰之辞，莫不证定。彼子长、子云之徒，君山为甲"(《论衡·超奇》)。其崇敬之情溢于言表。王充在《对作》篇中更指出《新论》对《论衡》的直接影响："众事不失实，凡论不坏乱，则桓谭之论不起。……故《论衡》之造也，起众书并失实，虚妄之言胜真美也。"《新论》对唐以后也有很大影响，所以唐魏徵把《新论》有关政治见解的内容，收入其《群书治要》中。《新论》的一些言论也为他书收入，如《意林》、《文选注》、《艺文类聚》、《北堂书钞》、《太平御览》、《初学记》等都有所引用，计三百余条。

有关本书的研究著作,主要有清卢文弨《新论校正》,日本武内日雄《桓谭新论考》,安徽大学中文系《桓谭新论》校注小组《桓谭其人及新论》,苏诚鉴《桓谭》,童俊彦《桓谭研究》,锺肇鹏、周桂钿《桓谭王充评传》等。

(杨鹤皋　贺圣迪　施正康)

诸子略 〔东汉〕班 固

《诸子略》,全称《汉书·艺文志·诸子略》,一篇。东汉班固撰。成书于明帝永平十六年(73)前。《诸子略》为《汉书·艺文志》的一部分。通行本有北宋景祐本、明毛晋汲古阁本、清乾隆武英殿本、同治金陵书局本、中华书局校点本等。

班固(32—92),字孟坚,扶风安陵(今陕西咸阳东北)人。年十六,进洛阳太学,学习儒经、诸子、术数、书法,又从事文学创作。二十三岁时,父班彪病故,回家守丧,二十七岁,继承父业,写《史记后传》。被人告发,以私改国史罪入狱。明帝在听取他弟弟班超的申辩后,又审阅《后传》书稿,赏识他宣扬汉德的志向和修史才能,任命为兰台令史。与陈宗、尹敏、孟异合写《世祖本纪》。升迁为郎后,又写成功臣、平林、新市、公孙述等列传、载记二十八篇。其后,明帝命他续著《史记后传》。到章帝建初七年(82),基本修成记载西汉一代的史书,定名为《汉书》。对社会风俗、政治、学术的发展和变迁,既从自然环境、社会经济、民生状况、人民意愿与圣贤活动来说明,又以五德相生、上天意志来解释。建初四年,以史官兼记录参加白虎观会议,奉命编成《白虎通德论》。和帝永元元年(89),随大将军窦宪抗击匈奴,担任中护军,参与谋议。窦宪失势自杀,他被诛连,死于狱中。生平事迹见《汉书》卷一百《叙传》、《后汉书》卷四十《班固传》。

班固纂修《汉书》,"爱著目录,略序洪业"(《汉书·叙传》)。于是,以刘歆《七略》为底本,删去浮冗,取其指要,略作修改补充,名为《艺文志》。《诸子略》为其一节,用于反映"六学既登,遭世罔弘,群言纷乱,诸子相腾"的情况。

《诸子略》是研究儒道等十家性质、要旨、起源、分化、著作,以及与经学和政治关系的著作。全文由儒家、道家、阴阳家、法家、名家、墨家、纵横家、杂家、农家、小说家及总论十一个部分组成。

儒家。著录五十三种著作及其篇数。其下小注,或记异名、作者、时代、内容。认为儒家出于助人君顺阴阳、明教化的司徒之官,研究《易》、《书》、《诗》、《礼》、《乐》、《春秋》,关注仁义学说及其实施状况,崇奉尧舜文武,以孔子为宗师,其学说较其他各家高明。然而,惑辟者"违离道本",造成"五经乖析,儒学寖衰"。

道家。著录三十七种著作及其篇数。书名下或注有作者、时代、内容、真伪。认为道家源出于"记成败、存亡、祸福、古今之道"的史官,深晓"秉要执本"、清虚自守、卑弱自持的"君人南面之术"。其学说谦的一面与儒家相通。然而,放者"绝去礼学,兼弃仁义",以为"独任清虚,可以为治"。

阴阳家。著录二十一种著作及其篇数。每书下或注作者、时代、内容。认为阴阳家出于天文、历法之官,所长在敬授民时,指导生产与生活。拘者"牵于禁忌,泥于小数,舍人事而任鬼神"。

法家。著录十种著作及其篇数。对每家著述或有作者、时代、内容的小注。认为它源于"信赏必罚,以辅礼制"的理官,长于明罚饬法。刻者"无教化、去仁爱,专任刑法"以求治,结果是"残害至亲,伤恩薄厚"。

名家。著录七种著作及其篇数。注或及于作者、时代。认为名家出于主张礼数与名位相应的礼官。其长处在于"正名实"。謷者失于"苟钩鈲析乱"。

墨家。著录六种著作及其篇数。其下或注作者、时代。认为墨家出于清庙之守,并具体说明贵俭、兼爱、上贤、右鬼、非命、上同等原则的由来。蔽者"见俭之利,因以非礼,推兼爱之意,而不知别亲疏"。

纵横家。著录十二种著作及其篇数。其下或注作者、时代。认为它源于出使四方的行人之官,长于"权事制宜"。邪人则"上诈谖而弃其信"。

杂家。著录二十家及篇数。所注或有作者、时代、内容、真伪。认为杂家起于议官,"兼儒墨,合名法"而成。其长处在"见王治之无不贯"。荡者则"漫羡而无所归心"。

农家。著录九家及其篇数。注文或及于作者、时代、地望、内容、成书原因。认为出于播百谷劝耕桑的农稷之官。注重民食是其长处。鄙者"欲使君臣并耕,诐上下之序"。

小说家。著录十五家及其篇数。注文或及作者、时代、内容、真伪。认为小说家源出稗官。来自街谈巷议的刍荛狂夫之说,有可观之处。君子弗为亦弗灭。

综观所述各家小序,作者主要阐明以下观点:诸子百家源出王官,其学说各有所长、有用于世,但它们的后学在发展本家学说中出现了偏差。此外,作者在总论中认为,各家学说的背景,"皆起于王道既微,诸侯力政,时君世主,好恶殊方"的时代。每一学派于真理,都是"各引一端,崇其所善"。其学说于道并不完整,都有片面性,虽有所长,也有蔽短。各学派的思想家驰说诸侯,将实现政治理想的希望寄托于各国统治者。倘"遭明王圣主,得其所折中,皆股肱之材"。学派之间的关系,"犹水火相灭亦相生也;仁之与义,敬之与和,相反而皆相成也"。这使百家学说都成为六经的"支与流裔"。六艺之学吸取各家学说,经过"舍短取长,则可以通万方之略",成为完美无缺的思想体系。

《诸子略》论述诸子百家及其著作，不仅是图书目录学的开端，而且也是诸子学与思想史学形成的标志，经后代学者的努力，终于发展成为中国思想史与中国哲学史学科。

有关《诸子略》的研究著作，主要有北宋王应麟《汉书艺文志考证》，清姚振宗《汉书艺文志条理》、刘光蕡《前汉书艺文志注》、王仁俊《汉书艺文志考证校补》、王先谦《汉书艺文志补注》，近代姚明辉《汉书艺文志注解》、孙德谦《汉书艺文志举例》、顾实《汉书艺文志讲疏》、张舜徽《汉书艺文志通释》、陈国庆《汉书艺文志注释汇释汇编》、梁启超《汉书艺文志诸子略考释》、《汉书诸子略各书存佚真伪表》、王蘧常《汉书艺文志诸子略序》、《见存先秦诸子书答问(附西汉)》、苗可秀《班马论叙诸子流别次第各异说》、萧奚荦《庄荀淮南马班论列诸子异同考》等。

（贺圣迪）

白虎通义 〔东汉〕班　固

《白虎通义》,四卷。亦称《白虎通德论》或《白虎通》。东汉班固等编撰。通行本有明万历中胡维新刊本、新安程荣刻《汉魏丛书》本、清乾隆三十年(1765)《四库全书》本、光绪八年(1882)淮南书局据抱经堂重刻本、1919年上海商务印书馆《四部丛刊》本等。

作者生平事迹见"诸子略"条。

建初四年(79),章帝召集一批儒生在白虎观举行会议,"讲议五经同异",制订"国宪"。据《后汉书·章帝纪》载:"(建初四年)十一月壬戌,诏……如孝宣甘露石渠故事,作《白虎奏议》。"《白虎奏议》在隋唐时已佚,现存《白虎通义》,是班固等奉命编撰。

参加白虎观会议的有贾逵、丁鸿、杨终、班固、李育、楼望、成封、桓郁等数十人,其中有今文学家,也有古文学家,他们虽有争辩,但都迷信谶纬。《白虎通义》是"亲制临决"的钦定经典,是"国宪"。《后汉书》明确指出:"孝章永言前王,明发兴作,专命礼臣,撰定国宪,洋洋乎盛德之事焉"(《后汉书·曹褒传》)。班固则颂扬为"堂哉皇哉！永垂世则"。可见是东汉王朝的根本大法,但"杂以"谶纬,具有极浓厚的神学色彩。涉及社会、礼仪、国家制度、法律、伦理道德、习俗等各个方面。通行本为四卷,分为四十三篇。卷一：爵、号、谥、五祀、社稷、礼乐、封公侯、京师,凡八篇；卷二：五行、三军、诛伐诤、谏、乡射、致仕、辟雍、灾变、耕桑,凡九篇；卷三：封禅、巡狩、考黜、王者不臣、蓍龟、圣人、八风、商贾、文质、三政、三教、三纲六纪、情性、寿命、宗族、姓名,凡十六篇；卷四：天地、日月、四时、衣裳、五刑、五经、嫁娶、绋冕、丧服、崩薨,凡十篇。为本书作序跋的主要有：明张楷、刘世常、严度,清黄廷鉴、孙星衍、卢文弨、李木斋等。

《白虎通义》继承和发展了《春秋繁露》的神学目的论的基本观点和学说,把自然界秩序和封建社会秩序紧密结合在一起,提出了完整的神学世界观。关于天地万物的起源："始起,先有太初,然后有太始,形兆既成,名曰太素。混沌相连,视之不见,听之不闻,然后剖判。清浊既分,精出曜布,度物施生。……故《乾凿度》曰：'太初者,气之始也；太始者,形之始也；太素者,质之始也。'阳唱阴和,男行女随也。"(《天地》)从太初才开始有气,在太初之前则是一个绝对虚无的世界,整个宇宙万物都从绝对的虚无中产生,即是由神("天")创造。主要思想如下。

一、君权神授。《白虎通义》把天描绘成支配宇宙和人间一切的最高神。"天者,何也?天之为言镇也,居高理下,为人镇也。"(《天地》)陈立《白虎通疏证》云:"天之为言,镇也,神也。"可见"天"就是主宰一切的神。这就为君权神授、君权至上提供了合法的根据。"天子者,爵称也。爵所以称天子何?王者父天母地,为天之子也。"(《爵》)这是对君权至高无上的地位所作的规定。天子这个爵位直接来自上帝的赐予,"受之于天,不受之于人"(《三正》),因而是封建宗法等级制度的最高一级。《号》篇:"或称天子,或称帝王何?以为接上称天子者,明以爵事天也。接下称帝王者,明位号天下,至尊之称,以号令臣下也",只有天子才是唯一发号施令的人物,任何臣民必须绝对服从他的命令,"君之威命所加,莫敢不从"(《瑞贽》)。如有违抗,必受严厉惩处。另一方面,天非常关心天子的政绩,政绩坏,通过"灾异""谴告"之:"天之所以有灾变何?所以谴告人君,觉悟其行,欲令悔过修德,深思虑也"(《灾变》);政绩好,通过"符瑞"称赞:"天下太平,符瑞所以来至者,以为王者承天统理,调和阴阳,阴阳和,万物序,体气充塞,故符瑞并臻,皆应德而至。"(《封禅》)因此,天子必须顺应"天"的意志办事,而"天"的意志则通过五行、"天"气或阴阳之气表现出来。为了论证封建中央政权的至高无上,《白虎通义》还突出了"土居中央"的观点,把"土"列为五行之首,金、木、水、火都依赖于它。对五行之间的关系,它也主要是从道德关系方面解释:"五行各自有阴阳,木生火,所以还烧其母何?曰:金胜木,火欲为木害金,金者坚强难消,故母以逊体,助火烧金,此自欲成子之义。"(《五行》)

二、三纲六纪。《白虎通义》把封建纲常明确规定为"三纲六纪",使"三纲"更加具体、完备。"三纲者何谓也?谓君臣、父子、夫妇也。六纪者谓诸父、兄弟、族人、诸舅、师长、朋友也。故《含文嘉》曰:'君为臣纲,父为子纲,夫为妻纲。'又曰:'敬诸父兄,六纪道行,诸舅有义,族人有序,昆弟有亲,师长有尊,朋友有旧。'"(《三纲六纪》)三纲六纪是封建社会基本的政治准则和伦理规范,体现了封建统治者的根本利益,因而成为《白虎通义》着重神化的对象:"三纲法天地人,六纪法六合。君臣法天,取象日月屈信(伸),归功天也。父子法地,取象五行,转相生也。夫妇法人,取象六合阴阳,有施化端也。"(同上)此外,还从字义上对之作了论证,如:"君,群也。下之所归心。臣者缠坚也,属志自坚固";"父者矩也,以法度教子。子者孳孳无已也";"夫者扶也,以道扶接也。妇者服也,以礼屈服"(同上),等等。而"六纪"是从"三纲"来的,是"三纲"之纪。三纲六纪和自然法则一样是永恒、合理、不可更易的。在极为复杂的社会关系中,只要整顿了纲纪,就可稳定上下统属的秩序,巩固社会的伦理关系。《白虎通义》强调在三纲中,一方对另一方的关系,正如天道中阴阳的关系一样,虽然相反相成,但主次分明,阳尊阴卑,阳绝对统摄阴,阴对阳只能绝对服从。

其中,"君为臣纲"是最重要的纲。它要求臣子对君主竭尽忠诚,为了效忠君主,甚至不惜生命。至于"父为子纲"、"夫为妻纲"都是从属于"君为臣纲"的。"父为子纲"要求父亲必须管教自己的儿子,使之一言一行均合封建法度的要求。父子关系就如同君臣关系,君权与父权相结合构成"君父大义",子民应像孝顺父母一样效忠君主,但当忠孝发生矛盾时,则应以君权为上。关于"夫为妻纲",《白虎通义》有特别的说明:"男女者,何谓也?男者任也,任功业也。女者如也,从如人也。在家从父母,既嫁从夫,夫殁从子也。《传》曰:'妇人有三从之义也。'夫妇者,何谓也,夫者扶也,扶以人道者也。妇者服也,服于家事,事人者也。"(《嫁娶》)夫妇关系就是丈夫以人道"扶"妻子;妻子终日在家专门侍候并屈从丈夫,要以臣事君、子事父、弟事兄、朋友相互尊重的态度,去侍候丈夫。

三、封建特权。《白虎通义》根据君臣之间的人身依附关系,组成了一套严格的政治等级制度:"王者所以立三公、九卿何?曰:天虽至神,必因日月之光;地虽至灵,必有山川之化;圣人虽有万人之德,必须俊贤——三公九卿、二十七大夫、八十一元士,以顺天成其道。"(《封公侯》)根据《白虎通义》的规定,各个等级分别享有不同特权。例如,对大夫以上的高爵、低爵的士和庶人的社会政治待遇就有明显不同的规定:"夫非爵"(《爵》),"不得有谥"(《谥》)。"五祀","独大夫以上得祭之","士者位卑禄薄,但祭其先祖耳"(《五祀》),"士贱不得预政事"(《谏诤》),等等。相反,大夫以上的高爵,不仅礼遇不同,而且享有种种政治、经济特权。如"刑不上大夫何?尊大夫"(《五刑》),大夫致仕以后,"三分其禄,以一与之,所以厚贤人也"(《致仕》)。还可荫及子孙,强调"贤者子孙类多贤","大夫功成未封,子得封者,善善及子孙也"(《封公侯》),等等。至于不同等级享有大小不等封地的占有权和收益权,更有详细、具体的规定,充分反映出《白虎通义》维护封建特权的特点。

四、礼乐与刑罚。《白虎通义》认为礼乐是进行教化、陶冶性情的最好手段:"人无不含天地之气,有五常之性者,故乐所以荡涤其邪恶也,礼所(以)防淫佚、节其侈靡也。故《孝经》曰:'安上治民莫善于礼,移风易俗莫善于乐。'"(《礼乐》)但更重要的还在于切实施行,"礼之为言履也,可履践而行。乐者君子乐得其道,小人乐得其欲"(同上)。要求人民都能行礼、乐道,以实现天下大治。除注重礼乐教化之外,也要运用刑罚,使之成为德礼教化的辅助手段。"圣人治天下必有刑罚何?所以佐德助治,顺天之度也。故悬赏者,示有所劝也,设刑罚者,明有所惧也。"(《五刑》)并认为繁多的刑罚科条也是合乎天地人情的,"科条三千者,应天地人情也"(同上)。

五、教化与学习。《白虎通义》认定"三纲六纪"深入人心的关键在于教化。它承袭孟子、董仲舒的思想,把仁义礼智信看作人所固有的本性,称为"五常":"人无不舍天地之气,有五常之性。"(《礼乐》)除五性之外,人尚有六情,即喜、怒、哀、乐、爱、恶。《白虎通义》似有主张性善情恶的倾向,认为"情有利欲,性有仁",但并非全部否定六情,而认为六情能"扶成五性",引导六情,正是教育发挥其作用的根本问题。因为"人情有五性,怀五常,不能自成,是以圣人象天五常之道,而明之教人,成其德也"(《五经》)。即是说人有先天的五常之性,只是具有成德成善的可能。要使这种可能性转化为现实,就必须通过教化。"教者何谓也?教者效也,上为之,下效之。民有质朴,不教不成。"(《三教》)因此,强调教化的内容必须体现五常之性,据此提出了"三教并施"的理论。"何以言三教并施不可单行也?以忠、敬、文无可去者也。教所以三何?法天、地、人。内忠、外敬、文饰之,故三而备也。即法天地人各何施?忠法人,敬法地,文法天。人道主忠,人以至道教人忠之至也,人以忠教,故忠为人教也;地道谦卑,天之所生,地敬养之,以敬为地教也。"(《三教》)

《白虎通义》提出建立明堂、辟雍、泮宫以及庠序的教育体系;"天子立明堂者,所以通神灵,感天地,正四时,出教化,宗有德,章有道,显有能,褒有行者也","天子立辟雍何?所以行礼乐,宣德化也","诸侯曰泮宫者……明尊卑有差","乡曰庠,里曰序。庠者,庠礼义也;序者,序长幼也"(《辟雍》)。还特别重视乡里的教化,它说:"教民者,皆里中之老而有道德者,为右师,教里中之子弟以道艺孝悌行义,立五帝之德。朝则坐于里之门。弟子皆出就农而复罢,示如之,皆入而复罢。其有出入不时,早晏不节,有过故使语之,言心无由生也。若既收藏,皆入教学,立春而就事。其有贤才美质如学者,足以闻其心,顽钝之民亦足以别于禽兽而知人伦,故无不教之民。"(《同上》)

在教化和学习内容上,《白虎通义》极力推崇儒家五经,认为五经是完善五常之性的典籍,它说:"经所以有五何?经,常也。有五常之道,故曰五经。《乐》仁,《书》义,《礼》礼,《易》智,《诗》信也。"又引《礼解》说:"温柔宽厚,《诗》教也;疏通知远,《书》教也;广博易良,《乐》教也;洁净精微,《易》教也;恭俭庄敬,《礼》教也;属辞比事,《春秋》教也。"(《五经》)

《白虎通义》继承儒家传统,对学习极为重视,谓"学之为言,觉也,悟所不知也。故学以治性,虑以变性。故玉不琢,不成器,人不学,不知道";"君子学以其道。……'生而知之者上也,学而知之者次也',是以虽有自然之性,必立师傅焉"(《辟雍》)。指出学习的作用在于"知道"、"致道",可以陶冶人的性情。在《白虎通义》看来,圣人是至高无上的,"五人曰茂,十人曰选,百人曰俊,千人曰英,倍英曰贤,万人曰杰,万杰曰圣"(《圣人》)。但即使是圣人,也有一个学习过程,如黄帝师力牧、颛顼师绿图、帝喾师赤松子、尧师务成子、舜师尹寿、禹师国先生、汤师伊尹、文王师吕望、武王师尚父、周公师虢叔、孔子师老聃。

《白虎通义》是皇帝主持督率群臣作出的决议,其中规定了国家制度和社会制度的基本原则,确立了人们行为的基本准则,实际上起了法典的作用。《白虎通义》又是东汉王朝官方哲学的代表作,也是中国哲学思想发展史中由神学转入魏晋玄学的一个重要环节,在中国哲学史中有不容忽视的地位。其封建神学、伦理思想对后世封建社会影响之深远,超过了同代其他著作。

有关《白虎通义》的考订校释，主要有清卢文弨校《白虎通》四卷，附《校勘补遗》、《考》、《阙文》各一卷；孙星华校《白虎通义》四卷，附《附录》一卷、《校勘记》一卷；近代刘师培《白虎通义斠补》二卷，附《阙文补订》、《佚文考》、《白虎通义定本》三卷、《白虎通德论补释》一卷、《白虎通义源流考》一卷；吴骞《白虎通义校》一卷；潘景郑《白虎通校本》；陈立《白虎通疏证》十二卷。其他校勘者有孙星衍、赵宜仑、庄述祖、周广业、梁履绳、汪绳祖等。1994年中华书局出版了吴则虞点校的陈立《白虎通疏证》，后附有卢文弨、庄述祖、刘师培等的研究著作，颇便参看。

（杨鹤皋　戴洪才　黄明喜）

女诫 〔东汉〕班 昭

《女诫》,一卷。东汉班昭撰。载《后汉书·列女传》。通行本有明陶宗仪编《说郛》,宛委山堂本;清王相辑《女四书》,李光明庄刊本、江左书林本;清张承燮编《女儿书辑》,东听雨堂刊书本等。

班昭(约49—120),东汉史学家、学官。一名姬,字惠班,号曹大家。扶风安陵(今陕西咸阳)人。班彪之女,同郡曹世叔之妻,早寡。博学多才。其兄班固承父业著《汉书》,其中的"八表"和"天文志",未竟而亡,汉和帝令昭继续兄业,终成是书。和帝数次召她入宫,授予邓皇后、诸贵人经书,兼天文、算术,为中国古代著名的女教师。安帝初立,邓皇后临朝听政,她常出入内宫,参与政事。终年七十余岁。

《女诫》全书约一千六百字,除前言外,共分七章:卑弱第一,夫妇第二,敬顺第三,妇行第四,专心第五,曲从第六,和叔妹第七。阐述男尊女卑、贤妻良母的教育。

"卑弱"是班昭告诫女子的一条总纲。认为男尊女卑是天经地义的道理,"古者生女三日,卧之床下……明其卑弱,主下人也"。让女孩玩弄瓦做的纺锤,表明命该劳碌;主妇要祭告先祖,表明要继承祭祀之务。她称这"三者盖女人之常道,礼法之典教矣"。作为女子,要以卑弱为处事的根本原则,因此必须"谦让恭敬,先人后己,有善莫名,有恶莫辞,忍辱含垢,常若畏惧",总之要小心谨慎地过日子。

"夫妇"讲恪守夫妇之道:"夫妇之道,参配阴阳,通达神明,信天地之弘义,人伦之大节也。"以《白虎通义》的"三纲"为准则,认为"夫妇之道"是一种天地阴阳的关系,因此,夫要"御妇",妇要"事夫",丈夫管不了妻子就会失去"威仪",而妻子不晓得服侍丈夫则是破坏"义理"。提倡既要"教男"御女,又要"教女"事夫。

"敬顺"以神学化的人性论论证事夫之道:"阴阳殊性,男女异行。阳以刚为德,阴以柔为用。男以强为贵,女以弱为美。"认为"事夫"的根本要求就是"敬顺",用"敬"字来自我修养,用"顺"字来对待刚强,即使恩爱夫妻,也不能恣意纵语,更不能争讼是非曲直,不敬不顺,夫妇关系就不能保持。

"妇行"讲女子的行为规范,依次阐述妇德、妇言、妇容、妇功"四德"。所谓"妇德"就是"清闲贞静,守节整齐,行己有耻,动静有法","不必才明绝异",而重在德行;"妇言"不必能说会道,重要的是"不道恶语";"妇容"不要求美丽,重要的是"身不垢辱";"妇功"不讲究"工巧过人",而是要"专心纺织,不好戏笑"。

"专心"讲专心"事夫",从《仪礼》上寻找根据,宣称"夫有再娶之义,妇无二适之文。夫者,天也。天固不可逃,夫固不可离也"。女子必须从一而终,妇女的命运全决定于丈夫,因此,要抓住丈夫的心理,"专心正色"地服侍他,一切视听言行都以"礼义"为纲,做到"六无":"耳无途听,目无邪视,出无冶容,入无废饰,无聚会群辈,无看视门户。"

"曲从"讲事公婆。即使深得夫爱,倘不合舅姑之心,也有可能危及婚姻,因此必须曲从舅姑(即公婆):"姑云不尔而是,固宜从令;姑云尔而非,犹宜顺命,勿得违戾是非,争分曲直。"

"和叔妹"讲必须与夫家弟妹和睦相处,因其言辞对舅姑有很大影响,"妇人之得意于夫主,由舅姑之爱己也;舅姑之爱己,由叔妹之誉己也。由此言之,我臧否誉毁,一由叔妹,叔妹之心,复不可失也"。人难免有过失,而"和则谤掩"、"离则恶扬"。为人妻者不明此理,以至"美隐而过宣,姑忿而夫愠",应引以为戒。

《女诫》是班昭晚年所作,是写给家中女性后代看的,全文收入《后汉书·列女·班昭传》。自叙写作动机:"但伤诸女方当适人,而不渐训诲,不闻妇礼,惧失容它们,取耻宗族。"此书主旨即为进行贤妻良母教育。比起前儒的零星观点,在系统化、通俗化以及操作性方面均有发展,特别是她以女子的身份表述其思想观点,更具有影响力。成为中国古代训女书的范本。《后汉书·列女传》称班昭"博学多才",《女诫》"有助内训"。后被编入《女四书》,一直是封建时代女子教育的主要教材之一。

(陈人雄)

论衡 〔东汉〕王　充

《论衡》，三十卷，东汉王充撰。始撰于东汉明帝永平(58—75)年间，定稿于和帝初年(90)左右，其中大部分书稿成于章帝(76—88)时。通行本有：明嘉靖中吴郡苏氏通津草堂刻本、万历中新安程氏刻《汉魏丛书》本、清乾隆五十六年(1765)金溪王氏刻《增订汉魏丛书》本等。

王充(27—约97)，字仲任，会稽上虞(今浙江上虞)人。出身寒门，祖父辈曾以贾贩为事。少年时游学京师，因无钱购书，便至书铺披阅自修，"一见辄能诵忆，遂博通众流百家之言"。成年后，做过几任小官，因与上司意见不合而辞归乡里，以教书为生。五十九岁时出任扬州治中(亦属小吏)，仅两年便去官归家，以著书为业。晚年裁节嗜欲，颐神自守，至七十余岁病卒于家。作为思想批判家，他以"实事疾虚"的批判精神，对当时居于统治地位的天人感应神学目的论和谶纬迷信思潮，进行了坚决有力的批判，并在这个过程中提出了自己以天道自然无为为基本特征的唯物主义和无神论思想。一生勤于著述，著作除《论衡》外，尚有《养性书》十六篇、《讥俗书》十二篇、《政务书》(以上已佚)、《周易王氏义》(清王仁俊有辑本)、《果赋》一篇(清严可均有辑本)等。生平事迹见《后汉书》卷四九、《论衡·自纪》、《后汉书·班固传》注引文、黄晖《王充年谱》等。

《论衡》全书分为八十五篇，由于《招致》篇有目无书，故实存八十四篇。其中较为重要的有：命义、率性、本性、物势、问孔、非韩、刺孟、谈天、说日、程材、超奇、治期、自然、齐世、宣汉、论死、订鬼、实知、知实、定贤、自纪等编。

一、《论衡》中的哲学思想。

(一) 提出"元气自然"的唯物主义自然观，批判天人感应的神学目的论。认为元气是世界的基元，天地间的一切都由元气构成："凡天地之间，阴阳所生，蚑蛲之类，蜫蠕之属，含气而生"(《商虫》)，"万物之生，皆禀元气"(《言毒》)。人也是由气构成，不过具有精神和智慧，却没有神在主宰："天覆于上，地偃于下，下气蒸上，上气降下，万物自生其中间矣"(《自然》)，明确否定了"天地故生人"(《物势》)的神学目的论。从天道自然无为思想出发,批判了谴告说、君权神授说和至诚动天神的说法。认为谴告乃是诡谲之言、衰乱之语:"夫天无为,故不言灾异"(《自然》);针对当时流传的刘邦之母与蛟龙交感而生刘邦的传说,指出:"天地之间,异类之物,相与交接,未之有也"(《怪奇》),即使贵为王侯,也不可能;至于至诚感天神也是无稽之谈:"天之去人,高数万里,使耳附天,听数万里之语,弗能闻也。……人不晓天所为,天安能知人所行"(《变虚》),一切祭祀、卜筮都是无益的。

(二) 从唯物主义的角度论述形神关系,批判灵魂不灭论和鬼神迷信。认为,形和神由两种不同的气构成,阴气生为骨肉,阳气生为精神。但是,阳气离开形体就没有独立的感知作用,形体死亡,精神也随之消失。由此提出:"形须气而成,气须形而知,天下无独燃之火,世间安得有无体独知之精?"(《论死》)从这个命题出发,王充进一步对生命现象作了科学解释:"有血脉之类,无有不生,生无不死,以其生,故知其死也。天地不生,故不死;阴阳不生,故不死。死者生之效,生者死之验也。夫有始者必有终,有终者必有始,唯无终始者乃长生不死。"(《道虚》)"物无不死,人安能仙"。仙不存在,鬼也不存在,"人之所以生者,精气也,死而精气灭,能为精气者,血脉也,人死而血脉竭,竭而精气灭,灭而形体朽,朽而成灰土,何用为鬼"(《论死》)。王充从无鬼论而主张薄葬,认为墨家既主张有鬼,又倡薄葬,是自相矛盾;儒家主张无鬼,又提倡厚葬,也是矛盾的。只有不信鬼,才能真正做到薄葬。

(三) 提出唯物主义的认识论并批判唯心主义先验论。批判了当时流行的圣人生而知之的说法,指出:"天地之间,含血之类,无性(生)知者"(《实知》),圣人也是人,属于含血之类,当然也不能生知。又说:"实者,圣贤不能性知,须任耳目以定情实。其任耳目也,可知之事,思之辄决,不可知之事,待问乃解。"(《实知》)无论何人,如果没有感官与外界事物相接触,就不可能认识这个事物。从而批判了"孔子生知"说的虚妄。不仅强调认识来源于感性,而且进一步认识到实际经验乃是人们的知识和技能的来源,"齐都世刺绣,恒女无不能;襄邑俗织锦,钝妇无不巧。目见之,日为之,手狎也。……从农论田,田夫胜;从商讲贾,贾人贤"(《程材》)。但是,人的耳目所及是有限度的,不能停留于此,还必须"以心原物",发挥心智的作用,去"知类"、"推类",找出事物的因果联系,获得对事物的正确认识。不过,完全辨别是非,还要看"效验"。"凡论事者,违实,不引效验,则虽甘义繁说,众不见信"(《知实》)。认识和理论是否符合客观事实,必须通过实际效果来检验。王充还提出了"贵用"的观点:"为世用者,百篇无害,不为世用,一章无补。"(《自纪》)获得知识是为了应用,这是王充对唯物主义认识论的一个重要发展。

(四) 反对崇古非今,主张历史进化论。认为世之治乱的决定因素是百姓的物质经济生活,而不是帝王个人的贤愚。百姓的安乐则取决于能否丰衣足食,"让生于有,争起于不足。谷多食多,礼义之心生,礼丰义重,平安之圣立矣"(《治期》)。由此批判了孔子"去食存信"的观点,强调要发展生产,使百姓能安居乐业。并认为历史总是发展的,后代总是胜于前代。王充对历史的解释也运用了元气自然论,"上世之民,今世之民也,俱禀元气,元气纯和,古今不异"(《齐世》)。元气始终如一,不会变。因此,万物也不会变,作为万物之一的人当然也不会变。于是,得出"帝王之世,百代同道"(《齐世》)的结论。

(五) 命定论思想。人都禀元气而生,并无天意鬼神主宰其间,这是对神学天命论的否定。但是,由于无法解释个人的社会遭遇和贫富贵贱等社会现象,王充最终走向了命定论。他认为,元气有厚薄贵贱之分,由于人们所禀元气不同,就形成了不同命运,"凡人受命,在父母施气之时,已得吉凶矣"(《命义》)。这样,王充就把人的一切全交给了命,人应当安于命。王充还把命与"骨相"联系起来,认为命之吉凶可视,"骨相"可知,"命甚易知,知之何用?用之骨体。人命禀于天,则有表候于体,察表候以知命,犹察斗斛以知容矣"(《骨相》)。

二、《论衡》中的政治法律思想。

(一) 天不能赏罚。汉代统治阶级宣扬天能赏善罚恶;君主的喜怒、操行好坏和政治得失都会感动天,作出相应的报答。《论衡》认为,天人之间没有什么感应关系,所谓"天谴"、"天刑"、"天报"之说,纯属虚妄不实之辞。

(1) 批判"天造谴告"说。《论衡》依据天道"自然无为"的观点,严厉批判"天造谴告"说:"人不能以行感天,天亦不随行而应人"(《明雩》),"夫天道自然也,无为,如谴告人,是有为,非自然也"(《谴告》)。谴告之说完全是统治者互相攻讦而人为地制造出来的,"末世衰微,上下相非,灾异时至,则造谴告之言矣"(《自然》)。至于日食等灾异的发生,都是自然现象,有一定的周期。如"四十二月日一食,五月六月亦一食,食有常数"(《治期》);水旱灾害是"天之运气(指气候的自然变化),时当自然"(《明害》)。如果水旱灾异是天对人君失政的谴告,则"尧遭洪水,汤遭大旱,如谓政治所致,尧、汤恶君也"(同上)。事实并非如此。若是天能谴告人君,为什么不找好的君主来执政,却偏生庸庸之君,"失道废德,随谴告之,何天不惮劳也"(《自然》)。实际上,所谓谴告之说,完全是统治者有意编造的"惧愚者之言"。

(2) 批判"天刑"说。董仲舒和谶纬家宣扬"人之喜怒,化天之寒暑"(见《谴告》),"人君用刑非时则寒,施赏违节则温"(《春秋繁露·为人者天》)。《论衡》认为寒暑在同一时候是一样的,从没有发生过哪里行赏哪里就温和,哪里用刑哪里就寒冷的情况:"今寒之变,并时皆然。百里用刑,千里皆寒,殆非其验。齐鲁接境,赏罚同时,设齐赏鲁罚,所致宜殊,当时可齐国温、鲁地寒乎?"(《寒温》)事实上,人间的刑赏同气候的寒温毫不相干,"寒温,天地气节,非人所为,明矣"(同上)。

(3) 批判祸福说。谶纬家宣扬"行善者福至,为恶者祸来,祸福之说皆天也"(见《福虚》)的说教。《论衡》指出,相信祸福之说是衰世的象征:"衰世好信禁,不肖君好求福","衰世好信鬼,愚人好求福"(《辨祟》)。祸福之说纯属虚妄之辞,不能信以为实。

(二) 罪人用法。惩治犯罪运用刑法。儒书宣扬尧、舜及周初"一人不刑","刑措不用"。《论衡》则明确指出:"尧、舜虽圣,不能使一人不刑;文、武虽盛,不能使刑错(措)不用。"(《儒增》)并提出"伐人用兵,罪人用法"的主张:"夫刑人用刀,伐人用兵,罪人用法,诛人用武。武、法不殊,兵刀不异,……刑之与兵,全众禁邪,其实一也"(同上)。可见治国必须用法,否则,一定会"德衰政失"。

(三) 文武张设。所谓"文武张设",即礼法兼用之意。这正是儒家德主刑辅的思想。《论衡》说:"治国之道,所养有二:一曰养德,二曰养力。养德者,养名高之人,以示能敬贤;养力者,养气力之士,以明能用兵。此所谓文武张设,德力具足者也。"(《非韩》)统治者只有既重德,又任力,礼法兼用,掌握了文武两手的统治术,方能治理好国家。

(四) 治国任贤。《论衡》反对东汉豪强大族的特权地位,主张取消"以阀阅取仕"。认为"鸟无世凤凰,兽无种麒麟,人无祖圣贤,物无常嘉珍"(《自纪》)。世上根本没有世代相传的圣贤,豪强大族没有理由享受世代为官的特权。门第等级并不能决定人的贤愚,富贵贫贱不能作为人们贤愚的标准。而治国必须重用贤人,"不能用贤,则有伤德毁名之败"(《效力》)。真正的贤人,则常"集于俗士之间","在闾巷之间"(见《定贤》),即生活在社会的下层,贤明的君主应当善于识别贤人,尊重并任用贤人。

三、《论衡》中的教育思想。

(一) 博览。汉代教育以儒家经典为唯一法定科目,察举选士也以经术德行为准绳,使得当时学风空疏而视野狭窄。《论衡》针对此种学风鲜明地提出"博览"说,试图将人们的思想从儒经的拘框中解放出来。《别通》篇说,"人不博览",就不能"闻古今"、"见事类"、"知然否",犹如目盲、耳聋、鼻塞一样,不成为健全的人。《论衡》将"博览"的意义提高到"成人"与否的尺度来说明论证,主张人的知识应该"无所不包",纵要了解"古今行事",横要通晓"百家之言"。"博览"说"惊世骇俗",为魏晋时代的"博涉"学风开了"先河"。

(二) 距师。《论衡》揭举汉代儒生治学之弊,尤在于"好信师而是古",以为圣贤所言皆是,"专精讲习,不知问难"(《问孔》),大胆提倡解放思想,破除对教师的迷信。认为"凡学问之法,不为无才,难以于距师,核道实义,证定是非也"。又说:"苟有不晓解之问,追难孔子,何伤于义?诚有传圣业之知,伐孔子之说,何逆于理?"(《问孔》)指出孔子言论中诸多上下相忤、前后矛盾之处。《刺孟》篇又列举八方面的问题,一一质问,以说明孔子、孟子的"失言"和"失实",证明"贤圣所言皆无非"观点的荒谬可笑。并进一步指出,即便圣人之言原本正确,由于年代久远,语言及环境的变化,使后人"意沉难解",也应该通过问难"说道陈义",来体会其原意,更何况对一般教师的说经讲课。当然,这并不意味着否定教师的作用,《率性》篇认为孔门七十二高足要归功于孔子的"引而教之"。《量知》篇又言:"不入师门,无经传之教";"学士简练于学,成熟于师"。表明《论衡》并未将循师与距师两者截然对立。

（三）文儒。王充将中国知识分子约略分为四种:"能说一经"的"儒生","博览古今"的"通人","上书奏记"的"文人","精思著文"的"鸿儒"。其理想的教育目标是"文儒",即"文人"与"鸿儒"。其实质是将汉代教育目标的"儒士"转化为"文士"。《论衡》给文士以高度评价,认为文之可贵,正在于它是人的才智心灵之表证:"实诚在胸臆,文墨著竹帛,外内表里,自相副称。"（《超奇》）人的才能品格最终都要以物化形态的"文"得到验证。因此,"文"在一定意义上也就是"质","人以文为基","人有文质乃成"（《书解》）。人品高俊卓拔,则文章奇伟不群,如此之人,自有感人处;如此之书,必能传于世。这样,文人虽不"为师",然犹胜"为师"。文人可兼儒师,而儒师难兼文人。所以王充虽不避"收徒传授",更注重"著书立说",期望"垂书示后"（《自纪》）,正是以"文人"自许。并称"繁文之人,人之杰也"（《超奇》）。

四、《论衡》中的自然科学思想。

（一）探讨物体运动的动原及与周围环境的关系。《效力》篇指出:"凿所以入木者,槌叩之也,锸所以能撅地者,跖蹈之也。诸有锋刃之器,所以能断斩割削者,手能把持之也,力能推引之也。"明确提出了力对工具的作用,是导致工具运动的关键。同时,还进一步探讨了力、物体与周围环境的关系,指出:"力重不能自称","奡、育,古之多力者,身能负荷千钧,手能决角伸钩,使之自举,不能离地。"用这个具体生动的例子区别了内力与外力,阐说力与其他物体及环境的关系,这种认知,较《考工记》等书中的表述较深入了一步,表明了王充观察的细致与严密。

（二）研究物体运动的快与慢。首先,论说了对物体运动的快慢如何进行观察。《说日》篇:"天行已疾,去人高远,视之若迟,盖望远物者,动若不动,行若不行。何以验之?乘船江海之中,顺风而驱,近岸则行疾,远岸则行迟,船行一实也,或疾或迟,远近之视,使之然也。"同理,望远者行动似乎不动未行。而天本来运行很快,由于离开人又高且远,所以看起来很慢。这种对运动现象的正确描述,表明王充已注意到视差对于真实运动的快慢有很大差别,从而为研究物体运动的实际快慢提供了正确的基论。其次,论说了影响物体运动快慢的度量。同篇:"日昼行千里,夜行千里。麒麟昼日亦行千里。然则日行舒疾与麒麟之步相类似也。"王充在这里把日与麒麟运动的快慢以每昼夜经过的路程来描述,可知王充对于物体运动的认识已初具"速率"这一概念的萌芽。同篇:"月行十三度,十度二万里,三度六千里,月一旦夜行二万六千里,与晨凫飞相类似也。天行三百六十五度,积凡七十三万里也。其行甚疾,无以为验,当与陶钧之运,弩矢之流,相类似乎?"

按照王充的看法,天也是以一定的速度在运动,而它的快慢都可用相类似的机械运动——晨㫰、陶钧和弩矢的运动来比拟。这说明王充的"舒疾"的概念既有定性的一面,也有一定的定量计算,但由于其基本根据的不足和局限,由此得出的"舒疾"概念也就不很准确和科学。其次,论说了物体运动的快慢和物体本身重量的关系。《状留》篇:"是故湍濑之流,沙石转而大石不移。何者?大石重而沙石轻也。"又云:"是故金铁在地,焱风不能动,毛芥在其间,飞扬千里。"虽然这些观察还只是朴素的经验之谈,但却明白表述了力学上的道理:在同样外力条件下("急流"、"暴风"),重量小的物体容易运动,而重量大的物体则难以运动。《状留》篇还说及"是故车行于陆,船行于沟,其满而重者行迟,空而轻者行疾","任重,其取进疾速,难矣!"进一步说明物体运动的快慢和其本身重量的关系,重量大的物体,要取得较快速度的运动是不易的。

(三)阐说了斜面和圆球的运动。《效力》篇中对物体在斜面上的运动作了记载和分析:"是任车上阪,强牛引前,力人推后,乃能升逾。牛羸人罢,任车退却,还堕坑谷,有破复之败矣。""阪"即斜面,"任车上阪"就是使载重之车往斜面上运动,而载重之车必须有相应的强力在前面拉和后面推,才能向上运动,一旦车子失去上述外力,它就会向下运动,堕入坑谷。王充还充分注意到了圆球的运动并加以记载,《状留》篇中谈到:"且圆物投于地,东西南北,无之不可;策杖叩动,才微辄停。方物集地,壹投而止;及其移徙,须人动举。"这段话中,已隐含有惯性运动与位移的概念,对力是物体运动变化的关键作了说明。

此外,《论衡》还对多种物理现象进行了描述阐说,如《率性》篇中有关以玻璃透镜取火情形的记载。又说:"今妄以刀剑之钩月摩拭朗白,仰以向日,亦得火焉。"说明当时已有用类似凹面镜的物体向日仰照取得火种。《书虚》篇中以大江河流的固有流向与规律,驳斥了当时许多虚妄的传说,并仔细解说了波涛是由于自然力的作用而奔腾激扬,并非人的意志可以管辖。充分肯定了自然力的作用。《感虚》篇记述了有关的声学知识:"以筋撞钟,以箠击鼓,不能鸣者,所用撞击之者小也。"《龙虚》、《雷虚》二篇中以许多事实说明夏天雷电击折不是上天发怒,而是一种自然现象,驳斥了唯心神异说。"实说雷者,太阳之激气也"。这是当时人对于电闪雷鸣以及成因的最科学得体的解释。《变动》篇中观察了雨天到来时各种自然现象:"天且雨,蝼蚁徙,蚯蚓出,琴弦缓,固疾发,此物为天所动之验也……故人在天地之间,犹蚤虱之在衣裳之内,蝼蚁之在冗隙之中。"否认了上天能够谴灾告咎、帝王能够以其意志呼风唤雨的荒诞意识。书中还对"司南"即磁性指南器作了最早的明确记述,为今人考证指南器的形状、结构及实用性提供了可靠的文字依据。书中还提到静电与磁石吸引的物理现象。总之,《论衡》一书阐发了朴素的科学观,对我国传统科技认识论起到了极大的推动作用。

《论衡》的朴素唯物主义思想建立在当时自然科学,特别是天文学、医学发展的基础之上,依据当时自然科学的成就,首先从理论上系统批判谶纬神学和各种宗教迷信,结束了董仲舒等神学经学的统治,体现了一个时代的成就,对后世产生了巨大的影响。

《论衡》在宋以前被看作异端,无人重视,亦无注解。清初熊伯龙始提出《论衡》中有些篇章的真伪问题,他认为《问孔》、《刺孟》两篇是伪作,但此说无据。近代胡适在《中国哲学史大纲》中更提出《乱龙》、《别通》两篇也是伪作。对此,容肇祖有《论衡中无伪篇考》予以辨正,现在一般认为《论衡》中无伪作。有关《论衡》的研究整理始于宋代。今人校注主要有黄晖《论衡校释》、刘盼遂《论衡集解》、北京大学历史系《论衡注释》、郑文《论衡析诂》、杨宝忠《论衡校笺》等。

(戴洪才　杨鹤皋　金忠明　曾　抗)

潜夫论 〔东汉〕王 符

《潜夫论》十卷,三十六篇。东汉王符撰。历代官方和私家的藏书目录多有记载。《潜夫论》版本甚多,元大德间即有刻本,系与《白虎通》、《风俗通》合刻。明万历中新安程荣刻《汉魏丛书》本。对此,清汪继培在《潜夫论笺自序》中言之甚详:"王符《潜夫论》行于今者,有明程荣本、何镗本。何本出于程,不为异同。别有旧本,与《白虎通德论》、《风俗通义》合刻。《风俗通义》卷首题云'大德新刊',三书出于同时,盖元刻也。元刻文字视程本为胜,《边议》、《巫列》、《相列》、《梦列》、《释难》诸篇,简编脱乱,不如程本,其《务本》、《遏利》、《慎微》、《交际》、《明忠》、《本训》、《德化》、《志氏姓》诸篇,各本脱乱并同。以意属读,得其端绪,因复是正文字,疏通事辞,依采经书,为之笺注。"其他重要版本有清乾隆三十年(1765)《四库全书》本、1919年上海商务印书馆《四部丛刊》本、1935年上海世界书局《诸子集成》本、1985年中华书局《新编诸子集成》收入彭铎《潜夫论笺校正》本等。

王符,字节信,安定临泾(今甘肃镇原县)人。生卒年月不详。王符少时与马融、窦章、张衡、崔瑗等友善,成名后又曾受皇甫规接待。依马融等生卒年月推断,他约生当东汉和帝至灵帝年间。王符无外家,为乡人所贱。少好学,有志操。青壮年时广泛阅读经书和诸子著作,因不得志于当世,乃隐居著书三十余篇,议论当时社会政治,不欲彰显其名,故名其书为《潜夫论》。《后汉书》卷四九有传。

本书《本训》、《德化》、《赞学》、《慎微》、《明暗》诸篇是哲学思想的重要篇章;《卜列》、《巫列》、《相列》、《梦列》诸篇是无神论的重要篇章;《本政》、《论荣》、《遏利》、《明暗》、《忠贵》、《浮侈》、《交际》诸篇是政治思想的重要篇章;《述赦》、《断讼》、《三式》、《衰制》诸篇是法律观的重要篇章。王符在《叙录》中曾说他愿作为平民思想家,立一家之言,以备当政者采择:"夫生于当世,贵能成大功,太上有立德,其下有立言。阖茸而不才,无器能当官,未尝服厮役,无所效其勋。中心时有感,援笔记数文,字以缀愚情,财(才)令不忽忘。刍荛虽鄙陋,先圣亦咨询。"大多是讨论治国安民之术的政论文章,且多切中汉末弊政。王符早期主要接受儒家思想,同时也受法家影响,哲学上持唯物主义天道观,主张以气为本的宇宙生成论,承认天命鬼神,但又以人事为重,认识论上主张学而知之,重视理性认识,历史观上认为历史是变动不居的。

一、《潜夫论》中的政治法律思想。

(一) 敦德化与薄威刑。在如何治国、拯救社会的问题上,《潜夫论》强调了儒家的传统主张:一是德化,二是威刑。二者比较,更重德化:"导之以德,齐之以礼,务厚其情,而明其义,民亲爱则无相害伤之意,动思义则无奸邪之心。夫若此者,非法律之所使也,非威刑之所强也,此乃教化之所致也。圣人甚尊德礼而卑刑罚。"(《德化》)因为道德教化可以使人们向善,知耻而无奸邪之心,而法律、威刑则无强人为善的力量,只能消极禁人为恶。但又认为,只用道德教化而不用刑罚是不通达事理变化的腐儒之论,就连尧、舜、文、武也不能舍刑罚而不用:"议者必将以为刑杀当不用,而德化可独任。此非变通者之论也,非叔(救)世者之言也。夫上圣不过尧、舜,而放四子;威德不过文、武,而赫斯怒。"(《衰制》)

(二) 明法禁。《潜夫论》的政治法律思想虽然多属儒家德主刑辅的范畴,但也包含不少申、商刑名和韩非"杂说"的内容。在某些问题上,有其独到见解。

(1) 法令行则国治。认为只有实行法治,方能使国家安宁。"且夫国无常治,又无常乱,法令行则国治,法令弛则国乱;法无常行,亦无常弛,君敬法则法行,君慢法则法弛。"(《述赦》)

(2) 立法以"利民"为本。吸收儒家的民本思想和墨家的兴利除害的观点,在立法上主张以利民为本"夫民者国之基也"(《本政》),民是国家赖以存在的基础,所以统治者应以恤民为本,国家法令应有利于民:"君以恤民为本,……君臣法令之功,必效于民。故君臣法令善则民安乐"(同上);"是故先王之制刑法也,非好伤人肌肤、断人寿命者也,乃以威奸惩恶除民害也"(《述赦》)。

(3) 法随时宜。《潜夫论》承袭先秦法家的变法思想,认为时代不同而俗化异,俗化异而乱源殊,因而治世之法也应根据实际情况,随时变革,以适应客观形势发展变化的需要:"五代不同礼,三家不同教,非其苟相反也,盖世推移而俗化异也。俗化异则乱源殊,故三家符世,皆革定法。高祖制三章之约,孝文除刻肤之刑,是故自非杀伤盗臧(赃),文罪之法,轻重无常,各随时宜,要取足用,劝善消恶而已。"(《断讼》)

(4) 法无亲疏。《潜夫论》认为人类在本性上是共同的、平等的,"贤愚在心,不在贵贱,信欺在性,不在亲疏"(《本政》)。由此进一步论证人们在法律面前不分亲疏的问题。强调法律应公正无私,不分亲疏远近。统治者应做到"明好恶而显法禁,平赏罚而无阿私"(《德化》);"无偏无颇,亲疏同也"(《释难》)。

(5) 法、术、势结合。《潜夫论》继承了韩非的法、术、势结合的思想,强调君主"要在明操法术,自握权秉而已矣。所谓术者,使下不得欺也;所谓权者,使势不得乱也。术诚明,则虽万里之外,幽明之内,不得不求效;权诚用,则远近亲疏,贵贱贤愚,无不归心矣"(《明忠》)。显然,比韩非残酷无情、玩弄权术的主张要温和而通情达理。

(三)富民为本。《潜夫论》认为治国的关键在治民,而治国的首要条件是富民。"为国者以富民为本","民富乃可教"(《务本》)。而富民之道有三:一曰重视农桑。"夫富民者,以农桑为本,以游业为末"(同上)。二曰使民有土地。"土地者,民之本也"(《实边》),"苟有土地,百姓可富也"(《劝将》)。三曰爱惜人力民时。"国之所以为国者,以有民也;民之所以为民者,以有谷也;谷之所以丰殖者,以有人功也;功之所以能建者,以日力也。"(《爱日》)所谓"人功"是指农民的劳动,所谓"日力"是指农民每天的劳动日。要增产粮食,就得依靠农民的劳动,爱惜农民的劳动日,所以圣人"务省役而为民爱日"(同上)。同时,在富民的基础上,必须对人民进行礼义教化,使之安分守己,断绝邪念。"明王之养民也,忧之劳之,教之诲之,慎微防萌,以断其邪。"(《浮侈》)

(四)隆赏重罚。《潜夫论》虽重德化而薄威刑,但又认为在东汉末世空谈德化是无济于事的,必须隆赏重罚。"夫积怠之俗,赏不隆则善不劝,罚不重则恶不惩。故凡欲变风改俗者,其行赏罚也,必使足惊心破胆,民乃易视。"(《三式》)并批评当时政治之失是由于太宽所致。为了扭转已经形成的法令废弛局面,必须纠之以猛,实行严刑重罚:"夫帝王者,其利重矣,其威大矣。徒悬重利,足以劝善;徒设严威,可以惩奸。"(《明忠》)但其重罚的矛头主要是指向豪强大吏,因为他们率多怠慢,违背法律,废忽诏令,专情务利,不恤公事。

(五)尊贤任能。《潜夫论》认为贤人在治国中有举足轻重的地位,"国以贤兴,以谄衰"(《实贡》);任贤使能是关系国家存亡的大事,贤人是治疗国乱之病的良医妙手,"身之病待医而愈,国之乱待贤而治"(《思贤》)。特别强调任用"真贤","夫治世不得真贤,譬如治疾不得真药也"(同上)。"真贤"的标准有二:一曰德,二曰才,即德才兼备,"德不称其任,其祸必酷;能不称其位,其殃必大"(《忠贤》)。并主张实行考绩制度,使"有号者必称于典,名理者必效其实,则官无废职,立无非人"(《考绩》)。不实行考绩制度而天下太平,"此犹欲舍规矩而为方圆,无舟楫而欲济大水"(同上)。

二、《潜夫论》中的经济思想。

除上述富民、重农桑外,主要是:

(一)遏利。批判人们争财谋利,《遏利》指出,"利物"都是"天之财",就好像"国君之有府库,赋赏夺与,各有众寡",谁都不能"强取多"。"无德而富贵"的人等于"盗天",必将受祸。纵观历史,"自古于今,上以天子,下至庶人,蔑有好利而不亡者",所以,应该教育子孙立志,而不是为他们多留财产。

（二）反浮侈。《浮侈》指出："今举世舍农桑，趋商贾，牛马车舆，填塞道路，游手为巧，充盈都邑，治本者少，浮食者众。……今察洛阳，浮末者什于农夫，虚伪游手者什于浮末。是则一夫耕，百人食之；一妇桑，百人衣之。以一奉百，孰能供之？天下百郡千县，市邑万数，类皆如此，本末何足相供。"全社会浮食的人过多，就会使人民饥寒，"饥寒并至，则安能不为非"？为非行多了，政府要用严法酷刑，"则下安能无愁怨"？这样就会导致"国危"。王符列举出浮侈的种种表现在当时已经发展到很严重的程度，并指出浮侈盛行的根源在于统治层阶级所为。严重败坏社会风气，危及社会安定："凡诸所讥，皆非民性，而竞务者，乱政薄化使之然也。王者统世，观民设教，乃能变风易俗，以致太平。"

（三）移民实边。针对当时边患严重的局面，王符主张移民垦荒，发展经济，充实边疆。他痛斥朝廷的措施失当，批驳弃边内迁的观点，认为弃边苟安将使边境和内地的农业生产都遭到破坏，从而导致经济崩溃，社会动荡，民不聊生。《实边》提出："夫土地者，民之本也，诚不可久荒以开敌心。"因为"土地、人民必相称"，放弃土地会影响整个社会经济。《劝将》指出："苟有土地，百姓可富也。"他主张在开发边疆、发展生产中，应该举荐廉吏，蓄积贤俊，鼓励边地内郡的有识之士为救边实边作出贡献，不但给他们经济上的奖赏，而且要给政治上的优待。

三、《潜夫论》中的教育思想。

除上述着重道德教化外，主要还有：

（一）勉人为学。《赞学》开宗明义说："天地之所贵者人也，圣人之所尚者义也，德义之所成者智也，明智之所求者学问也。"而学问只能从学习中得来，"虽有至圣，不生而知；虽有至材，不生而能"。又把人之为学，比作物之加工，说明人要有用于世，必须求学，如夏后之璜、楚和之璧，如果不琢不错，只不过是一块砾石。"君子之性，未必尽照，及学也，聪明无蔽，心智无滞，前纪帝王，顾定百世，此则道之明也，而君子能假以自彰尔。"学习要端正动机，树立较高的目标，即进德和致道。要具备才、志两方面的条件，尤以持志为要。他以董仲舒、景君明（京房）、倪宽、匡衡为例，说明只有持志，才能不为富累，不为贫移，孜孜不倦，终于成名立绩。要善于凭借前人的经验，强调要读先圣的经典，以得其道。

（二）正学选基。《务本》提出，"夫为国者以富民为本，以正学为基。民富乃可教，学正乃得义。民贫则背善，学淫则诈伪，入学则忠孝"。把教育放在国家长治久安的重要地位上。

（三）选才用才。提出选才以法为本，举才求实。要不夸大优点，不掩饰缺点，不求全责备，"苟有大美可尚于世，则虽细行小瑕曷足以为累乎"？（《论荣》）应分别其所长，考核优劣，"各以所宜，量材授任"（《实贡》）。

《潜夫论》是一部治国理民的有益教材。对东汉王朝政治、法律、经济、思想文化等方面的揭露和批判相当深刻,所提出的改革政治、法律等弊政的主张,见解精辟,独树一帜,成一家之言,在中国思想发展史上占有重要的地位,对后世影响很大。唐代魏徵的"兼听则明,偏信则暗"思想,来源于《潜夫论·明暗》。韩愈将王符推崇为"后汉三贤"之一。柳宗元、张载、王船山等人的思想也都深受《潜夫论》的影响。明清之际唐甄《潜书》继其统,清末宋恕《卑议》扬其绪,都反映出《潜夫论》的思想价值。《潜夫论》把人性、人才结合起来考察,重点论述选才问题,魏晋玄学关于"才性"问题的辩论盖由此发端。

今人有关的研究,有刘文英《王符评传》、徐平章《王符潜夫论思想探微》、王步贵《王符思想研究》、方军《王符〈潜夫论〉治道思想研究》等。

(戴洪才　马　镛　施惠康)

政论 〔东汉〕崔 寔

《政论》，又作《正论》，一卷。东汉崔寔撰。约成于桓帝年间(147—167)。原为五卷，以后佚散，后人辑为一卷。通行本有唐《群书治要》本、明天启六年(1626)《诸子汇函》本、清严可均《全后汉文》本、清光绪九年(1883)长沙娜嬛馆《玉函山房辑佚书》本、上海人民出版社1976年版《政论注释》本。

崔寔(？—约170)，亦作崔实，字子真；又名台，字元始。涿郡安平(今河北涿州)人。祖崔骃，父崔瑗，皆以文名一时。少沉静好学，父卒后因葬父卖尽家产，服丧期满，以"酤酿贩粥为业"。桓帝初年被除为郎，后拜议郎，又出为五原太守，教民纺织，整顿边防，考课常为边郡第一。以病离职，后再拜议郎，与诸儒博士共定五经。因边郡紧急，再拜辽东太守，会母卒服丧，未赴任。服丧期满，拜为尚书，"以世方阻乱，称疾不视事，数月免归"。为官清廉，家境贫薄，死后家徒四壁，经同僚友人帮助才得以终丧。著述遗有十五篇，今均已亡佚。除本书外另有《四民月令》辑本流传至今。《后汉书》卷五二有传。

《政论》著于崔寔初为郎时，"论当世便宜事数十条，名曰《政论》"(《后汉书·崔寔传》)。全书以议论时政为主而加以理论发挥。虽然崔氏三代祖传儒学，但崔寔著本书却以"救世"为宗旨，主张严明法制，重赏深罚，颇具法家传统。

作者以为当时社会已趋于末世，有奢僭、经商、厚葬三弊，民风不淳，盗贼四起。而且"凡天下所以不治者，由人主承平日久，俗渐敝而不悟，政寖衰而不改，习乱安危，逸不自睹；或荒耽嗜欲，不恤万机；或耳蔽箴诲，厌伪忽真；或犹豫歧路，莫适所从；或见信之佐，括囊守禄；或疏远之臣，言以贱废；是以王纲纵弛于上，智士郁扼于下"。下非治世，上无圣主，因此儒家德教理论不应成为政治指导原则。"今既不能纯法八世(指三皇五帝八代)，故宜参以霸政。则宜重赏深罚以御之，明著法术以检之。"作者认为"自非上德，严之则治，宽之则乱"，并举汉朝三百五十多年的政治历史为例，称汉文帝以废肉刑著称，然而当时"虽有轻刑之名，其实杀也"，"文景之治"是"以严致平，非以宽致平也"。又指出汉宣帝"严刑峻法,破奸宄之胆,海内清肃,天下密如"。而汉元帝继位后"多行宽政,卒以坠陨,威权始夺,遂为汉室基祸之主"。

根据作者对汉代政治历史经验的总结,本书强调"方今承百王之敝,值厄运之会",除了采用重赏深罚的霸道之治术,没有其他救世良方。"夫刑罚者,治乱之药石也;德教者,兴平之粱肉也。夫以德教除残,是以粱肉理疾也;以刑罚理平,是以药石供养也。"故强调加重刑罚,处治犯罪。严格等级秩序,禁止民间奢僭之风。减少大赦次数,至多十年一次。同时作者又注意社会经济问题,认为"昔者圣王立井田之制,分口耕耦地,各相副适,使人饥饿不偏,劳逸均齐,富者不足僭差,贫者无所企羡"。即使不能恢复井田制,也可以将人稠地狭地区的人口转移到荒原垦荒自救。

《政论》表达的政治观点在当时环境下具有一定的代表性,反映了尖锐的社会矛盾,促使一些思想家、政治家开始怀疑儒家政治理论的可行性。其思想在东汉末年曾有一定的影响。

(郭 建)

申鉴 〔东汉〕荀 悦

《申鉴》,又名《小荀子》。五卷。东汉荀悦撰。约成于东汉建安元年(196)至十四年(209)之间。通行本有明万历二十年(1592)新安程荣刻《汉魏丛书》本、清咸丰四年(1854)《小万卷楼丛书》本、1907年潮阳郑氏《龙溪精舍丛书》本、1919年上海扫叶山房《百子全书》本、1936年商务印书馆《四部丛刊》影印本、1958年中华书局《诸子集成》本等。

荀悦(148—209),字仲豫,颍川颍阳(今河南许昌)人,先秦荀子后裔。少好学,年十二即善说《春秋》。博闻强记,所见篇牍,一览多能记诵,尤好著述。成年后见宦官用权,世道昏暗,乃托疾隐居,不为人知。建安元年(196)应召入曹操府,旋迁黄门侍郎,累迁秘书监,与从弟彧、少府孔融侍从献帝左右,旦夕谈论,深得器重。在学术上,持自然意义上的"天人感应"说,提出人性有三品,主张法教并重以挽救社会危机。著作留存的尚有据《汉书》内容、《左传》体裁撰写的《汉纪》三十卷、《荀侍中集》一卷、《典论》一卷。已佚的有《崇德》、《政论》及诸论数十篇。生平事迹见《后汉书》卷六二《荀淑传》附。

《申鉴》是一部政论性著作。《后汉书》本传称:"时政移曹氏,天子恭己而已矣。悦志在献替,谋无所用,乃作《申鉴》五篇。""申鉴"意为申明历史经验以作借鉴。全书分为五篇:政体、时事、俗嫌、杂言上、杂言下,每篇为一卷。明王鏊、清王谟为之序跋。主要内容如下。

一、建立仁义政体,法教并行。指出:"夫道之本,仁义而已矣。"(《政体》)仁义应包括法和教两个方面:"凡政之大经,法教而已。"他提出"致治之术,先屏四患,乃崇五政"。四患指伪、私、放、奢:"伪乱俗,私坏法,放越轨,奢败制。"五政指:"兴农桑以养其生,审好恶以正其俗,宣文教以章其化,立武备以秉其威,明赏罚以统其法。"荀悦认为理想的政体中君、臣、民应为一体:"君为元首,臣为股肱,民为手足。"君要"察九风以定国常"。九风指九种社会风气,即治国之风、衰国之风、弱国之风、乖国之风、乱国之风、荒国之风、叛国之风、危国之风和亡国之风。只有治国之风是好的风气,其表现为"君臣亲而有礼,百僚和而不同,让而不争,勤而不怨,无事惟职而司"。他认为人道的仁义和天道的阴阳、地道的刚柔是一致的。"立天之道,曰阴曰阳;立地之道,曰柔曰刚;立人之道,曰仁曰义。"(同上)仁义在政治上的实施就是教和法。教是仁、是柔、是阳,法是义、是刚、是阴,"故凡政之大经,法教而已矣。教者,阳之化也;法者,阴之符也"(同上)。二者相辅而行,不可偏废。教和刑(法)对上中下三品之人区别对待:教对君子,刑(法)对小人,中人则刑(法)礼兼施:"君子以情用,小人以刑用。荣辱者,赏罚之精华也。故礼教荣辱以加君子,化其情也;桎梏鞭扑以加小人,治其刑也。君子不犯辱,况于刑乎;小人不忌刑,况于辱乎。若夫中人之伦,则刑礼兼焉"(同上)。强调教化的行废对于中人的去就具有极端重要性,"教化之废,推中人而坠于小人之域,教化之行,引中人而纳于君子之途,是谓章化"(同上)。而小人之情"危则谋乱,安则思欲,非威强无以惩之,故在上者必有武备,以戒不虞,以遏寇虐,安居则寄之内政,有事则用之军旅,是谓秉威"(同上)。对小人只有用刑,要加强武备,以防止为非作乱。

二、对谶纬迷信的批评。《申鉴》没有否定天人感应神学,承认天人之间可以以气感相应。但人类应当顺承天地行事。行事顺理,天自然报以休征。"人承天地,故动静顺焉。顺其阴阳,顺其日辰,顺其度数。内有顺实,外有顺文。文实顺,理也。休征之符,自然应也。"(《俗嫌》)此处所谓"天地",基本上是指自然界,所谓"顺理",基本上是指顺应自然规律。对卜筮、"日时禁忌"等迷信也进行了批评,强调人事对吉凶祸福的重要作用。"或问卜筮。曰:'德斯益,否斯损。'曰:'何谓也?'曰:'吉而济、凶而救之谓益;吉而恃、凶而怠之谓损。'"(同上)根本否定对"日时禁忌"的迷信,"或问:'曰(日)时群(禁)忌。'曰:'此天地之数也,非吉凶所由也。东方主生,死者不鲜;西方主杀,生者不寡。南方火也,居之不燋;北方水也,蹈之不沈。故甲子昧爽,殷灭周兴;咸阳之地,秦亡汉隆'"(同上)。天文、地理现象根本与人事的吉凶无关。至于求为神仙之术,更属荒诞不经。认为人的生死,"终始,运也;短长,数也。运数,非人力之为也"(同上);如果养性得法,可以长寿,"寿必用道,所以益命"(同上)。

三、明公私之分。东汉末年,统治集团骄奢淫逸,横征暴敛,社会危机深重。为了摆脱危机,《申鉴》在政治思想上明确提出公私之分的问题:"人主有公赋无私求,有公用无私费,有公役无私使,有公赐无私惠,有公怒无私怨。私求则下烦而无度,是谓伤情。私费则官耗而无限,是谓伤制。私使则民挠扰而无节,是谓伤义。私惠则下虚望而无准,是谓伤正。私怨则下疑惧而不安,是谓伤德。"(《政体》)君臣上下利用职权谋求私利,必然政治腐败,人民惶惶不安,国家危亡。反之,君臣上下克己奉公,忠于职守,励精图治,就会出现良好的政治局面。

四、占田养生。《申鉴》继承发展了先秦以来的民本思想,指出人民是国家的根基,应当采取各种措施加以关心爱护:"或曰:'爱民如子,仁之至乎?'曰:'未也。'曰:'爱民如身,仁之至乎?'曰:'未也。汤祷桑林,邾迁于绎,景祠于旱,可谓爱民矣。'……'人主承天命以养民者也,民存则社稷存,民亡则社稷亡。'故重民者,所以重社稷而承天命也。"(《杂言上》)强调统治者必须减轻对人民的剥削,节约民力财力,倡导农耕,发展生产,使人民富裕,得以"养生"。"故在上者先丰民财以定其志,帝耕籍田,后桑蚕宫,国无游民,野无荒业,财无虚用,力不妄加,以周民事,是谓养生。"(《政体》)当时土地兼并激烈,人民生计艰难。为了抑制兼并,挽救危机,有些思想家主张恢复古代井田之制。《申鉴》认为这是不现实的。进而提出了"耕而勿有"的主张,即允许耕者有土地的使用权而取消其所有权,以杜绝土地自由买卖:"诸侯不专封,富人名田逾限,富过公侯,是专封也;大夫不专地,人买卖由己,是专地也。或曰:'复井田与?'曰:'否。专地非古也,井田非今也。''然则如之何?'曰:'耕而勿有,以俟制度可也'。"(《时事》)无论复井田,或"耕而勿有",实际上都企图否定土地私有制,这在当时条件下是行不通的。

《申鉴》是东汉末年社会批判思潮的代表作之一。针对当时危机所作的揭露和分析,有很高的认识价值,在思想发展史上占有重要地位。

注校和研究本书的著作主要有明黄省曾《申鉴注》、清卢文弨《申鉴校正》、清孙诒让《申鉴条校》等。2012年,中华书局出版了孙启治的《申鉴注校补》。

(戴洪才　杨鹤皋)

理惑论 〔东汉〕牟 子

《理惑论》，又称《牟子》、《牟子理惑论》，一篇。据唐神清《北山录》称，原名《治惑论》，唐人避高宗李治讳改今名。相传东汉末年牟子著。原收在刘宋陆澄的《法论》中，书名下有小注："一云苍梧太守牟子博传。"《隋书·经籍志》著录为"《牟子》二卷，后汉太尉牟融撰"。后被梁代僧祐收入《弘明集》。通行本有《宋藏》本、《金藏》本、《元藏》本、《明南藏》本、《明北藏》本、《清藏》本、《高丽藏》本、《大正藏》本、《频伽藏》本等。

牟子，东汉末、三国初人。先学儒，后来信奉佛教。他博览经传，也读神仙家之书，但认为虚诞不可信，常以五经难之。东汉中平六年(189)灵帝死后，天下混乱，他与母避难交趾，二十六岁回故乡苍梧(今广西梧州市)娶妻。因感"方世扰攘，非显己之秋"，执意不仕，而改志于佛教，兼研《老子》。"世俗之徒多非之者，以为背五经而向异道。"牟子的这种学术转向引起了当时儒者的非难，说他背离儒家经义而接受异道。为此，牟子便作《理惑论》答辩，针对佛教传入中国后所引起种种议论和疑难，分别给予辩解。

《理惑论》由三十九章构成(不立标题)，初首的一章一般称为《序传》，末尾的一章通常称为《跋》，正文有三十七章或称三十七篇。《序传》部分介绍牟子的经历和著书缘由，其中一些可以补史籍的不足。文中采取自设宾主(一问一答)的体裁，所假设的"问者"是个从北方来的儒者，对佛教提出种种疑难。而设置的答者是牟子，根据对方提的不同问题引经据典地予以解答。主要记述：释迦牟尼出家、成道、传教的事迹；佛经的卷数及戒律的规定；佛教关于生死问题的观点；佛教在中国初传的情况等。据称因看到"佛经之要有三十七品，老氏《道经》亦三十七篇"，故效法而为三十七条问答。

牟子精通儒家经传，又博览诸子百家之书，信奉佛教，欣赏《老子》，他是从中国传统观点来理解佛教的。《理惑论》认为佛教与中国封建社会的传统思想并无根本对立，其总的思想倾向具有鲜明的佛教、道家、儒家一致特别是佛教、道教一致的观点。为中国较早的阐述佛教原理的书籍。

关于此书的作者,长期以来,中外颇多争议。明末胡应麟在《四部正讹》里指出,《理惑论》的作者牟子不是牟融,但又相信是汉人所作。清代孙星衍将《理惑论》收入《平津馆丛书》,其学生洪颐煊为之作序,说牟子即牟融不可信,认为其文近于汉魏,故收入丛书。晚清学者孙诒让则确认此书为东汉牟子所作。梁启超作《牟子理惑论辨伪》,否定牟子真有其人,认为此书是后世伪造,内容文字都不佳,"为晋六朝乡曲人不善属文者所作"。而汤用彤、周叔迦、余嘉锡则与孙诒让持相同的观点。吕澂在《中国佛学源流略讲》中亦认为"应该属于伪书","作者决非汉末时人",因"当时佛家的学说不会有书内记载的情况",推定为"约当晋宋之间"所出。日本学者山内晋卿等肯定此书为牟子所作,但常盘大定、松本文三郎等则认为是伪书;法国学者马伯乐也认为是伪书,但伯希和又肯定它是牟子所作。

(郭建庆)

中论 〔东汉〕徐　幹

《中论》二卷,东汉徐幹撰。约成书于东汉建安年间(196—217)。宋以后刻本颇多。通行本有清乾隆年间《四库全书》本、咸丰四年(1854)《小万卷楼丛书》本、1907 年潮阳郑氏《龙汉精舍丛书》本、1875 年湖北崇文书局《百子全书》本、1935 年商务印书馆《丛书集成初编》本、1936 年商务印书馆《四部丛刊》本等。

徐幹(171—217),字伟长,北海(今山东昌乐)人。生于士族家庭,幼能属文,至二十"学五经悉载于口"。博览传记,言则成章,文名一时。东汉末年政治混乱,徐幹闭户自守。曹操初定中原,应召任司空军谋祭酒掾属,五官将文学,成为曹氏幕僚,号为"建安七子"之一。后因病归乡,死于疫疾。著述尚有《周易徐氏义》(今存《玉函山房辑佚书续编》辑本)等,后人辑为《徐伟长集》。生平事迹见本书东汉佚名序,《三国志·魏志·王粲传》附。

据本书东汉佚名序,徐幹撰著本书是"欲损世之有余,益俗之不足。见辞人美丽之文并时而作,曾无阐弘大义、敷散道教、上求圣人之中、下救流俗之昏者。故废诗、赋、颂、铭、赞之文,著《中论》之书二十篇"。因本书"统圣人中和之业","求圣人之中",故名《中论》。全书分上、下两卷,每卷各有十篇,总二十篇。篇名为治学、法象、修本、虚道、贵验、贵言、艺纪、核辨、智行、爵禄、考伪、谴交、历数、论夭寿、务本、审大臣、慎所从、亡国、赏罚、民数。主要内容如下。

一、本末关系。本末关系是魏晋玄学争论的主要问题之一,但其源头则在东汉末年。在《中论》中,本末已是一对很重要的范畴。《修本》说:"人心莫不有理道,至乎用之则异矣,或用乎己,或用乎人。用乎己者,谓之务本;用乎人者,谓之近末。君子之理也,先务其本,故德建而怨寡;小人之理也,先近其末,故功废而仇多。"《务本》说:"人君之大患也,莫大于详于小事而略于大道,察其近物而暗于远图。故自古及今,未有如此而不乱也,未有如此而不亡也。……夫人君非无治为也,失所先后故也。道有本末,事有轻重,圣人之异乎人者无他焉,盖如此而已矣。"显然,在这里,本末范畴尚不具备哲学含义,尚无思辨色彩,还只停留于社会政治问题的层面上。

二、名实问题。名实问题也是东汉末年争论的热点问题。《中论》首先把它提到哲学的高度加以讨论,指出"名者所以名实也,实立而名从之,非名立而实从之也。故长形立而名之曰长,短形立而名之曰短,非长短之名先立,而长短之形从之也"(《考伪》)。贵名就是贵实。这里明确地表述了实第一性、名第二性的唯物主义名实观。由此出发,《中论》认为君子应该只求实而不求名,即使有实无名,也能"不闻为闻,不显为显"(同上)。换言之,无名就是最大的名。这就是走到了玄学的大门口了。

三、才性问题。东汉末年思想领域争论的另一焦点是才性问题。才即才智,性即德行。两汉以孝治天下,选拔官吏把道德标准放在首位。曹操当政后,施行"唯才是举"的用人路线,对时尚是一巨大冲击,因而引起广泛讨论。《中论》贵才,兼重德艺,认为理想人格应该智德艺三者兼备,如三者不可得兼,则以智为贵。"或问曰:士或明哲穷理,或志行纯笃,二者不可兼,圣人将何取?对曰:其明哲乎!夫明哲之为用也,乃能殷民阜利,使万物无不尽其极者也。圣人之可及,非徒空行也,智也。"(《智行》)圣人之所以贵智,就在于能立功立事,有益于社会和人民。如果一个人德行虽好,但却不关心社会和百姓,也不值得称道。

四、君民关系。在君民关系上,本书认为"君明乎赏罚之道,则治不难矣"。强调"夫赏罚者,不在乎必重,而在于必行。必行则虽不重而民惧,不行则虽重而民怠"。因为"当罚者不罚,则为恶者轻其国法而怙其所守。苟如是也,虽日用斧钺于市,而民不去恶矣"。并反对厚赏重罚,"赏重则民徼幸,罚重则民无聊",强调要"明庶以德之、思中以平之"。对于儒家传统的教化民众之说相当冷漠,认为"圣人之教,乃为明允君子,岂徒为愚惑之民哉!愚惑之民,威以斧钺之戮、惩以刀墨之刑、迁之他裔而流于裔土,犹或不复,况以言乎"?

《中论》一书反映了当时士族阶层的政治理想,强调士族阶层自律,保持其社会中坚的地位;强调君主应仁明,信任大臣,保证士族阶层的参政特权。并力排道家、杂家之说,以提倡儒学正统自居,开后世儒学"道统"说之端倪。其理论得到当时统治者的首肯,曹丕称本书是可传后世的一家之言。本书也确实对后世哲学、政治思想的发展具有一定影响。

有关《中论》的研究著作有明归有光《中论辑评》、清陈鳣《中论札记》、钱培名《中论札记》、俞樾《读中论》、今人张舜徽《中论注》(收入张氏《旧学辑存》,齐鲁书社,1988年)、徐湘霖《中论校注》(巴蜀书社,2000年)、魏道揆《中论评注》(中国文联出版社,2007年)等。

(郭 建)

昌言 〔东汉〕仲长统

《昌言》,又名《仲长子昌言》《仲长统论》《黄山子》,一卷,或作二卷。东汉末年仲长统著。作年无考,可能不是一时之作。原著三十四篇,一作二十四篇,十余万字。隋时分为十二卷,至宋仅存二卷十五篇,其后继续佚失,明清时有辑本流传。通行本有:一、明胡维新辑《仲长统论》一卷,有万历间《两京遗编》本、《丛书集成初编》本、《元明善本丛书十种》本;二、明归有光辑《黄山子》一卷,有天启六年(1626)《诸子汇函本》;三、明叶绍泰辑《昌言》一卷,有崇祯十五年(1642)《增订汉魏六朝别解》本;四、清严可均辑《昌言》二卷,收入《全上古三代秦汉三国六朝文》,有嘉庆中《四录堂类集》本、中华书局1958年本;五、清马国翰辑《仲长统昌言》二卷,收入《玉函山房辑佚书》,有光绪九年(1883)长沙嫏嬛馆本、上海古籍出版社1990年本。六、清王仁俊辑《仲长子昌言》一卷,收入《玉函山房辑佚书续编三种》,有上海古籍出版社1989年影印本。七、今人孙启治的《政论校注 昌言校注》合刊本,中华书局2012年出版。

仲长统(约179—220),复姓仲长,名统,字公理,祖籍山阳高平(今山东邹城西南)。东汉思想家。少年好学,博览群书,善于文辞。二十岁左右,在并(今山西及陕西北部)、冀(今河北、山西、河南黄河以北及辽宁辽河以西)、青(今山东北部及河北吴桥县地)、徐(今江苏西北,山东南部及安徽东北)之间游历,访师交友,探讨学问。曾游说并州刺史高干,指出他"有雄志而无雄才","好士而不能择人"。意见未被采纳,辞退而去。此后为并、冀之士所器重。汉献帝时因尚书令荀彧推荐,担任尚书郎。以后又参与曹操军事,不久仍任尚书郎。他对社会历史及其发展趋势,治国平天下的政策有自己的见解,但无从实践其主张。失望之余,由信奉儒家学说转为推崇老庄思想,向往"陵霄汉出宇宙"(《乐志论》)的境界:"百虑何为,至要在我"(《见志诗》),意欲解脱人世忧愁,"敖翔太清,纵意容治"(《见志诗》),求得"六合之内,恣心所欲"(《见志诗》)的逍遥游。另著有诗文若干(今存《答邓义社主难》《尹文子序》《乐志论》与《见志诗》二首)。生平事迹见《三国志·魏志·刘劭传》注引缪袭《昌言表》、范晔《后汉书·仲长统传》。

《昌言》是一部政论著作。"昌言",意为"当言"。《后汉书》本传说:"统每论说古今世俗行事,恒发愤叹息,因著论名曰《昌言》,凡三十四篇,十余万言。"严可均辑本由略载于本传的《理乱》、《损益》、《法诫》三篇及篇名佚失的若干段文字组成。主要内容如下。

一、反君权神授。东汉谶纬迷信盛行,章帝时的《白虎通义》更将"君权神授"法典化,极力维护君主的权威。《昌言》对这种神学政治法律观进行了深刻的揭露和批判。

(一)人事为本,天道为末。《昌言》否定天有意志,强调人的主观努力。"昔高祖诛秦项而陟天子之位,光武讨篡臣而复已亡之汉,皆受命之圣主也;萧、曹、丙、魏、平、勃、霍光等,夷诸吕,尊大宗,废昌邑而立孝宣,经纬国家,兴安社稷,一代之名臣也。二主数子之所以威振四海,布德生民,建功立业,流名百世者,唯人事之尽耳,无天道之学也。然则王天下,作大臣者,不待于知天道矣。"(《群书治要》卷四十五)并指斥当朝君臣为错乱迷惑之主,覆国亡家之臣。这不仅是否定君权神授的大胆言论,而且是非常卓越的见解。忠告统治者,应当立足于现实社会,注重人事,努力解决实际的社会问题,然后国家方能治理。

(二)否定君权神授的历史治乱说。《昌言》重视研究社会历史经验和现实社会生活,认为一个时代的治乱完全由于人事,同天道无关。把历史上一个王朝的治乱分成三个阶段。

第一阶段:群雄角智、角力,最后胜者为王,建立一朝的统治,但他们并非生来就有上下之分。"于斯之时,并伪假天威,矫据方国,拥甲兵与我角才智,程勇力与我竞雌雄,不知去就,疑误天下,盖不可数也。角智者皆穷,角力者皆负,形不堪复伉,势不足复校,乃始羁首系颈,就我之衔绁耳。"(《后汉书·仲长统传》)认为这是历史上各个王朝开始建立时的一般情况。可见君权的建立完全依靠于武力和才智,并非神授。

第二阶段:统治者既已依靠暴力取得政权,形势已定,又依靠国家机器使"贵有长家,尊在一人"。这时,虽下愚之主仍可继续实行统治。"周、孔数千,无所复角其圣;贲、育百万,无所复奋其勇矣。"(同上)这是王朝开国初期比较安定的一个阶段。

第三阶段:统治者逐渐腐化堕落,对人民进行残酷剥削压迫,激起强烈反抗,终于被新的有力者推翻。"彼后嗣之愚主,见天下莫敢与之违,自谓若天地之不可亡也;乃奔其私嗜,骋其邪欲……遂至熬天下之脂膏,断生人之骨髓。怨毒无聊,祸乱并起,中国扰攘,四夷侵叛,土崩瓦解,一朝而去。"(同上)指出当时的危亡之势并非天命所致,而是统治者作恶多端的结果。

本书用社会原因阐述治、乱的变化,完全排除了天命神权,有其进步意义。当然,历史发展并非作者描述的"一治一乱"的循环过程。

二、变法改制。《昌言》认为,从战国到秦汉,政治、经济、法律制度有很多重大变革。变得好的,应该继续;不好的,则应恢复旧的办法:"作有利于时,制有便于物者,可为也;事有乖于数,法有翫(玩)于时者,可改也。故行于古有其迹,用于今无其功者,不可不变;变而不如前,易而多所败者,亦不可不复也。"(《后汉书·仲长统传》)根据这种以社会实际效果决定取舍的原则,论述了分封制、井田制和肉刑问题。

(一) 废分封,行郡县。秦统一天下,废分封,立郡县,从根本上解决上诸侯割据问题,有利于国家统一。但西汉初年汉高祖又在一定程度上恢复了分封制,引起了混乱,成为汉初几十年帝国的腹心之祸。诸侯王"鱼肉百姓,以盈其欲,报蒸骨血,以快其情;上有篡叛不轨之奸,下有暴乱残贼之害"(同上)。分析了分封制的种种弊端,肯定了建立郡县制的利益,"此变之善,可遂行者也"(同上)。这个见解是正确的。

(二) 限夫田,抑兼并。《昌言》指出:"井田之变,豪人货殖,馆舍布于州郡,田亩连于方国。"这是造成社会"田无常主,民无常居"的原因之一,危及社会安定,阻碍经济发展。他认为:"今欲张太平之纪纲,立至化之基址,齐民财之丰寡,正风俗之奢俭,非井田实莫由也。"他也知道在当时要恢复井田制是不现实的,所以又说:"今者土广民稀,中地未垦;虽然,犹当限以大家,勿令过制。其地有草者,尽曰官田。力堪农事,乃听受之,若听其自取,后必为奸也。"(同上)这一主张实际上只是前人"限田"和"王田"的混合。他的目标是,一要抑制日益加剧的土地兼并,二要使破产流亡的农民重新和生产资料——土地结合,为封建国家创造财富。

(三) 恢复肉刑。《昌言》认为:"肉刑之废,轻重无品,下(意为"减")死则得髡钳,下髡钳则得鞭笞。死者不可复生,而髡者无伤于人。"(同上)罪分重、中、轻,惩罚罪犯也应当相应地有重刑、中刑、轻刑。对于"男女之淫奔"、"谬误之伤害"等中罪,"杀之则甚重,髡之则甚轻",而肉刑是治中罪的中刑,"此又宜复之善者也"(同上),应当恢复。作者虽看到当时的法令规定轻重失当,但忽视了废除肉刑是符合刑罚由野蛮到文明的发展趋势。

三、德教与刑罚。《昌言》认为人生来就有德性,受过训练即可成为有德之人。所以统治者应当以德教治民,而以刑罚为辅。"德教者,人君之常任也,而刑罚为之助焉。古之圣帝明王,所以能亲百姓,训五品,和万邦,蕃黎民,召天地之嘉应,降鬼神之吉灵者,实德是为,而非刑之攸至也。"(《群书治要》卷四十五)德教和刑罚固应有主辅之分,但不能把两者关系看成固定不变。奸宄成群时,严刑峻法也可成为主要的统治手段。"至于革命之期运,非征伐用兵,则不能定其业;奸宄之成群,非严刑峻法,则不能破其党。时势不同,所用之数亦异也。"(同上)要根据不同的政治形势,灵活运用德教和刑罚。

四、经济思想。《昌言》除上述限夫田、抑兼并外,还主张"急农桑以丰委积,去末作以一本业",即重视发展农业,抑制"运智诈"取财的工商业,以为工商业不仅影响农业,而且败坏社会风气,使知识分子难以持节守贫,政治难以清明。要求开发边远地区。重视财政结余,反对轻税,认为三十税一实在不足以备荒和备战,以当时生产力水平,十分之一的税收是合理的,应就此立为法制。国家财政富裕,可以改变"吏禄薄"的状况,因为"善士富者少而贫者多,禄不足以供养,安能不少营私门乎"?而这是关系到政治清明的大事。

五、认识论。《昌言》坚持唯物主义,上述其天道人事观,突出地反映了作者强调在与事物接触中获得真知,如"食鱼鳖"见"薮泽之形","观草木"知"肥垅之势"(《齐民要术序》引)。与士谈话"知其术之深浅",试以办事,"知其能之高下"(《群书治要》引《昌言》)。认识是所处环境的反映,在某种特定环境中的人,因为"积习"、"生然"的关系,不能够"自知非者"(《齐民要术序》引),但人的认识,必须坚持是非的客观性和名实的一致性。

《昌言》成书于黄巾大起义时代,对汉末腐朽的社会政治有相当深刻的认识,并进行了较深入的批判。《昌言》的内容立足于现实,注重人事,强调人对于自然的自觉能动性,这在一定程度上把人从神、天命的束缚中解放了出来,人之为人的理性受到了重视。所提出的一系列政治原则和措施切中时弊,不仅对当时具有积极意义,于后世也有指导作用,所以范晔、魏徵、马聪等人将其摘录在《后汉书》、《群书治要》、《意林》等书中。同时,它对古代自然科学与哲学的发展,也起了有益的作用。

研究《昌言》,始于曹魏缪袭。他认为它是"足以继西京董、贾、刘、扬"(《昌言表》)的著作。清严可均说,"该书闿陈善道,指拘时弊,剀切之忱,踔厉震荡之气,有不容摩天者。缪熙伯方之董、贾、刘、扬,非过誉也"(《昌言序》)。侯外庐则认为仲长统是"汉代正统思想的最后清算者"(《中国思想通史》第二卷)。研究仲长统的专著,有李皜《仲长统的政治思想》、刘邦富《仲长统》,以及冯友兰《中国哲学史新编》、任继愈主编《中国哲学发展史》、金春峰《汉代思想史》、祝瑞开《两汉思想史》等有关章节。

(杨鹤皋　徐　冰　施正康)

先秦两汉编

历史类

尚 书

《尚书》,原称《书》,战国后儒家称《书经》,西汉始用今名,并尊为"五经"之一。"尚"通"上",学者有"上古"、"君王"、"尊信"等不同解说。一般释为"上古的史书"。相传由孔子删定,保留百篇,每篇有序。今本《尚书》五十八篇,书首传为西汉孔安国《序》一篇。现通行本有明汲古阁刻本、清武英殿刻本和阮元刻《十三经注疏》本。

《尚书》是中国最古的一部历史档案汇编。传本所记时代,上起传说中的唐、虞,下迄春秋前期,约一千三百多年(约公元前21世纪至公元前7世纪)。据今人刘起釪《古史续辨》的统计,先秦文献中共引述《书》计三百数十次,而所见篇题仅五十余,可知原本《书》篇难以推断。经秦代焚书,《书》篇在儒家诸经中版本问题最多。

西汉初年,原秦博士济南伏生(亦称伏胜)传授的《尚书》二十八篇,是其宅壁中所藏,以汉初通行的隶书抄写,后再添隶书抄写的《泰誓》一篇(不晚于汉武帝初年民间所献),共二十九篇,称《今文尚书》。汉景帝之子鲁共王(亦称恭王)刘余从孔子旧宅壁中发现的《尚书》四十五篇,以先秦时代的古籀文抄写,称孔壁本《古文尚书》。此本比今文本多出的十六篇又称《逸书》或《逸篇》;而与今文本共有的二十九篇,据传当时由孔安国摹写过"隶古定本",后于西汉末年被离析为三十四篇(如《泰誓》析为三篇,内容不变)。西晋末年永嘉之乱,对《尚书》的破坏极其严重,伏生所传今文本和孔壁本中《逸书》均于此时佚失。隋唐以后,随着《孔传古文尚书》的通行,孔壁本《古文尚书》终于全部失传。

今本《尚书》,就是东晋、南朝之间流传下来的《孔传古文尚书》。此本代兴的经过复杂,其制作者也无定论,传说是东晋元帝时豫章郡梅赜(一作梅颐)所献。这部称孔安国作传的《古文尚书》可分为:经文五十八篇;书序(将西汉时所称《书序》一分为百,有经文的序分列各篇之前,无经文的序插入各篇之间);孔安国的注解(即《孔传》);孔安国的传序(《孔传序》)。《孔传古文尚书》在南朝梁武帝时开始流行,经隋代统一南北经学、唐初颁布《五经正义》后流传至今。宋代开始有学者怀疑《孔传古文尚书》，递经元、明、清学者续辨，特别是清人阎若璩《尚书古文疏证》严密考证后，最终判定为"伪孔本"。除《孔传》和《孔传序》作伪外，下面分述其篇目的构成。

一是采用旧本《古文尚书》中三十一篇，将其析成三十三篇。虞书部分四篇：尧典一，舜典二，皋陶谟四，益稷五；夏书部分两篇：禹贡六，甘誓七；商书部分七篇：汤誓十，盘庚上中下十八至二十，高宗肜日二十四，西伯戡黎二十五，微子二十六；周书部分二十篇：牧誓三十，洪范三十二，金縢三十四，大诰三十五，康诰三十七，酒诰三十八，梓材三十九，召诰四十，洛诰四十一，多士四十二，无逸四十三，君奭四十四，多方四十六，立政四十七，顾命五十，康王之诰五十一，吕刑五十五，文侯之命五十六，费誓五十七，秦誓五十八。其中，《舜典》、《益稷》原分别是《尧典》、《皋陶谟》的后半篇，而且《舜典》篇首添加二十八字，《益稷》篇名原作《弃稷》。

二是搜辑先秦人引述的《书》逸文，猜测题旨并连缀文句，编造了二十五篇。虞书部分一篇：大禹谟三；夏书部分两篇：五子之歌八，胤征九；商书部分十篇：仲虺之诰十一，汤诰十二，伊训十三，太甲上中下十四至十六，咸有一德十七，说命上中下二十一至二十三；周书部分十二篇：泰誓上中下二十七至二十九，武成三十一，旅獒三十三，微子之命三十六，蔡仲之命四十五，周官四十八，君陈四十九，毕命五十二，君牙五十三，冏命五十四。其中，《泰誓》三篇是改换旧本而另造的，内容与旧本完全不同，却因吸收了先秦人引用的《书》中词句，表面上似容易取信于后学者。

西汉刘向《别录》所称《古文尚书》五十八篇之数，包括当时存世《逸书》由十六篇析为二十四篇的篇数。"伪孔本"的编造者也凑足五十八篇，意图是作伪而不是辑佚。到唐代中期，此本的字体改写为今字（楷书），又有所改错。但《孔传古文尚书》保存了旧本中三十三篇传文，而编造的伪篇另有其价值，可称是留下了一部亦真亦假、亦假亦真的珍贵历史文献。

历来对《尚书》的今古文之争和真伪之辨，还关系到此书的写成时代问题。今人一般认为，《尚书》三十三篇文本中，第一类：《虞书》、《夏书》诸篇所记历史传说，《商书》中《汤誓》篇、《周书》中《洪范》篇所记历史事迹，写成时代较晚，大都是战国时期的追叙，甚或有晚至秦汉间的作品；第二类：比较集中的历史档案，是《商书》中《盘庚》以下诸篇和《周书》中《立政》以上诸篇，成于西周初期（《盘庚》至《微子》篇，应是周人据殷人旧典册改写而成的）；第三类：比较零散的历史档案，是《周书》中《顾命》以下诸篇，成于西周前期至春秋前期。

《荀子·劝学》中说："《书》者，政事之纪也。"《史记·太史公自序》中说："《书》记先王之事，故长于政。"《尚书》的主体是商、周两代的军政要事记录。三十三篇传文中，《虞书》记载上古唐、虞之时传说：唐尧禅位于虞舜，虞舜的政事，虞舜与大臣禹、皋陶、益等讨论德政。《夏书》记载夏朝初期史迹：禹治水后全国的地理面貌，禹之子启征伐有扈氏的军令。《商书》大都记载殷商的史事：盘庚迁都于殷的政令，贤臣对高宗武丁的告诫，诤臣向纣王进谏，王室成员在行将亡国之时的对策。《周书》记载的主要是西周初期史事：武王伐纣的军令,武王死后周公摄政和再度东征,周公对其弟康叔的告诫,周公及大臣召公奭对成王的告诫,周公告谕殷商遗民,周公代成王发布平叛令,周公还政于成王;其他是记载西周前期至春秋前期王室和鲁、秦诸侯国史事：周成王之死与周康王受命,鲁侯伯禽于费地发布平叛令,周穆王的赎刑令,东周平王嘉奖晋文侯的册命,秦穆公于秦晋之战惨败后自悔自责的誓言。此外,与《尧典》至《禹贡》篇同样是写成时代较晚的,有《汤誓》记商汤伐桀、《洪范》记箕子以五行学说对答武王,显系后人追叙。

唐代刘知幾《史通·六家》中说:"《书》之所主,本于号令,所以宣王道之正义,发话言于臣下,故其所载,皆典、谟、训、诰、誓、命之文。"《尚书》的体裁,多数篇章是记言文,少数篇章是记事兼记言。其实记言也是记事,记言的方式更直接。今本中三十三篇的文体,"典"、"谟"很少,"训"无。"典"即"经典"之意,出自《虞书》,因成于后代追述,记事的成分多,文字相对平易。"谟"即"谋",《皋陶谟》就是追记君臣互相谋议。唐代韩愈《进学解》中说"周诰殷盘,佶屈聱牙",指艰涩难读的是《盘庚》篇和《周书》中各篇"诰"(包括有些不以"诰"名而实属"诰"体之篇)。周初史官用"雅言"记录的"诰",当然是直接的历史档案,但到战国时就成了少有人识的"死文字",这也是《尚书》传本在历代解说多歧和直至明代还出现造伪的一个原因。"诰"即"告谕"之意,为记言文体,在《尚书》中篇数最多。"誓"即"誓言",多用作征战时的誓师辞,因有韵律可寻,句读不难。"命"即"命令",三十三篇中仅见两篇。

《尚书》作为商、周文献的孑遗,因其提供的德政观念,对后世有深广的影响。下面仅就《盘庚》和周初诸"诰"来分析。

其一是提出"以德配天",即"敬天"前提下的德政观念。"上天授命"的天命论在《尚书》中一以贯之,如"天其永我命"(《盘庚》)、"天乃大命文王"(《康诰》)。但周初统治者以夏亡、殷灭为鉴:"我不可不监于有夏,亦不可不监于有殷"(《召诰》),意识到"惟命不于常"(《康诰》),甚至"天不可信"(《君奭》),因而提出要"以德配天"(《康诰》),强调"不可不敬德……王共德之用,祈天永命"(《召诰》)。在"敬天"、"祈天"、"事天"的前提下,君王必须有"敬德"、"明德"、"修德"的德行,才能长久保持政权。

其二是提出"以德治民",即"保民"基础上的德政观念。盘庚迁殷之时,还是称"汝共作我畜民"(《盘庚》);君命至高无上:"勉出乃力,听予一人之作猷(你们要出尽全力,都听从我一人指挥)"(《盘庚》);君权不可动摇,只有器具才可更新:"人惟求旧,器非求旧,惟新"(《盘庚》)。从牧野之战中商军阵前倒戈等惊心动魄的事实,周初统治者认识到要以民为鉴:"当于民监"(《酒诰》),否则"小民难保"(《康诰》),因此提出"敬德"以"保民","明德慎罚,不敢侮鳏寡"(《康诰》)等德治主张。"德"是君王"配天"而受土受民的根据,失德便会失土失民。德治的基础是"保民"(保持对民众的占有),君王要"至于万年,惟王子子孙孙永保民"(《梓材》),就必须实行德治。

《尚书》提供的德政观念,开启了后世"仁政"、"王道"学说的先河,构成了中国传统政治思想的主流。另外要提及,《尚书》中《禹贡》篇是中国历史地理学的第一部著作;《洪范》篇提出了作为中国传统宇宙观与社会观基础的五行学说;《顾命》篇中可考西周时大丧和即位之礼;《吕刑》是中国现存最早的一部法律文献。这些文献,本《提要》书中大都有专篇解说,在此不赘。

宋代以降研究《尚书》的现存代表性著作有宋蔡沈《书集传》六卷、元吴澄《书纂言》四卷、明梅鷟《尚书考异》五卷、清阎若璩《古文尚书疏证》八卷、孙星衍《尚书今古文注疏》三十卷、刘逢禄《尚书今古文集解》三十卷等。近人校释有杨筠如《尚书覈诂》、于省吾《尚书新证》、曾运乾《尚书正读》、屈万里《尚书释义》、顾颉刚与刘起釪《尚书校释译论》等。顾颉刚还编订了《尚书通检》。有关《尚书》问题的探讨,可看陈梦家的《尚书通论》(中华书局,1985年)、蒋善国的《尚书综述》(上海古籍出版社,1988年)等。有关《尚书》研究的历史,可看刘起釪《尚书学史》(中华书局,1989年)、程元敏《尚书学史》(台北五南出版社,2008年)等。

(吴仁杰)

山海经

《山海经》,原三十篇,今本十八卷,分为《山经》五卷和《海经》十三卷两大类。原文有插图,久佚,现存最早的一套插图系明清时期补画。关于本书的作者与时代,自西汉刘歆以来的传统说法,认为是禹或伯益所记。郦道元、颜之推认为,有后人假托攥入,非出于一人之手。今虽有主张为禹或夏代遗书者,但大部分学者主张非一人一时之作,主要有下列看法:一、蒙文通肯定《大荒经》、《海内经》是西周作品;二、顾颉刚认为是周秦间作品,《山经》早于《禹贡》;三、谭其骧说《禹贡》早于《山经》,《山经》作于秦代;四、袁珂断言成书于战国中叶到汉初;五、陆侃如、侯仁之认为,《山经》为战国时所作,《海经》为西汉著作,而《大荒经》和《海内经》乃魏晋时作品。本书版本众多,通行本有《四部丛刊》影印明成化本、涵芬楼影印明《正统道藏》本、《丛书集成》影印毕沅所校《经训堂丛书》本、1980年上海古籍出版社版袁珂《山海经校注》本以及1993年巴蜀书社版同书的修订本等。

本书记载以山海地理为纲,涉及上古迄周之历史、民族、宗教、神话、物产、医药、巫术等。记山凡五千三百七十座,河流三百余条,矿物七、八十种,动物二百六十余种,邦国九十五个,人物一百四十余名。地域广及中国与中亚、东亚广大地区。对诸山的位置、形状、面积、高度、陡度、谷穴、植被和雨雪,水道的源头、流向,水流季节变化、伏流和潜流,矿物结构、硬度、颜色、光泽、透明度、磁性、共性现象及识别方法,动植物的形态、性能和医疗功效多有述及,其中有关矿物的描述,为世界最早之文献记载。所记四方与四方风名,与甲骨文相吻合。人名则多可与《世本》和《大戴礼记》之《五帝德》、《帝系姓》相参证。保存古代神话传说甚多,如夸父追日、后羿射日等,叙述恢诡奇诞,颇多想象,文字伪脱难读。

《山海经》今传本,可分为三个部分。第一部分是山经,有南山、西北、北山、东山和中山诸经各一篇,合称为五藏山经。据清代学者郝懿行计算,《山海经》全书三万零八百五十二字中,五藏山经就占了二万一千二百六十五字,篇幅最大。第二部分是海经,包括海外南经、海外西经、海外北经、海外东经、海内南经、海内西经、海内北经、海内东经各一篇,共四千三百二十八字,几乎只有山经的五分之一。第三部分有大荒东经、大荒南经、大荒西经、大荒北经各一篇,共五千三百三十二字,是山经的四分之一。

五藏山经在整个《山海经》中份量最重。合其三部分篇数,与《旧唐书·经籍志》所著录十八篇之数相同,若合第一、二部分,则与《汉书·艺文志》所载十三篇之数吻合。故总体而言,今传《山海经》尽管有些脱遗错简,但对原来面貌尚未造成过大的损害。五藏山经除了在《山海经》中篇幅最大外,同时还是全书中写得最有条理的部分。南山经和北山经各包含三个分篇,西山经、东山经各有四个分篇,中山经有十二个分篇。合计诸山经之数,共达二十六个分篇。每个分篇分别记述了山的名称、方位,有关的道里和物产。所述物产甚为丰富,包括矿藏、草木、鸟兽、虫鱼等。有水道者,记其水道;有药材者,计其药材及可治疗的病症。如《山经》开卷记道:

"南山经之首曰䧿山。其首曰招摇之山,临于西海之上。多桂,多金玉。有草焉,其状如韭,而青华,其名曰祝余,食之不饥,佩之不迷。有木焉,其状如谷而黑理。其华四照,其名曰迷谷。有兽焉,其状如禺而白耳,伏行,人走,其名曰狌狌,食之善走。丽䴢之水出焉,而西流注于海,其中多毓沛,佩之无瘕疾。""又东三百里,曰堂庭之山,多棪木,多白猿,多水玉,多黄金。"

山经各篇所记,虽详略不一,基本上是按照这样的体例写的。在每一分篇末,有一小结,记山及道里之数,并记所在之神和应有的祀典。如南山经第一分篇之小结:

"凡䧿山之首,自招摇之山以至箕尾之山,凡十山,二千九百五十里。其神状,皆鸟身而龙首。其祠之礼,毛用一璋玉瘗,糈用稌米,一璧,稻米,白菅为席。"

山经五篇之末,又各有结语。如:

"禹曰:天下名山,经五千三百七十山,六万四千五十六里,居地也。言其五藏,盖其余小山甚众,不足记云。天地之东西二万八千里,南北二万六千里。出水之山者八千里,受水者八千里。出铜之山四百六十七,出铁之山三千六百九十。此天地之所分壤树谷也,戈矛之所发也,刀锻之所起也。能者有余,拙者不足。封于泰山,禅于梁父,七十二家。得失之数,皆在此内,是谓国用。"体例上条理整齐,在先秦文献中是绝无仅有的。

书中所记山水可考者,依近年学者的研究,多可指出其方位所在(参见谭其骧《山经河水下流及其支流考》),足以证明记载是井然有序的。可以说,五藏山经是流传下来的最古老而又有系统内容的地理书。从五藏山经在史学发展的意义上看,至少有两点值得重视。第一,五藏山经所记载的地理范围很广,突破了诸侯王国的行政区划,扩大了地域视野。第二,五藏山经普遍注意了地区的物力资源,并在最后的结语中,着重指出了出水之山和受水之地的幅员,以及铜铁对于制造农具、军器和手工业工具的重要性。篇末结语道"得失之数,皆在此内,是谓国用",极具物理之道。尽管五藏山经有浓厚的神怪色彩，但并无碍书中的进步因素及其对后人的影响，司马迁即是受其影响的学者之一。

海外南经以下八篇，记海内外各国的方位，但没有道里之数，并记其中怪异与神话传说。各条之间，凌杂不相连属。显然其材料来源与五藏山经不同，似主要得之于传闻，简册当有脱遗倒错。大荒东经以下五篇所记主题，有山、丘、国、渊及人物等，述记更无伦次，基本上没有方位，却增多了神异传说。但也不乏引人注目之材料，如对帝俊的描写，"有中容之国。帝俊生中容。中容人食兽，木实，使四鸟：豹、虎、熊、罴"，"有司幽之国。帝俊生晏龙，晏龙生司幽，司幽生思士，不妻，思女不夫。食黍，食兽，是使四"，"有白民之国。帝俊生帝鸿，帝鸿生白民。白民销姓，黍食，使四鸟"。如此创世纪的传说是《诗》、《书》等不能及的。

《山海经》在记述先世事迹时，往往不同于其他文献。如记作器故事虽与《世本》类似，但载作器者却大异。《世本》称奚仲作车，《海内经》称吉光为车；《世本》称共鼓、货狄为舟，《海内经》却称番禺始为舟，凡此等等，表明《山海经》在神话传说上有与众所熟知的北方文化绝然不同的特色。就此原因，近年来研究认为，《山海经》虽非一人一时所作，但可能出于楚人之手，这是不无道理的。

《山海经》保存了可信的古老材料，对地理学史、文学史和史学史的研究弥为珍贵。它还有关于民族史的材料，虽数量不多，亦很值得重视。

对《山海经》进行校补、笺疏、研究者甚多，涉及面也很广。清人注本以毕沅《山海经新校正》及郝懿行《山海经笺疏》两种较有代表。今人袁珂《山海经校注》，自附索引，较便阅读。郭郛《山海经注证》，详于名物考索。文献研究方面有吴承志《山海经地理今释》（收入《求恕斋丛书》）、今人徐旭生《读山海经札记》、顾颉刚《五藏山经试探》、谭其骧《论〈五藏山经〉的地域范围》、高去寻编《山海经研究论文集》等。近年学者们试图对《山海经》的几个不同部分，分别考订出它们各自的写作年代，但由于证据不足，目前尚不能得出可信的结论。

（朱顺龙　贺圣迪）

逸周书

《逸周书》,原称《周书》或《周史记》。东汉许慎《说文解字》中始称《逸周书》。《汉书·艺文志》著录《周书》七十一篇。今本十卷。作者不详,相传为儒家整理《尚书》所逸,故名。各篇成书年代不一,早出者先于《左传》,晚出者延至汉晋,大部分是战国时期作品。现通行本有《四部丛刊》本和《国学基本丛书》本等。

《逸周书》与《尚书》的性质类似,是我国古代历史文献汇编。西汉刘向谓此书是"周时诰誓号令也,盖孔子所论百篇之余也"。《逸周书》有古今两本。《汉书·艺文志》所载《周书》为古本,因刘向说过是孔子删定《尚书》时所余文献,故不为人们所重视,渐次佚失,唐颜师古注《汉书》时谓"今之存者四十五篇"。今通行本连序共七十一篇,其中除《九开》、《文开》、《保开》、《八繁》、《箕子》等十篇有目无书外,实存篇数六十篇,比唐颜师古时反见增多,可见今本经后人增补。《逸周书》在唐代曾被误称为《汲冢周书》,事实上,《汲冢周书》为西晋太康二年(281)汲郡人得于安釐王冢,而《逸周书》为汉代已有,二书不能混同,宋以后学者已有辨正。

《逸周书》记事上起西周文王、武王,下迄春秋之末灵王、景王。记述周初文、武、周公史迹的篇幅,约占全书的五分之四。虽然其中羼有后人窜补,但不少为先秦乃至周代遗文则无疑。《度邑解》、《作雒解》记营建雒邑之事比《尚书》中《召诰》、《洛诰》详细;《克殷解》说周武王克殷时杀戮商纣尸及其宠妃等"血流漂杵"的情形,可与《尚书·武成》篇相印证。近人梁启超谓:"倘非有《逸周书·克殷、世俘》诸篇,谁能复识'血流漂杵'四字作何解?"(《中国历史研究法》第四章)可见《逸周书》在史料上价值之一斑。《左传》、《国语》、《史记》、《汉书》等书引用《逸周书》之处甚多,《史记·周本纪》中武王伐纣一段,几乎袭用了《尚书·牧誓》和《逸周书·克殷》的全文。再如,《王会解》列举了许多古代部落的名称;《职方解》详述九州的人口、山川、物产等情况;《文政解》记述武王告诫管叔、蔡叔应该如何统治好殷遗民,这些内容都是研究周代历史的有价值的资料。

该书《世俘》、《克殷》、《商誓》约在周初作成;《度邑》、《皇门》、《祭公》、《芮良夫》、《作雒》亦基本属于周代文献。战国时期各学派撰写的占了绝大部分,计有《度训》、《武称》、《王会》、《职方》、《明堂》等三十余篇。汉代撰写的则为《周月》、《时训》、《殷祝》等篇,另一部分为晋以来从古文献中缀补。

最早为《逸周书》作注的是西晋孔晁,原注本十卷,已残缺不全。清代对《逸周书》进行校正、补注、集训、评议、斠补的有六七十家之多,其中以陈逢衡《逸周书补注》和朱右曾《逸周书集训校释》等较佳。陈书二十四卷,卷首除作者自序外,并存元黄玠,明杨慎,清姜士昌、汪士瑾、谢墉五序。陈氏以孔晁注本疏陋,而清卢氏抱经堂校本虽称善本,亦多缺失,遂以卢本为底本,间取他本考订,竭十年之力而成。全书以《叙略》、《集说》为卷首,终以《补遗》、《误书误引》和《附录》,所加诠释,均以"补注"标之,翔实明畅,为最善读本之一。朱氏《校释》辑群书征引、诸家之集说,申以己意,加以训解,并附校订音释,于书后另附《周书遗文》,同样是较好的参考书。此外尚有清丁宗洛《逸周书管笺》十卷,《疏证》一卷,《提要》一卷,《集说》一卷,《摭订》三卷。俞樾《周书平议》、孙诒让《周书斠补》四卷、刘师培《周书补正》六卷等论著亦影响较大。今人黄怀信著有《逸周书源流考辨》(西北大学出版社,1992年)、《逸周书汇校集注》(与张懋镕、田旭东合著,上海古籍出版社,1995年,修订版2007年)、《逸周书校补注译》(西北大学出版社,1996年),张闻玉著有《逸周书全译》(贵州人民出版社,2000年)。

(朱顺龙)

春秋

《春秋》，又称《春秋经》。相传为春秋末孔丘据鲁国国史删削成书。原本单行，《汉书·艺文志》著录《春秋古经》十二篇和《春秋经》十一卷。晋杜预将《春秋》与《左传》合刊为《春秋左氏经传集解》。唐文宗开成二年(837)刊定石经，经文载于"春秋三传"各传之前。宋以后列入十三经，仅清阮元校勘所据宋刻本即达八种之多。现通行阮元刻《十三经注疏》本，而经传相附的标点本难以计数。

《春秋》是中国现存最早的编年体史书。记事上起鲁隐公元年(前722)，下迄鲁哀公十四年(前481)，包括隐、桓、庄、闵、僖、文、宣、成、襄、昭、定、哀十二公，计242年间史事。在时间上，本书反映鲁国历史的一部分，后世所称"春秋时期"，即以书中截取鲁史的时限而得名。"春秋三传"所载经文，《公羊》、《穀梁》两传皆止于哀公十四年"春，西狩获麟"，《左氏》传则补至哀公十六年"夏四月己丑，孔子卒"，称"续经"。《春秋》记事形式，"以事系日，以日系月，以月系时，以时系年"(杜预《春秋左氏经传集解序》)。凡一年之下标出四时，每年之始在时、月之间加一"王"字，日书干支，按年、时、月、日记事。全书一万六千七百余字，分条记录，每年记录数条至十数条，各条中最长者四十七字，最短者仅一字。

本书内容，据元陈则通《春秋提纲》的分类，计有"侵伐"二七二例，"朝聘"一五四例，"会盟"一九八例，"杂事"二一七例，均系当时鲁国君及史官认为应书于简册的史事，以及周王室与其他诸侯国正式向鲁国通报的史事。其中多记政治、军事、外交活动，"杂事"则有祭祀、婚丧、城筑、搜狩和田赋等记载，还有日月食、地震、虫灾、水旱、陨石等自然现象的记载。在价值上，它是春秋时期史事的基本信实的原始记录。书中所载该时期各诸侯国征战、弑杀、结盟、联姻等方面的事实及线索，是春秋史研究所不可缺少的材料。有关经济状况的记载，如宣公十五年"初税亩"、成公元年"作丘甲"等条，透露了当时社会生产方式、经济形态变革的信息，极富价值。所载天文现象，除有个别误记或存在错简之外，多属准确无误，如全书载日食三十六次，其中三十三次与现代天文学的推算完全相同;发生于庄公七年(前687)的"星陨如雨"和文公十四年(前613)的有"星孛入于北斗"两条事实,是世界上关于天琴星座流星雨和哈雷彗星的最早记录。书中反映与农业生产有关的逐年"灾变"情况,是该时期自然史方面的惟一记录,为研究我国黄河中下游地区自然灾害史提供了宝贵的资料。可见,《春秋》一书非如宋王安石所评"断烂朝报",也不同于《尚书》专门汇辑"典谟诰命",而实为我国乃至世界上现存第一部系统记事的历史文献。

但《春秋》记事过于简约,这并非指传本有脱文。其记事不相联属,也不写诸事原委。书中最长条见定公四年,原文为:"三月,公会刘子、晋侯、宋公、蔡侯、卫侯、陈子、郑伯、许男、曹伯、莒子、邾子、顿子、胡子、滕子、薛伯、杞伯、小邾子、齐国夏于召陵,侵楚。"此条中除记诸侯之名以外,叙述事件过程的不过数字,更未交代"侵楚"的原因及结果。文字最短条,如隐公八年见为"螟",内容指虫灾,并未说明灾害的范围和程度。综观全书,《春秋》本文当无深辞奥义,而具有古简略书的特点。

《春秋》对后世的影响深远。自孟子第一个提出孔子是《春秋》的作者,直至20世纪早期,孟子的观点一直被继承下来。历代探求《春秋》之"微言大义",大多是假托于此书的特定政治伦理原则。又历代讲究《春秋》之"书法",也多属上述"义法"的载体,其基本方面已为人识破,"凡说《春秋》者,皆谓孔子寓褒贬于一字之间","此之谓欺人之学"(郑樵《通志·灾祥略》)。《春秋》本是一部史著,自有其褒贬和书例,书中于用语上的一些区别,如"侵"与"伐"、"弑"与"杀"、"薨"与"卒"等等,是当时宗法社会事实的反映,也多少表明了史官或删削者的观念。《礼记·经解》谓"属辞比事,《春秋》教也",用较为精练、规范的语言记载排纂史事,这是《春秋》为后世史家撰史所显示的一个良好开端,而所谓"春秋笔法"的意义即在于此。

历代引申解释《春秋》之书不绝。汉代流行的《公羊》、《穀梁》两传重在阐发经义,《左氏》传则以记事为主而兼有解经。以下有西晋杜预《春秋释例》、唐陆淳《春秋集传纂例》、北宋孙复《春秋尊王发微》、孙觉《春秋经解》、刘敞《春秋权衡》、南宋胡安国《春秋传》、叶梦得《春秋传》等为主要代表。元、明两代科试《春秋》经义,皆于汉"三传"外兼用宋"胡传"。唐、宋已有学者非议这类解经之书,北宋富弼谓《春秋》经义"使后人传之、注之,尚未能通;疏之又疏之,尚未能尽;以至为说、为解、为训释、为论议,经十余年而学者至今终不能贯彻晓了"(邵博《闻见后录》卷二一),以致后人无法学习。

清代至近世对《春秋》的研究重点,在经学、史学及制造政治舆论之间反复转换,直接关涉《春秋》本文者,有清俞汝言《春秋平义》、惠士奇《春秋说》、顾栋高《春秋大事表》、江永《春秋地理考实》、罗士琳《春秋朔闰异同》、赵坦《春秋异文笺》、侯康《春秋古经说》等,以及近人康有为《春秋董氏学》、《春秋笔削大义微言考》等。今人的论著,有周予同《〈春秋〉与〈春秋〉学》、卫聚贤《〈春秋〉

的研究》、张以仁《孔子与春秋的关系》、朱文鑫《春秋日食考》、戴君仁《春秋辨例》、程发轫《春秋要领》、《春秋人谱》等。赵伯雄《春秋学史》(山东教育出版社,2004年)一书,对先秦至清代以来由《春秋》产生的各种著述和观点进行梳理、归纳,可资检寻。

(吴仁杰)

左传

《左传》,《春秋左氏传》的省称,又称《左氏春秋》。相传为春秋末鲁国史官左丘明及其授受者所作。原本单行,《汉书·艺文志》著录《左氏传》三十卷。晋杜预《春秋左氏经传集解》始将《春秋》与《左氏》经传相附,合刊一书。通行本有《十三经注疏》本等。

关于《左传》作者和成书年代,说者不一。《史记》记鲁人左丘明作,唐以前无异说。中唐后学者提出疑问,赵匡谓"丘明者,盖夫子以前贤人如史佚、迟任之流见称于当时耳"(陆淳《春秋集传纂例》卷一)。宋、元有学者主战国成书说。清初顾炎武已谓《左传》成非一时、作非一人。清后期至近代,刘逢禄、康有为等以《左传》为西汉末刘歆伪作。今一般认为,春秋末左丘明草创此书,而后由授受者逐步写定于战国中期以前。《左传》与《春秋》的关系,一说《左传》为解经之作,一说《左传》为独立之书,或折中上述两说,以《左传》为记事之书而兼有解经性质。

《左传》是我国第一部形式完备的编年体史书。记事上溯周宣王二十三年(前805),早于《春秋》所记八十三年;书中编年记事起自鲁隐公元年(前722),止于鲁悼公四年(前464),编年计二百五十九年,比"续经"多出十五年;又记事下延至周贞定王十六年(前453),已在"孔子卒"后二十六年。全书除经文外,约十八万字,因其记事记言、追载附载、夹叙夹议而体例完备。

本书主要记述春秋时期各诸侯国的史事及其相互关系,内容涉及政治、经济、军事、外交、文化和各方面代表人物,于西周之时部分史事乃至夏、商以上的古史传说也间或兼及。取材甚广,包括诸国旧史、故志及训、典、语、令等书,并采用了口头传说。记事以晋、楚、鲁为最详,郑、宋、卫、齐、秦和周王室等次之。史事的记述周密而系统,如记各国军事行动四百八十三次,其中大规模战争十四次,既观照全局,反映战事起因、准备、经过和影响,又随事赋形,显示各次大战特点。书中对僖公十五年秦晋韩之战、二十八年晋楚城濮之战、三十三年秦晋殽之战、宣公十二年晋楚邲之战、成公十六年晋楚鄢陵之战、定公四年吴楚柏举之战等,皆有详赡而精彩的描写。《左传》所记人物约一千四百人,大多于历史事件的发展和错综复杂的矛盾中刻画出各自性格特征;也有以"串叙"等手法集合一人的前后事迹,如僖公二十三、二十四年记重耳,宣公三年记子兰等,已略具纪传之雏形。书中借人物之口表述了大量言语辞令,均系史实基础上的加工。《左传》引述的古史传说,如襄公四年魏绛谏和戎狄诸部,提供了夏初后羿的传说材料;昭公十七年郯子论官名,提供了上古图腾崇拜的素材;昭公二十六年王子朝使告于诸侯,提供了西周王室兴衰的事实。

《左传》记事详备,为研究春秋史的最重要典籍。汉桓谭谓:"《左氏传》于经,犹衣之表里,相待而成。经而无传,使圣人闭门思之,十年不能知也。"(严可均《全后汉文》卷十四)仅以《春秋》中隐公十一年记"公薨"为例,事情真相见于《左传》,隐公被桓公和公子翚所杀,而《公羊》、《穀梁》两传只解作"弑兄"、"弑君",于事件原委不著一字。《左传》中多有先秦其他现存史籍所无之记载,其史料价值之高自不待言。本书还记述古人、时人对于史事的评论之语。评语有具名的,如襄公三十一年"郑人游于乡校以论执政",文末记仲尼曰:"以是观之,人谓子产不仁,吾不信也。"评语不具名的,则泛称"君子谓",如僖公二十八年记城濮之战后称:"君子谓是盟也信,谓晋于是役也能以德攻。"书中议论之处,大多与解经无关。战国末《韩非子》等书已用"君子曰"形式引述《左传》;汉《史记》、《新序》、《说苑》等书以《左传》为史料依据,也多有评论形式。后世纪传体史籍中的赞语,实由《左传》发展而来。

《左传》一书的编年记事,整体详赡而基本信实,但春秋前期内容较为简略,又略于典制史,见有所写的传说内容不一,以及好作预言的情形,因而存在一些缺憾。

本书反映的思想内容也很丰富。主要是注重"礼",即使写两军交战也不失等级尊卑之礼。如成公二年齐晋鞍之战,齐军败,晋将韩厥赶到齐顷公的战车前,施以"再拜稽首,奉觞加璧以进"之礼;十六年晋楚鄢陵之战,晋将郤至多次与楚共王相遇,每次"见楚子,必下,免胄而趋风"。这些都表明上下尊卑之礼是维护宗法社会秩序的根本,比之诸侯国间一时相争更重要。其次是体现了民本思想,如僖公十九年司马子鱼谏阻宋襄公杀人祀神,谓"祭祀以为人也。民,神之主也。用人,其谁飨之?"这个"民为神主"的观念,在桓公六年中借随国季梁之口有大段发挥,说明春秋、战国之际新兴执政者对"民"的态度发生了变化。书中随处赞扬开明政治,揭露残害人民的暴政、暴君,并以"役人相命各杀其长"等记事,写出了人民对强暴的反抗。

此外,《左传》还是一部文学名著。其叙事生动形象,文辞简洁优美,内有不少散文名篇广为流传,脍炙人口。唐刘知幾谓"左氏之叙事也","跌宕而不群,纵横而自得"(《史通·杂说》)。今人钱锺书谓"左氏设身处地,依傍性格身份,假之喉舌,想当然耳"(《管锥编·左传正义》),认为《左传》中记言比叙事更具有文学意义。中国文学史上有史传文学或叙事文学之类,所指即以《左传》一书为开端。

《左传》注本很多。东汉贾逵、服虔等曾为作注,均佚。西晋杜预《春秋左氏经传集解》为留存的最早注本,唐初孔颖达据以作《春秋左传正义》,宋以后杜注孔疏列入《十三经注疏》,系古注中通行本。清代有顾炎武《左传杜解补正》、惠栋《左传补注》、沈钦韩《春秋左氏地名补注》等,特别是刘文淇与其子、孙所作《春秋左氏传旧注疏证》(未完稿,止于襄公四年,科学出版社,1959年)广集了汉人旧注,又补旧注之不足。今人吴静安有《春秋左氏传旧注疏证续》(东北师大出版社,2005年)。日本有竹添光鸿《左氏会笺》(1904年刊),所据底本为金泽文库卷子本。杨伯峻《春秋左传注》(中华书局,1981年,修订本1990年),用力甚勤;另有韩席筹《左传分国集注》、徐仁甫《左传疏证》等。

有关《左传》的研究著作,清代有马骕《左传事纬》、高士奇《左传纪事本末》、顾栋高《春秋大事表》、洪亮吉《春秋左传诂》、刘逢禄《左氏春秋考证》等。近代有康有为《新学伪经考》、章炳麟《春秋左传读》与《春秋左传读叙录》、刘师培《周秦诸子述〈左传〉考》等,并有瑞典高本汉(Karlgren)《左传注释》、《左传真伪考》的中文译本。今人的论著,主要有钱玄同《春秋左氏考证书后》、顾颉刚《春秋三传及国语之综合研究》、杨向奎《论〈左传〉之性质及其与〈国语〉之关系》、卫聚贤《〈左传〉的研究》、赵光贤《〈左传〉编撰考》、胡念贻《〈左传〉的真伪和写作时代考辨》、张以仁《国语左传论集》、张高评《左传导读》《春秋书法与左传学史》、单周尧《左传学论集》、沈玉成与刘宁《春秋左传学史稿》、赵生群《春秋左传新注》《左传疑义新证》等。

(吴仁杰)

国语

《国语》,也名《春秋外传》或《左氏外传》。二十一卷(或作二十一篇)。约成书于战国时期。通行本有明嘉靖间吴郡金氏泽远堂翻刻宋公序本,明季巴郡张一鲲覆宋刻本,清嘉庆五年(1800)吴县黄氏读未见书斋士礼居翻刻宋明道本,1919年上海商务印书馆"四部丛刊"本,1936年上海中华书局"四部备要"本,1978年上海古籍出版社排印校点本等。

本书作者在唐以前一直被认为是左丘明。司马迁《史记·太史公自序》曰"左丘失明,厥有《国语》"。东汉班固沿循此说,谓"孔子因鲁史记而作《春秋》,而左丘明论辑其本事以为之传,又纂异同为《国语》"。《汉书·艺文志》并云:"《国语》二十一篇,左丘明著。"所以自古认为《左传》和《国语》是左丘明所作的姊妹篇。《左传》是《春秋内传》;《国语》因"其文主于经,故号曰《外传》"。但从唐代始,有人对这种说法提出怀疑。学术界至今尚无一致的意见。从《国语》的内容来看,它属于资料汇编的性质。从其所记范围考察,不是当时各国都有专篇,就是所记各国的人物与史实皆各具侧面。如《齐语》主要描写管仲辅佐桓公称霸的政绩;《晋语》突出记载晋公子重耳事迹;《吴语》则围绕夫差与勾践争霸来展开情节。由此可见,后人在各国史官记录的原始材料的基础上整理加工而成我们今天所见到的《国语》,这种可能性较大。目前有两种意见,一认为该书由汉刘向汇集各种资料而成;另一认为是由多人在不同时期陆续编成。孰为定论,有待进一步的探讨。

《国语》是我国最早的一部国别史体裁的史书。唐刘知幾《史通》分史学为六家:一、尚书家,二、春秋家,三、左传家,四、国语家,五、史记家,六、汉书家。《国语》属于最早的史学分类项目之一,可见其重要性。《国语》记事时间,上起西周中期周穆王征伐犬戎,下迄春秋战国之交晋国韩、赵、魏三家灭智氏(前453),前后约五百余年。全书共分八国记事,依次是:《周语》三卷,《鲁语》二卷,《齐语》一卷,《晋语》九卷,《郑语》一卷,《楚语》二卷,《吴语》一卷,《越语》二卷,凡二十一卷。各国史事,依时间顺序编排,但前后事件互不连属。除《周语》、《郑语》涉及西周事外,主要记载春秋间各国历史,其中述晋国篇幅最大,约占全书的一半,撰写笔法以着重记述君臣言论为特征,兼及当时的政治、外交、思想、军事等内容,材料丰富,词藻雅丽。尤以其中的《周语》、《楚语》史料价值极高,《晋语》和《郑语》则次之。

《国语》与《左传》两书同记春秋史事,但相比之下,各有不同特色:《左传》编年纪事,融各国为一体,时、事前后连贯;《国语》则分国记事,前后事件大都不相连属;《左传》重于记事,详述史事的过程,《国语》重于记言,通过言论来反映事实。在系统叙事方面虽逊于《左传》,但对某些事件的记载又远比《左传》详备,可补"左氏"之不足。其分国记事体例,对后世史籍编纂有较大影响。同时,在我国散文史上也有着不可忽视的作用,它对历史事件的叙述,对人物形象的塑造,尤其是通过人物间的对话,通过个性化语言刻画人物形象等,都达到了前所未有的高度。因此,《国语》在史学史和文学史上都有着极其重要的地位。

历代注释《国语》者不乏其人,其中以三国吴韦昭《国语集解》为最早注本。该本保存了东汉及三国时期一些学者(如东汉郑玄、三国虞翻、唐固等)研究《国语》的部分成果,有助于我们理解原书。该本有四部丛刊、四库全书等本,另有宋庠《补音》。到了清代,校释成绩尤显斐然。较著名的有洪亮吉《国语韦昭注疏》、董增龄《国语正义》、汪远孙《国语三君注辑存》、《国语发正》、《国语明道本考异》(合称《国语校注本三种》)。近代有吴曾祺《国语韦解补正》和徐元诰《国语集解》,其中以徐本尤为精审和详备,大体上集中了清代学者整理《国语》的成果。徐氏认为,韦注之明道、公序二本可称较佳,但亦时有讹漏,考注难免附会。有清一代治《国语》者,虽用力勤,所获多,然详此略彼,未必尽为允当。《国语集解》以明道、公序补音二本为基础进行校勘,择善而从。注文以韦解为准,博采群书。吸取董增龄《正义》、汪远孙《考异》、《发正》、黄丕烈《札记》、陈瑑《翼解》、王氏《述闻》、俞樾《平议》等成果,阙者补之,疑者存之,需商榷处加"元诰案语"。书首有韦昭注序,宋庠《国语补音序录》和钱大昕《重刻明道本国语序》。《国语集解》有1936年中华书局刊民国聚珍仿宋本,近年中华书局又出版了校点排印本。今人张以仁《国语斠证》(台北商务印书馆,1969年)、《国语左传论集》(台北东升出版公司,1980年)则体现了《国语》研究的新成就。2009年,中华书局出版了俞志慧的《〈国语〉韦昭注辨正》。

(朱顺龙)

穆天子传

《穆天子传》，又名《周穆王游记》或《周王传》。六卷。作者不详。述写年代当不晚于战国。通行本有《四部备要》本、《丛书集成》本、《四部丛刊》本等。

《穆天子传》过去常列入史部起居注，其内容和写作手法皆近于小说，同时还记载了当时的一些历史风貌，故可称为历史小说。其书盖根据《左传》昭公十二年所记"昔穆王欲肆其心，周行天下，将皆必有车辙马迹焉"之语，扩大其辞而成。

晋太康二年(280)，在今河南境内，从战国魏襄王墓中发掘出许多先秦古籍，《穆天子传》即是其中之一。书出后，经荀勖等校理为五卷。东晋郭璞作注时，又增《周穆王盛姬死事》(又称《盛姬录》)一篇，编为六卷。前五卷又称《周王游行记》、《周王传》，记载周穆王率领七萃之士，驾着八骏，造父为他驭车，伯夭作其向导，长驱万里，西达昆仑，北绝流沙，游历了名山绝境，并在瑶池会见了西王母，互以诗歌赠答。途中所见殊方异域的种种珍禽怪兽，奇花异草，书里都一一加以载录。第六卷记述了盛姬在泽中因寒疾病死及殡葬的故事。全书在南宋时有八千五百十四字，元时损为六千六百六十二字。考八骏和西王母的故事，为古代神话。穆王西征事，见于《左传》。

书中所记途程皆有日月、里数。其中，自宗周至河一段里程及道里风俗颇近于详实，含有后世起居注的风格，可视为起居注的萌芽。记重邑氏之居民以采石之山原料铸器黑水之上事，当指烧矿为琉璃。这个材料尤为学者所重视。此外，描述周穆王将中土的物产如黄牛、丝织品等送给西方民族，同时也带回西域各族的特产(如挚木华之实，嘉禾等)的记载是研究上古民族交流史的珍贵史料。

《穆天子传》在叙写手法上表现甚是别致，"其叙简而法，其谣雅而风，其事侈而核"，"文极赡缛，有法可观"，"颇为小说滥觞"(明胡应麟《少室山房笔丛·三坟补遗下》)。不仅魏晋南北朝小说如《汉武故事》、《汉武帝内传》、《神仙解》等受到它的影响，即或是宋元以后的小说戏曲里所塑造的西王母等形象，也深受其影响。

该书有晋荀勖为其作序,东晋郭璞作注。郭注此书,引了一些志怪神话传说,可供参考。近人丁谦《穆天子传地理考证》、顾实《穆天子传西征讲疏》两种校本,资料较全,但将传中地名皆用今地来比附,不免牵强。卫挺生《〈穆天子传〉今考》以及日本学者小川琢治《〈穆天子传〉考》、《周穆王的西征》等论文,对此书的研究皆有重要贡献。新注本有王贻樑等《穆天子传集校汇释》、郑杰文《穆天子传通解》等。

(朱顺龙)

竹书纪年

《竹书纪年》，也称《古文纪年》或《汲冢纪年》。古本十三篇，今本二卷，又《竹书异同》一篇。作者无定论。成书于战国时期的编年体先秦史。经考订，今本系伪作。古本较佳者有清朱右曾《汲冢纪年存真》二卷和王国维《古本竹书纪年辑校》一卷。

《竹书纪年》的作者问题，是史学界讨论的重要课题之一。一般认为，该书所载自周宣王以后，特记晋国之事，晋灭之后，又特记魏国史事，至魏襄王二十年(前295)，称其为"今上"，故《纪年》的作者应是魏国史官。有的学者则持不同观点，认为《纪年》并不一定是魏国史官所记国史，而可能是属于学者私人所撰的编年通史。朱希祖《汲冢书考》曰：《纪年》"是魏国私人所撰编年通史，非魏国官修之国史，且非编年之断代史也"。又引《新唐书·刘知幾传》"子贶……以《竹书纪年》叙诸侯列会，皆举谥，后人追修，非当时正史"，以为"其说甚是，可破魏国史官所记之谬说"。《竹书纪年》究竟是魏国史官所撰抑或私人所撰，可作进一步的研究。

汲冢竹书出土的年代是研究《竹书纪年》的另一个重要问题。《纪年》一书成于战国，其后久佚，直至西晋才出于古冢。据说，晋武帝咸宁五年(279)，汲郡(今河南汲县西南)人不准盗发汲县偏西之战国魏襄王冢，得竹书数十车，大部分被毁。在所余部分中有纪年十三篇，经束晳、荀勖察看，知是古代史书，遂整理为二十篇，又《竹书异同》一篇。这是《纪年》出土时间的一种较通行的说法，除此之外，尚有多种不同意见。兹由近人陈梦家归纳如下。

一、太康元年(280)说。杜预《春秋经传集解后序》曰："太康元年三月，吴寇始平，……会汲郡汲县有发其界内旧冢者，大得古书，皆简编科斗文字。"孔颖达《正义》及《北堂书钞》卷一〇一引王隐《晋书·束晳传》和《晋书·卫恒传》、《晋书·律历志》、《隋书·经籍志》等略同。

二、太康二年(281)说。《晋书·束晳传》："太康二年，汲郡人盗发魏襄王墓，或言安釐王冢，得竹书数十车。"荀勖《穆天子传序》："太康二年，汲县民不准盗发古冢。"

三、太康八年(287)说。《尚书·咸有一德正义》："《纪年》之书，晋太康八年汲郡民发魏安釐王冢得之。"

陈梦家综合上述诸说,认定太康二年出土说较为可信。但识者或以为,咸宁五年十月应为不准盗冢发现竹简之时,太康元年当系官府收取竹简之时,太康二年为整理典校竹简之时。此种看法比较公允。

《竹书纪年》是一部战国时魏国的史书,也是重要的先秦历史文献之一。该书"起自夏商周,皆三代王事,无诸国别也。唯特记晋国,起自殇叔……晋国灭,独记魏事,下至哀(襄)王之二十年,盖魏国之史记也"(杜预《春秋左传集解·后序》)。所记内容都可与其他材料相参校。如叙商中宗为祖乙和齐桓公十八年事同甲骨、金文相合。但有些史实,诸如舜囚尧,启杀益,太甲杀伊尹,文丁杀季历,自周受命至穆王百年,非穆寿百岁也,共伯和干王位,非二相共和也,等等,与儒家经传所记迥异。因此,《纪年》在出土后虽受到学术界的重视,名噪一时,但自唐代政局稳定,儒家地位重新抬头后,特别是继起的宋代理学昌盛后,异说难容,《纪年》遂被指责为"荒诞不经","多是讹谬",终于受到冷遇而佚失。大约在明代又出现了一种新的本子(题沈约注),后称《今本纪年》。此本与旧本在篇卷和内容方面皆有出入,其中最突出者是使其内容符合儒家的传统观念。经清人考订,证明该本乃伪书,姚振宗《隋书经籍志考证》指证系明人范钦伪造,其内容几乎全部袭用《史记》等书,所增加者不过年月而已。

《竹书纪年》既为魏国史书,对战国史实的记载亦就较为正确,因此颇具史料价值,并被经常引用。刘知幾《史通·申左篇》:"至晋太康年中,汲冢获书,全同《左氏》。……于是挚虞、束晳引其义以相明;王接、荀颉(应作勗)取其文以相证;杜预申以注释;干宝藉为师范。"他如臣瓒撰《汉书音义》、徐广撰《史记音义》,均曾采用《纪年》的材料。而司马彪据《纪年》驳难谯周的《古史考》,成绩尤为可观:"初,谯周以司马迁史记书周秦以上,或采俗语百家之言,不专据正经,周于是作《古史考》二十五篇,皆凭旧典,以纠迁之谬误;彪复以周为未尽善也,条《古史考》中凡百二十二事为不当,多据《汲冢纪年》之义,亦行于世。"(《晋书·司马彪传》)清代学者在《竹书纪年》的研究中,取得了不少成绩。近现代的研究则更加深入,所获亦远富于前人。陈梦家据《竹书纪年》作《六国纪年》,系统考订战国年代。杨宽《战国史》附录《战国大事年表中有关年代的考订》一文,就若干重要史事年代进行了深入的探讨;在修订版《后记》中,对于有争议的年代问题又提出不少新的见解。这是迄今为止利用《纪年》等材料考证战国年代最为精详的论著。这些成果证明,《史记》的《六国纪表》和《魏世家》在记载魏文侯、魏武侯、魏惠王和魏襄王的年数方面存在着一系列的错误。此外,有关齐国、赵国、韩国和燕国等的纪年,《史记》同样存在着严重的错误,例如,关于田齐的世系,在田和之前一代为悼子,田和之后一代为剡,可是《史记》将这两代遗漏了,于是把以后一系列的承袭年代也都搞错了。另,周显王三十五年(前334),魏惠王与齐宣王约定于徐州相会,在这一年以后,魏惠王由侯改王,又过了十六年才死。《史记》不知惠王改元事,就把后来的十六年说成是襄王的,又把襄王在位改为哀王,实际上哀王即是襄,非二人也。凡此等等,主要依靠《纪年》可得到纠正。《竹书纪年》不仅对于战国历史的研究有十分重要的意义,而且在夏、商、西周和春秋史的研究方面,可与《诗》、《书》、《易》、《春秋》、《左传》、《国语》以及《史记》等文献互为参证,亦可补经传之阙失,纠正上述古籍之讹误违失。

《竹书纪年》出土后,有荀勗、和峤,束皙、王接、卫恒、王庭坚、潘滔、挚虞、谢衡、续咸以及杜预等人进行了校理和研究。明、清学者相继作辑本二十余种。清代学者朱右曾将散见于古籍所引者辑录校补为《汲冢纪年存真》(有归砚斋刻本)。近人王国维据朱书作《古本竹书纪年辑校》一卷,并另作《今本竹书纪年疏证》(有《王国维遗书》本),基本恢复古本面貌。今人范祥雍据王书又作《古本竹书纪年辑校订补》。方诗铭、王修龄另据善本重辑成《古本竹书纪年辑证》。近二十年来,在《今本纪年》真伪问题上又出现新的讨论,美国学者倪德卫(David S. Nivison)、夏含夷(Edward L. Shaughnessy)及邵东方等人,在证明《今本纪年》是否伪书方面作了多方考辨,有关成果主要收集在倪德卫与邵东方合编的《今本竹书纪年论集》(台北唐山出版社,2002年)一书中。

(朱顺龙)

世本

《世本》,唐代为避太宗讳,改称《系本》。原书十卷(或分别作一、二、五卷)。从书的内容看,不出于一人之手。约写定于战国末年,秦汉时曾为整理。1957年商务印书馆版《世本八种》较便阅读,为现代通行本。

关于此书的作者,颇有争议,几种主要意见如下。

一、晋皇甫谧《帝王世纪》以为,《世本》乃左丘明所作。北齐颜之推《颜氏家训·书证》,章太炎《訄书·尊史》皆信之。清孙星衍则认为"谧言多不足信"(《重集世本序》)。秦嘉谟也曾指出:"以《世本》为左丘明所作,亦自颜书发之。其实,《汉书·司马迁传》、《后汉书·班彪传》中未之言明也。"

二、晋杨泉以《世本》是"楚汉之际有好事者"所著(马总《意林》卷五)。刘知几《史通·正史》中有相同说法。其理由是书中记载有燕王喜、汉高祖史事。张澍则认为"此书有燕王喜、汉高祖殆非本文,盖亦如孔子作《春秋》而曰孔丘卒;李斯作《仓颉篇》有秦兼天下海内。皆为后人所羼云"(《辑世本序》)。

三、近人陈梦家云:"《世本》之篇,盖战国赵人所作。"(《世本考略》)理由是《世本》称赵王迁为"今王迁"。但这并不能说明全本都系赵人所作。赵王迁在位八年期间,戎事不绝,是否有暇修撰一部有完整体系的历史巨著,也是个问题。另外,从赵王和汉高祖执政与去世的时间上看,《世本》不应有汉高祖的记载。

四、秦嘉谟在《辑补世本》中说:"《世本》乃周时史官相承著录之书,刘向《别录》、《周官》郑注已明言之。故有燕王喜耳。若汉高祖乃汉人补录世代,非原文也。""《世本》为周初至战国时史官相承而作,《史记集解》所引'赵孝成王丹生悼襄王偃,偃生今王迁'之言可据。"此说似较为允当。

本书记事上起黄帝传说,下迄春秋时期,是先秦史官记录和保存的部分历史档案。所记内容主要为帝王、诸侯和卿大夫的氏族及世系,兼述其居处、制作、谥法等。共分《帝系谱》、《诸侯谱》、

《卿大夫谱》、《姓氏》、《居》、《作》等十五篇。其中氏姓、世系属于谱牒之学,备受历代帝王重视。

《世本》在创作体裁上,对后世的影响极大。首先,创专题分载体例。古代史书,虽分记事记言,却没有分专题记某一事项的。《世本》分别部类,将世系、氏姓等分章叙述,是史学史上专题研究的开端,对后人在历史领域里作专题起了开拓作用。其次,古史记载多半不出政治范围。而《世本》则注重到地理环境、氏姓、工艺制作等社会经济事项,为后人研究创造发明乃至写成《事物纪原》(宋代高承撰)等都起了良好的作用。所记仓颉作书,容成造历,禹作宫室等科技创作,在轻视科学的古代尤其难能可贵。王充评道:"言苟有益,虽作何害。仓颉之书,世以纪事;奚仲之车,世以自载;伯余之衣,以辟寒暑;桀之瓦屋,以辟风雨。夫不论其利害,而徒讥其造作,是则仓颉之徒有非,《世本》十五家皆受责也。"章太炎《訄书·尊史》对《世本》重视氏族、地理环境及工艺制作评价尤高,谓:"《世本》者,不画以《春秋》,其言竟黄、颛,将上攀《尚书》,下侪周典,广《春秋》于八代者也。杂而不越,转一机以持续,为之于此,成文于彼,此其为有经纬本末,而徵者艾者哉!"又谓:"如左氏《作篇》之学,乃足以远监宙合,存雄独照,不言金火之相革,而文化进退已明昭矣。"

《世本》作为先秦重要史书之一,保存了丰富的古史材料。司马迁撰《史记》不但采用了其中的许多史料,并在相当程度上承袭了它的体例,如本纪、世家、列传等篇即是。就是《三代世表》、《十二诸侯年表》,也皆仿效《世本》世系作成。此外,韦昭注《国语》、杜预注《左传》,其中的世系,也皆以《世本》为依据。唐刘知幾《史通》中主张在正史里要写氏族志、都邑志。郑樵《通志》二十略中就立有《氏族略》、《都邑略》、《谥法略》,显然受其影响。继《世本》以后,有关氏族的著作大量出现,汉应劭《氏族篇》,南朝宋《姓苑》,唐《氏族志》,等等,"凡言姓氏者,皆本《世本》"(《通志·氏族略》),可见其影响之深远。

该书很早就有东汉应劭、宋衷,魏宋均等注,至唐时残缺不全,宋时亡佚。南宋高似孙始为辑佚,经清代群儒钩稽群籍,汇集成书者十种,惟钱大昭、洪饴孙二家不传。1957年,商务印书馆集合王谟、孙冯翼、陈其荣、秦嘉谟、张澍、雷学淇、茆泮林、王梓材八家辑本成《世本八种》。以雷、茆两本较为严谨,茆本尤佳。

(朱顺龙)

睡虎地秦简

湖北省云梦县睡虎地出土的秦墓竹简,研究战国末期秦国及秦代法制史的重要文献。1975年底至1976年初,考古工作者在该地发掘十二座战国末至秦代墓葬。其中十一号墓出土一批秦代竹简,经整理拼复,共有1 155支,另有80片残片,由文物出版社1978年出版,书名因竹简出土地而拟。

竹简藏墓主喜棺内,喜生于秦昭王四十五年(前262),秦始皇时充安陆御史、安陆令史、鄢令史和鄢的狱吏等官职。

秦简包括《编年记》、《语书》、《秦律十八种》、《效律》、《秦律杂抄》、《法律答问》、《封诊式》、《为吏之道》、《日书》两种等十部分。其中《语书》、《效律》、《封诊式》、《日书》乙种四题见于秦简,其他诸题为整理者根据内容所拟。《编年记》是按年代编写的大事记,起于秦昭王元年,终于秦始皇三十年。在秦庄襄王三年以前,《编年记》侧重记载秦对六国的战事。秦始皇元年以后,主要记载喜和他的家族情况。《语书》和《为吏之道》为训诫官吏的教令。前者是秦始皇二十年南郡守腾下达本郡所属县、道啬夫的文告,反映了当时政治和军事斗争情况,文告反复申述以律令约束吏民,表现了法治精神。《为吏之道》论说如何做吏,制定了吏应恪守的信条,很像后世的官箴。《日书》两种为卜筮之书。秦简其他五部分都是有关法律的文书。《秦律十八种》内容广泛,包括有关农业生产、官府牛马饲养、粮食贮存、保管、发放、货币和财物、关市职务、官府手工业、官营手工业生产定额、调度手工业劳动者、徭役、司空职务、军功爵、任用官吏、核验官府物资财产、驿传供给粮食、递送文书、内史职务、廷尉职务以及属邦(管理少数民族事务的机构)职务的法律。《效律》主要是对县和都官管理的各种物品实行核验的法律规定,还包括对度量衡器的检查。《秦律十八种》中的《效律》摘抄了当时《效律》的个别律条。《秦律杂抄》内容广泛,有《除吏律》、《游士律》、《除弟子律》、《中劳律》、《藏律》、《公车司马猎律》、《牛羊课》、《傅律》、《敦表律》、《捕盗律》、《戍律》等十一种。有些律文尚不知律名,这些法律涉及秦代官吏的任免、对游士的限制、对吏的子弟的选用、从军劳绩的规定、府库的收藏、公车司马射猎失职的惩罚、对畜养官府牛羊的考核、傅籍的规定、军士服役和战场纪律，以及行戍的规定等。《法律答问》主要是用问答形式对律文和与律文相关问题所作的解释。《封诊式》共有二十五条，头两条《治狱》和《讯狱》记述治狱人审理案件的守则。其他二十三条是有关调查案件、验实案情、审讯定罪等程序的文书程式，其中有不同类型的案例。这五种法律文书是秦简的主要部分，为研究秦朝法律提供了极其珍贵的历史资料。

首先，在法律形式方面，秦简出土前，史载秦朝法律形式有律、令、制、诏四种。但秦简说明尚有法律答问、式、例等多种形式。加上律文本身，秦简所反映的法律形式主要有四：一，律。即法律条文，秦简计有《秦律十八种》、《秦律杂抄》、《效律》等共三十种。二，法律答问。即由官方以问答方式对法律进行解释，与律文具有同等法律效力，实际上是对法律条文的补充规定，后来发展为律注、"律疏"。三，式。即《封诊式》，规定对司法官吏审理案件的要求和对案件进行调查、检验、审讯等文书程式。四，例。即"廷行事"。"廷"指官府，"行事"指"已行已成之事"。

其次，就秦简反映的秦律内容看，除主要为刑事法规外，还包括民法、经济法、行政法和诉讼法等各个法律部门。一、刑事法规。包括罪名、刑罚和刑罚适用原则。提到的罪名近二百种，打击的主要犯罪是"盗贼"。刑罚适用原则主要有：区分故意与过失，以有无犯罪意识作为认定是否犯罪的主要因素，教唆同罪，累犯加重，团伙犯罪加重，自首减刑，以犯罪身份等级定罪量刑等。二、民事法规。明确保护国家和私人所有权。《田律》规定国家根据"受田之数"征收田赋，盗牛马者严加惩处；欠公家债务过一年者以劳役抵偿。三、经济法规，秦简中有关官府管理社会经济活动的法规或条款占有很大比重。如《田律》、《厩苑律》、《仓律》、《金布律》、《关市律》、《工律》、《效律》。四、行政法规，如《置吏律》、《除吏律》是任免官吏的法律；《除弟子律》是关于训练、教育和任用贵族官僚子弟的法律；《尉杂律》是有关廷尉职务的法律；《内史杂》是掌治京师的内史职务的法律。五、诉讼法规。《封诊式》的主要部分及《法律答问》中的一部分，均属有关诉讼制度方面的规定。其起诉形式有"公室告"和"非公室告"两种；实行奖励告奸，诬告反坐；限制子女、奴婢控告权；判决不服允许上诉等。

秦简所反映的法律形式和内容十分丰富，初步形成一个以刑法为主、辅以诸多法律门类的庞大法律体系，无论在形式和内容上都远远突破了李悝《法经》和商鞅《秦律》的规模，充分展示了秦统一中国前后立法的重大成就。

文物出版社1978年出版的《睡虎地秦墓竹简》，有释文、注释、今译，书后附有索引，便于阅读和使用。1981年文物出版社出版《云梦睡虎地秦墓》，缩印了十一号墓出土的全部竹简。

（郝铁川）

战国策

《战国策》,又称《国策》、《国事》、《短长》、《事语》、《长书》、《修书》等。今本三十三卷。原作者已无可考。通行本有清《雅雨堂藏书》本、《四库全书》本、《畿辅丛书》本、《四部丛刊》本、《四部备要》本、上海古籍出版社 1978 年标点本等。

《战国策》的作者,近年来有人认为是西汉早期的蒯通,也有人主张主父偃是其作者,目前尚没有确凿的凭据加以定论。可以认定,他们曾先后编辑过一部分资料,而不是全部。到西汉末年,刘向校宫中图书,编订该书为三十三篇。因其认为这部书是战国时代游士辅国谋划之策,因此定名为《战国策》。

《战国策》是战国时期游说之士的策谋和言论的汇编。全书分十二国纪事,依次为西周、东周、秦、齐、楚、赵、魏、韩、燕、宋、卫、中山。记载自春秋以后到秦末农民大起义期间二百四十五年事。其内容受战国时期社会大变革的影响极大。如经济方面,由封建领主制转变为封建地主制;政治上,由春秋时期小国林立变为七国争雄。以用人而言,春秋时的世卿世禄制到战国时改为选任贤才,故智能之士奔走于各国之间,"出奇策异智,转危为安,运亡为存"。《战国策》反映了当时士在各国的活跃活动,各国统治者为了守其国、强其国,都争相养士、择士,希望有能之士为他们出谋献策。士由此脱颖而出,频繁往来。例如《齐一》记苏秦为赵合纵说齐、张仪为秦连横说齐;《燕三》记荆轲为燕太子丹刺秦王;《赵四》记触詟说赵太后使长安君为质于齐等。《战国策》有些篇章的写作,与所谈及之事件的时代不远,尽管文采较差,但说辞大致符合历史事实。有些篇章所述则离时代较远,其中许多言论都是引古道今,以为托喻,或夸大事实,往往谈形势扞格难通,言地理则东西莫辨,与事实不相符,在引用时应该慎重。

《战国策》成书后,因为书中有纵横阴谋之术,为儒家所不齿,传诵者较少,逐渐有所残阙,至北宋时已亡佚十一篇。曾巩访求于士大夫家,才重新补齐三十三篇之数。今天所见《战国策》一书,共三十三卷,四百六十章(或谓四百九十多章)。1900 年,瑞典人斯文赫定于古楼兰废墟中发现一张公元二世纪左右用汉隶书写的古书残页,其内容同于姚宏本《战国策·燕三》第一章之末尾和第二章的开头,可见今本流传有序,大体保存了刘向编订的原貌,同时也证明曾巩校理可信。

该书的校补有两个系统,一是南宋剡川姚宏本三十三篇。此本搜罗了当时的十几种本子加以整理,态度严谨,忠于原作,保存了刘向原定本的原貌及原本的讹文异字和残缺之处,善于缺疑待证。同时也使我们能约见南宋初年十几种本子的本来面貌。姚宏校本经清代大儒黄丕烈影写复刻,流传极广,今通称"姚本",其中包括高诱的残注和姚宏的续注。与姚宏同时,缙云(今浙江)人鲍彪也作《战国策》注本。他因刘向原订《战国策》一书时序紊乱,不符合"以时次之"的要求,故对原书的次序重新安排,按国分为十卷,在各国之下,按《史记》标出君王世次,将《策》文隶其后,隐含编年之意。该注比高诱所注远为详细。元代吴师道撰《战国策校注》,沿鲍彪同时又改正了它的许多错误,释疑解滞,甚便通读。《四库全书总目》曰:"古来注是书者,固当以师道为最善矣。"《四部丛刊》曾把吴书中元至正十五年(1355)刻本影印收入。此本今通称"鲍本",实际包含了吴师道的校注在内。自吴师道以后,中外学者研究《战国策》的代有其人,或零篇短札,或巨制宏文,如近人金正炜《战国策补释》等,但都没有系统的综合整理。今人缪文远所著《战国策新校注》,在博览前贤的基础上,广收竹简、帛书、铜器、石刻等出土材料,结合文献参稽互证,对《战国策》逐条进行考辨与系年。凡信口不实之辞,或出自后人所托者,均一一指出,并做到每条有解题,全书有索引,是一部较新的读本。代表今人研究新成果的注本尚有诸祖耿《战国策集注汇考》(江苏古籍出版社,1985年)、范祥雍的《战国策笺证》(上海古籍出版社,2006年)等;论著有郑良树《战国策研究》(台湾学生书局,1972年)、缪文远《战国策考辨》(中华书局,1984年)等。

由于战国时期"诸侯恶其害已也,而皆去其籍"(《孟子·万章下》),更严重的是秦始皇"烧《诗》、《书》,诸侯史记尤甚",致使"文史缺轶,考古者为之茫昧"(《日知录·周末风俗》条),令史学家深为惋惜。《战国策》一书,为我们保存了大量的战国史料,是极其难得的。"自春秋以后以迄秦,二百余年兴亡成败之路,粗具于是矣。"(王觉《题战国策》)

1973年长沙马王堆汉墓出土帛书中的《战国纵横家书》(由马王堆出土帛书整理小组定名,文物出版社,1976年),共二十七章,三百二十五行,一万一千多字。其中十一章的内容见于《战国策》和《史记》,文体近似。另外十六章,是久已失传的佚书。将这二十七章与《战国策》等有关篇章对照,不仅可补后者之不足,还可纠正今流传本中的一些错误。

(朱顺龙)

史记 〔西汉〕司马迁

《史记》,原称《太史公书》。一百三十卷,或称一百三十篇。西汉司马迁撰。书约成于汉武帝征和二年(前91)前后。现存最早的版本是南宋绍熙年间黄善夫刻本,二十四史百衲本即商务印书馆影印黄氏刻本。明代有嘉靖南监本、万历北监本和毛氏汲古阁本。清代以武英殿本最为通行。清末同治年间,金陵书局刊行《史记集解索隐正义合刻本》,由张文虎据钱泰吉的校本以及其他刻本重加考订,为当时较好版本。1959年中华书局标点本,由顾颉刚等以金陵书局本为底本,参照武英殿本的格式以及其他版本,详加校定,分段标点,为目前最通行的版本。2013年,中华书局出版了赵生群等的新校点本。

司马迁(约前145—约前90),字子长,左冯翊夏阳(今陕西韩城)人。父司马谈为西汉太史令,通晓天文地理,有意撰史而未果。司马迁幼年随父至长安,诵读经史诸子书,博学多才。及长,精于天文、律历、地理,擅长辞赋、散文,并知医学、占卜。二十岁出游,涉历名山大川,搜集遗文佚事,考察民俗风情。武帝元封三年(前108)继任太史令,遂缀集史料,着手撰《史记》。天汉三年(前98),因替李陵降于匈奴之事辩护而下狱,被处宫刑。出狱后任中书令,忍辱发愤,继续撰史。一生著述以《史记》传世。生平事迹详载《史记·太史公自序》和《汉书》卷六二本传。司马迁撰《史记》,前后约十五年时间。卒后《史记》藏于家,至汉宣帝时,始由其外孙杨恽公布。

《史记》是中国历史上第一部纪传体通史。全书五十二万六千余字。其记事上起传说中的黄帝,下至西汉武帝太初年间(前104—前101),共约三千年史事。汉以前的历史写得比较简略,汉以后的当代史较为详细,基本上是司马迁自己的创作。此书计"本纪"十二篇,"表"十篇,"书"八篇,"世家"三十篇,"列传"七十篇。由于后世的散佚,今本《史记》少数篇章不是司马迁手笔,如《三王世家》、《外戚世家》、《龟策列传》等系西汉元帝、成帝时的博士褚少孙补写,书中凡有"褚先生曰"的文字就是他的补作。另外,《武帝本纪》全篇从《封禅书》里截取,全书还有后人补缀的文字。

"本纪"内容,包括历代帝王世系和国家大事,以事系年,属于全国的编年大事记,也是全书的纲领。前五篇分别记述传说中的五帝,以及夏、商、周和秦国前期历史;后七篇记载秦始皇和汉高祖刘邦至汉武帝时期的逐年大事。通过《秦始皇本纪》保留的原始史料,后人得以了解秦如何削平六国,统一全国政令,推行专制主义中央集权制度。值得注意的是,司马迁把项羽和吕后都列入"本纪"。项羽虽然没有登上皇帝宝座,但他是推翻秦王朝的各支起义力量的实际领导者,"楚汉相争"时的政治中心人物。吕雉在刘邦死后以太后身份执掌实权,惠帝刘盈不过徒有虚名。因此,司马迁的处理体现了尊重历史事实,不以成败论英雄的卓识。

"表",前三篇记述夏、商、周三代以及西周时诸侯,直到春秋、战国时的重大历史事件,年代久远而无法详细考证的作世表,有确切纪年的依年代次序分国胪列史实而作年表。后七篇主要谱列秦、汉史事,如《楚汉之际月表》按月将陈涉起兵、项羽败秦、刘邦灭项羽、汉朝建立等一系列重大事件,逐一排列记载。其余各表,或以年为经,以国为纬;或以国为经,以年为纬;或以年为经,以职官为纬,次序井然,颇易查检。后人有谓"表"记事过于简略,不太重视其作用。其实,十篇表内容详近略远,以简驭繁,头绪分明,前后相次,免于繁冗,亦可补充一些史实,起到了其他部分所不能代替的作用。表中谱列的诸侯王、将相名臣、三公九卿的废立、传代、继承等事件,有利于后人参照其他材料作系统研究或比较研究。

"书"八篇,对经济、文化以及典章制度作了专门论述。《礼书》、《乐书》分别论述礼仪和音乐的社会作用。《律书》论音律,古代师出以律,故后人认为该篇即是《兵书》。《历书》、《天官书》专记历法和古代天文知识。《封禅书》以较长的篇幅记录历代帝王祭祀天地诸神和名山大川,并对汉武帝祭祀活动有所讽刺。《河渠书》详载古代主要水利工程。《平准书》是武帝以前的西汉经济专篇,既概述汉初经济恢复和发展的全过程,也展示汉朝经济政策的演变脉络,如盐铁政策、钱币制度以及征榷制度,均有详细论述,汇集了汉初经济状况的珍贵史料。《平准书》这种专记经济史的篇章,是司马迁的创造。

"世家"三十篇,有一半以上记述春秋战国时期各诸侯国兴衰存亡的历史,如吴、齐、鲁、燕、晋、楚、越、韩、赵、魏等国,均有专篇记载。有些事件虽不涉及全国范围,但对某一封国或全国社会生活的某一方面有较大影响的,皆收入书中,故"世家"可以说是一种"国别史"。另外,所记人物均为影响较大者,如孔子、萧何、张良、曹参、陈平、周勃等,既记载他们的家世、生平事迹,也保存了一些与当时重大历史事件和典章制度密切相关的史料。尤其可贵的是司马迁把陈涉也列入"世家"之中,充分肯定他在推翻秦朝暴政统治中的历史功绩,与历来史家诬其为"盗"、为"暴乱之人"的态度大相径庭。

"列传"也为司马迁首创。七十篇中的绝大多数是人物传,专记历史上的重要人物,尤其是秦汉时期活跃在政治、经济、军事、文化等领域的社会各阶层代表,如商鞅、苏秦、张仪、吕不韦、李斯、韩信、叔孙通、贾谊、晁错、卫青、霍去病、孟子、荀子、屈原、扁鹊、司马相如等,展示了这些传主对社会产生的重大影响。虽然单篇的人物传中,有些史料不免显得零散,但分门别类加以整理,就可从中提炼出比较完整的史料,以供研究之用。除了以事系人,专记一人或数人的专传、合传外,还有数篇类传,收录若干同类人物而记其行事,集中反映历史的一个侧面。《儒林列传》记载儒家代表人物的学术活动和儒家经典的传授过程。《酷吏列传》描写郅都、宁成、张汤、王温舒等人崇尚严刑峻法,以酷烈手段驭民的情形。《游侠列传》专记历史上"其言必信,其行必果,已诺必诚,不爱其躯"的侠义之士,反映了这类人物在社会上的地位和影响。《佞幸列传》揭露天子身边的宠臣、佞臣不惜以吮痈、歌舞等种种手段获取宠幸地位,最终则身败名裂。《货殖列传》是经济专篇,在主张强本抑末的西汉社会,司马迁却为许多工商业者立传,宣扬他们多财善贾、不贵而富,肯定他们的社会作用,同时也保存了秦汉以前以及当时的各地物产、农业经济、手工业和商业的原始资料。列传还有六篇记载我国少数民族地区和周边国家的情况,涉及匈奴、南越、东越、朝鲜、西南夷以及大宛,比较系统地反映了各少数民族发展的历史和亚洲许多国家的古代概况,成为古代民族史和中外关系史方面的珍贵记录。

《太史公自序》系列传末篇,也为全书之殿。篇中先叙自己的家世和事迹,并说明编著本书的经过和旨意,然后逐一概述各篇内容,表明了作者的史学见解。这是后世研究《史记》和司马迁所不可缺少的原始史料。

《史记》问世以前,中国的史书以《春秋》、《左传》等编年体例传世,亦有以地域分类的国别史《国语》等,而《禹本纪》、《周谱》、《礼经》、《世家》等已失传的史著分别为本纪、表、书、世家的范本。司马迁吸收并发展前人的成果,集先秦史学之大成,突破了按年月记事的编年体界限,创立了以本纪和列传为中心的纪传体,融合表、书、世家,将五种史书体例汇集一书,使之互相配合补充,各尽其用。纪传体史书的新体系,记载社会各方面的内容,包括政治、军事、思想文化、经济、民族以及中外关系等,从不同的角度显示社会的基本状况,容量极大,既提纲挈领,又包罗宏富,表明作者在史书体裁方面的综合创造。正因为纪传体以人物为记事主体,而人物又以帝王为中心,与中国传统的封建等级制以及专制主义中央集权相适应,所以成为历朝作史的范式。自《汉书》起,各朝史书凡列入二十四史的,都以纪传体为唯一体例。

"究天人之际,通古今之变,成一家之言。"这是司马迁对写作《史记》的自我评价。通过对自然现象的分析和对阴阳五行说的批判,司马迁阐述了天道、人事及其相互关系,明确主张人事在历史上的作用,表明了进步的自然观,揭露了社会政治的黑暗面,讥讽了统治者崇尚迷信的愚妄。在内容编排上,他按历史发展阶段来处理,略古详今,注意考察历史的变化,见盛观衰,以敏锐的目光指出当时社会的危机,并着意探求历史发展的规律,体现出进步的历史观点。在全书各篇中,作者还以"太史公曰"形式,发表自己对于历史事件和历史人物的评论以及对一些史实的补充。后世史家称誉其"善序事理,辨而不华,质而不俚,其文直,其事核,不虚美,不隐恶,故谓之实录"(《汉书·司马迁传》)。

司马迁写成《史记》,还与他十分注重实地调查,广泛接触社会有关。他年轻时游历旅行以后,或奉使出差,或扈从皇帝出巡,所经之地,西南至巴蜀以南的邛、筰、昆明,西至空桐,北抵涿鹿、九原,东至大海,几乎全国各地都留下了足迹。他游览名山大川,考察地理形势和历史古迹,注意风土人情和社会状况,并耳闻目睹了不少秦汉人物的事迹。如战国时魏国首都大梁有座"夷门",经作者实地调查,得知就是该城东门。又如韩信尚为布衣时,虽贫穷无力葬母,却仍觅宽敞高地,令其旁可置万家,作者曾去其母坟冢踏勘查实。他写郭解时,在《游侠列传》的论赞中说:"吾视郭解,状貌不及中人,言语不足采者。"可知他亲见过其人。对历史事件所发生的地理位置,司马迁也力求准确。清顾炎武《日知录》卷二十六谓:"秦楚之际,兵所出入之涂,曲折变化,惟太史公序之如指掌。……盖自古史书兵事地形之详,未有过此者。太史公胸中,固有一天下大势,非后代书生之所能几也。"这种读万卷书、行万里路,经过实地考察得来的材料,格外生动可靠,使《史记》一书不仅内容丰富,而且记事翔实,具有极高的传信价值,为后世史家视为典范。

司马迁修《史记》,不仅尊重历史事实,秉笔直书,还注意语言文字的锤炼,文句优美。他采用当时流行的口头语来代替艰深的古文字,行文浅易近人。他描写历史人物,善于通过叙述细微情节来刻画人物的本质特征。穷奢极欲的秦始皇,叱咤风云的项羽,好大喜功的汉武帝,居功自傲的韩信,骄横自恣的田蚡,小心谨慎的萧何,面谀得势的叔孙通,谦恭下士的信陵君,智勇双全的蔺相如等等,在他笔下显得栩栩如生,呼之欲出。他不仅塑造了发号施令的帝王将相、贵族官僚,而且还刻画了社会其他阶层的代表人物,策士说客、文人学者、刺客游侠、隐逸豪强、医卜星相、俳优侏儒,都在《史记》中占有一席之地。由于司马迁的生动描述,《史记》不仅是一部历史"实录",同时也是一部脍炙人口的传记文学。他把叙事、抒情、说理有机地综合起来,达到思想上、艺术上的高度统一,为后代文史学家提供了范例。

《史记》传布后,补撰、注释、评论者代不乏人。东汉卫宏首先指出《史记》有缺,班固亦谓"十篇缺,有录无书"(《汉书·司马迁传》)。三国魏张晏进而指出所缺篇目为《景纪》、《武纪》、《礼书》、《乐书》、《兵书》、《汉兴以来将相年表》、《日者列传》、《三王世家》、《龟策列传》、《傅靳列传》(《汉书·司马迁传》颜师古注)。自西汉褚少孙开补续先例,以后刘向、刘歆、冯商等十余人均作过增补。故原作与补撰之文多有混淆,今已分辨不易。有关《史记》注释之作,以南朝宋裴骃《集解》、唐司马贞《索隐》、张守节《正义》最著名,后世习称为《史记》三家注。《史记集解》博采经史诸书,广引前人旧说,着力于释义;《史记索隐》收录各种旧注,音义并释;《史记正义》长于地理,且极详备,为当时注《史记》集大成之作。另有日本泷川资言《史记会注考证》、水泽利忠《史记会注考证校补》、藤田胜久《〈史记〉战国史料研究》,为国外研究《史记》颇具代表性的著作。

对本书的校补考订以清人最为典型,钱大昕、王念孙有精辟论述,分别收入《廿二史考异》和《读书杂志》。此外,清代以来如梁玉绳《史记志疑》、张文虎《校刊史记集解索隐正义札记》、郭嵩焘《史记札记》、张森楷《史记新校注》、崔适《史记探源》、李笠《广史记订补》、鲁实先《史记会注考证驳议》、余嘉锡《太史公书亡篇考》、钱穆《史记地名考》、朱东润《史记考索》、李长之《司马迁之人格与风格》、程金造《史记管窥》、逯耀东《抑郁与超越——司马迁与汉武帝时代》、张大可《史记研究》、赵生群《史记文献学丛稿》、王华宝《〈史记〉校勘研究》诸书,或澄本清源,或纠正讹误,或阐幽发微,对《史记》研究都有贡献。近人对《史记》部分篇幅作新注的尚有高平子《史记天官书今注》、黄庆萱《史记儒林列传疏证》、吴忠匡《史记太史公自序注说会纂》、张大可《史记论赞辑释》等。

今人陈直《史记新证》、王叔岷《史记斠证》等,利用近世考古资料印证、诠释、考订《史记》,从较新的角度予以研究。韩兆琦《史记笺证》,则是最新的校释成果。此外,杨燕起等编《史记研究资料索引和论文专著提要》,分"史记研究资料索引"、"史记研究论文提要"、"六十种史记研究专著提要"三部分排列,为目前搜罗较广的一部《史记》研究工具书。其他工具书有仓修良主编的《史记辞典》、贺次君《史记书录》等。研究论著则有张大可主编的《史记研究集成》等。

(薛明扬)

越绝书 〔东汉〕袁 康等

《越绝书》，又称《越绝记》。《隋书·经籍志》、新旧《唐书》、宋陈振孙《直斋书录解题》作十六卷。《宋史·艺文志》、《崇文总目》、《四库全书总目》作十五卷。传世本多作十五卷。东汉袁康、吴平辑录。书约成于东汉初年。版本主要有明初刻本、正德四年(1509)吉水刘恒仿宋刻本、嘉靖二十四年(1545)孔文谷刻本、万历吴琯《古今逸史》本、何镗《汉魏丛书》本、清《四库全书》本、光绪四年(1878)《小万卷楼丛书》本、1917年《龙溪精舍丛书》本、1925年商务印书馆《丛书集成》本、1956年商务印书馆版张宗祥校注本、1985年上海古籍出版社乐祖谋标点本等。

袁康，东汉会稽郡人。吴平，亦东汉会稽郡人。两人生卒年均不详。

《越绝书》向未署明作者。《隋书·经籍志》、《旧唐书·经籍志》、《文渊阁书目》称子贡作。宋《崇文总目》著录时，又加"或曰子胥"。陈振孙《直斋书录解题》则说："无撰人名氏，相传为子贡者非也。"明中叶，杨慎从隐语考出作者袁康、吴平。《四库全书总目》承袭此说，认为"此书会稽袁康所作，同郡吴平所定也"。今人陈桥驿主张，《越绝书》是一部战国时人著作，东汉袁康、吴平加以辑录增删成今之传本。

《越绝书》的成书年代，前人或以为春秋晚期，或以为春秋末，或认定是战国时作品，也有的称首草于先秦，充实于秦汉，最后成书在东汉。关于此书性质，宋无名氏称其为"复雠之书"，明张佳胤说此书为"游士之谭"，清余嘉锡以为此为"兵家之书"，近人张宗祥认为此为"术数家言"，陈桥驿主张此书为"经世致用之书"，朱士嘉称此为"现存最早的方志"。

《越绝书》现行本十九篇，外传十三篇。十九篇中，除第一篇外传本事为序文，阐述书名、作者、经、传、内外之别，第十九篇叙外传记为跋语，用以申述编纂宗旨、暗藏隐语外，其余十七篇内容大体有如下方面：一记人物。吴有太伯、阖闾、夫差、伍子胥、伯嚭、王孙骆、公孙圣等，越有勾践、范蠡、西施、文种、计倪、郑旦等。此外，还有楚平王、伍奢、春申君、黄歇、李园等。二载山川湖泊。吴记有莋碓山、放山、抚侯山、虎丘、渔浦、百尺渎、马安溪、大湖、崐湖、丹湖等，越记有龟山、麻林山、会稽山、官渎、射浦等。三志建置。如会稽郡、丹阳郡、海盐县等。四记城池。如吴之大城、小城、伍子胥城、糜湖城、榴溪城、无锡城、摇城、古城、阊门、巫门、地门、蛇门、娄门、胥门、齐门、楚门,越之勾践小城、山阴大城、北阳里城、会稽山北城等。五叙名胜古迹。如吴之阖闾宫、南越宫、射台、东千里庐虚、阖闾冢、胥女大冢、蒲姑大冢、夫差冢等,越之驾台、离台、美人宫、独山大冢、若耶大冢、女阳亭等。六是记治国、用兵之道。如卧薪尝胆、富民贵谷等。

在编纂体例、资料征引方面亦具特色。

一、在体例上,《越绝书》既有经、传,又分内、外,这是一般著作所未曾有过的。其经"论其事",传"道其意",内"非一人所作",外"明说者不专,故删定重复"(《外传本事》)。全书除《外传记吴地传》、《外传记越地传》记吴越两国城池、山川、湖泊、交通等是基本按类叙述外,大都采用问答形式,首尾两篇更是自问自答。所问所答皆围绕某一中心思想进行。这与《战国策》有些类似。

二、人物记述,寓褒贬于事实之中。《越绝书》作者编书的目的在于"贬大吴,显弱越",确定越国历史地位,肯定越王勾践的功绩,但在行文上并没有明显的褒抑,而是让事实说话,寓观点于客观记述之中。

三、材料除采《国语》、《左传》、《史记》外,主要取之于民间长期流传的传说、神话。这些神话、传说中有部分无稽之谈,但大多从侧面反映了历史事实,可弥补正史记载之不足。

四、在表述上,全书运用了叙述体、问答体,还采用演义小说体,有夸张,有虚构。

《越绝书》是一部重要的中国历史文化典籍,有较高的史料价值,对后世方志编撰有重大影响。今人整理本有李步嘉《越绝书校释》。有关《越绝书》的研究有清卢文昭《题越绝后》、俞樾《读越绝书》、钱培名《越绝书札记》、近人徐益藩《越绝考》、李泉《越绝书研究》、骆啸声《越绝书性质试析》等。

(巴兆祥)

吴越春秋 〔东汉〕赵 晔

《吴越春秋》，《隋书·经籍志》、《旧唐书·经籍志》、《新唐书·艺文志》均作十二卷。晁公武《郡斋读书志》、《宋史·艺文志》、《文献通考·经籍志》并作十卷，已佚二卷。现流行本有六卷和十卷本两种。东汉赵晔撰。书晚于《越绝书》，似成于东汉前期。版本较多，主要有元大德刻本、明万历十四年(1586)武林冯念祖刻本、《古今逸史》本、清康熙七年(1668)新安汪士汉《秘书二十种》本、周梦麟《秘书二十八种》本、蒋光煦《涉闻梓旧》本、《汉魏丛书》本、《四部丛刊》本、《四部备要》本、《龙溪精舍丛书》本，以及日本宽延二年(1749)刊本等。

赵晔，字长君，会稽山阴人。生卒年不详。少曾任县吏，奉檄迎督邮。辞职后到四川犍为郡，拜杜抚为师，学习韩诗，历时达二十年。学成归乡，闭门著书，终不出仕。另著有《诗细历神渊》、《韩诗谱历》等。

《吴越春秋》是一部记载吴越两国史事的书籍。十卷本之卷一至五叙吴，起于太伯，迄于夫差；卷六至十记越，始于无余，终于勾践。各为五篇，内吴外越。六卷本系并二卷为一卷，一卷为两篇，篇目相同。它在我国书籍编纂史上占有重要地位。其特点有六。

一、注重人物记载。两汉郡书编撰盛行，赵晔为山阴人，出于乡土观念，所撰《吴越春秋》类如《三辅耆旧传》、《鲁国先贤传》等郡书，"矜其乡贤，美其邦族"。全书十篇皆以人物题：吴太伯传、吴王寿梦传、王僚使公子光传、阖闾内传、夫差内传、越王无余外传、勾践入臣外传、勾践归国外传、勾践阴谋外传、勾践伐吴外传，吴越两国史事俱由人物展开。

二、繁简得宜，重点突出。《吴越春秋》以吴越两国为记载对象，选取君王为传主，以人系事。吴越两国君王以吴王阖闾和夫差、越王勾践最出名，其中又尤以勾践最具雄才大略。全书篇幅分配亦最重勾践，次重阖闾、夫差，体现中心人物的历史地位。

三、善于运用丰富多彩的语言和笔调刻画人物，展示人物风貌。《勾践伐吴外传》记越兵临吴城："欲入胥门来，至六七里，望吴城，见伍子胥头，巨若车轮，目若耀电，须发四张，射于十里。越兵大惧,留兵假道。即日夜半,暴风疾雨,雷奔电激,飞石扬砂,疾如弓弩。越军坏败松陵,却退。兵士僵毙,人众分解,莫能救止。"把伍子胥生为人杰、死为鬼雄的形象生动地刻画出来了。

四、资料丰富。是书取材除部分采自《越绝书》外,大多为《越绝书》所无,且能补充《左传》、《国语》、《史记》有关吴越记载之遗漏。特别是作者为本地人,熟知越地掌故,所载口碑资料、谚语歌谣,大大增强全书价值,更反映作者"夸越之多贤,以矜其故郡"(周中孚《郑堂读书记》卷二十六)的主旨。

五、确立地方人物以年系事的编写原则。郡书记人物,传生平、经历,多限传主本人。《吴越春秋》吸收《春秋》、《左传》、《史记·本纪》的记述方法,十分注重年代的记载。每一史实之前,均冠以年代。现存十篇,除《吴太伯传》、《越王无余外传》因年代久远无可记外,其他各篇按年记事。吴越诸篇合则为两国编年史,分则为王之传记。

《吴越春秋》为秦汉重要地方文献,在选材、记述等许多方面对后世方志编纂有积极影响,因而古今不少学者将它奉为方志鼻祖之一。范文澜云:"东汉会稽郡人赵晔著《吴越春秋》,又有无名氏著《越绝书》。两书专记本地典故,开方志的先例。"(《中国通史简编》第二册)然就其内容、体例而言,都还不够充实周备,远不如《越绝书》,不能与之相提并论,所以大部分学者视其为载记之作。

有关《吴越春秋》的研究著作有清王仁俊辑《吴越春秋佚文》、蒋光煦《吴越春秋校文》、俞樾《读吴越春秋》、顾观光《吴越春秋勘记》、徐乃昌《吴越春秋札记》、《吴越春秋逸文》、邵瑞彭《吴越春秋札记》、余嘉锡《吴越春秋辨证》等。今人周生春著有《吴越春秋辑校汇考》(上海古籍出版社,1997年),对《吴越春秋》全文及各种异文、佚文比勘研究,并考证今本《吴越春秋》非赵晔原著,而是渊源于赵晔、杨方二书,皇甫遵考证、改写和重编。

(巴兆祥)

汉书 〔东汉〕班 固

《汉书》,又称《前汉书》。原书一百卷(篇),今本一百二十卷(篇)。东汉班固撰。书初成于章帝建初七年(76),后班固在政争中死于狱中,书中的八表和天文志,分别由其妹班昭以及马续在和帝时补写完成。现存版本以北宋景祐本为最古,二十四史百衲本即影印景祐本。明代较为流行的有嘉靖南监本、汲古阁本,清代则有武英殿本。1962年中华书局点校本,以清王先谦《汉书补注》本为底本,多方吸取前人的考订成果,改正了不少文字舛误,为现今通行版本。

班固撰《汉书》直接受到父亲班彪的影响。班彪一生致力史料的搜集与整理,撰《后传》六十余篇。其死后,班固依照礼俗从洛阳回乡居丧,即着手整理父亲所著《后传》,时年二十三岁。四年后开始编写《汉书》。明帝永平五年(62),班固被人控告私改国史,拘入京兆狱中。弟班超赶到洛阳上书,为其辩白。明帝看过班固的史稿后,召其任兰台令史。任职期间,班固充分利用皇家藏书的有利条件,潜精积思,先后花了二十五年时间,到章帝建初七年(82)才基本写成此书。

《汉书》是我国第一部纪传体断代史。它沿用《史记》体例而略有变更,"本纪"省称"纪","列传"省称"传",改"书"为"志",取消"世家",将汉代勋臣世戚一律编入"传"中。原书一百篇,分为"纪"十二篇、"表"八篇、"志"十篇、"传"七十篇。后人把篇幅过长的内容划分为上下卷或上中下卷,遂勒成一百二十卷。其记事上起西汉高祖元年(前206),下迄王莽地皇四年(23),共230年史事。

十二篇帝纪,以编年大事纪的形式,记载高祖刘邦到平帝的事迹,逐年排列,脉络可寻。八篇表,前六篇分列王侯、功臣、外戚的世系。《百官公卿表》的内容为秦汉时期官制的沿革以及西汉公卿大臣的任免黜陟;《古今人表》将汉代以前的历史人物分为九等,分别填入表中。十篇志,分别是律历、礼乐、刑法、食货、郊祀、天文、五行、地理、沟洫、艺文,分门别类地叙述从上古到西汉时期的各项政治、礼仪制度以及经济、文化诸方面的源流。七十篇传,多系西汉时期人物传记,另有《匈奴传》、《西南夷两粤朝鲜传》、《西域传》等数篇记载汉代边疆各少数民族历史沿革的专传。末篇《叙传》自述家世和生平,还逐一说明各篇主旨,为后世研究《汉书》的基本史料。

班固著书虽然参考了司马迁的《史记》和班彪的《后传》,但班固的记载,"言皆精炼,事甚该密"(《史通》卷一),删去了《史记》中的"盈辞"。《百官公卿表》、《古今人表》以及刑法、五行、地理、艺文四志,为《史记》所无,而由班固创立。除个别帝纪和人物传中引用班彪的《后传》原文外,绝大多数的篇幅都经改写,增录许多重要的诏令奏议,从而保存了一批有关西汉政治、经济、军事方面的珍贵文献。所以,后世有人指责班固的《汉书》前半部与《史记》雷同,"专事剽窃",汉武帝以后的记载"盗窃父书",都是不正确的。

《汉书》在编纂形式方面开创了纪传体断代史的先例。班固为惠帝立纪,置于吕后之前,肯定了西汉历史上帝王统治年号的正统性和延续性。他还纠正《史记》中传记次序间杂的弊病,以时代顺序为主干,先专传,次类传,后边疆各族传,并以《王莽传》居末,开后世贰臣入传的先例。他对边疆地区少数民族予以充分重视,详细记载各民族的历史沿革,保存了古代各少数民族的珍贵史料,并为以后正史中的"少数民族传"或"外国传"所取法。自班固以后,所有正史都沿袭了《汉书》的编纂方法。

《汉书》另一突出贡献在于"十志"。通过对政治、经济制度和社会文化的详尽记载,为后人留下了丰富的汉代典章制度史料,扩大了历史研究的范围。《食货志》称得上是一部西汉社会生产力以及经济制度的发展史。《沟洫志》系统叙述了秦汉时各地较大规模的水利建设。《礼乐志》、《刑法志》和《百官公卿表》记载的政治、法律制度,成为以后各朝政治制度的"蓝本"。《地理志》是我国第一部以疆域政区为主体的地理著作,不仅记载西汉的政区地理,而且对各地区的经济、文化、社会习俗以及海外交通都作了介绍,成为后世正史地理志的滥觞。《艺文志》录自刘歆的《七略》,辨别了古代学术思想的源流派别以及各派的是非得失,从文化史的角度保存了一批珍贵的史料,同时也开创了目录学进入正史的先例。在《五行志》、《天文志》、《律历志》等志中,剔除其迷信成分,可找到许多反映古代自然科学的宝贵记载。后世正史中的志目,大体上都依据《汉书》的十志而略作增减。

《汉书》对历史人物的评价比较客观公允,如描写雄才大略的汉武帝,既赞扬其智谋胆识,也不讳其一生好大喜功,不惜"海内虚耗,户口减半",连年发动战争,给人民带来深重的灾难。书中对人民疾苦的记载,表明班固主张社会的安定和民众的安居乐业。班固提出"以通古今,备温故知新之义"的观点,至今仍有进步意义。当然,生活在谶纬盛行的东汉王朝,班固在书中写入诸如阴阳五行、王权神授、天人感应及其他迷信说教的内容,是不足为怪的。

《汉书》语句通畅,但喜用古字古训,东汉末至唐以前,先后出现二十三家注释《汉书》,重点都在解释音义。唐代颜师古广揽前人成果,兼收并蓄,纠谬补阙,汇成集注,成为注释《汉书》的权威之作。清末王先谦所作的《汉书补注》，征引颜氏以后注家著作达四十余种，兼采各家所长，成为资料最丰富的注本。今人阅读《汉书》，一般都借助于颜、王二家注释，前者有中华书局校点本，后者有上海古籍出版社校点本。对《汉书》的校订考证，清代以钱大昕《汉书辨疑》、王念孙《读汉书杂志》用力最勤。近人杨树达的《汉书窥管》，对王念孙的校勘和王先谦的补注所遗舛误多有纠正。陈直的《汉书新证》，则直接将书中内容与各种文物资料相印证，从新的角度重加考订。今人吴恂《汉书注商》一书，对历代《汉书》注释加以探讨，在训诂方面亦有发明。

（薛明扬）

风俗通义 〔东汉〕应 劭

《风俗通义》,又称《风俗通》。《隋书·经籍志》著录三十一卷,《旧唐书·经籍志》、《新唐书·艺文志》均作三十卷,今存十卷。东汉应劭撰。书成于东汉兴平元年(194)后。有宋嘉定十三年(1220)东海丁黼刻本、元大德十一年(1307)刻本、《两京遗编》本、《汉魏丛书》本,以及近世《四部丛刊》本等。另有明万历《古今逸史》本、清康熙《秘书廿一种》本,是四卷本,流传不广。

应劭,字仲远,汝南郡南顿(今河南项城)人。生卒年不详。少笃学,博览多闻,灵帝时,举孝廉。东汉中平六年(189)拜泰山太守,至兴平元年弃官归袁绍,任军谋校尉。另著有《汉书集解音义》、《汉官礼仪故事》、《地理风俗记》、《十三州记》等。

东汉之世,极重风俗,朝廷设有风俗使,常以时分适四方,览观风俗。汉光武帝远令各地撰风俗传,整齐风俗。应劭在汉末四处奔走,留心世俗,决心著书立说,褒贬社会流俗风尚,维护纲常伦理。《风俗通义》的撰写,即"言通于流俗之过谬,而事该之于义理也"。

《风俗通义》是一部辨名物、议时俗的著作。原书三十卷,三十篇,即皇霸、正失、愆礼、过誉、十反、音声、穷通、祀典、怪神、山泽、心政、古制、阴教、辨惑、析当、恕度、嘉号、徽称、情遇、姓氏、讳篇、释忌、辑事、服妖、丧祭、宫室、市井、数纪、新秦、狱法。今传世本仅存十卷,首应劭自叙,余为十篇及佚文。每篇先总题,后散目。

卷一"皇霸",记三皇、五帝、三王、五伯、六国。

卷二"正失",纠正"乐后正夔一足"、"丁氏家穿井得一人"、"封泰山禅梁父"、"叶令祠"、"孝文帝"、"东方朔"、"王阳能铸黄金"、"宋均令虎渡江"等故实、名物的谬误。

卷三"愆礼",记注近世苟妄的礼制。

卷四"过誉",对韩稜、周党、陈茂、戴幼起、赵仲让等"讦以为直,隐以为义,柱以为厚,伪以为名"的人,还其本来面目。

卷五"十反",记伯夷让国以采薇、展禽不去于所生、孔丘周流以应聘,长沮隐居而耦耕、墨翟摩顶以放踵、杨朱一毛而不为、干木息偃以藩魏、界胥重玺而存郸、夷吾朱纮以三归、平仲辞邑而濯缨、惠施纵车以百乘、桑扈徒步而裸形、宁戚商歌以干禄、颜阖逾墙而遁荣、高柴趣门以避难、季路求入而陨零、端木结驷以货殖、颜回屡空而弗营、孟献高宇以美室、原宪蓬门而株楹。

卷六"声音",叙宫、商、角、徵、羽五声,埙、笙、鼓、管、瑟、磬、钟、柷八音,以及琴、空侯、筝、筑、缶、笛、琵琶、竽、簧、籥、篪、箫、籁、箛、筊十五乐器。

卷七"穷通",记孔子、孟轲、孙况、虞卿、孟尝君、韩信、韩安国、李广、刘矩、祝恬、韩演、陈蕃如何苦尽甘来。

卷八"祀典",载官民祭祀的先农、社神、稷神、灵星、灶神、风伯、雨师等神灵及桃梗、苇茭、画虎、雄鸡、朕、腊等祭祀用品。

卷九"怪神",记怪人、怪事、怪物。

卷十"山泽",叙五岳、四渎、林麓、京陵、五墟、埠培、薮泽、沆沛、湖渠、沟洫。

书中明确阐述风俗一词含义:"风者,天气有寒暖,地形有险易,水泉有美恶,草木有刚柔也。俗者,含血之类,像之而生,故言语歌讴异声,鼓舞动作殊形,或直或邪,或善或淫也。圣人作而均齐之,咸归于正;圣人废,则还其本俗。……为政之要,辨风正俗,高其上也。"(应劭序)据此,书中注意集注集说民俗事象。如社神引《周礼》、《孝经》材料证明其为土地神,人们祭祀它,主要是表达对土地的感激之情。灶神引《周礼》、《明堂月令》、《礼器记》材料,表明灶神来历有两种说法,一为饮食神,一为火神。同时,书中又汇记民间风俗活动。如五月五系五色线,书中指明其是为避兵鬼,令人不得瘟病。

有关《风俗通义》的研究著作有清钱大昕《风俗通义佚文》、卢文弨《风俗通义校补》、朱筠《风俗通补逸》、张澍《风俗通姓氏篇》、顾怀三《补辑风俗通义佚文》及今人吴树平《风俗通义校释》、王利器《风俗通义校注》等。

(巴兆祥)

汉纪 〔东汉〕荀 悦

《汉纪》,亦名《前汉纪》,三十卷。东汉荀悦撰。汉献帝建安五年(200)成书。本书流传版本不多,主要有南宋王铚将其与《后汉纪》合辑的绍兴十二年(1142)刊本、明南监本等,今以《四部丛刊》影印的明嘉靖黄姬水刻本较常见。2002年,中华书局出版了《汉纪》与《后汉记》的合刊校点本《两汉纪》。

汉献帝对班固的《汉书》感到文繁难读,于建安三年(198)命荀悦依照《左传》的体例改写《汉书》。荀悦花了三年时间,撮要举凡,保存大体,辞约事详,按年月编排,把纪传体的《汉书》改写为编年体的《汉纪》。该书条理清晰,省约易习,很有利用价值,遂流行于世。

《汉纪》是我国第一部编年体断代史,约十八万字,不到《汉书》八十万字的四分之一。其记事的时限与《汉书》同,以帝纪为纲,吸收传中的材料,以及表、志中的内容,删繁就简,按年月日的次序排列,编为《帝纪》二十九卷、《后记》一卷。此书保存了《汉书》的基本内容,叙事范围也没有超出《汉书》。但书中仍有个别增补史实的地方,如卷二十六成帝永始元年谏议大夫王仁的上疏、卷二十九哀帝元寿元年侍中王闳的谏文,均未见《汉书》有载。此外,在记事方面也有所增益。

如同《汉书》发展《史记》的体例而开创纪传体断代史一样,《汉纪》发展《春秋》、《左传》的体例而开创了编年体断代史。纪传体史书分类详尽,寻求便易,对人物生平和制度沿革,均能叙其原委,但篇幅长,颇难周览,一些重大历史事件相互间的联系及其时间顺序,在记载上难免重复。《汉纪》以年月系事,先后次序清楚,史事可以避免重复,一些历史事件的发生、变化及结局,给人以时间意义上的完整概念。因此,《汉纪》与《汉书》并行于世,流传至今,自有其存在价值。

荀悦撰《汉纪》,不完全按时间的顺序排列材料,还"通比其事"(《汉纪·序》),记某一事而引出相关的其他事,在一定程度上弥补了编年体的不足。如《汉书》记陈胜当年与人佣耕时便有远大志向,以及称王之后看不起故友等事,有的没有年月可考,有的不便散记于年月之下。《汉纪》把上述内容安排在"沛公二年十二月"条"陈胜之御庄贾,杀陈胜以降秦"之下,通过追叙,作为"此其所以亡也"的论据。这种处理方法,在《汉纪》中多处可见,克服了记事零散的弊病,是荀悦对发展编年体史书的贡献。

荀悦还很重视论史,《汉纪》于每一帝纪后,均依照《汉书》体例附有一篇"赞",但不照抄班固原文,而是作了发挥。《汉纪》中多有"荀悦曰"的内容,这部分史论,表明了作者的思想观点,如赞同天人感应说,拥护刘汉皇室,斥责王莽篡汉,甚至不书王莽年号。荀悦在《汉纪·跋》中写道:"(班固)撰《汉书》百篇,以综往事,庶几来者亦有监乎!"其实,这是荀悦自己的史鉴思想。作为皇帝侍从的史学家,他奉诏修《汉纪》,是为了给东汉统治提供鉴戒。历史上如此明白提出史鉴思想的,荀悦是第一人,对后世有很大影响。《汉纪》问世后,编年史体相因成风,获得了与纪传史体并驾齐驱的发展,如唐刘知幾所说,"班、荀二体,角力争先,欲废其一,固亦难矣。"(《史通·二体》)

历代对于《汉纪》的评论,散见于晋袁宏《后汉纪》、唐刘知幾《史通》、宋王应麟《玉海》、清王鸣盛《十七史商榷》和近人梁启超《中国历史研究法》等书的有关部分。今人研究最有成就的是陈启云,著有《荀悦著述的文本问题:〈汉纪〉与〈申鉴〉》(载《华裔学志》第 24 期,1968 年)、(*Hsun Yueh: The Life and Reflections of an Early Medieval confucian*)(剑桥大学出版社,1975 年,中译本易名《荀悦与中古儒学》,辽宁大学出版社,2000 年)对《汉纪》一书的历史编纂学特征和史学观念作了深入讨论。

(薛明扬)

先秦两汉编

语言、文学类

语　言

尔雅

《尔雅》,十九篇。作者不详。传世的版本有唐开成石经本、《天禄琳琅丛书》所收宋刻《尔雅》郭注本、《古逸丛书》影宋刻《尔雅》郭注本、《四部丛刊》影印铁琴铜剑楼旧藏宋刻《尔雅》郭注本、清阮元校刻《十三经注疏》本(晋郭璞注、宋邢昺疏)、清邵晋涵《尔雅正义》本、郝懿行《尔雅义疏》本,以及敦煌石室所出唐写本《尔雅》郭注本残卷等。

关于《尔雅》的作者,历来有数说。东汉班固《汉书·艺文志》著录《尔雅》三卷二十篇,但不著撰者。东汉郑玄《驳五经异义》认为系"孔子门人所作,以释六艺之旨"。三国魏张揖《上〈广雅〉表》始创第一卷为周公所作之说,而认为传世的三卷,"或言仲尼所增,或言子夏所益,或言叔孙通所补,或言沛郡梁文所考,皆解家所说,先师口传",并无验证。宋代欧阳修《诗本义》认为系"秦汉之间学《诗》者,纂集说《诗》博士解诂之言"。《四库全书总目》则认为"大抵小学家缀辑旧文,递相增益;周公孔子,皆依托之词"。一般认为,根据《尔雅》一书的全部内容,最后一种说法比较近于事实,即认为《尔雅》出于汉代小学家之手,经过众人多次增补而成,其雏形或在先秦已经具备,而成书则在汉武帝以前。

关于《尔雅》书名的意义,《汉书·艺文志》云:"古文读应尔雅,故解古今语可知也。"可见"尔"是近的意思,"雅"是正的意思,"尔雅"就是近乎雅正,古典作品中有许多古语词、方言词,要依据雅正之语,即雅言来解释。

《尔雅》一书《汉书》著录为二十篇,但今本只有十九篇,有人以为失传《序篇》一篇,也有人以为《释诂》文长,原分二篇。此书十九篇,共有释义二千零九十一条,收词四千三百多个,大致来说,其中《释诂》一篇训释经典词语,《释言》一篇训释常用词,《释训》一篇训释情貌词,《释亲》一篇训释亲属名称,又分为宗族、母党、妻党、婚姻四类,《释宫》一篇训释宫室、道路和桥梁的名称,《释器》一篇训释器具、衣物的名称,《释乐》一篇训释音乐术语和乐器名称,《释天》一篇训释天文、历法等名称,又分为四时、祥、灾、岁阳、岁名、月阳、月名、风雨、星名、祭名、讲武、旌旗等十二类,《释地》一篇训释地理名称，又分为九州、十薮、八陵、九府、五方、野、四极等七类，《释丘》一篇训释自然高地名称，又分为丘、厓岸二类，《释山》一篇训释山岳名称，《释水》一篇训释河流名称，又分为水泉、水中、河曲、九河四类，《释草》一篇训释草本植物名称，《释木》一篇训释木本植物名称，《释虫》一篇训释昆虫名称，《释鱼》一篇训释鱼类和龟、蛇、贝的名称，《释鸟》一篇训释鸟名，《释兽》一篇训释兽名，又分为寓属、鼠属、齸属、须属四类，《释畜》一篇训释家畜名称，又分为马属、牛属、羊属、狗属、鸡属、六畜六类。

《尔雅》训释词语大多采取"某、某、某……，某也"的形式，即先罗列数个被训释词，而最后用一个训释词来解释，如《释诂》："初、哉、首、基、肇、祖、元、胎、俶、落、权舆，始也。""初、哉、首、基"等为古代或当时较难懂的词，又是同义词，"始"为当时雅言的常用词。也有采取辨析的形式，即罗列数个同类事物，而分别加以解释，如《释器》："木豆谓之豆，竹豆谓之笾，瓦豆谓之登。"这是从制作材料的不同来加以辨析。又如《释山》："山大而高，崧。山小而高，岑。锐而高，峤。"这是从形状的不同来加以辨析。

《尔雅》是中国最早的训诂学专著，在传统训诂学上具有极其重要的价值。此书保留了大量古代训诂资料，有利于古代文献的释读和古代社会的研究，如《诗经·王风·君子于役》："鸡栖于埘，日之夕矣，羊牛下来。""鸡栖于桀，日之夕矣，羊牛下括。"关于"埘"和"桀"，《尔雅·释宫》曰："鸡栖于弋为榤，凿垣而栖为埘。"又如《尚书·禹贡》"东出于陶丘北"、《诗经·卫风·氓》"至于顿丘"、陆机《白云赋》"兴曜曾泉，繁荣昌盛迹融丘"、《春秋经·庄公十年》"公败宋师于乘丘"、《史记·孔子世家》"祷于尼丘得孔子"，关于"陶丘、顿丘、融丘、乘丘、尼丘"，《尔雅·释丘》有"丘一成为敦丘，再成为陶丘，再成锐上为融丘"、"如乘者，乘丘"、"水潦所止，泥丘"的记载，足以使人释疑解惑。更为重要的是，许多古代名物、词语的意义仅仅由于它的记载而得以明确，例如《公羊传·襄公五年》"叔孙豹则曷为率而与之俱，盖舅出也"，"出"字意义不明，而《尔雅·释亲》云："男子谓姊妹之子为出。"则"出"就是外甥。

《尔雅》一书又是中国第一部词典，具有较为完整的编撰体系，对于后代的字典词书影响深远，以致后来出现一批以"雅"命名的同类著作，如《小尔雅》、《广雅》、《埤雅》、《骈雅》、《汇雅》、《别雅》、《比雅》、《叠雅》等等。

《尔雅》一书的缺点主要有：一、全书的编排和分类不够严密，如《释地》、《释丘》和《释山》难以截然分开，《释地》中的"八陵"也是山，而《释丘》中"天下有名丘五，三在河南，其二在河北"云云似又应属于《释地》。二、释义过简，大多采用单音节词训释单音节词，如《释言》："贻，遗也。""遗"字有遗失义和赠予义，读者难以从训释词来判断。三、词条的建立不够科学，在被训释词中往往有通假字，如《释诂》："允、孚、亶、展、谌、诚、亮、询，信也。""亮"当是"谅"的通假字。有的词条中还有两个甚至三个训释义，即所谓"二训同条"，如《释诂》："台、朕、赉、畀、卜、阳，予也。"训释词"予"包含"给予"和第一人称的"予"两个意义，而被训释词"赉、畀、卜"应取"给予"义，"台、朕、阳"应取第一人称义。

  关于《尔雅》一书的研究，较早的有西汉犍为舍人，东汉樊光、李巡，三国孙炎等，但都已亡佚，以后传世的有晋代郭璞《尔雅注》、唐代陆德明《经典释文·尔雅音义》、宋代邢昺《尔雅疏》、陆佃《尔雅新义》、郑樵《尔雅注》等。清代研究《尔雅》者不下二十家，其中从事校勘文字的有阮元《尔雅注疏校勘记》、严元照《尔雅匡名》等，从事补正郭璞注邢昺疏的有周春《尔雅补注》、潘衍桐《尔雅正郭》等，从事疏证内容的有邵晋涵《尔雅正义》、郝懿行《尔雅义疏》等，从事诠释体例的有陈玉澍《尔雅释例》、王国维《尔雅草木虫鱼鸟兽释例》等，从事考证名物的有程瑶田《释宫小记》、《释草小记》、《释虫小记》、钱坫《尔雅释地四篇注》等，从事辑佚的有马国翰《玉函山房辑佚书》的有关部分、叶蕙心《尔雅古注斠》等。又清胡元玉有《雅学考》一书，叙列宋代以前雅学诸书，统纪雅学源流；今人周祖谟有《续雅学考拟目》（收在《问学集》中），撮录宋元以后直至清代雅学诸书，以著明雅学流变。现当代关于《尔雅》的著述甚夥，其可参看者有周祖谟《尔雅校笺》（江苏教育出版社，1985年；云南人民出版社，2004年）、胡奇光等《尔雅译注》（上海古籍出版社，1999年）、丁忱《尔雅毛传异同考》（武汉大学出版社，1988年）、管锡华《尔雅研究》（安徽大学出版社，1996年）、朱祖延主编《尔雅诂林》（湖北教育出版社，1998年）以及何九盈《中国古代语言学史》（修订本，北京大学出版社，2006年）有关部分等。

（杨剑桥）

小尔雅

　　《小尔雅》，一卷，又名《小雅》。《汉书·艺文志》有《小尔雅》一篇，未著作者名氏。晁公武《郡斋读书志》、陈振孙《直斋书录解题》、王应麟《玉海》都说是孔鲋所著。孔鲋是孔子八世孙，秦末陈涉博士，事迹见于《史记·孔子世家》，但《史记》中没有孔鲋著《小尔雅》的记载。关于此书的作者有多说，一说是后人纂辑而成书。"大致后人皮傅掇拾而成，非古小学遗书也。"（戴震《书小尔雅后》）《四库全书总目》也说："汉儒说经，皆不援及，迨杜预注《左传》，始稍见征引，明是书汉末晚出，至晋始行，非《汉志》所称之旧本。"第二种说法，认为《小尔雅》是三国魏王肃所伪造。臧庸在《小尔雅征文》中说："……又自王肃以前，无有引《小雅》者，凡作伪之人，私撰一书，世之人未之知也，必作伪者先自引重，而后无识者从而群然和之，世遂莫有知其伪者矣。然则《小雅》之为王肃私撰，而《孔丛》书之由肃伪作，皆确然无疑也。"第三种说法认为《小尔雅》是古小学之遗书而采入《孔丛子》的。清胡承珙、王煦、朱骏声、任兆麟等均确信此说。今一般认为此书出于汉末，魏晋时已经流行。

　　《小尔雅》久已亡佚。现存的本子是从《孔丛子》第十一篇抄出别行，已经与《汉书·艺文志》所述不同。常见的有明胡文焕校刊本、明武林堂策槛刊本、清嘉庆九年（1804）重刊本、徐北溟据唐石经校乾隆刊本、卢文弨《抱经堂丛书》校刊本等。明郎奎金辑的《五雅全书》也收录了《小尔雅》。

　　全书十三篇，即《广诂》、《广言》、《广训》、《广义》、《广名》、《广服》、《广器》、《广物》、《广鸟》、《广兽》、《广度》、《广量》、《广衡》。"广"就是广《尔雅》之未备。本书涉及诂训的名物，共有三百七十四件，很多地方补充了《尔雅》的不足，也有一些古义旧制不见于其它古书而独存于《小尔雅》。

　　《广诂》、《广言》、《广训》三篇，篇目和《尔雅》的《释诂》、《释言》、《释训》相类。《广诂》共计五十一条，其中"大也、治也、高也、近也、美也、多也、法也、易也、进也、久也、因也、止也、成也、疾也、余也、事也"等十六条，为《尔雅》所有，余下的三十五条皆不见于《尔雅》。而见于《尔雅》的十五条，其所训之字和所训之义，也非《尔雅》皆有。如"大也"这一条，《尔雅》共有三十九字，《小尔雅》增加了"封、巨、莫、莽、艾、祁"六字，这六字均为先秦典籍常用之词。其中"封"见于《诗经·商颂·殷武》"封建厥福","巨"见于《孟子·梁惠王下》"为巨室,则必使工师求大木","莫"见于《庄子·逍遥游》"广莫之野","莽"见于《吕氏春秋·知接篇》"戎人见瀑布而请曰:'何以谓之莽莽也?'","艾"见于《礼记·曲礼上》"五十曰艾","祁"见于《诗经·小雅·吉日》"其祁孔有"。又如"治也"这一条,《尔雅》意为"治乱之治",《小尔雅》则意为"攻治之治",攻治义较治乱义为早。《广言》一百五十八条,《广训》二十二条都是为增广《尔雅》的《释言》、《释训》而作的,如"阳、晚、数、老、同","乎、焉、于何、乌乎"等。其中凡《尔雅》所载,都不再重复,偶然有重见的,可能是后人所加。

《广义》、《广名》两篇,是把《尔雅·释亲》一分为二而加以增广的。作者认为"义以制事,名以辨物,斟酌人事以正名也",而《尔雅·释亲》只释名分(亲属称谓)之名,不释事义(相关之事)之名,所以以此两篇加以增广。如"男女不以礼交谓之淫,上淫曰烝,下淫曰报,旁淫曰通"等。

《广服》于《尔雅·释器》所释物之名称十余种以外,凡"织、布、纩、缟、素、绨、绤"等,计二十六类,都作了解释。比如"缯之精者曰缟,缟之粗者曰素"等。

《广器》亦是增广《尔雅》之所未备,共三十二条。比如"刀之鞘谓之室,室谓之鞞,鞛、珌、鞞之饰也"等。同时《广器》又是兼《尔雅·释地》而加以增广,比如"高平谓之太原"、"泽之广谓之衍",这是《尔雅》所无的。

《广物》兼《尔雅》的《释草》、《释木》而广之,有"蔬、稷、枣、葚、橡"等,共十三条。如"禾穗谓之颖"、"桑之实谓之葚"。

《广鸟》、《广兽》兼《尔雅》的《释鸟》、《释兽》、《释畜》、《释鱼》、《释虫》而加以增广。《尔雅》兽、畜分为两个部分,《小尔雅》则不分。《尔雅》只释草木鸟兽虫鱼之名,《小尔雅》则更进一步解释它们之间的不同之处。如"鸟之所乳谓之巢,鸡雉所乳谓之窠,鱼之所息谓之橬"等。

《广度》、《广量》、《广衡》为《尔雅》所无,主要是释度、量、衡,如对"跬、步、仞"、"豆、釜、缶"、"两、斤、钧"等都作了解释。

《小尔雅》收字不多,连说解不足万言,但保存了不少汉语早期词汇资料,对研究古汉语和经籍训诂有重要参考价值。乾嘉以后,此书才渐渐受到重视。

《小尔雅》最古的注本是东晋李轨的注本。《隋书·经籍志》有李轨《小尔雅解》一卷,今已不存。清代作注的有数家,主要的有宋翔凤《小尔雅训纂》六卷、胡承珙《小尔雅义证》十三卷,大多汲取经传训解,互相参证。其他还有葛其仁《小尔雅疏证》五卷、朱骏声《小尔雅约注》一卷、任兆麟《小尔雅注》八卷、王煦《小尔雅义疏》八卷等。今人注本有黄怀信《小尔雅校注》(三秦出版社,1992年)、《小尔雅汇校集释》(三秦出版社,2003年)、杨琳《小尔雅今注》(汉语大词典出版社,2002年)、迟铎《小尔雅集释》(中华书局,2008年)。

(徐川山)

急就篇 〔西汉〕史 游

　　《急就篇》,又名《急就章》,西汉史游撰。此书盛行于魏晋六朝,吴皇象、魏锺繇、晋卫夫人、王羲之等人都有写本。以后唐颜师古又加以整理,宋王应麟加以补释。现存唐颜师古注、宋王应麟补注本,有明胡文焕《格致丛书》本、明毛氏汲古阁《津逮秘书》本、清《天壤阁丛书》本等;三国吴皇象章草石刻本,有明杨政据宋叶梦得刻本摹刻本、宋太宗赵炅临摹本、元赵孟頫临摹本、宋克临摹本等。

　　史游,生卒年不详,汉元帝时(前48—前33)人,曾任黄门令。汉继秦兴,稍开书禁,兼重字学。汉武帝时司马相如作《凡将篇》,"俾效书写,多所载述,务适时要"。史游"景慕,拟而广之",乃作《急就篇》。

　　《急就篇》是以七言为主,杂以三言、四言的杂言体韵文,原书三十二章,二千零十六字,今本三十四章,二千一百四十四字。取篇首"急就"二字作为篇名。宋晁公武释其名云:"急就者,谓字之难知者,缓急可就而求焉。"(《郡斋读书志》)《急就篇》起首五句云:"急就奇觚与众异,罗列诸物名姓字,分别部居不杂厕,用日约少诚快意,勉力务之必有喜。"这里,"急就"意为速成,"觚"指写字用的木板,"部居"意为部类,"用日约少"意为费时不多,"勉力务之"指努力学习本书,五句话开宗明义指出本书是一本将常用词语按门类编排的速成识字课本。

　　《急就篇》分姓氏名字、器用百物、政治职官三类,将有关常用词语编成韵语,以使学童记诵。第一部分列举了一百三十二个姓,姓后加一些汉人常用作名字的词或一些常用字编成姓名形式。如"宋延年、郑子方、卫益寿、史步昌、周千秋、赵孺卿、爰展世、高辟兵"等。

　　第二部分是器用百物的常用词。依次介绍了锦绣、颜色、商贾、饮食、衣服、社会阶层、日用器具、虫鱼、服饰、音乐、形体、兵器、车马、宫室、植物、动物、医药、丧葬等各个门类的词语。如饮食类"稻黍秫稷粟麻秔,饼饵麦饭甘豆羹,葵韭葱䪤蓼苏姜,芜荑盐豉醯酢酱"等等;衣服类"袍襦表里曲领裙,襜褕袷复襂袴褌,禅衣蔽膝布母繜,针缕补缝绽纼缘"等等。

第三部分是有关政治职官方面的知识。如"宦学讽诗孝经论,春秋尚书律令文,治礼掌故砥砺身,智能通达多意闻。名显绝殊异等伦,抽擢推举白黑分,迹行上究为贵人,丞相御史郎中君"等。最后用四字句形式歌颂汉代盛世以告结束,如"汉地广大,无不容盛,万方来朝,臣妾使令,边境无事,中国安宁"。

全篇不论是七言、三言或四言,均合韵,读来琅琅上口,颇便诵记。《急就篇》是汉代留存至今的唯一完整的识字课本,同时它又是比较完整的汉代常用词汇的原始资料,可供研究词汇之用。

《急就篇》作于汉元帝时,当时即被重视,元帝、成帝时被列入秘府。其后盛行于魏晋六朝,当时的书法家多以草书写之,以作楷范。同时后魏崔浩、刘芳、北齐颜之推、隋曹寿为之作注。至唐颜师古感时代迁革,传写湮讹,《急就篇》已非原貌,而"蓬门野贱,穷乡幼学,递相承禀,犹竞习之,既无良师,只增僻谬"(《急就篇注叙》),遂取前贤所书各本,校核审定为三十二章,并解训正音,以求原义。宋王应麟又在颜本的基础上,"补其遗阙,择众本之善,订三写之差,以经史诸子探其原,以《尔雅》、《方言》、《本草》辩其物,以《诗传》、《楚辞》叶声韵,以《说文》、《广韵》正音诂"(《急就篇补注跋》)。并因端拱二年(989年)宋太宗赵炅所书《急就篇》有东汉人所续二章一百二十八字,遂附文末并释其义。清代以还,对《急就篇》进行考证校勘的有钮树玉《校定皇象本急就章(附考证、音略及音略考证)》、孙星衍《急就章考异》、高二适《新定急就章及考证》等。今注有管振邦《颜注急就篇译释》(南京大学出版社,2009年)等。

(吴旭民)

方言 〔西汉〕扬 雄

《方言》，原名《輶轩使者绝代语释别国方言》，《隋书·经籍志》略作《扬子方言》，《旧唐书·经籍志》略作《别国方言》，一般略称《方言》。旧题汉扬雄撰，但《汉书·扬雄传》和《汉书·艺文志》皆无关于扬雄编《方言》的记载，汉末应劭在《风俗通义·序》中首次提出为扬雄所撰。宋人洪迈《容斋随笔》曾怀疑《方言》非扬雄所作，清人戴震在《四库全书总目》中则认为出于扬雄之手。后来卢文弨、钱绎、王先谦、王国维、罗常培等皆以应劭所说为是。有南宋庆元六年（1200）浔阳太守李孟传刻本，是现存最早的版本。

作者生平事迹见"太玄"条。

据扬雄《答刘歆书》和东汉应劭《风俗通义·序》，周秦时代每年秋收后都有政府使者到各地采集民歌、童谣和方言异语等，以供朝廷考察民情。扬雄在前人所作的基础上，进一步亲自向各地来京的士人、兵士等调查并且记录此类材料。他所用的方法是："常把三尺弱翰，油素四尺，以问其异语；归即以铅摘次于椠。"（《答刘歆书》，又见《西京杂记》）这样持续了二十七年时间，终于撰成《方言》一书。书名中所谓"輶轩使者"就是指乘坐轻便小车的政府使者，所谓"绝代语释"就是指古今差别较大的语汇，所谓"别国方言"就是指各地不同的词语。又据应劭《风俗通义·序》，此书共九千字，但今本却有一万二千九百余字，几乎多出三千字，大约是后人增益的。又，扬雄与刘歆往返书信皆称《方言》十五卷，郭璞《方言注·序》亦称"三五之篇"，但今本仅存十三卷，戴震认为可能是后人归并的结果。

《方言》是中国第一部比较方言词汇的重要著作，也是中国第一部方言词典。此书涉及的地域，东起东齐海岱，西至秦陇凉州，北起燕赵，南至沅湘九嶷，东北至北燕朝鲜，西北至秦晋北鄙，东南至吴越东瓯，西南至梁益蜀汉。书中所收不仅包含长江流域和黄河流域各地区的汉语方言词汇，还有少数民族语言词汇。如秦晋北鄙的方言中杂有"狄"语，南楚的方言中杂有"蛮"语，南秦的方言中杂有"羌"语等。

本书每卷所收词汇皆不标门类,不过实际上大致是参照《尔雅》的体例,分类编次的,如卷一释诂,卷三释草木,卷四释衣物,卷五释器具,卷八释禽兽,卷九释兵器舟舆,卷十一释爬虫等。释词的方式是先举出一个词或若干个同义词,解释词义后,再分别说明各地的不同方言词。例如:"坟,地大也。青幽之间凡土而高且大者谓之坟。"(卷一)又如:"逞、苦、了,快也。自山而东或曰逞,楚曰苦,秦曰了。"(卷二)对于词义明显的词,则不加释义,直接举出相应的方言词。如:"裙,陈魏之间谓之帔,自关而东或谓之摆。"(卷四)

《方言》所收的词汇包括古今各地的方言词,也包括当时各地通用的共同词汇或部分地区通用的方言词。对于这些类别不同的词汇各有专称,所有词汇约可分以下五类。

一、"通语"、"凡语"、"凡通语"、"通名"、"四方之通语",指不受地域限制的共同词汇。例如:"嫁、逝、徂、适,往也,自家而出谓之嫁,由女而出为嫁也。逝,秦晋语也。徂,齐语也。适,宋鲁语也。往,凡语也。"(卷一)又:"钊、嫽,好也。青徐、海岱之间曰钊,或谓之嫽。好,凡通语也。"(卷二)

二、"某地语"、"某地某地之间语",指通行于某一地域或通行范围较窄的方言词。例如:"僁、浑、膗、臃、㑗、泡,盛也。僁自关而西,秦晋之间语也。"(卷二)又:"䒓、莽,草也,东越扬州之间曰䒓,南楚曰莽。"(卷十)

三、"某地某地之间通语",指通行地域较广的方言词。例如:"悼、怒、悴,伤也。自关而东,汝颖陈楚之间通语也。"(卷一)又:"矛,吴扬、江淮、南楚、五湖之间谓之镞,或谓之铤,或谓之釪。其柄谓之矜。"(卷九)

四、"古今语"、"古雅之别语",指残留在当时方言中的古语。例如:"秦晋之间凡物壮大谓之嘏,或曰夏。秦晋之间凡人之大谓之奘,或谓之壮。燕之北鄙、齐楚之郊或曰京,或曰将。皆古今语也。"(卷一)"假、狢、怀、摧、詹、戾、艐,至也。邠唐冀兖之间曰假,或曰狢。齐楚之会郊或曰怀。摧、詹、戾,楚语也。艐,宋语也。皆古雅之别语也,今则或同。"(卷一)

五、"转语"、"代语",指因时代和地域不同,语音发生变化的词汇。例如:"撲、铤、澌,尽也。南楚凡物尽生者曰撲生,物空尽者曰铤。铤,赐也。铤、赐、撲、澌皆尽也。铤,空也,语之转也。"(卷二)又:"煤,火也,楚转语也,犹齐言娓,火也。"(卷十)又:"䙡鳃、乾都、耇、革,老也。皆南楚江湘之间代语也。"(卷十)

《方言》正文后附有刘歆和扬雄往返书信各一封。王莽的国师刘歆当时正在编纂《七略》,他写信要扬雄提供所撰《方言》,并拟将其录入《七略》。扬雄回信叙说了写作这本书的动机和经过,又借故本书尚未写定,表示如果刘歆凭借威势或使用武力强逼他交出这本书,他将"缢死以从命"。由此可见扬雄对此书的珍视。

《方言》一书忠实地记录了汉代方言的大致情况,它是研究汉语发展史的不可缺少的重要文献。它的贡献至少包括以下三方面:一是提供了大量汉代各地方言口语词汇;二是提供了汉代各地通用的共同词汇,间接透露了汉代社会存在共同语和方言的差异;三是间接提供了汉代方言地理的面貌。书中凡是一个地名常常单举的,那就可能是一个单独的方言区域;某地和某地常常并举的,那也可能是一个方言区域。

《方言》对于文化史研究也自有其价值。从此书所记录的若干专门词汇中,可以看出汉代的一些社会文化现象。例如,卷三"臧、甬、侮、获,奴婢贱称也"一条反映了当时蓄养奴隶仍然很普遍;而从卷四所记衣物一类词汇,可以了解汉代人衣服的形制;从卷五所记养蚕用具在各地的不同名称,又可以想见当时南北各地养蚕业的发达。

清代有不少学者沿袭《方言》的体例,编辑了一些比较词汇研究的著作,例如杭世骏《续方言》、程际盛《续方言补》、徐乃昌《续方言补》、程先甲《广续方言》、张慎仪《续方言新校补》。这些著作只是搜集和载录古文献所见的古代书面方言词汇,并没有继承扬雄记录活的方言口语词汇的优点。

扬雄《方言》自宋代以后有多种版本,经流传刊刻,颇多错漏、妄改。清代戴震以《永乐大典》本与明本校勘,并搜集古书所引《方言》及郭注的有关文字,正讹补漏,共改正讹字二百八十一个,补脱字二十七个,删衍字十七个,逐条疏证,撰成《方言疏证》十三卷。正文前有《提要》一篇,力主《方言》为扬雄所撰,并说明考订、疏通《方言》的原委和结果。此书最早有武英殿聚珍版丛书本。清段玉裁《戴东原先生年谱》对此书有评论:"《方言》十三卷,汉扬雄撰,宋洪迈以为断非雄作,先生实验正之,其文详矣。先生以是书与《尔雅》相为左右,学者以其古奥难读,郭景纯之注语焉不详,少有研摩者,故正讹、补脱、删衍,复还旧观。又逐条援引诸书,一一疏通证明,具列案语。盖如宋邢昺之疏《尔雅》,而精确过之。汉人训诂之学于是大备。"

清代学者为《方言》作校勘、疏证的还有卢文弨《重校方言》、刘台拱《方言补校》、钱绎《方言笺疏》、王念孙《方言疏证补》,这些著作对扬雄的原著也有校订、阐发之功。今人周祖谟校、吴晓铃编《方言校笺及通检》(科学出版社,1956 年)是《方言》最佳的校笺本。又有华学诚等《扬雄方言校笺汇证》(中华书局,2006 年)汇集各家注释和有关论文,览阅十分方便。

(游汝杰)

说文解字 〔东汉〕许 慎

《说文解字》,十五卷(今本每卷各分上下,共三十卷),简称《说文》,东汉许慎著。成书于汉安帝建光元年(121)。今有清同治二年(1863)莫友芝所得唐写本《说文解字》木部残卷、明崇祯年间毛氏汲古阁刊本、清嘉庆十二年(1807)长白藤花榭重刊新安鲍氏藏宋小字本、嘉庆十四年(1809)孙星衍《平津馆丛书》重刊北宋本、同治十二年(1873)陈昌治校刊《平津馆丛书》本(附校字记一卷)、光绪七年(1881)丁少山重刊汲古阁本、1929年上海涵芬楼影印日本岩崎氏静嘉堂藏北宋刊本(《四部丛刊》经部)、1963年中华书局影印陈昌治本(附《新编检字》)等。

许慎(约67—约147),东汉著名经学家、文字学家,字叔重,汝南召陵(今河南郾城东)人。曾从贾逵受古学,博通经籍,深受当时经学大师马融的推崇,时人盛赞曰:"五经无双许叔重。"初为郡功曹,举孝廉,再迁,除洨长,其间曾为太尉南阁祭酒,故世亦以"许洨长"、"南阁祭酒"称之。永初四年(114)奉诏与马融、刘珍等在东观校五经、诸子和史传。后托病去官,卒于家。著述甚多,除《说文》以外,另撰有《五经异义》十卷、《孝经古文说》一篇、《淮南鸿烈解诂》二十一卷等,今皆亡佚,仅存清人辑本。生平事迹见于《后汉书》卷七九、《说文解字》卷末许冲《上〈说文解字〉表》和王筠《说文句读》所附严可均《许君事迹考》。

汉代经学有古文今文之争,许慎认为古文"虽叵复见远流,其详可得略说也,而世人大共非訾"(《说文叙》),视篆、籀、古文为奇怪之迹;今文学家往往对文字妄加解释,既不合古文,又谬于史籀。为了纠正今文学家说字解经的错误,他便博采通人之说,集古文经学之大成,博综篆、籀、古文之体,发明六书之旨,因形见义,分别部居,作成《说文解字》十四篇及叙目一篇。该书草创于东汉和帝永元八年(96),至永元十二年(100)完成初稿,安帝建光元年(121)写定,遣其子许冲奏上。《说文》之成书,与东汉经学之盛有关。西汉经学家多专治一经,罕能兼通。而东汉经学家如何休、马融、郑玄等皆学通五经,许慎"五经无双",故能兼治文字之学,写出这部经典著作。

《通志》曰:"独体为文,合体为字。"《说文解字》即解说文字之书,虽为驳斥今文学家之谬说而作,但作者努力搜讨字原,探寻文字的结构和本义,所以历来被认为是我国最早的有系统的文字学著作,也是我国第一部字典。

《说文》共收篆文字头九千三百五十三字,另收重文(即附在篆文字头下的古籀异体字)一千一百六十三字,许慎的解说计十三万三千四百四十一字(此据《说文叙》,今通行大徐本的字数与此不同)。全书九千多字头是根据五百四十个部首分部排列的,即所谓"方以类聚,物以群分,同条牵属,共理相贯,杂而不越,据形系联"。部首绝大多数是形旁,只有少数是声旁(如"句"、"丩"),而这些声旁字作为部首,也具有形旁的作用。因此,以部首归类,实际上是依意符归类。凡是与部首意义相类的字便归为一部,如"元"、"天"、"丕"、"吏"等从"一"得义的字被归入"一"部,"帝"、"旁"、"下"等与"上"义有关的归入"上"部,如此等等。当然,所谓意义相类,只是许慎的理解,现在看来并不都是正确的。同一部首内的字,有时还把意义相关的字列在一起,如言部的"讽、诵、读","讪、讥、诬、诽、谤",竹部的"竽、笙、簧、篷、箫、筒、籁、管、笛"等。至于各部之间的排列,也有一定的原则。首先是所谓"始一终亥",许慎根据汉代阴阳五行家"万物生于一,毕终于亥"的唯心主义哲学思想将"一"部定为第一部,将"亥"部定为最后一部。至于其他部则大致是"据形系联",形体相近的部首往往排在一起,如"三、王、玉、珏"排在一起,"走、止、步、此、正、是、彳、行"等排在一起。

《说文》最后一篇"叙目",内容包括许慎的叙及部首目录、许冲上《说文》表、汉安帝诏等。许慎的叙阐述了他对于汉字的起源及其流变的看法,阐明了他关于"六书"的理论,批判了今文学家未睹字例而说字解经的错误,说明了撰作《说文》的缘由、原则、体例等。

《说文》的解释,一般先分析每部之部首,说明同部首的字都与本部首的意义相关。然后再对该部之字逐一解释。一般是先讲该字的本义,然后根据六书的法则说明其形体结构,有时还列出异体,用形声声旁或"读若"来说明读音,收录异说,引经据典以证其说。如:

口,人所以言食也,象形,凡口之属皆从口。

吻,口边也,从口勿声。脗,吻或从肉从昏。

哙,咽也,从口会声,读若快。一曰嚵哙也。

呱,小儿啼声,从口瓜声。《诗》曰:"后稷呱矣。"

吹,嘘也,从口从欠。

唏,笑也,从口稀省声。一曰哀痛不泣曰唏。

《说文》的诞生在我国语言文字学史上具有划时代的意义,它对我国近两千年来的语言文字研究有深刻的影响,其贡献大致有以下几个方面。

一、确立了"六书"理论。"六书"是古代学者分析汉字结构和造字方法所归纳出来的六种条例。汉代班固和郑众也都提到过"六书"(见《汉书·艺文志》、《周礼·保氏》注),但只及其名而无内容。许慎在《说文叙》中第一次具体地阐述了"六书"的理论:"一曰指事:指事者,视而可识,察而见意,'上'、'下'是也。二曰象形:象形者,画成其物,随体诘诎,'日'、'月'是也。三曰形声:形声者,以事为名,取譬相成,'江'、'河'是也。四曰会意:会意者,比类合谊,以见指㧑,'武'、'信'是也。五曰转注:转注者,建类一首,同意相受,'考'、'老'是也。六曰假借:假借者,本无其字,依声托事,'令'、'长'是也。"这种解说和例析奠定了汉字形体学的基本理论。在《说文》一书的具体说解中,许慎都用六书说去分析字形结构。应该说,"六书"理论的阐明及其广泛运用,标志着我国文字学的真正诞生。

二、创立了文字学原则的部首系统。许慎将全书九千三百五十三字分为五百四十部,使纷纭杂乱的文字,初步有了门类可归,这是一个创造。一般说来,《说文》的部首就是意符,凡同一意符的字便隶属于同一个部首。如"舅"、"甥"二字属男部,"所"字属斤部,"發"字属弓部。这样不但使汉字有了系统的分类、排列和检索的方法,而且有助于后人对字形结构的分析和对字的本义的深入理解。后来的字书,如《玉篇》、《类篇》等都继承了它的部首排列法。至于《字汇》、《康熙字典》,乃至现代的各种字典,虽将《说文》的文字学原则的部首系统改成了检字法原则的部首系统,如将"舅"入臼部、"甥"入生部、"所"入户部、"發"入癶部,但从总体上来看,它们还是一脉相承的。

三、保存了篆文的写法系统。许慎为了驳斥今文学家的说法,所以以篆文为正字,将其作为《说文》的字头,这在客观上保存了篆文的写法系统。如果没有《说文》,即使有一些碑文还能留下一些篆文,但毕竟是零碎不全、不成系统的。而且,没有《说文》的解释,后人还很难认识秦汉碑文上的篆字,同时《说文》保存的篆文、古文及其解释,有助于我们上溯造字之原,下辨篆、隶、行、草递变之迹,所以,治文字学者不能不以它为基础。特别是要释读和研究商、周时代的甲骨文、金文,则不能不以它为桥梁。

四、保存了汉以前的古训古音。清人江沅说过:"许书之要,在明文字之本义而已。"(《说文解字注·后叙》)汉字是表意文字,《说文》注重文字形体结构的分析,目的在于找出与字形结构相切合的本义。而这种本义,往往代表了该字比较原始的意义,因而往往与先秦古籍上的用法相合。如《说文》解"来"为"来麰",与《诗·周颂·思文》"贻我来牟"之"来"相合;解"秉"为"禾束",与《诗·小雅·大田》"彼有遗秉"之"秉"相合;解"叔"为"拾",与《诗·豳风·七月》"九月叔苴"之"叔"相合;解"向"为"北出牖",与《诗·豳风·七月》"塞向墐户"之"向"相合。这种例子甚多,所以王力赞誉该书说:"在古代词义的保存上,它是卓越千古的。"(《中国语言学史》)《说文》所保存的古训,为汉语词源学、训诂学、古籍的注释乃至古代社会的研究提供了重要的参考资料。又清人王念孙说:"《说文》之为书,以文字而兼声音训诂者也。凡许氏形声、读若,皆与古音相准。"

(《说文解字注·序》)《说文》所指明的七千多个形声字声旁所组成的谐声系统,反映了造字时代的语音情况,为我们研究周秦古音提供了珍贵的资料。而《说文》中大量的声训,如解"士"为"事"、解"庸"为"用"、解"尾"为"微"、解"马"为"武"、解"门"为"闻"、解"福"为"备"等,以及八百三十条"读若"注音,反映了两汉时期的音韵面貌,为研究汉代的实际语音提供了可贵的线索。

《说文》的主要缺点,一是对字形的分析和文字本义的解释或有错误。如"行",甲骨文象四达之衢,本义应为道路,《说文》却根据篆文解为:"人之步趋也,从彳从亍。"又如"爲",甲骨文象手牵象之形,古代役象以助劳,所以"爲"的本义当为劳作,而《说文》却解为:"母猴也,其为禽好爪,下腹为母猴形。"再如将"一"解为"惟初太始,道立于一,造分天地,化成万物",将"王"解为"天下所归往也"等,则是受当时阴阳五行、儒家尊君思想的束缚而作的误说。二是该书创立的文字学原则的部首编排法,对于检字来说,很不便利。有些部首,分得太琐碎;有些字的归部,也不甚妥当,如"牧"不在牛部而归攴部,"桑"不在木部而在叒部等等。

《说文》成书后,以写本流传,至唐肃宗乾元年间,李阳冰曾刊定《说文解字》为三十卷。他排斥许慎,任凭己意将《说文》乱加篡改,许氏原本遂不可见。南唐时,徐锴仍主许说而反对李阳冰说,作《说文解字系传》四十卷(世称"小徐本"),这是《说文》的第一个注释本,其中前三十卷对《说文》作了通释,其反切注音则为南唐朱翱所加,后十卷中有"袪妄"一篇,专驳李阳冰之妄说,可见李氏擅改之迹。至宋太宗雍熙三年(986),徐锴之兄徐铉奉诏和葛湍、王惟恭等校订《说文解字》,纠正了该书之脱误,又据孙愐《唐韵》加注反切于每字之下,有些字条还增加了注释,皆题"臣铉等曰";另外,还新补了十九个见于《说文》释文而失收的字头,新附了四〇二个见于其他典籍而许慎未收的字。徐铉之校定本,世称"大徐本",亦即现今之通行本。《说文》之研究,至清代形成高潮,论著汗牛充栋,最著名者为段玉裁的《说文解字注》、桂馥的《说文解字义证》、王筠的《说文句读》与《说文释例》、朱骏声的《说文通训定声》,其中段注尤善。近人丁福保将研究《说文》的专著汇编为《说文解字诂林》,为阅读研究提供了极大的方便。20世纪以来,《说文》的研究承清代之传统,有关著述不计其数,有总论其书的,也有专门研究其版本、叙、部首、重文、谐声、读若的,甚至还有人研究其引书、引通人说以及诸书引《说文》的,很多人据甲骨文、金文来考订许氏之失误,颇多发明。有关参考书目有王力《中国语言学史》(山西人民出版社,1981年)、周祖谟《问学集》(中华书局,1966年)、何九盈《中国古代语言学史》(北京大学出版社,2006年)、陆宗达《说文解字通论》(北京出版社,1981年)、张舜徽《说文解字约注》(中州书画社,1983年)、姚孝遂《许慎与说文解字》(中华书局,1983年)、刘锐与蒋人杰《说文解字集注》(上海古籍出版社,1996年)、董莲池《说文解字考正》(作家出版社,2005年)、季旭昇《说文新证》(福建人民出版社,2010年)等。

(张 觉)

释 名 〔东汉〕刘 熙

《释名》,明代以后又名《逸雅》。八卷,东汉刘熙著。成书于东汉末年,有明嘉庆三年(1524)储良材、程鸿刻本、明吴琯《古今逸史》本、明胡文焕《格致丛书》本,清毕沅《释名疏证》本、王先谦《释名疏证补》本和《四库全书》所收内府藏本等。

刘熙(或作刘熹),字成国,北海(今山东潍坊西南)人。生平事迹不详。据《三国志·吴志·韦昭传》:"昭因狱吏上书,言见刘熙所作《释名》,信多佳者。"又《程秉传》:"避乱交州,与刘熙考论大义,遂博通五经。"又《薛综传》:"少依族人,避地交州,从刘熙学。"又《蜀志·许慈传》:"师事刘熙……建安中与许靖等俱自交州入蜀。"可知刘熙当是东汉末汉灵帝至献帝年间人,曾在交州讲学,颇有声望(参余嘉锡《四库提要辨证》)。

《释名》是一部探究汉语语源的著作,作者在《释名·序》中云:"夫名之于实,各有义类,百姓日称而不知其所以之意。故撰天地、阴阳、四时、邦国、都鄙、车服、丧纪,下及民庶应用之器,论叙指归,谓之'释名'。"可见此书的目的在于探究事物和现象的得名原因,即解释某一事物和现象在汉语中为什么会获得这样或那样的名称,反过来说,亦即汉语中的某一语音形式为什么会用来表示某一事物或现象。

全书分为二十七篇,即卷一《释天》、《释地》、《释山》、《释水》、《释丘》、《释道》,卷二《释州国》、《释形体》,卷三《释姿容》、《释长幼》、《释亲属》,卷四《释言语》、《释饮食》、《释采帛》、《释首饰》,卷五《释衣服》、《释宫室》,卷六《释床帐》、《释书契》、《释典艺》,卷七《释用器》、《释乐器》、《释兵》、《释车》、《释船》,卷八《释疾病》、《释丧制》,共1502条。释义的方式主要是声训,即用音同或音近的训释词的意义来说明被释词的意义。如《释水》:"山夹水曰涧。涧,间也,言在两山之间也。"被释词是"涧",训释词是"间",作者认为涧的得名原因是"在两山之间"。又如《释宫室》:"仓,藏也,藏谷物也。"被释词是"仓",训释词是"藏",作者认为仓的得名原因是能够收藏谷物。

《释名》的价值有以下几点。

一、阐明了许多事物和现象在汉语中的得名之由,阐明了汉语许多词的理据,在此基础上,后人可以进一步探究汉语的同源词系统。一般来说,语音和语义最初并没有什么必然的联系,用什么样的语音来表示什么样的意义,原本是任意的。例如水,汉语叫 shuǐ,英语叫 water,日语叫みず,各语言表示同一事物的读音各不相同。但是到了后代,操同一种语言的人们往往会用相同或相近的语音来表示相同或相近的意义,例如如果最初把瓦器缺口叫做"缺",那么后来水缺口就叫做"决",玉缺口就叫做"玦",门有空缺就叫做"阙",亲友永别就叫做"诀",分离物品就叫做"抉",这样"决、玦、阙……"等都有了一个得名之由,有了一个理据。《释名》在探究这种得名之由、这种理据方面做了大量工作,许多解释是成功的。如《释床帐》:"帐,张也,张施于床上也。"此说与《说文》等相合,《说文》:"帐,张也。"《急就篇》"帐帷"下颜师古注:"自上而下覆谓之帐,帐者,张也。"又如《释亲属》:"嫂,叟也。叟,老者称也。"此说与《广雅》等相合,《广雅·释亲》:"嫂,叟也。"《仪礼·丧服》"是嫂亦可谓之母乎",唐贾公彦疏:"嫂者,尊严之称。……嫂犹叟也。叟,老人称也。"

二、对于事物和现象的解释保留了古代的语义,有些释义可以跟《尔雅》、《说文》等相互参证。如《诗经·魏风·陟岵》毛传:"山无草木曰岵,山有草木曰屺。"而《尔雅·释山》则云:"多草木,岵;无草木,峐。"("峐"同"屺")《说文》亦云:"岵,山有草木也。""屺,山无草木也。"毛传跟《尔雅》、《说文》正相反。《释名·释山》则说:"山有草木曰岵。岵,怙也,人所怙取以为事用也。""山无草木曰屺。屺,圮也,无所出生也。"由此可见《尔雅》、《说文》是而毛传非。

三、有些释义保存了古代社会制度、风俗习惯等方面的内容,有助于古代文化历史的研究。如《释州国》:"周制九夫为井,其制似'井'字也","四井为邑","四邑为丘","四丘为甸。甸,乘也,出兵车一乘"。

四、由于大多采用声训的释义方式,大量音同或音近的被释词和训释词正可以用来研究汉代的古音系统。如《释亲属》:"姨,弟也,言与己妻相长弟也。""姨",中古喻四声母字,"弟",中古定母字,两字音同或音近,正符合上古音"喻四近定"之说。

《释名》所广泛采用的声训方法对于后代的语言研究有着很大的影响,作者远在汉代就能够突破汉字字形的束缚,看到语音和语义的联系,从声音来研究语义,十分可费。但是,《释名》的声训有一些肯定是错误的,如《释州国》:"越,夷蛮之国,度越礼义无所拘也。"说越国得名之由是其国不遵守礼义,显然含有鄙视少数民族的感情,现代学者根据甲骨文称越为"戉",多认为越国得名之由是其地使用钺。同时,事物和现象的得名也有许多是没有理据可言的,勉强为之,则难免穿凿附会,不可相信。如《释形体》:"骨,滑也,骨坚而滑也。""髪,拔也,拔擢而出也。"说骨得名于滑,髪得名于拔,都是没有根据的猜测之词。

后代研究《释名》的著作主要有清代毕沅的《释名疏证》、《续释名》和《释名补遗》、成蓉镜《释名补证》、吴翊寅《释名疏证校议》、王先谦的《释名疏证补》、李维棻《释名研究》(台北,大化书局,1981年)、任继昉《释名汇校》(齐鲁书社,2006年)、陈建初《〈释名〉考论》(湖南师范大学出版社,2007年)等。论文主要有宦荣卿《〈释名〉的作者及成书年代考》(载《复旦学报》1985年第5期)、孙德宣《刘熙和他的〈释名〉》(载《中国语文》1956年第11期)、祝敏彻《〈释名〉声训与汉代音系》(载《湖北大学学报》1988年第4期)、李茂康《〈释名〉词语探源》(载《古籍整理研究学刊》2002年第1期)等。

(杨剑桥)

文 学

毛诗故训传 〔西汉〕毛 公

《毛诗故训传》,又题《毛诗诂训传》,简称《毛传》,三十卷,汉毛公撰。是《诗经》现存注本中撰著年代最早的一种,《汉书·艺文志》已著录。本与《诗经》经文分别行世,但流传至今的本子,均已与经文合刊,且多附东汉郑玄的笺及唐代孔颖达的疏。诸本中时代最早者,为敦煌出土的数种六朝或唐写本残卷(参见王重民《敦煌古籍叙录》)。而首尾完整又较易得的本子,则有《十三经注疏》本、《四部丛刊》本、《四部备要》本等。其中《四部丛刊》本据宋刊巾箱本《毛诗》影印,虽合刊经文毛传郑笺,并附以唐陆德明所撰"释文",分二十卷,但各卷之中同时保留了"周南关雎诂训传第一"至"那诂训传第三十"的旧目,毛传列于《诗经》正文篇句之下、郑笺(有"笺云"二字可资识别)之前,版刻较早而又尚能反映原著体制,所以是了解本书的较好读本。

本书的作者,据《汉书》的《艺文志》和《儒林传》,知为毛公。但《汉书》仅云毛公为赵人,治《诗经》,曾任河间献王博士,自谓其学传自子夏,虽得河间献王之好,而未得立于学官。至汉末郑玄作《诗谱》,始有所谓大毛公、小毛公之别。郑氏称鲁人大毛公为训诂,传于其家,河间献王得而献之,以小毛公为博士。吴人陆玑《毛诗草木鸟兽虫鱼疏》更进一步谓赵人荀卿授《诗》与鲁国毛亨,毛亨作《训诂传》,以授赵国毛苌;亨为大毛公,苌为小毛公;并列出了自孔子到大毛公的传授序列。而该序列又与唐陆德明《经典释文叙录》引吴徐整之说颇有不同。时代越后,内容越详,这是传说的特征。历代学者对本书撰者的讨论,或主毛亨,或主毛苌,或并疑二说,迄今尚无定论。

《毛诗故训传》全书三十卷。其中十五国风的诂训传各占一卷。自卷十六至卷二十二,为小雅的诂训传。卷二十三至卷二十五,为大雅的诂训传。周颂诂训传列于接下来的卷二十六至卷二十八,鲁颂和商颂的诂训传分别在卷二十九和卷三十。今本《毛诗》各篇诗前,又均有一段解题之文,俗称"诗序"。其中首篇《关雎》的解题除了说明本诗题旨外,还有一段通述《诗经》大要的文字,这段文字后世称之为"诗大序";相应地,"大序"前仅为《关雎》本诗解题的部分,以及《关雎》以下各诗的解题,便被称作"小序"。"诗序"是否《毛传》原有以及其作者究为何人,历代研究者也多有讨论,但见仁见智,迄今亦无定说。只是从"小序"与各篇诗的毛传内容上有合有不合的角度看,"小序"不可能尽出毛公之手,是可以肯定的。至于"诗大序",不论其作者为汉代或汉以前的某人(或某几个人),它提出的诗言志之说以及所阐发的诗"六义"之解,对于后人理解《诗经》乃至传统诗教,都起到了积极的导引作用,并在《诗经》研究与中国文学批评史上发生过深远的影响。

对于具体诗篇诗句的注释,由今本《毛诗》,可以看出《毛诗故训传》的大致结构是:凡遇诗篇首句有所起兴者多加标示(均云"兴也"),继诠解字词,后提示章句大意,并时就诗意有所发挥,而发挥的基点,在汉儒所崇奉的诗教。其中诠解字词(即书名所说的"故训"或"诂训")在全书中占最大的比重,由诗教出发所作的发挥颇能显现汉代笺注学的特色,而标示"兴"体则为诠诗之学中的首创之举。

由训诂的方面看,《毛诗故训传》的特色,首在对诗中出现的名物制度有较明确的诠解,善于提示同类词的不同用法。如"鄘柏舟诂训传第四"释《君子偕老》篇中"瑳兮瑳兮,其之展也。蒙彼绉绨,是绁袢也",即云:"礼有展衣者,以丹縠为衣。蒙,覆也。绨之靡者为绉,是当暑绁袢之服也。"便不仅诠释了诗中"展"字之义,而且从礼仪的角度比较生动地显现了先秦的服饰文化。"魏葛屦诂训传第九"《园有桃》篇中"心之忧矣,我歌且谣"的传,点出"曲合乐曰歌,徒歌曰谣",诠解虽略而得其要。而"卫淇奥诂训传第五"中注《淇奥》篇"如切如磋,如琢如磨"两句,谓"骨曰切,象曰磋,玉曰琢,石曰磨",则又从动词所适用的特定对象的角度,对近义词作了恰当的区分。

《毛传》在训诂方面的另一个特征,是多用汉人的"今语"诠释《诗经》中的古文,并注意到了其中的假借字。如"节南山之什诂训传第十九"《小弁》篇首句"弁彼鸒斯"的传中,注解"鸒"字为"卑居",且谓"卑居,雅乌也"。又如"甫田之什诂训传第二十一"《裳裳者华》的末句"维其有之,是以似之",传云:"似,嗣也。"即其例。

除了训诂字词,《毛传》也诠释章句。这方面主要通过以下几种形式来表现。一是征引本事。如"文王之什诂训传第二十三"诠解《绵》一篇"古公亶父,陶复陶穴,未有家室"诸句,在指出"古公,豳公也。古,言久也。亶父,字或殷,以名言质也"后,即用较多的文字解说了周人迁居豳之后,狄人欲得周土,古公随之迁都岐山之下,初建新邑的艰苦历程。二是指示原典。如"生民之什诂训传第二十四"《生民》篇"生民如何,克禋克祀,以弗无子"的传,在说明"禋"、"弗"二字的意义分别为"敬"、"去"之后,便通释上文道:"去无子,求有子,古者必立郊禖焉。"接着扼要地描述了郊禖仪式的过程,从侧面解说了"克禋克祀,以弗无子"的大要。三是串讲文句。如"节南山之什诂训传第十九"《十月之交》篇"皇父孔圣,作都于向。择三有事,亶侯多藏"的传注,即写道:"皇父甚自谓圣。向,邑也。择三有事,有司国之三卿,信维贪淫多藏之人也。"而"文王之什诂训传第二十三"《文王有声》末句"武王烝哉"的传,联系本诗上文有"皇王烝哉"语,而谓"上言皇王而变言武王者,皇,大也。始大其业,至武王伐纣成之,故言武王也",所言虽不免牵强,却反映了毛传的串讲有时也顾及全篇的用意。

在训诂字词、诠释章句的基础上,《毛诗故训传》又对《诗经》各篇的原旨多有发挥。这些发挥与汉儒诗教有密切的关联,因而附会之辞在所难免。如"秦车邻诂训传第十一"释《蒹葭》篇,将颇富意境的"蒹葭苍苍,白露为霜"解为"白露凝戾为霜,然后岁事成;国家待礼,然后兴",便有过迂之嫌。"郑缁衣诂训传第七"《东门之墠》篇"东门之墠,茹芦在阪"的传注中,引申出"男女之际,近而易,则如东门之墠;远而难,则如茹芦在阪"的结论,也为不合原诗句法的曲解。

从文学研究的角度论,《毛诗故训传》最引人注目并引起历代研究者兴趣的,是传注中"独标兴体"(《文心雕龙·比兴》语)的形式。作为诗歌创作中的一种具有悠久传统的表现手法,"兴"的名称在"诗大序"中即已与风、雅、颂以及比、赋并列,被称为诗的"六义"。六义之中,赋、比、兴三者又历来就被视为诗的三种主要表现手法。毛传则在各诗的传注之首,多标"兴也"二字,如"周南关雎诂训传第一"于《关雎》首句"关关雎鸠,在河之洲"下注云:"兴也。"且谓:"后妃说乐君子之德,无不和谐,又不淫其色,慎固幽深,若雎鸠之有别焉,然后可以风化天下。"同卷《桃夭》篇注"桃之夭夭,灼灼其华",也首标"兴也",而参读该句的毛传与郑笺,其所"兴"者,在"喻时妇人皆得以年盛时行也"。又如"鱼藻之什诂训传第二十二"在《采绿》篇首句"终朝采绿,不盈一匊"下也注称"兴也",以下郑笺则解释云:"绿,王刍也,易得之菜也。终朝采之而不满手,怨旷之深,忧思不专于事。"如果郑笺的诠释基本无误,那么毛传所标示的兴体,当是一种以托物起兴为主,又兼涉比喻暗示的内涵比较复杂的诗歌表现形式。

《毛诗故训传》是《诗经》现存注本中撰著年代最早的一种,同时也是中国文学作品笺释专著中完整流传至今最古老的一种。因而它对于《诗经》研究与古典诗歌的笺注之学都具有深远的影响。由于《诗经》的传授,唐宋以来仅存毛诗一家,因此无论是赞同还是反对毛传的解说的,其出发点均不得不建立在对本书的研究上。而对于后代的笺注家来说,毛传虽然在诠释方面略显简单,且有附会之辞,但它的体制与诠诗方法,却是文学作品笺释的早期范例。字词训诂的价值自不必说,即后来笺注家所注重的本事笺释与微言大义的阐发,从方法上看也可远探其源至本书。而后代笺诗中生出赏析一派,重视作品的表现手法,又似与本书"独标兴体"的形式,不无渊源关系。

研究本书的论著,自东汉以来至清代,可谓汗牛充栋。其较有影响的,主要有汉郑玄的《毛诗笺》、唐代孔颖达等的《毛诗正义》、清代陈奂的《诗毛氏传疏》和马瑞辰的《毛诗传笺通释》。20世纪以来的有关论著,则主要集中在对《毛传》注诗之例的讨论,以及敦煌本《毛诗故训传》残卷研究等方面。前者如马其昶的《诗毛氏学》(1928年《民彝》一卷十一、十二号,又有民国间排印本)、陈钟凡的《诗经毛传改字释例》(1929年《中央研究院语言历史研究所周刊》八卷九十二、九十三号)、黄侃《诗经序传笺略例》(1937年《制言》第三十九期,又载《兰州大学学报》1982年第3期)、魏佩兰《毛诗序传违异考》(1966年《大陆杂志》三十三卷第八期),以及冯浩菲《毛传要例阐微》(《文献》三十六期,1988年)等。后者主要有王重民《敦煌古籍叙录》(中华书局,1979年)的有关章节,苏莹辉《敦煌六朝写本毛诗注残叶斠记》、《从敦煌本毛诗诂训传论毛诗定本及诂训传分卷问题》(分别刊于《孔孟学报》1962年第三期、1971年第九期),潘重规《巴黎藏毛诗诂训传第二十九第三十卷题记》、《敦煌毛诗诂训传残卷题记》(分别载于1969年《东方文化》七卷二期及同年《新亚书院学术年刊》)等。此外,日本内野熊一郎的《有关毛传的成立以及今古文诗说根源的考察》(《毛伝の成立及び今古文詩説根の古在に関する一考察》,1938年《东方学报(东京)》第八册、名贺荣治的《关于诗经毛传的训诂的考察》(《詩経毛伝の訓詁に関する考察》,《人文研究》1950年第一号),以及杜其容的《诗毛氏传引书考》(1955年《学术季刊》四卷二号),亦可参阅。

(陈正宏)

楚辞章句 〔东汉〕王 逸

《楚辞章句》，东汉王逸撰。现存十七卷、十卷、八卷等分卷不同的版本数种。以十七卷本最为通行，且接近王逸原著卷数，有明正德十三年(1518)黄省曾高第刻本、隆庆五年(1571)豫章夫容馆刻本、万历十四年(1586)冯绍祖观妙斋刻本等善本，又有《丛书集成》、《四库全书》等丛书本。

王逸，字叔师，南郡宜城(今湖北宜城)人。汉安帝元初年间(114—119)，举上计吏至京，留拜校书郎，复升校书郎中。顺帝时(126—144)为侍中，后外任豫章太守。著作除本书外，别有赋、诔、书、论及杂文二十一篇。本有集二卷、《正部论》八卷，隋唐时已亡佚。后人辑其文为《东汉王叔师集》一卷，有《汉魏六朝百三名家集》本。

《楚辞章句》是王逸在汉安帝元初年间参与东观校书时撰述的一部《楚辞》注本。根据传世明嘉靖翻宋刻本《楚辞》卷二至卷十六均题"校书郎臣王逸上"，可以推知本书很可能是受帝后之诏而作。在王逸之前，西汉淮南王刘安、东汉史学家班固、经学家贾逵也都曾撰有《离骚经章句》，但未及全部《楚辞》，且已不传，因此王逸的这部《楚辞章句》，成了现存最早的一部完整的《楚辞》注释本。

王逸撰《楚辞章句》，其所依据的本文为西汉刘向编集的十六卷本《楚辞》。通行的《楚辞章句》有第十七卷，所收为王逸自撰的《九思》，而其"章句"与前十六卷"章句"文不甚相类，后人因谓恐非王逸自注(一说《九思》注乃王逸之子王延寿所为)。通行本十七卷卷目及《楚辞》各篇原作者依次为：离骚经第一(屈原)、九歌传第二(屈原)、天问传第三(屈原)、九章传第四(屈原)、远游传第五(屈原)、卜居传第六(屈原)、渔父传第七(屈原)、九辩传第八(宋玉)、招魂传第九(宋玉)、大招传第十(屈原，或言景差)、惜誓传第十一(贾谊)、招隐士传第十二(淮南小山)、七谏传第十三(东方朔)、哀时命传第十四(严忌)、九怀传第十五(王褒)、九叹传第十六(刘向)、九思传第十七(王逸)。这一卷目中《离骚经》以下的次第，虽已非王逸原本的旧貌，而经由北宋陈说之的重定，但"经"、"传"之称，仍为汉人旧题；而注本具载原文、逐句作解的形式，也是两汉"章句"体著作的一个主要特点。

王逸为《楚辞》所撰的十六卷《章句》，体制上大都遵照汉人释经旧法，先训解文字，次诠发大义，证以实事，并列举众说。如解《离骚》首句"帝高阳之苗裔兮"，即先云："德合天地称帝。苗，胤也。裔，末也。高阳，颛顼有天下之号也。"下引《帝系》所述楚先世及屈氏历史之文，最后阐发文义曰："屈原自道本与君共祖，俱出颛顼胤末之子孙，是恩深而义厚也。"又如注《九歌》的《山鬼》一篇篇尾"雷填填兮雨冥冥，猨啾啾兮又夜鸣，风飒飒兮木萧萧"数语，则先列己说，谓屈原"言己在深山之中，遭雷电暴雨，猨狖号呼，风木摇动，以言恐惧失其所也"；继引他说，谓："或曰：雷为诸侯，以兴于君。云雨冥昧，以兴佞臣。猨猴善鸣，以兴谗言。风以喻政，木以喻民。雷填填者，君妄怒也。雨冥冥者，群佞聚也。猨啾啾者，逸夫弄口也。风飒飒者，政烦扰也。木萧萧者，民惊骇也。"惟《九章》的《抽思》、《思美人》、《惜往日》以及《远游》、《卜居》、《渔父》、《九辩》、《招隐士》、《九怀》诸篇的章句，全部或大部分用错落的韵语为文，韵语中又时常夹杂了较详细的注释，与正规"章句"之体颇有不同。如《思美人》自首句"思美人兮"注以"言己忧思，念怀王也"，二句"揽涕而伫眙"注以"伫立悲哀，涕交横也"，至篇末全用此八字合韵之文为注解。而《抽思》篇章句中既有"哀愤结缙，虑烦冤也"(注"心郁郁之忧思兮")、"哀悲太息，损肺肝也"(注"独永叹乎增伤")那样的韵文，也有"言己览观众民，多无过恶而被刑罚，非独己身，故自镇止而慰己也"(注"览民尤以自镇")那样的散文。参以前引《山鬼》章句中所引"或曰"也有韵文体注语，则王逸的这部《楚辞章句》，从内容到形式均广泛吸取了前人的成果，是可想而知的。而这也正符合"章句""兼备众说"的文体。

另一方面，由于王逸是楚地之人（南郡郡治即故楚郢都，又相传宜城为宋玉的故乡），而楚地民间自古即相传《屈原赋》及其独特的楚辞解说之学，所以王逸的《楚辞章句》中，也保存了不少非楚地人难以通释以及汉代官方《楚辞》之学所不能解答的内容。其中突出的一点就是注明了《楚辞》中大量楚语的文意。如《离骚》章句中注"楚人名满曰凭"，"楚人名住曰偨"、"楚人名结草折竹以卜曰筡"，《九歌·云中君》章句谓"楚人名巫为灵子"，《天问》章句云"楚人谓乳为斗谷，谓虎为于菟"等等即其例。至《天问》章句中对不少今已无法寻得其出典的神话传说及古史旧闻所作的注释，则亦非汉代通常经师所能道，而很可能出自楚人所传楚辞故记。像注"帝降夷羿，革孽夏民。胡羿射夫河伯，而妻彼雒嫔"之间，引佚名"传曰"，谓河伯化为白龙，羿见之而射伤其左眼，河伯诉于天帝反受谴责，以及羿又梦与雒水神宓妃交接诸节；如以"有扈氏叛启，启率六师以伐之也"解"何启惟忧，而能拘是达"之类，皆为本书已不详，而章句却为之存留了可贵的历史线索的典范性例证。

除了字句注解，王逸在本书中也对《楚辞》及屈原赋作了综合性的叙解与评说，这主要见于其所撰《离骚叙》(置《离骚经》篇末)。该《叙》概言之,有两方面的功绩:其一,对屈原赋《离骚》及《九歌》以下二十五篇,与后世续作及注解、研究的系统流变作了一个扼要的叙述,尤其是有关楚辞学史的叙述,是现存史料中最早的。其二,对以《离骚》为代表的屈原赋作了高度的评价,将其比于儒家经典中的《诗经》、《尚书》,而对班固所谓屈原"露才扬己"云云进行了驳斥,有关的评价在汉人诸说中堪称卓见。(本书各篇首均有序,自《隋书·经籍志》以来论者多谓为王逸作,然取之与章句之文相比较,矛盾处实甚多,故近世学者疑其非王逸所撰,而为其撰章句时所依之本原有之旧序。)

但《楚辞章句》也有明显的不足。最大的一点即引他家之说却不注明出处,但以"或曰"、"一云"等语一掠而过,使后人无法核检,颇失学术著作的谨严之风。另外,字句注解中尚有曲解或误解处,章句体例前后不统一,亦较显然。

在《楚辞》研究史上,《楚辞章句》的地位,有如《毛诗》在《诗经》学上的地位,其综合、初创之功为后来学者所推崇,而其传注解释也颇为后代注《楚辞》者所采纳。宋代以来的几乎所有《楚辞》注家,都是直接或间接以本书为起点来展开他们的研究的,其中最著名者,即宋人洪兴祖所撰《楚辞补注》十七卷。

研究《楚辞章句》的论著,有蒋天枢《论〈楚辞章句〉》、《〈后汉书·王逸传〉考释》(二文均载所著《楚辞论文集》,陕西人民出版社,1982年),姜亮夫《楚辞章句》提要(载所编《楚辞书目五种》,上海古籍出版社,1993年),黄灵庚《楚辞章句疏证》(中华书局,2007年),许子滨《王逸〈楚辞章句〉发微》(上海古籍出版社,2011年),邓声国《王逸〈楚辞章句〉考论》(国家图书馆出版社,2011年)以及日本桑山龙平《王逸之事》(《王逸のこと》,1955年《天理大学学报》第十八号)、浅野通有《〈楚辞章句〉中"九辩"的编次——由王逸创构的经传式的构思》(《〈楚辞章句〉における九辩の編次——王逸によって意図された経伝の構想——》,1970年《国学院杂志》第七十一卷七号)等。

(陈正宏)

毛诗郑笺 〔东汉〕郑 玄

"毛诗郑笺",即东汉郑玄为《毛诗故训传》所作的笺注,简称"郑笺"。与《毛传》合刊,编为二十卷。现存最早的版本,是敦煌发现的几种六朝或唐人写本残卷(参见王重民《敦煌古籍叙录》)。全本存世者,则以宋刻为最早,有题为《毛诗诂训传》与《监本纂图重言重意互注点校毛诗》两个系统的宋刊本,其中郑笺之后,均附唐陆德明的"释文"。此外《四部丛刊》所收《毛诗》二十卷,是据宋刊巾箱本影印的,也包括毛传、郑笺及陆德明释文,底本较早而刊本流传较广,可作为了解郑笺的读本。

郑玄(127—200),字康成,北海高密(今属山东)人。自少好学,不乐为吏,师事东汉大儒马融,游学十余年,归里授徒。遇党禁事,被锢十四年。汉灵帝末得赦,数为有司举辟,均辞不行。董卓迁都长安,又被公卿举为赵相,以道断不至。会黄巾事起,乃避地徐州。后袁绍举为茂才,表为左中郎将,亦均不就。晚征为大司农,后世因称为"郑司农"。其学综采众家,而能考定得失,为东汉经学界汇今古文经学为一的成功典范。平生长于笺注之学,除笺《毛诗》外,尚为《周易》、《尚书》、《周礼》、《仪礼》、《礼记》、《论语》、《孝经》等多部经典作注,并撰有《六艺论》、《毛诗谱》、《天文七政论》、《鲁礼禘祫义》等论著。

《诗经》的传授,至西汉时有所谓今文学和古文学两派。今文学又分齐、鲁、韩三家,均得立于学官,设博士;古文学即毛诗,传于民间。郑玄早年曾随东郡学者张恭祖习今文学派的《韩诗》,后又成为东汉通儒并且也曾为《诗经》作注的马融的高足,因而他选取《毛诗》作笺注,并以一种兼取今文学说的态度从事古文《诗》学的研究,是顺理成章的事。他在《六艺论》中所说的"注《诗》宗毛为主,毛义若隐略,则更表明;如有不同,则下己意,使可识别也",即既表明了他笺诗的方法,也体现了他笺诗的原则。

今传郑笺《毛诗》的宋本分为二十卷,卷一至卷八为十五"国风",卷九至卷十五为"小雅",卷十六至卷十八为"大雅",卷十九、二十为周、鲁、商"颂"。郑笺列于"诗序"后及各篇诗的毛传之后,有"笺云"二字以资区别。(郑笺后又有陆德明释文,则或以"○"符号或以阴文字头来和郑笺相区别。)而从笺注的内容上看,与毛传相比较,郑笺主要有以下三个方面的长处。

一、将毛传引而未发的内容作了比较丰富的阐述。毛传对于《诗经》文学创作上的特征有所注意,故注诗首句常标"兴也"二字,说明本诗起首采用了"兴"的写法。但具体"兴"什么、如何"兴",毛传往往略而不论。郑笺则就此多加以必要的引申。如卷十二《巷伯》篇首"萋兮斐兮,成是贝锦"句,毛传云:"兴也。萋斐,文章相错也。贝锦,锦文也。"未及"兴"的具体含义。郑笺则不仅承毛传释"贝锦"为"锦文"后进一步注曰"锦文者,文如余泉余蚔之贝文也",而且阐释其"兴"体,谓"兴者,喻谗人集作己过以成于罪,犹女工之集采色以成锦文",这便为理解本诗的下句"彼谮人者,亦已大甚"提供了有益的帮助。又如卷一《葛覃》篇首句"葛之覃兮,施于中谷,维叶萋萋"的毛传,虽在"兴也"之后提到"葛所以为絺绤,女功之事",但更详细的诠释仍见于郑笺。笺云:"葛者,妇人之所有事也。此因葛之性以兴焉。兴者,葛延蔓于谷中,喻女在父母之家,形体浸浸日长大也。叶萋萋然,喻其容色美盛也。"便将诗如何"兴"也揭示了出来。

二、对毛传未注的本文进行了比较准确的笺释。毛传注《诗》多较简略,于诗的章句更少述译。郑笺则承毛氏之后,多发毛传所未发。如卷五《硕鼠》篇"硕鼠硕鼠,无食我黍。三岁贯女,莫我肯顾"数语,毛传仅三字:"贯,事也。"郑笺则不但补释词义,而且诠解句义。笺云:"硕,大也。大鼠大鼠者,斥其君也。女无复食我黍,疾其税敛之多也。我事女三岁矣,曾无教令恩德来顾眷我,又疾其不修政也。古者三年大比,民或于是徙。"这种将原诗加以译述,同时阐发句中含义的笺诗方法,为郑氏所常用,对于补毛传之不足,疏通诗意,起到了颇佳的效用。同时郑笺也注意到毛传未注的一些关键词,而加以比较准确的注解。如卷一《草虫》篇"亦既觏止"一语,毛传于"觏"字无解。郑笺则注云:"既觏,谓已昏也。"下又引《易》"男女觏精,万物化生"为解。

三、纠正了毛传的不少错误与偏失。毛传释词有较精当者,亦有望文生义者,如卷三《相鼠》篇"相鼠有齿,人而无止"句,毛传云其中的"止"字是"所止息"的意思,即其例。郑笺则云:"止,容止。"并引《孝经》"容止可观"为证,释义更正确。又如卷十《彤弓》篇"钟鼓既设,一朝右之"句,毛传释"右"为"劝",义虽相似而可通,却不精当。郑笺则谓:"右之者,主人献之,宾受爵,奠于荐右,既祭俎,乃席末坐,卒爵之谓也。"从礼制的角度阐释了"右"字的本义。毛传释句也有误处及曲意为解处,如卷三《考槃》末句"永矢弗告"义本明确,毛传却谓其义是"无所告也"。郑笺改为"不复告君以善道",便较合理。而卷一《兔罝》篇"赳赳武夫,公侯腹心",毛传解为"可以制断公侯之腹心",也不如郑笺所云"此兔罝之人,于行攻伐,可用为策谋之臣;使之虑事,亦言贤也"更少迂曲之味而语意通顺。

此外,郑笺对于《诗经》各篇的全篇文意亦加以注意,于笺释字句间时顾及前后,如卷九《采薇》篇"昔我往矣,杨柳依依;今我来思,雨雪霏霏"的笺文,除诠解本句外,还提及"上三章言成役,次三章言将率之行,故此章重序其往反之时,极言其苦以说之",这样的段落大意式的注释,是毛传所不曾采用的。而郑笺偶尔引史事解诗语,如卷十《车攻》篇"之子于征,有闻无声"的笺,曰:"晋人伐郑,陈成子救之,舍于柳舒之上,去榖七里,榖人不知,可谓有闻无声。"这也是毛传所不及的。

郑笺的缺点,在过多轻信"诗序",与毛传同样重视"诗教",因而笺诗仍有曲解与讹失。如卷一《关雎》篇"诗序"称其旨在表现"后妃之德",郑笺便于"窈窕淑女,君子好逑"句下发挥其义,谓"后妃之德和谐,则幽闲处深宫贞专之善女,能为君子和好众妾之怨者",而此解实与诗的原意大相径庭。又如卷二《静女》篇"静女其姝,俟我于城隅"句,毛传从"诗教"的立场出发,解"城隅"为"以言高而不可逾",郑笺则别解为女子"待礼而动,自防如城隅,故可爱也",而实际上二者均为曲解,将本无寓意的情诗涂上了政教的色彩。

然而从整体上说,毛诗郑笺终究是《诗经》研究与古代笺注学史上的一部具有显著成就的名著。正因为有了郑笺,《毛诗故训传》才得以广泛流传并最终超过本为官方之学的齐、鲁、韩三家诗学,成为唐宋以来的《诗经》学正宗。也正因为有了郑笺,《诗经》才成为一部更易被后人理解并且欣赏的文学经典。《诗经》研究至清代仍有所谓的"毛郑学派",便反映了本书的强大而悠远的影响力。而中国传统的笺注学界长期以来把"郑笺"作为文学作品的优秀笺注本的代称,又说明郑玄在笺释《毛诗》过程中所采用的一系列方法与形式,事实上已成为传统笺注学所认可并代代相传的注释古典诗文的基本法则。

研究本书的论著,大部分是于讨论《毛传》的同时一并讨论郑笺,故可参阅"毛诗故训传"条末的有关记录。此外近人的论著,则尚有黄焯《毛诗郑笺平议》(上海古籍出版社,1985年)、《毛诗笺疏质疑》(载《武汉大学学报》1957年第1期、1959年第6期等)、赖炎元《毛诗郑氏笺释例》(1959年《台湾省立师范大学国文研究所集刊》第3期)、日本田中和夫《豳风〈七月〉的郑玄笺与〈周官〉籥章的记述》("豳風'七月'の鄭玄箋と'周官'籥章の記述",《目加田诚博士古稀记念中国文学论集》,1974年),以及周国瑞《郑玄〈诗·笺〉例释》(《殷都学刊》1989年第1期)等。

(陈正宏)

先秦两汉编

艺术类

音 乐

乐记

《乐记》，原有二十三篇，其中十一篇保存在《礼记》和《史记·乐书》中，其余十二篇仅存目录。关于它的作者，说法不一。一说是战国初期的公孙尼作。《隋书·音乐志》引梁武帝《思弘古乐诏》和沈约《奏答》，《奏答》云："《乐记》取公孙尼子。"唐张守节《史记正义》云："其《乐记》者，公孙尼子次撰也。"多数学者从此说。《汉书·艺文志》中有"《公孙尼子》二十八篇"，列在儒家，注云："七十子之弟子。"《隋书·经籍志》中有"《公孙尼子》一卷"，也列在儒家，注云："尼似孔子弟子。"另一说是西汉武帝时刘德作。此外，也有人认为《乐记》虽为公孙尼子所作，但公孙尼子应是荀子门徒，即生活于战国末期，而非生活于战国初期。有人认为是"汉武帝时杂家公孙尼所作"。通行本有：唐孔颖达《礼记正义》本、元陈澔《礼记集说》本、清孙希旦《礼记集解》本、吉联抗《乐记译注》本以及其他注译本。

《乐记》是中国第一部美学专著，它具有宏大的理论结构，构成一种理论体系。现存十一篇：《乐本篇》论乐的本源；《乐论篇》与《乐礼篇》论乐与礼不同的特点和作用，以及它们相互间的关系；《乐施篇》论乐的措施，以乐象德和移风易俗；《乐言篇》论乐的不同形态和不同的作用；《乐象篇》论乐的风气、形象和道德风尚；《乐情篇》论乐表现感情；《乐化篇》论乐的教化与感化；《魏文侯篇》记载子夏论"君子之听音有所合"；《宾牟贾篇》记载宾牟贾与孔子讨论《大武》；《师乙篇》记载师乙与子贡讨论歌唱艺术。遗佚的十二篇尚存目录，孔颖达《礼记·乐记》疏云："按《别录》十二篇余次，《奏乐》第十二，《乐器》第十三，《乐作》第十四，《意始》第十五，《乐穆》第十六，《说律》第十七，《季札》第十八，《乐道》第十九，《乐义》第二十，《昭本》第二十一，《招颂》第二十二，《窦公》第二十三是也。"如此结构宏大而成为体系的理论，其作者是一位思想家、卓越的音乐理论家。

《乐记》的作者，以其深切的感受，运用宏观综合与微观分析相结合的方法，深入地总结了礼乐的历史经验。把礼乐与天地自然规律联系起来，这是哲学的宏观；把礼乐与国家和社会的盛衰联系起来，这是社会学的宏观；把礼与乐联系起来，这是文化学的宏观。对礼与乐的特点，作深入细致的分析,对礼、乐的产生、性质、表现、作用,作微观分析。宏观综合使人看到事物的联系,微观分析使人看到事物的差别,其理论具有辩证的色彩,既有精深度,又有广博度。《乐记》总结礼乐的历史经验,有三十四段礼乐合论,但都是礼乐分论基础上的合论,如"乐由中出,礼自外作"。"乐者为同,礼者为异。同则相亲,异则相敬。乐胜则流,礼胜则离。合情饰貌者,礼乐之事也。"(《乐记·乐论篇》)为同、为异,是相反相成;相亲、相敬,是相辅相成。过同则流,过异则离。"乐极则忧,礼粗则偏矣。及夫敦乐而无忧,礼备而不偏者,其唯大圣乎。"(《乐记·乐礼篇》)"乐者,天地之和也;礼者,天地之序也。和,故百物皆化,序,故群物皆别"。"大乐与天地同和,大礼与天地同节"。"乐由天作,礼以地制,过制则乱,过作则暴;明于天地,然后能兴礼乐也"(《乐记·乐论篇》)。天地宇宙,不可能没有和谐,也不可能没有秩序,和谐与秩序,也是互相关联的。明了天地宇宙这些根本道理,才能制礼作乐。最好的音乐应该像天地那样协和,最好的礼要像天地那样调节,其见解颇为博大精深。"是故先王慎所以感之者,故礼以导其志,乐以和其声,政以一其行,刑以防其奸。礼乐刑政,其极一也,所以同民心而出治道也。"(《乐记·乐本篇》)"礼节民心,乐和民声,政以行之,刑以防之,礼乐刑政,四达而不悖,则王道备矣。"(《乐记·乐本篇》)但礼乐都不是固定不变的:"五帝殊时,不相沿乐;三王异世,不相袭礼。"(《乐记·乐礼篇》)

《乐记》的作者,从礼、乐的分析中紧紧地把握住"乐由中出"的特点,并以此为出发点,提出了一系列的相关理论,提出了"形情"论——用今天世界性术语来说是"他律论"的音乐理论体系。尤可贵者,这是一种"感物而动"的"形情"论,即朴素唯物论的"表现论"。其理论体系如下:"凡音之起,由人心生也。人心之动,物使之然也。感于物而动,故形于声。声相应,故生变,变成方,谓之音,比音而乐之,及干戚羽旄,谓之乐。"(《乐记·乐本篇》)音乐的本源在于人心受到客观事物的感动。人们受到客观事物什么样的感动,便产生什么样的感情,而有什么样的感情,便产生什么样的音乐。"乐者,音之所由生也;其本在人心之感于物也。是故其哀心感者,其声噍以杀;其乐心感者,其声啴以缓;其喜心感者,其声发以散;其怒心感者,其声粗以厉;其敬心感者,其声直以廉;其爱心感者,其声和以柔。六者非性也,感于物而后动。"(《乐记·乐本篇》)六情与音乐的六种形态相对应,这是最早的音乐的"情"、"形"统一论。"物"之中,"世"与"政"极为重要:"凡音者,生人心者也。情动于中,故形于声;声成文,谓之音。是故治世之音安,以乐其政和;乱世之音怨,以怒其政乖;亡国之音哀,以思其民困。声音之道,与政通矣。"(《乐记·乐本篇》)从宏观上看,整个自然界,整个宇宙,均属于"物",故"乐者,天地之和也","大乐与天地同和","明于天地然后能兴礼乐也"。

《乐记》强调,音乐表现感情,总的说是通过音乐的动静:"夫乐者乐也,人情之所不能免也。乐必发于声音,形于动静,人之道也。声音动静,性术之变尽于此矣。"音乐表情,要讲究文采节奏:"乐者,心之动也。声者,乐之象也。文采节奏,声之饰也。君子动其本,乐其象。然后治其饰。""是故情深而文明,气盛而化神,和顺积中,而英华发外,唯乐不可以为伪"(《乐记·乐象篇》)。音乐通过不同的动静状态表现各种感情,那么,这不同动静状态的音乐也会影响人们的感情:"志微噍杀之音作,而民思忧;啴谐慢易繁文简节之音作,而民康乐;粗厉猛起奋末广贲之音作,而民刚毅;廉直劲正庄诚之音作,而民肃敬;宽裕肉好顺成和动之音作,而民慈爱;流辟邪散狄成涤滥之音作,而民淫乱。"(《乐记·乐言篇》)所以要很好地研究怎样用音乐来提高人们的内心修养:"致乐以治心,则易直子谅之心,油然生矣。易直子谅之心生则乐,乐则安,安则久,久则天,天则神。天则不言而信,神则不怒而威。"(《乐记·乐化篇》)作者非常重视乐对长治久安的作用,但也有所夸大。乐教是民之寒暑,要抓得及时和调节得当:"天地之道,寒暑不时则疾,风雨不节则饥。教者,民之寒暑也,教不时则伤世。"(《乐记·乐施篇》)音乐表现感情须是高尚的,合乎道德的:"乐者,通伦理者也"(《乐记·乐本篇》),"乐者,德之华也"(《乐记·乐象篇》)。音乐是道德的花朵,可谓至理名言。用乐来进行道德情操的教育,十分重要:"乐也者,圣人之所乐也,而可以善民心,其感人深,其移风易俗,故先王著其教焉。"(《乐记·乐礼篇》)

历来关于《乐记》的研究有东汉郑玄《礼记注》、唐陆德明《经典释文》、孔颖达《礼记正义》、元陈澔《云庄礼记集说》、清王夫之《礼记章句》、孙希旦《礼记集解》、汪烜《乐经律吕通解》、今人郭沫若《公孙尼子与其音乐理论》(见《青铜时代》,人民出版社,1954 年)、吉联抗《乐记译注》(音乐出版社,1958 年)、人民音乐出版社编《乐记论辩》(1983 年)、吕骥《〈乐记〉理论探新》(新华出版社,1993 年)、蔡仲德《〈乐记〉〈声无哀乐论〉注译与研究》(中国美术学院出版社,1997 年)、薛永武《〈礼记·乐记〉研究》(光明日报出版社,2010 年)、王祎《〈礼记·乐记〉研究论稿》(上海人民出版社,2011 年)等。

(周　畅)

琴操 〔东汉〕蔡 邕

《琴操》,有一卷本、二卷本两种。旧题东汉蔡邕撰。成书年代不详。一卷本有清嘉庆三年(1778)王谟《汉魏遗书钞》刊本、道光中黄奭《汉学堂丛书》刊本,属于辑佚类,自唐类书《初学记》等中辑出;二卷本有嘉庆四年顾修《读画斋丛书》刊本、十一年孙星衍《平津馆丛书》刊本、光绪中徐榦《邵武徐氏丛书》刊本、民国三年杨宗稷《琴学丛书》刊本,通行本为1937年商务印书馆据《平津馆丛书》排印之《丛书集成初编》本、1990年人民音乐出版社排印吉联抗辑两种合印本。

本书作者,旧题蔡邕,而王谟本尽管刊刻时正文仍题蔡邕撰,序中却认为据《隋书·经籍志》著录孔衍《琴操》三卷,作者当为晋代孔衍。阮元提要中则据《文选》注证明唐代已称蔡邕《琴操》,"非后世所能拟托"。不过作者究竟是谁,至今疑团未解。

蔡邕(132—192),字伯喈,东汉陈留圉(今河南杞县)人。初辟司徒乔玄府,出补河平长,召拜郎中,校书东观,迁议郎。熹平四年(175)校定六经,刻石立碑。以事得罪宦官,下狱论死,诏减死流徙朔方。后赦归,仍为人所嫉,乃亡命江南。董卓当政,强征为侍御史,迁尚书,转巴郡太守,复留为侍中,拜中郎将,从献帝迁都,封高阳乡侯。董卓被诛,蔡邕亦受牵连,死狱中。他是东汉著名学者、文学家、音乐家,弹琴技艺非常高明,今传《琴操》可能部分是他所撰。著有《蔡中郎集》、《独断》。生平事迹见《后汉书》卷六○上。

《琴操》是一部早期琴曲题解著作,两种系统的本子内容基本相同,但体例不同,文字也有歧异,二卷本所述较详细。兹据二卷本略作介绍。上卷前有《序首》一篇,总论琴之缘起、形状与尺寸及其各部位、各声的象征意义,并列举出五曲、十二操、九引的名称。接着便分别著录具体曲名、记述作者、题意及其本事。所录歌诗五曲,显然是《诗经》琴曲,为《鹿鸣》、《伐檀》、《驺虞》、《鹊巢》、《白驹》,分别是《小雅·鹿鸣之什》、《魏风》、《召南》(二篇)、《小雅·鸿雁之什》中的篇名,也在《大戴礼记·投壶》所列可歌之诗八篇内。书中五曲,《鹊巢》缺题解,《鹿鸣》、《驺虞》二曲题解与《毛诗》小序有出入,《伐檀》、《白驹》二曲题解与《毛诗》小序相吻合。十二操为《将归操》、《猗兰操》、《龟山操》、《越裳操》、《拘幽操》、《岐山操》、《履霜操》、《雉朝飞操》、《别鹤操》、《残形操》、《水仙操》、《怀陵操》，作者分别是孔子(三曲)、周公、周文王、周太王(序首谓周人作，正文谓太王作)、伯奇、沐犊子(序首谓沐犊子作，正文谓独沐子作)、商陵牧子、曾参、伯牙(二曲)。与他书所载、所引不合者有二：《乐府诗集》引《琴操》，谓《岐山操》乃"周公为大王作也"；《古今注》、《乐府解题》谓《雉朝飞操》为牧渎子作，又《乐府诗集》引扬雄《琴清英》谓乃"卫女傅母之所作也"。九引为《列女引》、《伯姬引》、《贞女引》、《思归引》、《辟历引》、《走马引》、《箜篌引》、《琴引》、《楚引》，作者分别是樊姬、伯姬保母、鲁漆室女、卫女、商梁子、樗里牧恭、霍里子高、屠门高、龙丘高。按《乐府诗集》谓《思归引》"一曰《离拘操》"，除引《琴操》外，又曰："按谢希逸《琴论》曰：'箕子作《离拘操》，不言卫女作，未知孰是。'"又《古今注》谓《箜篌引》乃"朝鲜津卒霍里子高妻丽玉所作也"，也与《琴操》有小异。另外，《怀陵操》很可能就是《襄陵操》，系据《尚书》中"汤汤洪水方割，荡荡怀山襄陵，浩浩滔天"一语得名，那么《乐府诗集》引谢希逸《琴论》谓《襄陵操》为夏禹作，也与本书不同。

下卷记河间杂歌二十四章(序首称二十一章)，题解体制与上卷相同。所录河间杂歌为《箕山操》、《周太伯》、《文王受命》、《文王思士》、《思亲操》、《周金滕》、《仪凤歌》、《龙蛇歌》、《芑梁妻歌》、《崔子河操》、《楚明光》、《信立退怨歌》、《曾子归耕》、《梁山操》、《谏不违歌》、《庄周独处吟》、《孔子厄》、《三士穷》、《聂政刺韩王曲》、《霍将军歌》、《怨旷思惟歌》、《处女吟》、《流澌咽》、《双燕离》，末二曲无题解，《处女吟》仅标明作者为鲁处女，余阙如。其余二十一曲作者分别是许由、周季历、周文王(二曲)、虞舜、周公、周成王、介子绥、芑梁妻、闵子骞、明光、卞和、曾参(二曲)、卫灵公、庄周、孔子、其思革子、聂政、霍去病、王昭君。按《乐府诗集》中《文王受命》作《文王操》，引谢希逸《琴论》为证；《仪凤歌》作《神凤操》(一曰《凤凰来仪》)，除引谢文外，又引《古今乐录》、《琴集》为证；《怨旷思惟歌》作《昭君怨》，引《古今乐录》中《琴操》文字，未说曲名；《龙蛇歌》作《士失志操》，引《琴集》为证，又谓一曰《龙蛇歌》。另对照《乐府诗集·琴曲歌辞》，可知今本《琴操》所列曲名尚有很多缺失。此外二卷本还有从《艺文类聚》、《太平御览》、《文选注》、《北堂书钞》辑出的补遗九条。

《琴操》著录的曲名及其题解内容，可与题为晋崔豹撰的《古今注》和宋郭茂倩《乐府诗集》所引诸书相参证。虽然所述琴曲缘起与琴曲歌辞的真伪难定，如题为舜所作的《思亲操》肯定是后人附会而成，但总还是使我们对这些琴曲的主题与意境以及相关的音乐风格有所了解。此书内容在唐代已定型，纵然题为蔡邕撰不可信，其文献价值仍当重视。阮元《四库未收书目提要》谓其"遗闻轶事，均足与经史相证"，良非虚语。

(庞　坚)

书 法

非草书 〔东汉〕赵 壹

《非草书》,一篇。东汉赵壹撰。有《玉函山房辑佚书续编》本、《法书要录》本、《书苑菁华》本、1979年上海书画出版社《历代书法论文选》本等。

赵壹,(生卒年不详),字元叔,汉阳西县(今甘肃天水)人。东汉光和间著名辞赋家,光和元年(178)为上计吏入京。当时社会政治极其黑暗,宦官外戚争权夺利,横行不法。赵壹为人耿介,为羊陟、袁逢等所重,却为乡党所压抑,著有《刺世嫉邪赋》,面对当时政治黑暗所产生的社会问题,锋芒毕露地予以揭发,因之屡获罪,几至于死。著有赋、颂、箴、诔书、论等,《隋书·经籍志》载有集二卷,已失传。有后人辑本《赵计吏集》。

《非草书》是我国如今可考的最早的书法理论专著之一。文中所言草书,系指其时渐行的章草。学习者多以杜度、崔瑗的章草为法。面对兴起的草书,赵壹恪守儒家道统的"尚用"主张,认为草书其法不近古,非圣人所为。他抨击草书,一方面反映了他的道统思想,他反对草书的"尚美",认为"且草书之人,盖伎艺之细者耳。乡邑不以此较能,朝廷不以此科吏,博士不以此讲试,四科不以此求备,征聘不问此意,考绩不课此字,善既不达于政,而拙无损于治,推斯言之,岂不细哉",表明他对新兴的草书功能的保守认识。另一方面,又留有他的强烈政治主张的思想痕迹。其实赵壹所处的时代,学习草书已相当普遍,几乎进于艺术创作的自觉阶段,书法艺术的"尚美"、"尚用"双重价值相互交替而逐渐发展,合而为一,适应着社会发展的需要。同时,随着书法艺术的成熟,有关书法的理论文章也不断出现,如蔡邕的"笔论",钟繇的"笔法"等,已形成非一家之言所能左右的趋势,所以,其"非草书"说终不能推行。赵壹在此论著中,虽然以"览天地之心,推圣人之情"的思想疾呼人们要学经国之术,切勿对草书"专用为务"而"夕惕不息,仄不暇食,十日一笔,月数丸墨",以免"志小者必忽大"。但文中对草书产生的渊源,对书法功能的评述,对书法创作的认识与技巧等,用寥寥数语阐明,皆有创见。指出草书的产生是"趋急速耳,示简易之指"。而时人有违此旨,"庶独就书,云适迫遽,故不及草。草本易而速,今反难而迟,失指多矣"。对书法创作,指出书之好丑,在心与手,不可强为。认为效颦者多增丑,学步者必失节,提出发挥自己个性、气质素养、品德等主观能动作用和"应人就学"的主张。凡此,皆可谓对丰富书法理论内涵有着重要贡献。赵壹借探讨草书流行之题,兼而抨击一些无怠于草书而怠于国事者,发出不要"俯而扪虱,不暇见天"的警语,故有人将此篇视为《刺世嫉邪赋》的续编。因此,若简单地认为此篇就是专门为抨击草书而发,不免浮浅。

(张潜超)

九势八字诀 〔东汉〕蔡　邕

《九势八字诀》，一篇。东汉蔡邕撰。有宋陈思《书苑菁华》本。

作者生平事迹见"琴操"条。

蔡邕擅篆隶，尤以隶书著称。南朝梁武帝评曰"蔡邕书骨气洞达，爽爽如有神力"。熹平四年(175)，与堂谿典等书《诗》、《书》、《礼》、《易》、《春秋公羊传》、《论语》六经于碑，世称《熹平石经》。又创"飞白"书。邕另有书论《大篆赞》、《小篆赞》、《隶书势》、《笔论》等篇。

《九势》主要论述运笔规则。

蔡邕认为书法艺术之美源于自然的阴阳变化。"夫书肇于自然，自然既立，阴阳生焉；阴阳既生，形势出矣"。接着指出："藏头护尾，力在字中，下笔用力，肌肤之丽。故曰：势来不可止，势去不可遏，惟笔软则奇怪生焉。"论述运笔九势：即结字、转笔、藏锋、藏头、护尾、疾势、掠笔、涩势、横鳞等规则要领。如结字"上皆覆下，下以承上，使其形势递相映带，无使势背"。转笔"宜左右回顾，无使节目孤露"。藏头"圆笔属纸，令笔心常在点划中行"。护尾"画点势尽，力收之"。论及各势，自称"得之虽无师授，亦能妙合古人"。

《八字诀》则论用笔技巧与结字方法，即轻、巧、锋、力、均、称、损、益八字法。尤其对于布局的原则和笔画增损的诀窍，论述十分精辟。后世学者广为引用，称为"结构论"。（或以为《八诀》与钟繇《十二意》雷同，是伪作。）

蔡邕的高妙之处，在于将阴阳原理引入了书法范畴。《周易》曰："一阴一阳之谓道"、"阴阳不测之谓神"。蔡邕因此认为，阴阳是和谐，是对称；阴阳又是变化，是对比，"峻疾为阳，迟涩为阴"，"得疾、涩二法，书妙尽矣"。（《衍极·书要篇》元人刘有定注文所引《九势》语。刘氏所引与通行本差异较大。）正是在蔡邕的理论指导下，后世书家更自觉地追求刚柔对比，创造结构和布局的舒敛、虚实变化，并从大自然中寻觅借鉴各种阴阳转换的效果。

上海书画出版社《历代书法论文选》仅引录《九势》一节，无《八字诀》。

（顾安文　孙小力）

先秦两汉编

经济类

管子·轻重

《管子·轻重》,十九篇,现存十六篇。版本介绍见"管子"条。

《轻重》是《管子》中最后一组论文的总名。《管子》各篇分八个组,各有组名,前六组均无《管子》二字,如《经言》、《外言》等。第七组为《管子解》,第八组为《轻重》,《管子解》有"管子"两字,本属正常,而《轻重》多《管子》两字,则反映了体例上的不一致,说明这一部分有后加的可能。《轻重》十九篇的篇目为:臣乘马、乘马数、问乘马(佚)、事语、海王、国蓄、山国轨、山权数、山至数、地数、揆度、国准、轻重甲、轻重乙、轻重丙(佚)、轻重丁、轻重戊、轻重己、轻重庚(佚)。其中"臣"字、"山"字疑为误字。各篇并非出于一人之手。

《轻重》作于何时,研究者尚无一致意见,主要有战国说和西汉说,最晚的则有成书于王莽时说。

《轻重》以论述商品经济问题为主要内容,学者称之为《管子》轻重理论。作者以管仲的名义,以齐国为背景,论述使国家通过发展官营商业而致富的理论和政策。《轻重》涉及的商品经济内容比较广泛,就局部性理论而言,有不少精辟的论述。但所有论述都以发展官营商业获取厚利为目标,因此从总体上看,它是同市场的正常发展要求背道而驰的,具有消极作用。《管子》轻重理论主要包括以下几个方面。

一、物价理论。《国蓄》:"夫物多则贱,寡则贵;散则轻,聚则重。"这是说物价的贵贱决定于市场上商品的供应量,商品分散在市场上价低,被人囤积就价高。商品贵贱还受年成好坏或国家政令的影响:"岁有凶穰,故谷有贵贱;令有缓急,故物有轻重。"令就是"号令",即政令,国君通过"号令",可以改变市场上商品的多少,从而改变物价的贵贱。如国家征货币赋税,货币需要量大,物价就下跌:"令曰十日而具,则财物之贾(价)什去一……朝令而夕具,则财物之贾什去九。"

二、货币理论。《轻重》说禹、汤铸铜币来赎回那些因饥荒而被父母卖掉的子女,即认为货币起源于救荒。又说先王以珠玉为上币,黄金为中币,刀布为下币。"三币,握之则非有补于暖也,食之则非有补于饱也。先王以守财物,以御民事,而平天下也。"(《国蓄》)强调了货币对国家的重要性。《轻重乙》说:"黄金刀布者,民之通货也。"把货币看作是流通手段,《轻重》中的货币无固定价值,其购买力随号令而改变。

三、调节贫富、抑制兼并理论。《国蓄》指出:"夫民富则不可以禄使也,贫则不可以罚威也。法令之不行,万民之不治,贫富之不齐也。"故要实行抑制兼并的政策,否则社会就会不太平:"然则人君非能散积聚,钧(均)羡不足,分并财利而调民事也,则君虽强本趣(促)耕,而自为铸币而无已,乃今使民下相役耳,恶能以为治乎?"调节贫富的方法是国家经营商业,控制商品流通,实行轻重政策,所以又说:"凡将为国,不通于轻重,不可为笼以守民;不能调通民利,不可以语制为大治。"

四、财政理论。《轻重》强调征收赋税必有副作用,如征田亩税,人民不愿耕种,就会起禁耕的作用;征房屋税,人民就会毁坏房屋等。"民予则喜,夺则怒,民情皆然。先王知其然,故见(现)予之形,不见夺之理,故民爱可洽于上也。"(《国蓄》)征税是明显的夺,而国家经商获取商业利润则有"不见夺之理"。它主张"官(管)山海"(《海王》),即盐铁官营,认为通过盐、铁加价就能使人民不知不觉地交了税。

五、国家经营商业理论。这是《轻重》各篇论述最多的内容。国家经营商业可以调节物价:"谷贱则以币予食(购粮食),布帛贱则以币予衣(购布帛),视物之轻重而御之以准,故贵贱可调而君得其利。"(《国蓄》)但书中的大量实例都以"君得其利"为目的,说明国家用什么方法控制货币、粮食和其他重要商品,通过号令造成物价的剧烈波动,低价买进,高价卖出。在《轻重》作者看来,国家控制商品流通和改变物价的能力是无限的,物价可以通过号令而上涨十倍、五十倍甚至百倍。这些实例又使调节贫富、抑制兼并的有关论述成了表面文章。

六、对外经济关系理论。在对外贸易上,《轻重》主张采取高物价政策:"彼诸侯之谷(价)十,使吾国谷二十,则诸侯谷归吾国矣;诸侯谷二十,吾国谷十,则吾国谷归于诸侯矣。故善为天下者,谨守重流。"(《山至数》)《轻重戊》中有多个通过对外贸易使邻国不战而降的故事,办法是高价购买邻国的特产,引诱该国人民放弃农业生产,导致粮荒,最后不得不归降于粮食充足的齐国。

国家经营商业的政策在汉武帝时为桑弘羊等所实行,桑弘羊也有轻重理论,实行了盐铁官营和均输、平准等政策。王莽实行六管政策,但没有留下什么理论。西晋的傅玄曾批评"《轻重》篇尤鄙俗"(《傅子》卷三)。唐、宋学者主要从好的方面理解轻重理论,提出了一些以"轻重"为名的调节物价的论点。而从唐中叶以后,历朝一直实行盐官营的政策。

有关《轻重》的研究主要有马非百《管子轻重篇新诠》以及胡寄窗《中国经济思想史》上册、赵守正《管子通解》下册、巫宝三《管子经济思想研究》、赵靖主编《中国经济思想通史》第一卷、胡家聪《管子新探》、叶世昌《古代中国经济思想史》有关部分等。

(叶世昌)

史记·平准书 〔西汉〕司马迁

《史记·平准书》，一卷。西汉司马迁著。作者与版本介绍见"史记"条。

《平准书》是中国最早的一部经济史专著，记述自汉高祖至武帝时期一百多年西汉的社会财政经济状况，有关的具体政策和货币制度等。

"平准"指官府转输物资、平抑物价的措施。广而言之，亦可指财政、货币、商品、物价四者之间的关系和作用的协调与稳定，是国家管理经济生活、组织经济正常运行的一项重要政策和措施。司马迁以"平准"为篇名，是要通过对西汉社会经济史实的叙述，对有关的财经政策、商品货币制度以及控制商品流通和物价的均输、平准措施等进行评论。

《平准书》概述了西汉初年至景帝时期社会经济由萧条、凋敝到武帝时繁荣富庶的情景。由于秦末的连年战争，造成汉初"丈夫从军旅，老弱转粮饷，作业剧而财匮，自天子不能具钧驷，而将相或乘牛车，齐民无藏盖"的境况。经过长时期调整，特别是文景之治，终于带来了武帝初年"人给家足，都鄙廪庾皆满，而府库余货财"，京师存钱因钱绳腐烂而难以计数，粮食露天堆放而腐朽不可食的经济繁盛景象。武帝依靠这种经济优势，大肆营建，忙于封禅、巡视，赏赐无度，造成社会"网疏而民富，役财骄溢"，"争于奢侈"的风气。马、钱、粟是军事上不可缺少的财物，它们的充足贮备为武帝的抗击匈奴、平南越、通西域等军事行动创造了条件。长期战争的消耗，使国家财政陷入困境，司马迁指出这是"物盛而衰，固其变也"。

作者在叙述社会经济问题的同时，善于把经济发展变化的状况与政治上的治乱兴衰有机地联系起来，指出："齐桓公用管仲之谋，通轻重之权，徼山海之业，以朝诸侯，用区区之齐显成霸名。魏用李克，尽地力，为强君。"齐桓公称霸，魏国的强大，都是由于重用谋臣，实行发展经济措施的结果。而秦之亡国，在于经济衰败，"海内之士力耕不足粮饷，女子纺绩不足衣服"，人民无法生活，只好铤而走险，推翻了秦的残暴统治。作者认为这是"事势之流，相激使然，曷足怪焉"。这里既揭示了社会内在经济与政治的互相影响作用及其发展规律，又借古鉴今，起着警世的作用，也隐喻着对汉武帝的批评。

财政货币制度是《平准书》论述的重点。汉武帝时为了加强中央集权,抑制商贾兼并,亦为了解决军事征伐造成的财政危机,实施了一系列财政经济政策。主要表现在以下几个方面。

一、实行盐铁专卖。盐铁是关系国计民生的经济资源。汉初盐铁为豪富垄断,他们"财或累万金,而不佐国家之急"。元狩四年(前119)在张汤的建议下,对盐铁实行专卖,任东郭咸阳、孔仅为大农丞,领管盐铁,在产地分置盐铁官,禁止私煮私铸,所得利润全归国家收入。元封元年(前110)以桑弘羊为治粟都尉,领大农,总管天下盐铁,分置大农部丞数十人主理各郡国盐铁事宜。盐铁由国家专营,加强了对重要经济资源的控制,大大增加了政府的收入。

二、采用算缗钱和告缗法。算缗钱是向商人、手工业者、高利贷者及车船所有者按营业财物价值或车船数量征税,于元狩四年实行。它采取由以上人等自报财产、自行估价的办法。为了打击他们偷漏税款的不法行为,武帝又于元鼎三年(前114)颁布告缗令,开展检举揭发瞒报、短报资财的运动,派杨可负责此事。凡隐匿不报或自报不实的,查明后没收其财产,并发往边疆劳役一年,检举揭发者可获所没收的半数财产。当时遣御史、廷尉、正监分批往各地办理告缗事务,没收财物以亿(十万)计,没收奴婢、田地、房屋无数,中等以上商贾大多被告发而破产。元鼎四年以后,逐步解除了告缗令。

三、创立均输平准。元鼎二年试行均输。元封元年,治粟都尉桑弘羊在全国推行均输,并实行平准。大司农在各地设均输官,令各地"以其物贵时商贾所转贩者为赋",由均输官运往京师或高价处出售。在京师设平准官,负责管理和调节物价。"大农之诸官尽笼天下之货物,贵即卖之,贱则买之",使"富商大贾无所牟大利","万物不得腾踊",政府亦可得商业利润。

以上这些措施,对加强封建政权的统治力量,削弱地方豪强和商人的势力,巩固边防和中央集权,增加财政收入,都起了很大的作用。但同时也存在一些弊病,如盐铁价格昂贵,质量低劣;算缗和告缗打击的面太宽;均输平准,运输货物时所用的人工实际是作为徭役加到了农民的头上。因此,人民得不到多少实际利益,反而增加了负担。

除了以上三项措施外,为了弥补财政收支的不足,武帝时还实行官吏可以捐献粮食补官,罪犯可用钱粮赎罪的政策。对以私人财产捐献政府的人给予奖励。牧羊主卜式因输财助边,被武帝赏识,先后任郎官、县令直至御史大夫等职。

《平准书》还较多地叙述了秦汉货币制度沿革的情况。秦始皇曾统一币制,以黄金为上币,铜钱(半两)为下币。汉高祖实行自由铸钱政策,"荚钱"流行。汉文帝将半两钱减重为四铢,"令民纵得自铸钱",造成了"吴(吴王刘濞)、邓(大夫邓通)氏钱布天下"的局面。后来又禁止私铸。武帝在财政困难时,曾实行通货贬值,发行白金币及三铢钱,引起了极为严重的盗铸,被杀被监禁的人很多。元狩五年铸五铢钱。元鼎二年铸赤侧五铢,以一当五。元鼎四年集中铸币权,禁止郡国铸钱,专由上林三官铸造符合标准的五铢钱。民间因铸钱无利,盗铸的人大减,"唯真工大奸乃盗为之"。《平准书》中还有司马迁关于货币起源的一段名言:"农工商交易之路通,而龟贝金钱刀布之币兴焉。"朴素地说明了货币起源于商品流通。

此外,《平准书》还介绍了为防备匈奴而开发西南,向西北和江淮移民,开展屯田以及开渠治河等经济活动。

司马迁不赞成实行抑商和官营工商业政策。他借卜式之口说出了"亨(烹)弘羊,天乃雨"的愤语。但也肯定实行桑弘羊的政策取得了"民不益赋而天下用饶"的成就。

《平准书》有极为重要的史料价值,《汉书·食货志》即以此为基础作进一步的扩充。

有关《史记·平准书》的研究主要有王雷鸣《历代食货志注释》第一册有关部分等。

(徐培华)

史记·货殖列传 〔西汉〕司马迁

《史记·货殖列传》,一卷。西汉司马迁著。作者与版本介绍见"史记"条。

《货殖列传》是一篇享有盛名的社会经济史著作,叙述了春秋末年至西汉景帝年间社会商品经济活跃发展的状况,为商贾作传,并表达了作者对经济发展和经济政策的基本主张。

"货殖"意即"居财货以生殖",就是经营商业以生财。司马迁叙述的"货殖"不局限于商业,还包括各种手工业,以及农、牧、渔、矿冶等行业的经营在内。他作《货殖列传》的意旨,在《史记·太史公自序》中说得很明白:"布衣匹夫之人,不害于政,不妨百姓,取与以时而息财富,智者有采焉。"对人们追求财富的活动表示了支持的态度。《货殖列传》主要包括以下一些内容。

一、肯定人们的求利活动。司马迁认为"人各任其能,竭其力,以得所欲"是"道之所符","自然之验",也就是一种客观规律。追求物质财富是人的本性,《老子》提出"邻国相望,鸡狗之声相闻",民"至老死不相往来"的理想社会的观点是行不通的。他追溯历史,说据《诗》、《书》所载,从虞夏以来人们就"耳目欲极声色之好,口欲穷刍豢之味,身安逸乐,而心夸矜执(势)能之荣使"。这种求利活动乃"人之情性,所不学而俱欲者也"。他列举贤人、隐士、兵士、闾巷少年、赵女、郑姬、游闲公子、渔夫、猎人、赌徒、医生、以技术谋食的人、吏士、农、工、商贾、畜长等,指出他们的各种活动都是为了追求经济利益,即所谓:"天下熙熙,皆为利来;天下壤壤,皆为利往。"

二、认为仁义是财富的派生物。司马迁在引述"仓廪实而知礼节,衣食足而知荣辱"的名言后指出:"礼生于有而废于无。故君子富,好行其德;小人富,以适其力。渊深而鱼生之,山深而兽往之,人富而仁义附焉。"他以范蠡为例,说范蠡在"三致千金"后,把财富分些给贫贱时结交的朋友和远房的叔伯弟兄,"此所谓富好行其德者也"。财富不仅影响人的道德,而且也决定人的社会地位。因此他认为如果没有特出的品行,而却始终贫贱,即使"好语仁义",也是"足羞"的。

三、对农工商业一视同仁。司马迁根据前人的一种划分,把国民经济分为农、工、商、虞(开发山林川泽自然资源)四个部门,指出在经济生活中各部门所承担的责任:"待农而食之,虞而出之,工而成之,商而通之"。他引《周书》的话说:"农不出则乏其食,工不出则乏其事,商不出则三宝绝,虞不出则财匮少,财匮少而山泽不辟矣。"农、工、商、虞都是"民所衣食之原","原大则饶,原小则鲜。上则富国,下则富家"。但从"治生不待危身取给"考虑,则是"本富为上,末富次之,奸富最下"。本富是指通过占有土地、牧畜、森林、果园、鱼池,依靠农、牧、林、果、渔等大农业的收入而致富;末富是指经营工商业和高利贷而致富;奸富是指从事违法犯禁的活动而致富。本富、末富、奸富的概念由司马迁第一次提出。而摆脱贫困的最好办法则是从事工商业或其他不正当行业:"夫用贫求富,农不如工,工不如商,刺绣文不如倚市门。"

四、主张采取自由放任的政策。从好利是人的本性的观点出发,司马迁提出以下的政策主张:"故善者因之,其次利道(导)之,其次教诲之,其次整齐之,最下者与之争。"治国的最好办法是顺应人们求利的要求不加干涉;其次是因势利导;再次是教育劝说;再再次是将贫富拉齐;最下等的办法是凭借权势与民争利。这里表明了他同汉武帝的经济政策的尖锐对立。

五、记述大工商业主的致富活动和经验。司马迁以同情的笔调记述了自春秋末至汉初从事工商业致富的范蠡、子贡、白圭、猗顿、乌氏倮、巴寡妇清、卓氏、程郑、孔氏、邴氏、刁间、师史、任氏、桥姚、无盐氏等人致富事迹。指出他们的致富之术是"以末致财,用本守之,以武一切,用文持之"。特别是介绍了"计然(人名或范蠡所著书篇名)之策"和"治生祖"白圭的治生经验。"计然之策"包括对农业丰歉规律的认识(即农业丰歉循环论)、平粜和"积著之理"等。"积著之理"是经商致富必须遵循的原则,强调了商情预测,加速资金周转和不失时机地贱买贵卖等。白圭"乐观时变",做到"人弃我取,人取我与"。他善于根据年成的丰歉进行市场预测,庄稼成熟时,收购谷物,出售丝、漆;蚕茧上市时,收购帛絮,出售粮食。白圭提出他经营商业,就像伊尹、吕尚的运用谋略,孙武、吴起的善于用兵,商鞅的严于执法一样。"其智不足与权变,勇不足以决断,仁不能以取予,强不能有所守,虽欲学吾术,终不告之矣。"司马迁还比较了农、工、商各业的利润率,认为无论经营何种行业,一万钱的资本每年一般都可获得二千钱的利润,年利润率为百分之二十。一个有一百万资本的人,每年可获二十万的利润,相当于食禄千户的封君的年收入。《货殖列传》对从事商业经营在竞争中致富的记载,为后人提供了一份丰富的古代货殖家经营管理思想的资料。

六、分析各地区经济地理的特点。司马迁生动地描绘了当时各重要经济地区和商业城市,如关中、三河、邯郸、燕、洛阳、临淄、邹、鲁、陶、睢阳、西楚、东楚、南楚、颍川、南阳等大地区及其都会的自然资源、地理状况、气候条件和人文风俗,以及它们决定当地居民是务农、经商还是从事其他职业的原因。文中叙述了国内物产的分布状况:"夫山西饶材、竹、谷、垆、旄、玉石;山东多鱼、盐、漆、丝、声色;江南出楠、梓、姜、桂、金、锡、连、丹沙、犀、瑇瑁、珠玑、齿革;龙门、碣石北多马、牛、羊、旃裘、筋角;铜、铁则千里往往山出棋置。"作者强调各地区根据自身条件发展农、工、商等业,并以齐、越为例,说明经济发展与政治、军事、伦理之关系。文中还叙述了各地发展经济林木及作物的成就:"安邑千树枣,燕、秦千树栗,蜀、汉、江陵千树橘,淮北、常山已南,河济之间千树萩;陈、夏千亩漆;齐、鲁千亩桑麻;渭川千亩竹。"并以历史传承、地理环境、交通运输和经济状况,说明名都大邑的兴起和分布,详细描绘了当时都市的繁荣及各地市场买卖的复杂情况。从以上内容看,《货殖列传》又可称得上是一篇经济地理的著作。若拿它与《禹贡》相比,可以说是更完整地论述了国内四方的物产分布和各地区的经济状况。至东汉时,《货殖列传》的有关内容为班固所采用,成为《汉书·地理志》的一部分。其思想中断一千多年后,随着商品经济的发达,为张瀚、王士性等人所继承,出现《松窗梦语·商贾记》、《广志绎》等著作。

《货殖列传》对后世影响很大。它对班固撰写《汉书》的重要影响除了《地理志》以外,还促使班固在《汉书》中专设《货殖传》一篇,内容基本引自《史记·货殖列传》,并增补了汉武帝以后至王莽时期的一些货殖家的事迹,对了解整个西汉时期的经济发展状况有一定价值。但班固从维护统治阶级的正统观念出发,主张用封建等级和道德规范来约束人民的行动。他主张的理财之道,是以《周礼》为本,反对司马迁以物质利益为基础来分析事物的观点。对范蠡、子贡等货殖家的事迹,多含贬抑之意,认为人们追求财富的活动是"越法",造成了"伤化败俗"的后果。

司马迁在《货殖列传》中的观点和主张不适合当时统治者的需要,因而不被采纳且付诸实施,但其中的许多论点常为后人所引用。如西汉桑弘羊在同贤良、文学论争时,引用了《史记·货殖列传》中的观点(见《盐铁论》)。司马迁的本富、末富、奸富概念成为后来的通用语。特别是进入近代后,早期主张发展资本主义的思想家往往引用《史记·货殖列传》中"善者因之"的一段话(近人称之为"善因论"),为自由放任政策辩护。梁启超为维新变法作舆论宣传,写了《〈史记·货殖列传〉今义》一文,对《货殖列传》用按语形式加以发挥。经他的发挥,《史记·货殖列传》俨然成了发展资本主义的著作。

有关《史记·货殖列传》的研究主要有王雷鸣《历代食货志注释》第一册有关部分,贺次君《史记货殖列传新诠地理正误》,孙媛贞《禹贡、职方、史记货殖列传所记物产比较表》,李埏等《〈史记·货殖列传〉研究》等。

(徐培华)

汉书·食货志 〔东汉〕班　固

《汉书·食货志》，一卷，分上下。东汉班固等著。作者与版本介绍见"汉书"条。

《汉书·食货志》由《史记·平准书》演变而来。《平准书》的内容局限于西汉，与作为通史性质的《史记》不相适应。《汉书》虽为断代史，但《食货志》却有意弥补《平准书》的上述缺陷，概述自上古至王莽末年的社会经济的发展状况和货币制度的沿革。按"食"与"货"分为上、下卷，分别叙述农业经济的发展和财政、货币的有关情况，是一部从远古到西汉的社会经济发展简史。

《食货志上》主要包括以下一些内容。

一、"食货"的涵义。"食"与"货"二字来自《尚书·洪范》，传为箕子向周武王陈述治理天下的大法，提出食、货、祀、司空、司徒、司寇、宾、师为八大政事。班固解释"食货"之义是："食谓农殖嘉谷可食之物；货谓布帛可衣，及金刀龟贝，所以分财布利通有无者也。"他肯定食货为"生民之本"，指出自神农氏起，就关注食货问题，"食足货通，然后国实民富而教化成"。班固强调"要在安民，富而教之"。认为之所以重视食货，就在于财物这个东西是帝王团聚百姓，巩固政权，养育芸芸众生，尊奉顺应上天的恩德，可说是治理国家、安定人民的根本。

二、土地制度和土地思想。班固强调"理民之道，地著为本"。他十分赞赏传说中的井田制度。他叙述的井田制是"六尺为步，步百为亩，亩百为夫，夫三为屋，屋三为井，井方一里，是为九夫，八家共之，各受私田百亩，公田十亩，是为八百八十亩，余二十亩以为庐舍"。"公田十亩"是对孟子井田说的补充。分给百姓的田地可分为三等，上等田一夫百亩，中等田一夫二百亩，下等田一夫三百亩。农民每户除户主授田外，其余家中男丁作为余夫同样按人口计算给予田地。士工商家授予田地，五口人才当农夫一人。"民年二十受田，六十归田。"在山林、水泽、丘陵、盐碱地等处，则各依土地的肥瘦多少区别对待。他认为这种土地制度能鼓励并保证男耕女织，使民"五十可以衣帛，七十可以食肉"，"民是以和睦，而教化齐同，力役生产可得而平也"。班固把社会变动中出现的"上贪民怨，灾害生而祸乱作"归咎于"初税亩"。他记载了董仲舒、师丹、王莽等人的土地主张。武帝时,董仲舒指出秦自商鞅变法之后,"改帝王之制,除井田,民得卖买,富者田连仟伯(陌),贫者亡(无)立锥之地"。加上政府"又颛川泽之利,管山林之饶",赋役繁重,农民"或耕豪民之田,见(现)税什五。故贫民常衣牛马之衣,而食犬彘之食"。他提出:"古井田法虽难卒(猝)行,宜少近古,限民名田(占田),以澹(赡)不足,塞并兼之路。"哀帝时,师丹和丞相孔光及大司空何武提出限田建议,由于外戚和宠臣等的反对,未被朝廷采纳。王莽认为废井田造成了土地兼并,"豪民侵陵,分田劫假,厥名三十(税一),实什税五"。富者"骄而为邪",贫者"穷而为奸",使富人和穷人都陷于罪。为此,他主张"更名天下田曰'王田'","不得卖买",一家男子不到八口而土地超过一井的,"分余田予九族邻里乡党",无田的人按制度受田。因受到人民的反对而失败。

三、李悝的尽地力之教和平籴政策。李悝为魏文侯作"尽地力之教"。他倡导"治田勤谨"以提高产量。他又提出"使民毋伤而农益劝"的平籴政策,认为"籴甚贵伤民,甚贱伤农;民伤则离散,农伤则国贫"。他作了具体估算,提出政府按年成变化情况,在丰年时向农民收购余粮的适当数量,遇荒年粜出,"取有余补不足","使民适足,贾(价)平则止"。即使遇到饥馑水旱,也能做到"籴不贵而民不散"。

四、贾谊和晁错的重农言论。贾谊针对社会上"背本而趋末","淫侈之俗,日日以长"的社会风气,提出"驱民而归之农,皆著于本,使天下各食其力,末技游食之民转而缘南亩"。他关心粮食贮备问题,指出:"夫积贮者,天下之大命也。苟粟多而财有余,何为而不成? 以攻则取,以守则固,以战则胜,怀敌附远,何招而不至?"晁错也强调粮食生产的重要性,指出:"粟者,王者大用,政之本务。"重农就要贵粟。他指出了"商人所以兼并农人,农人所以流亡"的社会现象,主张执行抑商政策。为了推行"贵粟之道",他建议"使民以粟为赏罚"。他还把重农的理论发展为"贵五谷而贱金玉",认为这样才能使人民安心务农,维持社会统治秩序的安定。

五、代田法和常平仓。武帝末年,搜粟都尉赵过推行代田法。它是种植农作物的一种方法,把一亩田分成三甽(低洼处)三垄,作物种在甽内。次年改垄为甽,改甽为垄,仍播种于甽中。每年依次更换。这种耕作法,既收地力恢复之利,又便于抗旱保墒,提高产量。这是古代的一种轮耕法,赵过加以改进并推行到全国各主要地区和边远郡县。在赵过等人建议下,还推广过人拉犁,开垦出许多土地,收到很大效益。宣帝时,大司农中丞耿寿昌"以善为算能商功利"受到器重,他提出就近收购调运关内的粮食,修造船只,新建粮仓来改进漕运。各边远郡县都建粮仓,"谷贱时增其贾而籴,以利农,谷贵时减贾而粜",这就是"常平仓"。这项措施使国家和百姓得到了很大的便利。

《食货志下》叙述币制沿革及西汉的财政经济情况,同《平准书》相比,主要增加了以下一些内容。

一、西周的币制。班固说："太公为周立九府圜法：黄金方寸，而重一斤；钱圜函方、轻重以铢；布帛广二尺二寸为幅，长四丈为匹。"实际上"黄金方寸"略似于战国时楚制，"钱圜函方，轻重以铢"是战国时秦制，都非周制。班固的说法并不正确，但"圜法"一词得到了流传，成为币制的通称。

二、摘引了《管子·国蓄》中的大段文字，作为管仲相桓公时实行的轻重政策，使桓公"用区区之齐合诸侯，显伯(霸)名"。《管子·国蓄》实为后人所作。

三、引用了《国语·周语下》单旗关于反对铸造大钱的"子母相权"论。最后说："卒铸大钱，文曰'宝货'，肉好皆有周郭。"实际上周景王铸什么大钱已无从查考，而王莽曾实行"宝货制"。

四、贾谊的禁铜议论。文帝五年(前175)"除盗铸钱令"，贾谊提出反对，指出自由铸钱使"法钱不立"，"市肆异用，钱文大乱"。他还主张禁铜(将铜收归国有)，指出禁铜有"七福"，其中第四福是"上挟铜积以御轻重，钱轻则以术敛之，重则以术散之，货物必平"；第五福是"以临万货，以调盈虚，以收奇羡，则官富实而末民困"。这是说控制货币数量以调节物价和控制商品流通，具有轻重理论的特点。

五、王莽的货币制度及五均六斡(管)。王莽当政，八年间改变了四次币制，把商品和货币流通搞得混乱不堪。尤以始建国二年(10)实行的宝货制为甚，共五物(金、银、铜、龟、贝)，六名(金货、银货、布货、泉货、龟货、贝货)，二十八品。五均是在长安等六城市设官管理物价，还仿《周礼》实行赊贷。六斡指盐、铁、酒官营，垄断铸币权，收山泽物产税和行五均赊贷。

最后，班固在《食货志》之末加了赞语，指出："管氏之轻重，李悝之平籴，弘羊均输，寿昌常平，亦有从徕。"认为古时有好的官吏来实行，使百姓得利，国家得治。武帝时"国用饶给，而民不益赋"，是次一等的情况。而王莽时"制度失中，奸轨弄权"，造成了"官民俱竭"的后果。

有关《汉书·食货志》的研究主要有王雷鸣《历代食货志注释》第一册有关部分，金少英、李庆善《汉书食货志集释》等。

（徐培华）

四民月令 〔东汉〕崔 寔

《四民月令》,一卷。东汉崔寔著。成于东汉延熹九年(166)左右。原书于南宋后已散佚。辑本有清任兆麟《心斋十种》本、王谟本、唐鸿学《怡兰堂丛书》本等。

崔寔(？—约170),字子真,一名台,字元始,涿郡安平(今属河北)人。生于名门世家,父亲崔瑗对天文历法和京房易传等术数颇有研究,并注重农业生产。崔寔受家庭熏陶,喜读书。桓帝时两次被朝廷召拜为议郎,曾任五原(今内蒙古包头西北)太守,购买纺织用具,劝导人民种麻,招聘技术人员传授纺织技术。三四年后,被荐为辽东太守。后升任尚书,未几因党祸被免归。著作还有《政论》。《后汉书》有传。

《四民月令》仿《礼记·月令》(即《吕氏春秋》十二纪)体例,按每年的十二个月,每月的上、中、下旬,记述一个地主家庭应做之事。以农事为主,涉及手工业、商业、器物制作、保管、社交、教育、祭祀、饮食、医药等许多方面。有人称它是士的家庭的"经营手册"(石声汉《两汉农书选读》,农业出版社,1979年)。

本书在中国古代农学发展史上占有重要地位。它最早记载了关于稻秧移栽(即"别稻")、果树压条繁殖法等技术。同时还记载了大麻在雌株开花前拔去雄株,雌株即不能结实的事实,第一次说明植物性别与繁育的关系。北魏贾思勰的《齐民要术》曾大量引录,后来亡佚。《四民月令》是中国农家月令书的开创者,也是中国众多的农家历的代表作。书中关于农业生产操作部分,至今仍有参考价值。

本书在经营管理方面主要有以下三点意义。

一、按照时令来安排经营计划。《四民月令》记述一个地主家庭一年间经营农、工、商业的计划大纲。根据季节变化的客观规律,以安排农事为主。同时对应进行的工商业活动也按月、按旬作出安排,体现了计划经营的管理思想。

二、以农业为主,以工商为辅,多种经营。《四民月令》的经营计划,既反映自给自足的自然经济特点,又不限于生产满足自身需要的产品。许多农产品,如粟、黍、麦、豆、麻、缣帛、弊絮等都进入市场。表明崔寔主张利用农产品季节差价的变化规律进行贱买贵卖以牟取盈利的经营思想。

三、对劳动力进行有效的管理。《四民月令》所反映的经营活动范围很广,规模不小,绝非地主家庭成员所能胜任。从其到年终"休农息役,惠必下浃"和"选任田者,以俟农事之起"等记载可以看出,其主要劳动力是靠雇工,不仅雇男工,而且也雇女工("蚕妾"、"女红")。农业生产季节性强,因此在《四民月令》中对劳动力的组织和管理颇为重视。基本上是以农业生产季节变化规律和男女自然分工为依据,采取多种作业相配置的办法,力求使劳动力的利用均衡化,尽可能消除忙闲不均造成的窝工现象。为调动雇工的积极性,还进行赏勤罚懒。一方面要做到"顺阳布德,振赡匮乏","无或蕴财,忍人之穷";另一方面"有不顺命",则"罚之无疑"。

此外,《四民月令》中还有农产品的综合利用,野生植物的利用以及"度入为出,处厥中焉"的财务管理思想等。

有关《四民月令》的研究主要有石声汉《四民月令校注》、缪启愉《四民月令辑释》、守屋美都雄《中国古岁时记的研究》(《四民月令辑本》)、渡部武《四民月令译注稿》等。

(林其锬　王国忠)

先秦两汉编

科技类

禹贡

《禹贡》，一篇。先秦佚名著作。收入《尚书》，版本众多。通行本有明汲古阁刻本、清武英殿刻本、阮元校勘本等。单行本有傅寅《禹贡集解》二卷，金华丛书本；张復觉《禹贡集注》一卷，霞默阁刻本等。

关于本书的作者和时代，至少有下列十五种说法：一、战国秦汉以来，传统认为禹本人或禹治水成功后的记录；二、王国维说，至少亦必为周初人所作；三、辛树帜推测，成书年代理应在西周的文、武、周公、成、康全盛时代，下至穆王时；四、康有为、王成祖主张当出于孔子之手；五、郭沫若断定是子思所作；六、钱玄同说系晚周伪造；七、何定生判为春秋战国时作品；八、顾颉刚以为作于战国；九、陈梦家认为决不早于战国；十、马培棠说，当在梁惠王後元十六年(前319)；十一、钟道铭说是秦孝公以后的作品；十二、卫聚贤肯定当是前316年到前290年的作品；十三、张西堂说，作于战国末年；十四、高重源说，成于秦统一天下前后；十五、翁文灏说，出于汉儒之手。

《禹贡》作者将所搜集的地理知识系统化，再加上臆测，而撰写本文。

《禹贡》是我国最早的自然和区域地理学专著。全书由九州、导山、导水和五服四个部分组成。

作者以河流、山脉和大海为分界，将所描述地区分为冀、兖、青、徐、扬、荆、豫、梁、雍等九州。由于分界标志不完整，九州的外围界限不明。每州分列山川、湖海、地势、土壤、植被、水陆交通、物产、民族和贡赋，并作相互对比，带有自然区划思想的萌芽。正确地描述各州植被、土壤等自然景观，反映自北至南的变化。如兖州"厥草帷繇，厥木惟条"；徐州"草木渐包"；扬州"厥草帷夭，厥木惟乔"。华北平原的草木爆青，疏朗地发为长条，经鲁南、苏北、皖北平原，草木渐密，遍盖大地；到淮河以下和长江地区，则为郁郁葱葱繁盛高大。

它以萌芽状态的土壤区作为农业分区的基础，并以此决定田地与贡赋等级。这一系统的土壤植被分类，开了农业区划研究的先河。《禹贡》又是最早系统的经济地理记载，把当时九州范围内人们加工自然所出的典型产品,分区列出,并叙述了流通情况,反映了我国最早的经济地理知识。

从北至南,顺次列出四条东西走向的山脉,指出我国地势西高东低,山脉西部集中,东部分散的分布大势。

叙述三十条河流、九个大湖。其中弱、黑、河、汉、江、济、淮、渭、洛九条河流,论及其水源、流向、流经地、所纳支流和河口等。以先北方后南方,先上后下,先主流、后支流为叙述的排序原则。描述以黄河为中心的水路交通网。但这仅是理想,好多河段因淤浅或湍急而无法通航。

根据距离帝都的远近,而确定赋制与政治影响程度的地带观念,实际是把当时的政权所在地设计成世界或宇宙的中心,是一种古朴的、理想化的行政制度。它对中国多民族国家的形成与发展,对封建中央集权制的形成有积极作用。

全文还论述禹治水的活动与业绩。

它是我国古代地理著作的始祖,对地理学发展具有重要影响。表现为:一、建立了地区区域、山水系统、田土类别等各种地理观念。二、提出的九州区划,被后世宣扬成夏、商、周三代的行政区划。分区观念成为地区行政制度的原则,也成为历史地理或沿革地理著作中的学术范畴。三、开创了地理学、土壤学和水利工程学的研究。四、某些虚假和错误的观念,如黄河伏流、禹河长期流传,为害也不浅。

有关《禹贡》的研究著作,自宋至今约有三十余种,以南宋程大昌《禹贡山川地理图》、清朱鹤龄《禹贡长笺》、胡渭《禹贡锥指》、徐文靖《禹贡会笺》、今人辛树帜《禹贡新解》等为代表。王国维、顾颉刚、侯仁之、史念海等也从不同方面对《禹贡》的研究作出了贡献。

(贺圣迪 朱顺龙)

周髀算经

《周髀算经》,略称《周髀》,二卷。撰者不详。一般认为约成于公元前1世纪,但其中部分内容(如卷上周公与商高的对话)可上溯到前11世纪左右。唐时列为国子监算学诸生必读的"十部算经"之一,并附有三国时赵爽(一作婴)、南北朝时甄鸾和唐时李淳风的注文,此本一直流传至今。通行本有明汲古阁《津逮秘书》本、清《四库全书》本、《微波榭算经十书》本、《武英殿聚珍版丛书》本、《学津讨原》本、近代《丛书集成》本、1963年中华书局钱宝琮校点《算经十书》本等。

《周髀算经》是我国最古的一部天文数学著作。该书卷上称:"古时天子治周,此数望之从周,故曰'周髀'。髀者表也。""周髀长八尺,夏至之日晷一尺六寸。髀者股也,正晷者勾也。"此即谓"周髀"乃测量日影的标杆(表),日光斜照于表而投影于地,恰成一个勾股形(直角三角形),其中表为股(长直角边),而影则为勾(短直角边)。古人用此工具,再通过勾股运算,便可进行天文和大地测量,并根据日影的长短计算出一回归年的长度。故唐李籍《周髀算经音义》曰:"《周髀算经》者,以九数勾股重差,算日月周天行度远近之数,皆得于股表,即推步盖天之法也。……周天历度,本包牺氏立法,其传自周公,受之于大夫商高,周人志之,故曰《周髀》。"此即本书命名之义。

在天文学方面,《周髀算经》主要阐述了当时的盖天说和四分历法。盖天说是一种很古老的宇宙论,认为天像斗笠,地如覆盘,天在上,地在下,日月星辰随天盖而运动。卷上所说"方属地,圆属天,天圆地方"卷下所说"天像盖笠,地法覆槃(盘),天离地八万里"等,即为此论的最早表述。又论述说:"凡日月运行四极之道,极下者其地高,人所居,六万里滂沱四陨而下。天之中央亦高四旁六万里,故日光外所照径八十一万里,周二百四十万里。故日运行处极北,北方日中,南方夜半;日在极东,东方日中,西方夜半;日在极南,南方日中,北方夜半;日在极西,西方日中,东方夜半。凡此四方者,天地四极四和。"四分历法则是一种以闰月来调节四时季候的阴历,其以 $365\frac{1}{4}$ 日为一回归年,十九年置七个闰月。

在数学方面,《周髀算经》一开头就以周公与商高对话的形式,给出了勾股定理(在直角三角形中,两直角边的平方等于斜边的平方)的一个特例:"勾广三,股修四,径隅五",即勾三股四弦五($3^2+4^2=5^2$);然后又在具体的计算中给出了勾股定理的一般表述:"若求邪至日者,以日下为勾,日高为股,勾股各自乘,并而开方除之,得邪至日。"用现代形式表示即为:

$$弦(邪至日)=\sqrt{勾^2+股^2}$$

这实际上已把勾股定理的运用推广到了任意直角三角形。除此之外,本书还使用了相当繁复的分数运算和开平方法,并涉及到等差数列、一次内插法的应用等。书中还借陈子对荣方的教诲,提出了学习数学的方法论思想:"夫道术,言约而用博者,智类之明。问一类而以万事达者,谓之知道。……夫道术所以难通者,既学矣患其不博,既博矣患其不习,既习矣患其不能知。故同术相学,同事相观,此列士之愚智、贤不肖之所分。是故能类以合类,此贤者业精习智之质也。"(卷上)

以《周髀算经》为代表的盖天说宇宙论在中国历史上影响极大,汉时与另两种宇宙理论——浑天说和宣夜说辩难并存,号称"论天三家"。其创始的勾股定理和测望术,则被后世的数学家们广泛应用并发扬光大。唐宗以降列《周髀算经》为官学的数学教科书后,更对后世数学产生了深远的影响。此书在唐时还传入日本,成为日本官方的数学教科书之一。

历代对《周髀算经》所做的注释和研究,除三国时赵爽、南北朝时甄鸾和唐时李淳风的注释外,重要的尚有唐(一作宋)李籍的《周髀算经音义》、清梅文鼎的《周髀补注》、吴烺的《周髀算经图注》、冯经的《周髀算经述》、邹伯奇的《周髀算经考证》、顾观光的《周髀算经校勘记》等。其中赵爽的注释给出了中国数学史上最早的关于勾股定理的证明,李淳风的注释纠正了原书中一些算法的粗疏之处,梅文鼎和吴烺的撰述则始用西方数学方法来注释原文。现当代的研究文献,有钱宝琮《周髀算经考》。又钱宝琮主编《中国数学史》、李迪《中国数学通史》的有关章节,单篇论文如陈斌惠《〈周髀算经〉光程极限数值由来新探》等。

(周瀚光　王新春)

管子·水地

《管子·水地》，一篇。作者及版本见"管子"条。

作者认为"圣人之治于世也，不人告也，不产说也，其枢在水。"对水，人不能仅是适应、习惯，还需了解、利用。为此，写了这篇论文。

本文可分成三部分。第一部分，自"地者石物之本原"至"水之为度适也"。论证"木，具材也。"水是万物所必需具有、不能或缺之物。第二部分，起于"夫玉之所贵者，"终于"而管子以之"。叙说具有水的万物，可分为三类，"能存而不能亡者，""伏暗能存而能亡者"，"或世见或不见者"。从"是故具者何以"以下，为第三部分，强调水是"万物之本"原也，诸生之宗者也。作者以齐、楚、越、秦、晋、燕、宋等地水质与民风的对应，加以证实。

本文的论说，有下列几方面值得注意。

一、水的性质。作者认为水具有下述性质："淖溺以清"，即柔弱清澈。二、参见"黑而白"，即水深处看上去晦暗，但它实际明亮。三、"量之不可使概，至满而止。"注入容器，不可用概来括平，到布满时自然而平停止。四、"唯无不流，至平而止。"具有流动性，流至形成平面而止。五、"独赴下，"由高向低流动。六、"准也者，五量之宗也。"可以之为标准，作为制造五种量具的根据。七、"素也者，五色之质也。"无色，是五种颜色的基础。素，训诂今译者往往解释为白，不当。唐尹知章注此句："无色谓之素。"八、"淡也者，五味之中也。"无味，是五种味道的中心。上述八点，谈了水的柔弱、透明、无色、因水深而有色、自高而下流动、静止时表面平、无固定形体、无色、无味。所论已相当完整，但在表述上有重复，这是赋予它以社会属性所致。

二、水是万物必需具备的要素。他说："水者，具也。"它"集于天地而藏于万物，产于金石。集于诸生"。认为水存在于天空、大地、生物、金石之中的见解，基本正确。"产于金石"之说，不只是指岩石隙缝中有水，还意识到矿物中有水。水有一种"极性"，能进入物质晶体的隐藏，与物质发生水合作用，生成结晶水合物。《水地》篇作者不可能有此认识。但作为水合物的矿物脱失结晶水后,重量减轻,晶格被改造,转变为另一物质,如硫酸铜由蓝色变成白色,古人能有所见。由此而认为水"产于金石"。至于天地生物中含有程度不等的水分,这是凡人皆知的常识。

三、水对万物发挥生机回复常态的作用。在万物生长、形成中,使"万物莫不尽其几,反其常者,水之内度适也"。对各自合适的体内水分,使物体的内部机制展示其活力,形成正常的物态。如"集于草木,根得其度,华得其数,实得其量。鸟兽得之,形体肥大,羽毛丰茂,文理明著",这是就生物大类而言。以某一种物来说:"水集于玉而九德出焉;凝蹇而为人,而九窍五虑出焉。"水与地的关系,好似动物体内的血气"籍脉之通流者"。地无水则不能生物,不能成为"万物之本原,诸生之根菀也"。作者正是从万物托水以生的角度,认为水是"万物之本原也,诸生之宗室也"。由此而论,"是以水者,万物之唯也,诸生之淡也,趡非得失之质也"。然而,这样的万物之原,与从宇宙演变、生物进化中的原始物质有区别,不同于从《郭店竹简》中《太一生水》之水。唯其如此,这是一种正确的科学见解,而非玄妙的哲学思想。

四、重视物类生成中量的规定性。作者认为物体在质上的常,与量的规定性相关。所说的"内度适"、"得其度"、"得其数"、"得其量",均是强调物体的量,既有体内要素的,也有外形各部分的。作者的话,反映当时的一部分学者、当时的农夫,对作物果树需水量和根干、花叶、果实的数量把握。

五、一个地区的水性与居民性格、社会习俗有内在关联,作者说:"夫齐之水道躁而洑,故齐民贪粗而好需。"其下又论说楚、越、秦、晋、燕、宋六地域的水性与性格习俗。用一"故"字,使自然的水性与社会的人性建立因果关系,使前者成为后者的原因。这是一种地理环境决定论。包括河流在内的地理环境,对人的性格习俗会有所影响,但是次要的因素,更不会这样机械。一个流域居民性格、社会习俗的形成、发展、变迁,决定于该地的社会状况、历史进程。同一流域处于一个历史时期的居民,会有不同的性格和习俗,同一历史不同流域的居民,也会有相同的性格习俗。以流域来说明人性习俗,是将后者视为环境产物,较之天授多一些真理。

六、人类胎儿发育历程。作者说:"男女精气合,而水流形。三月如咀,而后形成五脏。再后生隔,生骨,生脑,生革,生肉。"而后发为九窍,有鼻、目、耳等。"五月而成,十月而生。"这是中国早期的胎儿形成学说。在细节上,即使有错,也当肯定。有些人说,中国的胎儿学说来自印度,实为数典忘祖。

七、玉有九德。作者以温润以泽、邻以理者、坚而不蹙、廉而不刿、鲜而不垢、折而不挠、瑕适皆见、茂华光泽、其音清扬彻远,为玉之九德,这是先人对玉性质的一次全面总结。又赋予玉以人性、社会性,将上述九方面,分别题为仁、知、义、行、洁、勇、精、容、辞。这使先民在赏玉时,注重培养自己具有优良的德行品格。两者对后世的玉文化都有深远影响,至今依然。

八、人与自然关系。在《水地》篇中,自然与人的关系,即是水与人的关系。对于水,作者认为它有外在于人,不以人的意志而改变。凡人意识到这一点,"皆服之","皆有之"。作者却说"管子则之","管子以之"。这是要在适应占有的基础上,了解、利用水。对水的了解、利用,需以其洗去人的秽恶,谦卑自居。而后,圣人使天下之水,尽为用轻劲而清,以此正人心、易民心,化世上之民均归于"简易而好正"。如此这般,化水人关系进到"治于世",作者称为"其枢在水"。

《水地》论述水的性质、地位、功能、作用,水与人关系,还及于胎儿发育、玉德、为政,影响当时及后世,是不容忽略的。

关于本文的研究,校注参看"管子"条;论著方面有唐锡仁、杨文衡主编《中国科学技术史·地学卷》。

(贺圣迪)

管子·地员

《管子·地员》,一篇。作者及版本介绍见"管子"条。

《地员》是一篇论述土地及其综合体的专文。它从土地的全部自然因素:地形、土壤、水文、植被以及人的活动等方面综合考虑,将全国土地分为平原、丘陵、山地三个大类和数十个小类。又语及音律理论。

全文分为六节。第一节,论述平原地区五种土壤及其与农作物、草木、居民、地下水、呼音、设置都邑、建立仓廪的关系。第二节,以禽兽声音说明五声特征,兼及律数相生。方苞、郭沫若认为,此节本是"呼音中徵"的注释,"错入本文"(《郭沫若全集》历史编第七卷,人民出版社,1984年)。第三节,谈丘陵地区十五种土壤及其与地下水的关系。第四节,叙山地五种土壤及其与草木、地下水的关系。第五节,论植物生态原理、分布规律。第六节,评论九州土壤及其所宜。

本篇的主要内容有:一、论述十八类九十种土壤。认为每类土壤,在其母质的基础上,因具体条件的差异,又发育为青赤白黄黑五种具有不同色泽的土壤,分别述其性状、生产能力及经济价值。二、指出土壤与其上生长的植物具有相应的关系。每种土壤都有其最适宜的木本与草本植物,作者将其概括为"草土之道,各有谷造"的规律。三、论述植物分布与地势相关,作者总结为"或高或下,各有草土"。如自茅至叶十二种植物自高而下的垂直分布。四、论述土壤与地形、地下水、动物的关系。五、指出地下水与地形及地质的关系。随着地势加高,水泉所在逐渐加深,地层的某些变化会使地下水消失。六、阐明植物生长的群体性。一定的草本与木本植物相应相显,如"其草如茅与走,其木乃櫄"。七、指出水泉的颜色、性味等,随其深度与所在土壤而变化。八、描述典型土壤、水泉及生物群中的典型植物形态。如生长在五蔼中的稴葛,赤茎黄花,谷实裂开,其叶如苑。九、叙述土壤、水泉与人的气质、性格、容颜、体质、年寿、技巧及经济生活的关系,要求人顺应环境而从事经济活动。十、其所载乐律相生的计算方法,三分损益法云:"凡将起五音,凡首,先主一而三之,四开以合九九;以是生黄钟小素之首,以成宫。三分而益之一,为百有八,为徵。不无有三分而去其乘,适足,以是生商。有三分,而复于其所,以是成羽。有三分去其乘,适足,以是成角。"

《地员》篇所论,不无机械烦琐、牵强附会、主观臆断、脱离实际之处,但就其主要内容而言合符科学。所论各种土壤的色泽、质地、结构、孔隙、有机质、盐碱性和肥力等性质,并结合地形、水文、生物等自然条件,根据其对人的价值,分为三大等级十八类,这大体上符合实际,比《禹贡》所论要深入详细得多。它在自然地理上所取得的杰出成就,在漫长封建社会中少有发展,却可供今天土地分类及其他研究的参考。多年来,由于《管子·地员》的著述年代尚难确定,因此对三分损益法的成论时间看法不一。如果《地员》篇是管子所著,那么三分损益法就可断定至少在公元前七世纪,即春秋初期就已应用于弦上的一个五声音阶的计算法;如果《地员》篇不是管子所撰,而是后人所写加上的,那成论时间就要后延,但《管子·地员》篇所述的三分损益法只计算到五律,比之用同样方法计算了十二律的《吕氏春秋·季夏纪·音律》应该要更早一些。《吕氏春秋》大约成书于公元前249—前237年之间,故《管子·地员》篇的三分损益法至迟在此之前已经产生。这是孙星群的见解。清人方苞、今人郭沫若以其为《注》语错入本文。

有关《地员》的研究,在注释方面有清王绍兰《管子地员篇注》、今人夏纬英《管子地员篇校释》;论著方面有友于《管子地员篇的地区性》、林超《中国土地分类思想——对〈管子地员篇〉的研究》、李兆森《〈管子〉五度相生律雏议》,以及王成祖《中国地理学史》、中国农科院南京农学院联合编著《中国农学史》、杜石然等编著《中国科学技术史稿》、唐锡仁、杨文衡主编《中国科学技术史·地学卷》的有关部分。

(贺圣迪　孙星群)

管子·地图

《管子·地图》,一篇。作者及版本介绍见"管子"条。

《地图》是一篇论述军事地图要素、性质、作用、地位的专文。全文分为五节。第一节,论大军的统帅务必先审知地图。第二节,叙统帅所要熟悉的图中事项。第三节,述地图的作用在于"行军袭邑,举错而知先后"。第四节,论地图具有反映地利的性质。第五节,论地图在战争中的地位。

《地图》篇所论为军事地图的内容,有自然和人文两大方面。前者是"轘辕之险,滥车之水,名山、通谷、经川、陵陆、丘阜之所在,苴草、林木、蒲苇之所茂","地形之出入相错者"。后者为"道里之远近,城郭之大小,名邑、废邑,困殖之地"。地图供将帅了解情况,以部署军事行动。军事统帅务必在战前与战时审阅熟悉地图,掌握与军事相关的自然与社会诸因素的空间分布,使其在战时能充分利用地利条件,以取得战争的胜利。

《地图》篇上继《周礼·夏官·司险》周知九州"山林川泽之阻而达其道路",以为军事行动服务的思想,又吸取《夏官·量人》《地官·土训》之说,而有所发展。所论军事地图诸要素及其在战争中的地位作用,对当时及后世的战争,也对地图学、军事学的发展,起过积极有益作用。

有关《地图》的研究,在注释方面参看本编"管子"条;论著方面有金应春、邱富科《中国地图史话》、唐锡仁、杨文衡主编《中国科学技术史·地学卷》的有关部分。

(贺圣迪)

管子·度地

《管子·度地》，一篇。作者及版本介绍见"管子"条。

《度地》是论述国都地理条件、地面水域类别、流水作用以及水利建设的专文。第一节，论述国都地理条件。第二节，论陆上水域分类、水性及其危害。第三节，论防治水害，从事水利建设。

本篇的主要内容有以下六点。

一、论述选择都城的地理条件。建造国都，选择地址，务必考虑地理环境，要"择地形之肥饶者，乡山左右，经水若泽"，外有大川，可"以其天材地之所生，利养其人，以育六畜"之处。既要利于防守，又要适宜生存。由于天然环境不能完全符合人意，需要改造环境使之适合人的需要，如"地高则沟之，下则堤之"；在城"内为落渠之写，因大川而注焉"。

二、概述陆上水域类别。陆上水域，按大小远近及其出流所入状况，可分为下列五种："水之出于山，而流入于海者，命曰经水；水别于他水，入于大水及海者，命曰枝水；山之沟，一有水，一无水者，命曰谷水；水之出于它水，沟流于大水及海者，命曰川水；出地而不流者，命曰渊水。"这是在指出陆上水体有河湖之分的基础上，进而将河流分为干流、分枝、季节河、人工河四种。

三、论述水性及其与人的关系。水具有"以高走下，则疾至于漂石；而下向高，即留而不行"的特征。它给人带来溉灌航行之利，也给人造成家破人亡的危害。人应当"因其利而往之"，"因（其害）而扼之"。水、旱、风雾雹霜、厉、虫合称五害，为害最大。之所以为害，是由其性质及运动所造成的。当水流在河道或渠道弯曲处时，如果弯道不平顺或过急，河岸就会被冲坏；如果水道纵剖面上有局部突然升降，可能出现跳跃，产生主流旋涡和两旁回流，于是水流冲刷河床，带走泥沙，被带走泥沙在水流缓慢处沉积下来淤塞河道，河水流不过去就改道而行，造成灾害。

四、论述人可以通过兴修水利，控制水流方向，甚至使它流向高处。并叙及渠道坡降、有压管流等水力学问题。

五、论述设置水官，从事水利建设，管理水利工程等问题。

六、论述防治以水为首五害的社会意义,认为它是"人乃可治"的前提。

《度地》篇首次区分地表水的种类,叙说水流与人的关系,又全面论述水渠的设计、施工、管理及行政机构的设置,成就卓越,在世界文明发展史上占有重要的地位。

有关《度地》的研究,在注释方面参看本编"管子"条;论著方面则在自然科学史研究所地学史组主编的《中国古代地理学史》,武汉水利电力学院与水利水电科学研究院水利史组编写的《中国水利史稿》,唐锡仁、杨文衡主编《中国科学技术史·地学卷》等书籍中有所论及。

(贺圣迪)

管子·地数

《管子·地数》,一篇。作者及版本介绍见"管子"条。

《地数》是一篇论述大地概况、矿藏及发展经济的专文。第一节,述地之大小及山水铜铁分布。第二节,论内守国财外因天下。第三节,论富本而丰五谷的危害性。

《地数》篇的主要内容:一、有大地的基本数据:"地之东西二万八千里,南北二万六千里。"在此长方形大地上,分布着山川原野。"其出水者八千里,受水者八千里。""凡天下名山五千三百七十,出铜之山四百六十七,出铁之山三千六百有九。"二、叙矿物的共生关系:"山上有赭者,其下有铁;上有铅者,其下有银。一曰上有铅者,其下有鉒银;上有丹沙者,其下有鉒金;上有慈石者,其下有铜金;此山之见荣者。"指出赭与铁、铅与银、丹沙与鉒银、慈石与铜金的共生关系。此文之前的"上有丹沙者,下有黄金;上有慈石者,下有铜金;上有陵石者,下有铅、锡、赤铜;上有赭者,下有铁;此山之见荣者也。"郭沫若认为是"前人抄录他书文字"所作的"注,而误入正文者"(《郭沫若全集》历史编第八册第178页,人民出版社,1985年)。三、述著名的矿产地:"夫玉起于牛氏边山,金起于汝汉之右洿,珠起于赤野之末光,此皆距周七千八百里";"楚有汝汉之金,齐有渠展之盐,燕有辽东之煮"。四、论大地的山川原野矿藏,是人类社会"分壤树谷也,戈矛之所发,刀币之所起"的基础与前提,同样的天然资源,因执政者的认识与政策不同,而有"能者有余,拙者不足"的差异,所以务必效法伊尹"通移轻重,开阖决塞,通于高下徐疾之策,坐起之费时",由国家垄断矿冶事业、官卖食盐,同时不误农时、发展商业。

《地数》篇的矿藏共生说,在先秦地学中一枝独秀,对我国古代矿藏学说的发展起过积极作用。其利用自然资源,从事生产,增加财富的思想,也有益于社会发展。关于大地山川的记述,与《山海经·中山经》相同。两者皆为先秦古籍,究竟孰先孰后已难于断定。这些记叙虽属错误,却提出问题,引起人们关注,对《吕氏春秋·有始》、《淮南子·墬形》、《广雅·释地》等有所影响。

有关《地数》的研究,在注释方面参看本编"管子"条;论著方面则在王成祖《中国地理学史》,唐锡仁、杨文衡主编《中国科学技术史·地学卷》等著作中有所论及。

(贺圣迪)

考工记

《考工记》,又名《周礼·冬官·考工记》,二卷。作者不详,一般认为非一人所作,为春秋末齐国人记录手工业生产技术的官书,且在流传过程中不断有所总结和增益。版本大致可以分为两类:一、作为《周礼》的一篇随《周礼》而刊行。相传西汉河间献王刘德因《周官》六官(天、地、春、夏、秋、冬)之《冬官》篇阙如,遂补入《考工记》部分。因《周礼》版本的增加,《考工记》版本也随之增多,《十三经注疏》本就是较有名的一种。二、以单行的形式出现。这主要有南宋林希逸的《鬳斋考工记解》、明末徐光启的《考工记解》及清时戴震的《考工记图》等等,其中以戴震的《考工记图》最为通行,戴本附图五十九幅,为世所推重。在《周礼》之《考工记》的各种版本中,现存最古的当属唐文宗开成二年(公元837年)以楷书刻写的《唐开成石壁十二经》,又称《开成古经》或《唐石经》。而戴震《考工记图》的版本也有多种通行,最初版本为清乾隆年间纪氏阅微草堂刻本,最近版本则为黄山书社的《戴震全书》与清华大学出版社的《戴震全集》本。

《考工记》是现存最早的一部有关中国传统工艺规范的著作。书中记载,当时"国有六职"——王公、士大夫、百工、商旅、农夫、妇功,表明其时的手工业者在社会上占有显著位置。他们以"审曲面势,以饬五材,以辨民器"为己任,担负着各种手工业制成品的生产任务。原书记载有当时官府手工业三十项专门生产工种,后遗佚七种,现存二十三种:攻木之工七种,攻金之工六种,攻皮之工三种,设色之工二种,刮摩之工三种,搏埴之工二种。涉及运输、生产工具、兵器、乐器、容器、玉器、皮革、染色、建筑等各类项目,所阐述的科技知识含有力学、声学、热学等初步原理。在每一项生产工艺技术中,均有细密分工的记载。其内容大致如下。

一、阐述"轮人"、"舆人"、"辀人"和"车人"等工事的制车篇。在这一部分,作者对木制马车的总体设计先作了介绍,进而在"轮人"、"舆人"和"辀人"条中,详尽地记载和描述了木车四种主要部件轮、盖、舆、辕的形制及规格。作者对车轮的设计规范及制作工艺的阐述,对车轮质量的"规"、"萬"、"水"、"悬"、"量"、"权"六种检验方法的记载,基本上体现了先秦时期的手工艺技术水平。文中对车之轮、盖、舆、辕等的工艺技术处理,介绍得具体而精炼,从用材的适时选择,到尺寸规格的匹配对应;从形制的细部加工,到制作中的检测调试都有详细的记述,其中不乏力学分析及物理惯性原理的形象描述。在"辀人"条文中,还有旁涉的二十八宿的有关记述,据称这是我国古籍中最早的记载。此外,在"车人"条文中,还有对古农具耒和木制牛车形制、特点的描述,而且对"矩"、"宣"、"欘"、"柯"、"磬折"等一整套当时工程技术上颇为实用的几何角度也有自己的定义。

二、阐述"筑氏"、"冶氏"、"桃氏"、"凫氏"、"㮚氏"及"段氏"等工事的铜器铸造篇。文中首先对"筑氏"、"冶氏"、"桃氏"、"凫氏"、"㮚氏"及"段氏"所司之职做了初步介绍,如:筑氏掌管下齐("齐"通"剂",指铜、锡、铅等金属化合时的不同配比),冶氏掌管上齐,凫氏制作乐器,㮚氏制造量器,段氏专制农具,桃氏专制兵刃等。在此基础上,文中对钟鼎、斧斤、戈戟、大刃、削、杀矢及鉴燧等青铜器械的多金属合成配比作了介绍。据称这种对青铜合金的金属配比成分的介绍,在世界上尚属首次。此外,本部分文字还以相当篇幅具体详尽地描述了各氏专营器械的作法和规制。如冶氏的杀矢、桃氏的剑、凫氏的钟及㮚氏的量器等不一而足,唯有段氏农具的作法因年久而文字佚散。

三、阐述"函人"及"鲍人"等工事的皮革护甲类制造篇。文中首叙"函人"制造皮革甲胄,从材料构成及不同甲胄的使用年限,到甲胄的量裁缝制及作工品质等一一做了详细的描述。接着又对"鲍人"鞣治皮革工艺做了细致的描述,如对韦革鞣治中的色泽度、柔软度、齐整度、缝制水平及鞣治处理不当的结果等均有记载。再接下来,文中又对"韗人"制皮鼓的尺寸、用材、区别、音调及具体作法作了描述。另有"韦氏"及"裘氏"的皮革工事作法的原文记载已佚散告阙。

四、阐述画缋之事及"钟氏"染羽、"㡛氏"练丝的篇章。文中首先对颜色与四方的配定,与天地的对应及布彩的次序、间色纹饰的命名等做了说明,对不同颜色的使用及各类纹饰象征的安排也有说明。对"钟氏"染羽的具体工艺也有记载。另有"筐人"条已失缺。在谈到"㡛氏"练丝时对具体的操作规程也做了细致的描述。

五、阐述"玉人"、"榔人"、"雕人"、"磬氏"之工事的篇章。文中先后对"玉人"所制的各类玉石器具的名称、尺寸、形制及用途等一一作了介绍,其中包括镇圭、桓圭、信圭、躬圭、瑁、土圭、祼圭、琬圭、琰圭、璧羡、圭璧、璧琮、穀圭、大璋、中璋、边璋、玉案等。"榔人"、"雕人"条文已失阙。在"磬氏"条中,对磬(打击乐器)的尺寸、形制及音调清浊的把握进行了描述。

六、阐述"矢人"之工事的篇章。在此篇中,主要对"矢人"所造的各种箭(如镞矢、杀矢、兵氏、田矢、茀矢等等)的规格、轻重配比、箭羽、箭镞等作了详尽介绍,此外还对箭材的选择,箭体运行的把握作了说明。

七、阐述"陶人"、"瓬人"、"梓人"、"庐人"等工事的篇章。文中对"陶人"制的甗、"瓬人"制的簋、"梓人"制的笋虡、饮器、侯（箭靶）及"庐人"制的庐器等从材料质地、尺寸规格、形制特征、光泽颜色、品质检测及具体用途、具体制作技法等一一作了记载和描述。

八、阐述"匠人"工事的篇章。具体地说，是反映中国古代早期建筑营作制度和营作方法的篇章。文中首先介绍了匠人建造城邑时的地理方位的勘探和确定，接着对匠人营建的王城的规模范围、门道设制、王宫分局、祖社位置、堂室排定、台基檐顶、正偏区分及高低等级等一一作了说明。文中还以相当篇幅介绍了匠人修筑的田地及城池水道的规模和形制，记载了堤防、茅屋、瓦屋、仓库、宫墙等的营造方法。

九、阐述"弓人"之工事的篇章。文中以相当篇幅描述和记载了弓人制弓的全部详细过程。从原材料的适时选择、品质区别到弓之干、角、筋、胶、丝、漆的作用，从弓制作中的曲直把握、角筋处理到弓的软硬光泽、弹力强弱、变形条件等均有详细说明。此外，文中还对不同等级的人所匹配的弓做了介绍，尤为引人注意的是，文中还以一定篇幅对制弓与用弓人的体形、意志、气质的相配关系做了较细致的说明。

《考工记》在科学上有下列成就。

力学方面：书中记载为了车行轻快，车轮与车道接触处要"微至"即微小，轮径不能过短以减小摩擦力的要求。书中还列举了直辕牛车上坡费力且车不稳，上下坡时均不利于牛驾车等缺点，表明当时人对车在斜面上的受力情形已有所认识。同时又指出曲辕马车的种种优点，以至"马力既竭，辀犹能一取焉"，这是我国对惯性认识的最早记载。"轮人"章记述了规（规）、萬、水、县、量、权六种检验车轮制作质量的方法，其中"水之，以眡其平沈之均"的手段，是古人对浮力知识的应用。"矢人"章中研究了箭干强度对箭的飞行轨道的影响，指出箭干"前弱则俛（低），后弱则翔，中弱则纡（曲），中强则扬"，这里表现出的箭羽的设置方法及箭羽对箭在飞行中的稳定作用，以及对箭羽大小不当所造成的后果的分析，已隐然可见空气动力知识的雏形。比起欧洲被亚里士多德学派统治的整个中世纪物理学所认为的抛射体沿直线前进的理论要实用和进步得多。"匠人"章记述了沟洫水利设施的情形，表达了其时对渠系水力学方面的经验。

声学方面："凫氏"章是世界上关于制钟技术最早的论述，从分析编钟的形制和各部分尺度比值入手，叙述了钟壁厚薄、钟的形状、钟柄长短等对发声的影响，从而说明"钟大而短，则其声疾而短闻；钟小而长，则其声舒而远闻"两种不同的声学效果。"韗人"章介绍了几种鼓的形制，指出鼓形"大而短"与"小而长"具有不同的音响作用。"磬人"章记载了编磬的形制，指出若音调太高，则磨锉其旁；若音调过低，则磨锉其端的两种方法，这些调音经验反映出当时人对音调与振动器长短、宽窄、厚薄之间关系的认知。

热学方面："㮚氏"章描述了冶铸青铜时观察火候的方法："凡铸金之状,金(铜)与锡,黑浊之气竭,黄白次之;黄白之气竭,青白次之;青白之气竭,青气次之。然后可铸也。"这是较早的有关热学知识的体现。

计量、测量和几何方面:书中还对各种容器、礼器特别是当时的标准计量器——鬴的形制作了描述,在有关建筑营造的"匠人"章,论说了"画参诸日中之景,夜考之极星"的测量方向,并对在当时工程上有实用几何定义的矩、宣、欘、柯、磬折等角度作了说明。

《考工记》可以说是一本集我国先秦工程物理技艺应用之大全的著述,表明当时官府的手工业传统工艺生产已发展到了相当的规模和程度,书中对一些自然科学原理的认知和传统手工业技术规范的总结分析,奠定了其后我国传统工艺的基础,是影响甚泛的一部科技文献。

《考工记》在学术研究上的重要影响是不容忽视的。英国学者李约瑟博士在其巨著《中国科学技术史》中指出,《考工记》是"研究中国古代技术史的最重要的文献"。朱光潜先生则认为《考工记》是"研究中国美学史的重要资料"(见《中国古代美学简介》)。已故科学史家钱宝琮先生也曾经指出:"研究吾国技术史,应该上抓《考工记》,下抓《天工开物》。"(见闻人军《考工记导读》)无疑《考工记》对于我国的古代科技史及古代艺术史的研究具有重要的参考价值。

《考工记》的研究具有悠久的历史。在两汉时期就有人开始研究这一名著,当时的代表人物是郑玄,代表作为《周礼注》。到了魏晋至隋唐的时期,又出现了进一步研讨《考工记》的著作,可参看贾公彦《周礼疏》等。及至宋,出现了王安石《考工记解》、郑宗颜《考工记注》、林希逸《鬳斋考工记解》。历元入明,又有徐光启《考工记解》。到了清代,对《考工记》的考据也颇见成效,出现了戴震《考工记图》、程瑶田的《考工创物小记》、孙诒让的《周礼正义》等论著。到了近现代时期,随着考古学、历史学及艺术学研究的进一步发展,人们对《考工记》的研究进一步深入。有很多学者专注于《考工记》的研究,诞生了一大批研究论文和研究著作,如闻人军《考工记导读》、《考工记译注》,戴吾三《考工记图说》,贺业巨《考工记营国制度研究》等。

(徐清泉　曾　抗)

天文星图

天文星图,指的是"曾侯乙墓漆箱星象图",1978年出土于湖北随县擂鼓墩一号墓(编号 E.66)。随县擂鼓墩一号墓为战国早期诸侯曾国国君(名乙,卒于公元前433年)之墓。其发掘简报最初发表于《文物》1979年第7期。该图见收于湖北省博物馆撰《曾侯乙墓》(文物出版社,1989年)、陈美东主编《中国古星图》。

曾侯乙墓漆箱的箱盖上,以朱红漆所绘的一幅星象图:中心为一篆文的大"斗"字,围绕"斗"字按顺时针方向排列,以篆文写有二十八宿名(角、堃、氐、方、心、尾、箕、斗、牵牛、婺？女、虚、危？、西縈、东縈、圭、娄女、胃、矛、绊、此佳、参、东井、與鬼、酉、七星、张？、翼、车),于堃宿下方写有"甲寅三日",在二十八宿名之外的盖面一端绘有苍龙形象,另一端绘有白虎形象(腹部下方有一火形纹),二者头尾方向相反。

我国绘制天文星图的历史始于何时,尚无确证可考。曾侯乙墓漆箱星象图的发现,为今人探讨中国早期的星图提供了线索。虽然,曾侯乙墓漆箱星象图具有示意的性质,还不能称作为科学意义上的星图,但是,在这一星象图上绘有以北斗为中心、环以二十八宿和苍龙白虎的星象体系,是中国目前已知年代最早表现这一传统天文体系的实物图式,其可能依据或借鉴了当时已有的星图,亦有可能漆箱星象图本身即为早期星图的雏形。这一星象图的发现,改写了学界对二十八宿与四象的某些传统认识,为国内外天文学史研究者带来了新资料和新视角,所以,有着重大的科学研究价值。

二十八宿,又称二十八舍或二十八星。关于二十八宿的起源问题,历来有起源于中国、印度或巴比伦等说的争论,一直是困扰国际天文学史研究的难题。二十八宿作为是一个专称,在中国古文献中最早见于《周礼·春官》(语谓"二十有八星之位"),而《周礼》一般认为是战国时期的作品。二十八宿的全部名称,在中国古文献中最早见于《吕氏春秋·有始览》(约成书于公元前239年)。曾侯乙墓漆箱星象图的发现,把二十八宿全部名称的记载比《吕氏春秋》的年代往前推了两个世纪。考虑到曾国只是战国早期的一个小国,已能成熟运用二十八宿,可知二十八宿体系在当时应是一种比较普及的天文知识,它的形成则早于曾侯乙的墓葬年代,所以,二十八宿的形成应在春秋晚期或之前,亦为二十八宿起源于中国提供了实物资料。而且,在这一漆箱星象图中,二十八宿名多有与传统相异的写称,如堃(亢)、方(房)、西縈(室)、东縈(壁)、圭(奎)、娄女(娄)、矛(昴)、绊(毕)、此隹(觜)、酉(柳)、车(轸)。其原因一种可能是文字上的通假,另一种可能是某些星宿名有过异称(其含义也可能因此有变化),为二十八宿的名义研究提供了新的线索。

四象,又称四陆或四宫。四象分二十八宿于四方,东方苍龙配角、亢、氐、房、心、尾、箕,北方玄武配斗、牛、女、虚、危、室、壁,西方白虎配奎、娄、胃、昴、毕、觜、参,南方朱雀配井、鬼、柳、星、张、翼、轸。有关四象及其与二十八宿相配的记载,在中国古文献中要比二十八宿要晚得多,至《淮南子》《史记》等汉代古籍中才有著述,故学界以前有认为四象出现在秦汉之际。在漆箱星象图中,虽然只绘有苍龙和白虎二象,缺少玄武和朱雀二象,但苍龙和白虎的位置与此二象相配二十八宿的划分基本一致,如此,则把四象及其与二十八宿相配的年代前推到战国早期或之前。

在漆箱星象图中,有两处标注性的添加纹饰和文字:在白虎星象腹部下方绘有一火形纹,亢宿下方写有"甲寅三日"。对于白虎星象腹部下方火形纹的含义,有不同的解释:一种意见认为火形纹象征着二十八宿中的心宿二(又名大心),另一种意见认为火形纹是太阳的象征,第三种意见认为火形纹是新月的象征。然而,联系到"甲寅三日"写于亢宿下方(谓其月斗建指辰之义),有着指示墓主卒于月、日的含义。如此,绘于白虎星象腹部下方的火形纹则相应有示纪年的含义。这是因为,古人在记载年月之文时,有着以月、日与年相系的传统。"自《春秋》以下,纪载之文,必以日系月,以月系时,以时系年,此史家常法也。"(顾炎武《日知录》卷二十)在战国时期流行岁星(木星)纪年法,即把岁星运行一周天需十二年(实际为11.86年)与古代天文中的十二次相结合,如《国语·晋语四》:"岁在大梁,将集天行。"因此,漆箱星象图绘制者以火形纹象征着岁星,而白虎星象的中腹部有意指十二次中的大梁(对应胃、昴、毕三宿)之次,所以,火形纹标注于白虎星象腹部的下方有着"岁在大梁"的指称。结合对古代天文历法的研究,可知漆箱星象图中这两处标注性添加的含义,是绘图者对墓主曾侯乙卒于年、月、日的星象纪时表示:岁在大梁,斗建指辰之月,"甲寅三日"之日,即对应于公元前433年周正五且初三甲寅日。

关于曾侯乙墓漆箱星象图的研究论文主要有王健民、梁柱、王胜利《曾侯乙墓出土的二十八宿青龙白虎图象》(《文物》1979年第7期),黄建中、张镇九、陶丹《擂鼓墩一号墓天文图象考论》(《华中师范学报》1982年第4期),冯时《中国早期星象图研究》(《自然科学史研究》1990年第2期),锺守华《曾侯乙墓漆箱"武王伐殷"星象图考》(《江汉考古》2002年第7期),武家璧《曾侯乙墓漆箱天文图证解》(《考古学研究(五)》下册,科学出版社,2003年),锺守华《曾侯乙墓漆箱岁星纹符和年代考》(《考古与文物》2005第6期)、《曾侯乙墓漆箱铭辞星象与方祀考》(《中国历史文物》2008年第1期)。

(锺守华)

秦国邽县地图 〔战国〕佚 名

《秦国邽县地图》，又名《放马滩战国秦图》，七幅，战国秦佚名作者所绘，成图年代不迟于秦王政八年(前239)。此图在秦王政九年，随葬于今甘肃天水放马滩一号秦墓，1986年出土。通行本有《文物》1989年第2期本、《中国古代地图集》本。

作者，佚名，可能是天水放马滩一号墓墓主。其人立有战功，任邽县官吏。后因杀人，被流放于放马滩。卒于秦王政八年。其事迹详《天水放马滩秦简·墓主记》。

邽县图是秦王政八年或其前邽县的政区、地形和经济概况图。

第一幅，长26.7、宽18.1厘米。绘有山水系、沟溪等地形。上有地名十处。这是一幅以邽丘为中心，有县、乡、里治所在的行政区域图。

第二幅，大小同第一幅。有河流、山脉、地名七处、关隘一处和一亭形建筑。这是一幅以亭形建筑为中心的地区图。

第三幅，长26.6、宽15厘米。绘有山水系、沟溪、关隘和木材分布情况。图中注有地名十处、大小关口五处以及各地的相距里程。这是一幅经济图。

第四幅，长26.5、宽18.1厘米。绘有山水系、沟溪、关隘、道路等。注有地名十二处、标出木材五种，部分地段标有里程。这是一幅经济图。它在地形图的基础上，着重注明蓟木、灌木、杨木、榆木、大楠木等五个树种的森林分布及各地间的道路与距离。

第五幅，部分版面绘有山丘河流，无文字注记，是一幅未完成的图。

第六幅，长26.8、宽16.9厘米。绘有山水系、沟溪、关隘、蓟木分布。注有地名十八处。这是一幅经济图。

第七幅，长26.8、宽16.9厘米。绘有山脉、河流，注有地名九处。

除第五幅未完成，其余六幅关系密切，可以拼接为一。何双全认为全图的实际范围东西312里(合今270里)、南北204里(合今176里)，面积63 648平方里(合今47 520平方里)，东至今陕西宝鸡市以西约二十公里处,北至今甘肃天水市清安、清水县,西至天水市秦城区天水乡,南至两当、微县北部。图中主河流即是渭水,西边支流是耤河。所绘地名除县乡里三级,还有乡间小地名。曹婉如的看法有所不同,她说图一为总图,其余各幅为分图。所绘地区不大,乃放马滩及其附近的西汉水及永宁河上游地区,所示水系大体正确。

该图内容有:河流、分水岭、山脉、居民点、道路、关隘,并用文字注记地名、山名、溪名、谷名、森林分布、道里数字和上下方位。

《秦国邦县地图》为目前所见时代最早的古地图。它内容丰富,制图水平出色。具有统一的图例,用文字与其外有否外括方框、方框大小,分别表明县、乡、里及乡间小地名;用线条和符号表示河流、山峰、关隘、桥梁、建筑;一直为后世所沿袭。又表明方位、距离、地势起伏、倾斜坡度。图中所标里程的地点,与天水市多有相合,而邦县所在的邦丘附近地区,与现今里程大致相合。该图重视林木,所标注树木种类有:蓟、灌、杨、榆、大楠等,有些地区注明砍伐情况。此图对研究秦国邦县范围、行政建置、自然资源、地理历史等有重大价值,同时也是探索我国地图绘制与应用的珍贵资料。

有关本图的研究有何双全《天水放马滩墓出土地形图初探》、曹婉如《有关天水放马滩秦墓出土地图的几个问题》、张修桂《天水放马滩地图的绘制年代》等。

(贺圣迪)

黄帝内经

《黄帝内经》，又称《内经》，包括《素问》、《灵枢》两部分，一百六十二篇。系记录黄帝与其臣子岐伯、伯高、少俞、雷公等问答之作。原作者不可考，黄帝系托名，以示其渊源远古、悠久珍贵。正如《淮南子》所云："世俗之人，多尊古而贱今，故为道者必托之于神农、黄帝而后能入说。"(《修务训》)其书著录于《汉书·艺文志》。成书年代众说不一，一说成于战国，以北宋邵雍、程颢、明桑悦为代表；一说成于秦、汉之间，北宋司马光、明胡应麟作如是说；一说成于西汉前期，明郎瑛持此观点。近年来，学者利用考古发现的成果，判定有些篇章在战国时已形成，经过秦、汉之际众多医家、学者的增补修改，于西汉时完成。通行本有北宋嘉祐中高保衡、林亿校刊《重广补注黄帝内经素问》，有明顾从德刻本；南宋绍兴二十五年(1155)史崧校刊《灵枢经》，有明赵府居敬堂刻本；清光绪二年(1876)浙江书局《二十二子》本；1936年商务印书馆《四部丛刊》本。

《素问》，据高保衡、林亿所释："为黄帝问此太素"之意，而"太素者，质之始也"(见二人"新校正云")。《素问》书名最早见于东汉张仲景《伤寒杂病论》序。魏晋时其书已佚，至唐宝应中太仆令王冰对《素问》存本辑补整理，编成《黄帝内经素问》二十四卷八十一篇，是为今本《素问》。《灵枢》意为"神灵之枢要"(张介宾：《类经》)。其前身为张仲景所说之《九卷》，皇甫谧在《针灸甲乙经》中又将其称为《针经》，隋唐间还有《九灵》、《九墟》等别称，均为此书的不同传本。北宋时，《灵枢》传本已残缺不全，元祐八年(1093)从高丽传回《针经》一部，方使其内容得以校补。经南宋史崧、明马莳、赵府多次校勘，才形成今本《灵枢》十二卷八十一篇。

《黄帝内经》系中医基础理论著作，有王冰、林亿、史崧、马莳等序。全书主要内容如下。

《素问》部分，卷一《上古天真论》等四篇论养生、人体与自然界的关系等。卷二《阴阳应象大论》等三篇，论阴阳学说同人体的生理、病理以及诊治的关系。卷三《灵兰秘典论》等四篇，论脏腑生理及其主病意义。卷四《异法方宜论》等五篇，分论治法、诊法、汤药制法、奇恒揆度的意义及十二经脉之气终绝等。卷五《脉要精微论》等二篇，卷六《玉机真脏论》等二篇，均论脉诊。卷七《经脉别论》等四篇分论经脉偏盛的主病意义,五脏与四时五行、饮食五味的关系,六经气血的多少,形志苦乐的证治等。卷八《宝命全形论》等六篇,论生命与四时阴阳变化、针刺的原则方法、疾病虚实及各种脾胃疾病。卷九《热论》等四篇,卷十《疟论》等四篇,卷十一《举痛论》等三篇,卷十二《风论》等四篇,卷十三《病能论》等四篇,论述各种疾病。卷十四《刺要论》等六篇,卷十五《皮部论》等四篇,卷十六《骨空论》等二篇,卷十七《调经论》一篇,卷十八《缪刺论》等三篇,论腧穴和针道。卷十九至卷二十二《天元纪大论》等共九篇,其中卷二十一的《刺法论》、《本病论》两篇已佚,余者七篇均论运气、世称"运气七篇"。卷二十三《著至教论》等四篇,主要论医生应有的素质及治疗中可能产生的过失。卷二十四《阴阳类论》等三篇,杂论病理。

《灵枢》部分,卷一《九针十二原》等四篇,论针具、针法和各种穴位。卷二《根结》等五篇,论先天禀赋与寿命、情志与疾病,兼论穴位、针法和脉诊。卷三《经脉》等三篇,论十二经脉的机理、作用。卷四《经筋》等七篇,论十二经筋、骨骼尺度、营气运行、经脉长度、营卫生成循行、四时疾病的刺法等。卷五《五邪》等九篇,论各种疾病及刺法。卷六《师传》等十二篇,分论问望诊法,六气,肠胃,饮食,人体的四海、十二经水,营卫逆行、清浊相干所产生的症状及治疗,胀的病因、发病部位及治疗,津液的作用、输布及输布失常情况下产生的疾病,五官与五脏的关系等,兼论各种针法。卷七《阴阳系日月》等七篇,论阴阳与人体、病邪传变、梦与疾病、四时气候与疾病、体表变化与脏腑疾病、发病的内在因素、脏腑类型等。卷八《禁服》等九篇,分论脉诊,望诊,疼痛病机,针灸法,卫气的意义,寿命与精、气、神的关系,饮食与疾病等。卷九《水胀》等八篇,分论水胀等病,贼风致病,卫气失常,针法,针刺禁忌,手太阴、足阳明、足少阴三经跳动不休的机理及与气血的关系,人体的二十五种类型等。卷十《五音五味》等八篇,分论不同类型人的五味宜忌,经脉气血,百病始生的原因,人体阴阳之气,行针方法,天人关系,八虚意义及膈症、无言、寒热等病。卷十一《官能》等五篇,分论针道、尺肤诊、针法、卫气运行规律及九宫八风等。卷十二《九针论》等四篇,分论针具、针法及疟疾等病。

《黄帝内经》是一部极富哲学意味的医论。它具有明确的整体观念,认为人是一个以五脏为中心的统一的有机体,内有五脏六腑,外有四肢五官,各部分以经络相沟通。《内经》又把有机统一的人放在广阔的自然环境中加以考察,看到了自然条件对人体的复杂影响,以及人体对自然的积极适应。这种整体观念使得本书能够比较准确深刻地揭示产生疾病的各种内外因素。

《黄帝内经》又以阴阳的对立平衡、五行的生克乘侮来解释一系列的生理、病理现象,并确立了治疗的基本原则。《内经》用取象比类的方法将人的脏腑器官、肢体气血同阴阳和五行相对应,认为人体内部阴阳之间、五行之间关系的失调是疾病发生的根本原因,所以动用一切治疗手段的最终目的便是使这种被破坏了的关系逐渐趋于正常,以重新实现阴阳平衡、五行协调,即恢复健康。

由是,《黄帝内经》建立起自己的医学理论体系。

一、脏象学说。《内经》认为,脏腑虽深藏体内,但并非不可知,而是"外可度量切循而得之,其死可解剖而视之"(《灵枢》卷三《经脉》)。在此基础上,根据脏腑的生理功能,将其分为脏、腑、奇恒之腑三类。脏即心、肺、肝、脾、肾,其作用是"所以藏精神血气魂魄"(《灵枢》卷七《本脏》)。腑即胃、小肠、大肠、膀胱、胆、三焦,其作用是"所以化水谷而行津液"(同上)。脑、髓、骨、脉、胆、女子胞(子宫)六种器官,就其形态而言,与腑相似;就其"藏而不泻"的功能而言,则又接近于脏,过去的医家或称为脏,或称为腑。《内经》根据其特殊的性质,统一名之曰"奇恒之腑"。"奇恒"是异常的意思。

以五脏为中心,每种脏腑既有各自的功能,又与身体的某几个器官组织有着比较密切的关系,从而构成一个个相对独立的系统。如心与脉相合,其外在表现是面容的色泽,其制约者是肾;肺与皮相合,其外在表现是毛,其制约者是心;肝与胆相合,又与筋相应;脾与胃相合,又与肉相应。正是由于这种系统性的存在,所以内在脏腑的情况往往可以从体表的变化测知,即所谓"视其外应,以知其内脏,则知所病矣"(《灵枢》卷七《本脏》)。同时,这些系统既各司其职,又相互协调、相互制约,构成了一个有机统一的生命整体。在生理情况下,它们共同参与完成机体的新陈代谢;在病理情况下,它们又彼此影响。此外,人体脏腑的功能又同精神活动和自然条件紧密相关。脏象学说集中体现了整体观念,是《内经》理论体系的核心。

二、经络学说。经络即血脉,深藏的主干为经,浮露的分支为络。《内经》中提到的经络包括十二经脉、十二经别、十二经筋、十二皮部、奇经八脉、十五别络、孙络、浮络等。书中对每一经脉的起止、络属、分支和交接都作了具体的记载,而尤以记十二经脉最为详细。《内经》按十二经脉与脏腑的络属关系,分为阴阳各六对,对称地分布在四肢。每对阴经属一脏而络一腑,每对阳经属一腑而络一脏。书中不但细致描述了每一经脉的循行路线,而且从总体上概括了它们的运行顺序:"手之三阴,从脏走手;手之三阳,从手走头;足之三阳,从头走足;足之三阴,从足走腹。"(《灵枢》卷六《逆顺肥瘦》)这就揭示了其"阴阳相贯,如环无端"的循环规律。

《内经》极其重视经络的作用:"经脉者,所以行血气而营阴阳,濡筋骨,利关节者也。"(《灵枢》卷七《本脏》)将其看作运行全身气血、联络沟通人体内外上下各部分器官组织的通道。而在病理情况下,经络又是传递病邪、反映病变的途经:"邪客于皮则腠理开,开则邪入客于络脉,络脉满则注于经脉,经脉满则入舍于脏腑也。"(《素问》卷十五《皮部论》)由于经络内属脏腑,外络肢节,所以便具有特殊的诊治意义,《内经》称其"能决死生、处百病、调虚实不可不通"(《灵枢》卷三《经脉》),是"人之所以生,病之所以成;人之所以治,病之所以起"的关键(同上《经别》)。

三、病因病机学说。《内经》从天人相应、形神统一的观念出发,把发病原因概括为"外感六淫"和"内伤七情"两大类。自然界中的风、寒、暑、湿、燥、火等六气失时,或过或不及,便成为致病因素,谓之"六淫",指出"风胜则动,热胜则肿,燥胜则干,寒胜则浮,湿胜则濡泻"(《素问》卷二《阴阳应象大论》)。人的喜、怒、忧、思、悲、恐、惊七种情志倘不加节制,同样会致病,即"喜怒不节则伤脏"(《灵枢》卷十《百病始生》)。此外,《内经》把饮食不节、劳逸无常也视作致病的内在因素。

在疾病发生和变化的机理方面,《内经》从邪正、虚实、寒热、阴阳、表里等多方面作了深入探讨。以邪正而论,书中认为,"正气存内,邪不可干"(《素问·遗篇·刺法论》),反之,正气不足,邪气便乘虚而入,导致疾病。以虚实而论,"邪气盛则实,精气夺则虚"(《素问》卷八《通评虚实论》)。以阴阳而论,"犯贼风虚邪者,阳受之;食饮不节、起居不时者,阴受之。阳受之则入六腑,阴受之则入五脏"(《素问》卷八《太阴阳明论》)。而基本的机理则是因邪盛正衰、阴阳失调而引起体内的一系列非正常变化。

四、诊法治则学说。《内经》确立了望、闻、问、切四种基本的诊断方法,其中特别重视切诊中的脉诊,详细记载了三部九候诊法,也提到了寸口诊法。同时,书中指出:"善诊者,察色按脉,先别阴阳、审清浊而知部分;视喘息、听音声而知所苦;观权衡规矩而知病所主;按尺寸,观浮沉滑涩而知病所生。以治则无过,以诊则不失矣。"(《素问》卷二《阴阳应象大论》)强调了须四诊合参,方能获得正确的诊断结果。

《内经》又提出了三因(因时、因地、因人)制宜、标本兼治、扶正祛邪、阴阳平衡等一系列治疗原则。值得一提的是本书具有明确的预防为先的思想:"是故圣人不治已病治未病……夫病已成而后药之,……譬犹渴而穿井,斗而铸锥,不亦晚乎。"(《素问》卷一《四气调神大论》)所谓"治未病",一是指须注意日常的保养,做到饮食有节,起居有常,劳逸有度,宁静淡泊,保持肉体和精神两方面的健康,所以此书十分强调养生;二是指一旦病邪入侵,便须以最有效的手段,力争将其消灭在萌芽状态。这种积极预防的思想对于保证健康有着更重要的意义。

五、针灸学说。《内经》虽也提及药物治疗,但并不多,主要治疗方法是针灸,尤其是针法。《内经》,特别是《灵枢》对针灸有大量的论述,记载了一大批人体穴位名称,并进行了初步的分类,指出了各种穴位的治疗作用。书中把十二经脉和任、督二脉上的一百六十多个穴位称为经穴,余者称为经外奇穴。在上述两类穴位之外,又提出了"以痛为腧"的观点。正是在这一观点的启发下,方产生了后世大批的"阿是穴",从而显著提高了针灸的疗效。

关于针法,《内经》曰:"凡用针者,虚则实之,满则泄之,宛陈则除之,邪盛则虚之。"(《灵枢》卷一《九针十二原》)明确指出,"补"、"泻"是最基本的手法。《内经》强调用针前务必做到辨证正确,并须特别注意防止刺伤重要的器官。根据针术对有些疾病无效或疗效不高的情况,《内经》首次提出"针所不为,灸之所宜"的原则,开了后世针灸配合治疗之先河。

六、运气学说。运气即五运六气。《内经》以十天干化为土、金、水、木、火五运,以十二地支配合三阴三阳化焉君火、相火、湿、燥、风、寒六气,"运""气"相合,按一定的演算方法即可推测各年的气候变化和疾病流行情况。《内经》的运气学说以"天人相应"观念为基础,认为自然界的气候变化规律同人体的生理、病理活动之间存在着某种对应关系。这种关系在运气不足或太过的年份表现得尤为明显,如"岁木太过,风气流行,脾土受邪";"岁火太过,炎暑流行,肺金受邪";"岁土太过,雨湿流行,肾水受邪";"岁金太过,燥气流行、肝木受邪";"岁水太过,寒气流行,邪害心火"。(《素问》卷二十《气交变大论》)。《内经·素问》的"运气七篇"集中论述了运气学说。

《黄帝内经》蕴有丰富的哲学内涵。其阐述的哲学思想主要有以下三点。

一、气论。继承《管子》中《心术》、《白心》、《内业》等篇阐释的精气一元论,进一步肯定了气为万物本源的观点,认为宇宙中的万事万物,都是由气所构成的。"在天为气,在地成形,形气相感而化生万物矣。"(《素问》卷十九《天元纪大论》)气无形又有形,任何有形的事物都是由气聚合而成:"气合而有形,因变以正名。"(《素问》卷三《六节藏象论》)气无处不在,无处不至,"布气真灵",才使得"生生化化,品物成章"(《素问》卷十九《天元纪大论》)。气有着升降、聚散运动,气的运动,造成万事万物的产生、发展、变化。"气始而生化,气散而有形,气布而蕃育,气终而象变,其致一也。"(《素问》卷二十《五常政大论》)

《内经》在阐述气化成形、"必彰于物"(《素问》卷二十《气交变大论》)的同时,又指出形散复归为气。"物之生,从于化"(《素问》卷十九《六微旨大论》),一切有形的物体,总有其衰毁、解体之日,待"器散而分之"(同上)之时,有形的物就转化为无形的气。

万物的根本在于气,人的生命力亦在于气。《素问》卷八《宝命全形论》提出:"人以天地之气生","天地合气,命之曰人"。认为人生之本,在于通天气。"苍天之气,清净则志意治,顺之则阳气固,虽有贼邪,弗能害也"(《素问》卷一《生气通天论》)。天地自然之气,对人体脏腑有着不可缺少的调养作用:"天气通于肺,地气通于嗌,风气通于肝,雷气通于心,谷气通于脾,雨气通于肾,六经为川,肠胃为海,九窍为水注之气"(《素问》卷二《阴阳应象大论》)。人体不断从天地吸收自然之气,才能使人体的"精气"充足旺盛,身体强健,精力充沛,不被疾病所扰。疾病患者,都是由于"邪气"侵入,体气不顺所至。"气有胜复,胜复之作,有德有化,有用有变,变则邪气居之。"(《素问》卷十九《六微旨大论》)又云:"五气更立,各有所先,非其位则邪,当其位则正。"(《素问》卷十九《五运行大论》)"气相得则和,不相得则病"(同上)。因此,养生之要,在于保养正气。中医的辨证施治,本质上就是调节人体之气,即"调其气之虚实,实则泻之,虚则补之"(《素问·三部九候论》)。

二、阴阳学说。认为宇宙中的万事万物无不可分为阴阳两个方面,"清阳为天,浊阴为地,地气上为云,天气下为雨"(《素问》卷二《阴阳应象大论》),以及昼夜、晴雨、冷热、动静,皆可以分为阴阳。就是一日之中的不同时间,也可分其阴阳:"平旦至日中,天之阳,阳中之阳也;日中至黄昏,天之阳,阳中之阴也;合夜至鸡鸣,天之阴,阴中之阴也;鸡鸣至平旦,天之阴,阴中之阳也。"(《素问》卷一《金匮真言论》)阴阳之分普遍存在于事物中,其数量是无限的。"阴阳者,数之可十,推之可百;数之可千,推之可万;万之大,不可胜数。"(《素问》卷二《阴阳离合论》)正是这种阴阳的变化,成为宇宙中一切事物发展、变化的根源。"阴阳者,天地之道也,万物之纲纪,变化之父母,生杀之本始"(《素问》卷二《阴阳应象大论》),一切变化、一切新生与消亡,盖由其出、由其始。

《内经》不仅强调事物的阴阳之分,更注重从相互制约、消长平衡、彼此转化上把握阴阳关系。以天地为例,"天为阳,地为阴",天气在上,地气在下,天地阴阳二气总是互为补充:"天气不足,地气随之;地气不足,天气随之。"(《素问》卷二十《六元正纪大论》)因此,阴阳二气既离又合,并行不悖,以至造成"阳生阴长,阳杀阴藏"(《素问》卷二《阴阳应象大论》)的共生共荣局面。另一方面,阴阳的对立、转化,也会出现彼长此消、此长彼消的情况。以四季气候为例,从冬至到立春,"阳气微上,阴气微下",是"阳长阴消"的过程;从夏至到立秋,则是"阴长阳消","阴气微上,阳气微下"(《素问》卷五《脉要精微论》)的过程。

《内经》对阴阳学说的运用与发挥,突出表现在其对人体阴阳关系的论述上。它指出:"人生有形,不离阴阳。"(《素问》卷八《宝命全形论》)在《金匮真言论》中,它从各个不同角度,区别了人体的阴阳组合。"夫言人之阴阳,则外为阳,内为阴";"言人身之阴阳,则背为阳,腹为阴";"言人身脏腑中阴阳,则脏者为阴,腑者为阳",肝、心、脾、肺、肾五脏皆为阴;胆、胃、大肠、小肠、膀胱、三焦六腑皆为阳。人体的阴阳,互相制约,各有不同的功能。"阴者,藏精而起亟也;阳者,卫外而为固也。"(《素问》卷一《生气通天论》)"阴在内,阳之守也;阳在外,阴之使也。"(《素问》卷二《阴阳应象大论》)只有以人的阴阳顺应天地的阴阳,达到阴阳平衡,"阴平阳秘"(《素问》卷一《生气通天论》),才能使精、气、神充足,身体强健。

如果人体阴阳失衡,就会造成种种阴阳偏盛偏衰的病变现象。《素问》卷二《阴阳应象大论》指出:"阴胜则阳病,阳胜则阴病。阳胜则热,阴胜则寒。重寒则热,重热则寒。"又云:"重阴必阳,重阳必阴。故曰:冬伤于寒,春必温病;春伤于风,夏生飧泄;夏伤于暑,秋必痎疟;秋伤于湿,冬生咳嗽。"这些病症的形成,都是阴阳失衡的结果。这就要求医者在辨证施治中,首先要分清阴阳,以便抓住要害,对症下药。故云:"善诊者,察色按脉先别阴阳。"(同上)

三、五行学说。在前人阐述的五行与五音、五味、五方、五色、五时相互对应的基础上,进一步将人体的躯体、脏腑、神志也作了五行归属的划分。认为人有五体(筋、脉、皮、肉、骨),五窍(目、舌、口、鼻、耳),五脏(肝、心、脾、肺、肾),五腑(胆、小肠、胃、大肠、膀胱),五神(魂、神、意、魄、志),五志(怒、喜、思、忧、恐),它们分别具有木、金、水、火、土五行的属性。《素问》卷二《阴阳应象大论》指出:"东方生风,风生木,木生酸,酸生肝,肝生筋,筋生心,肝主目","南方生热,热生火,火生苦,苦生心,心生血,血生脾,心主舌","中央生湿,湿生土,土生甘,甘共脾,脾生肉,肉生肺,脾主口","西方生燥,燥生金,金生辛,辛生肺,肺生皮毛,皮毛生肾,肺主鼻","北方生寒,寒生水,水生咸,咸生肾,肾生骨髓,髓生肝,肾主耳",从五行属性上分析了五脏、五官与五气、五方、五味的联系。

五行之间存在着相生、相克、相乘、相侮的关系,《内经》对此作了具体阐述。《素问》卷十九《六微旨大论》具体描述了木生火,火生土,土生金,金生水,水生木,以及木克土,土克水,水克火,火克金等相生、相克的次序。《素问》卷八《宝命全形论》也描述了"木得金而伐,火得水而灭,土得木而达,金得火而缺,水得土而绝"的制约关系。相乘、相侮,则是五行相克中的反常关系。相乘,是克制太过;相侮,是无力克制,反而被克。"太过,则薄所不胜,而乘所胜也"(《素问》卷三《六节脏象论》);"不及,则己所不胜侮而乘之,己所胜轻而侮之"(《素问》卷十九《五运行大论》),对相乘、相侮关系作了具体描述。

《黄帝内经》是我国现存最早的中医基础理论著作,被列为中医四大经典之首。它的出现标志着我国中医理论体系的形成。《内经》以其宏伟庞大的体制结构、博大精深的思想内容,在中国医学史上产生了无与伦比的影响。此后,我国中医理论基本上是在《内经》所建立的框架中继续向前发展的。《内经》在国际上也引起了广泛的注意,被译成多国文字出版。日本、朝鲜等国更曾把它列为医学生的必读课本。它所涉及的天文、历算、气象、生物、农艺等多方面知识,为后世人们所瞻目;它所蕴含的丰富哲学思想,对后代产生深远影响。

有关《内经》的研究著作,历代主要有,隋杨上善合编分类《黄帝内经太素》,唐王冰注《黄帝内经素问》,元滑寿摘要分类注解《读素问钞》,明马莳《黄帝内经素问注证发微》、《黄帝内经灵枢注证发微》、明吴昆《黄帝内经素问吴注》,明张介宾《类经》,明李中梓《内经知要》,清张志聪《黄帝内经素问集注》、《黄帝内经灵枢集注》,清高世栻《黄帝素问直解》等。今人的研究著作主要有南京中医学院医经教研组《黄帝内经素问译释》(江苏人民出版社,1958年),山东中医学院、河北医学院《黄帝内经素问校释》(人民卫生出版社,1982年),河北医学院《灵枢经校释》(人民卫生出版社,1982年),郭霭春《黄帝内经素问校注语译》(天津科学技术出版社,1981年)、《黄帝内经灵枢校注语译》(天津科学技术出版社,1989年),郭霭春主编《黄帝内经词典》(天津科学技术出版社,2000年),钱超尘、温长路编《黄帝内经研究集成》(中医古籍出版社,2010年)等。

(高　谷　林建福)

夏小正

《夏小正》，一卷。作者佚名。成书年代，旧多笃信为夏代著作，近代始有异议。经学者长期研究，今人基本公认成书在西周至战国间，但也确有夏代史料保存在内。初收于西汉初年戴德（世称"大戴"）编纂的儒家经典著作《大戴礼记》中，汉代始有单行本。《大戴礼记》的通行本有《四库全书》本、《丛书集成初编》本、中华书局1983年清王聘珍《大戴礼记解诂》点校本等。《夏小正》的单行本有清孙星衍校《夏小正传》二卷(收于《岱南阁丛书》、《丛书集成初编》)。

《夏小正》全文仅四百六十三字，但内涵较为丰富。其记载反映了我国早期的天象物候与天文历法情况，可谓是一部早期的原始物候历。其以一年十二个月为序，按月记载了有关的天象（以星象为主）、气候状况与植物、动物之间相应的变化以及人事之间的关系。例如，正月，其天象与气候为："鞠则见。初昏参中，斗柄县在下。""时有俊风，寒日涤冻涂。"其物候为："启蛰。雁北乡，雉震呴，鱼陟负冰。""囿有见韭"，"田鼠出"，"獭献鱼，鹰则为鸠"。"柳稊，梅、杏、杝桃则华。缇缟，鸡桴粥。"五月，其天象与气候为："参则见"，"时有养日"，"初昏大火中"。其物候为："浮游有殷，鵙则鸣"，"乃瓜，良蜩鸣"，"匽之兴五日翕，望乃伏"，"鸠为鹰"，"唐蜩鸣"，"煮梅，蓄兰"。十月，其天象与气候为："初昏，南门见"，"时有养夜"，"织女正北乡，则旦"。其物候为"豺祭兽"，"黑鸟浴"，"玄雉入于淮为蜃"。

据今人考察，《夏小正》所记载的天象比较复杂，可以明显看到不是一个时代观测、记录的成果。《夏小正》以一年内各月中晨、昏时北斗斗柄的指向与若干恒星的见、伏、中天等天象变化，再结合相应的物候变化来判断时令的变化。这些，反映出本书的天文历法还是属于比较原始的形态。与《尚书·尧典》用"四仲中星"来判断时令相比较，也似当更早些。另外，这时北斗七星的位置也更近北极，表明时间确较早。与《吕氏春秋》"十二纪"、《礼记·月令》相比，纪事也不如它们那么丰富、整齐，亦无有日躔记载，反映出其内容的时代确要更早些。全书中共载有八个星名：鞠（柳）、斗（北斗）、参、昴、南门、火（心）、织女、辰（房），其位置的年代虽然各家测定的结果尚不一致,但包括夏代甚至可能更早的在内则是基本可以认定的。

《夏小正》是我国早期在天文历法方面长期观察与实践中积累起来的知识总汇,既科学而又使用方便,是有着较强的普及性、方便性的实用历书。与公元前8世纪古希腊诗人希西阿德的《田功农功》相比,亦各具千秋,并不逊色。

又,近年来许多专家对《夏小正》十一月、十二月记载中无天象(星象)这一点颇为注意,并有学者以此为主再结合其它而提出《夏小正》所用的历法是一年为十个月的太阳历(参陈久金《论〈夏小正〉是十月太阳历》,载《自然科学史研究》1982年一卷四期),信从者亦不菲,但也尚有众多学者仍持旧说。目前两种见解尚未统一。

《夏小正》之研究文著甚多,大致有如下三类:其一,为研究《大戴礼记》全书者,如王聘珍《大戴礼记解诂》(中华书局1983年版王文锦校点本)、孔广森《大戴礼记补注》(附王树枏校正、孙诒让斠补)、方向东《大戴礼记汇校集解》(中华书局,2008年)等。其二,单篇注释者,如宋傅崧卿注、清黄丕烈校录《夏小正戴氏传》、清任兆麟《夏小正补注》、清庄述祖《夏小正等例文句音义》、清洪震煊《夏小正疏义》(附《异字记》、《释音》各一卷)、清顾凤藻《夏小正经传集解》、清王筠《夏小正正义》、清马徵麐《夏小正笺疏》、今人夏纬瑛《夏小正经文校释》、游修龄《〈夏小正〉的语释和评诂》等。其三为研究论文,如陈夕金《论〈夏小正〉是十月太阳历》等。另外,中国古代天文学史、星象史、科学史著作均有论及,如唐锡仁、杨文衡主编《中国科学技术史·地学卷》、陈美东《中国科学技术史·天文学卷》。

(王贻梁)

月令

《月令》,一卷。作者佚名。成书年代,今人已公认在战国时期。收于西汉初年戴圣(世称"小戴")编纂的儒家经典著作《礼记》中。

《月令》是依照《夏小正》的体例编成的。以全年十二月为序,列出每月之天象(以星象为主)、气候状况与植物、动物之间相应的变化、以及人事之间的关系。例如,季春之月(三月),其天象与气候为:"日在胃。昏,七星中。旦,牵牛中","虹始见",是月也,"生气方盛,阳气发泄","时雨将降,下水上腾"。其物候为:"桐始华,田鼠化为鴽","萍始生","句者毕出,萌者尽达"。季夏之月,其天象与气候为:"日在柳。昏,火中。旦,奎中","温风始至","是月也,土润溽暑,大雨时行"。其物候为:"蟋蟀居壁,鹰乃学习,腐草为萤。"仲冬之月(十一月)其天象与气候为:"日在斗。昏,东辟中。旦,轸中","冰益壮,地始坼","是月也,日短至,阴阳争,诸生荡。"其物候为:"鹖旦不鸣,虎始交","芸始生,荔挺出,蚯蚓结,麋角解,水泉动"。

从《夏小正》到《月令》,明显地可以见到在有些月份,天象与气候的记载愈详而物候的记载趋简了,这表明古人的天文学成就有了新的发展,以大约的物候判断节令的方法愈来愈让位于准确的天象观测。《月令》记载的恒星星名已达二十五个:营室、参、尾、奎、弧、建星、胃、斗(七星)、牵牛、毕、婺女、翼、东井、亢、危、柳、火、角、觜觿、房、虚、东辟、轸、娄、氐,从这些星名可见二十八宿的体系已经大致具备。《月令》还记载了每个月太阳所在的位置,表明对日躔的认识已相当成体系。《月令》已经基本只用恒星位置来确定节令、月份的变化,比起《夏小正》大量用北斗斗柄所指与《尧典》只用四仲中星无疑有着明显的进步。《月令》所载日躔与恒星位置的年代,据今人推算大致是在公元前620—前476年间,即为春秋中、后期的观测成果。

《月令》中孟春之月有"以立春",仲春之月有"始雨水",季春之月有"萌者尽达"(尽萌),孟夏之月有"命农勉作"(忙种),仲夏之月有"小暑至",季夏之月有"土润溽(溽)暑",孟秋之月有"凉风至"、"白露降",季秋之月有"寒气总至"、"霜始降",孟冬之月有"水始冰,地始冻",仲冬之月有"冰益壮,地始坼",季冬之月有"冰方盛,水泽腹坚"等等的记载,以后就分别演变为"立春"、"雨水"、"清明"、"芒种"、"小暑"、"大暑"、"处暑"、"白露"、"霜降"、"小寒"、"大寒"这些二十四节气之名,是后世二十四节气的雏形。

与《夏小正》有更大的不同是,《月令》中人事活动的内容占了绝大多数的篇幅,适宜与否、禁忌种种,还有与五行的相配等。这反映了《月令》所受到的阴阳五行与宗教的影响,甚至其作者很可能即是阴阳家之属。

《月令》在旧时既为儒家要籍之一,研究者自然不少。研究《礼记》全书者,以《十三经注疏》本所收汉郑玄注、唐陆德明音义、唐孔颖达疏,朱彬《礼记训纂》,孙希旦《礼记集解》三书最著名。单篇研究《月令》者,有蔡邕《月令章句》(有清臧庸、王谟、马国翰、黄奭、王仁俊、蔡云、近代叶德辉各家辑本)、宋张虙《月令解》、明黄道周《黄先生月令明义》、清莫熹《月令考》、清孙国仁《礼记月令考异》等。近人论说见天文、气象、地学史著述,如陈美东《月令、阴阳家与天文历法》、陈美东《中国科学技术史·天文学卷》、唐锡仁、杨文衡主编《中国科学技术史·地学卷》等。论文有杨宽《月令考》(《齐鲁学报》1941年第2期)等。

(王贻梁)

《吕氏春秋·上农》等四篇 〔战国〕吕不韦

《吕氏春秋·上农》等四篇,即《上农》、《任地》、《辨土》、《审时》四篇。战国时秦吕不韦等撰。成于秦王政八年(前239)。作者生平及通行本参看本编"吕氏春秋"条。

《吕氏春秋》的《上农》、《任地》、《辨土》、《审时》四篇是我国现存最古老的农学论文。其中,《上农》论述重农抑商政策的必要性及其措施。《任地》,主要论述土壤耕作的原则和方法。它先从整地、利用和改良土壤讲起,讲到耕作保墒、除草通风等问题,使农作物生长健壮、获得高产的十个重要问题。接着提出了土壤的"力"和"柔"(坚硬和粘和)、"息"和"劳"(休闲和连作)、"瘠"和"肥"、"急"和"缓"(紧密和疏松)、"湿"和"燥"等矛盾,并指出这些矛盾在一定条件下可以转化,土地的利用就是通过劳动来改良土壤的性质,使它适于耕种。《辨土》承接《任地》论述了土壤耕作和作物栽培的具体技术方法。首先提出对不同土壤的耕作顺序。进而论述不合理的土壤耕作和作物栽培引起的三种弊害,即"地窃"(播种过稀,浪费耕地)、"苗窃"(密植不成行,苗与苗相欺,生长不好)、"草窃"(杂草妨碍禾苗生长)。为防止发生这些弊端,需要耕作播种适时、甽亩宽窄得体、禾苗疏密有当,并进行细致的复种和间苗,使庄稼在地里形成行列整齐、通风透光、便于中耕的最佳布局。《审时》则主要论述"夫稼,为之者人也,生之者地也,养之者天也",肯定人在作物生产三个主要因素中居首要地位。强调适时播种同作物产量与质量的关系,并具体列举了禾、黍、稻、麻、菽、麦等六种作物,对其耕种"得时"与"失利"的结果作了对比,强调了适时耕种的重要性。

《上农》等四篇是我国最早的完整的农业技术论文。它是先秦,尤其是战国以前农业科技发展的一个系统的总结。它所记载的精耕细作技术、垄作法及"上田弃亩"等耕作法直接影响后世,并被继承和发展。它首次对农业生产中天、地、人的关系作出科学的概括,并成为中国传统农业精耕细作传统中最重要的指导思想。

有关《吕氏春秋·上农》等四篇农学论文的研究著作有孙谦六《〈吕氏春秋〉的农学》(《农村经济》二之二,1934年)、中国农业遗产研究室《〈吕氏春秋〉中的耕作原理》(《中国农学史(初稿)上册,科学出版社,1955年)、夏纬瑛《〈吕氏春秋〉上农等四篇校释》(农业出版社,1956年)、万国鼎《〈吕氏春秋〉的性质及其在农学史上的价值》(《农史研究集刊》第二册,科学出版社,1960年),日本大岛利一《论见于〈吕氏春秋·上农〉等四篇中的农业技术》(《史林》四十九之一,1966年)、《再论见于〈吕氏春秋〉四篇中的农业技术》(《史林》五十一之五,1970年)和《三论见于〈吕氏春秋〉四篇中的农业技术》(《史林》五十三之五,1970年)、王毓瑚《先秦农家言四篇别释》(农业出版社,1981年)、梁家勉《〈吕氏春秋·任地〉等篇在农学史上的地位》(《中国农业科学技术史稿》,农业出版社,1989年),以及吴存浩《中国农业史》(警官教育出版社,1996年)的有关部分。

(王国忠)

五十二病方

《五十二病方》，一册。1973年底，我国湖南长沙马王堆三号汉墓出土的一种古医方帛书。作者不详。因记载五十二种疾病，每病之下，又有若干医方和疗法，故名。从字体看，其抄写年代约在秦汉之际；据内容考察，则形成于《黄帝内经》之前，应为战国时作品。通行本有《文物》杂志1975年第九期所刊本、文物出版社1979年版《五十二病方》本等。

《五十二病方》是我国迄今发现的最古的医方专书。全书首尾完整，现存四百五十九行，每整行约三十二字。书前目录，列有五十二种疾病名称，有诸伤、伤痉(破伤风)、婴儿索痉、婴儿病痫、婴儿瘛(小儿惊风)、狂犬啮人(狂犬病)、犬噬人、巢者、夕下、毒，等等。正文中每种疾病都有抬头标题，与目录一致。除篇题的五十二种疾病外，文中还提到其他不少病名，两者合计约一百零三种。每病附方，少者一二方，多者二十余方，共二百八十三首。其中外用方九十四，内服方五十四。方中用药达二百四十多种。约三分之一药名，如甘草、黄芩、菌桂、蜀椒、牡蛎、硝石、戎盐等与以后的《神农本草经》同，也有些不见于现存古本草文献，如骆阮、量簧、灌青等，无由考证其为何物。除药方外，还有灸方十二，熨法九，熏法八，手术法三，以及洗浸、药摩、砭法、角法(类似后世的火罐疗法)等。

其载述疾病，涉及内、外、妇、儿、五官、皮肤等科，尤以外科病为最。内科病证大致分九类：(一)以肌肉痉挛为主的病，书中有"伤痉"、"伤而痉"等名称。这是一种以项背强直、牙关紧闭为主要症状，相当于破伤风的病。(二)以精神异常为主的病，书中有"癫疾"和各种痫。(三)以往来寒热为主的病，书中有"痣"之名称，疑为"痎"字之误，即疟疾也。(四)以小便不利为主的病，书中称"瘤"，即癃。又细分为石癃(指尿中杂有泌尿系统结石成分)、血癃(尿中带血)、膏癃(尿液黏稠如含油脂)和女子癃病四种。(五)以小便异常为主的病，指小便混浊、黏稠一类症状，书中载"溺□沧者"、"膏溺"二病。(六)以阴囊肿大为主的病，书中有"肿橐"、"颓"和"颓尤"等名称。(七)以消化机能障碍为主的病，书中称"诸食病"，然仅存目录，内容佚失。(八)肠道寄生虫病，书中提到蛲虫,附见于"朐痒"项下。(九)"蛊"病,不甚详细,但《左传·昭公元年》载医和说:"近女室,疾如蛊",认为是"淫溺惑乱之所生也",可见其源起甚古。

外科疾病则分成七类:(一)外伤性疾病,"诸伤"中有金伤、刃伤、伤者、血出等名称,属器械性外伤。由严寒引起的冻疮,称"瘃"、"践而瘃"(足部冻疮)。书中"鬃",指与漆接触过敏引起的漆疮。"毒乌喙"则指被毒箭射伤的中毒症。(二)化脓性疾病,主要有痈、疽两类,据发病部位和特征,"痈"可细分成"颐痈"、"痈首"、"股痈"、"伤痈痛";"疽"可细分成"骨疽"、"肉疽"、"血疽"、"气疽"、"烂疽"、"嗌疽"、"肾(指外肾)疽"等。(三)体表溃疡性疾病,书中有"□烂"。此外,"胻伤"的"伤"字疑为"疡"字的通假,即小腿部的疮疡;所谓"胻久伤"及"久疕"可能指由于灸疗烫伤而造成的溃疡。

对以上三类疾病的处置,主要有止血、镇痛、清创、包扎等环节,以及继发感染等并发症的治疗。记载全面,技法娴熟。如在创伤止血方面,有"止血出者,燔(烧)发(人发,烧人发灰,后代名血余炭),以按其疕(创伤)"的条文,而"血余炭"正是后世医家的止血要药之一;在治疗创口剧痛,"令金伤毋痛"方面,取内服与外治相结合的办法,有"以肪膏(动物油脂)、乌喙(乌头别名)□□,皆相□煎,㧉(施,敷贴)之"的条文,或"取荠熟干实(成熟干燥的荠菜子),爇(熬)令焦黑","秫(术)根去皮",和酒以备饮用,而乌喙有麻醉镇痛作用。其他如用酒止痛消毒,用黄芩制剂和消石(芒硝)溶液清洗创面,等等。

(四)动物咬螯,书中把"狂犬啮人"和一般的"犬噬人"区别开来,说明对狂犬病已有清楚的认识。同样,书中把"蚖"和"蛇啮"分为两病,"蚖"是指一种腹蛇类毒蛇咬伤的中毒症。此外还有蠆(蝎螯)、蛭蚀(水蛭咬伤)等症。(五)肛门病,书中对肛门疾患分类甚细,有牡痔(外痔)、牝痔(内痔)、还有脉者(脉痔)、血痔等名。"朐痒"也是痔的一种。其中,有一种对牝痔的手术疗法设计得很巧妙。即把狗的膀胱套在竹管上,插入肛门,吹胀,把直肠下部患处引出,然后开刀割治,再敷以黄芩。(六)皮肤病,包括白处、白瘦,书中形容为"白毋腠",皮肤瘙痒,疥癣,面疱等。(七)肿瘤,书中有"去人马疣"条,疣是一种体表的良性肿瘤,马疣疑指眼部所生肿瘤。

书中还有一些病名古奥难解,如巢者、夕下、大带、鼠腹、露疕等,有待进一步研究。

本书中的制药法亦有不少令人瞩目的成就。其对二百多种药的应用过程,分别使用了日曝、阴干、切割、舂捣、渍、淬、燉、煮、蒸、烹、煎、炮、煅、炙、熬、燔等几十种加工方法。特别是有四个方剂使用了水银制剂治疗疥、癜、痂等外科病证,表明至少在战国后期人们已掌握了从丹砂提取水银的制备方法。这是世界上最早用水银制剂治病的记载,也比公认的炼丹术始于后汉魏伯阳(约二世纪)的历史早出好几个世纪。

《五十二病方》的发现,填补了《内经》前临床医学资料的空白,对研究我国医学发展史有相当重大的意义。

有关《五十二病方》的研究,校注考证方面有文物出版社 1979 年版《五十二病方》注释本、1988 年天津科技出版社刊印周一谋和萧佐桃主编的《马王堆医书考注》(天津科学技术出版社,1988 年),严健民编著《五十二病方注补译:原始中医治疗学》(中医古籍出版社,2005 年);论述方面有钟益研和凌襄《我国现已发现的最古医方——帛书〈五十二病方〉》(1975 年第 9 期《文物》)、董尚朴《〈五十二病方〉成书时地考》(《中医药学报》1989 年第 5 期)、贾得道《中国医学史略》(山西人民出版社,1979 年)、傅维康主编《中国医学史》中的有关章节等。

(邵祖新)

石氏星经 〔战国〕石 申

《石氏星经》,一卷。战国魏石申撰。成于战国至西汉初年。原书早佚,逸文散见于唐瞿昙悉达《开元占经》之中(清《四库全书》本)。

石申,一名石申夫,生卒年月、具体事迹不详。唯知大约是战国中期(公元前四世纪)魏国人,与当时齐(一说楚)国人甘德同为战国时期两大著名星占家。《汉书·艺文志》等载有他的《天文》八卷、《浑天图》等,但皆早佚。战国时期,其学说相传颇盛。《史记》、《汉书》等开始有石氏、甘氏与巫咸(与石、甘齐名的我国早期三大星占家之一)言论的记载,而以《开元占经》所载最多。宋代以后,这些早期的天文、星占著作就都亡佚了。后世相传有《通占大象历星经》(简称《甘石星经》、《星经》),题"汉甘公、汉石申撰",但此书显系唐宋时人伪作,故为天文学家所不取。后人取《开元占经》中的引文,辑为《石氏星经》。

《石氏星经》最杰出的成就,在于从中可以总结出一份"石氏星表"。《石氏星经》共载有一百二十一颗恒星的位置(今本《开元占经》佚失其中六星,故今只能见到一百十五颗星的位置)。这是目前所见世界上最早的星表,比古希腊喜帕恰斯编制的星表要早二百多年,比西方最著名的托勒密恒星表更是早了将近六个世纪,而它们的精密度则基本相近。

《石氏星经》中二十八宿恒星的位置是以"距度"与"去极度"来记述的,而其他恒星的位置则以"入宿度"与"去极度"来记述。这表明《石氏星经》对恒星的位置已经采用了赤道坐标系统。而比它晚二百多年的古希腊喜帕恰斯星表,却依然还是沿用巴比伦的黄道坐标系统(欧洲广泛使用赤道坐标系统则要晚至十六七世纪)。《石氏星经》中也有"黄道"与"黄道内外度"等名称概念,这在我国古代天文学史上也是首次出现。由《石氏星经》给出的"冬至去极百一十五度",可得出当时黄、赤交角为 23.687 5 古度,可谓是我国历史上第一个黄、赤交角值。据今测表明,《石氏星经》的二十八宿距度数值确是公元前4世纪的,去极度与黄道内、外度数值则可能是汉代所测。但所有这些数值,今天文学者认为都当是以简单浑仪测得的。

《石氏星经》分周天为365.25度,这是我国独特的周天分度法。虽然对计算等颇多不便,但对太阳运动的观测却很有利。度以下,用"太、半、少、强、弱"来表示。《石氏星经》还记载了五星运动与交食等方面的内容。其将五星的亮度强弱分为四类:喜、怒、芒、角,这个分类法一直为后来所沿用。对五星运行的顺、逆、留、伏现象与会合周期等也有记载。其"日中有立人之象"的描述(《开元占经》卷六),被学者们认定为最早关于太阳黑子的记载。

《石氏星经》与"石氏星表"是我国后世星象观测与天文历法工作的重要基础,在我国古代天文学史上具有极高的价值,是我国古代天文学的瑰宝之一。

有关《石氏星经》的研究,有中国天文学史整理研究小组编著《中国天文学史》、陈美东《中国科学技术史·天文学卷》和宋仁克《〈三家星经〉可以复原成一份完整的星表》(《自然科学史研究》2007年第4期)等论著的有关部分。

(王贻梁)

五星占

《五星占》，1973年湖南长沙马王堆三号汉墓出土帛书。原帛书无书名、无作者，整理小组据内容定名为《五星占》。马王堆三号汉墓的安葬日期为汉文帝"十二年二月乙巳朔戊辰"（公元前168年颛顼历二月二十四日），帛书中的天象记录仅到汉文帝三年为止，学者们据此而推断帛书的写定年代约在公元前170年。最初发表于《文物》1974年第11期，后又收《中国天文学史文集》（科学出版社，1978年）。

《五星占》是我国目前所见最早的一部完整的天文星占著作，全文约八千字左右，整理小组据其内容而分为九章。虽间有缺字，仍是一部极为珍贵的文献资料。

第一至第五章，分别叙述木星、金星、火星、土星、水星这五大行星的情况与运行轨迹等（包括一系列数值）。

第六章为五星总论。

第七至第九章，分别记载自秦始皇元年（公元前246）至汉文帝三年（公元前177）间木星、土星、金星的行度，以及这三颗行星在一个会合周期内的动态。

木、金、火、土、水五大行星，我国古代分别有岁星、太白、荧惑、填（镇）星、辰星之名，在帛书中已经可见。但帛书又称水星为"小白"，则是历来所未见的。帛书已将五星纳入五行体系，这在战国时期已经完成。金星是帛书所费笔墨最多的一星，占了一半以上，可谓详细至甚。土星则是所费笔墨最少的一星，但也同样给出了较为精确的会合周期与恒星周期。其关于岁星（木星）纪年的描述，则与《汉书·天文志》所记载的甘氏、石氏之说与《汉书·律历志》所载的《太初历》之说都有不同之处。帛书所载的五星会合周期，与《淮南子·天文训》《史记·天官书》、甘氏、石氏（载《开元占经》）、《太初历》（载《汉书·律历志》）所载亦具有不同。这充分反映出战国至汉初这数百年间我国天文、星占事业的发达，从事天象观测、天文计算的人员必定很多，从而才会出现百花盛开、百家争鸣的局面。帛书作者的名气没有甘氏、石氏、唐都、落下闳等著名天文、星占家高，但其数值的精确度却有胜于这些大家。帛书中有不少文字与甘氏、石氏相同,以甘氏尤多,这恐怕与甘氏、帛书同出于楚地有关。

帛书最精彩之处,在于它给出了木、金、土三星的会合周期与恒星周期的数值。它给出金星的会合周期是584.4日,这比今测准确值只大0.48日。它给出土星的会合周期为377日,比今测准确值只小1.09日;土星的恒星周期为三十年,比今测准确值只差0.54年。在两千多年以前能够取得这样精度的数据,是极为难能可贵的。帛书还讲到金星的五个会合周期正好是八年,而且据此周期列出了七十年的金星动态表。在西方,直到近代才开始有人这样做。帛书给出木星的会合周期与恒星周期虽然没有超过传统的数值,但有关的记载(特别是七十年周期表)为此后不久天文学家发现"岁星超辰"现象提供了前提。总体来看,帛书的数据之精确确是极为突出的。所有这些精确的数据,更进一步反映出当时应该已经有了早期的浑仪观测器,而且其精度也与落下闳所制基本近同。

站在同样是太阳行星的地球上看其他行星,其运行轨迹就十分复杂,有顺、逆、留、伏、滞、迟、速等各种为恒星所没有的现象,而且各星不一。《五星占》对此都有记载,而且相当详细。帛书还具体地给出了行星不同速度的名称,以及各种运行情况下亮度的变化规律。

帛书对天体间的角距离有三种记法:度、分,尺、寸,指。以"指"表示角度,在《开元占经》所引的《巫咸占》亦可见,表明这在我国古代有其悠久历史。帛书在表示整数以下的奇零部份时,分母统一用240,这是很有特点的。不管它是出于什么原因,能使计算简便、数据大小对照明显却是可以肯定无疑的。

帛书所列出的木、土、金三星七十年周期表的行星位置,经现代学者专家们复勘,可以肯定秦始皇元年是实测的,其他则多数合于实际天象,少数不合。这反映出当时的天文星象家们已经懂得用速度乘时间等于距离这个公式来计算、安排行星的动态轨迹位置。这比甘氏、石氏有着明显的提高,是后来历算中"步五星"的先声。

总之,帛书《五星占》的出土是我国古代天文学史上的一个重大的发现。它的成书比《淮南子·天文训》至少要早三十年,比《史记·天官书》至少要早九十年,但不少数据更为精确。它又是世界上现存最早的行星运行的专门记录,比古希腊著名天文学家喜帕恰斯的观测记录要早一百年。由此亦可见我国古代是天文学发展最早、最发达的国家之一。

关于《五星占》的研究著作有刘云友《中国天文学史上的一个重要发现——马王堆汉墓帛书中的伍星占》(《文物》1974年第11期),以及刘乐贤《马王堆天文书考释》(中山大学出版社,2004年)、陈美东《中国科学技术史·天文学卷》的有关部分等。

(王贻梁)

天文气象杂占

《天文气象杂占》，1973 年湖南长沙马王堆三号汉墓出土帛书。原帛书无书名、无作者名，整理小组据内容定名为《天文气象杂占》。马王堆三号汉墓的下葬时间，为汉文帝十二年（公元前 168 年）"二月乙巳朔戊辰"。学者们根据帛书抄本的隶体风格和占文内容推测，帛书的抄写年代可能在汉高祖统一全国之前，帛书的大部份内容是形成于战国时代的楚人作品，至秦楚之间可能加入了一些新内容而成书。最初发表于《中国文物》1979 年第 1 期，后又刊于《马王堆汉墓文物》（湖南出版社，1992 年）。

《天文气象杂占》是一部讲解天文（星、彗星）和气象（云、气）占验吉凶的著作。全书抄写在一幅高 48 厘米、宽 150 厘米的整帛上，出土时已碎成数十块残帛，帛书主体部分图文并茂，自上而下划分为 6 列，每列从右至左分为若干行抄写，每行上图下文，其中有图约 250 幅。全书内容可划分为两个部分，是一部古代天文、气象方面的文献资料。

第一部分图文并列，分别为云、气（蜃气、晕、虹）、星（恒星、月掩星）、彗星等占。

第二部分有文无图，占文性质与第一部分大体相似，以日月旁气和云气占文居多，间亦涉及彗星、流星和客星的占测。

中国古代对天文和气象没有严格的区分，《天文气象杂占》的丰富内容显示了这一特征，其中尤其以彗星的资料最为引人注目。在第一部分的第六列，记载了二十九条彗星的图象与占文，其中除有一条磨灭和一条图象不清之外，每条都有彗星名称，彗星名称及其图象中含有对彗星形态的描述，是反映楚人对彗星观测和认识的实物证据。

彗星（古人又称扫帚星）作为一种特异的天文现象，我国对它的观测有着悠久的历史。《公羊传》有谓："孛者何？彗星也。……何以书？记异也。"楚人早有观测彗星以占战争胜负的数术观点，战国中期的《尉缭子·天官》称："楚将公子心与齐人战，时有彗星出，柄在齐。柄所在胜，不可击。公子心曰：'彗星何知！以彗斗者固倒而胜焉。'明日与齐战，大破之。"在帛书中记有彗星名称十八个,其中有一半以上是古文献中未曾见过的。

在帛书中含有对彗星的规律和分类的认识。《晋书·天文志》在彗星条下记有"彗体无光,傅日而为光,故夕见则东指,晨见则西指;在日北,皆随日光而指"。这种对彗星尾巴常是背着太阳的规律认识,比欧州人要早九百多年。而在帛书的彗星绘图中是符合这一规律的,除最后一个比较特殊外,其余均是彗头在下,彗尾在上。东汉刘熙在《释名》中对慧星根据彗尾形态分为三种:"慧星,星光捎似彗也。孛星,星旁气孛孛然也。笔星,星气有一枝,末锐似笔也。"而在帛书中对彗尾的图画虽有各种各样,但均可归为三种:窄而笔直型的,弯曲较小型的,后曲旗类型的。据学者研究,帛书对彗星的这些分类与现代天文学的分类大体上是一致的。

这些彗星图画由于年代太早,亦有一定的缺点,即没有涉及彗星出现的时间、地点,也没有记录其在天空出现的方位和经过的路线,大小比例也不一定合适等。但是,考虑到国外在公元66年才有记录出现在耶鲁撒冷上空彗星的绘图,可知,帛书彗星图在古代彗星观测史上处于遥遥领先的地位,有着重要的研究价值。

帛书中占的对象以晕为最丰富,从第一部分的第二列中部到第五列,主要是讲晕,但其中损坏也最严重。首先标明的是日晕和月晕,以及在日旁或月旁边上加有圈或各种线,还有反映假月和假日环的,是以图画表现古人对晕观测的最早的资料。

关于《天文气象杂占》的研究论著主要有顾铁符《马王堆〈天文气象杂占〉内容简述》(《文物》1978年第2期)、席泽宗《马王堆汉墓帛书中的彗星图》(《文物》1978年第2期)、陈奇猷《马王堆汉墓帛书彗星图试释》(《上海博物馆集刊》第3期,上海古籍出版社,1986年)、刘乐贤《马王堆天文书考释》(中山大学出版社,2004年)等。

(锺守华)

长沙国地形图

《长沙国地形图》，又名《长沙马王堆三号汉墓出土地形图》、《西汉初期长沙国深平防区地形图》、《西汉初期长沙国内部地图》，简称《地形图》，一幅。作者失传，图名也为今人所加。王成祖认为系驻军所绘，成于西汉文帝初元十一年（前169）前。原本帛书，通行本有1975年2月《文物》杂志本、1979年文物出版社《古地图》本、《中国古代地图集》本。

《地形图》在文帝时，为第二代轪候利豨之弟、一位兼通军事、哲理与医药的将军所收藏。死后，被其家属作为殉葬随同主人入棺埋入墓内。1973年12月，在发掘三号墓时出土。在地下近二千二百年，使该图断裂为三十二片，互相粘连为一。揭开后，各片有不同程度破裂、错动、残缺，由故宫博物院、复旦大学历史地理研究室拼接补缀复原，再经测绘研究所、地图出版社和湖南省博物馆作局部调整，而成今图。

《地形图》为西汉长沙国南部及其邻近地区地形图。原图无方向、比例、图例、图外说明文字。上南下北，使用统一符号，以近乎篆隶之间的字体作注记。经修复后，长宽各九十六厘米，成正方形。上绘山脉、河流、聚落和道路等要素。

图区范围，大致在东经111°至112°30′，北纬23度至26度之间，当今湖南、广东、广西三省交界处，大致东起湖南嘉禾与广东连县一线，西至广西全州灌阳一线，北到湖南新田、广西全州，南达广东珠江口外的南海。其中，今湘江上游潇水（图中深水）和南岭九嶷山一带，也就是当时长沙国南部地区，大致以一寸折合十里、十八万分之一比例绘制，比较准确详细，为全图的主要部分。在此之外的邻区，近邻区画得不很准确，远邻区的南粤部分则画得很粗略。

全图绘有大小河流三十余条，其中九条注有河名：参水（今冯水）、泠水、营水（今濂溪水）、舂水（今钟水）、临水（今萌渚水）、犨水（今九嶷河）、罗水（今都溪水）、垒水（今泡水）、邥水（今淹水），是主要河流，深水和泠水还分别注出其水源。用以表示河流的线状符号，随着从上源到下流而由细变粗，如同现代地图。所绘水系的河流分布、流向情况，与今图大致相符，但也有失误处，如深水太短。主支流分明,交会点自然,河流与山脉关系处得得当,弯曲得宜。

山脉绘制别具一格。用闭合的山形曲线,再在其内加上晕线,使山岭表示更为突出。对山脉坐落、山体轮廓及其走向的表示,也很清楚。九嶷山的曲线被绘成鱼鳞状,并有向南九条、向东七个长短不等的柱状符号,表示出山体起伏,九峰耸立。这与现代地形图以等高线与山峰符号相配合的画法相似。图上山脉,许多部分走向与实际出入很大,除九嶷山外,所有山脉都未注名称。

图上绘有八十多个居民点,根据图形的区别,与《汉书·地理志》、《读史方舆纪要》的记载相对照,其中用矩形表示的南平(今湖南蓝山)、龁道(在今蓝山南)、春陵(今湖南新田)、观阳(今广西观阳)、营浦(今湖南道县)、桃阳(今广西全州)、桂阳(今广东连州)、泠道(今湖南宁远)等八地为县级,其余用圈形表示的可辨认的七十四个地点,如深平、深君里等为乡里级。

县城与乡里居民点之间的道路,一般用粗细均匀的实线表示,也有个别使用虚线。

地形图在实测基础上完成,表明汉初测量、计算、绘制地图的技术及其成就已达到较高水平。它影响后世的地图测绘与制作,也泽及裴秀制图六体理论。图中所体现的原则,如分类分级、化简取舍、使用符号、详于主区略邻区等项,有的至今仍在应用。

有关地形图的研究,有谭其骧《二千一百年前的一幅地图》、《马王堆汉墓出土图说明的几个历史地理问题》,周世荣《有关马王堆地图的一些资料和几方汉印》,曹婉如《马王堆出土的地图和裴秀制图六体》,傅举有《有关马王堆地图的几个问题》,张修桂《马王堆地图测绘特点研究》等文,与卢良志《中国地图学史》,金应春、丘富科《中国地图史话》,王成祖《中国地理学史》,地学史组《中国古代地理学史》,唐锡仁、杨文衡《中国科学技术史·地学卷》等书的有关部分。

(贺圣迪)

三十六水法

《三十六水法》，又名《三十六水经》、《炼三十六水石法》，一卷。传为西汉淮南八公著，约成书于文景之时（前179—前141）。通行本有《正统道藏》本等。

淮南八公，又称八公。道教传说中的西汉前期神仙家。淮南王刘安求变化道术之士，八公往见。刘执弟子之礼，请八公传长生之术。八公曰："修学仙道，先作神丹，乃可长生不死耳！我能煎泥成金，凝变七宝。服之者能乘云龙浮游太清，出入紫阙，宴寝玄都矣。此是云腾羽化之妙事也，王宜修之。"（《黄帝九鼎神丹经诀》卷八《明化石序》）后授刘安以《五灵神丹上经》、《三十六水法》。生平事迹详《明化石序》。

《三十六水法》古本在流传中续有增益。所补凡十五种。今本亡佚原本一种、所补八种，附以盟誓之法，忌日之规。明初收入《道藏》，是为今本。

本书为道教外丹制作溶液专著，叙述四十二种溶液的制作方法，共有五十八种配方。

全书篇目如下：矾石水、雄黄水、雌黄水、丹砂水、曾青水、白青水、胆矾水、磁石水、硫黄水、硝石水、白石英水、紫石英水、赤石脂水、玄石脂水、绿石英水、石桂英水、石流丹水、紫贺石水、华石水、寒水石水、凝水石水、冷石水、滑石水、黄耳石水、九子石水、理石水、石脑水、云母水、黄金水、白银水、铅锡水、玉粉水、漆水、桂水、盐水。续增七水为：石瞻水、铜青水、戎盐水、卤咸水、铁华水、铅釭水、釭水。后附高起《传授盟誓之法》及《作丹忌日之规》。第一、第七两种矾石水、药物、作法不同，乃同名异物。第三十四种又水，乃漆水中加入云母粉及白玉屑粉者，当为漆水的另一配方。后因三十六水亡佚一种，乃从漆水分出，以足其数。

其水溶液制法，一般为置金石与相配药物于竹筒之中，添硝石后，封固浸入盛有浓醋的华池内，或用瓶盛埋于土中，经若干日后成为溶液。

水法所用原料，有三十二方用消石，占百分之六十一强。表明当时已认识消石"见水即消，又能消化诸石"（李时珍《本草纲目》）的性质。所用消石，据今人孟乃昌判断为硝酸钾。以消石、醋等制成水溶液溶解金石,表明当时已广泛应用无机酸来溶解金属单质和矿石,如硫酸铁、硫酸亚铁、碳酸铜、硫化汞、金、银、铁、铅等。第一方在叙说硫酸铜时,记载有"利用铁从铜盐溶液中沉淀金属铜"(《李约瑟文集》第749页):"以华池和,涂铁,铁即如铜。"与其同时或稍后的著作中也有铜为铁置换的记录。《淮南万毕术》、《神农本草经》均说:"曾青得铁,即化为铜。"是乃宋代"浸铜之法"的起始。

各方中使用从根、木材、果实中榨出或浸出的液汁或油,以及树液、动物血、幼虫、粪,将盛有药物的瓶埋入地下。以今视之,这一切使细菌腐败有机物质,也对无机物发生作用,产生足够的氰化物之类作用于贵金属溶液。

《三十六水法》是我国最早的制作化学溶剂和溶化金石的著作,为葛洪、陶弘景所重视,对《黄帝九鼎神丹经诀》等书深有影响。

本书在化学史上的价值,在于它集水法反应之大成;而水法反应是同火法反应相并列的古代炼丹术的一种基本方法,主张水法反应的炼丹家成为中国炼丹史上的所谓"金液"流派,是炼丹化学的一个方面军,而本书是这个流派的代表性著作。本书说明远在汉代,古代炼丹家就开展了许多水法反应实验,这类实验自汉至六朝有了一定的发展。据近年来的模拟研究,知其五十八个配方中,有水溶性作用(如矾石水、硝石水、石胆水、盐水等)、有醋酸溶性作用(如曾青水、白青水等)、有在酸性介质中的氧化溶解作用(如铅锡水)、有碱性溶解作用(如雌黄水、雄黄水等),还有在上述各种条件下的难溶悬浮液等(难溶性和微溶性"水"在三十六水法中占相当多数)。这些情况说明古代炼丹家对于物质的溶解性能尚未作出明确的区分。但从实用角度看,其中某些"水"肯定是有意义的,并非炼丹家的纯粹想像物。从长沙马王堆等古汉墓出土的有防腐作用的大量棺液来看,无论它们是事先加入的,还是后来在地下经长期掩埋而形成的,都同古代的"成水"思想有关。据现代分析,探知棺液中含有醋酸、钾盐、朱砂乃至某些中药等成分,它们显然是有意加入的,由此可知,掩埋者或者配制了棺液,或者至少已能在某种程度上预见到棺液的生成。

关于本书的研究,古代以《黄帝九鼎神丹经诀》的作者为最著。今人有李约瑟、曹天钦、何丙郁合撰《三十六水法——中国古代关于水溶液的一种早期炼丹文献》,孟乃昌《〈三十六水法〉的初步观察》,任继愈等编《道藏提要·三十六水法》,韩吉昭《〈三十六水法〉新证》,以及陈国符《〈道藏经〉中外丹黄白法经诀出世朝代考》、《〈道藏经〉中可供研究中国古代自然科学与技术之史料》,孟乃昌《汉唐消石考辨》,王奎克《中国炼丹术中的金液与华池》,赵匡华、周嘉华《中国科学技术史·化学卷》等论著的有关部分。

(贺圣迪　闵龙昌)

淮南万毕术 〔西汉〕刘 安

《淮南万毕术》,又名《淮南万毕经》、《淮南王万毕术》,一卷。西汉刘安著。成书于公元前2世纪。著录于《隋书·经籍志》、《新唐书·艺文志》。原书已散佚,经清人孙冯冀、茆泮林、丁晏、黄奭、王仁俊、叶德辉等人辑佚而成传世之本。通行本有《南菁书院丛书》本、《龙溪精舍丛书》本、《说郛》本、《丛书集成初编》本、《玉函山房辑佚书续编》本、《问经堂丛书》本等。

《淮南万毕术》是我国古代有关物理、化学的重要文献。书中载有许多古代关于物理、化学的论述,如"削冰令圜(圆),举以向日,以艾冢其影,则火生。"这是我国关于透镜聚焦的最早记载。又如"取大镜高悬,置水盆于其下,则见四邻矣。"这是潜望镜的雏形。在磁现象方面,记述了物体相斥的事实,并且试图以胶合磁石粉末的办法制作人造磁体。在化学方面,记述了一些实用的生活常识,如"夜烧雄黄(硫化砷),水虫成列。水虫闻烧雄黄臭气,皆趣火。"说明雄黄燃烧时的气体可以作杀虫药剂,反映了我国在公元前2世纪时,就使用这种药剂。书中还有"朱沙为澒(汞)"、"白青得铁,即化为铜"等化学知识的记载。但是,刘安及门徒在当时都是信奉谶纬阴阳的方术之士,书中的一些记述杂糅了许多虚幻荒诞的说法,又有一些是幻想因素。如"理发灶前,妇安夫家","巫被发北向,咒曰:'老鼠不祥',过者受其殃"、"门冬、赤榝、薏苡为丸,令妇人不妒"等。

本书内容驳杂,对当时的物理、化学、生活常识等均有深浅不同的叙说,反映了我国古代人民对自然事物的认知和探索,对了解、研究这一时期的科技情况有一定的参考价值。

关于本书的研究,有赵匡华、周嘉华《中国科学技术史·化学卷》,李约瑟原著、柯林·罗南改编《中国科学文明史》等的有关章节。

(曾 抗)

淮南子·天文训 〔西汉〕刘 安

《淮南子·天文训》，一卷。作者及版本见"淮南子"条。

《天文训》是有关天文历法诸多问题的专篇。文中叙述了宇宙的起源、演化理论、天空的分野、二十八宿的分布、五星与五行、八风、五官六府、候风测影、星象节气、十二音律、阴阳五行禁忌、制律、月建、十二岁之禁忌等等。它不仅收有汉初的学说，也含有大量先秦时期的成果。为当时天文学知识与思想的集大成者。

《天文训》先叙天体的起源和演化。这一学说概括起来说，是这样的：大昭（天地未形、混沌空洞）→虚廓（道始于虚廓）→宇宙→气→天、地（气之清阳上为天，重浊凝为地）→阴阳（天地之袭精为阴阳）→四时（阴阳之专精为四时）→万物（四时之散精为万物，如阳气生火，火气之精为日；阴气为水，水气之精为月；日月之淫为精者为星辰。其他又演化为水火风雨、雷霆雾露霜雪及一切动、植物。）

这中间，既有在《天问》等文献中所展示的宇宙结构的影子，也有道家"无名，万物之始也；有名，万物之母也"、"有物混成，先天地生"、"道生一（指气）、一生二（阴阳）、二生三、三生万物"的思想。但在它们的基础上，归纳、整理、提高，从而清晰、完整地描绘出从无到有、道生气、气分阴阳，阴阳生万物的详细过程，这在当时，《天文训》为第一家。这一学说后为张衡的《灵宪》所继承与改造。

此下，《天文训》叙四时、日月、星辰、虹蜺彗星。又叙天有九野、九千九百九十九隅、去地五亿万里；五星、八风、二十八宿、五官六府、四宫之名实内涵；日月运度、年岁纪终、二绳、四钩、四维、二至与阴阳之气及万物闭藏之关系、水火与阴阳、节气之关系及万物相应变化、七舍与阴阳之气、节气间之关系、冬月斗柄所指方位与节气、音律间的关系等。

再下，《天文训》叙年内月行与大岁运行之关系、阴阳与五音六律、闰周、日占与物候、太一在冬春、年内五行配事与干支受制、万物禁忌、行十二时之气等。

又下,叙阴阳、日行轨道与时刻之关系、音律与十二月之关系、音律之数与度量衡之数的关系。并及太阴、太岁纪年与四象二十八宿之关系、岁星纪年、太阴占候、十二月建、二十八宿分度与星部地名(分野)、五行相生、北斗之神、岁星占与正朝夕、定方位、定二至二分、测四方广袤之数、测南北极距离等方法。

由此可见,《天文训》几乎包罗了当时天文、星象、音律、五行、干支等众多学科的知识。虽说它的条理不够清晰,又杂有较多的阴阳迷信、星气占候内容,也仍然不失为我国古代第一部全面、系统记载自先秦至汉初天文理论、星象知识的小百科全书式的著作。

如《天文训》成书虽早于《史记》,但其所载二十八宿的顺序却佳于《史记·天官书》,故后世自《汉书·天文志》起的历代天文与历志也都应用《天文训》所定的顺序。

《天文训》对五大行星的记载甚详,在马王堆汉墓出土帛书《五星占》以前的两千多年中,本书即是最早记叙五星运度,并将五星作为一个系统来论述的记载之一。与甘氏、石氏星经相比,可能略晚些,但系统与精度却要略胜之。

干支纪年乃我国独具特色之一,其起源可能约在战国时期,而第一次见于文献记载,即在本书中。这足以否定旧时或以为东汉元和二年(85)复行四分历时才始用干支纪年之说。另外,《天文训》既有岁星纪年的十二个名称,又有十个岁阳之名,两者相配也可得六十年周期。学者或以此为六十干支纪年之前身,但抑或以为可能是受干支纪年启示而来,尚未定论。

我国历法上另一个独具特色的内容——二十四节气,第一次完整出现也是在本书中。值得注意的是,本书的节气次序与《礼记·月令》、《吕氏春秋·十二纪》、《逸周书·时则训》等不同,雨水在惊蛰之前,清明在谷雨之前,现行夏历节气顺序即沿此而来。

将音律与天文历法相联系,也是我国特色之一。约在春秋战国时期已经萌芽,而结合为一个系统来加以论述的,《天文训》也是第一家。后世各代律历志亦沿此习。

《天文训》又给出了月亮的每日运行平均度值的数据——$13\frac{7}{19}$度,由此可推算出一恒星月长度为 27.321 850 4 日,与理论准确值仅差约 17 秒。

圭表是我国传统的观测日影的仪器,约在西周时已出现。但旧载最高仅八尺,而《天文训》首次记载了十尺高的圭表。本书还提出了利用标竿测定方向的新法,颇具创造性。另外,由本书所载的二十八宿赤道广度(亦即赤经差)、五星运度会合周期、恒星周期等等数值之精度而视,可以再次作为推测当时已有早期浑仪的证明。

另外,《尚书·尧典》中"朞(期)三百有六旬有六"的记载,也是赖《天文训》而得以保存。但本书也存在着结构不够严谨,条理不够清晰,内容杂而不精的缺陷,有些地方含有星气占候和阴阳迷信的成分。

有关本书的研究论著有钱塘《淮南子天文训补注》、席泽宗《〈淮南子·天文训〉述略》(《科学通报》1962年第6期)、陶磊《〈淮南子·天文〉研究》(齐鲁书社,2003年)等。

(王贻梁)

淮南子·墬形训 〔西汉〕刘 安

《淮南子·墬形训》,作者及版本见"淮南子"条。

《墬形训》是一篇论述地理及其变化的专文。概说"穷南北之修,极东西之广,经山陵之形,区川谷之居,明万物之主,知生类之众,列山渊之数,规远近之路,使人通回周备,不可动以物,不可惊以怪者也"(《淮南子·要略训》)。

《墬形训》所阐述的地学思想,主要有下列八方面。

一、山川薮泽的宇宙地位。从宇宙的角度考察山川薮泽,认为其为坠形所载,处于"六合之间,四极之内",而被"昭之以日月,经之以星辰,纪之以四时,要以之太岁"。

二、大地的形状、范围及层次结构。大地形为正方形,自东至西、自南至北,都是二亿三万三千五百里七十五步。有东、西、南、北、东北、东南、西南、西北八极。八极之内为八纮,八纮之内为八殥,八殥之内为九州。此九州乃是邹衍大九州说的九州。其在八殥之内的分布为:"东南神州曰农土,正南次州曰沃土,西南戎州曰滔土,正西弇州曰并土,正中冀州曰中土,西北台州曰肥土,正北济州曰成土,东北薄州曰隐土,正东阳州曰申土。"

三、神州状况。神州四周为海,"阖四海之内,东西二万八千里,南北二万六千里,水道八千里,通谷其名川六百,陆径三千里",中有九山、九塞、九薮、八风、六水。

四、昆仑墟概貌。说"其高万一千里"余,河水出其东北陬,洋水出其西北陬,赤水出其东南陬,赤水之东的弱水出自穷石。河水入渤海,其余三水入南海。

五、气候变化原因。以气的运行来说明天气及气候变化:"凡八纮之气,是出寒暑,以合八正,必以风雨。""凡八极之云,是雨天下;八门之风,是节寒暑;八纮、八殥、八泽之云,以雨九州而和中土。"

六、土地各以其类生物。将环境分为山气、泽气、障气、风气、林气、木气、岸下气、石气、险阻气、暑气、寒气、谷气、丘气、衍气、陵气、轻土、重土、清水、浊水、湍水、迟水、中土等二十余种,以此说明人在体质、形态、年寿、才性、能力、智慧等方面的差异；又将水质分为濛浊、通和、中浊、轻利、多力、重安、肥仁等种，用以解释各地物质的不同。又叙及五方人种、动物与作物的特征。

七、主要河流的发源地。首叙"江出岷山"，依次而说河、睢、淮、瀔、清漳、浊漳、济、时、泗、沂、洛、汶、汉、泾、渭、伊、雒、浚、维、汾、衽、淄、丹、殷、镐、凉、汝、淇、晋合、辽釜、岐、呼沱、泥涂渊、维湿等河流的发源地。

八、矿藏的形成及嬗变学说。认为金属矿藏只是气化万物中的一个过程。如"正土之气也，御乎埃天。埃天五百岁生缺，缺五百岁生黄埃，黄埃五百岁生黄金，黄金千岁生黄澒，黄澒五百岁生黄龙，黄龙入藏生黄泉。黄泉之埃上为黄云，阴阳相薄为雷，激扬为电，上者就下，流水就通，而合于黄海。"总之，矿藏在物的变化中形成，又嬗化为他物。仅就这一点而言，是合理而可取的。

《墬形训》总括直至汉初的地学成就，将天体、大地、山川、薮泽、九州、气候、人种、生物、矿藏等自然地理知识综为一体，成为一篇地学专著。它在继承邹衍大九州说等先秦地学成就的同时，发展了地学思想，对后世有所影响。

有关《淮南子·墬形训》的校注，参看本编《淮南子》篇。英人李约瑟从思想上加以研究，其成果见于《中国科学技术史》中的《地学》分册。自然科学史研究所地学史组的《中国古代地理学史》、唐锡仁、杨文衡主编的《中国科学技术史·地学卷》的某些篇章，也反映了这方面研究的成就。

（贺圣迪）

史记·天官书 〔西汉〕司马迁

《史记·天官书》,一卷。西汉司马迁撰。约成于太初元年(前104)至征和二年(前91)之间。作者生平及版本见"史记"条。

《天官书》主记恒星、行星、日月、妖星、云气、风占、分野等。恒星部分,叙述天空中五大区域(东宫、南宫、西宫、北宫、中宫)恒星星官名称、分布情况与占候。行星部分,叙述岁星(木星)、荧惑(火星)、填星(土星)、太白(金星)、辰星(水星)五大行星的赢缩、运行轨迹(顺、逆、留、伏、迟、速)、行度、会合周期、恒星周期,以及与五行、四季、十干的相配、占候等。此下接叙二十八宿与十二州的对应分野(这部分内容似应在恒星部分之下而在五星部分之前)。日月部分,叙日晕、日食、月行凌犯诸星、月食等情况下的占候。妖星部分,叙国皇、昭明、五残诸妖星的占候。再下,是望云气术与雷电、霞虹、霹雳、夜明、风气等气占与风占。此下为"候岁"(占卜一年情况)与"音占"。最后为太史公(司马迁)自己的议论。

从现代天文学的角度来看,恒星部分无疑是《天官书》最具精华的部分。在此之前,各家(星占家)虽然已对恒星作了一定的研究(如《开元占经》所收巫咸、甘德、石申星图),但所记的恒星数量偏少,且未成系统。《天官书》所收恒星共达九十一官、五百余星,并整理成五宫的区域系统,这在天文学史上是第一次。东、南、西、北四宫即四象,二十八宿恒星每七宿为一宫。中宫为北极区域,别名"紫宫",即后世三垣之一"紫微垣"名称之由来。其中"天市星"又是后世三垣之一"天市垣"名称的前身。整个恒星部分的叙述,轮廓分明、界域清晰、结构严整、井然有序。对恒星的亮度(大星、明、小星、若见若不)、颜色(白、赤、黄、苍、黑)也有记载。这些均深得后世的好评。汉初的天文学家,星则首推唐都,司马迁父子俱求教过唐都,故或以为《天官书》恒星系统乃唐都一派学说。

《天官书》中最重要的部分除恒星以外,便是五星。它与马王堆汉墓帛书《五星占》、《淮南子·天文训》同为系统记载五星运行轨道、会合周期的早期文献。三者不仅性质相近,而且具体内容也多有近同之处。另外,妖星部分,看似皆星占文字,但实质包含了变星、新星、超新星、流星等的记载在内,同样具有极为宝贵的史料价值。这恒星、王星、妖星三部分可总称为"星"。

《天官书》对日、月的占候较少。其中,第一次记载了有关交食的周期,但其数据似误差较大。从书中有关望云气与候岁的记载中,可以看出古人对云气与各种气象、时令的认识确已相当细致而又丰富的。这两部分可简称"气"与"岁"。

《天官书》议论部分的篇幅相当可观,在《史记》全书各卷的议论中是最长的一篇。这不仅因为司马迁是一位天文学家,更重要的是他撰写《史记》的重要目的之一是"究天人之际,通古今之变"。在议论中,司马迁历数天人之际的史事变迁,尽情阐发了他对历史、社会、人生的种种见解。

《天官书》还保存了前代的许多宝贵史料,如甘德、石申等人的研究成果。它是汉初以前天文星象学的集大成之作,也是后世正史《天文志》的标范。

有关《天官书》的研究著作有清孙星衍《天官书补目》、《天官书考补注》、刘逢禄《天官书经星补考》、陈澧《书天官书后》、近人朱文鑫《史记天官书恒星图考》(商务印书馆,1927 年)、徐日辉《史记八书与中国文化研究》(陕西人民教育出版社,2000 年)、陈美东《中国科学技术史·天文学卷》(科学出版社,2000 年)的有关章节。

(王贻梁)

史记·邹衍传 〔西汉〕司马迁

《史记·邹衍传》，又作《史记·䮫衍传》，一篇。西汉司马迁撰。作者生平及版本见"史记"条。

西汉元封元年(前110)，司马迁受父亲遗命，决定"悉论先人所次旧闻"(《自序》)，开始多方搜集资料，著述《史记》。他认为邹衍也是一位"抉义俶傥，不令己失时，立功名于天下"(《自序》)的历史人物，在写《史记·孟子荀卿列传》时，论述了他的活动。又认为研究历史要留意山川与社会的关系，而此正是邹衍之学的重要内容，于是简略复述大九州说，作为对百家杂语的一种整理。

《邹衍传》是一篇记载邹衍生平及其哲学、地学学说的传记。

邹衍认为地理的内容包含海洋与大陆。就陆地言，有其上的名山、大川、通谷以及人民、禽兽、水土所殖，尤其是物类所珍等项。中国不等于天下，中国所在的九州"于天下乃八十一分居其一分耳"。作为天下的整个大地，其结构层次如下："中国外如赤县神州者九，乃所谓九州也。于是有裨海环之，人民禽兽莫能相通者如一区中者，乃为一州。如此者九，乃有大瀛海环其外，天地之际焉。"大地、在地之上的天以及大瀛海并非生来如此，而是宇宙演化的结果，其原因在于"阴阳消息、五行生克"的结果。中国以外各九州的情况，可由中国九州的现状推而得知。大九州说的旨归，在于为政者仁义节俭和君臣上下六亲之道的施行。

大九州说总结此前地理知识，将其组织为一个多层次的体系，并推想整个大地状况，详尽地勾勒、描写、论述大地形貌及其由来，是中国史上第一个完整而有系统的大地模型。认为地理的内容不只是山川陆海，还应包括人类与生物，这是正确的见解。将整个海陆大势视为在海之中央及八方各有一州的布局虽不合实，但认为海大于陆并包围各大州，海可区分为瀛海及裨海两级却可肯定。又说中国的位置不在地之中央，而在它所处州的东南，也有合理因素。邹衍的地学，在当时及后世有两种截然相反的评价。司马迁称之为"闳大不经"的无稽之谈，桑弘羊却肯定其成就,并指出其对秦代凿空拓地的作用。汉代以来,地学界受司马迁影响,对邹衍之说不屑一顾。元时,因海外交通发展,域外知识增长,汪大猷、张翥等都强调大九州说,认为大地形貌或如邹衍所述。

关于《史记·邹衍传》的研究,有柯纯卿《邹衍学说论证》、赵玉瑾《邹衍及其学说简论》(《齐鲁学刊》1985年第1期)、常金仓《邹衍"大九州说"考论》(《管子学刊》1997年第1期)、王乃昂与蔡为民《邹衍的地理学说及与〈五藏山经〉之关系》(《地理科学》2003年第2期)、阎静《〈史记〉所记邹衍学说的渊源和流变》(《古籍整理研文学刊》,2009年第1期)等。

(贺圣迪)

汉元光元年历谱

《汉元光元年历谱》，一卷。1972年山东临沂银雀山二号汉墓出土竹简文书，未题作者。临沂银雀山二号汉墓墓葬年代在公元前134年至公元前118年间，专家由此推断成书年代亦当在此间，且以公元前134至前133年间的可能性为大。最初发表于《文物》1974年第3期，后作订正而收入吴九龙编辑《银雀山汉简释文》（文物出版社，1985年）。

《历谱》共三十二简，约九百五十字左右，明显缺字为四十个左右，再加上其它缺文，原文恐在一千字以上。

简文起首曰"七年觋（历）日"，即汉武帝建元七年，亦即改元后的元光元年（公元前134年）。此下接叙全年月份安排：十月大、十一月小、十二月大、正月大、二月小、三月大、四月小、五月大、六月小、七月大、八月小、九月大、后九月小。再下即将全年日子按三十份编排，中记有反日、节气及腊、伏。像这样基本完整地记载一年历日的历谱，可以看出完全是付诸实用的。

汉武帝元封七年改号太初元年，并改行以孟春正月为岁首的《太初历》。而在此以前用何种历法，历来颇有争议。旧说有二：一为颛顼历，一为颛顼与殷历兼用。清汪曰桢《历代长术辑要》以为"似殷历为合"，近人陈垣《二十史朔闰表》则认定用殷历。汉简《元光元年历谱》的出土，为解决这个两千余年来的疑题提供了弥足珍贵的史料。较多学者否定了汉初使用殷历的旧说。但究竟是何种历法，目前也仍还有争议。多数学者据此《历谱》考定汉初所用为颛顼历，少数学者认为汉初的这种历法既不是殷历，也不是颛顼历，而是一种特别的四分术，是根据观测得到的一次五月朔旦芒种夜半相齐为依据而制定的一种历法，与此后的《太初历》比较类似。

关于本书的研究，有陈久金、陈美东《临沂出土汉初古历初探》（《文物》1974年第3期）、《从元光历谱及马王堆帛书〈五星占〉的出土再探颛顼历问题》（《中国天文学史文集》，科学出版社，1978年），刘操南《〈元光元年历谱〉考释》（《古籍整理研究学刊》1995年1、2期合刊）等。

（王贻梁）

五岳真形图

《五岳真形图》，又名《洞玄灵宝五岳古本真形图》、《洞元灵宝五岳真形图》、《灵宝五岳古本真形图》、《道藏经五岳真形图》、《五岳真形之图》，一卷。相传为西汉东方朔撰作，成于武帝后元二年（前87）前。今人认为作者不明，当出于魏晋之世。通行本有《正统道藏》本、《遵生八笺》本等。

东方朔（前161？—前87？），字曼倩，一字曼蒨，西汉平原厌次（治今山东惠民桑落墅或德州陵城区东北之神头）人。学兼百家，而崇尚商鞅、韩非之术。武帝初，下诏求贤。东方朔应征上书，自言工书法、击剑，学兼儒兵，博通文史。待诏公车，后为常侍郎，官至大中大夫。武帝尝列举公孙弘、儿宽、董仲舒、夏侯始昌、司马相如、吾丘寿王、主父偃、朱买臣、严助、汲黯、胶仓、终军、严安、徐乐、司马迁等人，问他可与谁人相比？东方朔以为自己之才"兼此数子者"。此无疑是大而无当之词，但也可见其博学多能。又上书论"遵天之道，顺地之理"，使物各得其所，陈农战强国之计，冀得高官。武帝以为言过其实，仅备顾问。东方朔自伤怀才不遇，作《答客难》以自慰，又有《非有先生论》。为人诙谐多智，然时时观察颜色，直言切谏于帝；于诸公卿皆傲弄，无所为屈。时人及后世称他为滑稽家，将种种诞漫言行附着其身，形成许多浪漫传说。西汉人汇集其赋文，编有《东方朔》二十篇，书佚。明张溥辑有《东方大中集》。地学中的《神异经》、《海内十洲记》、《五岳真形图》相传为他所著。前两书体例仿《山海经》，内容亦多载诡异之物，而略于山川道路。生平事迹见《史记》卷一二六后褚先生所补《东方朔传》、《汉书》卷六五《东方朔传》。

《五岳真形图》始见于相传为班固所撰的《汉武故事》。《汉武故事》说，三天太上道君"因川源之规矩，赌河岳之盘曲，陵回阜平，山高陇长，周旋委蛇，形似书字"。将五岳山丘绘成弯弯曲曲的平面图形。由西王母授武帝，再由武帝授董仲舒而传于世间。由此而言，该图制在西汉前期或其前，献于朝廷后，由东方朔写定。今本羼入葛洪等人论述。

《五岳真形图》为道教地图著作，它以相当于现在等高线的技术表现五岳山地的地形。在流传中，本意渐失，蜕变为宗教灵图。

全书载东岳泰山、南岳衡山、中岳嵩山、西岳华山、北岳恒山及青城山、庐山、霍山、潜山地形图九帧,并以文字说明。书前有序。

作者认为五岳真形与真形图有别。五岳真形,乃在人之外的五岳"山水之象也";而真形图是据五岳山水曲折参差之状,经测量计算绘制的地图。绘制时"画小者则形微,大者则陇洪,高下随形、长短取象"。图上有注记,图外有说明文字。如"黑者,山形;赤者,水源;黄点者,洞穴口也"。泰山"周回二千里",自山口至最高处为"四千九丈二尺",山中有"紫石芝"、"紫石英"、"白石瑛"、"紫石"、"白石"、"流丹"、"仙草"、"芝草"等药物。前者是图例说明,后者为介绍文字。

又说"五岳真形图"的辟邪功能,能使"众邪恶鬼灾患疾病,皆自消灭"。不仅家居时宜蓄藏,出入山林横行江海时务必佩带。书中还载录各种符文,认为符文也具有避凶去灾的功能。

《五岳真形图》成书后流传较广,因地图难绘而失真,转化为道教灵图。传入日本的一个本子,经日本学者小川琢治研究,其中的东岳泰山图与实地测量用等高线绘制的泰山地形图很为近似。这表明汉代道士已经用平面封闭曲线绘制山区地形,并取得重大成绩。同时或稍后,又将其概括为"高下随形,长短取象"的理性认识,这些成就因地形图蜕化为灵图作为符箓使用而中绝。

有关本书的研究,有佚名《五岳真形图序论》,小川琢治《近世西洋交通以前的支那地图成就》("近世西洋交通以前の支那地図しニ就ヘ",《地学杂志》第22年第258号),曹婉如、郑锡煌《试论道教的五岳真形图》(《自然科学史研究》1987年第1期),观玩客《论五岳真形图》(《上海道教》创刊号,1986年),任继愈、锺肇鹏主编《道藏提要·洞玄灵宝古本五岳真形图》等。

(贺圣迪)

氾胜之书 〔西汉〕氾胜之

《氾胜之书》,异名《氾胜之》、《氾胜之种植书》、《氾胜之田农书》,十八篇。西汉氾胜之著。约成于西汉成帝(前33—前7)之时。原书已佚,现存三千五百多字,可以确信的约三千一百字,散见于《齐民要术》、《北堂书钞》、《艺文类聚》、《太平御览》等书。清洪颐煊辑本二卷。马国翰从《齐民要术》辑得十六篇,又从其他书辑出片断,凑成十八篇,也分为二卷。还有宗葆华的辑佚本。通行本有清道光二十四年(1844)《昭代丛书》沈氏世楷堂刻本、清同治十三年(1874)马国翰《玉函山房辑佚书》济南泺源山长匡源初刻本、1926年《经典集林》陈氏慎初堂影印本等。

氾胜之,山东曹县人。其先人本姓凡,秦乱时避于氾水,故改姓。汉成帝时任议郎,研究和总结三辅地区(关中平原)农业,提倡种麦获得丰收,政绩卓著。时人有志于农事者都乐于向他求教。后升为御史,官至黄门侍郎。晚年家于敦煌。所著《氾胜之书》已佚,后世有辑本多种。生平事迹见《汉书·艺文志》原注、《晋书·食货志》、《广韵》、《通志·氏族略》等。

《氾胜之书》是我国最早的一部农业科学著作,也是世界上最古老的一部农书。虽然它大约在北宋初期已亡佚,但赖《齐民要术》等几部书的引文,保存了一些零星片断的文字。从这些残存的三千多字中,仍足以反映出西汉农业科学技术的水平。本书总结了我国北方,特别是关中地区的耕作经验,提出了一套耕作的基本原则,认为"凡耕之本,在于趋时、和土、务粪泽、早锄获"。它还对十数种农作物种植过程做了详尽的经验性的总结,各指出每一个生产环节的关键问题。本书第一次提出了麦谷的穗选法,如选取麦种,应"候熟可获,择穗大疆(强)者,秆束立场中之高燥处,曝使极燥。无令有白鱼,有辄扬治之。取干艾杂藏之。麦一石,艾一把,藏以瓦器、竹器。顺时种之,则收常倍"。对于种稻,它提出了适当选择稻区的大小、掌握水的深度,以及通过控制水流速度而控制水温的办法。对于桑树的种植提出了桑苗截干法,即将一年生桑苗贴地割去,次年,根发新条,长得更为茁壮。它还出于充分利用地力的想法,采取一些具体措施,可视为间作的萌芽思想。《氾胜之书》还详细介绍了区田法和多种溲种法。区田法的基本原理即"深挖作区"，在区内集中使用人力物力，加强管理，合理密植，保证充分供应作物生长所必需的肥水条件，以提高单位面积产量的方法来发展农业生产，同时扩大耕地面积。溲种法即将兽骨骨汁、缲蛹汁，蚕粪、兽粪、附子、水或雪汁，按一定比例，和成稠粥状，用以淘洗种子，然后再播种。氾胜之认为，溲种可以防虫、抗旱、施肥，保证丰收。

《氾胜之书》的经济思想主要包括以下一些内容。

一、土地综合经营。氾胜之十分重视土地多种种植的综合经营，以"庶尽地力"。书中有许多利用套作和间作技术的记载。如："凡田有六道，麦为首种。"意谓田地可以连种六种作物，麦是第一期。又如：每亩混合三升黍子和三升桑椹子播种。到收黍子时，桑苗正和黍子一样高，连桑苗一齐割下，将桑苗晒干。待风向适合时逆风放火烧掉。到明年春天，从根上发出的新桑苗所生的叶，一亩地足供三箔蚕的饲料。还有如在瓜田空处种小豆，每亩四五升，豆的嫩叶可以作蔬菜卖。这样充分利用空间、地力和有限的生长时间，提高复种指数，增加土地的经济效益。

二、农产品综合利用。书中记述了多种农产品及其副产品的综合利用。如瓠破为瓢，而副产品瓠肉、瓠子则可用来喂猪，做火炬。体现了氾胜之综合利用的经营思想。

三、重视工时和经济效益的核算。氾胜之重视量的计算，每考虑一项技术措施，必计算其所需工时和经济效益。例如他的区田法，就分别计算了上农夫、中农夫、下农夫所费的工时和效率；讨论某种作物的种植，也计算其收获量和经济效益。特别难得的是，书中记述种瓠技术及其综合利用时，还进行了生产成本的核算："（瓠）一本三实，一区十二实。一亩得二千八百八十实，十亩凡得五万七千六百瓢。瓢直十钱，并直五十七万六千文。用蚕矢二百石，牛耕工力直二万六千文。余有五十五万。肥猪明烛，利在其外。"这是中国有文字记载的最早的单项作物亩产量及其货币收入，同所投入的工料成本比较，来计算盈亏的生产成本核算。

《氾胜之书》总结了北方旱作农业技术，对传统农学产生了深远的影响，如《齐民要术》不但摘录了许多关于区种法的文字，还记载了西兖州刺史刘仁之进行区田试验，取得丰收的例子，以证实"顷不比亩差"的观点。又如《四民月令·正月》即继承了该书中椓橛木测土壤定春耕的方法。《氾胜之书》不但提出了耕作的总原理和具体的耕作技术，还例举了十几种作物的具体栽培方法，奠定了中国传统农学作物栽培总论和各论的基础，而其写作体例则成了中国传统综合性农书的范例。它在经济思想上也有可注意之处。

有关《氾胜之书》的整理和研究著作，有石声汉《氾胜之书今释》（科学出版社，1956年）、万国鼎《氾胜之书辑释》（中华书局，1957年）、古月和李成斌《氾胜之书的作物栽培原理与丰产方法》

(《中国农学史(初稿)》上册,科学出版社,1959年)、日本大岛利一《关于氾胜之书》(《东方学报》京都第十五册第三分册,1946年)、上海社会科学院经济研究所经济思想史研究室《秦汉经济思想史》、梁家勉主编《中国农业科学技术史稿》(农业出版社,1989年)、吴存浩《中国农业史》(警官教育出版社,1996年)有关章节等。

(王国忠　林其锬)

汉墓壁画星象图

汉墓壁画星象图，1987年在西安交通大学附属小学院内出土的汉代墓葬中被发现。据专家组鉴定，其年代约当西汉晚期宣、元之后王莽之前（约公元前73—公元8年）。其发掘简报最初发表于《考古与文物》1990年第4期。该图见收于陕西省考古研究所西安交通大学《西安交通大学西汉壁画墓》、陈美东主编《中国古星图》。

其墓葬壁画分上、下两大部分，下部分壁画代表人类生活的大地，绘有山川以及在山中觅食的虎、鹿、野猪、天鹅等禽兽。上部分壁画，是位于墓室顶部的星象图：墓室正顶中线南侧画有一轮朱红色的太阳（中间有一飞翔的黑色金鸟），正顶中线北侧画有一轮白色的月亮（中间有一蟾蜍和一奔跑的兔子），在太阳和月亮周围绘满彩色的祥云（其中有几只振翅高飞的仙鹤），环绕墓室顶部有一条圆环带（内径约为2.20—2.28米，外径约为2.68—2.70米），将太阳、月亮和祥云围在中间，于环带的内、外径之间绘有示意二十八宿（以小圆圈和连线或与之相关的图画表示）的星象。

秦汉之际，我国传统天文学流行"盖天说"，并以其说为依据绘制盖天星图，即圆式"盖图"已逐步定型，《汉书·天文志》有谓"凡天文在图籍昭昭可知者"。这种圆式"盖图"的式样，是将全天可见恒星绘于一幅圆图中，以天球北极为中心示有三个同心圆，内圆称为上规或内规（示恒显圈），中圆称为中规（示赤道），外圆称为下规或外规（示恒隐圈的边界线）。圆式"盖图"的缺点，是赤道以南的星座被拉得很开而失真。汉代圆式"盖图"虽已无实物留存至今，但是，西安交通大学汉墓壁画星象图提供了当时星图的相关信息，是目前中国最早的示意性的圆式天文星象图。

在此汉墓壁画星象图的环带中，绘有表征二十八宿的星象图画是一大特色，为今人理解二十八宿的名义提供了形象资料。例如，奎宿的名义本不清楚，在此星象图中奎宿被画成一个上尖下方的圭形图，联系到在曾侯乙墓漆箱星象图中奎宿名即被写为"圭"，两者可以相互证解，可能是因为古人把组成奎宿的多颗星连线在一起，其构成的形象与圭形相似，则奎宿早期的称名与圭形有关。圭是古代王室的礼制玉器,而"奎"由大、圭二字构成,可用于象征天之大圭。从文字学上来说,"奎"是晚于"圭"出现的后起字,在曾侯乙墓时代不存在以"圭"字去通假"奎"的问题,可知"圭"是战国早期对奎宿名的原先称谓。此外,《史记·天官书》:"奎曰封豕,为沟渎。"封豕,为大猪。《说文解字·大部》:"奎,两髀之间,从大,圭声。"如此,可了解到奎宿在战国至汉代有过圭、封豕、髀胯三个不同含义的演变。

与曾侯乙墓漆箱星象图中仅出现苍龙和白虎二象不同,在此汉墓壁画星象图中绘有四象,是目前已知将四象与二十八宿完整相配的范例:东方苍龙为淡青色,在龙首至尾端绘有数个小圆圈示角、亢、氐、房、心、尾六宿;北方玄武仅以虚、危宿图象(由五颗星连线构成横置的塔形)中的一小蛇来表示;西方白虎仅以参宿图象中的一白色奔虎来表示;南方朱雀为一淡青色的似凤飞鸟,在鸟首至鸟身上下方连线有数个小圆圈示柳、星、张、翼四宿。在此壁画星象图中,用来表示四象的动象图象并没有涵盖各象中的七个星宿,反映着四象与二十八宿相配的早期过渡阶段情况,有助于今人对四象与二十八宿相配演变的研究。

关于西安交通大学汉墓壁画星象图的研究论著有呼林贵《西安交大西汉墓二十八宿星图与〈史记·天官书〉》(《人文杂志》1989年第2期),雒启坤《西安交通大学西汉墓葬壁画二十八宿星图考释》(《自然科学史研究》1991年第3期),陕西省考古研究所、西安交通大学《西安交通大学西汉壁画墓》(西安交通大学出版社,1991年)等。

(锺守华)

孙子算经 〔东汉〕佚 名

《孙子算经》,略称《孙子》,三卷。撰者及成书年代不详。清朱彝尊以为春秋时孙武撰,但戴震据其中有"长安"(汉以后地名)、"佛书"(东汉后佛经方始传入)等语,断其为东汉明帝以后成书。唐时列为国子监算学诸生必读的"十部算经"之一,并附有南北朝时甄鸾和唐时李淳风的注文,但现传本注文全佚。通行本有清《四库全书》本、《微波榭算经十书》本、《武英殿聚珍版丛书》本、《知不足斋丛书》本、近代《丛书集成》本、1963 年中华书局版钱宝琮校点《算经十书》本等。

《孙子算经》是中国古代重要的数学著作之一。卷首有《序》一篇,论及算学的性质、作用和功能:"夫算者,天地之经纬,群生之元首,五常之本末,阴阳之父母,星辰之建号,三光之表里,五行之准平,四时之终始,万物之祖宗,六艺之纲纪。……观天道精微之兆基,察地里纵横之长短,采神祇之所在,极成败之符验,穷道德之理,究性命之情。立规矩,准方圆,谨法度,约尺丈,立权衡,平重轻,剖毫厘,析黍絫。历亿载而不朽,施八极而无疆。"

卷上叙述度量衡制度、算筹记数法和筹算乘除算法等。其中关于筹算制度的内容,是现存典籍中最早的和较详细的记载。如论算筹记数说:"凡算之法,先识其位。一纵十横,百立千僵。千十相望,万百相当。"这是说记数的算筹必须根据数位的不同而采取不同的摆法。在中国古代的筹算法中,算筹(一根根约十厘米左右的小竹棍或木棍)的摆法有纵式和横式两种不同的方式。其一到九的表示方法为:

数码:	一	二	三	四	五	六	七	八	九
纵式:	│	∥	∥∥	∥∥∥	∥∥∥∥	⊤	⊤	⊤	⊤
横式:	一	ニ	三	亖	亖	⊥	⊥	⊥	⊥

如表示一个多位数,则从左到右由高位至个位横列,并采取此书所说的纵横相间的原则,即个位数用纵式表示,十位数用横式表示("一纵十横"),百位用纵式,千位用横式("百立千僵"),万位再

用纵式("千十相望,万百相当")……再加上遇零空位的办法,便可表示出任意大小的自然数。这种算筹记数法从先秦时期便开始实行,一直到宋元时期都没有改变。

卷中举例说明筹算分数算法和筹算开平方法,以及一些简单的面积和体积计算问题。卷下是各种应用问题。中、下两卷共列出有关市易、田域、仓窖、兽禽、营建、赋役、测望、军旅等各类算题六十四道。其中卷下第二十六题是著名的"物不知数"问题(或称"孙子问题"),即求这样一个数,使其三三数之余二,五五数之余三,七七数之余二。书中给出了这一问题的解法,并求出其答数为二十三。这实际上是一个一次同余式组问题。用现代数学语言表示,即为求最小正整数 N,使其满足如下的同余式组:

$$N \equiv 2 (\bmod\ 3) \equiv 3 (\bmod\ 5) \equiv 2 (\bmod\ 7)。$$

以后南宋时的秦九韶进一步将其发展为"大衍求一术",给出了解一次同余式组的一般程序。1876年,西方数学家指出本书的这一解法与19世纪高斯(Gauss,德国数学家,近代数学奠基者之一)关于一次同余式组的解法基本一致。以后在西方数学史著作中,遂将本书的这一解法称为"中国剩余定理"。

《孙子算经》对后世数学颇有影响。其中的一些趣味算题,如"物不知数"问题、"河上荡杯"问题、"鸡兔同笼"问题等,更在民间广泛流传。唐时列为官学的数学教科书后,又随着中日之间的交流而传入了日本。

关于本书研究,有李俨《中算史论丛》(中国科学院,1954—1955)、李俨与杜石然《中国古代数学简史》(中华书局,1964年)、钱宝琮主编《中国数学史》(科学出版社,1964年)、李迪《中国数学通史》(江苏教育出版社,1999年)等书的有关部分。

(周瀚光)

神农本草经

《神农本草经》,又名《神农本草》,简称《本草经》、《本经》,三卷(又作四卷)。原作者不详,有神农、子仪、伊尹、张仲景、华佗等多种说法。其成书年代亦有神农氏时代、黄帝时代、商周、战国、秦汉、东汉等诸说。大抵此书并非成于一人一时,而是经过战国以来众多医家的搜集、研究,至东汉始基本整理编定。原书在唐初已佚,其主要内容被保存于《太平御览》、《证类本草》、《本草纲目》等书中,后世流传各本均辑自上述诸书。现存最早的辑本为南宋王炎《本草正经》,此后有明代卢复《神农本经》。通行本有:一、清孙星衍、孙冯翼辑本,有《丛书集成(初编)》本、《问经堂丛书》本、《四部备要》本;二、清顾观光辑本,有《武陵山人遗书》本;三、清姜国伊辑本,有《守中正斋丛书》本;四、清黄奭辑本,有《汉学堂丛书》本、《子史钩沉》本。此外有清王闿运辑本及日本森立之辑本。其中以孙星衍、孙冯翼辑本较为完善,流传亦广。

《神农本草经》系本草学著作。全书共载药物三百六十五种,分为上、中、下三品,其中植物药二百五十二种,动物药六十七种,矿物药四十六种。书名"本草",即是因为所收药物以植物居多的缘故。

上卷载上品药一百二十种,一般为无毒或毒性较小者,多属补养类药物,所以"多服久服不伤人",其作用是"主养命以应天"。中卷载中品药一百二十种,有有毒、有无毒者,多为补养攻治兼具的药物,所以须"斟酌其宜",作用是"主养性以应人"。下卷载下品药一百二十五种,此品药"多毒、不可久服",专用于除寒热、攻邪气、破积聚,作用是"主治病以应地"。书中对每种药的性味、主治、功效、加工方法、生长环境、采集时间等均一一作了叙述。对部分药物,还标明其产地和别名。这些药物所适应的病证多达一百七十余种,包括内、外、妇、眼、耳、喉、齿等各科,经长期临床实践的检验,大多疗效确切可靠。

本书另有序例一篇(又称"序录",因辑本的不同,或置书前,或置书末,在四卷本中为单独一卷),集中论述药物学原理。主要有:一、关于各种药物的配伍禁忌原则。本书在《黄帝内经》"君臣佐使"配伍原理的基础上进一步提出,"药有君、臣、佐、使以相宣摄合和,宜用一君、二臣、三佐、五使,又可一君、三臣、九佐使也",此处的君、臣、佐使即分指上、中、下三品药。又认为"药有阴阳配合:子母、兄弟、根茎、华实、草石、骨肉。有单行者,有相须者,有相使者,有相畏者,有相恶者,有相反者,有相杀者,凡此七情,和合视之"。在用药时,须根据各类药物的上述七种关系进行通盘考虑。由此主张,在一般情况下,"当用相须相使者","勿用相恶相反者"。至于"相畏相杀者",则只能在"有毒宜制"的情况下可用,否则"勿合用也"。二、关于药性,本书指出:"药有酸、咸、甘、苦、辛五味,又有寒、热、温、凉四气,及有毒无毒。"因药性的不同,故其"阴干、暴干,采制时日,生熟,土地所出,真伪陈新,并各有法"。而药物的剂型,或宜丸、或宜散、或宜水煮、或宜酒渍、或宜膏煎或诸法兼宜,亦须"并随药性,不得违越"。三、关于用药的原则和方法。原则是"疗寒以热药,疗热以寒药,饮食不消以吐泻药,鬼注蛊毒以毒药,痈肿疮瘤以疮药,风湿以风湿药,各随其宜"。使用毒副作用大的药物,须严格控制剂量,宜视病情由小而大,"先起黍粟,病去即止。不去,倍之;不去,十之。取去为度"。服药时间亦视病情而定,病在胸膈以上者,饭后服;心腹以下者,饭前服;在四肢血脉者,清晨空腹服;在骨髓者,夜晚食后服。此外,这部份还提出了"先察病原,先候病机"的治病原则。

综观全书,纵论药理,横录药物,二者交互为用,构成了一个完整而严密的药物学体系。

《神农本草经》是我国现存最早的一部药物学著作,为古代中医学四大经典之一。它首创的三品分类法开我国药物分类学之先河,书中所载药物的性味、功效,所论述的药物学原理及在此基础上确立的用药原则,大多具有相当的科学价值,为后世医家所大量借鉴吸收,从而奠定了我国古代药物学的基础。

有关本书的研究著作,主要有三国魏吴普《吴普本草》、晋李当之《李当之药录》、南北朝梁代陶弘景《本草经集注》、陈藏器《本草拾遗》、明缪希雍《神农本草经疏》、清张志聪《本草崇原》、徐大椿《神农本草经百种录》、邹澍《本经疏证》、阮其煜等《本草经新注》、今人尚志钧《神农本草经校点》以及19世纪日本学者森立之《本草经考注》等,其中以《本草经集注》影响最大。见于药物学概论及历史著作的,如章次公《药物学》、人民卫生出版社版《中药志》、《中医大辞典·中药分册》、李经纬上编《中国医学百科全书·医学史》、傅维康《中药学史》等。论文有尚志钧《〈神农本草经集注序录〉的考察》、熊梦《神农本草经内容概述》等。

(林建福)

难经

《难经》，全名《黄帝八十一难经》，一卷（又作三卷、五卷）。托名战国秦越人（扁鹊）撰。约成于东汉。有《医要集览》本、1979年人民卫生出版社《难经校释》本。

《难经》是一部中医基础理论著作。它从《黄帝内经》中挑选出"微言奥旨，引端未发者"八十一处，以问答的形式来进行讨论，以达到"畅厥义"的目的。然书中称"经言"者，有一部分不见于今本《内经》，可能是《内经》佚文。

全书设为八十一难，历代研究者有分为十三篇、七篇、六篇者。其中元代吴澄的六分法较合理、为后世所普遍接受。按此分法，第一至二十二难论脉诊，二十三至二十九难论经络，三十至四十七难论脏腑，四十八至六十一难论疾病，六十二至六十八难论腧穴，六十九至八十一难论针法。这部书在基础理论和临床两个方面均有不少创见。在脉学方面，它以《内经》"五味入口，藏于胃以养五脏气"，而"变见于气口"，气口"独以为五脏主"（《素问·五脏别论》）"气口成寸，以决死生"，（《素问·经脉别论》）"行奇恒之法，自太阴始"（《素问·玉版论》）的观点为理论依据，进一步提出了"寸口者，脉之大会，手太阴之动脉也"（第一难）的见解。并在诊法上简化了《内经》遍取全身上中下部位动脉的三部九候诊脉法，首创"独取寸口"和寸、关、尺为三部，每部以浮、中、沉为九候的新诊法。在脏腑理论方面，《内经》提出"命门"的概念，以眼睛为命门。《难经》则认为："肾两者，非皆肾也。其左者为肾，右者为命门。命门者，诸精神之所舍，原气之所系也。男子以藏精，女子以系胞。"（三十六难）从生命活动和人类繁衍的高度对命门作了全新的解释。书中对"三焦"问题也作了比《内经》更为具体详细的阐述。在经络理论方面，《难经》系统论述了奇经八脉的内容、意义、起止、循行路线及为病证候，完善了中医理论中的经络学说。在疾病理论方面，提出了"伤寒有五：有中风，有伤寒，有湿温，有热病，有温病"（五十八难）的广义伤寒说，并具体描述了五种伤寒相应的脉象。在腧穴、针灸方面，论述了十二经原穴与三焦的关系、五腧和八会的主治作用等，讨论了各种针灸补泻方法，不仅丰富了中医的针灸理论，且具有重要的临床指导意义。

《难经》是我国古代医学经典著作之一,在中国医学史上有很高的地位。历代都将其与《内经》并称,或同《内经》、《神农本草经》、《伤寒杂病论》并列为古代中医学四大经典。《难经》对后代也发生了重大的影响。其"独取寸口"的切脉方法,成为典范而被后世医家所广泛采用。其"命门"理论实为后世命门学说不祧之祖。

有关本书的研究著作,现存最早者为三国时东吴吕广的《黄帝众难经》,此后较著名的有唐代杨玄操《集注难经》,宋代丁德用《补注难经》、虞庶《虞庶注难经》、杨康侯《注解难经》,元代滑寿《难经本义》、袁坤载《难经本旨》,明代熊宗立《勿听子俗解八十一难经》、王九思《难经集注》、马莳《难经正义》、张世贤《图注八十一难经》,清代莫熺《难经直解》、徐大椿《难经经释》、丁锦《古本难经阐注》、黄元御《难经悬解》、叶霖《难经正义》,清以后则有张山雷《难经汇注笺证》、陈璧琉《难经白话解》、凌耀星主编《难经校注》、南京中医学院《难经校释》、张登本《难经通解》等。其中以滑寿的《难经本义》、王九思的《难经集注》、徐大椿的《难经经释》较佳。此外,日人丹波元胤于1819年所著《难经疏证》也颇有见地。论文有江苏省中医学校针灸学科教研组《难经概述》、何爱华《关于〈难经〉的篇次问题》。陈邦贤《中国医学史》、傅维康主编《中国医学史》等,也有专节论《难经》。

(林建福)

汉书·律历志 〔东汉〕班 固

《汉书·律历志》，二卷。东汉班固撰。作者生平及版本见"汉书"条。

《史记》是首部收入历法的史学著作，并专列《历书》与《律书》两篇。《汉书·律历志》则将两"书"合为一志，又注入新内容。《律历志》的上卷先叙数字、乐律、度量衡，其内容取自《史记·律书》。次述天文历法，内容包括：颛顼命南正重司天，古六历（黄帝、颛顼、夏、殷、周、鲁）的梗概，汉初袭秦正朔而用的颛顼历，汉初制定《太初历》与汉末制定《三统历》的经过等。末为天文政治理论，阐述"天和人道"、治历明时及灾异说等。

汉初沿用秦历，至武帝时日见疏阔，与实际天象之差别日益明显，如年终置闰之类的旧法更显陈旧落后，故司马迁、公孙卿、壶遂等人便于武帝元封七年（前104）上书议改历法。五月，武帝旨令准改。时征召二十余人参加，著名天文学家唐都、落下闳、邓平、司马可等俱在其中。经大量实测（如著名的落下闳改进浑仪后重新观测二十八宿距度等）、推算、辩论后，最终选定邓平所拟订之八十一分律。武帝遂改元封七年为太初元年，定十二月底为太初元年终，此后每年皆从孟春起始，彻底革弃旧以十月为岁首之法。这是我国第一部按照一定规制程序而由政府制定、颁布的历法，它就是《太初历》。西汉末年，著名学者刘歆以《太初历》为本，再加上一些原来被简略的天文知识与上古以来天文文献的考证而成新的《三统历》。《太初历》未有传世，我国古代流传下来的第一部天文历法，乃是见于《汉书·律历志》下卷的《三统历》。

《律历志》下卷所载的《三统历》（其基本部分乃是《太初历》）的主要内容有："统母"，列出日法、闰法、统法、周天、月周诸项基本数据。"纪母"，叙五星运度、岁数等。"五步"，叙五大行星之见、顺、留、逆、伏等现象与会合周期、恒星周期等。"统术"，叙日月元统、正月朔、闰余、冬至、八节、中部二十四气、五行、月食等。"纪术"，叙推五星见复、星所见中次、星见月、至日、朔日、入月日数、后见月、朔日及入月数、五步等。"岁术"，叙推岁所在。"世经"，先叙太昊、炎帝、少昊、颛顼、帝喾、唐尧、虞舜、伯禹、成汤等治历情况，再叙《三统》、《殷历》、《四分》、《春秋》有关古历时日的记载,终于光武皇帝。此部分当刘歆所加者。末载有关上元、冬至、朔闰、在位、世纪、星象、气候、节气等内容,似亦为刘歆所加。

由《律历志》所载可知:《太初历》与《三统历》是我国首先使用交点年与恒星月的历法。其内容已相当丰富而精确。其将一回归年平分为二十四气,二气间相隔 $15\frac{1\,010}{4\,617}$ 日。《太初历》的节气顺序与《淮南子·天文训》所载相同,《三统历》则复《礼记·月令》、《吕氏春秋》"十二纪"之旧,将雨水与惊蛰、清明与谷雨再颠倒回去。其循以无中气月份为闰月的年中置闰法则,从而将节气与月份的关系调整到相当合理的程度。后世农历即沿用此法而来。《太初历》又首次明确提出了在一百三十五个朔望月中有二十三个食季的食周概念。其关于五星会合周期与恒星周期的数值精度,比马王堆帛书《五星占》更为提高,比《淮南子·天文训》与《史记·天官书》更要高得多。另外,它还依据对五星在一个会合周期内的动态的认识,建立起一套推算五星位置的方法。所有这些,均为后世历法所沿用。这也证明了《太初历》确是在大量的天文实际观测的基础上,经过仔细深入的计算与思维,才编制而成的,因而比汉代以前的一切旧历都要丰富、精确得多。在我国古代历法史上,《太初历》(包括《三统历》)具有划时代的意义。

有关《汉书·律历志》的注释,唐代颜师古的注为最有名。继之者有清王先谦《汉书补注》,沈钦韩《汉书疏证》,周寿昌《汉书注校补》,钱大昭《汉书辨疑》,王念孙《读书杂志》"汉书"部分,近人杨树达《汉书窥管》,陈美东《历代律历志校证》(中华书局,2009 年),夏国强《〈汉书·律历志〉研究》(苏州大学,2010 年)等。论文有《三统历揭要》,薄树人《试探三统历和太初历的不同点》(《自然科学史研究》,1983 年第 2 期),薮内清著、方从矩译《两汉历法考》(《文化汇刊》,1941 年 2 卷 1 期)等。在中国天文、历法史著作中也有所论述。

(王贻梁)

汉书·地理志 〔东汉〕班 固

《汉书·地理志》,又名《前汉书·地理志》,一卷,分上下两篇。东汉班固撰。作者生平及版本见"汉书"条。

班固在撰写史学名著《汉书》时,较司马迁更重视地理环境在社会历史发展中的作用。他不仅将《河渠书》发展为《沟洫志》,又开创《地理志》。在其他篇章中,也很重视地理事项。如《五行志》载各地的大风、雷、雹、水、涝、干旱、冬暖、霜、雪等反常天气灾害,山崩改变地形。《西域传》概述西域山川大势,还描述雅丹地形和一些地区的植被。《沟洫志》论述流水搬运泥沙、地上河、河流在平原地区的游荡性、水系演变和土壤状况。《晁错传》叙说北冷现象及其影响下的生物特征。班固认为,"坤作坠势,高下九则",各地地形不同;自黄帝以来政区也一再变化,为条例"郡县,略表山川",他采录《尚书·禹贡》、《周礼·职方》、司马迁《史记·货殖列传》、刘向《域分》、朱赣《风俗》与成帝元延绥和(前12—前7)、平帝元始二年(2)的朝廷簿籍等资料,撰成以政区地理为主,兼具自然地理、历史地理、风俗地理、经济地理的《汉书·地理志》。

《地理志》的第一部分叙述中国行政区划的建立,及自黄帝至西汉的沿革;第二部分记载西汉幅员、垦地、户口、百三郡国及其所属各县的状况:建置、沿革、人口、民族、山川、资源、经济、祠庙、名胜等;第三部分,论述各大地区:秦、魏、周、韩、赵、燕、齐、鲁、宋、卫、楚、吴粤等地的自然、分野、历史、经济、风俗及其主要城市;第四部分为南海对外交通。

《地理志》发展、丰富了《淮南子》"地理"一辞的含义。班固在"地理,山川也"(《汉书·郊祀志》)的基础上,使其不仅含有自然内容,而且具有政治、社会、经济因素,创立以疆域政区为纲,究天人之际、通古今之变的综合性地理学。

本志概述了中国政区的创立、沿革与现状。黄帝得百里之国万区。至尧遭洪水,天下分绝为十二州。禹平水土,更制九州。殷因于夏,周改禹制,徐、梁二州合之于雍、青,分冀州之地以为幽、并。周时九州所属千八百国,至春秋并为数十国,战国时天下分为七。及秦统一,分天下为郡县。汉兴因秦制度,在三十六郡的基础上,高祖增二十六,文景各六,武帝二十八,昭帝一,迄于孝平,凡郡国一百三,县邑千三百一十四,道三十二,侯国二百四十一。

记叙了西汉一代的幅员、垦地、人口数:"地东西九千三百二里,南北万三千三百六十八里。提封田一万万四千五百一十三万六千四百五顷,其一万万二百五十二万八千八百八十九顷,邑居道路、山川林泽,群不可垦;其三千二百二十九万九百四十七顷,可垦不可垦;定垦田八百二十七万五百三十六顷。"三项相加为一万万四千三百零九万零三百七十二顷,与原总数相差二百零四万六千零三十三顷。其上生活着"户千二百二十三万三千六十二",人口"五千九百五十九万四千九百七十八"。反映了汉代的强盛繁华。

叙述了郡国的户口、自然和经济状况,以及所属各县、道、邑、侯国的山川、物产、水利、工矿、关塞、祠庙、古迹。前者如"庐江郡,故淮南,文帝十六年(前164)别为国。金兰西北有东陵乡,淮水出。属扬州。庐江出陵阳东南,北入江。户十二万四千三百八十三,口四十五万七千三百三十三。有楼船官。县十二。"后者如"雍,秦惠公都之。有五畤、太昊、黄帝以下畤三百三所。橐泉宫,孝公起。祈年宫,惠公起。棫阳宫,昭王起。"全志共记名山一百三十四座,河流二百五十八条。所记河流,叙其发源流向和归宿,较大者记有所纳支流和经行里数。如蜀郡湔氐道条说:"《禹贡》崏山在西徼外,江水所出。东南至江都入海,过郡七,行二千六百六十里。"

对百三郡国以外的地区,也有反映其地形特色的描述。如敦煌郡条,"正西关外有白龙堆沙,有蒲昌海"。所叙为新疆塔克玛什干沙漠的雅丹地形及罗布泊。再如越嶲郡遂久县条,"绳水出徼外,东至僰道入江,过郡二,行千四百里"。说金沙江从青藏高原流来至四川宜宾入长江。

认为各地水土风气有别,造成居民"刚柔缓急,音声不同",称为风;而"好恶取舍,动静亡常"之俗,决定于"君上之情欲"。各大区因自然环境、社会政治条件所形成的生活方式不同,习俗互有区别。在大区之内,也因自然社会诸因素所形成的生活习俗各有特点,而呈现互相歧异之处。如秦地之天水、陇西、安定、北地一带,地多林木,迫近戎狄,人民以射猎为先,修习战备,不耻为寇盗;而巴、蜀、广汉土地肥美、物产丰富,又受文翁教化,司马相如影响,习俗高尚文辞。

论次各地区的中心城市与周围地区关系。韩地之"宛,西通武关,东受江淮,一都之会也。"宛与其他地区的都会邯郸、蓟、临菑、江陵、寿春、番禺等地,又以国内交通干线,形成以长安为中心的全国政治、经济与文化联系。

又记载中外交通及海外情况。东北方:"乐浪海中有倭人,分为百余国,以岁时来献见云。"东方:"会稽海外有东鳀人,分为二十余国,以岁时来献见云。"南方:"自日南障塞、徐闻、合浦船行可五月,有都元国;又船行可四月,有邑卢没国;又船行可二十余日,有谌离国;步行可十余日,有夫甘都卢国。自夫甘都卢国船行可二月余,有黄支国,民俗略与珠崖相类。"又记黄支之外的皮宗、已程不国。

《汉书·地理志》的体例,为《后汉书》、《晋书》、《宋书》、《南齐书》、《魏书》、《隋书》、新旧《唐书》、《旧五代史》、《宋史》、《辽史》、《金史》、《元史》、《明史》等正史所继承,在史学系统内,形成独特的地学体系,并因此而使整个地学成为史学的附庸。进而发展为历代编修的地理总志,如《元和郡县志》、《元丰九域志》、《一统志》等,影响还及于图经、方志,形成中国地理著作的体系。但它重视人文与政区沿革,忽略大地山川形貌及其规律,不利于自然地理的发展。

有关本书的研究著作,在校注方面主要有唐颜师古《汉书注》、清全祖望《汉书地理志稽疑》、钱坫《新斠注地理志》、吴卓信《汉书地理志补注》、王绍兰《汉书地理志校注》、朱为弼《汉书地理志补注》、王绍兰《汉书地理志校注》、朱为弼《汉书地理志考证》、王先谦《汉书补注·地理志》、杨守敬《汉书地理志校补》、近人谭其骧《汉书地理志选释》等,周振鹤的《汉书地理志汇释》集其大成;论著方面有清洪颐煊《汉志水道考证》、陈澧《汉书地理志水道图说》、吴承志《汉书地理志水道图说补正》,以及地学史组《中国古代地理学史》、王成祖《中国地理学史》、唐锡仁与杨文衡主编《中国科学技术史·地学卷》等书的有关部分。

(贺圣迪)

灵宪 〔东汉〕张 衡

《灵宪》,一卷。东汉张衡撰。撰时不详。原书早佚。通行本有清王谟辑本(收《重订汉唐地理书钞》)、洪颐煊辑本(收《问经堂丛书·经典集林》)、马国翰辑本(收《玉函山房辑佚书·子编·天文类》)等。

张衡(78—139),字平子,东汉南阳鄂(今河南南阳石桥镇)人。少时刻苦好学,有才气。永元十二年(100),任南阳郡守鲍德的主簿。在此期间,他写出了《两京赋》(《西京赋》与《东京赋》)、《同声歌》、《定情赋》等名作。永初五年(111),承鲍德推荐而入京,任太史令之职达十余年。其间,写出了《灵宪》、《浑天仪注》等著作。又制造出新的水运浑天仪,并与漏壶相连,使浑象的演示能在任何一刻都与实际天象一致,可称是近代天象仪的先驱。此后,又制造出指南车、记里鼓车、自飞木雕、地动仪、候风仪等机械仪器。其中,地动仪乃是世界上第一架地震测试仪。著作尚有《算罔论》,已佚。生平事迹见《后汉书·张衡传》。鉴于张衡一生的成就,他的名字在今天已被用来命名月球上的环形山与新发现的地球小卫星(1802号)。

《灵宪》将宇宙的起源、演化分为三个阶段:溟涬、庞鸿、太玄。溟涬阶段,无边无际,幽清玄静,寂寞冥默,虚无而不可为象。但其中有某种"灵"(即道家所谓"道"),才能在后来"无"中生"有"。这是有形天地宇宙赖以生成的根源,是为道根。也不知过了多少时候,进入了第二阶段,是谓庞鸿。这时有气产生,浑沌一体,是有形天地宇宙得以成体的直接前提,是为道干。又经过无法计算的时间,进入第三阶段,是谓太玄。元气分出清浊轻重,内成为地,外成为天。天地行施,动静合化,二气精合,遂生万物,乃为道实。这个宇宙起源、演化理论,继承了先秦时期的诸多思想因素与汉代的新发展,但又有自己的特色。这一点只要与《淮南子·天文训》的天体起源、演化理论相参照即可明了。20世纪以来,西方现代宇宙学说的派别中也有一派主张宇宙间不断地从虚无中创造出物质的,而有人认为中国古代的张衡就是此派的鼻祖(西方人在天文学上仅知最早为张衡,可见其影响之大)。

《灵宪》以天球、地体的直径皆为 232 300 里,自地至天正为一半(11 650 里),地的深度也是这个数值。日、月的角直径相当于周天的 $\frac{1}{736}$,即 $29'24''$。736 此数约当周天 $365\frac{1}{2}$ 的二倍。这个天体理论还保留着盖天说的影子与某些成分,大地还是平直的而非球形,地体充盈于天球的下半个球体,《周髀算经》南北"皆移千里而差一寸"的说法也原封不动地被移用过来。但也有新的突破,"宇之表无极,宙之端无穷",认为宇宙(即包括三维空间与一维时间)是无穷无尽、无边无际的。这个思想承继《墨子》"宇,弥异时也;久(宙),弥异时也"而来,不仅比盖天说要高明得多,而且与现代科学的宇宙无限观念有某些接近之处。

　　星象观测,始终是我国古代天文学的一个主要内容,《灵宪》说:"中外之官,常明者百有二十四,可名者三百二十,为星二千五百,微星之数盖万有一千五百二十。"在没有望远镜的情况下,这个数字显然非实测之数,但也应该有实测的成分在内。据传,张衡曾画出我国第一张完备的星图,由此来看,张衡对恒星的观测确已达到很高的水平。

　　《灵宪》继承了京房与王充的正确看法,肯定月光是太阳光的反射,月食是由于地球遮住太阳光而发生的。他对天体运动快慢规律的总结,具有突破性的创见。"近天则迟,远天则速",是以距离变化来解释七曜的运行快慢。离天近(即离地远)则看起来慢,离天远(即离地近)则看起来快。七曜中以月亮、水星、金星为速度快者,属阴性;以太阳、火星、木星、土星为速度慢性,属阳性。因为七曜离地的距离是有变化的,所以速度也就会发生快慢变化与顺、留、逆的变化。这一见解中确有一定的合理因素,与托勒密体系的认识有相类似之处。《灵宪》中还已经出现了赤道、黄道、南极、北极等名称。

　　总之,《灵宪》是一部重要的天文学理论著作,它全面地阐述了天地宇宙的生成与结构,解释日月星辰的本质与运动的规律,用科学的见解解释了月光与月食的原理、原因,提出了日、月、五大行星运动的快慢与距离地球远近有关的新见解。《灵宪》的问世,要比西方著名的哥白尼、开普勒、伽利略等人的著作早一千多年,同时也表明我国古代对宇宙天体的认识,已经从感性认识向理性认识推移,前进了一大步。

　　关于本书研究,有卢苏《〈灵宪〉的天文学成就述论》、薄树人《张衡》(杜石然主编《中国古代科学家传记》),以及许结《张衡评传》的相关章节。

(王贻梁)

浑天仪图注 〔东汉〕张　衡

《浑天仪图注》,一名《浑天仪注》,一卷。题东汉张衡撰。原书早佚,今存有清代洪颐煊辑本(收《问经堂丛书·经典集林》)、马国翰辑本(收《玉函山房辑佚书》)。

此书最早见引为《晋书·天文志》所载晋葛洪关于浑天说的论述中,梁刘昭注《后汉书·律历志》引此书而名之《张衡浑仪》,唐《开元占经》引书名称为《浑天仪图注》与《浑天仪注》,唐以后均从之。近世始有学者以此书的宇宙理论与《灵宪》有歧异而认为非张衡所作。

我国古代对宇宙结构有许多的探索,并逐步形成了六种主要的学说:盖天说、浑天说、宣夜说、昕天论、穹天论、安天论。而影响最大的,是盖天说与浑天说。盖天说可参见本书数学类《周髀算经》一书。浑天说即以《浑天仪注》为代表。浑天说与浑天仪(略称"浑仪")的制作是密不可分的。最早的浑天仪制作于何时,现在尚未能明确。诸多学者通过对《甘氏星经》、《周髀算经》、马王堆三号汉墓出土帛书《五星占》等著作中所用的大量天文数据的分析,推测在战国时期已经有了简单的浑天仪。据史书记载,汉初的落下闳改进了浑仪,这说明在此前当已有浑仪。落下闳改进的属于赤道浑仪。汉宣帝时(前73—前49),耿寿昌铸铜为象,则是浑象之属。东汉永元十五年(103),贾逵等铸造黄铜浑仪,定出黄道坐标,为黄道坐标使用之始。阳嘉三年(134),张衡创制了新的水运浑天仪。与以前的浑天仪相比,张衡制作的这架新仪有了重大的突破性发展,从而使浑天仪的制作跃上了一个新的台阶。张衡的发展,主要有这样几个方面:其一,在浑仪部分增加了地平环与子午环,这不仅能了解地球的纬度,而且对天体观测的精度也将提高。从此,具备了赤道环、赤经环(四游环)、黄道环、地平坏、子午环的古代浑仪就此基本定型。其二,浑象部分尤为精彩突出。张衡所制球体直径四尺六寸有余,上画有二十八宿、黄道、赤道、大量星辰、二十四节气、北极常隐圈、南极常隐圈等。浑象的转动轴北出地平三十六度,南入地平三十六度,相当于当时京城洛阳所在的地理纬度。浑象通过漏壶等与以流水为动力的机械装置相连接,从而使浑象在流水推动下作绕极轴旋转时,浑象上的星辰天象出没与实际天象相吻合。也就是说,浑象的演示达到了逼真的程度。其三,张衡还发明创制了一种叫"瑞轮蓂荚"的机构,即一种机械日历。它与浑象一起联动,每天能转出一叶木片,表示日期的变化。半个月后,木片又每天落下一叶。同时,还能告知月相的变化。张衡的水运浑天仪,可以使人们不分昼夜而随时了解当时的天象情况,这在两千年以前不能不说是一个惊人的创举,它也是世界上第一架有明确记载的以流水为动力的天文仪器,也可以说是世界上最早的天文钟雏形。只是它的具体的制作方法很早就失传了,一直到唐代才由梁令瓒重新试制成功,到宋代由张思训、韩公廉、苏颂等加以改进完善。

《浑天仪图注》,即是有关浑天仪制造的一部专著,而今天所能见到的,更多是有关天体结构的理论,因而它被视为浑天说的经典之论。它向我们展示了宇宙是这样的结构:天体像一个圆球,始终不停地在旋转而永无止境。地体就像一个鸡蛋中的蛋黄,天体犹如蛋壳。天表里有水,占有整个天体的一半,地体就浮在水上。将地体比作蛋黄,近代学者在理解上有一定的分歧。一种见解认为,这是将地体视为一个球体的最早的地圆说。另一种见解则认为,中国古代在明代西方天文学说传入以前,从来就没有过地圆说,因此,即使是在后期的浑天说中,也只能见到地平说。至今这二说仍在争辩之中。另外,天体有硬壳的说法虽然并不正确,但在当时的实际计算时却是不可缺少、极其实用的。如果结合《灵宪》中"宇之表无极,宙之端无穷"的说法来看,则整个宇宙的界限并不为天壳所囿,而似乎应是"天"外有"天"。

浑天说认为:周天为 $365\frac{1}{4}°$,居中分为二半,则 $182\frac{5}{8}°$ 覆露地上,另一半在下。所以,二十八宿半隐半现。浑天旋转轴的两端即南极与北极。北极是天的正中,在正北出地上之三十六度,因此北极上规的经七十二度常在地上而不隐入地下。南极则在天的另一端正中,在正南入地下之三十六度,因此南极下规的经七十二度常伏于地下而永不见于天上。北、南二极相去一百八十二度强。天体旋转无端而浑浑,故曰浑天也。赤道绕在天体的腹部,距南北极恰为 $91\frac{5}{10}°$(精确值为 $91\frac{5}{16}°$),沿东南方向绕在天的中腰上。黄道斜交天腹,出入赤道表里各二十四度,换算成今度为 23.655°(今测公元 100 年时黄赤交角为 23.685°,两者仅差 0.03°,可见精确度之高)。冬至时黄道最南点在赤道外二十四度的位置,为其表。夏至时黄道最北点在赤道内二十四度的位置,为其里。则冬至去极 $115\frac{5}{16}°$,夏至去极 $67\frac{5}{16}°$。冬至时,太阳南至斗宿 21°,去极 $115\frac{5}{16}°$,白天行地上 146°,夜间行地下 219°。夏至时,太阳北至井宿 25°,去极 $67\frac{5}{16}°$,白天行地上 219°,夜间行地下 146°。黄道斜截赤道的两点即春分点与秋分点,两点去极皆 $91\frac{5}{16}°$。春分时,太阳在奎宿十四度少强。秋分时,太阳在角宿五度弱。白天行地上与夜间行地下都是 $182\frac{5}{8}°$。

关于本书研究,有薄树人《张衡》、许结《张衡评传》的相关部分。

(王贻梁)

九章算术 〔东汉〕佚 名

《九章算术》,又称《九章算经》、《黄帝九章算法》,略称《九章》,九卷。撰者不详。一般认为其内容起自先秦,迄于汉代,最后成书约在公元1世纪。唐时列为国子监算学诸生必读的"十部算经"之一,并附有魏刘徽和唐李淳风的注文,以后此本一直流传至今。北宋元丰七年(1084)秘书省首次刊刻此本,后又经南宋嘉定六年(1213)鲍澣之翻刻,是为此书传世的最早善本。通行本有清《四库全书》本、《武英殿聚珍版丛书》本、《微波榭算经十书》本、近代《丛书集成》本、1963年中华书局钱宝琮校点《算经十书》本、1983年科学出版社版白尚恕《九章算术注释》本、1990年辽宁教育出版社版郭书春《九章算术》汇校本(后有修订本)等。

据刘徽《九章算术注序》称,早在西周初年周公制定礼仪教育制度时,便已规定贵族子弟必须学习"六艺",其中有一项为"九数",此即为《九章算术》之雏形。后经秦始皇焚书,致使以上数学材料散佚不全。直到汉代数学家张苍、耿寿昌等对这些残缺不全的材料重新整理、补充,才逐步修正补全,最终编成《九章算术》。于此可知此书既非撰于一人,亦非成于一时,而是经多人之手,历长期修订删补才逐渐形成定本的。

《九章算术》是中国古代最重要的数学著作。它的成书,标志着传统数学体系的确立和传统数学特点的形成。全书采取应用问题集的形式,但不是单纯的问题堆积,而是用算法("术")来统率问题。每一题分为问、答、术三个部分,其中"问"是问题,"答"是答案,"术"即是解题的算法。全书共给出二百四十六个应用问题,二百零二个"术",分为九章具体展开,其每一章的基本内容如下。

第一章为"方田",主要论述各种平面图形的田亩面积算法及分数的运算法则;

第二章为"粟米",主要论述各种谷物、米饭的兑换比率及四项比例算法;

第三章为"衰分",主要论述配分比例算法,其中问题多与商业、手工业以及社会制度有关;

第四章为"少广",主要论述开平方和开立方问题;

第五章为"商功",主要论述各种立体图形的体积算法,其中包括筑城、修堤、开渠、堆粮等各种体积问题的计算;

第六章为"均输",主要解决当时均输制度下赋役如何合理负担的问题,也是比例分配方面的内容;

第七章为"盈不足",主要论述盈亏问题的解法以及如何用盈不足术(即双设法)去解其他算术问题;

第八章为"方程",主要内容相当于线性方程组的解法;

第九章为"勾股",主要论述有关勾股(直角三角形)问题的解法以及其他一些测望问题的解法。

《九章算术》所取得的数学成就主要有以下几个方面。

(一) 在计算技术方面,给出了分数运算的基本法则,其中包括分数的约分、通分以及加减乘除四则运算;给出了完整的开平方和开立方的演算程序;给出了四项比例和比例分配的基本算法;给出了双设法的基本公式并用它解各种应用问题,等等。

(二) 在代数方面,给出了联立一次方程组的布列方法和解法,并由此而引入了负数概念以及正负数的加减运算法则,等等。

(三) 在几何方面,给出了长方形、等腰三角形、直角梯形、等腰梯形、圆形、弓形、圆环形、球冠形等平面图形的面积公式,以及正方柱、正圆柱、正方锥、正圆锥、正方台、正圆台、剖面为相等梯形的直棱柱和其他一些复杂立体图形的体积公式;从勾股定理出发推导出一系列勾、股、弦之间的关系式,给出直角三角形所容正方形边长和所容内切圆直径的计算公式,并运用相似直角三角形对应边成比例的原理来解决具体的测量问题,等等。

《九章算术》的许多数学成果在当时都处于世界领先地位。在中国数学史上,它具有极其巨大而深远的影响,历来被尊为"算经之首",视作数学著作的典范。唐宋以后不仅被列为官方的最重要的数学教科书,而且在民间也广泛流传。后世的数学家,大多是从《九章算术》开始学习和研究数学的。正如南宋时数学家荣棨所说:"由是自古迄今,历数千余载,声教所被,舟车所及,凡善数学者,人人服膺而重之。"(刻《九章算术》序)隋唐之际,《九章算术》先后传入日本和朝鲜,稍后又传入越南,有些内容还通过印度和阿拉伯国家传到了欧洲,对世界数学也产生了一定的影响。目前,它已被译成英、德、日、俄等各国文字,成为各国学者研究数学和数学史的珍贵史料。它的算法体系正成为现代数学思想方法的重要源泉之一。

历代注释和研究《九章算术》的著作多达数十种,其中以三国时魏国的刘徽和唐时的李淳风的注释最为有名,而刘注的科学价值又高李注一筹。刘徽在注释中,不仅对《九章算术》作了详细的理论论证并由此而奠定了中国古典数学理论的基础,而且还提出了许多创造性的见解;李注则保存了南北朝时祖冲之、祖暅父子的一些极有价值的数学成果。唐宋以后研究《九章算术》的重要著作则有唐(一作宋)李籍的《九章算术音义》,北宋贾宪的《黄帝九章算经细草》(原书已佚,部分内容保存在杨辉的著作中),南宋杨辉的《详解九章算法》,明吴敬的《九章算法比类大全》,清李潢的《九章算术细草图说》,今人吴文俊主编的《〈九章算术〉与刘徽》(北京师范大学出版社,1982年),李继闵的《〈九章算术〉及其刘徽注研究》(陕西人民教育出版社,1990年)、《九章算术校证》(陕西科学技术出版社,1993年),宋杰的《〈九章算术〉与汉代社会经济》(首都师范大学出版社,1994年),沈康身的《九章算术导读》(湖北教育出版社,1997年)等。

(周瀚光)

周易参同契 〔东汉〕魏伯阳

《周易参同契》，简称《参同契》，三卷。东汉魏伯阳撰。成于东汉顺帝、桓帝（约126—167）之间。通行本有五代后蜀彭晓《周易参同契真义》本（收入明《正统道藏》）、南宋朱熹《周易参同契考异》、陈显微《周易参同契解》、俞琰《周易参同契发挥》、元陈致虚《周易参同契分章注》、明正统《道藏》、蒋一彪《古义参同契集解》、清《四库全书》、近代《丛书集成》本等。

魏伯阳（生卒年不详），名翱，号云牙子，以字行，会稽上虞（今属浙江）人。据后蜀彭晓《周易参同契通真义序》记载：魏伯阳"世袭簪琚，唯公不仕。修真潜默，养志虚无，博赡文词，通诸纬候。恬淡守素，唯道是从，每视轩裳，如糠秕焉"。可见他出身于高门望族，但不肯仕官。既潜修真气，静养心志，又学识渊博，富有文才。事迹见载于东晋葛洪《神仙传》和彭晓《周易参同契通真义序》。

《周易参同契》是早期道教的一部重要著作，有关它的成书经过，相传是这样的：魏伯阳曾得到真人传授炼丹秘诀，又得到一部古文《龙虎经》，尽获妙旨。他在继承《龙虎经》的炼丹基础上，亲自实践，融会贯通"大易"、"黄老"、"炉火"三家学说，而写成了这部被后世尊为"万古丹经王"的《周易参同契》。书成之后，又将它秘密传授给青州徐从事（"从事"为官名）和同乡淳于叔通（名斟，一说名翼，字叔显）。徐从事乃隐名而注之，淳于叔通在后汉桓帝时曾任徐州县令、洛阳令尹，后来弃官归隐，养性修真。因此，此书在很长的时间内，仅在崇信炼丹的人手里递相传布。至《旧唐书·经籍志》始加著录。到宋代才引起人们的重视。

《周易参同契》是中国道教史上最早的炼丹术著作。全书主要阐述了"易"（《周易》所说的阴阳八卦）、外丹（丹药）、内丹（炼精养气）三者互相配合，而成就长生不老之道的思想。从今存本所分上、中、下三篇及《补塞遗脱》一篇、书末《鼎器歌》一首所用文体不一致的情况来看，传世之本可能非出自魏伯阳一人之手。

书前有阴长生序，阐明《参同契》一书的源流以及修炼还丹的方法、品种、作用等。认为《参同契》本为《龙虎上经》,出自徐真人之手,因上虞魏伯阳造五相类以解释《龙虎上经》,于是改名为《参同契》,后由其门人淳于叔通续补,乃成今本三卷。炼丹之法是"以乾坤设其爻位,卦配日月"。用鼎炉炼制,以成还丹。丹分三品,上品有神符白雪九转金液大还丹,中品有紫金砂丹,下品有紫金丹。"鸟食成凤,蛇饵为龙,人服长生,天地同寿"。认为"徒为学道之名,而无炼丹之志"是可悲的。从而劝导人们积极修炼外丹,"同归大道"。

上卷根据《周易》,主要阐明炼外丹的理论,以指导炼丹。指出:"乾坤者,易之门户,众卦之父母,坎离匡郭,运毂正轴。"认为这是炼丹的总纲和主导思想。因为乾,阳也,阴,坤也,阴阳合德而刚柔有体,万物变化,必由阴阳。因此炼丹的理论根据是阴阳合德之道。而阴阳是在不断变化的,体现在卦象上则阳为乾,阴为坤,乾生三男,坤生三女,男女构精,万物化生。所以乾与坤为众卦之母。例如乾卦得到坤卦中的爻成为离卦,属于阳,代表火、日;坤卦得到乾卦中的爻成为坎卦,属于阴,代表水、月;乾为天在上,坤为地在下,离与坎是日与月,火与水,在天地之间运行,他们之间是"匡郭"和"毂轴"的关系,说明乾坤为阴阳之体,坎离为阴阳之用,刚柔相济,内外为用,金水相交,千变万化,以至无穷。而炼丹之术就是在这种理论的指导下进行的。

中卷主要阐明炼丹的方法。认为炼丹的方法是"乾刚坤柔,配合相包"。乾为阳,故刚直,坤为阴,故柔顺;柔顺比喻是水,刚直好比是金,刚柔相包,以成配偶。阴阳配合,好比雌雄交合,交合之时,精气为物,变化无穷。如果"物无阴阳,违天背元"。所以"雄不独处,雌不孤居",只有男女相须,即是金水合体,禀气成真,以成丹药。所以炼丹必须在"阴阳相须"的基础上,配合阴阳五行循环规则来烧炼外丹。"乾坤者上下釜也,坎离者水火为药也,震艮者,运卦合符也,中安金汞,傍助金华、黄芽、赤门,养成运火,三岁象自然之还丹。"

下卷主要阐述炼丹的鼎器及服食丹药的作用。炼丹用鼎,鼎器腹圆处周围为一尺五寸。器口与外面连通阔一寸一分,从口上唇至口下唇长三寸二分,器唇横阔二寸。器顶到腹的高度为一尺二寸。鼎壁厚薄应均匀相似。鼎器腹外,当中有三个并列孔穴,阔狭均匀。以铁穿为鼎器之足,则入火之际,免其动摇。"在炉中悬明器,不使着地,器中流水,器下有火,塞紧鼎炉,使火气下奔。"用汞、铅为原料,在鼎炉中烧炼。据《鼎炉歌》称:"首尾武,中间文,始七十,终三旬,二百六,善调匀。"即烧炼时,开始七十日用武火,结尾三十日用武火,中间二百六十日用文火,一年之功,炼成还丹。

书中所述的我国古代化学思想和化学知识很多,后世道教称之为"万古丹经之王"。主要内容如下。

一、记载了有关中国早期化学炼丹术的可贵史料。作者歌叙道:"名者以定情,字者以性言。金来归性初,乃得成还丹。我不敢虚说,仿效圣人文。古记题龙虎,黄帝美金华,淮南炼秋石,王阳加黄芽。贤者能持行,不有毋与俱。古今道电一,对谈吐所谋。学者加勉力,留念深思维。至要言甚露,昭昭不我歌。"这里提到了金液还丹又称为龙虎丹、金华丹、秋石或黄芽,而这些名称的沿革,实际上也点明了早期炼丹术的重要史实。其中除淮南王刘安的引人注目的炼丹活动有确切记载以外,古籍《龙虎经》、"黄帝美金华"、"王阳加黄芽"这几件人和事还是历史的悬案。从上述诗文看,炼丹术只传贤人,不传不肖的学术传统,很早就形成了。传授学术的方式,主要靠口授,所授内容"至要甚露",而细节隐秘,这恐怕同炼丹术实验的纯经验性质有关。在原始条件下的化学实验其重复率极其低下,实验的成败取决于实验者个人的经验,甚至取决于某些实验条件的巧合,这些在古人看来都应归结于"天意",从而对操作细节加以保密,是十分自然的。《参同契》还提到有《火记》六百篇,说这是"窃为贤者谈,不敢轻为书",其实它们是炼丹术的实验手册,可惜出于保密而未能流传下来。

二、强调了外丹术服食金液还丹,实现升举成仙这个最终目标。如书中说:"巨胜尚延年,还丹可入口。金性不败朽,故为万物宝,术士服食之,寿命最长久。……改形免世厄,号之曰真人。""御白鹤,驾龙鳞,游太虚兮谒仙君,录天图兮号真人。""真人"是古代炼丹家常用的名号之一,就外丹术而言,它集中表达了服食还丹升仙的目标信息(或者说炼丹家的信念)。从心理动机看,缘起于战国时代的神仙思想,是中国古代炼丹术发端的一个重要的理论契机,当然也是构成外丹术理论体系一个不可忽略的组成部份。

三、指出了炼制金液还丹是外丹术实验的直接目的。彭晓的《周易参同契分章通真义》十分明确地指明了这一点。从文字看,《参同契》已多处提到"还丹",而尚无"金液",可知"金液还丹"是魏伯阳后继者的发展。至于还丹,如有"金来归性初,乃得成还丹","色转更为紫,赫然成还丹","先天地生,巍巍尊高",等等。在魏伯阳看来,还丹得真一元气,为天地之根,大药之基;聚阴阳纯粹之精,而成还丹之质,非常物之可比。这里"丹"指朱红色,突出了药的色泽("色"在古代文化思想中具有重要地位),而"还"则含有"金"、"火"、"木"三物融而归初之意,即所谓"归一还本原"。炼丹实验的基本原料是某些含铅、汞的矿物,主要仪器是金鼎,而基本手段是加热(火法反应)。在炼丹家看来,实验所用的材料,包括金鼎仪器在内,都可用"金"这个一般性的概念来概括,而实验中消耗的能量,则可用"火"及其来源"木"(木生火)来概括,化学实验中的物料与能量这两个方面,在炼丹家那里被概括为"金"、"火"、"木"三物,而这三者的关系,也是合符"参同契"或"三相类"分析模式的。它们本源于一,当然可以复归于一。在金鼎神室中,它们内部的两股基本的势力,即阴阳水火,通过神交,结合而生象征天地未开之初的归一之物,即还丹。在今天看来,还丹不过是某种朱红色的化学物质,与其他物质并无根本的差别,所谓"天地之根"、"日月精华"等等,不过是炼丹家人为赋予的神性。神祇观念是科学倡明之前的时代精神,一切古代科学技术都被冠以神性的光环,古代化学也不例外。而炼丹家独钟金液还丹,还有它特定的理由,那就是黄金的高度化学稳定性。《参同契》十分强调这一点:"金入于猛火,色不夺金光。自开辟以来,日月不亏明,金不失其重。"

四、书中所述虽以理论居多,但对炼丹的实验方面,也多有提及。《周易参同契分章通真义》卷下"升熬于甑山章第八十一"整段诗文生动、形象地描述了炼丹的实验现象,如说"形如仲冬冰兮阑干吐钟乳,崔巍而杂厕兮交积相支柱",上一句是对升华物质在反应器顶盖上结晶的描述(像石钟乳),下一句是对反应器底部出现的结晶体的描述(像石笋或石柱)。"《火记》不虚作章第二十九"整段文字尽管隐晦,但还能看出它实际上谈到了炼丹的原料,有铅(白虎)、汞(流珠)、木炭(青龙)等;炼丹的仪器,有鼎炉、神室(上下弦相合,即有盖的金匮);炼丹所用料的分量,等等。《参同契》又云:"丹砂木精,得金乃并",这就具体指明了炼丹的主要原料丹砂(一般指红色硫化汞)、木炭(用于加热)和金鼎(作为反应器,炼丹家认为其中金的成分参与金丹的合成)。《参同契》还说,"以金为堤防,水入乃优游……临炉定铢两……三物相合受,变化状若神。下有火阳气,伏蒸须臾间,先液而后凝,号曰黄舆焉。岁月将欲讫,毁性伤寿年,形体如灰土,状若明窗尘。"可推测这是在描述某一实验过程,所用原料必须称量后再入炉鼎,加热时,反应物先熔化,后又凝固,生成某种黄色物质,这种黄色物质久置又会发生变化,成为像窗户上的灰尘那样的细末。从这些材料来看,魏伯阳不仅有理论,而且也是炼丹术的实践家。

五、叙述了若干具体的化学知识,这些知识是可以用现代化学来印证的。例如,关于汞,《参同契》有"河上姹女,灵而最神。得火则飞,不见埃尘,鬼隐龙匿,莫知所存。将欲制之,黄芽为根"。"河上姹女"指水银,"得火则飞"诸句叙述了水银的易挥发的性质。"黄芽"是黄色物质,被炼丹家视为还丹之根芽,炼制黄芽是炼丹的关键一步,但究竟何物为黄芽,在今天看来可能不止一种物质。今人袁翰青将黄芽界定为硫,把"将欲制之,黄芽为根"界定为汞与硫化合生成硫化汞。这自然合乎情理,但这仅是该句诗文的一个可能的特例。又如,关于铅以及铅汞的反应,《参同契》有"太阳流珠,常欲去人。卒得金华,转而相应,化为白液,凝而至坚。金华先唱,有顷之间,解化为水,马齿琅玕";又有"故铅外黑,内怀金华";"龙呼于虎,虎吸龙精,两相饮食,俱相贪并"等语。其中"太阳流珠"亦指水银,它被炼丹家视为水精、丹华、阴魄、白虎;而铅,同汞一样被视为炼丹的主要原料,它被视为火精、日神、阳魂、青龙。所谓"卒得金华,转而相应",龙呼虎吸,饮食贪并,在这里可界定为铅汞化合生成合金。在这个过程中铅先溶于汞,故谓"金华先唱","化解为水",随着合金的形成,铅汞形成固体,这就是"马齿琅玕"(俗称马牙砂)。《参同契》还谈到了氧化铅被还原为铅,其诗文是"胡粉投火中,色坏还为铅"。彭晓注指出"胡粉铅为之",胡粉是碱式碳酸铅,如加热,先分解出氧化铅,再进一步可还原为金属铅。这些知识,在当时来说是领先于世界的。

《参同契》中反映的哲学思想如下。

一、表达了理论与实际相校验的方法论思想,为中国古代炼丹术确立了方法论原则。《参同契》云:"言不苟造,论不虚生。引验见效,校度神明";又云:"元精眇难睹,推度效符证。"《参同契》的全部理论阐述,都强调同实际情形相验证。至于易理本身,作者也用昼夜("朔旦")、月相("月节")、四季轮换等自然现象予以说明。就炼丹术来说,"易"可以说是一种原始朴素的物质反应理论,作者为阐述易理,举了大量物质变化的实例,从而留下了宝贵的化学遗产。《参同契》也多处提到炼丹失败的事例,但出于信念,炼丹家总是把未能升举归咎于各种其他的原因而对金液还丹的神奇效果深信不疑。显然,炼丹家对"推度效符证"的方法论原则的贯彻是不可能彻底的。

二、表达了古代科学思想中"同类相因"的方法论原则。如云"植禾当以谷,覆鸡用其卵,以类辅自然,物成易陶冶。鱼目岂为珠,蓬蒿不成槚。同类者相从;事乖不成宝"。是以:"燕雀不生凤,狐兔不乳马,水流不炎上,火动不润下。"就炼丹术而言,则有"金以砂为主,禀和于水银。变化由其真,始终自相因。故作服食仙,宜以同类者"。从生物学来说,基因必须具有某种类同性,才可能交配生子;从化学反应而言,也存在类似的法则,某些物质放置一处,是不可能化合的。至于砂为金主(土生金),金禀水银(金生水)云云,则是炼丹家的想象中的"相因"性,不足为凭。尽管如此,提出"同类相因"的思维原则还是十分可贵的。事实上,"五相类"(金、木、水、火、土)和"三相类"(易、外丹、内丹)的思维模式,作为炼丹术的基本指导思想之一,统治了中国炼丹术一千多年。

三、同上述"同类相因"思维原则相适应,《参同契》提出了自然规律的思想。值得注意的是它提出自然规律思想的依据或程序。基本的依据或出发点是天、地、人三才"三相类",天人相应,人模仿自然,反过来也可推测自然也会像人依法则行事那样地行事,或者更确切地说,自然与人都以类同的法则行事。《参同契》说,"覆冒阴阳之道,犹工御者准绳墨、执衔辔、正规矩、随轨辙"。匠人准绳墨、正规矩,御者执衔辔、随轨辙,这是说人行事必依一定的规则;而囊括阴阳之道,亦即自然的总规律,则与人必须遵守法则才能行事如出一辙。在《参同契》中,我们常能见到"君臣""父母""男女""夫妇"之类的字眼,乃至"口、舌、耳","肺、胃"等,如果考虑到古人从人伦人事推测天地之道的思维方向,就不难诠释有关经文的全面性含义。

四、阐发了更富有科学性的"易"的观念。"易"可以说是作者用来概括规律思想的基本规范,在《参同契》中,"易"就是规律,就是"三相类"或"五相类"得以存在的根基或契机。《参同契》云:"易谓坎离","易者象也","易统天心",易"周流行六虚,往来既不定,上下亦无常,幽、潜、沦、匿、变、化于中,包裹万物,为道纪纲"。易者"以无治有,器用者空,故推消息,坎离没亡"。从这些诗文可推测,易作为坎离、水火或阴阳彼长此消的势力,周旋流行于时空之中,包裹万物,以无治有,它更接近于现代的能量概念,所谓"一消一息,随时而亡"(彭晓注)可释为能量的耗散。这样,将易界定为在天地之间运行,造成世间一切变化,包括化学变化在内的根本原因,是比较贴近《参同契》原意的。魏伯阳将易作为炼丹术理论的核心和根本,是十分有见地的,这同现代科学将能量视为分析化学变化的基本概念不谋而合。至于魏伯阳谈到"日月为易",这有两层意思,一是"推类结字",即从词源学上看,"易"由"日"、"月"两字构成。二是"以象取意",即"易者象也",而"悬象表明者莫大乎日月"。"日""月"两字又是像日、月之象(形)而得,所以易是像日月之象而取意,这个意已经不止于日月之本意而已,而是加以推广,泛指阴阳、水火等等诸能量形态的东西。至于日月,在古人眼里,更多地被看成阴阳的代表,是能量形式,而不是现代科学意义上的实物星体。《参同契》首言"阳燧以取火,非日不生光。方诸非星月,安能得水浆?"可知在古人眼里,日是火、光之源,而星月是水、露之源。这就很自然地推出"日月为易"的结论。

作者认为,人类社会必须有男有女才能繁衍生息。"关关雎鸠,在河之洲。窈窕淑女,君子好逑。雄不独处,雌不孤居。玄武龟蛇,蟠虬相扶。以明牝牡,意当相须。"(中卷)试看玄武的形象,龟蛇永远盘缠在一起,说明男子不能独身一生,女子不能没人相伴。雎鸠影射朱雀,朱雀为南方之神,代表离;玄武为北方之神,代表坎,两者正好匹配。"乾刚坤柔,配合相色,阳禀阴受,雄雌相须"这是一条客观规律,整个宇宙及其万物的统一性,就在于"阴阳相须"。对于修炼的人来说,乾与坤是炉鼎,离与坎是药物,修丹当正其心。魏伯阳就是以《周易》的阴阳八卦思想为基础,融合黄帝与老子清静无为的宗旨,结合外丹的烧炼方法,建立起自己的学术体系,用于指导内外丹的修炼的。

《参同契》虽然蒙上神秘的色彩,晦涩难懂,但书中却告之诀窍云:"思之务令熟兮,反复视上下。千周灿彬彬兮,万遍将可睹。神明或告人兮,心魂忽自悟。探端索其绪兮,必得其门户。"俞琰《周易参同契发挥》注云:"读书百遍,其义自见。百遍且然,况千遍万遍哉,是故诵之万遍,妙理自明。纵未得师授口诀,久之亦当自悟。其悟多在夜深或静坐得之。"又说:"思之思之,又重思之,思之不通,鬼神将通之,非鬼神之力也,精诚之极也。"认为只要反复阅读,触发灵感,豁然开朗,《参同契》还是能读通的。

《周易参同契》是一部借用坎、离、水、火、龙、虎、铅、汞诸法相,来说明炼丹养生的著作。但外丹的服饵,几乎没有不丧生或致残的,因此修炼外丹只在科技史(主要是化学)上有价值。而修炼内丹,即练气功,由于能产生神奇的养生延年,防病愈疾的功效,却越来越受到人们的重视。

有关《周易参同契》的研究著作,自五代至清代有四五十家。最早的是五代后蜀彭晓《周易参同契通真义》三卷、《补塞遗晓》一卷。此后则有南宋朱熹《周易参同契考异》一卷(化名"空同道士邹䜣")。不仅纠谬正误,厘订文字,而且随文诠释,对《参同契》的内涵作了某些发明;南宋俞琰《周易参同契发挥》三卷、《释疑》一卷。《发挥》解义细腻,既有逐字逐句的阐发,也有对一般大义的概述。同时引用了广泛的材料与《参同契》互相发明,互相印证。《释疑》考订文字版本,较之朱熹《考异》尤为详备。元陈致虚《周易参同契分章注》一卷,是书分三十五章,按章阐述大意,疏解明白显畅,剖析多中肯綮;明蒋一彪《古文参同契集解》三卷,从各方面对《周易参同契》进行阐释、考辨、注解。近人陈国符在《道藏经中外丹黄白经诀出世朝代考》中,也对该书的成书时间等进行考辨。此外,尚有周士一、潘启明《周易参同契新探》(湖南教育出版社,1981 年),潘启明《〈周易参同契〉通析》(上海翻译出版公司,1990 年),孟乃昌《周易参同契考辨》(上海古籍出版社,1993年),萧汉明、郭东升《〈周易参同契〉研究》(上海文化出版社,2001 年)均可供参考。

现代从化学史角度研究《参同契》的,有容志毅《〈参同契〉与中国古代的炼丹学说》,以及袁翰青《中国化学史论文集》、陈国符《道藏源流考》、李乔苹《中国化学史》、英国李约瑟的《中国科学技术史》、赵匡华与周嘉华《中国科学技术史·化学卷》、贺圣迪《道教炼丹术——实验化学的先驱》(见周瀚光、戴弘才主编《六朝科学》)等著作的有关部分。

(闵龙昌　周梦江　洪　波)

中藏经 〔东汉〕华　佗

《中藏经》,又名《华氏中藏经》,三卷,一作八卷,又作一卷。旧题汉华佗撰。成书时间不详。有《古今医统正脉全书》本、《宛委别藏》本、《周氏医学丛书》本、《平津馆丛书》本、《丛书集成》本等。

华佗(?—208),一名旉,字元化,沛国谯(今安徽亳州)人。曾游学徐州,兼通数经,晓养性之术。朝廷数次征辟,皆不就。长年四处行医,疗效卓著,声名四播。晚年被曹操召至许昌,常在左右,为其治疗头风病。因不愿做曹操侍医,故托妻疾告假归家。曹操屡书召之而不返,终于为其所杀。临死,曾将所著医籍一卷交与狱吏收藏,但吏畏法不敢收,只得索火烧之。华佗精通中医各科、尤擅外科,首创以"麻沸散"作全身麻醉后施行腹部手术,被尊为外科鼻祖。又创用于养生的《五禽戏》。《后汉书》卷一一二、《三国志》卷二九有传。

《中藏经》一书,始载于《通志·艺文略》,题曰"华氏中藏经",一卷。又见于《直斋书录解题》卷十三《医书类》,曰"《中藏经》一卷,汉谯郡华佗元化撰"。然如谓此书确系华佗所撰,何以长期无闻,至宋方重见天日?后人因此疑窦丛生,揣测纷纷:《宋史·艺文志》疑为邓处中撰,吕复疑为华佗弟子吴普、樊阿等依佗遗意辑录而成,孙星衍则以为"此书文义古奥,似是六朝人所撰,非后世所能假托"(《重校华氏中藏经序》)。各家所见虽殊,然疑其为后人托名之作则一。据今人研究,《中藏经》祖本可能为华佗所撰,至少存有其遗作片断,后世不断有人整理、增附。今之传本所据者,约成于六朝,至北宋方始流传,有闽中仓司刊本和楼钥刊本。其后又经增附,至明代吴勉学以八卷本刊入《古今医统正脉全书》时,其内容已与今通行之孙星衍三卷本基本相同。

《中藏经》为综合性医书,书名"中藏",系取"宝而藏之"之意。有托名邓处中序、孙星衍序及楼钥跋等。

本书前二卷共载医论四十九篇。上卷二十九篇,前半部分《人法于天地论》、《阴阳大要调神论》等二十篇为总论,论阴阳、寒热、虚实、上下、脉法等。后半部分九篇,论辨证五脏六腑的虚实寒热生死逆顺之法。中卷前三篇仍论脏腑，第三十三至四十九篇分论痹证、中风、痈疽、脚气、水肿、诸淋、痞证等杂病及决生死法。下卷收疗诸病药方六十八道。

《中藏经》以《黄帝内经》天人相应、阴阳平衡的观念为指导思想，在此基础上阐述其病机学说。故此书首列《人法于天地论》，称"人者，上禀天，下委地，阳以辅之，阴以佐之"，"天地有四时五行，寒暄动静。……人有四肢五脏，呼吸寤寐"，因此"天地顺则人气泰，天地逆则人气否"，"人之危厄死生，禀于天地。……人之动止，本乎天地。天合于人，人法于天。见天地逆从，则知人衰盛"，人之疾病，"皆天地阴阳逆从而生"，人必须积极地认识顺应和掌握自然变化规律。

天地逆从集中表现为阴阳逆从，故第二篇《阴阳大要调神论》，指出"阴阳平，则天地和而人气宁；阴阳逆，则天地否而人气厥"。阴阳否格（即阴阳不相从、不协调）是导致疾病的根本原因。调摄阴阳，使之达到平衡，是治疗的基本原则。而阴阳否格往往表现在气血、寒热、虚实、上下等方面，由此全面揭示了发病机理。但此书论阴阳平衡是建立在贵阳贱阴观点之上的，认为"天者阳之宗，地者阴之属；阳者生之本，阴者死之基。……得其阳者生，得其阴者死。……故钟于阳者长，钟于阴者短"（《阴阳大要调神论》）。由此而确定的基本治疗思想是"阴常宜损，阳常宜盈"（同上）。书中谈因阴阳否格而造成上下不宁时，特别强调，这种不宁不仅是体内某一脏器受病，还累及上下脏器。《上下不宁论》以脾为例：脾上有心为母，心者，血也，属阴；脾下有肺为子，肺者，气也，属阳。脾病，则上母下子俱不宁，因阴不足而发热，因阳不足而发寒。因血气不宁而"寒热往来，无有休息"，故脾受病的临床表现犹如疟疾。体现了建立在阴阳平衡基础上的整体观念。

其次，《中藏经》以脉证为中心，以形、证、脉、气的诊断思想为依据，创立将"寒热虚实生死逆顺"作为脏腑辨证纲领的"八纲"说。八纲中，寒、热、虚、实为辨病机定性，顺、逆、生、死为辨病势预后。书中从二十一论至三十二论，先总论以八纲辨证脏腑之法，然后从八纲的角度对各脏腑逐一进行辨证。如第二十八论，先述肺之生理，即与大肠为表里，其经是手太阴。次述肺虚、实、寒、热之病机及症状，次述肺气旺于秋，次述平、太过、不及等各种肺之脉象及诸证，次述肺病之脉、证、形、气，并据以决生、死、顺、逆。

再次，在治疗原则上主张从顺其宜，在治法上倡导调平阴阳、水火相济。《中藏经》以脏腑阴阳为核心，认为"病起于六腑者，阳之系也"（《水法有六论》），"病起于五脏者，皆阴之属也"（《火法有五论》），由此提出"阴阳相应，方乃和平。阴不足则济之以水母，阳不足则助之以火精"（《阴阳大要调神论》）的基本治法。这一治法以从顺其宜为原则："病者之乐，慎勿违背，亦不可强抑之也。如此从顺，则十生其十，百生其百，疾无不愈矣"（《水法有六论》）；"温热汤火，亦在其宜，慎勿强之。如是则万全其万"（《火法有五论》）；"大凡治疗，要合其宜"（《论诸病治疗交错致于死候》）。

《中藏经》继承《黄帝内经》、《难经》的学术思想，又作了多方面的重大发展。它从阴阳否格、上下不宁的角度来探讨病机,实发前人所未发。它的贵阳贱阴的观点开启了后世以张元素、李杲、薛己、张介宾为代表的扶阳温补一派。它将散见于《内》、《难》二书各篇中有关脏腑辨证的内容加以集中整理归纳,并根据作者自己的临床经验,使之系统化,初步形成了脏腑辨证的理论体系。它在我国医学史上最早以脉证为中心分别详细论述了各脏腑的病证,对后世脏腑学说的发展影响极为深远,孙思邈的《备急千金要方》、钱乙的《小儿药证直诀》、张元素的《医学启源》等都对此书有大量的吸收。

有关本书的研究,有吴昌国校注《中藏经》(江苏科学技术出版社,1985年)、李聪甫主编《中藏经校注》(人民卫生出版社,1990年)和《中藏经语译》(人民卫生出版社,1990年),后两种书均收入"中医古籍整理丛书"。另有黄作陈《中藏经校注》(学苑出版社,2008年)。论文有彭静山《有关华陀著作初探》(《安徽中医学院学报》1985年第1期)。

(林建福)

伤寒杂病论 〔东汉〕张仲景

《伤寒杂病论》,又名《伤寒卒病论》,十六卷。全书分为《伤寒论》和《金匮要略方论》两部分,其中《伤寒论》又名《辨伤寒》,十卷;《金匮要略方论》,又名《金匮玉函要略方》,简称《金匮要略》,六卷,今传本为三卷。东汉末年张仲景撰。约成于东汉建安十年(205)后。《伤寒论》的通行本有金成无已《注解伤寒论》、明万历二十七年(1599)赵开美复刻宋本、1955年重庆人民出版社本等;《金匮要略》的通行本有赵开美复刻本(有1956年人民卫生出版社影印本)、《医统正脉全书》本、1955年商务印书馆铅印本等。

张仲景(约150—约219),名机,以字行,南郡涅阳(今河南邓州穰东镇,一说今河南南阳)人。少年时,曾访何颙。何谓其"闭思精,而韵不高,后将为良医"(《太平御览》卷七二二引《何颙别传》)。学医于同郡张伯祖而后过其师。灵帝时,举孝廉。献帝建安(196—220)中,往荆州,刘表命其为长沙太守。曹操取荆州后,他北上中原。在许昌遇侍中王粲,时粲年方二十。张仲景对他说:"君有病,四十当眉落,眉落半年而死。"并让他服五石汤以免此病。王粲嫌其危言耸听,受药不服,后果如所言。张仲景认为健康是本,名利是末,反对当时士大夫轻视医道、唯务名利的舍本逐末之举。又反对庸医不钻研医典,各承家传末技,因循守旧、敷衍塞责的作风和有些人一旦患病便"钦望巫祝"的迷信行为。主张"留神医业,精究方术",从而达到"上以疗君亲之疾,下以救贫贱之厄,中以保身长全,以养其生"之目的。因其在医学上的高深造诣和杰出贡献,被后人尊为"医宗之圣"。卒后,弟子卫汛、王叔和尽得其术。著作除本书外,还有《评病要方》、《疗妇人方》、《张仲景药方》等,然均佚。生平事迹见《伤寒论自序》、《针灸甲乙经序》、《何颙别传》、《名医录》、《伤寒论》林亿序等。

东汉建安初,疾病流行,人口大减,不到十年,张氏家庭因病死亡者已占三分之二,其中死于伤寒者又十居其七。张仲景"感往昔之沦丧,伤横夭之莫救"(《伤寒论自序》),乃更加刻苦钻研医道,依据《素问》、《灵枢》、《难经》、《阴阳大论》、《胎胪药录》等医学典籍,并参以个人临床经验,撰成是书,凡十六卷。书成不久便因战乱而散佚。其中伤寒部分,经王叔和搜集整理成《伤寒论》,但以后又被江南诸医家秘藏不宣。至唐,孙思邈所撰《千金翼方》的九、十两卷始载有此书主要内容。北宋开宝年间(968—976),彭城节度使高继冲将所藏《伤寒论》加以编录后献出。治平元年(1064),经校正医书局孙奇等人校定后刊行。目前国内已无宋刻本,唯从赵开美复刻本及成无已《注解伤寒论》中可略窥宋本原貌。此书的杂病部分曾一度失传,仅散见于一些医书中。北宋仁宗时(1023—1063),翰林学士王洙于蠹简中得仲景《金匮玉函要略方》三卷,上卷辨伤寒,中卷论杂病,下卷载方剂及论妇科疾病。后孙奇等在校定时,鉴于《伤寒论》已有传本,便删去上卷,又将原下卷的方剂分列于各病症之下,复采散见在诸家方书中的仲景医方及后世医家良方,分类附于每篇之末,重新编为三卷,名之曰《金匮要略方论》。一说,本书是经王叔和整理并分为《伤寒论》和《金匮要略方论》两部分的。

《伤寒杂病论》系论述外感热病(即仲景所说"伤寒")与内科杂病的专著。有作者自序,宋高保衡等序,严器之序,明赵开美、郑佐、江瓘序,清四库馆臣序等。

《伤寒论》部分共二十二篇,卷一,《辨脉法》、《平脉法》。卷二,《伤寒例》、《辨痉湿暍脉证》、《辨太阳病脉证并治上》。卷三,《辨太阳病脉证并治中》。卷四,《辨太阳病脉证并治下》。卷五,《辨阳明病脉证并治》、《辨少阳病脉证并治》。卷六,《辨太阴病脉证并治》、《辨少阴病脉证并治》、《辨厥阴病脉证并治》。卷七,《辨霍乱病脉证并治》、《辨阴阳易差后劳复病脉证并治》、《辨不可发汗病脉证并治》、《辨可发汗病脉证并治》。卷八,《辨发汗后病脉证并治》、《辨不可吐》、《辨可吐》。卷九,《辨不可下病脉证并治》、《辨可下病脉证并治》。卷十,《辨发汗吐下后病脉证并治》。其中,卷一的《辨脉法》、《平脉法》、卷二的《伤寒例》、《辨痉湿暍脉证》及卷七至卷十除《辨霍乱病脉证并治》、《辨阴阳易差后劳复病脉证并治》外的论"可"与"不可"八篇,后人疑系王叔和所增。

《金匮要略方论》部分共二十五篇,卷上,十篇,有《脏腑经络先后病脉证》、《痉湿暍病脉证》、《百合狐惑阴阳毒病证治》、《疟病脉证并治》、《中风历节病脉证并治》、《血痹血劳病脉证并治》、《肺痿肺痈咳嗽上气病脉证治》、《奔豚气病脉证治》、《胸痹心痛短气病脉证治》、《腹满寒疝宿食病脉证》。卷中,九篇,有《五脏风寒积聚病脉证并治》、《痰饮咳嗽病脉证并治》、《消渴小便利淋病脉证并治》、《水气病脉证并治》、《黄疸病脉证并治》、《惊悸吐衄下血胸满瘀血病脉证治》、《呕吐哕下利病脉证治》、《疮痈肠痈浸淫病脉证并治》、《趺蹶手臂肿转筋阴狐疝蛔虫病脉证治》。卷下,有六篇:《妇人妊娠病脉证并治》、《妇人产后病脉证并治》、《妇人杂病脉证并治》、《杂疗方》、《禽兽虫鱼禁忌并治》、《果实菜谷禁忌并治》。

《伤寒杂病论》在"勤求古训,博采众长"的基础上,结合丰富的临床经验,建立了理、法、方、药齐备且配合密切的辨证论治体系。

本书首先高度概括地揭示了致病的原因："千般灾难,不越三条:一者,经络受邪入脏腑,为内所因也;二者,四肢九窍,血脉相传,雍塞不通,为外皮肤所中也;三者,房室、金刃、虫兽所伤。以此详之,病由都尽。"(《金匮要略》卷上《脏腑经络先后病脉证》)继而按照病因和临床特征,分疾病为外感、内伤两大类。然后确立各种证型,即所谓"辨证"。并根据辨证结果,确定治疗原则和方法,即所谓"施治"。书中各篇均以"辨……病脉证并治"命名,充分说明"观其脉证,知犯所逆,随证治之"的辨证论治思想贯串全书。这一思想体现于《伤寒论》部分,是以"六经"论伤寒;体现于《金匮要略》部分,是以"脏腑"论杂病。

《伤寒论》运用《黄帝内经·素问·热论》的理论,首创对伤寒病的六经辨证方法。"六经"之说虽已见于《内经》,但《伤寒论》从理论和实践两个方面均作了创造性的阐发,使之发展成为完整的辨证体系,六经辨证是本书的一大特色。书中将外感疾病的基本证候归纳为太阳、阳明、少阳、太阴、少阴、厥阴六种,即六经。又结合四诊八纲,以条文的形式对每经所属各证逐一进行辨析讨论。就寒热、虚实而言,三阳病多属热证、实证,三阴病多属寒证、虚证。就邪正而言,三阳病表示正气盛、邪气实,三阴病表示正气虚,邪气衰。就表里而言,三阳病属表证,三阴病属里证。倘再深入细分,则太阳病属表证,少阳病属半表半里证,余皆属里证。每经之下根据病位等不同,又可分为若干证。如太阳病以"脉浮,头项强痛而恶寒"为基本特征,下分为表证和里证两大类型,其中太阳表证又有表虚和表实之分,太阳里证则有蓄水与蓄血之别。六经之间又会相互影响,因而出现兼证、传变、合病、并病。六经辨证不仅适用于伤寒,而且在临床上具有广泛的指导意义,正如清代医学家柯琴所说:"仲景之六经为百病立法,不专为伤寒一科。"(《伤寒论翼》)

《金匮要略方论》把脏腑学说同四诊八纲相结合,在详细辨病的同时,又进行了辨证,最后从脏腑经络的角度论述了各种疾病的病因、病位和症状。如论中风病,首先确定其"半身不遂"、"脉微而数"的基本特征。然后依邪气由经络而入脏腑的顺序论述了该病的各种证型;"邪在于络,肌肤不仁;邪在于经,即重不胜;邪入于腑,即不识人;邪入于脏,舌即难言,口吐涎"(《中风历节病脉证并治》)。《金匮要略》在分篇上,注意将病机、病位、证候相近或相同的病合编于一篇。如百合、狐惑、阴阳毒三病机理接近,痉、湿、暍三病证候类似,肺痿、肺痈、咳嗽三病病位相同,故各合为一篇。如此做法,有助于区别有关病证的异同。

科学而细致的辨证,不但能准确把握疾病发生、发展及转归的趋势,而且使正确的治疗有了扎实而可靠的基础。此书所载的大批治法和方剂被实践证明疗效确切,根本原因就在于作者是在辨证的前提下立法用药的。书中用汗、吐、下、和、温、清、补、消八法于治疗中,视病情或单用、或合用、或分阶段有所侧重地使用,法度谨严而运用灵活。特别在用药方面,全书载方剂三百七十五首,其中《伤寒论》一百十三首("禹余粮丸"有方无药)。《金匮要略》二百六十二首。除去重复,实收二百六十九首,使用药物二百十四味、基本上包括了临床各科的常用方剂。所拟方药味精炼、配伍严密、针对性极强,被后世尊为"经方"、"医方之祖"。如以麻黄汤治太阳伤寒,以小柴胡汤治少阳病,茵陈汤治黄疸,以黄土汤治下血等。

《伤寒杂病论》是中医经典著作之一,在中国医学史上产生了巨大的影响。它的出现奠定了我国中医学辨证论治的基础,后世习医者视之为必读之书,自宋代起,又被列为官办医学的教材之一。历代医家更是纷纷给予高度评价,并作了大量的研究阐发。还引起了日本、朝鲜及东南亚等国医学界的重视。

有关本书的研究,《伤寒论》部分有宋庞安常《伤寒总病论》、朱肱《类证活人书》;金成无已《注解伤寒论》、《伤寒明理论》,刘完素《伤寒直格》、《伤寒标本心法类萃》;元王好古《阴证略例》;明方有执《伤寒论条辨》,王肯堂《伤寒证治准绳》,张介宾《伤寒典》;清张志聪《伤寒论集注》,张锡驹《伤寒论直解》,柯琴《伤寒来苏集》,尤怡《伤寒贯珠集》,黄元御《伤寒说意》,徐大椿《伤寒类方》;近人曹颖甫《曹氏伤寒发微》,恽铁樵《伤寒论研究》、《伤寒论辑文按》,今人任应秋《伤寒论证治类诠》(科技卫生出版社,1959年),刘渡舟主编《伤寒论校注》(人民卫生出版社,1991年)等。《金匮要略》部分有元赵以德《金匮方论衍义》,清吴谦《订正金匮要略注》、尤怡《金匮要略心典》、黄元御《金匮悬解》、唐宗海《金匮要略浅注补正》,近人曹颖甫《金匮要略发微》,今人何任主编《金匮要略校注》(人民卫生出版社,1990年)等。论著有王琦主编《伤寒论研究》、郑建明《张仲景评传》(南京大学出版社,2006年)等。

(林建福)

乾象术 〔东汉〕刘 洪

《乾象术》,又名《乾象历》,一卷。东汉刘洪撰。成于东汉建安十一年(206)。原书早佚,今存有清黄奭辑本(收《汉学堂丛书·子史钩沈·子部天文类》、《黄氏逸书考·子史钩沈》)。

刘洪(约135—210),字元卓,蒙阴(今属山东)人。出身于鲁王宗室。少而好学,遍览六艺群书,尤好天文历算。后以校尉应太史征,拜郎中,参与二十四节气晷影长度等测算。公元174年,迁常山长史,献《七曜术》、《八元术》。178年,在东观与蔡邕补续东汉律历志。以后,历任谒者(谷城门侯)、会稽东部都尉、山阳太守、曲城侯相等职。公元187年至189年之间,初成《乾象术》,206年修治定稿。生平事迹见《续汉书·律历志注》引《袁山松书》、今人陈美东《刘洪的生平、天文学成就和思想》(《自然科学史研究》1986年五卷二期)。

《乾象术》是我国天文学史上第一部具有月行迟疾(即月球运动不均匀性)内容的历法。从古六历到西汉的《太初历》、《三统历》、东汉的《四分历》,都没有关于月行迟疾的内容,因此历法与月行始终有一定的参差,而对实际影响最大的则是月食预报的错误越来越明显。而另一方面,天文工作者又早已对此予以重视并付诸探索。如战国秦汉时的石氏星占家一派对月球运动的不均匀性已有隐约的认识,到西汉甘露二年(前52),耿寿昌就明确注意到月亮的实际运动速度是有增减的。而在东汉的一百多年中,就有更多的天文学家以极大的精力投入到对月亮运动的研究上来,如李梵、苏统、宗䜣、刘固等,也包括刘洪。他们都作出了不同程度的贡献,如李梵、苏统不但认识到了月行有迟疾,而且以实际观测所得而提出是月道离地远近所致。东汉的《四分历》还明确提到黄、白道之间有交角,不在一个平面上。到贾逵则指明月亮的近地点(近道点)经一个月(近点月)向前移行三度,九年后移行一周而转回原处(《后汉书·律历志》)。刘洪的《乾象术》吸收了这数百年间众多天文历法家的研究成果,从而建立起一套比较完整的计算数值与方法。

《乾象术》第一次明确提出了"交点月"的概念(即月亮从白道与黄道的一个交点回到原交点

所需时间),并给出了比较精确的具体数值 $27\frac{3\,303}{5\,969}$(等于 27.553 36,与近代值 27.554 55 十分接近)。据清代李锐的研究,这一数值的具体计算方法,是以周天度与月亮连续两次通过近地点所行度值的和(周天+过周分除以纪法)除以一日月平行度(月周除以纪法)而得(周天+过周分除以月周)(参李锐《李氏算法遗书·乾象术注》)。以后的各代历法,也仍是遵用刘洪的方法。刘洪进行了大量的实测,得出月亮在一个近点月内每天的实行度数,并据而造表列出每天实行度数超过或不及平均速度的"损益率",再进而得出较准确的月亮位置。刘洪给出的一个近点月内月亮日平均行度为三度四分,给出的黄、白交角约为六度(与准确值五点九度十分接近)。刘洪的这些成就,虽然比古希腊天文学家喜帕恰斯要晚,但精确度却要高。《乾象术》在此基础上,进一步修正了旧时据月亮平均运动速度所计算出来的朔、望时刻(称"平朔"与"平望"),而将新计算所得的值称为定朔与定望。定朔是将太阳与月亮黄经相等(合朔)之日定为每月之初一,其方法是利用刘洪自己所编的近点月周期表,将平朔时刻月亮真实运动对平均运动的校正值加到平朔时刻上,即得到定朔时刻(定望确定方法相同)。这一方法也为后世各代所沿用,即"求朔望定大小余"与"求朔望加时定度"的算法。

《乾象术》的另一个突出贡献,就是缩小了斗分,即使回归年的数值更趋精确。从春秋末年(公元前五世纪)起(也有可能更早),我国一直使用四分历,即一个回归年的长度都是 $365\frac{1}{4}$ 日(化为小数即 365.25 日),这在当时世界上也是最精确的数值。古希腊喜帕恰斯要到公元前 2 世纪才采用这个数值,而且此后西方沿用《儒略历》乃达一千五百年之久。但这个数值毕竟比太阳实际运行周期要大,过一百年就会误差 0.77 日,过二百年就会误差一天半。刘洪仔细考察了自古以来的各种历注,反复推验,终于领悟出四分历的疏阔失密在于斗分(即每回归年日期的余数)太多,从而给出了 $365\frac{145}{589}$ 日这个新的回归年长度值。这个数值化为小数即为 365.246 179 日,比原值缩小了 0.003 8 日,比今测准确值仅小了千分之五日。刘洪的这一数值一直使用到祖冲之《大明历》提出更精确的数值为止,而西方到十六世纪以前使用的《儒略历》仍在使用 365.25 这一早已为我国所抛弃的旧值。刘洪是如何得此新值的,则历来颇有争议,以今人之见,多倾向于宋代周琮的说法:先求出朔望月长度,再推求出回归年长度值。刘洪所定朔望月长度为 $29\frac{773}{1\,457}$ 日此数值亦较前为精确,一年十二个月(共约三百五十四日多),再加上十九年七闰的每年平均闰日(约十一日多),则得新回归年长度值。此新值对计算日、月食等有极大的帮助,而更重要的是,突破旧的四分历法这件事本身对于天文历法学来说,其价值远远不止于这个新值。

《乾象术》还提出了"食限"的概念,对于何以并不是每次朔望都会发生交食这一问题作出了科学的回答。如在合朔时,月亮离黄、白交点十五度半以下才会发生日食。这个判断值,以后各代就一直沿用下来作为是否会发生日食的指示根据,与现代准确值也比较接近,从而使得新的交食周期也较前为准确。这也就是著名的"月行三道术"。他对于五星运动的观测也更有提高,所测五星会合周期,除火星外,都与今测准确值密近。另外,刘洪还指出当时"冬至日日在斗二十一度"(《晋书·律历志》),表明了与刘歆所记的冬至点位置不同,而与贾逵相同,只是未能再进一步去发现岁差现象,只能留待虞喜来完成了。

总之,《乾象术》以其多项重要的创建而被不少学者称为划时代的历法,成为后世各代历法的典范。

有关《乾象术》研究的著作有清李锐撰《乾象术注》二卷。论述有陈美东《中国科学技术史·天文学卷》等天文、历法史著作中的相关章节,江晓原《天学真原》中亦有相关论述。

(王贻梁)

宣夜说 〔东汉〕郗 萌

《宣夜说》,一卷。东汉郗萌撰。原书早佚,唐代李淳风撰《晋书·天文志》仅录数语,今存有清王仁俊辑本(收《玉函山房辑佚书续编》子编天文类)。

郗萌,生卒年月与事迹不详,唯由《晋书·天文志》知其为"汉秘书郎"。刘昭注《续汉书·天文志(中)》引《郗萌占》二条、"郗萌曰"(当亦即《郗萌占》文)九条,而注《五行志》中未见有引。再看所引《郗萌占》之内容,多为五星凌犯之占。由此可推知郗萌当为天文星占家,但并不过于迷信荒诞,与李淳风颇有近同处。

《宣夜说》认为,天乃无形无质、无边无际,人因目力所限而只能见到苍茫一片。这就犹如瞭望远处的黄色山峦而却只见青色一片、俯视万丈深谷而却只见黑色,而青色与黑色都不是本来的真貌。日月星辰都很自然地悬浮在太空之中,它们的运行与静止都凭靠"气"。所以,日月星辰(包括行星)来来往往,顺行逆运,隐现无常,进退不同,都是因为无所根系,才能各自不同。所以北极星总居其位,北斗星也不东升西没,而岁星、填星皆东行;太阳每日行一度,而月亮日行十三度,快慢各自不同,也说明了并无牵挂缚系。如果真是附着固定在天体上,又岂能如此呢!

这是一个很有见地的学说,它从实际生活经验出发而推及到宇宙天体。它从七曜众星运行的不一致性来否定天体附着于天壳的说法,而提出了新的悬浮之说。在我国古代,盖天说与浑天说是最早、最著名、影响最大的宇宙结构学说,它们之间不断地进行着争辩。在争辩中,各自的优点固然得以宣扬,但缺点短处也为人所知。这两家学说都建立在有形有质的天壳基础上,而宣夜说则对这个天壳表示怀疑,从而提出了针锋相对的新学说,宣夜说并非空穴来风,而是承启先秦时期庄子、宋尹学派"气"的思想发展而来的学说。

宣夜说是具有朴素的宇宙无限论因素的理论。它在历史上第一个明确否定了"天壳"的存在,对宇宙空间与时间的无限性作了有益的探索。这个学说,后来为三国时杨泉《物理论》(书中对"气"说更有发展,如以银河亦为气,由气而生恒星等)、元末邓牧《伯牙琴·超然观记》、明代《豢龙子》等所继承、发展,唐代的柳宗元、宋代的张载等也曾受到影响。

但是,由于受当时种种条件与因素的限制,宣夜说只是一种主观推测性的思想,它并非也无法以科学的实证来证明这个思想的正确与否。因此,也就难于在实际的天体观测与历法制定中付诸实用。不仅如此,而且还留下了诸多当时难以解释清楚的疑问。例如,众星既然都是悬空而各自独立浮动的,为什么绝大多数都是一致地从东向西移动? 日月众星没有牵挂缚系,又为何不掉下来(因此也就有《列子·天瑞》中所载的"杞人忧天"故事)? 日月既然都是自西向东移动,又为什么会每天东升西落? 日月众星有无运行规律,应该如何掌握? 等等。在实际的观测与计算中,天文学家仍然只能借用浑天说、盖天说两家的坐标体系、量度方法与计算手段。这些情况表明宣夜说存在着很大的局限性,它在历史上的影响主要是在哲学上。

关于《宣夜说》的研究著作见周桂钿《秦汉哲学》(武汉出版社,2006年),郑文光、席泽宗《中国历史上的宇宙理论》(人民出版社,1975年)中的相关部分以及郑文光《宣夜说》(《中国大百科全书·天文学》)、胡铁珠《郗萌》(杜石然主编《中国古代科学家传记》)。

(王贻梁)

出金矿图录 〔东汉〕狐刚子

《出金矿图录》,一卷。东汉狐刚子撰,成于灵帝建宁光和年间(168—184)。原书已佚,其文见收于《黄帝九鼎神丹经诀》卷九。通行本有《正统道藏》本等。

狐刚子,名狐丘,又称胡刚子、狐罡子,东汉后期人。曾问学于魏伯阳。葛洪《太清玉碑子》说:"狐刚子又问:黄芽不离铅,不离铅中作,是何物所知;又云不用五金八石,黄芽从何而生?魏公答曰:种禾当用粟,狐兔不乳马,燕雀不生凤,异类不知种,安能合本居。"青霞子《龙虎元旨》也记两人问答。狐刚子问:"玄黄化药,尽有其真,八石之功,其效不少。何忽丹砂独得延龄?魏君曰:……保命安神,须饵丹砂。……丹砂入火,化为水银,能重能轻,能神能为,能黑能白,能暗能明,五行之性也。……又曰:金丹入五内,雾散若风雨,薰蒸达四肢,颜色悦泽好,老翁变丁壮,耆妪成姹女。"他于金银地质学、金银粉制作法、干馏法制作硫酸、水银炼制、铅汞还丹、合金制作等方面,都有过重要贡献。后尝授左慈《狐刚子七宝未央丸》、葛玄《万金诀》及修仙法。著作尚有《河车经》、《玄珠经》、《金石还丹术》等。唐宋方士颇重其学,《黄帝九鼎神丹经诀》、《太古上兑经》、《龙虎还丹诀》等均引其文。

狐刚子认为"五金尽有毒。若不炼令毒尽,作粉,假令变化得成神丹大药,其毒若未去,久事服饵,小违禁戒,即反杀人"。为免祸就福,乃作《出金矿图录》。

《出金矿图录》是道教外丹著作,也是金银地质学及其冶炼的先驱之作。该书于金银性状、地质分布、探寻开采、熔冶等方面都有所论述。

《黄帝九鼎神丹经诀》卷九说:"狐刚子金炉之法,都有六种。……今以二法最胜。""狐刚子云:出银矿炉有三法……今取要者二法。"可见其所录有删节。该书所录篇目如下:出水金矿法、後灰坯(锡)〔铅〕金法、出山金矿法、作炼(锡)〔铅〕灰坯炉法、作赤盐法、炼石胆取精华法、出银矿法、漏(锡)〔铅〕灰坯炉法、收灰坯中(锡)〔铅〕法、作灰坯中(锡)〔铅〕法、蒸炼金银灰坯中灰法、作银矿药法、金银用炭法、作出银色药法、柔前所出上金法、炼金银法、造枣膏法等。附有图二幅。

书中叙说金银矿的地质分布规律。指出,因产地之异,而有山金与水金之别。水金又名沙金,形"如麸片、棋子、枣豆、黍粟等状",质地较精良。其在水中方位、深度,与水的流向相关:"水南北流,金在东畔","入沙石土下三寸或七寸";"水东西流,金在南畔生","入沙土下五寸或九寸"。山金一称脉金,其"形皆圆"。其在山体内部方位亦与山的坐落走向相关:"山东西者,金在北阴中","根脉向阳,入地九尺或九十尺,杂沙夹石而生,赤黄色,细腻滑重,折之不散破";"山南北者,金在西阴中生也","带水杂沙,挟石出而生,深浅如上也,入杂沙挟土下,根脉向阴,或七尺,形质如上"。所语以今视之并不完全正确,却也是至东汉为止探寻金矿的经验总结。

得自山水的矿金,需经焙炼去除杂质和使金银相分。其出水金矿法,"首先利用盐(粗质盐中含 Na_2SO_4、$MgCl_2$)牛粪灰(主要成分为 K_2CO_3)起造渣作用。使石英砂成为熔点较低的矿渣(即"恶物")浮起,而与金银分离。再将含银的金箔用黄矾、胡同律裹住煅烧。……黄矾与树脂胡同律一起煅烧必然产生硫黄,硫黄则很快与金箔中的银质相结合,生成色黑质脆的硫化银,而从金箔上剥落下来。实现了金与银的分离。"(赵匡华《狐刚子及其对中国古代化学的卓越贡献》)其出山金矿法,因杂质多而过程更为复杂。它与前法比较,用金精、石胆、朱砂、雄黄、石硫黄、朴硝、硇砂、白矾、麒麟竭、密陀僧、紫石英等十五种矿物来完成造渣过程。"它们一起与矿中的砂质相作用,究竟起了哪些化学反应就难以估计了。更何况这些药剂都是天然矿物,还有其他成分,情况就更复杂了。狐刚子是如何考虑的,没有记载、笔者不好妄加猜度。"(同上)

狐刚子强调上述出金法,以矿是真体物为前提。他说:"若矿非真体物,强鼓造徒费功也。药力得星化气消,即为铁,悔终无铁两真物可得。"因此,要注意辨别矿石真伪:"其金矿若在水中,或在山上浮露出形,非东西南北阴阳质处而生,大小皆有棱角,青黄色者,尽是铁性之矿,其似金,不堪鼓用。"所说"有棱角青黄色者"的铁质矿石,即所谓"自然铜"、"愚人金",乃是某种硫化的铜铁矿石($CuFeS_2$)或黄铁矿(FeS_2)他又翔实地叙说"出银矿法"。

在冶炼过程中,金与银往往与铅化合成合金。为从铅合金中提取金银,狐刚子提出"作炼锡灰坏炉法"。将从炼金炉中分出的铅坨,投入风炉的灰坏中焙烧。铅氧化成密陀僧(PbO),部分被所鼓之风吹去,大部分因熔化而渗入灰中,在灰坏中留下黄金、白银、提纯后便得到金银。

《出金矿图录》的部分内容,也见于同时代或稍后的张道陵《太清经天师口诀》。张氏别著《刚子丹诀》,因书佚,其内容无从窥见。却也足以表明张道陵曾受狐刚子影响且信奉其学,所叙炼金银法或本自狐刚子。《出金矿图录》总结包括狐刚子本人在内的汉代及其前在金银矿物学和冶金学上所达到的高度成就,对当时及后世的金银矿物冶金学和炼丹术有过深远影响。

关于本书的研究,有赵匡华《狐刚子及其对中国古代化学的卓越贡献》、陈国符《〈道藏经〉中外丹黄白法经诀出世朝代考》等文的有关部分。又赵匡华、周嘉华《中国科学技术史·化学卷》也加以论述。

(贺圣迪)

先秦两汉编

宗 教 类

鬻子

《鬻子》,二卷。旧本题周鬻熊撰,约成书于周文王、周武王时期。通行本有《子汇》本、《守山阁刊》本、《二十二子》本、《道藏》本、《明甲辰刊五子》本、《湖北先正遗书》本、上海古籍出版社 1990 年版《诸子百家丛书》本等。

作者鬻熊,据《史记·楚世家》载:"周文王之时,季连之苗裔曰鬻熊。"《汉书·艺文志》载:"道家有《鬻子》二十二篇",班固注云:"名熊,为周师,自文王以下问焉,周封为楚祖。"据唐逄行珪《鬻子序》云:"鬻子名熊,楚人,周文王之师也。年九十见文王。""博怀道德,善谋政事。"可见鬻熊是周文王时期一位学识渊博的政治家。

《鬻子》一书,据《汉书·艺文志》载,为二十二篇,大概出自战国时人所缀辑。其佚文今存贾谊《新书·修正语下》,凡七章。《列子》中的《天瑞》、《黄帝》、《力命》三篇中,引《鬻子》言。今本皆不载。据唐逄行珪《鬻子序》称:"著书二十二篇,名曰《鬻子》。……遭秦暴乱,书记略尽。《鬻子》虽不预焚烧,编秩由此残缺。依《汉书·艺文志》虽有六篇,今此本乃有十四篇,未详孰是。"大概秦焚书以后《鬻子》仅存六篇,经逄行珪注释、附益,成今本十四篇。逄行珪为了摆脱附益之嫌,故意在序文中虚晃一枪,惑乱视听。

《鬻子》是一部阐述治国之道的著作,"乃政教之本,明宣布政之方,广立辅成之策","王者览之,可以理国;吏者遵之,可以从政"。书前有逄行珪《进鬻子表》和《鬻子序》,介绍鬻熊简况,概述《鬻子》一书的性质、主旨和意义,以及注释"缮写奉献"的致治作用。

今本《鬻子》,二卷,共十四篇。上卷为《撰吏五帝三王传政乙第五》、《大道文王问第八》、《贵道五帝三王周政乙第五》、《守道五帝三王周政甲第四》、《撰吏五帝三王传政乙第三》等五篇。下卷为《曲阜鲁周公政甲第十四》、《道符五帝三王传政甲第二》、《数始五帝治天下第七》、《禹政第六》、《汤政天下至纣第七》、《上禹政第六》、《道符五帝三王传政甲第五》、《汤政汤治天下理第七》、《慎诛鲁周公第六》等九篇。

综观《鹖子》全书,总结历史上五帝三王禹汤周公的治国经验教训,提出自己的为政治国观点,有以下几个方面。

一、为政必先合于道。

《鹖子》认为,"君子不与人谋则已矣,若与人谋之,则非道无由也。"道是为政的出发点和基础。那么,道是什么?他认为,"夫道者,覆天地,廓四方,斥八极,高而无际,深不可测。绵六合,横四维,不可以言象尽,不可以指示说"。简直是无所不包,无处不在。然作为施政之道来说,要而言之,可以概括为"忠"、"信"、"行善"、"显是"四者。"谋事必忠,出言必信,行善以攻恶,显是而明非,不苟求所以知,而道德自明也。"可见为政必先于道,无道则政不立。

二、为政必先求贤。

《鹖子》认为,"帝王独治天下,虽则圣德,皆俟贤佐以辅之,故得天下人安也。""王者度政施令,而不自为,必属贤能,以任使之,故天下和平,人知所保。""帝王有圣明之称者,皆委贤吏,使在显职,故道化兴而万国宁,明圣不独运也。"必赖贤人以辅佐治理天下。禹得七大夫,协助自己,治理天下,终于使天下大治。汤得七大夫,辅佐治理天下,天下因而大治。所以,"政之兴亡,在于卿相,得贤者和辑,失贤者离散",君主应把求贤放在议事日程上。

三、为政必须爱民。

《鹖子》认为,"昔之君子,其所以为功者,以其民也"。人惟邦本,得人心者昌,只有依靠人民,才能取得成功。主张"民唱然后和"。作为国君,要了解人民的疾苦,听取人民的呼声,检查施政的得失,使之有利于人民。"禹之治天下也,以五声听。"禹把钟、鼓、铎、磬挂在门上,把鞀放在地上,说:"教寡人以道者,击鼓;教寡人以义者,击钟;教寡人以事者,振铎;语寡人以忧者,击磬;语寡人以狱讼者,挥鞀。"广泛了解民情。历史证明,禹汤爱民,国家兴盛;桀纣虐民,国家灭亡。

四、为政必须慎刑赏。

《鹖子》认为,"国之大经,在于赏罚"。作为君主,应该做到"无有无罪而见诛","无有有功而不赏"。而诛赏必须谨慎,"赏得其功,则贤人以劝;罪得其过,则奸人以息"。而赏罚两者之中,特别要慎罚,刑不可滥用,"与杀不辜,宁失有罪"。与其枉杀无罪的人,毋宁放纵有罪的人。人命关天,必须调查清楚才可量刑。

《鹖子》一书流传久远,历代都有所研究,唐逄行珪为之作注。《四库全书总目》曾对其流传情况加以研究。任继愈等《道藏提要》也就其版本和流传情况进行考订。

(来可泓)

别国洞冥记 〔东汉〕郭 宪

《别国洞冥记》,又名《汉武洞冥记》、《汉武帝别国洞冥记》、《郭氏洞冥记》,简称《洞冥记》,四卷。旧题汉郭宪撰,今认为成书于建武三十一年(55)前,或东晋成帝至隋末。通行本有《顾氏文房小说》本、《古今逸史》本、《汉魏丛书》本、《增订汉魏丛书》本、《子书百家》本、《百子全书》本、《道藏精华录》本、《四库全书》本等。

郭宪(前26?—55?),字子横,两汉间关东(函谷关以东地区)人。平帝时,师事王仲子。以礼有来学而无往教之义,谏师勿应大司马王莽之召。新代汉,莽拜宪郎中,又赐衣服。宪受衣而焚,不赴职,逃至东海之滨。光武即位,应召官博士。建武七年(31),代张湛为光禄勋,刚直敢言。直谏常不合,以病辞。有道术。生平事迹见《后汉书》卷一一二《方术列传》上。

郭宪有感于汉武帝时,东方朔因滑稽匡谏,洞心道教,使冥迹之奥昭然显著,于是"藉旧史之所不载者,聊以闻见,撰《洞冥记》四卷,成一家之书"(《自序》)。鲁迅据宋人晁载之之说,说:"《洞冥记》称宪作,实始于刘昫《唐书》,《隋志》但云郭氏,无名。六朝人虚造神仙家言,每好称郭氏,殆以影射郭璞,故有《郭氏玄中记》、《郭氏洞冥记》。"(《中国小说史略》第四篇《今所见汉人小说》)唐张柬之、近人余嘉锡认为《洞冥记》为梁元帝所作。

《洞冥记》是道教小说类著作,言神仙道术及远方怪异之事。全书共收故事六十则,无标题。书前有自序。

本书所述恍惚迷离,其内容大致可分为下列四类。

一、神仙及修道者。如"董谒,字仲元,武都郁邑人也。少好学,尝游山泽,负挟图书,患其繁重。家贫,拾树叶以代书简。言其易卷怀也。编荆为床,聚鸟兽毛以寝其上"。

二、长安宫阙及武帝好仙。如"甘泉宫南昆明池中,有灵波殿七间,皆以桂为柱,风来自香。帝既耽于灵怪,常得凡豹之髓,白凤之膏,磨青锡为屑,以苏油和之,照于神坛。夜暴雨,光不灭,有双蛾如蜂赴火,侍者举麟须拂拂之"。

三、远方诸国及其与汉代关系。如"琳国,去长安九千里,生玉叶李,色如碧玉,数十年一熟味酸。昔韩终常饵此李,因名韩终李"。

四、海外地区的山川生物神怪。如"钓影山,去昭河三万里,有云记,望之如山影。凡藿生于影中,叶浮水上。有紫河万里,深十丈。中有寒荷,霜下方香盛。有降灵坛,养灵池,分光殿五间、吞霄室七间,望蟾阁十二丈。上有金钟,广四尺。元封中,有祇国献此镜,照见魑魅,不获隐形"。

在神话传说中,反映了作者追求长寿不死,永享人间荣华;改进衣、食、住、行、用具,满足视、听、嗅、味、触之欲;通过饮食与使用等手段,借助物性,使人得到新能力的愿望。

在看似怪诞不经的描述中,作者也记叙了某些自然物和自然科学知识。如"元封五年,勒毕国贡细鸟,以方尺之玉笼,盛数百头。形如大蝇,状似鹦鹉鸟,声闻数里之间,如黄鹄之音也"。"形如大蝇,状似鹦鹉",表明它为蜂鸟的一种,或许这是最早的蜂鸟记载。又如"影娥池中有鼍龟,望其群出岸上,如连璧弄于沙岸也。故语曰:夜未央,待龟黄"。"黄"字,古有幼小动物之义。如雏鸟嘴黄,称黄吻,后以黄口称雏鸟及幼儿。倘若龟黄指幼龟,则已发现龟下沙滩中产卵,卵经孵化而为幼龟的龟类生活史。

《别国洞冥记》成书后,广为流传,其神仙思想与远方异国景物,对丰富古人的想象力和促进生活追求产生了深远的影响。文辞华丽,具有很高的文学价值。

关于本书的研究,可参看清《四库全书总目》、近人余嘉锡《四库提要辨证》、宁稼雨《中国文言小说总目提要》等有关部分。

(贺圣迪)

太平经

《太平经》,原名《太平清领书》,又名《太平青箓书》、《太平真经》、《太平道经》、《太平青道》,一百七十卷。卿希泰认为它与《太平洞极之经》"很有可能是一部经书的两种版本所出现的两种名称"(卿希泰主编《中国道教史》第一卷第二章)。《太平洞极之经》,又名《洞极天地阴阳之经》,简称《洞极经》,一百四十四卷。书无作者署名和成书时间,卷三十九《解师策书决》自称乃天师代天传言,授予真人。葛洪《神仙传》说,西汉元帝时,于吉于曲阳泉水上得之于天仙。唐以后,多以为老子所作。当代学者普遍认为乃东汉于吉、宫崇所编,成书于汉顺帝(126—144)或稍晚。通行本有明代《正统道藏》本、1960 年中华书局版王明编《太平经合校》本。

于吉,北海(今山东寿光东南)人,或以为蜀(今四川西部)、琅邪(今山东胶南琅邪台西北)人。得癞病数十年,百药不能愈。后为帛和治愈,并从受《太平》本文。其后,于吉与其学生宫崇,将它扩展成一百七十卷,誊写于绘有红色界道之白帛上,又将卷口做成青色,用红笔书写题目,取名为《太平清领书》。宫崇,一作宫嵩,琅邪人。顺帝时,崇至洛阳诣阙献上《太平清领书》。"有司奏崇所上妖妄不经,乃收藏之。"(《后汉书·襄楷传》)生平事迹见《后汉书》卷三十《襄楷传》、葛洪《神仙传·于君传》。

《太平经》是原始道教的主要经典。全书篇目繁多,王明编《太平经合校》本存一百五十九篇。主要有:和三气兴帝王法、分别贫富法、试文书大信法、五事解承负法、分解本末法、乐生得天心法、九天消先王灾法、四行本末诀、大小谏正法、急学真法、天文记诀、灸刺诀、使能无争讼法、力行博学诀、知盛衰还年寿法、断金兵法、三五优劣诀、六罪十治诀、致善除邪令人受道戒文、来善集三道文书诀、作来善宅法、万二千国始火始气诀、国不可胜数诀、为道败成戒、包天裹地守气不绝诀、大圣上章诀、不忘诫长得福诀、大寿诫、为父母不易诀、天乐得善人文付火君诀、禁烧山林诀、道祐三人诀等。

《太平经》的内容十分庞杂,远过于旧说"以阴阳五行为家,而多巫觋杂语"(《后汉书·襄楷传》)。它继承传统宗教观念、神仙思想、巫觋法术、天人感应合一之说,吸取道家自然哲学、阴阳五行学说、儒家政治伦常思想以及天文、医药、养生等科学成就,构成一个深广的理论体系,以追求个人不死成仙和致天下于太平为其目的。

《太平经》以"一"为宇宙本源:"一者,数之始也;一者,生之道也;一者,元气所起也;一者,天之纲纪也。"一是合元气、道、数与纲纪四者为一的整体,也就是物质性的元气本身就包含规则、变化法则与数量内容。元气是一种细微物质,不断演化产生天地万物:"元气恍惚自然,共凝成天,名为一也;分生阴而成地,名为二也;因为上天下地,阴阳相合施生人,名为三也。"(《太平经钞》戊部)天地人三体之外的"余气散备万物"(《太平经钞》癸部),成为诸谷草木、歧行、蠕息、蠕动、飞鸟、走兽、水中生物。宇宙万物的普遍规则有二:其一,"一阴一阳,各出半力,合为一,乃后共成一"(《太平经钞》壬部)。其二,由矛盾双方相互作用所生之物组合为三,"三合相通,并力同心","共治一职,共成一事,如不足一事便成凶"(《太平经》卷四十八《三合相通诀》)。而作为其本源的元气,却又是"无形委气之神人"治理的对象(卷四二《九天消先王灾法》);天与道均有"畏"的精神属性(《太平经钞》壬部)。这样,元气本源的宇宙理论,被纳入到神学体系之中。

元气生化人类,须"气生精,精生神,神生明;本于阴阳之气,气转为精,精转为神,神转为明"(《太平经圣君秘旨》)。人的气和神(精神)是相互依存的,而气则起着主导作用:"有气即有神,气绝则神亡。"(《太平经钞》丙部)这好比鱼和水的关系,"神情有气,如鱼有水;气绝神情散,水绝鱼亡"(《太平经钞》癸部)。作者认为死乃是包括人在内的有生命之物必然归宿。"夫物生者,皆有终尽。人生亦有死,天地之格物也。"(卷九十《冤流灾求奇方诀》)把死理解为生命体发展的规律,不但没有消沉悲哀,而且更促使道教对生命的热爱追求。《太平经》卷四十《乐生得天心法》提出"乐生最善"的命题:"人最善者,莫若常欲乐生,汲汲若渴,乃后可也。"这是作者神仙不死思想的起点。

《太平经》作者据老子"长生久视"之论,述说"延年益寿,精学可得神仙"(《太平经钞》甲部)。提出了求生、求长生、求与天地宇宙同久的一套理论,并身体力行。首先,要行善积德。人"有至道明德仁善之心,乃上与天星历相应,神灵以明其行"(卷四九《急学真法》),其重点在于敬重父母君师。"父母,乃传天地阴阳祖统也;师者,乃观知天地之意,解凡事之急;君者,当承天地,顺阴阳,常务得其意,以理道为事。故此三者,性命之门户也。"(《太平经合校》卷七三至八五阙题)道德与性命相一致,忠君、敬师、孝父母是得寿成仙的前提。三者之中,尤以孝道为最。"寿者,乃与天地同俦也;孝者,与天地同力也。"所以,"寿孝者,神灵所爱好也。不寿孝者,百祸所趋也。"(同上)"不孝而为道者,无一人得上天也。"(卷一一七《天咎四人辱道诫》)其次,要舍弃名位财货。作者认为"积财亿万,不肯救穷周急,使人饥寒而死,罪不除也"(卷六七《六罪十治诀》)。因为"财物乃天地中和之所有,以共养人也"(同上)。倘不如此,是"与天为怨,与地为咎,与人为大仇,百神憎之"(同上)。再次,善自保养,顺应自然。人有精、神、气,三者结合乃生。"神者受之于天,精者受之于地,气者受之于中和,相与共为一道。故神者乘气而行,精者居其中也。三者相助为治。

故人欲寿者,乃当爱气尊神重精也。"(《太平经钞》癸部《令人寿治平法》)这就需要顺应四时代序,"饮食以时调之,不多不少,是其自爱自养也"(卷一〇二《经文部数所应诀》)。通过饮食使气神精合一,与种种方术殊途同归。最后,主张以种种方术内养形神,以神守形而致形全精复,实现长生成仙。《太平经》的方术似以"守一"为主,辅以守气、食气、还反神气、习气养形等法。所谓守一也就是守神。卷九十二《万二千国始火始气诀》说:"一者,心一,意一,志也。念此一身中之神也。"以此来保守神气合一。追求长寿成仙,在作者看来既体现天地有生之物的共性,又能使人注重良好的品性:"天者,大贪寿常生也。仙人亦贪寿,亦贪生。贪生者不敢为非,各为身计也。"(《太平经合校》卷五六至六十四阙题)

  《太平经》认为"人生有知足以学"(卷六七《六罪十治诀》),又强调学必须与外界接触。不与外界接触,"比若婴儿生,投一室中,不导学以事,无可知也"(卷六八《戒六子诀》)。在作者看来,人虽有天生而具才学智识的,但"诸贤者异士,本皆无知,但由力学而知也"(卷四九《急学真法》)。因此,提倡"昼夜力学而不止"(卷六七《六罪十治诀》),力学要求"得书详思上下"(卷四十《努力为善法》)。力思之后,还需力行。"不善思之至意,不精读之,虽得吾书,亦无益也。得而不力行,与不得何异也?"(卷五五《力行博学诀》)力行还可用于检验书本知识的正确与错误:"凡得文书,皆立试之,不得空复伪言也";"见文而不试用,安知其神哉?"(卷六七《六罪十治诀》)

  它又认为,人类社会"明古可以知今,知今反更明古"。主张古为今用,以"古者帝王得贤明乃道兴,不敢以下愚不肖为近辅"作为根据(《太平经钞》戊部),要求以"才能所长,以筋力所及署其职"。倘不如此,便"结气增灾"(卷四八《三合相通诀》)。治平天下,要确立"以民为本"(同上)的基本思想,关心民间疾苦,与民以利益。主张在各地设置相当于意见箱的"封",让民意上达,令天子"知民好恶,不肖,利害",而后"集议而理之"(《太平经钞》辛部),制定政策,加以实施,用致太平。肯定贵贱有命,说"命贵不能为贱,命贱不能为贵"(卷七一《致善除邪令人受道戒文》)。命的贵贱,可分为九等:无形委气之神人、大神人、真人、仙人、大道人、圣人、贤人、凡民、奴隶。在这神人系统中,强调"非其有,不可强有;非其土地,不可强种"(卷五五《知强衰还年寿法》)。又反对犯上作乱:"小人无道多自轻,共作反逆,犯天文地理,起为盗贼相贼伤。犯王法,为君子重忧。"(卷六七《六罪十治诀》)对盗贼的处分,"各以其罪罪之为平"(卷一〇八《灾病证书欲藏诀》),反对"急其刑罚"(《太平经钞》乙部《解承负诀》)。强调"圣人治常思太平,令刑格而不用也"(卷四十《乐生得天心法》)。把施行仁政与宣扬忠孝,视为巩固社会秩序的主要工具。

  仁政思想与其财富观点相关。《太平经》认为:"财物乃天地中和所有,以共养人也。"(卷六七《六罪十治诀》)反对私有独占,揭露有人"积财亿万,不肯救穷周急,使人饥寒而死",认为其"罪不除也"(同上)。主张富者要有益于人,"见人穷厄,假贷与之,不责费息"(卷一四〇《为父母不易诀》）。又反对"竭资财为送终工具"、"事鬼神而害生民"（《太平经钞》丙部），提出"事死不过生"的殡葬原则。还根据"人人自有筋力"的生理特征（《六罪十治诀》），提出"人各自衣食其力"的思想（卷三五《分别贫富法》），谴责"不肯力为之，反致饥寒"的游手好闲者（《六罪十治诀》）。认为人人以其筋力劳动，春生夏长秋收冬藏"无一伤者"（卷九三《敬事神十五年太平诀》），则"万二千物具生名为富足"（卷三五《分别贫富法》），人世间"尊卑大小皆如一"（卷一百十九《道祐三人诀》），公平无私，"无有怨讼"（卷一一一《大圣人章诀》），更"无天伤人"之事（《太平经钞》庚部），人人平安乐生，太平盛世也就降临人间。

《太平经》又以天人感应观点看待人与天的关系，名之为"天人一体"。《守一明法》说："王者百官万物相应，众生同居，五星察其过失。……相去远，应之近，天人一体可不慎哉？"（卷十八至三四）它说，"人者，天之子"（卷四九《急学真法》）。"人君为善于力，风雨及时于外"（《道典论》卷四《妙瑞论》引《太平经》）；人君为恶，"水旱气乖迕，流灾积成，变怪不可止，名为灾异"（卷五十《天文记诀》）。对一般人来说，"有至道明德仁善之心"，乃"上与天星历相应，神灵以明其行"（卷四十九《急学真法》）。反之，亦是如此，善恶行为，不仅自身得到相关报应，还会延及子孙。"凡人之行，或有力行善，反常得恶；或有力行恶，反得善。"（《太平经钞》乙部《解承负诀》）将此归结为其人祖先善恶行为所造成的后果。

宇宙与人世都在不断变化，但"天道比若循环，周者复反始"（卷六五《断金兵法》）。任何一种事物都以与对立面联结的合的形式出现。如天地、日月、阴阳、春秋、昼夜、左右、表里、白夜、明冥、刚柔、男女、前后、上下、君臣、甲乙、草木、牝牡、雌雄、山泽等。事物都因"阴阳相与合，乃能生"（卷一一九《三者为一家阳火数五诀》）。在对立物中的任何一方，"亦自有阴阳，两两相合"（卷一一七《天乐得善人文付火君诀》）。为合的双方互相排斥，"阴之与阳，乃更相反，阳兴则阴衰，阴兴则阳衰"（卷一一三《乐怒吉凶诀》）。每一方发展到极点时，便向另一方转化："极上者当反下，极外者当反内。"（卷四三《四行本末诀》）社会政治就是"一盛一衰，高下平也。盛而为君，衰竭为民"（《太平经钞》癸部）。自然界也时时处处有一盛一衰的变化。

《太平经》问世之后，在民间广泛流传，对东汉末年的太平道与五斗米道的兴起和发展产生过重大影响。它是研究东汉中后期的社会状况，以及道教、哲学、科技的重要历史资料。

有关本书的研究，有汤用彤《读〈太平经〉书所见》、王明《太平经合校》、俞理明《〈太平经〉正读》、段致成《〈太平经〉思想研究》、王平《太平经研究》、任继愈主编《中国道教史》、卿希泰《中国道教思想史纲》等。

（贺圣迪）

老子想尔注 〔东汉〕张 鲁

《老子想尔注》,全称《老君道德经想尔训》,一名《想尔注》,二卷。东汉末张鲁撰,一作张道陵撰,也有作刘表撰。饶宗颐以为"当是陵之说而鲁述之,或鲁所作而托始于陵"。书久佚,近代得敦煌六朝写本残卷。通行本有1991年上海古籍出版社版《老子想尔注校证》本。

张鲁(?—216),字公祺,东汉沛国丰(今江苏丰县)人。祖父张陵客蜀学道,创立五斗米道。陵死传子张衡。衡死,鲁继父祖之业,与其母依附益州牧刘焉。鲁奉刘焉之命,与五斗米道另一领袖张修共击汉中。占汉中后,鲁杀修,且脱离刘焉自立。乃以鬼道教民,入其教者为鬼卒。自称师君,不置官吏,不设祭酒治民。教民诚信不准欺诈,每逢疾病自己检点,大致与太平道相似。按月令安排社会活动,春夏二秋禁止宰杀生物。又命祭酒于路边设置义舍,内放米肉等食品,供路人量腹而食。犯法者,三次以后乃行刑处分。鲁治汉中,深得各族人民拥护。建安二十年(215),曹操进兵汉中,鲁降,被任命为镇南将军,封阆中侯,食邑万户。生平事迹见《三国志·张鲁传》。

《老子想尔注》是用神学观点解释《老子》思想的五斗米道经典。作者托言入静室存想见神而作,故名"想尔"。

张鲁继承《老子》的"道"与"一",将其改造为主宰神,使凌驾于自然与社会之上,具有至尊至威的品性。他说"道尊且神,为自然祈法,为天地所像,为含血之类所敬仰",人"但可从其诫,不可见知也"。此神"散形为气,聚形为太上老君,常治昆仑"。

人当信道,遵守道戒,努力修为,使自己"心常存善仁"、"施惠散财除殃"、"学知清静"、"守气"、"食气"、"积精成神",便"能致长生","得仙寿"。

道是人世的最高准则。用之于家,"家家孝慈","皆行仁义";用之于国,"臣忠子孝","国则易治"。然而尊君畏父,要从属于敬畏天神。人君在位务必"和五行,令各安其位勿相犯"。如此,"天降符瑞,治国太平";不然,"天灾变怪,日月晕珥",一般人的善恶,也给自己与子孙带来相称的报应。

　　《想尔注》体现了道教以神仙长生说为核心,融民间信仰、老子学说与儒家伦常为一体的学说基本特征。它对《太平经》的思想既有继承,也有批评(如胎息、存思体内的五脏之神、"仙人有仙录"的成仙命定说),书中提出的"道教"一词和气聚而为太上老君,是道教名称确立与一气化三清的滥觞。在早期道教史上起有重大的作用。

　　关于本书的研究,有:陈世骧《想尔老子道经敦煌残卷论证》、严灵峰《老子想尔注残卷质疑》、大渊忍尔《老子想尔的成立》、饶宗颐《老子想尔注校证》、任继愈主编《中国道教史》、金春峰《汉代思想史》等。

(贺圣迪)

西升经

《西升经》，又称《老子西升经》，三卷。作者不详。道教称此书为春秋时尹喜著，《道教义枢·三洞义》称"老君所说而尹生所受，唯得《道德》、《妙真》、《西升》五卷"。南宋赵希弁《昭德先生读书后志》沿旧说亦称该经系函谷关令尹喜据老子所述而成。但此经首见于东晋葛洪《神仙传》所述，经内还有佛教词语。因此，该经成书当在佛教传入之后，约在魏晋之时。通行本有宋徽宗御注《西升经》三卷（《道藏辑要》尾集作一卷）本、宋碧虚子（陈景元）集《西升经集注》六卷本，均分三十九章。每章经文均以"老子"或"老子曰"为起首语，各章以经文首二字为章名。如第一章经文以"老子西升"起，章名即作"西升章第一"。两种版本的经文文字略有小异。

《西升经》三卷本首卷九章，即《西升》、《道深》、《善为》、《慎行》、《道象》、《生道》、《邪正》、《天地》和《行道》，指出学道的重要和方法。《西升》章强调"道自然，行者能得，闻者能言"，但是"道深微妙，知者不言"，因为"言者以音相闻"，"言则成妄"。《善为》章和《慎行》章则指出得道行者，必须"慎而行之，宝而怀之"，"恬淡思道，归志守一"，"所谓无为，道自然助"。《道象》章和《生道》章称"道象无形"，"道本出窈冥"，因此，学道之人要从"虚无"、"虚静"之中去学道和悟道。《邪正》、《天地》和《行道》各章则要求学道时区别正邪真伪，指出"道别于是，言有伪真。伪道养形，真道养神"，"是故失生本，安能知道元"。"学不得明师，安能解疑难"，只有到"吾学无所学"时，"乃能明自然"。

中卷十二章，即《重告》、《圣人之词》、《观诸》、《经诫》、《深妙》、《虚无》、《恍惚》、《生置》、《为道》、《色身》、《道虚》和《哀人》，着重论"道"。《虚无》章称"虚无生自然，自然生道。道生一，一生天地，天地生万物。万物抱一而成，得微妙气化"。《恍惚》章又称"虚无恍惚道之根，万物共本道之元"。强调为道之人必须无欲无念，《为道》章称"欲者，凶害之根；无者，天地之原。莫知其根，莫知其原。圣人者，去欲而入无，以辅其身也"。《道虚》章又称，"君子终日不视、不听、不言、不食，内知而抱玄"，"若常能清静无为，气自复也；返于未生而无身也；无为养身形体全也；天地充实长保年也"。

下卷十八章,即《神生》、《常安》、《身心》、《无思》、《我命》、《兵者》、《柔弱》、《民之》、《天下》、《意微》、《在道》、《有国》、《皆有》、《治身》、《道德》、《善恶》、《寂意》和《戒示》,论述以"道"治国、治人和治身的道理。在形神关系方面,《神生》章称"神生形,形成神。形不得神,不能自生;神不得形,不能自成。形神合同,更相生,更相成"。《民之》章称"人欲长久,断情去欲。心意以索命为反归之。形神合同,固能长久"。在《我命》章里,提出了"我命在我,不属天地"的信命而不依赖命的积极观点,在治国之道方面,《兵者》章称"兵者,天下之凶事也,非国之宝",《无思》章称"国以民为本","是以圣人无为无事,欲安其国民也"。

《西升经》的词旨激切,劝诫谆复。宋徽宗序云"盖与五千言相为表里"。碧虚子(陈景元)的《西升经集注序》亦称,"其微言奥旨,出入五千文之间"。

明《道藏》有宋徽宗政和御制《西升经》三卷和宋碧虚子《西升经集注》六卷等两种,存于"洞神部·本文类"和"洞神部·玉诀类"。其中《西升经集注》汇集了华阳韦处玄、句曲徐道邈、冲玄子、任真子李荣和刘仁会等五家之注。《续修四库提要》云"诠释经旨,抉塞启窍,亦颇能得五家之精义,诚有功于是经者"。

(陈耀庭)

十洲记

《十洲记》,又称《十洲三岛记》、《海内十洲记》,一卷。旧题西汉东方朔撰。而刘向《别录》著录的东方朔书中,无此书名。《汉书·艺文志》不载。始见于《隋书·经籍志》,随后新、旧《唐书》中的《艺文志》和《经籍志》、《宋史·艺文志》、《通志》、晁公武《郡斋读书志》、陈振孙《直斋书录解题》等官私目录均有记载,恐为六朝人所依托,而成书年代颇为久远。通行本有《汉魏丛书》本、《古今逸书》本、《秘笈》本、《明刊石氏十种书》本、《说郛》本、《子书百种》本、《道藏》本等。

东方朔(前154—前93),字曼倩,平原厌次人,"好古传书,爱经术,多所博观外家之语"。性诙谐,滑稽多智,为汉武帝所喜爱,"诏拜为郎,常在侧侍中,数召至前谈语,人主未曾不悦也"。擢为太中大夫、给事中。侃侃回答宫下博士、诸先生的问难,名重一时,因认识怪兽"䮷牙"而受赐钱财甚多。东方朔临死时,谏汉武帝"远巧佞,退谗言"。汉武帝称善久之。"而后世好事者因取奇言怪语附著于朔"。生平事迹见《史记》卷一二六《滑稽列传》、《汉书》卷六五《东方朔传》。

《十洲记》是一部道家宣扬仙境之说的书籍,并非地理著作。全书不分篇目章节,直接叙述十洲概况。书前有小序,概述撰写《十洲记》原因。

《十洲记》的内容概括起来,大致有四个方面。

一、记叙《十洲记》的缘起。

汉武听西王母说:"八方巨海之中有祖洲、瀛洲、玄洲、炎洲、长洲、元洲、流洲、生洲、凤麟洲、聚窟洲,乃人迹所稀绝处。"亟欲了解十洲情况,便召博学多才的东方朔至曲室(密室),亲问十洲情况,东方朔一一予以回答,记录成文,形成《十洲记》。

二、记叙十洲方位、幅员、神仙、特产情况。

纵观十洲,地处海中,神仙所居,人迹罕至,仙草生长,珍禽会聚。祖洲近在东海之中,地方五百里,生长不死之草,形似菰苗,长三、四尺,名为养神芝。人死三日,用草覆盖,便都复活。瀛洲也在东海中,地方四千里,中有玉石,高近千丈,涌出的泉水像酒一样,其味甘洌,名为玉醴泉。玄洲在北海之中，地方千二百里，有风山，声响如雷。炎洲，有风生兽，形状像豹，青色，大如狸猫，用火烧灼，不伤皮毛，用铁锤击其头，即死，但张口向风，须臾复活。将其脑和菊花服用十斤，得寿五百年。长洲在南海中，多树木，故又名青丘。上有三千围的大树。元洲在北海中，上有五芝玄涧，涧水如蜜浆，饮之可长生不死。流洲在西海中，山上有积石，名叫昆吾，用以冶铁铸剑，锋利无比，割玉石如泥。生洲，上有仙家数万，天气安和，芝草常生，水味如饴。凤麟洲，在西海中，多凤凰和麒麟，仙家用凤凰嘴、麒麟角合煎作胶，名续弦胶，弓弦断了、刀剑断了，用此胶粘合，恢复如初。聚窟洲，在西海中，上有返魂树，香闻数百里，用树根煎汁成丸，死者闻香，即可复活。这些地方都有仙宫，真仙、灵官管辖治理。

三、附记沧海等五岛情况。

《十洲记》除记载十洲情况外，还附记沧海、方丈洲、扶桑、蓬丘、昆仑等岛屿情况。如沧海岛，海水四面环绕，水呈青褐色，仙人称之为沧水。方丈洲，在东海中心，群龙所聚，不想升天仙人，多居于此。扶桑，在碧海之中，有椹树，两两同根偶生，其椹九千年一生，赤色，甚稀少，食之，一体皆作金光，飞翔玄空。蓬丘，又名蓬莱山，仙家所居，海水正黑，而谓之冥海。昆仑，又称昆陵，四周弱水围绕，为西王母所居，"上通璇玑，元气流布，五常玉衡，理九天而调阴阳，品物群生，希奇特色"。

四、记叙秦汉时轶事。

《十洲记》在叙述十洲、五岛情况时，笔锋所至，带出秦始皇、汉武帝时的轶事。如记述祖洲产不死草时，秦始皇不识为何物，便遣使者问鬼谷先生，鬼谷先生指出此草名"养神芝"，生祖洲琼田中，一叶可活一人。于是遂有秦始皇遣徐福率童男童女五百人，乘楼船下海寻祖州，采不死药之举。记凤麟洲产续弦胶时，记叙汉武帝天汉三年（前98）幸华林园射虎而弩弦断，用续弦胶蘸唾沫粘合。武帝命武士数人，持弓弦两端掣拉，接合处不断。记聚窟洲时，叙述汉武帝征和三年（前90）月支国贡香药四两及猛兽一头，色黄，形似小犬，大如狸猫，大吼一声，侍者、武士皆失杖伏地，内外牛马犬豕，皆挣断笼头、惊惶失措。汉武帝将此兽放入上林苑，想让老虎吃掉它，而老虎见兽，都俯伏在地，形如死虎。此兽乃上虎头拉尿，尿直入虎口。武帝于后元二年（前87）逝世时，时人追论武帝不能厚待月氏国使者，因而不能用香药复生，甚为惋惜。

《十洲记》所述，若有若无，无可征信。但却是道教仙境说之祖，留给人们丰富的想象力和优美的艺术构思，因而为历代文学家所征引，如曹植《洛神赋》中，都引用了《十洲记》的内容。特别是唐人词赋，引用尤多。

（来可泓）

魏晋南北朝编

哲学、政治类

曹操集 〔魏〕曹 操

《曹操集》,又名《魏武帝集》,四卷。三国时魏国曹操撰。通行本有明张溥刻《汉魏六朝百三名家集》本、扫叶山房石印本、中华书局1959年点校本等。

曹操(155—220),字孟德,沛国谯(今安徽亳州)人。出生于宦官世家,父亲曾官至三公之一的太尉。二十岁举孝廉,踏入仕途。黄巾起义时,他起兵镇压。后因声讨董卓而闻名于世。建安元年迎汉献帝于许昌,从此"挟天子以令诸侯",先后消灭了吕布、袁绍、刘表等割据势力,成为北方的实际统治者。曹操不仅是汉末杰出的政治家和军事家,而且又是"外定武功,内兴文学"的著名文学家和建安文学的开创者。他凭借政治上的领导地位,广泛地搜罗文士,形成了"彬彬之盛"的建安文学格局。

《曹操集》是曹操的诗文合集。诗集由十六首乐府歌辞组成,文集则汇集了一百五十一篇短论及诏令。曹操的乐府诗虽脱胎于汉代乐府古题,但并不因袭古辞古意,而是继承了乐府民歌"缘事而发"的传统,即以乐府的题目谱写新的内容,概括起来有以下几个方面。

一、反映汉末动乱真实的历史画面。如《薤露行》:"惟汉廿二世,所任诚不良。沐猴而冠带,知小而谋强。犹豫不敢断,因狩执君王。白虹为贯日,己亦先受殃。贼臣持国柄,杀主灭宇京。荡覆帝基业,宗庙以燔丧。播越西迁移,号泣而且行。瞻彼洛城郭,微子为哀伤。"全诗描述汉末灵帝死,少帝刘辩即帝位,何太后听政。大将军何进因谋诛宦官密召董卓进京,事泄被宦官张让等诱杀。激起了何进部将袁绍兵变,焚烧宫殿,诛戮宦官。张让等劫持刘辩及其弟陈留王刘协出走。董卓闻讯,即率兵迎还刘辩,独揽朝政。后又杀何太后,废刘辩,立刘协为帝,即献帝。初平元年(190),关东州郡联合起兵讨伐董卓。董卓焚烧洛阳,挟持刘协迁都长安。其时,董卓驱迫长安百官与百姓几十万人随同西迁,给国家和人民造成了巨大的灾难。曹操于建安元年(196)目睹经过兵变后残破不堪的洛阳城,伤今怀古,以叙、议相间的手法,记述了这一段令人心酸的事变经过。与此相关的《蒿里行》,则继《薤露行》之后进一步描述了袁绍、袁术等军阀为争夺由董卓留下的朝廷控制权而自相残杀的史实。因诗以乐府旧题而作，所以又有"汉末实录，真诗史也"的赞誉。

二、体现曹操一统天下的雄心壮志。如《短歌行》就是其中的代表作。《短歌行》二首，共八解，开头两解说："对酒当歌，人生几何？譬如朝露，去日苦多。慨当以慷，忧思难忘。何以解忧？唯有杜康。"抒发对时光流逝而功名未建的惆怅。继以"山不厌高，水不厌深。周公吐哺，天下归心"，体现了曹操唯贤是求，完成一统天下的宏伟怀抱。全诗充满了慷慨激昂的情绪。从诗的内容来看，大约作于建安十三年（208）之后，此时曹操已平定了北方军阀割据，并且已掌握了朝廷实权，但他以"奉天子以令不臣"的策略，来完成他的统一大业。其他如《龟虽寿》："老骥伏枥，志在千里。烈士暮年，壮心不已"，表达了老当益壮的壮士胸怀。《观沧海》："秋风萧瑟，洪波涌起。日月之行，若出其中。星汉粲烂，若出其里"，则通过辽阔雄壮的沧海景色表现了诗人开阔的胸襟。也是中国古代诗歌史上完整写景的名篇。

三、质朴的诗歌艺术特征。曹操作为雄心勃勃的政治家和杰出的军事家，其诗歌也呈现出"如幽燕老将，气韵光雄"，虽然语言形式上不离汉乐府，但却有自己的独特风格。如《秋胡行》："晨上散关山，此道当何难！晨上散关山，此道当何难！牛顿不起，车堕谷间。坐盘石上，弹五弦之琴。作为清角韵，意中迷烦。歌以言志，晨上散关山。"此诗作于诗人六十一岁出征张鲁时，自陈仓，出关山。诗中虽有大业未成而时不我待的迟暮悲凉之感，但他仍顽强地表现出诗人建功立业的强烈愿望。诗的最后说"歌以言志，戚戚欲何念"，仍保持着积极进取的精神。此外，曹操的四言诗继承了《国风》和《小雅》的抒情传统，如上述的《短歌行》、《龟虽寿》等都四言诗的代表作，并直接影响到后来嵇康、陶渊明的诗歌创作。

曹操的散文与他的诗一样富有创造性，他因此而被誉为"改造文章的祖师"。汉代散文，由于受到辞赋的影响，日趋骈偶化，散文创作每每受到各种体裁的限制。曹操的散文则以简洁朴素的文笔直抒心怀，极具个性。如《让县自明本志令》一文，作于建安十五年（210），曹操已统一了北方，政权逐渐巩固。为了抗击内外政敌说他准备废汉自立的政治攻势，他公开发布此令，概述自己的生活经历和政治理想，申明自己并无不逊之志。文中所说的"设使国家无有孤，不知当几人称帝，几人称王"，可以说是以简朴的文笔把一生的心事披肝沥胆地倾吐出来，具有一个政治家应有的气魄和胆略。曹操这种"清峻"、"通脱"的散文风格，表现了建安散文的新风尚，对魏晋散文的发展有重要的影响。

（陈居渊）

诸葛亮集 〔蜀〕诸葛亮

《诸葛亮集》,又名《诸葛忠武侯文集》《诸葛丞相集》,四卷。三国时蜀国诸葛亮撰,陈寿编,成于西晋太始十年(274)。但陈寿原编本至宋时已佚失,明清时重辑。通行本有明张溥刻《汉魏六朝百三名家集》本、崇祯十五年(1642)采隐山居刻《增定汉魏六朝别解》本、清同治五年(1866)福州正谊书院刻《正谊堂全书》本、光绪三十二年(1906)成都二仙庵刻《重刊道藏辑要》本、光绪三十四年(1908)柏经正堂刻《西京清麓丛书续编》本、1960年中华书局本(据清张澍编《诸葛忠武侯文集》整理点校)、2008年天津古籍出版社版张连科等校注本等。

诸葛亮(181—234),字孔明,号卧龙,琅玡阳都(今山东沂南)人。少有逸群之才、英霸之器,身长八尺,容貌甚伟,为时人所重。东汉末年,随叔父避难于荆州隆中(今湖北襄阳西),躬耕于野,但广涉典籍,留心世事,以图一展抱负。汉献帝建安十二年(207),应刘备之请,提出了著名的"隆中对",出山相助,成为刘备的得力助手和主要谋士。建安十三年,年仅二十七岁的诸葛亮献联吴拒曹之策,并亲往东吴,舌战群儒,获赤壁大战之捷。建安二十六年,拥戴刘备称帝,任丞相。刘备死后,辅佐其子刘禅,兢兢业业,鞠躬尽瘁。蜀后主建兴三年(225),七擒孟获,平定南夷。建兴六年至建兴十二年,五次伐魏。在最后一次伐魏时,死于五丈原军中,葬于定军山(今陕西勉县东南),谥忠武侯。当政期间,励精图治,赏罚严明,推行屯田政策,改善和少数民族的关系,推进了蜀地的经济文化发展。《三国志》卷三十五有传。诸葛亮虽戎马倥偬,但仍勤于著述,据清人姚振宗考证有下列诸种:《诸葛亮汉书音》一卷、《诸葛亮论前汉事》一卷、《诸葛故事》、《诸葛武侯上事》九卷、《诸葛亮贞洁记》一卷、《诸葛亮哀牢国谱》、《诸葛武侯集诫》二卷、《诸葛武侯女诫》一卷、《诸葛亮兵法》五卷、《诸葛亮木牛流马法》、《诸葛亮八阵图》一卷、《蜀丞相诸葛亮集》二十五卷。但上述各书均已亡佚,残存篇章则被辑入《诸葛亮集》。

陈寿编定的《诸葛亮集》共二十四篇,总计十万四千一百一十二字。清人的辑本卷数各有不同,中华书局刊行的张澍辑本共十一卷,其中文集四卷、附录二卷、故事五卷。除文集四卷是诸葛亮的著作以外,其余诸卷都是有关诸葛亮的资料,如刘备、刘禅等致诸葛亮的诏书,后人对诸葛亮的评论,有关诸葛亮家世、遗事、用人、制作、遗迹的资料等。文集卷一为书信,卷二是对下属的教诲和评论,间或有些兵法内容,卷三《便宜十六策》论治国之道,卷四《将苑》阐述了军事思想。

《文集》中反映的有关诸葛亮如何治国的政治思想,归纳起来,主要有以下几点。

一、立纲纪、和上下。诸葛亮非常强调正纲理纪的重要性,认为三纲不正,六纪不理,国家就会大乱,因此,治国必须先理纲纪,这样才能纲举目张,治好国家。但是,强化等级秩序的方法并不仅仅是靠强迫、专制、淫威,为君者、为上者、为尊者尽到自己的责任与义务更为重要。"上不可以不正,下不可以不端。上柱下曲,上乱下逆。故君惟其政,臣惟其事,是以明君之政修,则忠臣之事举。"(卷三《便宜十六策·君臣》,以下同策)由此,他十分强调以身作则是为政的一条重要原则。只有树立好榜样,才能使法令畅行无阻。否则,"身不正则令不从,令不从则生变乱"(《教令》)。

二、广视听,纳忠谏。《视听》写道:"为政之道,务于多闻,是以听察采纳众下之言,谋及庶士,则万物当其目,众音佐其耳",这样才能耳听目明,举措得当。反之,"或有吁嗟之怨而不得闻,或有进善之忠而不得信。怨声不闻,则枉者正得伸,进善不纳,则忠者正得信,邪者容其奸"。如此,大乱必至。诸葛亮认为,要真正做到采众下之谋,为君为上者要勇于纳谏,为臣为下者要敢于谏诤。"故君有诤臣,父有诤子。当其正义则诤之。将顺其美,匡救其恶。恶不可顺,美不可逆。顺恶逆美,其国必危。"(《纳言》)

三、举贤才,安百姓。《举措》说:"治国之道,务在举贤"、"失贤而不危,得贤而不安,未之有也。"国家不治,民不聊生,根源就在于没有用贤。诸葛亮反对东汉以来以门第族望取士择官的办法,主张不拘一格,广致贤才,尤其要注意从隐逸卑贱中选拔人才,"柱以直木为坚,辅以直士为贤。直木出于幽林,直士出于众下。故人君选举,必求隐处"(同上)。那么,什么是贤才呢? 根本标准就在于看他治理百姓的政绩,能安民富国者就是贤才,应该举迁,不能者就是贪懦,就必须黜退。

四、明法令,严赏罚。诸葛亮认为严明法纪、赏善罚恶是保证国家的秩序、生机和力量的根本措施。他说:"赏赐知所施,则勇士知其所死;刑罚知其所加,则邪恶知其所畏。"(《赏罚》)如果没有法制,国家就会陷于危乱。那么,怎样做到严明赏罚呢? 作者提出要从三方面着手。首先,必须先令而后诛。"先令而后诛,则人亲附。畏而爱之,不令而行。"(同上)其次,赏罚均平,亲仇不避。"赏罚不曲,则人死服。""赏罚不正,则忠臣死于非罪,而邪臣起于非功。""赏赐不避怨仇,则齐桓得管仲之力;诛罚不避亲戚,则周公有杀弟之名。"(同上)最后,还要力戒以喜怒行赏罚。要做到"怒不犯无罪之人,喜不从可戮之士"(《喜怒》)。"故赏不可虚施,罚不可妄加。赏虚施则劳

臣怨,罚妄加则直士恨。"(《赏罚》)

《文集》中反映的有关诸葛亮的军事思想,归纳起来主要如下。

一、军队的基础在士兵。诸葛亮认为,"有制之兵,无能之将,不可以败;无制之兵,有能之将,不可以胜"(卷二《兵要》)。因此,了解敌情也就是了解其士卒之心。将士心齐人和是克敌制胜的首要条件,"用兵之道,要在人和"(卷四《将苑》)。要做到这一点,将帅就必须关心士卒的生死疾苦:"古之善将者,养人如养己子。有难,则以身先之;有功,则以身后之;伤者,泣而抚之;死者,哀而葬之;饥者,舍食而食之;寒者,解衣而衣之;智者,礼而禄之;勇者,赏而劝之。将能如此,所向必捷矣。"(同上)

二、严肃军纪。"夫一人之身,百万之众,束肩敛息,重足俯听,莫敢仰视者,法制使然也。"(同上)为了严明军纪,制定了将士七禁:轻、慢、盗、欺、背、乱、误(《便宜十六策·斩断》)。触犯这七条禁令者,一律严惩不贷。

三、严格训练。诸葛亮认为,战斗力不仅来自纪律,更主要的是来自严格训练,"不教而战,是谓弃之"(《便宜十六策·教令》)。对士兵的训练要从五个方面进行:"一曰,使目习其旌旗指麾之变,纵横之术;二曰,使耳习闻金鼓之声,动静行止;三曰,使心习刑法之严,爵赏之利;四曰,使手习五兵之变,斗战之备;五曰,使足习周旋走趋之列,进退之宜。"(同上)这样,就能做到部伍严整,进退中节,战无不胜。

四、量力用兵,有备无患。所谓量力而行,就是兵不在多而求精,无益无能之兵罢去可也。在战斗的过程中,要非常注意爱惜和保存兵力,攻坚不下,不要硬拼,"攻不可再,战不可三。量力而用,用多则费"(《便宜十六策·治军》)。每一次战争前,粮食和兵器的准备必须十分充分,"军以粮食为本,兵以奇正为始,器械为用,委积为备。故国困于贵买,贫于远输"(同上)。因此,他十分重视武器的打造和战争物资的转运法,创造了一种一次能发射十只铁箭簇的连弩和木牛流马。

五、避实击虚,以众待寡。诸葛亮认为,任何强大的军队内部都不是铁板一块,都有强弱差异,这就要求在战斗有所弃取,以我之强敌彼之弱。他举例说,兵有上、中、下三等。"下不足以与其上也,吾既知之矣,我既弃之矣。中之不足于与吾上,下之不足以与吾中,吾不既冉胜矣乎?"(卷二《兵法》)由此,他说明要以我之强对敌之弱,以我之坚对敌之瑕,"以近待远,以逸待劳,以饱待饥,以实待虚,以生待死,以众待寡,以旺待衰,以伏待来"(《便宜十六策·治军》)。如果不就敌之瑕而攻,则天下皆为强敌。

(戴洪才)

人物志 〔魏〕刘 劭

《人物志》,三卷,十二篇。三国时魏国刘劭撰。通行本有《汉魏丛书》本、《龙溪精舍丛书》本、《四部备要》本、《四部丛刊》本、上海涵芬楼影印明正德刊本等。

刘劭(182—245),字孔才,广平邯郸(今属河北)人。魏文帝时为尚书郎、散骑侍郎。明帝即位,出任陈留太守,重视教化,百姓称之。尝受命作《许都》《洛都》两赋,对明帝外兴军旅、内营宫室"皆讽谏焉"。又奉命集五经群书,以类相从,而为《皇览》一书,作《都官考课》七十二条和《说略》一篇。正始中执经讲学,赐爵关内侯。此外,还著有《乐论》(十四篇)、《情论》,今不传。事迹见《三国志》卷二一本传。

《人物志》是现存第一部以品鉴人物的才性(才能与德性)、选拔人才为内容的著作。它适应魏制"九品中正"、量才授官的实际需要,从辨析才性差异的"才性论"出发,通过对人的形质、体貌、言行的考察,试图找出考核鉴定人物的标准。以为这样即可观外以测内,察微而知著,得到名实相符的结论。

上卷,四篇:《九征》、《体别》、《流业》、《材理》。

《九征》从人的外部特征,以观察才性,评其差异,定立名目。所谓"九质之征"包含神、精、筋、骨、气、色、仪、容、言,它们同人内在的智能、德行、情感、个性有关。

《体别》将人物的个性分别为强毅、柔顺、雄悍、惧慎、凌楷、辨博、弘普、狷介、休动、沉静、朴露、韬谲十二类,并逐类分析它们各自的特征、长处和弱点。

《流业》将人物之才分为清节、法家、术家、国体、器能、臧否、伎俩、智意、文章、儒学、口辨、雄杰十二类,并各自描述其不同特点。

《材理》将理分为四部,即"道之理,事之理,义之理,情之理"。如果人之"质"与"理"合,则有"四家之明",即"道理之家"、"事理之家"、"义理之家"、"情理之家"。因为四家之明相异,故有"九偏之情",即人性中九种性格的偏向。此外,作者还提出了"似是而非"的"七似","辞胜理滞者"的

"三失",性格"强良竟气"者的"六构"等看法,最后从正面提出聪思明达者的"八通"。

中卷,五篇:《材能》、《利害》、《接识》、《英雄》、《八观》。

在《材能》中,作者提出人的才能有大小、标准不一,要量力而授,所任乃济。作者分析了八种能力:自任、立法、辨护、德教、行事、司察、权奇、威猛。而"能"出于"材",材能既殊,则"任政亦异",要根据不同材能授以不同官职。

《利害》篇与《流业》篇相配合,分述不同材能之人在建法陈术、建功立业时会产生不同利害。这几种人是节清、法家、术家、智意、臧否、伎俩。以"清节之业"为最上,"其为业也无弊而常显",逐次下降,至"伎俩之业"为"治之末也"。

《接识》论述"推己接物"的识见。具各种不同材能的人有不同的识见,所谓"一流之人,能识一流之善,二流之人,能识二流之美"。

《英雄》中的"英雄"指文武之才。"聪明秀出谓之英,胆力过人谓之雄。"作者说:"聪明者,英之分也,不得雄之胆则说不行。胆力者,雄之分也,不得英之智,则事不立。"本篇主旨在论说一人之身只有兼有"英"、"雄"两种才时,才能成大业。

《八观》篇是与《九征》篇相配合的。《九征》从外部特征观察人,《八观》则根据实际行动检验人物的才性。这八观分别为:"观其夺救,以明间杂;观其感变,以审常度;观其志质,以知其名;观其所由,以辨依似;观其爱敬,以知通塞;观其情机,以辨恕惑;观其所短,以知所长;观其聪明,以知所达。"

下卷,三篇:《七缪》、《效难》、《释争》。

《七缪》认为人物难以鉴察,以情鉴察人物犹有七种纰缪。这七缪分别为:"察誉,有偏颇之缪;接物,有爱恶之惑;度心,有小大之误;品质,有早晚之疑;变类,有同体之嫌;论材,有申压之诡;观奇,有二尤之失。"针对七缪,作者分别提出了纠正的办法。

《效难》主要阐说人材的难察和举荐之难。人材精微,知之实难,效荐则更难。即"有难知之难,有知之而无由得效之难"。作者详细分析这"二难"的缘由。

在《释争》中,作者认为,"善以不伐为大,贤以自矜为损",故君子必须"释忿去争","内勤己以自济,外谦让以敬惧",唯其如此,才能得荣福。而小人则反是:"矜功伐能,好以陵人",结果"两顿俱折"。作者详细分析谦让与忿争的利弊得失,指出"君子知自损之为益,故功一而美二。小人不知自益之为损,故一伐而并失"。作者还引了老子的话"夫惟不争,故天下莫能与之争",说明君子忍让不争的好处。

总的来看,《人物志》论人之质量,以儒家的"中和"为贵,称赞"中庸之道",以为"兼德而至,谓之中庸,中庸也者,圣人之目也"。注意人才与能力的差异,主张"考课核实,量能授官"。但全书兼有名、法、道、儒各家思想，如以道家"无味"、"无名"来解释儒家的"中庸"等。《人物志》是汉末以来崇尚人物品藻思潮的产物，同时又开了魏晋名理玄谈之风气，反映了从汉到魏思想的新变化。

有关本书的研究，有伏俊琏《人物志研究》（甘肃人民出版社，1999年）、李崇智《人物志校笺》（巴蜀书社，2001年）、黄志盛《新编校本刘邵及其〈人物志〉研究》（花木兰出版社，2006年）、王晓毅《知人者智——〈人物志〉解读》（中华书局，2008年）等。

（赵志伟）

论语集解 〔魏〕何　晏

《论语集解》，又名《集解论语》、《何晏集解》、《论语注疏》等，二十卷，一作十卷。三国时魏国何晏著。版本颇多，且又多与其他注疏合并刊行。通行本有清光绪十五年（1889）德清傅氏据唐卷子本影印《馈喜庐丛书》本、清光绪八年（1882）遵义黎氏据日本正平本影印《古逸丛书》本、清同治八年（1869）浙江书局据明崇祯永怀堂刻本校刻《十三经古注》本、清嘉庆二十一年（1816）扬州阮氏文选楼刻《十三经注疏》（附校勘记）本等。

何晏（约190—249），字平叔。南阳宛（今河南南阳）人。大将军何进之孙。少随母为曹操收养。后娶魏公主，累官尚书，典选举。党与曹氏集团，为司马懿所杀。少以才秀知名，好老、庄言。与夏侯玄、王弼等"祖述老、庄，立论以为天地万物皆以无为本。无也者，开物成务，无往不存者也"（《晋书·王衍传》）。强调"有之为有，恃无以生；事而为事，由无以成"（《列子·天瑞》张湛注引何晏《道论》）。是魏晋玄学的开创者之一，又是玄学中"贵无"论的主要代表之一。著作除《论语集解》完整保存外，其余大多散失，少数片断残存于《列子注》、《世说新语》之中。事迹见《三国志·魏志·何晏传》等。

《论语集解》的作者，据《晋书》卷三三《郑冲传》云："初，冲与孙邕、曹羲、荀顗、何晏共集《论语》诸家训注之善者，记其姓名，因从其义；有不安者，辄改易之，名曰《论语集解》。成，奏之魏朝，于今传焉。"可知此书为集体作品，或以何晏为亲贵，总领其事，故独称《何晏集解》。

《论语集解》是今存最完整、最早的《论语》注本。全书二十卷，卷次编排以《论语》的篇数为准（即以汉代所传的《鲁论》篇数为准，详可参见本书《论语》条）。此书在中国哲学思想史上的价值主要有二：其一，保存了不少汉代《论语》注家的思想；其中知名的有八家：孔安国、包咸、周氏、马融、郑玄、陈群、王肃、周生烈，标"孔曰"、"包曰"、"马曰"等等；另外还有所谓的"旧说"、"或说"、"又一说"，不在八家之列。其二，反映出当时玄学家推翻汉人的经学思想，别树"义理"，表达自己的玄学思想。即以《易》、《老》通《论语》，把儒家的"圣人"改造成玄学家的"圣人"。这里仅就后一方面介绍数例：

如《公冶长篇》"夫子之言性与天道，不可得而闻也"章，《集解》注曰："性者，人之所受以生者也。天道者，元亨日新之道也，深微，故不可得而闻也。"

《卫灵公篇》"子曰：'赐也，汝以予为多学而识之者与？'对曰：'然。非与？'曰：'非也，予一以贯之。'"章，《集解》注曰："善有元，事有会，天下殊途而同归，百虑而一致；知其元，则众善举矣。故不待多学，一以知之也。"

《述而篇》"子曰：'志于道，据于德，依于仁，游于艺。'"章，《集解》注曰："志，慕也；道不可体，故志之而已。据，杖也；德有成形，故可据也。……"

《子罕篇》"子绝四：毋意，毋必，毋固，毋我"章中的"毋意"，《集解》注曰："以道为度，故不任意"；"毋我"，《集解》注曰："述古而不自作，处群萃而不自异，唯道是从，故不自有其身。"又"仰之弥高，钻之弥坚，瞻之在前，忽焉在后"章，《集解》注曰："言不可穷尽也；言惚恍不可为形象也。"

《季氏篇》"孔子曰：'君子有三畏：畏天命，畏大人，畏圣人之言。'"章，《集解》注曰："顺吉逆凶，天之命也。大人即圣人，与天地合其德者也。深远不可易测，圣人之言也。"

《雍也篇》"有颜回者，好学，不迁怒"章，《集解》注曰："凡人任情，喜怒违理。颜渊任道，怒不过分。"

《论语集解》是研究《论语》中孔子及其弟子思想的重要作品，也是研究汉代《论语》学和魏晋玄学的重要资料之一，在中国哲学史上有很高的价值。

有关《论语集解》的研究，主要有南朝梁皇侃《论语义疏》、唐陆德明《论语音义》、宋邢昺《论语注疏》、清刘宝楠《论语正义》、高华平《论语集解校释》(辽海出版社，2007年)、常会营《〈论语集解〉与〈论语集注〉的比较研究》(北京燕山出版社，2010年)等。

（徐洪兴　洪　波）

周易略例 〔魏〕王　弼

　　《周易略例》,一卷。三国时魏国王弼著。成于正始(240—248)末。通行本有:明崇祯十五年(1642)采隐山居刻《增定汉魏六朝别解》本、清顺治三年(1646)宛委山堂刻《说郛》本、清嘉庆中照旷阁刻《学津讨原》本、中华书局1980年版楼宇烈《王弼集校释》。

　　王弼(226—249),字辅嗣,魏山阳(今河南焦作东)人。出身名门贵族,为魏尚书郎王业之子。"少而察惠,十余岁便好庄、老,通辩能言,为傅嘏所知。"(《世说新语·文学篇》注引《王弼别传》)"时裴徽为吏部郎,弼未弱冠,往造焉。徽一见而异之。"(《三国志·魏书·钟会传》注引何劭《王弼传》,下同)其时玄学家何晏为吏部尚书,对王弼通辩能言老庄也很惊奇,说:"仲尼称后生可畏,若斯人者,可与言天人之际乎"(同上),由此赏识王弼。时值黄门侍郎一职空缺,何晏准备"议用"王弼。然而,专朝政的曹爽则只委任王弼为职位较低的尚书郎。至此,王弼对功名"益不留意","通俊不治名高"。正始十年(249),司马氏集团发动军事政变,翦除了曹魏政权的核心力量曹爽、何晏集团,王弼受牵连而被免职。同年秋天,染病而身亡,年仅二十四岁。著作见存的尚有《周易注》、《论语释疑》、《老子道德经注》、《老子指略》等,均辑入《王弼集校释》。已佚的有:《周易大衍论》、《周易穷微论》、《易辨》、《易传纂图》等。

　　《周易略例》主要阐述了王弼注《周易》的思想方法。下分《明彖》、《明爻通变》、《明卦适变通爻》、《明象》、《辩位》、《略例下》、《卦略》诸篇。

　　在《明彖》中,王弼提出了完全不同于汉代象数易学的新易学,照唐李鼎祚《周易集解序》说来:"自卜商入室,亲授微言,传注百家、绵历千古,虽竞有穿凿,犹未测渊深。唯王郑相沿,颇行于代。郑则多参天象,王(弼)乃全释人事。……天象远而难寻,人事近而易习。"而这种"全释人事",则又被王弼上升到本体论的高度,那就是通常所说的"一以统众,一以治众",《明彖》说:"夫《彖》者,何也?统论一卦之体,明其所由之主者也。夫众不能治众,治众者,至寡者也。……故众之所以得咸存者,主必致一也;……物无妄然,必由其理。统之有宗,会之有无,故繁而不乱,众而不惑。故六爻相错,可举一以明也;刚柔相乘,可立主以定也。……故自统而寻之,物虽众,则知可以执一御也;由本以观之,义虽博,则知可以一名举也。……繁而不忧乱,变而不忧惑,约以存博,简以济众,其唯《彖》乎!"这种不同于以往象数易学的"约以存博,简以济众"释易方法,又和王弼解释《老子》所用的"崇本息末"方法相一致,成为重要的玄学方法或命题;它既反映了王弼玄学贵无思想,也使一种统治方法在哲学本体中得到落实。

因为这种"以寡治众,统宗会元"的释易方法主要用于处理《易》卦、爻之间的关系,所以在《明爻通变》、《明卦适变通爻》、《辩位》、《略例下》等篇中,王弼讲述了一系列其中关系:"卦以存时,爻以示变"(《明爻通变》);"凡《彖》者,通论一卦之体者也,一卦之体必由一爻为主,则指明一爻之美以统一卦之义"(《略例下》);"爻者,守位分之任,应贵贱之序者也。……位无常分,事无常所。……统而论之,爻之所处则谓之位;卦以六爻为成,则不得不谓之六位时成也"(《辩位》)。

在《明卦适变通爻》中,王弼又具体地分析了爻与爻的关系:"夫应者,同志之象也;位者,爻所处之象也;承乘者,逆顺之象也;远近者,险易之象也;内外者,出处之象也;初上者,终始之象也。是故,虽远而可以动者,得其应也;虽险而可以处者,得其时也;弱而不惧于敌者,得所据也;忧而不惧于乱者,得所附也;柔而不忧于断者,得所御也;虽后而敢为之先者,应其始也;物竞而独安静者,要其终也。故观变动者,存乎应;察安危者,存乎位;辨逆顺者,存乎承乘;明出处者,存乎外内;远近终始,各存其会;辟险尚远,趣时贵近。"表现出王弼尽管强调"以寡统众,以一治众",但认为具体要做到这点,却又要根据具体情况而定,因为事物往往呈现出复杂性来:"位无常分、事无常所"、"用无常道、事无轨度",所以要"动静屈伸,唯变所适"(《明卦适变通爻》)。这反映了王弼思想方法中的辩证因素。

因为事物的复杂性表现为"形躁好静,质柔爱刚,体与情反,质与愿违",所以王弼在《明爻通变》中认为事物变化发展并非能像"数"那样一定、规则、有序,所以"巧历不能定其算数,圣明不能为之典要,法制所不能齐,度量所不能均也"。这样也就批判了汉代象数学家所构造的机械比附天人变化法则。

进而,在《明象》中王弼提出了完全不同于汉代象数学家"存象忘意"的"忘象以求其意",以此去领会体察卦象所内蕴的意义:"夫象者,出意者也。言者,明象者也。尽意莫若象,尽象莫若言。言生于象,故可寻言以观象;象生于意,故可寻象以观意。意以象尽,象以言著。故言者所以明象,得象而忘言;象者所以存意,得意而忘象。……是故触类可为其象,合义可为其征。"照王弼看来,言是说明象的工具,象是说明意的工具,所以人可藉"寻言以观象,寻象以观意",人一旦得意,就应该"忘象",以摆脱有些感性材料的束缚。这样一来,使原本作为解《易》方法的"得意忘象"具有哲学意义,和上述"崇本息末"、"以寡治众"等一样上升为玄学中的命题。

同时,在《明象》中王弼又讥斥了易学中的"互体"理论:"互体不足,遂及卦变;变又不足,推致五行。一失其原,巧愈弥甚,从复或值,而义无所取。盖存象忘意之由也。"认为"存象忘意"的根源是在于"互体"理论。

集中反映王弼易学思想方法的《周易略例》,连同《周易注》,历来被人重视。如唐孔颖达在《周易正义序》中说:"汉理珠囊,重兴儒雅。其传《易》者,西都则有丁、孟、京、田,东都则有荀、刘、马、郑,大体更相祖述,非有绝伦;唯魏世王辅嗣之注,独冠古今。所以江左诸儒,并传其学,河北学者,罕能及之。"清钱大昕也说:"自古以经训颛门者,列于儒林,若辅嗣之《易》,平叔之《论语》,当时重之,更数千载不废。"但又因为王弼开一代新《易》学,所以也引起争论,《四库全书总目》就提到:"王弼……排击汉儒,自标新学";然《隋书·经籍志》载扬州刺史顾夷等有《周易难王辅嗣义》一卷;《册府元龟》又载顾悦之《难王弼易义》四十余条;京口闵康之又申王难顾,是在当日已有异同。王俭、颜延年以后,此扬彼抑,互诘不休。至孔颖达等奉诏作疏,始崇王注,而众说皆废。同时,王弼《周易略例》中提出的"以一治众"的"一爻为主说",及"辨位"、"适时"等说也均受到易学家们的重视(朱伯崑《易学哲学史》),而具"取义"的"得意忘象"不但受到易学家们的重视,还历来被美学家认为是开创了艺术"意境"说。

(刘康德)

孔丛子 〔魏〕王 肃

《孔丛子》，三卷。原题秦末孔鲋撰。然《汉书·艺文志》并未提及，至三国时曹魏王肃始引此书语，其说亦多同于王肃所托伪《孔传》、《孔子家语》，故后人多疑此书实系王肃或其门徒托名孔鲋而作，约成书于魏晋间。通行本有北宋宋咸注刻本、商务印书馆《万有文库》本、中华书局2011年版傅亚庶《孔丛子校释》本等。

孔鲋，或名孔甲，或谓字甲，孔子八世孙。秦末参加陈胜起义军，为博士。后死于陈下。《史记》卷四七《孔子世家》、《汉书》卷八一《孔光传》附其传记。

王肃（195—256），字子雍，魏东海郯（今山东郯城西南）人。父王朗为曹氏重臣。王肃官至中领军，加散骑常侍。两汉经学至郑玄合今古文而集大成，王肃从贾逵、马融之学，欲与之争胜，遍注《尚书》、《诗》、《论语》、《三礼》、《左传》，又撰定王朗所作《易传》。力求反郑氏之说，撰《圣证论》，攻击郑学。又伪托孔安国，撰伪《尚书传》、《论语》、《孝经》、《孔子家语》等书，以图佐证其说。因其女为司马昭妇，生司马炎（后为晋武帝），得以借助政治力量推行其说，其注、传被立于学官，一时号为显学。其传记附于《三国志》卷十三《王朗传》。

《孔丛子》全书三卷，共二十一篇，书后又附孔臧所著赋与书两篇，别名《连丛》，合计二十三篇。篇名分别为《嘉言》、《论书》、《记义》、《刑论》、《记问》、《杂训》、《居卫》、《巡狩》、《公仪》、《抗志》、《小尔雅》（分为广诂一、广言二、广训三、广义四、广名五、广服六、广器七、广物八、广鸟九、广兽十、度、量、衡十三目）、《公孙龙》、《儒服》、《对魏王》、《陈士义》、《论势》、《执节》、《诘墨》、《独治》、《问军礼》、《答问》、《连丛子上》（叙书、谏格虎赋、杨柳赋、鸮赋、蓼虫赋、与侍中从弟安国书、与子琳书、叙世、左氏传义诂序）、《连丛子下》。其中第一至第五篇载孔子与弟子的对话，第六至第十篇记孔子孙子思（孔伋）的言论，第十二至第十四篇载子思玄孙子高（孔穿）言论，第十五至第十七篇记子高子子顺（孔武）言论，第十八篇托孔鲋之名逐项反驳墨家对儒家的批判，第十九至第二十一篇载孔鲋与陈胜等反秦首领的议论。

《孔丛子》书名的含意，据后人解释"盖言有善而丛聚之也"。其所聚之"善言"，虽并不一定是孔氏家学所言，但反映了汉魏时的思想倾向，具有丰富的政治、法律思想内容。其观点有的是依孔子旧说而加以铺陈，也有较为独特的观点。

本书的基本政治观点继承了孔子、孟子的思想。如在重民思想方面，本书通过周族初迁居周原之地的故事加以说明。称古公亶父（本书作大王，即太王）在狄人来攻时，命与之菽粟财货，至已无可与时，狄人又攻。太王问耆老，得知狄人欲得土地，又命与之，"耆老曰：'君不为社稷乎？'大王曰：'社稷所以为民也，不可以所为民亡民也。'耆老曰：'君纵不为社稷，不为宗庙乎？'大王曰：'宗庙者，私也。不可以吾私害民。'"于是率民迁徙岐山之下（卷上《居卫》）。在君臣关系上亦主张："大臣必取众人之选，能犯颜谏争、公正无私者。计陈事成，主裁其赏；事败，臣执其咎。主任之而无疑，臣当之而弗避。"（卷中《对魏王》）

本书有关法律方面的议论相当多。如《刑论》一篇借孔子口吻，集中讨论法律问题。在礼教与刑罚关系上，以孔子与卫国将军文子的对话进行说明，称"以礼齐民，譬之于御则辔也；以刑齐民，譬之御则鞭也。执辔于此而动于彼，御之良也；无辔而用策，则马失道矣。……是以先王盛于礼而薄于刑，故民从命也。今也废礼而尚刑，故民弥暴。"又称"古之知法者能远（注：能远者止其源），今之知法者不失有罪。不失有罪其于怨寡矣，能远则于狱其防深矣。寡怨近乎滥，防深治乎本。"《论书篇》中解释《尚书》"明德慎罚"一词，称"明德者能显用有德、举而任之也；慎罚者并心而虑之，众平然后行之，致刑错也。此言其所任不失德、所罚不失罪，不谓己德之明也。"与郑玄对此语的解释不同。

本书发挥了孔子的"无讼"思想。《刑论篇》以孔子答弟子问方式，讨论了听讼的准则："听讼者，或从其情，或从其辞。辞不可从，必断以情。"又称"听狱之术"有三："治必以宽之，宽之之术归于察；察之之术归于义。是故听而不宽是乱也，宽而不察是慢也，察而不中义是私也，私则民怨。"《对魏王篇》又借子高口吻谈论无讼，"上下勤德而无私，德无不化、俗无不移。众之所誉政之所是也，众之所毁政之所非也。毁誉是非与政相应，所以无讼也"。

《孔丛子》的政治法律思想在一定程度上发展了儒家的传统理论，在中国政治、法律思想史上具有一定的地位。其有关刑礼关系及无讼的思想，对古代法制有一定的影响，是中国法律思想史研究的重要资料。

有关本书的研究有北宋嘉祐年间宋咸为本书所作的注释，另有清姜兆锡《孔丛子正义》等。今人的研究著作有孙少华《〈孔丛子〉研究》（中国社会科学出版社，2011年）。

（郭　建）

孔子家语 〔魏〕王 肃

《孔子家语》，略称《家语》，十卷。三国时魏国王肃撰。通行本有《四库全书》本、《子书百家》本、《百子全书》本、《四部丛刊》本、《四部备要》本、齐鲁书社 2009 年版杨朝明等《孔子家语通解》本等。

《孔子家语》，是针对汉末郑玄对经籍的注释而撰写的。自董仲舒"罢黜百家，独尊儒术"的建议被汉武帝采纳之后，经学成了两汉学术的主流。这一学术思潮，到东汉初中期达到鼎盛。然而，经学内部，西汉重师法，东汉重家法，师法家法不得逾越。一经有数家，一家有数说，学者严守门户，经学显得支离破碎，实难从理论上贯通。这种状况，在经学达到鼎盛期的东汉时代尤为突出。面对异论纷呈而又颇显繁芜的经说，学人大有莫知所向之慨。于是某些经学大师，开始冲破师法家法的藩篱，力图兼通数经，并从事诸经异同的撰述。郑玄即为其中的主要代表人物之一。汉末经学几乎可以说是郑学的天下。出于对集汉代经学之大成而为天下学子所宗的郑学的不满，并为与其争胜，王肃抬出了《孔子家语》一书。

《孔子家语》，据《汉书·艺文志》著录，原为二十七卷，今存十卷。此书杂采《论语》、《左传》、《国语》、《孟子》、《荀子》、《大戴礼记》、《小戴礼记》、《说苑》等书所载有关古代婚姻、丧祭、郊禘、庙祧等礼仪制度和孔子的遗文逸事，综合以成篇。王肃自称，是书得之于孔子第二十二世孙孔猛，并亲自为之注。但很多人认为这是伪托，其实是王肃自己撰作的。

《孔子家语》分为四十四篇。卷一：《相鲁》、《始诛》、《王言解》、《大婚解》、《儒行解》、《问礼》、《五仪解》，凡七篇；卷二：《致思》、《三恕》、《好生》，凡三篇；卷三：《观周》、《弟子行》、《贤君》、《辩政》，凡四篇；卷四：《六本》、《辩物》、《哀公问政》，凡三篇；卷五：《颜回》、《子路初见》、《在厄》、《入官》、《困誓》、《五帝德》，凡六篇；卷六：《五帝》、《执辔》、《本命解》、《论礼》，凡四篇；卷七：《观乡射》、《郊问》、《五刑解》、《刑政》、《礼运》，凡五篇；卷八：《冠颂》、《庙制》、《辩乐解》、《问玉》、《屈节解》，凡五篇；卷九：《七十二弟子解》、《本姓解》、《终记解》、《正论解》，凡四篇；卷十：《曲礼子贡问》、《曲礼子夏问》、《曲礼公西赤问》，凡三篇。各卷主要篇章的内容如下。

卷一：《相鲁》讲述孔子在鲁国出仕为官之事；《始诛》讲述孔子诛大夫少正卯等事，阐述了"先教而后刑"的统御之术。如云："必教而后刑也。既陈道德以先服之，而犹不可，尚贤以劝之；又不可，即废之；又不可，而后以威惮之。若是三年而百姓正矣。其有邪民不从化者，然后待之以刑，则民咸知罪矣。"《王言解》提出了"七教"的德政思想："上敬老，则下益孝；上尊齿，则下益悌；上乐施，则下益宽；上亲贤，则下择友；上好德，则下不隐；上恶贪，则下耻争；上廉让，则下耻节。此之谓七教。七教者，治民之本也。"《儒行解》与《礼记·儒行》基本相同，讲述儒者的德行、情操；《问礼》论述礼乃人所应当遵循的根本大道，指出："民之所以生者，礼为大。非礼则无以节事天地之神焉，非礼则无以辨君臣上下长幼之位焉，非礼则无以别男女父子兄弟婚姻亲族疏数之交焉。"《五仪解》提出了五种不同的人格，即庸人、士人、君子、贤人、圣人，并认为治理邦国当明辨这五种人格。

卷二：《好生》倡言君王应当像舜那样，满怀仁爱慈善之心，实行仁政，爱惜民众的生命，擢用贤才，化民成俗。指出："舜之为君也，其政好生而恶杀，其任授贤而替不肖。德若天地而静虚，化若四时而变物。是以四海承风，畅于异类，凤翔麟至，鸟兽驯德。无他，好生故也。"

卷三：《弟子行》首先借子贡之口，表彰颜回、冉雍、仲由、曾参等孔门弟子的德行与操守，接着又通过孔子之口，颂扬了伯夷、叔齐、蘧伯玉、柳下惠、老子等的德行与操守。此篇与《大戴礼记·卫将军文子》的内容基本相同；《贤君》指出，贤君治国，以"尊贤者贱不肖"、"使民富且寿"为急务。又认为，立身乃至为政，当行"恭、敬、忠、信"，而"恭则远于患，敬则人爱之，忠则和于众，信则人任之。勤斯四者，可以政国，岂特一身者哉？"

卷四：《六本》提出，人立身行事有六项最根本的东西，即"六本"，能够实地做到"六本"，方可称为君子："行己有六本焉，然后为君子也。立身有义矣，而孝为本；丧纪有礼矣，而哀为本；战阵有列矣，而勇为本；治政有理矣，而农为本；居国有道矣，而嗣为本；生财有时矣，而力为本。"《哀公问政》申述平治天下国家有"九经"，此"九经"为修身、尊贤、亲亲、敬大臣、体群臣、子庶民、来百工、柔远人、怀诸侯，并指出："夫修身则道立，尊贤则不惑，亲亲则诸父昆弟不怨，敬大臣则不眩，体群臣则士之报礼重，子庶民则百姓勤，来百工则财用足，柔远人则四方归之，怀诸侯则天下畏之。"

卷五：《五帝德》阐述并颂扬了黄帝、颛顼、帝喾、尧、舜五帝以及禹的德业。此篇与《大戴礼记·五帝德》内容相同。

卷六：《执辔》认为，君王治天下如同御马，当以德法为衔勒，以刑为策，以吏为辔，推行"宽猛相济"之术："以德以法。夫德法者，御民之具，犹御马之有衔勒也。君者人也，吏者辔也，刑者策也。夫人君之政,执其辔、策而已。"《论礼》提出,礼为治国之本:"治国而无礼,譬犹瞽之无相,伥伥乎何所之?譬犹终夜有求于幽室之中,非烛何以见?故无礼则手足无所措,耳目无所加,进退揖让无所制。是故以之居处,长幼失其别,闺门三族失其和,朝廷官爵失其序,田猎戎事失其策,军旅武功失其势,宫室失其度,鼎俎失其象,物失其时,乐失其节,车失其轼,鬼神失其享,丧纪失其哀,辩说失其党,百官失其体,政事失其施。加于身而措于前,凡动之众失其宜。如此,则无以祖洽四海。"总之,如果没有礼,整个天下就会大乱。此篇包容了《礼记》中《仲尼燕居》、《孔子闲居》两篇的内容,文字上稍有出入。

卷七:《五刑解》提出,刑罚的设立在于使民知有所止,杜塞犯罪根源,而不再去犯罪;而如若不致力于使民知有所止,单是在民犯罪之后施以相应刑罚了事,则是错误的:"圣人之设防,贵其不犯也。制五刑而不用,所以为至治也。""不豫塞其源,而辄绳之以刑,是谓为民设阱而陷之。"《刑政》也主张,治民之首务在于推行德、礼之教,以化民成俗,其次则设立刑罚使其知有所止,如以上措施仍不能奏效,再施以刑罚不迟:"圣人之治化也,必刑政相参焉。太上以德教民,而以礼齐之;其次以政焉。导民以刑,禁之刑,不刑也。化之弗变,导之弗从,伤义以败俗,于是乎用刑矣。"《礼运》的内容大致与《礼记·礼运》相同。

卷九:《七十二弟子解》简要地介绍了孔门升堂入室的七十二弟子;《本姓解》介绍了孔子的家世,并通过齐太史子与之口,称颂了孔子的辉煌业绩:"孔子生于衰周,先王典籍错乱无纪,而乃论百家之遗记,考正其义,祖述尧舜,宪章文武,删《诗》述《书》,定《礼》理《乐》,制作《春秋》,赞明《易》道,垂训后嗣,以为法式。其文德著矣,然凡所教诲,束修已上,三千余人,或者天将欲与素王之乎?夫何其盛也!"

卷十:《曲礼子贡问》等三篇杂记了饮食、起居、丧葬等各种礼制的细节。

王肃抬出《孔子家语》的目的是为了假借孔子的名义,驳斥郑玄,以此作为攻击郑学的武器。因此,在他所撰的《圣证论》中,曾大量援引本书。

有关《孔子家语》的研究著作,最值得注意的是清人的证伪著述。他们对本书作了详细的疏证与辨析,提出了大量证据,论证它出自王肃伪造。其中重要的有清范家相《家语证伪》十一卷、孙志祖《家语疏证》六卷、陈士珂《孔子家语疏证》十卷等。但也有人主张《孔子家语》并非出于王肃伪造。

(王新春)

阮籍集 〔魏〕阮 籍

《阮籍集》，又称《阮嗣宗集》、《阮步兵集》。三国时魏国阮籍著。通行本有：一、明嘉靖中陈德文、范钦刻《六朝诗集》本《阮嗣宗集》二卷；二、明万历、天启年间汪士贤刻《汉魏诸名家集》本《阮嗣宗集》二卷；三、明娄东张氏刻《汉魏六朝百三名家集》本《阮步兵集》一卷；四、上海古籍出版社1978年版李志钧等校订《阮籍集》；五、中华书局1987年版陈伯君《阮籍集校注》等。

阮籍(210—263)，字嗣宗，陈留尉氏(今河南尉氏)人。其父是著名的"建安七子"之一阮瑀。《晋书·阮籍传》说："籍本有济世志，属魏晋之际，天下多故，名士少有全者，籍由是不与世事，遂酣饮为常。"据阮籍自述：少年时曾学击刺，十四五岁好《诗》《书》，以图建功立业。约在十六七岁时，"随叔父至东郡，兖州刺史王昶请与相见"。约在三十三岁(公元242)以后，"太尉蒋济闻其有隽才而辟之"，但阮籍不应召，蒋大怒。后经乡亲劝解，勉强出任蒋的下属，不久托病辞去。公元247年曹爽召阮籍为参军，籍"以疾辞，屏于田里。岁余而爽诛。时人服其远识"。司马懿命为从事中郎。高贵乡公曹髦即位，封关内侯，徙散骑常侍。司马昭初欲为子炎求婚于籍，籍沉醉六十日，不得言而止。钟会数欲致之罪，皆以酣醉获免。拜东平相时，乘驴到郡，"法令清简"。闻步兵厨善酿，贮酒三百斛，求为步兵校尉，时年四十七岁。阮籍为"竹林七贤"的代表人物。文章以《达庄论》《大人先生传》等最著名，诗以《咏怀诗》八十二首为代表。事迹见《晋书》卷四九本传。

《阮籍集》为阮籍的文集。上海古籍出版社1978年版《阮籍集》是以明代陈德文、范钦本为底本，校以历代所传版本及各有关诗文总集、类书而成。卷首刊有陈德文作《刻阮嗣宗集叙》一篇，称其文辞"率激烈慷慨。其心愤，故其行危，其道忠，故其旨远。是以疾之者虽如仇，而闻之者无以罪"。称其诗"语庄义密，曲高和寡"。全书分为上下两卷。上卷收文二十篇。有《东平赋》、《首阳山赋》、《鸠赋》、《猕猴赋》、《清思赋》、《元父赋》、《通易论》、《通老论》、《达庄论》、《乐论》(附《乐论》佚文)、《奏记诣太尉蒋济》、《奏记诣曹爽》、《答伏义书》(附《伏义与阮籍书》)、《与晋王荐卢播书》、《大人先生传》、《为郑冲劝晋王笺》、《搏赤猿帖》、《老子赞》、《孔子诔》、《吊□公文》。下卷收

《咏怀诗》八十二首,末附二首(一首是从《艺文类聚》辑得,另一首据《太平御览》补)。

阮籍的文章以《达庄论》、《大人先生传》、《清思赋》和《乐论》最为著名。它们表达了阮籍的哲学思想、美学思想以及对儒家礼法的批判。

在《达庄论》里,阮籍叙述了他对自然万物统一性的看法:"天地生于自然,万物生于天地。自然者无外,故天地名焉。天地者有内,故万物生焉。当其无外,谁谓异乎?当其有内,谁谓殊乎?地流其燥,天抗其湿,月东出,日西入,随以相从,解而后合。升谓之阳,降谓之阴,在地谓之理,在天谓之文。蒸谓之雨,散谓之风。炎谓之火,凝谓之冰。形谓之石,象谓之星。朔谓之朝,晦谓之冥。通谓之川,回谓之渊。平谓之土,积谓之山。男女同位,山泽通气。雷风不相射,水火不相薄。天地合其德,日月顺其光。自然一体,则万物经其常。入谓之幽,出谓之章。一气盛衰,变化而不伤。是以重阴雷电,非异出也;天地日月,非殊物也。故曰:自其异者视之,则肝胆楚越也;自其同者视之,则万物一体也。"

阮籍认为,各种不同的事物皆由"自然而生",彼此相互依存,所谓"至道之极,混一不分,同为一体,乃失无闻"。"自然"是一个既有殊异而又合规律地存在的统一体,"自然一体"、"万物一体"是他对物质世界统一性的基本看法。

在《大人先生传》中,作者假借"大人先生"(其实是他自己的化身)之口,对儒家礼法进行了猛烈的抨击,把提倡礼法的"君子"比作"裈中之虱",痛斥他们:"外易其貌,内隐其情","怀欲以求多,诈伪以要名","坐制礼法,束缚下民,欺愚诳拙,藏智自神","假廉而成贪,内险而外仁"。还说:"汝君子之礼法,诚天下之残贼、乱危、死亡之术耳。"针对这种现实状况,他设想了一个没有君臣之别,没有强弱之分,大家能顺其自然尽其天年的社会:"明者不以智胜,暗者不以愚败;弱者不以迫畏,强者不以力尽。盖无君而庶物定,无臣而万事理。保身修性,不违其纪,惟兹若然,故能长久。"全篇归结到一点,就是对自然的追求。他说:"时不若岁,岁不若天,天不若道,道不若神。神者,自然之根也。"这是阮籍唯物主义的宇宙论、本体论的简明概括。表达阮籍这种哲学思想的还有《通志论》、《通易论》诸篇。

《乐论》和《清思赋》则表达了阮籍的美学思想。《乐论》一文的中心是解决什么是儒家的"移风易俗,莫善于乐"的。在该文中,阮籍假设"刘子"与"阮先生"之间的对话,对"乐"的本体、"乐"的功能、"正乐"(即"雅乐")与"淫声"的区别、"礼"与"乐"的不同作用、"乐"的变与不变等问题展开了讨论。阮籍认为,"乐"的本体是"天地之体,万物之性",它来自自然,因而不可错乱,所以有"常处";大小相次而达于和谐,即有了"常数";有了"常处"与"常数",就能"贵重"、"不妄",体现人类社会伦理道德的和谐性,而达于"移风易俗"的目的。因此"乐"的本质为"快乐"之"乐",而不是"以悲为乐"、"以哀为乐"。

《清思赋》是阮籍的一篇抒情作品,它继承了司马相如的风格,通过生动铺张的描写,描绘了"河女"的绝世美貌,反映了作者对美好事物的向往与追求,全文既有庄子、屈原的遨游宇宙的奇丽幻想,又渗透了阮籍自己的哲理思想。

阮籍的《咏怀诗》在中国文学史上占重要地位,《晋书》本传说他"作《咏怀》诗八十余篇,为世所重"。其中有批判儒生的,也有表达他建功立业思想、赞美英雄豪杰的。这类诗直接"建安风骨"之余响,例如:"弯弓挂扶桑,长剑倚天外。……岂若雄杰士,功名从此大!"(其四十八)"壮士何慷慨,志欲威八荒……岂为全躯士?效命争战场。"(其五十三)但更多的是以隐晦曲折的言辞,比喻象征的手法,表达了他忧愤时政的心情。其中有对人事变迁的感慨:"谁云君子贤,明达安可能"(其三十);"死生自然理,消散何缤纷"(其二十八);"灰心寄枯宅,曷顾人间姿"(其六十五)。有对险恶环境的忧虑,对争夺残杀的悲伤:"杨朱泣歧路,墨子悲染丝。……萧索人所悲,祸衅不可辞"(其二十三);"殷忧令志结,怵惕常若惊"(其三十五)。也有对邪佞奸凶之讽刺:"婉娈佞邪子,随利来相欺。孤思损惠施,但为谗夫蚩。……焉知倾侧士,一旦不可持!"(其三十九)其诗多美人、香草的色彩。李善为《文选》中阮诗作注时说:"嗣宗身仕乱朝,常恐罹谤遇祸,因兹发咏,故每有忧生之嗟。虽志在刺讥,而文多隐避,百代以下难以情测。"清人沈德潜《说诗晬语》亦曰:"阮公《咏怀》,反复零乱,兴寄无端,和愉哀怨,俶诡不羁,读者莫求归趣。"两人所言大体上可概括阮籍诗的特点。

阮籍是"正始文学"的代表人物,他的作品对魏晋六朝文人陆机、陶渊明以及唐代诗人陈子昂、李白等产生了重要影响。

(赵志伟)

嵇康集 〔魏〕嵇 康

《嵇康集》,又称《嵇中散集》,原为十五卷,今作十卷,另有多种辑本。三国时魏国嵇康撰,后人编集。通行的十卷本有明嘉靖四年(1525)黄省曾刻本、明吴宽丛书堂抄本、明万历中新安程荣校刻本、明万历天启间新安汪士贤刻《汉魏诸名家集》(一名《二十一名家集》)本、《四库全书》抄本、1956年文学古籍刊行社本(鲁迅校勘本)等。另有清姚莹等辑《嵇中散集》九卷、丁福保辑《嵇叔夜集》七卷、严可均辑《嵇康集》十五卷等。

嵇康(224—263),字叔夜,谯郡铚(今安徽宿州)人,"竹林七贤"之一。早孤,有奇才,博览淹通,学不师授,恬静寡欲,好老庄之言。后与魏宗室通婚,拜为中散大夫,世称"嵇中散"。时当魏、晋革易之际,政治风波迭起,嵇康怀远世之志,养性服食,弹琴咏诗,自足于怀。然而既为曹氏姻亲,又名重士林,自为权倾朝野谋篡神器的司马氏所忌。复以刚肠疾恶,与物多忤,言词不掩锋芒,臧否历历分明,遂遭司马昭的心腹锺会构陷。入狱后,太学生数千人请释之以为师而弗许,临刑索琴弹《广陵散》一曲而终。遗著除《嵇康集》诗文之外,尚有《圣贤高士传赞》三卷、《春秋左氏传音》三卷等,皆散佚,有辑本。《晋书》卷四九有传,《三国志》、《世说新语》及注文也叙及其生平。

《嵇康集》为嵇康的文集。卷一,诗十三题六十首,附他人酬答之作四题十四首;卷二,《琴赋》一篇,与山涛、吕巽绝交书各一篇;卷三,拟骚体《卜疑》一篇,《养生论》一篇;卷四,《答难养生论》一篇,附向秀《难养生论》一篇;卷五,《声无哀乐论》一篇;卷六,《释私论》、《管蔡论》、《明胆论》各一篇;卷七,《难自然好学论》一篇,附张邈《自然好学论》一篇;卷八,《难宅无吉凶摄生论》一篇,附阮侃《宅无吉凶摄生论》一篇;卷九,《答释难宅无吉凶摄生论》一篇,附阮侃《释难宅无吉凶论》一篇;卷十,《太师箴》、《家诫》各一篇。

其中,《释私论》着重论述自然与名教的关系。说:"矜尚不存乎心,故能越名教而任自然,情不系于所欲,故能审贵贱而通物情。"依名教行事,矫情出于矜尚之心,不免于伪,其精神境界何如越名教而任自然,却在在皆是,比比皆善,无不合于道者? 故曰:"夫称君子者,心无措乎是非而行不违乎道者也。"显然旨在反对两汉儒学名教之说。其《与山巨源绝交书》更自言"每非汤、武而薄周、孔",实为惊世骇俗之论。此时,伺篡天下的司马氏正以名教欺天下,嵇康之论是有所为而发的。锺会构陷,亦正以其"言论放荡,非毁典谟"为口实。

《难自然好学论》对两汉独尊儒术、天下士人竞以经学为晋身之阶进行抨击。作者以老、庄崇尚"大朴未亏"之洪荒之世为起点,谓"及至人不存,大道陵迟",方有"《六经》纷错,百家繁炽",并从此"开荣利之途",世人"奔骛而不觉","操笔执觚,足容苏息,积学明经,以代稼穑。是以困而后学,学以致荣,计而后习,好而习成,有似自然",其实并非出于自然,而在慕求荣利。况且"《六经》以抑引为主,人性以从欲为欢。抑引则违其愿,从欲则得自然"。"固仁义务于理伪,非养真之要术,廉让生于争夺,非自然之所出也。"而举世"立《六经》以为准,仰仁义以为主,以规矩为轩冕,以讲论为哺乳,由其途则通,乘其路则滞"。

《明胆论》辨智、勇之别。"明"以智,"胆"以勇,明、胆异气而殊用,不能相生,智者未必勇,勇者未必智。"明以见物,胆以决断。专明无胆,则虽见不断;专胆无明,则违理失机。"

《养生论》对魏晋士人津津乐道的服食养性进行了论述。作者深信长生不死之说,然而又认为此"似特受异气,禀之自然,非积学所能致也"。常人养生得法,有望获享数百乃至千余岁之寿。养生之要,先在保神,清虚静泰,少私寡欲,无为自得,体妙心玄,同乎大顺。再助以吐纳服食,则形亦得养,"形神相亲,表里俱济"。"精神之于形骸,犹国之有君也。神躁于中而形丧于外,犹君昏于上国乱于下也。""形恃神以立,神须形以存。"在《答难养生论》中,作者对去欲保神作了进一步的论述。认为养生有五难:名利不灭、喜怒不除、声色不去、滋味不绝、神虚精散。"名位为赘瘤,资财为尘垢",世人欲壑难填,心驰神往,其神无由得保。"世之难得者,非财也,非荣也,患意之不足耳",富而求更富,贵而欲更贵,忧遂生焉,"居荣华而忧,虽与荣华偕老,亦所以终身长愁耳。"故保神之要在知足。"足者不须外,不足者无外之不须也。无不须,故无往而不乏;无所须,故无适而不足。不以荣华肆志,不以隐约趋俗,混乎与万物并行,不可宠辱,此真有富贵也。"

在与阮侃论辩住宅有无吉凶的《难宅无吉凶摄生论》和《答释难宅无吉凶摄生论》中,作者对生活环境与养生之关系,发表了看法,带有一定的神秘迷信色彩。一方面认为,"命有所定,寿有所在","吉凶素定,不可推移","祸不可以智逃,福不可以力致",有宿命论的倾向。另一方面又认为,宅有吉凶之分,居须先卜。居宅之吉凶,其用有限。"不谓吉宅能独成福,但谓君子既有贤才,又卜其居,复顺积德,乃享元吉",犹如"良田虽美而稼不独茂,卜宅虽吉而功不独成"。鬼神、阴阳吉凶之事冥渺难验,嵇康虽坚信生活环境关乎摄生,却难言其机理所在,而不强不知以为知,故曰:"吾怯于专断,进不敢定祸福于卜相,退不敢谓家无吉凶",究其原因,乃在"今形象著明有数者犹尚滞之,天地广远,品物多方,智之所知未若所不知者众也"。

《声无哀乐论》为我国古代重要美学文献,有曰:"内外殊用,彼我异名。声容自当以善恶为主,则无关于哀乐;哀乐自当以情感而后发,则无系于声音。"是则已知将审美之主、客体分而别之。审美客体唯有美丑(谓"善恶")之别,本身并无感情色彩,人闻见之而生哀乐,乃在于审美主体人的情感作用。

《太史箴》为嵇康的政治论。作者借口帝师,直斥专制政治,有谓:"下逮德衰,大道沉沦。智慧日用,渐私其亲。惧物乖离,攘臂立仁。……凭尊恃势,不友不师。宰割天下,以奉其私。……刑本惩暴,今以胁贤。昔为天下,今为一身。下疾其上,君猜其臣。丧乱弘多,国乃陨颠。"因此直言教训:"故居帝王者,无曰'我尊',慢尔德音;无曰'我强',肆于骄淫。"并要远小人而近君子以广开言路,"弃彼佞幸,纳此謇谔"。

《管蔡论》为其历史人物专论,见解较司马迁之"管、蔡作乱,无足载者"更见分析深入。武王即世,成王以幼童继位,周公摄政当国,管、蔡"遂乃抗言率众,欲除国患",实因不知周公迫于情势不得不尔之权宜之策,其遭诛"斯乃愚诚愤发所以徼祸也","管、蔡怀疑,未为不贤"。明人张采说:"周公摄政,管、蔡流言;司马执政,淮南三叛,其政正对。叔夜盛称管、蔡,所以讥切司马也。"由此可见,嵇康也是有感而发的。

有关《嵇康集》的校注本有人民文学出版社1962年版戴明扬《嵇康集校注》,黄山书社1986年版殷翔、郭全芝《嵇康集注》等。

(潘良桢)

傅子 〔西晋〕傅 玄

《傅子》,原书一百二十卷,今存辑本。西晋傅玄著。成于西晋初。《隋书·经籍志》、《新唐书·艺文志》及《意林》均著录一百二十卷,而北宋《崇文总目》仅著录二十三篇,《宋史·艺文志》著录五卷。清《四库全书》本系从《永乐大典》中辑出文义完全的十二篇,不全的十二篇,编成一卷,并从他书中辑得四十余条作为附录。以后作补订的主要有严可均、钱保塘辑本,均已刊刻。严辑本共四卷,光绪时傅以礼重加校补,扩为五卷,字数增五百余字。《丛书集成》本据此本排印。光绪时又有叶德辉辑本,正文三卷,另有《傅子订讹》一卷。

傅玄(217—278),字休奕,北地泥阳(今陕西耀县东南)人。自幼孤贫,好学博闻。曹魏时被州举为秀才,官郎中,参加编写《魏书》。后任温县令,升弘农太守,领典农校尉,封为鹑觚(今甘肃灵台)男。次年官散骑常侍。司马氏代魏后,晋爵鹑觚子,加驸马都尉,迁侍中。历任御史中丞、太仆、司隶校尉等官。咸宁四年(278)免官,卒于家,谥"刚"。一生勤于著述,"撰论经国九流及三史故事,评断得失,名为《傅子》,为内、外、中篇,凡有四部、六录,合百四十首,数十万言,并《文集》百余卷行于世"。

《傅子》中蕴含的思想较为丰富,以下主要从政治思想、经济思想、教育思想三个方面分述。

《傅子》的政治思想主要表现在以下几方面。

一、平均赋役。魏末晋初,官僚显贵、豪强大族享有免除赋税、徭役的特权,破产农民又依附豪强大族以逃避国家赋役,从而更加重了其他农民的负担。《傅子》认为,这将导致亡国灭身之祸。"逞无极之欲,而役有尽之力,此殷士所以倒戈于牧野,秦民所以不期而周叛,曲论之好奢而不足者,岂非天下之大祸邪!"最好的解决办法是轻赋税省徭役,使民各得其所,安居乐业。"昔先王之兴役赋,所以安上济下,尽利用之宜,是故随时质文,不过其节,计民丰约,而平均之,使力足以供事,财足以周用。……上不兴非常之赋,下不进非常之贡。上下同心,以奉常教。民虽输力致财,而莫怨其上者,所务公而制有常也。"(《平役赋》)又认为征派赋役应根据国家需要和年成丰欤,"度时宜而立制,量民力以赋役"(同上),国家有事或年成好,可多征派些,国家安定或年成不好,则少征派些:"世有事,即役烦而赋重,世无事,即役简而赋轻。……随时益损而息耗之,庶几虽劳而不怨矣。"(同上)这种主张多少有助于减轻人民的苛重负担。

二、振兴儒学。魏晋时期,玄学控制了整个思想领域,其理论主张脱离国家、社会的现实,不能解决实际问题。《傅子》则对现实采取积极的立场,主张改革社会,重视礼义道德教育,大力振兴儒学。认为人人具有好善尚德的一面,只要施以礼义之教,就能使之避恶而趋善。因此,振兴儒学成为当时的急务。"夫儒学者,王道之首也。尊其道,贵其业,重其选,犹恐化之不崇;忽而不以为急,臣惧曰有陵迟而不觉也。"(《晋书·傅玄传》)而儒学治国安邦的根本则是"三纲"。《傅子》说:"能以礼教兴天下者,其知大本之所立乎。……大本有三:一曰君臣,以立邦国;二曰父子,以定家室;三曰夫妇,以别内外。三本者立,则天下正;三本不立,则天下不可得而正。"(《礼乐》)所谓天下正与不正,指封建秩序的保持与不能保持。《傅子》坚持儒家的"三纲"说,目的在于维护封建统治。同时也继承了儒家的仁政思想,强调统治者应"兴天下之利",为天下人谋利益。"民富则安,贫则危",统治者"兴事必度之民",体验稼穑之艰难,"重用其民,如保赤子"(见《安民》)。认为仁人在位,天下人都归附于他,其原因就在于"善为天下兴利而已矣"(同上)。

三、德刑相济。《傅子》继承了儒家礼法并用、德主刑辅的思想,主张德刑相济。"夫威德者,相须而济者也。故独任威刑而无德惠,则民不乐生;独任德惠而无威刑,则民不畏死。民不乐生,不可得而教也;民不畏死,不可得而制也。"(《治体》)但德礼、法刑二者相比较,德礼是根本,法刑是枝末,若弃根本而重枝末,必有亡国之祸:"商君始残礼乐,至乎始皇,遂灭其制。贼九族,破五教,独任其威刑酷暴之政,内去礼义之教,外无列国之辅,日从桀、纣之淫乐,君臣竟留意于刑书,……二世而灭,曾无尽忠效节之臣以救其难,岂非敬义不立,和爱先亡之祸也哉?"(《礼乐》)《傅子》更主张随时因变,根据社会治乱情况,对德礼和法刑的运用有所侧重。"圣人至明不能一检而治百姓,……因物制宜者,圣人之制也。"(《假言》)关于治理天下礼刑先后问题,认为应依所处时代的治乱而定。"治世之民,从善者多,上立德而下服其化,故先礼而后刑也。乱世之民,从善者少,上不能以德化之,故先刑而后礼也。"(《法刑》)所以,圣明的君主能随时因变,"度时而立制"(《安民》)。

四、审慎赏罚。《傅子》认为人生来好生恶死,君主应当运用赏罚二柄,因其所好而赏之,因其所恶而罚之。"治国有二柄:一曰赏,二曰罚。赏者,政之大德也;罚者,政之大威也。人其所以畏天地者,以其能生而杀之也。为治审持二柄,能使杀生不妄,则其威德与天地并矣。"(《治体》)为了正确实施赏罚,针对当时"亲贵犯法,大者必议,小者必赦"(见《法刑》)的状况,提出赏罚不别亲疏贵贱的主张。"善赏者,赏一善而天下之善皆劝;善罚者,罚一恶而天下之恶皆惧者何?赏公而罚不贰也。有善,虽疏贱必赏;有恶,虽贵近必诛,可谓公而不贰乎？若赏一无功,则天下饰诈矣;罚一无罪,则天下怀疑矣。是以明德慎赏而不肯轻之,明德慎罚而不肯忽之"(《治体》)。赏罚"二柄"本是法家理论,但《傅子》掺进了儒家内容,即所谓"明德慎赏"、"明德慎罚",显现出调和、折中儒法的倾向。

《傅子》的经济思想主要表现在以下几方面。

一、古今的职业道德不同。认为古时士、农、工、商都有崇高的职业道德:"言非典义,学士不以经心;事非田桑,农夫不以乱业;器非时用,商贾不以适市。士思其训,农思其务,工思其用,贾思其常,是以上用足而下不匮。"(《检商贾》)秦时破坏了这种职业道德,"于是士树奸于朝,贾穷伪于市","都有专市之贾,邑有倾世之商。商贾富乎公室,农夫伏于陇亩而堕沟壑"(同上)。

二、分民定业。提出"明主之治也,分其业而壹其事。业分则不相乱,事壹则各尽其力"(《安民》)。据《晋书》本传,傅玄曾建议晋武帝"亟定其制,通计天下若干人为士,足以副在官之吏;若干人为农,三年足有一年之储;若干人为工,足其器用;若干人为商贾,足以通货而已"。实际上他只是要限制士、工、商的人数,使三业中的多余人员都归于农业。

三、贵农贱商。肯定商贾有"伸盈虚而权天地之利,通有无而壹四海之财"的作用,但又不满意商人的欺诈、专利和兼并等活动,故提出"其人可甚贱,而其业不可废"(《检商贾》)。要求"明君"做到"急商而缓农,贵本而贱末"(同上),抑制商人的专利和兼并。

四、息欲明制。要求统治者节制欲望以消除奢侈现象。指出"天下之害,莫甚于女饰","一首之饰,盈千金之资;婢妾之服,兼四海之珍"(《校工》)。认为这样下去,"纵欲者无穷,用力者有尽,以有尽之力逞无穷之欲",必将导致汉灵帝那样地"失其民"。奢侈的根源在统治者的纵欲,上行下效,使"百姓受其殃毒"。要克服这种弊病,必须做到息欲和明制,"欲息制明,而天下定矣"(同上)。

五、厚俸养仁义。认为:"夫授夷(伯夷)、叔(叔齐)以事而薄其禄,近不足以济其身,远不足以及室家,父母饿于前,妻子馁于后……骨肉之道亏,则怨毒之心生。怨毒之心生,则仁义之理衰矣。"(《重爵禄》)这样就很难有"守志而不移"的人。由此可见,他要求官吏的俸禄一定要高到能养活父母妻子,这是要求他们有仁义之心的前提。

《傅子》中还有一些经济史资料,如对三国时巧匠马钧改进布机为十二蹑,作指南车、翻车(龙骨水车)、机械木偶女乐等事迹的记录,有较高的史料价值。

《傅子》的教育思想主要表现在以下几方面。

一、关于人的本质和教育本质。指出:"夫贪荣重利,常人之性也。"(《戒言》)据此,他提出两种理论假设:"人之性避害从利,故利出于礼让则修礼让,利出于力争则任力争。修礼让,则上安下顺而无侵夺;任力争,则父子几乎相危,而况于悠悠者乎?"(《贵教》)他继承儒家传统教育理论的思维方式,进一步指出:"况人含五常之性,有善可因,有恶可改者乎?"(同上)因此,傅玄人的本质观包含了人贪荣重利的生理选择性和善与恶的道德性,这是其教育思想的理论依据。

对于教育本质,傅玄提出了自己的见解:"古之大君子,修身治人,先正其心,自得而已矣。"(《正心》)教育的本质,便是"正心"、"自得"的过程:"心者神明之主,万理之统。动而不失正,天地可感,而况人乎?况万物乎?"(同上)他认为,教育便是让人的意识活动、状态处于不失儒家道德规范的过程。

二、关于教育价值。首先,讨论了教育在人的个体发展中的重要价值:"人之性如水焉,置之圆则圆,置之方则方,澄之则澄而清,动之则流而浊。先王知中流之易扰乱,故随而教之。"(《傅子校补》)这就具备了可教育性:"虎至猛也,可威而服;鹿至粗也,可教而使;木至劲也,可柔而屈;石至坚也,可消而用。况人含五常之性,有善可因,有恶可改者乎?"(《贵教》)人还有接受教育的必要性:"夫金木无常,方圆应形,亦有隐括,习以性成。故近朱者赤,近墨者黑。声和则响清,形正则影直。正人在侧,德义盈堂。鲍肆先入,兰蕙不芳。"(《戒言》)环境对人的个体成长也极为重要。傅玄用"朱"、"赤"和"墨"、"黑"分别比喻"善"与"恶",认为个体随着不同的环境而获得不同的发展。他对教育作用的局限性也有认识:"今有铅锡之铤,虽欧冶百炼,犹不如瓦刀(注:此处疑有脱字);有驽骀之马,虽造父驾之,终不及飞兔绝景,质钝故也。土不可以作铁而可(为)瓦。"(《傅子校补》)否定了环境决定论。据此,进一步讨论了教育对社会发展的巨大作用:"立德之本,莫尚乎正心。……故天下不正,修之国家;国家不正,修之朝廷;朝廷不正,修之左右;左右不正,修之身;身不正,修之心。所修弥近,而所济弥远。"(《正心》)乡间是我国封建社会的社会基层组织,傅玄以乡间为例,具体说明教育在社会发展中的作用:"笃乡间之教,则民存知相恤而亡知相救。存邻相恤而亡相救,则邻居相恃怀土而无迁志……则民必安矣。"(《安民》)他还注意到教育发展的物质前提:"民富则安乡重家,敬上而从教;贪则危乡轻家,相聚而犯上,饥寒切身而不行非者,寡矣。"(《通志》)

三、关于道德修养方法。如迁善改过,傅玄发表了深刻的见解:"自非圣人,焉能无失,失而能改,则所失少矣。"(《通志》)他认为,如果听任错误积累、发展,终会酿成大祸。"积薪若山,纵火其下,火未及然,一盂之水尚可灭也;及至火猛风起,烟火行天,虽倾竭海不能救。"(《傅子校补》)因此,要求"闻一善言,见一善事,行之唯恐不及;闻一恶言,见一恶行,远之唯恐不速"(同上)。迁善改过还必须借助正直之言:"古之贤言,乐闻其过,故直言得至,以补其阙。古之忠臣,不敢隐君之过,故有过者知所以致,其或不改,以死继之,不亦至直乎!"(《信直》)又说:"明主患谀己者众,而无闻失也。故开敢谏之路,纳逆己之言。苟所言出于忠诚,虽事不尽是,犹欣然受之。所以通直言之途,引而致之,非为名也。以为直言不闻,则己之耳目塞,耳目塞于内,谀者顺之于外。"(《通志》)可见,改过迁善的意义不仅仅在于个人的人生修养和自我教育,更重要的是有利于形成良好的社会风气。

四、关于学习。认为学习必须有主观能动性:"人之学,如渴而饮河海。大饮则大盈,小饮则小盈;大观则大见,小观则小见。"(《傅子校补》)他强调学习必须专心致志:"逐兔之犬,终朝寻兔,不失其迹;虽见麋鹿,不暇顾也。"(同上)他还主张学习活动应有一种较高的境界:"学以道达荣,不以位显。"(同上)

《傅子》以振兴儒学为己任,但其主张和当时的政治、法制乃至人民生计紧密相连。既不同于远离现实的玄学,也有别于囿于儒家经典的俗儒,可说是一部含有革新内容的儒家著作,在中国思想史上应有一定地位。傅玄的教育思想带着强烈的忧患意识,对传统教育和世俗教育进行了有力的批判,提出了一系列反映时代要求的教育理论,具有浓郁的时代创新气息。与傅玄同时代的王沈,曾专门写信盛赞道:"省足下所著书,言富理济,经纶政体,存重儒教,足以塞杨墨之流遁,齐孙孟于往代。"(《晋书·傅玄传》)唐代房玄龄也深为折服,说:"鹑觚贞谏,实惟朝望。"(《晋书·傅玄传赞》)

有关本书的研究,有高新民、朱允《傅玄傅子校读》(宁夏人民出版社,2008年),刘治立《〈傅子〉评注》(天津古籍出版社,2010年)等。

(杨鹤皋　施惠康　叶世昌　李　军)

律注表 〔西晋〕张 斐

《律注表》，西晋张斐撰。它是张斐注《泰始律》后，向晋武帝说明要点所上的表，载于《晋书·刑法志》。《晋书》的通行本，有中华书局1974年版标点本。

张斐（生卒年不详），又作张裴，魏末晋初律学家。晋武帝时任明法掾，为《泰始律》作了注解。他著有《律解》二十卷、《杂律解》二十一卷、《汉晋律序注》等，均已佚失。

《泰始律》颁布于晋武帝泰始四年（268）。《晋书·刑法志》载："文帝为晋王，患前代本注烦杂，陈群、刘劭虽经改革，而科网本密，又叔孙、郭、马、杜诸儒章句，但取郑氏，又为偏党，未可承用。于是令贾充定法律……就汉九章增十一篇，仍其族类，正其体号，改旧律为《刑名》、《法例》……"《泰始律》比汉、魏律减省了两千条，从而使封建法律更加宽减和周备。但因《泰始律》科条省略，文简辞约，难免不易为人所知晓。于是，明法掾张斐为之作注。《律注表》吸取前人的注律成果，概述了《泰始律》的基本精神和特点，并对长期以来许多混乱不清的法律概念、术语作了尽可能确切的解释，对一些审判原则作了精当的阐释，从而使古代法学和刑法理论得到较大发展。《律注表》的主要内容如下。

一、以礼率律。《律注表》强调"理"是法的灵魂，法是"理"的体现。但"理"非常奥秘、深邃，仅从一个方面理解、贯彻是不够的。法包含"理"的深义，因此适用法律时必须探讨"理"的精神，不可固守法律条文。"夫理者，精玄之妙，不可以一方行也；律者，幽理之奥，不可以一体守也。"（《晋书·刑法志》）"理"，实际上是指封建纲常伦理，即"礼"。要求把礼贯彻于法典的始终，以之作为制定法律的指导原则。"礼乐崇于上，故降其刑；刑法闲于下，故全其德。"（同上）这说明礼是根本，是最重要的，为了使人们遵礼，就要制定法律；法律是约束平民百姓和防止他们为非作歹的，所以要周备。但礼和法的目的一致，即所谓"尊卑叙，仁义明，九族亲，王道平"（同上），都是为了维护封建等级制度，为了巩固封建统治。

二、刑法理论。《律注表》以精练准确的语言表达法律名词概念的含义，使各个名词概念之间的界限更加明确,从而促进了中国古代法学特别是刑法理论的发展。现择其要者略述于下。

(一) 刑名的意义。曹魏制定新律时,"集罪例以为刑名,冠于律首"(《晋书·刑法志》)。《律注表》则从理论上予以说明。"律始于《刑名》者,所以定罪制也"(同上)。《泰始律》之所以将《刑名》作为首篇,乃由于它是用来规定定罪量刑的原则。至于《刑名》的作用:"《刑名》所以经略罪法之轻重,正加减之等差,明发众篇之多义,补其章条之不足,较举上下纲领。"(同上)这说明《刑名》是关于各种犯罪惩罚轻重的原则,确定加刑和减刑的标准,阐发法典各篇的基本精神,对法律条文规定所不及的予以补充,是统率全律的纲领。可见《刑名》的性质和现代刑法总则相类似,反映出当时我国刑法理论的发展。

(二) 对不道、不敬、恶逆的区分。这三个罪名在汉代即已出现,但无确切的解释。《律注表》分别为之下定义,基本上反映出其特征,明确了相互之间的界限。"逆节绝理谓之不道"(同上)。《礼记·乐记》云:"好恶无节于内,知诱于外,不能反躬,天理灭。"郑玄注曰:"理犹性也。"此处"节"和"理",指符合人之本性的伦理纲常。说明凡有悖于人性,违反伦理纲常的行为,就是"不道"。"亏礼废节谓之不敬。"《论语·为政》云:"齐之以礼。"朱熹注曰:"礼,谓制度品节也。"此处"礼"和"节",指封建等级制以及与之相适应的礼仪规范。说明凡违反封建等级制和违背封建礼仪规范的行为,就是"不敬"。"陵上僭贵谓之恶逆。"陵,侵犯。僭,超越本分。说明凡卑贱者侵犯尊贵者和破坏封建等级名分的行为,就是"恶逆"。可见三者虽有联系但显有区别:"不道"是违反伦理纲常;"不敬"是对封建等级制的侵犯;"恶逆"则不仅破坏封建等级名分,而且侵犯了尊贵者的人身。

(三) 对故、失、过失的区分。"其知而犯之谓之故。"指行为人对自己行为会造成危害的结果,主观上有已充分认识的犯罪行为。"意以为然谓之失。"指行为人对自己的行为有一定认识,但由于轻信可以避免不良后果,以致发生危害社会的结果。"不意误犯谓之过失。"指行为人对自己行为会造成危害社会的结果没有认识,其结果的发生完全出乎意料。三者的区别是显而易见的。

(四) 对斗、戏、贼的区分。"两讼相趣(趋)谓之斗",指争斗双方相互殴打而杀伤对方,即"斗杀伤"。"两和相害谓之戏",指双方在嬉戏过程中误将对方杀伤,即"戏杀伤"。"无变斩击谓之贼",指没有发生突然情况,故意将他人杀伤的行为,即"贼杀伤"。由此可见,三者的区别在于:"戏"是非故意杀伤人。"斗"和"贼",行为人主观上都有故意,但"斗"是因双方争斗进而杀伤人,"贼"则是无端的故意杀伤。

以理求情。《律注表》认为,审判活动应体现"理"的精神。"夫刑者,司理之官,理者,求情之机。"(《晋书·刑法志》)机,同"几",隐微,指事物的苗头或征兆。说明分析判断案情时,应体现"理"的精神,区分是非曲直,以寻求行为人的心理状态和情绪的征兆,这是受主观动机的驱使而表露出来的。如果能做到"以理求情",就能使审判活动符合伦理纲常,即礼的要求。

"本其心,审其情,精其事。"《律注表》吸收并发展《春秋繁露》"原心论罪"的理论,提出了审判活动应遵循"本心"、"审情"、"精事"的原则。"论罪者务本其心,审其情,精其事,近取诸身,远取诸物,然后乃可以正刑。"(《晋书·刑法志》)说明审理案件应弄清行为人的主观动机,细致分析当时的具体情节,全面掌握客观事实,收集一切有关证据,然后才可定罪判刑。

《律注表》对法学和刑法理论、刑罚原则的抽象概括,具有很高的理论价值,开辟了法学研究的新领域。所论司法审判原则,将法学和心理学结合起来,无论在理论上或实践上都具有重要意义。

(杨鹤皋)

论肉刑表 〔西晋〕刘　颂

《论肉刑表》，西晋刘颂著。载于《晋书》卷三十《刑法志》。《晋书》的通行本，有中华书局1974年版标点本。

刘颂(？—约300)，字子雅，广陵(今江苏扬州)人，"世为名族"，晋武帝时"拜尚书三公郎"，累官中书侍郎、廷尉、河南太守、淮南相、三公尚书、吏部尚书等。长期担任司法重臣，既有丰富的司法实践经验，又有深厚的律学造诣，是于史有名的西晋律学家，与杜预、张斐齐名。传世著述还有《法官守局疏》(亦收载于《晋书·刑法志》)、《论封建疏》(收载于《晋书·刘颂传》)等。

本书是中国法律思想史重要参考资料。作者赞同先秦法家"以刑去刑"的观点，主张重法，否定汉代文景二帝的刑制改革，认为"肉刑"是"圣王之典刑"，废除肉刑则只是"孝文之小仁"而已，要求恢复肉刑、废除徒刑。

首先论述不用肉刑所引起的恶果。废除肉刑以后，原应判肉刑的罪犯，部分改为死刑，部分改为徒刑(生刑)，造成"死刑重，故非命者众，生刑轻，故罪不禁奸"的后果。就徒刑而言，又因其"去家悬远，作役山谷，饥寒切身，志不聊生"，使得"本性奸凶无赖"的刑徒屡次逃亡，但逃亡一日加刑一年，许多人成为"终身之徒"，他们"自顾反善无期"，更是一心图谋再次逃亡重新犯罪。徒刑造成大量在押者，于是"议者曰囚不可不赦，复从而赦之"，又引起"刑不制罪，法不胜奸"、"下知法之不胜，相聚而谋为不轨"、"奸恶陵暴，所在充斥"的结果。有人认为肉刑的名声不好(即所谓"忤听")，但是，"忤听孰与贼盗不禁"。

再论述恢复肉刑的必要性和可能性。认为肉刑不只是为了给犯罪者造成肉体痛苦，更重要的是"去其为恶之具，使夫奸人无用复肆其志"，达到"止奸绝本"的目的。肉刑虽然造成身体残废，但在受刑之后可由家族抚养，不会"流离于涂路"，更何况"上准古制，随宜业作"，他们仍可以从事适当的职业。

并提出恢复肉刑、废除徒刑的具体方案。一、恢复肉刑，设定适用肉刑的对象，"取死刑之限轻,及三犯逃亡、淫盗,悉以肉刑代之"。二、徒刑改杖刑,"悉不复居作",不再服劳役,"三岁刑以下,已自杖罚遣,又宜制其罚数,使有常限,不得减此",三年以下徒刑,改为杖数固定的单一杖刑,不得减免,"其有宜重者,又任之长官",其中情节严重应当从重处罚的,则由长官临时处断加杖。"应四五岁刑者,皆髡笞,笞至一百,稍行,使各有差",四年以上徒刑,改为附髡刑的杖刑。杖数分若干等级,最高至一百。

最后展望实施其方案将取得的效果。从肉刑的一般威吓效果看,"人见其痛,畏而不犯",从特殊效果看,"残体为戮,终身作诫……为恶者随发被刑,去其为恶之具,此为诸已刑者皆良士也,岂与全其为奸之手足,而蹴居必死之穷地同哉"。不用肉刑,造成"罪积狱繁",于是"赦以散之",但"赦愈数而狱愈塞",形成恶性循环,违反"犯罪则必刑而无赦"的法制基本原则。恢复肉刑、废除徒刑,则可以消除这种恶性循环,"今行肉刑,非徒不积,且为恶无具则奸息,去此二端,狱不得繁,故无取于数赦,于政体胜矣"。

刘颂主张恢复肉刑,不符合历史发展潮流,但与汉魏主张恢复肉刑论者相比较,其论述具有新的特点,即立论更严谨,理论色彩更浓,因而成为研究中国法律思想史、中国法制史的重要史料。

(姚荣涛)

法官守局疏 〔西晋〕刘 颂

《法官守局疏》,一名《请刑法画一疏》,西晋刘颂著。载于《晋书》卷三十《刑法志》。《晋书》的通行本,有中华书局1974年版校点本。

作者生平事迹见"论肉刑表"条。

本书是中国法律思想史重要参考资料。书中论述了"法出一门"、"法官守局"(意即司法官严守职责、依法办事)的必要性。指出政事不可能"尽善",皇帝如果片面追求"尽善"必将导致"法不得全"的恶果。"上求尽善,则诸下牵文就意,以赴主之所许,是以法不得全。"定罪量刑应该"刑书征文"(引用法律条文),但"征文必有乖于情听之断",而皇帝要求"尽善"、"曲当",势必"法多门,令不一",从而造成"吏不知所守,下不知所避"的混乱局面,使得"奸伪者因法之多门,以售其情,所欲浅深,苟断不一","事同议异,狱犴不平",破坏了国家法制。

阐述在司法方面君臣"各有所司"。即"主者守文"、"大臣释滞"、"人主权断"。并分别以"释之执犯跸之平"、"公孙弘断郭解之狱"、"汉祖戮丁公之为"三个西汉案例加以说明。但强调的是"主者守文",亦即"法官守局","不近似此类,不得出以意妄议,其余皆以律令行事,然后法信于天下,人听不惑,吏不容奸,可以言政"。

把"善为政者,看人设教"("人"字原为"民",系《晋书》编者为避唐太宗讳而改)的古训理解为"始制之初,固已看人而随时矣",法律制定之初就是根据民情制定的。所以"法轨既定则行之,行之信如四时,执之坚如金石,群吏岂得在成制之内,复称随时之宜,傍引看人设教,以乱政典哉"。即使法律有不妥之处,也必须先修改法律,再依照新法律行事,不能"背法意断","今若设法未尽当,则宜改之。若谓已善,不得尽以为制,而使奉用之司公得出入以差轻重也"。告诫皇帝必须维护法律的尊严,"夫人君所与天下共者,法也。已令四海,不可以不信以为教,方求天下之不慢,不可绳以不信之法"。

把"议事以制"推定为"上古"之事,认为夏殷周三代都是"书法象魏"依法办案的,从而否定司法官的"自托于议事以制"。并建议"立《格》为限",把适用"主者守文"、"大臣释滞"、"人主权断"的案件的标准明文规定下来,"使主者守文,死生以之,不敢错思于成制之外,以差轻重",消除"情求傍请"的弊端。

同时又提出应防止"倚深似公"的酷吏行为。指出那些执法严酷的"主者小吏",表面上似乎"无私",实质上是为了维护自身利益,"积克似无私,然乃所以得其私,又恒所岨以卫其身,断当恒克,世谓尽公,时一曲法,乃所不疑",所以皇帝应"不善倚深似公之断,而责守文如令之奏"。

承认"出法权制"(超越法律权宜处案)有"临时当意之快",但这决不能当作常制,"起为经制,终年使用,恒得一而失十",而"刑书征文"虽然可能一时"不允人心",却是"近有所漏者,必远有所苞",所以"谙事识体者,善权轻重,不以小害大,不以近妨远;忍曲当之近适,以全简直之大准;不牵于凡听之所安,必守征文以正例"。

最后又以《晋律》"断罪皆当以法律令正文,若无正文,依附名例断之,其正文名例所不及,皆勿论"的规定,作为"法官守局"的法律依据。指出判案官吏必须依法断罪,上级司法官也只能在法律的适用上对案件提出驳议,"法吏以上,所执不同,得为异议,如律之文;守法之官,唯当奉用律令,至于法律之内,所见不同,乃得为异议也;今限法曹郎令史,意有不同为驳,唯得论释法律,以正所断,不得援求诸外,论随时之宜"。

与《论肉刑表》相比,《法官守局疏》更具理论意义,是春秋以后中国古代法理论著中的经典。

(姚荣涛)

崇有论 〔西晋〕裴 頠

《崇有论》,一篇。西晋裴頠撰。据《三国志·魏志》卷二三《裴潜传》裴松之注引陆机《惠帝起居注》称"頠理具渊博,赡于论难,著《崇有》、《贵无》二论,以矫虚诞之弊,文辞精当,为世名论",本论当作于西晋惠帝在位之前期,中期稍过裴頠即见害身亡。幸赖《晋书》卷三五本传全文录之,才得以传世。

裴頠(267—300),字逸民,河东闻喜(今山西闻喜)人。其父裴秀(224—271),为西晋开国功臣之一,尤擅地图测绘,提出分率、准望、道里、高下、方邪、迂直"制图六体"理论。裴頠童年丧父,博学稽古,自少知名。历仕太子中庶子、散骑常侍、国子祭酒兼右将军、尚书仆射等。他深患时俗放荡,口谈浮虚,不尊儒术,因而曾奏请修国学,写经刻石,并撰《崇有论》以释时论之弊。论出,众相攻难,而莫之能屈。惠帝元康元年(291),赵王伦作乱图位,为除朝望,诱捕裴頠而诛之,时年三十四岁。著作尚有《冠仪》、《贵无论》、《裴頠集》等,今佚。另有表谏答箴若干篇,清严可均辑入《全晋文》。生平事迹见《晋书》卷三五《裴秀传》附、《三国志·魏书》卷二三《裴潜传》注、《世说新语·文学篇》注等。

魏晋之际,儒学沦丧,士人口谈玄虚,不遵礼法,仕不事事,以矜高名,所崇乃取自老、庄之"贵无论"。裴頠深患玄学清谈之废事误国,因作此《崇有论》,以期廓清视听,匡正世风。《世说新语·文学》注引《晋诸公赞》及《惠帝起居注》皆称裴頠疾世俗而作《崇有》二论,《三国志·魏志·裴潜传》注引《惠帝起居注》则谓"著《崇有》、《贵无》二论"。按之前说,《崇有》原有二论,其一已佚;按之后说,别有《贵无》一论,亦已亡佚不可见。于此,学界各有其说。或以为其作《贵无论》不无可能,应以"虚壹而静"之类理论说解"贵无",以正时人迷误。

《崇有论》是一篇论述宇宙万物以实在("有")为本的文章。作者认为,"道"并非虚无的东西,而是综括一切有形有象的具体事物的规律而得出的总名。"夫总混群本,宗极之道也。方以族异,庶类之品也。形象著分,有生之体也。化感错综,理迹之原也。"针对"贵无贱有"所造成的世人"薄综世之务,贱功烈之用,高浮游之业,埤经实之贤","渎弃长幼之序,混漫贵贱之级",甚至裸裎人前,言笑忘宜,遂使"砥砺之风,弥以陵迟",封建礼制遭到很大破坏的情况,作者又从"崇有"出发,提出欲望宜节不宜绝,说"盈欲可损,而未可绝有也;过用可节,而未可谓无贵也",倡导清静无为,寡欲自安。

"贵无"论的根据是老子之学。破"贵无"而立"崇有",不可不辨老子之学。为此,作者指出,《老子》五千言虽"博而有经",但是它说的"有生于无"则为"偏立一家之辞",不足为据。"若谓至理信以无为宗,则偏而害当矣。"先前荀况、扬雄、班固已有所议,惜未之深论,有、无之辨未尝根本解决,因而"贵无"之说犹得盛行。裴頠以"扶明大业,有益于时"自期,不能不于此有所辨言:"夫至无者,无以能生,故始生者自生也。自生而必体有,则有遗而生亏矣。""无"中不能生"有","有"中方能生物,物亦"有"也,故物物相生,有有相济,"济有者皆有也,虚无奚益于已有之群生哉!"

《崇有论》正老子谈"无"之旨,"反澄心于胸怀",使玄学偏失得以扶正。它所产生的积极的社会影响是值得肯定的。

(潘良桢)

言尽意论 〔西晋〕欧阳建

《言尽意论》，一篇。西晋欧阳建著。成书年代不详。收入唐欧阳询《艺文类聚》卷十九、清严可均《全晋文》卷一〇九。

欧阳建(约269—300)，字坚石，渤海南皮(今河北沧县西南)人。其父早亡，在母亲培育下长大成人。《晋书·欧阳建传》称他："雅有理思，才藻美赡。"鉴于他的风度优雅，文辞华美，并擅长分析事理，所以在当时北方诸州都享有盛誉，时人称赞他为："渤海赫赫，欧阳坚石。"历官山阴县令、尚书郎、冯翊太守。任职期间，颇有政绩，甚得时誉。后因与赵王司马伦有隙，又是石崇的外甥，于晋惠帝永康元年(300)被赵王所杀，年仅三十二岁。有《欧阳建集》二卷，已佚。

《言尽意论》是一篇论述名(名称)物(事物)、言(语言)意(思想)关系的论文。全文仅二百四十余字，言简意赅，论说精辟，不仅在当时，就是在东晋也很有影响。《世说新语·文学篇》说："王丞相过江左，止道声无哀乐、养生、言尽意三理而已。""言尽意"，就是指欧阳建此论。

《言尽意论》是针对当时盛行的"言不尽意"而提出的。当时的"言不尽意"包括王弼的"得意忘言"、荀粲的"言不尽意"和张韩的《不用舌论》。这种"由来尚矣"(《言尽意论》)的"书不尽言，言不尽意"(即《易·系辞传》认为语言不能把意思完全表达出来)在魏晋盛行有着它深刻的原因。那就是两汉经学发展到东汉末期实质上已成为一种烦言碎辞的章句之学，其学风和方法与魏晋时代相悖，起而代之的是对圣人经典的融会贯通，以求"象外之意，系表之言"(荀粲)，这也就是王弼强调的"得意忘言"；与此相应的魏晋人物品题，"通才识性"也都以"言不尽意"作为其理论基础。这也就是《言尽意论》中说到的："世之论者以为言不尽意，由来尚矣。至乎通才达识，咸以为然。若夫蒋公(济)之论眸子，锺(会)、傅(嘏)之言才性，莫不引此为谈证。"更有甚者，魏晋的险恶政治，导致的《不用舌论》(张韩《不用舌论》说"祸言相寻，召福甚希，丧元灭族，没有余哀")也和"言不尽意"同出一穴。诸如这些"言不尽意"说，时人都"以为然"，但欧阳建却不以为然，大有"违众"之举，所以当人问欧阳建何以见得时，欧阳建就自称"违众先生"给予回答。

首先,《言尽意论》借玄学家用"天何言哉"而阐述"明本"、"废言"、"忘言"这一题目,来发挥自己的"言尽意论"。认为就是因为天不言而春夏秋冬四时照样运行,所以"圣人不言而鉴识存焉,形不待名,而方圆已著;色不俟称,而黑白以彰"。这就是说,事物的运动变化,万物所具的空间形状、色泽等方面的特性都是客观事物本身所固有的;正因为这样,客观事物的形色是第一性的,而名称概念则是第二性的。

其次,《言尽意论》又以上述观念为出发点,认为名(名称、概念)、言(语言)尽管是第二性的,客观事物的存在虽然无待于名、言,但在人们的客观认识过程中,名、言却又是不可缺少的。要想认识事物,就需要用名将事物区别开来,如果不能够用名将事物区别开来,认识还是模糊混沌的:"物定于彼,非言不辩","名不辩物,则鉴识不显"(《言尽意论》)。同样,"言"在人们的社会生活中有积极作用,《言尽意论》认为事物之"理",是靠思维(心)去把握的,而思想又必须依靠语言才能表达出来,倘若语言不能表达思想(志),人们就无法交流,所以只有语言才能充分地表达人们的思想感情:"诚以理得于心,非言不畅","言不畅志,则无以相接"(《言尽意论》),鉴于此,《言尽意论》明确指出:"欲辩其实,则殊其名;欲宣其志,则立其称","鉴识显而名品殊,言称接而情志畅",是故"古今务于正名,圣贤不能去言"。

最后,《言尽意论》在肯定名、言在人们认识中的作用这点上,又指出:名、言是随事物的发展而变化的,"名逐物而迁,言因理而变",客观事物变化了,主观的名、言也跟着变化;名、言与事物的关系,"犹声发响应,形存影附,不得相与为二矣",即认为名、言的产生是有客观基础的,就名、言的内容而言,它是客观事物的反映。同样,既然名、言与物"不得相与为二",所以要获得客观世界的认识,就不能"忘言"、"废言"。这样,《言尽意论》就提出了与玄学家"言不尽意"相悖的"言尽意论":"则言无不尽矣,吾故以为尽矣"。

《言尽意论》作为一篇反对玄学贵无唯心主义本体论和神秘主义认识论的重要论文,在中国古代思想发展史上占有一定地位。

(刘康德)

庄子注 〔西晋〕郭 象

《庄子注》，又名《郭象注庄子》、《庄子郭注》、《庄子郭象注》等，十卷。西晋郭象著。通行本有明《正统道藏》本《南华真经注疏》(郭象注、唐成玄英疏)、明嘉靖十二年(1533)吴郡顾氏世德堂刻《六子全书》本《南华真经》(郭注，唐陆德明音义)、明万历中邵云峰刻《庄子郭注》本、清乾隆间《四库全书》抄本、清光绪二十年(1894)长沙思贤讲舍刻郭庆藩《庄子集释》本、1936年中华书局《四部备要》本、同年商务印书馆《四部丛刊》本等。

郭象(252—312)，字子玄。河南(今洛阳)人。少有才理，好《老》《庄》，善清谈。辟司徒(一说司空)掾，历官黄门侍郎、东海王司马越太傅府主簿，一度"任职当权，熏灼内外"。善辩，"如悬河泻水，注而不竭"，"时人咸以为王弼之亚"。哲学上反对以"无"或"道"作为宇宙本体和万物本原，认为"无即无矣，则不能生有"(《齐物论注》)，"道，天能也……道不能使之得也"(《大宗师注》)。强调"造物无主而物各自造"(《齐物论注》)，万物是"块然而自生"(同上)，是"外不资于道，内不由于己，掘然自得而独化也"(《大宗师注》)。在认识论上主张"冥而忘迹"、"以不知为宗"的不可知论。在"名教"与"自然"的关系上，提出"名教"同于"自然"，"夫圣人虽在庙堂之上，然其心无异于山林之中"(《逍遥游注》)，合儒道为一，成为魏晋玄学的主流思潮。著作另有《庄子音》、《论语隐》、《论语体略》、《郭象集》等，均散佚。唯《论语体略》清马国翰《玉函山房辑佚书》中有辑本，皇侃《论语义疏》中亦有引文。事迹见《世说新语》的《文学》、《赏誉》注引《文士传》、《名士传》、《晋书》本传，《经典释文·序录》等。

《庄子注》虽属名郭象编纂注解，但关于此书的作者问题却历来是学术史上的一桩公案。《晋书·郭象传》说："先是，注《庄子》者数十家，莫能究其旨统，向秀于旧注外而为解义，妙演奇致，大畅玄风，惟《秋水》、《至乐》二篇未竟而秀卒。秀子幼，其义零落，然颇有别本迁流。象为人行薄，以秀义不传于世，遂窃以为己注。乃自注《秋水》、《至乐》二篇，又易《马蹄》一篇，其余众篇，或点定文句而已。其后秀义别本出，故今有向、郭二《庄》，其义一也。"此说基本同于《世说新语·文学》。《晋书·向秀传》则曰:"庄周著内外数十篇,历世才士虽有观者,莫适论其旨统也。秀乃为之《隐解》,发明奇趣,振起玄风,读之者超然心悟,莫不自足一时也。惠帝之世,郭象又述而广之,儒墨之迹见鄙,道家之言遂盛焉。"然而,在稍晚出的《列子》张湛注中,向、郭二注皆有所引,两者有同处亦有异处,且所引郭注都不在《秋水》、《至乐》、《马蹄》三篇之内。唐陆德明《庄子音义》亦二注并引,而以郭注为主。此外,郭注中"无"不能生"有"思想,显然是受当时倡导"崇有"论者裴頠思想的影响,而向死裴尚未出生,不可能受裴影响。上述这些矛盾的资料,引起历代学者的不同意见。近半个世纪以来,学术界的争论大致可分三派:一、以侯外庐为代表的一派认为,郭注是剽窃向注,今本《庄子注》作者应是向秀(详参《中国思想通史》第三卷,人民出版社,1957 年);二、以冯友兰为代表的一派认为,郭注是郭象自注,与向注并世而非抄袭向注(详参《中国哲学史料学初稿》,上海人民出版社,1962 年);三、为学术界较多学者所认可的意见是,郭注承袭了向注的许多内容,但也作了一番"述而广之"的改造,因此今存《庄子注》实际是向、郭两人思想的融合,可视为二人的合注。

《庄子注》是代表魏晋时期玄学思潮的一部重要著作。全书共十卷(有的本子不分卷,以篇行),其中内篇三卷共七篇,卷一是《逍遥游》、《齐物论》;卷二是《养生主》、《人间世》、《德充符》;卷三是《大宗师》、《应帝王》。外篇四卷共十五篇,卷四是《骈拇》、《马蹄》、《胠箧》、《在宥》;卷五是《天地》、《天道》、《天运》;卷六是《刻意》、《缮性》、《秋水》、《至乐》;卷七是《达生》、《山木》、《田子方》、《知北游》。杂篇三卷共十一篇,卷八是《庚桑楚》、《徐无鬼》、《则阳》;卷九是《外物》、《寓言》、《让王》、《盗跖》;卷十是《说剑》、《渔父》、《列御寇》、《天下》。

《庄子注》所反映的玄学思想大致可以归纳为以下几个主要命题。

一、"独化"论。《庄子注》中认为,"无"不能生"有"。"无既无矣,则不能生有;有之未生,又不能为生。然则生生者谁哉? 块然而自生耳。自生耳,非我生也。我既不能生物,物亦不能生我,则我自然矣。自己而然,则谓之天然。"(《齐物论注》)而且,"有"和"无"之间又是不能互相转化的,"非唯无不得化而为有也,有亦不得化而为无矣"(《知北游注》)。那么,现象界的一切事物又是怎么产生的呢?《庄子注》认为是"物各自造"(《齐物论注》),这种"自造"就是"独化":"凡得之者,外不资于道,内不由于己,掘然自得而独化也。"(《大宗师注》)。所谓"独化",也就是说万物都是自然而然地、孤立地、无所依凭地在那里独自生成变化。

二、"玄冥"论。《庄子注》中认为"无"不能生"有","有"、"无"也不能转化,但二者又是统一的,这种统一就是"玄冥":"玄冥者,所以名无而非无。"(《大宗师注》)"玄冥"在《庄子》中原指一种昏暗幽深、浑然无别的境界。《庄子注》中则把它借指神秘的本体界,并将其与"独化"联系起来,认为"神器独化于玄冥之境"(《庄子注序》),万物"未有不独化于玄冥者也"(《齐物论》注)。也就是说,"独化"是在"玄冥"中发生的。

三、"冥而忘迹"的不可知论。由于万有众形都是从神秘的"玄冥之境"中莫明其妙地"独化"出来的,所以《庄子注》中认为万物没有任何因果关系可寻,它们的本质是不可认识的。"夫死者已自死,生者已自生,圆者已自圆,方者已自方,未有其根者,故莫知。"(《知北游注》)"凡此上事,皆不知其所以然而然,故曰芒也。今夫知者,皆不知所以知而自知矣,生者皆不知所以而自生矣。万物虽异,至于生不由知,则未有不同者。故天下莫不芒也。"(《齐物论注》)这里的"芒"就是"冥"的意思,任何事物都是"不知其所以然而然",所以世界是无所知的。世人所谓"知",实际是"不知所以知而自知",这种"自知"也就是"不知","自知耳,不知也。不知也,则知出于不知。……知出于不知,故以不知为宗"(《大宗师注》)。《庄子注》中认为,万有众形都不过是"迹",其背后还有"所以迹"(同上)。这种"所以迹"是最高而神秘的认识,亦即"冥","物有自然而理有未极,循而直往,则冥然自合"(《齐物论注》)。"至理有极,但当冥之,则得其枢要也。"(《徐无鬼注》)达到"冥"的境界,也就是"既忘其迹,又忘其所以迹者……而无不通也"(《大宗师注》)。

四、"大小俱足"的安命论。由于万物是自生自有的"独化",因此《庄子注》中认为现实存在都是各自孤立,彼此无法比较,也没有统一的标准,不存在大小、美丑、好坏、是非之别,事物只须"自足其性"就可以了。"夫以形相对,则大山大于秋毫也;若各据其性分,物冥其极,则形大未为有余,形小不为不足。苟各足于其性,则秋毫不独小其小,而大山不独大其大矣。"(《齐物论注》)万物只要"苟足于天然而安其性命"(同上),一切差别也就可以取消了。因为"大小之殊,各有定分,非羡欲所及"(《逍遥游注》),"天性所受,各有本分,不可逃,亦不可加"(《养生主注》)。这一思想运用到人类社会的关系上,也就是人必须"自足其性","各安其分",一切都是自然"命"定,"命非己制,故无所用其心也。夫安于命者,无往而非逍遥矣"。(《秋水注》)所以"君臣上下",和"手足内外"一样都是"天理自然","凡得真性,用其自为者,虽复皂隶,犹不顾毁誉而自安其业"。反之,"臣妾之才而不安,臣妾之任则失矣"(《齐物论注》)。因为这是以小求大,理终不得,而"各安其分,则大小俱足"(《逍遥游注》)。

五、"名教"同于"自然"论。从消除一切矛盾的抽象同一中,《庄子注》论证了"名教"即"自然"的观点。认为,"大圣人虽在庙堂之上,然其心无异于山林之中,世岂识之哉!"(《逍遥游注》)"圣人常游外以冥内,无心以顺有,故虽终日挥形而神气无变,俯仰万机而淡然自若。"(《大宗师注》)"游外"即是笃名教,"冥内"即是任自然;前者是"外王",后者是"内圣";前者为儒,后者为道。二者在《庄子注》中被统一了起来,成为一体的两面,从而修正了王弼、何晏"贵无"论的"名教本于自然"说和乐广、裴頠"崇有"论的"自然不离名教"说,否定了嵇康、阮籍"名教不合自然"的"异端"思想。

《庄子注》是魏晋时期玄学思潮主流的集大成者,它总结了玄学思潮发展过程内部产生的"贵无"或"崇有"之类的各种争议,综合了当时在《老》、《易》之外兴起的《庄》学研究中的思想成果,把玄学理论推向高峰,充分满足了当时门阀士族的精神和现实的需要。

　　有关《庄子注》的研究,主要有唐陆德明《庄子音义》、唐成玄英《南华真经注疏》、清郭庆藩《庄子集释》、近人王叔岷《郭象庄子注校记》。其中以郭氏《集释》的版本为最好,既包括了《音义》和《疏》,又吸收了卢文弨、王念孙、洪颐煊、郭嵩焘、俞樾、李桢诸家校释的成果。此书于1961年经王孝鱼整理校点,由中华书局出版。而王氏的《校记》校勘最佳,其中搜集了现存各种版本作对校,并附有佚文,1950年由上海商务印书馆出版。1998年中华书局又出版了曹础基等校点的《南华真经注疏》,以古逸丛书覆宋本为底本,以道藏本、道藏辑要本、中华书局《庄子集释》点校本、续古逸丛书本参校,是《庄子》郭象注及成玄英疏的一个最新的整理本。另有汤一介《郭象与魏晋玄学》(第三版,北京大学出版社,2009年)、杨立华《郭象〈庄子注〉研究》(北京大学出版社,2010年)等。

(徐洪兴)

物理论 〔西晋〕杨 泉

《物理论》，原十六卷，今辑存一卷。魏晋之际杨泉著。成书年代不详。其书南宋时已散佚，至清人孙星衍始辑为一卷，存于《平津馆丛书》本中。

杨泉（生卒年不详），字德渊，三国时吴国会稽郡（今浙江绍兴）人。一说梁国（今河南商丘南）人。公元280年西晋灭吴以后，会稽太守朱则说杨泉"清操自然，征聘终不移心"（《全晋文》卷八十六），于是上书推荐杨泉到晋朝做官，晋帝聘请他为侍中，但他拒绝征聘，终生不仕，隐居著书。对天文、历法、地理、物候、农学、医学等均作研究。其隐居活动范围约在吴越一带（今江苏东南部、浙江东北部）。因对南方"自然之理"、"工匠之技"都有切实的观察及记录，故作《五湖赋》、《织机赋》、《蚕赋》等。清严可均《全三国文》卷七五还辑录他的其他文章，有《赞善赋》、《养性赋》、《草书赋》等。除现存上述这些文章外，杨泉还模仿扬雄著有《太玄经》十四卷，《杨泉集》二卷，均散佚。

《物理论》是一部自然哲学著作。孙星衍辑本一卷，尽管零碎不全，其中并夹有魏晋思想家傅玄的佚文，但仍可反映杨泉思想的概貌。在《物理论》中，杨泉探讨了自然物理，如天地性质、天体结构、日月运行、四季成因、风之本质、石之内核以及农业技术、养生之道等，力图以当时所能掌握的科学理论去解释自然界中的各种事物本质。

在《物理论》中，作者首先对当时玄学贵无，清谈浮华的风气作了揭露。南宋王应麟的《困学纪闻》卷十八引《物理论》对玄学贵无的讥讽说："夫虚无之谈，尚其华藻，无异春蛙秋蝉，聒耳而已。"杨泉指出，由当时名士煽起的清谈浮华风气是"解小而引大，了浅而伸深"的语言、逻辑游戏，尽管辞华言美，但总是一种"论事比类，不得其体"的比附、脱离实际的空谈；而当时所盛行的"望风"、"承声"一类的人物品藻、实际全由"谈者之口"、"爱憎之心"所决定，并非能真正品题出人才来，反而造就成一群"冠尧之冠，行桀之行"的伪君子；所谓玄学家们的儒玄之争，都是"见虎一毛，不知其斑。道家笑儒者之拘，儒者嗤道家之放，皆不见其本也"。

与这些对玄学贵无、清谈浮华风气作揭露并行的是，《物理论》中还存有一些对社会强权政治的批判："武士宰物，犹使狼牧羊，鹰养雏也"；主张"人主以政御人，政宽则奸易禁，政急则奸难绝"；反对豪强士族专政而主张"审官择人"。《物理论》中反映杨泉作为在野庶族知识分子的政治观还不止这些，《后汉书·五行志》注引《物理论》对黄巾农民起义的看法也非同一般："黄巾被服纯黄，不将尺兵，肩长衣，翔行舒步，所至郡县无不从，是日天大黄也。"

同样与杨泉终生不仕，隐居著书研究自然物理一致的是，《物理论》中还宣传了杨泉的无神论思想："人含气而生，精尽而死。死，犹澌也，灭也。譬如火焉，薪尽而火灭，则无光矣。故火灭之余，无遗炎矣；人死之后，无遗魂矣。"这种无神论的观点正好是对当时流行的佛教神不灭论的否定，也是对东汉桓谭、王充神灭论的继承，还将启示南北朝范缜的神灭论。

《物理论》对玄家贵无等思潮的破除，是为了树立起自己自然的物理论，即自然元气论。

《物理论》中的元气论首先表现在杨泉对天体性质的解释上。在杨泉之前，关于天体的学说有三种，即以《周髀算经》为代表的"盖天说"；以东汉张衡为代表的"浑天说"；以郗萌为代表的"宣夜说"。在这三种学说中，"就浑天之说，则斗极不正；若用盖天，则日月出入不定"（《太平御览·天部》），不能解释天体日月列星的运行问题。相比较而言，还是"天了无质"，"日月众星自然浮生虚空之中，其行其止皆须气"（《晋书·天文志上》）的"宣夜说"似乎更合理一些，所以《物理论》用"元气论"来综合"宣夜说"："夫天，元气也。""元气皓大，则称皓天。皓天，元气也，皓然而已，无他物焉。"继之，《物理论》用元气来解释自然界中的万事万物，"气积自然"，"益气，自然之体也"；"星者，元气之英也"；"石，气之核也"；"人，含气而生，精尽而死"；"积风成雷，热气散而为电"；"风者，阴阳乱气激发而起者也"，"气积自然，怒则飞沙扬砾，发屋拔树，喜则不摇枝动草，顺物布气，天之性，自然之理也"。

同时，《物理论》认为"元气"有刚柔、阴阳、清浊之分："气发而升，精华上浮，宛转随流，名之曰天河"；气"游浊为土"。而阴阳二气的互相作用又形成各种天象："日者，太阳之精也"，"月与星，至阴也"。对于"元气"从何而来这样的问题，《物理论》与以往主张来源于"无"的看法不同，认为"元气"是水蒸发的产物："夫水，地之本也。吐元气，发日月，径星辰，皆由水而兴。"《物理论》还记载杨泉对云气变水的观察："余昔在会稽，仰看南山，见云如瀑练，方数丈，其声如硍磕。须臾，山下居民惊骇，洪水大至。"所以《物理论》的自然元气论还吸取了以往"乘气载水"的思想："所以立天地者水也，成天地者气也。"

《物理论》不仅反映了杨泉的自然天气论，还记述了杨泉对农业、手工艺及其他科技知识的研究。例如关于农业，《物理论》认为："稼，农之本；穑，农之末。农，本轻而末重，前缓而后急。稼欲少，穑欲多，耨欲缓，收欲速。"这里论述了农业中耕种（稼）和收获（穑）的辩证关系。《物理论》中还充分记述了杨泉丰富的土壤地貌知识,如对土地形态:"夫土地皆有形名,而人莫察焉。有龟龙体,有麟凤貌,有弓弩势,有斗石象,有舒张形,有闭塞容。有隐真之安,有累卵之危,有膏英之利,有堉㙞之害。"如对土地和稼种的关系:"凡种有强弱,土有高(刚)柔。土宜强,高茎而疏粟,长穗而大粒。"如对土气和季节的关系:"炎气郁蒸,地之张也;秋风荡生,地之闭也。"诸如此类对农业科学知识的总结,是和当时杨泉所处的江南一带农业生产大发展相一致的。

除上述之外,《物理论》还对当时手工艺作了肯定:"夫工匠经涉河海,为舮艜以浮大渊,皆成乎手,出乎圣意。"同时还在当时医学的成果基础上,提出只要遵循生理病理"凡病可治"的观点。诸如此类,都说明《物理论》是一部中世纪的优秀自然哲学著作,这在当时盛行"以无为本"的玄学时代的确难能可贵。

唐马总《意林》中抄录了《物理论》,但通行本清武英殿本《意林》误将魏晋傅玄的《傅子》杂入《物理论》。这样使现存孙星衍《平津馆丛书》所辑《物理论》一卷和严可均《全晋文》所辑《傅子》三卷内容颇多重复,导致《物理论》和《傅子》分辨不清。清马瑞辰《物理论辑本序》就说:"《物理论》引《傅子》尤多,其不言《傅子》者亦多出于《傅子》。杨子(泉)是书正与《傅子》相表里。"严可均《傅子辑本按语》也说:"《意林》所载《傅子》,乃杨泉《物理论》也。所载《物理论》仅前四条是《物理论》,其第五条至九十七条乃《傅子》也。"以后清末民初的叶德辉辑《傅子》,根据宋本《意林》又区分了两者。由此,我们对《物理论》的论述,所引材料"是从傅玄著作中区别出来的"(任继愈主编《中国哲学史·杨泉〈物理论〉的唯物主义思想》)。同样也有人以为:"原书(《物理论》)既皆佚失,而辑本又多羼越,势难强为分别;只有认二书(《傅子》和《物理论》)为一家之学,合称傅玄＝杨泉的思想,较为稳妥。"(侯外庐等《中国思想通史·傅玄、杨泉的学派性及其神灭思想》)

(刘康德)

墨辩注 〔西晋〕鲁 胜

《墨辩注》,六篇。西晋鲁胜著。其书《隋书·经籍志》不见著录,佚失已久。《晋书·鲁胜传》仅保留此书的叙文一篇。

鲁胜(生卒年不详),字叔时,代郡(今山西阳高西南)人。《晋书·鲁胜传》说他"少有才操,为佐著作郎",并精通历法。约在元康初年(292),鲁胜迁建康令,任职不久著《正天论》,指出:"以冬至之后立晷测影,准度日月星。臣案日月裁径百里,无千里;星十里,不百里。"后又著《上正天论表》,要"求下群公卿士考论",说:"若臣言合理,当得改先代之失,而正天地之纪。如无据验,甘即刑戮,以彰虚妄之罪。"此事后来不了了之。《晋书·鲁胜传》还讲到鲁胜有"望气"之本领,《晋书·天文志》中讲到天象之"气"有各种特征,人学得"候气之法",可以"观妖祥,辨吉凶",大概时值西晋元康年间"八王之乱",所以鲁胜"尝岁日望气,知将来多故,便称疾去官"。中书令张华派人劝他更仕,"再征博士,举中书郎",鲁胜皆不就。鲁胜所著的《正天论》、《上正天论表》连同《墨辩注叙》均保存于《晋书·鲁胜传》,后辑入《全晋文》卷八九。其他著述遭乱遗失。

《墨辩注》是一部注释战国时后期墨家《墨辩》(《墨子》中《经》上下、《经说》上下、《大取》、《小取》六篇)的著作。虽然原文已佚,具体内容不得而知,但就现存的《墨辩注叙》尚能略知一二。在《墨辩注叙》中,鲁胜自称:"今引说就经,各附其章,疑者阙之。又采诸众杂集为《刑名》二篇,略解指归。"并自以为《墨辩注》是"兴微继绝"之书。而对于鲁胜自以为《墨辩注》是"兴微继绝"这点,是因为先秦并称儒墨显学的墨家在汉以后不甚受到人们的重视,日渐衰微,以至到司马迁写《史记》时对墨子的生平及著述都不甚了解。而到《汉书·艺文志》时,尽管记述"墨子七十一篇",但此时的汉儒却是很难读到《墨子》,这与刘汉王室不怎么需要墨家思想有关。鉴于此,鲁胜才说自己的《墨辩注》是"兴微继绝"之书。更有甚者,先秦以后,人们即使能谈到《墨子》,但士人们更关心的是《墨子》中的政论部分,对《墨子》中强调名辩、与刑名有关的《经》、《经说》诸篇并不重视。这也就是鲁胜在《墨辩注序》中指出的:"自邓析至秦时名家者,世有篇籍,率颇难知,后学莫复传习,于今五百余岁,遂亡绝。"基于此,鲁胜却注意《墨子》中的辩经,说:"《墨子》著书,作辩经以立名本";并说:"《墨辩》有上下经,经各有说,凡四篇。与其书众篇连第,故独存。"然后鲁胜又作《墨辩注》。所以这样一来,更使鲁胜自以为做的是"兴微继绝"的工作了。而鲁胜之所以重视《墨子》中的辩经,并作《墨辩注》,又是和当时盛行的名辩(名理)思潮有关。如《晋书·傅玄传》引傅玄上疏说:"近者魏武好法术,而天下贵刑名。"所以鲁胜在《墨辩注叙》中说:"名者所以别同异,明是非,道义之门、政化之准绳也。"

又因鲁胜要对《墨辩》作注,所以就得对有关名理的题目作归类,他在《墨辩注叙》中说道:"名必有形,察形莫如别色,故有坚白之辩。名必有分明,分明莫如有无,故有无序之辩。是有不是,可有不可,是名两可。同而有异,异而有同,是之谓辩同异。至同无不同,至异无不异,是谓辩同辩异。"由此可推知鲁胜在《墨辩注》中是这样辩名析理的。当然其究竟如何,还是因为《墨辩注》已佚而不得知。然而,就鲁胜对有关的名理题目的归类来看,却又都是紧密切合实际的,如:"名必有分明,分明莫如有无,故有无序之辩",就将玄学中的有无之辩纳入其中;同样,鲁胜说的"辩同辩异",也有实际意义,如《世说新语·文学篇》中引东晋司马道子的问话:"惠子其书五车,何以无一言入玄?"诸如此类,都说明鲁胜《墨辩注》的出现是与当时整个社会思潮相联系的。

《墨辩注》尽管已佚,但以后研究《墨辩》者却也都要提到《墨辩注》。如清人孙诒让在《墨子间诂》中尤重《经》、《经说》,并在其中提到鲁胜《墨辩注》、《墨辩注叙》及加以诠释(《墨子间诂》卷十)。近人谭戒甫在《墨辩发微》中对鲁胜《墨辩注》更是推崇备至:鲁胜"仅注《经说》四篇名为《墨辩》,固已揭其指要矣","盖《墨子》以墨学为体,名学为用,善启其端;三墨继之,日益发舒,终于体用圆融,创成完美之辩学,无论四篇、六篇,总曰《墨辩》,鲁氏(胜)可谓千古卓识矣"。谭戒甫还指出:"盖墨子雅善言谈,制器尚匠,宜究名理,因构范畴,同归知要,数逆精微,遂开华夏二千年前独到之辩学;但未尝揭'辩'之名以总名其书也,其以'墨辩'名其书者则自鲁胜始。"

(刘康德)

抱朴子 〔东晋〕葛 洪

《抱朴子》,七十卷(其中,《内篇》二十卷,《外篇》五十卷)。东晋葛洪撰。成于建武元年(317)。通行本有《正统道藏》本、《四库全书》本、《平津馆丛书》本、《四部丛刊》本、《道藏举要》本、《诸子集成》本、《丛书集成初编》本等。

葛洪(283—343或363),字稚川,号抱朴子,人称小仙翁。两晋间丹阳句容(今江苏句容)人。家世豪族。年十三丧父,家道中落。日间伐薪谋生,夜辄写书诵读。寡欲木讷,无所爱玩,不好荣利,未尝交游。博览经、史、百家、短杂文章,而以儒学著称。时或寻书问义,不远千里,崎岖冒涉,期于必得。就郑隐学炼丹,悉得其术。后师事南海太守上党鲍玄,传其内学,兼综练医术。太安二年(303),石冰作乱,随顾秘出征,因功官伏波将军。永兴元年(304)十二月乱平,解甲而归。次年,至洛阳搜求异书,以广学识。值八王乱起,颠沛流离于徐、豫、荆、江州等地,来至岭南,参广州刺史嵇含军事。建兴四年(316),返归乡里。东晋时,封关内侯,食句容二百户。咸和(326—334)初,官谘议参军。迁散骑常侍,领大著作,固辞不就。闻交阯出丹,求为句漏令,举家南迁。至广州,为刺史邓岳所留,止于罗浮山,炼丹采药,著述不辍,闲养终老。著有《抱朴子》、《老子道德经序诀》、《大丹问答》、《抱朴子养生论》、《肘后备急方》、《浑天论》、《潮说》、《幙阜山记》、《兵事方伎短杂奇要》、《抱朴子军术》、《隐逸传》、《神仙传》、《西京杂记》、《碑颂诗赋》等六十余种。《晋书》卷七二有传。

关于《抱朴子》的成书经过,葛洪在《抱朴子·自叙》中说,他从年轻时(二十余岁)即"草创子书,会遇兵乱,流离播越,有所亡失,连在道路,不复投笔十余年,至建武中乃定。凡著《内篇》二十卷,《外篇》五十卷"。又,《抱朴子·序》说:"余所著子书之数,而别为此一部,名曰《内篇》,凡二十卷,与《外篇》各起次第也。"《抱朴子·黄白》中提到《内篇》之作时也说:"余若欲以此辈事骋辞章于来世,则余所著《外篇》及杂文二百余卷,足以寄意于后代,不复须此。"据此可知:《抱朴子》一书草创于弱冠以后,而改定于四十岁之前;《外篇》写在前,《内篇》写在后;最后同时定稿,并确定内外篇之名；全书撰定后，统一作序和自叙。

《抱朴子》是道教的一部重要的理论著作。它的内容按作者在《自叙》中的概括，是这样的："其内篇言神仙方药、鬼怪变化、养生延年、禳邪却祸之事，属道家；其外篇言人间得失、世事臧否，属儒家。"

《内篇》分为二十篇（每卷为一篇），其内容如下。

卷一《畅玄》，论述玄为自然之始，万殊之本；卷二《论仙》，肯定神仙真有，不死之道可求；卷三《对俗》，解答世俗问难，强调神仙可修、长生可得；卷四《金丹》，阐述还丹金液之术，以为仙道之极；卷五《至理》，以有无形神说人之生命，提出延养之理，补救之方，语及气功；卷六《微旨》，认为学道须由浅入深、由易至难，志诚则济，疑则无功；卷七《塞难》，再答世人疑难，以明修道成仙，人生各有所值，非彼昊苍所能匠成；卷八《释滞》，述说佐世与长生当兼修并行，神仙之道至要在宝精行炁；卷九《道意》，论叙道为太初之本，修道者务必识之，倘以无欲养心，粹素颐神，祸去福除；卷十《明本》，判断儒道关系，"道者，儒之本也；儒者，道之末也"；卷十一《仙药》，列叙仙药种类、形态、产地、服法及功效；卷十二《辨问》，文答问难，肯定仙道实有，周孔于此，不信不知，非是不为；卷十三《极言》，叙说仙人皆由随师向学、积其功勤所致，非为特禀异气而成；卷十四《勤求》，叙述长生之方不敢轻传，唯求之至勤学之至精者能得；卷十五《杂问》，答问学道求仙的一些问题，如辟谷、不寒、不热、辟五兵、隐沦等；卷十六《黄白》，论说炼金术原理、方法；卷十七《登涉》，记叙登山涉水之道，隐居山泽辟蛇蝮虎狼之术，去风湿寒冷之法；卷十八《地真》，说知二则万事毕，学道者守真一殃咎不至；卷十九《遐览》，叙列道教经典、神符，要求学道者博览精研；卷二十《祛惑》，说知要道者，无欲于物，不徇世誉，而浅薄之徒，率多夸诞称说，饰其虚妄，眩惑晚学，欺弄世人，以伪乱真，其事败露，致使天人不信世有神仙，学道者不可不辨真伪。

所记丹术成就有不少化学发现与发明。特别是在汞化学、铅化学、砷化学、硫化学等领域。在此略举数例为证。

一、"丹砂烧之成水银，积变又还成丹砂"（《金丹》）。这涉及红色硫化汞加热分解析出单质汞，而汞加热又生成红色氧化汞。

二、"铅性白也，而赤之以为丹。丹性赤也，而白之而为铅"（《黄白》）。这指明了铅加热生成红色的四氧化三铅，而后者加热还原又能生成铅。

三、"取雌黄、雄黄烧下其中铜，铸以为器，覆之三岁淳苦酒上。百日，此器皆生赤乳，长数分，或有五色琅玕"（《金丹》）。又有上文所引《仙药》篇"饵雄黄法"数例。经研究，这些例子说明当时已实现了二硫化砷（雄黄）和三硫化砷（雌黄）的升华、遇水蒸气分解得氧化砷、乃至制得单质砷的化学实验。"赤乳"、"五色琅玕"等语乃是对砷及其化合物的升华产物的生动描述。

四、《黄白》篇提出了若干人造药金、药银的方法,据研究,实际上乃实现了铜砷合金、银砷合金、砷汞齐、锡砷合金等多种合金的制备。

五、"诈者谓以曾青涂铁,铁赤色如铜;……皆外变而内不化也"(《黄白》)。曾青是一种铜盐,铁比铜活泼,可以置换出其中的铜而在铁的表面形成一层黄色的铜膜。诈者以为化铁为铜,但葛洪做过实验,指出这种反应进行到一定程度会中止,只是在铁的表面涂了一层铜,故称"外变而内不化也",可见葛洪之观察更为细致。

六、《内篇》各卷提到多种炼丹原料,如石胆(硫酸铜)、消石(硝酸钾)、赤石脂(赤铁矿,即氧化铁)、矾石(某些钠盐)、寒羽涅(石膏,即硫酸钙)等等,从而大大地扩展了对无机物的认识。

七、除无机物知识外,《仙药》篇还记载了诸芝(石芝、木芝、草芝、肉芝、菌芝等)、松柏脂、茯苓、地黄、麦门冬、巨胜、黄连等多种草木之药。对其中重要者的产地、性能和功效等均有所叙述,这些表明中国炼丹术秉承《本草》的传统,对古代药物化学也作出了重大的贡献。

《外篇》分为五十篇(每卷为一篇)依次为:《嘉遁》、《逸民》、《勖学》、《崇教》、《君道》、《臣节》、《良规》、《时难》、《官理》、《务正》、《贵贤》、《任能》、《钦士》、《用刑》、《审举》、《交际》、《备阙》、《擢才》、《任命》、《名实》、《清鉴》、《行品》、《弭讼》、《酒诫》、《疾谬》、《讥惑》、《刺骄》、《百里》、《接疏》、《钧世》、《省烦》、《尚博》、《汉过》、《吴失》、《守堵》、《安贫》、《仁明》、《博喻》、《广譬》、《辞义》、《循本》、《应嘲》、《喻蔽》、《百家》、《文行》、《正郭》、《弹祢》、《诘鲍》、《知止》、《穷达》、《重言》、《自叙》。它们的内容大体上可分为下列五个方面。

一、政治主张,见于《君道》、《臣节》、《官理》、《贵贤》、《任能》、《用刑》、《百里》、《汉过》、《吴失》诸篇。宣传君不偏党的思想,主张审举贵贤,守礼严刑。

二、对当时风俗习惯的看法,见于《交际》、《名实》、《清鉴》、《行品》、《弭讼》、《酒诫》、《疾谬》、《讥惑》、《省烦》诸篇。认为当时风颓教沮的状况,应予纠正。

三、对汉末以来学术思想的看法,见于《钧世》、《尚博》、《正郭》、《弹祢》、《诘鲍》诸篇。与郭泰、祢衡、鲍敬言的清议、狂傲、无君之说对抗。其中《诘鲍》所保存的鲍敬言的言论,是研究鲍敬言的唯一资料,弥足珍贵。

四、谈个人修养,见于《逸民》、《嘉遁》、《守堵》、《安贫》、《仁明》、《知止》诸篇。否认劳动,主张安贫知止。

五、说明著书立说的宗旨,见于《应嘲》、《喻蔽》、《百家》诸篇。认为其"著君道臣节之书"、"作讥俗救生之论"等,与其崇道并不牴牾。

在我国哲学、科技尤其是道教的发展史上,《抱朴子》一书都占有很重要的地位。《内篇》以金丹之道为核心而创建的神仙道教理论体系,可谓集当时神仙长生思想和金丹理论之大成。《外篇》论人间世事之得失是非,更为道教从民间步入上层社会提供了理论依据。《释滞》言:"内宝养生之道,外则和光于世,治身而身修,治国而国太平。"此言道出了《抱朴子》内外篇糅合道儒——"内以治身,外以为国"的基本旨趣。

有关《抱朴子》的研究,主要有王明《抱朴子内篇校释》、杨明照《抱朴子外篇校笺》、蓝秀隆《抱朴子研究》、武峰《葛洪〈抱朴子外篇〉研究》等。

(贺圣迪　殷南根　闵龙昌)

诘鲍篇 〔东晋〕葛 洪

《诘鲍篇》，一篇。为《抱朴子外篇》之一。东晋葛洪著。成于晋元帝建武(317—318)年间。通行本见"抱朴子"条。

《诘鲍篇》是记录葛洪和鲍敬言之间关于有君、无君争论的著作。有关的争论大致可以归纳为下列四个问题。

一、有君是否祸害？

鲍敬言认为，"古者无君，胜于今世"。人类社会之所以有丑恶和灾难，皆是因为有君。君主不仅是人民贫困与饥饿的根源，而且是一切灾祸的根源。君主对外发动掠夺战争，对内残酷镇压人民，这就决定了君民的矛盾是不可调和的。因此，与其寄希望于一个好的帝王将相来拯救人民，来表示不愿意发动战争，来表示俭朴不盘剥百姓，倒不如从根本上消除造成这些灾祸的君主。由此，鲍敬言对传说中的上古时代没有剥削没有压迫的无君社会进行了热情的歌颂。

葛洪认为，鲍敬言所说君的祸害，只以桀纣为代表，而桀纣都是极坏的君主。古代的圣君"或结罟以畋渔，或瞻辰而钻燧，或尝卉以选粒，或构宇以仰蔽"，他们对人民有功，故而受到人民的拥戴，"君臣之道于是乎生"。鲍敬言因见桀纣极坏而断言君主是造成人类一切丑恶和灾难的罪魁祸首，只是"独举衰世之罪，不论至治之义"而已。

二、君权是否出于神授？

鲍敬言认为，君主以及他的政府的产生，不是人类的自然现象，而是强者用暴力夺取来的，"夫强者凌弱，则弱者服之矣；智者诈愚，则愚者事之矣。服之，故君臣之道起焉；事之，故力寡之民制焉。然则隶属役御，由乎争强弱而校愚智，彼苍天果无事也"。作为强者和弱者、智者和愚者对抗的产物，君权压根儿就不是出于什么天意、神授。君权并非如统治者所宣传的那样是社会和谐的象征，而是强者加在弱者头上的枷锁，结果造成了社会的混乱和不平等的现象。

葛洪反对鲍敬言的说法。他利用谶纬、鬼神宗教的传说，对君权出于天意、神授的说法加以论证道:"有圣人作,受命自天",每位"圣人"的出现,都有相应的符瑞,"扰龙驯凤,河图洛书",这些符瑞都出现在"有君之世,不出于无王之时"。何故? 有君,"天意"也。

三、上古社会是否理想社会?

鲍敬言认为:"曩古(上古)之世,无君无臣,穿井而饮,耕田而食,日出而作,日入而息,泛然不系,恢尔自得,不竞不营,无荣无辱";生活在这种社会中的人民"身无在公之役,家无输调之费,安土乐业,顺天分地,内足衣食之用,外无势利之争"。这是一种最理想的社会,亦即无君的社会。

葛洪认为:"古者生无栋宇,死无殡葬,川无舟楫之器,陆无车马之用。吞啖毒烈,以至殒毙。疾无医术,枉死无限";只有"圣人"出来,发明了交通工具、医药,才使得人们免于枉死。他反问鲍敬言,如果一切都回到上古去,"居则反巢穴之陋,死则捐之中野,限水则泳之游之,山行则徒步负戴,弃鼎铉而为生臊之食,废针石而任自然之病,裸以为饰,不用衣裳,逢女为偶,不假行媒。吾子亦将曰不可也,况于无君乎"。在葛洪看来,鲍敬言所崇尚的上古社会并非理想社会,让一切都回到上古去,在实践中是不可能行得通的。

四、政治生活是否违背人性?

鲍敬言认为,政治生活对人民是一种桎梏,是违背人性的。在他看来,"不竞不营,无荣无辱","干戈不用,城池不设","凿井而饮,耕田而食"是最理想的生活。"夫混茫以无名为贵,群生以得意为欢。故剥桂刻漆,非木之愿;拔鹖裂翠,非鸟所欲;促辔衔镳,非马之性;荷轭运重,非牛之乐。"他由此类推出,人对政治生活生来就是反对的。

葛洪认为,剥削、争夺是人的天性。他说,争夺对于人类来说,从来就是存在的,"譬夫婴孩智慧未萌,非为知而不为,欲而忍之也。若人与人争草莱之利,家与家讼巢窟之地"的战斗、争夺,从来就没有间断过。他进而设想,古代"私斗过于公战,木石锐于干戈,交尸布野,流血绛路,久而无君,噍类尽矣"。假使无君,无政治生活,人类早就自相残杀尽了。

此外,葛洪与鲍敬言还就一些具体的现象进行过争论。《诘鲍篇》说:"鲍生贵上古无君之论,余既驳之矣。后所答余,文多不能尽载,余稍条其论而牒诘之云。"因其争论流于琐碎,且旨趣与上述并无二致,故不再细述。

相传,鲍敬言曾著有《无君论》,然而其书早已佚失。葛洪撰写《诘鲍篇》,在与鲍敬言展开争论的过程中,大量引述鲍敬言的言论,为我们研究鲍敬言的无君论提供了极重要的资料,而且是唯一的资料,因而受到了今人的高度重视。

(殷南根)

老子疑问反讯 〔东晋〕孙 盛

《老子疑问反讯》,一篇。东晋孙盛撰。收入唐道宣《广弘明集》。通行本有《大正藏》本、《四部丛刊》本等。

孙盛(约306—378),字安国,太原中都(今山西平遥西北)人。"笃学不倦,自小至老,手不释卷","及长,博学,善言名理"(《晋书·孙盛传》)。历任佐著作郎、浏阳令、长沙太守、秘书监加给事中。哲学上,反对崇尚老庄,也不赞同"崇有",对生死轮回、灵魂不死、善恶报应等说均有批评。著作尚有《老聃非大圣论》、《与罗君章书》、《魏氏春秋》、《晋阳秋》等。《晋书》有传。

《老子疑问反讯》是一篇批驳《老子》的思想观点的文章,主要内容如下。

一、驳王弼在《老子注》中提出的"独贵无欲"说。文章开宗明义地说:"《道经》云:'故常无,欲以观其妙;故常有,欲以观其徼。此两者同出而异名,同谓之玄。玄之又玄,众妙之门。'旧说及王弼解妙谓始,徼谓终也。"对此,孙盛指出:"观始要终,睹妙知著,达人之鉴也。"进而,孙盛揭示了《老子》第一章及王注的内在矛盾,指出:"既已欲澄神,昭其妙始,则自思以己囗宜悉镇之(疑有误字——引者),何以复须有欲得其终乎?宜有欲俱出妙门,同谓之玄。若然,以往复何独贵于无欲乎?""有欲得其终"与"独贵于无欲",为冰炭同炉,说明"独贵无欲"之虚妄,从根本上驳斥了玄学。

二、驳《老子》美恶之名生于"皆知"说。《老子》第二章说:"天下皆知美之为美,斯恶已;皆知善之为善,斯不善已。"这就是说,美丑、善恶产生于"皆知"。对此,孙盛反驳说:"盛以为美恶之名,生乎美恶之实。道德淳美,则有善名。顽嚚聋昧,则有恶声。"这就是说,"名"生于"实"。美恶之名,生于美恶之实,而不是生于人们对美恶之"知"。进而孙盛用《周易》中"恶不积,不足以灭身"、"美在其中,而畅于四支,发于事业",《论语》中"《韶》尽美矣,未尽善也"等儒家经典论述,作了论证。

三、驳《老子》不尚贤、绝学的虚妄性。《老子》第三章说:"不尚贤,使民不争。不贵难得之货,使人不为盗。常使民无知无欲,使知者不敢为。"第二十章说:"绝学无忧。"第二十七章说:"善人不善人之师,不善人善人之资。"第四十二章说:"人之所教,我亦以教人","吾将以为教父"。对此,孙盛首先揭露了这些论述的内在矛盾:"盛以为民苟无欲,亦何所师于师哉? 既相师资,非学如何? 不善师善,非尚贤如何?"从其中的矛盾中,可以看出《老子》中的"不尚贤"、"绝学"都是虚妄的,所谓"原斯谈也,未为绝学"。进而孙盛揭露说,《老子》的"绝学"只是要绝儒家之学。他说:"所云绝者,尧孔之学邪?"基此,孙盛对儒学与老氏之言的优劣作了对比:"尧孔之学,随时设教。老氏之言,一其所尚。随时设教,所以道通百代;一其所尚,不得不滞于适变。"儒学因随时设教,收到了道通百代之效;老子之言因一其所尚,遂滞于适变。孙盛认为,这些都是玄学家"所未能通者"。这又表现出孙盛对儒学的卫护。

四、揭露《老子》的逻辑矛盾。《老子》第十四章说:"视之不见名曰夷,听之不闻名曰希,搏之不得名曰微。此三者不可致诘,故混而为一。""绳绳不可名,复归于无物。无物之象,是谓惚恍。"第二十一章又说:"道之为物,唯恍与惚。惚兮恍兮,其中有象;恍兮惚兮,其中有物。"前者说"无物",后者又说"有物",这是显然的矛盾,对此,孙盛揭露说:"此二章或言无物,或言有物,先有所不宜者也。"《老子》第十四章说:"执古之道,以御今之有。"第二十九章、六十四章又说:"为者败之,执者失之。"对此,孙盛揭露说:"或执或否,得无陷矛盾之论乎?"在孙盛看来,《老子》中此类"矛盾之说",比比皆是。如三十九章说:"侯王得一以为天下贞(正)。"五十八章说:"孰知其极,其无正? 正复为奇,善复为妖。"孙盛揭露说:"寻此二章,或云天下正,或言无正",即是矛盾,如此等等。

五、揭露老、庄既云绝圣,又每章必称圣人的实质和目的。《老子》第十九章说:"绝圣弃知,民利百倍。绝仁弃义,民复孝慈。"对此,孙盛指出:有仁圣,必有仁圣之德迹。若不尚仁圣之德迹,那么教育怎么能明显起来? 进而孙盛揭露说:"老氏既云绝圣,而每章辄称圣人。既称圣人,则迹焉能得绝?"又庄周有云:"圣人不死,大盗不止。"(《庄子·胠箧》)对此,孙盛在揭露老庄既讲"绝圣",又"圣人"不离口的矛盾后,着重指出了他们所要"绝"的"圣人",仅仅是指儒家的"圣人",绝对不是指一切"圣人",特别是道家的"圣人"。他说:老庄"所欲绝者,绝尧、舜、周、孔之迹"。孙盛认为,儒家的"圣"是不能"绝"的,否则,"吾谁适从?"这里,又可明显地看出孙盛的儒家倾向。

六、揭露《老子》为了"抑动恒俗"而言"贵由知希"。《老子》第七十章说:"知我者希,则我贵矣。"四十九章说:"圣人之在天下也,百姓皆注其耳目。"这里既讲"贵由知希",又讲"圣人"为百姓所共知,这在逻辑上是矛盾的。孙盛认为,《老子》讲"贵由知希",是为了达到"抑动恒俗"而讲的过头话。"师资贵爱,必彰万物。如斯则知之者安得希哉? 知希者何必贵哉? 即已之身见贵九服,何得佩实抗言云贵由知希哉? 斯盖欲抑动恒俗,故发此过言耳。"孙盛认为,比之与老氏,"圣教则下然。中和其词,以理训导"。"圣教"谁属? 其何以"中和其词,以理训导"? 孙盛接着说:

"在家必闻,在邦必闻也"(《论语·颜渊》),"不见善而无闷,潜龙之德"(见《周易·乾·初九》,与原文有出入),"人不知而不愠,君子之道"(见《论语·学而》,与原文稍有出入),"众好之,必察焉;众恶之,必察焉"(《论语·卫灵公》)。由此可见孙盛心目中的"圣教"当非儒莫属。最后,孙盛又强调指出:儒学"诲诱绰绰,理中自然,可与老聃之言同日而语其优劣哉"?对儒学作了充分肯定。

七、揭露《老子》屏礼学以任自然造成了毁物奖弊的后果。《老子》第三十八章说:"礼者,忠信之薄,而乱之首。前识者,道之华,而愚之始。是以大丈夫处其厚,不处其薄,处其实,不处其华也。"对此,孙盛说:"老聃足知圣人礼乐非玄胜之具,不获已而制作耳,而故毁之何哉?是故屏拨礼学,以全其任自然之论。岂不知叔末不复得返自然之道,直欲伸己好之怀,然则不免情于所悦,非浪心救物者也。非唯不救,乃奖其弊矣。"老氏为成全自己的任自然之说,非但不制作礼乐,反而竭力毁弃礼乐,这样必然使晚世只伸己好之怀,非独不能得返自然之道,不能救物,而且必然奖励时弊。

最后,孙盛对为老、庄辩解,企图调和儒道的言论进行了驳斥。指出:"或问老、庄所以故发此唱,盖与圣教相为表里,其于陶物明训,其归一也。""盛以为不然。夫圣人之道,广大悉备,犹日月悬天,有何不照首哉?老氏之言,皆驳于六经矣。宁复有所愆之俟佐助于聃周乎?即庄周所谓日月出矣,而爝火不息者也。至于虚诞谲怪,矫诡之言,尚拘滞于一方,而横称不经之奇词也。"尧孔圣学博大精深无所不备,为日月悬天无所不照;而老氏之言无不违背圣教,至于范围之言,更属矫诡虚诞、不经之词。

孙盛的《老子疑问反讯》,以《周易》、《论语》等儒家经典为武器、揭露了老庄之言的内在矛盾和错误实质,从理论渊源上驳斥了玄学。

(陈增辉)

世说新语 〔刘宋〕刘义庆

《世说新语》,又称《世说新书》,原为八卷,后由梁刘孝标作注,增为十卷,今本作三卷。南朝刘宋刘义庆撰。后世流传的均为刘孝标注本,有:一、日本尊经阁丛刊影印南宋高宗绍兴八年(1138)董荞刻本。此为三卷本,书后有汪藻所撰《考异》和《人名谱》各一卷。二、南宋孝宗淳熙十五年(1188)陆游刻本,明嘉靖间吴郡袁褧(尚之)嘉趣堂重刻。书分三卷,每卷又分上下。清道光间浦江周心如据袁本重刻,光绪间王先谦又据周本重刻。三、南宋淳熙十六年(1189)湘中刻本。此本见藏于清初徐乾学传是楼,与董荞刻本相近,而与袁褧刻本颇为不同。沈宝砚有校记,见涵芬楼影印嘉趣堂本后。以上三种刻本以董刻本为佳。此外,还有明清以至今人的批点本、校笺本等。

刘义庆(403—444),南朝刘宋彭城(今江苏徐州)人。为刘裕仲弟长沙景王道怜的次子,出嗣给临川王道规。年十三袭封南郡公、除给事,不拜。永初元年(420),袭封临川王,征为侍中。在京尹九年,出为使,持节都督荆、雍、益、宁、梁、南北秦七州诸军事,任平西将军、荆州刺史等职。时荆州"居上流之重,地广兵强,资实兵甲居朝廷之半",所以刘裕使诸子居之。"义庆以宗室令美,故特有此授。"然而刘义庆"性谦虚","无心抚物","始至及去镇,迎送物并不受。……在州八年,为西土所安"。其间,撰《徐州先贤传》十卷,又拟班固《典引》而作《典叙》,"以述皇代之美"。《宋书》本传说他"为性简素,寡嗜欲。爱好文义,才词虽不多,然足为宗室之表。……招聚文学之士,近远必至",常与名士袁淑、陆展、何长瑜、鲍照等来往。所著尚有《幽明录》、《宣验记》,今存辑本。事迹见附于《宋书·临川烈武王道规传》。

《世说新语》是一部以记载魏晋士大夫的言谈轶事为主的著作。全书分为三十六门,又称三十六篇。上卷,四篇:《德行》、《言语》、《政事》、《文学》;中卷,九篇:《方正》、《雅量》、《识鉴》、《赏誉》、《品藻》、《规箴》、《捷悟》、《夙惠》、《豪爽》;下卷,二十三篇:《容止》、《自新》、《企羡》、《伤逝》、《栖逸》、《贤媛》、《术解》、《巧艺》、《宠礼》、《任诞》、《简傲》、《排调》、《轻诋》、《假谲》、《黜免》、《俭啬》、《汰侈》、《忿狷》、《谗险》、《尤悔》、《纰漏》、《惑溺》、《仇隙》。主要内容有：

一、从不同的侧面，描写了魏晋之际名士的风度。这中间，有以放达著称的，如《任诞》篇写王子猷夜访戴安道，"经宿而至，及门而返"；刘伶纵酒放达，甚至"脱衣裸形"于室中。有以雅量著称的，如《雅量》篇载：顾雍尝集僚属下围棋，得儿子死讯，他虽"以爪掐掌，血流沾褥"，却依旧"神气不变"，直至客散；谢安与人下围棋，适得谢玄淮上大捷的消息，他阅信毕，竟"默然无言"。有人问其故，答曰："小儿辈大破贼。""意色举止，不异于前。"有以才藻著称的，如《品藻》篇中的孙兴公、许玄度等；有以谈玄著称的，如《文学》篇中的支道林等；有以容貌仪态著称的，如《容止》篇中的卫玠、王羲之等。此外，还有名士或服药饮酒，或顺应自然等方面的故事。

二、赞赏了士人刚直方正、不阿权势、忠于友情、顾全大局等方面的德行。如《简傲》篇写权贵钟会往寻嵇康，"康方大树下锻，向子期为佐鼓排，康扬槌不辍，傍若无人，移时不交一言。钟起去，康曰：'何所闻而来，何所见而去？'钟曰：'闻所闻而来，见所见而去。'"《方正》篇载：王敦兄王含作庐江郡时，贪污狼藉，敦护其兄，庐江人不敢声响，唯主簿何充能于座中拂王敦之意。《德行》篇写荀巨伯忠于友情，不肯"败义以求生"。《识鉴》篇写管宁不为名利所诱，写郗超不计小怨，顾全大局；《自新》篇写周处改过自新，为民除害。《贤媛》篇记李势妹不畏南康公主的威胁等。

上述两部分内容主要见卷上和卷中。

三、揭露了司马氏统治的黑暗，以及豪门士族穷奢极欲的生活。这部分内容大多在下卷。如《尤悔》篇载：王导为晋明帝陈说晋得天下之由，"具叙宣王创业之始，诛夷名族，宠树同己"。明帝听了覆面著床说："若如公言，祚安得长？"《德行》篇写阮籍"言皆玄远，未尝臧否人物"以远祸。《言语》篇载：司马景王取上党李喜为从事中郎，问他"昔先公辟君不就，今孤召君何以来？"喜对曰："先公以礼见待，故得以礼进退。明公以法见绳，喜畏法而至耳。"《汰侈》篇写石崇与王恺斗富，一个"作紫丝布步障碧绫里四十里"，一个"作锦步障五十里"。晋武帝尝以一珊瑚树"高二尺许"赐王恺；恺以示崇，被崇用铁如意击碎，并曰："不足恨，今还卿"，"乃命左右悉取珊瑚树，有三尺、四尺，条干绝世，光彩溢目者六七枚……"又说晋武帝曾到王武子家，"烝独肥美，异于常味，帝怪而问之。答曰：'以人乳饮独。'帝甚不平，食未毕便去。……"又载：石崇与客饮酒，每令美人行酒，客饮不尽斩美人，一次王敦去作客，"固不饮以观其变，已斩三人，颜色如故，尚不肯饮"，当王导责让王敦时，他却说："自杀伊家人，何预卿事？"《俭啬》篇描写王戎的吝啬等。

四、记录了一些看重事功、反对清言的例子。虽然《世说新语》多推崇魏晋风度，但对士族崇尚清谈也寓贬于事。如《言语》篇中的"新亭对泣"；《政事》篇中庾冰对王导的批评；《轻诋》篇中桓温把清谈误国的名士比喻为重千斤的大牛，"啖刍豆十倍于常牛，负重致远曾不若一羸牸"等。

《世说新语》一书，在中国哲学、文学、美学史上都居重要地位。明胡应麟《少室山房笔丛》称：

"读其语言,晋人面目气韵恍然生动,而简约玄澹,真致不穷。"魏晋清谈以"言约旨远"为贵,应对咄嗟,每多妙谛,《世说新语》语言凝炼,隽永传神,正体现了这一特点。所以鲁迅也称赞说,此书"记言则玄远冷峻,记行则高简瑰奇,下至缪惑,亦资一笑"。它既是记叙轶闻隽语短篇小说的先驱,又是后世小品文的典范,既是魏晋清谈品鉴人物的实录,又是研究魏晋南北朝玄学、美学的佐证材料,对后世产生了深远的影响。以至仿作者代不乏人,如唐王方庆《续世说新语》、宋王谠《唐语林》、孔平仲《续世说》、明何良俊《何氏语林》、冯梦龙《古今谭概》、清王晫《今世说》等。《世说新语》中的许多故事还成为后世戏剧、小说、故事的素材。

有关《世说新语》的研究,最重要的当推刘孝标的《世说新语注》。刘注引书达四百余种,其中包括许多佚书,并对刘义庆原作中的纰缪多加订正。由于注文的史料价值极高,故历来为考据家所重。后来研究《世说》者都兼及刘注。今人注本有余嘉锡《世说新语笺疏》、徐震堮《世说新语校笺》、杨勇《世说新语校笺》、龚斌《世说新语校释》等。

(赵志伟)

达性论 〔刘宋〕何承天

《达性论》,一篇。南朝刘宋何承天撰。成于宋文帝元嘉十年(433)前后。收入梁僧祐《弘明集》卷四。通行本有《大正藏》本等。

何承天(370—447),东海郯(今山东郯城西南)人。从徐广问学,聪明博学,经史百家,莫不博览,尤长于历算、音律。东晋时,曾任参军、浏阳令、宛陵令。入宋,任衡阳内史,故世称"何衡阳"。晚年任尚书殿中郎、著作佐郎、国子博士、御史中丞等职。何承天是当时有名的天文学家,曾制定"元嘉历",所创调日法,为唐、宋历法家所采用。在思想上反对佛教,对"神不灭"、"因果报应"、"三世轮回"和世界"空无"之说均有批判,提出"形神相资",精神不能离开形体而独立存在。著作尚有《礼论》、《孝经注》、《合皇览》、《元嘉历》、《春秋前传》、《春秋杂传》、《何衡阳集》等,今多佚失。《宋书》卷六四、《南史》卷三三有传。

《达性论》是一篇批判佛教神不灭论和轮回学说的文章。先是有僧人慧琳作《黑白论》(又名《均善论》),假设白学先生(代表儒、道)与黑学道人(代表佛教)之间的问答,辩论儒、道、佛三教的异同。认为三教的创始人均是圣人,三教各有长处,殊途而同归。由于慧琳身为僧人,却在论中对佛教的"来生"(轮回转世)之说,颇多讽评,因而被佛教徒视为"异端",群起而攻之。而何承天却对《黑白论》大加激赏,将它送给宗炳评判。岂料宗炳也斥责慧琳,于是两人之间展开了辩难。在辩论中,宗炳撰作了《明佛论》,论证"精神不灭,人可成佛"。何承天的这篇《达性论》就是针对《明佛论》而发的。

宗炳在《明佛论》中,将有生命的东西总称为"众生"(这是佛教共同的看法),以此来证明有轮回转世。何承天在《达性论》的开头,便对这种说法提出异议,他认为,如果没有天地,人便无法产生和存在;如果没有人存在,天地之间便没有聪明智慧。"人非天地不生,天地非人不灵。"天地人"三才同体,相须而成者也"。天地人是统一的,是相互依靠的,是宇宙中最尊贵的。故人"能禀气清和,神明特达,情综古今,智周万物,妙思穷幽赜,制作侔造化"。人是万物中最灵智的生物。人禀天地之气,具有仁义道德的本性;人能制作各种制度,利用自然界的物产,从事政治生活和文化生活,人怎能与飞鸟、沉鱼、爬虫、野兽并列为"众生"呢？既然人和天地并为三才,人与"众生"有别,那么人们只要于众生"取之有时,用之有道",就是"顺天时";众生为人所利用也是合乎道义的,根本谈不上有什么"轮回"、"报应"。至于大夫不捕食初生的稚兽和鸟卵,百姓不用密网捕鱼之类,那是为了"爱人用",爱惜有用的物产;君子远离庖厨,百姓爱护母猪之类,那也是为了"明仁道",宣扬仁爱,借以教化世人,并非祈求死后灵魂得到善报。

宗炳在《明佛论》中还论证了"神不灭"。他认为"人形至粗,人神实妙"。因此"形体"灭,而"精神"不灭,人们之所以有种种痛苦,就在于"精神"与"形体"结合。这样就要在轮回中受到报应。何承天在《答宗居士书》中,曾"以薪火喻形神",以薪尽火灭说明形灭而神灭。何承天在《达性论》中进一步论证了人死神灭的主张,认为人的生与死是自然规律。他说:"生必有死,形毙神散,犹春荣秋落,四时代换,奚有于更受形哉？"认为人之所以有生有死,就像自然界有"春荣秋落"的"四时代换"一样,因此,人的形体一旦不存在,精神也就随之消散了,怎么谈得上再次受到轮回呢？人死神灭是自然现象,"形毙神散"是生命的自然法则,有力地驳斥了灵魂不死和死后灵魂转生的谬论。

《达性论》也肯定了儒家的祭祀观和"精灵"升天的说法,从而被论敌抓住了漏洞。信仰佛教的颜延之曾著《释达性论》,对何承天既否定来生,又认为太王、王季、文王三后在天,精神升到高远之处,提出责难。说"欲毁后生,反立升遐;当毁更立,固知非力所除",认为何承天的说法也是"形尽而神不灭",可见何承天神灭论的不彻底性。

《达性论》是南朝初期以无神论和神灭论观点反对佛教理论的名作,对范缜进一步批判佛教思想有很大影响。范著《神灭论》就是在它的基础上写成的。

中华书局1990年版《中国哲学史资料选辑》(魏晋隋唐之部)中有本篇简注。

（洪　波　陈增辉）

报应问 〔刘宋〕何承天

《报应问》，一篇。南朝刘宋何承天撰。收入唐道宣《广弘明集》卷二十。通行本有《大正藏》本等。

《报应问》是一篇批判佛教因果报应说的文章。作者在文中提出了以下观点。

一、报应说违背了儒家的传统思想。作者说："西方说报应，其枝末虽明，而即本常昧。其言奢而寡要，其譬迂而无征。""乖背《五经》，故见弃于先圣；诱掖近情，故得信于季俗。"因果报应论根本违背儒家经典的教诲，完全抛弃了"先圣"的遗训；尽管它有"诱掖近情，故得信于季俗"的作用，但从根本上说是完全错误的。

二、报应说违背了科学事实。作者用自然科学的实证方法考查因果报应，揭露了它的虚妄本质。指出："夫欲知日月之行，故假察于璇玑；将申幽冥之信，宣取符于见事。故鉴燧悬而水火降，雨宿离而风云作。斯皆远由近验，幽以显著者也。"强调对天地间的各种现象必须采取"远由近验，幽以显著"的实证方法，方能知其真伪。如欲知日月之运行，必须凭借测天器进行观察；要知幽明之可信否，必须看它与事实是否相符合。用这种实证方法考查因果报应，不仅可以看出报应说不能普遍适用，更可看清它与事实相反，其说之虚妄性洞若观火。

三、报应说违背了生活常识。作者指出，"夫鹅之为禽，浮清池，咀春草，众生蠢动，弗之犯也；而庖人执焉，鲜有得免刀俎者。燕翻翔求食，唯飞虫是甘，而人皆爱之，虽巢幕而不惧。非直鹅燕也，群生万有，往往如之。"佛教断言：杀生者受恶报。可是，生活常识告诉我们：燕子飞来飞去，专门吃虫子，按照佛教的报应说，它是杀生，应受恶报，可事实上，它非但不受恶报，还受到人们的宠爱；相反，天鹅在池塘中浮游，只吃青草，不吃荤腥，却免不了被厨师杀了，给人们吃了。不仅天鹅和飞燕是这样，"群生万有"都是如此。由此，作者得出一个结论："是知杀生者无恶报，为福者无善应。"

但《报应问》又肯定佛教宣扬因果报应论有"假设权教，劝人为善"的积极社会作用，反映了何承天思想上的妥协性。何承天反佛斗争的基本立场和出发点是儒家思想,如他说:"圣人作制,推德翳物,我将我享,实膺天祐。"而儒家和佛教在承认有神的问题上有一定的相通之处,因此以儒家学说反对因果报应论,是不可能彻底驳倒因果报应论的。

(陈增辉)

神灭论 〔梁〕范　缜

　　《神灭论》,一篇。南朝梁代范缜撰。约撰于齐梁之际,至梁天监六年范缜由外谪召回任中书郎时公之于世。《南史》卷五七《范缜传》(附其兄范云传后)有节录,《梁书》卷四八《范缜传》及《弘明集》卷九载有全文,文字略有出入。

　　范缜(约450—约515),字子真,南乡舞阳(今河南泌阳西北)人。少孤贫而事母孝谨,年未弱冠就学于刘瓛,博通群经,尤精三礼。性质直,好危言高论。仕齐至尚书殿中郎,仕梁尚书左丞、中书郎等职。曾与萧衍、沈约等为南齐竟陵王萧子良之宾客,萧子良精信佛教而范缜盛称无佛神灭,萧子良集众僧难之,虽颇遭讥难而皆不能屈。王琰曰:"呜呼范子!曾不知其先祖神灵所在!"范缜反唇相讥:"呜呼王子!知其先祖神灵所在而不能杀身以从之!"萧子良又使王融诱以官禄,遭拒绝,曾以花发一树而有飞茵落溷之别比喻贵贱出于偶然,用答因果之问。为宜都太守,命断诸庙之祠。任晋安太守,群政清约。后以旧友王亮之事贬徙广州,居累年,迁为中书郎、国子博士。其《神灭论》出,正当梁武帝定佛教为国教后未久,举国奉佛成风,故朝野震动,武帝集僧俗六十余人围攻辩难,一时所出难论多至七十篇以上。《南史》本传称缜有文集十五卷,《隋志》著录"梁尚书左丞《范缜集》十一卷",今佚。现存遗文五篇,被辑入清严可均《全梁文》。生平事迹见《梁书》卷四八本传、卷一六《王亮传》,《南史》卷五七本传、卷五〇《刘绩传》等。

　　《神灭论》是一篇论述形存则神存、形谢则神灭的论文。全论设问答三十一则,大致可分为六层意思:一、形神相即,不得相异。"神即形也,形即神也。是以形存则神存,形谢则神灭也。"此为论旨。二、形为质,神为用。"神之于质,犹利之于刀;形之于用,犹刀之于利。利之名非刀也,刀之名非利也,然而舍利无刀,舍刀无利。未闻刀没而利存,岂容形亡而神在?"这刀利之喻,为范缜对形神论的突出贡献。汉桓谭最早以薪尽火灭比喻形亡神灭,而佛徒乘其有隙,反以此薪之火可传他薪来论证神不灭。范缜以刀利为喻,刀朽则利不得传,犹神之不可由此形转托他形,遂难折屈。三、人之质有知,而木之质无知。"人之质,非木质也;木之质,非人质也。""死者有如木之质,而无异木之知;生者有异木之知,而无如木之质。"四、形有分,神亦有分。形分与神分相应,手足有痛痒之知而无是非之虑。"是非之虑,心器所主。"五、神异出于形异,凡圣之殊在于形器之异。"岂有圣人之神,而寄凡人之器? 亦无凡人之神,而托圣人之体。"又说,"妖怪茫茫,或存或亡,强死者众,不皆为鬼",仿佛依违。六、论神灭是为破佛教因果轮回之说。"浮屠害政,桑门蠹俗,风惊雾起,驰荡不休。吾哀思弊,思拯其溺。"

《神灭论》中,除圣人有圣人之器,凡人有凡人之器,以及承认有"妖怪"等个别地方带有机械唯物论和向鬼神论妥协的不科学性以外,绝大多数论述逻辑严密,闪耀着朴素唯物论与无神论的光芒。它代表了我国古代形神论所能达到的最高的理论水平,在此后的几百年中,除个别论点以外,几乎没有人能突破。

有关《神灭论》的研究论著有牙含章、王友三主编《中国无神论史》(中国社会科学出版社,2011)等。

(潘良桢)

辨命论 〔梁〕刘孝标

《辨命论》,一作《辩命论》,一篇。南朝梁代刘孝标撰。约成于梁天监八年(509)或稍后,收入梁萧统《文选》卷五四、唐姚思廉《梁书》本传、罗国威《刘孝标集校注》(上海古籍出版社1988年初版,学苑出版社2003年修订版)。

刘孝标(462—521),名峻,以字行,平原(今山东淄博市)人。宋始兴内史刘珽之子。泰始初,青州陷魏,时方八岁的刘孝标被人掠至中山,后为富人刘实赎出,教以书学。为生计所迫,十一岁时曾出家为僧。力学终夜,自课读书。齐永明中从桑乾还,自谓所见不博,更求异书,祈借不避路远,人称"书淫"。明帝时萧遥欣请为豫州府刑狱,天监初召入西省典校秘书。安成王秀好其学,及迁荆州,引为户曹参军,供其书籍,使抄录事类以成《类苑》。以其率性不知迎逢,虽学富才俊而为梁武帝所嫌,未久称疾辞去,因游江南东阳紫微山,筑室居焉,吴会士人多从其学。刘孝标博极群籍,学问淹通,有《世说新语注》十卷,广收相关史料以充实原书,不少佚书赖此而存。另注陆机《演连珠》五十首,载《昭明文选》卷五五。其余尚有《汉书注》一百四十卷、《类苑》一百二十卷、《刘孝标集》六卷,皆已亡佚。明张溥辑有《刘户曹集》(收入《汉魏六朝百三家集》)。生平事迹,见《梁书》、《南史》本传及其《自序》。

《辨命论》是一篇论述自然命定思想的文章。唐李善《文选注》说:"孝标植根淄右,流寓魏庭,冒履艰危,仅至江左。负材矜地,自谓坐致云霄。岂图逡巡十稔,而荣惭一命,因兹著论,故辞多愤激,虽义越典谟,而足杜浮竞也。"

论由管辂有奇才而位不达、年不寿引发,说:"士之穷通,无非命也。""高才而无贵仕,饕餮而居大位,自古所叹。"随后,作者对什么是"命"作了辨析,指出:"化而不易,则谓之命。命也者,自天之命也。""鬼神莫能预,圣哲不能谋,触山之力无以抗,倒日之诚弗能感。"也就是说,一个人的命运是由天决定的,任何外界的力量都无法改变它。但命的表现方式各不相同,"命体周流,变化非一"。"或先号后笑,或始吉终凶,或不召自来,或因人以济",纵有假象在前,其终必归其命,或似无端而至，或借人事以起，其实皆早定于命。世人非命，竞争于途，盖因"六蔽"：知道人的美丑、寿夭、智愚是先天决定的，而独信荣辱穷达可由人力争得；以为帝王公侯的尊荣是因为他们有睿智伟力，而不是神明天数的作用；妄抗天灾人祸；以成败论英雄；废兴在我，无系于天；相信积善致福，肆淫成祸，而谨事祈福。其实，生死、贵贱、贫富、治乱、祸福，此十事全在天命，人事之可行者，其唯在愚智善恶耳。故谓："邪正由于人，吉凶在乎命。"

作者又说，圣人立言诲世，君子自强不息，乃因人因事而异，"或立教以进庸怠，或言命以穷性灵"，"积善余庆，立教也；凤鸟不至，言命也"。同为善，同为恶，祸福穷达不一，善恶属人事，祸福在天命，两不相涉，善报恶报之说，每不应验。然善人为善以尽人事，不为未必得福而息。故君子正其行而顺其道，善不期福，乐天知命，勿以旁门求富贵，更不念念遂其欲。由此可见，《辨命论》的宗旨乃是用自然命定论去反对因果报应论。

（潘良桢）

刘子 〔北齐〕刘　昼

《刘子》,又名《刘子新论》,十卷。北齐刘昼撰。《旧唐书·经籍志》、《新唐书·艺文志》作刘勰撰。袁孝政《刘子序》、晁公武《郡斋读书志》、陈振孙《直斋书录解题》、《宋史·艺文志》、《玉海》卷五三,均题刘昼撰。近人余嘉锡引唐张鹭《朝野佥载》考定为刘昼撰。此书约成于北齐太宁(561)至河清(562—564)年间。通行本有《正统道藏》本、《子汇》本、《汉魏丛书》本、宋刊巾箱本、天一阁明嘉靖本、《畿辅丛书》本等。

刘昼(约516—567),字孔昭,渤海阜城(今河北阜城)人。少孤贫,常闭户读书,受经学于魏末大儒徐遵明门下。河清初,举秀才入京,考策不第,始学作文,撰《高才不遇传》三篇,抒发胸中积愤。自谓博物奇才,生不逢时,曾说:"使我数十卷书行于后世,不易齐景之千驷也。"北齐高演即位,好受直言,刘昼步行至晋阳,上书,终不见采录,未能入仕。著有《刘子》、《帝道》、《金箱璧言》等。生平事迹见《北史》卷八一、《北齐书》卷四四。

《刘子》在篇末中自叙其著书之意,一方面,他生活于南北分裂,阶级矛盾、民族矛盾异常尖锐时期,而北齐自高洋之后,皆昏暴之君,行同禽兽,刘昼既不遇于时,自憾生于夷狄之邦,不及睹衣冠文物之盛,而揖让于其间,故发而为文。另一方面,刘昼有才无位,以其词赋为魏收等人所嗤笑,故发愤著书,以求知音。

《刘子》是一部以儒家思想为主导,吸收诸子思想,针对时弊,阐述治国安民政治主张和抒发建功立业抱负的著作。关于《刘子》的思想主旨,学术界存在不同认识,一种认为属道家思想;一种认为属儒道互补;一种认为属儒家思想。细读《刘子》全书,它娴熟地运用典故、比喻,引用古代文献,反复论述入仕治国主张,体现了儒家要旨。因而《北史》与《北齐书》均将刘昼归入《儒林传》而不言其老庄之学。

《刘子》共十卷,五十五篇,书前有袁孝政《序》。首卷的《清神》、《防欲》、《去情》、《韬光》四篇,颇涉黄老思想。其要旨,从出仕思想看,认为个人要保持节操,必须讲求修炼心性,远离是非,退隐山林,方可身名两全;从入仕思想看,必须放弃个人安危,为国建功立业。结尾《九流》篇,自叙其著书之意,与开头相呼应。从论述道、儒、阴阳、名、法、墨、纵横、杂、农九家后指出:"九流之中,二化为最。夫道以无为化世,儒以六艺济俗。……今治世之贤,宜以礼教为先;嘉遁之士,应以无为是务。则操业俱遂,而身名两全也。"《刘子》是主张入仕治国的,"宜以礼教为先",指明了用儒学思想治国的宗旨。

其余《崇学》、《履信》、《慎独》、《贵农》、《爱民》、《赏罚》、《知人》、《荐贤》、《遇不遇》、《均任》、《贵言》、《兵术》、《阅武》等五十篇,内容丰富,吸取法、名、兵等各家学说的精粹,重点阐述修身治国之要,涉及政治、经济、军事、文化等社会问题的各个方面,概括起来,大致有以下几点。

一、重视自身修养。

《刘子》把个人在社会中的能动作用看得十分重要。无论君臣,都要修身,提高本身的素养和才能。那么如何修身呢?他认为首先要治学。他在《崇学篇》说:"人之不学,则才能腐于心胸。……人能务学,钻炼其性,则才慧发矣。沿浅以及深,披暗而睹明,不可以传闻称,非得以泛滥善也。……慕学者情缠典素,不可以一读能也。宣尼临没,手不释卷。"《专学篇》说:"夫蝉之难取,而粘之如掇;卷耳易采,而不盈倾筐。是故学者必精勤专心,以入于神。若心不在学而强讽诵,虽入于耳而不谛于心。"鼓励专心向学而入神化之境。其次要治行。依照儒家的道德观念,对封建国家君臣提出了做人的标准,要求君臣主信、辨乐、审名、虚己等。如《履信篇》说:"信者行之基,行者人之本。""君子知诚信之为贵,必忱信而行。……以施教则立,以莅事则正。……信之为行,其德大矣。"《思顺篇》说:"君子如能忠孝仁义,履信思顺,自天佑之,吉无不利也。"《慎独篇》说:"故身恒居善,则内无忧虑,外无忧惧。"《化从篇》说:"人之从君,如草之从风,水之从器。故君之德,风之与器也。"他强调在学习的基础上,用儒家的道德规范严以律己,指导行动。从修身出发,达到治国平天下的目的。

二、重视选拔贤才,以法制人。

要治理国家,《刘子》认为必先选拔贤才,以贤治人。他希望君主能招贤搜隐,知人善任。具体做法是:(一) 作为君主,首先要重贤,思贤若渴。如《荐贤篇》说:"国之需贤,譬车之恃轮,犹舟之待楫也。"在思想上明确贤人治国的重要性。(二) 招贤。要千方百计搜集、招纳贤才。《刘子》的招贤思想中,有两点值得重视,一是举贤不问世胄。他在《荐贤篇》说:"古人竞举所知,争引其类,才可适治,不问世胄;智苟能谋,奚妨秕行。……故为国入宝,不如能献贤,献贤受上赏,敬贤蒙显戮。"强调举贤不问世胄,不拘一格选用人才,这是有感而发,针对当时名门士族垄断仕途的弊端提出来的,是有积极意义的。二是强调把才放在首位的选拔人才标准。如《妄瑕篇》说:"人之情性,皆有细短,若其大略是也,虽有小过,不足以为累;若其大略非也,虽有衡门小操,未足与论大谋。"并举出历史上吴起贪而好色而任于魏文侯;陈平盗嫂受金而汉王用之的事例加以说明。《刘子》唯才是举的选贤主张,可以看成是对曹操唯才是举的继承和发展。(三)知贤。如《知人篇》说:"故明哲之相士,听之于未闻,察之于未形,而鉴其神智,识其才能,可谓知人矣。""世之烈士,愿为君授命,犹瞽者之思视,躄者之想行,而目终不得开,足终不得伸,徒自悲夫。"强调君主要知贤而举。(四)任贤。如《均任篇》说:"夫怪柏之断也,大者为之栋梁,小者为橡桷,直者中绳,曲者中钩,随材所施,未有可弃者。是以君子善能拔士,故无弃人。"强调量才录用。《刘子》的举贤思想丰富而自成体系,有一定的意义。

对于如何治人,《刘子》要求君子以法制人,要求改革旧法,建立适应社会发展的新法,并强调执法要严、赏罚要明。如《法术篇》说:"是以明主务循其法,因时制宜;苟利于人,不必法古;苟周于事,不可循旧。"如《赏罚篇》说:"赏罚者,国之利器,而制人之柄也。……赏而不要,虽赏不劝;罚而不明,虽刑不禁。不劝不禁,则善恶失理。"吸收法家思想的精华、强调以法制人,变法、执法。

三、重视发展农业生产。

我国以农立国,农本位思想贯穿于封建社会始终,历代开明的君主都把发展农业生产放在治国之首。南北朝时战争频繁,社会生产力遭到严重破坏,发展农业生产,增加社会财富,实为治国的当务之急。所以《刘子》的发展农业思想是针对时弊提出来的。他在《贵农》、《爱民》诸篇中,告诫当权者要省撤徭役,以休民力。敬授民时,劝课农桑,省游食之人,减徭役之费。他在《贵农篇》中说:"衣食者民之本也,民者国之本也。……先王知其如此,而给民衣食,故农祥旦正,辰集婺訾。""衣食饶足,奸邪不生,安乐无事,天下和平。""农事伤则饥之本也,女工害则寒之源也。饥寒并至而欲禁人为盗,是扬火而欲无炎,挠水而望其静,不可得也。"强调了发展农业生产的重要性。他在《爱民篇》说:"足寒伤心,民劳伤国,足温而心平,人佚而国宁。是故善为理者,必以仁爱为本,不以苛酷为先。宽宥刑罚,以全人命。省撤徭役,以休民力。轻约赋敛,不匮人财。不夺农时,以足民用。则家给国富,而太平可致也。"他谆谆告诫君主把发展农业生产放在首位,轻徭薄赋,以宽民力,达到家给国富,社会安定的目的。

四、重视军队的建设和战略战术的运用。

《刘子》的军事思想,是吸收诸子中兵家思想而形成的。在《兵术篇》、《阅武篇》中对军队的建设、战争的性质、战争的发生、训练士卒的目的、方式、方法,用兵的经验等作了详尽的叙述。他首先明确要求国家必须有一支强大的常备军。《兵术篇》说:"夫兵者,凶器,财用之蠹而民之残也。五帝三王不能弭者,所以禁暴而讨乱,非欲耗财以害民也。"其次,他反对滥用武力。《阅武篇》说:"国家虽大,好战则亡。天下虽安,忘战必危。亟战即民凋,不习则民怠。"其三,主张用正义战争反对非正义战争。他在《兵术篇》中说:"王者之兵,修正道而服人;霸者之兵,奇谲变而取胜。"并对战争的组织、领导、战略战术进行研究。他在《兵术篇》中说:"明人者,把五德之美,握二柄之要。五德者,智信仁勇严也;二柄者,赏罚也。智以能谋,信以约束,仁以爱人,勇以陵敌,严以镇众,赏以劝功,罚以惩过。""用奇出其不意,少可以挫多,弱可以折强"等等。

《刘子》一书,阐发了治国安民的政治主张,对于研究中国哲学史、政治思想史具有重要的价值,对于研究六朝以前的文献学,也有重要的史料价值。

《刘子》一书,历代均有人研究,唐播州录事参军袁孝政为之作序、作注。《四库全书总目》疑其为伪托。近人余嘉锡在《四库提要辨证》中引用大量史料,辨明《刘子》为刘昼所作,并非伪托。另有林其锬、陈凤金《刘子集校》(上海古籍出版社,1985年),林其锬《刘子集校合编》(华东师范大学出版社,2012年),杨明照《刘子校注》(巴蜀书社,1987年;2008年增订版),傅亚庶《刘子校释》(中华书局,1998年),王叔岷《刘子集证》(中华书局,2007年)等。

(来可泓)

颜氏家训 〔北齐〕颜之推

《颜氏家训》，七卷二十篇。北齐颜之推撰。始撰于北齐，成书于隋初。通行本有南宋淳熙刻本，此本系沈揆、管铣、楼钥等就沈揆家藏闽本参以其他版本校刊，沈揆并作《考证》一卷、题跋一篇附于书后；明嘉靖间傅太平刻本；明万历间颜嗣慎刻本；明万历间程荣《汉魏丛书》本；清乾隆五十四年(1789)卢文弨《抱经堂丛书》本，由赵曦明作注、卢文弨补注，将沈揆《考证》散入全书相关文句之下以利翻阅，并经钱大昕、段玉裁等名家审校，颇称精审；1960 年台湾中研院版周法高《颜氏家训汇注》，后曾多次重印；1980 年上海古籍出版社版王利器《颜氏家训集解》本，收罗旧注，间出己见，且附旧刻诸本序跋、《北齐书·颜之推传》及颜之推诗文辑佚，较为完备，1993 年中华书局出版增补本。

颜之推(531—约 590 以后)，字介，祖籍琅邪临沂(今属山东)，后迁江苏江宁。生于官宦诗书之家，少时博览群书，无不该洽。性好饮酒，不修边幅。初仕为湘东王绎参军，后绎自立为梁元帝，乃任颜之推为散骑侍郎。西魏破江陵后，投北齐，任黄门侍郎、平原太守。齐亡入周，为御史上士。隋开皇中，东宫太子召为学士，未久以疾卒。著作尚有：《冤魂志》三卷、《证俗音字》五卷、《文集》三十一卷等(以上据颜真卿《颜氏家庙碑》)已佚。生平事迹见《北齐书》卷四五《文苑》颜之推传、《北史》卷八三本传、《颜氏家训》中《终制》等篇。

南北朝后期，兵连祸结，革易频繁，士大夫多随波逐流，朝秦暮楚，自取身荣。颜之推自称"三为亡国之人"，即历仕梁、北齐、北周、隋四朝，便是这一现象的反映。有感于"父兄不可常依，乡国不可常保，一旦流离，无人庇荫，当自求诸身耳"(《颜氏家训》)，于是作《家训》一书"整齐门内，提撕子孙"(《序致》)，将自己的为人处世经验传给子孙。

《颜氏家训》主要论述了士大夫的修身治家、涉务扬名之道。全书分为二十篇。

一、《序致》(卷一)。述著书之由。

二、《教子》(同上)。论子女教育，尤重早期教育，谓须自"胎教"始，因"少成若天性，习惯如自然"。又必平等对待诸子,不可偏爱,亦不可溺爱。

三、《兄弟》。说兄弟之间少时相亲而成年即各妻其妻、各子其子,故"望深则易怨,地亲则易弭"。

四、《后娶》。分析重新组合之家庭,后父后母与前父前母子女之种种关系。

五、《治家》。说笞怒不可废于家,持家宜节用而可俭不可吝,妇主中馈、主妇与子婿、儿媳之关系,乃至借人书册不可污损等家庭生活规范。

六、《风操》。说避讳、称谓、名字须有当,交友须审年辈,并及离别之情、吊丧之礼与童仆待客不慢等。

七、《慕贤》。说君子慎于交游,唯贤是慕,不可如世俗之贵耳贱目、重遥轻近而见贤不知其贤;言行取学于人必显称之,窃人之美,鬼神责之。

八、《勉学》。说人生在世,当有所业,有学艺者触地而安,贵游子弟失势即穷,"积财千万,不如薄伎在身",而伎之易成而显贵者莫如读书。读书在"博览机要,以济功业",当通文字之学以立根本,切磋训诂,博闻校勘。经学繁冗,失要成弊,老、庄、玄学,非以济世,"亦所不好"。

九、《文章》。说文章原出五经,而演为文章(近于今之所谓"文学"),则易"使人矜伐,忽于操持"。学问可以钝学积累,文章若无天才则勿强为操笔。为文须从"三易",即易见事、易识字、易读诵,用事与地理须防有误。更及各体文章之特点、评古今诗文之得失等。

十、《名实》。说名之与实,若影之与形,然"上士忘名,中士立名,下士窃名",圣人名教,乃劝人务实立名。得修善之名,生则获其利,死则遗其泽。

十一、《涉务》。说国之用材,不唯一端,约有朝廷、文史、军旅、藩屏、使命、兴造"六事",人性有长短,不必求全,能守一责长一才便无愧。若优闲不晓世事,不知稼穑之艰难,则治官不了,营家不办。

十二、《省事》。说多为少善,不如执一,省其异端,以求专精。时运之来,不求亦得;风云不兴,徒求无益。贸然多事,自招祸殃,言谏主上,纵然幸得感之,初则获大赏之赏,终将陷不测之诛。

十三、《止足》。说宇宙可臻其极,情性不知其穷,故欲不可纵,志不可满,当少欲知足,以免耻辱、无倾危为限,有余则以义散之,不足亦勿以非道求之。

十四、《诫兵》。说孔子力翘门关而不以力闻。文士习兵书,承平睥睨宫阙,兵起则构扇反复。一为武夫,便成饭囊酒瓮。

十五、《养生》。说"神仙之事,未可全诬",然"学如牛毛,成如麟角,华山之下,白骨如莽,何有可遂之理?考之内教,纵使得仙,终当有死"。只有"爱神养明,调护气息,慎节起卧,均适寒暄,禁忌食饮,将饵药物,遂其所禀,不为夭折者,吾无间然"。"养生者先须虑祸,全身保性,有此生,然后养之"。"生不可不惜,不可苟惜","行诚孝而见贼,履仁义而得罪,丧身以全家,泯躯而济国,君子不咎也"。

十六、《归心》。说儒家仁、义、礼、智、信"五教"合于佛教不杀、不盗、不邪、不酒、不妄"五戒",故"内外两教,本为一体,渐积为异,深浅不同"耳。"三世之事,信而有征,家业归心,勿轻慢也。"世俗谤佛之论,要为五端,一一释之:凡人耳目之外咸致疑,"岂得以人事寻常,抑必宇宙外也";善恶之行,祸福所归,九流百氏,皆同此论,岂独释典为虚妄;以诗礼之教格朝廷之人而略无全行者,则亦不可以经律之禁格出家之人独责无犯;出家只为佛教一法,若诚孝在心,仁惠为本,不必尽为僧尼而荒稼穑,"偕化黔首,悉入道场",自有"自然稻米无穷宝藏",无求田蚕之利;形灭神存,当兼修戒行,留心诵读,以为来世津梁。附记因果报应事例八则。

十七、《书证》。专说文字训诂,典故考正,以经、史为主,举为四十六例。

十八、《音辞》。说音韵之学,"九州之人,言语不同","古今言语,时俗不同",则同世有方言之异,古今生音韵之变,举以八例。

十九、《杂艺》。说对书、画、射、卜、算术、医方、琴瑟、博弈等诸种杂艺,皆微须留意,不必过精,用以消愁释愁可也,为人役使则见耻矣。

二十、《终制》。作后事之嘱:"一日放臂,沐浴而已,不劳复魄,殓以常衣。""未知何乡是吾葬地,唯当气绝便埋之耳。""宜以传业扬名为务,不可顾恋朽壤,以取埋没。"

《颜氏家训》内容庞杂,其论述涉及南北风俗的差异、家庭各种成员的关系,以及子女教育等,为研究南北朝社会民风与教育思想的重要史料。《颜氏家训》虽标举儒学,已不满经学之繁冗;玄风大扇已久,而责以"非以济世"之词;佛教广为流传,特设《归心》一篇;文字典故,音韵考辨,有《书证》、《音辞》专论。凡此种种,皆见一代学术与思想之变迁状况,可考隋唐文化之由来。其生当重道轻器之世,而于算术、医方予以应有重视,已附难得。其"援引古昔,必须眼学,勿信耳受",与"小学乃其宗系",为治学之津梁。而"观天下书未遍,不得妄下雌黄",则为校勘学之金针的论。故后人称之为"篇篇药石,言言龟鉴","古今家训,以此为祖"。由于书中记载了不少珍贵的史实,故此书也为历来的治史者所重视。

(潘良桢)

魏晋南北朝编

历史类

三国志 〔西晋〕陈　寿

　　《三国志》,六十五卷,原称六十五篇,《叙录》一卷已佚。西晋陈寿撰。成书年代已失考,一说不晚于晋武帝太康十年(289),撰者去世前又有若干修订增补。本书分撰三国史事,原系魏、蜀、吴三书分行。北宋咸平六年(1003)国子监本为初刻本,三志始合为一书,而卷目仍分列。南宋绍兴、绍熙年间各有翻刻本。明代流传南、北监本及汲古阁本。清武英殿本据明北监本,金陵书局本据明南监本,江南书局本据汲古阁本。现通行商务印书馆百衲本,系影印宋绍兴本与绍熙本配补而成。1959年中华书局标点本,以百衲本、武英殿本、金陵书局本及江南书局本对勘,目前也较流行。1990年岳麓书社校点本,纠正了中华书局本的若干误文。

　　陈寿(233—297),字承祚,巴西郡安汉县(今四川南充市北)人。少时师事同郡古史学家谯周,仕蜀为东观秘书郎、散骑黄门侍郎。入晋后,受司空张华赏识,举孝廉,迁著作郎,补平阳侯相。于平阳侯相任上,编定《诸葛亮集》二十四篇,并作表上奏。《三国志》撰成后,受镇南将军杜预表荐,官至治书侍御史。时人称其"善叙事,有良史之才"(《晋书》本传)。陈寿虽才学出众,但以蜀中文士入归都城洛阳,受制于朝廷权贵间纷争,故仕进不甚顺遂。著述另有《益部耆旧传》十篇、《古国志》五十篇、《晋弹事》九篇、《官司论》七篇等,皆亡佚。其生平事迹见载于《晋书》卷八二本传和《华阳国志》卷十一《后贤志》。

　　三国中魏、吴二国原有史书,官修如王沈等《魏书》四十八卷、韦昭等《吴书》二十五卷,私撰如魏鱼豢《魏略》五十卷;蜀国有谯周《蜀本纪》、陈术等《巴蜀耆旧传》。晋武帝太康元年(280)灭吴后,陈寿着手撰《三国志》,所据基本材料即上述三国史籍。《三国志》撰成时间以《叙录》一卷亡佚而失考,大致先成《蜀志》,次成《魏志》,最后成《吴志》。因系私修之史,稿本未尝上奏。撰者卒后,经梁州大中正尚书郎范頵等表荐,晋惠帝下诏河南尹、洛阳令予以钞写采进,始为流传。

　　《三国志》是继《史记》、《汉书》之后的著名纪传体史书,比南朝宋范晔《后汉书》早出一百余年。三国时期,一般指曹魏代汉(220)至孙吴降晋(280)。《三国志》记事上溯东汉灵帝中平元年

(184)黄巾大起义,下迄西晋武帝太康元年(280)吴国灭亡,前后计九十七年。其时间断限,在断代史中别创一格。书中分载三国史事,包括《魏志》三十卷、《蜀志》十五卷、《吴志》二十卷。如此三国并列为书,故又属国别史。全书卷目标出纪、传,而表、志则付阙如。《魏志》前四卷称帝纪,采取本纪体裁;《蜀志》、《吴志》有传无纪,国君称主,蜀主传、吴主传的写法与魏帝纪相同,也是按年叙事。因此,唐刘知幾谓:"陈寿《国志》载孙、刘二帝,其实纪也,而呼之曰传。"(《史通·列传》)三志中各传的排纂方法也相同,魏帝纪以下立后妃、大臣等传,蜀、吴主以下也立后妃、夫人、大臣等传,均以记人物行事为体裁。故此书中帝纪形式上以魏为正统,实际上纪、传皆以三国鼎立为史。

撰者将东汉末年黄巾大起义作为三国史事的开端,是符合历史实际的。黄巾军瓦解了东汉王朝,使之名存实亡,继而各地军阀割据称雄,战乱频仍,至汉献帝建安十三年(208)赤壁之战,三国鼎立的局势终于形成。《三国志》反映了这一过程中曹、刘、孙三家政权的发端和发展,表现了撰者的史识。在体例上,本书的撰述为国别史与纪传体断代史的综合运用,也切合当时社会的政治分裂状况,具有特殊的创制意义。魏、蜀、吴三志有分有合,分开来为当时我国境内的三个并存政权,合起来代表着一个历史时期。后世书目如《隋书·经籍志》的著录,既称三志为一部书,又称其书分别单行,便显示了《三国志》可分可合的特点。这种体制,后为北宋薛居正等《旧五代史》所仿效。

与《史记》、《汉书》相比,《三国志》的内容不算丰富,因其靠近三国时期成书,可资撰者利用的现成材料还不多。但撰者清理了当时复杂纷纭的各种有关记载,写成了一部比较全面系统的史著,为后世研究这一时期历史提供了很大便利,所以与《史记》、《汉书》及晚出的《后汉书》合称"前四史"。本书中所立诸传,顾及面较广,大多以类相从。如《魏志》列传二十一卷,分写了宗亲、近臣、谋士、将帅、循良、文学等,并设有《方伎传》、《外国传》各一卷;《蜀志》列传十一卷、《吴志》列传十五卷,也分写了文臣武将、忠良清名、文学术数等,但三志均未在卷目上严格标出门类。所记人物,或立专传,或附见,涉及政治、军事、经济及学术思想、文学艺术、医卜星算等方面,其中以《诸夏侯曹传》、《荀彧荀攸贾诩传》、《诸葛亮传》、《周瑜鲁肃吕蒙传》等为较详。各传中保存了重要史实,如《张鲁传》中存有五斗米道施行义举的材料;《张燕传》中存有黄巾起义后张牛角事迹的材料;《东夷传》中记有倭人邪马台国的概况,这是有关日本的现存最早记载。当然,列传也有遗阙,如张仲景与华佗为同时期名医,书中只传华佗而不传张仲景;所传边族,也只有北方的乌桓、鲜卑,而忽略了西方的氐、羌诸族和吴、蜀境内的山越、南中诸族。

《三国志》取材审慎,文笔简洁,历代史家多有肯定。南朝宋裴松之谓"寿书铨叙可观,事多审正,诚游览之苑囿,近世之嘉史"(《上三国志注表》)。以本书《诸葛亮传》为例,撰者不取鱼豢《魏略》关于诸葛亮先见刘备之说,而根据诸葛亮《出师表》的自述,写出了由于徐庶的推荐,刘备"三顾茅庐"的经过。另如见于《搜神记》等书中的荒诞传说,撰者也一概不取。《三国志》记事详略互见,排纂得当,如记赤壁之战,详述于《吴志》周瑜传中,而于《魏志》、《蜀志》中皆从简。撰者尤长于品评人物,评语精练,多属恰如其分。后人对《三国志》或有非议,多指其曲笔阿时,替曹魏和司马氏"回护",这种缺点实非陈寿所独有。撰者在汉、魏和魏、晋关系上有所隐讳,却也对曹魏的刑政苛虐、赋役繁重,能据事直书,并间用微词;对司马氏政权也透露了自己的意见,因而并不全合西晋朝廷权贵的心意。至于此书没有表、志,可能与陈寿撰史时材料不够有关,而非后世指责撰者畏难的问题。

裴松之认为,《三国志》"失在于略,时有所脱漏"(《上三国志注表》),他于南朝宋文帝元嘉三年(426)奉诏为之作注,至元嘉六年完成。裴注不局限于名物训诂及章句解释,以史实的增补、考订为主,"上搜旧闻,傍摭遗逸",从补阙、备异、矫妄、论辩四个方面充实了原书。裴注征引之书达二百余种,所引魏晋之时诸书,宋以后已十不存一,可见裴注的史料价值与正文同等重要。有关陈寿本文与裴氏注文,历来流行说法是注文多于本文数倍或三倍,这是源自宋代晁公武《郡斋读书志》的一种无稽之谈,后马端临《文献通考》、《四库全书总目》及中华书局校点本出版说明皆沿其误。据今人黄大受《三国志及裴注字数统计表》(台北正中书局《三国志选注》卷首)、王廷洽《略谈三国志与裴注的数量问题》(《古籍整理研究学刊》1985年第3期)、吴金华《三国志校诂》附编(江苏古籍出版社,1990年)等统计,陈寿《三国志》本文三十六万余字,裴氏注文三十二万余字,这是目前公认的可靠结论。

裴注之后,继有补志、补表、补注之作,以清人用力最勤。补志有洪亮吉《三国疆域志》、钱大昭与侯康《三国艺文志》、陶元珍《补三国食货志》、王欣夫《补三国兵志》等;补表有洪饴孙《三国职官表》、黄大华《三国三公宰辅表》、谢钟英《三国大事年表》、《三国疆域表》等;补注有赵一清《三国志注补》、梁章钜《三国志旁证》、潘眉《三国志考证》、杭世骏《三国志补注》等。易培基《三国志补注》(台北艺文印书馆,1955年影印),卢弼《三国志集解》(上海古籍出版社,2009年,钱剑夫整理本),张元济《三国志校勘记》(商务印书馆,1999年),赵幼文《三国志校笺》(巴蜀书社,2001年)等是20世纪出现的重要成果。另有吴金华《三国志校诂》(江苏古籍出版社,1990年)、《三国志丛考》(上海古籍出版社,2000年),张越主编《后汉书、三国志研究》(中国大百科全书出版社,2009年)等。

(吴仁杰)

畿服经 〔西晋〕挚 虞

《畿服经》,一百七十卷。西晋挚虞撰。成于西晋惠帝年间(290—306)。久佚。首见于《隋书·经籍志》著录。其后,《玉海》及丁国钧、文廷式、秦荣光、黄逢元诸家《补晋书艺文志》、吴士鉴《补晋书经籍志》等均有著录。有王谟《汉唐地理书钞》辑本。

挚虞(？—311),字仲治,西晋京兆长安人。其父模,官魏太仆卿。虞少事皇甫谧,才学通博,著述不倦。武帝泰始年间(265—274),举贤良。历任秘书监、卫尉卿、光禄勋、太常卿等职。另著有《文章志》四卷、《注解三辅决录》、《古今文章流别集》三十卷、《族姓昭穆》十卷。

《畿服经》是一部以全国为记载范围的总志。畿,指京城附近地区;服,谓王畿以外地区,泛指地方州郡县;经,是相对地图而言,指文字说明。书是否有图,今已无从查考。清王谟《汉唐地理书钞》辑本,仅有从徐广《史记注》、伏深《齐记》等书辑出资料三条:"古之周南,今之洛阳","华不注不与诗鄂不之不同","樊本仲山甫之国"。只字片语,无法体现全书概貌。

考《隋书·经籍志》云:"晋挚虞依《禹贡》、《周官》作《畿服经》,其州郡及县分野、封略、事业、国邑、山陵、水泉、乡亭城、道里、土田、民物风俗、先贤旧好,靡不具悉,凡一百七十卷,今亡。"可知《畿服经》内容较两汉郡书、地理书、都邑簿有了发展,不仅记地理、风土、人物,而且叙经济。在体例方面似乎以行政区为纲,以分野、封略、事业、国邑、水陵、水泉等为类。这与后世定型方志无多大区别,已具备方志的雏形。所以,清著名学者谢启昆评称此书"实后世方志之祖"(《广西通志·叙例》)。

有关《畿服经》的研究有张国淦《中国古方志考》、王晓岩《方志演变概论》等。

(巴兆祥)

华阳国志 〔东晋〕常　璩

《华阳国志》,初称《华阳国记》,十二卷。原作十篇,《隋书·经籍志》改为十二卷(宋时已有残缺,南宋嘉泰年间李㙫采《汉书》、《后汉书》及陈寿《益部耆旧传》补足十二卷)。东晋常璩撰。成于东晋永和四年至永和十年(348—354)之间。有明嘉靖张佳胤刻本,收入《古今逸史》,何允中《广汉魏丛书》本,《四部丛刊》影印,钱谷手抄本,清《四库全书》本,嘉庆廖寅刻本。其中廖寅刻本出自顾广圻之手,最为精审。

常璩,字道将,蜀郡江原县人。生卒年不详。自少受家学熏陶,爱好经史,博览群书,熟悉掌故,世称"蜀史"。成汉时官至散骑常侍,掌著作。穆帝永和三年,桓温伐蜀,常璩等劝李势投降,后任桓温参军,随从到建康。因他曾仕败国,颇受江东士流诮蔑,郁郁不得志,发愤著述,夸诩巴蜀文化之悠久,人物之昌盛,以颉颃中原,压倒扬越。于是在《蜀李书》基础上纂成《华阳国志》,书名出自《禹贡》"华阳黑水惟梁州"之语。

《华阳国志》是现存最早的方志之一,也是方志发展史上的雏形之作。其篇目依次为:卷一巴志,卷二汉中志,卷三蜀志,卷四南中志,卷五公孙述刘二牧志,卷六刘先主志,卷七刘后志,卷八大同志,卷九李特雄期寿势志,卷十先贤士女赞,卷十一后贤志,卷十二序志及三州士女目录。其价值、特点主要有七:

一、首创方志序跋。魏晋及以前志书未见有序跋,常璩于志成后撰序,叙述修志过程,阐发修志宗旨。序说:"夫书契有五善:达道义,章法戒,通古今,表功勋,而后旌贤能。"首次点出方志编纂的目的,是宣扬伦理道德,彰善惩恶,总结经验教训。

二、按类设置篇目。篇目是志书内容的概括和浓缩,没有篇目无法进行编纂,也不便利用。方志有篇目始于两汉,但那时未按类立置。此志按类立目,暗分区域、人物两类,为后来志书准确分类奠定了基础。

三、统合古今。秦汉郡书、地理书、都邑簿在时间跨度上多详古略今。是志记述,肇自开辟,终于永和三年,囊括千余年的历史,开创方志表述兼通古今之先例。

四、载述由单一到全面。发端阶段志书内容较单薄,郡书记一方人物,都邑簿记城池,地理书记风土。至魏晋时代,志书大多沿袭秦汉传统,仅记某一方面内容。常璩对此十分不满。"司马相如、严君平……各集传记,以作本纪,略举其隅。其次圣称贤、仁人志士,言为世范,行为表则者,名挂史录。而陈君承祚,别为《耆旧》,始汉及魏,焕乎可观。然三州土地不复悉载。《地理志》颇言山水,历代转久,郡县分建,地名改易于以居,然辨物知方,犹未详备于时。"于是,常氏将人物、地理、风土、历史合为一书,较全面地反映梁、益、宁三州情况。

五、建立混合体裁志书。魏晋以前,编年体、纪传体、书志体流行,常氏大胆吸收前人成果,将三者融合为一,形成一新体裁。书卷一至四,以区域为纲,记三州历史、地理,以地理为主,类似正史地理志;卷五至九编年叙述公孙述、刘焉刘璋父子、蜀汉、成汉以及西晋的历史,接近正史本纪和编年史;卷十至十一以人物为纲,记载贤士列女,相当于正史列传;卷十二列未立传人物姓氏籍贯,实为《先贤志》、《后贤志》的补充。有纵有横,浑然一体。

六、取材广博。常璩谙熟四川掌故,任散骑常侍接触大量文献档案资料。他撰《华阳国志》,"博考行故,总厥旧闻"。除搜集《尚书》、《左传》、《史记》、《东观汉记》等史籍外,还取材梁、益、宁三州旧志和成汉档案、自己所闻。"苟有可记,皆著于书"(吕大防《华阳国志》序)。

七、记载精审。常氏主张:"善志者述而不作,序事者实而不华。"(《后贤志序》)所撰《华阳国志》选材讲求审慎,记载力求真实,对司马迁、班固、陈寿等前人著作不迷信盲从,择善而用。对前人褒斜谷道因石牛始通、杜宇魄化子鹃等虚妄说法,予以批驳纠谬。己所不知的,宁缺毋滥。

总之,《华阳国志》是学术价值很高的著作。它体例较完备,内容较丰富,基本反映了当时方志发展水平,推动了方志的进步。宋吕大防赞称:"蜀记之可观,未有过此者。"《四库全书简明目录》称:"文词雅典,具有史裁。"

有关《华阳国志》的研究有任乃强《华阳国志校补图注》,刘琳《华阳国志校注》,朱士嘉《华阳国志版本考略》,刘重来、徐适端主编《〈华阳国志〉研究》等。

(巴兆祥)

后汉纪 〔东晋〕袁 宏

《后汉纪》,三十卷。东晋袁宏撰。初以钞本传世,至宋代大中祥符年间钱唐刻本和绍兴年间浙东刻本,已是衍文脱讹,难以句读。明嘉靖年间有黄姬水刻本,万历年间有南京国子监本,但舛误滋甚。清康熙年间,蒋国祚、蒋国祥兄弟以黄氏本和南监本互校,又以范晔《后汉书》及其注释为辅,详加考证,所校号称近世精本。清末潮州郑氏龙溪精舍本即依蒋氏版本略有校改。广东学海堂本和《四部丛刊》影印本均为黄氏刻本之流亚,流布虽广,校勘不精。今人整理本有1987年天津古籍出版社版周天游校注本、2002年中华书局版张烈与《汉纪》合刊的《两汉纪》点校本、2008年云南大学出版社版李兴和集校本。

袁宏(328—376),字彦伯,东晋陈郡阳夏(今河南太康)人。出身官宦世家,其父袁勖是东晋临汝县令。由于少年丧父,家道中衰,袁宏以祖业为生,勤勉求学。后因所写咏史诗得到安西将军、豫州刺史谢尚赏识,引为参军,不久,迁为大司马桓温府记室,专综书记。因不阿于桓温的权势,仕途不畅。桓温死后,方以吏部郎出任东阳郡太守,不久病逝任所,年仅四十九岁。其一生著有《后汉纪》外,尚有《北征赋》、《三国名臣颂》等诗赋诔表三百余篇和《竹林贤士传》三卷等。其家世生平载于《晋书》卷九二《文苑传》及《世说新语·文学篇》。

袁宏在世时,有《东观汉记》和谢承、薛莹、司马彪、华峤、谢沈等诸家东汉史书流传。袁宏感到诸史互有出入,在取材的精疏、史识的高下、体例的纯驳、篇幅的繁简、文笔的优劣等方面,都有明显的差异,遂发愤披阅史料,旁及《汉山阳公记》、《汉灵献起居注》、《汉名臣传》和各郡耆旧先贤传等几百卷资料,重加厘订,历时八年撰成《后汉纪》。

本书为继《汉纪》之后的一部编年体断代史,约二十一万字。记事起自西汉末更始元年(23),迄于三国魏曹丕代汉之年(220),共一百九十八年的史事。其体例与荀悦《汉纪》相仿,分为十一帝纪。此书问世比范晔《后汉书》约早五十年,不少方面更接近原始资料,其精华为范书所吸收。唐刘知幾在《史通·古今正史篇》中认为:"世言汉中兴史者,唯袁、范二家而已。"

从某种程度说，袁书的史料价值高于范书。如明帝、章帝时的部分诏令，鲁丕举贤良方正对策，尚敏陈广学校疏，张衡、马融关于阳嘉二年京师地震对策，朱宠、郑凯论颍川士人等史料，均为范书删去不录，全赖袁书得以保存。此外，如马续补撰班固《汉书》天文志和七表，佛学思想在汉代传播的概况，以及宋宠的生平等，并因袁书而得尽录。总之，袁书的丰富资料可以订正范书谬误，如时间、地名、姓名、谥号、职官等误载，并可补充个别史实。所以，范晔和袁宏的著述各有其价值，不可偏废。清惠栋的《后汉书补注》所以为人称道，就与其大量利用《后汉纪》的材料来考订范书有关。至于清王鸣盛在《十七史商榷》中认为袁书没有多少参考价值，"范氏摭拾已尽"，这与事实相去甚远。

《后汉纪》便于观览，详略得当，而且在体例上有所发展。此书以"言行趣舍，各以类书"的方法，把时代相近而德行类似的人物放在一起叙述。如卷五记朝廷征召隐士严光、周党时，旁及王霸、逢萌等隐士的事迹；卷二十二记郭泰时，兼叙仇香、袁闳、黄宪、魏昭、孟敏、左原、贾子序诸人，文末以"其弘明善恶皆此类也"一句概括。另一种"类书"的手法是把某人某一品德专列，因类举事，末尾加上"某某皆此类也"的品题式结语。这种处理，较之单纯的以年月系事更为灵活。

袁宏的成就在史著，但其出名在文学方面。因其擅长写作，所以能从容驾驭史料，将复杂的事件和众多的人物安排得井然有序，事繁而不乱，文约而不漏。他写赤壁之战，着墨于诸葛亮、周瑜、孙权等人的谈笑纵论和远见卓识，寓大战于言谈之中，终结"曹操与周瑜战于赤壁，操师大败"一句煞尾，文字洗练，语言生动，引人入胜。

袁宏相当注重论赞。集合《后汉纪》全书论赞有五十余条，一般每条三百字左右，最长的超出一千字，共计约一万七千字，占全书十二分之一篇幅，为历来史书所罕见。在论赞中，作者主张诸子百家各存其说，肯定了学术分歧的合理性。袁宏还借他人之口驳斥谶纬的虚妄，强调人的作用和顺应时代而变革的观点。如卷二十二纵论上下近千年的历史，概括了春秋战国至汉末风俗变迁的全貌，笔势放纵，为后世范晔写《后汉书》时大段引用。但是，袁宏的论赞大多以名教观为核心，不免有迂腐陈旧之说。

（薛明扬）

后汉书 〔刘宋〕范　晔

《后汉书》，一百二十卷。南朝宋范晔撰。成于宋文帝元嘉年间。由于范晔被文帝以谋反罪处死，所以书中的志未完成。梁刘昭将晋司马彪《续汉书》的八志补入其中。然而，两书通常各自单行，如北宋淳化五年(994)的《后汉书》初刻本和景德二年(1005)的校定本，都未收入司马彪的续志。真宗乾兴元年(1022)，判国子监孙奭奏请合刻两书的建议得到采纳，就此形成了今日所见的《后汉书》。现存较完整的最早版本是南宋绍兴本，商务印书馆百衲本据此本影印。明代流行嘉靖南监本和汲古阁本，清代有武英殿本。1964年中华书局点校本，汇集历代各家的研究成果，改正了不少文字舛误，重新编定目次，为现今通行的版本。

范晔(398—445)，字蔚宗，祖籍顺阳(今河南淅川)，家居山阴(今浙江绍兴)，故有"顺阳山阴人"之称。其父范泰擅长经学，工于文章，东晋时官至侍中、尚书常侍兼司空。范晔从小好学，贯通经史，尤善文章，并精于乐律。十七岁时投靠宋武帝之子彭城王刘义康，任参军，后官至兵部员外郎、荆州别驾从事、尚书吏部郎。因事得罪刘义康，贬为宣城太守，遂寄情于著述，着手撰写《后汉书》，时年二十七岁。后几经升迁，位居左卫将军、太子詹事，却不被信任，仅以"才艺"见重。元嘉二十二年(445)，被人诬告参与谋立刘义康为帝，宋文帝加以谋反之罪致死，年仅四十八岁。一生著作尚有《汉书缵》十八卷、《百官阶次》一卷等，均已散佚。生平事迹载于《宋书》卷六九本传。

在范晔成书之前，有关东汉一朝史事的撰述，已有十八家之众。其中除官修《东观汉记》一百四十三卷之外，三国吴谢承的《后汉书》、晋薛莹的《后汉记》、晋司马彪的《续汉书》、晋华峤的《后汉书》、晋谢沈的《后汉书》、晋张莹的《后汉南记》、晋袁山松的《后汉书》、晋袁宏的《后汉纪》等均流传当世，为学人所重。范晔作《后汉书》，即以《东观汉记》为主要依据，取材各家，订讹考异，削繁补略，自定体例，终成一家之作。本书原计划写十纪、十志、八十列传，共一百卷。由于范晔被杀，十志没有完成。南朝梁刘昭为《后汉书》作注时，因范晔曾称赞司马彪《续汉书》八志，遂将志分为三十卷，补入范书。

本书是定为"正史"的一部纪传体断代史,记载自东汉光武帝建武元年(25),至献帝建安二十五年(220),共一百九十五年史事。体例基本沿袭《汉书》。纪十卷,前九卷是东汉诸帝纪,但在位时间短促的几位皇帝未收入专卷,如殇帝附入《和帝纪》,冲、质二帝附入《顺帝纪》,少帝的经历在灵帝之后略有提及。末卷《皇后纪》,集中记载诸皇后和外戚的活动,与《汉书》中《外戚传》相仿。诸帝纪以编年形式逐一记载东汉各朝皇帝的事迹,并多少保存了有关东汉政治、经济、军事、文化等各方面的史料。

传八十卷,形式与《汉书》大致相同,也分为人物专传、合传、类传以及边疆各族传等。在选择入传人物时,范晔有独特的见解,既继承为公卿将相立传的传统,也比较注重其他社会阶层的代表人物。如和帝以后的朝纲由宦官和外戚轮流把持,而部分官僚和太学生联合起来反对宦官势力,他们标榜名节,清议朝政,遭到当权宦官的迫害和禁锢,这在《党锢传》和《宦者传》中得到充分反映。又如《文苑传》,不同于专为经学儒术人物立传的《汉书·儒林传》,而搜罗了擅长诗赋文章的人物。《后汉书》还首创了《独行传》、《方术传》、《逸民传》、《列女传》,将史书的记载扩大到更为宽广的社会领域。清王鸣盛在《十七史商榷》中指出:"(范书)贵德义,抑势利,进处士,黜奸雄。论儒学则深美康成,褒党锢则推崇李、杜。宰相无多述,而特表逸民;公卿不见采,而惟尊独行。"

志八篇三十卷,出自司马彪之手。《律历志》、《天文志》、《五行志》完全仿照《汉书》中相关的志。《郡国志》与《汉书·地理志》相当。《礼仪志》专记东汉的重要节令、祭祀、丧事等各种仪式。《祭祀志》则以东汉皇帝的祀神活动为主要内容。《百官志》和《舆服志》,为以前史书体例中所未见,保存了东汉官制、车制和服饰制度的重要史料。但此书未列《食货志》,漏记一代经济制度。

范晔对史书的编年体和纪传体作过比较:"春秋者,文既总略,好失事形,今之拟作,所以为短。纪传者,史、班之所变也,网罗一代,事义周悉,适之后学。此焉为优,故继而述之。"(《隋书·魏澹传》)他是当时比较两种史体优劣的第一人。《后汉书》在诸家后汉史的基础上镕铸而成,删烦裁接得当,文笔流畅精美,为后世学者所推崇。自唐章怀太子李贤为之作注后,范书更是身价骤增,其余各家东汉史被淘汰,先后亡佚。

编纂史著的目的是什么?司马迁提出"究天人之际","通古今之变",前一目的细加推敲,似乎在追求一种哲理。范晔干脆提出"欲因事就卷内发论,以正一代得失"。他十分重视史论,特意将《后汉书赞论》四卷单行。至于"通古今之变",在断代史中不易顾及。范晔根据自己的理解,大胆探索,在部分类传的序、论中,打破朝代断限,寻求各种历史现象(如循吏、酷吏、宦者、儒林、文苑等)的发生、发展以及归宿,力求会通。这一方面,范晔的见识要高于班固。

《后汉书》的人物专传,与《汉书》相似,大段地引用奏疏和文章。如王符的《潜夫论》,仲长统的《昌言》,张衡的《客问》,蔡邕的《释诲》,以及崔寔、桓谭、荀悦等人的政论、奏疏,或全文抄录,或摘引大略,因此而保存了一些最原始的资料。有人以为范书连篇累牍地抄录他人文章的做法不可取。其实,从中可以反映作者的政治思想以及当时的社会状况。

范晔写史,颇注重文采,并对此自命不凡。后人将范书与《史记》、《汉书》相提并论,推为名著,一个主要原因就在于范晔的文笔优美。范书一出,诸家后汉史皆湮,甚至连梁萧子显改写的《后汉书》也无法争胜。然而,由于过于注重文笔,范晔对一些人物的描写,删去了具体事例,显得比较平常;对历史发展的事实,抽去了具体数字,就变得十分空洞。这可说是后世讥讽"文人不可作史"的一个例证。

范晔不信鬼神,《后汉书》中多次指责灵魂不灭和因果报应说是无根之谈。他反对君主崇佛,认为听命于神将导致国家败亡。对东汉时期兴盛的图谶之学,他也采取批判的态度,如实记载张衡、桓谭等人反对谶纬的言论,明显持褒扬的态度。可是,书中又有相信符瑞、气运、阴德、术数的记载,表明范晔思想上十分复杂矛盾的一面。《后汉书》遗漏了一些比较重要的史料,目录的编排次序也不够妥当。由于范晔并未完成全书,原稿在他死后不免走样。

为《后汉书》作注的,首推南朝梁刘昭。唐高宗之子李贤以及张大安、刘讷言等亦为《后汉书》作注,偏重于诠释字句,是较为流行的旧注。清惠栋撰有《后汉书补注》二十四卷,影响较大;王先谦则在此基础上,多方吸取他人成果,著有《后汉书集解》一百二十卷,颇受学界重视。今人施则著有《后汉书集解补》。《后汉书》缺表、缺《艺文志》,明、清两代补作之人不绝,尽管所据材料为存世的旧籍,但经过整理与考订,分门别类予以集中,仍不失为研究东汉历史的参考资料。校补考订《后汉书》的重要著作尚有清钱大昕《廿二史考异》中《后汉书》部分。此外,沈钦韩的《后汉书疏证》、钱大昭的《后汉书辨疑》、周寿昌的《后汉书补正》、李慈铭的《后汉书札记》都是很有价值的力作。今人相关论著有张越主编《后汉书、三国志研究》等。

(薛明扬)

宋书 〔梁〕沈 约

《宋书》,一百卷。南朝梁代沈约撰。成于南朝齐、梁之际(6世纪初)。有宋元明三朝递修本、汲古阁本、武英殿本、金陵书局本、中华书局校点本。

沈约(441—513),字休文,吴兴武康(今浙江德清西)人。自幼好学,博通群籍;长于诗文,为文坛"竟陵八友"之一。历仕宋、齐、梁三朝。宋时官至尚书度支郎,齐时历官中书郎、国子祭酒、征虏将军、吏部尚书等,梁时官至尚书令。另著有《晋书》一百十卷、《谥法》十卷、《齐纪》二十卷、《迩言》十卷、《宋文章志》三十卷、《文集》一百卷等,均佚。生平详见《梁书》卷一三本传及《宋书·自序》等。

据沈约《上宋书表》,刘宋文帝时已开始《宋书》之修撰,"宋故著作郎何承天始撰《宋书》,草立纪传,止于武帝功臣,篇牍未广。其所撰志,惟天文、律历。自此外,悉委奉朝请山谦之。谦之……病亡,仍使南台侍御史苏宝生续造诸传,元嘉名臣,皆其所撰。宝生被诛,大明中又命著作郎徐爰踵成前作。爰因何、苏所述,勒为一史,起自(晋安帝)义熙之初,讫于(宋孝武帝)大明之末"。487年,沈约奉齐武帝之命撰写《宋书》。沈约主要以徐爰《宋书》六十五卷为根据,删去属于晋代的桓玄等十三人的列传,增补永光元年(465)至升明三年(479)十四年史事,以及前废帝以至刘宋灭亡前的人物列传。一年中即完成了纪传七十卷,志三十卷大约完成于齐、梁之际。

《宋书》是记载南朝宋一代史事的纪传体史著,主要叙述宋武帝永初元年(420)至宋顺帝昇明三年(479)六十年史事,有本纪、列传、志,无表。本纪十卷,记武、少、文、孝武、前废、明、后废、顺八帝大事。武帝刘裕为刘宋开国皇帝,故占三卷,余各一卷。刘裕在位仅三年,但《武帝纪》记事起于东晋隆安年间刘裕参与镇压孙恩、卢循起义,内容较丰富。其余各卷篇幅亦不等,如《少帝纪》文字仅及《文帝纪》八分之一,差别颇大。本纪叙事,时有隐讳之处。如刘宋最后一个皇帝刘准被齐高帝萧道成逼杀,而《顺帝纪》则谓"天禄永终,禅位于齐。壬辰,帝逊位于东邸。……建元元年五月己未,殂于丹阳宫,时年十三,谥曰顺帝",曲意掩盖杀戮之迹。对效忠于宋而谋讨萧道成者,则一概视为反叛,故清赵翼在《廿二史札记》卷九中说:"作刘宋本纪,而以为刘氏者曰反,为萧氏者曰义。"

志三十卷,分为八目:《律历志》三卷、《礼志》五卷、《乐志》四卷、《天文志》四卷、《符瑞志》三卷、《五行志》五卷、《州郡志》四卷、《百官志》二卷。诸志前有《志序》一篇,概述志之源流,并说明所作八志的缘由。"元嘉中,东海何承天受诏纂《宋书》,其志十五篇,……其有漏阙,及何氏后事,备加搜采,随就补缀焉。""何书自黄初之始,徐志肇义熙之元。今以魏接汉,式遵何氏。"表明诸志之作,皆取资于何、徐二书,并沿袭何书体,内容上溯至曹魏,包纳颇广。八志篇幅几占全书之半,系《宋书》重点所在。

《律历志》分律、历二门,分叙古代十二律吕和太初历、黄初历、景初历、乾象历、泰始历及宋时制定的元嘉历、大明历,保存了许多有关律吕和历法的宝贵资料。《礼志》合郊祀、祭祀、礼仪、朝会、舆服总为一篇,内容庞杂。《乐志》记录了魏晋至刘宋时期有关祠祀天地宗庙和正旦礼乐舞蹈的沿革发展及大量歌词乐章,叙述了民间流传的乐舞,内容十分丰富,为古代文学史研究提供了许多重要资料。《天文志》记述了魏晋以来至刘宋末年的星变情况,以及各家天体学说。《符瑞志》系新立之目,记述灾异符瑞与人事变化之关系,在诸志中史料价值最低。《五行志》保存了历年自然灾害以及日蚀现象的许多资料,但也有不少迷信、怪诞的内容。《州郡志》叙述了东晋以来州郡沿革分合的状况,尤其是系统记录了侨州、侨郡的分布变化,为研究晋宋之间南方地理沿革提供了较完整的资料,其价值在《晋书·地理志》之上。《百官志》主要记述魏、晋、宋的官制,因宋承晋制,故叙述较简略。

列传六十卷,见于目录者凡二百三十余人,除诸臣列传之外,分作后妃、宗臣、王子、孝义、良吏、隐逸、恩幸、索虏、蛮夷、二凶十目。其中恩幸、索虏为撰者新增传目。《恩幸列传》名称采自《汉书》的《恩泽侯表》与《佞幸传》,但内容专记出身寒素的官吏。《索虏列传》记述北魏拓跋氏史事,北魏人多辫发,南朝人讥之曰索头虏,撰者沿用此称,带有轻蔑之意。撰者以刘宋文士众多,非文苑所能概括,故不立《文苑列传》,但列传中所载文士专传甚多。如《谢灵运传》、《颜延之传》,皆独占一卷,而全书一人占一卷者仅五人。沈约撰写列传的一个特点是多用带叙法,即赵翼所云"其人不必立传,而其事有附见于某人传内者,即于某人传内叙其履历以毕之,而下文仍叙某人之事"。如《刘道规传》中带叙刘遵,《何承天传》中带叙谢元,《何尚之传》中带叙孟颉,《谢灵运传》中带叙苟雍、羊璿之、何长瑜等,皆属佳例。这一写法,能在不增传目的前提下记载较多的人物,使一些重要的史实不致湮没。但也有误用者,如《刘义庆传》中带叙鲍照,所用文字已超过本传,不免有反客为主之嫌。

"宋氏年惟五纪,地止江淮,书满百篇,号为繁富。"(《史通·书志篇》)《宋书》的长处在于内容丰富,保存了许多有价值的重要文献,如《武帝纪》中的《侨人归土断疏》、《禁淫祠诏》、《兴学校诏》,《谢灵运传》中的《撰征赋》、《山居赋》、《劝伐河北疏》,《顾顗之传》中的《定命论》,《何承天传》中的《安边论》,《周朗传》中的《献方策疏》等,都借此书载录而未散失。后裴松之曾孙裴子野以为《宋书》引文过多,文字繁冗,遂删削而成《宋略》二十卷。刘知幾认为《宋略》叙事议论较《宋书》为佳,"由是世之言宋史者,以裴略为上,沈书次之"(《史通·古今正史》)。

《宋书》至宋代始出现刻本,在长期的流传过程中已有脱误和阙佚。如宋蜀大字本《到彦之传》已仅存篇目,传文全缺。不少传文系后人依据他书补入,已非原貌,如《张邵传》、《宗悫传》、《赵伦之传》以及《少帝纪》等,即为后人杂取《南史》等书补入。

《宋书》无食货、刑法、艺文三志,清以后出现补撰之作。如郝懿行从《宋书》本纪和列传中辑出有关资料,成《补宋书食货志》一卷、《补宋书刑法志》一卷。近人聂崇岐亦有《补宋书艺文志》行世。《宋书》无表,后人亦有补作,如清代万斯同《宋诸王世表》、《宋方镇年表》、《宋将相大臣年表》,盛大世《宋功臣侯表》、《宋诸王侯表》、《宋王子侯表》、《宋世纪表》、《宋恩幸表》,近人罗振玉《宋宗室世系表》。有关《宋书》的研究,可参见清赵翼《廿二史札记》、钱大昕《廿二史考异》、王鸣盛《十七史商榷》以及李慈铭《宋书札记》、张元济《宋书校勘记》、王仲荦《宋书校勘记长编》、丁福林《宋书校议》、胡阿祥《宋书州郡志汇释》等。

(张荣华)

南齐书 〔梁〕萧子显

《南齐书》，五十九卷。南朝梁代萧子显撰。约成于梁武帝天监十三年(514)至普通七年(526)之间。现存最早版本为宋蜀大字本，商务印书馆影印"百衲本"即采用此本。1972年中华书局校点本，亦以宋蜀本为底本，参校以其他版本，系目前最流行的版本。

萧子显(489—537)，字景阳，南朝梁南兰陵(今江苏常州西北)人。为齐高帝萧道成之孙，豫章王萧嶷之子。七岁封为宁都县侯，后依王子例拜给事中。齐亡梁兴，以文才立足于新朝，历任太尉录事、国子祭酒、吏部尚书、侍中、仁威将军、吴兴太守等职。萧子显兼通文史，擅长著述。除《南齐书》外，另著有《后汉书》一百卷、《普通北伐记》五卷、《贵俭传》三十卷、《文集》二十卷等，均已散佚。又《晋史草》三十卷可能亦为萧子显所撰。生平事迹详见《梁书》及《南史》本传。

在萧子显之前，有关齐史的编撰已略具规模。齐高帝萧道成在登基的第二年(480)即开设史馆，命檀超、江淹负责编撰国史。两人拟就编撰条例，由齐高帝诏内外详议。至梁代，撰成者有江淹《齐史》(十志)十三卷、沈约《齐纪》二十卷、吴均《齐春秋》三十卷、刘陟《齐书》十卷、王逸《齐典》五卷等。这些成果在体例与内容方面为萧子显撰史提供了不同程度的依据。

《南齐书》系记载南齐二十四年(479—502)史事的纪传体史著，原名《齐书》，《史通》别称之为《齐史》，北宋以后，为区别于唐李百药所撰《北齐书》，始有《南齐书》之名。《梁书·萧子显传》及《隋书·经籍志》皆记是书六十卷，至《旧唐书·经籍志》始著录五十九卷，散失《序录》一卷。今通行本亦五十九卷，其中本纪八卷，志十一卷，列传四十卷。本纪八卷，分叙南齐高帝、武帝、郁林王、海陵王、明帝、东昏侯、和帝事迹，其中《高帝本纪》占两卷，余各一卷。

志十一卷，共分八目。《礼志》二卷，记述宗庙配享，及有关太学和婚礼方面的制度。《乐志》一卷，《天文志》二卷，《舆服志》一卷，《祥瑞志》一卷，《五行志》一卷，内容平平，无甚可取。《州郡志》二卷，参考各种地理书籍，对当时郡县设置记述颇详，但对户口一项未作记载。《百官志》一卷，叙述简明，条理清楚，对了解南齐官制及其变化颇有裨益，与《州郡志》同为八志中撰写较为成功的二志。

列传四十卷,所叙人物近二百,其中后妃、宗室、诸王占四分之一以上。其传目与《宋书》相比已略有改动,如改《良吏》为《良政》,《隐逸》为《高逸》,《恩幸》为《幸臣》,《索虏》为《魏虏》等,另新设《文学传》,所叙十人,包括科学家祖冲之。

《南齐书》叙事,向以文字简洁著称。如《刘善明传》叙述传主向齐高帝上表陈书十一件事,仅以二十余字将陈书内容清楚地概括出来。故唐初李延寿撰《南史》,认为《宋书》文字繁芜,于抄录时多予删削,而对《南齐书》则照录不删。此外在叙述方法上,《南齐书》效法《史记》,"于序事中寓论断",通过史事的排列比照,使人物品格自然凸显,而不径作议论。故《廿二史札记》誉其"不著一议,而其人品自见,亦良史也"。

《南齐书》的缺陷,首先表现在隐讳溢美之处。撰者为萧道成立纪,极尽隐讳恶迹、夸大功绩之能事,如萧道成命人杀苍梧王,以及夺位之事,本纪中皆不予记载。为其父豫章王萧嶷作传,也是尽量褒美颂善,将传文铺张粉饰至七千字,并不将其列入高帝诸子传内,而是单独立传,与文惠太子相次。对梁武帝萧衍及其父萧顺之的政绩,亦尽量述其长处而隐其过失。故宋王应麟谓:"子显以齐宗室,仕于梁而作齐史,虚美隐恶,其能直笔乎?"(《困学纪闻》卷十三)

大谈佛理,宣扬因果报应、宿命论观念,也是《南齐书》一大缺憾。南朝佛教炽盛,梁武帝并将佛教尊为国教。萧子显本人笃信佛教,故在书中也多处阐扬,大谈佛理。如在《高逸传》的传论中宣传"佛法者,理寂乎万古,迹兆乎中世,渊源浩博,无始无边,宇宙之所不知,数量之所不尽,盛乎哉!真大士之立言也"。将佛理凌驾于儒、墨、法、阴阳诸家学说之上。

作为纪传体史著,《南齐书》在内容上并非完备,有本纪、列传、志而无表,食货、艺文、刑法等十分重要的志亦不作记载。此外,注重和维护门阀士族利益,过分讲究文辞绘饰,也构成了《南齐书》的缺陷。

《南齐书》是现存最早专载南齐一代的史书,其余各家皆已佚失。它为后世有关南齐史的撰述,尤其是《南史》的编纂提供了许多珍贵的史料,也是后人研究南齐历史的必读参考书。清王鸣盛《十七史商榷》中,对《南齐书》的史料正讹、编次撰述等作了一系列考订和评价。钱大昕《廿二史考异》对是书所叙官制、地理及避讳等方面多有校正考释。此外赵翼《廿二史札记》、张烩《读史举要》、洪颐煊《读史考异》等书中,都有对《南齐书》作考证质疑的内容,清末吴汝纶编有《齐书点勘》一书。近人对是书内容进行考订的,见于张元济《校史随笔》、余嘉锡《四库提要辨证》诸书。今人朱季海有《南齐书校议》(中华书局,1984年),堪称精深之作。丁福林亦有《南齐书校议》(中华书局,2010年)。

清代以来对《南齐书》所阙内容进行增补,主要有万斯同《齐诸王世表》一卷、《将相大臣年表》一卷、《方镇年表》一卷、侯康《补齐书艺文志》一卷,以及近人刘盼遂《补南齐书宗室世系表》、陈述《补南齐书艺文志序》等。

(张荣华)

水经注 〔北魏〕郦道元

《水经注》，四十卷。北魏郦道元撰。成于延昌三年(514)到正光五年(524)之间。本书历经传抄，文字残佚，经注混淆，内容舛误，自宋以来就少善本。明、清时整理此书甚多，以戴震所校《水经注》流传较广，世称官本，亦即武英殿本，诸书局翻刻本及《四部丛刊》本均源于此本。

郦道元(约469—527)，字善长，范阳郡涿鹿(今河北涿州)人。其父郦范为北魏青州刺史、尚书右丞、平东将军。郦道元自幼随父居山东，热爱乡土自然。及年长，承袭父爵，为永宁伯，先后任冀州镇东府长史、颍川太守、鲁阳太守、东荆州刺史，以耿介正直、执法威猛、不畏权贵而被免官。复官后，任河南尹、黄门侍郎、侍中兼摄行台尚书、御史中尉。北魏末年，雍州刺史萧宝夤谋反，汝南王元悦、城阳王元徽等一批朝中权贵乘机遣郦道元为关右大使，出使途中被萧宝夤派人害死。其一生著述甚丰，除《水经注》外，另有《本志》十三篇、《七聘》等多种，今已亡佚。生平事迹载于《魏书》卷八九本传及《北史》卷二七本传。

《水经》原是记我国古代河流水道的地理学著作。据清代学者考证，认为成书于三国时代。此书记载包括长江、黄河在内的河流水道共一百三十七条，每水一篇。至宋代，原书散佚。郦道元鉴于此书内容简略，缺乏旁通，而作《水经注》，注文二十倍于原文，其学术地位超过了原书。

《水经注》是一部历史地理名著。本书以记北方黄河为开始，前五卷均记此"河水"；第六卷以下，依次为北方"汾水"、"济水"、"清水"等；从第三十三卷起，以三卷的篇幅记"江水"(即长江)；然后记南方诸河流，直至当时的日南郡二十余水。卷末记有《禹贡》所载山水泽地所在的方位。本书三十余万字，共记载大小河流一千三百八十九条(亦作一千二百五十二条)，若以湖、淀、陂、泽、泉、渠、池、故渎等统计在内，则总数超过二千五百九十余条。郦道元不仅逐条说明各条河流的源头、流向、经过、支津、汇合，以及水文情况，而且对每一流域内的山川景物都作了详细的描绘。书中囊括了自然山水、神话传说、名胜古迹等各方面内容,各地的风俗习惯、土特名产、动植矿物,以及千姿百态的自然现象,都有不同程度的反映。

《水经注》的大部分内容源于真实。郦道元根据自己的亲身经历,记有他童年时代居住过的地方,也记有成年后在长城以南、秦岭淮河以北地区的所见所闻。有些是抄缀提炼他人著作而成。他对毕生足迹未涉的南方各地,也想方设法搜集资料,补充齐全。如在"温水注"中,附入了南方大海中朱崖、儋耳两郡(今海南岛)的不少情况。后人作过统计,全书除作者自己直接访得的材料外,列名征引的文献达四百七十七种,金石碑碣达三百五十七种(一说三百零二种)。当时,所有资料的获得均系传钞,所耗精力之多可想而知。上述书籍碑刻的绝大部分均已散佚,惟倚本书的摘引,才得以保存片断。

《水经注》也是一部优秀的文学作品。作者勤于野外考察,通过自己的感受,去把握客观事物的形神之美,以完美的艺术技巧来揭示这种美。他以准确的字句写山写水,又以遒美的语言加以描绘,绘声绘色地记下了各地发生的奇闻佚事和神怪传说,并勾画出许多传奇人物。全书文笔流畅自然,充溢着郦道元对祖国美景的深厚情感。唐、宋时,文人就十分钟情于《水经注》,陆龟蒙作诗称"山经水疏不离身",苏轼认为"嗟我乐何深,水经亦屡读"。

由于当时南北政治的隔阂,作者无法亲临南方考察。江淮以南地区经济发展尚比较落后,记载相对有阙。因此,《水经注》在记载南方河流时常见谬误,如将浙江与姚江合而为一,记长江仅限于武昌以上,自武昌以下未提及。从整体看,这些是瑕不掩瑜的个别讹误。

《水经注》问世以后,辗转传抄,向少善本。从明代开始,研究《水经注》的学者分为词章学派和考据学派。前者专门考究书中词章,影响不如后者。考据学派以朱谋㙔为首,潜心考出书中因传抄引起的讹误衍夺,以恢复原书面目,并为郦氏所用典故作注释。朱谋㙔以毕生精力校定的《水经注笺》,被清顾炎武誉为"(明朝)三百年来一部书"。对《水经注》的研究,在清乾隆年间达到高潮,有全祖望、赵一清、戴震三人为代表。全祖望自其先三世治此书,本人七次手校,乾隆十七年在粤写定《七校水经注》四十卷(光绪十四年宁波崇实书院刻本)。赵一清于乾隆十九年撰成《水经注释》四十卷,并附《刊误》十二卷,乾隆五十一年刻成问世。戴震综合前人成果,撰成《校水经注》四十卷,以赵氏本、《永乐大典》本为底本,精心校勘,改正了书中的七千多个错字,基本恢复了郦著的原貌,乾隆三十九年刊行。清末学者杨守敬及其弟子熊会贞,集地理学研究之大成,编绘《水经注图》八卷,校定《水经注》,成《水经注疏要删》四十卷刊于光绪三十一年。宣统元年复刻《水经注疏要删补遗》及《续补》四十卷,熊会贞还留有《水经注疏要删再续补》四十卷,此为研究《水经注》最完备的著述,并形成了研究《水经注》的地理学派。王国维、孟森等校刊论析,亦很有成就。历代对《水经注》的研究称为"郦学"。近年有陈桥驿所著《水经注研究》、《水经注论丛》,颇具代表性。新注本有陈桥驿《水经注校证》(中华书局,2007年)。

(薛明扬)

十六国春秋 〔北魏〕崔 鸿

《十六国春秋》,一百卷,又序例一卷,年表一卷,合计一百零二卷。《隋书·经籍志》著录为一百卷,唐志著录为一百二十卷。北魏崔鸿撰。北魏孝明帝时成书。孝庄帝永安年间(528—530),其子崔子元缮写奏进,藏于秘阁。原书约自北宋时散佚。今有明程荣刊《汉魏丛书》节钞本十六卷,清汤球《十六国春秋辑补》一百卷等。

崔鸿(约471—约527),字彦鸾,北魏东清河郡鄃(今山东平原)人。伯父崔光为著名文士,受命专修国史。崔鸿少年时便爱好读书,博综经史。初任彭城正左常侍,孝明帝时为黄门侍郎、加散骑常侍、齐州大中正。任官期间,历时二十余年撰成《十六国春秋》。后奉命修成北魏孝文、宣武二帝起居注,并续修《魏史》,未成而卒。其著述《十六国春秋》有后人辑补,余皆不传。其生平事迹详载《魏书》卷六七《崔光传》附传。

西晋以后,我国北方十六国各有国书,但记载残缺,体例不全,繁略失当,崔鸿有志于审正不同,定为一书。遂于宣武帝景明元年(500)开始搜求各国旧史,从正始元年(504)动笔编纂,数年后写成九十五卷。因常璩所撰《蜀李书》未寻获,辍笔七年,至孝明帝正光三年(522)购得此书,补齐蜀中史实,全书完成。

《十六国春秋》采用纪传体,在十六国国书和起居注的基础上加工,各为前赵、后赵、前燕、前秦、后秦、蜀、前凉、西凉、北凉、后凉、后燕、南凉、南燕、西秦、北燕、夏等卷目,称作"录",记其君臣事迹的则称"传",系年仍采用晋朝系年。这种处理方法,既承认晋的正统地位,又兼顾各国都是独立政权而有别于当时的藩属诸国。唐初修成的《晋书》记载北方诸王国的历史,采用《载记》的体例,显然同崔鸿不无关系。

据载,有关十六国历史的史书曾有不少传世,但绝大多数都是文字简略,语焉不详,且错误百出。崔鸿《十六国春秋》的内容比较完整,记事比较全面,当然,还是有记错时间的事例。如后秦姚兴改年号在天兴二年(399),而崔鸿记为前一年;姚泓兵败长安应为泰常二年(417),而崔鸿亦误为前一年之事,如此之失,不一而足。

《十六国春秋》在唐初存世,并且是官修《晋书》中《载记》的主要参考书。宋初李昉等编纂《太平御览》时亦引用此书。约自北宋中期以后,该书散佚,故《崇文总目》、《郡斋读书志》、《直斋书录解题》均未著录。明神宗万历年间,嘉兴人屠乔孙、项琳托名崔鸿原著,重新推出百卷本《十六国春秋》,后人指为伪作。其实,他们是汇编《晋书·载记》和《张轨传》、《李暠传》的内容,加上《资治通鉴》、《艺文类聚》、《太平御览》诸书中涉及十六国的史事。所以,《四库全书总目》卷六十六称"其文皆联缀古书,非由杜撰",基本符合事实。

今存十六卷本《十六国春秋》,出自明何镗《汉魏丛书》所辑,原稿未刊行,后程荣刊于万历年间。该书以十六国各为一录,称为崔鸿原著的节钞本。清人认为此书是从类书中摭拾材料,参照《晋书》中相关内容排比而成。清汤球以此本为主,重加补录,别为辑本。汤氏用力甚勤,尽量收录零句剩字,聚零为整,但为使辑文联缀成篇,汤氏将一些并无必然联系的文句窜入其中,以致全书结构不够严谨,而且个别引文有误。研究十六国史须将传世的三种《十六国春秋》排比、对照、甄别,慎重使用。

(薛明扬)

洛阳伽蓝记 〔北魏〕杨衒之

《洛阳伽蓝记》,五卷。北魏杨衒之撰。约成于东魏(534—549)末期。主要版本有明嘉靖如隐堂刊本、明末常熟毛氏绿君亭刊本、吴琯《古今逸史》本、清吴若准《集证》本。今人范祥雍、周祖谟、杨勇有校注本。

杨(或作"阳"、"羊")衒之,《魏书》《北史》皆无传。据《广弘明集·高识传》载:"杨衒之,北平人(今河北保定),元魏末为秘书监。"据本书第一卷《建春门内条》载,永安(528—529)年中"衒之时为奉朝请"。据本书自序称:武定五年(547)"余因行役,重览洛阳",而书首撰著人结衔为"魏抚军府司马"。据隋费长房《历代三宝纪》卷九署作者为"期城郡太守杨衒之"。从这些一鳞半爪的史料中,可以看出杨衒之为北魏高官,后随东魏孝静帝元善至邺,官至秘书监。据《广弘明集》卷六《高识传》载:元魏末,杨衒之"见寺宇壮丽,损费金碧,王公相竞,侵渔百姓,乃撰《洛阳伽蓝记》言不恤众也"。

"伽蓝"意为寺院,《洛阳伽蓝记》是一部借记洛阳佛寺以述北魏社会状况的名著。所叙时间范围为北魏迁都洛阳的四十年(495—534)。全书按洛阳名寺的所在区域,从城内至四门,由近及远记叙,体例明确。卷一城内,卷二城东,卷三城南,卷四城西,卷五城北。书前有著者自序。传世刊本有清吴若准、刘毓楠等所作序;明毛晋、清毛扆、王谟、张绍仁、朱紫贵等所作跋。

著者每记一寺,均叙其位置、沿革或故事,并由此而涉及北魏的政治、经济、社会、军事、文化和人物情况。如卷一永宁寺条,记载了该寺于熙平元年(516)由灵太后胡氏所立,并细述了尔朱氏兄弟在此寺弄权起兵的经过。卷三高阳王寺条,叙该寺原为高阳王宅第,并实录元雍等荒淫腐朽生活。卷四法云寺条,描述洛阳市场的建筑格局和行业分布,同时揭露王公贵族奢侈腐化情况。卷五宋云行纪条,详叙宋云、惠生等西行求法的经历,反映了6世纪初期中亚交通和中国同印度、阿富汗、巴基斯坦等文化交流的重要情况等。著者以记洛阳佛寺兴废为纲,对于北魏政治上、军事上重要事件,如高祖迁洛、太后临朝、宦官用事、外藩举兵、诸王争立,乃至与南朝关系、与四夷关系等,在书中无不详载。同时,对于艺文古迹、苑囿建筑、民间风俗、传闻故事等也有记录。因此,本书成为既反映一个时期、一种宗教,又反映一个王朝、一个都市的别开生面的重要史著,其史料可弥补《魏书》、《北史》记载之不足,历来受到史家的重视。

综观《洛阳伽蓝记》,有以下几个特点。

一、以地叙史,展示当时社会政治、风俗习惯、人物风貌、地理沿革、历史兴废。《洛阳伽蓝记》以城内、城东、城南、城西、城北五地为总纲,以各寺院为子目,叙述寺塔的历史,实质上反映了北魏的兴衰史。如记卷一永宁寺,熙平元年(516)为灵太后胡氏所立,规制恢宏,穷极富丽。诏中书舍人常景为寺作碑文,叙述缘起,引出常景籍贯、行述、仕宦、生活作风。从熙平元年此寺兴建到永熙三年被大火烧毁的十九年里,永宁寺的经历,反映了北魏兴衰盛亡的历史,世道沧桑,盛衰枯荣,尽历眼前。

二、记叙了北魏洛阳寺院的宏丽规制以及当时佛教修习情况。两晋永嘉时,仅有佛寺四十二所。"逮皇魏受图,光宅嵩洛,笃信弥繁,法教逾盛。王侯贵臣,弃象马如脱屣;庶士豪家,舍资财若遗迹。于是昭提栉比,宝塔骈罗",达一千三百六十七所之多,而且辉煌壮丽,人间所无。同时《洛阳伽蓝记》中也昭示了中国佛教在北魏的发展史迹。就北魏讲经及重视坐禅情况来看,一般地说,前期重视修禅诵经,对脱离修行的造寺和讲经持批判态度。到了后期,则盛行讲经。随着佛教的普及,佛教的节日成为民间百姓的节日。

三、史料丰赡、多方参证。《洛阳伽蓝记》的材料来源,主要是杨衒之亲见亲闻,叙述洛阳伽蓝,引人入胜。如卷五城北闻义里条下,记载了中外佛教文化交流的珍贵史料。神龟元年(518)至正光三年(522)敦煌人宋云与崇立寺比丘惠生奉胡太后之命西行求法,初发京师,经过赤岭、吐谷浑、鄯善、左末城、捍䕆城、朱驹波国、过葱岭、钵和国、嚈哒国、波斯国、赊弥国、乌场国、乾陀罗国,到达如来所在地,经过长途跋涉,千辛万苦,终于取回佛经一百七十部,"皆是大乘妙典"。这是继东晋《佛国记》之后、唐玄奘西行之前中外文化交流的又一壮举,是中国佛教史和中外交通史上的一件大事,引起国际许多学者的关注。作者根据宋云《家记》、惠生《行记》、《道荣传》写成这一部分内容,因原书已佚失,幸有《洛阳伽蓝记》保存了这一弥足珍贵的史料。《洛阳伽蓝记》征引的材料非常广泛,有民歌谣谚、书信、诗赋、碑铭以及作者考察所得,都经过反复考证,得其实情。

四、在记叙中蕴含着作者反对佞佛的思想。杨衒之并不排斥个人信佛,但他反对因崇佛而劳民伤财,如王公大臣争先恐后修建了成百上千豪华寺塔,耗费了大量的人力和物力。作者寓褒贬于叙事之中、寓感情于行文之内。如在本书中写北魏统治阶级的事都是实录,但作者不加褒贬,好像有意暴露他们,而读来斐然成章,引人入胜,没有牵强附会,也没有外加成分。

《洛阳伽蓝记》为后人提供了可资借鉴的史实,与贾思勰的《齐民要术》、郦道元的《水经注》被誉为北魏之三部杰作。此书明人刊本疏误不少,清道光间吴若准《洛阳伽蓝记集证》始为厘正重编,唐晏继成《伽蓝记钩沉》,正文多出吴本三倍。

近人张宗祥又合校各本,成《洛阳伽蓝记合校本》(商务印书馆,1955年),纠正了唐本若干误失。徐高阮又有精校《重刊洛阳伽蓝记》(史语所专刊之四十二,1960年)。1958年古典文学出版社出版了范祥雍《洛阳伽蓝记校注》,1978年上海古籍出版社出版修订本。1963年中华书局出版周祖谟《洛阳伽蓝记校释》,上海书店出版社于2000年重版,又有2010年中华书局增订本。2006中华书局出版杨勇《洛阳伽蓝记校笺》。陈寅恪撰有《读洛阳伽蓝记书后》(载《金明馆丛稿二编》),是研究本书的重要论文。

(胡有恒　来可泓　林少雄)

魏书 〔北齐〕 魏 收

《魏书》,一百三十卷。北齐魏收撰。成于北齐文宣帝天保五年(554),后经孝昭、武成、后主三朝修改定体。约于北宋政和年间初刊,南宋绍兴年间翻刻,二本均佚。现有宋元明递修本、南监本、北监本、汲古阁本、商务印书馆百衲本、中华书局点校本。

魏收(506—572),字伯起,小字佛助,巨鹿下曲阳(今河北晋州)人。出身官宦之家,少时即擅作文。经历北魏、东魏和北齐三代。北魏节闵帝时,为散骑侍郎兼中书侍郎,参与国史和起居注的修编。北魏分裂后,留任东魏,仍修国史。北齐代魏,授中书令兼著作郎之职。天保三年(551)文宣帝诏魏收设馆撰魏史。书成后备受宠信,官至太子少傅、尚书右仆射。魏收修史毕,"群臣竞攻其失",至孝昭帝、武成帝时,二度审订《魏书》;魏收死后,后主于武平年间命史馆三改《魏书》。其著述除《魏书》外,尚有文集七十卷,失传,明人辑存《魏特进集》。《魏书》卷一〇四、《北齐书》卷三七、《北史》卷五六有传。

《魏书》是一部纪传体史书,记始自北魏道武帝登国元年(386),至东魏孝静帝武定八年(550)的史事。本书以东魏为正统,不记西魏。全书有帝纪十二篇,分为十四卷;列传九十二篇,分为九十六卷;志二十卷。帝纪的首篇为《序记》,后为北魏十二帝及东魏孝静帝纪,记北魏太武帝拓跋焘、孝文帝元宏的两篇各分上下卷。列传的前十篇记皇后和皇室诸王,其后记臣僚,从第八十三篇起,记十六国、东晋、南朝和其他少数民族。志目有天象、地形、律历、礼、乐、食货、刑罚、灵征、官氏、释老共十项。

《魏书》的特殊史料价值,一是记述了北魏建国前历史及封建化、门阀化的进程,可见拓跋珪前二十七帝的发展轮廓。其中门阀制度的记载尤为重要,从中可考知汉族门阀、鲜卑门阀的发展、融合及其"家诫"、"门风"等情况。二是反映了当时政治军事斗争的基本状况,列举了各族人民反抗斗争一百三十余次。三是以卷一百至一百零三的篇幅,载列对使节和商人的采访资料,反映了当时少数民族和外国的社会状况,以及民族融合过程,勾勒出他们与中原地区的政治、经济、文化交流的状况。四是记载了北魏均田制等重大财政经济措施,在《食货志》中记有均田制实行的时间,均田的原则,受田数、受田种类等具体内容,为后人研究古代这一重要土地制度提供了系统的史料。《食货志》在六朝人著作中为独有。五是独创新体例《释老志》,记载佛教传入中国过程以及道教发展始末,描述佛教对北魏社会的影响,反映了寺院经济现象。《释老志》为前史所无,其后的史志中也未见。六是载有丰富的科技、文化史料,如《天象志》、《灵征志》记载北魏建国后一百五十余年间各地的地震资料,《艺术传》还记载当时的名医。又如著《水经注》的郦道元,载于《酷吏传》,传文较详。

魏收撰著本书时,有邓彦海《国纪》十卷、崔浩等《国书》三十卷、《孝文起居注》及大量谱牒、文集、别史可供参考,而又能断以己意,《北史·魏收传》称:"其史三十五例,二十五序,九十四论,前后二表一启,皆独出于收。"

《魏书》的一个缺点,是列传中附载的材料烦琐芜杂。此外,称东晋为"僭晋",称南朝为"岛夷",并为权贵高欢、高澄父子等人减恶增善,也被后世指责。但对此不可以"秽史"两字全盘否定。"平心而论,人非南董,岂信其一字无私?但互考诸书,证其所著,亦未甚远于是非,秽史之说,无乃已甚之词乎!"(《四库全书总目》)本书是研究北魏历史的较完备的基本著作,后隋代魏澹等重撰的《魏书》,不能争胜而失传。

《魏书》至宋初已残,刘攽、刘恕等据李延寿《北史》、高峻《高氏小史》及《修文殿御览》等书进行校勘,考出全缺者三十六卷,不全者三卷,予以补入,将补缺各卷来源"疏于逐卷之末",仍分为一百三十卷。清代研究有温日鉴《魏书地形志校异》、万斯同《魏诸王世表》、《异姓诸王世表》、《外戚诸王世表》、《魏将相大臣年表》、李慈铭等《魏书校勘记》等。近人的研究著作,有罗振玉《魏书宗室传注》、谷霁光《魏书源流考》、陈毅《魏书官氏志疏证》、周一良《魏收之史学》等。

(后志刚 郑 觉)

魏晋南北朝编

语言、文学类

语 言

方言注 〔西晋〕郭 璞

《方言注》，十三篇。西晋郭璞著。今本与扬雄《方言》合刊并行，有《丛书集成初编》本等。

郭璞(276—324)，字景纯，河东闻喜(今属山西)人。生于仕宦之家，早年随父亲到过建平等地，但主要生活在家乡河东闻喜一带。曾就学于郭公，因而通晓五行、天文、卜筮之术。晋惠、怀二帝时，河东骚乱。他联结几十户亲朋好友，逃到建康(今南京)。一年多的长途跋涉，经过了许多地方，他不仅写下《盐池赋》、《登百尺楼赋》等文学名篇，还收集了不少方言材料。此后他定居江东。因作《南郊赋》受晋元帝赏识，被任命为著作佐郎，旋迁尚书郎。317年，辞官，到暨阳(今江苏无锡、江阴之间)为母居丧。未满一年，被王敦起用为参军记室。后因劝阻王敦反叛朝廷被杀。王敦之乱平息，追封为弘农太守。郭氏博学多才，著述甚勤，爱好经学诂训以及古文奇字，并有很深的造诣。他曾为前人的多种著作作了注释，涉及知识面极广泛，其中流传至今的，有《尔雅注》、《方言注》、《穆天子传注》、《山海经注》、《子虚赋注》、《上林赋注》、《尔雅音图》等。他的诗赋，在当时被誉为"中兴之冠"，但多已亡佚，后人辑有《郭弘农集》。

《方言注》是郭璞对于西汉扬雄《輶轩使者绝代语释别国方言》一书的注释，此书成于何时，文献无记载。他在自序里说自己"少玩雅训，旁味方言"，可见他在写《方言注》时，已有了很长时间的积累。

《方言》的内容主要是汉代方言词的比较。郭璞对《方言》的评价很高，说此书使人"可不出户庭而坐照四表，不劳畴咨而物来能名"，并称赞道："真洽见之奇书，不刊之硕记也。"他为之作注旨在"俾之瞻涉者可以广寤多闻尔"。

《方言注》的方法是随文而注，如《方言》卷八：

> 桑飞，自关而东谓之工爵，……或谓之女鸥。郭注：即鹪鹩也，又名鹪鹦。今亦名为巧妇，江东呼布母。

郭璞注释的内容有注音、解释语义、说明声转、证以方俗通语、引证古文、说明异体字或通假字、解释地名等。《方言》能对后世的方言俗语研究产生直接而深刻的影响,郭璞注起了相当大的作用。

同时郭璞注又反映了晋代语言的情况,为研究当时的语言发展提供了重要资料。主要表现在以下三点。

一、进行词的历时比较,反映了晋代词汇的发展情况。郭璞注往往以今语释古语,即以晋代的词语解释《方言》中的词语。如卷一:

薄努,犹勉努也。郭注:如今人言努力也。

又,郭璞注中,有的言明"今语某"、"今人言某",而更多的是不言其注释词语为今语,如卷十三:

禔,福也。郭注:谓福祚也。

这"福祚"就是晋代词语。以今语释古语是一种历时比较,这种比较对于我们研究晋代词汇的发展很有帮助。例如郭璞注中以双音词注单音词的约占百分之六十三,以单音词注双音词的只有百分之一点六,另外,百分之十八点五以双音词注双音词,百分之十六点九以单音词注单音词。这反映了从汉代到晋代汉语词汇双音化的程度是相当大的。

二、引用了许多晋代方言词,反映了晋代方言的情况。郭璞受扬雄影响,对当时的口语进行了调查,在注释中引用了大量的方言词。其注中明言方言词的条目共计一百二十二条,提及方言地名二十四处。从这些条目中,我们可以了解晋代方言的地域分层。郭璞所引晋代方言词,其使用地域范围或大或小,大的包括好几个州,小的只有一个县那么大,并且有相互包容的关系。其反映的层次见文末附表。

从这些条目中,我们又可以了解从西汉到晋代,方言词在使用地域上的扩大、缩小和转移。使用范围的扩大的,例如卷十:

颔、颐,颌也。南楚谓之颔。郭注:亦今通语尔。

使用范围缩小的,例如卷三:

沅湘之南或谓之葴。郭注:今长沙人呼野苏为葴。

使用范围转移的,例如卷四:

自关而东或谓之襦。郭注:今关西语然也。

三、大量注音反映了晋代的语音特点。全书共有八百七十九条注音,这些注音的声母轻唇与重唇相混,舌头与舌上相混,舌音与照三相混,娘日泥相混,齿头与照二相混,都跟上古音相近。这些注音的上古韵部则鱼侯相混、脂微相混、真文相混、鱼歌相混、歌支相混,表现出上古韵部到晋代的一些变动。

有关《方言注》的研究有清戴震《方言疏证》、钱绎《方言笺疏》、王念孙《方言疏证补》、今人周祖谟《方言校笺》、华学诚等《扬雄方言校释汇证》等。又有今人丁启阵《秦汉方言》(东方出版社，1991年)、华学诚《周秦汉晋方言研究史》(复旦大学出版社，2007年)等。

附：晋代方言地域分层表

第一层	通 语										
第二层	南 人		北 方							西 方	
第三层	江东	江南	中州	齐	东齐	关西	荆楚		江西		荆巴
第四层	扬州 山越	山夷 长沙 零陵	南阳 梁国 河东	平原 东郡 青州		陇右	建平 荆州	渔阳	淮南	汝颍 汝南	凉州	巴濮
第五层			汾县								

（沈榕秋）

玉篇 〔梁〕顾野王

《玉篇》，三十卷。南朝梁代顾野王撰。成于梁大同九年（543）。此书有原本与今本之别，原本是指清光绪年间，黎庶昌出使日本时所发现的唐代抄本散卷，和罗振玉在日本所发现的《玉篇》残卷，黎本收入《古逸丛书》中，题为"影旧钞卷子原本玉篇零卷"，罗本题为"卷子本玉篇残卷"。1985年中华书局将这两种本子合并影印，题为《原本玉篇残卷》。今本是指宋代大中祥符六年（1013）陈彭年等奉敕重修的《大广益会玉篇》，现有清张士俊泽存堂和曹寅扬州诗局所刻汲古阁藏宋刊本，以及《四部丛刊》影印建德周氏所藏元刊本。张氏泽存堂本又有1983年北京市中国书店影印本（题为《宋本玉篇》）和1987年中华书局影印本（题为《大广益会玉篇》）。原本《玉篇》对于了解顾野王书的原貌具有极其重要的价值，惜其只存全书的八分之一，无法见其全貌。今本《玉篇》为全帙，其宋本在注音、释义和书证方面都较元本为善，但两书比起原本来均有较多删削，同时两书卷末都附有僧神珙的《四声五音九弄反纽图》，元本卷首还附有《切字要法》，这些显然是唐末宋初添加的。目前通行的是张氏泽存堂所刻的宋本。

顾野王（519—581），字希冯，南朝吴郡吴（今江苏苏州）人。幼年好学，长而博观经史著作，凡天文地理、蓍龟占候、虫篆奇字，无所不通。又善丹青，与王褒书词同称"二绝"。侯景之乱爆发，在家乡招募义军，奋起援救建康。梁亡入陈，于陈文帝天嘉元年补撰史博士，屡官至黄门侍郎、光禄卿。平生著述甚多，除《玉篇》外，尚有《舆地志》三十卷、《符瑞图》十卷、《顾氏谱传》十卷、《分野枢要》一卷、《续洞冥记》一卷、《玄象表》一卷等，另有《通史要略》一百卷、《国史纪传》二百卷，均未成而卒。

顾氏撰写《玉篇》的目的，是因为他认为文字在人类社会中具有重要的作用，所谓"文遗百代，则礼乐可知；驿宣万里，则心言可述"（《玉篇》序），用现代的话来说，就是文字可以克服语言交际在时间和空间的局限。他指出，正确使用文字，可以"鉴水镜于往谟，遗元龟于今体，仰瞻景行，式备昔文，戒慎荒邪，用存古典"，从而达到"百官以治，万民以察"的境界。但是当时语言文字在实际使用中却十分混乱，所谓"五典三坟，竞开异义；六书八体，今古殊形；或字各而训同，或文均而释异;百家所谈,差互不少;字书卷轴,舛错尤多"(同上),这种情形对于当时的语言交际显然是有害的。有鉴于此,顾氏决心"总会众篇,校雠群籍,以成一家之制",经过长期的努力,终于在二十五岁的时候,完成了《玉篇》一书。

从宋本《玉篇》来看,顾氏此书的体例有以下特点。

一、以楷书汉字为收字对象。我国第一部字典《说文解字》是以小篆汉字为收字对象的。《说文》以后的字书,魏有张揖《古今字诂》,晋有吕忱《字林》,北魏有江式《古今文字》等,都是以篆隶汉字为收字的对象。《玉篇》异于上述各篇,是我国现存最早的以楷书为收字对象的字典。全书收字二万二千多,其中大量收有魏晋以来的后起字、异体字,反映了当时社会迅速发展,语言日益丰富,汉字大量增加和文字形体变换的大势。

二、改革传统的部首系统。《玉篇》基本上采用了《说文》的部首,但由于汉字形体从篆隶到楷书的变化,作者删去了原有的"哭、眉、后、弦"等十部,而新增了"父、兆、索、单、丈"等十二部,又《说文》"書"在"聿"部,《玉篇》立"書"为一部,而并"畫"部入"書"部。这样全书共五百四十二部。同时,部首的排列顺序也大都作了改动,即不再像《说文》那样以"据形系联"为原则,而往往改取"以义相从"的原则。例如卷二十三收有"马、牛、羊、犬、豕、兽、鹿"等二十九部,这些部首全属兽类,而在《说文》中,它们往往分属多处。《玉篇》这种"以义相从"的办法对于不懂六书的读者来说,在检索时有一定的便利。不过此书贯彻这一原则并不彻底。例如其"二、三"两部不与数目字部相次,"丸"部又杂在"九、十"两部之间,似乎又属以形系联。

三、注音以反切为主,偶用直音。例如:"闻,武云切。《说文》云,知声也。《书》云,予闻如何。又音问。""禄,音鹿。赏赐也,又福禄也。"《说文》的注音或以"某声"表示,或以"读若某"表示,这是很不精确的。《玉篇》能够采用当时新兴的反切注音,是学术上进步的表现,同时也更有利于实用。又《玉篇》对于一字两读而释义相同者,注音不分立,如:"佃,同年、同见二切,作田也";如果一字两读而释义各异,则注音必分立,如:"调,徒聊切,和合也;又大吊切,选调也。"这样处理不仅反映了当时汉语词义的分化情形,而且反映了我国古代词典编纂法的进步。

四、释义比较详细。《说文》的释义主要是分析汉字字形,探明汉字本义;《玉篇》则大多不再分析字形,而把重点放在诠释词义上。这种做法显然是为了实用,因为一般人翻检字书,主要是了解字音和词义,字形构成和造字本义并不是必须知道的。此书解释词义,往往增释引申义和假借义。例如:

> 夫,甫俱切。《说文》云:丈夫,从一大,一以象簪,周制八寸为尺,十尺为丈,人长八尺,故曰丈夫。又夫三为屋,一家田为一夫也。又音扶,语助也。

这里"一家田为一夫",指周代井田制以百亩为夫,是"夫"的引申义,而语助词又是"夫"的假借义。此

书解释词义,又往往列有书证,如"值,《诗》云:'值其鹭羽。'值,持也",有时还加上作者的案语,例如:

> 县,《说文》云:倒首也,贾侍中曰,谓断首倒县也。野王谓,县首于木上竿头,以肆大罪,秦刑也。

《玉篇》的这些做法,较之《说文》都有很大进步。

五、卷末附有《分毫字样》。这是将一对一对形体相似的字排列在一起,分别注音释义,以供人们辨别。例如:

袖柚　上似祐反,衣袖。
　　　下余救反,果也。

帷惟　上于眉反,帷幔。
　　　下以佳反,辞也。

这里"上"指"袖"字、"帷"字,"下"指"柚"字、"惟"字,上、下两字分别音义不同。

从以上体例特点可以看出,《玉篇》在适应汉语的发展,注重实用,以及丰富词书编纂法等方面都取得了重要的成就,同时,它对于汉语语音史、词汇史的研究,也有重要的价值。

当然,宋本《玉篇》的编制比之《说文》虽有进步,但总的来说,仍然十分简单,而顾氏在其序言中所谓"总会众篇,校雠群籍"这一宗旨却并未得到反映。据《梁书·萧子显传》所附《萧恺传》云:"先是时太学博士顾野王奉令撰《玉篇》,太宗嫌其详略未当,以恺博学,于文学尤善,使更与学士删改",可知《玉篇》早在诞生之初就已遭人删改。以后唐高宗上元元年(674)又经孙强修订增字,宋真宗大中祥六年(1013)又经陈彭年等重修,因此今本《玉篇》实在远非顾书原貌,顾书原貌当在原本《玉篇》中窥见。

原本《玉篇》零卷是黎庶昌出使日本东京时,在日本人柏木探古那儿发现的。此书从言部至幸部共二十三部为一卷,即原书第九卷;从放部至方部共十二部为一卷,即原书第十八卷后半;水部一卷,即原书第十九卷;从系部至索部共七部为一卷,即原书第二十七卷,再加上日本高山寺东大寺崇兰馆和佐佐木宗四郎所藏的两卷(从册部至欠部共五部为一卷,即原书第九卷部分;从山部至厽部共十四部为一卷,即原书第二十二卷),共计四卷半,二千一百三十四个字头,约为原书的八分之一。这些零卷释义完备,书证丰富,词义不明时还有顾氏的案语,颇合顾氏"总会众篇,校雠群籍"之旨;同时,书中反切均作"某某反",亦合于唐代字书体例,可见这些零卷至迟是唐代或接近于唐代的抄本,而黎庶昌、杨守敬和李慈铭等都确认为顾氏原本。

根据《玉篇》零卷,我们可以发现原本《玉篇》比之今本,不但收字要多,例如车部多七十三字,舟部多四十六字,系部多一百零三字,而且释义极为丰富完整。例如"平"字条:

今本《玉篇》:"平,皮并切。成也,正也,齐等也,和也,易也,直也,舒也,均也。"

原本《玉篇》:"平,皮兵反。《尚书》:平秩东作,孔安国曰:平,均也。又曰:地平天成,孔安国曰:水治曰清,土治曰平。野王案:《毛诗》原野既平,是也。又曰:王道平平,孔安国曰:

平平,辨治也。野王案:《毛诗》平平左右,是也。《周礼·大司马》:以佐王平邦国。野王案:《穀梁传》:平者,成也。又曰:军旅田猎平野民,郑玄曰:平谓正其行列部伍也。《毛诗》:丧乱既平,笺云:平犹正也。又曰:终和且平,传曰:平,齐等也。又曰:平王之孙,传曰:平,正也。《左传》:平戎于晋,杜预曰:平,和也。又曰:郑人来渝平,杜预曰:和而不盟曰平。《尔雅》:平,易曰也,郭璞曰:谓易宜也。《汉书》:升平可致,张晏曰:民有三年之储曰升平。又曰:余三年食,进业再登曰平,余六年食,三登曰太平。《说文》:语平舒也。《谥法》:布纲行纪曰平,治而不眚曰平,执事有制曰平,附不党、疏不遗,曰平也。"

由此可见,原本《玉篇》确实释义完备,书证丰富,为今本所无法比拟。

由于《玉篇》零卷确实是顾氏原本,由于《玉篇》所处的时代正是汉语发生重大变化的年代,因此,原本《玉篇》有以下几点重要的价值。

一、由原本《玉篇》可以考见我国辞书学的发展情况。从上述举例,可以认为《玉篇》已是大型词典的编法,比之《说文》,无疑是一大飞跃。后代大型词典如《字汇》、《康熙字典》等,其雏形在此书中已经形成。

二、原本《玉篇》引证古书达五十三种,注释十七家,其中最早的有《尚书》、《周易》、《毛诗》、《论语》等,最晚的有成书于晋泰始十年的《诸葛亮传》和晋张隐的《文士传》,这些正可以作为考校古书的根据。例如《说文》"诬,加也",段玉裁《说文解字注》认为当作"诬,加言也",因为"加言也,架言也。古无'架'字,以'加'为之。……云加言者,谓凭空构架"。原本《玉篇》正作"《说文》:加言也",证实了段氏的判断。又如《说文》"䚻,大呼自勉也",段玉裁认为当作"大呼自冤",原本《玉篇》正作"《说文》:大呼也,自冤也",又证实了段氏的判断。

三、今本《玉篇》的反切已经后人改动,而原本《玉篇》的反切则古貌犹存,可以用作音韵学的考证材料。例如《广韵》的船母字,《玉篇》全以禅母字为切:

例　字	船	食	绳	谥
《广韵》反切	食 川	乘 力	食 陵	食 志
《玉篇》反切	时 专	是 力	视 升	时 志

《广韵》的从母字,《玉篇》又大多以邪母字为切:

例　字	缯	齌	曹	绝
《广韵》反切	疾 陵	疾 资	昨 劳	情 雪
《玉篇》反切	似 登	徐 黎	似 劳	似 悦

这反映了《玉篇》音系中船、禅两母不分,从、邪两母不分。《颜氏家训·音辞篇》云:"南人以'钱'为'涎',以'石'为'射',以'贱'为'羡',以'是'为'舐'。"颜之推批评南方方言船、禅不分,从、邪不分,正与《玉篇》相合。

四、原本《玉篇》又是研究古汉语文字、训诂的极好材料。例如:

> 汤,耻郎反。《论语》:见不善如探汤。野王案:《说文》:热水也。《公羊传》:邢者何?郑之汤沐邑也。野王案:所以给沐浴也。《广雅》:汤,爓也。野王案:殷之始王号汤,《尚书》汤既胜夏,是也。张晏注《史记》:禹、汤皆字也,二王大唐虞之文,从高阳之质,故皆以为号。《谥法》:除虐去残曰汤。又音托浪反。《毛诗》:子之汤兮,传曰:汤,荡也,笺云:游荡无所不为也。《论语》:羿善射,奡汤舟,孔安国曰:奡多力,能陆地行舟也。野王案:决野相当力亦曰汤,《魏志》欲决围汤出,是也,今军书有击贼出汤。又音始杨反。《尚书》:汤汤洪水,孔安国曰:流皃也。《毛诗》:淇水汤汤,传曰:水盛。又曰:汶水汤汤,传曰:大皃也。

根据此条释义,我们在文字、训诂上至少可以知道这几点:一、殷之始王号汤,乃是取义于"爓",即取义于"光明";二、《史记·殷本纪》"子天乙立,是为成汤",集解引张晏曰:"禹、汤皆字也,二王去唐虞之文","去"字不词,当从《玉篇》为"大";三、"汤舟",今本《论语》作"荡",当是后起字;四、作为冲杀义的"汤",《康熙字典》、《经籍籑诂》和《辞源》均失收,《辞源》修订本在"荡"下立冲杀义项,引《晋书》为证,《晋书》迟出,当改在"汤"下立冲杀义,并引《魏志》书证为善。

有关《玉篇》的研究,主要有胡朴安《中国文字学史》(商务印书馆,1937年)、周祖谟《问学集》(中华书局,1966年)、胡吉宣《玉篇校释》(上海古籍出版社,1989年)、周祖庠《原本玉篇零卷音韵》(贵州教育出版社,1994年)、孔仲温《玉篇俗字研究》(学生书局,2000年)、朱葆华《原本玉篇文字研究》(齐鲁书社,2004年)、徐前师《唐写本玉篇校段注本说文》(上海古籍出版社,2008年)等。

(杨剑桥)

文 学

典论·论文 〔魏〕曹 丕

《典论·论文》,一篇。三国时魏国曹丕撰。曹丕《典论》一书,《隋书·经籍志》著录于子部儒家类,五卷,《旧唐书·经籍志》《新唐书·艺文志》同。《宋史·艺文志》始不见著录,盖书已散佚。但其中《论文》一篇,因被梁昭明太子萧统所编《文选》收入"论"类,故得流传至今。本篇版本除《文选》一系(有关《文选》的版本情况,详本书"文选"条)外,尚有《艺文类聚》卷五六所载节录本等。

曹丕(187—226),字子桓,沛国谯(今安徽亳州)人。曹操次子。东汉建安二十二年(217)立为魏太子,二十五年(220)以曹操去世继任汉丞相、魏王,同年废汉献帝而自称帝,改国号为魏。世称魏文帝。一生爱好文学,早年以著述为务,撰有《典论》及诗赋百余篇。又曾召集诸儒撰集经传,编成卷帙浩繁的类书《皇览》。所著后人辑为《魏文帝集》二卷。

《典论·论文》是早期中国文学批评中甚为著名的一篇专论。其撰写的时间,约在建安后期,曹丕尚为魏太子时。全文不足千字,而对文学批评中的诸多重要问题,如风格、文体、文章功用、作家与作品等,均提出了不同前人的见解,因此在中国文学批评史上有颇高的历史地位。

在曹丕之前,重视著书立说在中国已是一种相当悠久的文化传统。《左传》襄公二十四年记叔孙豹答范宣子问"死而不朽"之义,即已有"太上有立德,其次有立功,其次有立言"的"三不朽"之说。但"立言"的范围,长期以来还是局限于政论与学术著作的撰述。曹丕的《典论·论文》,一方面把属于文学作品的诗赋,与属于传统撰述的奏议、书论、铭诔并列为"文"的主要体裁,并指出"诗赋欲丽"的形式特征;另一方面又将包括诗赋在内的"文章"的功用,提到"经国之大业,不朽之盛事"的高度,认为文章可以使作者"不假良史之辞,不托飞驰之势,而声名自传于后",因而也就比以往任何时代的任何论者,都更明确地强调了文学的独立价值,尽管这种强调还带有明显的功利气息。

《典论·论文》不同前人处,又表现在论述作家与作品的关系时,强调个性胜于强调普遍的人类情性。曹丕是第一个把"气"的概念应用于文学批评的文论家。他说:"文以气为主,气之清浊有体,不可力强而致。譬诸音乐,曲度虽均,节奏同检,至于引气不齐,巧拙有素,虽在父兄,不能以移子弟。"这里所说的"气",与孟子所谓"集义所生"的"浩然之气"(《孟子·公孙丑上》)显然不同,它指示的是作家的一种完全个性化的与生俱来又难以遗传的才性,及其在作品中的具体显现。它不像孟子的"气"那样,既是能够"养"的(只要"配义与道"),又是容易"馁"的(如果"行有不慊于心"),而是不受主观意志支配的。因为文气有这种很强的个性化与自发表现的特征,所以曹丕认为不同作家的作品有不同风格是很自然的事情:"徐幹时有齐气","孔融体气高妙","应玚和而不壮,刘桢壮而不密"。在体裁方面各人有所偏胜有所不擅,也是正常的:"王粲长于辞赋","然于他文,未能称是";孔融"不能持论,理不胜辞,以至乎杂以嘲戏"。而一般人因此"各以所长,相轻所短",致成"文人相轻"的陋习,那实在是"不自见之患"。

《典论·论文》的这些新颖见解,是中国文学批评发展至汉魏之际文学观念更为进化的成果,又是当时社会各界普遍重视个人才性品评风气的反映。它们同时也深刻地影响了以后的文学批评与文学创作。文中对文学独立价值的提举以及"诗赋欲丽"说的提出,为陆机等人后来更为细致而全面地探讨文学的形式特征打下了基础。文气说的创立,则明显地影响了刘勰《文心雕龙》"体性"、"才略"篇的写作。而奏议、书论、铭诔、诗赋四类八体的文体分类,又开中国文学批评史上文体研究的先河。

有关《典论·论文》的研究,始于唐李善为《文选》本篇所作的注释,此后历代《文选》注家对其又有不同的笺评。从文学批评史的角度介绍《典论·论文》,始于陈钟凡的《中国文学批评史》(中华书局1927年初版),其后郭绍虞、罗根泽、朱东润三家批评史也对本篇作了述评。此外研究本篇的论著,较早还有谭家健的《试谈曹丕的〈典论·论文〉》(《新建设》1964年第2期)。70年代,国内未见有关研究论著发表,而日本、韩国相继出现了山口为广《典论论文考》(日本《汉文学会会报》〈国学院大学〉第二十号,1975年2月)、李徽教《中国古典文学批评选释——〈典论论文〉》(韩国岭南大学《文理大学报》第八、九、十辑,1977年)、林田慎之助《典论论文与文赋》("典論論文と文賦",日本《文学研究》第七十五号,1978年3月)等研究成果,美国刘若愚所著《中国的文学理论》一书的英文本(有田守真、饶曙光中译本,四川人民出版社,1987年)也出版于这一时期,其中有对本篇作理论阐释的段落。80年代以来,国内外有关的论文,则有陈必胜《曹丕及其〈典论·论文〉》(《中山大学学报》1982年第4期)、蔡钟翔《〈典论·论文〉与文学自觉》、曹道衡《〈典论·论文〉"齐气"试释》(以上均载《文学评论》1983年第5期)、日本冈村繁《论曹丕的〈典论·论文〉》(中译本发表于《中国文艺思想论丛》第一期,北京出版社,1984年)、王金凌《曹丕"论文"撰述缘起及其年代》(台湾《辅仁学志》文学院之部第十七期,1988年6月)等。

(陈正宏)

文赋 〔西晋〕陆 机

《文赋》,一篇。西晋陆机撰。梁昭明太子编《文选》,收其入"赋"类。现存版本除《文选》一系(有关《文选》版本详本书"文选"条)外,尚有传为唐陆柬之所书唐写本(有上海书画出版社 1978 年影印本,题《唐陆柬之书陆机文赋》)、《陆士衡集》(有《四部丛刊》影印明正德翻宋本)卷一所收本,以及《艺文类聚》卷五六、《初学记》卷二一所载节录本等。

陆机(261—303),字士衡,吴郡吴县华亭(今上海松江)人。出身东吴名门,少有异才。年二十吴亡,即退居乡里,闭门勤读。晋太康末,与弟陆云赴洛阳,为太常张华所爱重,有"二俊"之誉。太傅杨骏因辟为祭酒。惠帝即位,迁太子洗马、著作郎。后出入于吴王、赵王、成都王幕,以曾官平原内史,世称陆平原。平生所擅在诗赋文辞,而自视名臣之后,故于政务兵事多所在意。太安初年,奉成都王司马颖命,督军二十余万讨伐长沙王,因战败被谗,为颖所杀。遗著后人辑为《陆士衡集》。

《文赋》是中国文学批评史上现存最早一篇系统论述文学创作问题的专论。其撰写的年代,旧多据唐人杜甫《醉歌行》中所云"陆机二十作文赋"句,定其作于晋太康元年(280)。近人逯钦立首次根据陆云《与兄平原书》第八札次第提及陆机作于同一时间的《文赋》、《感逝赋》等的事实,考证《文赋》至早为永宁元年(301)岁暮之作,时陆机年四十一(见逯氏《文赋撰出年代考》,《学原》二卷一期,1949 年 1 月)。其说为不少当代学者接受。

《文赋》的撰写缘由,见于篇首序。陆机称:"余每观才士之所作,窃有以得其用心。夫其放言遣辞,良多变矣。妍蚩好恶,可得而言。每自属文,尤见其情。恒患意不称物,文不逮意,盖非知之难,能之难也。故作《文赋》以述先士之盛藻,因论作文之利害所由,他日殆可谓曲尽其妙。"由此可知他撰赋的前提,既在对古代作家作品的分析,又有自身作文的实际体验,而所要解决的中心问题,是创作过程中"意不称物,文不逮意"的状况,也就是如何使作者的创作构想能反映现实事物的真相,而后又能用恰当的文辞把这种构想完整地表达出来。作者意识到解决这一问题的关键不在于是否知悉意、物、文三者的关系,而在如何具体地协调其关系,因此本篇虽以"文"为名,实际论述比较抽象的文学理论处并不多,所重在创作实践,即如何"作文"。

全文以典雅骈丽的赋体写成。由属文前的准备、构思入手,依次论及谋篇布局,文辞体式、作文利害、文章五病、变化方法、创作灵感等问题,而以文章功用一段作结。其中较为成功的,约有如下几个方面。

一、细致而全面地描述了文学创作的全过程。《文赋》正文起首叙作文前的准备,即指出创作的两个前提:一是有对外部物质世界的深切感受,一是充分汲取了前代作家作品的素养。然后进入构思阶段:"其始也,皆收视反听,耽思傍讯,精骛八极,心游万仞。"这是指构思之初集中心神,展开想象。"其致也,情瞳昽而弥鲜,物昭晰而互进,倾群言之沥液,漱六艺之芳润,浮天渊以安流,濯下泉而潜浸。"那是说想象的进一步深入,使文学形象逐步鲜明,此时表现形象的文辞即随之生发而自然地流露。为了说明辞随意出的生动情形,以下陆机又用了游鱼出渊、翰鸟坠云等比喻,并暗示构思过程中推陈出新是想象发展到高潮时的某种直觉显现。构思以后的工作是谋篇布局。《文赋》对这一创作阶段的描述,着力于文辞选择安排与作者思绪通塞关联方面,所谓"或因枝以振叶,或沿波而讨源,或本隐以之显,或求易而得难,或虎变而兽扰,或龙见而鸟澜",种种复杂的布局,皆根植于作者清晰的思绪条理;而之所以会出现"或妥帖而易施,或岨峿而不安"的状态,根源仍在于作者思维的通顺与否。因而陆机将谋篇布局的要义归结为"理扶质以立干,文垂条而结繁"。这里的"理",与前一阶段构思相联系,说明在谋篇布局及落笔撰文的整个过程中,作者的思绪一直是相当活跃的。伴随着这种思绪活跃的,《文赋》指出还有作者心理上的快感:"伊兹事之可乐,固圣贤之所钦,课虚无以责有,叩寂寞而求音,函绵邈于尺素,吐滂沛乎寸心。"像《文赋》这样,把从创作的准备、构思,到谋篇布局,以至于创作在作者一方面所产生的效应,整个的创作过程形象、生动而详细地描绘出来,前此是不见有人作过的。

二、注意到了文学创作中的灵感问题。《文赋》结语之前有一段文字,经常为论者所引述:"若夫应感之会,通塞之纪,来不可遏,去不可止。藏若景灭,行犹响起。方天机之骏利,夫何纷而不理。思风发于胸臆,言泉流于唇齿。纷葳蕤以馺遝,唯毫素之所拟。文徽徽以溢目,音泠泠而盈耳。及其六情底滞,志往神留,兀若枯木,豁若涸流,览营魂以探赜,顿精爽而自求。理翳翳而愈伏,思轧轧其若抽。是故或竭情而多悔,或率意而寡尤。虽兹物之在我,非余力之所勠。故时抚空怀而自惋,吾未识夫开塞之所由也。"这段文字中描绘的那种存乎脑中现于笔下"来不可遏,去不可止"的突发性创造力,其实就是后人所谓的灵感。陆机注意到了灵感出现时创作者思维在瞬间呈现的极度活跃状态,也意识到了这种瞬间迸发的才力无法有意识地加以保存。但他同时也承认,自己对创作中的这一奇特现象不能作出合理的解释。因而他有关灵感的讨论,仍是描述性的,而非阐释性的。

三、借用音乐原理,探讨文学创作的成败关键。陆机受传统音乐理论的启发,在《文赋》中采用明喻的手法,对照管弦演奏与文学创作,从侧面指出了作文应避免的种种病症。他设计了一套同时适用于奏乐与作文的法则,该法则包括"应"、"和"、"悲"、"雅"、"艳"五项标准。其中"应"指照应,"和"指和谐,二者均着眼于声律;"雅"是雅正,"艳"是艳丽,二者都用来指品性;"悲"为五项之中心,代表作品所显现的真实情感。陆机认为文学创作与管弦演奏一样,成败关键取决于作者或演奏者能否协调应、和、悲、雅、艳五者的关系,如果"应而不和"、"和而不悲"、"悲而不雅"、"雅而不艳",那都不能算是成功之作。

四、论文体较前人更细密,并更看重诗赋在各类文体中的地位。《文赋》分文体为十类,述各类特征云:"诗缘情而绮靡,赋体物而浏亮,碑披文以相质,诔缠绵而凄怆,铭博约而温润,箴顿挫而清壮,颂优游以彬蔚,论精微而朗畅,奏平彻以闲雅,说炜晔而谲诳。"这一分类与曹丕《典论·论文》的四科八类相比,不仅有细密粗疏之别,而且显现出文学观念的进步——在《典论·论文》中,作为标准文学体裁代表的诗赋列于八类的末两位,而到《文赋》则提前至首二位。因此尽管《文赋》所指的"文"还是相对广义的文章,但赋中所讨论的问题,更多地是为文学创作而设的,更何况陆机本人所长即在诗赋,而《文赋》又主要是其个人创作实践的总结。

《文赋》在中国文学批评史上的影响十分明显。从整体上看,像《文心雕龙》那样著名的文学批评专著,即"本陆机氏说而倡文心"(章学诚《文史通义·文德》)。从文学批评的各个分支说,挚虞《文章流别志论》是对《文赋》文体论的进一步发挥,沈约声律论受到赋中论文之声律所云"暨音声之迭代,若五色之相宣"的启发,而韩愈的"惟陈言之务去"说,又似远承了《文赋》中"虽杼轴于予怀,忧他人之我先"的文贵独创观点。至于六朝文学绮丽风尚的形成,是否如某些论者所说,主要是受到了《文赋》"诗缘情而绮靡"说的推动,还是个有待确证的问题;但《文赋》有关观点为历代文论家经常征引,借以阐发汉魏六朝文学的一种特征,则是史实。

有关《文赋》的研究,最早当推唐李善为《文选》本篇所作的注,以后各家《文选》注家也皆有所评释。现代学者研究《文赋》的论著,1949年以前主要有唐大圆《文赋注》(《德言》月刊一期)、李全佳《陆机〈文赋〉义证》(《中山学报》二卷二期)、逯钦立《文赋撰出年代考》(《学原》二卷一期)等。20世纪50年代初,英语世界由于相继出现周汝昌《陆机〈文赋〉引论》("An Introduction to Lu Chi's Wen fu", *Studia Serica* Ⅸ,Ⅰ: Sept. 1950)和方志彤(Achilles Fang)、休斯(E. R. Hughes)、陈世骧三种《文赋》英译本(方氏译本名"Rhythm prose on Literature, The Wen-fu of Lu Chi 〈A.D. 261 - 303〉",载 *Harvard Journal of Asiatic Studies* Ⅻ,3 - 4: Dec. 1951;休斯译本名 *The Art of Letters, Lu Chi's Wen Fu, A. D. 302*,由柏林根基金会(Bollingen

Foundation)资助,1951 年初版于纽约,次年再版于伦敦;陈氏译本名 *Essay on Literature: Written by the Third Century Chinese Poet Lu Chi*,1953 年由 Rortland Main 的 The Anthoensen Press 刊行),形成了西方汉学界研究《文赋》的高潮。其影响波及日本,《中国文学报》第八号(1958 年 4 月)发表——海知义译的陈世骧《陆机生平与〈文赋〉写作的正确年代》("陸機の生涯と'文賦'制作の正確年代"),即其例。至 60 年代前期,国内也出现了不少讨论《文赋》的文章,如郭绍虞《论陆机〈文赋〉中之所谓"意"》(《文学评论》1961 年第 4 期)、万曼《读〈文赋〉札记》(《光明日报》1962 年 9 月 2 日)、周汝昌《陆机〈文赋〉"缘情绮靡"说的意义》(《文史哲》1963 年第 2 期)等。其间颇引人注目的研究成果,是香港学者饶宗颐的《陆机〈文赋〉理论与音乐之关系》(日本《中国文学报》第十四号,1961 年 4 月)和韩国学者车相辕的《陆机的文学理论》(韩国《中国学报》第二期,1964 年 12 月),前者显现了研究视野的开拓,后者反映了《文赋》在国外的影响更趋扩大。70 年代,日本学者藤原尚撰有《〈文赋〉的理论性根据》("'文賦'の理論根拠",《支那学研究》第三十五号,1970 年 10 月),林田慎之助撰有《典论论文与文赋》("典論論文と文賦",日本《文学研究》第七十五号,1978 年 3 月),台湾学者杜松柏也发表了《文赋疏证》(《女师专学报》第二期,1972 年 8 月)。进入 80 年代以来,《文赋》成为中日两国文学批评史研究者关注的热点之一,除出现牟世金《〈文赋〉的主要贡献何在》(《文史哲》1980 年第 1 期)、毛庆《〈文赋〉创作年代考辨》(《武汉大学学报》1980 年第 5 期)、周勋初《〈文赋〉创作年代新探》(《文学遗产增刊》第十四期,1982 年 2 月)、王靖献《陆机文赋校释》(台湾《文史哲学报》第三十二号,1983 年 12 月)、兴膳宏《文学理论史上所见的〈文赋〉》("文学理論史上から見た'文賦'",载日本《未名》第七号,1988 年 12 月)外,还出版了张少康的《文赋集释》(增订本,人民文学出版社,2002 年)和张怀瑾的《文赋译注》(北京出版社,1984 年)两部专著,其中《文赋集释》详征古今各家有关《文赋》的笺注评说,在国内《文赋》研究史上具有总结性的意义。

(陈正宏)

世说新语注 〔梁〕刘孝标

《世说新语》，又名《世说》、《世说新书》，南朝宋刘义庆原著。《世说新语》注，梁代刘孝标撰。注文与本文合刊。最早见于《隋书·经籍志》著录，为十卷。现存最早的版本，是唐写本残卷（其通行本为罗振玉影印的《唐写本世说新书残卷》）。该残卷卷末有"世说新书卷第六"字样，故一般认为其全璧当即十卷本。但现存本书的完整刻本均分三卷，较重要的有宋绍兴八年（1138）广川董弅刻本（有文学古籍刊行社 1956 年、中华书局上海编辑所 1962 年两种影印本，均据日本影印本重印）、明嘉靖间吴郡袁氏嘉趣堂刻本（有《四部丛刊》本）、清道光间浦江周氏纷欣阁刻本、清光绪间王先谦据袁、周两本校订的重刊本。从注的角度看，由于上海古籍出版社 1982 年影印的王先谦本不仅保留了王本原有的《世说新语考证》、《世说新语注引用书目》、《校勘小识补》（专为刘孝标注所作校勘记）等附录，还附印了日本影宋本中宋代汪藻所作《世说叙录》，以及《唐写本世说新书残卷》等，所以该本是目前全面了解《世说新语》刘孝标注的较好读本。

作者生平事迹见"辨命论"条。

《世说新语》本是刘宋临川王刘义庆撰著的一部笔记小说集，分《德行》、《言语》、《政事》、《文学》、《方正》、《雅量》、《识鉴》、《赏誉》、《品藻》、《规箴》、《捷悟》、《夙慧》、《豪爽》、《容止》、《自新》、《企羡》、《伤逝》、《栖逸》、《贤媛》、《术解》、《巧艺》、《宠礼》、《任诞》、《简傲》、《排调》、《轻诋》、《假谲》、《黜免》、《俭啬》、《汰侈》、《忿狷》、《谗险》、《尤悔》、《纰漏》、《惑溺》、《仇隙》三十六门，以简练而富于文学性的笔调，条记了汉末魏晋间各界名流的遗闻轶事。由于事简文约，在刘孝标之前，南齐人敬胤已为之作注，其全书虽不存，尚有四十余条注文为南宋汪藻《世说叙录》的"考异"辑录而流传至今。刘孝标注具体撰时不详，据注文中间有"臣谓"、"臣按"字样（如《贤媛》中"王公渊娶诸葛诞女"条注称："臣谓王广名士，岂以妻父为戏，此言非也。"又《惑溺》中"贾公闾后妻郭氏酷妒"条注有"臣按：傅畅此言，则郭氏贤明妇人也"语），似是奉敕而作。而取现存的敬胤注与刘注相关部分比较,则无论从史料剪裁还是见识方面看,刘孝标注都超越了敬胤注,因而长期以来成为与《世说新语》本文不可分割而又同负盛名的文史名著。只是传世的刘注自宋代以来也已经晏殊等人删节,流传至今的唐写本又仅存残卷,这对于全面准确地考察刘注原貌不无影响。

由通行本《世说新语》,可见刘孝标注的首要特征,是不汲汲于解释字词,而重在考订史实,尤其注重原书中涉及的魏晋人物生平史料的发抉与考辨。《世说》本文以简练见长,论人论事不暇旁骛,点到为止。刘注则往往能通过征引各家史传、谱乘、杂录诸书,以明书中所述人物的履历及事件原典。遇诸说不同,又常将有关材料并列于注文中,且加按语。如《方正》中有一条记和峤答晋武帝问皇太子状事,刘注除引《晋诸公赞》以明和峤生平外,还征引干宝《晋纪》与孙盛《晋阳秋》两书中的有关记载,以见其事起于武帝疑皇太子不能承继大业。同时就两书中均提及荀氏(干宝谓为荀颛,孙盛谓为荀勖)与和峤同观太子状而答武帝问颇有谀辞一节,加按语道:"荀颛清雅,性不阿谀。校之二说,则孙盛为得也。"又如《言语》中"桓玄既篡位,将改置直馆"一条,本文中举潘岳《秋兴赋叙》以答桓玄所问"虎贲中郎省,应在何处"者未录其名,且所答本颇忤旨。刘注则别引刘谦之《晋纪》,点出应答者实乃参军刘简之,且谓本文与《晋纪》所载"此语微异,又答者未知姓名,故详载之"。再像《文学》"袁宏始作《东征赋》,都不道陶公"条注引《续晋阳秋》,以见别说为不述桓彝事迹,而非不道陶氏事迹;《贤媛》"陶公少时作鱼梁吏,尝以坩鲊饷母"条注举孟宗相类之事,疑本文乃"后人因孟假为此说",诸如此类,都显示出刘孝标注《世说》,其着眼点在补原书所未道,且求原书所述的本事及其真伪。

因为要求原书所述的本事及其真伪,刘注相应地也必然具有另一个突出的特征:纠正原书的谬讹。这方面刘孝标主要采用了两条途径,一是通过史实考订去指出原书的讹误,一是以论理的方式直指其谬。前者如《言语》"刘公干以失敬罹罪"条,正文中述魏文帝与刘桢对答之辞,注即驳之:"按诸书或(当是"咸"字之讹)云桢被刑魏武之世,建安二十年病亡。后七年文帝乃即位,而谓桢得罪黄初之时,谬矣。"后者如《文学》"僧意在瓦官寺中"条注,于王修答僧意问"圣人有情不"而应之曰"无",且谓"如筹算,虽无情,运之者有情"等,从逻辑的角度判断道:"王修善言理,如此论,时不近人情,犹疑斯文为谬也。"也有两途并用的,如《容止》"何平叔美姿仪"条注,驳正文所称何晏不傅粉,便先引《魏略》,证"晏之妖丽,本资外饰";继云"且晏养自宫中,与帝相长,岂复疑其形姿待验而明也",以斥正文所记魏明帝夏月与何氏热汤饼以验其是否傅粉之事不实。

需要指出的是,刘孝标注中以论理的方式驳正《世说》原文之误,其中一部分是建立在道德评判的基础上的。如《尤悔》王浑娶后妻不答拜,其子武子因谓后母为妾条,注即斥云:"婚姻之礼,人道之大,岂由一不拜而遂为妾媵者乎!《世说》之言,于是乎纰缪。"这种注释方式的进一步发挥,便有了类似后代评点的注文。如《识鉴》"王大将军既亡"条,记王含投奔荆州王舒,而舒沉王含父子于江事,刘注即叹道:"含之投舒,舒遣军逆之,含父子赴水死。昔郦寄卖友见讥,况贩兄弟以求安,舒非人矣!"即其例。

刘孝标注《世说》,间也释文意。这方面注文多以类比及发挥题旨的形式出现,并具有南北朝时期所特有的玄学色彩。如《德行》"谢公夫人教儿"条,注谢安以"我常自教儿"语答夫人所问"那得初不见君教儿",即以刘子真以身体力行教二子事为比,谓"安石之旨,同子真之意也"。而《文学》"客问乐令'旨不至'者"条,原文本具玄意,注也便以"夫藏舟潜往,交臂恒谢,一息不留,忽焉生灭"等一大段颇富思辨色彩的文字加以阐释。刘注也注意文本的校勘,《赏誉》"庾太尉目庾中郎:家从谈谈之许"条,注即标明:"一作'家从谈之祖'。从,一作诵。许,一作辞。"为理解原文提供了帮助。刘注还偶尔涉及文学性的评论,如《文学》"孙兴公作《天台赋》成"条,注正文"然每至佳句",便曰:"'赤城霞起而建标,瀑布飞流而界道。'此赋之佳处。"但此类注文较少。

从学术史的角度看,《世说新语》刘孝标注是南北朝时期与裴松之《三国志注》、郦道元《水经注》鼎足而立的笺注名著。由于《世说新语》本是一部文学名著,而刘孝标注在考核史实方面用力甚勤,因此它不仅对于扩充《世说新语》在文学史上的价值,而且对于开启后代研究笔记小说的门径,都具有十分重要的意义。可以这样说,《世说新语》有了刘注,才不仅是一部小说集,而且有了魏晋作家传记资料汇纂的意味。又由于刘注重视小说原典的抉发,实际上为中国笔记小说的研究提供了一套可行的范式,尽管这种范式的外观还不甚确定,术语也不够明确。

从另一个更为明确的角度看,《世说新语》刘注由于征引书籍繁富,其文献学的价值自宋以来即受到学者们的重视。宋高似孙《纬略》称赞刘注,便说它"引援详确,有不言之妙。如引汉、魏、吴诸史及子传地理之书皆不必言,只如晋氏一朝史及晋诸公列传谱录文章,凡一百六十六家,皆出于正史之外。记载特详,闻见未接,实为注书之法"。《四库全书总目》亦云:"所引诸书,今已佚其十九,惟赖是注以传,故与裴松之《三国志注》、郦道元《水经注》、李善《文选注》同为考证家所引据焉。"而事实上清代以来的辑佚之作,也的确多以其注为取资源泉之一。

《世说新语》刘孝标注的不足,是间有误题引书及考证未周处。如《文学》"孙兴公道曹辅佐才如白地明光锦,裁为负版袴"条注引《论语注》为说,便将本是孔氏注的文字误为郑氏注;前引和峤答武帝问一事注中,既疑《晋纪》之说为非,而未知《晋阳秋》所谓荀勖事亦不确(参见《三国志·荀彧传》裴松之注),亦是未加进一步考证所致。

有关本书的研究,有《四库全书总目》本书提要、余嘉锡《世说新语笺疏》(有上海古籍出版社 1993 年修订本)以及杨勇《世说新语刘孝标注释例》(《寿罗香林教授论文集》,香港 1970 年)、日本森野繁夫《〈世说新语〉及其注中所见的评语——"简"和"率"》("世說新語およびその注にみえる評語——'簡'と'率'",《东方学》第四十四号,1972 年)、松冈荣志《〈世说新语〉注的结构和姿态》("'世說新語'注の構造と姿勢",《东京学艺大学纪要》第三十一号,1980 年)等。

(陈正宏)

诗品 〔梁〕锺 嵘

《诗品》,原名《诗评》,三卷。南朝梁代锺嵘撰。现存最早的版本,是元代延祐七年(1320)圆沙书院刊宋代章如愚编《山堂先生群书考索》卷二十二"文章门·评诗类"所收本。单行本现存最早者,为明代正德元年(1506)退翁书院抄本。其书明清两代甚为流行,较常见的版本,还有《吟窗杂录》本、《津逮秘书》本、《四库全书》本、《历代诗话》本等多种。整理本主要有王叔岷《锺嵘诗品笺证稿》(中华书局,2007年)、曹旭《诗品集注》(上海古籍出版社,1994年)、曹旭《诗品笺注》(人民文学出版社,2009年)等。

锺嵘(约468—518),字仲伟,颍川长社(今河南长葛)人。出身世族,与兄锺岏、弟锺屿并好学。齐永明中,入国子学。建武初,为南康王侍郎。永元末,改司徒行参军。入梁,任中军临川王行参军。后被出任会稽太守的衡阳王萧元简引为宁朔记室,专掌文翰。又迁西中郎将晋安王萧纲记室,卒于官。以撰著本书,而成为与刘勰齐名的南朝文学批评大家。

《诗品》是现存的中国古代诗论专著中撰著时代最早的一种。据其《中品序》称,作者选品诗人的一项重要原则,是"其人既往,其文克定。今所寓言,不录存者"。而书中所评各家,据考最晚谢世的是沈约,卒于梁天监十二年(513),所以可以判定《诗品》成书于该年之后。天监十七年(518)锺嵘亦去世,故又可知《诗品》是其晚年撰写的一部论著。

锺嵘晚年之所以要撰写本书,主要原因是不满于当时诗坛的某些风尚。据卷首《诗品序》,当时诗坛五言诗的写作甚为风行,但"庸音杂体,人各为容",格调不高。而一些"轻薄之徒"在看待前代诗人时,嘲笑曹植、刘桢为"古拙",推崇鲍照为"羲皇上人",谢朓是"古今独步",至学鲍、谢诗,又仅得其皮毛。另一方面,据中、下二品《序》,刘宋大明、泰始以来好用典故、"文章殆同书抄"的风气,在当时也愈演愈烈。"使文多拘忌,伤其真美"的声律论,又由于当世名流沈约等的提倡而盛行一时。凡此在锺嵘看来均不利于诗歌创作尤其是正在蓬勃发展的五言诗的健康成长,而纠正这些偏向的最好办法,便是写一部与时俗相对的诗论。恰好其时彭城文士刘绘曾向锺嵘谈及作诗品以纠时风的打算,而刘氏终未成文,锺嵘受其启发,便采用品第诗人的形式,撰成了这部诗论名著。

《诗品》全书分上、中、下三品,每品一卷,共三卷。卷首有《诗品序》,中、下二品前又各有《序》(此据元刊《山堂先生群书考索》本。明清通行本列《诗品序》为《上品序》,清代何文焕《历代诗话》本又并三品《序》为一,置于全书卷首)。正文共品评了从汉代至梁朝的一百二十二位诗人,其中上品十一人(不包括"古诗"),中品三十九人,下品七十二人。三品之列表示被评诗人在诗歌成就方面有高、中、低三等之别。各品之中,诗人的排列顺序则"略以世代为先后,不以优劣为诠次"(见《中品序》)。其形式,或一人一则,或数家合一则。一人一则者多为大家名家或诗风特异之人,数家合一者则多为诗风相近之流。每则均以时代、官阶、诗人姓名标题,如"宋参军鲍照"、"齐吏部谢朓"之类。一则中品评之语,又常是起首举诗人诗风渊源所自,继点其特长不足,而归结于与相近诸家的优劣相较。其间偶引佳句、佚事,间发感慨、驳难,形式自由,语辞简炼。而全部品评的作品基础,则统一是各家的五言诗。

在具体品评一百二十余位汉迄齐梁的诗人诗作时,《诗品》采用了历史批评与艺术鉴赏相结合的方法,并由此凸显了其个人的诗学理想。从历史批评一方面说,书中采用某人"其源出于某人(或某书)"的形式,建构起了一个纵横交错的历代诗人系谱图。而所有诗人诗作之源,最终又都上溯到了《诗经》的《国风》、《小雅》与《楚辞》三类代表性的先秦诗作。以卷一"上品"为例,该卷依次品评了"古诗"(即通称"古诗十九首"者)以及汉代的李陵、班姬,魏时的曹植、刘桢、王粲,晋代的阮籍、陆机、潘岳、张协、左思,刘宋的谢灵运等十一家诗,从溯源的角度看,被归入"国风"一系的,首先是"古诗"和曹植;刘桢渊源于古诗,左思又源出于刘桢;曹植下传陆机,陆机又下传谢灵运。"小雅"一系,唯阮籍一人。"楚辞"一系,前承者为李陵;李陵之下,有班姬、王粲二家相继;而潘岳、张协又源出于王粲。这样一个"上品"诗人的系谱,由于传世汉魏两晋南朝诗人作品大都已不得窥其全璧,故颇难核检其准确程度。但换一个角度看,它却为今人考察南朝文人的诗史观,提供了一个生动的例证。

从艺术鉴赏一方面看,书中最推崇以曹植为代表的"骨气奇高,词彩华茂,情兼雅怨,体被文质"的诗歌风貌。所谓"骨气奇高,词彩华茂",另一种表述就是"诗品序"所说的"干之以风力,润之以丹彩",是指思想表达的明健有力与文辞运用的优美动人相结合。所谓"情兼雅怨,体被文质",则是说诗歌在情感表露方面能协调风格的典雅与情绪的哀怨二者,从而臻于文质彬彬的高超境界。这样的境界在锺嵘看来并不容易达到。所以他将曹操抑置下品,理由是"曹公古直",即其诗未能"润之以丹彩"。把张华列于中品,谓之"其体华艳,兴托不奇。巧用文字,务为妍冶",即虽有文采而乏风骨。两人都有所偏颇。即便是被列入上品的刘桢,作者尽管盛称其"仗气爱奇,动多振绝。贞骨凌霜,高风跨俗",仍对他"气过其文,雕润恨少"表现出相当的遗憾。而相反地对"气少于公幹(刘桢),文劣于仲宣(王粲)"的陆机评价颇高,谓之"才高词赡,举体华美"。原因即在于从整体上看,陆诗更接近于文质彬彬的境界。

《诗品》这种强调文学渊源关系的历史批评形式,与推崇"骨气奇高,词彩华茂"的艺术鉴赏原则两相汇合,最终造就了全书的两大倾向。即从时代上论,推崇汉魏古诗,贬斥齐梁诸家;从风格上看,以"国风"一系诗风为正宗,而对以幽怨为特征的《楚辞》一系诗风不予过高的评价。《诗品》三品之中,被列入上品的,以汉魏诗人居多,时代最晚的是刘宋诗人,仅一位,即谢灵运,而无一齐梁诗人。被列入下品的,虽也有汉代的班固、三国的曹操等,但主体是宋、齐、梁三朝诗人。这一褒贬分明的倾向,与前述钟嵘撰写本书的动机是相吻合的。另一方面,比较《诗品》中有关"国风"、"楚辞"两系诗人的评价,不仅《诗品序》中已称"陈思为建安之杰,公幹、仲宣为辅。陆机为太康之英,安仁、景阳为辅。谢客为元嘉之雄,颜延年为辅。斯皆五言之冠冕,文词之命世也",其中处于主导地位的曹植、陆机、谢灵运三人均属"国风"一系,居于"辅"者也有小半属同系(刘桢、颜延之)。而且三品的上、中二品,"国风"一系诗人与《楚辞》一系诗人所占的比例,也适相映照:上品以"国风"一系者居多,而中品以《楚辞》一系者为众。由此可见钟嵘对于两系诗风是颇有轩轾的。

在对一百二十余位诗人进行如上品评基础上,钟嵘也在三篇《序》中,就一些带有普遍意义的诗歌理论问题发表了自己的看法。其中较为独特的,约有如下数端:一、在诗体方面推崇五言诗。他说:"夫四言文约义广,取效风骚,便可多得。每苦文繁而意少,故世罕习焉。五言居文词之要,是众作之有滋味者也,故云会于流俗。岂不以指事造形,穷情写物,最为详切者邪。"这一看法与《文心雕龙》"明诗"篇所说的"四言正体"、"五言流调"已颇有不同,提高了五言诗的地位。二、在创作方法方面提倡自然,反对用典与声律论。其说曰:"至乎吟咏情性,亦何贵于用事?'思君如流水',既是即目;'高台多悲风',亦惟所见;'清晨登陇首',羌无故实;'明月照积雪',讵出经史?观古今胜语,多非补假,皆由直寻。"又云:"余谓文制,本须讽读,不可蹇碍,但令清浊通流,口吻调利,斯为足矣。"前者针对的,是任昉、王元长等"词不贵奇,竞须新事"的好以典入诗之弊;后者攻击的,则是以沈约为代表的主张"四声"及"蜂腰鹤膝"的声律论。三、为传统的赋、比、兴三体作了新的诠解。其词谓:"文已尽而意有余,兴也;因物喻志,比也;直书其事,寓言写物,赋也。"并将这种新的诠解与书中所定诗歌鉴赏标准相结合,提出了"宏斯三义,酌而用之,干之以风力,润之以丹彩,使味之者无极,闻之者动心,是诗之至也"的见解,从而为文学批评提示了不仅关注作品本身而且关注鉴赏者感受的新途径。

《诗品》的出现,是东汉魏晋南朝时期人物品第之风在文学研究领域内的直接反映。钟嵘本人在《诗品序》中,即坦言其撰著受到"九品论人,《七略》裁士"的影响。但《诗品》迥异时流而对近世诗坛所作的大胆批评,又使它超越了同时期一大批形式相似的艺术品题论著,成为南朝文化史上一部充满挑战气息的名著。从文学批评史的角度论,《诗品》品评历代诗人时所采用的特殊形式,又为后人所效仿,成为"百代诗话之祖"。它的追溯诗人风格渊源的研究方法,虽然在具体实施中不无穿凿附会处,至被《四库提要》讥为"若一一亲见其师承者",但其立意颇具启发性,因而深受清代史学大家章学诚的赞许(见《文史通义》"诗话")。

但《诗品》的三品品第诸位诗人,也引起了后人的不解与不满。其中最突出的是置陶渊明于中品,且谓其诗"源出于应璩";其次是列曹操等于下品。自宋代叶梦得《石林诗话》至清代王士禛《渔洋诗话》,对所谓"三品不公"问题屡有诘难。但也有为《诗品》作辩护者,前如《四库提要》,以"未可以掇拾残文,定当日全集之优劣"为说,指出了"公"与"不公"的历史相对性;近者如当代学者王运熙撰有《锺嵘〈诗品〉陶诗源出应璩解》,从诗歌体貌相似的角度,为锺嵘的品第作了较为合理的解释。

有关《诗品》的研究情况,可参阅曹旭《锺嵘〈诗品〉的流传及研究史——从隋初到清末》(《上海师范大学学报》1993年第1期)、曹旭《锺嵘〈诗品〉研究综述》(《文史知识》1989年第11期)、跃进《关于锺嵘及其〈诗品〉研究的几个问题》(《古典文学知识》1994年第5期)、张伯伟《锺嵘〈诗品〉在域外的影响及研究》(《文学遗产》1993年第4期)。最新的研究成果,有胡大雷《诗品编纂研究》(广西师大出版社,2013年)。

(陈正宏)

文心雕龙 〔梁〕刘 勰

《文心雕龙》,十卷。南朝梁代刘勰撰。现存最早的版本,是敦煌发现的唐写本残卷(斯五四七八,起《原道》篇末,讫《谐隐》篇题)。单刻传世年代最早的,是元至正十五年(1355)嘉兴郡学刻十卷本(有上海古籍出版社1984年影印本)。明清两代,刊本颇多,以明万历间刊梅庆生音注本、清乾隆间刊黄叔琳辑注本较知名。现代学者撰注的诸本中,以范文澜《文心雕龙注》(人民文学出版社,1958年)影响最大。

刘勰(约465—约532),字彦和,东莞莒县(今属山东)人。早孤家贫,依沙门僧祐,积十余年,遂博通佛典。梁天监初,以闲职"奉朝请"入仕。后为中军将军临川王萧宏引荐,兼记室,迁车骑仓曹参军。出就太末(今浙江衢县)令,政有清绩。继改任仁威南康王萧绩记室,兼东宫通事舍人,并升步兵校尉。以长于文章之学,颇受昭明太子萧统器重。又以作文长于佛理,奉敕与释慧震于定林寺编集经藏。事毕即启求出家,蒙敕许,即寺变服,改名慧地。然出家未满一载便故世。著述除本书外,原尚有文集,但早已散佚;后人从他书辑得《灭惑论》、《梁建安王造剡山石城寺石像碑》二文,为其零篇仅存之作。

《文心雕龙》是中国现存最早的一部文章学论著,由于书中所论多涉及文学创作,故现代学者又多视之为现存最早的一部用中文撰写的综合性的文学批评专著。它的成书年代,据书中《时序》篇"皇齐驭宝"诸语,及《梁书·刘勰传》所载勰负此书干求于沈约车前而"约时贵盛"等推考,当在南齐和帝时(501—502)。刘勰撰作本书的动机,则一是受到"君子处世,树德立言"的传统人生哲学的激励,二是不满于当时文坛"辞人爱奇,言贵浮诡,饰羽尚画,文绣鞶帨,离本弥甚,将遂讹滥"而有意纠偏,三是有感于"近代之论文者多",但"各照隅隙,鲜观衢路",故"弥纶群言",撰著本书(详本书《序志》篇)。书取"文心雕龙"为名,"文心者,言为文之用心也"(《序志》篇);"雕龙"则典出《史记·孟子荀卿列传》所记"雕龙奭"之称,原指齐人驺奭善采驺衍谈天之术而成文,如雕镂龙纹一般精致,刘勰取以状饰"文心",盖指本书的主旨在如雕镂龙纹那样精致地揭示作文所需的细微用心,所以有学者意译本书书名为《文章作法精义》(王运熙《文心雕龙探索》)。

全书用骈文撰写,分五十篇,各篇末均缀四言八句"赞"一首。除最末的第五十篇《序志》为全书序例,自述撰著动机、宗旨及全书结构外,余四十九篇分论"文用"即作文的宏观、微观诸问题,以合《周易·系辞上》"大衍之数五十,其用四十有九"之说。至四十九篇的篇名顺次及参用现代方法分析所得的本书结构如下:

一、文之总论,共五篇。

《原道第一》、《征圣第二》、《宗经第三》、《正纬第四》、《辨骚第五》。

二、文体论,共二十篇。

《明诗第六》、《乐府第七》、《诠赋第八》、《颂赞第九》、《祝盟第十》、《铭箴第十一》、《诔碑第十二》、《哀吊第十三》、《杂文第十四》、《谐隐第十五》(以上论有韵之"文")。

《史传第十六》、《诸子第十七》、《论说第十八》、《诏策第十九》、《檄移第二十》、《封禅第二十一》、《章表第二十二》、《奏启第二十三》、《议对第二十四》、《书记第二十五》(以上论无韵之"笔")。

三、文术论,共二十篇。

《神思第二十六》、《体性第二十七》、《风骨第二十八》、《通变第二十九》、《定势第三十》、《情采第三十一》、《熔裁第三十二》、《声律第三十三》、《章句第三十四》、《丽辞第三十五》、《比兴第三十六》、《夸饰第三十七》、《事类第三十八》、《练字第三十九》、《隐秀第四十》、《指瑕第四十一》、《养气第四十二》、《附会第四十三》、《总术第四十四》、《物色第四十六》。

四、批评论,共四篇。

《时序第四十五》、《才略第四十七》、《知音第四十八》、《程器第四十九》。

这个以总论居首,以文体论与文术论为主干,殿以批评论的结构,涵盖了传统的文章学的几乎所有方面。而有关文学的论述,也所在多有,兹依前列四部之次分述如下。

一、刘勰认为包括文学创作在内的一切"文"的写作,归根结底都是对"道"的某种阐发。所谓"道",联系书中上下文看,主要是指儒家正统思想。所以在文章阐发"道"的途径方面,作者提倡"征圣"与"宗经",因为"道沿圣以垂文,圣因文而明道"(《原道》篇),而圣人借以"明道"之"文",最典范的便是儒家经书;经籍不但可以提供作文的思想准则,同时也演示了一篇"文质彬彬"之作撰就后的崇高境界。但文的写作尤其是文学创作毕竟不是一种单纯的道德说教与思想诠释,而有其自身特殊的形式要求,因此刘勰又提倡在"征圣"、"宗经"的前提下,适当地汲取谶纬图书与楚辞骚赋中的有益养分,因为谶纬"事丰奇伟,辞富膏腴,无益经典,而有助文章"(《正纬》篇);而楚骚则"体宪于三代,而风杂于战国,乃雅颂之博徒,而词赋之英杰","虽取镕经意,亦自铸伟辞",只要学者"酌奇而不失其真,玩华而不坠其实",则便"顾盼可以驱辞力,咳唾可以穷文致"(《辨骚》篇)。

二、刘勰根据当时文坛对"文"、"笔"的基本划分,在书中用了相当的篇幅就诗、乐府、赋等十类有韵之"文",与史传、诸子、论说等十类无韵之"笔"的文体性质、发展简史、写作要点等进行了逐一讨论。这方面与文学较有关联的见解,主要集中在《明诗》、《乐府》、《诠赋》诸篇;《谐隐》、《论说》等篇的部分论述,也涉及文学。对于已有悠久历史的重要的文学体裁——诗歌,刘勰首先别出心裁地释其义为"诗者,持也,持人情性";继比较细致地回顾了迄"近世"为止的诗史,其中对五言诗起源于李陵、班婕妤的旧说提出了不同看法,认为"召南行露,始肇半章;孺子沧浪,亦有全曲;暇豫优歌,远见春秋;邪径童谣,近在成世;阅时取证,则五言久矣";但在比较四言诗、五言诗的优劣异同时,又认为"四言正体,则雅润为本,五言流调,则清丽居宗",对相对后起的五言诗抱有轻视的态度。在论及乐府、辞赋二体时,作者一方面准确地概括、描述了乐府"诗为乐心,声为乐体"的特征与赋体创作中"情以物兴"、"物以情观"的主客体交流情状,另一方面又不免受"征圣"、"宗经"著述原旨的制约,斥乐府民歌为"艳歌"、"淫辞"。至《谐隐》篇虽贬低有关文章"本体不雅",但将原不受正统文人重视而又具有相当文学性的讽刺文专列一目讨论,不为无见;《论说》篇中表彰"师心独见,锋颖精密"的论作,要求撰论"义贵圆通,辞忌枝碎",并强调"说"贵在"顺风以托势",也点出了议论性散文的创作关键。

三、在标举"文之枢纽",分体"论文叙笔"的基础上,刘勰又多侧面地讨论了作文之"术"即写作的具体程序与方法。这部分论说由于从现代视角看直接提示了文学创作的诸多要诀,故不少论者径称之为"创作论"。其中为历来研究者称引的见解,大致集中在《神思》、《体性》、《风骨》、《情采》、《物色》诸篇;《定势》、《熔裁》、《附会》等篇解说作文谋篇布局之道,也颇受学者重视。具体而言,刘勰标出"神思"二字作为"驭文之首术,谋篇之大端",而他所谓的"神思",盖指写作过程中作者所具有的诸种复杂的思维活动。他将由"神思"统领的这一历程描写为"思理为妙,神与物游。神居胸臆,而志气统其关键;物延耳目,而辞令管其枢机",并以"登山则情满于山,观海则意溢于海"之语形象地摹画了"神思方运"之时作者思绪的活跃(《神思》篇)。在充分考虑作者才气情性的前提下,刘勰又将作品的风格归纳为典雅、远奥、精约、显附、繁缛、壮丽、新奇、轻靡"八体"(《体性》篇),而认为真正优秀的作品所应具备的首要因素当是"风骨"。风乃"化感之本源,志气之符契",而"辞之待骨,如体之树骸;情之含风,犹形之包气",故"练于骨者,析辞必精;深乎风者,述情必显"(《风骨》篇),可见刘勰所称"风骨",实是一种作者情志外化于作品的动人风貌,与由锤炼语辞而呈现于文间的劲健气概的结合物。至如何使作品臻于具有"风骨"的境界,刘勰又从主客体关系的角度指示了其所由之途。一方面,他推崇"为情而造文",贬斥"为文而造情",认为"情者,文之经;辞者,理之纬。经正而后纬成,理定而后辞畅,此立文之本源也"(《情采》篇);另一方面,他也重视客观世界对于作者写作的重要意义,因有"情以物迁,辞以情发"之说(《物色》篇)。而在此物、情、辞三者递进互动的理论构架下,刘勰又对具有一定操作性的作文谋篇布局、遣词造句、修改润色诸问题作了较详细的说明,提出了诸如"三准"(《熔裁》篇)、"四对"(《丽辞》篇)、练字四要(《练字》篇)等一系列作文细则。但在这一部分涉及对"近代"即刘勰所处时代文学的价值评判时,作者仍坚持正统标准,对"新"、"奇"之作严加排斥,认为"旧练之才,则执正以驭奇;新学之锐,则逐奇而失正:势流不反,则文体遂弊"(《定势》篇),表现出浓厚的复古倾向。

四、在最后一部分通常被简称作"批评论"的篇章里,刘勰实际上分述了文章发展的历史、作者才德、鉴赏与批评几个方面的问题,它们也都涉及文学。《时序》篇所列叙"蔚映十代,辞采九变"的文章史,中心内容即是自唐虞至南齐的文学发展简史。《才略》、《程器》篇论作者,所论多汉魏两晋文学名家。至《知音》一篇,抉发鉴赏品评文学作品要略最多,像所标"六观",所谓"一观位体,二观置辞,三观通变,四观奇正,五观事义,六观宫商",即是刘勰所持的文学批评标准,而"观文者披文以入情,沿波讨源,虽幽必显",又是刘氏提出的一种深入作者之心的文学鉴赏方法。

《文心雕龙》中所包含的如上这些与文学史、文学批评以及文学理论密切相关的内容,尽管瑕瑜互见,但将之置入中国文学研究的历史中去看,不能不说它们大都具有十分重要的价值。虽然书中以"原道"、"征圣"、"宗经"为主旨的文章学导论显现了作者的思想局限,但文笔精致、叙述周详而又具有早期古典文论所罕见的理论色彩的文体、文术、批评诸论,在相当程度上补救了其书思想基础的陈旧乏彩之弊,奠定了本书在中国文学研究史尤其是批评史上的地位。

《文心雕龙》是一部在综述前人学说的基础上又有所创新的论著,它所提出的一些文章品评概念,如"风骨"、"神思"、"隐秀"等等,在后来的传统文学批评中得到了广泛的运用。由于其书的理论性在古典文论中诚属翘楚,而其中又不乏可作再度阐发的部分,所以从20世纪20年代以来,它受到越来越多研究者的青睐与推崇,仅全书校注本就有多种,较重要者除前揭范注外,另有杨明照《文心雕龙校注》(古典文学出版社,1958年;增订本,中华书局,2000年)、刘永济《文心雕龙校释》(中华书局,1962年)、王利器《文心雕龙校证》(上海古籍出版社,1980年)、詹锳《文心雕龙义证》(上海古籍出版社,1989年)等,海外还有施友忠的英译本,兴膳宏、目加田诚、户田浩晓的三种日译本等,"文心雕龙学"因之也成了一门国际性的学问。有关该学的历史与现状,上海书店出版社已于1995年刊行《文心雕龙学综览》一书(杨明照主编),颇详赡,可参阅。

(陈正宏)

文选 〔梁〕萧 统

《文选》,旧题南朝梁代昭明太子萧统编,因又名《昭明文选》。原本三十卷,唐李善作注,析为六十卷。现存版本甚多,可分为无注本与有注本两大系统。无注本又分两类,一为敦煌出土的数种六朝至唐写本残卷,出自原本三十卷一系;一为明代隆庆、万历间的几种刻本,均分六十卷,当是删去注本之注而刊之本。有注本情形复杂,主要有李善注、五臣注、六臣注、集注四个子系统的版本。李善注本六十卷,现存最早的版本为敦煌出土的两种唐写本残卷,刻本较早的则有北宋刻递修本残存二十一卷及南宋淳熙八年(1181)池阳郡斋刻本全本;五臣注本三十卷,现存南宋绍兴三十一年(1161)建阳陈八郎刊本,藏台北"中央图书馆";六臣注本乃合李善注与五臣注为一之本,亦六十卷,宋本有绍兴间明州刻递修本残卷、赣州州学刻本等数部;佚名《文选集注》一百二十卷,其旧传日本平安时期抄本现存二十余卷,有《京都帝国大学文学部景印唐钞本》第三至第九集所收本,其唐钞本现存部分,今人周勋初编为《唐钞文选集注汇存》(上海古籍出版社,2000年)。《文选》的通行本,是有注本系统中的李善注本和六臣注本,这两种本子目前较常见的版本,前者有中华书局1977年初版、1990年重印的断句影印本,和上海古籍出版社1986年初版、1994年重印的校点本,二本均以清嘉庆间胡克家复刻南宋尤袤刊《文选》李善注本为底本;后者有《四部丛刊》影宋本与中华书局1987年版《六臣注文选》。

萧统(501—531),字德施,南兰陵(今江苏常州西北)人。梁武帝萧衍长子。天监元年(502)立为皇太子。幼受五经,长能诗赋。以武帝好佛教,亦崇信三宝,遍览佛经,喜与名僧谈论。又好招引才学之士,讨论篇籍,商榷古今。所罗致诸人,当时号为东宫十学士。性爱山水,不蓄声乐。于民生疾苦,颇加关心。未即位而于中大通三年病卒,年仅三十一。谥曰昭明,世因称为昭明太子。著有文集二十卷,编有《正序》十卷、《文章英华》二十卷,皆佚。传世者除《文选》外,尚有后人所辑《昭明太子集》。

《文选》是中国现存最早的一部诗文总集。其成书的年代,一般认为当在梁普通七年(526)

后,中大通三年(531)前,即萧统去世前几年。理由是《文选》中收有诗文的作家,最晚去世的一位是东宫十学士之一的陆倕(佐公),卒于普通七年,而时尚在世的其他东宫学士如王筠等人则无作品入选。《文选》的编者,《梁书·昭明太子传》、《隋书·经籍志》等旧籍均明著为昭明太子萧统。但唐时日僧遍照金刚所撰《文镜秘府论》的"南卷·集论"称"梁昭明太子萧统与刘孝绰等撰集《文选》",后代因有《文选》非出自萧统独撰而成于众手之说,并推测协助编选的主要是东宫十学士中的某几位。至近年日本清水凯夫力主《文选》的编纂非以昭明太子为中心,而实以刘孝绰为中心。其说颇新异,但迄今尚未为学界完全接受。按刘孝绰(481—539)本名冉,字孝绰,彭城(今江苏徐州)人。梁天监初起家著作郎,后掌东宫管记,受昭明太子宾礼,为东宫十学士之一,曾受命为萧统编录个人文集并为撰序。由现存史料推考,其对于《文选》的编纂的确起过重要的作用。但要得出刘氏是《文选》唯一编纂人的结论,则尚须提供更为切实而全面的证据。

《文选》原本三十卷,卷首有昭明太子萧统所撰"文选序"。全书先以文体类次诸文,计分赋、诗、骚、七、诏、册、令、教、(策)文、表、上书、启、弹事、笺、奏记、书、檄、对问、设论、辞、序、颂、赞、符命、史论、史述赞、论、连珠、箴、铭、诔、哀、碑文、墓志、行状、吊文、祭文三十七体。其中"书"一体末又收"移"体之作,所以也有学者认为《文选》实分三十八体。各体之中,又依作品内容分为若干类,如"赋"体即分京都、郊祀、耕籍、畋猎、纪行、游览、宫殿、江海、物色、鸟兽、志、哀伤、论文、音乐、情十五类,而"诗"体又分补亡、述德、劝励、献诗、公宴、祖饯、咏史、百一、游仙、招隐、反招隐、游览、咏怀、哀伤、赠答、行旅、军戎、郊庙、乐府、挽歌、杂歌、杂诗、杂拟二十三类,等等。类下以作者时代前后排列作品,一家之作聚于一处,前无作者小传,但于各篇篇名下署作者姓字。综计全书共收录了上起周秦下迄梁代的一百三十余位作家的近八百篇作品。

根据萧统所撰《文选序》,《文选》选录作品的范围从其性质判断是专收集部之文,而基本不选经、史、子三部之作。稍显例外的是史书中的部分赞、论、序、述,《文选序》称:"若其赞论之综缉辞采,序述之错比文华,事出于沈思,义归乎翰藻,故与夫篇什,杂而集之。"可见如果富于辞采,那即便赞论序述本属史部作品,《文选》也加以收录。以此,论者认为"事出于沈思,义归乎翰藻"也即是《文选》选录作品的基本标准。"事"、"义"相连,指的是事实与义理;"沈思"、"翰藻"相对,则是说创作中深沈的构思,与作品所表现的美丽的辞采。所以能够入选《文选》的作品,主要也就是那些在编者看来经过深思熟虑而以富于辞采的文字将所要描绘的对象生动地表现出来的篇章。不过从《文选》收文的实际情况看,除了典型的文学作品,书中也选录了不少章、表、奏、启等实用性文章;除了讲究文章的辞采,编者同时也注重作品的风格是否雅正。以入选的作品数量为例,书中收录作品篇数明显多于他人的作者主要有曹植、潘岳、陆机、谢灵运、颜延之、谢朓、任昉、沈约诸家,皆被选录十五篇(题)以上,其中陆机、谢灵运、曹植三人作品选入尤多,分别达六十一、四十一、三十八篇。而陶渊明、鲍照等则相对较少。原因即在于在当时看来陶渊明的作品缺点是辞采不足,鲍照之诗则不免失之浮野,不够雅正,而唯有曹植、陆机、谢灵运等人之作,适合"丽而不浮,典而不野,文质彬彬"(萧统《答湘东王求文集及诗苑英华书》)的要求。由此再看《文选》于六朝乐府中歌咏情爱之作概不选录,其宗旨为何也便很明显了。

在中国文学研究史上,《文选》具有十分重要的地位。首先它作为一部总集,保存了一大批六朝及以前的中国文学的代表作品,成为后来学者研习古代文学尤其是汉魏六朝文学的必读典籍。以赋一体而言,除了晚出而未及入选的北朝作家庾信的名篇《哀江南赋》,上起西汉司马相如《子虚赋》、《上林赋》,下迄梁朝江淹《恨赋》、《别赋》,梁以前文学界具有代表性的赋,几已全部囊括于其中。又从文学批评史研究的角度看,像曹丕的《典论·论文》、陆机的《文赋》等魏晋文论名篇,主要也由于本书的选录,而得以流传至今。至于对作家作品的研究来说,《文选》所录,也不乏重要价值之作。像陶渊明的《归去来辞》、《读山海经诗》等足以反映其平生志向的作品,便因为本书的选录而为后来研究者所重视。尽管从总量上看,本书对陶氏之作选入不多,对其价值的判断也尚存在偏失。

其次《文选》作为一部文学作品的选本,其据以判定入选与否的标准,代表了六朝时人对文学的认识水平,因而《文选》本身又成为后代研究文学批评历史的一份重要资料。将它与同时代产生的文学批评名著《文心雕龙》、《诗品》以及萧纲、萧绎的论文篇章相对比,既可以分析出文学观念方面的时代特征,也可以看出在当时的时代氛围中各家所持批评标准的特异之处,从而由一个侧面凸显近世文学史所谓六朝时期为文学自觉时代的丰富内涵。

《文选》对于隋唐以后的文学发展与文学研究产生了深远的影响。唐代大诗人杜甫曾以"熟精《文选》理"教诲其子如何读书,而他本人的诗歌创作,据近代学者李详及日本学者吉川幸次郎研究,也受到《文选》深刻而广泛的影响,单由其用语多采自《文选》一点而言,即可见其间关系深切之一斑。宋代更有"《文选》烂,秀才半"的谚语流传于世,反映了这部古典名著通过科举制度而与读书阶层发生的前所未有的密切关联。另一方面,早在隋代,即有萧该撰《文选音义》三卷,开创了以注释的方式研究《文选》的先例。隋唐之际又有曹宪为《文选》别撰"音义"。此后李善跟随曹宪研习《文选》而为之作注,"文选学"的名称因之诞生,"选学"也成了中国文学研究领域内的一个重要分支。面对李善注本的广泛流行之势,唐代又出现了与之相对的"五臣注本"。五臣是指吕延济、刘良、张铣、吕向、李周翰五位文臣,他们集撰的《文选》注本,由吕延祚出面于唐玄宗开元六年(718)上进朝廷。至宋元明三代,有关《文选》的研究论著更是层出不穷,不但有注释本,还出现了"菁英"、"类林"、"摘遗"、"锦字"等名目繁多的品评与再选辑之作。降及清代,朴学盛行,对于《文选》的研究又转向重视《文选》版本考证与对《文选》李善注等选学名著作进一步探究的方面,出现了诸如胡克家《文选考异》、汪师韩《文选理学权舆》等较有名的成果,"选学"继唐代一度繁盛后,至此得以再度以学术的面貌受到学界的普遍重视。

《文选》的影响还遍及域外,尤其是东亚汉文化圈诸国。以日本为例,见于记载的,最迟在8世纪中叶《文选》已传入该国。平安时代,《文选》是日本上流社会颇为崇奉的要籍,并直接影响到当时的日本文学创作。同时由于阅读的需要,中国学者注释《文选》的著作如李善注等相继传入,日本学者自撰的《文选》研究著作也逐步诞生。平安时期日人钞本《文选集注》可说是前一方面的例证,江户时期出现大量日文训点本《文选》则是后一方面的前奏。

进入20世纪以来,《文选》的研究已成为一门世界性的学问。在中国,尽管"五四"运动时期曾对"选学"进行了激烈的批判,但作为学术研究的"文选学"并未中断。1937年由中华书局初版的骆鸿凯著《文选学》一书,是从学术史角度总结《文选》研究历史的开创性著作。同年北京直隶书局刊行的高步瀛撰《文选李注义疏》虽为未完之作,却将对李善注的研究推进至一种更为细密的程度。此后学界发表了大量论著,对涉及《文选》各个方面的问题作了探讨。其中像何融《〈文选〉编撰时期及编者考略》(1949年《国文月刊》第七十六期),朱自清《〈文选序〉"事出于沈思义归乎翰藻"说》(1937年作,收入江苏教育出版社1993年刊《朱自清全集》第八卷),饶宗颐《敦煌本文选斠证》(1957、1958年《新亚学报》三卷一、二期)、《读文选序》(收入论文集《文辙:文学史论文集》,台湾学生书局,1991年),曹道衡、沈玉成《有关〈文选〉编纂中几个问题的拟测》(收入《昭明文选研究论文集》,吉林文史出版社,1988年),王运熙《〈文选〉选录作品的范围和标准》(《复旦学报》1988年第6期),游志诚《昭明文选学术论考》(台湾学生书局,1997年),王立群《文选成书研究》(商务印书馆,2005年),顾农《文选论丛》(广陵书社,2007年)等都在学界获得了较广泛的影响。日本是20世纪《文选》研究的重镇,自50年代末京都大学人文科学研究所刊行著名学者斯波六郎的四卷本《文选索引》后,有关研究成果层出不穷。较著名的主要有70年代由小尾郊一、花房英树合作译注的七卷本《文选》,作为集英社的《全译汉文大系》之一出版;八九十年代清水凯夫又撰《文选》研究论文多篇,倡"新文选学",并主张《文选》编纂实以刘孝绰为中心,有关论述已有汉译,收入首都师范大学1995年版《清水凯夫〈诗品〉〈文选〉论文集》。欧美学者对《文选》进行研究的成果,也早自50年代起即有刊布,1957年James R. Hightower在《哈佛亚洲学志》(*HJAS*)第十卷三、四期上发表的《文选与类型理论》("The Wen Hsüan and genre theory")迄今尚为论者征引。至80年代为止还出现了三个《文选》的西文译本,即由Erwin Van Zach翻译、哈佛大学出版社1958年出版,和由Martin Gimm翻译、1968年出版于威斯巴登的两种德文译本,以及由David

R. Knechtges 翻译、普林斯顿大学出版社 1982 年出版的英译本。此外韩国自 70 年代以来也有相关论文发表,有关研究详情,可参见韩国白承锡《韩国〈文选〉研究的历史和现状》(《郑州大学学报》1993 年第 5 期)。1998 年中华书局刊行的俞绍初、许逸民主编《中外学者文选学论集》,亦可参阅。

(陈正宏)

玉台新咏 〔陈〕徐 陵

《玉台新咏》十卷。旧题南朝陈代徐陵选辑。现存最早的版本,是敦煌发现的唐写本残卷(伯二五〇三号,书题已佚,残存五十余行,内容为本书卷二末张华《情诗》第五篇至石崇《王明君辞》诸诗。有罗振玉《鸣沙石室古籍丛残》影印本)。全本现存刊刻年代较早的,均为明本,以五云溪馆铜活字本(有《四部丛刊》影印本)、嘉靖十九年(1540)郑玄抚续辑五卷合刻本、崇祯六年(1633)赵均刻本等较知名,但诸本次第、篇数均已不同程度受到窜乱而失真。一般认为相对而言较接近原书面貌的,是赵均刻本,该本据云以南宋嘉定八年(1215)陈玉父刊本为底本重刊,有1955年北京文学古籍刊行社影印本;《四库全书》所收《玉台新咏》,亦以赵均本为底本。2011年,上海古籍出版社出版了吴冠文、谈蓓芳、章培恒的《玉台新咏汇校》。

徐陵(507—583),字孝穆,东海郯(今山东郯城)人。梁著名文臣徐摛之子。普通四年(523)晋安王萧纲为平西将军、宁蛮校尉,徐摛、徐陵父子皆入王府参其事。中大通三年(531)萧纲被立为皇太子,徐陵又充选东宫学士。时萧纲撰《长春殿义记》,命陵作序;又令陵于少傅府述所制《庄子义》。已而迁镇西湘东王(萧绎)中记室参军。太清二年(548),以通直散骑常侍出使东魏。此后经侯景寇乱南方、北齐代东魏诸事,迁延被羁,滞留北方多年。至承圣三年(554)西魏克梁都江陵并杀梁元帝萧绎,次年,北齐乘机立原被俘的梁贞阳侯萧渊明为梁帝,派兵遣送南归,徐陵方得随还故国。绍泰二年(556)复出使北齐。入陈,由尚书左丞、吏部尚书,官至左光禄大夫、太子少傅,其间官方文檄军书及禅授诏策,皆出其手,史因有"一代文宗"之誉。尤长作典丽之诗及骈文,其诗与庾信之作并为世人称道,号"徐庾体"。著作多散失,今存《徐孝穆集》十卷(有《四部丛刊》影印明刊本),乃后人所辑。《玉台新咏》为徐陵编纂,向无异议。但近年章培恒考证其书撰录者当为一女性,且甚有可能为张丽华,其说已引起学界关注。

《玉台新咏》是继《文选》之后诞生于南朝的又一部著名的文学总集。其编纂起因,据唐代刘肃《大唐新语》称:"梁简文帝为太子,好作艳诗,境内化之,浸以成俗,谓之'宫体'。晚年改作,追之不及,乃令徐陵撰《玉台集》,以大其体。"若其说可靠,参以简文帝萧纲(503—551)即位三载即亡故,此三年间徐陵均被羁于北方,而《玉台新咏》书中收萧纲诗,概署"皇太子"之号(如卷七有"皇太子圣制乐府三首"等),则本书的编纂年代,盖在萧纲为皇太子的后期,太清二年(548)徐陵出使东魏前不久。

今本《玉台新咏》全书十卷,卷首有署"陈尚书左仆射太子少傅东海徐陵"的《序》一篇,据前考本书编于梁代,则此署名所标陈代官衔当系后人所加。《序》用骈体结撰,借描画一跨越时空的绝代丽人"其佳丽也如彼,其才情也如此"而"无怡神于暇景,唯属意于新诗",点出本书的编选经过,所谓"但往世名篇,当今巧制,分诸麟阁,散在鸿都,不藉篇章,无由披览。于是然脂暝写,弄笔晨书,撰录艳歌,凡为十卷"。全书共收录梁以前及梁代诗歌七百余首,分体编为三部分:卷一至卷八为五言诗,卷九为歌行,卷十为五言古绝。各部分基本上都是以人系诗,诗人排次则大致依时代前后为序。各卷卷首均有目录,记诗人名氏及所选作品数。至其内容方面的特点,则主要有二。

一、本书是一部专门选录"艳歌"的通代诗选。所谓"艳歌",其中心的意义自与萧纲所倡的"宫体诗"有直接的联系,故本书所收,颇不乏以描摹女性姿态、表现男欢女爱为主题的诗作。但"艳歌"的含义,在本书的编者看来还可以赋予更加宽泛的内涵,具体地说,凡是诗语涉及女性,甚而以女性为喻的诗作,只要是"往世名篇,当今巧制",也同样可被视为出色的"艳诗"收入本书。所以像表现东汉焦仲卿、刘兰芝夫妇凄婉爱情故事的长篇叙事诗《孔雀东南飞》(书中题《古诗为焦仲卿妻作》)即见录于卷一,汉时童谣歌("城中好高髻")、汉桓帝时童谣("小麦青青大麦枯")以及晋时童谣("邺中女子莫千妖")等又先后登载于卷一与卷九;而像张衡《四愁诗》那样本是以美人喻君子的隐喻性作品,也同样不顾其寓意而取录进来(卷九)。这样做的结果,是客观上突破了本来比较狭隘的"宫体"范围,反映了更为广阔的现实生活众生相。

二、本书编纂于《文选》之后,从其选人选诗方面,又可以明显看出其中蕴含有一种与《文选》"事出于沈思,义归乎翰藻"的讲究文质彬彬的选文标准十分不同的文学主张。同样是选诗,在《文选》中受到重视的诗人,到本书中即往往无足轻重。例如谢灵运诗《文选》所录多至四十二首,而本书仅收一题《东阳溪中赠答》二首(卷十),且此二首皆为《文选》不录者。陶渊明诗《文选》录八首,本书仅选一首;郭璞诗《文选》录七首,本书一首也未选。相反地在《文选》中并不受重视甚至受到轻视的诗人,到本书则颇受青睐。像沈约、鲍照、傅玄三家,《文选》分别录其诗十三、九、一首,本书即依次多达三十七、十七、十六首。而究其之所以与《文选》大相径庭,根源可能即在于本书的编纂指导人萧纲不喜欢"了无篇什之美"的强调自然澹泊的山水玄言诗,而更重视与正统儒学诗教观有相当距离的"吟咏情性"的纯美之作(见《与湘东王书》)。为了追求"情性",编选者不惜走向极端,以最能直白地表露"情性"的艳情诗为选录中心。

《玉台新咏》内容上所具有的这两个特点,是魏晋以来文学逐渐脱离儒学教化原旨,重视表现人的感情的自然结果。其中透露的与《文选》相反而实相成的编纂宗旨,代表了南朝时代文学研究者对于文学独特性的独到把握,在总集编选史上有重要的地位。即单从保存文学史料的角度言,书中登载《孔雀东南飞》那样重要的中国文学名作,选收大量南朝乐府民歌,辑录一整卷五言古绝,对于后人研究传统叙事诗的成就,理清乐府诗发展的脉络,探究唐代诗坛盛行五绝的远因,也都有不可忽略的价值。但因为唐宋两代文学研究中渗入了较多的儒家伦理中心主义观念,《玉台新咏》因其专录"艳歌",而被漠视以至贬斥。直到明代中叶以后,才又重新受到学界的普遍重视。

从学术的角度看,《玉台新咏》自亦不无缺失。像著名的"古诗十九首",《文选》、《诗品》等旧著均审慎地定为佚名作品,本书却标其中的"西北有高楼"、"青青河畔草"等八首为枚乘之诗(卷一),其实早在晋代陆机作《拟古诗》十二首时,这八首诗均已在拟作之列,陆机取诗题为"拟古诗"而不题"拟枚乘诗",正说明它们并非枚乘之作。《玉台新咏》采旧传疑之辞(《文心雕龙》谓"古诗佳丽,或称枚叔")入书而改为定说,不免失于轻率。

有关本书的研究,主要有清纪容舒《玉台新咏考异》(有《四库全书》本)、《四库全书总目》本书提要、王重民《敦煌古籍叙录》本书提要、曹道衡为《中国大百科全书·中国文学》所撰本书提要、刘跃进《玉台新咏研究》(中华书局,2000 年)。论文则有詹瑛《"玉台新咏"三论》(1944 年《东方杂志》第四十卷六期)、日本小川环树《关于玉台新咏集》("玉台新咏集について",1956 年《文库》第六十二号)、植木久行《明末清初〈玉台新咏〉研究的确立》("明末清初の'玉台新咏'研究の确立",1981 年《中国文学研究》第七号)和《明代通行本〈玉台新咏〉解题》("明代通行'玉台新咏'本の解题",《小尾博士古稀记念中国学论集》,1983 年 10 月)、兴膳宏《玉台新咏成立考》(1982 年《东方学》第六十三号)、曹道衡《关于〈玉台新咏〉的版本及编者问题》(《中国古典文学论丛》第二辑,人民文学出版社,1985 年)、韩国安炳国《〈玉台新咏〉研究》(1987 年《中国语文学》第十三辑)、沈玉成《宫体诗与〈玉台新咏〉》(《文学遗产》1988 年第 6 期)、日本林田慎之助《〈文选〉和〈玉台新咏〉编纂的指导思想》(韩贞全译,《山东师大学报》1991 年第 3 期)、邬国平《〈玉台新咏〉张丽华撰录说献疑——向章培恒先生请教》(《学术月刊》2004 年第 9 期)等。

本书的注释本,以清吴兆宜注、程琰删补的《玉台新咏笺注》最为流行(有中华书局 1985 年排印本)。本书的外文译本,则有日本铃木虎雄译解、岩波书店 1953 至 1956 年版,内田泉之助译、明治书院 1974 至 1975 年版两种日文本,以及由 Anne M. Birrell 译、1982 年出版于伦敦的英文本(名 *New Songs from a Jade Terrace — An anthology of early Chinese love poetry*, *translated with annotations and an introduction*)。有关本书的工具书,则有日本小尾郊一、高志真夫合编的《玉台新咏索引》(东京山本书店,1976 年)。

(陈正宏)

魏晋南北朝编

艺术类

音 乐

乐论 〔魏〕阮 籍

《乐论》，一篇。三国时魏国阮籍著。后人将它收入阮籍文集中。通行本有明嘉靖间陈德文、范钦刻《六朝诗集》本《阮嗣宗集》二卷；万历、天启间汪士贤辑刻《汉魏诸名家集》本《阮嗣宗集》二卷；天启崇祯间张燮编《七十二家集》本《阮步兵集》六卷；明末张溥辑《汉魏六朝百三名家集》本《阮步兵集》一卷；1978年上海古籍出版社《阮籍集》本；1987年中华书局《阮籍集校注》本。

作者生平事迹见"阮籍集"条。

阮籍音乐造诣颇高，对音乐理解颇深。作为音乐家，《晋书·阮籍传》说他"善弹琴"。著有琴曲《酒狂》，传至今。

《乐论》是阮籍最重要的文章之一。它不但体现了阮籍的音乐理论，而且体现了他的哲学思想和政治理想。阮籍用答刘子问的形式，从不同层次或不同方面阐述了"移风易俗，莫善于乐"的道理。主要内容如下。

一、"乐"与"自然之道"的关系。他认为，"乐"应当符合"自然之道"，不符合"自然之道"的不可谓之"乐"。"夫乐者，天地之体，万物之性也。合其体，得其性则和；离其体，失其性则乖。昔者圣人之作乐也，将以顺天地之体，成万物之性也。""故律吕协则阴阳和，音声适而万物类，男女不易其所，君臣不犯其位，四海同其欢，九州一其节""日迁善成化而不自知，风俗移易而同于是。乐此自然之道，乐之所始也"。

二、"道德荒坏，政法不立"、"化废欲行，各有风俗"之世，圣人"立调适之音，建平和之声，制便事之节，定顺从之容"，使天下从事音乐活动之人，"莫不仪焉"，把它当作表率。"歌谣者，咏先王之德；俯仰者，习先王之容；器具者，象先王之式；度数者，应先王之制。入于心，沦于气。心气和洽，则风俗齐一。"其所以强调"先王之德"，并非意在复古，实出于不满时政。

三、制作乐器的材料必须"调和淳均者"，五声必须合乎自然之常数，才有平和之乐，才能"移风易俗"。"故八音有本体，五声有自然，其同物者，以大小相君。有自然，故不可乱，大小相君，故可得而平也。若夫空桑之琴,云和之瑟,孤竹之管,泗滨之磬,其物皆调和淳均者。声相宜也,故必有常处;以大小相君,应黄钟之气,故必有常数。有常处,故其器贵重;有常数,故其制不妄。""使去风俗之偏习,归圣王之大化。"其见解包含相当的科学性。

四、礼、乐、刑、教相配合,使天下太平。"刑教一体,礼乐内外也。刑弛则教不独行,礼废则乐无所立。尊卑有分,上下有等,谓之礼。人安其生,情意无哀,谓之乐。"要使老百姓过好日子,才有乐。"礼逾其制,则尊卑乖。乐失其序,则亲疏乱。礼定其象,乐平其心。礼治其外,乐化其内。礼乐正而天下平。"

五、贵"正乐"、薄"淫声",才能移风易俗。"昔先王制乐,非以纵耳目之亲,崇曲房之嬿也,必通天地之气,静万物之神也;固上下之位,定性命之真也。故清庙之歌,咏成功之绩;宾飨之诗,称礼让之则;百姓化其善,异俗服其德。此淫声之所以薄,正乐之所以贵也。"从道理上说是对的。所指夏桀、殷纣之乐为淫声,真淫声也;至于楚越郑卫江淮漳汝等民间歌曲,则未必淫,这应是阮籍的一种偏见。

阮籍将儒家推崇的"和乐"与道家的"顺天地之体,成万物之性"联系起来,将儒家的"男女不易其所,君臣不犯其位"与道家的"自然之道"联系起来,将儒家推崇的雅乐与道家的"道德平淡"联系起来,将儒家推崇的"先王"与道家设想的"达道之化者"联系起来。虽然是以"自然之道"为本体,但圣人作乐可以体现自然、体现道,甚至乐本身也可以是自然,可达到道。这就使儒道音乐美学思想实现了大体均衡的结合,是在基本哲理方面、本体方面的结合。

有关《乐论》的研究有明陈德文、范钦刻本《阮嗣宗集》注;张溥《阮步兵集》题辞;上海人民出版社1980年版孙叔平《中国哲学史稿·阮籍的礼乐论》;中国社会科学出版社1987年版李泽厚、刘纲纪主编《中国美学史》第二卷第五章《阮籍〈乐论〉及其他》;齐鲁书社1987年版敏泽《中国美学思想史》第一卷第二十六章《魏晋南北朝音乐理论中的美学思想》;人民出版社1988年版任继愈主编《中国哲学发展史·魏晋玄学和音乐思想》;人民音乐出版社1995年版蔡仲德《中国音乐美学史》第二十五章《阮籍的音乐美学思想》等。

(周 畅)

声无哀乐论 〔魏〕嵇 康

《声无哀乐论》,一篇。三国时魏国嵇康作。后人将它收入嵇康文集中。通行本有明黄省曾仿宋刻《嵇中散集》本、明汪士贤《汉魏诸名家集》本、明张燮《七十二家集》本《嵇中散集》六卷、明张溥《汉魏六朝百三名家集》之《嵇中散集》本、清《四库全书》本、文学古籍刊行社 1956 年版鲁迅校勘《嵇康集》本、人民文学出版社 1962 年版戴明扬《嵇康集校注》本。

作者生平事迹见"嵇康集"条。

嵇康作为音乐家,善弹琴,以演奏《广陵散》著称,《晋书·嵇康传》说:"康将刑东市,太学生三千人请以为师,弗许。康顾视日影,索琴弹之,曰:昔袁孝尼尝从吾学《广陵散》,吾每靳固之,《广陵散》于今绝矣!"作有琴曲《长青》、《短青》、《长侧》、《短侧》四弄和《风入松歌》;对乐理有精深的理解,其《琴赋》为乐赋之冠,《声无哀乐论》在音乐理论方面自成体系。

《声无哀乐论》是一篇自成体系的音乐论文,同时又是自然本体论玄学的一篇哲学论文。它是以"自然"否定"名教"的一个典型,应是嵇康后期的作品。他认为音乐不能表现悲哀或快乐的感情,因而也不能用它去移风易俗。他反复批驳音乐可以表现感情的观点,在音乐美学思想史上,是一次声无哀乐论对声有哀乐论的论辩,用今天世界术语来说,是一次"自律论"对"他律论"的论辩。嵇康首创音乐美学思想的"自律论"体系,其主要论点如下。

一、音声是一种自然现象,哀乐爱憎不能使它"改度"、"易操"。"夫天地合德,万物资生;寒暑代往,五行以成,章为五色,发为五音。音声之作,其犹臭味在于天地之间。其善与不善,虽遭浊乱,其体自若而无变也——岂以爱憎易操、哀乐改度哉?"

二、声音只有"善恶"——好听不好听的问题,就像味道之有甘苦一样。人不能以爱憎改变味之甘苦,也不能用哀乐改变声音,外界和内心的作用不同,客观与主观的名称各异。"夫味以甘苦为称。今以甲贤而心爱,以乙愚而情憎,则爱憎宜属我,而贤愚宜属彼也,可以我爱而谓之爱人,我憎而谓之憎人,所喜则谓之喜味,所怒则谓之怒味哉?由此言之,则外内殊用,彼我异名。声音自当以善恶为主,则无关于哀乐;哀乐自当以情感而后发,则无系于声音,名实俱去,则尽然可见矣。"

三、各地风俗不同,表达感情的方式不一样,音声"无常",也就不能表达感情。"夫殊方异俗,歌哭不同,使错而用之,或闻哭而欢,或听歌而戚,然其哀乐之怀均也。今用均同之情,而发万殊之声,斯非音声之无常哉?"

四、"心之与声,明为二物"、"殊途异轨,不相经纬。""器不假妙瞽而良,籥不因慧心而调,然则心之与声,明为二物,二物诚然,则求情者不留观于形貌,揆心者不借听于声音也。察者欲因声以知心,不亦外乎?""声之与心,殊途异轨,不相经纬,焉得染太和于欢戚、缀虚名于哀乐哉?"

五、"音声有自然之和,而无系于人情。""声音以平和为体,而感物无常,心志以所俟为主,应感而发。"平和的音乐,悲哀的人听了就悲哀,欢乐的人听了就欢乐。"夫五色有好丑,五声有善恶,此物之自然也。""克谐之音,成于金石,至和之声,得于管弦也。""夫推类辨物,当先求之自然之理。"

六、声音"皆以单、复、高、埤、善、恶为体,而人情以躁、静、专、散为应",躁、静、专、散不是喜怒哀乐等感情。"声音之体,尽于舒疾,情之应声,止于躁静耳。"躁静是音乐的作用,哀乐是"自以事会,先遘于心",不是音乐引起的。"躁静者,声之功也,哀乐者,情之主也,不可见声有躁静之应,因谓哀乐皆由声音也。"

嵇康《声无哀乐论》的缺点,在于否定音乐与感情的关系,长处则在于他比他的前人更多地注意到了音声的自然属性、乐音的自然之和、音乐的形式美。否定音乐能表现感情,是不科学的,但高标音声的"自然之和",又从另一端强调了音乐的科学性。在音乐中,乐音与感情,是矛盾的统一。把音乐表达感情这种科学性与音乐自身特点这种科学性结合起来,便能更深刻地认识和更好地发展音乐艺术。

有关《声无哀乐论》的研究有戴明扬《嵇康集校注》所附明黄道周、曹宗璠评论;人民音乐出版社 1964 年版吉联抗《嵇康:声无哀乐论》;上海人民出版社 1980 年版孙叔平《中国哲学史稿·嵇康的声乐论》;中国社会科学出版社 1987 年版李泽厚、刘纲纪主编《中国美学史》第二卷第六章《嵇康的〈声无哀乐论〉》;齐鲁书社 1987 年版敏泽《中国美学思想史》第一卷第二十六章《魏晋南北朝音乐理论中的美学思想》;人民出版社 1988 年版任继愈主编《中国哲学发展史·魏晋玄学的音乐思想》专节;人民音乐出版社 1995 年版蔡仲德《中国音乐美学史》第二十六章《嵇康的音乐美学思想》;中国美术学院出版社 1997 年版蔡仲德《〈乐记〉〈声无哀乐论〉注译与研究》等。

(周　畅)

古今乐录 〔陈〕智 匠

《古今乐录》，十二卷或十三卷。南朝陈代智匠撰。成于陈光大二年(567)。此书在《隋书·经籍志》、《旧唐书·经籍志》、《新唐书·艺文志》中均见著录，约在北宋以后失传。其部分文字赖郭茂倩《乐府诗集》等古籍的征引而得以保存。今存《古今乐录》均为辑佚本，有清嘉庆五年王谟《汉魏遗书钞》本、清道光年间马国翰《玉函山房辑佚书》本、吉联抗辑本(收入氏著《古乐书佚文辑注》，人民音乐出版社1990年)、刘跃进辑本(收入氏著《玉台新咏研究》，中华书局，2000年)等。

智匠，僧人，生平事迹失载。一作释智匠，或智丘、智邱。据《隋书·经籍志》和《新唐书·艺文志》，今定名为智匠。

《古今乐录》是关于汉魏六朝清商乐的重要史籍。据吉联抗辑注本，全书佚文共一百九十七条。其中转录自张永《元嘉正声技录》的九条，转录自王僧虔《大明三年宴乐技录》的三十九条，转录自何承天、沈约等所云的五条，其余一百四十七条均为作者本人的记述。

在转录自张永《技录》的九条中，四条录有相和六引及相和歌所用的七种乐器、十五首相和曲、四首吟叹曲的曲名和各曲歌辞有无等情况，并具体介绍了相和歌《东光》。一条录有《四弦曲》，可见其在相和歌和清商乐间的承先启后作用。另四条录有清商乐平调曲、清调曲、瑟调曲、楚调曲的音乐情况，并有但曲七首曲名的所用乐器。

在转录自王僧虔《技录》的三十九条中，一条录有乐曲《王昭君》，反映了这首曲子从相和歌向清商乐衍变的迹象；五条录有平调七曲、《荀氏录》所载十二曲、传者五曲的曲名、作者和所用乐器，以及四首平调曲的流传情况。两条录有清调六曲、《荀氏录》载九曲、传者五曲的曲名、作者和所用乐器，以及清调曲《豫章行》的流传情况。二十四条录有瑟调三十八曲，《荀氏录》所载十五曲、传者九曲的曲名、作者和所用乐器，以及二十二首瑟调曲的曲名。六条录有楚调五曲的曲名及所用乐器，以及四首乐曲的曲名。一条录有《櫂歌行》、《白头吟》所属何调。

智匠本人的记述共一百四十四条，分鼓吹铙歌、横吹曲、吴声歌、西曲等部分。其中三十九条录有汉鼓吹铙歌二十一曲曲名及其三十四首乐曲的歌辞内容。十四条录有梁鼓角横吹曲六十六曲曲名和四首歌辞等。一条录有伧歌的形式。两条录有两首相和歌的歌辞内容。十二条录有吴声歌所用乐器、乐曲曲名及十一首乐曲的创作缘由或歌辞内容。十五条录有三十四首西曲曲名及十一首并舞曲的舞蹈人数、形成背景或过程和个别舞曲的衬词。十六条录有十六首倚歌名。十三条录有十三首倚歌之"和"词。另录三条江南上云乐、梁雅歌曲名二十六首。除上述四大部分外,其余诸条亦有记录他种舞蹈的沿革或舞歌歌辞情况以及琴曲、谣歌的创作过程等。

《古今乐录》广引古书,同时注重分析、归纳并阐述个人观点。主要论述清商乐与相和歌及民歌的关系。它所保存的张永、王僧虔《技录》中的文字,是探索研究清商乐的可贵材料,是一部研究中国古代音乐史的重要文献。

(姜 姝)

碣石调·幽兰 〔梁〕丘 明

《碣石调·幽兰》,又称《幽兰第五》,或略称《幽兰》,原谱在曲名后注"一名《倚兰》",一卷四拍(段),共计四千九百三十七字(含原抄写者夹注)。原曲作者不明。谱前有序,称此曲为南朝梁代琴人丘明(494—590)传谱。该抄卷原珍藏于日本京都市上京区西贺茂神光院,现归东京国立博物馆。该卷纸本宽二十七点二厘米,长四百二十六厘米,共十枚纸联缀,系琴谱写本之残卷。1845年前后,日本森立之、涩江道纯共撰的《经籍访古志》卷二经部下乐类另有此谱宝素堂藏本之影写件;1884年,大清国驻日公使黎庶昌约请日本刻版大师木村嘉平等人仿宝素堂藏本镌刻,后收入其所辑印的《古逸丛书》。此后尚有1922年《琴学丛书》本、1936年商务印书馆《丛书集成初编》本、1981年中华书局《琴曲集成》神光院藏本之影印本等。

传谱者丘明,诸典籍失载。唯《幽兰·序》云:"丘公字明,会稽人也。梁末隐于九疑山。妙绝楚调,于《幽兰》一曲,尤特精绝。以其声微而志远,而不堪授人。以陈祯明三年(589)授宜都王叔明。隋开皇十年(590),于丹阳县卒。年九十七。无子传之,其声遂简耳。"

《碣石调·幽兰》卷子据说是平安时代(8世纪末至12世纪)由中国传入日本的。该卷用毛笔楷书抄写。一说"审是李唐人真迹";一说为桓武天皇延历元年(782)以前笔迹;一说据内容的古朴性、幅面的陈旧度和避讳情况,推测为762—779年间的写卷;一说抄写于武则天(690—705在位)时代。卷子最初藏于日本皇室。江户时代(1603—1867)由水尾天皇(1612—1629在位)赐给京都伶人伯家近宽;明治四年(1871)为京都西贺茂神光院住持僧和田智满私有。明治四十四年(1911),和田智满将其捐赠西贺茂神光院。次年二月,该卷子被指定为日本国宝。

《幽兰》文字谱用古汉语表述弹奏古琴时的左手用指、弦序和徽位,以及右手指法。全曲共四段。第一段用按音奏法;第二、三段先用泛音,后用按音;第四段以泛音奏法为主。谱后附有《楚调》、《千金调》等五十九首琴曲之目录。

曲名《幽兰》前的"碣石调"三字,有人认为是琴调名称。这种在曲名前冠以调名的标系法为历代琴曲中所仅见。故有人认为此三字是抄写卷子的唐人所加。一说"碣石调"是指古代陇西少数民族的曲调形式。又据《南齐书·乐志》:《碣石》,魏武帝辞。晋以为《碣石舞》,其歌四章。推测乃因此曲采用了《碣石舞》音调而得名。

琴曲《幽兰》的内容,因南朝宋文学家鲍照(约414—466)的琴曲歌辞《幽兰》中有"华落不知终,空愁坐相误"的描写,故一般认为此曲抒发了古代寒门文士郁郁不得志的苦闷心情,在苦闷中又透出孤芳自赏的情绪。

《碣石调·幽兰》是学界公认有乐谱传世的一首最古老的琴曲,也是迄今中国唯一见在的古琴文字谱。中国古乐的亡佚状况远甚于其他典籍,有确切年代可考的古曲很少,故此曲在中国古代音乐史上具有特别重要的学术价值。在乐学上,它为中古琴曲正调弦式提供了古曲之实证;而古琴文字谱又是古琴减字谱的前身。在律学上,《幽兰》表明当时采用了七弦十三徽的琴制,以琴徽为标志的泛音、按音构成了完整的纯律音阶。

有关《碣石调·幽兰》的研究,首推18世纪日本汉学家荻生徂徕的《徂徕幽兰琴谱》、《碣石调幽兰指法》。此后,有幸田泉子的《幽兰字母沿流》(幸田亲盈校正)。森立之在《经籍访古志》中对此谱有初步的考证。1914年,京师琴人杨时百弹出此曲并撰《幽兰指法解》,译出了《幽兰双行谱》附于其《琴学丛书》之卷三。1953年,国内曾举行过"幽兰弹出交流会"和"幽兰弹出讨论会",刊印了《幽兰研究实录》三辑。1957年,查阜西据《琴书大全》和《乌丝栏古琴指谱》写作了《幽兰指法集解》。随后音乐界推出了四家(管平湖、姚丙炎、徐立荪、吴振平)《幽兰》打谱稿,用减字谱与线谱对照的形式出版,载于人民音乐出版社1962年版《古琴曲集》。

(王德埙)

书 法

隶书体 〔西晋〕成公绥

《隶书体》，一篇。西晋成公绥著。《太平御览》引本目作《隶势》。有《成公子安集》本、宋陈思《书苑菁华》本、上海书画出版社《历代书法论文选》本。

成公绥(231—273)，字子安，东郡白马(今河南滑县东)人。西晋文学家。自幼聪敏，博涉经传，少时词赋甚丽，颇为张华所重，荐之太常，征为博士，后累迁至中书郎。通书学。著有文集，已散佚。明人辑有《成公子安集》一卷，清人有《成公子安集选》一卷。《晋书》卷九二有传。

《隶书体》主述各书体中唯有隶书繁简中庸，规矩有则，用之适宜，并以赋体盛赞之。

《隶书体》开篇从文字形成到"灿矣成章"，谓文字产生与文章形成，皆因记事传道之需，即所谓"实由书纪"。而书体又"时变巧易，古今各异"。相比之下，"虫篆既繁，草稿近伪，适之中庸，莫尚于隶"。而隶之最大优点为"规矩有则，用之简易"。其"形体抑扬，芬葩连属，分间罗行。烂若天文之布曜，蔚若锦绣之有章"。其笔势"或轻拂徐振，缓按急挑，挽横引纵，左牵右绕，长波郁拂，微弱缥缈"。其用笔"尔乃动纤指，举弱腕，握素纨，染玄翰"，隶字形成即可"章周道之郁郁，表唐虞之耀焕"了。而其布白则"仰而望之，郁若霄雾朝升，游烟连云；俯而察之，漂若清风厉水，漪澜成文"。此篇抑篆、草而尊隶书，就书法的发展而言，这种对现实应用性书体的肯定是适应社会需要的。但本篇浮词过甚，极尽形容，对隶书的功用论述，则不尽如人意。

有关《隶书体》的研究著作有潘运告编著《汉魏六朝书画论》(湖南美术出版社，1997年)，收有《隶书体》的注释与译文。

（顾安文）

四体书势 〔西晋〕卫 恒

《四体书势》，一卷。西晋卫恒著。有《晋书·卫恒传》本、《说郛》本、宋陈思《书苑菁华》本、上海书画出版社《历代书法论文选》本。

卫恒（？—291），字巨山，河东安邑（今山西夏县北）人。西晋书法家。官至黄门侍郎，惠帝初，为贾后及楚王司马玮等所杀。后追谥兰陵贞世子。善作草、章草、隶、散隶四种书体。另著有《古来能书人录》一卷。《晋书》卷三六有传。

《四体书势》被认为是我国第一部书法史著作，主要论述古文、篆、隶、草等四种书体书势。每体各叙其起源，兼述各体书家优劣，后系以赞。其《篆势》赞为蔡邕撰，《草势》赞为崔瑗撰，而古文《字势》赞及《隶势》赞则为恒自撰。《晋书·卫恒传》录其全文。文中叙述了古文产生的时代和源流。早在黄帝时"有沮诵、苍颉者，始作书契以代结绳，盖睹鸟迹以兴思也"，讲述了古文造字指事、象形、形声、会意、转注、假借等"六义"之说，继对古文迨至秦国"焚烧先典，而古文绝矣"和复得的经过作出叙述，谓"恒窃悦之，故竭愚思以赞其美"，并以四言形式讲述古文的"始、失、得"，复以七言形式赞赏古文"六义"之巧，赞古文"睹物象以致思，非言辞之所宣"。随之对篆隶正草等发展作了叙述，又对秦时大、小篆出现经过和知名善篆人作了陈述。引汉末蔡邕作《篆势》赞，称篆"妙巧入神"，并给予形象的描述。继之，对汉隶的出现予以说明，"秦既用篆，奏事繁多，篆字难成，即令隶人佐书，曰隶字"，"隶书者，篆之捷也"。后列隶书能人，如王次仲、师宜官、梁鹄等等。恒自赞《隶势》云："厥用既弘，体象有度，焕若星陈，郁若云布。其大径寻，细不容发，随事从宜，靡有常制。"接着指出草书产生的年代，是"汉兴而有草书"。并列举草书能者有"章帝时，齐相杜度，号称善作。后有崔瑗、崔寔，亦皆称工"，而"张伯英者因而转精其巧"，谓之"草圣"等等。引崔瑗所作《草势》赞："观其法象，俯仰有仪，方不中矩，圆不副规。抑左扬右，望之若欹，兽跂鸟跱，志在飞移，狡兔暴骇，将奔未驰。"从美学欣赏的角度描绘草书特色。文中用语明显受到汉赋影响，未免太过华丽繁富，但毕竟为书法批评的形象化作了有益尝试。以后东晋、南朝各种描绘书家风格及其笔画笔势的生动比喻,分明是由此而来。

《四体书势》的研究著作有潘运告编著《汉魏六朝书画论》(湖南美术出版社,1997年),收有《四体书势》的注释与译文;王镇远《中国书法理论史》(上海古籍出版社,2009年)等。

(顾安文)

草书势 〔西晋〕索 靖

《草书势》,一篇。西晋索靖著。有《晋书·索靖传》作《草书状》本、宋朱长文《墨池编》作《书势》本、宋陈思《书苑菁华》第三卷作《索靖叙草书势》本、马国翰《玉函山房辑佚书》本、娜嬛馆本、楚南书局本、上海书画出版社《历代书法论文选》本。

索靖(239—303),字幼安,敦煌(今属甘肃)人。西晋书法家。张芝姊孙。官至征西司马,人称"索征西"。谥庄。善草书、八分,尤精章草,与尚书令卫瓘齐名。众多书家评其章草妙绝。如时人云"精熟至极,索不及张;妙有余姿,张不及索"。苏东坡在《论书》中曾有"笔秃千管,墨磨万锭,不作张芝作索靖"的评价。索靖亦自重其书,名其书势为"银钩虿尾"。传世书迹有章草《七月帖》、《月仪贴》、《出师颂》、《急就章篇》、《毋丘兴碑》等。有书论《草书状》(《草书势》)。又有《索子》、《晋诗》各二十卷,已佚。《晋书》卷六十有传。

《草书势》主述章草书的流变,或言此文似未完篇,实为收势促急,以致令人有此错觉。

《草书势》开篇讲述文字形成及草书成因:"损之隶草,以崇简易,百官毕修,事业并丽。盖草书之为状也,婉若银钩,漂若惊鸾,舒翼未发,若举复安。"并用虫、蛇、骐骥、海水、芝草、棠棣、玄熊、飞燕等动物植物之百态变化形容草书各势。"举而察之,又似乎和风吹林,偃草扇树,枝条顺气,转相比附,窈娆廉苫,随体散布。"又以玄螭、狡兽、腾猿、飞鼬、凌鱼、骇龙等喻草书各种姿态。"或若登高望其类,或若既往而中顾,或若俶傥而不群,或若自检于常度。"又简言草书之流变:"去繁存微,大象未乱,上理开元,下周谨案。""忽班班成章,信奇妙之焕烂,体磊落而壮丽,姿光润以灿灿。命杜度运其指,使伯英回其腕,著绝势于纨素,垂百世之殊观。"

《草书势》的研究著作有潘运告编著《汉魏六朝书画论》(湖南美术出版社,1997年),收有《草书势》注释与译文。

(顾安文)

笔阵图 〔东晋〕卫 铄

《笔阵图》,一篇。相传为东晋卫铄(又称"卫夫人")著。唐孙过庭《书谱》疑为王羲之。后人疑为六朝人伪托。张彦远《法书要录》题为卫夫人撰。关于作者真伪的聚讼,千古未解,可详见余绍宋《书画书录解题》卷九。有《续百川学海》、《说郛》、《书苑菁华》、《墨池编》、《书法正传》、《天都阁藏书》、《历代书法论文选》等本。

卫铄(272—349),字茂漪,河东安邑(今山西夏县)人。为汝阴太守李矩之妻,卫恒侄女(一说堂妹),世称卫夫人。为晋代女书法家。师承钟繇,妙传其法,善隶书。王羲之少时曾从其学书。传为王羲之所撰《题卫夫人〈笔阵图〉后》云:"始知学卫夫人书,徒费年月耳。遂改本师,仍于众碑学习焉。"卫夫人行楷墨迹曾录入《淳化阁帖》。《唐人书评》评其书法成就:"如插花舞女,低昂美容。又如美女登台,仙娥弄影,红莲映水,碧海浮霞。"南朝梁庾肩吾《书品》列其书为中上品。唐李嗣真《后书品》列其书为上下品。唐张怀瓘《书断》列其隶书为妙品。

全篇虽仅五百余字,但立论之精辟,见解之独到,学说的创成,被历代书家反复征引和演绎,学书者奉为准则。此论著不但命题不凡,而所立笔阵的学说,对后世书学理论的充实和发展也有着深远的影响和卓越的贡献。此篇作者虽云伪托,但所阐述的执笔、用笔学说,以及"初学先大书,不得从小"之训,为古今临池者奉为圭臬。所述执笔、用笔之法,乃援删李斯《笔妙》之论,以"三端之妙,莫先乎用笔;六艺之奥,莫重乎银钩"揭示主题。在介绍笔墨纸砚的功用之后,提出"凡学书字,先学执笔"的要义,同时说明真书、行书的不同执笔方法、要领。如"卜笔点画波撇屈曲,皆须尽一身之力而送之"。指出鉴书、善书者之别,分析善书者为"多力丰筋者圣",不善者笔力无力,将呈现多肉、无筋等不同病笔。继之列出七条笔阵出入斩斫图,即七种执笔用笔法:"横"如千里阵云,"点"如高峰坠石,"撇"如陆断犀象,"钩"如百钧弩发,"竖"如万岁枯藤,"捺"如崩浪雷奔,"横竖钩"如劲弩筋节。传王羲之撰《题卫夫人〈笔阵图〉后》中,以战阵做喻而对此篇作了详细诠释,可谓与此篇同是在书法理论上的创造性学说。这两篇书法理论文献,千百年来成为指导书法艺术创作实践的规范。前述七种运笔法,为后世"永字八法"的形成奠定了基础。作者在归纳七种执笔法时,还阐明笔"意"在笔前笔后和执笔时心急心缓,将对书艺成败所产生的作用和影响,即"有心急而执笔缓者,有心缓而执笔急者。若执笔近而不能紧者,心手不齐,意后笔前者败;若执笔远而急,意前笔后者胜"。继此,又明确阐述六种用笔法:"结构圆备如篆法,飘飏洒落如章草,凶险可畏如八分,窈窕出入如飞白,耿介特立如鹤头,郁拔纵横如古隶。"如是掌握运用正确的执笔法、用笔法,在笔法、笔势、笔意诸要素方面,就可求取"斯造妙矣,书道毕矣"的艺术成就。作者斯作,乃有感当时"缘情弃道","学不该赡,闻见又寡,致使成功不就,虚费精神"而发,因以此作而"贻诸子孙,永为模范"。

《笔阵图》的研究著作有潘运告编著《汉魏六朝书画论》(湖南美术出版社,1997年),收有《笔阵图》注释与译文。

(张潜超)

笔势论十二章并序 〔东晋〕王羲之

《笔势论十二章并序》(又名《笔势论》),一卷。东晋王羲之著。有《四库全书》本、《述古丛钞》本、《藏修堂丛书》本、《翠琅玕堂馆丛书》本、《艺术丛书》本、《历代书法论文选》本。《书苑菁华》、《墨池编》、《佩文斋书画谱》皆有载录。

王羲之(321—379,一说303—361),字逸少。原籍琅邪临沂(今山东临沂),后居会稽山阴(今浙江绍兴)。为我国古代著名书法家。东晋时官至右军将军、会稽内史,世人称为王右军。早年学书于卫夫人,后博采众家之长,精研体势,草书宗张芝,正书师锺繇,取长补短,自成风格。评论者称赞其草书浓纤折衷,正书势巧形密,行书遒媚劲健,纯出自然。书法千变万化。墨迹有"乐毅论"、"兰亭序"、"十七帖"、"快雪时晴"、"奉橘"、"丧乱"、"孔侍中"及唐怀仁集字"圣教序"等帖传世,为历代所宝,世称书圣,为百代宗师。《晋书》卷八十有传。

本篇为羲之写给其子献之的"书学要旨",开篇即明确"今述'笔势论'十篇,开汝之性"。所撰斯篇,为"章有指归,定其模楷,审其舛谬,撮其要实",而"穷研篆籀,功省而易成,纂集精专,形彰而势显。存意学者,两月可见其功;无灵性者,百日亦知其本"。全篇列十二章。《创临章第一》,阐述临书如同布阵,以纸为阵、笔为刀稍、墨为兵甲、水研为城池、本领为将军、心意为副将、结构者谋策、飐笔者吉凶、出入者号令、屈折者杀戮、点画者磊落、戈旆者斩斫、放纵者快利、著笔者调和、顿角者蹙捺。据此,学书者创临,不得计其遍数。《启心章第二》,提出意在笔前、然后作字的要诀。关于学书之法,首先要求凝神静虑,预想字形,达到筋脉相连。切忌"平直相似,状如算子,上下方整,前后齐平",认为"此不是书,但得其点画耳"。《视形章第三》,对分间布白予以具体说明:要求"大字促之贵小,小字宽之贵大,自然宽狭得所,不失其宜"。例如"横则正,如孤舟之横江渚;竖则直,若春笋之抽寒谷"。《说点章第四》,指出点划要"各禀其仪",要"著点皆磊磊似大石之当衢"。《处戈章第五》,提出斫戈之法,"处其戈意,妙理难穷"。"放似弓张箭发,收似虎斗龙跃,直如临谷之劲松,曲类悬钩之钓水。"《健壮章第六》,论述屈脚之法、立人之法、踠脚之法以及右折角、左偏旁作法,须"视笔取势",以求"趣义常存"。《教悟章第七》,论述字处其中画之法,指出中画不得倒其左右,横贵纤,竖贵粗,分间布白要远近宜均,上下所得,递相掩映。《观形章第八》,论述用笔之法,指出侧笔、押笔、结笔、憩笔、息笔、蹙笔、战笔、厥笔、带笔、翻笔、叠笔、起笔、打笔等诸种用笔要求。《开要章第九》,论述锋铓来去之则,反复还往之法。要求作字之势,须"精熟寻察,然后下笔"。对各种笔画的或迟、或缓、或赊、或促、或斜、或峻、或阔、或长、或小、或大、或密、或疏、均宜严饬。《节制章第十》,论学书作字之体,须遵正法。对字的形势,切忌伤势,如"密则似疴瘵缠身"、"疏则似溺水之禽",等等。《察论章第十一》,论临书安帖之方,至妙无穷。作者申明:"吾务斯道,废寝忘餐,悬历岁年,乃今稍称。"可见临书安方之难求。《譬成章第十二》,指出学书之道,有多种,"初业书要类乎本"。要"缓笔定其形势",不得因忙而失其规矩。"莫以字小易,而忙行笔势;莫以字大难,而慢展毫头","倘一点失所,若美人之病一目;一画失节,如壮士之折一肱"。力诫"勿以难学而自惰"。

《笔势论》的研究著作有中国社会科学出版社1987年版李泽厚、刘纲纪主编《中国美学史》第二卷,齐鲁书社1987年版敏泽《中国美学思想史》第一卷中的相关部分等。

(张潜超)

书论 〔东晋〕王羲之

《书论》，一篇。东晋王羲之著。有宋朱长文《墨池编》本、清《佩文斋书画谱》本、上海书画出版社《历代书法论文选》本。《墨池编》本题作《书论四篇》，此篇之外，又有《笔阵图》（分作两篇）及羲之生平事迹一篇（陈述羲之为献之撰写《笔阵图》经过及其内容）。朱长文有跋语称，前者旧传为羲之所撰，然张彦远谓作者为卫夫人；后者盖羲之后学所述。可见朱长文也认为，四篇之中，能确定为羲之书论的仅一篇。故上海书画出版社《历代书法论文选》所录及此处所论，仅其中一篇。

作者生平事迹见"笔势论十二章并序"条。

《书论》主旨在于说明"夫书者，玄妙之伎也，若非通人志士，学无及之"。并谓览李斯书论、观锺繇墨迹，"骨甚是不轻，恐子孙不记，故叙而论之"。羲之强调"书不贵平正安稳"，应掌握用笔的各种姿态，"有偃有仰，有攲有侧有斜，或小或大，或长或短"。指出凡作一字，无论何种书体，"欲书先构筋力，然后装束，必注意详雅起发，绵密疏阔相间"。主张"每作一字，须用数种意，或横画似八分，而发如篆籀；或竖牵如深林之乔木，而屈折如钢钩"。羲之十分注意构字方法，谓"作一字，横竖相向；作一行，明媚相成"。"若作一纸之书，须字字意别，勿使相同"。篇末对笔、纸、墨等使用要领作了说明。总之要求习书者"凡书贵乎沉静，令意在笔前，字居心后，未作之始，结思成矣"。

《书论》的研究著作有潘运告编著《汉魏六朝书画论》（湖南美术出版社，1997年）有《书论》注释与译文；王镇远《中国书法理论史》（上海古籍出版社，2009年）。

（顾安文）

题卫夫人《笔阵图》后 〔东晋〕王羲之

《题卫夫人〈笔阵图〉后》(一作《题〈笔阵图〉后书说》),一篇。传东晋王羲之著。有《四库全书》本、《述古丛钞》本、《藏修堂丛书》本、《翠琅玕馆丛书》本、《艺术丛书》本、《芋园丛书》本、《历代书法论文选》本(此篇据《佩文斋书画谱》一书所载选入)。

作者生平事迹见"笔势论十二章并序"条。

本篇据文中所记乃作者五十三岁时所著学习心得。内容多与《笔势论十二章并序》一文重复。后人多疑《笔阵图》、《笔势论十二章并序》为六朝时人所伪托。余绍宋《书画书录解题》谓:"窃意右军在当时,或作有'笔阵图',然必非此篇及书后之文,此两篇或即因知右军有此作,而依托为之者。"尽管此作真伪尚难定论,千余年来并未因此而失其为书法理论经典著作之价值。文字虽短,却是继《笔阵图》之后,对学习正书、草书、行书、隶书等作法、法则的精要论述。认为学书者临池,如临军阵。将纸、笔、砚、心意、本领、结构、飐笔、出入、屈折等,以阵地、刀鞘、鍪甲、城池、将军、副将、谋略、号令、杀戮等作为比喻,说明必遵法度,始可避免书作"但得其点划耳"之弊病。文中强调锺繇弟子宋翼学书,潜心改迹,名遂大振,乃深得锺繇笔势之故。文中分别阐述真书、行书、草书、隶书各书体的具体取法要领、取势要诀,又叙述学书需广见闻、采众长的必要,因而成为学书者奉行的准则。

(张潜超)

论书表 〔刘宋〕虞 龢

《论书表》,一卷。南朝宋虞龢著。有张彦远《法书要录》本、宋朱长文《墨池编》(仅二王书事一节)本、上海书画出版社《历代书法论文选》本。

虞龢,南朝宋明帝泰始间人,祖籍会稽余姚(今属浙江)。官中书侍郎、廷尉。书法家。少好书,居贫屋漏,恐湿家藏典籍,乃舒被覆书,书护全而被大湿,时人以比高凤。曾奉诏与巢尚之、徐希秀、孙奉伯编次二王书,评其品第。著《论书表》一卷,全文长达数千字,于泰始六年(270)九月上宋明帝。《南史》卷七二有传。

《论书表》前论古今书家及二王书之真伪;中叙当时搜访前代书家名贵之情形及所得字数,并编次二王书、羊欣书卷帙,旁及纸、笔、墨、砚之所宜;篇末记二王书艺之遗闻佚事。余绍宋《书画书录解题》谓此表"文气不贯,疑有脱简"。

《论书表》全文共七段。第一段叙述自古文字产生发展及书体纷陈、书家辈出的经过。述及羲之对锺、张书迹品评、羊欣评二王书等,认为"古质而今妍,数之常也;爱妍而薄质,人之情也"。所以锺、张与二王有别,二王暮年与少年有别,二王父子之间又有别。但"优劣既微,而会美俱深,故同为终古之独绝,百代之楷式"。于当时各地搜求二王书迹之热情加以描述,慨叹"真伪相糅,莫之能别"。第二段自称游览各处时遍览二王法书,"其诸佳法,恣意披览,愚好既深,稍有微解"。后朝廷搜求二王法书,遂参与整理品题。第三段主要记录搜集各家书迹情况,如锺繇、张芝、张昶、毛宏、索靖、锺会等,多至四千余字,少有四百多字,称之为"稀世之宝"。然后又谈到所收书迹用纸的不同。第四段谈及搜集二王书时遇到种种问题,如谓羲之少年之作采用紫纸,"既不足观,亦无取焉",经过作者诸人一番整理,剪裁齐整,补接败字,"体势不失,墨色更明"。又认为:"一卷之中,以好者在首,下者次之,中者最后。所以然者,人之看书,必锐于开卷,懈怠于将半,既而略进,次遇中品,赏悦留连,不觉卷终。"很有道理。复列出整理二王书迹具体卷、帙数目。赞其价值:"入品之余,各有条贯,足以声华四宇,价倾五都,天府之名珍,盛代之伟宝。"第五、六段先述纸、墨、笔、砚等不断改进有助书之发展，后记二王书艺遗闻轶事。如庾翼给羲之书云："吾昔有伯英章草书十纸，过江亡失，常痛妙迹永绝，忽见足下答家兄书，焕若神明，顿还旧观。"如羲之与卖扇老妪故事；张翼仿羲之书故事；羲之以书《道德经》换取群鹅故事；羲之门生失其书而惊懊累月故事；桓玄请客先洗手再示法书故事等。又记子敬学书二、三事，如："羲之为会稽，子敬七八岁学书，羲之从后制其笔不脱，叹曰：'此儿书，后当有大名。'"又记子敬书飞白书故事，子敬为一少年书精白纱裓而引起争夺一故事，子敬为羊欣书白新绢裙故事等等。第七段记校改卫恒《古来能书人录》一事，及所上二王、羊欣、锺繇、张芝法书书目。

本文实为作者整理内府所藏二王法书后，呈送君主的"述职报告"。唐窦臮《述书赋下》窦蒙注于此颇加称赏曰："宋中书侍郎虞龢《上明皇帝表》，论古今妙迹，正行草楷，纸色标轴，真伪卷数，无不毕备。"

有关研究有王镇远《中国书法理论史》（上海古籍出版社，2009年）等。

（顾安文　孙小力）

论书 〔南齐〕王僧虔

《论书》,一篇。南朝齐代王僧虔著。《宋史·艺文志》及《玉海》卷四五引书目有僧虔《评书》一卷,当是此篇。《南齐书》及《南史》二书中《王僧虔传》全载此文。有陈思《书苑菁华》本、张彦远《法书要录》本、朱长文《墨池编》本(分为二篇,余绍宋《书画书录解题》说"是本为一篇无疑,当即答竟陵王之书,朱氏分为二,非是"。)、上海书画出版社《历代书法论文选》本。

王僧虔(426—485),琅邪临沂(今属山东)人。曾任职宋、齐二朝。宋孝武帝时,为武陵太守,还京为中书郎,再迁太子中庶子。后废帝元徽中,为吏部尚书。顺帝时为尚书令。齐初,转侍中,丹阳尹。谥简穆。南朝齐书法家。僧虔为王羲之四世孙,好文史,晓音律,精于书法,尤善行书。僧虔承祖法,以纤劲清媚见称。人言初学锺繇,后法献之。相传宋文帝见其书素扇,叹曰:"非唯迹逾子敬,方当器雅过之。"宋孝武帝欲擅书名,僧虔不敢显露其能,常用掘笔书,以此见容。齐高帝尝与赌书,书毕,问曰:"谁为第一?"僧虔曰:"臣书臣中第一;陛下书帝中第一。"时称善对。传世书迹有《王琰帖》、《御史帖》、《陈情帖》等,著有《书赋》、《论书》、《笔意赞》等。《南齐书》卷三三、《南史》卷二三皆有传。

《论书》主要论述历代书法家,自东汉至南朝宋,约四十人,评论大都精当。

文中品评文字,或援引舆论,或为作者自撰。开篇评宋文帝书云"自谓不减王子敬。时议者云:'天然胜羊欣,功夫不及欣。'"评羲之叔王廙为羲之以前最佳书家;谓王洽"与右军俱变古形,不尔,至今犹法锺、张。右军云:'弟书遂不减吾。'"评王珉"笔力过于子敬。书《旧品》云:'有四匹素,自朝操笔,至暮便竟,首尾如一,又无误字。'子敬戏云:'弟书如骑骡,骎骎恒欲度骅骝前。'"评庾翼书"少时与右军齐名。右军后进,庾犹不忿。在荆州与都下书云:'小儿辈乃贱家鸡,爱野鹜,皆学逸少书。须吾还,当比之。'"评张翼"书右军自书表,晋穆帝令翼写题后示右军,右军当时不别,久方觉,云:'小子几欲乱真。'"评张芝、索靖、韦诞、锺会、二卫"并得名前代,古今既异,无以辨其优劣,惟见笔力惊绝耳"。又评张澄、郗愔、晋齐王攸、李式、陆机、庾亮书。评王导"亦甚有楷法,以师锺、卫,好爱无厌,丧乱狼狈,犹以锺繇《尚书宣示帖》藏衣带中。"又评郗超草书、桓玄书、谢安书。评羊欣书为"见重一时,行草尤善,正乃不称"。评邱道护"故当在欣后"。又评范晔、萧思话、谢灵运、谢综、颜腾之、贺道力、康昕书。评孔琳之书为"放纵快利,笔道流便,二王后略无其比。但工夫少,自任过,未得尽其妙,故当劣于羊欣"。又评谢静、谢敷等。僧虔在《又论书》中继续对各书家进行品评,先谈目睹各家之书的体会:"举体精隽灵奥,执玩反复,不能释手。"又对各家用笔特点、笔法风格,以及对于纸、笔、墨的选择等等,加以论述。僧虔主张"夫工欲善其事,必先利其器"。如蔡伯喈"非流纨体素,不妄下笔"。而韦仲将于墨、张伯英于笔都非常重视,谓"崔、杜之后,共推张芝,仲将谓之笔圣,伯玉得其筋,巨山得其骨"。又评索氏书、刘德昇书、元鸣书、师宜书、长允书等。文中对锺繇书大加称赏:"锺公之书谓之尽妙,钟有三体:一曰铭石书,最妙者也;二曰章程书,世传秘书,教小学者也;三曰行狎书,行书是也。三法皆世人所善。"又评卫觊、瓘、恒三代人书及索靖、韦诞书等。当然,作者认为最佳书家还是王羲之,所谓"仆不见前古人之迹,计亦无以过于逸少",由此可见其时崇王风尚。僧虔于《论书》及后《又论书》共评约四十几名书家。

窦臮在《述书赋》中评僧虔此《论书》为"齐司空简穆公琅邪王僧虔《答竟陵王子良书》,序古善书人,评议无不至当"。

关于王僧虔《论书》的研究著作有中国社会科学出版社1987年版李泽厚、刘纲纪主编《中国美学史》第二卷,齐鲁书社1987年版敏泽《中国美学思想史》第一卷,上海古籍出版社2009年版王镇远《中国书法理论史》中的相关部分等。

(许前茂)

笔意赞 〔南齐〕王僧虔

《笔意赞》，一篇。南朝齐代王僧虔著。有《书苑菁华》本、《四库全书》本、《述古丛钞》本、《藏修堂丛书》本、《翠琅玕丛书》本、《艺术丛书》本、《芋园丛书》本、《历代书法论文选》本。

作者生平事迹见"论书"条。

本篇一序一赞。全文虽不过一百三十余字，但"书之妙道"，却得到高度概括和阐明，是积魏晋六朝时期书法研究成果的代表作。篇中首先阐述了书法艺术的美学本质。认为书法艺术的真谛是"神采为上，形质次之"。为求神采、形质兼备的艺术成就，虽求之不易，但只要掌握正确的学书门径，"使心忘于笔，手忘于书，心手达情"，懂得笔意，掌握技巧，寓情寄意，则可"绍于古人"，"考之即彰"。此乃"序"的部分要义。此篇"赞"的部分，共十八句计七十二字，但内容囊括极广，有器具选用、墨法、点画笔法、临帖、结字、法度等。例如墨法要"浆深色浓"。如笔法要"万毫齐力"。如临帖要宗法王羲之"告誓"、"黄庭"为范本。恪守点画法度和结字规则，以求"入妙通灵"地把握要领，"努如植槊，勒若横钉"。"粗不为重，细不为轻，纤微向背，毫发死生。"才能达到"工之尽矣"的学书的根本目的。综观全篇，文字精练，弘论精辟，对后世书法艺术的发展产生深远影响。

潘运告《汉魏六朝书画论》辑入《笔意赞》（湖南美术出版社，1997年），并附注释、译文。

（张潜超）

梁武帝与陶隐居论书启 〔梁〕萧　衍、陶弘景

《梁武帝与陶隐居论书启》，又名《答陶隐居论书》、《论书》、《与陶隐居论书》，一篇。南朝梁代萧衍著。有《法书要录》、《墨池编》、《书苑菁华》、《历代书法论文选》(节录)本等。

萧衍(464—549)，字叔达，小字练儿。南兰陵(今江苏常州)中都里人，年八十六岁卒，谥武，世称梁武帝。博学多才，工书、精乐律，时与沈约、王融、谢朓、任昉、陆倕、范云、萧琛等，号"竟陵八友"。晚年嗜佛典。后因所招东魏降将侯景作乱复叛，围攻都城，饮食断绝，忧愤成疾而死。原有集，已佚。明人辑有《梁武帝御制集》。书法著作有《草书状》、《观钟繇书法十二意》、《古今书人优劣评》等。

陶隐居，即陶弘景，生平见"本草经集注"条。对其书迹的品评有《南史》本传、《隐居本起录》、《书品》、《书后品》、《书断》、《述书赋》、《东观余论》等著作。

全篇以陶之《启》五函、帝之《答》四函等九篇组成。在答、启中主旨是以论证运笔、结字、骨肉、气势等诸端展开论述的。同时指出要能识各书家作字与探求六书的意蕴。据首篇起首"奉旨"二字的语气，为陶隐居研习武帝赐予褾贴二卷以后，呈送梁武帝的书信。由此一启而出现的往复信函则构成此帙。陶隐居与萧衍都钦慕锺、王书法，四启四答以讨论锺繇、王羲之书法优劣得失为主。萧衍一答曰："及欲更须细书如《论》、《箴》例，逸少迹无甚极细书，《乐毅论》乃微粗健，恐非真迹。《太师箴》小复方媚，笔力过嫩，书体乖异。"陶隐居回函则曰："《乐毅论》，愚心近甚疑是摹，而不敢轻言。今旨以为非真，窃自信颇涉有悟。"又云："先于都下偶得飞白一卷，云是逸少好迹，臣不尝别见，无以能辨，惟觉势力惊绝，谨以上呈。"从此可见萧衍与陶隐居间，虽有君臣之分，却真诚地抒发对书法艺术珍品的鉴赏意见，交流各自所见的书迹，评论书法艺术作品。梁武帝在又答书中，阐述了运笔、结体等一艺之工，"聊试略言"运笔法，确也精要。他指出："夫运笔邪

则无芒角,执手宽则书缓弱,点制短则法臃肿,点制长则法离澌,画促则字势横,画疏则字形慢,拘则乏势,放又少则,纯骨无媚,纯肉无力,少墨浮涩,多墨笨钝,比并皆然,任意所之,自然之理也。若抑扬得所,趣舍无违,值笔廉断,触势峰郁,扬波折节,中规合矩,分间下注,浓纤有方,肥瘦相和,骨力相称。婉婉暧暧,视之不足;稜稜凛凛,常有生气。"强调"六文可工,亦当复由习耳。一闻能持,一见能记,亘古亘今,不无其人。大抵为论,终归是习"的重要性。陶隐居在又启中,将审阅"黄庭"、"劝进"、"像赞"、"洛神"、"乐毅"、"太师箴"、"大雅吟"、"臣涛言"、"给事黄门"、"治廉沥"、"后又治廉沥狸骨方"、"黄初三年"、"缪袭告墓文"、"抱忧怀痛"、"五月十一日"、"尚想黄绮"、"遂结滞"、"不复展"、"便复改月"、"五月十五日豁白"、"治欬方"等各纸的注疏、摹写、体式、校勘、坏字、辨伪、漫抹等,一一陈述。梁武帝在又答书中赞其"良有精赏",并对陶隐居所疑之处予以指正,如"观所送靖书诸字",认为"靖书体解离,便当非靖书,要复当以点画波撇论,极诸家之致,此亦非可仓卒运于毫楮,且保拙守中也"。提出鉴赏书迹的标准。陶隐居在"伏览"此《答》后的又《启》中详陈其"管见预闻",对元常、子敬、逸少、伯英等逐一品析,指出:"伯英既称草圣,元常实自隶绝。论旨所谓,殆同璇玑神宝,旷世以来莫继,斯理既明,诸画虎之徒,当日就辍笔,反古归真,方弘盛世。"对摹采者提出要防笔意大殊,"宜令迹随名偕老,益增美晚"。如此,才能"以言发意,意则应言而新。手随意运,笔与手会,故意得谐称"。以"逸少学锺,势巧形密,胜于自运"为例,"请学锺法"。梁武帝在对此《启》的《答》书中,指出:"锺书乃有一卷,传以为真,意谓悉是摹学,多不足论。……逸少学锺的可知,近有二十许首,此外字细画短,多是锺法。"陶隐居在最后的一《启》中,考证逸少自吴兴以前诸书"犹为未称","凡厥好迹,皆是向在会稽时永和十许年中者"。

  因梁武帝的"圣旨标题",才"足使众识顿悟,于逸少无复有末年之讥"。陶隐居最后如此称许萧衍。在《启》、《答》中互相探讨善书善鉴的学问,谋求建立书法品评的标准和说明各家书法的成就,可谓别具一格。

  有关研究有王镇远《中国书法理论史》(上海古籍出版社,2009年)中相关部分等。

(张潜超)

草书状 〔梁〕萧 衍

《草书状》,一篇。南朝梁代萧衍著。有宋陈思《书苑菁华》本、《艺术丛书》本、上海书画出版社《历代书法论文选》本。

作者生平事迹见"梁武帝与陶隐居论书启"条。

《草书状》对书法技巧,尤其是草书骨肉气势诸端的论证、特点,以及笔意之势,发挥宏论,颇为精到。也说明了欲作草书,多研其状,积工既久,自然善书的奥理。

《草书状》全篇只两个段落,第一段主要论述草书的由来,认为草书产生的根源和基础,在于实用:"昔秦之时,诸侯争长,简檄相传,望烽走驿,以篆、隶之难,不能救速,遂作赴急之书,盖今草书是也。其先出自杜氏,以张为祖,以卫为父,索、范者,伯叔也。二王父子可为兄弟,薄为庶息,羊为仆隶。目而叙之,亦不失仓公观鸟迹之措意邪!但体有疏密,意有倜傥,或有飞走流注之势,惊竦峭绝之气,滔滔闲雅之容,卓荦调宕之志,百体千形,巧媚争呈,岂可一概而论哉!"第二段则描述草书之状:"疾若惊蛇之失道,迟若渌水之徘徊。缓则鸦行,急则鹊厉,抽如雉啄。点如兔掷,乍驻乍引,任意所为。或粗或细,随态运奇,云集水散,风回电驰。及其成也,粗而有筋,似蒲萄之蔓延,女萝之繁萦,泽蛟之相绞,山熊之对争。若举翅而不飞,欲走而还停,状云山之有玄玉,河汉之有列星。厥体难穷,其类多容,婀娜如削弱柳,耸拔如袅长松,婆娑而飞舞凤,宛转而起蟠龙。纵横如结,联绵如绳,流离似绣,磊落如陵。昈昈晔晔,弈弈翩翩,或卧而似倒,或立而似颠,斜而复正,断而还连。若白水之游群鱼,丛林之挂腾猿;状众兽之逸原陆,飞鸟之戏晴天;像乌云之罩恒岳,紫雾之出衡山。巉岩若岭,血脉如泉,文不谢于波澜,义不愧于深渊。"言尽草书各种状态。

潘运告《汉魏六朝书画论》(湖南美术出版社,1997年)辑入《草书状》,并加注译。

(顾安文)

观锺繇书法十二意 〔梁〕萧 衍

《观锺繇书法十二意》,一卷。南朝梁代萧衍著。有《法书要录》本、《汉溪书法通解》本、上海书画出版社《历代书法论文选》本。

作者生平事迹见"梁武帝与陶隐居论书启"条。

本篇对书法技巧和锺、王书艺的特点,提出一些看法,颇为精到。全篇仅两部分,凡二百五十字左右。所述"十二意"内容为:"平,谓横也。直,谓纵也。均,谓间也。密,谓际也。锋,谓端也。力,谓体也。轻,谓屈也。决,谓牵制也。补,谓不足也。损,谓有余也。巧,谓布置也。称,谓大小也。"后文则为对锺、王等书家的评价:"字外之奇,文所不书,世之学者宗二王,元常逸迹,曾不睥睨。羲之有过人之论,后生遂而雷同。元常谓之古肥,子敬谓之今瘦。今古既殊,肥瘦颇反,如自省览,有异众说。张芝、锺繇,巧趣精细,殆同机神。肥瘦古今,岂易致意。真迹虽少,可得而推。逸少至学锺书,势巧形密,及其独运,意疏字缓。譬犹楚音习夏,不能无楚。过言不悒,未为笃论。又子敬之不迨逸少,犹逸少之不迨元常。学子敬者如画虎也,学元常者如画龙也。"对当时佞王的书风提出异议,认为学书当溯其源头,效"王"不如学"锺"。

潘运告《汉魏六朝书画论》(湖南美术出版社,1997年)辑入《观锺繇书法十二意》,并加注译。

(顾安文)

古今书人优劣评 〔梁〕萧　衍

《古今书人优劣评》，又名《书评》，一卷。有《说郛》本、《五朝小说》本、《墨池编》、《书苑菁华》、《历代书法论文选》等本。

作者生平事迹见"梁武帝与陶隐居论书启"条。

本书作者，旧题梁武帝，始见于《淳化阁帖》。《四库阙书目》有武帝《评书》一卷，又《古今书人优劣评》一卷，或即是编。据余绍宋《书画书录解题》所记，详核此卷，多与袁昂《书评》相同。而袁昂所撰《书评》，乃是在武帝普通四年奉敕评古今书而作，并在书后附有原启。如武帝确有此作，袁昂岂敢剿袭，其非出于武帝已无可疑。朱长文则疑武帝取昂之言以为己辞，或传写者混淆所致。虽作者真伪莫辨，但所评各书家之语，高度概括，惜墨如金，堪称点睛之笔。品评的人数，在朱长文所辑《墨池编》，因有两本，艰于去取，遂会而录之，共得三十七人。《书苑菁华》所录凡二十八人。《历代书法论文选》所选为三十二人。如删除《说郛》本误入两人柳恽、庾肩吾，著录汉末至梁的书家实为三十人，即锺繇、王羲之、蔡邕、韦诞、张芝、萧子云、羊欣、萧思话、李镇东、王献之、索靖、王僧虔、程旷平、李岩之、吴施、颜儁、阮研、王褒、师宜官、陶隐居、锺会、萧特、王彬之、范怀约、郗愔、孔琳之、徐淮南、袁崧、张融、薄绍之。其对各书家之简评，如评锺繇书如"云鹄游天，群鸿戏海，行间茂密，实亦难过"。评王羲之书为"字势雄逸，如龙跳天门，虎卧凤阙，故历代宝之，永以为训"。韦诞书如"龙威虎振，剑拔弩张"。索靖书如"飘风忽举，鸷鸟乍飞"。袁崧书如"深山道士，见人便欲退缩"等等。此卷所评，多为后世书法评论家所引用，也是书法评论的规范。

潘运告《汉魏六朝书画论》（湖南美术出版社，1997年）辑入《古今书人优劣评》，并加注译。

（张潜超）

书品 〔梁〕庾肩吾

《书品》,一卷。南朝梁代庾肩吾著。陈振孙《直斋书录解题》作七卷,《四库全书总目》作一卷。有《法书要录》、《续百川学海》、《说郛》、《增订汉魏丛书》、《四品汇钞》、《湖北先正遗书》、《历代书法论文选》等本。

庾肩吾(487—551),字子慎,又字叔慎、慎之。南阳新野(今属河南)人。书法评论家、文学家。八岁能赋诗,擅长诗赋。与其兄黔娄(子贞)、于陵(子介)皆博学多才。初为晋安王萧纲常侍。纲立为太子,迁太子率更令、中庶子。纲即位为帝,肩吾官为度支尚书。后侯景之将宋仙子破会稽,虏得肩吾,欲杀之,闻其能诗,令其即作,肩吾操笔即成,辞美采丽,乃释以为建昌令。历江州刺史。卒后封武昌县侯,赠中书令。有文集,已佚,明人辑有《庾度支集》。肩吾工书法,曾遍探名法,草隶兼善,惜书迹无存。张怀瓘《书断》评其书为"变态殊妍,多惭质素,虽有奇尚,手不称情,乏于筋力",认为其文胜于质,隶、草书为能品。

全书载汉至齐、梁间能真、草书者。先以总论综述"遗结绳,取诸文,象诸形,会诸人事"的文字起源以及社会功用,指出书法流变,自篆籀、隶体、正书、草书的演进历史,如秦"以奏事繁多,篆字难制,遂作此法,故曰隶书"。如"草势起于汉时,解散隶法,用以赴急,本因草创之义,故曰草书"。并自陈此书成因曰:"余自少迄长,留心兹艺","求诸故迹,或有浅深,辄删善草隶者一百二十八人,伯英以称圣居首,法高(道人)以追骏处末。推能相越,小例而九,引类相附,大等而三,复为略论,总名《书品》"。以为"开篇玩古,则千载共明;削简传今,则万里对面。记善则恶自削,书贤则过必改"。故此书以表彰为主。原记书中所列一百二十八人,实为一百二十三人,或谓自记有误。评品大等有三,即上、中、下品;小例而九,即每品又各分上、中、下,如上之上、上之中、上之下。中、下品也如是分,共为九例。每等列名之后各有分论,析而论之,允为各等所评之据。上之上品列张芝伯英、钟繇元常、王羲之逸少三人。分论中以"工夫"、"天然"为品评次第标准,并以"抽丝散水,定于笔下;倚刀较尺,验于字中"的鉴赏语言评述上之上的书法,"或横牵竖制,或浓点轻拂,或将放而更流,或因挑而还置,敏思藏于胸中,巧态发于毫铦",而"兼撮众法,备成一家","若孔门以书,三子入室矣"。上之中品列崔瑗子玉、杜度伯度、师宜官、张昶文舒、王献之子敬五人。分论对各人特长均做具体评述。上之下品列有索靖幼安、梁鹄孟皇、韦诞仲将、皇象休明、胡昭孔明、锺会士季、卫瓘伯玉、荀舆长允,一作长辙、阮研文机九人。分论对各家别构一体的成就,尽述众妙。中之上品列有张超子并、郭伯道、刘德升君嗣、崔寔子真、卫夫人茂漪、李式景则、庾翼稚恭、郗愔方回、谢安安石、王珉季琰、桓玄敬道、羊欣敬元、王僧虔、孔琳之彦琳、殷钧季和等十五人。分论称各家各采名家之美,筋力俱骏。中之中品列有魏武帝曹操、孙皓吴主、卫觊伯儒、左伯子邑、卫恒巨山、杜预元凯、王廙世将、张彭祖、任靖、韦昶文休、王修敬仁、张永景初、范怀约、吴休尚、施方泰等十五人。分论称各家笔墨、体裁,尽得书道。中之下品列有罗晖叔景、赵袭元嗣、刘舆、张昭子布、陆机士衡、朱诞、王导茂弘、庾亮元规、王洽敬和、郗超景兴、张翼君祖、宋文帝刘义隆、康昕君明、徐希秀、谢朓元晖、刘绘士章、陶弘景、王崇素等十八人。分论中对因宏才掩迹的陆机等,分别以"偏艺流声"、"列圣推能"、"并通诸法"、"晚年取誉"、"翰彩拔于山谷"等词誉之。下之上品列有姜诩、梁宣、魏徵玄成、韦秀、钟兴、向泰、羊忱、晋元帝景文、识道人、范晔蔚宗、宗炳、谢灵运、萧思话、薄绍之敬叔、齐高帝道成、庾黔娄子贞、费元瑶、孙奉伯玉、王荟敬文、羊祐叔子等二十人。分论曰:"此二十人并擅毫翰,动成楷则,殆逼前良,见希后彦。"下之中品列有杨经、诸葛融、杨潭、张炳、岑渊、裴兴、王济、李夫人、刘穆之道和、朱龄石伯儿、庾景休、张融思光、褚元明、孔敬通、王籍文海等十五人。分论评为"虽未穷字奥,书尚文情,披其丛薄,非无香草;视其崖岸,时有润珠,故能遗斯纸以为世玩"。下之下品列有卫宣、李韫、陈基、傅延坚、张绍、阴光、韦熊少季、张畅、曹任、宋嘉、裴邈、羊固、傅夫人、辟闾训、谢晦宣明、徐羡之宗文、孔闿、颜宝光、周仁皓、张欣泰、张炽、僧岳道人、法高道人等二十三人。分论批评他们"皆五味一和,五色一彩","视其雕文,非特刻鹄","遗迹见珍,余芳可折"。全书对所列书家的艺术成就,书法的风格、神韵、气势、师承、创新等,均予以见仁见智的品评。其在结语中说:"今以九例该此众贤,犹如玄圃积玉,炎洲聚桂,其中实相推谢。"唐代窦臮在其所著《述书赋》(下)中,曾有"庾中庶失品格,拘以文华"之语,对肩吾此作颇致不满。此书在下之上品内列有魏徵,魏与肩吾时代邈不相及,使人疑伪。余绍宋认为或因古书辗转流传翻刻,或为后人整理而致失误。今本虽有此失,不可因此薄之。

有关《书品》的研究著作有中国社会科学出版社1987年版李泽厚、刘纲纪主编《中国美学史》第二卷及上海古籍出版社2009年版王镇远《中国书法理论史》中相关部分等。

(张潜超)

论书 〔梁〕庾元威

《论书》，一卷。南朝梁代庾元威著。有张彦远《法书要录》本、朱长文《墨池编》本。

庾元威，生卒年不详。南朝梁书法评论家、书法家。

《论书》主要论述学书之轨范，学书之意义，学书之问题、疑点及自陈学书之成就。首先认为"所学正书，宜以殷钧、范怀约为主，方正循纪，修短合度；所学草书，宜以张融、王僧虔为则，体用得法，意气有余。章表笺书，于斯足矣"。认为作字撰文务必实在，"犹须言无虚出"。否则，"二王妙迹，二陆高才，顷来非所用也"。其次提出"三得"，即学书得法，作字得体，轻重得宜。又拈出当时所谓"十秽之书"中的两秽，加以讥讽抨击，奉劝"盛名年少，宜留意勉之"。又谓时人"学阮研书者，不得其骨力婉媚，唯学挛拳委尽。学薄绍之书者，不得其批研渊微，徒自经营险急"。又是一味矫揉造作的弊病。还论述了自仓颉、史籀以来古人书法、书法源流及字书流传中之讹谬等，如"汉、晋正史及古今字书，并云《仓颉》九篇是李斯所作。今窃寻思，必不如是。其第九章论豨、信、京刘等。郭云：豨、信是陈豨、韩信，京刘是大汉，西土是长安。此非谶言，岂有秦时朝宰谈汉家人物？牛头马腹，先达何以安之？"庾元威认为有些字书编纂不精，不当采用，"近有居士阮孝绪撰《古今文字》三卷，穷搜正典，次丹阳五官丘陵撰《文字指要》二卷，精加摘发，惟此两书，可称要用"。自称"少值明师，留心字法"才能够写出百体屏风，"余经为正阶侯书十牒屏风，作百体，间以采墨，当时众所惊异，……复于屏风上作杂体篆二十四种，写凡百铭"。所论甚详。

有关研究有王镇远《中国书法理论史》（上海古籍出版社，2009年）相关部分等。

（顾安文）

论书表 〔北魏〕江 式

《论书表》,一卷。北魏江式著。《魏书》及《北史》二书《江式传》中全载此篇。有上海书画出版社《历代书法论文选》本。

江式(？—约523),字法安,陈留济阳(今河南开封)人。北魏正光中历官骁骑将军,兼著作佐郎,赠巴州刺史。北魏书法家。式六世祖琼,善虫篆、诂训,子孙世居凉土,传其家业。式少专家学,篆体尤工,洛京宫殿诸门板题,皆式所书。因书写"文昭太后尊号谥",授以奉朝请之官职。尝延昌三年(515)三月上表,请求撰集字书,号曰《古今文字》,凡四十篇。本表即江式当时上于宣武帝之表。惜书未成而卒。《魏书》卷九一、《北史》卷三四皆有传。

《论书表》主述其撰集字书《古今文字》之缘由,大体依许慎《说文》为本,上篆下隶。此表侧重于文字学之论述,间及书法。表中叙述了自仓颉造字直至本朝文字之演变及书法之发展、变迁。

《论书表》先论庖牺氏作八卦,再谈仓颉别创文字,六书形成:一曰指事、二曰谐声、三曰象形、四曰会意、五曰转注、六曰假借,"盖仓颉之遗法也",形成古文及籀书。又论及"暨秦兼天下"后李斯等"皆取史籀大篆,或颇省改",形成小篆。之后"官狱繁多,以趋约易,始用隶书,古文繇此息矣。隶书者,始皇时使下杜人程邈附于小篆所作也。世人以邈徒隶,即谓之隶书"。故秦时书有八体:一曰大篆、二曰小篆、三曰刻符书、四曰虫书、五曰摹印、六曰署书、七曰殳书、八曰隶书。汉兴,"又有草书,莫知谁始,考其形画,虽无厥谊,亦是一时之变通也"。此时改定古文,也有六书。再谈及书法之事,"后汉郎中扶风曹喜,号曰工篆,小异斯法,而甚精巧,自是后学,皆其法也"。接着论述许慎撰《说文解字》十五篇,"首一终亥,各有部居"。称许《说文》"可谓类聚群分,杂而不越,文质彬彬,最可得而论也"。而后又赞"左中郎将陈留蔡邕,采李斯、曹喜之法,为古今杂形,诏于太学立石碑,刊载《五经》,题书楷法,多是邕书也",谓邕带动一代书风。又有"京兆韦诞、河东卫觊二家,并号能篆。当时楼观榜题、宝器之铭,悉是诞书,咸传之子孙,世称其妙"。晋世时有任城吕忱《字林》六卷、吕静仿效李登《声类》作《韵集》五卷,证实文字研究之风盛行。江式认为当时

"世易风移,文字改变,篆形谬错,隶体失真",皆不合"孔氏古书、史籀《大篆》、许氏《说文》、《石经》三字也"。还认为"夫文字者,六艺之宗,王教之始,前人所以垂后,今人所以识古"。道出整理《古今文字》的缘由。又谓家世几代留心书学,先祖则"奉献五世传掌之书,古篆八体之法,时蒙褒录,叙列于儒林,官班文省,家号世业"。而自己应"敢籍六世之资,奉遵祖考之训,窃慕古人之轨,企践儒门之辙,辄求撰集古来文字,以许慎《说文》为主,爰采孔氏《尚书》、《五经音注》、《籀篇》、《尔雅》、《三仓》、《凡将》、《方言》、《通俗文字》、《埤仓》、《广雅》、《古今字诂》、《三字石经》、《字林》、《韵集》、诸赋文字有六书之谊者,以类编联,文无重复,统为一部"。

有关研究有王镇远《中国书法理论史》(上海古籍出版社,2009年)相关部分等。

(许前茂)

杂艺篇 〔北齐〕颜之推

《杂艺篇》,一卷。北齐颜之推著。

作者生平事迹见"颜氏家训"条。

《杂艺篇》为《颜氏家训》中的一篇,其中有关书法部分,既有阐述关于书法之己见,亦有南北朝书法之评论。此书评价了南朝梁"承晋宋余绪,相与从事于书法,故无不能书者"的良好书风,并依据目见考察了一些书法家之书法渊源。如谓自梁代秘阁散失以来,"吾见二王真草多矣,家中尝得十卷",于此,"方知陶隐居(弘景)、阮交州(研)、萧祭酒(子云)诸书,莫不得羲之之体"。又言及南朝梁代后期,"大同(535—546)之末讹伪渐生,萧子云改易字体,邵陵王(萧纶)颇行伪字",且朝野上下袭为风气。而北朝丧乱之余,不仅字迹鄙陋,且擅自造字,俗字伪体之风甚于江南。为之慨然。因此告诫人们说:"书法本于文字,字有规范,不得任意妄造,使人不识。"书中亦写了关于书法方面自己见解,如谓王逸少风流才士,潇散名人,而举世只知其书;萧子云著《齐书》,勒成一典,文章弘义,自谓可观,然唯以笔迹得名,以申"慎勿以书自命","勿为书法所苦"之论。

有关研究有王镇远《中国书法理论史》(上海古籍出版社,2009 年)相关部分等。

(顾安文)

绘 画

魏晋胜流画赞 〔东晋〕顾恺之

《魏晋胜流画赞》,一篇。东晋顾恺之著。唐张彦远《历代名画记》有录。但张彦远将其误记为《论画》,却将《论画》冠以《魏晋胜流画赞》的题目。现据近人研究成果,订正两文文题之误倒。有《津逮秘书》本、《学津讨原》本、《王氏书画苑》本、《四库全书》本。

顾恺之(348—409,一说约345—406),字长康,小字虎头。晋陵无锡(今江苏无锡)人。历任桓温、殷仲堪参军,以散骑常侍终其身。年轻时代,在江宁瓦棺寺壁绘维摩诘像,展露艺术才华,名播京师。后又为许多名人画像,极能反映所画人物神采。是中国画史上颇有盛名的大画家,工人物、肖像,兼善山水、禽兽,亦是著名画论家。名作有《女史箴图卷》、《洛神赋图卷》。据《隋书·经籍志》所录,有《通直散骑常侍顾恺之集》七卷,梁时为二十卷。后多流失,流传下来的仅有《论画》、《画云台山记》及《魏晋胜流画赞》等篇。生平事迹见于《晋书·顾恺之传》、《世说新语·巧艺》及《历代名画记》等。

《魏晋胜流画赞》是顾恺之为品评魏晋两代名画家的作品而作。文中评论了卫协、戴逵等人的二十一幅作品。这二十一幅作品为《小列女》、《周本纪》、《伏羲》、《神农》、《汉本纪》、《孙武》、《醉客》、《穰苴》、《壮士》、《列士》、《三马》、《东王公》、《七佛》、《大列女》、《北风诗》、《清游池》、《七贤》、《嵇轻车诗》、《陈太丘二方》、《嵇兴》、《临深履薄》等。

评论之前,顾恺之首先提出了评画优劣与衡量绘画难易程度的标准。他说:"凡画,人最难,次山水,次狗马;台榭一定器耳,难成而易好,不待迁想妙得也。此以巧历不能差其品也。"他认为,一幅艺术作品能否获得理想的艺术效果,就看其画家能否做到"迁想妙得"。"迁想"即是艺术静观时的想象,"妙得"即是达到以形写神的艺术效果。

顾恺之对具体作品的评论,都贯穿着他注重传神、以形写神的原则。其在评论《小列女》时说:"面如恨,刻削为容仪,不尽生气。又插置大夫支体,不以自然。然服章与众物既甚奇,作女子尤丽衣髻,俯仰中一点一画皆相与成其艳姿。且尊卑贵贱之形觉然易了,难可远过之也。"这里,顾恺之既赞扬了绘画"一点一画"皆成其艳姿的写形之功,但更强调表"神"。正因为作品传"神"不够,"不尽生气","不似自然",才使得作品有不尽如人意处。

他在评论《三马》时说:"隽骨天奇,其腾罩如蹑虚空,于马势尽善也。"其评《壮士》"有奔腾大势,恨不尽激扬之态",都反映出其对绘画传"神"的要求。

顾恺之还谈到了绘画的"骨法"、"骨趣"与"置陈布势"等。其称赞《周本记》:"重叠弥纶有骨法。"称《汉本纪》:"有天骨而少细美。"称《孙武》:"骨趣甚奇。"评《醉客》:"多有骨俱,然蔺生变趣,佳作者矣。"这些品评,无疑是对"骨法用笔"、"经营位置"的最早表述,为后世谢赫绘画"六法"的提出奠定了基础。

也有人认为,"画赞"乃一种文体,当为品评魏晋名臣人品而作。即《魏晋胜流画赞》应是画像与题赞之结合,"赞"不是评赞绘画作品的。以此推论,所谓《魏晋胜流画赞》已经佚失,今天所见到的《魏晋胜流画赞》实为顾恺之《论画》的一部分(参见金维诺《中国早期的绘画史籍》一文,文载《美术研究》1979 年第 1 期)。

有关《魏晋胜流画赞》的研究著作有中国社会科学出版社 1987 年版李泽厚、刘纲纪主编《中国美学史》第二卷之《顾恺之的画论》;湖南美术出版社 1997 年版潘运告编著《汉魏六朝书画论》此篇的注释与译文;民族出版社 2005 年版袁有根等著《顾恺之研究》;天津人民美术出版社 2006 年版陈传席著《六朝画论研究》之《重评顾恺之及其画论》;中国社会科学出版社 2009 年版韦宾著《汉魏六朝画论十讲》之《传顾恺之三篇辩伪》等。

(高若海)

画山水序 〔刘宋〕宗 炳

《画山水序》，又名《山水画叙》，一篇。南朝宋宗炳著。最初被唐张彦远《历代名画记》著录。余绍宋《书画书录解题》称："《太平御览》征引书目有宋炳《山画叙》，即此篇。盖误宗为宋，又夺水字也。"通行版本有《津逮秘书》本、《学津讨原》本、《王氏书画苑》本、《四库全书》本等。

宗炳（375—443），字少文，南阳涅阳（故城在今河南镇平县南。"涅阳"或作"沮阳"，故城在今湖北保康）人。祖父承，官宜都太守；父繇，曾作汀乡令。炳青年时"妙善琴书，精于言理"，屡次被朝廷征召，均不就。笃信佛教，曾提出"神不灭论"，著有《明佛论》。主张以佛教统领儒、道两家思想，曾说："彼佛经也，包五典之德，深加远大之实；含老、庄之虚，而重增皆空之尽。"喜游历，曾西至荆巫，南登衡岳，于是结庐衡山，想终生隐居于此。后因病还江陵（今属湖北），将所游名山一一画在家中壁上。六十九岁时，著成《画山水序》。生平事迹见《宋书·宗炳传》。

《画山水序》是中国山水画形成期的重要文献。起首提出："圣人含道映物，贤者澄怀味像。至于山水，质有而趣灵。""又称仁智之乐焉。夫圣人以神法道而贤者通，山水以形媚道而仁者乐，不亦几乎？"以佛学观点论述了游山逛水作为"仁者"、"智者"之乐的意义。宗炳认为，自然界的山川之美所以能起到使仁者智者愉悦的原因，在于山水有形的形质，有着体现佛的"神明"的意趣，即"质有而趣灵"，这种"灵"的存在，才使得山水能够"以形媚道"。为此，作为圣人之徒的贤者对亲顺"道"的自然山水非常喜爱，好作名山之游，就不难理解了。"是以轩辕、尧、孔、广成、大块（隗），许由、孤竹之流，必有崆峒、具茨、藐姑、箕首、大蒙之游焉。"宗炳提出贤者要能真正体悟到山水蕴含之"道"，必须"澄怀味象"。"澄怀"就是保持虚静澄明的心怀，"味象"就是体味、寻索山川形象蕴含的神通、佛理。从佛学与审美的双重角度阐述了山川之乐的缘由。

宗炳认为人们对山水画的创造与爱好，是由对山水的眷恋而来的。他在《画山水序》中写道："余眷恋庐、衡，契阔荆、巫，不知老之将至，愧不能凝气怡身，伤跕石门之流，于是画象布色，构兹云岭。"宗炳老年时曾叹曰:"噫!老病俱至,名山恐难遍游,唯当澄怀观道,卧以游之。"显然,山水画之好,正是源于山水之好。为此,山水画的创作也就应运而生了。"夫理绝于中古之上者,可意求于千载之下;旨微于言象之外者,可心取于画策之内。况乎身所盘桓,目所绸缪,以形写形,以色貌色也。"宗炳指出画家要画好山水,就必须有切身的体会,做到"身所盘桓,目所绸缪",才能"应目会心",真实地表现山水的形与色。但是,画家画山水,又不能仅仅表现山水的形貌、色彩,还要表现画家的心灵世界。这样就要有一个使画家的内心世界与外在的自然界山水相融会、相沟通的过程。正如宗炳所说:"夫以应目会心为理者,类之成巧,则目亦同应,心亦俱会。应会感神,神超理得,虽复虚求幽岩,何以加焉?又神本亡端,栖形感类,理入影迹,诚能妙写,亦诚尽矣。"强调神本来是无形可见的,但却能栖生于有形的事物之中,感生万类,从而使得"理"渗入有形迹的山水之中。画家只要能够达到"妙写"的境地,就可以充分反映出山水的"神理"。

对于山水画的具体创作法则,宗炳也做了阐述。他说:"且夫昆仑山之大,瞳子之小,迫目以寸,则其形莫睹;迥以数里,则可围于寸眸。诚由去之稍阔,则其见弥小。"他提出:"今张绢素以远映,则昆阆之形,可围于方寸之内。竖划三寸,当千仞之高;横墨数尺,体百里之迥。是以观画图者徒患类之不巧,不以制小而累其似,此自然之势。如是,则嵩、华之秀,玄牝之灵,皆可得之于一图矣。"宗炳用远小近大这一朴素的透视原理,阐述了如何以小见大,于方寸之内,如何显现千仞之峻的技巧。

最后,宗炳提出了著名的"畅神"说。他认为山水画的最大功用,就在于"畅神",即使人心怡神畅。他写道:"于是闲居理气,拂觞鸣琴,披图幽对,坐究四荒,不违天励之藂,独应无人之野。峰岫峣嶷,云林森眇,圣贤映于绝代,万趣融其神思,余复何为哉?畅神而已。神之所畅,孰有先焉!"酌酒弹琴,对着山水画静坐观赏,探求那画幅之外的哲理,人们就会感受到处于"无人之野"的逍遥,获得一种精神的自由与解脱,这就是"畅神"。

宗炳的《画山水序》是中国画论史上最早讨论山水画的一篇文章,它所提出的山水画的创作原则、社会功用和美学意义对后世产生很大影响。张彦远在《历代名画记》中全文收录宗炳此文,并且评论道:"图画者,所以鉴戒贤愚,怡悦情性。若非穷玄妙于意表,安能合神变乎天机?宗炳、王微皆拟迹巢、由,放情林壑,与琴酒而俱适,纵烟霞而独往,各有画序,意远迹高,不知画者,难可与论。因著于篇以俟知者。"

有关《画山水序》的研究著作有中国社会科学出版社1987年版李泽厚、刘纲纪《中国美学史》第二卷第十四章《宗炳的〈画山水序〉》;湖南美术出版社1997年版潘运告《汉魏六朝书画论》《画山水序》之注释、译文;天津人民美术出版社2006年版陈传席著《六朝画论研究》之《宗炳〈画山水序〉研究》;山东人民出版社 2008 年版张建军《中国画论史》之《宗炳〈画山水序〉》;北京大学出版社 2009 年版葛路《中国画论史》之《宗炳和王微的山水画论》;中国社会科学出版社 2009 年版韦宾著《汉魏六朝画论十讲》之《宗炳〈画山水序〉与佛教》等。

(高若海)

叙画 〔刘宋〕王　微

《叙画》，一篇。南朝宋王微著。收入张彦远《历代名画记》卷六。有《津逮秘书》本、《学津讨原》本、《王氏书画苑》本、《四库全书》本。

王微(415—443)，字景玄，琅邪临沂(今属山东)人。生自王氏大族，很早就入仕，历任司徒祭酒、主簿、太子中舍人等。"少好学，无不通览，善属文，能书画，兼解音律、医方、阴阳、术数"(《宋书》本传)，景仰玄学，亦信佛。在其父王孺死后，"尝居一屋，读书玩古，不出十余年"(《历代名画记》卷六)。与友人何偃书曰："又性知画缋，盖亦鸣鹄识夜之机，盘纡纠纷，或记心目，故山水之好，一往迹求，皆仿像也。"谢赫将其绘画与史道硕合并评论，曰："并师荀(勖)、卫(协)，各体善能，然王得其细，史传其真。"(《古画品录》)著有文集十卷。生平事迹载《宋书》本传《历代名画记》卷六。

《叙画》是王微应友人颜延之来信要求，就绘画与书法艺术价值相比较而发表的见解。"辱颜光禄书，以图画非止艺行，成当与《易》象同体。而工篆隶者，自以书巧为高。欲其并辩藻绘，核其攸同。"在中国画论史上，率先提出了书画相通的观点。

王微为了强调绘画的艺术价值，首先分析了绘画作为一门艺术，与绘地图是截然不同的。"夫言绘画者，竟求容势而已。且古人之作画也，非以案城域，辩方州，标镇阜，划浸流，本乎形者融灵，而动变者心也。"明确将山水画的图形与地理图中图形区别开来。王微认为山水画的图形，绝不是简单地画着山川之形，而是融入主观因素的山川之形，是通于神灵或融入神灵的山川之形，因而是"心"能随之变动的。而地理图上的图形，不过是起着"案城域，辩方州，标镇阜，划浸流"的作用，根本谈不上与"心"的沟通。

接着王微谈到山水画创造中画家主观因素的重要作用。他说："灵亡所见，故所托不动；目有所极，故所见不周。"如果人们受到目力所限，未能发掘感受到自然山川中所蕴的灵、秀，那么就要借助艺术家的创作了。他提出："以一管之笔，拟太虚之体；以判躯之状，画寸眸之明。曲以为嵩高,趣以为方丈。"用一管之笔,表现山川蕴含的宇宙精神,通过半身肖像的描写,表现人眼中透出的神明。以曲折收敛的笔法,表现嵩山的高耸,以舒展奔放的笔法,表现海上方丈仙山的缥缈,以曲折多变的笔法,表现太华山的高峻,在纵横变化中,表现出山水的动态美来。所画山水会像人面一样,"若晏笑兮",发出温柔和悦的微笑,"孤岩郁秀,若吐云兮",秀丽苍郁的树木点饰着孤山,像彩云奔吐。这些都是以用笔的技巧达到"横变纵化,故动生焉"的艺术效果。

最后,王微以充满激情的文字,阐述了山水画的情致和功用。他写道:"望秋云,神飞扬;临春风,思浩荡。虽有金石之乐,珪璋之琛,岂能仿佛之哉?披图按牒,效异山海。缘林扬风,白水激涧。呜乎,岂独运诸指掌,亦以神明降之。此画之情也。"强调山水画能使人获得如望秋云、如沐春风一样的愉悦之情,它为人们展示的"绿林"、"白水"的生动意象,岂是聆听钟鼓之乐所得的欢娱可以比拟的呢! 形象点明了山水画美学功能。

王微《叙画》与宗炳《画山水序》,同为中国山水画形成期的两大重要文献。今人的研究成果有郑午昌《中国画学全史》,徐复观《中国艺术精神》,中国社会科学出版社 1987 年版李泽厚、刘纲纪主编《中国美学史》第二卷第十五章《王微的〈叙画〉》,天津人民美术出版社 2006 年版陈传席著《六朝画论研究》之《王微〈叙画〉研究》,山东人民出版社 2008 年版张建军《中国画论史》之《王微〈叙画〉》,北京大学出版社 2009 年版葛路《中国画论史》之《宗炳和王微的山水画论》,日人中村茂夫《中国画论的展开》等。

(高若海)

古画品录 〔南齐〕谢 赫

《古画品录》,一卷。南朝齐代谢赫撰。南宋《郡斋读书志》著录。《宋史·艺文志》援《通志》例,名此书为《古今画品》,清卞永誉《式古堂书画汇考》引用书目,称为《古画评》。成于南朝梁武帝中大通四年(532)至太清三年(549)之间。有《津逮秘书》本、《学津讨原》本、《王氏书画苑》本、《四库全书》本。

谢赫(459?—?),可能是晋朝陈郡阳夏(今河南太康)谢氏族人。约活动于南朝齐末至梁武帝时期。姚最《续画品录》称其"写貌人物,不俟对看,所须一览,便工操笔。点刷研精,意在切似;目想毫发,皆无遗失"。但在刻画人物精神状态上则欠生动,"气运精灵,未穷生动之致"。有《安期先生图》、《晋明帝步辇图》传世。生平事迹见于张彦远《历代名画记》。

《古画品录》是我国第一部画品著作。其在序中说:"夫画品者,盖众画之优劣也。"全书品评自三国吴至萧梁三百年间的二十七个名画家艺术的优劣。其中吴一人,晋八人,宋十一人,齐六人,梁一人。根据艺术品位的不同,谢赫将他们分为六品。第一品有陆探微、曹不兴、卫协、张墨、荀勖五人。第二品有顾骏之、陆绥、袁蒨三人。第三品有姚昙度、顾恺之、毛惠远、夏瞻、戴逵、江僧宝、吴暕、张则、陆杲九人。第四品有蘧道愍、章继伯、顾宝光、王微、史道硕五人。第五品有刘瑱、晋明帝、刘绍祖三人。第六品有宗炳、丁光二人。

为了便于品评,谢赫提出了应以"六法"作为原则。他说:"虽画有六法,罕能尽该;而自古及今,各善一节。""六法者何?一、气韵生动是也。二、骨法用笔是也。三、应物象形是也。四、随类赋彩是也。五、经营位置是也。六、传移模写是也。"谢赫总结三国吴以来人物画的创造经验,把其归纳为上述六个方面,并将其推广于各种绘画,成为具有普遍性的"六法"。正如郭若虚所说:"'六法'精论,万古不移。"(《图画见闻志》)谢赫"六法"一直成为后世论画和鉴赏的一般标准。

谢赫不仅从理论上概括出"六法",而且以"六法"为标准品评所录的二十七位画家。这些品评,皆是"六法"的实际运用,反过来又为人们理解"六法"提供了丰富的例证。他评卫协为第一品,理由是:"古画之略,至协始精。六法之中,迨为兼善。虽不该备形妙,颇得壮气。陵跨群雄,旷代绝笔。"他评张墨、荀勖"风范气候,极妙参神,但取精灵,遗其骨法",亦被列为一品。顾骏之"神韵气力,不逮前贤,精微谨细,有过往哲",陆绥"体韵遒举,风采飘然。一点一拂,动笔皆奇",此二人皆为二品。毛惠远"出入穷奇,纵横逸笔,力遒韵雅,迢迈绝伦。……至于定质块然,未尽其善。神鬼及马,泥滞于体,颇有拙也"。江僧宝"用笔骨梗,甚有师法。像人之外,非其所长也"。张则"意思横逸,动笔新奇。师心独见,鄙于综采"。这些人均列于三品。

对于谢赫所作的品评,后世论者有不同意见。如他评顾恺之为三品,认为顾画"格体精微,笔无妄下。但迹不逮意,声过其实"。姚最则于《续画品》序中表示了不同意见:"至如长康之美,擅高往策,矫然独步,终始无双。有若神明,非庸识之所能效;如负日月,岂末学之所能窥?"唐李嗣真亦云:"顾生天才杰出,何区区荀、卫敢居其上?"唐张怀瓘亦云:"顾公运思精微,襟灵莫测,虽寄迹翰墨,其神气飘然在烟霄之上,不可以图画间求。"(《画断》)又如谢赫将宗炳列为第六品,称"炳明于六法,迄无适善;而含毫命素,必有损益。迹非准的,意足师效"。张彦远在《历代名画记》中驳论道:"既云必有损益,又云非准的;既云六法亡所适善,又云可师效,谢赫之评固不足采也。且宗公高士也,飘然物外情,不可以俗画传其意旨。"

对于谢赫所立"六法",后代画家给予高度评价。《四库提要》说:"所言'六法',画家宗之,亦至今千载不易也。"余绍宋《书画书录解题》亦称"'六法'之论,创于是书,洵千载画宗矣"。张彦远《历代名画记·论画"六法"》,是对"六法"的最早的解释,郭若虚《图画见闻志·论气韵非师》,又作了进一步阐述。其后论说文字颇多,不可详述。严可均辑《全上古三代秦汉三国六朝文》,将谢赫《画品》(即《古画品录》)收入《全齐文》,并作出一种不同于张彦远、郭若虚的断句:"六法者何。一气韵。生动是也。二骨法。用笔是也。三应物。象形是也。四随类。赋彩是也。五经营。位置是也。六传移。模写是也。"此种断句法,先是得到日本中村茂夫等学者的赞同,又被我国学者钱锺书所发扬(见《管锥编》第四册《"六法"失读》),对"六法"的理解提出另一种意见。今人的研究成果,还有徐复观《中国艺术精神》第三章《释气韵生动》,中国社会科学出版社1987年版李泽厚、刘纲纪主编《中国美学史》第二卷十九章《谢赫的〈画品〉与姚最的〈续画品〉》,齐鲁书社1987年版敏泽《中国美学思想史》第一卷第二十四章《魏晋南北朝画论中的美学思想》,陕西人民美术出版社1993年版阮璞《中国画史论辨》之《谢赫"六法"原义考》,天津人民美术出版社2006年版陈传席《六朝画论研究》之《谢赫与〈古画品录〉的几个问题》,山东人民出版社2008年版张建军《中国画论史》之《谢赫〈古画品录〉》,北京大学出版社2009年版葛路《中国画论史》之《谢赫的"六法"及姚最的"心师造化"论》等。

(高若海)

续画品 〔陈〕姚 最

《续画品》,亦称《画评》、《后画品录》,一卷。南朝陈代姚最著。此书称梁元帝为湘东殿下,可知应作于梁元帝即位〔承圣元年(552)〕之前。其为续谢赫《古画品录》而作,当成于中大通四年(532)之后。有《津逮秘书》本、《学津讨原》本、《王氏书画苑》本、《四库全书》本等。

姚最(535—602),字士会,吴兴(今浙江湖州)人,幼而聪敏,及长博通经史,尤好著述。年十九随父姚僧垣至长安,在周任齐王府水曹参军,掌记室事。隋文帝灭周后,历任太子门大夫、蜀王府司马。后蜀王秀有异谋,姚最坐蜀王罪被诛,时年六十七岁。生平事迹见于《周书》卷四七《艺术列传》姚僧垣传附。根据此说推断,姚最撰《续画品》年仅十五六岁。

一说认为《周书》所记姚最,生于梁,任于周,殁于隋,一生与陈无关,为何将姚最的朝代说成陈?从《续画品》作者相当熟悉齐梁宫廷绘画来看,当别有一个姚最。是书评论焦宝愿时说:"虽未穷秋驾,而见赏春坊,输奏薄伎,谬得其地。今衣冠绪裔,未闻好学,丹青道堙,良足为慨。"可知成书时梁代宫廷绘画繁盛已经过去,此书能以凝练华丽的文字叙述往昔宫廷绘画之盛,恐难出于一个十五六岁的少年之手。

姚最在《续画品》序中,首先说明对画家艺术的品评是件很不容易的事。"夫丹青妙极,未易言尽。虽质沿古意,而文变今情。"有些作品已无保存,"厥迹难详";有些作品今日尚存,"或其人冥灭"。"自非渊识博见,熟究精粗,摈落蹄筌,方穷致理。但事有否泰,人经盛衰,或弱龄而价重,或壮齿而声遒,故前后相形,优劣舛错。"加上"情有抑扬",对图画必有好恶。"始信曲高和寡,非直名讴;泣血谬题,宁止良璞?"姚最以谢赫对顾恺之的评论为例,指出颠倒优劣的事是极易发生的。他说:"至如长康之美,擅高往策,矫然独步,终始无双。""非庸识所能效","岂末学之所能窥?"将其"列于下品,尤所未安"。

《续画品》是继谢赫《古画品录》而作,全文评论了从梁元帝萧绎到解蒨共二十位画家,因所评人数较少,所以不曾以画家时代先后来排列,亦不曾分列品目,因而不复区分优劣。所录二十人,或一人一论,或二至三人合论,计有一十六论。其在评湘东王时说:"天挺命世,幼禀生知,学穷性表,心师造化。"这种"心师造化"的思想,对后世产生很大影响。他还说:"画有'六法',真仙为难。"表明姚最在绘画的基本原则上,也采取了谢赫的标准。其在评论萧贲时说:"雅性精密,后来难尚。含毫命素,动必依真。尝画团扇,上为山川,咫尺之内,而瞻万里之遥;方寸之中,乃辩千寻之峻。"在评张僧繇时说:"善图塔庙,超越群工。朝衣野服,今古不失。奇形异貌,殊方夷夏,实参其妙。""然圣贤矖瞩,小乏神气,岂可求备于一人?"表现出对画家品评并不求全责备的态度。

姚最对沈标、沈粲、焦宝愿等宫廷画家作了肯定。其评论嵇宝钧、聂松时说:"二人无的师范,而意兼真俗。赋彩鲜丽,观者悦情。"在评论谢赫时说:"写貌人物,不俟对看,所须一览,便工操笔。点刷研精,意在切似;目想毫发,皆无遗失。丽服靓妆,随时变改;直眉曲鬓,与世事新。"这些评论,保存了研究谢赫最重要的绘画资料。本书编次不按画品优劣排序,而将"湘东殿下"(即梁元帝)列于首位,刘璞、沈标、谢赫直至袁质等宫廷画师居后,其余则为佛教画家。这种按画者身份职位分类编次的方法,为后世不少画论画评著作所袭取。

有人根据张僧繇条下注:"五代梁时,吴兴人。"由此推断《续画品》不会出自姚最之手,乃是后人所益。《四库全书总目》提要认为,其著文笔"出以俪词,气体雅俊,确为唐以前语,非后人所能依托也"。余绍宋《书画书录解题》亦曰:"文虽简略,而吐属则甚隽永。张彦远《历代名画记》讥其浅薄漏略,未详其说。"

有关《续画品》的研究著作有上海人民美术出版社 1982 年版于安澜《画品丛书》,中国社会科学出版社 1987 年版李泽厚、刘纲纪主编《中国美学史》第二卷第十九章《谢赫〈画品〉与姚最〈续画品〉》,天津人民美术出版社 2006 年版陈传席《六朝画论研究》之《姚最和〈续画品〉的几个问题》,山东人民出版社 2008 年版张建军《中国画论史》之《姚最〈续画品〉》,北京大学出版社 2009 年版葛路《中国画论史》之《谢赫的"六法"及姚最的"心师造化"论》等。

(高若海)

园林建筑

三辅黄图 〔南朝〕佚 名

《三辅黄图》，六卷。南朝佚名著。所谓"三辅"，本指西汉治理京畿地区之三个职官。西汉建都于长安，京畿官统称"内史"。汉景帝时并置左史、右史与都尉，始有"三辅"之说。汉武帝太初元年，改右内史为京兆尹，治长安以东；左内史称左冯翊，治长陵以北；都尉称右扶风，治渭城以西。故三者所治地域，亦称"三辅"；所谓"黄图"，其称起于西汉，有"昔引黄图"瓦当，取规模宏大之义。

本书始著录于《隋书·经籍志》，仅为一卷。晁公武《郡斋读书志》作三卷，陈振孙《直斋书录解题》作二卷，今本为六卷。六卷体例，疑南宋苗昌言校刻时所编定，此后成为通例。关于本书的写作年代，自晁公武定为梁、陈间人所作，嗣后世人多依晁说，题为六朝无名氏之作。程大昌认为是唐肃宗之后作品。据今人陈直考证，认为今本成书于中唐以后。按《汉书》如淳注文引用此书，如淳为曹魏时人，则本书原本约成于东汉末、曹魏初期。

由原本发展到今本，是一个漫长的历史过程。陈直认为经历了三个阶段：（一）如淳、晋灼、张晏、孟康、臣瓒诸人引用以注《汉书》，为第一阶段；（二）用《南方草木状》荔支条、《水经注》、《文选》李善注、《汉书》颜师古所引，为第二阶段；（三）中唐时用颜注增补，并加《西京杂记》、《拾遗记》等书，为第三阶段。此时，此书与《元和郡县图志》文字相同尤多。经历次增缀、周纳，原书成份已存无多。今本与宋敏求、程大昌诸家所引均同，与宋代《太平寰宇记》、《太平御览》所引尚有差异。

通行本有苗昌言校刻六卷本，孙星衍、庄逵吉校一卷，张宗祥本等。

南宋绍兴年间左迪功郎州学教授苗昌言序云，"《三辅黄图》，抚州州学刻也。此书载秦汉宫室苑囿为之甚备，颜师古《汉书》新注多取焉，然不载撰者名字。《唐书·艺文志》有《三辅黄图》一卷，列于地理类之首，亦不云何人作也。其间多用应劭《汉书》。劭，后汉建安时人。至魏人如淳注《汉书》，复引此图以为记。以此考之，得非汉魏间人所作邪"。可资参阅。

此书内容，记述秦汉皇宫与园林事迹，颇为详备。原著有图，早已散失。

卷一、记三辅沿革、三辅治所。述自秦孝公至始皇、二世之咸阳故城地理位置、形势及秦都阿房宫等宫殿情状,又述汉长安故城及其门制。

卷二、记汉代长安九市形势地理及其八街九陌、闾里制度。对汉长安宫殿之代表作如长乐宫、未央宫、建章宫、桂宫、甘泉宫等平面布局、规模、建造经过与文化意义记载颇详。

卷三、续记汉之长乐、未央、建章、甘泉及北宫等宫殿的地理位置、建造规范、居住制度与艺术装饰等。

卷四、记载秦汉苑囿、池沼之史事。

卷五、记载始于周代、盛于秦汉的灵台、辟雍、明堂、圜丘、太学、宗庙、社稷等建筑文化制度。

卷六、记载阁、署、库、仓、厩、圈、桥、陵墓及杂录汉宫内种种馆、室、阙、墊门、闺闼、蛮夷邸等制度。

此书主要记述秦汉都城建筑、园林概貌。引证资料丰富,保存了秦汉时期的中国都城建筑及园林思想,亦是研究秦汉历史、尤其是研究秦汉长安、咸阳历史地理的可贵资料。

此书的研究著作有陈直《三辅黄图校证》(陕西人民出版社,1980年)、何清谷《三辅黄图校注》(三秦出版社,1995年、2006年)、何清谷《三辅黄图校释》(中华书局,2005年)等。

(王振复)

魏晋南北朝编

经济类

钱神论 〔西晋〕鲁 褒

《钱神论》,一篇。西晋鲁褒著。《晋书·鲁褒传》中有摘录。《艺文类聚》卷六六引录较全。《古今图书集成·食货典》卷三五七所引即据《艺文类聚》,但将其中的"又曰"改为"又","又曰"以下的文字列为另一篇。清严可均将《艺文类聚》和《晋书》本传中的《钱神论》合抄,融为一体,编入《全晋文》卷一一三,为现存最完整的《钱神论》。

鲁褒,生卒年不详,字元道,南阳(今属河南)人。《晋书》本传所记他的生平极简略。说他"好学多闻,以贫素自立"。惠帝元康(291—299)以后,"纲纪大坏,褒伤时之贪鄙,乃隐姓名,而著《钱神论》以刺之"。一生未曾做官,"莫知其所终"。

《钱神论》讥刺了货币权力和货币拜物教现象。文中出现两个人物:一个是"富贵不齿,盛服而游京邑,驻驾乎市里"的司空公子,一个是"班白而徒行"的綦毋先生。司空公子嘲讽綦毋先生不通世务,指出:"当今之急,何用清谈?时易世变,古今异俗。富者荣贵,贫者贱辱。"

鲁褒借司空公子之口反话正说,用很多警句说明了钱能通神的哲理。

《钱神论》把方孔圆钱比作取象天圆地方:"昔神农氏没,黄帝、尧、舜教民农桑,以币帛为本。上智先觉(《艺文类聚》作'学')变通之,乃掘铜山,俯视仰观,铸而为钱。故使内方象地,外员(圆)象天,大矣哉!钱之为体,有乾有坤:内则其方,外则其圆。""币帛为本"指以布帛为交换手段,后来"上智先觉"者取象天地创造了钱。取象天地是出于作者的想象。

接着,《钱神论》对货币的作用和特点作了描述:"其积如山,其流如川。动静有时,行藏有节。市井便易,不患耗折。难朽象寿,不匮象道。故能长久,为世神宝,亲爱如兄,字曰'孔方'。""孔方兄"一词即源自《钱神论》,常为后人所引用。

以下司空公子反复强调了一个人的地位完全由钱决定,如:"失之则贫弱,得之则富强。""钱多者处前,钱少者居后;处前者为君长,在后者为臣仆。""钱之所祐,吉无不利,何必读书,然后富贵。""由是论之,可谓神物。无位而尊,无势而热。排朱门,入紫闼。钱之所在,危可使安,死可使活;钱之所去,贵可使贱,生可使杀。""子夏云:'死生有命,富贵在天。'吾以死生无命,富贵在钱。""夫钱,穷者能使通达,富者能使温暖,贫者能使勇悍。"因此,司空公子劝綦毋先生"不如早归,广修农商,舟车上下,役使孔方"。

《钱神论》是今传中国古代关于货币拜物教最早最完整的文字表现。全文采取嬉笑怒骂、夸张讽刺、生动新颖的形式,对金钱崇拜的社会现象作了有力的抨击,矛头所向更是直指封建社会的帝王、圣贤、名流这些最受尊崇的人物,从而揭露了表面上高贵威严自称圣贤贵人的统治者,不过是拜倒在金钱面前的可怜虫。作者对神的看法,虽未明确主张"神灭",但其对传统天命论的否定,却对以后的"神灭"思想有一定的影响。

《钱神论》的缺点是无视政治权力的作用,只注意到钱能转化为权,却完全没有考虑到权也可以转化为钱。在封建社会中后者也是不容忽视的。

在鲁褒《钱神论》以前还有成公绥的《钱神论》。成公绥(231—273),字子安,魏晋之际白马(治今滑县东)人。曾任博士、秘书丞、中书郎等官。善辞赋,解音律。曾与贾充等参定法律。著作原有集十卷,已佚。明人辑有《成公子安集》。他卒于晋武帝泰始九年,在世年代略早于鲁褒。他的《钱神论》流传下来的只有六十一个字,见《太平御览》卷八三六,又编入《全晋文》卷五九。通常所说的《钱神论》指鲁褒《钱神论》。

今本《钱神论》已非全文。此论的辑者严可均说:"此篇《艺文类聚》与《晋书》各有删节,今合钞之,尚非全篇。后当有綦毋先生诘责钱神一段。"为了弥补这一段,严可均从《御览》中寻得"黄铜中方叩头对曰"的一段文字作为补充,似属牵强。

《钱神论》曾成为当时"疾时者共传"之文(《晋书·鲁褒传》)。中国后来的一些同类作品,如《扑满赋》、《小扑满赋》、《钱本草》、《乌宝传》、《孔方兄传》等,都曾受到它的影响。明李世熊编成《钱神志》七卷,其取名亦源自《钱神论》。

(叶世昌　殷南根)

魏书·食货志 〔北齐〕魏 收

《魏书·食货志》,一卷。《魏书》共一百三十卷。北齐魏收著。作者生平及版本见"魏书"条。

《魏书·食货志》继承《汉书·食货志》的传统,重申"以谷货为本"的传统重农思想,认为"古先哲王莫不敬授民时,务农重谷,躬亲千亩,贡赋九州"。它结合孟轲和管仲的观点,指出:"夫百亩之内,勿夺其时,易其田畴,薄其税敛,民可使富也。既饱且富,而仁义礼节生焉,亦所谓衣食足,识荣辱也。"强调了经济条件对思想道德的决定作用。

《魏书·食货志》主要记述了以下经济史内容。

一、实行均田制。孝文帝在太和九年(485)下诏"均给天下民田",规定授田的办法是:"诸男夫十五以上,受露田(粮田)四十亩,妇人二十亩,奴婢依良(与农民一样受田)。丁牛一头受田三十亩,限四牛。"露田加倍授给,三年耕作一年的土地则加两倍。露田不准买卖,身死或年老不能耕种时须归还政府。男子还授给桑田二十亩,植桑五十株,枣五株、榆三株;不宜栽桑养蚕的地区,男子给麻田十亩,妇人五亩,奴婢也一样分给。桑田为世业,在某种限度内可以买卖,"盈者得卖其盈,不足者得买所不足"。地方官吏在任职地可受公田,"刺史十五顷,太守十顷,治中、别驾各八顷,县令、郡丞六顷"。调职免官后,所受公田移交下任,私自出卖要受法律制裁。人多田地不足的地区,居民可向空荒处迁移。均田制基本上是一种封建国家土地所有制,是北魏早先实行"计口授田"的推广和发展。它只限于在政府控制的无主荒地上实行,并不侵犯地主已占有的土地,而且还通过奴婢和耕牛授田,肯定了地主比贫苦农民受有更多的田地。尽管如此,均田制的推行是一次重大的土地关系调整。它对于加强北魏中央政权的力量,改进民族关系,开垦荒地,限制豪强的兼并活动,恢复、发展北方农业生产起了积极的作用。

二、建立三长制和租调制。实行均田必须清丈土地,然后建立一定的农户管理制度。太和十年,给事中李冲建议设立三长和改革赋役制度。三长是一种基层行政组织,以五家为邻,五邻为里,五里为党,分置邻长、里长、党长来检核户口,催督租赋,限制豪强的隐占。在推行三长制的同时,孝文帝还采纳了李冲的另一建议,颁行了新的租调制度。北魏初年的田租户调是"天下户以九品混通",即根据民户的贫富状况,"为租输三等九品之制。千里内纳粟,千里外纳米;上三品户入京师,中三品入他州要仓,下三品入本州"。以往所谓的户包括有数家至数十家不等的情况,租调制则以一夫一妇为户,规定每户年纳"帛一匹,粟二石。民年十五以上未娶者,四人出一夫一妇之调;奴任耕,婢任绩者,八口当未娶者四;耕牛二十头当奴婢八。其麻布之乡,一夫一妇布一匹,下至牛,以此为降"。北魏原来的租调标准是:"户调帛二匹,絮二斤,丝一斤,粟二十石;又入帛一匹一丈,委之州库,以供调外之费。"到太和八年,"户增帛三匹,粟二石九斗,以为官司之禄。后增调外帛满二匹。所调各随其土所出"。相比之下,新的租调制使一般农户的负担比原来要轻得多。正光(520—525)以后,国用不足,租调负担又加重。孝庄帝即位(528),还以入粟授官的办法增加收入。

三、发展农业和实行屯田。道武帝初建国时,在各种政事中,首重农业,"以食为本"。他派遣东平公仪"垦辟河北,自五原(今内蒙古包头西)至于椁阳(今包头东)塞外为屯田"。还曾"躬耕籍田率先百姓",在统治区域内,"各给耕牛,计口授田",并在军队驻地"劝课农耕,量校收入,以为殿最(优劣)",使农业获得了丰收。明元帝时,受灾害威胁,但"民皆力勤,故岁数丰穰,畜牧滋息"。太平真君(440—451)时,"恭宗下令修农职之教",组织有牛与无牛之家彼此变工。规定以牛耕二十二亩,换人力锄地七亩。老小体弱者,以锄地二亩换种地七亩。要求垦种田地,立册登记,并在地头标立姓名牌,以便观察、比较耕作管理优劣,"使垦地大为增辟"(《魏书·世祖纪下》)。"此后数年之中,军国用足矣。"

太和十一年大旱,京都民饥,很多人饿死。孝文帝除采取一些救荒措施外,还于次年向群臣征询安民之术。李彪提出两项对策,一是以"州郡常调九分之二。京都度支岁用之余,各立官司,丰年籴贮于仓,时俭则加私之一,粜之于民"。他认为采取这一政策,"民必力田以买绢,积财以取粟"。这是运用平籴政策;另一是"别立农官,取州郡户十分之一,以为屯民。相水陆之宜,断顷亩之数,以赃赎杂物市牛科给,令其肆力"。他主张"一夫之田,岁责六十斛,甄其正课并征戍杂役"。这是实行屯田政策,使屯田农民在赋役负担上与一般农民有所区别,以提高生产积极性。李彪认为做好以上两项工作,"数年之中则谷积而民足矣"。

四、盐政的变化。北魏前期对河东盐池,有时收税,有时不收。而"民有富强者专擅其用,贫弱者不得资益"。延兴(471—476)末,"复立监司,量其贵贱,节其赋入,于是公私兼利"。宣武帝即位(499)后复罢盐禁。神龟(518—520)初,在太师、高阳王元雍等的建议下,又恢复盐禁。以后又有罢立。对于海盐,东魏时在沧、瀛、幽、青四州置灶二千六百余,"计终岁合收盐二十万九千七百二斛四升。军国所资,得以周赡矣"。

五、货币制度。北魏前期实行粟帛交换,"钱货无所周流"。太和十九年铸太和五铢,"内外百官禄皆准绢给钱,绢匹为钱二百"。永平三年(510)又铸五铢。由于各地流通的钱币不统一,"致商货不通,贸迁颇隔"。熙平元年(516),尚书令、任城王元澄提出他的货币主张,《食货志》作了详细引录。元澄肯定用钱比谷帛为币的便利,说:"布帛不可尺寸而裂,五谷则有负担之难,钱之为用,贯繦相属,不假斗斛之器,不劳秤尺之平,济世之宜,谓为深允。"对于各地钱币流通的不统一,元澄主张从实际出发,除鸡眼、环凿等恶钱外均可流通:"今之太和与新铸五铢,及诸古钱方俗所便用者,虽有大小之异,并得通行。贵贱之差,自依乡价。庶货环海内,公私无壅。"这一主张有利于货币经济的恢复和发展。熙平二年,尚书崔亮建议采铜铸钱,认为"用铜处广,既有冶利,并宜开铸"。他的建议得到批准,但私铸盛行,钱质薄小。永安二年(529)铸永安五铢。东魏武定六年(548),文襄王高澄提出:"以钱文五铢,名须称实,宜称钱一文重五铢者,听入市用。"主张在各大交易市场"各置二称,悬于市门,私民所用之称,皆准市称以定轻重"。用标准秤来衡量钱重,凡"重不五铢,或虽重五铢而多杂铅镴"的,都不得使用。若有"以小薄杂钱入市",举报抓获的,其钱悉入告者。但他的主张被群官反对而未实行。

记载南北朝史事的各类史书如《宋书》、《南齐书》、《梁书》、《北齐书》等均无食货志,故《魏书·食货志》在经济史料价值上弥足珍贵。特别是关于均田制、三长制的记载,对研究北齐、北周以及隋、唐均田制的演变,有很大参考价值。但本卷内容过于简略,对赋税征敛、工商贸易等反映较少。

有关《魏书·食货志》的研究主要有王雷鸣《历代食货志注释》第一册有关部分、高敏《魏晋南北朝社会经济史》有关章节、陈连庆《〈魏书·食货志〉校注》等。

(徐培华)

魏晋南北朝编

科技类

九章算术注 〔魏〕刘　徽

《九章算术注》，九卷（原为十卷，后第十卷"重差"以"海岛算经"为名单独行世）。三国时魏国刘徽撰。成于魏景元四年（263）。与《九章算术》合为一体传世，版本与《九章算术》同。

刘徽，史籍无传，其生平事迹不可详考。唯《宋史·礼志》中载北宋末年算学祀典曾封刘徽为"淄乡男"，故现在一般认为他可能是山东一带的人。

卷首有刘徽自撰《九章算术注序》一篇，其中说："徽幼习《九章》，长再详览。观阴阳之割裂，总算术之根源，探赜之暇，遂悟其意。是以敢竭顽鲁，采其所见，为之作注。……又所析理以辞，解体用图，庶亦约而能周，通而不黩，览之者思过半矣。"据此，可知刘徽曾对《九章算术》作过长期的学习研究，又搜集到了当时所能见到的许多数学成果，然后采取"析理以辞"和"解体用图"的方法，对《九章算术》作详细的注释和发挥。

《九章算术注》是中国古代重要数学著作之一，是历代对《九章算术》所作的注释和研究中最有价值的一种。它的数学贡献主要有以下两个方面。

首先，刘徽运用逻辑方法对《九章算术》的许多数学概念作出了科学的定义，对一系列算法和公式进行了理论的证明。书中经刘徽定义的数学概念多达二十余个，如率、齐同、衰分、列衰、立方、立圆、开方、开立方、阳马、堑堵、鳖臑、方程、正负、勾、股、弦等等，而且都非常准确严谨。如论"率"说："凡数相与者谓之率"；"凡所谓率者，细则俱细，粗则俱粗，两数相推而已"。论"正负"说："今两算得失相反，要令正负以名之。"其他定义也都精审如此。对于《九章算术》的算法和公式，刘徽则逐一进行理论的分析，其正确者证明之，其粗疏者改正之。特别是对一些一般算法和普遍原则（刘徽称其为"都术"），更是详加论证，不遗余力，不仅解析其内在的逻辑根据，而且将其推广到与此有关的各个方面。他在《九章算术注序》中说："事类相推，各有攸归，故枝条虽分而同本干者，知发其一端而已。"并在理论证明时既重视运用由"枝条"而"本干"的归纳方法，又重视运用从"本干"到"枝条"的演绎方法。经过刘徽的注释，在一定程度上弥补了《九章算术》理论分析不够的缺陷,并由此而初步奠立了中国古典数学理论的基础。

刘徽数学成就的另一方面,是他在注释《九章算术》的过程中还提出了许多新的创造性见解,从而使中国古代代数、几何及计算技术的水平又提高了一步。他首创用"割圆术"(即以圆内接正多边形的周长去无限逼近圆周)的方法计算圆周率,并由此而得到了 $\pi=3.14$ 和 $\pi=3.1416$ 这两个近似值,这个结果是当时世界上的最佳数据。他指出《九章算术》中开立圆术的粗疏之处,设想了一个"牟合方盖"的形体,使它与其内切圆球的体积之比为 $4:\pi$,从而开辟了计算球体积的正确途径。他运用无穷分割的方法去解决四面体的体积问题,这与近代数学家高斯(C. F. Gauss)和希尔伯特(D. Hilbert)的思想方法不谋而合。他提出开方不尽时当继续开方以求"微数",并用十进分数来表示,这实际上是开了后世十进小数之先河。此外,他还发明用"方程新术"(即互乘消元法)去求解线性方程组;指出《九章算术》中的"五家共井"问题是不定问题,有无穷多组解;等等。所有这些,都为古代数学的发展作出了新的贡献。

《九章算术注》在中国数学史上有着很深远的影响。后世数学家的许多数学成果,是在刘徽思想方法的启迪下才取得的。例如南北朝时数学家祖冲之、祖暅父子循着刘徽的体积理论继续前进,终于得到了"缘幂势既同则积不容异"(即同高的两立体,若其任意等高处的水平截面积相等,则这两立体体积亦必相等)的"祖氏公理",比西方与此内容相同的"卡瓦列里公理"早了一千多年。他们又运用刘徽所设想的求球体积的思想方法,深入钻研,终于得到了计算球体积的正确无误的公式。祖冲之还求得圆周率 $3.1415926<\pi<3.1415927$,精确到小数点后第七位有效数字,据后来数学家考证,其所使用的方法,正是刘徽的"割圆术"。唐初数学家王孝通称刘徽"思极毫芒"、"一时独步"。清代数学家焦循则把刘徽比作汉代著《说文解字》的一代大师许慎。日本现代数学史家三上义夫和薮内清也都把刘徽称为古今东西"数学界的一大伟人"。唐时,刘徽的注文随《九章算术》一起列入官学的数学教科书后,更在国内外广泛流传。凡治《九章算术》者必不能舍刘徽之注文,而刘注在许多方面又发展了《九章算术》,这已成了历代数学家和现代数学史家的共识。

关于该书的研究,有郭书春《刘徽〈九章算术注〉中的定义及其演绎逻辑试析》、《刘徽思想探原》、《关于〈九章算术〉勾股章刘徽注的校勘及刘徽的勾股理论系统》、《刘徽》,吴文俊主编《〈九章算术〉与刘徽》,周瀚光《刘徽评传》等。

(周瀚光)

海岛算经 〔魏〕刘 徽

《海岛算经》，略称《海岛》，一卷。三国时魏国刘徽撰。原为《九章算术注》第十卷"重差"，唐时改名为《海岛算经》单独行世，并被列为国子监算学诸生必读的"十部算经"之一，与唐李淳风注文一并传世。通行本有清《四库全书》本、《微波榭算经十书》本、《武英殿聚珍版丛书》本、近代《丛书集成》本、1963 年中华书局版钱宝琮校点《算经十书》本等。

作者生平见"九章算术注"条。

《海岛算经》是中国古代的测量数学专著。刘徽在《九章算术注序》中说："凡望极高、测绝深而兼知其远者必用重差，勾股则必以重差为率，故曰重差也。……虽天圆穹之象犹曰可度，又况泰山之高与江海之广哉！"此即谓"重差术"是用来测量那些目之能见而人不可达的目标的高度、深度及其平面距离的。因测量时需用测量工具"表"或"矩"对目标作两次测量，并以两次测得数据的差来进行计算，故称"重差"。此书第一题为测望海岛问题，唐时单行本便以此为书名。

《海岛算经》仿《九章算术》采取问题集的形式，共列出九个问题，每题亦分"问"(问题)、"答"(答案)、"术"(算法)三个部分。其第一题为测望海岛，第二题为测望山上松高，第三题为南望方邑，第四题为俯测深谷，第五题为登山望楼，第六题为遥望波口，第七题为下望深渊，第八题为登山望津，第九题为登山临邑，测邑广长。其中第一题给出的"重表法"、第三题给出的"连索法"和第四题给出的"累矩法"，是测量高深广远的基本方法。其他问题则是在此三种基本方法的基础上进一步发展，有的需要"三望"甚至"四望"。刘徽认为，掌握了这些方法，便可解决各种测望问题。所以他在《九章算术注序》中说："度高者重表，测深者累矩，孤离者三望，离而又旁求者四望。触类而长之，则虽幽遐诡伏，靡所不入。"

后世凡学习和研究测量数学者，无不以《海岛算经》为入门之途径。此书唐时传入日本，对日本数学亦有影响。

关于本书的研究，参见吴文俊主编《〈九章算术〉与刘徽》、郭书春《刘徽》、周瀚光《刘徽评传》中的有关部分。

(周瀚光)

毛诗草木鸟兽虫鱼疏 〔孙吴〕陆　玑

《毛诗草木鸟兽虫鱼疏》，二卷。三国时孙吴陆玑撰。成书时间不详。通行本有清《四库全书》本、咸丰七年(1875)刻本、光绪间罗振玉序铅印本、《丛书集成》本等。

陆玑(或写作陆机)，字元恪，三国时吴郡(治今江苏省苏州市)人。曾任吴太子中庶子、乌程令。

本书分上下两卷。通过对《诗经》中提到的草、木、鸟、兽、鱼、虫进行注释，上卷释草、木。从"方秉蕳兮"到"言采其蓫"是释草，有"蕑"(兰草，兰香草)、"芣苢"(车前草)、"蓫"(羊蹄菜)等甘草类；从"梓椅梧桐"到"维笋及蒲"是释木，包括"梧桐"、"条"(山楸)、"梅"等木类及竹笋。下卷释鸟、兽、鱼、虫。大致上从"凤凰于飞"到"流离之子"是释鸟，有"凤凰"、"鹤"、"鹗"等鸟类；从"麟之趾"到"教猱升木"是释兽，有"麟"、"熊"、"罴"、"猱"(猕猴)等兽类；从"有鳣有鲔"到"成是贝锦"是释鱼，包括"鳣"、"鲔"、"贝"等水产；从"螽斯"起是释虫，包括"螽斯"(即蚣蝑)、"螟蛉"、"蟋蟀"等，但也把"硕鼠"、"鬼"、"蜮"也收在一起，十分混杂。

在陆玑之前，为《诗经》中动植物名称作注释的书有《尔雅》与《诗》毛传郑笺等，但内容不如陆玑的《疏》丰富。陆玑之后，晋代郭璞作《尔雅注》，其中有关动植物名称部分也有一定新意，但也不及本书翔实。郭璞之后，此类著作不少，大都因袭旧说，可与陆《疏》比美的可说极少。清代陈启源作《毛诗稽古编》，驳正诸家之说，多以陆《疏》作为根据。陆《疏》不仅仅限于诗歌的文义，而且能联系实际考察，说明动植物的形态、生长地，指出它们的今名，而且注意到它们的经济价值，开创了我国动植物研究的先河。

关于本书的研究，有夏纬瑛《〈毛诗草木鸟兽虫鱼疏〉的作者——陆机》、苟萃华《陆玑》。

(孙兆亮　徐维统)

昕天论 〔孙吴〕姚 信

《昕天论》,一卷。三国时孙吴姚信撰。原书早佚,有清马国翰辑本(《玉函山房辑佚书·子编天文类》)。

姚信,三国时期吴国武康(治今浙江德清)人,字元直(一说字德佑)。精于天文、易数之学,官至太常卿,有《周易注》等著作。

《昕天论》认为,人为万物之灵,与天的形体最为相似。人体前后不对称,头项可以前伸到胸而不能后缩到背,所以天体也南低而北高。冬至时,太阳离天顶远,所以天气寒冷。夏至时,太阳离天顶近,所以天气炎热。冬至时,太阳深入地下,所以昼短夜长,而夏至时,太阳入地下浅,所以昼长夜短。

《昕天论》的本意在于说明冬、夏气候不同与昼夜长短的原委,但它将人体与天体相比,明显受到"天人感应"说的影响。而且地球上的寒暑变化乃由地球自转轴的倾角变化所致,昕天论的解释是不科学的。此说实是天圆地方说"天如欹车盖"的变种,仍属盖天说的体系。

关于本书研究,见郑文光、席泽宗《中国历史上的宇宙理论》等。

(王贻梁)

针灸甲乙经 〔西晋〕皇甫谧

《针灸甲乙经》,又名《黄帝甲乙经》、《黄帝三部针经》、《黄帝三部针灸经》,简称《甲乙经》,十二卷(或作十三卷、十卷、八卷)。西晋皇甫谧撰。约成于三国时魏甘露(256—260)中至西晋太康三年(282)之间。通行本有《古今医统正脉全书》本、《医统正脉全书》本、《槐庐丛书》本、《四库全书》本、《中国医学大成》本等。

皇甫谧(215—282),幼名静,字士安,自号玄晏先生,安定朝那(今宁夏固原东南)人,后随叔父迁至新安(今河南渑池东),系汉太尉皇甫嵩曾孙。年二十仍不好学,后在叔母任氏教导下,发愤读书,竟至废寝忘食,遂博综典籍百家之言,时人谓之"书淫"。他沉静寡欲,有高尚之志,以著述为务。后得风痹,犹手不辍卷。朝廷屡次征聘,皆不就。曾向晋武帝借书,武帝送一车与之。著有《帝王世纪》、《年历》、《玄晏春秋》、《高士传》、《逸士传》、《列女传》等。《晋书》卷五一有传。

皇甫谧时,《黄帝内经》"有所亡失","又不编次",且谈理论多而切合实用者少。《内经》之《素问》、《灵枢》与《明堂孔穴针灸治要》三书又"文多重复、错互非一"。甘露中,他因风痹及耳聋,而一般"方治要皆浅近"。于是,综合以上三书中有关针灸方面论述,"使事类相从,删其浮辞,除其重复,论其精要",撰成《针灸甲乙经》十二卷。

本书系针灸学专著。有作者自序,北宋校正医书局高保衡、孙奇、林亿等序,四库馆臣序等。全书凡一百二十八篇。卷一《精神五脏论》等十六篇,论脏腑、十二原、十二经水、四海、营卫、精气、津液、血脉、五色、阴阳二十五人等。卷二《十二经脉络脉支别》等七篇,论十二经络、奇经八脉,脉度、标本、根结、经筋及骨度、肠度等。卷三《头直鼻中发际傍行至头维凡七穴》等三十五篇,按头面、躯干、四肢分别记述周身腧穴名称及位置。卷四《经脉》等三篇,论经脉循行、病形脉诊及三部九候。卷五《针灸禁忌》等七篇,论针灸禁忌及针法。卷六《八正八虚八风大论》等十二篇,论八正、八虚、八方之风所引起的人体生理、病理变化。卷七《六经受病发伤寒热病》等五篇,论伤寒之六经辨证及治疗。卷八《五脏传病发寒热》等五篇,论五脏寒热、积聚、肿胀等疾病及治疗。卷九《大寒内薄骨髓阳逆发头痛》等十二篇,论寒邪入侵所引起的脏腑疾病和头痛,遗溺等病及治疗。卷十《阴受病发痹》等六篇,论痹、风、痿、饮等病及治疗。卷十一《胸中寒发脉代》等九篇,论痫、狂、尸厥、霍乱、痈疽等病证及治疗。卷十二《欠哕唏振寒噫嚏嚲泣出太息溔下耳鸣啮舌善忘善饥》等十一篇,论五官咽喉病、瘤瘿及妇儿病。

大致前六卷为基础理论,后六卷偏重临床治疗,涉及内、外、妇、儿、五官各科,重点论述各种疾病的取穴与针灸治疗。

本书按照"事类相从"的方法,把散见于《素问》等三书中相同的内容经整理后,放在一起,清晰明了,使读者对各个问题有系统而具体的了解。如卷五的《针道》一篇所论针法,包括了《灵枢》的《九针十二原篇》、《官能篇》和《素问》之《宝命全形论》、《刺禁论》等篇中有关刺法的内容,为读者全面了解针法、针感、禁忌和补泻手法等一系列有关针道的问题提供了方便。

本书在总结前人经验的基础上多有创见,特别在针灸学方面有重大进展。《黄帝内经》记载穴位一百六十个(其中正中单穴二十五个,两侧双穴一百三十五个)。但在具体叙述时,常以一年三百六十五天之数相比附。本书则明确人体全身穴位为三百四十八个(其中单穴四十九个,双穴二百九十九个),并首创分部画线检穴法,即按人体的头、面、项、肩、胸、腹、背、四肢等部分,划分为三十五条线路,以此确定各穴的位置,并详述针刺深度、留针时间与艾灸时间。这较之《内经》的循经络取穴不仅更为清晰明确,且更符合人体穴分布规律,因而具有更大的临床意义。

《针灸甲乙经》是中国医学史上第一部针灸学专著,它的出现,奠定了后世针灸学的基础,历代均将其列为学医者必读之书,并对日本、朝鲜及欧洲某些国家的针灸学也有重要影响。

有关本书的研究有山东中医学院《针灸甲乙经校释》(人民卫生出版社,1980年,2009年第二版)。论文有徐国仟、田代华《皇甫谧与针灸甲乙经》(《山东中医学院学报》1978年第2期)等,又傅维康主编《中国医学史》也有所论述。

(林建福)

脉经 〔西晋〕王叔和

《脉经》,十卷。西晋王叔和撰。约成于西晋初,一说东汉末至西晋初。通行本有《医统正脉全书》本、《宛委别藏》本、《守山阁丛书》本、《守中正斋丛书》本、《四部丛刊》本、1954年商务印书馆排印本、1959年上海科学技术出版社本、1962年人民卫生出版社本。

王叔和,名熙,高平人,生卒年不详。曾任西晋(或曰魏)太医令。相传曾与张仲景弟子卫汛交游,故可能亦受业于仲景。其人性度沉静,博通经史,穷研方脉,精意诊切,洞识修养之道。尝编次张仲景方论为三十六卷(此书后演变为《伤寒论》十卷和《金匮要略方论》三卷),又撰有《张仲景评病要方》一卷、《论病》六卷,均佚。生平事迹见后魏高湛(一说张湛)《养生论》、唐甘伯宗《名医传》、近人余嘉锡《四库提要辨证》卷十二等。

王叔和认识到"脉理精微,其体难辨。弦紧浮芤,展转相类。在心易了,指下难明"(《脉经序》),又有"数候俱见,异病同脉"者。面对种种复杂情况,倘稍有差池,则危殆立至。而前人论脉,或秘而不宣,或语焉不详,或年久流散,遂令后世学者,不明根本,互生偏见,各逞己能,致使微疴变为膏肓之疾。有鉴于此,所以他撰集自岐伯以来直至华佗的经论要诀,又载录王、阮、傅、戴、吴、葛、吕、张等医家的意见,合为一书,使百病根源,以类相从;声色证候,无不罗列。足见其意在汇集整理前人这方面的成果。

本书系脉学著作。书前有作者自序,宋神宗熙宁元年高保衡、孙奇、林亿所上《校定脉经进呈札子》,宋陈孔硕序、元柳赟序、谢缙翁序,书后有钱熙祚跋。

全书前九卷共九十七篇。卷一,十五篇。有:脉形状指下秘诀、平脉早晏法、分别三关境界脉候所主、辨尺寸阴阳荣卫度数、持脉轻重法、两手六脉所主五脏六腑阴阳逆顺、辨脏腑病脉阴阳大法、平人得病所起脉等。卷二,四篇。有:平三关阴阳二十四气脉、平人迎神门气口前后脉、平三关病候并治宜、平奇经八脉病。卷三,五篇。有:肝胆部、心小肠部、脾胃部、肺大肠部、肾膀胱部。卷四,八篇。有:辨三部九候脉证、平杂病脉、诊三部虚实、决死生等。卷五,五篇。有:张仲景论脉、扁鹊阴阳脉法、扁鹊脉法、扁鹊华佗察声色要诀、扁鹊诊诸反逆死脉要诀。卷六,十一篇。有:肝足厥阴经病证、肺手太阴经病证、膀胱足太阳经病证等。卷七,二十四篇。有:病不可吐证、病可吐证、热病生死期日等。卷八,十六篇。有:平中风历节脉证、平五脏积聚脉证等十六篇。卷九,九篇。有:平妊娠分别男女将产诸证、平小儿杂病证等九篇。卷十,手检图二十一部。

本书论述了脉象的种类、脉诊的时间和部位、切脉方法、两手寸口脉象同脏腑的关系、各种疾病的脉证治疗、各种病脉的预后判断等有关脉学的一系列基本问题。

首先,它对《黄帝内经》所论脉象作了进一步的研究整理,归纳出浮、芤、洪、滑、数、促、弦、紧、沉、伏、革、实、微、涩、细、软、弱、虚、散、缓、迟、结、代、动等二十四种,并第一次具体描述了每种脉象的形状和指感,如"洪脉,极大,在指下","虚脉,迟大而软,按之不足,隐指,豁豁然空"。书中特别指出,二十四种脉象中有十六种是两两相似:浮与芤、弦与紧、革与实、滑与数、沈与伏、微与涩、软与弱、缓与迟。如浮脉的脉象是"举之有余,按之不足",芤脉虽也具有"浮"的特征,然其是"浮大而软,按之,中央空,两边实"。数脉的特点是"去来促急",滑脉虽"替替然与数相似",但此脉的活动状态是"往来前却流利辗转",即流利自然而不急促。软、弱均属极软而细之脉,但前者"极软而浮细",后者"极软而沉细"。一浮一沉,便细致地区别开了两种极易混淆的脉象。在排列上,作者有意将相似的脉象放在一起,以便更清晰地显示它们之间的异同。

其次,本书首次揭示了左右两手寸口部位寸、关、尺三部与脏腑的对应关系:左手寸部主心、小肠,左手关部主肝、胆,右手寸部主肺、大肠,右手关部主脾、胃,两手尺部皆主肾、膀胱。两手寸口三部的脉象又有阴阳之分,阴主脏,阳主腑。由这些部位脉象的阴阳变化便可测知相关脏腑的病情。如右手关上脉阴虚者为脾虚,"病苦泄注,腹满气逆,霍乱呕吐,黄胆,心烦不得卧,肠鸣"。右手寸口气口以前脉阴阳俱虚者为肺大肠俱虚,"病苦耳鸣嘈嘈,时妄见光明,情中不乐,或如恐怖"。这比之《难经》的虽创寸、关、尺三部却不分左右手,在脉学理论和诊脉技巧两方面显然进了一大步。所以《难经》所确立的"独取寸口"诊脉法,要到《脉经》问世后,才被医家广泛运用。

此外,本书结合病证论述脉学原理,也具有重要的临床意义。

《脉经》是我国现存最早的脉学理论专著。它集前人脉诊学说之大成,并依据自己的临床实践作了重要的发挥和创造。所述脉象,包含心脏跳动的频率、节律和搏出量,动脉管的韧性和弹性,血液在动脉中流动状况,血液黏稠度,血管充盈度等内容,基本上符合于现代对血液循环系统特性的认识。它使我国脉学在理论上得以系统化,奠定了中医脉学诊断的基础,在临床上具有更大的可操作性,因而历代政府教育主管部门都将其作为医科学生的主要教材之一,它的影响还远及阿拉伯、日本、朝鲜、越南等国。

有关本书的研究,注释考证方面有民国廖平《脉经考证》一卷、福州市人民医院《脉经校释》

等;论述方面有孟庆云《王叔和对祖国医学的贡献》、鄢良《王叔和》等论文,以及傅维康主编《中国医学史》、杜石然等编著《中国科学技术史稿》等书的有关部分。

(林建福)

禹贡地域图序 〔西晋〕裴　秀

《禹贡地域图序》,一卷。西晋裴秀撰。成于泰始四年(268)至泰始七年(271)之间。载于《晋书》卷三五《裴秀传》。《晋书》的通行本有明毛晋汲古阁本、清乾隆武英殿刻本、《四部备要》本、1974年中华书局校点本等。

裴秀(224—271),字彦秀,河东闻喜(今属山西)人。自幼好学,风操卓然,世称"后进领袖",为田丘俭、曹爽、司马懿等所器重。魏晋禅代,他与贾充、王沈等人为司马氏集团骨干。晋建国前,官尚书令,掌管机密。在讨伐诸葛诞,立曹璜为傀儡皇帝,制定五等之爵,司马炎代魏称帝等事件中,起了重要的作用。西晋代魏后,由尚书令改任司空,卒于官。他认为,外在客观世界是一整体,以年为周期,周而复始地循环。"山海川流,原隰陂泽",和在此基础上建设的"郡国县邑乡陬水陆径路",是人类赖以生存的前提。人类理当通过自己的思考,得悉道奥,循自然而动。社会时代在变,圣人制作必从时宜。力主改革官制,使合时势,写有《典治官制》;研究哲理与艺术,撰写《易》《乐》两论。于人体医药也有所研究,而用力最勤的是地学。在京相璠协助下,绘制《盟会图》(未成)、《晋舆地图》(佚)、《地形方丈图》(佚)、《禹贡地域图》(佚),著有《禹贡地域图序》、《春秋土地名》(佚)。提出制图六体说,是绘制历史地图的开创者,传统地图学的奠基人。生平事迹见《晋书》卷三五《裴秀传》。

《禹贡地域图序》是一篇论述地图重要性及如何绘制的专论。第一段,论述地图作用及当时秘书所藏各图的特点。第二段,叙说绘制新图的必要性与所制作的新图。第三段,论说制图六体。

裴秀认为地图是大地形貌的写照,务必备载山海川流、原隰陂泽等地表形态,和郡国县邑的政区疆界与水陆径路,以及古之九州与古国盟会所在。在政权建设、军事行动、行政事务中,起晓示"地域远近、山川险易、道路迂直"的作用。鉴于秘书所藏汉代以来地图,"各不设分率,又不考正准望,亦不备载名山大川,虽有粗形,皆不精审";图的说明,"或荒外迂诞之言,不合事实,于义无取",因此,迫切需要绘制新图。他要求实事求是地反映自《禹贡》以来的山川地名变异,"疑者则阙,古有名而今无者,则随事注列",以此为指导,绘制成当时十六州、西域长史府及吴的地图,共十八篇,即《禹贡地域图》。

裴秀进而提出了绘图原理——制图六体:分率、准望、道里、高下、方邪、迂直。分率即比例尺,准望是方向,道里乃距离,高下指地势,方邪为地形,迂直系道路曲直。又分析六者之间的关系。有分率而无准望,有准望而无道里,有道里而无高下、方邪、迂直,都会影响其他因素,造成地图错误。

裴秀对汉代地图的评价失之偏低。但他提出的绘制地图的重要性以及制图六体说,对我国地图的绘制及地图学的发展,都产生了重大的影响。制图六体,从现代的角度来审视,除经纬度和等高线外,其他基本要素都已囊括无遗,成就是卓越的。

有关本文的研究,散见于王庸《中国地理学史》,卢良志《中国地图学史》,金应春、丘富科《中国地图史话》,王成组《中国地理学史》,地学史组《中国古代地理学史》等书的有关章节。论文有曹婉如《中国古代地图绘制的理论和方法初探》的有关部分。

(贺圣迪)

博物志 〔西晋〕张 华

《博物志》，十卷。西晋张华撰。约成于西晋武帝泰始元年(265)至太康十年(289)之间。原书已散佚，今本系后人搜辑而成。通行本有明弘治刻本、清《四库全书》本、《汉魏丛书》本、士礼居本、民国《丛书集成初编》本、1980年中华书局版范宁《博物志校证》本、同年学生书局版唐久宠《博物志校释》本等。

张华(232—300)，字茂先，范阳方城(今河北固安南)人。少孤贫，以牧羊为生，而读书驳杂，学业优博，"图纬方伎之书，莫不详览"。敢于赴义，笃于周急，乡人奇其才而器重之。初未知名，作《鹪鹩赋》托物寄志，得名士阮籍称赏，声名始著。郡守鲜于嗣荐为太常博士，迁佐著作郎、长史兼中书郎，朝议表奏，多见施用。晋受禅，拜黄门侍郎，封关内侯。与羊祜共主伐吴之计，典掌军事，有谋谟之功，进封广武县侯，增邑万户。张华以庶族得高位，大族疾之，又以继位事微忤帝旨，出为持节都督幽州军事。后因首谋平楚王玮之乱有功，拜右光禄大夫、侍中中书监。西晋永康元年(300)，因拒绝参与赵王伦、孙秀作乱与裴𬱖同在作难之夜被诈获，未久遭杀。华博学强记，好异闻方伎，著作尚有《杂记》一卷，与《博物志》性质相似，已佚。原有《张华集》十卷，亦佚。明人集有《张司空集》一卷，又称《张茂先集》。

《博物志》是一部记述珍奇异闻的著作。卷一，五方山水、人民、物产；卷二，外国、异人、异俗、异产；卷三，奇异鸟兽虫鱼草木；卷四，物性、物理、物类并药、食；卷五，方士服食；卷六，考人文、礼乐、器物；卷七，述异闻；卷八，作史补；卷九、卷十为杂说。它记载的异境奇物与古时琐闻杂事记录了大量的神话传说，同时也保存了许多珍贵的科技资料，实为研究我国古代文化史的重要文献。卷一有四言赞词一首，"山水总论"二则。其"赞"有云："无德则败，有德则昌。安屋犹惧，乃可不亡。进用忠直，社稷永康。教民以孝，舜化以彰。"其"论"有曰："地动臣叛，名山崩，王道讫，川竭神去，国随已亡。"反映了作者的德治思想以及天人感应、符瑞谴告之说。

《博物志》对古代科学技术中有关天文、地理、物产、冶炼，以及养生、人类繁育等等均有所涉及,但往往语焉不详,且夹杂在荒诞怪异的神话传说中,偶见一鳞半爪。如卷一采捃《尚书考灵耀》中所言"地有四游,冬至地上北而西三万里,夏至地下南而东三万里,春秋二分其中矣。地恒动不止,譬如人在舟而坐,舟行而人不觉",这是古人对四季及地球自转运行的朴素唯物观点。又如同卷中"五岳:华、岱、恒、衡、嵩";"汝南有黄水,华山南有黑水"等记载,反映出当时人对地理知识的探求解说。卷四有关于古代冶炼铸剑的记述:"宝剑名纯钧、湛庐、豪曹、鱼肠、巨阙,五剑皆欧冶子所作。龙泉、太阿、工市,三剑皆楚王令风胡子因吴清干将欧冶子作。干将阳龙文、莫邪阴漫理,此二剑吴王使干将作。"又"铸铜之工,不复可得。唯蜀地羌中,时有解者"。有对染色的记载:"芜苏子染法:一升可染一匹,直以水浸之耳。"卷九有关于蒙恬造笔等记载,以及地理物产的描述:"酒泉,延寿县南有山出泉,水大如筥,注地为沟,其水有脂,如煮肉汁,挹取若箸器中,始黄后黑,如不凝膏,燃之极明,与膏无异,膏车及水礁缸甚佳。但不可食,彼方人谓之石漆(石油)。"卷二对如何使用石灰及其特性作了介绍:"烧田石作白灰,既讫,积著地,经日都冷,遇雨及水浇,即交燃烟焰起。"又从卷三中对南方和北方不同嗜食的分析,卷二摘引的《礼记》中有关胎教的述说等,至今看来仍有一定的道理。

(曾 抗 潘良桢)

南方草木状 〔西晋〕嵇 含

《南方草木状》，三卷。西晋嵇含撰。成于西晋永兴元年(304)。通行本有《四库全书》本、《百川学海》本、《格致丛书》本、《丛书集成》本等。

嵇含(262—306)，字君道，河南巩县亳丘人，自号亳丘子，《晋书》本传称他"好学能属文"。曾任楚王玮属官郎中，司马玮被杀后，"八王之乱"爆发，嵇含被卷入这场政治动乱之中，先后在齐王冏、长沙王乂等诸王麾下从事，范阳王虓授嵇含为振威将军、襄城太守。后范阳王虓为刘乔所破，嵇含就投奔刘弘，被任命为平越中郎将、广州刺史，未上任就被郭励所杀。《南方草木状》是他任襄城太守时，"以所闻诠叙"，时年四十二岁。

《南方草木状》分上、中、下三卷，按草、木、果、竹四类记述。上卷记草类，有甘蕉(香蕉的一种)等二十九种；中卷记木类，有榕树等二十八种；下卷记果、竹，果类有槟榔等十七种；竹类有云丘竹等六种。共计记有植物八十种，大体上是按每种植物逐一详细描述。是我国最早的植物学文献之一。其学术价值早已为中外学者所公认。在国内，自宋以后，被许多花谱、地方志所引用，1979年译成英文出版后，被称为"世界上最早的植物志"。书中记载利用蚂蚁防治柑橘虫害尤为引人注目："交趾人以席囊贮蚁，鬻于市者，其窠如薄絮囊者皆连枝叶，蚁在其中并窠而卖蚁，蚁赤黄色，大于常蚁，南方柑树若无此蚁，则其实皆为群蠹所伤，无复一完者矣。"这是世界上最早的人类利用生物防治病虫害的记载。李约瑟在《中国科学技术史》第一卷总论中也指出："嵇含所著《南方草木状》一书中有控制昆虫对植物危害的记载，这肯定是任何文献中关于这个问题的最早的记载。"

《南方草木状》一书由于所记载的植物大都生长于五岭以南的番禺、南海、合浦、林邑等地，故名。由于今本已非嵇含原著，传抄中误入《南方草物状》(南朝宋徐衷撰)等内容，于是对它的作者和成书年代问题，历来颇有争议。鉴于《南方草木状》一书的重要性，1983年华南农学院曾在广州召开了有中、美、日、法等国三十多位学者参加的"《南方草木状》国际学术讨论会"，李惠林、梁家勉、黄兴宗、苟萃华、张寿祺、吴万春、彭世奖等人认为该书为真,马泰来、马宗申、胡道静、李仲钧、刘昌芝、梁继、杨宝霖等人则认为该书为伪,且其中大多数人认为系宋人伪托。目前,这两种说法相持不下,讨论仍在继续进行中。论文有姚毓璆《〈南方草木状〉——我国现存最古的植物学文献》、陈连庆《今本〈南方草木状〉研究》、吴德邻《诠释我国最早的植物志——〈南方草木状〉》等。

(孙兆亮　徐维统)

穹天论 〔西晋〕虞 耸

《穹天论》,一卷。晋虞耸撰。原书早佚,有清马国翰辑本(收《玉函山房辑佚书·子编天文类》、《四明丛书》第六辑)。

虞耸,字世龙,会稽余姚(今浙江余姚)人。著名学者虞翻之第六子。虞翻精于儒学、星占、文学等,注有《周易》,与孔融齐名。耸自小得父亲熏陶,学识颇广,性格独特,"清虚无欲,进退以礼",尤喜与"务在幽隐孤陋之中"的隐士交往,恶侈而倡廉。生平事迹见《三国志·吴志·虞翻传》及注引《会稽典录》。

《穹天论》认为,天形圆曲如蛋壳,天幕周边连接四海。大地与天壳间充盈着"气",才使天壳不致塌下。这就犹如一只盒子覆在水面上而并不沉没,原因也就是因为有气充盈在其中。太阳并不是入于地下,而只是绕着北极没西而还东。天顶在斜靠北方三十度的地方,所以北斗极星之下并非地体的正中。太阳沿黄道运行而绕北极,北极去黄道一百十五度,南极去黄道六十七度,所以冬至与夏至有长短之分也。

从总体上看,穹天论仍属于盖天说的范畴,但在某些具体的局部有一些新的说法。如,其说大地的四周为海,即吸取了战国时期邹衍大九州说的成分,意图恐怕还是在于解说圆天与方地的边缘如何能更好地衔接,以弥补旧说给人留下的疑惑。又吸取了"气"的学说来解释天壳不致塌陷的原因,并以覆盒于水为喻,有一定的说服力。此中含有类比实验与实证的成分,而非纯为虚妄之说。穹天说与宣夜说都用"气"来作为天体的载体,虽然具体说法不一,但本质是一致的。这比旧的盖天说中的天柱等说法无疑要进步。又,它所论北极之下并非地体的正中、太阳并不入于地下而只是绕北极西没东还,都是极富想象力的新说。穹天论还给出了一些具体的天文数值,如"天北下于地三十度",这大致表明是位于东晋的京都建康(今南京)来看(实际当32度多,与此数值接近)。又如"极北去黄道一百十五度,南去黄道六十七度",由此可推得当时的黄赤交

角值为 $\frac{115-67}{2}$ 等于 24 度(折合今度约为 23 度 19 分 18 秒),同样基本正确。由此可知虞耸确实具备扎实的天文知识的。因其总体仍属盖天说,故未在历史上产生重大影响。

关于本书研究,见李约瑟《中国科学技术史》第四卷,中国天文学史整理研究小组《中国天文学史》的有关部分。

(王贻梁)

数术记遗

《数术记遗》，一卷。旧题汉徐岳撰，但现在一般认为系后人伪托。约成于东汉末至南北朝之间。今本有南北朝时甄鸾的注文一并传世。南宋时因唐国子监"十部算经"之一的《缀术》失传，遂将此书补入。通行本有明汲古阁《津逮秘书》本、清《四库全书》本、《微波榭算经十书》本、《学津讨原》本、近代《丛书集成》本、1963年中华书局版钱宝琮校点《算经十书》本等。

《数术记遗》借隐者"天目先生"之口，叙述了古代的大数进位法和十四种记数法。其论大数进位法说："黄帝为法，数有十等。及其用也，乃有三焉。十等者，亿、兆、京、垓、秭、壤、沟、涧、正、载。三等者为上、中、下也。其下数者十十变之，若言十万曰亿，十亿曰兆，十兆曰京。中数者万万变之，若言万万曰亿，万万亿曰兆，万万兆曰京也。上数者数穷则变，若言万万曰亿，亿亿曰兆，兆兆曰京。"其十四种记数法为：（一）积算；（二）太乙算；（三）两仪算；（四）三才算；（五）五行算；（六）八卦算；（七）九宫算；（八）运筹算；（九）了知算；（十）成数算；（十一）把头算；（十二）龟算；（十三）珠算；（十四）计数。其中第一种即为古时通用的筹算方法，最后一种则是心算，其余几种均未传世。值得注意的是第十三种"珠算"，据甄鸾的注文具体描述："刻板为三分。其上下二分以停游珠，中间一分以定算位。位各五珠，上一珠与下四珠色别。其上别色一珠当其下四珠。"当为后世珠算盘的滥觞。

《数术记遗》对后世数学影响不大。但因其后来被补入《算经十书》，故得以为历代算家所熟知。另据日本宽平时代（889—897）藤原佐世《日本国见在书目》，此书亦曾传入日本。

有关本书研究，见李迪《中国数学通史》。

（周瀚光）

安天论 〔东晋〕虞 喜

《安天论》,一卷。东晋虞喜撰。原书早佚,有清马国翰辑本(收《玉函山房辑佚书·子编天文类》、《四明丛书》第六集)。

虞喜(281—356),字仲宁,会稽余姚(今浙江余姚)人。少时,操行出众,博学好古。朝廷屡召而不赴,终身不仕。对天文、谶纬、历史、文学、儒学等俱甚精通。他在天文学上的最大成就是发现了"岁差"。也就是说,太阳运行一周天之值并不与二个冬至点间的岁周值相等,从而纠正了自古以来天周与岁周混而不分的误识,并且给出了每五十年冬至点西移一度的岁差值(见《新唐书·历志三》上、《宋史·律历志》)。著作尚有《尚书释问》一卷、《毛诗释》十八卷、《周官驳难》五卷、《赞郑玄论语注》九卷、《论语新书对张论》十卷、《孝经注》三卷、《志林新书》(《隋书·经籍志》载作《志林》)、《广林》一卷(《隋书·经籍志》作二十四卷)、《释滞》一卷、《通疑》一卷、《集》十一卷(《隋书·经籍志》作十二卷)等(以上据《光绪余姚艺文志》)。生平事迹见《晋书》卷九一《儒林志》。

《安天论》是一部关于宇宙结构理论的著作。作者认为,天有无穷高,地有无限深。天高高在上,有"常安之形"。地在下,而有宁静之体。天与地正合复合,方则俱方,圆则俱圆。日月星辰各自运行,就犹如江海有潮汐、万物各有行藏。

显然,安天论是承宣夜说而来,是宣夜说的补充、发展。宣夜说否定了天壳,于是就有杞人忧天,唯恐悬浮在天空中的天体不知哪一天会掉下来,或者天翻地覆、乱成一团,这在当时并非少数人的想法。虞喜作《安天论》即力图证明天体宇宙是安定的,用以安定人心。其"方则俱方,圆则俱圆",显然是驳斥天圆地方说的。说"天高穷于无穷",比旧宣夜说更强调了宇宙的无限性,但"地深测于不测"就不对了,这也是当时对地球尚不真正了解所致。"光曜布列,各自运行",说天体有各自的运行规律,这比旧宣夜说无疑又有所进步。但总体来看,安天论前进的步伐十分有限,并没有什么大的突破、创见,而根本的仍未建立起新的宇宙模式来,也就终究不能取代盖天、浑天二说。后来，葛洪驳虞喜说：既然日月星辰不附天、天没有什么用，又何必说有"天"呢？这个驳斥其实并不有力，但居然无人再信安天论了，可见安天论在理论上的脆弱。

关于本书的研究，有郑文光、席泽宗《中国历史上的宇宙论》，陈美东《中国科学技术史·天文学卷》等书的有关部分。

（王贻梁）

肘后备急方 〔东晋〕葛 洪

《肘后备急方》,又名《肘后救急方》、《肘后求卒方》、《肘后急要方》、《肘后要急方》,简称《肘后方》,八卷。东晋葛洪撰。约成于东晋兴宁元年(363)以前。通行本有明万历刘自化刊本(1956年人民卫生出版社有影印本)、《道藏》本、《六醴斋医书》本、《重刊道藏辑要》本、《道藏举要》本、《四库全书》本、《瓶华书屋丛书》本等。

作者生平事迹见"抱朴子"条。

葛洪时代,各类医方将近千卷,混杂烦重,适症难求。他曾加以搜集整理和分类,编为《玉函方》一百卷(一作《金匮药方》),然卷帙仍嫌浩大。而当时一些贵胄之家所置备急方一类的书则不够完备,其中又多珍贵之药,贫家野居无法办到,且用针方法深奥难学。为此,葛洪以《玉函方》为主,兼采他方,撰成《肘后救卒方》三卷,凡方八十六首。此后经梁陶弘景整理,归并成七十九首,又添二十二首,凑成百一之数,仍作三卷,改书名为《肘后百一方》(一作《补阙肘后百一方》),以合佛经人用四大成身,一大辄有一百一病之说。金皇统四年(1144),杨用道将北宋唐慎微《证类本草》所收方分类附入,订为八卷,又更名《广肘后备急方》(一作《附广肘后备急方》)。凡杨用道所增者,均标以"附方"二字,列之于后。陶弘景的增补原用朱色,以别于葛洪原书的墨色。然自宋时刻板,概印以墨,遂使二者相淆,仅从行文间始得辨别一二。今流行之八卷本,在杨用道补订之后,又经多次增删,已非原貌。

本书所收医方涉及内、外、妇、儿、五官、伤骨、精神各科的急危病症,重点是救治,兼及诊断和预防。卷一,收救卒中恶死方、治尸注鬼注方、治卒腹痛方等十一首。卷二,收治卒霍乱诸急方、治伤寒时气温病方等四首。卷三,收治卒中风诸急方、治卒身面肿满方等九首。卷四,收治卒大腹水病方、治脾胃虚弱不能饮食方等十一首。卷五,收治肠痈肺痈方、治痈癣疥漆疮诸恶疮方等七首。卷六,收治卒耳聋诸病方、治卒食噎不下方等七首。卷七,收治为熊虎爪牙所伤毒痛方、治卒中溪毒方等十九首。卷八,收治百病备急丸散膏诸要方、治牛马六畜水谷疫疠诸病方二首。流行本虽为八卷,实际上仍体现葛、陶三卷本的结构和思想。卷一至卷四相当于三卷本中的上卷,救治对象为"腑脏经络因邪生疾"者,即"内疾"(陶弘景序);卷五至卷六相当于中卷,为"四肢九窍内外交媾"的"外发"(同上);卷七、卷八相当于下卷,系"假为他物横来伤害"的"他犯"(同上)。

本书方中所用"率多易得之药,其不获已须买之者,亦皆贱价草石,所在皆有"(葛洪自序)。如治霍乱烦燥卧不安稳方:"葱白二十茎、大枣二十枚、水三升煮,取二升顿服之。"(卷二)葱白、大枣都是唾手可得之物。又如治寒热诸疟方中的治疟病方:"青蒿一握,以水二升渍,绞取汁,尽服之。"(卷三)现代医学实验证明,青蒿中所含的青蒿素是一种高效低毒的抗疟药。在此之前,这一疗法未见文献记载。他如麻黄治喘,大黄泻下,莨菪子治癫狂,大豆治脚气病,朱砂、雄黄、硫黄、水银治皮肤病,其疗效均确切可靠。除药物治疗外,书中还搜集了其他治疗方法,这些方法也力求简便易行,如推拿、烧灼、角法(拔罐)等。值得一提的是,葛洪鉴于一般平民不懂穴位,用针法有危险,所以他的方中只用灸法,所灸部位"但言其分寸,不名孔穴",清晰明了,极便操作。如治疗中风诸方中,便首列各种灸法,次以内外用药物。后人所补部分也很少用针法。因此,本书具有便、廉、验的特点,适应了乡间穷苦之人的急救之需,在一定程度上解决了他们无钱求医、无方治病的困难。书名"肘后备急"即是常置手头身边以备急需之意。

本书在治病防病、揭示病因、描述病状方面有不少是发前人所未发,成为医学史上的可贵资料。这突出地体现在有关传染病的记载方面。如对于虏疮即天花症状和流行情况的叙述是世界上关于天花的最早记录:"比岁有病时行,仍发疮头面及身,须臾周匝,状如火疮,皆戴白浆,随决随生。不即治,剧者多死;治得差后,疮瘢紫黑,弥岁方灭。此恶毒之气。世人云,永和四年,此疮从西东流,遍于海中。……建武中于南阳击虏所得,仍呼为'虏疮'。"(卷二)卷七在《治卒为猘犬所咬毒方》中提出,对被狂犬咬伤的病人,"仍杀所咬犬,以脑傅之,后不复发"。这是世界上第一个治疗狂犬病的实例,其间已经孕育着被动免疫疗法的萌芽。又如同卷对于沙虱病的描述,也是世界上最早的记载:"山水间多有沙虱,甚细,略不可见。人入水浴,及以水澡浴,此虫在水中着人身。及阴天雨行草中,亦着人,便钻入皮里。此病初得之,皮上正赤,如小豆、黍米、粟粒,以手摩赤上,痛如刺。三日之后,令百节强,疼痛寒热,赤上发疮。"此后还介绍了预防和治疗的方法。本书对沙虱病的发现和阐述比日本学者要早一千多年。

《肘后备急方》问世以来,以其"方虽简要,而该病则众;药多易求,而论效则远"的鲜明特色受到历代医家病人的欢迎,被视作一部简便实用的急救手册,其中一些有效的药物和疗法,为《备急千金要方》、《外台秘要》等书所采用。

有关本书的研究,注释有尚志钧《校辑肘后方》(安徽科学技术出版社,1983年)等;论著有蔡景峰《〈肘后备急方〉的科学成就》、林育华《〈肘后备急方〉对中药药剂的贡献》等。

(林建福)

炮炙论 〔刘宋〕雷 敩

《炮炙论》，又名《雷公炮炙论》，三卷。南朝宋雷敩撰。约成于永初元年至昇明三年（420—479）。原书在元代以后佚失，但其中的大部分内容和序保存在历代本草中。宋代唐慎微《证类本草》曾引录该书所记的二百三十四种药物。明代李时珍《本草纲目》也收载其中的二百五十四种药物。明代李中梓曾辑录《炮炙论》，但辑本错误缺漏不少。1932年，张骥辑佚成《雷公炮炙论》，试图恢复该书原貌，仍分上、中、下三品，共三卷，但选用底本欠佳，未作校勘，舛误甚多，又混杂他人之说，故流传不广。通行本有上海中医学院出版社1986年版王兴法辑校本、安徽科学技术出版社1991年版尚志钧辑校本。

雷敩，东晋刘宋间人，信奉道家学说。宋武帝、文帝时任"内究寺国安正公"。另著《至教论》，已佚。

我国中药材炮炙历史久远，在《五十二病方》、《黄帝内经》、《神农本草经》、《金匮要略》等书中已有记载，但制法不一。至刘宋时，雷氏感到世人在用药制药上方法欠缺，不分主次、轻重缓急，致使流弊不少。"若夫世人用药，岂知自有君臣，既辨君臣，宁分相制。"（《自序》）于是，寻根探源，遍读医书，在总结前人药物加工法的基础上，撰成本书，以"略陈药饵之功能"。其自序云："其制药炮、熬、炙、煮，不能记年月哉。欲审元由，须看《海集》，某不量短见，直录炮、熬、煮、炙，列药制方，分为上、中、下三卷，有三百件名，具陈于后。"

《炮炙论》是我国药学史上第一部制药专著。炮炙，又称"炮制"或"修治"，是中药材加工方法的总称。它使药物经过一定加工处理后，减降或消除其毒副作用，缓和偏猛药物的药性，改变药物的某些特性，以及防止药物变性，以利于提高、保持疗效，并便于贮存。

书中所收药物炮制法，已具备水制、火制、水火共制等古代制药的基本原则，并包括有蒸、煮、炒、焙、炙、炮、煅、浸、水飞等十余种制法。明代缪希雍《炮炙大法》之首，即简要列举了雷氏的药物炮制法说："按雷公制法有十七，曰炮、曰爁、曰煿、曰炙、曰煨、曰炒、曰煅、曰炼、曰制、曰度、曰飞、曰伏、曰镑、曰揉、曰晒、曰暴、曰露是也。用者宜如法,各尽其宜。"对书中内容作了很好的介绍。后世所称的"炮制十七法"(每一类中又各有多种炮制法),即指雷氏的炮炙法,所谓"如法炮制",其典故亦盖出于此。

现列举书中的几种制法如下。

如"炮",是将生药材投入烧热的铁锅中急炒,待起烟后取出;或直接放置火灰内,令其焦黄爆烈。干姜、附子等用此炮法,可缓其烈性。

如"炙",便是将药材与液状辅料同炒,使辅料渗入药材内的加工方法。包括酒炙、盐炙、醋炙、姜汁炙等。一般多将辅料先与药材拌匀,再加热炒黄;也有先炒至微黄,然后喷洒辅料后再炒的。炙法是炮炙诸法中最常用的变易药性之法,如生甘草有泻火解毒之功,蜜炙甘草则有润肺补脾之效;生黄柏能清热燥湿,泻火解毒,盐水炙后则能入肾,清虚热而泻肾火等等。

又如"煅",则是把药材放在炭火中烧红,或放入耐火容器中间接火煅,使其质地松脆,便于粉碎。如煅龙骨、牡蛎等。

书中对药材的选用以及制法的阐述极是精要。如上卷"滑石"条称:凡使,有多般,勿误使之。有白滑石、绿滑石、乌滑石、冷滑石、黄滑石。其白滑石如方解石,色白,于石上画有白腻文,方使得。滑石绿者,性寒,有毒,不入药中用。乌滑石似黳色,画石上有青白腻文,入用妙也。黄滑石色似金,颗颗圆,画石上有青黑色者,勿用,杀人。冷滑石青苍色,画石上作白腻文,亦勿用。若滑石,色似冰,白青色,画石上有白腻文者,真也。又说,凡使,先以刀刮研如粉,以牡丹皮同煮一伏时,出,去牡丹皮,取滑石,却用东流水淘过,于日中晒干方用。

如中卷"栀子"条称:凡使,勿用颗大者,号曰伏尸栀子(即水栀,为茜草科植物大花栀子的果实),无力。须要如雀脑,并须长,有九路赤色者上。又说,凡使,先去皮、须了,取仁,以甘草水浸一宿,漉出,焙干,捣筛如赤金末用。

雷氏还提出有关当归有头、尾区分,疗效各不相同,延胡索有止痛镇痛作用的创新观点。其自序中说:"当归止血、破血,头尾效各不同","心痛欲死,速觅延胡"。

《炮炙论》一书总结了我国南北朝以前的中药炮炙学的成果,对中药材的加工制作和临床应用,有开创性的贡献,对后世影响甚大。其中不少炮制法迄今还被奉为规范沿用至今。其有关当归有归头、归尾区分,及功效不一的说法,在我国医学文献上是首次记载,引起历代医家的极大兴趣和争论。至今尚无定论,有待进一步探讨。

有关本书的研究,有宋大仁、王晨波《雷敩传略及其所著〈炮炙论〉的简介》,尚志钧《〈雷公炮炙论〉有关炮制方法的概述》,吕秉森《试论雷公炮炙论在中药炮制史上的地位》等论文,顿宝生、王盛成主编《雷公炮炙论通解》,尚志钧《中国本草要籍考》等著作。

(邵祖新)

刘涓子鬼遗方 〔刘宋〕刘涓子

《刘涓子鬼遗方》,又名《刘涓子男方》(卢文弨疑"男"即"鬼"之误)、《鬼遗方》,原为十卷,今存本为五卷,系残本。南朝宋刘涓子撰。初撰于元嘉十九年(442),南齐龚庆宣整理编次,成书于齐永元元年(499)。因托名"黄父鬼"所遗,故名。通行本有宋刻本、扫叶山房藏本(嘉庆庚申年镌)、《读画斋丛书》本、《随盦徐氏丛书续编》本、《三三医书》本、《丛书集成初编》本等。另有《刘涓子治痈疽神仙遗论》一卷,系十卷本的佚文。今有于文忠点校本(人民卫生出版社,1986年),除标点、校勘之外,还有辑佚。

刘涓子,东晋刘宋间人。晋时任彭城(今江苏徐州)太守,因故入狱。获释后随刘裕北征。宋元嘉二十年(443),居秣陵(今江苏南京)与甘伯济游,共治秣陵县令背疾,生平事迹见龚庆宣序等。

刘涓子精外科方术、总结前人论痈疽及平生治验,于元嘉十九年编撰是书,用丹阳薄纸抄写。以后传至刘道庆、龚庆宣。龚庆宣因原书为草体书写,且多无次第,乃于永元元年(499)以族类相从定其先后。今传龚本与光绪二十八年(1902)新疆吐鲁番出土《刘涓子鬼遗方》二页残书,全不相同。

本书系中医外科著作。书前有龚庆宣、刘道庆序。

卷一,总论痈疽。前半部分论痈疽的发病原因、机理及痈与疽的区别。作者认为,"荣卫稽留于经脉之中,久则血涩不行。血涩不行则卫气从之不通,壅遏不得行,故热。大热不止,热胜则肉腐为脓,然不能陷肤于骨,髓不为燋枯,五脏不为伤",由此形成痈。至于"热气淳盛,下陷肌肉,筋髓枯,内连五脏,气血竭,当其痈下筋骨良肉皆无余",则形成疽。二者外表的区别在于:"疽上之皮夭以坚……痈者,其上皮薄以泽。"后半部分详述各种痈疽的名目、发生部位、症状、预后及痈疽的治疗方法。

卷二至卷五列治疗各种金疮、痈疽方,兼及疹痱、疥癣、疮疖、瘰疬等其他皮肤病。其中卷四

《释痈疽色诊》一节曰:"夫痈疽者,初发始微,多不为急,此实奇患,唯宜速治之,急治不若速,成病难救……"谈及早期治疗的重要性,极有见地。《相痈疽知是非可灸法》、《相痈疽知有脓可破法》两篇介绍痈疽的诊断、灸法及破脓法,亦切于实用。

本书继承发展了《灵枢·痈疽篇》的思想,对痈疽的预防诊断、发病机制、预后判断、治疗原则等方面均作了比较全面的论述,其中不乏新见。在治疗方面,它强调内外结合。外治则针灸外敷、切开引流,内治则清热解毒、活血化瘀、托补内消。内治的注重托补,为后世外科消、托、补三大法则的确立,奠定了基础。

《刘涓子鬼遗方》是我国现存最早的一部中医外科专著,以后的《备急千金要方》、《千金翼方》、《外台秘要》、《证类本草》等著名医书均大量采录此书。其声名还远播日本、朝鲜等国。

关于本书的研究,有朱大渭《魏晋南北朝的中医外科医术》(收入朱著《六朝史论》)、廖育群主编《中国科学技术史·医学卷》的有关部分。

(林建福)

竹谱 〔刘宋〕戴凯之

《竹谱》，一卷。南朝宋戴凯之撰。成书时间不详。通行本有《四库全书》本、《说郛》本、《山居杂志》本、《百川学海》本、《文房奇书》本、《汉魏丛书》本、《丛书集成》本等。

戴凯之，刘宋郢州武昌（治今湖北鄂州）人。据《宋书》、《南齐书》载，他曾做过晋安王刘子勋的南康相，后在一次战争中战败后遁走，其时约公元 466 年。梁代锺嵘《诗品》云："戴凯之实贫羸，而才章富健。观此五子（按：指郭泰机、顾恺之、谢世基、顾迈、戴凯之五人），文虽不多，气调警拔。"可见他曾以诗文名世。所作编为《戴凯之集》六卷，已佚。

《竹谱》约三千余字，用四字一句的韵语写成，并逐条进行注释。一开始总论竹的分类，指出："植类之中，有物曰竹，不刚不柔，非草非木。"再讲形态："小异空实，大同节目。"竹有"空中"（空心，秆壁薄而孔大）、"实"（实心）以及秆壁厚肥孔小，几近实心等形态，故称小异，但都具有分节的共同特征，是谓大同。然后记述其生长环境和地理分布，指出"九河鲜育，五岭实繁"（"九河"，指当时刘宋所属平原郡，今山东省德县一带，鲜育，指数量很少。五岭，指南岭及其以南地区。实繁，指种类和数量很多），说明竹的分布多在南方。然后，按竹的名称逐条分述，大约记述了七十多种。对各种竹的形态、特征有较详细的描述。最后叙述了他对认识事物的见解，"人之所知，事生轨躅"（戴凯之注"车迹曰轨，马迹曰躅"。轨躅可引申为实地考察）。所以他又说："天地无边，苍生无量，人所闻见，因轨躅所及，然后知耳。"用实践出真知作结。

关于本书的研究，有王谟《竹谱跋》，苟萃华《戴凯之〈竹谱探析〉》、《戴凯之》等文。

（孙兆亮　徐维统）

本草经集注 〔梁〕陶弘景

《本草经集注》，又名《本草集注》，原三卷（一作七卷），今仅存序录一卷。南朝梁代陶弘景撰。成于公元493—500年之间。有《吉石盦丛书初集》本（有1955年群联出版社影印本，收入《中国古典医学丛刊》）。今有尚志钧、尚元胜辑校本（人民卫生出版社，1994年）。

陶弘景（456—536），字通明，自号华阳陶隐居，卒谥贞白先生，丹阳秣陵（治今江苏南京）人。十岁时得葛洪《神仙传》读之，遂有养生之志。刘宋时，萧道成引荐为诸王侍读，除奉朝请。仕齐拜左卫殿中将军。永明十年（492），脱朝服挂神虎门上，上表辞禄，隐居句曲山（即茅山）。从孙游岳受符图经法，并遍历名山，寻访仙药。又曾受佛戒。沈约为东阳太守，累书邀之，不至。曾以图谶为萧衍代齐出过力。及萧衍即位，屡加礼聘而不出。然朝廷大事辄就咨询，时人称为"山中宰相"。善琴棋，工书法，尤明阴阳五行、天文地理、历算方圆、医术本草。思想上受老庄哲学和葛洪的神仙理论影响最深，间杂儒佛二家，主张儒、佛、道合流。曾在茅山道观中建佛道二堂，隔日朝礼。并撰《真灵位业图》、《登真隐诀》、《合丹药诸法节度》、《集金丹黄白方》、《太清诸丹集要》、《养性延命录》、《陶氏效验方》、《补阙肘后百一方》、《药总诀》等。事迹见《梁书》卷五一《处士传》、《南史》卷七六《隐逸传》。

陶弘景时代的本草学著作散乱而不够系统，《桐君采药录》只"说其花、叶、形、色"，《药对》四卷仅"论其佐使相须"。而《神农本草经》则又经吴普、李当之等"更相损益"，各种版本不但所载药物数目俱不相同，且在分类上"三品混糅、冷热舛错、草石不分、虫树无辨"，遂使"医家不能备见"，严重妨碍临床使用。故作者以"精粗皆取，无复遗落"为宗旨，在《神农本草经》的基础上，又大量吸收《名医副品》，撰成是书。书始著录于梁阮孝绪《七录》，唐及北宋初尚有流传，至北宋后半叶已佚。其内容被保存在《新修本草》、《嘉祐本草》、《证类本草》、《本草纲目》等书中。今存序例一卷，系敦煌石室所藏六朝人写本（或曰唐开元时人写），原本后为日本人所窃，1915年罗振玉据照相本影印后编入《吉石盦丛书》中。又有吐鲁番出残片一块，仅有四种药物残文。

《本草经集注》系药物学著作。有罗振玉跋、范行准跋。卷上为序例,除交待写作缘起外,重点是"序药性之本源,诠病名之形诊",实为药物总论。卷中载玉石、草本二类药物共三百五十六种。卷下载虫兽、果、菜、米食四类药物一百九十五种。又载有名无实(或称"有名无用")药物一百七十九种。全书共载药物七百三十种,采自《神农本草经》、《名医副品》各半,每类药又分为上、中、下三品,各药名下均有注释。药名及注文,凡采自《神农本草经》者皆以朱笔书写,采自《名医副品》者皆写以墨笔。对于药物的性味,则以朱点为热,墨点为冷,无点为平。

较之此前诸种本草著作,本书不但收载药物数量大大增加,体例更加严谨,更重要的是,它首创以药物自然属性为依据的六分法,同《神农本草经》的三品分类法相比,其科学性不言自明,这是我国古代药物分类学上的一大进步。对于不明情况的药物,则另归"有名无实"一类,表现了相当严肃的科学态度。

本书在积极采纳前人研究成果的同时,还在各卷注文中作了大量的补充发挥。如《神农本草经》认为,治寒以热药,治热以寒药,须视病情,"各随其所宜"。本书则进一步指出,除此之外,还要看到"今药性一物兼主十余病者,取其遍长为本。复应观人之虚实、补泻、男女、老少、苦乐、荣悴、乡壤风俗各不相同",即须以病情为主,兼顾药物适应范围,虑及病人的体质、性别、年龄、经济状况、精神状态、所在乡土风俗等,必如此,用药才更有效。又如,书中对于药物的性味、产地、采集、形态和鉴别等方面的论述更为具体详细,增加了许多新的内容。

本书还专门列出了"诸病通用药"。如治风通用药防风、防己、秦艽、芎䓖等,治水肿通用药大戟、甘遂、泽泻、葶苈等,治黄胆通用药茵陈、栀子等。这给医生用药处方带来了很大方便。

不足之处是,因当时正处于南北隔江对峙的状态中,作者长期生活在南方,故书中收载北方药物较少。又因受道教影响,有些论述与科学相悖。

《本草经集注》是本草学发展史上的一部重要专著,它的出现标志着我国古代药物学渐趋成熟。此后历代官私所修撰的各种本草著作,大都从中吸取了不少有益的内容,并在日本也颇受重视。

有关本书的研究,校注主要有范行准《敦煌石室藏六朝写本本草经集注校注》(原文载《中西医药》三卷一期,1937年1月)等;论述见尚志钧《〈本草经集注〉对于药物炮炙和配制的贡献》(《哈尔滨中医》1961年第14期),曾敬民《陶弘景》(杜石然主编《中国古代科学家传记》)、廖育群主编《中国科学技术史·医学卷》、锺国发《陶弘景评传》、尚志钧《中国本草要籍考》等的有关部分。

(林建福)

古今刀剑录 〔梁〕陶弘景

《古今刀剑录》,一卷。南朝梁代陶弘景撰。约成于齐永明年间(483—493)。然"帝王刀剑"一节中有梁武帝谥号,并直称其名,疑为后人有所增益。其时已有人认为此书"或亦张华《博物志》之流真伪参半也"。通行本有《百川学海》本、《汉魏丛书》本、《四库全书》本、《增订汉魏丛书》本、《龙威秘书》本、《汉魏小说采珍》本等。

作者生平事迹见"本草经集注"条。

《古今刀剑录》是我国古代著名的一部有关刀剑冶锻的著作。其中蕴含着作者冶炼铸造各种刀剑的实践经验和理论总结,是记述我国古代冶铸科技实践的一部最早的著作。卷中记录了自夏禹至梁武帝间各个朝代所制宝刀、宝剑四十款,自刘渊至赫连勃勃诸国刀剑十八款,还有吴将刀、魏将刀等十余款,并对每一把刀剑的名称、尺寸、铸造过程以及铭文等作了详细精到的阐述。

如记载三国时吴王孙权"以黄武五年(226)采武昌铜铁作千口剑、万口刀,各长三尺九寸,刀头方,皆是南铜越炭作之"。可知当时已掌握了冶炼中杂糅其他金属物以使铜铁坚韧的技艺。

书中还记述了我国古代"杂炼生鍒"这一技法,是古代有关灌钢冶炼法的最早记载。书中载"钢铁是杂炼生(即生铁)鍒(即熟)作刀镰者",就是把生铁与熟铁混杂起来冶炼。生铁含碳量高而熔点低,先把生铁熔化,然后灌入熟铁之中,使用这种冶炼技术能得到品质较好的钢铁。这种叫做"灌钢"的冶炼方法,是我国早期炼钢技术上的一个突出成就。陶弘景在书中指出,当时已经用"灌钢法"生产制作"刀镰",说明在南北朝时期,这种技法已相当流行,钢铁已较为普遍地运用于社会生产、生活之中。

本书不仅是研究我国古代刀剑史的珍贵著述,而且也是研究我国古代钢铁冶炼铸造技术的宝贵文献。唯书中将关羽、张飞、黄忠等蜀将附入"吴将刀"一节之中,是为瑕疵,疑是传写之说。

关于本书的研究,有周纬《中国兵器史稿》、锺国发《陶弘景评传》等有关部分。

(曾　抗)

齐民要术 〔北魏〕贾思勰

《齐民要术》,十卷。北魏贾思勰撰。约成于北魏末年(533—534)。初刻于北宋天禧四年(1020)。通行本有日本高山寺藏北宋崇文院刻本(残)、南宋绍兴龙舒刻本、明邓氏群碧楼藏本、《津逮秘书》本、崇文书局本、《四库全书》本、《四部丛刊》本、《四部备要》本、《万有文库》本、缪启愉校释本等。

贾思勰,齐郡益都(今山东寿光南)人。幼承家学,知识渊博。曾做过高阳郡太守。后回乡耕牧务农。常在黄河中下游一带游历考察农业耕种技术,收集并研究前人的成果,总结新的生产经验。生平事迹见《齐民要术·序》。

《齐民要术》是我国现存最早、最完整的一部农书。据作者自述,本书"采据经传,爰及歌谣,询之老成,验之行事。起自耕农,终于醯醢,资生之业,靡不毕书"(《序》),据考证,其中所引古籍有名可查者有一百五十六种,无考的还有数十种。内容涵盖农、林、牧、副、渔等各个方面。全书十卷,正文七万字,注释四万字,卷首有作者所作的《序》和《杂说》,正文分为九十二篇。有人认为《杂说》和卷七的《货殖》为后人所掺入。各卷内容如下。

卷一:三篇。介绍耕田、收种、种谷的技术,不同的气候、季节、地区所用的不同耕作方法、种子的选择、稻谷的种植等。

卷二:十三篇。介绍各种农作物,如黍、高粱、豆麻、大小麦、水旱稻、瓜、匏、芋等的选种、种植、管理和收藏等。

卷三:十四篇。介绍蔬菜以及调味香料类植物,如荷、芹、苜蓿、韭、蒜、葱、姜、兰香、葵等的种植和采食。

卷四:十四篇。介绍园艺栽培技术。除总论园篱、栽树以外,还分别介绍了枣、桃、李、梅、杏、梨、栗、柿、石榴、木瓜、椒、茱萸等的种植、管理、嫁接等。

卷五:十一篇。介绍桑、柘、榆、白杨、棠、谷楮、漆、槐、柳、梧、竹、栀子、蓝、紫草等的种植以及伐木的时间方法等。

卷六：六篇。介绍家畜和家禽，如牛、马、驴、骡、猪、羊、鸡、鹅、鸭等饲养方法。

卷七：六篇。介绍涂瓮、酿酒的各种方法。

卷八：十二篇。介绍各类调味品和糟腊食品，如盐、酱、醋、豉和齑、鱼鲊、脯腊等的制作。

卷九：十二篇。介绍饼、醴酪、飧饭、素食、锡饸的制作，以及制胶、制笔墨的方法。

卷十：一篇。介绍一些非中国的物产。其注云："聊以存其名目，记其怪异者耳，爰及山泽草木任其非人力所种者。"

《齐民要术》内容丰富，记载翔实，并总结了当时各族人民的生产实践经验，是公元6世纪前我国农业生产技术的集大成著作。它对我国农学方面的贡献，有以下几方面。

第一，提高了对天时、地宜的认识。指出"顺天时，量地利，则用力少而成功多。任情返性，劳而无获"。深刻地阐明了我国古代因时制宜、因地制宜的先进农业生产思想。在这一思想指导下，贾思勰又把农业操作时间，按照不同作物分为上、中、下三时。又把地宜也分为上、中、下三等。而且同一作物因地方的不同和时间的不同，播种也应随着而有所不同。

第二，对耕锄和保墒的关系作了比较深入的探讨。我国北方的气候特点是"春多风旱"，因而春播前后保持土壤中的水分，便成为增产的关键。《齐民要术》进一步肯定了秋耕的重要性，并指出耕地深浅要按不同情况而定，"初耕欲深，转地欲浅"；"秋耕欲深，春夏欲浅"。耕种高田或低田，"不问春秋，必须燥湿得所为佳，若水旱不调，宁燥不湿"。同时还总结出耕地后把地耱平，中耕除草，可以防旱保墒，以及抢墒播种等经验。

第三，在传统的休闲制外，又总结和研究了轮作制。首先，《齐民要术》根据作物特性分出哪些可以轮作，哪些不能，并且总结了一套轮作法，指出豆类作物是良好的前茬作物。其次，肯定了绿肥作物的肥效，指出："凡美田之法，绿豆为上，小豆、胡麻次之。"此外，它对套作也进行了总结，为充分利用阳光和耕地面积，提高单位面积产量找出了一个新方向。

第四，专门论述了作物的品种。其《种谷篇》介绍粟的品种就达八十六种，并分析了各品种的品质和特点。

除此之外，本书总结的果树、林业方面的苗圃育苗、嫁接技术和熏烟防霜等经验，至今仍为人们所习用。对于植物有机体的认识，果树的阶段发育理论，更有较大的科学价值。动物饲养方面，在家畜形态学上的理论，以及饲养要勤、役使要合理的实际概括，使我国的畜牧业一直保持着比较高的水平。在农产品加工和微生物利用方面当时也达到较高的水平（参见范楚玉《我国古代的几部重要农书》）。另外，本书引用了现已散佚的《氾胜之书》、《四民月令》等古代文献百数十种，从而使这些重要农学文献赖以保存下来，故具有很高的文献学价值。

《齐民要术》系统全面地总结了公元6世纪以前我们祖先在农业生产技术方面所积累的大量知识,有许多项目要比世界其他各先进民族的记载要早三四百年,有的甚至一千多年。它的取材布局,也为后来许多的农书作者提供了借鉴的经验。

《齐民要术》所反映的经济思想,有以下几方面。

一、重视农业。贾思勰在《自序》中引述古文献中关于重视农业的议论,及历史人物如任延、王景、皇甫隆、茨充、崔寔、黄霸、龚遂、召信臣等督促、指导农业生产取得成功的事迹,说明农业生产的重要性及进行农业技术教育的必要性。他从《洪范》八政中概括出"食为政首",并引《汉书·食货志上》的"殷周之盛,《诗》《书》所述,要在安民,富而教之"的话,表明搞好农业对治国的重要作用。

二、大农业思想。《氾胜之书》局限于种植业,而《齐民要术》则将种植业、畜牧业、林业、加工业等都纳入农业范畴。这种大农业思想并非贾思勰所首创,先秦即已有之,但写成详细的农书则是第一部。

三、在尊重客观规律的基础上重视人的能动性的发挥。贾思勰十分强调按照不同的季节、气候,不同的土壤特性进行不同作物的布局、栽培和管理。他说:"通天时,量地利,则用力少而成功多。任情返道,劳而无获。"(《种谷》)明确指出只有符合天时地利的农业劳动才能取得好收成,否则劳而无功。他又主张奖励农耕,提高人们对农业劳动的积极性。还要改进农业生产技术,改良土壤,采用合理的耕作制度和耕作方法,重视选种和改良品种。通过人的主观努力和生产技术的进步以达到增加产量的目的。

四、综合管理和技术的配套运用。在作物栽培、蔬菜栽培、果树种植、材木种植以及牲畜饲养等方面,贾思勰都对生产对象作整体考虑,联系其有关环境条件进行通盘安排,综合各个环节,采取配套技术以保证达到最佳效果。譬如作物栽培,从精耕细作,防旱保墒,增进地力,选择品种和良种繁殖,时宜地宜,直至争取全苗,都逐一作了说明。在不同的环节(大环节中还有许多小环节)都选择最优技术,加以配套运用。

五、综合利用,多种经营。贾思勰主张通过轮作、复种、间作等技术措施对土地进行开发,以尽地力之利。对农业主副产品开展多种用途,进行综合利用。贾思勰在《自序》中说:"舍本逐末,贤哲所非,日富岁贫,饥寒之渐。故商贾之事,阙而不录。"故《货殖》被认为非原书所有。但在卷三所引崔寔的《四民月令》则反映了通过农产品的买卖以增加收入的商业经营思想。

《齐民要术》主要以一个地主家庭为对象,指导其生产和经营活动。故胡寄窗认为它"是我国现存的一部古代家庭经济学"(《中国经济思想史》中册,第299页)。

《齐民要术》系统地总结了公元6世纪前我国北方的农业生产和农业科学技术。作者以"顺天时,量地利,则用力少而成功多"为指导思想,着意介绍了如何掌握农作物的生长规律,依据天时地利的具体特点,合理利用人力、物力,搞好农副业生产的各种方法,对后世农学产生了重大的影响。《四库全书简明目录》称《齐民要术》:"于农圃衣食之法,纤悉毕备。又文章古雅,援据博奥,农家诸书,无更能出其上者。"元代司农司编的《农桑辑要》、王祯《农书》、明徐光启《农政全书》、清代《授时通考》这四部综合性的农书,从体例到取材,基本上都采自《齐民要术》一书。许多范围较窄的农书也与之有渊源关系。此外,书中所反映的我国古代丰富的生物学知识,如无性繁殖的嫁接、马驴杂交而生骡所取的生物优势、家禽家畜的去势催肥,以及利用微生物发酵来制作豆类制品、酒、奶酪等,显示了我国当时农业生产已达较高水平。因此,它也是我国科技史和世界科技史上的宝贵的农学文献。

有关本书的研究,主要有石声汉《齐民要术今释》,缪启愉《齐民要术校释》,栾调甫《齐民要术考证》,李长年《齐民要术研究》,汪维辉《〈齐民要术〉词汇语法研究》,日本渡边幸三《齐民要术概说》,西山武一、熊代幸雄《校订译注齐民要术》等。有关《齐民要术》经济思想的研究有胡寄窗《中国经济思想史》的有关章节、郭济兴《贾思勰的农业经营管理思想》等。

(王国忠　林其锬　赵志伟)

张邱建算经 〔北魏〕张邱建

《张邱建算经》,三卷。北魏张邱建撰。作者生平及成书年代均不详,唯自序题"清河张邱建"。现一般认为作者可能是北魏时期清河(今河北清河)人,书约成于公元5世纪中叶。唐时列为国子监算学诸生必读的"十部算经"之一,并有北周时甄鸾和唐时李淳风的注文以及刘孝孙的细草一并传世。通行本有清《四库全书》本、《微波榭算经十书》本、《知不足斋丛书》本、近代《丛书集成》本、1963年中华书局版钱宝琮校点《算经十书》本等。

今本《张邱建算经》卷首有"自序"一篇,卷中的最后和卷下的开头有缺页。其"自序"说:"夫学算者,不患乘除之为难,而患通分之为难。是以序列诸分之本元、宣明约通之要法。……余为后生好学,有无由以至者,故举其大概而为之法,不复烦重,庶其易晓云耳。"全书亦采取问题集的形式,除缺页外,计存九十二个问题,涉及测量、纺织、冶炼、建筑、纳税、利息、交换等各方面的社会实际问题。

《张邱建算经》是《九章算术》之后的一部有成就的数学著作。它在数学上的贡献,主要有最大公约数和最小公倍数的求法、等差数列的解法以及关于不定方程的研究。其中最著名的是卷下最后一题"百鸡问题",其题为:

今有鸡翁一,值钱五;鸡母一,值钱三;鸡雏三,值钱一。凡百钱买鸡百只,问鸡翁、母、雏各几何?

若设鸡翁、鸡母、鸡雏各买 x、y、z 只,则可列出如下方程组:

$$\begin{cases} x+y+z=100 \\ 5x+3y+\dfrac{1}{3}z=100 \end{cases}$$

因方程的个数比未知量的个数还少一个,所以是一个不定方程组。书中给出了三组答案:(一) 鸡翁四,鸡母十八,鸡雏七十八;(二) 鸡翁八,鸡母十一,鸡雏八十一;(三) 鸡翁十二,鸡母四,鸡雏八十四;这是此题的全部正整数解。其算法为:"鸡翁每增四,鸡母每减七,鸡雏每益三,即得。"此题是中国古代最早的不定方程研究的范例。

《张邱建算经》对后世数学颇有影响。唐以后曾传入日本。其"百鸡问题"不但在中国历代数学家中广泛流传,以后还出现在印度、阿拉伯和意大利数学家们的数学著作中。

关于本书的研究,有钱宝琮主编《中国数学史》、李迪《中国数学通史》等有关章节以及纪志刚主编《孙子算经张邱建算经夏侯阳算经导读》。

(周瀚光)

五曹算经 〔北周〕甄 鸾

《五曹算经》,略称《五曹》,五卷。北周甄鸾撰(一说甄鸾注)。唐时列为国子监算学诸生必读的"十部算经"之一,有唐李淳风的注文一并传世。通行本有清《四库全书》本、《微波榭算经十书》本、《知不足斋丛书》本、近代《丛书集成》本、1963年中华书局版钱宝琮校点《算经十书》本等。

甄鸾,字叔遵,生卒年不详,无极(今河北无极)人。北周时任司隶校尉、汉中郡守。通天文历算,曾撰《天和历》,于武帝天和元年(566)采用颁行。信佛教,曾于天和四年(569)在御前详论佛道二教之深浅真伪。次年又上《笑道论》三卷,斥责道教"以升仙为神,因而诳惑";"以之匡政,政多邪僻;以之导民,民多诡惑"。著作尚有《五经算术》二卷。并为《周髀算经》、《数术记遗》、《张邱建算经》等多部数学著作做过注释。

《五曹算经》是一部应用数学著作,全书亦采取问题集的形式。卷一"田曹"是关于田地面积的测量,卷二"兵曹"是军队的给养计算问题,卷三"集曹"是关于粟米的比例计算,卷四"仓曹"是关于粮食的征收、运输和储藏问题,卷五"金曹"则是钱币、丝绢等物质的比例计算。全书的算题都能结合当时实际,解题方法浅显易懂,实用性较强。其数学内容大多未超出《九章算术》的水平。"兵曹"第九题和"金曹"最后一题有用"三分四厘"和"四分四厘"来表示不足一文钱的余数,则显示了十进小数的概念有了新的发展。

《五曹算经》对后世数学发展影响不大。但因其被列为官学的"十部算经"之一,且又通俗易懂、便于应用,故历代常用它作为学习数学的启蒙教材。

历代对《五曹算经》的研究,除了唐李淳风的注释外,南宋杨辉《田亩比类乘除捷法》一书中,则对《五曹算经》的一些算法错误提出了批评并作了改正。现当代有钱宝琮主编《中国数学史》、李迪《中国数学通史》等书的有关章节。

(周瀚光)

五经算术 〔北周〕甄 鸾

《五经算术》，二卷。北周甄鸾撰。唐时列为国子监算学诸生必读的"十部算经"之一，有唐李淳风的注文一并传世。通行本有清《四库全书》本、《微波榭算经十书》本、《武英殿聚珍版丛书》本、近代《丛书集成》本、1963 年中华书局版钱宝琮校点《算经十书》本等。

作者生平事迹见"五曹算经"条。

《五经算术》是甄鸾对《尚书》、《周易》、《诗经》、《周官》、《礼记》、《论语》等典籍中有关数学知识的原文加以详细解释的数学著作。全书共四十一条数学解释，其中卷上十六条：尚书定闰法，推日月合宿法，求一年定闰法，求十九年七闰法，尚书孝经兆民注数越次法，诗伐檀毛郑注不同法，诗丰年毛注数越次法，周易策数法，论语千乘之国法，周官车盖法，仪礼丧服经带法，丧服制食米溢数法，礼记王制国及地法，求经云古者百里当今一百二十一里六十步四尺二寸二分法，求郑氏注云古者百亩当今一百五十六亩二十五步依郑计之法，求郑注云古者百里当今一百二十五里法；卷下二十五条：礼记月令黄钟律管法，礼记礼运注始于黄钟终于南吕法，礼运一本注始于黄钟终于南事法，汉书终于南事算之法，礼记投壶法，推春秋鲁僖公二年正月辛亥朔法，推积日法，求次月朔法，推僖公五年正月辛亥朔旦冬至法，求次气法，推文公元年岁在乙未闰当在十月下而失在三月法，推闰余十三在何月法，推文公六年岁在庚子是岁无闰而置闰法，推襄公二十七年岁在乙卯再失闰法，推绛县老人生经四百四十五甲子法，推文公十一年岁在乙巳夏正月甲子朔绛县老人生月法，推积日法，推昭公十九年闰十二月后而以闰月为正月故以正月为二月法，推积日法，推昭公十九年岁在戊寅闰在十二月下法，推昭公十九年岁在戊寅月朔法，推昭公二十年岁在己卯月朔法，推昭公二十年岁在己卯正月己丑朔旦冬至而失云闰二月己丑冬至法，推哀公十二年岁在戊午应置闰而不置故书十二月有螽法，求十二年闰月法。其所涉及的数学内容，如勾股定理、开平方等。基本上都没有超出《九章算术》的水平。

《五经算术》虽然在数学上没有什么创造性的贡献,但因其对阅读和理解古代典籍颇有帮助,故得以于唐后列为官学的必读教材而流传后世。清《四库全书总目》评价说:"是书不特为算家所不废,实足以发明经史,核订疑义,于考证之学,尤为有功焉。"

关于本书的研究,有钱宝琮主编《中国数学史》、李迪《中国数学通史》等著作中的有关章节。

(周瀚光)

魏晋南北朝编

宗教类

佛 教

人本欲生经注 〔东晋〕道 安

《人本欲生经注》,一卷。东晋道安撰,撰时不详。通行本有《大正藏》本等。

道安(314,一说312—385),俗姓卫。常山扶柳(今河北冀州)人。年十二出家,后为佛图澄弟子。曾在襄阳传法十五年,年年讲《放光般若经》。前秦时,受苻坚礼遇,常以政事相询。住城内五重寺传法,受学弟子达数千之众。他还主持译经,曾协助僧伽提婆、昙摩难提、僧伽跋澄等翻译《阿含经》及说一切有部的论书等。首次编纂了汉译佛经目录《综理众经目录》(已佚)。主张僧人废除世俗姓氏而以"释"为姓,遂为后世定式。又制"僧尼轨范",对讲经、食住及平日法务活动作出规定,且先后两次分散徒众,传法四方,对佛教发展有很大的影响。生平对般若学研究最力,著有《人本欲生经注》、《实相义》、《性空论》、《光赞折中解》、《光赞抄解》等。生平事迹见《高僧传》卷五、《出三藏记集》卷十五等。今人方广锠有《道安评传》(昆仑出版社,2004年)。

《人本欲生经》(《长阿含经》卷十《大缘方便经》的异译)是一部阐说十二因缘等理论的小乘经。而《人本欲生经注》则是道安为此经所作的注疏。本书的卷首有道安作的《序》。《序》中说:"斯经似安世高译,为晋言也。言古文悉,义妙理婉,睹其幽堂之美,阙庭之富者或寡矣。安每览其文,欲疲不能,所乐而现者,三观之妙也;所思而在者,想灭之辞也。敢以余暇为之撮注,其义同而文别者,无所加训焉。"

全书对十二因缘(痴或称无明、行、识、名色、六入、触、受、爱、取、有、生、老死)作了深入的解释,阐述了有情众生的生存(有)是从识的活动开始,识的活动成为生活经验(行),然后累积形成识的内容。而识的活动又是通过眼、耳、鼻、舌、身、意(六入)这些感觉器官接触认识的对象(名色)而实现的。凡夫以痴(无明)为内相,以渴爱为外相,取一切为我,形成我执(取),于是便有了人间无常之苦。而且在十二支中,前一支为后一支生起之因,前者若灭,后者亦灭,具有相依性,也就是经中所说的那样:"此有故彼有,此生故彼生;……此无故彼无,此灭故彼灭。"(《人本欲生经》)佛因已灭痴及渴爱,所以人间苦亦灭。因此,虽然"人在生死,莫不浪滞于三世、飘萦于九止,稠缪八缚者也"(《人本欲生经序》),只要"照于十二因缘而成四谛"(同上),以禅智而趋于"灭定",最终即能获得解脱。

本书是中国佛教最早的经注之一,有助于理解佛教的十二因缘学说。

（夏金华）

沙门不敬王者论 〔东晋〕慧 远

《沙门不敬王者论》，一篇。东晋慧远撰。约成于东晋元兴三年(404)。收入梁代僧祐《弘明集》卷五。通行本有《大正藏》本等。

慧远(334—416)，俗姓贾，雁门楼烦(今山西崞县东)人。家世儒学，少时"博综六经，尤善庄老"，二十一岁在太行恒山听道安讲《般若经》，慨叹"儒道九流皆糠秕"，乃偕弟慧持一起剃发出家，年二十四，便登讲席，时引《庄子》一书以说明佛教之实相义，使惑者晓然，颇得道安器重，许其讲经中不废俗书。东晋兴宁三年(365)，随道安南下游学，襄阳为苻坚破后，遵师命率众南下荆州，中途留住庐山，不复再行。卜居庐山三十余年，"影不出山，迹不入俗"，专志修道弘法，成为当时中外佛教徒众望所归的佛教领袖。继道安《僧尼轨范》，扩充制定了《社寺节度》、《外寺僧节度》、《比丘尼节度》等教团规制。元兴元年(402)，与刘遗民等一百二十三人，在庐山东林寺建立莲社，共期往生西方净土。被后世尊为净土宗初祖。当时，长安和庐山为中国南北两大佛学重镇。鸠摩罗什被迎请至长安后，慧远主动致书问候，鼓动门下弟子北上请益。并调解长安僧团事务，迎请为鸠摩罗什一系摒斥的佛陀跋陀罗到庐山讲学，译出《达摩多罗禅经》。慧远兼弘大小乘佛学，派弟子法净、法领等到西域取经，迎请西域沙门僧伽提婆译出《阿毗昙心论》和《三法度论》，请昙摩流支译出《十诵律》。著作见存的尚有《三报论》、《明报应论》、《沙门袒服论》、《庐山出修行方便经禅经统序》、《阿毗昙心序》、《三法度经序》、《念佛三昧集序》等。生平事迹见《高僧传》卷六、《东林十八高贤传》等。今有曹虹《慧远评传》(南京大学出版社，2002年)、龚斌《慧远法师传》(江西人民出版社，2008年)等。

《沙门不敬王者论》是一篇全面阐述政教关系、维护佛教和出家僧人独立地位的论文。东晋元兴元年(402)，太尉桓玄以震主之威，重申六十余年前庾冰有关沙门敬王之议。在《与僚属沙汰众僧教》中，规定除畅说义理、奉戒无亏、山居养志的三种沙门外，余皆罢道还俗，"唯庐山道德所居，不在搜简之例"。慧远先后撰《与桓太尉论料简沙门书》、《与桓太尉书》，承认当时"佛教陵迟，秽杂日久"的现状,沙汰僧尼具有正本清源的作用,"今饰伪取容者,自绝于假通之路;信道怀真者,无复负俗之嫌"。但恐地方俗官把握不住法令而导致"滥及善人"的后果,建议对禅思入微、讽味遗典、兴建福业的三种僧人给以保护。尚书令桓谦、中书令王谧亦答书桓玄,表示反对。元兴二年(403)九月,桓玄曾迫令庐山以外之沙门还俗。十二月三日,桓玄篡位,下诏许沙门不敬王者。元兴三年(404),刘裕等起兵讨桓玄,桓玄西逃,五月被杀。大约在此年(一说此文撰于403年),慧远总结东晋两次沙门敬王之争,"深惧大法之将沦,感前事之不忘",乃撰此论。在这次事件中,慧远力挽狂澜,外抗强权,内争僧格,使传入中国不久的佛教,克服了一次"无上道服毁于尘俗,亮到之心屈乎人事"(自序)的危机。

论文凡有五章。

一、《在家》。谓在家佛教信徒,是遵循世俗礼教的"顺化之民",情未变俗,迹同方内,故有天属之爱,奉主之礼。而且,他们的礼敬有着远比社会其他成员深厚的宗教内涵:"礼敬有本,遂因之而成教",即只有追溯到三世因果的"冥应",方能使属于世俗政治和伦理范畴的礼敬,得到人民自觉而持久的保证。"故以罪忒为刑罚,使惧而后慎;以天堂为惩赏,使悦而后动。"而且,这还仅仅是顺通凡夫"厚身存生"之情的方便权说。然在宗教思想上,佛教的这种权宜之说超过了儒教的水平。故佛教的社会作用是"助王化于治道"。

二、《出家》。谓佛教化世导俗的活力在于从"以情欲为苑囿"的世俗社会,超越到"广开天人之路",进而超越到"远通三乘之津"。出家修道的沙门就是实践这种理想的"方外之宾",不应为世俗礼教所限制而妨碍其对宗教目标的探求。"凡在出家,皆遁世以求其志,变俗以达其道。变俗则服章不得与世典同礼,遁世则宜高尚其迹。"若能如此,"虽不处王侯之位,固已协契皇极,在宥生民矣。是故内乖天属之重而不违其孝,外阙奉主之恭而不失其敬也"。

三、《求宗不顺化》。谓众生因为情欲牵缚而流动于三界,以致受苦无穷,而佛教追求泥洹(又译"涅槃")的终极目标("宗"),不应以现世的生存去束缚神识的发展,不应以世俗的伦理情感和教化礼节去拖累生命的提升。故"反本求宗者不以生累其神,超落尘封者不以情累其生。不以情累其生,则其生可灭;不以生累其神,则其神可冥。冥神绝境,故谓之泥洹"。因此,沙门虽抗礼万乘,高尚其事,不顺从世俗的礼仪制度,世俗社会却因沙门的修道,"而沾其惠者也"。

四、《体极不兼应》。谓作为方内之教的儒教与作为方外之道的佛教,在其根本宗极上不能同日而语。以耳目为关键的经验主义立场,使儒教无法探究六合之外的超越界,慧远指出对六合之外的死亡和鬼神世界存而不论,这是儒教的局限,但并未取消这超越界的存在,"分至则止其智之所不知,而不关其外者也"。所以,若以满足社会对"独绝之教、不变之宗"的探求上,儒佛二教的高下优劣,即判然分明。然而,超越的佛教与世俗的王权和儒教没有根本的冲突,恰为殊途而同归。"道法之与名教,如来之与尧孔,发致虽殊,潜相影响;出处诚异,终期则同。"于是,世间的君王,成为佛菩萨的应化示现;高居庙堂的儒教,纳入方便度众的权教系列,"是故自乖而求其合,则知理会之必同;自合而求其乖,则悟体极之多方"。

五、《形尽神不灭》。谓"神"(识神)是"精微而为灵者",根据一定的条件而与形体结合成一期生命,"感物而动,假数而行"。在世俗一般人看来,形离则神散,如木朽则火寂。而佛教把生命的存在贯通过去、现在、未来三世,精神能够从一个生命体转移到下一个生命体,同样以薪火喻形神:"火之传于薪,犹神之传于薪;火之传异薪,犹神之传异薪。前薪非后薪,则知指穷而术妙;前形非后形,则悟情数之感深。"本章从形神关系论证因果报应、生命轮回的"冥应",强化了佛教对于道德自律和社会教化的作用,进一步说明了"求宗不顺化"、"体极不兼应"的道理。既然佛教在哲学上高出儒教一筹,就没有必要根据儒教的规范,要出家沙门遵循世俗的礼制而跪拜王者。

东晋时代的两次沙门敬王之争,反映了儒教重建、强化政教合一体制的努力。这样的争论在后世亦时常发生,如何处理政教关系以及同国家权力结合在一起的儒教之关系,始终是关乎佛教在中国兴衰存亡的大事。慧远在本文中阐明的"内外之道可合而明"的原则,维护了佛教的主体地位,确立了儒佛"出处诚异,终期则同"的权实关系,成为中国佛教徒处理佛儒道三教关系的基础,开启了儒以治世、佛以治心的协调发展道路。这篇著作在中国宗教史上,乃至世界宗教史上,都占有重要的地位。

(王雷泉)

大乘大义章 〔姚秦〕鸠摩罗什

《大乘大义章》,又称《鸠摩罗什法师大义》、《大乘义章》、《法问大义》、《问大乘中深义十八科》,三卷。东晋慧远问,姚秦鸠摩罗什答。1930年中国佛教历史博物馆重刊,题名《远什大乘要义问答》。通行本有《大正藏》本等。

鸠摩罗什(344—413),天竺人,生于龟兹(今新疆疏勒)国。与真谛、玄奘、义净,并称为中国四大译经家。七岁从母出家,游学天竺,遍参名宿。初学小乘一切有部,后弃而独尊龙树系中观学,被龟兹王奉为国师。东晋太元九年(384),前秦国主苻坚闻其德,遣吕光破龟兹取师。以秦乱苻坚被杀,次年吕光僭号于凉州,罗什乃困居凉州十七年。至后秦姚兴攻破吕氏,始得于东晋隆安五年(401)迎至长安。姚兴礼为国师,奉之如神,请居逍遥园翻译西域经论。著述不多,曾为姚兴著《实相论》(已佚)。所译经典,据《出三藏记集》,有三十五部二九四卷,据《开元释教录》,则多达七十四部三八四卷。罗什通晓多国语言,译文流畅简洁,相当准确地传播了大乘般若系经典和以龙树为代表的中观派论典。所译《般若经》、《维摩经》、《法华经》、《阿弥陀经》、《坐禅三昧经》、《十诵律》、《大智度论》、《中论》、《百论》、《十二门论》、《十住毗婆娑论》等,对中国天台、三论、净土、禅宗等宗派的形成皆有重大影响。生平事迹见《高僧传》卷二、《晋书·艺术传》等。

慧远闻鸠摩罗什入关,通书申好。罗什答书,称慧远兼具福、戒、博闻、辩才、深智五材,并遗偈一章。其后法识自北来,言罗什欲返本国,慧远当即作书,并报偈一章劝勉曰:"本端竟何从,起灭有无际。一微涉动境,成此颓山势。惑相更相乘,触理更生滞。因缘虽无主,开途非一世。时无悟宗匠,谁将握玄契?末问尚悠悠,相与期暮岁。"并略问数十事,请为批释。罗什一一作答,现存十八章,即《大乘大义章》。卷上收《初问答真法身》、《次重问答法身》、《次问答法身像类》、《次问答法身寿量》、《次问答三十二相》、《次问答受决》等六事;卷中收《次问答法身感应》、《次问答法身佛尽本习》、《次问答造色法》、《次问答罗汉受决》、《次问答观佛三昧》、《次问答四相》、《次问答如法性真际》等七事;卷下收《次问答实法有》、《次问答分破空》、《次问答后识追忆前识》、《次问答遍学》、《次问答住寿》等五事。

据僧祐《出三藏记集》卷十二所载刘宋陆澄《法论目录》第一帙,及隋代费长房所编《历代三宝记》卷七慧远条之记载,可知隋代以前,已将慧远和鸠摩罗什往来问答之文疏编纂成书,亦为三卷十八章形式,唯其条目内容与今略有出入。今本将《法论目录》中的《问遍学》、《重问遍学》合为一章,而未收《问法身非色》。又,《问答受决》、《问答造色法》,亦不见于《法论目录》。

鸠摩罗什在本书中直接阐明对于大乘佛教教义及信仰之理念,并将龙树、提婆一系之中观佛教思想介绍至中国,促成般若等大乘经典之翻译与研究。书中反复论述有关佛、菩萨法身之问题,显示此为慧远及当时佛教界所共同瞩目之焦点。双方讨论的问题大体集中在以下三个方面。

一、关于成佛的终极存在"法身"。佛教各部派皆认为,佛的生身虽然仅在历史上存在八十年,但佛宣讲的教理和经典作为"法身",则是永存的,依然是佛教徒的信仰对象。慧远发问:若佛于法身中为菩萨说法,则说法者和听法者皆有四大、五根存在,由此产生法身是否托四大而成"色身"的问题。若法身无色,则作为成佛主体的"神"、"我",亦无从依止。他对法身的理解有三重含义:"一谓法身实相无来无去;二谓法身同化,无四大、五根,如水月镜像之类;三谓法性生身,是真法身,能久住于世。"慧远所追求的是"法性生身",即"真法身",它是解脱尘世而神通无际的"真我",与凡夫之"假我"的区别,不过"以精粗为阶差耳"!因此,慧远是以神不灭为当然前提,把"法身"当作"神"的纯然存在状态。鸠摩罗什认为,从实相看,生身、法身都是"随俗分别",毕竟不出言说范围,故"法身可以假名说,不可以取相求"。

二、由对法身的讨论,则进一步涉及世界的本质和真相,此即"实相"、"法性"。《般若经》曾云:"有佛无佛,性住如故。"指法性作为诸佛所契证的世界真实,不管有佛无佛出世,都如如存在。慧远把法性归结为一种肯定的、实在的东西,他的《法性论》(已佚,此据元康《肇论疏》引)有一个重要的命题:"法性是法真性。"故他在此发问:"法性常住为无耶?为有耶?"或是异乎"有无"的"不有不无?"鸠摩罗什一般是从认识论角度理解实相,视其为把握"诸法性空"的观念和认识;而法性,则指对诸法"本性"的认识。故他解释为:"诸法实相者,假为如、法性、实际。"三者本为一体,若从观法的深浅而言,"如"谓始见其实,转深谓之"性",尽其边谓之"实际"。有时,他也将实相指涉诸法未经主观认识过滤的本然状态,指法性为事物客观固有的属性。但不管实相、法性是一种真实的认识,还是客观的存在,它只有在破除世俗认识的基础上,通过现观而加以直觉的把握。因此,它不是用世俗语言可以肯定或否定的东西。

三、慧远在法身、法性、实相上的认识,皆可归结到他对"实法"的看法。慧远立论的出发点是"因缘之生,生于实法",所以分"有"为"因缘有"和"实法有"两类,并以"实法"作为"因缘法"得以形成的依据。鸠摩罗什则强调:"佛随众生所解,于一义中分三品说道",根据众生认识的差异而有不同的说法。因此,为破"我执",故说由地水火风"四大"和合而成人身;如果执著四大为实,则用色香味触"四尘"破除;若从更深刻的认识看,此极微的四尘亦"无决定相,但有假名"。故鸠摩罗什批评慧远对名相的执著说:"法无定相,不可戏论,然求其定相。来难之旨,以同戏论。"

慧远"博综六经,尤善庄老",虽承魏晋般若学之绪,因吸收小乘《阿毗昙心论》的实有论观点,反而强化了中国本有的神不灭论思想。因此,对于佛教缘起性空的理解,与长期浸润在典型大乘佛教环境中的鸠摩罗什,产生很大差异。在慧远寂后的第二年(417)译出的《大般泥洹经》,有"泥洹不灭,佛有真我,一切众生皆有佛性"的经文。鸠摩罗什的弟子僧睿认为,如果罗什得闻此经,"便当如白日朗其胸衿,甘露润其四体,无所疑也"(《喻疑》,《出三藏记集》卷五)。可见鸠摩罗什对"神"、"我"不灭的批判,在中国佛教界几乎不发生什么作用。《大乘大义章》相当集中地保存了这两种佛教体系、两种文化形态相互交涉的痕迹。

有关本书的研究,有汤用彤《汉魏两晋南北朝佛教史》、吕澂《中国佛学源流略讲》等书中的有关章节,及杜继文《〈大乘大义章〉析略》(《世界宗教研究》1994年第2期)等。

(王雷泉)

肇论 〔姚秦〕僧 肇

《肇论》,一卷。姚秦僧肇著。南朝梁陈时人汇编成集,并作今名,表明为僧肇所著。通行本有《大正藏》本等。

僧肇(384—414),俗姓张,京兆(今陕西西安)人。家贫,以抄书为业,得以历观经史。志好玄微,尤崇信老庄,及读《维摩诘经》,"始知所归"。遂出家,以擅般若学名震关辅。师事译经高僧鸠摩罗什(344—413),曾先后在姑臧(今甘肃武威)和长安的译场助译,为"什门四圣"(僧肇、僧睿、道融、道生)之一,鸠摩罗什称誉为门下"解空第一"。卒时年仅三十一岁,著述不多,其学融《庄》、《老》、《维摩》、《般若》为一炉,以极优美简洁文字,阐述般若性空之学。著作尚有《注维摩诘经》及《长阿含经序》、《百论序》、《维摩诘经序》等少量几篇经序。另有《宝藏论》一篇,唐人题为僧肇作,据近代学者考证,疑为伪作。生平事迹见《高僧传》卷七。今有许抗生《僧肇评传》(南京大学出版社,1998年)等。

《肇论》为僧肇佛学论文的汇编。全书首加总序,题曰《宗本义》,释本无、实相、法性、性空、缘会五名一义之旨。阐述只有把"性空"视为"诸法实相",方为般若正观。由于此篇文体类似名相解释,与其他诸篇的论式风格殊异,故近代也有人认为系后人所作。编排序列为《物不迁论》第一、《不真空论》第二、《般若无知论》第三、《涅槃无名论》第四,与实际撰述年代不符。今按《高僧传》所列次序介绍。

一、《般若无知论》。

为僧肇协助鸠摩罗什重新译出大品《般若经》之后所写的论文,鸠摩罗什阅后赞曰:"吾解不谢子,辞当相挹。"此论把妙契法身的圣智"般若"与常人的认识"知"加以区别,以纠正对般若"纷然杂陈"的错误理解。全论分十一段,前二段是全论的总纲,用真俗二谛的方法,阐述了智与知的关系,在遣相荡执之后,最后达到"无知无不知"的全体大用。后九段是设九个问难,一一加以解释。论文首先辨别"圣智"与"惑知",作为"圣智"的般若,是完全把握"真谛"(实相)的直观,它所排斥的只是"惑取之知",即对理性认识的片面执著。通过对"知"之局限性的否定,透显出绝对、全面、无限的能观之智与所观之境。一般的"知"是一种"取相"活动,有所取就有所不取,而绝对的"真谛"是不能用"取相"活动加以分割、限定的。因此,能照的般若是无分别的(无知),所照的真谛也必须是无分别之相(无相)。去掉世俗认识"知"对外物的执著,就是"虚其心";将虚灵之心对一切事物作玄远的观照,就是"实其照"。由此达到"无知,故无所不知"的境界。亦即所谓"智有穷幽之鉴,而无知焉;神有应会之用,而无虑焉。神无虑,故能独王于世表,智无知,故能玄照于事外。智虽事外,未始无事;神虽世表,终日域中"。

本论传到南方,得到慧远、刘遗民等当时佛教大学者的赞赏,对其中有些刘遗民不明白的问题,僧肇写了著名的《答刘遗民书》,其中提到不能光从语言的表面去理解他论文的实质,"夫言迹之兴,异途之所由兴也。而言有所不言,迹有所不迹。是以善言言者,求言不能言;善迹迹者,寻迹所不能迹"。语言不可能把某种理论的深奥玄妙处完全表达出来,故要求"通心君子有以相期于文外",领会其言外之意。

二、《物不迁论》。

写于《般若无知论》之后,在涉及宗教认识与世俗认识的关系时,"谈真则逆俗,顺俗则违真"。故取"近而不可知"的"物性"问题,聊以"动静之际",即通过讨论事物、时间、运动等问题,进一步阐述般若的空观理论。论文开始,就以"昔物不至今"这一命题可得出动与静两种主张为例,表明世俗认识所用语言的悖论性质。同一事物之所以得出"动"、"静"两种结论,关键在于"观察者"本身。持"物动论"者,将"我"看作是一个恒常体,故把今昔不同的事物联结起来,得出动的结论。持"物静论"者,将"我"看作不是恒常体,每一刻都有一"我"同一"物"相对应,则得出静的结论。在这里,时间以及在时间中运动的事物,都是语言文字的运用,与"真实本身"并不相应。真实本身不能用迁不迁来说,故消解这种语言悖论,只能用"正言若反"的方法,也就是说"若动而静,似去而留","言去不必去,闲人之常想;称住不必住,释人之所谓往耳"。因此,写作本论的目的不在于说"物不迁"本身,而是在真俗不二的方法论下指出"即动而求静",完整提法应该是"不释动以求静,故虽静而不离动"。

三、《不真空论》。

同样贯穿着真俗不二的般若中观精神,标榜"即万物之自虚"。"不真"指假名,文中一再提到:"诸法假号不真","故知万物非真,假号久矣"。万物从假名看来是不真,执著假名构画出来的诸法自性当然是空。但是,现象与本质不能分离,只能在虚妄不真的现象中当下领悟到实相。当时研究般若学的有"六家七宗"之别,即本无宗、即色宗、识含宗、幻化宗、心无宗、缘会宗,以及本无宗的支派本无异宗。僧肇认为以往的般若学派都不能正确地理解般若中观思想,在主体与客体、本质与现象、无与有上,都陷入了"偏而不即"的理论混乱,故对以下三家主要的派别展开了批判。因此,本论可以看作一篇佛教传入中国以来评判般若学说的简明哲学史。

(一) 批评心无宗。心无宗的代表人物是支愍度、竺法蕴和道恒等人,其主旨在于把"空"理解为"无心于万物",只是对于物不起执心,保持心神安宁清静,但并没有从境的方面去论证外部事物之"空(虚)"。故僧肇认为:"心无者,无心于万物,万物未尝无。此得在于神静,失在于物虚。"

(二) 批评即色宗。即色宗的代表人物是支遁,"即色"两字因其所著《即色游玄论》而得名。认为"色"是人们认识到的名相概念,并非事物本身,"即色者,明色不自色,故虽色而非色也"。这就是"即色本空"。但般若中观并不仅限于主体上的"空",因为色本身就是空,"夫言色者,但当色即色,岂待色色而后为色哉?此直语色不自色,未领色之非色也"。既然色独立于人的认识之外,并非"色色而后为色"(由于人们认为它为色,这才成为色),那就是说"当色即色",色就是空,反过来也是一样,空就是色。否则就把空与色割裂了。

(三) 批评本无宗。"'本无'者,情尚于无多,触言以宾无。故'非有',有即无;'非无',无亦无。"本无这一派的代表人物是道安及其同学竺法汰,偏重在"无",因此,凡有言说,都是用以解"无"。"非有"是无,"非无"也是无。认为"无在万化之前,空为众形之始。夫人之所滞,滞在末有。若宅心本无,则异想便息"(见唐吉藏《中论疏·因缘品》引)。这样,"无"就从事物中独立出来,成为万殊现象之后的本体。僧肇认为,般若的精神是非有非无,空与假有统一不二。故"本无宗"的错误是:"此直好无之谈,岂谓顺通事实,即物之情哉?"

四、《涅槃无名论》。

写于鸠摩罗什寂后,论有十番答难,分为九折十演,折者为问难,演者为答释。初番演曰开宗;第二番折曰核体,演曰位体;第三番折曰征出,演曰超境;第四番折曰搜玄,演曰妙存;第五番折曰难差,演曰辩差;第六番折曰责异,演曰会异;第七番折曰诘渐,演曰明渐;第八番折曰讥动,演曰动寂;第九番折曰穷源,演曰通古;第十番折曰考得,演曰玄得。全篇皆明有余涅槃、无余涅槃及大小乘不有、不无、无智、无得之义。论成之后,连同《奏秦王表》上姚兴曰:"夫众生所以久流转生死者,皆由著欲故也。若欲止于心,即无复于生死。既无生死,潜神玄默,与虚空合其德,是名涅槃矣。"近人从体裁、文笔、史实和思想诸方面分析,亦有认为此篇不像为僧肇所写者。

僧肇用中国化的语言,基本忠实地表述了印度的般若中观学,以"真俗不二"为主线,阐述主体与客体、理性与直觉、世间与出世间的关系,提出"不释动以求静"、"即万物之自虚"、"无知而无不知"等命题,对以前的格义佛教和六家七宗等般若学派作了批判性的总结,相当准确地发挥了般若性空学说。文笔优美,哲理深邃,明代智旭在《阅藏知津》中列为中土"宗经论"中第一,近人誉为"中华哲学文字最有价值之著作"(汤用彤《汉魏两晋南北朝佛教史》)。

有关本书的研究,有陈代慧达《肇论疏》三卷、唐代元康《肇论疏》三卷、宋代遵式《肇论疏科》一卷和《注肇论疏》六卷、净源《肇论中吴集解》三卷、《肇论集解令模钞》二卷、文才《肇论新疏》三卷和《肇论新疏游刃》三卷、明代德清《肇论略注》六卷、日本冢本善隆主编《肇论研究》(法藏馆,1955年)、今人张春波《肇论校释》(中华书局,2005年)、曹树明《〈肇论〉思想总旨及其历史演变》(中国社会科学出版社,2009年)等。

(王雷泉)

注维摩诘经 〔姚秦〕僧 肇

《注维摩诘经》，十卷。姚秦僧肇撰。撰时不详。通行本有《大正藏》本、《卍续藏经》本等。

作者生平事迹见"肇论"条。

《维摩诘经》（又名《维摩经》）是一部大乘经。主要内容是说，毗耶离（吠舍离）城富有的居士维摩诘，他深通大乘佛法，与文殊师利等人共同谈论佛法，义理深奥，妙语横生。宣扬达到解脱不一定要经过严格的出家修行生活，关键在于自身修养功夫如何，如果能做到"示有资生而恒观无常，实无所贪；示有妻妾婇女，而常远离五欲淤泥"，即为"通达佛道"，是为真正的"菩萨行"。

《维摩诘经》原先已有四译：一、后汉严佛调译，名《古维摩经》。二、三国吴支谦译，名《维摩诘说不思议法门经》。三、西晋竺法护译，名《维摩诘所说法门经》。四、西晋竺叔兰译，名《毗摩罗诘经》。僧肇出家前所读的即是支谦和竺法护、竺叔兰的译本。后来多读之下，他感到译文的不足，并在经注的《自序》中说："每寻玩兹典，以为栖神之宅，而恨支、竺（指支谦和竺法护、竺叔兰）所出，理滞于文。常恐玄宗坠于译人，北天之运，运通有在也。"（《注维摩诘经序》）

有鉴于此，僧肇遂于姚秦弘始八年（406）与沙门一千二百人等在长安大寺请鸠摩罗什重译此经。其间，僧俗虔诚，"一言三复，陶冶精求，名存圣意"，译事极为认真，终于使译文做到文约而旨远。僧肇根据罗什的旨意，结合"所闻"，注释此经，并流行于世。

《注维摩诘经》是《维摩诘经》的注释。全书分为十卷。

卷一：有《自序》，解释经题和此经初品《佛国品》。

卷二：释第二品《方便品》、第三品《弟子品》前半部分。

卷三：释《弟子品》后半部分。

卷四：释第四品《菩萨品》。

卷五：释第五品《文殊师利问疾品》。

卷六：释第六品《不思议品》和第七品《观众生品》。

卷七：释第八品《佛道品》。

卷八：释第九品《入不二法门品》和第十品《香积佛品》。

卷九：释第十一品《菩萨行品》和第十二品《阿閦佛品》。

卷十：释第十三品《法供养品》和第十四品《嘱累品》。

僧肇在《自序》中概括地论述了《维摩诘经》的主要内容。他说："此经所明，统万行则以权智为主，树德本则以六度为根，济蒙惑则以慈悲为首，语宗极则以不二为言。凡此众说，皆不思议之本也。至若借座灯王，请饭香土，手接大千，室包乾象，不思议之迹也。……非本无以垂迹，非迹无以显本。本迹虽殊，而不思议一也。"

《注维摩诘经》的注释特点如下。

一、每句经文的释文之首均冠以"某曰"，如"肇(僧肇)曰"、"什(鸠摩罗什)曰"、"生(竺道生)曰"等，标明注者，不掠人之美。

二、僧肇是擅长般若学的高手，因而"性空"之义在注释中时有显露。他认为，"诸法本性自空，何假智空然后空耶"？而"智空"不过是"下空"，唯有"法空"才是"上空"(卷五)。如果说"空"，那么连"空相"本身也是"空"的，若"空相不空"，则"空"也成了"有"。

三、《老子》、《庄子》是僧肇原先研究过的，所以在本书中也留下了许多旧有思想的痕迹。比如说："欲言其有，有不自生；欲言其无，缘会即形。会形非谓无，非无非谓有"(卷一)，"有言于无言，未若无言于无言"(卷八)，"欲言有耶，无相无名；欲言无耶，备应万形"(卷九)，即是比较明显的例子。

《注维摩诘经》是《维摩经》的第一部注疏。以后隋代慧远的《维摩经义论》，天台宗智顗的《维摩经玄疏》、《维摩经文疏》，吉藏的《维摩经游意》、《维摩经略疏》和《维摩经广疏》等，均受到该注不同程度的影响。

(夏金华)

佛国记 〔东晋〕法 显

《佛国记》,又名《天竺国记》、《历游天竺记传》、《佛游天竺记》、《佛游天竺本记》、《法显传》、《法显记》、《法显行传》、《释法显行传》、《释法显游天竺记》、《高僧法显传》、《昔道人法显从长安西至天竺传》、《法明游天竺记》、《释法明游天竺记》、《三十国记》等,一卷(《隋书》卷三三《经籍志·史部·杂传类》作二卷)。东晋法显撰,成于义熙十年(414)。版本有:一、南宋绍兴二年(1132)湖州思溪圆觉禅院本,有1955年文学古籍刊行社影印本;二、汲古阁本,有1922年上海博古斋影印本;三、《五朝小说大观》本;四、《四库全书》本;五、《增订汉魏丛书》本,有乾隆本、红杏山房本、三余堂本、大通书局石印本;六、《学津讨原》本;七、《龙溪精舍丛书》本;八、上海古籍出版社1986年版章巽《法显传校注》本。

法显(约338或342—423),十六国平阳郡平阳(治今山西临汾西南)人。俗姓龚。三岁时,其父因前所生三子并龆龀而亡,害怕祸及第四子,乃度法显为沙弥(俗称"小和尚")。十岁,父亡,叔父逼以还俗,法显以"欲远尘离俗,故入道耳"相拒。曾与同学数十人割稻田中,遭饥民抢劫,法显以因果报应说退之,乃为众僧叹服。年二十,因志行显明,恪守仪轨,受比丘戒,为正式僧人。深感汉地经籍稀少,译本多误,立志前往西土求经。后秦弘始元年,即东晋隆安三年(399),与慧景、道整、慧应、慧嵬等十一个僧人,自长安出发,前往天竺(印度)寻访经律。度沙漠,越葱岭,翻雪山,顺着人骨前行,历三十余国而至天竺。游北天竺,修行王舍城、迦施国。入中天竺,学习梵语,得《摩诃僧祇律》、《萨婆多律抄》、《杂阿毗昙心》、《綖经》、《方等泥洹》等典籍。南下渡海,于师子国得《弥沙塞律》、《长阿含》、《杂阿含》、《杂藏》等汉地所无的佛书。一日,法显见中国所产白团扇,凄然思归。搭乘海舶东归,历尽风浪,于义熙十年(414)随风飘至青州长广郡牢山(今山东崂山)南岸。青州太守李嶷请法显驻留弘法,法显因带回经律尚未译出,辞别。南下至建康(今江苏南京)道场寺,与天竺禅师觉贤合作,译有《六卷泥洹》、《摩诃僧祇律》、《方等泥洹》、《綖经》、《杂阿毗昙心》等经论六部二十四卷。其间应慧远之请,曾于义熙十二年,来至庐山。后至荆州,卒于新寺,是年八十二岁(一作八十六岁)。生平事迹见《佛国记》、梁僧祐《出三藏记集》卷十五《法显传》、慧皎《高僧传》卷三《法显传》。

法显西行取经及浮海东归,记载沿途活动、见闻与感想。归国后,"欲令贤者同其闻见",整理所见,而成是书。全书对于所经历三十国的山川风光、物资经济、社会风貌、历史文化、礼佛奉教、政治活动均有扼要记载,是中国与印度、巴基斯坦、斯里兰卡等国海陆交往的最早详细记录。

全书由七个部分内容组成:一、立志求经。二、自长安至度葱岭。三、游北天竺、西天竺。四、中天竺、东天竺记游。五、师子国游记。六、浮海东还及译经。七、结语。书后有慧远跋。

本书于陈述游学访经生涯的同时,还抒发其真挚复杂的心情。他与道整初到拘萨罗国舍卫城南之祇洹精舍,忽而"念昔世尊住此二十五年,自伤生在边地,共诸同志游历诸国,而或有还者,或有无常者,今日乃起佛空处,怆然心悲"。此种乐极而悲的心情,在游王舍新城时也有所流露:法显于新城中买香、华、油、灯,由二旧比丘送法显上耆阇崛山。华、香供养,燃灯续明。慨然悲伤,收泪而言:"佛昔于此住,说《首楞严》。法显生不值佛,但见遗迹处所而已。"这种感情自然与思及同伴中途而死有关。在度小雪山时,"山北阴中遇寒风暴起,人皆噤战。慧景一人不堪复进,口出白沫,语法显云:'我亦不复活,便可时去,勿得俱死。'于是遂终。法显抚之悲号:'本图不果,命也奈何!'复自力前,得过岭"。历尽生死,来至佛国,自卑而称汉地为边地,但心中却时时眷恋故国。"法显去汉地积年,所与交接悉异域人,山川草木,举目无旧,又同行分披,或留或亡,顾影唯己,心常怀悲。忽于此玉像边见商人以晋地一白绢扇供养,不觉凄然,泪下满目。"

书中记叙佛教在我国西域和印度的盛行情况。鄯善"国王奉法。可有四千余僧,悉小乘学。诸国俗人及沙门尽行天竺法,但有精粗。从此西行,所经诸国类皆如是"。"岭东六国诸王,所有上价宝物,多作供养,人用者少。"印度诸国也处处信佛崇佛,如罽饶夷城,凡"佛于此中说法、经行、坐起,尽起塔"。还记载了与信奉佛教相关的习俗。于阗"人民星居,家家门前皆起小塔,最小者可高二丈许"。印度境内的中天竺,"举国人民悉不杀生,不饮酒,不食葱蒜,唯除旃荼罗。旃荼罗名为恶人,与人别居,若入城市则击木以自异,人则识而避之,不相唐"。由此而影响社会经济,"国中不养猪、鸡,不卖生口,市无屠、酤及沽酒者"。又多记佛的传说,如:"出祇洹东门,北行七十步,道西,佛昔共九十六种外道论议,国王、大臣、居士、人民皆云集而听。时外道女名旃柘摩那起嫉妒心,及怀衣著腹前,似若妊身,于众会中谤佛以非法。于是,天帝释即化作白鼠,啮其腰带断,所怀衣堕地,地即劈裂,生入地狱。"

《佛国记》在地理上颇有成就,记载所经历地区的地形、土壤、气候、生物,有时还与中国相比较。

法显记载甘肃、新疆一带的沙漠说:"沙漠中多有恶鬼热风,遇则皆死,无一全者。上无飞鸟,下无走兽,遍望极目,欲求度处则莫知所拟,唯以死人枯骨为标志耳。"又说:"自敦煌度沙河,行十七日计可千五百里,得至鄯善国(今新疆诺羌),则地崎岖薄瘠。"

又记西陲帕米尔高原区的地理环境:"竭叉国(今新疆什库尔干),其地山寒,不生余谷,唯熟麦耳。众僧受岁已,其晨辄霜。……自葱岭已前,草木果实皆异,唯竹及安石榴、甘蔗三物,与汉地同。"自此西行一月,"得度葱岭。岭冬夏有雪。又有毒龙,若失其意,则吐毒风、雨雪、飞砂、走石。遇此难者,万无一全"。

接着描述印度河地区的地形及交通、气候。说在北天竺陀历(今克什米尔西北部印度河北岸达地斯坦之达丽尔)"顺岭西南行十五日。其道艰阻,崖岸崄绝。其山唯石,壁立千仞,临之目眩,欲进则投足无所。下有水,名新头河(今印度河)。昔人有凿石通路,施傍梯者,凡度七百。度梯已,蹑悬绠过河。河两岸相去减八十步"。到西印度后,法显笔下的塞费德科山脉山峰是:"雪山冬夏积雪。山北阴中遇寒风暴起,人皆噤战。"从跋那国(今巴基斯坦北部之邦努)"东行三日,复度新头河,两岸皆平原"。

继而叙说中天竺、南天竺地区。中天竺一带,"寒暑调和,无霜雪"。又说"自渡新头河,到南天竺,迄于南海(今马拿尔湾),四五万里皆平坦,无大山川,正有河水"。所记地区,即今德干高原,西高东低,平均海拔约六百米。其南北距离二千数百公里。高原上的鸡足山(今佛陀伽耶东南东二十里之窭播山)"劈山下入,入处不容人,下入极远有傍孔,伽叶全身在此中住",并说"此山榛木茂盛,又多师(狮)子、虎、狼,不可妄行"。

又记师子国(今斯里兰卡)地理状况。法显自多摩梨帝国的都城(今印度西孟加拉邦坦姆拉克附近)乘"载商人大舶,泛海西南行,得冬初信风,昼夜十四日,到师子国"。"其国本在洲上,东西五十由延,南北三十由延。"周围有百余小岛。气候和适,无冬夏之异,草木常茂,田种随人,无所时节。物产多出珍宝珠玑。

从师子国东归,法显记载海上交通。他说航行全凭信风,信风即季风。一般"可五十日便到广州"。法显归国时,因"更值大风",误期数月而至青州长广郡牢山。海上航行,但见"大海弥漫无边,不识东西,唯望日月星宿而进。若阴雨时,为逐风去,亦无准"。海中情状是"深无底","当夜阑时,但见人浪相搏,晃然火色,鼋鼍水性怪异之属"。海面下有礁石,法显称为伏石,船舶一旦为其所撞触,"则无活路"。

《佛国记》是我国现存最早的僧人长途游记。它除个别处有误之外,正确地反映当时自然与人文因素在地域上的分布情况,是研究历史自然学和古西域及印度诸国历史、宗教的宝贵资料。所记白龙堆沙漠概貌、高山冰川地形特征、印度河流域及印度高原概况,都是值得一提的地学成果。所叙度沙漠、越险岭、游南亚、涉重洋,所表现的穷幽历险气概,也是堪为样板的田野考察精神。它对中国边疆地理和域外地理的发展,都有所贡献。北魏郦道元撰《水经注》,有二十余处引用《佛国记》。其影响还远及国外,日本早就有人阅读研究,19世纪时在英、法等国先后出版译本。

有关本书的研究,有近人丁谦《晋释法显佛国记地理考证》,今人岑仲勉《佛游天竺记考释》,贺昌群《古代西域交通与法显南海巡礼》,杨曾文等主编《东晋求法高僧法显和〈佛国记〉》,日人足立喜六《考证法显传》、《法显传——中亚、印度、南海纪行的研究》等。

(贺圣迪)

大般涅槃经集解 〔梁〕宝 亮等

《大般涅槃经集解》，又名《大般涅槃经义疏》、《大般涅槃疏》、《涅槃经集解》，七十一卷。南朝梁代宝亮等撰，成于梁天监八年(509)。通行本有《大正藏》本等。

宝亮(444—509)，俗姓徐。祖籍东莞(今山东莒县)，因避晋乱移居东莱弦县(今山东莱州)。宝亮十二岁出家，从青州道明学习经论，博通睿解。受具足戒后，南至京邑，住中兴寺，专心致于禅思。其时，齐竟陵文宣王闻其道行，亲造其寓所，请为法匠。不久，住于灵味寺，盛宣《涅槃》、《法华》、《成实》、《无量寿》、《维摩诘》、《首楞严》、《遗教》、《弥勒下生》、《胜鬘》、《优婆塞戒》等经论，席间辩锋纵横而无所滞，问者皆能尽其所问。宝亮还常与宝光交游，曾施予衲衣。梁天监八年五月，奉武帝之敕，与道生等十余人撰集《大般涅槃经集解》。书成后不久即圆寂于灵味寺。文宣王曾让人绘宝亮之像，供奉于普弘寺。弟子有僧旻、法云、僧迁等。生平事迹见《高僧传》卷八等。

《大般涅槃经》是一部大乘经，有北本和南本之别。北本《大般涅槃经》为四十卷十三品，由北凉昙无谶译出。主要讲述佛身常在、一切众生皆有佛性、一阐提成佛等大乘佛教思想；南本《大般涅槃经》为三十六卷二十五品，是南朝宋慧观、慧严、谢灵运等人对照法显所译的六卷《泥洹经》，对北本《大般涅槃经》进行润色修订而成的。《大般涅槃经集解》(以下简称《集解》)即是一部集录诸家有关南本《涅槃经》思想学说的经疏。

《集解》卷一首载道生、僧亮、法瑶、昙济、僧宗、宝亮、智秀、法智、法安、昙准十位僧人和梁武帝所撰之《序》十一篇。其中梁武帝《序》说："非言无以寄言，言即无言之累；累言则可以息言，言息则诸见竞起，所以如来乘本愿以托生，现慈力以应化，离文字以设教，忘心相以通道，欲使珉玉异价，泾渭分流。制六师而正四倒，反八邪而归一味；折世智之角，杜异人之口；导求珠之心，开观象之目；救烧灼于火宅，拯沉溺于浪海。故法雨降而燋种更荣，慧日升而长夜梦晓；发迦叶之悱愤，吐真实之诚言。虽复二施等于前，五大陈于后，三十四问参差异辩，方便劝引，各随意答，举要论经,不出两途,佛性开其本有之源,涅槃明其归极之宗。非因非果,不起不作,义高万善,事绝百非,空空不能测其真际,玄玄不能穷其妙门,自非德均平等,心合无生,金墙玉室,岂易入哉! 有青州沙门释宝亮者,气调爽拢,神用俊举,少贞苦节,长安法忍,耆年愈笃,龀齿不衰,流通先觉,孳孳如也。后进晚生,莫不依仰。以天监八年五月八日敕亮撰《大涅槃义疏》,以九月二十日讫,光表微言,赞扬正道,连环既解,疑网云除,条流明悉,可得略言。朕从容暇日,将欲览焉,聊书数行,以为记莂云尔。"

《集解》一书采用随处揭举诸家的解说,用以阐释经文的方法。诸家之中,以上述十家为最著名。现以《集解》所引诸家有关涅槃佛性说为例,说明本书的特点。

道生主张"佛性本有"之说,例如:"苟能涉求,便反迷归极。归极得本,而似始起。始则必终,常之以昧。若寻其趣,乃是我始会之,非照今有。有不在今,则是莫先为大。既云大矣,所以为常。常必灭累,复曰般泥洹也。"(卷一)

另一位僧人法瑶则认为理是正因佛性。他说:"众生有成佛之理。理由慈恻,为女人也。成佛之理,于我未有用,譬贫也。"(卷十八)又说:"佛性之理,终为心用。虽复暂为烦恼所隐。""受教之徒,闻见佛性,方生信解。身中乃有此之胜理,生奇特想也。"(同上)

涅槃名师僧宗也赞成法瑶的观点,执"理"为佛性。《集解》引用他的话有:"佛性是理,不断此也。"(卷十四)"性理不殊,正以隐显为异。"(卷十九)"佛性之理,万化之表,生死之外。"(卷四十七)

同时,僧宗还倡导神明即正因佛性说。如《集解》所引:"正因者即神明。缘因者即万善。"(卷十七)"言此神明,是佛正因。"(卷六十六)

此一思想,本书作者宝亮也深为认同。他说:"而今教之兴,乃在开神明之妙体也。""神明妙体即谓佛性。佛性之体者,妙质恒而不动,用常改而不毁。无名无相,百非不辨。"(卷一)

这种思想观点影响很大,不仅僧人风从,甚至连梁武帝也引此撰写《立神明成佛性义记》来阐明神明不灭的观点。《集解》除引用十家注疏外,还兼及昙谶、昙爱、道慧、慧朗、敬遗、法莲、慧令等人的思想学说,内容十分丰富、深刻。

《大涅槃经》是大乘佛教中的重要经典,《集解》是现存涅槃经注疏之最古者,对于研究整理南北朝时期佛教思想资料具有重要价值。

(夏金华)

弘明集 〔梁〕僧　祐

《弘明集》，十四卷。南朝梁代僧祐撰，约成于天监六年(507)至天监十三年(514)之间。通行本有《丽藏》本、《宋藏》本、《元藏》本、《明南藏》本、《明北藏》本、《清藏》本、《频伽藏》本、《大正藏》本等。

僧祐(445—518)，俗姓俞，祖籍彭城下邳(今江苏睢宁西北)，父世移居建业(今江苏南京)。幼年从建初寺僧范出家。十四岁时，师事定林寺法达。受具足戒以后，又受业于律学名匠法颖，尤精萨婆多部(即小乘"说一切有部")的根本律典《十诵律》。著作见存的有《释迦谱》五卷、《弘明集》十四卷、《出三藏记集》十五卷；已佚的有《世界记》五卷、《萨婆多部师资记》(又名《萨婆多部相承传》)五卷、《法苑杂缘原始集》(又名《法苑集》)十四卷(一作十卷)、《十诵律义记》十卷、《法集杂记传铭》七卷，其序言和目录均存于《出三藏记集》卷十二之中。梁慧皎《高僧传》卷十一有传。

《弘明集》是现存最早的一部佛教护法类总集。全书共收录东汉至梁代弘扬佛教的各种文述五十七篇(据《大正藏》本所列目录统计)。由于本书同时兼收争论双方的往返书信和辩难对答，故正文中实际收录的文述为一百八十四篇(不包括《弘明论》)。作者多数为王臣士子，少数是僧人。由于它保存了中国早期佛教的一批珍篇，特别是名士之作，故《四库全书总目》评论说："六代遗编，流传最古，梁以前名流著作，今无专集传世者，颇赖以存。"

《弘明集》叙载广泛，内容大致可以分为七类。

一、泛释世人的非议。

东汉末年，佛教自北往南，渐向民间流传。当时，世人学士对它多持怀疑的态度，认为"其辞说廓落难用，虚无难信"，常常以儒家的经典、孔子的言论为依据，提出种种的责难。避世于交州(治所在今广州)的牟子因此而作《理惑论》，介绍佛教的来历，并引经传诸子之文，为佛教的教理、仪规辩解。在回答"汉地始闻佛道，其所从出耶"时，《理惑论》说："昔孝明皇帝梦见神人，身有日光，飞于殿前，欣然悦之。明日，博问群臣：此为何神？有通人傅毅曰：臣闻天竺有得道者号曰佛,飞行虚空,身有日光,殆将其神也。于是上悟,遣中郎蔡愔(宋元明本作"使者张骞")、羽林郎中秦景、博士弟子王遵等十八(宋元明本作"十二")人,于大月支写佛经四十二章,藏在兰台石室第十四间。时于洛阳城西雍门外起佛寺,于其壁画千乘万骑绕塔三匝,又于南宫清凉台及开阳城门上作佛像。明帝时豫修造寿陵曰显节,亦于其中作佛图像。时国丰民安,远夷慕义,学者由此而滋。"(卷一)这便是关于佛教入华年代的各种传说中有名的"永平求法"说,并认为佛教是自西域入华的。

东晋孙绰《喻道论》在释难时说:"周孔即佛,佛即周孔,盖内外名之耳。故在皇为皇,在王为王。佛者梵语,晋训'觉'也。觉之为义,悟物之谓,犹孟轲以圣人为先觉,其旨一也。应世轨物,盖亦随时。周孔救极弊,佛教明其本耳。共为首尾,其致不殊。"(卷三)此为儒佛关系说中的一种。

东晋义熙(405—418)年间,江左(即江东)有袁、何两人,商略治道,讽刺时政,依傍韩非《五蠹》之篇,发"五横"之论,谓沙门处其一。沙门道恒作《释驳论》驳之。文中有引诘难语,谓沙门"营求孜汲,无暂宁息。或垦殖田圃,与农夫齐流;或商旅博易,与众竞利;或矜持医道,轻作寒暑;或机巧异端,以济生业;或占相孤虚,妄论吉凶;或诡道假权,要谢时意;或聚畜委积,颐养有余;或抵掌空谈,坐食百姓。斯皆德不称服,行多违法"(卷六),反映了当时僧人行业的秽杂。

此外,刘宋道高、法明二法师就李淼"佛不见形"之难而作《答李交州淼难佛不见形事》(又名《答李交州书》,见卷十一),也属于这种性质。

二、专驳道教的诘难。

西晋时,佛道二教始开争端,道士王浮因之而作《老子化胡经》,谓佛教为老子所立,扬道而抑佛。至东晋,佛教方面有未详姓氏作《正诬论》予以辩驳(见卷一)。

刘宋末年,道士顾欢作《夷夏论》,认为道教讲"全形守祀",是"继善之教",佛教讲"毁貌易性",是"绝恶之学",道教适用于中夏,佛教适用于西戎,不可以中夏之性,效西戎之法。佛教对之反应强烈。卷六所载的明征君(僧绍)《正二教论》、谢镇之《书与顾道士》(又名《与顾道士书折夷夏论》)和《重书与顾道士》(又名《重与顾道士书》),卷七所载的朱昭之《难夷夏论》、朱广之《谘夷夏论》、慧通《驳夷夏论》、僧敏(一作"愍")《戎华论》均是由此而发的。他们从佛道二教的理论歧异、道教与道家的区别、佛教的社会作用等方面,对顾欢的论点进行了批斥。认为,"佛法以有形为空幻,故忘身以济众;道法以吾我为真实,故服食以养生。"(卷六《书与顾道士》)"设教之始,华夷异用。当今之俗,而更兼治。"(卷七《难夷夏论》)另外,颜延之《庭诰二章》(又名《庭诘二章》,见卷十三)也是议论佛道关系的。

及南齐,门世恭佛、舅氏奉道的张融作《门律》(又名《门论》),说:"道也与佛,逗极无二。寂然不同,致本则同。感而遂通,逢迹成异。"(卷六)周颙致书问难,认为"言道家者,岂不以二篇(指《老子》上下篇)为主,言佛教者,亦应以般若为宗。二篇所贵,义极虚无;般若所观,照穷法性。虚无、法性,其寂虽同,位寂之方,其旨则别"(卷六《答张书并问张》,又名《难张长史门论》)。齐世又有道士假托张融的名义作《三破论》,谓佛教"入国而破国","入家而破家","入身而破身"。刘勰撰《灭惑论》、僧顺撰《析三破论》(又名《折三破论》),反唇相讥,进行抨击。约在同时,玄光撰《辩惑论》,数说道教有"五逆"、"六极",力称其妄(以上见卷八)。

三、辩论形神因果。

神灵不灭、因果报应是佛教的重要理论之一,奉佛者与排佛者之间的很多争论都是围绕它展开的。东晋末年,罗含(字君章)作《更生论》(见卷五),认为群生代谢,万物均有更生。神质离合,虽变而不失其旧。孙盛(字安国)不同意这种说法,提出"形既粉散,知(精神)亦如之,纷错混淆,化为异物。他物各失其旧,非复昔日。"(卷五《致罗君章书》)

刘宋初年,冶城慧琳著《白黑论》(又名《均善论》),设立白学先生(代表儒家)和黑学道士(代表佛教)之间的问答,辩论孔释之异同,文中对佛教的"来生"之说颇有讥评。何承天甚相激赏,作《与宗书》(又名《与宗居士书》,见卷三),连同《白黑论》,一并送与以往生西方净土为誓愿的宗炳。其时,宗炳已写成《明佛论》(又名《神不灭论》,见卷二),正在令人抄写,见函后致答,谓"人形至粗,人神实妙,以形从神,岂得齐终"(卷三《宗答何书》,又名《答何衡阳书》)。以后,何、宗之间又有续辩(见卷三)。何承天又作《达性论》,说:"生必有死,形弊神散,犹春荣秋落,四时代换,奚有于更受形哉?"(卷四)颜延之撰《释达性论》等,与之往复辩难(见卷四)。当时还有郑道子(名鲜之)著《神不灭论》(见卷五),谈的也是形神问题。

及至梁代,神灭与神不灭的争论尤为激烈。先是范缜著《神灭论》(全文作为论争时对立面的观点,被保存在萧琛《难神灭论》之中),从唯物主义的立场出发,深刻地论述了形体与精神之间的关系。指出:"神即形也,形即神也。是以形存则神存,形谢则神灭也。……形者,神之质。神者,形之用。是以形称其质,神言其用,形之与神不得相异。"(卷九)论出,梁武帝率先作《敕答臣下神灭论》,斥范文"违经背亲"。法云作《与王公朝贵书》,转呈敕文。于时有临川王萧宏等六十二人作答(以上见卷十),同驳《神灭论》。梁武帝《立神明成佛义记》、萧琛《难神灭论》、曹思文《难范中书神灭论》及范缜《答曹录事》(又名《答曹舍人》)等(以上见卷九),均为当时所作(案:据《梁书》卷四八、《南史》卷五七《范缜传》,范缜在齐竟陵王萧子良门下作宾客时,已著《神灭论》,而据与范缜直接对辩的曹思文的文章,当时已是梁代,曹文也是应诏之作)。

专论佛教因果报应学说的,则有东晋慧远答桓玄之问而作的《明报应论》,"因俗人疑善恶无现验"而作的《三报论》(以上见卷五),以及刘宋张新安(名镜)《答谯王论孔释书》(见卷十三)。其中有代表性的观点是："经说，业有三报。一曰现报，二曰生报，三曰后报。现报者，善恶始于此身，即此身受；生报者，来生便受；后报者，或经二生、三生、百生、千生，然后乃受。受之无主，必由于心。"(卷五《三报论》)

四、汇叙佛教与朝廷之间的交涉。

东晋咸康六年(340)，成帝幼冲，庾冰辅政。庾冰作《代晋成帝沙门应尽敬诏》，认为"名教有由来，百代所不废"(卷十二)，沙门既为晋民，便应与常人一样致敬王者(对皇帝行跪拜礼)。尚书令何充等上《沙门不应尽敬表》，认为佛教"五戒之禁，实助王化"(同卷)，不可强绳以礼法，以致破坏了佛教历来的习尚和仪规。之后，庾冰代成帝重诏，何充等又重奏(见同卷)，致敬之议遂寝。至元兴元年(402)，太尉桓玄独断朝政，作《与八座书论道人敬事》(又名《与八座论沙门敬事书》)，重申沙门应致敬王者，桓谦、王谧、慧远与之书信往复，表示反对。

慧远在《答桓太尉书》中说："佛经所明，凡有二科：一者处俗弘教，二者出家修道。处俗则奉上之礼，尊亲之教，忠孝之义，表于经文，在三之训，彰于圣典。斯与王制同命，有若符契。此一条全是檀越(指桓玄)所明，理不容异也。出家则是方外之宾，迹绝于物。……是故凡在出家，皆隐居以求其志，变俗以达其道。变俗，则服章不得与世典同礼。隐居，则宜高尚其迹。夫然，故能拯溺俗于沈流，拔幽根于重劫，远通三乘之津，广开人天之路。是故内乖天属之重，而不违其孝；外阙奉主之恭，而不失其敬。"(卷十二)

次年，桓玄篡位，为取得佛教方面的支持，特诏许沙门不致敬(见同卷)。以后，慧远总结庾冰、桓玄时发生的这两场大辩论，撰写了有名的《沙门不敬王者论》(见卷五)。

此外，桓玄于元兴元年(402)作《与僚属沙汰僧众教》，指责僧人竞其奢淫，秽黩名器，猥成屯落，伤治害政，下令凡不能达到"申述经诰"、"禁行修整"、"山居养志"要求的，"皆悉罢道，所在领其户籍，严为之制"(卷十二)。慧远著《与桓太尉论料简书》、京邑沙门作《与桓太尉论州符(府)求沙门名籍书》，申述己意(见同卷)；后秦主姚兴劝道恒、道标还俗参政，两人不从，作《答秦主书》述之(见卷十一)；刘宋何尚之作《答宋文帝赞扬佛教事》(见同卷)，对佛教与王化的关系作了论述，勉劝帝王奖挹佛教，从而达到"坐致太平"；南齐道盛因朝廷打算通过检试的方法，料简僧尼，作《启齐武帝论检试僧事》(见卷十二)。这些都是有关佛教与朝廷之间交涉的文书。

五、讨论佛教仪规。

东晋慧远《沙门袒服论》和何镇南(名无忌)《难袒服论》(见卷五)、刘宋郑道子《与禅师书论踞食》(又名《与沙门论踞食书》)、范泰(字伯伦)《与王司徒诸人论道人踞食》(又名《与王司徒诸公论沙门踞食书》)、慧义《答范伯伦书》(又名《答范伯伦诸檀越书》)等(见卷十二)，分别就沙门的袒服与踞食是否合乎礼法的问题，展开了讨论。

六、阐释佛法大义。

东晋郗超(字嘉宾)《奉法要》(见卷十三),对佛教的事数名相,如三归、五戒、岁三斋、月六斋、十善、五道、五阴、四非常、六度等,和其他佛教义理进行了阐释,成为汉地较早的对佛教基本理论作系统阐述的专论。另外,王该《日烛》(见同卷)也是讲解佛理的论文。

七、檄魔。

竺道爽《檄太山文》、智静《檄魔文》和宝林《破魔露布文》(见卷十四),为檄魔、破魔的文告。

《弘明集》中属于僧祐自撰的文字有三处:《序》;卷十二开头的一段叙;《弘明论》。《弘明论》是全书内容的总结和评说。僧祐重申他编集本书的目的,是"为法御侮",也就是保护佛教,并对社会上流传的六种怀疑佛教的观点进行了反驳。这"六疑"是:"一疑经说迂诞,大而无征;二疑人死神灭,无有三世;三疑莫见真佛,无益国治;四疑古无法教,近出汉世;五疑教在戎方,化非华俗;六疑汉魏法微,晋代始盛。"(卷十四)

正由于《弘明集》具有兼收信佛与排佛两派的不同观点,保存佛教传入中国的最初数百年间所发生的一些重大的理论争论和社会事件的原始资料的特点,故自问世以来,备受重视,成为佛教史,特别是佛教思想史的重要文献。

有关本书的研究,有陈垣《中国佛教史籍概论》(上海书店出版社,1999年版)、刘立夫《弘道与明教:〈弘明集〉研究》(中国社会科学出版社,2004年)、李小荣《〈弘明集〉〈广弘明集〉述论稿》(巴蜀书社,2005年)、陈士强《大藏经总目提要·文史藏》(上海古籍出版社,2008年)等。

(陈士强)

出三藏记集 〔梁〕僧　祐

《出三藏记集》，又名《出三藏集记》、《三藏集记》、《出三藏记》，简称《僧祐录》、《祐录》，十五卷。南朝梁代僧祐撰，约成于天监九年(510)至天监十三年(514)之间。通行本有《丽藏》本、《宋藏》本、《金藏》本、《元藏》本、《明南藏》本、《明北藏》本、《频伽藏》本、《大正藏》本、中华书局1995年版苏晋仁等点校本等。

作者生平事迹见"弘明集"条。

《出三藏记集》是现存最早的以全本形式流传至今的佛经目录。

先是东晋道安在襄阳校阅众经，厘正订考，编撰了佛经目录学的名作《综理众经目录》(简称《道安录》、《安录》)一卷。全书共分为七录：《经论录》、《失译经录》、《凉土异经录》、《关中异经录》、《古异经录》、《疑经录》、《注经及杂经志录》，后世佛经目录的一些分类原则和类目就是在这部典籍中首次提出来的。据隋费长房《历代三宝纪》卷十五记载，《安录》在隋初就已失传。但它在梁代尚见行于世。《出三藏记集》就是在《安录》的基础上调整和增补而成的，是《安录》体例的绍嗣者和基本内容的保存者。

《出三藏记集》分为"缘记"、"名录(经录)"、"经序"、"列传"四部分，共收录佛典"二千一百六十二部四千三百二十八卷"(据《历代三宝纪》卷十五统计)。

一、缘记(卷一)。记叙天竺(印度)结集经律论"三藏"的经过，以及汉地传译佛典的初况。共收文章五篇。

(1) 集三藏缘记。摘录《大智度论》中有关佛涅槃以后，大迦叶选取千人，结集"三藏"，由阿难诵出"修妒路藏"(即"经藏")、优波离诵出"毗尼藏"(即"律藏")、阿难诵出"阿毗昙藏"(即"论藏")的记载。

(2) 《十诵律》五百罗汉出三藏记。摘录《十诵律》中有关迦叶主持五百罗汉结集"三藏"，先令优波离诵出"律藏"，后命阿难诵出"修多罗藏"("经藏")和"阿毗昙藏"的记载。

(3)《菩萨处胎经》出八藏记。摘录《菩萨处胎经》中有关阿难诵出"胎化藏"、"中阴藏"、"摩诃衍方等藏"、"戒律藏"、"十住菩萨藏"、"杂藏"、"金刚藏"、"佛藏"等"八藏"的记载。

(4) 胡汉译经音义同异记(又名《胡汉译经文字音义同异记》)。叙说梵文的字母、书写和发音，译梵为汉时的音译与义译，以及自东汉安世高传译佛经以来汉地译经中的"文"(直译)、"质"(意译)问题。

(5) 前后出经异记。叙列旧经(旧译)和新经(新译)对"世尊"、"菩萨"、"辟支佛"等二十五条佛教名词术语的不同译法。

二、名录(卷二至卷五)。叙列东汉至梁代传译佛经的名称、卷数、译撰者、译时、同异、存佚、真伪等情况。共收分类目录十五篇(其中，卷二《新集经论录》和卷三、卷五带有"新集安公"字样的六录，总计七录，为《安录》初载、僧祐增订；其余八录为僧祐新撰)，附出文章二篇(僧祐、慧睿各一篇)。

卷二：三录。

(1) 新集经论录(又名《新集撰出经律论录》)。收录东汉至梁代传译的佛经目录(包括见存和已阙)，"都合四百五十部，凡一千八百六十七卷"。以朝代为序，按译人编列，相当于后世佛经目录中的"代录"(历代译经目录)。本录系据《安录》增订而成。其中，安世高、支谶、支曜、严佛调(附见共译者安玄)、康孟详、支谦、康僧会、朱士行、竺法护、聂承远、昙摩罗察、竺叔兰、法炬(附见共译者法立)等十三人(由于"昙摩罗察"即"竺法护"，《安录》、《祐录》误为二人，故实为十二人)的译典名目，为《安录》所载，《祐录》修订，其余五十五人的译典(录末缺署译者的"《十二因缘经》一卷"和"《须达长者经》一卷"，据《祐录》卷十四所记，为南齐求那毗地译)，均为僧祐新集编入。

(2) 新集异出经录(又名《新集条解异出经录》)。"异出经者，谓胡本同而汉文异也。"收录署有译者姓名的、根据同一部梵本佛经翻译的不同译本("异出经")，相当于后世佛经目录说的"同本异译"、"异译"、"重翻"，总计四十三部(《历代三宝纪》卷十五转录时，误作"三十四部")。

(3) 新集表序四部律录。与卷三《新集律分为五部记录》、《新集律分为十八部记录》、《新集律来汉地四部序录》均为律典专录(由于后三录所说的部派律典在内容上有重合，故《历代三宝纪》卷十五在统计《祐录》所收部卷时，未将后三录计算在内)。但本录有目无文(仅有标题而无正文)，可能亡佚于流传之中。推其内容，当与卷三《新集律来汉地四部序录》相近。

卷三：七录。

(1) 新集安公古异经录。"古异经者，盖先出之遗文也。"收录从卷数品目较多的梵本佛经中摘译部分内容而成的异出经，相当于后世佛经目录说的"别生经"、"派生经"，总计"九十二部，凡九十二经"。由于它们均不署译者姓名，故实际上也是"失译经"。所辑基本上是《安录·古异经录》的原文,从小注所记的这些佛经分别出自哪一部佛经的本源(习称"大经"、"大本"、"大部",相对别生经一般是小经而言)来看,多数是"四阿含"的别生经,少数是《生经》、《六度集经》的别生经,还有一些未详本源(其中,《阿鸠留经》、《栴檀树经》等是"四阿含"以外的独立单行的小乘经)。僧祐在移录时,在录首新作了小序;在一些经名下的小注中增添了"祐案"、"祐校"等语;录末增益了"《析佛经》一卷"(没有计入收录总数)。在《安录》中,"有译名"(有译者姓名)的《新集经论录》编在最前,其次是"失译名"(无译者姓名,即"失译")的《失译经录》、《凉土异经录》、《关中异经录》、《古异经录》等。僧祐认为,"古异经"是年代久远的"旧译"、"古典经",故特地将原先排在后面的《古异经录》调到《失译经录》之前。

(2) 新集安公失译经录。收录失落译者姓名("失译")的佛经(包括已知本源的别生经和未详本源的独立的单行经),总计"一百四十二部,凡一百四十七卷"。其中,有经本传世(见存)的,为"九十二部";无经本传世(阙本)的,为"五十部"。《安录·失译经录》原收一百三十四经,始《修行本起经》,终《和达经》。由于《安录》在著录时,只撮取两字为题,不出全称,经名多有重复,而且不列卷数,经名与小注仅以有无"朱点"(红点)相区别,一旦朱点淡灭,两者相接,就无从辨认,故僧祐化了很大的精力对此进行了删整。删去了一些异名同本的佛经,将《安录》中的"失译经"核定为一百三十一经;重新标写了经名、卷数及小注;续入了原先编在《安录·注经及杂经志录》"杂经"部分中的《钵呿沙经》等十一经,这才编成了本录。

(3) 新集安公凉土异经录。收录《安录·凉土异经录》中著录的凉土(今甘肃武威一带)流传的失落译者姓名的异出经(也属于"失译经"),总计"五十九部,凡七十九卷"。

(4) 新集安公关中异经录。收录《安录·关中异经录》中著录的关中(今陕西西安一带)流传的失落译者姓名的异出经(也属于"失译经"),总计"二十四部,凡二十四卷"。

(5) 新集律分为五部记录。根据《毗婆沙》等所记,叙说佛入灭后一百一十余年,因律藏的第五位传人优婆掘门下的五大弟子及其徒众见解不同,原先统一的律典(广律)《八十诵律》裂变为五部(指萨婆多部、昙无德部、大众部、弥沙塞部、迦叶维部各自传持的本部律典),阿育王命僧众统一奉习《摩诃僧祇律》的情况。

(6) 新集律分为十八部记录。叙说佛入灭后二百年至四百年之间,五部律典的传承者,除昙无德部(即"法藏部")以外,萨婆多部(即"说一切有部")、弥沙塞部(即"化地部")、迦叶维部(即"饮光部")、摩诃僧祇部(即"大众部")等四部均发生分裂、再分裂,最后形成十八部派的情况。

(7) 新集律来汉地四部序录("序录"一作"记录")。叙说萨婆多部《十诵律》六十一卷、昙无德部《四分律》四十卷(今作"六十卷")、大众部《摩诃僧祇律》四十卷、弥沙塞部《五分律》三十四卷(今作"三十卷")等四部律典在汉地的传译情况(迦叶维部的律典缺传)。

卷四：新集续撰失译杂经录。收录僧祐新集的失落译者姓名的佛经（包括已知本源的别生经和未详本源的独立的单行经），总计"一千三百六部，合一千五百七十卷"。其中，有经本传世（见存）的，为"八百四十六部，凡八百九十五卷"；无经本传世（阙本）的，为"四百六十部，凡六百七十五卷"。

卷五：四录二文。

(1) 新集抄经录。"抄经者，盖撮举义要也。"收录南齐竟陵文宣王萧子良等摘抄的佛经，总计"四十六部，凡三百五十二卷"。

(2) 新集安公疑经录。收录《安录·疑经录》中著录的有伪造嫌疑的佛经（"疑经"），总计"二十六部，三十卷"。

(3) 新集疑经伪撰杂录（又称《新集疑经录》）。收录僧祐新集的有伪造嫌疑的佛经（"疑经"），总计"二十部，二十六卷"。其中，《比丘应供法行经》等十二部十三卷未署作者姓名，从内容上辨析，"或义理乖背，或文偈浅鄙"，即录名中所说的"疑经"；《灌顶经》等八部十三卷署有作者姓名，分别为刘宋慧简、昙靖、昙辩、南齐道备（后改名为"道欢"）、法愿、王宗、梁代道欢所撰，即录名中所说的"伪撰"（笔者案：法愿《佛法有六义第一应知》、《六通无碍六根净业义门》、道欢《众经要揽法偈》等，乃是个人撰写的佛教典籍，既无假托佛说以述己见，也没有冠以"经"之名，据实而论，不能称之为"伪撰"）。

(4) 新集安公注经及杂经志录。收录东晋道安的佛教著作和僧祐新集的齐梁疑经。道安的佛教著作，是据《安录·注经及杂经志录》中"注经"部分转录的（此录"杂经"部分收录的《钵呿沙经》等十一经，僧祐已将它们移编到本书卷三《新集安公失译经录》），收录道安自己著录的《光赞折中解》、《放光折疑准》、《道行品集异注》、《大十二门经注》、《小十二门经注》、《密迹金刚经、持心梵天经甄解》、《贤劫八万四千度无极经解》、《十法句义》、《义指注》、《九十八结解》、《三十二相解》等十九部佛经注疏，附《三界诸天录》、《综理众经目录》、《答沙汰难》、《答沙将难》、《西域志》等五部佛教著述。僧祐新集的齐梁疑经，总计有二十四部。其中有相传是齐末太学博士江泌的女儿、比丘尼僧法（或称"僧法尼"）九岁至十六岁之间诵出的《宝顶经》等二十一经；梁鄀州头陀道人妙光造作的《萨婆若陀眷属庄严经》一经；"近世所集，未详年代人名"的《法苑经》、《抄为法舍身经》等二经。因此，本录虽然题名为"注经及杂经志录"，但实际内容则是"注经及疑经志录"。

(5) 小乘迷学竺法度造异仪记。叙说刘宋昙摩耶舍的弟子竺法度执学小乘，毁訾大乘，别立律仪，教授尼众的事情。

(6) 喻疑（论）。此为慧睿为排解世人对《大般泥洹经》"一切众生皆有佛性"之说的疑惑，而撰写的专论（案：《喻疑》下的署名为"长安睿法师"，有学者认为是指"僧睿"，但据僧祐在转录本论时所作"昔慧睿法师久叹愚迷,制作《喻疑》,防于今日,故存于录末"的说明,则是"慧睿")。

三、经序(卷六至卷十二)。收录汉译佛经的序言、后记一百二十篇。

卷六:收录《四十二章经序》(未详作者)、《安般守意经序》(康僧会)、《阴持入经序》(道安)、《人本欲生经序》(道安)、《了本生死经序》(道安)、《十二门经序》(道安)、《法镜经序》(康僧会)等十篇。

卷七:收录《道行经序》(道安)、《合放光、光赞略解序》(道安)、《合首楞严经后记》(支敏度)、《法句经序》(未详作者)、《合微密持经记》(支恭明)等二十篇。

卷八:收录《大小品对比要抄序》(支道林)、《法华宗要序》(慧观)、《思益经序》(僧睿)、《维摩诘经序》(僧肇)、《大涅槃经序》(道朗)等十九篇。

卷九:收录《菩萨善戒、菩萨地持二经记》(僧祐)、《四阿铪暮抄序》(未详作者)、《庐山出修行方便禅经统序》(慧远)、《胜鬘经序》(慧观)、《贤愚经记》(僧祐)、《无量义经序》(刘虬)等二十四篇。

卷十:收录《沙弥十慧章句序》(严佛调)、《三十七品经序》(竺昙无兰)、《舍利弗阿毗昙序》(道标)、《僧伽罗刹经后记》(未详作者)、《三法度经序》(慧远)、《大智论抄序》(慧远)等二十一篇。

卷十一:收录《中论序》(僧睿)、《百论序》(僧肇)、《十二门论序》(僧睿)、《抄成实论序》(周颙)、《比丘大戒序》(道安)等十六篇。

卷十二:收录《宋明帝敕中书侍郎陆澄撰法论目录序》、《齐太宰竟陵文宣王法集录序》、《释僧祐法集总目录序》等十篇。

四、列传(卷十三至卷十五)。收录东汉至南齐僧人(以译经僧为主,兼及义解僧和求法僧)的传记三十二篇。

卷十三:收录安世高、支谶、康僧会、朱士行、支谦、竺法护、僧伽提婆传等十二篇。

卷十四:收录鸠摩罗什、佛陀耶舍、昙无谶、佛驮跋陀、求那跋陀罗传等十篇。

卷十五:收录法祖(帛远)、道安、慧远、道生、法显、智猛传等十篇。

《出三藏记集》作为一部以经录为主体,兼收其他佛教文史资料的综合性著作,具有多方面的价值。

在"缘记"部分,《出三藏记集》叙列了早先翻译的佛经("旧经")和新近翻译的佛经("新经")在一些佛教术语上的不同译法,这对于解读汉地早期翻译的佛经,提供了一定的帮助。如旧经中的"众祐",新经译为"世尊";旧经"扶萨"(又译"开士"),新经"菩萨";旧经"各佛"(又译"独觉"),新经"辟支佛"(又译"缘觉");旧经"沟港道"(又译"道迹"),新经"须陀洹";旧经"频来果"(又译"一往来"),新经"斯陀含";旧经"不还果",新经"阿那含";旧经"无著果"(又译"应真"、"应仪"),

新经"阿罗汉";旧经"濡首",新经"文殊";旧经"五众",新经"五阴";旧经"背舍",新经"解脱";旧经"直行",新经"正道";旧经"除馑、除馑女",新经"比丘、比丘尼"(见卷一《前后出经异记》),等等。

在"名录"(经录)部分,《出三藏记集》确立了按朝代、译人编录的"代录"形式。其体例为:先将某个译师翻译的经典一一列出,上列经名卷数,下注异名、不同分卷、译时、译地、存阙、著录等情况,然后予以小结,说明这些经典的翻译者、合作者,及出经的简略经过。如:"《杂阿毗昙心》十四卷(宋元嘉十年于长干寺出,宝云传译,其年九月讫——原注)。《摩得勒伽经》十卷(宋元嘉十二年乙亥岁正月于秣陵平乐寺译出,至九月二十二日讫——原注)。《分别业报略》一卷(大勇菩萨撰——原注)。《劝发诸王要偈》一卷(龙树菩萨撰——原注)。《请圣僧浴文》一卷(阙——原注)。右五部凡二十七卷,宋文帝时,天竺三藏法师僧伽跋摩于京都译出。"(卷二《新集经论录》)

在"经序"部分,《出三藏记集》保存了一大批珍稀的经序和经记。这些资料中,有经旨大意的评价,出经始末的记叙,不同译本的考比,作者心得体会的阐发,以及其他种种史实的载录,文富辞约,事钩众经,对于汉译佛经和佛经翻译史的研究,具有重要的史料价值。

如卷八收录的道安《摩诃钵罗若波罗蜜经抄序》,提出了有名的佛经翻译理论"五失本三不易"说:"译胡为秦,有五失本也。一者胡语尽倒,而使从秦,一失本也。二者胡经尚质,秦人好文,传可众心,非文不合,斯二失本也。三者胡经委悉,至于叹咏,丁宁(叮咛)反复,或三或四,不嫌其烦,而今裁斥,三失本也。四者胡有义记,正似乱辞,寻说向语,文无以异,或千五百,刈而不存,四失本也。五者事已全成,将更傍及,反腾前辞,已乃后说,而悉除此,五失本也。然《般若经》,三达之心,覆面(指释迦牟尼)所演,圣必因时,时俗有易,而删雅古,以适今时,一不易也。愚智天隔,圣人叵阶,乃欲以千岁之上微言,传使合百王之下末俗,二不易也。阿难出经,去佛未久,尊大迦叶令五百六通(指阿罗汉),迭察迭书,今离千年,而以近意量截,彼阿罗汉乃兢兢若此,此生死人而平平若此,岂将不知法者勇乎?斯三不易也。涉兹五失经(本)三不易,译胡为秦,讵可不慎乎!"

在"列传"(僧传)部分,《出三藏记集》所载录的僧人传略,为梁代宝唱撰《名僧传》、慧皎撰《高僧传》的资料来源之一。尤其是《高僧传》,基本上将《祐录》僧传的内容都吸收进去了(人物事迹大体相同,文字表述略有差异)。凡此种种,决定了《出三藏记集》在佛经目录学上享有极其重要的地位。

有关本书的研究,有陈垣《中国佛教史籍概论》(上海书店出版社,1999年)、陈士强《大藏经总目提要·文史藏》(上海古籍出版社,2008年)等。

(陈士强)

释迦谱 〔梁〕僧 祐

《释迦谱》,五卷。南朝梁代僧祐撰。通行本有《丽藏》本、《宋藏》本、《金藏》本、《元藏》本、《明南藏》本、《明北藏》本、《清藏》本、《频伽藏》本、《大正藏》本等。其中《丽藏》、《频伽藏》、《大正藏》作"五卷",宋、元、明、清藏作"十卷"。五卷本最初见录于僧祐撰作的另一部著作《出三藏记集》卷十二,但隋代的《法经录》、《长房录》、《彦琮录》和唐代的《静泰录》等均误录为"四卷",到唐智升的《开元释教录》才重新改为"五卷"。十卷本产生于隋末唐初,道宣在《大唐内典录》卷四中说,"更有十卷本,余亲读之。"是为它的最初著录。以后这两种广略稍异的本子便一并流传。

《释迦谱》是一部用类聚数十种大小乘佛典的原文,间附僧祐案语的方式编就的释迦牟尼传记。全书分为三十四篇,前九篇称为"谱",后二十五篇称为"记"。五卷本的分法如下。

作者生平事迹见"弘明集"条。

卷一,九篇。

一、释迦始祖劫初刹利相承姓缘谱。说:"劫初,天地欲成,大水弥满,风吹结构,以成世界。"诸天中有"光音天"福行命尽,化生为人。因人"众共生世,故名众生"。"众生"各封田宅,以分疆畔,自藏己米,盗他田谷。由于没人裁决,于是"议立一平等主,善护人民,赏善罚恶,各共减割以供给之。时彼众中有一人,形质长大,容貌端正,甚有威德,请以为主。于是始有'民主'之名"。"民主",又称"大人"、"王"、"地主",因为他"以法取租,是故名为刹利(即"刹帝利")"。"民主"(即"王")凡有三十三代,最后一代名"善思"。自善思王以下,又有十族转轮圣王。释迦牟尼的祖先是十族中的懿摩王。父子相传的世系是:懿摩——乌婆罗——泪婆罗——尼求罗——师子颊——净饭王——释迦牟尼——罗睺罗。

二、释迦贤劫初姓瞿昙缘谱。说"昔阿僧只劫时,有菩萨(泛指有德行的人)为国王,其父母早丧,让国与弟,舍行求道"。因从婆罗门学道,故改受师姓"瞿昙"。"净饭(王)远祖乃瞿昙之后身,以其前世居甘蔗园,故称甘蔗之苗裔也。"

三、释迦六世祖始姓释迦氏缘谱。说懿摩王的四个儿子被王摈黜出国,徙居雪山北的直树林中,后来他们依靠自己的力量,建立了强国。懿摩王因他们"能自存立",称他们为"释子"、"释种"("释"即"释迦","能"的意思)。

四、释迦降生释种成佛缘谱。说释迦牟尼降生、成长、出家、成佛的始末经过。

五、释迦在七佛末种姓众数同异谱。依小乘经而说,过去九十一劫时有毗婆尸佛;过去三十一劫时,有尸弃佛、毗舍婆佛;此贤劫中,有拘楼孙佛、拘那含佛、迦叶佛和释迦牟尼佛,合称"七佛"。

六、释迦同三千佛缘谱。依大乘经而说,过去世庄严劫、现在世贤劫和未来世星宿劫各有千佛,合称"三千佛"。释迦牟尼是贤劫千佛中第四个成佛的。

七、释迦内外族姓名谱。说师子颊有净饭、白饭、斛饭、甘露饭四子。净饭王有释迦牟尼、难陀二子;白饭王有阿难、调达(即"提婆达多")二子;斛饭王有摩诃男、阿那律二子;甘露饭王有婆婆、跋提二子。释迦牟尼有瞿夷、耶惟檀、野鹿三位夫人,其中瞿夷夫人生罗睺罗。

八、释迦弟子姓释缘谱。说四河入海,俱名为海;四姓出家,同姓为"释"。

九、释迦四部名闻弟子谱。按比丘(出家的男子)、比丘尼(出家的女子)、优婆塞(在家奉佛的男子)、优婆夷(在家奉佛的女子)四部,叙列直接听闻释迦牟尼说教的主要弟子的名单。

卷二,九篇。

一、释迦从弟调达出家缘记。

二、释迦从弟阿那律、跋提出家记。

三、释迦从弟孙陀罗难陀出家缘记。

四、释迦子罗云出家缘记。上四篇分别记述调达、阿那律、跋提、孙陀罗难陀(即"难陀")、罗云(即"罗睺罗")五人的出家经过。五卷本仅存篇名,内容阙失。十卷本有本文。

五、释迦姨母大爱道出家记。说释迦(释迦牟尼的略称)在传教之初,不同意接纳女人为僧团成员。他回到故乡迦维罗卫(即"迦毗罗卫")国时,养育他成人的姨母大爱道请求出家,初未许,后经弟子阿难劝说,方才同意。释迦为此事对阿难说:"若使女人不出家者,外道异学、一切贤者当以四事种种供养,解发布地,请令蹈之,如事日月,如事天神。我之正法当千年兴盛。以度女故,至五百岁而渐衰微。所以者何?女有五处不能得作。何谓五?一不得作如来(即"佛"),二不得作转轮圣王,三不得作第二忉利天王,四不得作第六天魔王,五不得作第七梵天王。"

六、释迦父净饭王泥洹记。记净饭王去世前后的故事。

七、释迦母摩耶夫人记。记释迦在忉利天,与生他七日便去世的母亲摩耶夫人相见,并为她说法的故事。

八、释迦姨母大爱道泥洹记。记大爱道去世前后的故事。

九、释种灭宿业缘记。记释迦在世时,拘萨罗国(又名舍卫国)琉璃王(波斯匿王之子)起兵征伐迦毗罗卫国,焚毁都城,杀绝释迦族的经过。佛为此事告弟子目连:"业熟受报,不可免也。"

卷三,八篇。

一、释迦竹园精舍缘记。记摩竭(即摩揭陀国)王瓶沙(又称"频婆娑罗")将王舍城的迦兰陀竹园施与释迦的经过。

二、释迦祇洹精舍缘记。记舍卫国波斯匿王的大臣须达(号"给孤独"),以黄金布地,向太子祇陀购得舍卫城外一处园地,祇陀又捐赠树木,共立精舍(即寺院)施与释迦的经过。

三、释迦发爪塔缘记。记释迦将自己的头发和指甲送与须达,须达造塔供养的故事。

四、释迦天上四塔记。记忉利天城的东南西北,各有佛发塔、佛衣塔、佛钵塔、佛牙塔的故事。

五、优填王造释迦栴檀像记。记释迦在世时,拘睒弥国优填王用牛头栴檀,制作五尺佛像的故事。

六、波斯匿王造释迦金像记。记波斯匿王用紫磨金造五尺佛像的故事。

七、阿育王弟出家造石像记。记阿育王弟善容出家,阿育王为他造丈六石像的故事。

八、释迦留影在石室记。记释迦留影石窟,以受龙王供养的故事。

卷四,四篇。

一、释迦双树般涅槃记。详叙释迦在拘尸那(又称"拘尸那迦")城阿夷罗跋提河边娑罗双树间逝世前后的情景。

二、释迦八国分舍利记。记拘尸国、波波国、遮罗国、罗摩伽国、毗留提国、迦维卫国、毗舍离国、摩竭国八国共分佛舍利(遗体火化后留下的佛骨)起塔供养的故事。

三、释迦天上龙宫舍利宝塔记。说诸天、龙王也起塔供养舍利。

四、释迦龙宫佛髭塔记。说龙王又起塔供养佛髭(胡须)。

卷五,四篇。

一、阿育王造八万四千塔记。详叙阿育王造塔的经过。

二、释迦获八万四千塔宿缘记。说释迦生前已预言数百年后,将有阿育王造塔之事。

三、释迦法灭尽缘记。说释迦预言他涅槃(即逝世)后一千年,佛法将灭。

四、释迦法灭尽相记。描述佛法将灭时,沙门饮酒炙肉,杀生贪味,淫泆浊乱,不修戒律等颓败情景。

《释迦谱》十卷本也分成三十四篇,篇名与五卷本同。两种版本在内容上的主要差异在于:在五卷本中,《释迦降生释种成佛缘谱》只有一章,而十卷本增补了《因果经》、《普曜经》、《大善权经》、《瑞应本起经》、《杂宝藏经》等大量经文,将它扩充为五章。从而形成了十卷本对释迦牟尼自降生到成道的生活经历,记载特别详细、篇幅特别多的特点。为此,十卷本将《释迦始祖劫初刹利相承姓缘谱第一》至《释迦降生释种成佛缘谱第四之一》,编为第一卷;《释迦降生释种成佛缘谱第四》之二、之三、之四、之五,分别编为第二、三、四、五卷;将《释迦在七佛末种姓众数同异谱第五》至《释迦从弟孙陀罗难陀出家缘记第十二》,编为第六卷;将《释迦子罗云出家缘记第十三》至《释迦灭宿业缘记第十八》,编为第七卷;十卷本的最后三卷,即第八、九、十卷,分别与五卷本的最后三卷,即第三、四、五卷相等。

虽然从考据学的观点看来,十卷本的这种增益,乃是唐初僧人所为,并不符合《释迦谱》成书时的面貌。但由于《释迦谱》本身是一部带有类抄性质的著作,它的目的是有系统地提供有关释迦牟尼生平事迹的史料,它的内容是通过摘抄《长阿含经》、《增一阿含经》、《楼炭经》、《昙无德律》、《十二游经》、《佛所行赞》、《弥沙塞律》、《瑞应本起经》、《大智度论》、《普曜经》、《大华严经》、《修行本起经》、《观佛三昧经》、《药王药上观经》、《大般涅槃经》等佛典中的相关记叙,剪裁编排来实现的。所以,增加释迦牟尼自降生到成道的资料,对于研究者来说,倒不无参考价值。

有关本书的研究,有陈士强《大藏经总目提要·文史藏》(上海古籍出版社,2008年)。

(陈士强)

经律异相 〔梁〕宝 唱

《经律异相》,五十卷。南朝梁代宝唱等集。成于天监十五年(516)。通行本有《丽藏》本、《宋藏》本、《金藏》本、《元藏》本、《明南藏》本、《明北藏》本、《清藏》本、《频伽藏》本、《大正藏》本等。

宝唱(生卒年不详),俗姓岑,吴郡(治所在今江苏苏州)人。少以勤田为业,佣书自学。年十八,投僧祐律师出家,咨禀经律,有声宗嗣。又从处士顾道旷、吕僧智等,习听经史老庄,略通大义。初住庄严寺,齐建武二年(495)出都专讲。后因世乱,东游闽越。梁天监四年(505),敕为新安寺主。曾参与僧伽婆罗译经。著作尚有《众经饭供圣僧法》五卷、《众经目录》四卷、《众经护国鬼神名录》三卷、《众经诸佛名》三卷、《众经拥护国土诸龙王名录》三卷、《众经忏悔灭罪方法》三卷、《续法论》七十余卷、《法集》一百四十卷、《出要律仪》二卷(以上均佚)、《名僧传》三十卷(今存它的节抄本《名僧传抄》一卷)、《比丘尼传》四卷、《翻梵语》十卷(以上今存)等。生平事迹见隋费长房《历代三宝纪》卷十、唐道宣《续高僧传》卷一、《大唐内典录》卷十、智升《开元释教录》卷六等。

《经律异相》是一部采录汉译经、律、论中的佛教故实,分类排纂,以供研读的现存最早的大型佛教类书,也是一部重要的佛教故事总集。全书以天、地、佛、菩萨、僧、国王、国王夫人、太子、国王女、长者、优婆塞、优婆夷、外道仙人、梵志、婆罗门、居士、贾客、庶人、鬼神、畜生、地狱为序,分为三十九部。每部下面又分子类和细项。层层剖分,最细的分类自"部"算起达四级(如天部、地部)。共收佛教"四圣"(佛、菩萨、缘觉、声闻)、"六凡"(天、人、阿修罗、畜生、饿鬼、地狱)和"境"(境界、处所)、"行"(修行)、"果"(修行所获的果报)方面的故事(统称子目)七百六十五则。每则事类之末均注有出自某经某卷的出处,有些行文中间有考校诸经所云异同或释梵名的夹注。由于所分的三十九部中,有些部的性质相近,相当于某一大部下的小部,故大而统之,可依次归纳为十二大类,根据习惯,乃称十二部。

一、天地部(卷一至卷三)。辑录佛教对空间、时间、自然现象、地理区域的看法和有关事例,凡七十四则。下分二部:天部、地部。

二、佛部(卷四至卷七)。辑录有关佛的因缘故事,凡六十一则。下分四部:应始终佛部、应身益物佛部、现涅槃后事佛部、诸释部(又称"外缘佛部")。

三、菩萨部(卷八至卷十一)。辑录有关菩萨的因缘故事,凡四十七则。下分三部:自行菩萨部、外化菩萨部、随机现身菩萨部。

四、僧部(卷十二至卷二十二)。辑录修菩萨道(以菩萨为修行目标)和修声闻道(以罗汉为修行目标)的僧尼的因缘故事,凡一百九十四则。下分七部:出家菩萨部、声闻无学僧部、声闻不测浅深僧部、声闻学人僧部、声闻现行恶行僧部、声闻无学沙弥僧部、声闻无学尼僧部。

五、国王部(卷二十四至卷三十四)。辑录修菩萨道和修声闻道的国王、国王夫人、太子、国王女的因缘故事,凡一百零八则。下分七部:转轮圣王诸国王部、行菩萨道诸国王部、行声闻道诸国王部、诸国王夫人部、行菩萨道诸国太子部、学声闻道诸国太子部、诸国王女部。

六、长者部(卷三十五、卷三十六)。辑录长者的因缘故事,凡三十四则。下分二部:得道长者部、杂行长者部。

七、优婆塞优婆夷部(卷三十七、卷三十八)。辑录在家奉持佛教"五戒"(不杀、不盗、不邪淫、不妄语、不饮酒)的男女佛教徒(男子称"优婆塞",女子称"优婆夷")的因缘故事,凡二十三则。下分二部:优婆塞部、优婆夷部。

八、外道仙人部(卷三十九至卷四十一)。辑录佛教以外的其他修行者(佛教称之为"外道")的因缘故事,凡四十四则。下分三部:外道仙人部、梵志部、婆罗门部。

九、居士贾客庶人部(卷四十二至卷四十五)。辑录居士(又译"长者",原指吠舍神姓中的富豪,后来也指在家的佛弟子)、商人("贾客")、平民百姓("庶人")的因缘故事,凡七十六则。下分四部:居士部、贾客部、男庶人部、女庶人部。

十、鬼神部(卷四十六)。辑录"天龙八部"中的阿修罗(丑相好战之神)、乾闼婆(乐神)、紧那罗(歌神)和其他鬼神的因缘故事,凡二十二则。

十一、畜生部(卷四十七、卷四十八)。辑录兽、禽、虫的因缘故事,凡六十六则。下分三部:杂兽畜生部、禽畜生部、虫畜生部。

十二、地狱部(卷四十九、卷五十)。辑录作为佛教"六道轮回"最底下一道的地狱世界的各种故事,凡十则。

《经律异相》的主要特点是:一般不采录名相(名词术语)纷繁、内容艰涩的纯理论的论述,只采录有一定故事情节的叙事性的佛典原文。这些故事大致可分为以下三类。

第一类:为说明佛教信仰对象和佛教教理而编集的神话、寓言和譬喻。这在书中的数量最多。如书中辑录了许多佛、菩萨的本生故事,这些故事突出地颂扬了佛、菩萨在布施、持戒、忍辱、精进、禅定和智慧方面的德行,特别是以慈悲之心,自行化他,利乐有情(人和一切生命体)的自我牺牲精神。如说佛的前身(佛教主张轮回转世之说)为萨婆达王割肉贸鹰以救鸽命(见卷十);为日月明王以眼施盲者(同上);为王太子刺身出血以疗病人(同上);为鹿王身代怀妊母鹿供厨受死(卷十一);为贫人自投大海以充鱼食(同上);为大光明王将头施与婆罗门(卷二十五);为萨和檀王以身施婆罗门作奴(同上);为忍辱太子为父杀身(卷三十一);为智止太子以血肉施病比丘(同上);为须阐提太子割肉供父母命(同上),等等。

第二类:以真实人物为依托敷述的历史传说或寓言故事。如书中记叙的释迦牟尼、大爱道、罗睺罗、憍陈如、迦叶、舍利弗、目连、须菩提、迦旃延、阿那律、优波离、阿难、摩揭陀国的频婆娑罗王、迦兰陀长者、憍萨罗国的波斯匿王、须达多长者等,都是原始佛教的重要人物。这类故事中间,既有佛教各界信众精进修行的善人善事,也有俗人或背弃佛陀言教的僧尼在贪欲、瞋恚、愚痴(佛教称为"三毒")方面反映出来的恶人恶事。

第三类:自古以来就在印度各地流传,从不同的侧面反映印度各阶层人物的善恶是非、智愚情趣和日常生活的民间故事。如"比丘夜不相识各言是鬼"(卷十九)、"夫妇约不先语见偷取物夫能不言"(卷四十四)、"一蛇首尾两诤从尾则亡"(卷四十八),等等。

《经律异相》收载的这些佛教故事,构思奇特,文采茂美,含蓄深邃,曾在我国古代广泛流传。有的成为小说、传奇、话本、戏曲的重要素材,有的演化为家喻户晓的民间故事和文学典故,是我国古典文学中的瑰宝。

本书的资料主要出自"经"和"律"这两类翻译著作,数量约有二百种。除此之外,还采录了属于"论"的《大智度论》、《大毗婆沙论》,和属于汉地佛教撰集的《释迦谱》、《诸经中要事》。其中,辑存了许多当时见行而后世散落绝传的佚经,如《善信磨祝经》(又名《善信摩足经》、《善信经》,疑是姚秦鸠摩罗什译的《善信摩诃神咒经》)、《三乘名数经》(疑是东晋道安所辑"凉土异经"中的《三乘经》)、《众生未然三界经》(西晋法炬译)、《贫女为国王夫人经》(西晋竺法护译)、《蓝达王经》(吴支谦译)、《请般特比丘经》(刘宋求那跋陀罗译)、《阿质国王经》(支谦译)、《问地狱经》(疑是后汉康巨译的《问地狱事经》)。尽管书中摘录的仅是经本的片段,但这些片段对于推知全经大意,具有他书无法替代的史料价值。

有关本书的研究,有陈士强《大藏经总目提要·文史藏》(上海古籍出版社,2008年)等。

(陈士强)

比丘尼传 〔梁〕宝　唱

《比丘尼传》，四卷。南朝梁代宝唱撰。成于天监十六年（517）（据《释氏稽古略》卷二）。通行本有《丽藏》本、《宋藏》本、《金藏》本、《元藏》本、《明南藏》本、《明北藏》本、《清藏》本、《频伽藏》本、《大正藏》本、中华书局2006年版《比丘尼传校注》（王孺童校注）等。

作者生平事迹见"经律异相"条。

《比丘尼传》是一部专门记叙汉地佛教僧团中的女性出家者即比丘尼的生平事略的传记。释迦牟尼在创建佛教僧团的初期，只收男性出家者，他们称为"比丘"。据记载，第一批比丘是陪随释迦牟尼出家求道的憍陈如等五人，世称"五比丘"。数年以后，释迦牟尼重返故乡，度他的姨母摩诃波阇波提（意译"大爱道"）出家，僧团中才开始有女性出家者，即"比丘尼"。佛教传入中国以后，在相当长时间里，也只有比丘，而没有比丘尼，一直到西晋末年武威太守之女仲令仪（即"净捡"）从罽宾国沙门智山出家，汉地始有比丘尼。《比丘尼传》起东晋昇平（357—361）年间，终梁天监十五年（516），共收录比丘尼六十五人。其中，东晋十三人，刘宋二十三人，南齐十五人，梁代十四人。

《比丘尼传》所记的第一人为净捡。传中写道："净捡，本姓仲，名令仪。彭城人也。父诞，武威太守。捡少好学，早寡家贫，常为贵游子女教授琴书。闻法信乐，莫由咨禀。后遇沙门法始经道通达，晋建兴中于宫城西门立寺，捡乃造之。始（法始）为说法，捡因大悟，念及强壮以求法利，从始借经，遂达旨趣。他日谓始曰：经中云，比丘比丘尼，愿见济度。始曰：西域有男女二众，此土其法未具。捡曰：既云比丘比丘尼，宁有异法？始曰：外国人云，尼有五百戒，便应是异，当问和上（指智山）。和上云：尼戒大同细异，不得其法必不得授，尼有十戒得从大僧受，但无和上尼（指比丘尼）无所依止耳。捡即剃落，从和上受十戒，同其志者二十四人，于宫城西门共立竹林寺。未有尼师，共咨净捡。……晋咸康中，沙门僧建于月支国得《僧只尼羯磨》及戒本，昇平元年二月八日于洛阳译出。外国沙门昙摩羯多为立戒坛。晋沙门释道场以《戒因缘经》为难云：其法不成。

因浮舟于泗。捡等四人同坛上从大僧以受具戒(即"具足戒",又称"大戒"),晋土有比丘尼亦捡之始也。"(卷一《净捡尼传》)

根据佛教的戒法,凡受过十戒而未受过具足戒的出家人,男子称为"沙弥"(俗称"小和尚"),女子称为"沙弥尼"(俗称"小尼姑")。只有受了具足戒(据《四分律》的说法,男子应受"二百五十戒",女子应受"三百四十八戒",律典中又有说女子应受"五百戒"的),才能取得正式的僧尼资格。汉地女子出家以后,最初是从比丘那儿从受具足戒的。刘宋元嘉八年(431),罽宾国沙门求那跋摩来到建业(今南京),传播大乘戒法,景福寺尼慧果、净音听说印度女子出家,通常是从比丘和比丘尼二众那里同时受戒的,因而要求重受具足戒。由于从二众受戒,须有比丘尼十人在场方可,而当时已到中国的师子国(今斯里兰卡)比丘尼只有八人,不满规定的人数,故当时未能举行。二年后,师子国比丘尼铁萨罗等十一人来华,僧伽跋摩继轨已故的求那跋摩,与铁萨罗等一起,为宋都比丘尼三百余人重受具足戒,这便是汉地尼众于二众(比丘、比丘尼)中受戒之始。《比丘尼传》卷二《僧果尼传》叙述此事的始末经过说:"元嘉六年,有外国舶主难提(竺难提),从师子国载比丘尼来至宋都,住景福寺。后少时,问果(指僧果)曰:此国先来已曾有外国尼未?答曰:未有。又问:先诸尼受戒那得二僧(指比丘、比丘尼)?答:但从大僧(指比丘)受。得本事者乃是发起受戒,人心令生殷重,是方便耳。故如大爱道八敬得戒,五百释女以爱道为和上,此其高例。果(僧果)虽答,然心有疑,具咨三藏(指求那跋摩),三藏同其解也。又咨曰:重受得不?答曰:戒定慧从微至著,更受益佳。至十年,舶主难提复将师子国铁萨罗等十一尼至,先达诸尼已通宋语,请僧伽跋摩于南林寺坛界,次第重受三百余人。"

自西晋末年净捡出家,开比丘尼之先例以来,比丘尼的数量不断增加,至梁代至少也有数千人。这些比丘尼的家境和身世各不相同,有的"家素富盛"(如卷一的妙相),也有的"清安贫窭"(如卷二的法相)。是什么原因促成她们落发出家,步入佛门的呢?据《比丘尼传》的记述,大致有以下几种。

一、不乐婚嫁。如卷一的安令首,"雅性虚淡,不乐人间,从容闲静,以佛法自娱,不愿求娉"。同卷的僧基,母"密以许嫁,秘其聘礼,迎接日近,女乃觉知,即便绝粮,水浆不下。……因遂出家"。

二、兵虏求脱。如卷一的令宗,"家遇丧乱,为虏所驱。归诚恳至,称佛法僧,诵《普门品》。拔除其眉,托云恶疾,求诉得放。……因得到家,仍即入道"。

三、遘疾还愿。如卷二的道寿,"元嘉中遭父忧,因毁遘疾,自无痛痒,唯黄瘠骨立,经历年岁,诸治不瘥。因尔发愿:愿疾得愈出家"。

四、家道变故。如卷二的宝贤,"十六丁母忧,三年不食谷,以葛芋自资,不衣缯纩,不坐床席,十九出家,住建安寺"。卷三的僧猛,"年十二父亡,号哭吐血,绝而复苏。三年(指守孝三年)告终,示不灭性,辞母出家"。同卷的超明,"年二十一,夫亡寡居,乡邻求娉,誓而弗许,因遂出家,住崇隐寺"。

五、家世奉佛,亲属披缁。如卷二的僧端,"门世奉佛,姊妹笃信";卷四的法宣,"世奉正法";卷一的道仪,是庐山名僧慧远的姑姑;卷三的昙勇,是昙简尼的姐姐;卷四的僧念是招提寺昙睿法师的姑姑;卷四的净行,是净渊尼的第五个妹妹,等等。

带有普遍性的因素,是当时政局叠变,干戈扰攘,百姓荡析离居,困苦不堪。尤其是女子,受到痛苦生活的折磨更大,出家便成为极少数可供选择的生路之一。

出家的比丘尼游心经律,精勤苦行的很多。卷一的竺道馨,本姓羊,太山人,出家居洛阳东寺,"雅能清谈,尤善《小品》,贵在理通,不事辞辩,一州道学所共师宗。比丘尼讲经,馨其始也"。卷三的智胜,"自制数十卷义疏,辞约而旨远,义隐而理妙"。在笃守苦节的比丘尼中,有的甚至烧身供佛。如卷二的道综,"自炼油火,关颡既然(燃),耳目就毁,诵咏不辍。道俗咨嗟,魔正同骇"。卷三的昙勇,"夜积薪自烧,以身供养"。卷四的冯尼,"烧六指供养,皆悉至掌"。此类举止,确使世人惊骇不已。

比丘尼不仅自身修行,而且与社会各阶层广泛交往,这对于推动晋宋以来朝廷上下归敬佛法,礼接僧尼的风气的形成,扩大佛教的势力和影响,起了不可忽视的重要作用。试看她们与皇帝以至士庶的密切关系。

一、皇帝。东晋的妙音,"晋孝武皇帝、太傅会稽王道(即王道子)、孟颢等并相敬信。每与帝以及太傅中朝学士谈论属文,雅有才致,藉甚有声。太傅以太元十年为立简静寺,以音为寺主,徒众百余人。内外才义者因之以自达,供赆无穷,富倾都邑,贵贱宗事。门有车马日百余辆"。荆州刺史王忱死,孝武帝想派王恭代之。当时桓玄在江陵,听说王恭要去,有点惧怕,想让皇帝派殷仲堪去,因为殷弱才易制,于是,"乃遣使凭妙音尼为图州"。当孝武帝征询妙音的意见时,妙音推荐了殷仲堪,"帝然之,遂以代忱,权倾一朝,威行内外"(卷一《妙音尼传》)。

刘宋时的业首,"宋高祖武皇帝雅相敬异,文帝少时从受三归。住永安寺,供施相续"(卷二《业首尼传》)。又有宝贤,"宋文皇帝深加礼遇,供以衣食。及孝武雅相敬待,月给钱一万。明帝即位,赏接弥崇,以泰始元年敕为普贤寺主,二年又敕为都邑僧正"(卷二《宝贤尼传》)。齐代的智胜,"齐文惠帝闻风雅相接召,每延入宫,讲说众经,司徒竟陵文宣王倍崇敬焉"(卷三《智胜尼传》)。

二、皇后。比丘尼出入宫禁,与皇后的关系十分密切。一些尼寺为皇后所造。如"建元二年,皇后褚氏为立寺于都亭里通恭巷内,名曰延兴"(卷一《僧基尼传》)。晋穆帝的何皇后于永和十年,"立寺于定阴里,名永安"(卷一《昙备尼传》)。永安寺后改名为"何后寺",宝唱撰书时尚在。

三、诸王。刘宋的慧濬,"宋太宰江夏王义恭雅相推敬,常给衣药,四时无爽"(卷二《慧濬尼传》)。

四、官宰。东晋的明感,"晋永和四年春,与慧湛等十人济江诣司空公何充,充一见敬重。于时京师未有尼寺,充以别宅为之立寺。……名曰建福寺"(卷一《明感尼传》)。

五、士庶。宋代的僧敬,"留滞岭南三十余载,风流所渐,犷俗移心。舍园宅施之者十有三家,共为立寺于潮亭,名曰众造"(卷三《僧敬尼传》)。梁代的法宣,"吴郡张援、颍川庾咏、汝南周颙皆时之名秀,莫不躬往礼敬"(卷四《法宣尼传》),等等。

我国古代出现的各部《高僧传》所记的对象基本上都是比丘,宝唱的这部书专记比丘尼。正因为如此,在佛教史传中,《比丘尼传》具有特殊的价值和意义。

有关本书的研究,有吴季霏《〈比丘尼传〉研究》(《法光学坛》2000年第4期)、陈士强《大藏经总目提要·文史藏》(上海古籍出版社,2008年)、刘飒《魏晋南北朝释家传记研究:释宝唱与〈比丘尼传〉》(岳麓书社,2009年)。

(陈士强)

高僧传 〔梁〕慧　皎

《高僧传》，又称《梁高僧传》，十四卷。南朝梁代慧皎撰，成于天监十八年(519)。本书卷十三《法献传》之末记有梁"普通三年正月"一事，或是作者在书成之后补入，或为后人所添。通行本有《丽藏》本、《宋藏》本、《金藏》本、《元藏》本、《明南藏》本、《明北藏》本、《清藏》本、《频伽藏》本、《大正藏》本、中华书局1992年版汤用彤《高僧传》校注本等。

慧皎(497—554)，未详氏族，会稽上虞(今属浙江)人。学通内外，博训经律。住所在寺，春夏弘法，秋冬著述。尚撰有《涅槃义疏》十卷和《梵网经疏》(均佚)。《续高僧传》卷六有传。

《高僧传》是一部记载后汉至梁代高僧事迹的僧人总传。据作者自序说，以往有关僧人事迹的传记，叙载各异。有的偏叙一科，或高逸，或志节，或游方，互有繁简，出没成异；有的只举一方，如东山僧、庐山僧等，不通古今，且务存一善，不及余行；有的只是在寺记、感应传中傍出诸僧，叙其风素，亟多疏阙；有的虽通撰传论，而辞事阙略；有的将佛法僧三宝共叙，混滥难求；有的虽为通传，意似该综，而文体未足。而且这些传记对有关僧人的高蹈独绝的事迹，多所遗削。为此，"尝以暇日遇览群作，辄搜检杂录数十余家，及晋、宋、齐、梁春秋书史，秦、赵、燕、凉荒朝伪历，地理杂篇，孤文片记，并博咨故老，广访先达，校其有无，取其同异"，撰成本书。先前曾有僧传取名为《名僧传》、《名德传》，作者认为，"名者，本实之宾也，若实行潜光，则高而不名；寡德适时，则名而不高。名而不高，本非所纪。高而不名，则备今录。"因而取名为《高僧传》。

《高僧传》前十三卷为僧传，末一卷为序录。序录包括：慧皎《高僧传序》、《高僧传目录》；王曼颖就《高僧传》致慧皎书及慧皎的答书；梁龙光寺僧果关于慧皎生平的后记。僧传按僧人的德业，区别为十科。《唱导论》说："草创《高僧》本以八科成传，却寻经(经师)、导(唱导)二技，虽于道为末，而悟俗可崇，故加此二条，足成十数。"可见《高僧传》原来只打算开列八科，后二科很可能是受梁代宝唱撰的《名僧传》的启发增列的。所收僧人，上始后汉永平十年(67)，下迄梁天监十八年(519)，正传二百五十七人，附见二百四十三人(据《丽藏》本统计)。

一、译经(卷一至卷三),收录或逾越沙险,或泛漾洪波,委命弘法,传梵为汉的译经僧。

二、义解(卷四至卷八),收录深达经论,讲说著述的义学僧。

三、神异(卷九、卷十),收录显现神通,感化强梁的僧人。

四、习禅(卷十一),收录端坐辍虑,专修禅定的僧人。

五、明律(卷十一),收录弘赞律部,戒行贞素的僧人。

六、亡身(卷十二),收录或自委于虎,或割肉赈饿,或燃指烧身,以资供养的僧人。

七、诵经(卷十二),收录讽诵经文,六时无辍的僧人。

八、兴福(卷十三),收录起寺建塔,铸镌佛像,敦修福业的僧人。

九、经师(卷十三),收录善于用一定的音调诵咏佛经中的长行(散文部分),即会"转读",或善于用一定的曲律歌唱佛经中的偈颂,即会"呗赞"的僧人。

十、唱导(卷十三),收录斋集时,升座说法,或杂序因缘,或傍引譬喻,以宣讲佛理的僧人。

《高僧传》义例甄著,文词婉约,分科布局较宝唱《名僧传》(今存节抄本《名僧传抄》)有长足的进步。它将《名僧传》中的《法师》区分为《译经》和《义解》两科,原在《法师》科被称为"神通弘教外国法师"的佛图澄,被移至《神异》科,而原在《寻法出经苦节》的竺佛念、法显、竺法维、僧表、智严、宝云、智猛等合入《译经》科;立《诵经》科,收《名僧传》的《兼学苦节》中的普明、法庄、《感通苦节》中的昙邃、竺法纯、《宗素苦节》中的法恭、法宗等;立《兴福》科,收原在《造经像苦节》的僧亮和原在《造塔寺苦节》的僧受(亦作"慧受")、惠力、法意、法献等;《高僧传》中的《神异》相当于《名僧传》中的《神力》,《习禅》相当于《禅师》,《明律》相当于《律师》,《亡身》相当于《遗身苦节》,《经师》一题与《名僧传》相同,《唱导》相当于《导师》。但僧人的隶属往往相异,《名僧传》编在此科,而《高僧传》则移至彼科,仁者见仁,智者见智,诚识见不同耳。《名僧传》所录的一些人物为《高僧传》所无,反之,《高僧传》所录的一些人物也为《名僧传》所无,盖取舍不同耳。

《高僧传》所开的十科中,最重要的是译经、义解二科。

慧皎认为,"法流东土,盖由传译之勋"(《序》)。在译经科中,不仅记载了译师的姓氏、籍地、行历、交往、传译经过、终老,而且评介了他们的译经风格、经本影响及在汉译佛典中的地位。

根据佛教历来相传的说法,后汉译经始自中天竺沙门摄摩腾和竺法兰,并谓《四十二章经》为他们所出。但此二人是否确有其人,近人颇有怀疑。而后汉的安清(字世高),则是佛教史家公认的后汉末期佛典翻译的主要人物,而且被视为佛经汉译的实际创始人。安清原为安息国太子,王薨,让国与叔,出家修道。博晓经藏,尤精阿毗昙学。讽持禅经,备尽其妙。来至洛阳后,先后译经三十九部。《高僧传》的评介是:"义理明析,文字允正,辩而不华,质而不野,凡在读者皆亹亹而不倦焉。……天竺国自称书为天书,语为天语,音训诡蹇,与汉殊异,先后传译,多致谬滥,唯高所

出为群译之首。"(卷一)

与安清齐名的后汉另一位译经大师是支娄迦谶(略称支谶)。他是月支人,所译《般若道行》、《般舟三昧》、《首楞严》等,对后代佛教义学产生重大的影响。"凡此诸经,皆审得本旨,了不加饰,可谓善宣法要,弘道之士也。"(同上)安息国优婆塞安玄与汉土沙门严佛调共出《法镜经》,"理得音正,尽经微旨"(同上)。支曜、康巨的译经,"并言直理旨,不加润饰"(同上)。

三国译师中,中天竺沙门昙柯迦罗(法时)是一个译律一部而名扬四海的人。他在魏嘉平年间来至洛阳,当时魏境虽有佛法,而道风讹替。众僧未禀归戒,以剪落头发殊俗。而且斋忏事仪取法于汉地传统的祠祀。昙柯迦罗译出《僧祇戒心》一卷,又请梵僧立羯磨法受戒,"中夏戒律始自于此"(同上)。月支国优婆塞支谦(字恭明,一名越),汉献帝末年避乱至于吴,从吴黄武元年至建兴年中,译《维摩》、《大般泥洹》、《法句》、《瑞应本起》等四十九经中,"曲得圣义,辞旨文雅"(同上)。天竺沙门康僧会(其先康居人),为南方佛教的重要布教者,相传江南的第一所佛寺建初寺就是为他建立的。他译的《六度集经》等,"并妙得经体,字义允正",所作的《安般守意》等经的注解及序文,"辞趣雅便,义旨微密"(同上)。天竺沙门维祇难和竺律(亦作"将")炎未善汉言,所译《法句经》"颇有不尽。志存义本,辞近朴质"(同上)。

西晋译师中,竺昙摩罗刹(竺法护)出经最多,译《正法华》、《光赞般若》、《普曜》等一百六十五部,《高僧传》认为,"经法所以广流中华者,护之力也"(同上)。

东晋译师中,罽宾国沙门僧伽提婆(众天)学通三藏,尤善《阿毗昙心论》,他手执梵文,口宣晋语,所出《阿毗昙心论》、《三法度论》等,"去华存实,务尽义本"(同上)。姚秦的天竺沙门鸠摩罗什一变以往朴拙的译风,创造出便于中土佛徒诵习的达意又有文藻的翻译文体,"音译流便","并畅显神源,挥发幽致"(卷二),他译《小品般若》、《大智度论》、《中论》、《百论》、《十二门论》等三百余卷,对大乘空宗教理的移植和弘传,作出了重要的贡献,他的翻译号为"新译"。此外,卑摩罗叉、佛驮跋陀罗、昙无谶等译师的译经风范,在《高僧传》卷二也有评述。

慧皎认为,"慧解开神,则道兼万亿。"(《序》)因为佛教的经本来源于译经,而它的义理则有待于法师的阐释和弘扬,故《高僧传》又对义解僧的事迹广搜细检,义解科所收的人数及所占的卷数,为各科之首。而此中事迹比较突出的有曹魏的朱士行,东晋的支遁、道安、慧远,姚秦的道融、昙影、僧叡、僧肇、竺道生,刘宋的慧叡、慧观、僧导、道亮,萧齐的法瑗、僧柔、慧基,梁代的宝亮等。

两晋之际,名僧与名士酬对交游,披襟致契。名士唱佛言,名僧谈老庄,清谈雅论,风靡一时。慧皎的这部僧传在记载当时的社会风貌和人物形象方面积聚了大量的丰富而又生动的资料。如卷四载沙门支孝龙与陈留阮瞻、颍川庾敳(原误作"凯"),"并结知音之交";著《人物始义论》的康法畅,"常执麈尾行,每值名宾,辄清谈尽日";竺法雅"以经中事数拟配外书,为生解之例,谓之格义","风彩洒落,善于枢机,外典佛经递互讲说";竺道潜(字法深),"优游讲席三十余载,或畅方等(大乘),或释老庄",他游宫阙,结朝贵,沛国刘惔嘲讽说:"道士何以游朱门?"他回答道:"君自睹其朱门,贫道见为蓬户";支遁与王洽、刘恢、殷浩、许询、郗超、孙绰等一代名流,著尘外之狎,曾注《庄子·逍遥游》,"群儒旧学莫不叹服","标揭新理,才藻惊绝"。《高僧传》卷四、卷五屡引名士孙绰的《正像论》、《道贤论》、《明德沙门论》,对朱士行、竺法乘、支遁、道安等人的德行加以赞颂,这从一个侧面反映了当时社会名流与佛教名僧情感交融的密切关系。

《高僧传》虽然取材于众多的史书杂录,所载的内容各有所本,如译经科的僧传参照了《出三藏记集》等,作者自己说本书是"述而无作"(见《序》)。但由于作者出入众家,抉摘取舍,缜密整理,精心编纂,因而使全书浑然一体,成为一家之言。书中还对同一人物的不同记载加以辨正,诠叙可观,事多审正。

如关于安清的活动年代,别传说晋太康末;庾仲雍《荆州记》说晋初;宋临川王刘义庆《宣验记》说吴末;昙宗《塔寺记》说晋哀帝以后;而道安《综理众经目录》说是在汉桓帝建和二年至灵帝建宁中。慧皎斟酌比衡,认为"道安法师既校阅群经,诠录传译,必不应谬"(卷一)。并援引康僧会《注安般守意经序》作为例证。

又如《智猛传》之末,慧皎有语:"余历寻游方沙门,记列道路时或不同,佛钵、顶骨处亦乖爽,将知游往天竺非止一路,顶钵、灵迹时届异土,故传述见闻,难以例也。"(卷三)这表明他在传中叙述的智猛西行求法的路线,仅是一说。

另外,《道安传》之末,慧皎又对不同的说法加以驳正:"有《别记》云:河北别有竺道安,与释道安齐名,谓习凿齿致书于竺道安。道安本姓师姓竺,后改为释,世见其二姓,因谓为两人,谬矣。"(卷五)作者治学的严谨态度由此可见。

《高僧传》十科之末均有"论",前八科在论之后又有"赞"。"赞"是对所叙一科僧人德行的赞颂,四言为一句,除译经科为十二句以外,其余的均为十句。"论"始标大意,犹类前序,末辨时人,事同后议,用来讨核源流,商榷取舍。

《习禅论》叙述禅定的地位和汉地禅学的发展大势:"禅也者,妙万物而为言,故能无法不缘,无境不察。然缘法察境,唯寂乃明。……是以四等六通,由禅而起。八除十入,藉定方成。故知禅定为用大矣哉。自遗教东移,禅道亦授。先是世高、法护译出《禅经》,僧光、昙献等并依教修心,终成胜业。……及沙门智严躬履西域,请罽宾禅师佛驮跋陀更传业东土,玄高、玄绍等亦并亲受仪则,出入尽于数随,往返穷乎还净。其后僧周、净度、法期、慧明等亦雁行其次。"(卷十一)

《明律论》在综述律本在东土的传译情况之后,特别指出了南朝《十诵律》最为流行的事实:"虽复诸都皆传,而《十诵》一本最盛东国。以昔卑摩罗叉律师,本西土元匠,来入关中,及往荆陕,皆宣通《十诵》,盛见宋录。昙猷亲承音旨,僧业继踵弘化其间。璩(僧璩)、俨(道俨)、隐(道隐)、营(道营)等并祖述猷业,列奇宋代,而皆依作解,未甚钻研。其后智称律师竭有深思,凡所披释,并开拓门户,更立科目。齐梁之间号称命世学徒,传记于今尚焉。"(卷十二)

其余诸论概述一科的主旨源流,品析其中的突出人物,均不乏精到之处。

《高僧传》所创立的僧人总传(又可称"僧人通传")的体例,成为继作者的楷模,而具有深远的影响。它所收的对象虽然限于僧人(确切地说是出家的男子,即"比丘"),但出家之人与在家之人一样,同处于特定的社会环境和社会关系之中,他们与一个时代的各个方面有着千丝万缕的联系。所以,僧传所记载的史事人物足资证考史书,是研究一代政治、经济、文化、宗教的有用资料。

有关本书的研究,有徐燕玲《慧皎〈高僧传〉及其分科之研究》(台北花木兰文化出版社,2006年)、陈士强《大藏经总目提要·文史藏》(上海古籍出版社,2008年)、纪赟《慧皎〈高僧传〉研究》(上海古籍出版社,2009年)等。

(陈士强)

大乘止观法门 〔陈〕慧 思

《大乘止观法门》,略称《大乘止观》,二卷。南朝陈代慧思著。在北宋之前,长期韬晦海外,宋真宗咸平三年(1000)日僧寂照携来此书,交与遵式(964—1032),于二十年后,方由遵式刻板印行。通行本有《大正藏》本等。

慧思(515—577),俗姓李,天台宗东土二祖,世称南岳尊者,武津(今河南上蔡县境)人。十五岁出家修道,在二十岁时,因读《胜妙定经》而有所感,遂常经行于林野,遍访禅德,值嵩山皈依慧文禅师而禀受一心三观的禅法,彻证法华三昧。自此,禅教并学、止观双修,于是声名远闻,学徒日盛。也因此招来是非乃至陷害,一再受北方恶论师毒害,不得不南下避祸,在光州大苏山前后达十四年(554—568)。陈废帝光大元年(567),慧思正式付法于智𫖮。次年,独自去南岳衡山隐居。慧思的思想可以南岳为界,前期属于龙树系统的般若中观学派,后期转入马鸣的缘起论。早期学风侧重于禅学,强调由定发慧,尤重法华三昧,称其为圆顿一乘法门。根据《法华经·安乐行品》,撰《法华安乐行义》,将法华三昧分为"无相行"和"有相行"两门。前期著作尚有《立誓愿文》、《诸法无诤三昧法门》、《释玄论》、《随自意》、《次第禅要》、《三智观门》等。生平事迹见唐道宣《续高僧传》卷十七。

《大乘止观法门》,于书名下题为"南岳思大禅师曲授心要",系慧思晚年在南岳期间所著的禅法著作。以如来藏缘起思想为基础,在真妄和合的本识之基础上,阐述真如即具染净二性,然后以三性及三无性思想之展开,达到"除妄成真"与"全真起妄"的目的。本书主要引述《楞伽经》、《华严经》、《大乘起信论》,与前期学宗龙树系统相比,实为一大转变。对于慧思在南岳的活动,智𫖮一系天台宗著作中,几乎没有记载,这说明智𫖮继承的主要是慧思的前期思想。近世也有些学者根据道宣的《续高僧传》、《大唐内典录》、智升的《开元释教录》等不予著录等原因,而怀疑此书系他人伪作。

全书分略标大纲、广作分别、历事指点三大科目,中心内容在广作分别一科,分作"五番建立"，以说明大乘止观法门。卷首有作者自注："行者若欲修之，当于下止观体状文中学。若有所疑不决，然后遍读，当有断疑之处也。"所谓五番建立，即止观依止、止观境界、止观体状、止观断得、止观作用。

一、止观依止（卷一至卷三）。以"一心"为修习止观法门之依止。此"一心"为一切世出世法的根本，有自性清净心、真如、佛性、如来藏、法界、法性等别名。佛教修习的目的在于显现如来藏，从"藏体平等"、"藏体无异无相"、"染净平等"的"如"，说明空如来藏；从"平等缘起"、"体备染净二用"、"能生染净"的"来"，说明不空如来藏。在对不空如来藏的阐述中，指出："如来之藏，从本以来，俱时具有染净二性，以具染性故，能现一切众生等染事，故以此为在障本住法身，亦名佛性。复具净性故，能现一切诸佛等净德。故以此藏为出障法身，亦名性净涅槃也。"特别又将佛性分解为"如如佛"及"智慧佛"，用以说明"迷道起妄"及"返妄归真"之"觉"与"不觉"的道理。

二、止观境界（卷三）。以真实性、依他性、分别性等三自性的观法，作为修习大乘止观的所观境。真实性，指出障真如及佛之净德；依他性，指在障真如与染和合而成的阿黎耶识；分别性，指六、七二识的妄想分别。此三自性，与唯识论仅局于凡夫的三自性说不同，各各通于清净及染污两个方面，由此构成从凡至圣的十法界。

三、止观体状（卷三至卷四）。说明修习大乘止观法门的步骤。分染浊三性和清净三性两门，分别详述由观入止、从止起观的过程。由观入止，即由三自性入三无性：转分别性为无相性，转依他性为无生性，转真实性为无性性；此止行成就，能安住于涅槃常寂之境。由止入观，于三昧定中，能依菩萨大悲大愿，而于六道之中变化施设，利益众生。此观行成就，能处于生死，而现性染之用。

四、止观断得（卷四）。依三自性次第的止观修习，获得各各层次中断惑证真的实益。认为断惑即是得益，即是证真。故本书详于断惑的分析，而略于得益的说明。

五、止观作用（卷四）。说明修习止观二门所产生的作用。止行成就，能体证清净心，理融定相法性，与一切众生圆同一身。观行成就，从体起用，使一切染净之大能即时而起，圆融无碍地实践菩萨度生的悲愿。

最后，在"历事指点"中，将日常的生活、礼佛、饮食乃至大小便利，全部纳入止观修习的轨道，劝令奉行。

本书为系统阐述大乘止观法门的综合性著作，尤以如来藏性具染净两种性质的"性染"说，对于天台宗的"性具"、"性恶"思想之形成，有着直接的影响。以一心统摄世出世一切诸法及修习法门，对于后世禅宗的无相、无住、无念思想的形成，以及于担柴运水中修习佛道等作略，亦是重要的思想来源。

有关本书的研究,有宋了然《大乘止观法门宗圆记》五卷、明智旭《大乘止观法门释要》四卷、近代谛闲《大乘止观法门述记》二十卷、当代圣严《大乘止观法门之研究》(宗教文化出版社,2006年)等。

(王雷泉)

往生论注 〔北魏〕昙 鸾

《往生论注》，又名《无量寿经论偈注解》、《无量寿经论注》，二卷(亦作一卷)。北魏昙鸾撰。撰时不详。通行本有《大正藏》本、《卍续藏经》本。

昙鸾(476—542)，一作"昙峦"。雁门(今山西代县)人。少年出家，修习《中论》、《百论》、《十二门论》、《大智度论》(简称"四论")和佛性学说。曾于梁大通(527—528)年间，求神仙方术，相传访得道士陶弘景，得《仙经》十卷，北归途中，遇菩提流支，授予《观无量寿佛经》，遂焚《仙经》而专修净土，弘扬净土念佛法门，声誉卓著。东魏孝静帝尊其为"神鸾"，敕住并州大寺，晚年移住汾州玄中寺。南朝梁武帝称之为"肉身菩萨"。主要著作有《往生论注》、《略论安乐净土义》、《赞阿弥陀佛偈》等。生平事迹见《续高僧传》卷六、《佛祖统记》卷二七等。

《往生论》(又称《无量寿经优婆提舍愿生偈》、《无量寿经论》)是印度世亲依据《无量寿经》作《愿生偈》二十四偈，并撰写长行(散文)将偈颂的内容展开的一部大乘论书。而本书则是《往生论》的注释，也是一部重要的净土宗经典。全书分为上下两卷。

上卷：卷首揭示龙树菩萨之《十住毗婆沙论·易行品》，说明难、易二道。本论属于易行道，明示他力之法门，谓往生净土之要因，全仗弥陀本愿力。接着，解释偈颂，是总说分。总说分分别解释五念门：(一)礼拜门。(二)赞叹门。(三)作愿门。(四)观察门。(五)回向门。此五念门是往生西方净土的业因。其中"观察门"是全书的重点内容。初观察器世间清净，具有十七种庄严功德成就；接着观察众生世间清净，中间观想阿弥陀如来具有八种庄严功德成就；最后观想诸大菩萨，则有四种庄严功德成就。而弥陀净土就具备上述二十九种庄严功德成就，因而要向往往生。

下卷：解释长行，是解义分。解义分分为十科来解释：(一)愿偈大意。(二)起观生信。(三)观行体相。(四)净入愿心。(五)善巧摄化。(六)离菩提障。(七)顺菩提门。(八)名义摄对。(九)愿事成就。(十)利行满足。并丁"利行满足"科之末尾，开显自利利他之要义，且引

《无量寿经》四十八愿中之第十一、十八、二十二等愿,作他力增上缘之证。

《往生论注》在中国净土教义中具有其鲜明的特色。主要有以下五个方面。

一、书中每每运用"双即双非"的中道观点,此与作者原先研究《大智度论》、《中论》、《百论》、《十二门论》的思想有关。

二、在论述止观含义时,除指出一般含义外,又认为止("奢摩他")还有一心专念弥陀愿生彼土,生安乐土后自然止身口意三恶,由弥陀正觉住持自然止息趣求声闻辟支佛心三个意思;观("毗婆舍那")有行人观想三种功德庄严,即得如愿往生,和往生见佛得证平等法身两个意思。

三、依据"易行道"思想加以发挥,以阿弥陀佛为增上缘,重视他力,开创念佛法门。强调临命终时,只要具足十念相续,即得往生。并指出众生往生的净土,是为报身报土。

四、作者认为,观察佛土、佛和菩萨三种功德成就入于一法句,也就是清净句,即是真实智慧无为法身。真实智慧就是实相智慧,无为法身即法性身。

五、本书强调说明修行之人必须有二种回向:一是往相回向,即以自己的功德回向施予一切众生;二是还相回向,指众生往生净土后得到奢摩他和毗婆舍那(即止观),成就方便力,回到生死海中,弘扬佛法,广度他人。

此外,昙鸾曾研究过老庄哲学思想,因而在本书中也留下了痕迹,如说"知进守退曰智,智空无我曰慧"等即是一例。

《往生论注》在中国净土宗发展史上起过重要的作用。以后净土诸家的论述,基本由此生发开去。研究论著有日本良忠《无量寿经论注记》五卷(收入《净土宗全书》),戒修《往生论注讲义》(宗教文化出版社,2009 年)等。

(夏金华)

道教

太上黄庭内景玉经 〔西晋〕魏华存

《太上黄庭内景玉经》，又名《上清黄庭内景玉经》，简称《黄庭内景玉经》或《黄庭内景经》，与《太上黄庭外景玉经》合称为《黄庭经》，或《老子黄庭经》，三卷，或作一卷。旧题"太上大道玉晨君作，南岳魏夫人传"，实为"魏夫人"，即西晋魏华存撰。成于西晋太康九年（288）前后。通行本有《正统道藏》本、《重刊道藏辑要》本、《道藏精华录》本、《道书全集》本等。

魏华存（252—334），字贤安，魏晋间任城（今山东济宁东南）人，随父司徒魏舒客居洛阳。自幼好学，深研《老子》《庄子》，博览三传、五经、百家之书。生性静默恭谨，厌于交际，亲戚往来，一无相见。志慕神仙，欲求冲举，常服胡麻散、茯苓丸，养生炼气。年二十四，奉父母之命，嫁于刘文，生有二子。无暇修炼，未忘宿愿。二子稍长，乃离隔宇室，潜心修道，更受神书秘籍，得《太上宝文》、《八素隐书》、《大洞真经》、《灵书八道》、《紫度炎光》、《石精金马》、《神真虎文》、《高仙羽玄》等经，昼夜诵读。从景林真人受《黄庭经》，为之写定，后又作注，传于江南。刘文谢世，适值天下大乱，率子南渡。其后，斋静修真。死后被尊为上清派第一代太师、天师祭酒。世称"魏夫人"、"南岳夫人"。著作尚有《清真虚人玉真内传》。生平事迹见《太平广记》卷五八《魏夫人传》。

魏晋道教学者有托名太上大道玉晨君者作《黄庭经》。其书口授，为诸道士所秘，各各相异。魏华存先后从景林真人与王传受此经，于太康九年前后撰为定本，且为作注。

《黄庭内景经》是一部具人体生理、气功养生、内丹神学三重性质的道教经典。该经基于道教典籍中人体脏腑各有主神的学说，结合医学脏腑理论，作为内修成仙的生理根据，强调固气炼精，使脑、心、脾等内象与天地日月外象相一致，而实现己身的长生久视。

全经三十六章：上清、上有、口为、黄庭、中池、天中、至道、心神、肺部、心部、肝部、肾部、脾部、胆部、脾长、上睹、灵台、三关、若得、呼吸、琼室、常念、治生、隐影、五行、高奔、玄元、仙人、紫清、百谷、心典、经历、肝气、肺之、隐藏、沐浴。

经中强调人体内脏器官与体表器官具有对应关系，如肺宫外应鼻腔，肝宫外应眼目，发现人体器官间的部分相关律。又说"六府五脏神体精,皆在心内运天经"。认为人体生理和心理过程按自然规律而动,外应天地之道。器官组织也与大自然景象对应,如五脏——五行、三宫——三光、七液——七辰、阴阳呼吸——日月出入,将人体视为类似宇宙的系统。只要内调五脏使合五行,协阴阳使顺天地,精气神运行契合自然之道,人的生命也就与天地齐寿。在此基础上,提出存日月、漱液咽津、呼吸元气、食五牙、存玄一、高奔日月、辟谷食气、诵经等修炼之道,而以存思三田为主。

三田,即三丹田,又称三宫、三房。从真神所居来说,称宫或房;自人体生命过程作用而言,则名之为田。三宫有脑、心、关元与脑、脾、关元两种,分别阐明其位置、结构和功能。以三田为核心,整个人体被分为上中下三部。每部各有八景神,称作八景二十四真。然而,《至道》章语面部止有七神:发、脑、目、鼻、耳、舌、齿,《心神》章列胸腹部也只六神:心、肺、肝、肾、脾、胆。上中下"三房相通达",将整个人体连贯为一个动态开放系统,其内血、精、气相互关联又各依一定网络循环运动。

任何一个这样的系统,即任何一人,倘能宝贵精气,慎勿泄漏,便能成仙。经中强调"仙人道士非有神,积精累气以为真"。真即体内存真神,修炼上谓之存想致虚。积精源源而生,津液肾水勿使妄泄,漱咽调养五脏灵根,可长活于世。积精时须累气。先调节呼吸、以肺为主,鼻腔配合能入多出少用以补气,而后断绝谷食,"食气太和精",使之积存丹田,渐次达到"胎息而仙"。此时气息出入和周流全身,如同胎儿之在母腹,无须肺鼻呼吸。积精累气以锻炼形体,存神致虚而还归精神。形神既炼,身合于道,也就超凡入仙。

《黄庭内景经》具有的三重性质,使其对后世的生理医学、气功养生、修炼成仙学说都有深远影响,同时受到道教人士和世俗士子的欢迎,东晋至唐代黄庭之学弥昌,五代以下研诵之风犹盛。其养生延年说中的许多成分,至今犹有补于世。

有关本书的研究,有务成子注《上清黄庭内景经》一卷、邵穆生《太上黄庭内景玉经童注》二卷、《图说》一卷、托名东方朔等注《太上黄庭内景玉经》三卷、唐梁丘子《黄庭内景玉经注》三卷、宋蒋慎修《黄庭内外玉景经解》、金刘处玄《黄庭内景玉经注》一卷、清董德宁《黄庭经发微》等。今人的论述有王明《黄庭经考》(中国社会科学出版社,1984年),任继愈主编《中国哲学发展史》、《道藏提要》,虞万里《〈黄庭经〉新证》(《文史》第二十九辑),龚鹏程《黄庭经论要》(《书目季刊》,1997年,31卷1期),施舟人、傅飞岚主编《道藏通考》等。

(贺圣迪)

度人经

《度人经》,全称《太上洞玄灵宝无量度人上品妙经》,又称《元始无量度人上品妙经》,六十一卷。作者不详。据元道士陈观吾《度人经注解序》称,此经为元始天尊撰,以授玉晨道君;玉晨授玄一真人;玄一授天真皇人;皇人授黄帝以《度人经》上卷,授帝喾以《本章》、《玉历章》;西汉元封年间,西王母以《度人经》上卷及《本章》、《玉历章》授武帝;东汉时太上降授于吉,增灵书上篇;桓帝时老君降蜀授天师《度人》、《北斗》诸经箓;吴时太极真人授葛玄《度人经》,增灵书中篇;郑思远授葛洪经本,又增灵书下篇、太极真人后序,即今之全本。由此推测,《度人经》的《灵宝本章》和《玉历章》出现在前,其他乃是后来陆续增补。又据敦煌残卷陆修静《元始旧经紫微金格目》著录此经和《三洞奉道科诫仪范》卷五《灵宝中盟经目》中著录《度人上品妙经》,可知《度人经》出于刘宋陆修静之前,大约定型于葛洪之时,属灵宝经系的一种。通行本有《正统道藏》(列为首经)本等。

现存六十一卷本《度人经》,其第一卷当系原出,后六十卷出于北宋。北宋神霄派的《高上神霄宗师受经式》称,元始天尊演说灵宝度人神霄众经,"并以授于玉宸太上道君因命天皇真人并上清诸真人总其元义,开品分条,共为六十卷,以应六甲之数,皆以无量度人为首"。该《受经式》中所载六十卷各篇品目与现存《度人经》除首卷外的六十卷品目相同,只是编排略异。由此可知六十一卷本《度人经》,当出于北宋时。

卷一,约有五千余字,包括有正经《元始洞玄灵宝本章》、《元洞玉历章》等二章和道君前序、中序、后序以及元始灵书上、中、下篇等,叙述元始天尊在始青天中向十方天真大神、上圣高尊、妙行尊人、无央数众等演说灵宝度人经教,弘宣"仙道贵生,无量度人"之旨,宣传"斋戒诵经,功德甚重,上消天灾,保镇帝王,下禳毒害,以度兆民",男女"皆受护度,咸得长生"。其中《灵宝本章》和《玉历章》,述及诸天之中有度人不死之神及其他司命、司禄、延寿、益算、度厄诸神,诸天之上各有生门,中有空洞谣歌之章,有闻灵音者得受诸神卫护,免除苦难,七祖升迁,诵之万遍,飞升太空,位登仙公等。其余三序和三篇灵书等，则从不同的角度，阐明天尊随劫度人之旨。

卷二至卷六十一，均系卷一经旨的敷衍演化，或根据阴阳五行的理论说明宇宙生成之道，或提出消灾度厄和制鬼镇魔的方法，或论述保形养神和长生成真之道。文体结构均仿效首卷，各卷中分立有品目，例如卷二《玉宸大道品》，卷三《天地八维安镇国祚品》，卷四《永延劫运保世升平品》，卷五《消禳国君王侯世土灾祥品》，等等。

在道教史上，《度人经》是灵宝派经籍中的首经，唐代道士认为"讽诵之篇则此卷为首"（《元始无量度人上品妙经四注·序》）。《度人经》上承早期道教的思想，开始吸收了佛教的教义概念（如大梵、三界和地狱劫运等等），并且从单纯存想身神和身外之神发展到以修斋用香、诵经祈禳的祈祷仪式，对构建完整的道教斋醮，特别是灵宝派的斋醮仪式，具有开创意义。另外，据日本学者麦谷邦夫对道教"天界说"的研究，《度人经》提出了三十二天，按东南西北四方配置，每方八天，并有天帝名号，例如：东方八天之一，太黄皇曾天，帝郁监玉明；南方八天之一，赤明和阳天，帝理禁上真，等等。三十二天和三十二天帝君，仍按横向配置，同佛教"三界"按垂直配置的方法不同。《度人经》的天界说，对于道教三十六天说的形成有重要作用。

《度人经》问世以后，注家甚多。明《道藏》收有北宋陈景元集《元始无量度人上品妙经四注》四卷、南宋青元真人《元始无量度人上品妙经注》三卷、南宋萧应叟《元始无量度人上品妙经内义》五卷、南宋陈椿荣《太上洞玄灵宝无量度人上品经法》五卷、元陈致虚《元始无量度人上品妙经注解》三卷、元薛季昭《元始无量度人上品妙经注解》三卷、明张宇动《元始无量度人上品妙经通义》四卷。各家注本均各有侧重，或阐述思想，或注释音义，或据以生发内丹修炼玄理，刘师培《读〈道藏〉记》评述陈景元集注称"四注者，齐严东、唐薛幽栖、李少微、成玄英四家注也"，"今四家之书均亡，赖此仅存梗概"，"《道藏》此本，又据宋刊"（《刘申叔先生遗书》）。因此，该集注在各家注本中更具参考价值。今人研究有任继愈主编《道藏提要》，施舟人、傅飞岚主编《道藏通考》等。

（陈耀庭）

太上灵宝五符序

《太上灵宝五符序》,又名《灵宝五符经》、《洞玄五符经》,简称《五符经》,三卷。不题撰人。约成书于东晋以前。通行本有《正统道藏》本等。就《道藏》本所载《太上灵宝五符序》题目与内容研究,发现题目与内容不符。序文又称《灵宝要略》,只是上卷开头的一小部分,叙述《五符经》的由来,不能包括《五符经》的全部内容,故题目应标《太上灵宝五符经》为宜。

东晋葛洪《抱朴子·登涉》曾五次引用《五符经》之文,华子期师事角里先生,得《飞龟》、《平衡》的事迹,亦见于《抱朴子·释滞、辨问》及葛洪《神仙传》等书,可以考定《太上灵宝五符序》当出于葛洪之前。又据《河图绛象》记载,包山所得之《太上灵宝五符序》只有百七十四字,而今本《太上灵宝五符序》为三卷,大概为后人所增益。

《太上灵宝五符序》是早期道教经典,所谓五符,是以五行、五方、五色相配,形成东、南、西、北、中五方之符命。

全书分为三卷。上卷序文中阐述《灵宝五符》的由来。《太上灵宝五符》始自玄古,中经黄帝、颛顼、帝喾,帝喾有道,总得天地之心,其时有九天真王、三天真王到牧德之台,授帝喾以《九天真灵经》、《三天真宝符》,帝喾乃祭天帝于河北之坛,将书藏于昆仑钟山之峰。至大禹治平洪水,巡狩钟山而得此书,名为《灵宝五符天文》,藏于玄台之中。其后吴于阖闾十二年(前503),遇包山(今太湖中之洞庭西山)隐者龙威丈人,得此符书,但不解书中文辞,便遣使者问于孔丘。诳称吴王游包山,有赤乌衔素书,堕于马前。孔丘揭露其谎言,指出此乃《太上灵宝真经》,拒绝解释。吴王阖闾将此书藏于神馆,不久,函封不脱,失书所在。其后夫差得之于劳山。"神文非启授而揽之者,鲜不为祸也。"夫差得书,并非神人启授,故国破身亡,书也不知下落。有华子期者,九江人,少好仙道,入山采药,遇角里先生,乃授之《仙隐灵方》,一曰《河图隐存符》,二曰《伊洛飞龟》、三曰《平衡》,华子期合服之后,更少壮,色如少女,一日行五百里,能举千斤,一岁十易皮,白日飞升。这些显系道家的神话传说。

上卷序文之后,收载如下五篇。

一、《仙人挹服五方诸天气经》，叙述东、南、中、西、北五方不同的五气。

二、《灵宝五帝官将号》，叙述东、南、中、西、北五帝名号、服饰、旗帜、群神人数等。

三、《灵宝要诀》，叙述见魍魉诸妖，以灵符指之，即自消灭。

四、《太清互始法》，叙述行东、南、西、北、中五方之道，相生相克。

五、《食日月精之道》，叙述如何采服日月之精，以养肾根，以得长生。

中卷载服食之方，总计六十六种，包括符箓一道。大致可分为七类。

一、长生不老类，叙述服用此种药物可延年益寿，白日飞升。如《灵宝服食五芝之精》、《灵宝三天方》、《饵胡麻法》、《却老方》等。

二、真人绝谷辟食类，叙述服用此种药物可以不食烟火。如《真人绝谷饵巨胜法》、《真人绝谷方》、《真人轻粮辟谷不食方》、《真人四物却谷散》等。

三、治病方，叙述服用此方可以治百病，毒不伤人。如《男女五劳七伤妇人乳产余病带下去赤白皆愈方》、《赤松子方》、《去三虫方》等。

四、炼制膏药法，叙述制药原料、程序、服食方法等。如《乐子长炼胡麻膏方》、《灵宝黄精方》、《胡麻膏》等。

五、尸解药方，叙述服用尸解药可脱尸入仙。如《尸解药》。

六、酿酒方，叙述酿造各种神酒原料、药方及服食方法。如《神仙酿酒方》、《松脂酒方》、《枸杞酒方》、《章陆酒方》等。

七、符箓一道，即《灵宝太玄阴生之符》，是夏禹文命受之于钟山真人的。

下卷载符咒。卷前叙述符咒的源流及其性质、地位，"天书……及宣灵符之妙，实由高圣之所宗，上哲之所佩，真人之所贵，灵仙之赞"，并记载设醮召神、送神的仪式。接着记载符箓和咒语，计有《九天灵书三天真宝》、《东方灵宝符命》、《南方灵宝符命》、《中央戊己灵宝符命》、《西方灵宝符命》、《北方灵宝符命》、《九天王长安飞符》、《九天太玄阳生符》、《三天太玄阳生符》、《八威策》等。卷末载《五牙密咒》五道。

《太上灵宝五符序》作为早期道教经典，撇开书中的神话传说、符箓咒语不论，其中所载药方及酿酒、制丹膏之法，对于研究中医学和食品学有一定的参考价值。

《太上灵宝五符序》，历代道家均对此有所研究，如王悬河《三洞珠囊》、北周甄鸾《笑道论》均有所引用。近人刘师培《读道藏记》中也加以研究，认为本书出自汉代。今人研究有小林正美《六朝道教史研究》，任继愈主编《道藏提要》，施舟人、傅飞岚主编《道藏通考》等。

（来可泓）

汉武帝内传

《汉武帝内传》,又名《汉孝武内传》、《武帝内传》、《汉武内传》、《汉武故事》,一卷。旧题班固撰。后人考证乃魏晋间文士所撰,余嘉锡断为葛洪所作,约成书于东晋元帝至穆帝时(317—361)。通行本有《说郛》本、《正统道藏》本、《汉魏丛书》本、《四库全书》本、《五朝小说》本、《守山阁丛书》本、《丛书集成初编》本等。

《汉武帝内传》是一部叙说汉武帝出身、求仙、殡葬等奇异故事的仙道小说。《道藏》本始于求仙。全书不分篇,前有钱熙祚序。

内容大意如下。武帝求仙,紫兰室女为王母传言,将见武帝。武帝修除宫掖,恭候王母驾到。王母宴请武帝,诸侍女表演歌舞。席间,武帝求教长生之道、乞长生之术。王母告以上药太上之所服,中药飞仙之所服,服下药者得为地仙。王母为武帝招来上元夫人。上元夫人为武帝语五害:暴则使炁奔而神攻,是故神扰而炁竭;淫则使精漏而魂疲,是故精竭而魂消;奢则使真离而魂秽,是故本游而灵臭;酷则使伤仁而自攻,是故失心而服乱;贼则使心斗而口干,是故内战而外绝。强调务必去除五害,反诸明、慈、惠、赈、念惜。武帝听后,哀求赐以元元。王母与上元夫人讨论如何引导武帝修道成仙。王母授与《灵光生经》,又出示《五岳真形图》。在详语成书经过及功能后,又将《五岳真形图》赐予武帝。上元夫人则告武帝,须具备十二事,方能参真形、召山灵、朝地神,总摄万精,驱策百鬼,来虎豹,役蛟龙。武帝复乞致灵之术,上元夫人不与,王母为之辩说,乃同意。因男女不能相传,乃请青真小童授与。青真小童以《五帝、六甲、灵飞十事》一通,请上元夫人授与武帝。王母以传道注意事项,告诫武帝,又以一图授帝,且告以可将《五岳真形图》授董仲舒,六甲、灵飞术授李少君。言毕,东方朔前来偷听。王母语其身世,帝乃知东方朔非世俗之徒。时酒酣,上元夫人歌步玄之曲,王母命侍女田飞答歌。宴罢席散,上元夫人临行前嘱武帝以六甲灵飞术授少君。于是,武帝乃信天下有神仙之事,撰书一卷记载其事,然言行不从王母深言、上元夫人妙诫,王母遂不复来。其后,柏梁台火灾,武帝失所得仙书,自知道丧,追悔不已。《五岳真形图》与《五帝、六甲、灵飞十二事》二书,因已分别授与董、李两人,乃流传于世。武帝继续求仙,于后元二年二月崩于盩厔五柞宫。武帝葬后,陵中棺椁自动,其后茂陵封闭,而所殡殓之书籍玉杖忽自地中出传于世间。

书中所述的要点有如下五点。

一、通过气功修炼饮服药物与佩带符录,可以长生成仙。其气功理论为:"夫呼吸御精,保明神炁,足以精不脱则永久,炁长存则不死,既得其和,其寿不已。"又说"爱精握固,闭炁吞液,炁化血,血化精,精化液,液化骨,行之不倦,精神充溢。为之一年易炁,二年易血,三年易脉,四年易精,五年易髓,六年易筋,七年易骨,八年易发,九年易形。易形则变化,变化则道成,道成则为仙人。"

二、修道须以法术与德行相配合。修道者要恒行阴德、矜怨、济穷、施劳、存寡、救死,要舍弃暴、淫、奢、酷、贼等不良品性。传授道法有严格要求,"传非其人,是为泄天道。可授而不传,是为闭天宝。不计限而妄授者,是为轻天。老受而不敬,是为慢天藻。泄闭轻慢四者,取死之刀斧,延祸之车乘也"。

三、批评了汉武帝的为政治民与生活奢侈:"政事多阙,兆民不和,风雨失节,五谷无实,德泽不建,寇盗四海,黔道劳憋,户口减步";"山鬼哭于藜林,孤魂号于绝域,兴师旅而族有功,忘赏劳而刑士卒,纵横白骨,奢忧黔首,浩酷自恣";"淫色恣性,杀伐不休,兆人怨于劳役,死者怨于无罪";"情恣体欲,淫乱过甚,杀伐非法,奢侈其性";总之,"积罪丘山"。但又肯定其在"匈奴未弥,边陲有事"时的作为。

四、介绍了《五岳真形图》一书。该书托名太上老君所著。太上老君在"下观六合,瞻河海之短真,察丘岳之高皋,名立天柱,安于地理"的考察活动中,尤其注重五岳"因山源之规矩,睹河岳之盘曲,陵回阜居,山高垅长,周旋委蛇,形似书字。是故因象制名,定实之号,画形秘于玄台,而出为灵真之信",绘制成《五岳真形图》。此图,"诸仙佩之,皆如传章;道士执之,坙行山川,百神群灵尊奉亲迎"。又记载《五帝六甲灵飞十二事》一书的篇目。

五、论述知行关系:"明科所云,非长生难也,闻道难;非闻道难也,行之难;非行之难也,终之难。良匠能与人规矩,不能使人必巧;明师能授人妙术,不能使人必焉。"偏向于实践活动的锲而不舍。

《汉武帝内传》在追求仙境的乌有故事中,论述了早期道教的经典、神仙、修炼、戒律、传授等事项,又抨击汉武帝的治政为人,对道教发展有一定的影响,所含气功、养生与绘制地图的知识,对科学发展也有所裨益。

有关本书的研究,校勘方面有孱守居士空居阁校本,钱熙祚《校勘记》;论述方面有《四库全书总目》、余嘉锡《四库提要辩证》、鲁迅《中国小说史略》、任继愈主编《道藏提要》、李剑国《唐前志怪小说史》、施舟人与傅飞岚主编《道藏通考》等书的相关部分。

（贺圣迪）

太上黄庭外景玉经

《太上黄庭外景玉经》，原名《黄庭经》，唐人为区别于《黄庭内景经》，题作"外景"，又名《太上黄庭外景经》《黄庭外景玉经》，简称《黄庭外景经》，三卷。东晋道教学者托名太上老君撰。通行本有《正统道藏》本、《道书全集》本、《重刊道藏辑要》本、《道藏精华录》本等。

《黄庭外景经》的内容结构与《黄帝内景经》大致类似，文句也颇多相同或近似，简略晓畅。两书殆同出一源，或互相参酌。关于成书时代，宋欧阳修、周必大及今人陈撄宁、虞万里认为早于《黄庭内景经》，清董德宁、今人王明主张略晚于《黄庭内景经》，王氏且认为出于东晋成帝咸和九年(334)左右。

《黄庭外景经》是一部兼具生理医学、气功养生与内丹神学三重性质的道教经典。该经以人身脏腑各有主神为基础，结合医家脏腑学说，阐述道教内修成仙学说，强调根据人体生理，固精炼气，使器官内象与天地外象相一致，得以长生久视。

全书以存思三田为根本，论述漱咽津液、存思日月、保精弃欲、呼吸元气、辟谷食气等修炼之术。内容与《黄庭内景经》大致相同，而神秘色彩较淡。

《黄庭外景经》成书后，风行一时，又在后世广泛流传，对气功养生与内丹神学深有影响。

有关本书的研究，注释方面有务成子注《太上黄庭外景经》一卷、唐梁丘子《黄庭外景玉经注》三卷、宋蒋慎修《黄庭内外玉景经解》一卷、清蒋国祚注《黄庭外景经》三卷；论述方面有王明《黄庭经考》，任继愈主编《中国哲学发展史》、《道藏提要》，虞万里《〈黄庭经〉新证》，施舟人、傅飞岚主编《道藏通考》等。

（贺圣迪）

紫阳真人内传 〔东晋〕华 峤

《紫阳真人内传》，一名《紫阳真人周君传》，一卷。东晋华峤撰。成于隆安三年(398)或其前。通行本有明代《正统道藏》本。

华峤，一作华侨，晋晋陵(今江苏常州)人，曾官江乘(今江苏南京市东)令。家世奉神。生平事迹见《周裴二真叙》。

《紫阳真人内传》是道教仙真传记，记叙西汉周义山由凡人成仙的经历。开首叙说真人姓名、年里、家世。年十六，读儒学经典，而好修炼施善。陈留高士蔡咸前来论道，义山默和而不答。在陈留市中，结识中岳仙人苏林，得受仙道。其后游历天下名山大泽，先后至蒙山、王屋山、嶓冢山、嵩高山、白空山、峨嵋山、岷山、岐山、梁山、牛酋山、九疑山、钟山、鹤鸣山、猛山、陆浑山、戎山、阳洛山、霍山、鸟鼠山、曜名山、委羽山、大庭山、都广、建木、桐柏山、太华山、大宜山、合梨山、景山、玄垄羽野、桑林、扶广山、丹陵山，从诸神仙得道经数十部。而后至空山，见元英君、白元君、黄老君，得授《大洞真经》三十九篇。十一年后，周义山白日升天，上诣太微宫受书，为紫阳真人，治葛衍山金庭铜城，所谓紫阳宫也。紫阳真人语成仙要道，在于"精思存真，守己宫，朝一真，勤苦念之，必见元英、白元、黄老在洞房焉"。所谓洞房是人头中空虚处。其后附周君所受道真书目录、二真人所作诗、周裴二真叙。

本传可注意处有以下六点。

一、修道食气，须与"阴积善德，仁逮之族"相结合，方能成仙。所语道术德行，似与儒家《孝经》、《论语》、《周易》等经典相关，反映西汉时仙道与儒学的结合。

二、导引、服气、吞景、咽浆之法为由凡入仙途径。其中之一，为"平旦之后，日出之初，正东向立，嗽口咽液，服气百数，何日再拜。旦旦如此"。

三、载有道教医药知识。如杀虫方："附子五两，麻子七升，地黄六两，茱萸根大者七寸、术七两、桂四两、灵芝英五两。凡七种先取菖蒲根煮酢作酒，使清醇重美一斗半，以七种药咬咀内器中渍之。亦可不用㕮咀,三宿乃出暴之,须酒尽乃止。暴令燥内铁臼中捣之,下细筛,令成粉,取白蜜和之,令可丸。以平旦东向初服二丸,如小豆;渐益一丸,乃可至十余丸也。治腹内痎实上气,心胸结塞;益肌肤,令体肤有华光;尽一剂则谷虫死。虫死则三尸枯,枯则自然浴矣。亦可数作,不限一剂也。然后合四填丸,加曾青、黄精各一两。以断谷毕,可导引服气。不得其理,可先服食象草、巨胜、茯苓、术、桂、天门冬、黄连、地黄、大黄、桃橙及皮,任择焉。"

四、将道教中的仙阶,分为上仙、上仙之次、中仙、中仙之次、下仙、下仙之次六品。

五、说明存想。指出存想中所见之神仙,乃是人头中空虚处出现的幻象。

六、记述道书,凡四十余种,有《三元真一法》、《龙跻经》、《艺图》、《黄素神方》、《全方》、《金液丹经》、《九鼎神图》、《墨翟子受紫度炎光内视中》、《素奏丹符》、《大洞真经》等。

《紫阳真人内传》为道教早期传记著作,曾为《艺文类聚》、《仙苑编珠》、《太平御览》等所引,又节录载入《云笈七籤》,书中所叙道教教义、气功、著作,对研究早期道教史,气功史、医药史、科技史都有一定的参考价值。

有关本书的研究,有刘师培《读〈道藏〉记》、陈国符《道藏源流考》、任继愈主编《道藏提要》、施舟人与傅飞岚主编《道藏通考》等相关部分。

(贺圣迪)

老君音诵诫经 〔北魏〕寇谦之

《老君音诵诫经》,一卷。北魏道士寇谦之撰。成于神瑞二年(415)。通行本有明代《正统道藏》本等。

寇谦之(365—448),名谦,字辅真。早好仙道,随仙人成公兴,入华山,又入嵩高山。成公兴羽化后,守志嵩岳。神瑞二年(415)十月,遇大神乘云驾龙,导从百灵,集于山顶,称太上老君,对谦之曰:"自天师张陵去世以来,地上旷职,上谷寇谦之文身直理,吾故授汝天师之位,赐汝云中新科二十卷。"(见《魏书·释老志》)泰常八年(423),又称老君之玄孙李谱文临嵩岳,授真经及秘法,令其辅佐魏太武帝。始光元年(425),寇谦之献道书于魏太武帝。在左光禄大夫崔浩支持下,寇谦之得到了太武帝的尊崇和支持,进行了一系列清整道教的改革,"除去三张伪法,租米钱税,及男女合气之术"(同上)。据考证,《老君音诵诫经》一卷,正是云中新科二十卷的一部分。

《老君音诵诫经》全篇三十余条,条首都标以"老君曰"或"老君音诵诫曰"。其中述及天师道组织涣散之流弊时,攻击农民起义,称"愚人迋诈无端,人人欲作不臣,聚集逋逃罪逆之人及以奴仆隶皂之间,诈称李弘",称老君授诫于寇谦之,授其天师正位,是让其并教生民,佐国扶命。

在设治、署职、授箓、收取财物、求福治病、男女黄赤之道、炼法和上章等方面,革除三张弊端,反映寇谦之清整天师道之主张。对于"投道门之民欲为弟子者",必须观望情性,经过三年考验,选择"能修慎法教,精进善行,心无有退志,无倾斜"的人,授箓纳为弟子。对于学道之人,要求先习斋功,"诸欲修学长生之人,好共寻诸诵诫,建功香火,斋练功成,感彻之后,长生可克","斋功不达,无有感彻之理"。对于收取财物,要求"金银财帛、众杂功赃愿,尽皆断禁",并且定出新法"唯听民户,岁输纸三十张,笔一管,墨一挺,以供治表求度之功"。寇谦之批评"伪道荒经",要求"不妄造出意,不犯改经诈说之罪",称"道士奉师,当敬之如天","当如臣见天子","当奉之如父母"。"众师之中,经师为大",将道教组织建立在师徒传承的基础上,以符合宗法社会的伦理规范。

《老君音诵诫经》全篇各条,大多以"明慎奉行如律令"结尾,表示其内容是必须奉行的戒律。

贯串于全篇的是"并教生民,佐国扶命"的儒家伦理观,主张臣忠子孝,夫信妇贞,兄敬弟顺,安贫乐贱,信守五常。

按照《老君音诵诫经》改革后的天师道,称为北天师道。北天师道改变了早期道教的原始性和反抗性,成为符合北魏统治需要的一种宗教信仰。因此,《老君音诵诫经》在中国道教史上具有重要的地位。

关于《老君音诵诫经》的研究主要有陈国符《道藏源流考》、杨联陞《〈老君音诵诫经〉校释——略论南北朝时代的道教清整运动》(《史语所集刊》28本上分,1956年)等。

(陈耀庭)

养性延命录 〔梁〕陶弘景

《养性延命录》,一作《养生延命录》,二卷。南朝梁代陶弘景撰。撰时不详。《宋史·艺文志》《通志·艺文略》道家类均著录此书,题陶弘景撰。《道藏》本题华阳陶隐居集。但《通志·艺文略》于著录后题曰:"又二卷,孙思邈撰。"《道藏》本序后注云:"或云此书孙思邈所集",怀疑是孙思邈的著作。但从书的内容看,叙事上起神农,下迄魏晋,未曾涉及南北朝之事。据此可以判定为陶弘景所撰。孙思邈所集,可能是另外一书。通行本有明代《正统道藏》本等。

作者生平事迹见"本草经集注"条。

《养性延命录》是道教关于修身、养性、延年益寿的论著,概述养性延命的理论与方法。书前有序言,阐述本书的写作经过和目的。指出:"夫禀气含灵,唯人为贵,人所贵者,盖贵为生。""余因止观微暇,聊复披览《养生要集》……上自黄农以来,下及魏晋之际,但有益于养生及招损于后患……今略取要法,删弃繁芜,类聚篇题……号为《养性延命录》,拟补助于有缘,冀凭缘以济物耳。"可见此书是对前人养生经验的删繁就简,目的在于指导人们养生延命。

正文分为六篇。

一、《教诫篇》(卷上)。从辑录神农至魏晋间诸家养生议论入手,侧重阐述养生延命的理论。如摘引《神农经》曰:"食谷者智慧聪明,食石者肥泽不老,食芝者延年不死,食元气者,地不能埋,天不能杀。"《混元妙真经》曰:"养生者,慎勿失道。为道者,慎己失生。使道与生相守,生与道相保。"道机曰:"人生而命有长短者,非自然也。皆由将身不谨,饮食过差,淫佚失度。"《素问》曰:"法则阴阳,和于术教,饮食有节,不妄动作。"青牛道士曰:"体欲常劳,食欲常少,劳无过极,少无过虚"等等。概括作者养生延命的基本理论是:(一)以人为最高出发点,养生延命,都服务于人。(二)天道与人道相结合,道与生相守,生与道相保。(三)欲求长生,必须节制饮食。饮食之患,过于声色。(四)欲求长生,必须体欲常劳,守"流水不腐,户枢不蠹"原则。(五)欲求长生,必须清净寡欲,服食元气,吐故纳新。(六)欲求长生,必须采用行气、导引、按摩诸法。

二、《食诫篇》(卷上)。阐述养生与饮食的关系以及对饮食的禁忌。认为:"养性之道,不欲饱食便卧,及终日久坐。""人食毕当行步,踌躇有所修。""养性者,先饥乃食,先渴乃饮。"饮食应有所禁忌。认为"热食伤骨,冷食伤脏"。"春不食肝,夏不食心,秋不食肺,冬不食肾,四季不食脾。如能不食此五脏,尤顺天理。""凡食皆熟胜于生,少胜于多。"主张节制饮食,保精存神,可以与天同寿。

三、《杂诫祈禳篇》(卷上)。阐述人们各种行为应用的禁忌。认为坐卧行住,喜怒哀乐都不能超过限度,否则就要伤人。如"久视伤血,久卧伤气,久立伤骨,久行伤筋,久坐伤肉。凡远思强健,伤人;忧恚悲哀,伤人;喜乐过差,伤人;忿怒不解,伤人;汲汲所愿,伤人;戚戚所患,伤人;寒热失节,伤人;阴阳不交,伤人"。此外,沐浴、便溺、梳发、照镜、脱衣均应注意禁忌。如春天瞑卧早起,夏秋夜卧早起,冬天早卧晏起。而早起不在鸡鸣前,晏起不在日出后为标准。如有疾病、要念咒,以祈福禳灾。

四、《服气疗病篇》(卷下)。叙述吐纳咽液,行气治病之法。作者认为,"志者气之帅也,气者,体之充也";"道者,气也,保气则得道,得道得长存"。因此用吐纳咽液行气,可以治疗疾病,得道长生。行气之法,以"少食自节,动其形,和其气血。……正体端形,心意专一,固守中外,神周形骸,调畅四溢"。"以鼻纳气,以口吐气。""食生吐死,可以长生。"纳气方法有一,吐气方法有六,"纳气一者谓吸也,吐气六者谓吹、呼、唏、呵、嘘、呬,皆出气也"。按肝、心、肾、肺、脾等五脏不同疾病,行不同的纳气法,不断吐故纳新,可以祛病延年。

五、《导引按摩篇》(卷下)。叙述啄齿、握固、漱唾、咽气和用手按摩以及锻炼强身之法。作者认为清晨未起床前,先啄齿十四次,闭目握固(屈大拇指于四指下,呈握拳形),漱满唾,三咽气;在床上坐起,"狼踞鸱顾";左右自摇,三次,下床,握固不息,顿脚跟三次,用手一上一下挥动三次,叉手项上,揉搓三次,伸两足及叉手前却三次,每天朝暮为之。实际上这是一套保健操。按摩之法是用两手掌相摩令热,摩目,目明;摩耳,耳聪;摩两鬓,血气通,发不白;摩面,面有光彩;摩身,从上至下,名曰干浴。经过按摩,百病皆除。并介绍华佗"五禽之戏",加强锻炼,促进身体健康。

六、《御女损益篇》(卷下)。叙述男女交合,适可而止,适度则有益,过度则有损。作者认为"道以精为宝,阴阳贵合道","房中之事,能生人,能杀人。譬如水火,知用之者,可以养生;不能用之者,立可死矣"。御女最好不泄,"或数交而时一泄,精气随长,不能使人虚损"。"凡养生要在于爱精,若能一月再施精,一岁二十四气施精,皆得寿百二十岁,若加药饵,则可长生。""奸淫所以使人不寿者,非是鬼神所为也,直由用意猥俗,精动欲泄,务副彼心,竭力无厌,不以相生,反以相害。"因此精少则病,精尽则死,不可不忍,不可不慎。还叙述御女之法有"还精补脑"、"弱入强出"等。

《养性延命录》在阐述道家养生延年的理论基础上,分别叙述节制饮食、慎言慎行、服气疗病、导引按摩、调和阴阳等方法,以增强体质,益寿延年,对于养生保健,有一定的借鉴作用。

《养性延命录》作为《道藏》典籍,颇受道家重视,历代均有人研究。《神仙食气金匮妙录》、《云笈七籤》多处节录此书,《道藏精华录》选录了此书的序和《教诫篇》。今人研究有朱越利《〈养性延命录〉考》(《世界宗教研究》1986年第1期)、任继愈主编《道藏提要》、施舟人与傅飞岚主编《道藏通考》等。

(来可泓)

真 诰 〔梁〕陶弘景

《真诰》,二十卷。南朝梁代陶弘景纂辑。撰时不详。通行本有明俞安期校刊前后二本、《学津讨原》本、《金陵丛书》本、《正统道藏》本等。其中以《正统道藏》本为佳。俞本每卷末附释音、辨误、考证文字异同。2011年,中华书局出版了赵益校点本。

作者生平事迹见"本草经集注"条。

《真诰》是道教上清经派的一部经典,其撰著成书,有一个长期的沿袭过程。先是上清经派祖师魏华存(252—334),以仙真人诰语形式传授给杨羲(330—387),由许谧(305—376)、许翙(341—370)用隶书笔录。马朗、罕子言、陆修静、孙游岳都一度保存过《真诰》原稿,并作过某些修改、增补。中经东晋顾欢(? —约485)编集,定名为《真迹》,但编次混乱,错漏甚多。最后由梁陶弘景重加编纂。他把魏华存、杨羲、许谧、许翙记录的神仙诰语加以整理、修改、补充,按统一的思想加以编辑,对不少诰语作了权威性的解释,形成《真诰》。《真诰》一问世,顾欢《真迹》就逐渐消亡。所以《真诰》的成书,有一个长期流传、修订、润饰、完善过程,由陶弘景集其大成,原为七卷,后析为十卷,《道藏》本则析为二十卷。

《真诰》就其思想看,糅合了道、释、儒三家思想;就其内容看,反映魏晋南北朝道家反对外丹,提倡修炼内丹的存思功夫;就其形式看,用仙真人的告谕,参以诗歌、答问形式,以比喻手法反映人世间的现实生活。

《真诰》仿纬书三字为名定篇目,共七篇。书前有南宋高似孙嘉定十六年(1226)叙,记述茅山刊《真诰》原起及其和《易经》关系。

一、《运象篇》(分第一至第四,卷一至卷四)。记杨羲与众多真人会遇的故事,"立辞表意,发咏畅旨,论冥数感对,自相俦会"。即以杨羲与安妃之间的人神恋爱开始,借诸真人降临杨羲方式,以房中术为核心,展开全书的论述。

二、《甄命授》(分第一至第四,卷五至卷八)。记众仙真人的训诫。"诠导行学,诚厉愆怠,兼晓谕分挺,炳发祸福。"即以许谧与右英王夫人之间的人神之恋为中心,继续探讨房中术。陶弘景则借助诰语与注释,力求把房中术降到次要地位,以确立上清经派以存思无为为主的修炼内丹体系。

三、《协昌期》(分第一至第二,卷九至卷十)。记众仙真人所指引的修炼内丹之法。"修行条领,服御节度,以会用为宜,随事显法。"即介绍众仙真人治病消魔的经验,借用佛经《四十二章经》精神,进一步强调上清经派的存思修炼体系。

四、《稽神枢》(分第一至第四,卷十一至卷十四)。记载道教地理、方位、道家分布。"区贯山水,宣叙洞宅,测真仙位业,领理所阙。"即借用《后汉书》等正史资料,力图建立道教历史、地理的庞大体系。其中包容了儒家的等级观念,佛教的地狱、轮回观念等等。

五、《阐幽微》(分第一至第四,卷十五至卷十六)。记叙神人形识不灭,因果报应。"鬼神宫府,官司氏族,明形识不灭,善恶无遗。"即继续把儒、佛的学说纳入道教体系。把梁以前中国历史人物,如周武王、秦始皇、董仲舒、刘备、张衡等都纳入道家谱系,成为道教真君,论证神形不灭,贯穿佛教祸福、善恶报应思想。

六、《握真辅》(分第一至第二,卷十七至卷十八)。记叙杨羲、许谧、许翙在世时书信往来。"三君在世,自所纪录及书疏往来,非《真诰》之例。"即记载杨羲、许谧、许翙三君在世时生活情况,以及他们之间的书信往来,不属于《真诰》体例。

七、《翼真检》(分第一至第二,卷十九至卷二十)。记叙上清派创始人的家谱及经典的流传过程。"标明真绪,证质玄原,悉隐居所述,非《真诰》之例。"主要包括《真诰叙录》和《真胄世谱》两部分。《真诰叙录》阐述《真诰》篇目、性质,"真诰者,真人口授之诰也。犹如佛经,皆言佛说",以及流传过程。"伏寻上清真经出世之源,始于晋哀帝兴宁二年,太岁甲子,紫虚元君上真司命南岳魏夫人下降,授弟子琅玡王司徒公府舍人杨某(羲),使作隶字写出,以传护军长史句容许某(谧),并第三息上计掾某某(翙)……"流布京师以及各地。《真胄世谱》记叙许谧、许翙以及杨羲家谱。

《真诰》摘录了古代大量道经。《大洞真经》、《黄庭内景经》、《太上四明玉经》、《大智慧经》、《太素丹金经》等都有引录,并援佛入道,援儒入道。体现了上清经派以存思无为为主的修炼内丹观点和做法,内容极为丰富,可以说是早期上清经派各类资料的综集,对于研究上清经派史具有重要价值,对于研究中国传统文学、医学等也有重要的参考价值。

《真诰》成书以后,南宋朱熹曾作过研究,在《朱子语类》中指出:《真诰》"《甄命授》篇窃佛教《四十二章经》"。宋人黄伯思在《东观余论》中认为此系后人所加。1933年,胡适曾撰《陶弘景的〈真诰〉考》,考证了《真诰》渊源和写作缘起,但他认为《真诰》从头至尾"自然全是鬼话",对《真诰》全面加以否定。近人余嘉锡研究《真诰》,从中找到了不少版本、目录学资料。陈国符在《道藏源流考》中认为,《真诰》卷一至卷十八,确为晋人撰述,卷十九至卷二十为陶弘景所述。相关研究还有王利器《〈真诰〉与谶纬》(《文史》第三十五辑),施舟人、傅飞岚主编《道藏通考》,程乐松《即神即心:真人之诰与陶弘景的信仰世界》(中国人民大学出版社,2010年)等。锺来因对《真诰》作了全面研究,著有《长生不死的探求——道经〈真诰〉之谜》(文汇出版社,1992年),认为《真诰》是道教上清经派的主要经典,其核心内容是反对魏晋流行的房中术,提倡存思修炼。它是我国文化宝库中尚未开发的一块璞玉,讲的都是反映现实的"人话"。今人的校注,有日本吉川忠夫等《真诰校注》(朱越利译,中国社会科学出版社,2007年)。

(来可泓)

真灵位业图 〔梁〕陶弘景

《真灵位业图》，全称《洞玄灵宝真灵位业图》，又名《灵宝真灵位业图》，一卷。南朝梁代陶弘景撰。成于梁大同二年(536)之前。通行本有《正统道藏》本、《道藏辑要》本、《广百川学海》本、《说郛》本、《五朝小说》本、《五朝小说大观》本、《秘册汇函》本、《津逮秘书》本等。

作者生平事迹见"本草经集注"条。

陶弘景认为道教诸神，"虽同号真人，真品乃有数；俱目仙人，仙亦有等级"（《自序》）。如不区分尊卑贵贱，每于祈神祷祝便会乖本失序。于是，他在雠校真灵诸神之名爵、学号、仪服、宫域之后，排列其阶第位次，撰成此书。或以为其内容杜撰凿空，又未见录于《华阳隐居先生本起录》，乃非陶弘景所作。余嘉锡《四库提要辩证》卷十九说："是《真诰》与此书，同一荒唐之言，未见《真诰》果出此书之上也。弘景肯作《真诰》，未必不可作此书。《道藏》尊字号《陶隐居集》载有此书之序，相其文词，实出六朝人手笔，非出伪论。该书虽不见于《本起录》，但作者陶翊自注云'又有图像杂记甚多，未得一二尽知知见也。'"

《真灵位业图》是道教神仙谱录与结构的最早的系统性著作。全书有条不紊地将全部仙真分为七阶，即七个层次，每阶又有中位、左位、右位三个等第。此外，又有增女真位、地仙散位等阶品。这就使神仙世界各就各位，秩序井然。第一阶，中位是元始天尊，左位是五灵七明混高上道君等二十九位道君，右位是玉皇道君等十九位道君，"皆得学道，号令群真，太微、天帝来受事，并不与下界相关"。第二阶，以大道君为首，其左由紫晨太微天帝道君率领赤松子等仙人，右边除有右圣金阙帝晨后圣玄元道君率王子晋等仙人外，还有紫微元灵白玉龟台九灵元真元君率魏夫人等女真。自第二阶起，人仙与焉。第三阶，以太极金阙帝君为首，两边分别由太极左真人中央黄君与太极右真人西梁子文率领尹熹、孔子、颜回、黄帝、庄子、老聃等历史人物。第四层次，以太清太上老君为首，两傍有玉女、六丁、六甲、太清五帝自然之神、河伯、洛神，与晚出的方仙，学道成仙者。第五阶，其中心是九宫尚书张奉，其余为人世修道所成诸仙。第六阶，以中茅君为首的修道成仙者。第七阶,以酆都北阴大帝为首的阴世诸神。书前有自序。

七阶神谱是将神格化的宇宙万物区分为七个等级。第一阶元始天尊,作为神仙世界的至上神,乃是宇宙本原道的神化。第二阶大道君,是元始天尊的化身,象征由道生气,气分而为阴阳,形成天地。第三阶太极金阙帝君,则是元始天尊的第二代化身,反映道在自然界已发展至产生人。第四阶太清太上老君,则表明人们认识与把握日月星辰、四时、五行、山河、大地。第五阶张奉、第六阶中茅君,分别是原始道教的两位领袖。第七阶酆都北阴大帝,是与第一至第六列的生存诸神相背的死鬼诸神的领袖,代表宇宙的另一部分。

本书为南北朝时期出现的神谱之一,隶属道教茅山一派。因它体现了道教的宇宙图式和生死善恶间的二元对立,引导人们趋向生命永恒和以善恶整顿人间伦理道德,也由于其作者陶弘景的影响,逐渐为其他道教教团所接受,而成为整个道教的正宗神谱。

《真灵位业图》流传至唐,经间丘方远校定。有关的研究著作,主要有《四库全书总目》、余嘉锡《四库提要辨证》、葛兆光《道教与中国文化》(上海人民出版社,1987年)、任继愈主编《道藏提要》、施舟人与傅飞岚主编《道藏通考》等书的相关部分。

(贺圣迪)

华阳陶隐居集 〔梁〕陶弘景

《华阳陶隐居集》，又名《陶贞白集》，二卷。南朝梁代陶弘景撰，明傅霄编。成于明正统十年(1445)之前。通行本有《正统道藏》本、《宛委别藏》本、《指海》本、《道藏举要》本、《汉魏诸名家集》本等。

作者生平事迹见"本草经集注"条。

陶弘景著述宏富，"去世后，久无人编录文集。至陈后主祯明二年(588)，敕令侍中尚书江总始撰文集"(《寻山志注》)。时文章颇多散落，犹有《陶弘景集》三十卷、《内集》十五集，著录于《隋书·经籍志》。至宋，《内集》亡佚，故《唐志》仅录《陶弘景集》三十卷。其后，代有散失，至傅霄辑集佚存，仅能编成二卷。

《华阳陶隐居集》是道教学者的个人文集。作者不仅以各类文体叙志、抒情、状物、叙事，亦表现其宗教、学术观点。

全书以文体分类编次，卷上为志、赋、颂、文、诗、启、书、序，卷下乃碑、表、启以及残文。主要篇目有：寻山志、水仙赋、华阳颂、授陆敬游十赉文、诏问山中何所有赋诗以答、题所居壁、上梁武帝论书启、答朝士访仙佛两法体相书、登真隐诀序、药总诀序、肘后百一方序、本草序、茅山长沙馆碑、许长史旧馆坛碑、吴太极左宫葛仙公之碑、解官表、答谢中书书、答赵英才书、相经序等。书前有江总序。

陶弘景认为，"天地栋宇，万物同于一化。"(卷下《答赵英才书》)"万象森严，不离两仪之育"(卷下《茅山长沙馆碑》)，而"道冠两仪之先"(卷下《吴太极左宫葛仙公之碑》)，乃宇宙之本源。人倘以术得道，凌空而仙，与天地齐寿。他称颂列子以"有待之风"而"一举万里"，太虚有"无为之风"可"绵括宇宙"(卷下《云上之仙风赋》)，且以抟土为器烧而性坚，比喻修炼能使人从而为仙。强调求仙学道，务必忘情名利，于道"详究委曲，乃当晓其所以"(卷上《登真隐诀序》)。除阐述道教理论，还记叙其史事，如葛玄之旧事陈迹，许谧之故宅遗踪，许氏父子之生平世系。

陶弘景信道崇儒而不反佛，主张儒道释三教合一。他说："百法纷凑，无越三教之境。"（卷下《茅山长沙馆碑》）以此观点议论形神关系："质像所结，不过形神。形神合时，是人是物；形神若离，则是灵是鬼。其非离非合，佛法所摄；亦离亦合，仙道所依。"（卷上《答朝士访仙佛两法体相书》）当形神合而为人物时，他认为"性命之著于形骨，吉凶之表乎气貌"，乃"表里相感，莫知所以然"（卷下《相经序》）。所论不同于众，在形神之争中别树一帜。

道教重视形神相合，为求长生而研究医药。他指出，"夫生人之所为，大患莫急于疾。疾而不治，犹救火而不以水也。"（卷上《肘后百一方序》）为济世人于"遇疾仓卒"（同上），而撰《补阙肘后百一方》、《效验方》、《神农本草经集注》等医药著作。在注《本草》时，强调对药物要"分别科条，区畛物类，兼注诏时用土地所出"（卷上《本草序》），富有科学思想。又强调世上疾病古今相异，乃因人的生活、心理随时而迁，上古"之时，人心素朴，嗜欲寡少，设有微疾，服之万全。自此之后，世伪情浇，智虑日生，驰求无厌，忧患不息。故邪气袭侵，病转深痼，虽服良药不愈"（卷上《药总诀序》）。因此，为医者以药治病，要随时适应。然其原则不变，仍一同于古："上应天文，中应人道，下法地理，调和五味，制成醪醴，以备四气"，达到"排邪还正"之目的（同上）。并且认为著书论医药，不能只想到城市富贵人家，必须考虑"可以施于贫家野居"（《肘后百一方序》），他继葛洪之后强调以医药利济世人，体现他处世为人的品格。

陶弘景爱好山水，以景致秀美之地为长生成仙之境。他描述大地景观种种之美说："山川之美，古来共谈。高峰入云，清流见底。两岸石壁，五色交晖。青林翠竹，四时俱备。晓雾将歇，猿鸟乱鸣。夕日欲颓，沈鳞竞跃。"（卷下《答谢中书书》）写之入诗，有"山中何所有，岭上多白云。只可自怡悦，不堪持寄君。"（卷上《诏问山中何所有赋诗以答》）神思飘逸，淡雅清丽，体现作者淡泊宁静的人生观。然而，他并未因此而忘却人世。"夷甫任散诞，平叔坐谈空。不意昭阳殿，化作单于宫。"（卷上《题所居壁》）这不仅是对梁朝亡国历史的总结，还在哀痛往事中寄寓着对社会世风的关切。陶弘景又擅长书法，精于书道，其《上梁武帝论书启》数通，是书法史上的重要文献。

有关本书的研究，有任继愈主编《道藏提要》相关部分。王京州《陶弘景集校注》（上海古籍出版社，2009年）重辑陶集，并加校注，书后附录了相关资料。

（贺圣迪）

洞玄灵宝三洞奉道科戒营始

《洞玄灵宝三洞奉道科戒营始》，简称《三洞奉道科戒营始》，六卷。金明七真撰。通行本有明代《正统道藏》本等。

金明七真，道教神名。据《上清三尊谱箓》，诸神所居天界有"金明玉国"，"即诸天中一域之总号也"，"其中有三光流明，金晨宝阙"，"飞晨玉辉，照耀光明，其宫即亦曰虚皇君所居也，亦是玉真金仙之所栖处"。金明七真，即虚无真人在金明玉国中之第三度师。《三洞奉道科戒营始》题署金明七真撰，当系道士之伪托以提高其书在道教徒中的权威性。另据《上清金真玉皇上元九天真灵三百六十五部元录》称，"金明曰，七真先以癸亥岁五月五日午时受太上玉晨君上元灵录，于今九载。七真宝箓以摄神气，未尝亏诞神文也。七真重以今太清五年太岁辛未五月一日午时，高上天宝玉皇降真于带岭琼宫之中，重为七真品定上元九天真灵玄录"，太清是南朝梁武帝年号。太清五年辛未即公元551年。金明七真可能就是当时的上清派道士的托名。日本道教学者吉冈义丰推断，《洞玄灵宝三洞奉道科戒营始》大约成书于从陶弘景死后到孝元帝在位(552—554)的二十年间(参见《道教和佛教》第三卷，日本国国书刊行会)。

《三洞奉道科戒营始》是道教戒律仪范典籍。卷首有七真语述及撰书宗旨，语称"三洞大经率备威仪科戒"，但由于"其来已久"，"或见而不行，或行而不遍，或各率乃心，任情所施"，"遂使晚学初门，莫详孰是。既多方丧道，则寡识迷途，惰慢日生。威仪时替加复，竞为辞饰，争逞伎能。启告之辰，皆兴新制；陈谢之日，全弃旧仪。岁月久盈，科戒遗泯，积习生常，十不存一。若依经戒者具科行事，反见嗤鄙。违损正典，既而昧多悟少，达竟更迷。守法不精，翻致诋废。眇详先世，已其陵迟；俯思今后，浸成深谷。故指修时要凡五百十二条，仪范八章，分为三卷，题曰：三洞奉道科戒。皆依经录出，非构虚词。庶万古同轨，十方共则"。据此，《三洞奉道科戒营始》原本为三卷，今本六卷当为后人所析。

卷一，有《罪缘品》八十一条、《善缘品》三十八条、《总例品》二条、《置观品》三十一条。每条首均有"经曰"、"科曰"，以示摘录，但不注出处。据吉冈义丰考证，《罪缘品》和《善缘品》共一百十九条均摘录自《太上业报因缘经》，但有删简。《罪缘品》言毁像不敬和偷盗邪淫犯戒者得各种罪报。《善缘品》言造像置观和慈悲救贫积善者得各种善果。《总例品》言道士女冠违犯经戒者夺寿减筭。《置观品》述道观建造中殿堂楼阁园林布局及法度，诸如天尊殿、法堂、法院、经楼、钟阁、斋厨、写经坊、浴堂、精思院、观门、师房、道院和升遐院等等。

卷二，有《造像品》十四条、《写经品》二条、《度人品》五条。《造像品》称造像有六种："一者先造无上法王、元始天尊、太上虚皇、玉晨大道、高上老子、太一天尊；二者造大罗已下，太清已上，三清无量圣真仙相；三者造过见未来无边圣相；四者造绘诸天星斗真仙；五者造圣真仙品，无数圣相；六者造随感应缘，无穷圣真。"造像之材料有十八种：宝玉琼瑶琅玕七珍之类，黄金、白银、赤铜、青铁、锡镴、栴檀沉木香物、织物、绣品、泥塑、夹纻、素画、壁画、凿龛、镌石、建碑、香泥印品、印纸等。另有尺寸大小，造像诸相，法座帐座，幡华幡盖等。《写经品》述造经法度，称经有十二相：金简刻文、银版篆字、平石镌书、木上作字、素书、漆书、金字、银字、竹简、壁书、纸书、叶书等。《度人品》述弘教度人和出家纲纪，即度人之相十二种，宣扬经传二十五种，不得出家十种，不合入道二十五种，出家之相三十种，纲纪整齐五种，不可强立十种，纲纪遵奉二十五事，纲纪检校三十事。

卷三，有《法具品》二十三条、《法服品》六条、《居处品》七条。《法具品》称在观中和私房内供养者为法具，如钟、磬、帐、幡、香炉、巾帕、经、经函、经厨、经藏、讲经座、赞经座、经架、经案、灯、辇舆、旌节、花架、火钵、绳床等，述其造作和使用。《法服品》述道士女冠之法服、执役衣、冠履和卧具之造作法度。《居处品》述道士女冠居处之床铺、食器、浴室、泉井、澡灌、厕所等造作和使用法度。

卷四，有仪范三种，即诵经仪、讲经仪、法次仪，以及《灵宝中盟经目》。

卷五，有《上清大洞真经目》和仪范一种，即法服图仪。

卷六，有仪范四种，即常朝仪、中斋仪、中会仪、度人仪。其中"法次仪"指授予道士女冠法位次第的科仪，称"常人未参经戒之称"为"男人、女人"；"输诚于道系名户籍者"为"户长"；"归心大道勤心经教者"为"大道弟子、天尊弟子、三宝弟子"；"受天尊十戒、十四持身或十二可从六情等戒"为"清信弟子"，以及受称"高玄弟子"、"太上高玄法师"、"太上弟子"、"洞神弟子"、"无上洞神法师"、"升玄法师"、"太上灵宝洞玄弟子"、"无上洞神法师"、"升玄法师"、"太上灵宝洞玄弟子"、"无上洞玄法师"、"洞真法师"和"上清玄都大洞三景弟子无上三洞法师"等条件。其中受灵宝中盟经四十二种者为"无上洞玄法师";受《五岳真形图》、《灵宝五符序》和《九皇宝箓》等四十三种为"洞真法师";受上清大洞真经总一百五十卷为"无上三洞法师"。

(陈耀庭)

黄帝阴符经

《黄帝阴符经》,又名《黄帝天机之书》、《天和经》,简称《阴符经》,一卷。旧题黄帝之作,学术界认为是北朝隐者所撰,成于北魏普泰二年(531)至北周大象二年(580)之间。通行本有《正统道藏》本、《说郛》本、《广汉魏丛书》本、《增订汉魏丛书》本、《子书百家》本、《百子全书》本、《鲍红叶丛书》本、《子书四十八种》本等。

《阴符经》的作者及年代,众说纷纭。旧题黄帝所撰,系出假托。《战国策》、《史记》载有《太公·阴符》之书。东晋时有本传世,王羲之曾据以书写刻石。一本题寇谦之撰。杜光庭《神仙感遇传》说寇氏抄写此书,在"大魏〔太平〕真君二年(441)七月七日,藏于名山,用传同好"。至唐,李筌至嵩山虎口岩得其之一。而在李筌之前,唐初已有别本流传。岳珂《宝真斋法书赞》卷五著录欧阳询《阴符经帖》,书写于贞观十一年(637)。晚于欧氏的褚遂良也在贞观六年(632)、永徽五年(654)等年份,至少三次书写此经。宋黄庭坚、朱熹以为乃李筌伪托,近人余嘉锡定作杨羲、许谧所撰,今人王明说作者是北朝一岩穴隐者。

《阴符经》是从道、法、术三方面论述固身成仙思想的道教著作。其要旨为天地生化、日月运行、阴阳变化与人事活动间的相生相盗关系,圣人理当在观天之道的基础上执天之行,把握天人相合之道,使人之作为符于天道而"天人合发",则事事皆得其宜。

《道藏》本四百余字,分作三章。唐张果传本四百余字,不分章。唐李筌传本三百字,亦分三章。上章《神仙抱一演道》,以阴阳五行学说论述"天人合发,万变定基"之理;中章《富国安民演法》,依据天地、万物、人更相为盗之理,阐明适时而动,固躬养命之论;下章《强兵战胜演术》,本着天道自然不可违背的原则,提醒奉道者只有合乎天道,方可长生久视。

《阴符经》在天人关系上,要求人务必"观天之道,执天之行"。在观察天的运行中,把握阴阳五行之道,用以指导自己的行为。倘若如此,便是"五贼在心,施行于天"。其结果则"宇宙在乎左,万物在乎心",具有"天人合发,万变定机"的立天定人功能。

能否如此,取决于学道者自身。学道者须注意耳目口三者,慎于视听言论,修身炼行,无令祸生,可成圣人。

作者认为整个宇宙都处于变化之中,任何具体事物都向对立面转化。自然界如"天之无恩,而大恩生";"天之至私,用之至公";"死者生之徒,生者死之根"。社会如"恩生于害,害生于恩"。个人如"瞽者善听,聋者善视";"愚人以天地文理圣,我以时物文理哲"。由此而得出如下结论:"自然之道静,故天地万物生;天地之道浸,故阴阳胜;阴阳相推变化,顺矣。"一切变化都是客观的自然、天地、阴阳之道的体现。"是故圣人知自然之道不可违,因以制之。"由此而认为圣人之为圣人,在于顺应自然之道,使人的行为与客观必然性相一致。

人顺应自然而潜取自身所需之物,为人所潜取的万物又潜取天地与人。这种潜取有时是对被潜取者的损害,《阴符经》称之为"盗",说:"天地,万物之盗;万物,人之盗;人,万物之盗也。"在他看来,人理当在与万物的相互潜取,而从根本上是取自天地的过程中,使万物皆化迁而安。人潜取自然之机,虽然"天地莫不能见,莫不能知",但君子与小人有所不同,结果也就有"得之躬固"与"得之轻命"的区别。

《阴符经》因具有较为丰富而朴素的天人关系论与辩证法思想,被道教学者视为认识大道和炼制内丹而成仙的重要经典,后世以其为必读经书,成为"玄门功课经"的主要内容之一。连儒家、兵家也认为其中有性命心理,富国安民,强兵胜敌之术,纷纷加以研究。

有关本书的研究,注疏方面主要有唐李筌《阴符经疏》,唐张果《阴符经注》,伊尹等《集注阴符经》,宋朱熹《黄帝阴符经注解》《考异》,元俞琰《黄帝阴符经注》,今人任法融《黄帝阴符经黄石公素书释义》(东方出版社,2009年,2012年修订版)等;论述方面有今人王明《试论阴符经及其唯物主义思想》(《哲学研究》1962年第5期)等。

(贺圣迪)

无上秘要 〔北周〕武帝敕纂

《无上秘要》，原为一百卷，今存六十七卷。北周武帝宇文邕敕纂。成于建德六年(577)三月至宣政元年(578)五月间，一说成于隋文帝开皇三年(583)。通行本有《正统道藏》本、《宝颜堂秘笈续集》本、《丛书集成初编》本、敦煌石窟写本(仅存五十二卷残本，有《雪堂丛刻》本)等。

宇文邕(543—578)，字祢罗突。鲜卑族，长安(今陕西西安)人。武成二年(560)四月，为堂兄宇文护拥立继位。后图谋亲握政柄，于天和七年(572)杀宇文护。此后释放奴婢杂户，崇尚儒学，禁止佛教连及道教，严惩贪污，重视农业，兴修水利。建德六年，率兵灭北齐，统一北中国。次年病故。

宇文邕崇儒信道，于建德二年，多次召集百官僧道讨论佛老义理，令辩三教位次。所定三教之位，以儒为先，道次之，佛最后。信佛群臣与沙门释子异议反对，乃于建德三年并废佛道二教，尽毁经像淫祠。但仍立通道观，研究道家学说与道教教义；又令道士王延校理道书，撰《三洞珠囊》经目。灭北齐后，再命诸学士纂辑道书，题名《无上秘要》。原本百卷，开元以后渐渐残缺。北宋时已亡二十八卷，明时又亡四卷。今存六十八卷，而卷四十后半卷缺，卷八重出而不录，实仅六十六卷半。

《无上秘要》是道教类书，摘录三洞四辅道书约三百种，分类辑集，以宇宙为首，次述人事、神仙、经典、戒律、斋祀、威仪、服食、尸解、存思，而归于形无事、神无体，具有内在连贯性。

全书百卷，或一卷数品，或数卷一品。《道藏》本六十八卷一百三十五品，有：日品、月品、星品、三界品、九地品、灵山品、林树品、洞天品、神水品、人品、身神品、人寿品、劫运品、帝王品、州国品、论意品、王政品、修真养生品、灵官升降品、众圣会议品、天帝众真仪驾品、仙歌品、三界官府品、真灵治所品、天瑞品、地应品、上清神符品、九天生神章品、赞颂品、经文出所品、经符异名品、经文存废品、众圣传经品、轻传受罚品、师资品、授道德五千文仪、事师品、修学品、诵经品、智慧观身大戒经品、正一五戒品、灵堂斋宿启仪品、盟真斋品、三元斋品、金箓斋品、山居品、服五气品、尸解品、易形品、长生品、地仙品、天仙品、入自然品、洞冥寂品等。《道藏》本所佚诸卷品目，见于敦煌诸钞本者，有 P.3327 及 S.0080 等。

《三界品》据《洞玄九天经》，论述混沌分化形成天地说："道运御世，开辟玄通，三色混沌，乍存乍亡。运数推极，三气开光。气清高澄，积轻成天；气结凝滓，积滞成地。"二十八天分为欲、色、无色三界。其上有"渺渺大罗"，所引《洞玄度人经》说："上无色根，云层峨峨，惟有元始浩劫之气，部制我界。"九地记其去天及相互间距离。第一地去天九十亿万里。自第一至第九地，每两地间相距，依次如下列所述：八十亿万里、二十亿万里、一百二十亿万里、二十亿万里、二十亿万里、二十亿万里、八十亿万里、八十亿万里。九地之下，为"洞渊洞源，纲维天下，制使不落。下则无穷无境无边无际，皆纲维之元"。其模式为上天下地，处于无有止境的宇宙之中。

天间有日、月、五星、九星等天体。描述日月五星的质地、形状、大小、光芒、去地高度。如日"金分水精晖于内，流光照于外"，形"类圆境"，"纵广二千四十里"，"去地四十万里"。所述具体状况，除形状外，虽均错误，但从上述各项思考星体无疑正确。以大地类推，认为日月五星之上有城阙宫室，为神仙所居。又论述日月五星的相互关系。《月品》引《洞真黄气阳精经》说："日道阳，月道阴，虽同运而居，至于冠带各居四节，故日分一百八十日，月分一百八十日。阴数经三千三百度，与日合，则阳气激、阴气石。"所语"冠带各居四节"，认为立春、立夏、立秋、立冬与日相关，春分、夏至、秋分、冬至与月相联，其实两分两至系于日而与月无涉。对五星与日月天地关系的论述更是错误："夫五星者，是日月之灵根，天胎之五脏，是以天精结缠以成五星。天地赖以综气，日月系之而明。"日月星宿的运行，被视为五风作用的结果："日行有五气：一、时风，二、径风，三、劲风，四、转风，五、行风。是故制御日月星宿，游行虚无，初不休息，皆风之梵其纲。"又说："玄景运行，亦五风梵其纲也。故制日月星宿游行虚无，初不休息。"这种错误，是据地面低空想象宇宙空间的结果。

天地形成后，在其运转中，由于阴阳勃蚀会发生劫。是时宇宙无光，"上无复色，下无复渊，风泽洞虚，幽幽冥冥。无形、无影、无极、无穷"，复又混沌无有止期。逮至天地复位，若干年后，又是一劫。宇宙已遭劫数，书中所引各经说法不一。《洞玄灵书经》所说较少，也有亿劫。劫分大小。"天运三千六百周为阳勃，地转三千三百度为阴蚀。天气极于太阴，地气极于太阳。阳激则勃，阴否则蚀。阴阳勃蚀，天地气反，谓之小劫交。"又"天运九千九百周为阳蚀，地转九千三百度为阴勃。天蚀则气穷于太阳，地勃气谋于太阴。故阳否则蚀，阴激则勃。阴阳蚀勃，则天地改易，谓之大劫交"。

认为宇宙之中处处有神，天地日月星宿皆有神人仙真居住。如"太清天中有浮绝空山，三天神王所治，大道真气之所结"。九地各有四色土皇：正音土皇、行音土皇、游音土皇、梵音土皇。神仙境界景色奇丽,"风吹树动,其树声音,皆作洞章,灵音灿烂,朗彻太空"。七宝骞树"上有凤凰、孔雀、金翅之鸟,昼夜六时,吐其雅音"。"七宝之树,一株弥覆一天,八树弥覆八方罗天。"扶桑"生林如桑,皆数千丈,大者三千围。二二同根而生,有实赤如桑椹,仙人所啖食,体作金赤。其实皆九千岁一熟"。仙人之行更是逍遥无比:"太上大道君谓北极真公曰:吾昔游于北天,策驾广寒,足践华盖,手排九元,逸景六宫,遨戏北玄,逍遥羽阴之馆,息于洞台之门。"又以其上神人活动,说明日月五星之变:日"中城郭人民,七宝浴池生有四种青红黄白莲花。人长二丈四尺,衣朱衣,与四种花同衰同盛,故有春秋冬夏四时行焉"。月"中城郭人民,亦有七宝浴池。八骞之林,生于其内。月中人长一丈六尺,悉衣青色之衣。月中人常以月一日至十六日,采白银琉璃炼于炎光之冶,故月度盈则光明鲜。太素以十七日至二十九日,于骞林之下,采三气之花,拂日月之光,故月度亏其光微"。

认为人的形成是宇宙变化的产物:"夫天地交通,二象合真,阴阳降炁,上应于九天,流丹九转,结气为精,精化成人,神变成人。"人产生后,以胎生繁育,其胞胎发育为:"一月受炁,二月受灵,三月合变,四月凝精,五月首体具,六月化成形,七月神位布,八月九孔明,九月九天炁普乃有音声,十月司命勒籍受命而生。"简而言之,"三元育养,九炁结胎"为人之真父母,受胎父母非始生父母。结胎受化决定人一生的吉凶、寿夭、短长。人体各器官组织皆有神。一年中除二月、十二月外,每月的本命日及个别日子的一定时辰,帝君太一合会五神混沌内变为一大神,住于人之心,或骨、或精血、或肝、或脾、或肺、或肾、或胆、或泥丸、紫房之中。人体是一个器官组织互为关联的有机体,可以国家机构来比喻理解:"一人之身,一国之象。胸腹之位,犹宫室也;四肢之列,犹郊境也;百节之分,犹百官也;神,犹君也;血,犹臣也;炁,犹民也。"神血、炁之外的其他部分合称为形。形神关系为:"神生形,形生炁。形不得神而不能自生,神不得形而不能自成。故形神合同,更相生,更相成。"如此之人,待炁而生。"炁竭则身死,亡者不可生。"

人世间贤愚混同,强弱相杂。故立天子置三公以治理之,"顺天者吉,不顺者凶"。世事之大小、贫富、盛卑、祸福、利害、治乱、存亡都在转化。所以,"上意正于无形,理于无声,起福于未有,绝祸于未生"。世君时唯有知此,其为政方能"奉天顺地","得人所不争","治大国若烹小鲜","使民至老死不相往来",而"天下莫能与之争"。上德之君又"质而无文,不视不听,而抱其玄,无心意若未生根,执守虚无而因自然",结果"混沌为一,归于本根"。

就个人而言,要"消未起之患,治未病之疾",务必"坚之于无事之前","割嗜欲,所以固血气,然后真一存焉"。进而"使形无事,神无体,以清静致无为之意,即与道合"。如此"立行合道,则身神一也。身神并一,则为真身归于始生父母而成道也"。自人世而进于三界,"游宴玉京,飞行上方"。

《无上秘要》为现存最早的道教类书,对后世有创举示范之功。今存部分所引北周及其前道书二百八十七种,保存不少亡佚的早期道教经典。其内容起始于天地日月,归结于体无合道,门类众多,首尾连贯,对后世道教教门的张大、学说的发展、类书的编纂,都有一定影响。

有关本书的研究,有《四库全书总目》、任继愈主编《道藏提要》、施舟人与傅飞岚主编《道藏通考》、王卡《敦煌道教文献研究》(社会科学出版社,2004年)等论著的相关部分。

(贺圣迪)

图书在版编目(CIP)数据

中国学术名著提要.先秦两汉编　魏晋南北朝编/中国学术名著提要编委会编.—上海：复旦大学出版社，2019.2
　　ISBN 978-7-309-06788-0

Ⅰ.①中…　Ⅱ.①中…　Ⅲ.①著作-内容提要-中国-先秦时代②著作-内容提要-中国-两汉时代(前202～220)③著作-内容提要-中国-魏晋南北朝时代　Ⅳ.①Z835

中国版本图书馆 CIP 数据核字(2009)第 124148 号

中国学术名著提要(合订本)
第一卷　先秦两汉编　魏晋南北朝编
中国学术名著提要编委会　编

出 品 人　严　峰
责任编辑　高若海　宋文涛

复旦大学出版社有限公司出版发行
上海市国权路 579 号　邮编：200433
网址：fupnet@fudanpress.com　　http://www.fudanpress.com
门市零售：86-21-65642857　　团体订购：86-21-65118853
外埠邮购：86-21-65109143　　出版部电话：86-21-65642845
浙江新华数码印务有限公司

开本 850×1168　1/16　印张 49　字数 916 千
2019 年 2 月第 1 版第 1 次印刷

ISBN 978-7-309-06788-0/Z·59
定价：250.00 元

如有印装质量问题，请向复旦大学出版社有限公司出版部调换。
版权所有　　侵权必究